Pour Robert Knecht

Très amicalement

[signature]

LOUIS XV

DU MÊME AUTEUR

Le Conseil du Roi sous le règne de Louis XV (Genève-Paris, Librairie Droz, 1970, in-8° ; Mémoires et documents publiés par la Société de l'Ecole des Chartes, t. XIX). *Grand prix Gobert* de l'Académie française, 1971.

Le Conseil royal des Finances au XVIIIe siècle et le registre E 3659 des Archives nationales (Genève-Paris, Librairie Droz, 1973, in-8° ; Mémoires et documents publiés par la Société de l'Ecole des Chartes, t. XXI).

Le fonds du Conseil d'Etat et de la chancellerie de Lorraine aux Archives nationales (Nancy, Berger-Levrault, 1954, in-8° [hors commerce])

Le fonds du Conseil d'Etat du Roi aux Archives nationales (Paris, Imprimerie nationale, 1955, in-8°).

Henry Desmarest (1661-1741) (Paris, Ed. A. et J. Picard, 1965, in-8° ; collection « La vie musicale en France sous les rois Bourbon », vol. 10). *Couronné par l'Académie française, prix Broquette-Gonin.*

Les manufactures de tapisserie des ducs de Lorraine au XVIIIe siècle (1698-1737) (Nancy, Faculté des Lettres, 1965, in-8° ; « Annales de l'Est », série Mémoires, vol. 26).

Inventaire des arrêts du Conseil du Roi. Règne de Louis XV (arrêts en commandement), tome I : *1715-1720* (Paris, Imprimerie nationale, 1968, in-4°) ; tome II : *1721-1723* (Paris, Imprimerie nationale, 1974, in-4°).

Le gouvernement et l'administration sous Louis XV. Dictionnaire biographique (Paris, Ed. du CNRS, 1978, in-8°). *Couronné par l'Académie des Sciences morales et politiques, prix Chaix d'Est-Ange.*

Le dur métier de Roi. Etudes sur la civilisation politique de la France d'Ancien Régime (Paris, Presses universitaires de France, 1986, in-8° ; collection « Histoires »).

En collaboration avec M. Didier Ozanam : *Correspondance secrète du comte de Broglie avec Louis XV (1756-1774),* publiée par la Société de l'Histire de France (Paris, Librairie C. Klincksieck, 1956-1961, 2 vol. in-8°).

En collaboration avec Mlle Yvonne Lanhers : *Les archives d'Ormesson* (Paris, Imprimerie nationale, 1960, in-8°).

Articles dans revues scientifiques diverses : 51 titres.

Michel Antoine

LOUIS XV

« *Car rien n'est après Dieu si grand qu'un roi de France.* »

> Joachim du Bellay,
> *Les regrets*
> (sonnet 191).

Fayard

© *Librairie Arthème Fayard, 1989.*

AVANT-PROPOS

Dès la première ligne de ce livre, le lecteur doit être averti qu'il n'y trouvera point une histoire de la France sous le règne de Louis XV. Beaucoup d'excellents ouvrages ont déjà été publiés sur ce sujet, tout récemment encore. Ce que l'on a tenté d'écrire, c'est la biographie d'un homme, et d'un homme qui fut roi de France pendant plus d'un demi-siècle. La France n'en est donc pas absente, mais on a cherché surtout à discerner comment Louis XV a appris et exercé le métier de roi dans la première monarchie d'Occident. Tâche pleine d'embûches parce que, d'une part, en dépit d'apparences aimables et malgré la prospérité du royaume, ce métier n'a pas été facile à pratiquer entre 1715 et 1774 et que, d'autre part, l'historiographie du Roi a été plus que défavorisée pendant près de deux siècles. Louis XV, que ses sujets avaient d'abord surnommé le Bien-Aimé, a été ensuite le Mal-Aimé. Dans cette inversion de renommée, il y eut plus qu'un caprice de l'opinion et qu'une ironie du sort : il y eut l'effet de circonstances précises et du comportement même du Roi.

A la foi par nécessité et par un penchant de son caractère, Louis XV a été un homme très secret. Et secret de façon étrange car, alors que bien souvent son inconduite fut notoire, il tint au contraire à entourer de discrétion, voire de mystère, ses actions les plus méritoires. De toute évidence, c'était là un moyen très sûr non pas de se forger une réputation glorieuse, mais de provoquer l'éclosion et la diffusion de rumeurs calomnieuses et vite graveleuses, qui passèrent d'autant plus aisément pour des vérités établies que la propagande monarchique était frappée de léthargie depuis les vingt dernières années du règne de Louis XIV.

La mort de ce prince ne changea rien à cette situation, bien au contraire. Récemment, M. Jean Meyer remarquait avec justesse que jamais les écrits dirigés contre le Roi-Soleil n'avaient atteint le degré de bassesse de ceux qui se répandirent sous la Régence. « Désormais, dit-il, et jusqu'à la Révolution, on en gardera en France la déplorable habitude : contre le Régent s'inaugure une " infra-littérature " politico-érotique, qui s'épanouira avant 1789 avec la boue des écrits dont Marat, par exemple, se fit le spécialiste, ou que Maurepas, pourtant orfèvre en la matière, déplorera vers 1745. » Comme l'avait déjà si bien vu Pierre Gaxotte, le XVIIIe siècle « a souffert d'une étrange maladie : le goût insatiable du potin, du cancan, de l'historiette légère et légèrement contée, du bon mot, de la médisance qui fait sourire ». Maladie entretenue par les produits de ces officines où de singuliers apothicaires — les Soulavie, les Bachaumont, les Pidansat de Mairobert, les Mouffle d'Angerville, les Théveneau de Morande et autres — malaxaient avec une once de vérité un amas de ragots calomnieux, de contes salaces, de fantasmes ignobles, présentés comme des nouvelles sûres ou comme les mémoires authentiques de personnages importants. Louis XV a été la grande victime de cette industrie. Il était difficile, en effet, aux pamphlétaires de la fin du XVIIIe siècle de présenter Louis XVI comme un tyran cruel ou un monarque lubrique, et Louis XIV était bien lointain : ce fut donc en Louis XV qu'ils incarnèrent le despotisme et le dévergondage des rois. Et comme les dévots ne pardonnaient pas à ce prince d'avoir laissé détruire les jésuites, il ne fallait pas attendre d'eux qu'ils rectifiassent tant d'écrits mensongers.

Longtemps acceptés sans discernement et même avec volupté, cette « infra-littérature » et ces récits apocryphes ont fourni la matière de maintes histoires du règne de Louis XV, de Lacretelle à Henri Martin. Ce dernier, dans son *Histoire de France* parue au milieu du siècle dernier, a peut-être atteint le comble de ces divagations érotico-mensongères. De leur côté, les romanciers n'étaient pas en reste et contribuaient aussi à enraciner ces légendes abjectes, à commencer par Alexandre Dumas. Encore faisaient-ils là leur métier d'écrivains de fiction. Mais ce sera toujours le déshonneur d'un Michelet que d'avoir abdiqué tout esprit critique devant des sources aussi polluées et d'avoir ainsi refusé de mettre son immense talent au service de la vérité.

Celle-ci, cependant, a fait peu à peu son chemin grâce aux efforts de la critique érudite. Depuis la publication en 1933 de ce chef-d'œuvre qu'est *Le siècle de Louis XV* de Pierre Gaxotte, on a pu enfin avoir du Roi et du règne une vue plus juste et plus sereine. Mais en histoire aucune question n'est jamais épuisée et il est impossible aux historiens de renoncer à leurs devoirs de recherche et de réflexion. Louis XV leur impose à cet égard une rude besogne, car la documentation qui le concerne est très difficultueuse. D'un côté, elle pèche presque par surabondance :

les arrêts du Roi en son Conseil subsistent dans leur intégralité et sont au moins 250 000. Les correspondances politiques et administratives et les arrêts des cours supérieures représentent des centaines de milliers de documents, dont on est encore loin d'avoir extrait toutes les données. Mais par ailleurs, cette masse énorme de témoignages souffre de lacunes catastrophiques : le vandalisme révolutionnaire a provoqué l'anéantissement des archives de la chancellerie de France en totalité et du contrôle général des finances en majeure partie, privant l'histoire de sources essentielles.

Les séries de documents ainsi évoquées émanent des grands corps et des grandes institutions du royaume : Conseil du Roi, secrétariats d'Etat, intendances, ambassades, parlements, etc. Les papiers provenant du monarque lui-même sont fort rares. Louis XV, nous le redirons, écrivait beaucoup, mais il demanda à nombre de ses correspondants de lui restituer ses lettres. On sait aussi qu'il formait des dossiers qu'il serrait à Versailles près de son grand cabinet du premier étage et aussi dans ses petits appartements du second. Louis XVI hérita de son grand-père ces archives personnelles. Qu'en fit-il ? Qu'advinrent-elles quand il déserta Versailles pour les Tuileries et lorsque ce palais fut dévasté en 1792 ? Nous n'en savons rien. Il est certain néanmoins que cette documentation d'un intérêt capital a disparu à peu près totalement. A d'autres points de vue, on n'est pas mieux servi.

L'on est, par exemple, exceptionnellement informé de la vie de Louis XIII parce que, depuis sa naissance en 1601 et pendant vingt-huit années ensuite, son premier médecin, Jean Héroard, a relaté quotidiennement en plus de dix mille pages les faits et gestes de son patient. Chronique sans prix, dont le *Journal* tenu depuis décembre 1764 par le dernier confesseur de Louis XV aurait pu, à sa façon, égaler le témoignage. Sans rien y trahir des secrets de son ministère, l'abbé Maudoux — humble prêtre éloigné de toute intrigue et de toute coterie — avait dû y consigner bien des traits inconnus et significatifs. Hélas, dix jours après le décès de son pénitent, il livra au feu les vingt-deux cartons renfermant ces écrits : « J'y parlais trop vrai, expliqua-t-il, pour que bien des personnes n'en fussent pas offensées. »

D'autre part, parmi les contemporains de Louis XV ayant approché sa personne — ministres, conseillers, courtisans, domestiques — une minorité seulement a rédigé des mémoires ou des souvenirs et très peu d'entre eux — Luynes, Croÿ, Dufort de Cheverny et, dans une moindre mesure, d'Argenson — s'étaient intéressés à la personnalité du Roi et consignèrent leurs observations à ce sujet. La plupart des autres ne virent en lui que la source des ordres ou des grâces qu'ils attendaient, sans prêter attention à son humanité. Attitude typiquement et tristement illustrée par le duc de Choiseul : dans ses *Mémoires,* cet ancien ministre du Bien-Aimé n'a su trouver que le ton de la fatuité, du mépris et même de la haine pour évoquer un maître qui l'avait porté au pinacle et comblé d'honneurs et de faveurs, mais à la personne duquel il n'avait jamais cru devoir accorder la moindre attention. Les propos des mémorialistes du règne doivent donc être passés au crible de la critique la plus rigoureuse.

Il est un dernier point sur lequel l'esprit du lecteur doit être mis en garde. Notre vocabulaire politique et administratif est, pour une large part, un héritage de l'Ancien Régime. Ministre, Conseil d'État, secrétaire d'État, conseiller d'État, maître des requêtes : tous ces vocables et bien d'autres, usuels pour certains depuis déjà la seconde moitié du XVIe siècle, ne doivent pas abuser. Pour comprendre l'État d'Ancien Régime et donc le Roi, il faut avant tout s'évader du monstrueux environnement étatique qui est le nôtre. Si le concept d'État s'enracine dans les siècles de notre histoire, notre expérience de l'État diffère radicalement de celle de Louis XV et de ses sujets. Ces derniers, dans certaines provinces du royaume, pouvaient naître, vivre et mourir sans avoir directement affaire à l'État. L'État monarchique avait certes un caractère transcendant, mais, et ceci ne ressort pas assez nettement de l'admirable essai de Tocqueville sur *L'Ancien Régime et la Révolution,* il ne se croyait pas prédestiné à se mêler de tout et beaucoup de questions d'intérêt public n'étaient pas de sa compétence. État efficace, mais léger. Efficace parce que léger et ne recouvrant directement qu'un secteur restreint des affaires de la nation.

CHAPITRE I

Sans famille

Dans les dernières années du XVIIe siècle, à l'époque où la guerre de la Ligue d'Augsbourg tirait à sa fin, Louis XIV veillait toujours avec la même vigilance, la même politesse et la même endurance au déroulement de la vie de cour, mais celle-ci reposait trop exclusivement sur lui : il y manquait une animation féminine. Si effacée qu'ait été sa personnalité, la reine Marie-Thérèse avait assumé un rôle dans les activités de la cour : comme précédemment Anne d'Autriche, elle avait tenu, à jours et moments précis, « le cercle », qui était une assemblée de dames, où les duchesses prenaient le tabouret. Après le décès de la Reine en juillet 1683, la Dauphine avait assuré la relève du cercle, mais elle était morte en avril 1690 et depuis, faute de princesse d'un rang assez élevé, le cercle était tombé. Certes, le Roi s'était remarié, mais secrètement, de sorte que, malgré l'influence très étendue qu'elle exerçait, Madame de Maintenon était dans l'incapacité de s'acquitter des obligations protocolaires d'une souveraine : en public, elle n'était qu'une simple particulière. Et pour sa part, le Dauphin, installé depuis 1695 au château de Meudon, s'accommodait fort bien de son veuvage. La cour souffrait de cette absence de Reine et de Dauphine, situation à laquelle le retour de la paix et la suite des ans allaient remédier en grande partie.

I. — LE COUCHANT DU ROI-SOLEIL

Marié en 1680 à Marie Anne de Bavière, le Dauphin — *Monseigneur*, comme on l'appelait à la cour — en avait eu trois fils, les ducs de Bourgogne, d'Anjou et de Berry. L'aîné, Bourgogne, né le 6 août 1682, allait donc atteindre en 1696 ses quatorze ans et dès cet âge les descendants de têtes couronnées étaient enjeux de combinaisons politico-matrimoniales. Malgré les liens de parenté — il descendait de Henri IV et avait épousé Anne-Marie d'Orléans, fille de Monsieur et d'Henriette d'Angleterre — Victor-Amédée II, duc de Savoie, avait adhéré en 1690 à la coalition nouée contre la France. Or, voyant les Habsbourgs progresser à son gré trop sensiblement en Italie, M. de Savoie fit, comme de coutume, défection à ses alliés et s'aboucha avec Louis XIV. Les pourparlers aboutirent en 1696 à un accord qui, outre diverses clauses diplomatiques et territoriales, prévoyait que Bourgogne épouserait sa cousine Marie-Adélaïde de Savoie, fille aînée du duc, dès qu'elle aurait douze ans et qu'en attendant cette princesse serait envoyée à la cour de France. Ce qui fut fait : le 17 octobre 1696, Marie-Adélaïde, venant de Turin, arriva à Pont-de-Beauvoisin, bourg frontière, où elle se sépara de sa maison italienne et fut prise en charge par celle que Louis XIV lui avait constituée. A petites journées, elle se mit en route et, le 4 novembre, atteignit Montargis où le Roi, le Dauphin et Monsieur étaient venus à ses devants. Le lendemain, sur le chemin de Fontainebleau, on fit halte à Nemours ; le duc de Bourgogne y attendait sa future épouse, qu'il rejoignit dans le carrosse royal. A leur descente à Fontainebleau, la cour du Cheval Blanc grouillait de monde : les courtisans se pressaient en rangs serrés sur l'escalier, et en bas, les badauds. Le 8 novembre, la cour retourna à Versailles, où Marie-Adélaïde eut l'appartement de la feue Reine et de la feue Dauphine. Le Roi régla qu'on la nommerait *la Princesse,* qu'elle serait servie par sa dame d'honneur, la duchesse du Lude, qu'elle ne verrait que ses dames et quelques autres expressément désignées, qu'elle ne tiendrait pas encore de cour, que le duc de Bourgogne n'irait chez elle que tous les quinze jours, les ducs d'Anjou et de Berry une fois par mois.

Les dernières faveurs du destin

Pendant une longue année, la Princesse vécut enfermée avec ses dames et la cour ne la voyait que deux fois la semaine à sa toilette. Louis XIV ne voulut pas perdre un jour au-delà des douze ans pour faire célébrer le mariage et en fixa donc la date au 7 décembre 1697. La paix étant revenue, son souhait fut que l'on se fît magnifique pour la circonstance. Les courtisans ne l'entendirent que trop et se lancèrent dans des dépenses si effrénées que le Roi se repentit d'avoir déchaîné un tel luxe. Les habits du duc et de la duchesse de Saint-Simon leur coûtèrent 20 000 livres ! La cérémonie fut très pompeuse. Le samedi 7 décembre vers midi, à Versailles, le duc de Bourgogne, le Roi et la Princesse, suivis de toute la maison royale, se rendirent en cortège à la chapelle, où le cardinal de Coislin, évêque d'Orléans et premier aumônier de Sa Majesté, célébra les fiançailles et le mariage. Après souper, on fit coucher la mariée, de chez laquelle Louis XIV fit sortir tous les hommes. Dès qu'elle fut au lit, le duc de Bourgogne, qui s'était déshabillé dans l'antichambre, entra et se mit au lit à sa droite, en présence du Roi et de la cour, qui bientôt se retirèrent, ne laissant dans la chambre nuptiale que Monseigneur, la duchesse du Lude et le duc de Beauvillier, gouverneur du prince. Le Dauphin y demeura un quart d'heure à causer avec eux, puis il fit lever son fils et, avant que celui-ci n'allât coucher chez lui à l'ordinaire, lui permit de donner un baiser à son épouse, ce que Louis XIV trouva fort mauvais : il défendit que son petit-fils fît à sa femme fût-ce un baisemain sur le bout des doigts « jusqu'à ce qu'ils fussent tout à fait ensemble ». Les jeunes époux continuèrent à vivre comme avant d'être mariés, mais le duc de Bourgogne alla tous les jours chez sa femme, où les dames avaient ordre de ne jamais les laisser seuls, et ils soupaient souvent en tête-à-tête chez Mme de Maintenon.

Au soir de ces noces, Marie-Adélaïde n'était encore qu'une fillette de douze ans et un jour, mais son mariage lui conférant un rang au-dessus de toutes les princesses, elle dut, le lendemain même, tenir le cercle. Ce fut une assemblée superbe, avec les duchesses assises autour d'elle, d'autres dames et de nombreux seigneurs debout derrière les tabourets, toutes et tous en habits somptueux. Le Roi y vint à la fin et offrit galamment une collation et un concert. La duchesse de Bourgogne avait désormais à remplir un rôle éminent dans la vie de la cour et comme elle avait une maturité d'esprit et de caractère fort au-dessus de son âge, elle s'en tira avec bonheur. Dès son arrivée en 1696, elle avait exercé sur Louis XIV, sur Mme de Maintenon et sur la cour en général une séduction que les années ne firent que renforcer. « Le Roi et Madame de Maintenon, rapporte Saint-Simon, firent leur poupée de la Princesse, ... qui peu à peu usurpa avec eux une liberté que n'avaient jamais osé tenter pas un des enfants du Roi et qui les charma. » La duchesse devint l'idole de Versailles, à qui sa présence rendit l'éclat, le mouvement et la gaieté. Sans être belle, elle avait un charme infini, de la malice, un esprit flatteur, insinuant, attentif, de la gaieté, l'art de plaire à tous, et aussi des qualités sérieuses que révélèrent les années quand elle fut sortie de l'âge espiègle. Dans la cour vieillissante, elle ensorcela le Roi, qui lui passa tout, surtout lorsqu'elle se mit à assurer la postérité de la dynastie.

Au retour de la cour de Fontainebleau à Versailles, le 22 octobre 1699, le duc de Bourgogne, qui avait alors dix-sept ans, et la duchesse, qui en avait presque quatorze, commencèrent à vivre ensemble. Et pour prouver à son petit-fils qu'il était maintenant un homme, Louis XIV lui annonça le 25 qu'il le faisait entrer au Conseil des Dépêches, un des Conseils de gouvernement, où il ne ferait d'abord qu'écouter pour apprendre et se former, afin d'être ensuite en état de bien opiner. Le duc fut ravi, car le Dauphin son père n'avait pas eu si jeune accès à ce Conseil et n'avait été admis qu'en 1691 au Conseil d'En-haut. Quand recommença la guerre, il prit part aux opérations. En 1703, après une campagne sur le Rhin, il regagna la cour à la fin de septembre. Au bout de quelque temps, on annonça la grossesse de sa femme et, le 25 juin 1704, la duchesse de Bourgogne accoucha d'un garçon, titré duc de Bretagne. Louis XIV en éprouva une jubilation intense : il était le premier roi de France à devenir bisaïeul d'un arrière-petit-fils, alors qu'il était lui-même encore en pleine santé et en pleine force. Il combla la jeune mère de présents et, malgré la guerre, commanda des réjouissances dont le faste parut bientôt outré, ce premier-né n'ayant vécu que jusqu'au 13 avril suivant. Heureusement, la duchesse de Bourgogne donna naissance le 8 janvier 1707 à un second fils, à qui passa le nom de duc de Bretagne, et qui, trois ans plus tard, eut un petit frère, le duc d'Anjou, né le 15 février 1710.

Le lendemain à Versailles dans la chapelle du château, et le jeudi 20 à Notre-Dame de Paris, on chanta le *Te Deum* en action de grâces. Avec trois générations d'héritiers mâles, la royauté française semblait en effet bénie du Ciel et cette descendance, tout en rassurant les sujets sur l'avenir de l'État, faisait la joie et la fierté du Roi. C'est probablement vers ce temps qu'il commanda à Largillière un grand tableau que l'on peut contempler de nos jours à Londres parmi les trésors d'art et d'histoire de la collection Wallace.

La scène est campée dans un somptueux décor de marbre (au grand Trianon ?), le long duquel se dressent les bustes de Henri IV et de Louis XIII. Au centre de la composition, Louis XIV trône majestueusement dans un vaste fauteuil à monture dorée tapissé de velours rouge. Accoudé au dossier de ce siège, le Dauphin — perruque blonde et habit bleu nuit — est debout derrière son père, légèrement sur sa droite. A la gauche du Roi, se tient, tout de pourpre vêtu, le duc de Bourgogne. D'un geste délicat de la main droite, Louis XIV désigne un bambin en robe de soie blanche brodée d'or, tenu en lisière par sa gouvernante : c'est le petit duc de Bretagne. Entouré des effigies de ses père et grand-père et des personnes de son fils, de son petit-fils et de son arrière-petit-fils, tous héritiers présomptifs de la couronne, le Roi-Soleil entendait faire symboliser par le peintre le passé, le présent et l'avenir des glorieux Capétiens de la branche royale de Bourbon. Mais, comme l'avait prophétisé Bossuet quarante ans plus tôt, Dieu « se glorifie de faire la loi aux rois et de leur donner, quand il Lui plaît, de grandes et de terribles leçons » : entre le 14 avril 1711 et le 8 mars 1712, la mort faucha tous les descendants de Louis XIV représentés sur cette toile, d'où est absent son successeur effectif, qui n'était qu'un nourrisson ou n'était peut-être même pas né quand elle fut brossée.

La danse des morts

Dans la société hiérarchisée de l'Ancien Régime, la ronde aveugle des épidémies et les balbutiements de la médecine constituaient de puissants facteurs d'égalité : la maladie frappait indistinctement les grands et les humbles. Le 9 avril 1711, Monseigneur éprouva des malaises à son lever ; on le saigna et le Roi vint le lendemain s'installer à Meudon auprès de son fils, tout en défendant à ses petits-fils Bourgogne et Berry de l'y suivre, dans la crainte de quelque contagion. Le samedi 11, la petite vérole se déclara et suivit pendant deux jours un cours naturel. Mais le mardi 14 avril, en fin d'après-midi, le malade se sentit brusquement de plus en plus mal et expira à onze heures et demie du soir. Cette disparition soudaine frappa de stupeur la cour de France et la plongea dans un deuil dont, au reste, elle n'avait pas le monopole : trois jours après le Dauphin, le même mal emporta à Vienne l'empereur Joseph Ier en pleine force de l'âge et, un mois plus tard, à la cour de Lunéville, il tua en huit jours trois enfants du duc et de la duchesse de Lorraine, qui en avaient déjà perdu trois en 1709.

Dès l'instant de la mort de Monseigneur, Bourgogne et sa femme accédèrent aux qualités, honneurs et prérogatives de Dauphin et Dauphine. Outre ses répercussions sur la vie de la cour, dont Marie-Adélaïde fut plus que jamais l'animatrice charmeuse et adulée, ce changement eut aussi une portée politique, l'héritier du trône étant désormais ce prince de vingt-neuf ans, dont la personnalité ne laissait personne indifférent. Personnalité qui restera mystérieuse pour l'histoire, mais était assurément originale et perçue comme telle par ses contemporains, fût-ce par des considérations opposées.

Louis XIV entreprit aussitôt de parfaire l'éducation politique de son petit-fils et d'achever de lui inculquer le métier de roi. Il y avait longtemps déjà que le prince avait été progressivement initié au gouvernement et à l'administration du royaume : depuis octobre 1699 il avait siégé au Conseil des Dépêches et il était entré au Conseil d'En-haut en décembre 1702. Après la mort de Monseigneur, il continua évidemment à prendre part aux Conseils et surtout le Roi multiplia les entretiens seul à seul avec lui et envoya les ministres travailler chez lui pour l'instruire à fond de tout : c'était comme un avant-règne. Mais d'autres que Louis XIV fondaient des espérances sur ce petit-fils. A tort ou à raison, le Dauphin Bourgogne passait pour adopter les visées du clan d'opposition dévote et féodale qui, sous la crosse de Fénelon, s'était rassemblé autour des ducs de Beauvillier et de Chevreuse et dont Saint-Simon — ce demi-fou — nous a rapporté les chimères. On y attendait de l'élève de M. de Cambrai qu'il ruinât l'œuvre de son grand-père et de ses ministres, l'œuvre de Louis XIII et de Richelieu, celle de Henri IV et de Sully, celle de Henri II et de François Ier, celle de Louis XI et qu'il ramenât la royauté française à peu près au point où elle en était avant saint Louis. Comme cette coterie était hostile aux légitimés, tous ces calculs sur le règne à venir sécrétèrent des tensions au sein de la cour.

Dans la soirée du 5 février 1712, la Dauphine se sentit fiévreuse et passa une mauvaise nuit ; elle se leva le lendemain, mais la fièvre remonta le soir. Le dimanche 7, en fin de journée, elle fut prise de violentes douleurs de tête et souffrit beaucoup. Les saignées, l'administration d'opium et de tabac ne la soulageaient pas, ni ne faisaient tomber la fièvre. Le 9, la princesse, toujours fiévreuse, sombra dans un grand assoupissement. Perplexes et tâtonnants, les médecins commencèrent à parler de « rougeole ». Les assoupissements continuèrent le 10 et la malade eut même quelques absences ; sa fièvre redoubla au début de la nuit. Devant les progrès du mal et l'inefficacité des soins, une folle inquiétude gagnait le Roi, le Dauphin et tout Versailles. Le 11, consciente de l'aggravation de son état, la Dauphine se confessa puis demanda et reçut l'extrême onction et le saint viatique avec l'imposant cérémonial que leurs rites comportaient à la cour. Elle requit ensuite qu'on récitât pour elle les prières des agonisants : on lui répondit que ce n'était pas le moment. Il lui restait en effet vingt-quatre heures à vivre. Le vendredi 12 février 1712, vers huit heures du soir, Marie-Adélaïde rendit son âme à Dieu.

La douleur du Dauphin, profondément épris de sa femme, et celle de Louis XIV étaient immenses, la famille royale et la cour plongées dans la désolation. La règle voulant que le souverain et les siens ne pussent résider dans une maison abritant un cadavre, à peine Madame la Dauphine eut-elle expiré que, dans les larmes, le Roi et Mme de Maintenon montaient en carrosse et gagnaient Marly en un lugubre cortège. Avant de les y rejoindre le lendemain matin, le Dauphin prit quelque repos à Versailles : il était écrasé de fatigue et de chagrin et se sentait incommodé.

Dans l'accablement et la tristesse, Louis XIV et son petit-fils ne laissèrent pas que de remplir stoïquement et ponctuellement à Marly les devoirs du gouvernement et de la représentation. Mais l'indisposition du Dauphin persistait et voici que, le mardi 16 février, sa fièvre monta fortement et qu'apparurent sur son corps les sinistres plaques rouges, celles du « pourpre » (une sorte de rougeole infectieuse), l'affreux mal qui venait de le rendre veuf. Dès le mercredi, le prince, voyant son état empirer rapidement, réclama les derniers sacrements : il put seulement, à minuit passé, entendre une messe célébrée dans sa chambre et communier. Deux heures après, sa tête s'embarrassa et il mourut au matin du jeudi 18 février. Les corps des deux époux furent exposés côte à côte à Versailles dans la chapelle ardente et conduits ensemble à Saint-Denis sur le même char funèbre.

Le Dauphin et la Dauphine Bourgogne laissaient deux orphelins : le duc de Bretagne, qui venait d'avoir cinq ans, et le duc d'Anjou, qui en avait tout juste deux. Bretagne devint donc Monsieur le Dauphin. Pour peu de jours. Le lundi 7 mars, on se rendit compte que les deux petits princes avaient contracté la même maladie que leurs parents. Comme ils avaient été seulement ondoyés à leur naissance, Louis XIV ordonna qu'on les baptisât aussitôt, en prenant pour parrains et marraines les personnes qui se trouveraient là. Neuf médecins, à coups de saignées et d'émétique, accablèrent de leurs soins funestes le Dauphin, qui n'y résista pas et mourut le 8 mars peu avant minuit. Les médicastres s'acharnant autour de l'aîné sans trop se soucier du cadet, les femmes qui servaient le duc d'Anjou purent s'enfermer avec lui, se contentant de le tenir au chaud et de lui donner du biscuit et un peu de vin. Quand les archiâtres voulurent le saigner, sa gouvernante, Mme de Ventadour, et la sous-gouvernante, la baronne de Villefort, s'y opposèrent absolument, repoussèrent toute intervention de leur part et sauvèrent ainsi la vie de celui qui devint le roi Louis XV.

Les problèmes dynastiques

« Il y a peu d'exemples de ce qui m'arrive, pouvait dire Louis XIV, et que l'on perde dans la même semaine son petit-fils, sa petite-fille et leur fils, tous de grande espérance et tendrement aimés. » En quelques mois, une véritable catastrophe s'était abattue sur la dynastie française, se greffant en outre sur une terrible conjoncture politique, car le royaume n'émergeait pas encore des plus noires épreuves de la guerre de Succession d'Espagne. A toutes ces adversités, le Roi fit face avec une fermeté, une dignité et une ténacité surhumaines : jamais il ne fut plus grand, et aussi plus seul, que dans ce temps de calamités. L'hécatombe qui avait frappé sa descendance allait avoir des répercussions très étendues tant sur la fin de son règne et le déroulement du règne à venir, que sur la personnalité de son successeur.

Trois générations d'héritiers présomptifs du trône ayant été balayées, Louis XIV avait à régler une situation dynastique délicate, car sa succession n'intéressait pas seulement la France, mais l'équilibre même de l'Europe. Âgé de soixante-treize ans et demi en mars 1712 et bisaïeul d'un Dauphin de deux ans, le Roi savait à l'évidence que sa mort ouvrirait une régence. Une minorité royale constituait par nature un stade difficile pour l'État, mais celle qui approchait promettait d'être particulièrement épineuse, à la fois parce que la désignation du régent susciterait des brigues et parce que, la santé du Dauphin semblant très frêle, la succession même à la couronne risquait d'être en jeu. Normalement, la régence devait échoir au plus proche parent du Dauphin. Or, l'état de la famille royale n'était pas simple, Louis XIV ayant, hélas, à côté de sa postérité et de sa parenté légitimes, une descendance qui ne l'était pas.

Du côté légitime, on distinguait les fils et petits-fils de France — enfants et petits-enfants de roi — et les princes du sang — cousins plus ou moins proches du souverain. Après la mort du Dauphin Bourgogne, survivaient trois petits-fils de France : deux petits-fils de Louis XIV, le roi d'Espagne Philippe V (ci-devant duc d'Anjou) et son frère le duc de Berry ; et un petit-fils de Louis XIII, neveu de Louis XIV, le duc d'Orléans, fils de feu Monsieur et de sa seconde femme la Princesse palatine. L'accession du duc d'Anjou au trône d'Espagne en 1701 avait déclenché un grand conflit européen et les conditions de la paix qui y mit fin écartèrent absolument Philippe V des affaires françaises : la renonciation de ce monarque à tout droit à la couronne de France fut, en effet, une des exigences irréductibles avancées par l'Angleterre — la principale ennemie de Louis XIV — pour mettre bas les armes et cette renonciation fut incluse en 1713 dans le traité d'Utrecht, devenant ainsi une des bases du nouvel équilibre européen. Restait donc le duc de Berry, mais, dernière victime d'une série tragique, il mourut le 4 mai 1714, quelques jours après un accident de cheval : Orléans demeurait seul.

Derrière les fils et petits-fils de France venaient les princes du sang, Condé et Conty. Les Condé, descendants d'un oncle de Henri IV, étaient les premiers. Depuis 1710, le chef de cette maison était le jeune duc de Bourbon, appelé *Monsieur le Duc,* arrière-petit-fils du grand Condé. Issue du frère cadet de ce grand Condé, la branche de Conty avait à sa tête depuis 1709 un prince né en 1695.

Mais tous ces parents légitimes du Roi étaient concurrencés par ses bâtards et par l'affection qu'il leur portait, qui se fit de plus en plus vive et hardie sous l'influence de Mme de Maintenon. Ayant élevé ces rejetons adultérins, elle les aimait avec passion et avait conçu pour eux les plus hautes ambitions. Après avoir commencé par reconnaître et légitimer ses enfants naturels, Louis XIV en vint à les agréger de plus en plus étroitement à sa dynastie. Et d'abord par des mariages. En 1680, il donna pour épouse au prince de Conty la fille unique qu'il avait eue de Mlle de La Vallière. Plus nombreux étaient les enfants nés de ses amours avec la marquise de Montespan : le duc du Maine, Mlles de Nantes et de Blois, le comte de Toulouse. Mlle de Nantes devint en 1685 femme du duc de Bourbon, le duc du Maine s'unit en 1692 à une fille du prince de Condé et, un mois plus tôt, le propre neveu du Roi, le duc de Chartres (plus tard duc d'Orléans et Régent), avait dû épouser Mlle de Blois, à la douloureuse indignation de Madame. Loin de faire régner l'harmonie entre les princes, ces unions parasites et consanguines y semèrent plutôt la zizanie, nombre de ces princesses, à la fois sœurs ou belles-sœurs et cousines les unes des autres, s'étant souvent cordialement détestées. L'ordre monarchique n'y gagna rien non plus et fut perturbé par les prérogatives accordées ensuite aux légitimés.

En 1694, le Roi leur attribua un rang qui les plaçait immédiatement après les princes du sang et au-dessus de tous les pairs de France. La mort du duc de Berry en 1714 rendant inévitable une régence du duc d'Orléans, cette perspective inspira à Louis XIV des décisions audacieuses. Par édit de juillet 1714, il proclama ses bâtards légitimés aptes à succéder à la couronne en cas d'extinction de tous les princes du sang et, par une déclaration du 23 mai 1715, il leur conféra la qualité même de princes du sang, dont ils avaient déjà reçu les honneurs en 1711. Ces mesures étaient fort hasardeuses, car elles contrevenaient aux lois fondamentales du royaume, qui excluaient absolument les descendants illégitimes des souverains de la succession à la couronne.

L'affection indiscrète du Roi pour ses bâtards, l'obstination passionnée mise par Mme de Maintenon à les pousser (et particulièrement son préféré, le duc du Maine), l'ascension sans précédent de ces légitimés, les cabales autour du duc de Bourgogne, la disparition de trois dauphins en moins d'un an, toutes ces circonstances excitèrent les ambitions des uns, brisèrent les espérances des autres, avivèrent les antagonismes et finirent par empoisonner l'atmosphère de la cour, où les rumeurs et les calomnies allèrent bon train. Le duc d'Orléans fut la cible préférée de ces méchants bruits : on l'accusait de sorcellerie, on chuchotait qu'il avait causé la mort des trois dauphins en les empoisonnant. Il fallait toute la force d'âme de Louis XIV pour s'élever au-dessus de ces bassesses et de ces vilenies, dont Saint-

Simon s'est fait le chroniqueur haletant et halluciné. Néanmoins, au fur et à mesure que le Roi vieillissait et que s'étalait la faveur des bâtards, ces compétitions fourrées, ces insinuations perfides, ces menées souterraines parvinrent à affecter Louis XIV — importuné par Mme de Maintenon — et surtout le duc d'Orléans — harcelé par Saint-Simon — au point de leur faire surestimer les difficultés liées au prochain changement de règne.

Le Roi, pour sa part, était convaincu que la régence ne pouvait échoir qu'au duc d'Orléans, mais il se méfiait de ce neveu et gendre, qui étalait comme à plaisir sa dépravation morale. Il chercha donc tout à la fois à respecter les droits de ce prince et à soustraire son arrière-petit-fils aux mauvaises influences, et cela en séparant de la régence la tutelle du souverain mineur. Celle-ci serait confiée au duc du Maine, à qui irait la surintendance de l'éducation de Sa Majesté avec autorité sur le maréchal de Villeroy, nommé gouverneur du jeune Roi, et commandement de la maison militaire. Et la régence appartiendrait à un Conseil présidé par le duc d'Orléans, mais où entreraient le duc de Bourbon (quand il aurait vingt-quatre ans), le duc du Maine, le comte de Toulouse, le chancelier de France, le chef du Conseil royal des Finances, les maréchaux de Villeroy, de Villars, d'Huxelles, de Tallard et d'Harcourt, les quatre secrétaires d'État et le contrôleur général des finances, c'est-à-dire les vieux serviteurs de l'État et un bon nombre d'amis du duc du Maine. Tout se déciderait dans ce Conseil à la pluralité des suffrages. Ces dispositions furent incluses avec beaucoup d'autres dans un long testament olographe que Louis XIV signa à Marly le 2 août 1714, le jour même où ses bâtards prenaient séance au parlement de Paris en leur nouvelle qualité de successeurs éventuels à la couronne. Le testament fut enfermé sous triple serrure au parlement. Il était connu seulement de quelques familiers du Roi, mais, une semaine environ avant la mort de son oncle, le duc d'Orléans eut communication de sa teneur et de celle d'un codicille qui y avait été ajouté le 13 avril 1715, ce qui lui permit de ne pas être pris au dépourvu et de concerter ses démarches.

Le 10 août 1715 à Marly, Louis XIV ressentit les premières atteintes du mal qui devait l'emporter. Il retourna le soir à Versailles, où il vit venir la mort avec une lucidité, une fermeté et une dignité héroïques, tenant régulièrement ses Conseils, travaillant avec ses ministres, exerçant son métier de roi jusqu'à l'extrême limite de ses forces. Le 25 août, jour de sa fête, il reçut le viatique le soir et fit ensuite appeler le duc d'Orléans avec qui il eut une conversation particulière. Le lendemain, il s'entretint de nouveau en privé avec lui, puis, ayant fait entrer les princes et les courtisans, il déclara de son ton le plus royal : « Mon neveu, je vous fais régent du royaume. Vous allez voir un roi dans le tombeau et un autre dans le berceau ; souvenez-vous toujours de la mémoire de l'un et des intérêts de l'autre. »

A huit heures un quart du matin, le 1er septembre, le Roi s'éteignit. Dès que la mort fut avérée, le duc de Bouillon, grand chambellan, s'avança sur le balcon central de la cour de marbre et proclama :

— Le roi Louis XIV est mort !

Il se retira pour reparaître l'instant d'après, ayant troqué contre un plumet blanc le plumet noir de son chapeau, et crier :

— Vive le roi Louis XV !

II. — DU DAUPHIN ANJOU AU ROI LOUIS XV

Le roi Louis XV était à cette date un délicieux bambin de cinq ans et demi, né à Versailles le matin du samedi 10 février 1710 à huit heures, trois minutes et trois secondes. Averti que la duchesse de Bourgogne ressentait les premières douleurs, Louis XIV s'était habillé en hâte pour assister à l'accouchement et avait annoncé que ce garçon s'appellerait duc d'Anjou. Il avait été incontinent ondoyé par le cardinal de Janson, grand aumônier, dans la chambre où il était né et emporté ensuite dans son appartement sur les genoux de la duchesse de Ventadour dans la chaise à porteurs du Roi, escorté par le maréchal duc de Boufflers, capitaine des gardes, et par des gardes du corps et leurs officiers. Un moment après, M. de La Vrillière, secrétaire d'État, était venu orner le maillot du nouveau-né du cordon de l'ordre du Saint-Esprit, puis toute la cour l'était allé voir, ce qui avait excité quelque jalousie chez son frère aîné le duc de Bretagne.

Maman Ventadour

Rois et Reines, Dauphins et Dauphines, dont le temps était largement dévoré par les obligations de la cour et d'État, ne pouvaient assumer pleinement l'éducation de leurs enfants. Ils étaient suppléés dans cette mission par une grande dame et un grand seigneur, choisis en principe avec circonspection : la gouvernante et le gouverneur des enfants de France. Une coutume très ancienne voulait que les bébés et bambins royaux des deux sexes fussent d'abord tous confiés aux soins exclusifs de la gouvernante. Quand les garçons atteignaient l'âge de sept ans, ils passaient aux mains des hommes, sous l'autorité du gouverneur. Celui-ci et celle-là exerçaient des fonctions lourdes de sens et de responsabilité. De même, en effet, que dans la monarchie un gouverneur de province ou de ville avait pour prérogative fondamentale d'y représenter la personne du souverain, de même gouvernante et gouverneur des enfants et petits-enfants de France étaient-ils auprès d'eux les représentants de leurs parents : les jeunes princes et princesses étaient tenus de leur obéir comme aux personnes mêmes de leur père, mère ou aïeux. Sujétion symbolisée par le fait que, même devenus « grandelets », ces enfants ne paraissaient jamais dans les actions et cérémonies publiques sans être accompagnés par la gouvernante qui les tenait par une lisière, et cela jusqu'à leurs sept ans révolus.

Si les princes avaient par la force des choses moins d'intimité entre eux que les particuliers, ils n'en connaissaient pas moins les joies et les émotions de la vie de famille et les sentiments naturels à tout être humain. Entre les petits princes, le Roi et la Reine, le Dauphin et la Dauphine, se tissaient les liens irremplaçables d'affection qui unissent tous les parents et enfants du monde. Cela, Louis XV ne l'a jamais vécu. Son père et sa mère disparurent quand il avait tout juste deux ans, trop tôt pour que le souvenir de leurs visages ou d'un seul de leurs sourires se pût graver dans sa mémoire. Il ne connut de leur vie et de leur mort que ce que les témoins, les livres et les tableaux lui en apprirent. Qu'il en ait profondément souffert et qu'il en ait été irrémédiablement marqué, certains de ses propos d'homme mûr l'attestent : « J'ai le malheur de n'avoir jamais su ce que c'est que de perdre une mère », confiait-il en 1748 dans une lettre de condoléances, et en rédigeant son testament en 1766 il évoqua encore le cas où son successeur aurait « le malheur d'être mineur ».

Jamais non plus il n'éprouva la chaleur de l'affection fraternelle, ignorant les jeux et les chamailles qui constituent la trame de toute enfance. Pendant ses premières années, l'affection la plus proche et la plus sûre qu'il rencontra fut celle, vive et inquiète, de Louis XIV. Mais c'était un aïeul bien imposant et austère, marqué par les malheurs de sa famille et de l'État. Et sur la cour, où les *Concerts royaux* de Couperin venaient bercer la mélancolie endeuillée du Grand Roi, planait le souvenir douloureux des disparitions brutales et simultanées du Dauphin et de la Dauphine Bourgogne. Une lourde chape de tristesse funèbre pesa sur les épaules de Louis XV dès que sa conscience s'éveilla à la vie extérieure. La mort de ses parents, l'absence de frère ou de sœur, une enfance passée avec les femmes, le rang auquel le plaçait sa naissance façonnèrent cette solitude morose où s'écoulera toute sa vie.

Au mois de mars 1704, pendant la première grossesse de la duchesse de Bourgogne, Louis XIV avait nommé la duchesse de Ventadour gouvernante des Enfants de France. C'était alors une majestueuse quinquagénaire, qui avait été fort belle et conservait grande allure. Son mariage avait été malheureux et sa conduite avait passablement fait jaser. Les années passant et le ton de la cour changeant, elle se fit dévote et comme, selon Saint-Simon, « les converties l'emportaient de bien loin auprès de Mme de Maintenon sur les vierges ou sur les femmes qui n'avaient eu qu'un ou deux maris », elle avait obtenu ce poste de confiance. Après l'avoir exercé seulement pendant dix mois de 1704 et 1705 auprès du premier duc de Bretagne, elle en avait repris les fonctions depuis janvier 1707 auprès du second et ensuite du duc d'Anjou. Lorsque ceux-ci tombèrent malades en mars 1712 et que Louis XIV ordonna qu'on les baptisât sans plus attendre avec le parrainage des premiers venus, Bretagne avait été tenu sur les fonts par Mme de Ventadour elle-même et son parent le comte de La Mothe, Anjou par la duchesse de La Ferté et le marquis de Prie, respectivement sœur et cousin de la gouvernante.

Celle-ci se trouvait à la tête d'un personnel nombreux : deux sous-gouvernantes, Mmes de La Lande et de Villefort, puis une nourrice, Mme Mercier, une remueuse, deux premières femmes de chambre, seize femmes de chambre, une gouvernante de la nourrice, deux blanchisseuses, un garçon de la chambre, deux porte-meubles et un argentier. Malgré tant d'auxiliaires, Mme de Ventadour tremblait devant la mission qui lui avait été confiée : à un âge où elle était grand-mère, on lui demandait en effet d'élever des enfants — et quels enfants ! —, alors qu'elle-même n'avait jamais eu qu'une fille.

Et quand elle eut sauvé la vie du Dauphin Anjou en le soustrayant à l'imbécillité des médecins, la duchesse sentit s'alourdir le poids de sa charge, cette vie étant celle du dernier descendant de Louis XIV, sur qui reposait le destin du royaume. « Si tout roule sur la vie d'un enfant de deux ans, disait le duc du Maine, que nous reste-t-il à envisager pour l'avenir ? » Préoccupation d'autant plus légitime que la santé du Dauphin passait pour très chétive. En fait, il souffrait d'affections anodines, dues soit à des poussées dentaires, banales à son âge, soit à des rhinites, inévitables dans des palais mal chauffés et pleins de courants d'air, et la suite des ans montra au contraire qu'il avait une constitution très robuste. Mais, à l'imitation des médecins, tout le monde le considérait presque comme un mort en sursis, de sorte que le plus bénin des malaises, le plus léger symptôme ou les simples progrès de sa croissance soulevaient une anxiété générale et attendrie. Madame craignait que, comme son père le duc de Bourgogne, il ne devînt bossu en grandissant. Vers la mi-août 1714, il eut de la fièvre et une petite incommodité : « Quoique cette maladie, rapporte Dangeau, soit peu violente, la personne est si considérable qu'on ne laisse pas d'être fort en peine. » Fausse alerte : le malade se remit très vite et la curiosité joyeuse de le voir guéri aux côtés du Roi attira à Versailles le 25 août pour la Saint Louis une foule comme on n'en avait jamais vu. Chroniqueurs de cour comme Dangeau, ou bourgeois comme Marais et Buvat, relevaient ponctuellement les moindres nouvelles ou échos concernant une santé aussi précieuse.

Un premier savoir

Quelques présences masculines vinrent renforcer l'entourage féminin du jeune prince. En juillet 1711, le moment était arrivé où, ayant atteint l'âge de quatre ans, le duc de Bretagne devait recevoir ses premiers rudiments d'instruction. Louis XIV confia ce soin à un chanoine de Chartres, l'abbé Perot qui, après le décès de l'enfant et de ses parents, reçut du Roi la garde de la bibliothèque privée du duc et de la duchesse de Bourgogne à Versailles, dont les livres serviraient à l'éducation du Dauphin Anjou. Quand, en 1714, celui-ci eut quatre ans, l'abbé, avec le titre officiel d'« instituteur », retrouva près de lui le service naguère entamé auprès de son aîné. Ce prêtre n'avait pas été choisi au hasard.

Robert Perot, chanoine de Chartres depuis 1691, avait su mériter la confiance de son évêque, qui en fit son grand vicaire. Or ce prélat, M. Godet des Marais, directeur spirituel de Mme de Maintenon et supérieur de la maison de Saint-Cyr, jouissait par là du plus grand crédit dans le ménage royal. Il poussa M. Perot à la cour, et avec tant de succès que celui-ci, à la fin de 1699, résigna son canonicat pour ne pas être tenu de faire résidence, car il était habituellement auprès de Mme de Maintenon qui, plus encore après la mort de M. de Chartres, le consultait journellement pour la direction de Saint-Cyr et qui, entre autres qualités, appréciait son talent particulier pour enseigner le catéchisme et instruire les enfants. Il était, en effet, l'auteur de la méthode didactique imprimée en tête du *Catéchisme* du diocèse de Chartres paru en 1699. De toute évidence, sa désignation comme instituteur du Dauphin a été l'œuvre de Mme de Maintenon qui, par cette entremise, a exercé sur l'éducation de Louis XV une influence dont nous retrouverons bientôt d'autres traces.

L'abbé Perot apprit à lire et écrire à Louis XV et lui inculqua ses premiers savoirs, principalement de l'histoire et de la géographie. Enseignement profane complété par une instruction religieuse élémentaire, dont il n'est pas impossible de deviner l'esprit : Godet des Marais, dont Perot était le disciple et le confident, incarnait la tradition de la compagnie de Saint-Sulpice, foncièrement hostile au jansénisme, mais très indépendante à l'égard des jésuites, et il fut un des adversaires les plus déterminés de Fénelon dans l'affaire du quiétisme.

L'élève s'appliqua volontiers et avec un succès rapide. « Ce qu'il barbouille de lettres au Roi ne se peut nombrer », écrivait dès octobre 1714 la duchesse de Ventadour à Mme de Maintenon et elle ajoutait : « Il aimera beaucoup à écrire, mais point à lire. Tout ce qui le divertit et qu'il entend va à merveille : la géographie, les voyages, le dessin, tout cela lui plaît infiniment et vous seriez étonnée et ravie de sa mémoire... Il est temps de lui donner un maître pour apprendre à bien faire la révérence et pour l'occuper une demi-heure de plus : c'est ce que je demande au Roi..., car la journée est bien longue, Madame, et aujourd'hui que son esprit commence à percer, on ne peut l'amuser de niaiseries et quelques petites règles mettent de la variété dans ses jeux ; nos aides-majors lui font faire l'exercice : de la grâce en tout, comme le Roi. » Effectivement, le 1er janvier 1715, l'un des plus fameux danseurs de ce temps et membre de l'Académie royale de Danse, Claude Ballon, fut nommé maître de danse du Dauphin, à qui, en avril, on donna aussi un maître à écrire, Charles Gilbert, maître à écrire des pages de Sa Majesté. Mais, par un autre biais que les leçons de l'abbé Perot, Mme de Maintenon fut en grande partie l'inspiratrice de ces premières années de formation de Louis XV. Les historiens n'ont généralement pas accordé assez d'attention à ce rôle de l'épouse de Louis XIV.

Madame de Maintenon dans la coulisse

Comme nous l'avons déjà dit, ses responsabilités de gouvernante du Dauphin et son inexpérience plongeaient Mme de Ventadour dans une véritable angoisse. Pour en émerger, elle se tourna vers son amie Mme de Maintenon, dont l'éducation de la jeunesse avait été la vocation et qui accepta, sous réserve que ce commerce resterait secret, de lui dispenser ses avis. « Ne vous attachez pas trop à lui », recommandait-elle dès avril 1712, précisant quelques semaines plus tard : « C'est beaucoup que l'enfant soit gai et c'est la plus sûre marque de santé. Ne prétendez nous le rendre ni beau, ni spirituel : rendez-nous-le sain ; c'est tout ce qu'on veut. » Mme de Maintenon ne cessa de prôner cette absence de contrainte : Soyez sûre, lui mandait en octobre 1714 la gouvernante, « soyez sûre qu'on ne le presse sur rien : l'abbé Perot m'a priée de vous en assurer ». Mêmes propos au début de 1715 : « Je tâche de faire auprès de lui tout ce que j'ai eu l'honneur de vous entendre dire souvent ; il n'est pas temps de le fatiguer dans un âge si tendre, il ne faut songer qu'à sa santé et à le divertir, et encore en enfant, car les grands plaisirs l'attachent. Je vous assure, Madame, que je donne souvent congé aux maîtres et que nous faisons nos leçons ensemble. » Ce que

Mme de Maintenon approuvait en ces termes le 14 juin 1715 : « On ne peut rien ajouter à vos soins pour notre trésor et la France sera très contente si vous le rendez bien sain... Ma grande expérience me fait croire qu'il est inutile de se presser d'apprendre quelque chose aux enfants ; il ne leur faut pas la moindre contrainte. Et puisque vous voulez absolument que je vous donne quelque avis, je vais le faire, pourvu que vous me gardiez le secret sans nulle exception. Comme on ne peut jamais avoir trop de raison et de vertu, je crois qu'on ne peut l'inspirer trop tôt. Je voudrais qu'on le dressât peu à peu au secret, en l'accoutumant à ne pas redire ce qu'on lui aura confié. Je voudrais n'exiger rien de lui sans lui en rendre raison. Il est dangereux de l'habituer à obéir aveuglément, car ou il serait gouverné, ou il voudrait être obéi de même. Je voudrais qu'on lui inspirât l'humanité et qu'on ne lui montrât jamais l'exemple de la moindre tromperie ; qu'il songeât à ce qui convient aux autres et surtout qu'il fût reconnaissant. » Le temps était loin où le Grand Dauphin était roué de coups par son gouverneur, le duc de Montausier ! Ce mélange de laxisme et d'austérité n'était pas du goût de tous et en particulier de la grosse Madame, qui avait probablement pénétré le rôle tenu en coulisse par « la vieille ripopée » et qui, à l'automne de 1714, trouvait le Dauphin « pas bien élevé du tout : il est très gâté. Il est délicat et frêle, on a peur de le faire pleurer, aussi lui laisse-t-on faire toutes ses volontés ».

Grâce aux lettres que la duchesse de Ventadour lui faisait tenir directement et à celles qu'elle adressait à Mme de Maintenon, Louis XIV suivait de près les étapes de l'éducation de l'héritier de sa couronne. Advenant l'année 1715, il jugea le temps venu de commencer à le faire participer à certaines activités de cour et d'État, pour le dresser à accomplir des fonctions religieuses ou laïques inhérentes à la dignité royale, qui reviendraient ensuite des dizaines et des centaines de fois dans sa vie. Le Jeudi saint 18 avril, par exemple, le Dauphin assista entièrement son aïeul dans la célébration de la Cène où le Roi, selon un rite solennel, lavait les pieds de treize pauvres. Déjà auparavant, le petit prince avait dû figurer au premier rang d'une cérémonie que Louis XIV avait tenu à entourer d'un très grand faste et qui fut la dernière de cette sorte sous son règne : la réception d'un ambassadeur de Perse à Versailles le 19 février 1715. Les seigneurs et dames de la cour, en tenue de gala, s'étaient entassés sur quatre étages de gradins édifiés sur un des côtés de la galerie des glaces, au bout de laquelle était dressé le trône royal. Le Roi portait un habit d'étoffe noir et or brodé de tant de diamants qu'il y en avait pour plus de douze millions de livres et par là si pesant qu'il dut se changer aussitôt après son dîner. Le Dauphin était debout en haut des marches du trône, contre Sa Majesté et à sa droite ; il avait lui aussi un habit et un bonnet fort couverts de pierreries et Mme de Ventadour le tenait par sa lisière. Il assista à l'audience, puis passa dans l'appartement de feue sa mère, où l'ambassadeur vint lui présenter ses devoirs et fut séduit par le charme de l'enfant, qu'il appela « le prince Nécessaire, qui est le nom qu'ils donnent en Perse à l'héritier de la couronne et il nous paraît, remarqua Dangeau, que ce nom-là est fort bien appliqué à Monseigneur le Dauphin ».

Première esquisse d'un être

Dans toute cette partie de son enfance qui s'écoule jusqu'à la mort de Louis XIV, on peut déjà, au travers de bien des faits, circonstances ou témoignages, voir se dessiner comme en filigrane certaines constantes de la personnalité de Louis XV. Et d'abord, une particularité qu'il conserva toujours : la beauté. « Il devient le plus joli enfant du monde », constate Dangeau en octobre 1713 ; le même, un an plus tard, répète qu'il « devient tous les jours plus joli et plus aimable » et Madame, à la même date, décrétait que c'était « un bel enfant ». Un camérier du Pape en visite à Versailles en 1715 ne pouvait, selon Mme de Ventadour, « se lasser de regarder notre Dauphin et lui trouvait la physionomie digne de sa naissance ». Et l'ambassadeur perse le voyait si beau qu'il aurait voulu l'embrasser. On discerne, d'autre part, ses dons intellectuels : intelligence vive et précoce, beaucoup de mémoire, l'attrait pour des matières sérieuses. Certes, comme tous les enfants de son âge et comme l'attestent bien des témoins, il était gai, joueur, ne tenant pas en place, aimant les farces et les plaisanteries : le voici, en 1715, qui s'amuse pendant toute une journée à faire le boiteux en assurant à Mme de Ventadour qu'il serait guéri le lendemain. Mais à peine a-t-il commencé à suivre les leçons de l'abbé Perot que, dès octobre 1714, on le voit porter un intérêt particulier à la géographie et aux voyages. Madame s'en étonne : « Il comprend déjà les cartes de géographie aussi bien que ferait un homme ! » Remarque confirmée par Dangeau en juillet 1715 : « Il parle avec une grâce et une justesse étonnantes : il sait beaucoup de choses pour son âge, et surtout la géographie, où il s'applique avec grand plaisir », et qui le captivera toujours. Et quand Louis XIV commence à se l'associer dans certains actions publiques, il révèle une attitude qui allait être celle de toute sa vie, celle d'un timide : « Très joli tout seul ; devant le monde, sérieux », constatait Mme de Ventadour, qui concluait : « Je veux l'accoutumer à parler, mais on y a bien de la peine. »

C'est qu'il grandissait dans des conditions singulières, à la fois très isolé et très entouré. D'une part, en effet, c'était un orphelin presque sevré de tendresse : il ne lui restait que l'affection mélancolique et inquiète du vieux Roi. En retour, il aima de tout son cœur ce majestueux aïeul avec lequel il avait tant de plaisir à se promener à Marly et pour qui, dès qu'il sut un peu écrire, il gribouillait de petits billets du genre de celui-ci, daté du début de 1715 : « J'aime fort mon cher papa Roi. » Quelques semaines plus tard, alors qu'il allait assister pour la première fois à une grand'messe et que la gouvernante le questionnait pour savoir quelle grâce il demanderait à Dieu, « Je lui demande celle de conserver le Roi toujours en bonne santé », répondit-il. Mais Louis XIV ne pouvait accorder qu'une partie de son temps à son arrière-petit-fils et la seule présence dont celui-ci était constamment assuré était celle de la gouvernante. Mme de Ventadour avait naguère conçu pour l'aîné de ses pupilles, son filleul le duc de Bretagne, un attachement très vif, qu'elle reporta sur le Dauphin Anjou. « Ne vous attachez pas trop à lui » lui avait alors recommandé Mme de Maintenon qui, dès juillet 1712, constatait la vanité de cet étrange conseil : « J'ai bien cru, Madame, que vous aimeriez ce prince et vous serez assez malheureuse pour vous attacher à celui-ci sans vous consoler de l'autre. » L'enfant trouva auprès d'elle une sollicitude, une tendresse et une sécurité de tous les instants. Quand il était triste — ce n'était pas rare — ou quand il s'éveillait après un petit cauchemar, il venait se blottir dans le giron de la duchesse, où il retrouvait confiance et sérénité. « Sa tendresse pour moi lorsqu'il a quelque petite chose, disait-elle en 1714, ne laisse pas de me coûter, quoique mes peines se prennent volontiers, mais les nuits sont longues à passer : j'ai une force qui me surprend pour mon âge, je n'en avais pas tant étant plus jeune. Le bon Dieu me secourt et je n'en désire la continuation que pour ce qui me reste de tems à demeurer auprès de mon petit maître. » Même si son comportement nous semble plutôt celui d'une grand'mère, la duchesse tint lieu de mère au Dauphin Anjou. Bientôt il ne l'appela plus que « Maman Ventadour » et même simplement « Maman » et lui voua une affection quasi filiale, aussi profonde qu'inaltérable. C'était son jardin secret dans un désert sans amour.

Cette sensation de solitude était paradoxalement renforcée par les égards et les attentions multiples dont l'enfant était continuellement l'objet. Ne l'avons-nous pas vu, dès l'instant de sa naissance, escorté vers son berceau par un maréchal et pair de France et par des gardes du corps ? Et autour de lui cette domesticité nombreuse affectée à son seul service ! Et dès qu'il paraît en public et participe quelque peu aux rites quotidiens ou aux pompes extraordinaires de la cour, cette préséance et ces honneurs à lui réservés comme au second personnage de la monarchie après le Roi ! Toute cette étiquette ne pouvait que lui imprimer le sentiment qu'il était un être hors du commun, à qui étaient dues naturellement révérence et soumission. Normales pour un Dauphin, ces impressions furent renforcées pour lui par l'attention soucieuse concentrée sur sa personne après l'hécatombe qui avait fait de lui le seul et faible héritier du trône : la famille royale, la cour, la ville, la nation et jusqu'aux étrangers s'intéressaient à ses faits et gestes et frémissaient à la moindre de ses incommodités, mus par des sentiments où le calcul le disputa plus d'une fois à l'attendrissement. Toutes conditions d'existence renforcées par l'avènement.

Comme de coutume, Louis XIV devait faire à la fin d'août 1715 la revue des différents corps de la gendarmerie. Le jour venu, trop malade pour procéder à cette inspection, il s'y fit suppléer par le duc du Maine. Le matin après la messe, le Dauphin, habillé en officier de gendarmerie, vint chez le Roi et lui demanda la permission d'aller après la revue voir les troupes. Le Roi le trouva si joli dans ce costume, qu'il accéda à son désir et l'après-midi, en compagnie du duc d'Orléans, il fut visiter les gendarmes, très fiers de défiler devant le jeune prince revêtu de leur uniforme. Trois jours plus tard, sentant ses forces faiblir de plus en plus, Louis XIV voulut faire ses ultimes recommandations à son héritier et prendre congé de lui avant que la vue d'un moribond ne lui fût un spectacle trop pénible. Le lundi 26 août à midi, le Dauphin fut conduit par Maman Ventadour dans la chambre de son aïeul. Après l'avoir embrassé, le Roi lui dit : « Mignon, vous allez être un grand Roi, mais tout votre bonheur dépendra d'être soumis à Dieu et du soin que vous aurez de soulager vos peuples. Il faut pour cela que vous évitiez autant que vous le pourrez de faire la guerre : c'est la ruine des peuples. Ne suivez pas le mauvais exemple que je vous ai donné sur cela ; j'ai souvent entrepris la guerre trop légèrement et l'ai soutenue par vanité. Ne m'imitez pas, mais soyez un prince pacifique, et que votre principale application soit de soulager vos sujets. Profitez de la bonne éducation que Madame la duchesse de Ventadour vous donne, obéissez-lui et suivez aussi pour bien servir Dieu les conseils du père Letellier, que je vous donne pour confesseur. » Et s'adressant à la gouvernante : « Pour vous, Madame, j'ai bien des remerciements à vous faire du soin avec lequel vous élevez cet enfant et de la tendre amitié que vous avez pour lui ; je vous prie de la lui continuer et je l'exhorte à vous donner toutes les marques possibles de sa reconnaissance. » Il embrassa encore l'enfant par deux fois et, fondant en larmes, lui donna sa bénédiction. Toute l'assistance était en pleurs. Le Dauphin, mené par Mme de Ventadour, sortit en sanglotant et passa les journées suivantes reclus dans son logis.

Dès que Louis XIV eut rendu le dernier soupir le 1er septembre, ordre fut donné aux gardes du corps de prendre les armes et de se rendre vers l'appartement du souverain. Avec les Cent-Suisses, ils se rangèrent en haie le long de la galerie des glaces et bientôt le duc d'Orléans sortit de la chambre de son oncle après s'être acquitté des derniers hommages. Suivi des princes et d'une cohorte sans cesse grossie de courtisans et de dignitaires, il alla présenter tout ce monde à Louis XV. Genou fléchi, il lui baisa la main et lui dit : « Sire, je viens rendre mes devoirs à Votre Majesté, comme le premier de ses sujets. » Puis, avant que ne défilât cette cohue : « Voilà la principale noblesse de votre royaume qui vient vous assurer de sa fidélité. » En s'entendant appeler « Sire » et « Votre Majesté », l'enfant comprit que son aïeul était mort et fondit en larmes. Quand elles furent un peu taries, on l'amena sur un balcon et la foule, nombreuse dans la cour du château, acclama longuement son nouveau maître.

III. — PHILIPPE D'ORLÉANS MAÎTRE DE L'ÉTAT

« Le Roi est mort. Vive le Roi ! » : grâce à ce vieil adage du droit public du royaume, l'avènement de Louis XV s'effectuait de lui-même. Mais le Roi n'étant pas en âge de diriger l'État, le nouveau règne s'ouvrait par une régence. Attendue depuis la mort du Dauphin Bourgogne, cette échéance, on l'a déjà dit, avait déclenché depuis lors bien des supputations et des compétitions. En ce 1er septembre 1715, la conjoncture était donc assez délicate pour le duc d'Orléans. Les droits de sa naissance le destinaient à être régent du royaume et ces droits avaient été confirmés par la volonté formelle de Louis XIV, qui en même temps, avait cherché par son testament à limiter les pouvoirs de son neveu. Celui-ci avait eu, à l'insu du vieux Roi, connaissance de ces dispositions restrictives, peu faites pour lui plaire. Il ne voulait pas, en effet, d'une autorité diminuée par un Conseil de Régence dont les membres n'étaient même pas choisis par lui et où il aurait dû s'incliner devant la pluralité des suffrages. D'autre part, et tous les princes du sang se joignaient à lui sur ce point, il n'acceptait pas la promotion des bâtards et il entendait bien, tôt ou tard, les remettre à leur place. Ces visées n'avaient rien d'irréalisable : il suffisait d'un rien de sens politique et, Dieu merci ! Philippe d'Orléans n'en manquait pas. Mais son jugement avait été quelque peu faussé par les menées et les projets suscités depuis 1712 par la perspective d'une minorité royale. Il y avait eu la campagne défaitiste animée par la coterie de Fénelon et des ducs de Chevreuse et de Beauvillier ; il y avait eu les manœuvres tenaces et feutrées de Mme de Maintenon pour promouvoir les bâtards (surtout le duc du Maine) et le rendre — lui, Orléans —

suspect aux yeux du Roi ; il y avait eu les terribles épreuves de la guerre de Succession d'Espagne et aussi les cabales des partisans et des adversaires du jansénisme. En outre, par ses discours passionnés, le duc de Saint-Simon s'était employé à grossir et déformer les impressions que toutes ces circonstances inspiraient à son ami le duc d'Orléans.

Ce dernier fut ainsi amené à sous-évaluer la solidité de l'État que lui laissait Louis XIV et à majorer tant les difficultés liées à l'établissement de la régence, que les concessions qu'il croyait nécessaires pour les surmonter. Le testament du feu Roi était, en effet, un acte très fragile. Selon la tradition constitutionnelle de la monarchie, la couronne était non point proprement héréditaire, mais successive, c'est-à-dire que le Roi n'en avait que le *fidéi-commis* et qu'il était tenu de la transmettre à son successeur, intacte, sans restriction ni hypothèque. A cet égard, on pouvait aisément soutenir que le testament de 1714 allait contre les lois fondamentales communément admises et tourner ses dispositions. Au reste, Louis XIV ne s'était pas fait beaucoup d'illusions sur le sort réservé à ses dernières volontés. N'avait-il pas avoué à la reine douairière d'Angleterre : « J'en connais l'impuissance et l'inutilité. Nous pouvons tout ce que nous voulons, tant que nous sommes ; après nous, nous pouvons moins que les particuliers. Il n'y a qu'à voir ce qu'est devenu le testament du Roi mon père aussitôt après sa mort et ceux de tant d'autres Rois ! »

UNE RÉGENCE PLEINE ET ENTIÈRE

Même s'il les grossissait à l'excès, Orléans n'en avait pas moins des difficultés certaines à vaincre pour s'assurer pleinement de la régence. Elles étaient de deux sortes : les unes, que l'on vient d'évoquer, d'ordre institutionnel ; les autres relevant de la politique extérieure. Les combinaisons suscitées par le vieillissement et la mort de Louis XIV ne visaient pas seulement la régence, mais aussi, en filigrane, la succession même à la couronne, car on pensait que Louis XV ne vivrait pas. S'il venait à mourir, le duc d'Orléans devait normalement lui succéder, mais on savait que le roi d'Espagne Philippe V tenait pour extorquée, et donc nulle et non avenue, la renonciation qu'il avait donnée et que, en cas de vacance du trône de France, il le revendiquerait aussitôt avec toutes les forces de l'Espagne derrière lui, ce qui aurait remis en cause l'équilibre européen laborieusement instauré par le traité d'Utrecht. Celui-ci, en effet, n'avait pas seulement consacré, en contrepartie de sa renonciation, la légitimité de Philippe V comme roi d'Espagne ; il avait aussi comporté, de la part de la France, la reconnaissance du protestant George de Hanovre comme roi légitime d'Angleterre, au préjudice de la dynastie catholique des Stuarts. Philippe d'Orléans se trouvait ainsi conduit à chercher appui auprès du souverain britannique, l'ennemi d'hier, aussi intéressé que lui au respect du traité. Les démarches diplomatiques, toutefois, pouvaient attendre un peu, alors que l'organisation du gouvernement exigeait une action immédiate et, par contrecoup, l'entrée en scène du parlement de Paris.

Selon une antique tradition, attestée par de nombreux précédents, la régence du royaume devait être déclarée au cours d'une séance solennelle du parlement de Paris siégeant toutes chambres assemblées et garni des princes du sang et des pairs. Et comme ce parlement était aussi dépositaire du testament du défunt Roi, c'était une raison de plus pour le convoquer. Le duc d'Orléans avait besoin de lui pour esquiver les dernières volontés de son oncle et le parlement accueillait avec ravissement cette occasion de se mêler des affaires d'État, dont Louis XIV l'avait systématiquement écarté. De plus, il fallait amadouer non seulement les officiers de cette cour, mais aussi les princes et les pairs qui viendraient y siéger. Les princes et les pairs, c'est-à-dire la haute noblesse, désireuse, elle aussi, de recouvrer les responsabilités politiques que le dernier règne lui avait chichement mesurées. C'est pourquoi, après avoir rendu ses premiers devoirs au petit Roi, le duc d'Orléans consacra le reste de la journée à de multiples démarches : il dut d'abord calmer Saint-Simon, qui réclamait la convocation des états généraux ; flattant d'autres ducs — Villars, Noailles, d'Antin —, il obtint que les pairs renonçassent à rallumer leurs vieux différends d'étiquette avec les magistrats ; courant en poste à Paris, il s'y entretint avec les principaux officiers du parlement et revint coucher à Versailles, assuré que les prétentions des ducs ne troubleraient pas la séance du lendemain.

Depuis cinq heures du matin, le lundi 2 septembre 1715, au milieu d'un grand déploiement de troupes et de badauds, de longues files de carrosses avaient mené juges, princes, prélats, seigneurs et grands dignitaires au palais de justice, où ils avaient pris leurs places dans la grand'chambre. Assemblée imposante, avec les magistrats en robes rouges et chaperons fourrés, les princes, les pairs ecclésiastiques et laïques, les dignitaires en habits somptueux malgré le deuil qu'ils portaient du Grand Roi. Philippe d'Orléans arriva le dernier, s'installa à droite du premier président, M. de Mesmes, et la séance s'ouvrit. Après les échanges protocolaires de civilités, le duc d'Orléans prit la parole pour une première allocution. Il salua d'abord la mémoire de son oncle et protesta de son dévouement à la personne et aux intérêts de Louis XV, puis il dévoila le thème de ses entretiens particuliers des 25 et 26 août précédents avec Louis XIV, dont il

cita ces paroles : « Mon neveu, j'ai fait un testament où je vous ai conservé tous les droits que vous donne votre naissance ; je vous recommande le Dauphin, servez-le aussi fidèlement que vous m'avez servi et travaillez à lui conserver son royaume. S'il vient à manquer, vous serez le maître et la couronne vous appartient. »
A quoi le mourant avait ajouté : « J'ai fait les dispositions que j'ai cru les plus sages ; mais comme on ne saurait tout prévoir, s'il y a quelque chose qui ne soit pas bien, on le changera. »

Fort de ces propos, le duc put déclarer : « Je suis donc persuadé que, suivant les lois du royaume, suivant les exemples de ce qui s'est fait dans de pareilles conjonctures et suivant la destination même du feu Roi, la régence m'appartient. Mais je ne serai pas satisfait si, à tant de titres qui se réunissent en ma faveur, vous ne joignez vos suffrages et votre approbation, dont je ne serai pas moins flatté que de la régence même. » Sur ce, il requit que l'on procédât à l'ouverture et à la lecture du testament et des codicilles et qu'ensuite on délibérât « sur le droit que ma naissance m'a donné et sur celui que le testament pourra y ajouter ». Jusque-là, il n'y avait qu'à louer l'habileté et l'éloquence d'un prince qui, rappelons-le, connaissait en fait la teneur d'un écrit qu'il feignait d'ignorer. La suite fut plus hasardeuse.

Philippe d'Orléans poursuivit en effet en ces termes : « Mais à quelques titres que j'aie droit à la régence, j'ose vous assurer, Messieurs, que je la mériterai par mon zèle pour le service du Roi et par mon amour pour le bien public, surtout étant aidé par vos conseils et vos sages remontrances ; je vous les demande par avance. » Cette invite constitue la plus lourde et peut-être la seule vraie faute politique jamais commise par le duc d'Orléans. Hanté par les précédents des guerres de Religion et par l'expérience de la Fronde, Louis XIV avait tenu à préserver l'autorité royale de tout empiètement des cours supérieures. Par l'ordonnance civile d'avril 1667 et surtout par une déclaration du 24 février 1673, il avait strictement réglementé leurs droits d'enregistrement et de remontrance. Le parlement de Paris avait été si blessé par cette déclaration de 1673 que depuis lors — et seul dans le royaume, car ni les autres cours parisienne ni celles des provinces ne suivirent son exemple — il avait pratiqué une sorte de grève des remontrances, enregistrant en silence tous les actes royaux qui lui étaient adressés. Or, voici qu'en l'incitant par ces quelques mots à sortir de ce mutisme, Orléans lui rendait d'entrée de jeu un rôle politique qu'il avait perdu depuis un demi-siècle. Ce défi à la sagesse et à la prudence du feu Roi eut, à moyen et à long terme, des conséquences incalculables sur le destin de la monarchie. Sur le moment, les magistrats, flattés et surpris par cette énorme concession, se sentirent prêts à accorder au duc tout ce qu'il voudrait.

Après réquisitoire de l'avocat général Joly de Fleury, le premier président, le procureur général et le greffier en chef allèrent chercher dans sa cachette le coffret contenant le testament et les codicilles, auxquels, retenu par des lacs de soie, était joint le texte de l'édit d'août 1714 relatif à la succession des bâtards à la couronne. On fit constater au duc d'Orléans que les cachets de l'enveloppe étaient sains et entiers, puis on l'ouvrit et un conseiller du parlement qui avait la voix forte et claire, M. Dreux, donna lecture d'abord de l'édit de 1714, puis du testament. A mesure qu'il lisait, l'étonnement et la fermentation de l'auditoire allaient croissant, engendrant un murmure général. Après les derniers mots, Philippe d'Orléans joua la surprise et dit de façon à être entendu : « Il m'a trompé ! » Puis, prenant la parole, il dit que, malgré le respect qu'il avait pour la mémoire et les ultimes volontés du défunt Roi, il ne pouvait qu'être touché de se voir refuser le titre qui lui était dû par droit de naissance et que les derniers adieux du Roi semblaient reconnaître. Aussi demandait-il que la cour opinât d'abord sur la régence même, avant qu'il ne présentât ses observations sur les clauses du testament. L'avocat général entama alors un assez long discours, dans lequel il soutint la nécessité de « s'attacher plutôt à l'esprit qu'à la lettre du testament » et, après avoir entassé des précédents historiques, conclut que l'assemblée « n'avait pas besoin du témoignage éclatant » de la capacité du prince, de ses sages dispositions et de ses désirs connus de procurer le bien du royaume, de son zèle pour la paix de l'Église, de sa confiance dans les lumières et les remontrances du parlement pour répondre « à ce que toute la France avait lieu de se promettre de la droiture de ses intentions ». En conséquence, il requérait « qu'il plût à la cour déclarer M. le duc d'Orléans régent en France, pour avoir en cette qualité l'administration des affaires du royaume pendant la minorité du Roi, sauf à délibérer ensuite sur les autres propositions qui pourraient être faites par M. le duc d'Orléans ». Là-dessus, les officiers du ministère public se retirèrent et la délibération fut ouverte, mais les jeunes conseillers des chambres des enquêtes, dans leur enthousiasme, ne souffrirent même pas qu'on recueillît les voix dans la forme accoutumée et Philippe d'Orléans fut reconnu régent par acclamation. Le prince souhaitait que l'arrêt en fût prononcé sur-le-champ ; le premier président lui remontra qu'il ne le serait qu'au lit de justice tenu incessamment par le Roi, mais portait déjà effet. Le Régent avait remporté une première manche, celle dont le succès dépendait surtout de l'attitude des magistrats, mais la partie n'était pas gagnée, car on allait passer à la discussion des dernières volontés de Louis XIV, débat dans lequel il fallait emporter non seulement la bonne volonté des juges, mais aussi celle des princes et des pairs.

Le duc d'Orléans entama donc un nouveau discours pour présenter ses remarques à ce sujet. Il approuva tout ce qui concernait l'éducation du jeune Roi quant aux personnes, mais son titre de Régent lui suggérait des observations sur lui-même et sur les princes. Le Conseil de Régence imaginé par le testament lui semblait destiné à un prince expérimenté dans l'art de régner ; or, tel n'était pas son cas : il avait besoin de lumières et, au lieu de décider sur le rapport des ministres, se proposait d'établir plusieurs Conseils chargés de soumettre, après discussion, les matières au Conseil de Régence, projet qui avait été conçu par le duc de Bourgogne. Puis il demanda l'admission dans le Conseil de Régence du duc de Bourbon (M. le Duc), qui n'aurait dû y entrer qu'à vingt-quatre ans et en avait vingt-trois ; avec le titre de chef de ce Conseil, il le présiderait en l'absence du Régent. Quant au prince de Conty, seul un oubli pouvait l'avoir écarté du Conseil : on devait réparer cette omission.

Mais, selon le testament, le Régent n'était pas le maître dans ce Conseil primordial : « Le Conseil de Régence, exposa-t-il, est choisi à l'avance, je n'ai aucune autorité ; cette atteinte portée au droit de ma naissance, à mes sentiments d'attachement pour la personne du Roi, à mon amour, à ma fidélité pour l'État, est incompatible avec la conservation de mon honneur. J'ai lieu d'espérer assez de l'estime des personnes ici présentes que ma régence sera déclarée telle qu'elle doit être, c'est-à-dire entière, indépendante, avec la faculté de désigner les personnes dont j'aurai à prendre les avis. Je suis loin de disputer au Conseil le droit de délibérer sur les affaires ; mais si je dois le composer de personnes ayant l'approbation publique, il faut qu'elles aient aussi ma confiance. » Enchaînant, il aborda un autre point délicat, celui de l'éducation de Louis XV. Il la jugeait remise en bonnes mains, celles du duc du Maine, mais il estimait qu'un Régent ne pouvait consentir à déférer à personne le commandement des troupes de la maison de Sa Majesté, que les nécessités de la défense du royaume pouvaient l'obliger à mettre en mouvement. En outre, il était impossible que le grand maître de cette maison — le duc de Bourbon — se trouvât sous la dépendance du duc du Maine.

Bourbon se leva alors pour appuyer les propos du Régent : il ne doutait pas qu'on le laissât entrer dans le Conseil de Régence au titre de chef de celui-ci et il n'entendait pas, en qualité de grand maître, être subordonné au duc du Maine. Ce dernier put enfin s'exprimer. Il était particulièrement visé par le débat, puisque le testament l'instituait surintendant de l'éducation du Roi avec commandement sur les troupes de sa maison. Tout en se déclarant prêt à sacrifier ses intérêts au bien de l'État, il demandait à la cour de faire un règlement sur ses prérogatives, afin de ne point avoir que la seule apparence d'une fonction aussi importante que celle de la garde du jeune souverain sans les moyens convenables pour l'assurer. Sentant que la discussion menaçait de tourner à l'aigre, l'avocat général intervint pour demander que « les gens du Roi » (ainsi appelait-on le ministère public) pussent se retirer au parquet pour délibérer toutes les propositions déjà faites, examiner le testament et les codicilles et prendre de premières conclusions. Ce qui fut accordé. Ils revinrent au bout d'une heure, avec des conclusions favorables à l'entrée du duc de Bourbon au Conseil ; pour l'organisation du gouvernement, l'éducation du Roi et le commandement des troupes, ils proposaient d'en reporter la discussion à une seconde séance tenue l'après-midi ou le lendemain. Le duc de Bourbon fut aussitôt nommé par acclamation chef du Conseil de Régence et on convint de revenir siéger l'après-midi.

Le duc du Maine restait coi, se réservant pour soutenir les clauses lui conférant le commandement des troupes, dont l'exécution eût annulé à peu près tout ce qui venait d'être décidé. Le Régent reprit la parole et exposa que s'il n'avait autorité sur les troupes, sa liberté et sa vie n'étaient pas en sécurité, qu'il ne pouvait assurer l'indépendance de la personne du Roi et que, dans de telles conditions, il était impossible d'exercer la régence. Le duc du Maine riposta que la charge de l'éducation du Roi entraînait l'autorité pleine et entière sur sa maison civile et militaire, sous peine de ne pouvoir répondre du service et de la personne de Sa Majesté. Le duc d'Orléans l'interrompit, Maine répliqua. Sous la politesse perfide et glacée des propos, la dispute s'échauffait et aurait pu tourner à l'altercation si les deux antagonistes n'avaient fini par quitter les lieux pour poursuivre leur discussion dans une chambre voisine. Ils y furent bientôt rejoints par le comte de Toulouse, le duc de Bourbon et quelques pairs (dont Saint-Simon) et surtout par les capitaines des différents corps de la maison, qui, en présence des gens du Roi, protestèrent que, par le droit de leurs charges, ils ne pouvaient recevoir d'ordres que de Sa Majesté ou du Régent. On revint dans la grand'chambre et comme il était près d'une heure, le duc d'Orléans suspendit la séance pour qu'on allât dîner.

Elle reprit peu avant quatre heures et commença par une allocution du Régent, qui entra d'abord en plus de détails sur la nouvelle organisation qu'il entendait donner aux Conseils en s'inspirant des plans du duc de Bourgogne. Puis il aborda de nouveau la question du commandement des troupes de la maison et, tout en rendant hommage au loyalisme du duc du Maine, affirma que ce commandement ne pouvait être divisé sans faire naître un risque de troubles et de guerre civile. En bref, il prétendait avoir seul le commandement des troupes et réclamait pour le duc de Bourbon, en qualité de grand maître, la nomination à toutes les charges de la maison indépendamment du duc du Maine. Les gens du Roi donnèrent alors des conclusions en ce sens. Sentant la partie perdue, le duc du Maine insista pour être déchargé de tout, satisfait du titre de surintendant de l'éducation du Roi. Dans une ambiance surchauffée, on opina et on vota : l'arrêt de la cour combla tous les vœux du Régent.

Au soir de cette rude journée du 2 septembre 1715, trente-six heures à peine après la mort du feu Roi, le duc d'Orléans pouvait respirer : il avait éliminé les obstacles dressés sur sa route et conquis l'assurance de pouvoir exercer l'autorité royale aussi absolument que Louis XIV. Certes, comme l'avait voulu son oncle et confirmé le parlement, il restait tenu de se conformer dans le Conseil de Régence à la pluralité des voix, mais il avait su rendre cette obligation aussi peu contraignante que possible en se faisant octroyer la faculté de composer ce Conseil à son gré. Telles étaient du moins les apparences. La réalité était plus complexe, car, s'il avait réussi à se débarrasser personnellement des entraves que Louis XIV avait tenté de lui imposer, il avait en fait affaibli l'autorité royale en donnant licence aux parlements de critiquer et d'enrayer sans cesse la marche des affaires publiques. Comme il était lui-même fort capable de parler et d'agir en maître, il n'eut pas conscience de compromettre pour tout le siècle l'exercice du pouvoir monarchique. Et pourtant cette imprudente concession du 2 septembre 1715 a entamé le processus qui, par usurpations et par révoltes successives, dressa peu à peu en face de la couronne cette autre puissance : les cours supérieures. Toutes deux empliront de leurs bruyantes rivalités presque toute la vie de Louis XV.

Une autre constatation s'impose au terme de cette fiévreuse séance du parlement : c'est que celui-ci, contrairement à ce qu'ont écrit quasiment tous les historiens, n'a point formellement prononcé la *cassation* ni l'*annulation* du testament et des codicilles du feu Roi. Une telle décision lui était impossible, car le testament, à côté des clauses relatives à la régence, en comportait d'autres concernant l'hôtel des Invalides et la maison de Saint-Cyr, que personne ne souhaitait abolir. Alors, que s'est-il passé ? Tout simplement, le Régent a obtenu du parlement de ne pas tenir compte de celles des dernières volontés de Louis XIV qui le gênaient ; les autres — y compris plusieurs qui visaient l'éducation de Louis XV — furent appliquées.

Premiers actes de majesté

Tant que le Régent disposerait de son autorité, Louis XV n'en commencerait pas moins à exercer « le métier de Roi ». Pendant une régence, le souverain mineur n'était nullement confiné dans l'inaction et l'impuissance en attendant sa majorité : il régnait déjà, il était déjà tête du corps politique du royaume, et aussitôt qu'il était en mesure de parler couramment, de réfléchir quelque peu et de se tenir en public, il avait un rôle irremplaçable à jouer. Si tendre que fût son âge, en effet, nul autre que lui ne dominait la hiérarchie politique et sociale de la France, il demeurait la source unique de toute puissance publique dans l'État. Certes, son statut de mineur ne lui permettait pas de gérer les affaires du pays : c'était là la mission du duc d'Orléans, dépositaire de l'autorité royale, mais la plénitude de cette autorité résidait en la seule personne du petit Roi, d'où elle irradiait d'abord le Régent, par le canal de qui elle prenait en quelque manière un caractère adulte. Louis XV et Philippe d'Orléans n'étaient rien l'un sans l'autre : le Roi, parce que son âge lui prohibait le maniement effectif des affaires ; le Régent, parce que le pouvoir qu'il exerçait sans partage n'était pas le sien propre, mais celui même du jeune monarque. Or, un roi de France n'avait pas seulement à gouverner, il lui fallait exercer des prérogatives, recevoir des honneurs et des hommages, tous inhérents à sa condition royale et donc incessibles, nécessitant sa présence et sa participation personnelles dans les deux mondes à la fois distincts et indissociablement imbriqués qu'englobait la monarchie : l'État et la cour. Dualisme mis en lumière à l'occasion de la mort de Louis XIV, où l'État ne prit pas le deuil du défunt Roi, puisque, comme le rappellera le premier président de Mesmes en accueillant Louis XV au parlement, « la royauté est immortelle en France », mais où la cour entama un grand deuil de six mois, qui obligeait Louis XV à se vêtir de violet sans porter de pierreries, à mettre un crêpe à son chapeau, à vivre dans des appartements drapés de violet, en attendant d'entrer ensuite dans un petit deuil.

Dès le lendemain de la séance du parlement où la régence avait été déférée au duc d'Orléans, Louis XV participa à ces actions de cour et d'État, qu'il était appelé à devoir réitérer ensuite d'innombrables fois et dont la répétition dès l'enfance allait constituer un élément essentiel de son éducation royale, en l'imprégnant quotidiennement des règles de l'étiquette comme de la constitution de la monarchie.

Le 3 et le 4 septembre 1715, Louis XV, le Régent, les princes et princesses et toute la cour assistèrent dans la chapelle de Versailles à la messe de *Requiem*, célébrée en musique pour le repos de l'âme de Louis XIV. Le 3, le Roi, flanqué du Régent, donna audience à une délégation de l'assemblée du clergé venue le haranguer sur son avènement ; c'était l'occasion pour lui non seulement d'entendre un discours quelque peu ennuyeux, mais aussi d'apprendre que le clergé, premier ordre de son royaume, tenait alors, comme tous les cinq ans (les années terminées par un zéro ou un cinq), une assemblée qui, entre autres questions, débattait des subsides accordés par l'ordre au Trésor royal. Le 5, toujours en présence du Régent, il accueillit les officiers du parlement, de la chambre des comptes et de la cour des aides de Paris qui, successivement, vinrent l'assurer de leur fidélité. Le vendredi 6, il signa le contrat de mariage du comte de Torigny avec Mlle de Monaco et, ce même jour, il aurait dû aller à Paris tenir son lit de justice pour la proclamation de la régence, si, les dames de la cour ayant fait entendre qu'on ne pouvait rien faire de grand ni de solennel un vendredi, jour malheureux, on n'avait eu pour les dames et pour cette superstition la complaisance de reporter la cérémonie au lendemain. Mais le 7, alors que déjà les magistrats et les pairs étaient en place et que les troupes du service d'honneur faisaient la haie, on apprit que la séance n'aurait pas lieu : Sa Majesté souffrait de « dévoiement ».

De Vincennes aux Tuileries

Ce contretemps incita le Régent à mettre à exécution une des clauses du premier codicille de Louis XIV, demandant qu'après sa mort le jeune Roi fût conduit à Vincennes, dont l'air avait grande réputation de salubrité. Toutefois, il ne voulut rien ordonner à ce sujet sans consulter les médecins naguère appelés pour soigner le défunt Roi. Ils étaient neuf en tout, trois de la cour et six de Paris, qui tinrent conseil le 8 devant le duc d'Orléans, le duc du Maine, le maréchal de Villeroy et Mme de Ventadour ; celle-ci aurait voulu rester à Versailles, tout comme les médecins de la cour, qui vantaient l'excellence de « l'air natal » ; Orléans, Maine, Villeroy et les autres médecins penchant pour Vincennes, cette pluralité l'emporta et il fut résolu d'y mener Louis XV le jour suivant. Le 9, sur les deux heures, en habit violet, il partit dans un carrosse dont il occupait le fond entre le Régent et Maman Ventadour. Il contourna Paris par-dessus les boulevards et, par le faubourg Saint-Antoine, gagna le château de Vincennes, où il arriva vers cinq heures. Une foule considérable s'était déplacée sur son passage et la gouvernante le prit sur ses genoux pour qu'il fût mieux vu du peuple qui l'acclamait si fort, que l'enfant se mit lui-même à crier « Vive le Roi » ! A l'heure à peu près où Louis XV entrait à Vincennes, le convoi funèbre menant à Saint-Denis la dépouille de Louis XIV s'ébranlait de Versailles.

Le jeudi 12, vers une heure après-midi, le Roi quitta Vincennes en carrosse à huit chevaux et avec une brillante escorte pour aller enfin tenir au parlement le lit de justice où serait publiée la régence. A l'entrée du faubourg Saint-Antoine, il fut accueilli par le prévôt des marchands et les échevins qui lui présentèrent les clefs de la ville. On jetait de l'argent à la foule, qui était si dense que le cortège eut du mal à se frayer un passage, bien que les rues fussent bordées des gardes françaises et suisses. En arrivant au palais, le Roi monta le grand degré à pied, la queue de son long manteau violet portée par le duc de La Trémoïlle. Sur le perron, le prince Charles de Lorraine, grand écuyer de France, le prit dans ses bras et le porta dans la Sainte Chapelle pour vénérer la vraie Croix et accueillir les magistrats envoyés à ses devants. On prit ensuite la direction de la grand'chambre. Le prince Charles portait le Roi, derrière qui la duchesse de Ventadour et le maréchal de Villeroy tenaient chacun une lisière. A l'entrée de la grand'chambre, le duc de Tresmes, faisant office de grand chambellan, s'empara de lui et le porta sur son lit de justice, entre le maréchal de Villeroy, son gouverneur, et la duchesse de Ventadour tenant toujours la lisière.

Lit de justice : l'expression venait de ce que le souverain justicier suprême, était assis sur une sorte de gros coussin fleurdelysé, deux autres coussins soutenant ses coudes et un autre ses pieds. Ce siège était surmonté par un dais, d'où pendait une tenture semée de fleurs de lys. Lit et dais étaient dressés dans un angle de la grand'chambre, tout près du crucifix. Le cérémonial de ces séances royales était rigoureusement déterminé : à droite étaient les princes du sang et les pairs laïques ; à gauche, les pairs ecclésiastiques et les maréchaux de France ; aux pieds de Sa Majesté, le grand chambellan ; au bas des degrés du siège royal, le grand écuyer, les capitaines des gardes, le capitaine des Cent-Suisses. Sur une « chaise à bras » recouverte de l'extrémité du tapis violet semé de fleurs de lys servant de drap de pied au Roi, prenait place le chancelier de France ; les présidents à mortier occupaient leur banc ordinaire, puis les conseillers d'État et les maîtres des requêtes en robe noire, les secrétaires d'État, les chevaliers de l'ordre du Saint-Esprit, les gouverneurs des provinces et enfin les conseillers du parlement en robe rouge. Le Roi disait quelques mots, puis le chancelier, après avoir pris ses ordres, exposait l'objet de la séance et invitait les gens du Roi à rendre leurs conclusions.

Quand tout le monde fut placé, le duc de Tresmes aida Louis XV à donner par trois fois « le salut du chapeau » à la compagnie, puis la séance commença. Le Roi répéta de fort bonne grâce la petite phrase qu'on lui avait apprise : « Messieurs, je suis venu ici pour vous assurer de mon affection ; mon chancelier vous dira le reste. » Le chancelier Voysin se découvrit, mit un genou en terre devant Sa Majesté pour lui demander la permission de parler, se rassit et prononça le discours de circonstance ; le premier président débita ensuite le sien et l'avocat général conclut à la régence conformément aux décisions adoptées le 2 septembre. Le chancelier prit les opinions et prononça l'arrêt. La séance avait duré un peu plus d'une heure. Pendant tout ce temps Louis XV ne parut point embarrassé, fut constamment tranquille et ferme à sa place, attentif à tout ce qui se disait et se faisait. La chaleur était telle qu'il devait s'essuyer avec un mouchoir que lui passait Mme de Ventadour et qu'il lui rendait. A la fin, il se retira un moment dans le cabinet du premier président pour changer de linge et prendre une collation. Étant rentré dans la grand'chambre, il revint à sa place, leva la séance et s'en retourna à Vincennes, escorté comme en venant, au milieu des acclamations et des cris de la foule et salué par le canon de la Bastille.

La préparation et le déroulement de ce premier acte public de majesté lui inspirèrent peut-être des pensées sérieuses, mais aussi des facéties. Alors qu'on lui serinait les quelques mots qu'il devait prononcer au parlement, il s'offusqua de ce qu'on voulait le traiter en enfant, déclara qu'il dirait bien tout, qu'il ne voulait pas que son chancelier dise le reste et qu'on n'avait qu'à le lui apprendre. Son premier valet de chambre ayant pénétré dans son cabinet, il lui cracha au visage en badinant et lui dit : « Retirez-vous, je suis avec mon chancelier » ; c'était son petit « houssard », un compagnon de jeu qu'on lui avait donné ! Abordant M. de La Vrillière, il lui demanda qui il était : « Sire, je suis secrétaire d'État de Votre Majesté, répondit l'interpellé, et j'aurai l'honneur de travailler avec Elle » ; sur quoi, il le fit passer dans son cabinet et lui donna pour travail des noisettes à éplucher. Impertinences qui lui procuraient la détente indispensable au milieu des contraintes que lui imposait déjà le métier royal.

Le 14 septembre, il doit subir les harangues du Grand Conseil, de l'Université de Paris et de l'Académie française. École d'endurance et de courtoisie que toutes ces allocutions, avant-garde des milliers d'autres que, tout au long de son règne, lui infligeraient les innombrables corps de son royaume et dont il lui faudrait endurer avec bienveillance et politesse l'éloquence conventionnelle. Il donne audience, le Régent présent, aux ambassadeurs et ministres étrangers venant faire leurs compliments de condoléances sur la mort du feu Roi : le 16 septembre, c'est l'ambassadeur du roi de Suède, et le lendemain, toute une fournée : le nonce du pape, les ambassadeurs des rois de

Portugal et de Sicile, les envoyés des princes d'Allemagne et d'Italie, le 24 l'ambassadeur hollandais. Toujours flanqué du Régent, il reçoit le serment de fidélité des nouveaux titulaires des grandes charges : les échevins de Paris le 18 septembre, le grand chambellan, le trésorier de l'ordre du Saint-Esprit, le premier médecin de Sa Majesté le 23. C'est presque chaque fois l'opportunité de s'instruire de quelque point de la vie du royaume : les échevins de Paris, par exemple, étaient en retard d'un mois, à cause de la maladie du feu Roi, mais on les reverrait d'ordinaire chaque année autour du 16 août, date à laquelle avait toujours lieu le renouvellement partiel de la municipalité de la capitale. Rien de plus significatif à beaucoup d'égards que toutes ces fonctions, et notamment les réceptions de serment : la souveraineté, même apparemment en veilleuse, résidait tout entière dans le Roi mineur et la fidélité qui lui était alors jurée était perpétuelle, nullement astreinte à quelque réitération lors de sa majorité, le Régent étant le compagnon et le témoin nécessaire de ces jurements.

Au milieu de toutes ces servitudes, se glissent quelques séances de pose accordées à M. Rigaud, le portraitiste attitré des grands de ce monde, qui a commencé à peindre un tableau représentant le jeune Roi. Le 26 septembre, voici la députation des états de Languedoc, qui vient présenter le cahier de leurs vœux ; le 11 octobre, ce sera le tour de celle des états de Bourgogne et, le 7 janvier 1716, de celle des états d'Artois. Le Régent n'assistait pas à ces audiences, où les députés, conduits par le secrétaire d'État responsable de leur province, étaient présentés au Roi par le gouverneur de celle-ci. On put alors expliquer à Louis XV qu'un gouverneur était le représentant de sa personne dans une province, que chaque année il reverrait ces Languedociens au parler chantant et ces gens d'Artois, car leurs états provinciaux tenaient une session annuelle, alors que les Bourguignons ne reviendraient que dans trois ans, intervalle ordinaire entre les réunions de leurs états. Autres députations, celles des cours supérieures des provinces venant assurer leur nouveau maître de leur loyalisme et présentées, elles aussi, par le gouverneur de la province : les premiers furent, le 27 octobre, les envoyés du parlement de Dijon suivis le 6 décembre par ceux de la chambre des comptes de Blois, le 11 décembre par ceux du parlement de Rouen et le 31 décembre ceux du parlement de Besançon. Il dut de même accueillir les délégations envoyées par les principales villes de France : capitouls de Toulouse le 27 octobre, maire et échevins de Rouen le 7 décembre 1715, jurats de Bordeaux le 7 janvier 1716. Autant d'occasions de se pénétrer par impressions répétées des différentes institutions de la monarchie, de la variété des statuts et des privilèges provinciaux et de prendre peu à peu conscience de l'infinie diversité du royaume.

Il fallait aussi se donner en spectacle, Vincennes attirant beaucoup de curieux désireux de voir le Roi allant se promener. Les jours de fête, c'était une foule innombrable qui assiégeait ce château et en rendait l'abord presque inaccessible. Le dimanche 29 septembre, arriva ainsi un vénérable vieillard, dont l'extrait baptistaire attestait qu'il était âgé de cent quatorze ans ! Ayant été successivement sujet de Henri IV, de Louis XIII et de Louis XIV, il voulait, avant de mourir, contempler le quatrième Roi Bourbon. Il fit d'abord sa révérence à Mme de Ventadour, qui lui donna à dîner, il alla ensuite attendre le passage du Roi dans la salle des gardes, on le présenta à Louis XV qui, voyant ses efforts pour fléchir le genou devant lui, lui donna aussitôt sa main à baiser et le congratula.

Ce séjour à Vincennes s'annonça bientôt provisoire : dès la fin de septembre, le Régent décida que la cour ne retournerait pas à Versailles, mais se transporterait à Paris, où il avait mieux ses aises et ses plaisirs. Le Roi devant habiter le palais des Tuileries, on se hâta de mettre celui-ci en état de le recevoir. La cour n'y avait pas logé depuis plus d'un demi-siècle ; on dut y remplacer beaucoup de poutres vermoulues et toutes ces réfections durèrent plus longtemps que prévu. D'autres motifs s'ajoutèrent à cela pour différer le départ de Vincennes, où Louis XV se portait à merveille : on craignait pour lui « le mauvais air » de la capitale, où l'on signalait alors de nombreux cas de petite vérole. Une grande consultation des médecins décida unanimement, à la mi-novembre, que Sa Majesté ne serait menée à Paris que lorsqu'il aurait gelé. Au même moment, on connut officieusement les noms des gentilshommes qui auraient la responsabilité de son éducation : le maréchal de Villeroy serait son gouverneur, assisté de deux sous-gouverneurs. Les prérogatives de la duchesse de Ventadour n'étaient pas entamées pour autant, mais il était bon de commencer à habituer Louis XV aux personnes destinées à l'entourer quand il serait plus grand. Il y avait, au demeurant, peu de chance que des contentions s'élevassent entre la gouvernante et le gouverneur : Mme de Ventadour avait été jadis la maîtresse de Villeroy et si le péché d'adultère ne les réunissait plus, ils restaient liés par de vieux souvenirs et par leur commune appartenance à la clientèle de Mme de Maintenon.

De fortes gelées s'étant enfin produites et les Tuileries étant prêtes, Louis XV quitta Vincennes le 30 décembre 1715 après son dîner pour aller demeurer à Paris. Arrivé vers trois heures, il était à peine installé que le prévôt des marchands et les échevins surgissaient pour lui souhaiter la bienvenue et lui dire la joie des habitants de le voir résider parmi eux. Le lendemain, il était salué par le clergé de Saint-Germain-l'Auxerrois, paroisse des Tuileries ; et le surlendemain les cours supérieures, parlement en tête, venaient le féliciter de sa venue. La population était effectivement ravie de la présence du petit Roi dans ses murs. On peut dire qu'elle lui voua une véritable idolâtrie. Tous les Parisiens éprouvaient une tendresse infinie pour ce précieux rejeton ; les cœurs se serraient à la pensée de le perdre, chacun était attendri par sa beauté et sa grâce, la moindre de ses indispositions semait l'angoisse, ses bons mots étaient recueillis et répétés avec empressement, ses espiègleries et ses caprices commentés avec une indulgence inépuisable.

La mécanique de cour et d'État

Aux Tuileries, le métier de Roi allait être plus assujettissant qu'à Vincennes et rythmer ses jours d'obligations variées, et d'abord religieuses. Roi de France, il était le Roi Très Chrétien et, comme tel, astreint, quel que fût son âge, à des devoirs publics de religion : messe quotidienne le matin dans son oratoire ou la chapelle du château, plus solennelle et chantée « en musique » les dimanches et aux grandes fêtes, où il allait aussi aux vêpres et au salut. Les temps forts de l'année liturgique amenaient un surcroît d'exercices : prédications de l'Avent et du Carême, cérémonies de Noël, de la Semaine Sainte et de Pâques, stations de la Fête-Dieu, fêtes de la Vierge. Certaines de ces messes du Roi étaient des messes de fondation, inlassablement célébrées pour les défunts de la famille royale : dès le début de son règne et jusqu'à la fin de sa vie, Louis XV entendit chaque année les messes de *Requiem* dites le 12 et le 18 février pour l'anniversaire des décès de sa mère et de son père, le 14 avril pour le grand Dauphin, le 30 juillet pour la reine Marie-Thérèse, le 1er septembre pour Louis XIV.

Et puis il y avait la mécanique ordinaire : l'audience hebdomadaire du corps diplomatique, les audiences de congé ou d'arrivée des diplomates étrangers accrédités en France, les prestations de serment, les signatures de contrats de mariage, les harangues à subir. Les députations des cours supérieures des provinces continuèrent à affluer : le parlement de Toulouse, la cour des monnaies de Lyon, la cour des aides de Montauban et celle de Dole, le parlement et la chambre des comptes de Grenoble en janvier, défilé enfin clos par la réception des délégués du parlement de Metz le 9 mai. Le Roi dut aussi commencer à s'acquitter de ses devoirs de politesse familiale : le 10 février 1716 — et ce fut sa première sortie des Tuileries — il alla au Palais Royal voir Madame, le Régent et sa femme. Il était prévu qu'il irait le 20 mars saluer au Luxembourg la duchesse de Berry, mais il y eut des difficultés au sujet des places dans son carrosse, la visite fut ajournée et n'eut lieu que quinze jours plus tard : il occupait le fond du carrosse entre la duchesse de Ventadour et le duc du Maine et en face étaient assis les deux fils du duc du Maine encadrant Mme de Villefort, sous-gouvernante. On avait retiré les strapontins et ainsi coupé court aux prétentions des grands officiers, que ni Louis XV dans le passé, ni le Régent présentement, n'avaient voulu régler. C'était pour lui la première de ces querelles de rang et d'étiquette qui surgissaient constamment à la cour et que, devenu majeur, il devrait arbitrer ou laisser pendantes, comme étant dans son royaume le maître des honneurs.

On comprend qu'un enfant de six ans ait été parfois excédé par toute cette figuration, d'autant qu'il l'accomplissait avec un sérieux étonnant. Un jour de septembre 1716, il envoya tout au diable : après s'être mis en colère contre le capitaine de ses gardes, il ne voulut point voir les ambassadeurs qui étaient venus comme tous les mardis, il refusa d'aller à la messe. Maman Ventadour fit chercher le duc du Maine, mais il n'en put rien obtenir de plus. Il ne se radoucit qu'après son dîner, promit de ne plus recommencer et fut très sage tout le reste de la journée.

Caprices et chagrins

Tant de grandeurs et de servitudes ne pouvaient que renforcer chez lui ce sentiment de solitude qui le hantait déjà quand il était Dauphin. Il se trouvait dans cette situation paradoxale et déprimante d'avoir une dynastie (et, de plus, d'en être le chef) et d'être en même temps sans famille. Plus de père, plus de mère ; ni frère, ni sœur. Quelques parents proches par le sang, mais lointains par leur résidence autant que par leurs intérêts : à Turin, ses grands-parents Savoie, père et mère de la duchesse de Bourgogne ; à Madrid, son oncle le roi d'Espagne Philippe V, frère du duc de Bourgogne. En France, ses seuls proches étaient une arrière-grande-tante : Madame ; un grand-oncle à la mode de Bretagne : le Régent, marié, on s'en souvient, à une bâtarde de Louis XIV ; deux grands oncles légitimés : le duc du Maine et le comte de Toulouse ; soit une vieille dame, des hommes mûrs et aucun prince de son âge. Le duc d'Orléans n'avait qu'un fils, le duc de Chartres, de sept ans plus âgé que le Roi, et plusieurs filles, dont l'aînée, veuve du duc de Berry, enivrée par son titre d'Altesse Royale, scandalisait par son orgueil et son inconduite. Du côté des Condé et des Conty, même situation.

Aussi Mme de Ventadour avait-elle tenu à lui donner un petit compagnon, qu'elle n'avait pas craint d'aller chercher dans un milieu très simple : c'était le fils d'un savetier de Versailles, élevé avec lui et participant à ses jeux. On l'appelait le houssard du Roi, à cause de l'uniforme qu'on lui avait confectionné. Quand Louis XV fut installé aux Tuileries, son houssard fut mis au collège à Paris et venait tous les dimanches chez le Roi, qui se divertissait de ses histoires et lui faisait des cadeaux. D'autres enfants, de condition aussi modeste, devinrent à Paris les camarades de Louis XV et même, pendant l'été de 1716, il eut auprès de lui un jeune Indien, qu'on disait « fils d'un roi iroquois »; le houssard en conçut quelque jalousie, que le Roi apaisa en lui disant : « Quoique j'aie pris cet Indien, je ne laisserai pas de t'aimer toujours, pourvu que tu sois sage ! »

Dans de telles conjonctures, Mme de Ventadour fut plus que jamais la « Maman » très aimée, l'ultime recours lorsque l'enfant Roi était las de sa solitude, de sa grandeur et de faire des choses dont il n'avait pas envie. Et cela d'autant plus que, depuis l'avènement, elle avait, si possible, redoublé de zèle, le poids de sa charge lui semblant encore plus pesant. Tant que vivait Louis XIV, il était le maître de l'éducation du Dauphin. Mais son décès amplifia les responsabilités et l'autorité de la gouvernante, qui était pour ainsi dire sans direction, puisqu'elle tenait le petit Roi sous son obéissance et qu'elle était dans une dépendance très lâche vis-à-vis du Régent. D'où ses soupirs : « Mon petit Roi ne me laisse pas le temps de respirer », « la tête me tourne de tout ce qu'il faut faire », « je me trouve uniquement seule avec le Roi, je fais toutes les charges de sa maison, nuit et jour occupée de sa santé, enfermée dans une cage, plus de commerce avec des amis de quarante-cinq ans... Dieu me soutiendra s'Il veut la conservation de ce précieux enfant ! ». Au grand soulagement de la duchesse, Mme de Maintenon ne mit pas fin, de sa retraite de Saint-Cyr, à sa correspondance confidentielle avec elle et la veuve de Louis XIV continua par cette voie à guider et à réconforter la gouvernante.

A côté des moments de gaieté et de pétulance propres à son âge, Louis était déjà sujet aux « vapeurs », terme qui désignait alors les accès de tristesse et de mélancolie. Très significatif apparaît à cet égard un incident fort mince survenu alors qu'il venait d'avoir six ans. Le lundi 24 février 1716, il se trouva mal à la messe. Comme il y avait beaucoup de monde dans la chapelle, la nouvelle de ce malaise se répandit très vite, semant une alarme générale. Le Régent accourut aussitôt chez le Roi et le trouva en parfaite santé : l'incommodité de Sa Majesté avait cessé, ce n'était qu'une « colique venteuse ». Combien édifiants les détails alors communiqués par Maman Ventadour à Mme de Maintenon pour la rassurer ! « Un vent le fit rougir et pâlir, confiait-elle, il se coucha nonchalamment sur moi, qui suis son recours ordinaire dans ses maux. Ensuite, il fit son potage lui-même et trouva son soulagement à ne plus faire le Roi. Souvent, il n'aurait pas mangé quand il était Dauphin, s'il n'était venu chez moi. Cette étiquette, ces cérémonies, ces spectacles me désolent. J'y remédie incognito, autant que je peux. Nous sortons du sermon : j'ai voulu le promener aux Tuileries, mais, pour peu que l'ordre ne soit pas donné, l'empressement de le voir le fait étouffer. Paris l'aime à la folie... Il écrit à merveille, mais c'est un enfant qu'il faut ménager, car naturellement il n'est pas gai et les grands plaisirs lui seront nuisibles, parce qu'ils l'appliqueront trop. On voudrait qu'il représentât toujours avec la même égalité d'humeur ; vous savez, Madame, combien cette contrainte est malsaine à son âge. Vous vous moquerez de moi si je vous dis qu'il a des vapeurs : rien n'est pourtant plus vrai et il en a eu au berceau. De là ces airs tristes et ces besoins d'être réveillé. On en fait tout ce qu'on veut, pourvu qu'on lui parle sans humeur. »

Les sentiments de solitude et de lassitude engendrés chez le Roi par sa condition d'orphelin et par ce gavage de représentation et de figuration venaient dangereusement se greffer sur certaines tendances héréditaires. Le précédent de Louis XIII révélait chez les Bourbons un penchant très net à la timidité et à la neurasthénie, auquel se vint combiner la mélancolie maladive de la grand-mère paternelle de Louis XV, la Dauphine Marie-Anne de Bavière, qui a probablement légué à son petit-fils cette mélancolie précoce que les circonstances de sa vie développèrent au lieu de l'étioler.

L'ÂGE DE RAISON

1716, première année passée par Louis XV à Paris, fut aussi en pratique la dernière de son éducation proprement enfantine. Il continua par une expérience quotidienne à s'initier et à s'habituer aux fonctions et aux rites du métier royal. Le 1er mars, la cour abandonna le grand deuil ouvert par la mort de Louis XIV pour passer au petit deuil et le Roi put alors mettre des pierreries sur ses habits. En Roi Très Chrétien, il suivit avec une attention que Dangeau jugeait « surprenante » les sermons prêchés au long du carême et participa, depuis l'audition des Ténèbres du Mercredi, à tous les offices de la Semaine sainte. En particulier, le Jeudi saint, avec tout l'appareil habituel, il assista à la Cène, puis lava lui-même les pieds de treize pauvres, après quoi on le fit recoucher, car on craignait que cette cérémonie ne l'eût fatigué ; il alla ensuite à l'office dans l'église des Feuillants, où il retourna le lendemain pour l'adoration de la croix. Au mois de juin, à genoux à une fenêtre du palais, il accueillit la procession de la Fête-Dieu de la paroisse Saint-

Germain-l'Auxerrois qui se rendait aux Tuileries, dont les avenues et la cour étaient tendues des plus belles tapisseries de la couronne.

D'autres circonstances lui firent prendre conscience qu'il était le chef des armées : le 20 mai, il passa en revue, dans la grande allée des Tuileries, les régiments des gardes françaises et suisses, que l'on venait d'habiller de neuf, et le 8 juin il procéda à l'investiture de nouveaux chevaliers de l'ordre de Saint-Louis, cérémonie qu'il renouvela le 12 décembre. La discipline militaire lui procura l'occasion d'exercer sa fonction de justicier suprême en usant pour la première fois d'une de ses prérogatives régaliennes : le droit de grâce. Ayant su qu'on devait passer par les armes dans la plaine de Grenelle un soldat qui avait déserté, le Roi voulut y aller pour lui faire grâce. Il attendit impatiemment l'arrivée du condamné et, dès que celui-ci fut à portée de lui, il cria « Grâce ! » et montra beaucoup de joie de lui avoir sauvé la vie. C'était le 17 décembre.

Tous les jours dans la matinée, Louis continua de suivre les leçons de son instituteur l'abbé Perot. Maman Ventadour et l'abbé veillaient à le distraire par des sorties nécessaires à sa santé comme à son instruction. On lui faisait prendre l'air en le menant au cours la Reine, aux Champs-Élysées, à la Muette, à Grenelle, au château de Madrid dans le bois de Boulogne. Toutefois, on ne le sortit guère pendant les grosses chaleurs de l'été, car il y avait beaucoup de petite vérole dans Paris. D'autres promenades étaient conçues pour lui faire connaître les beautés et les curiosités de sa capitale et pour compléter par des exemples concrets l'enseignement qu'il recevait. Dès le 29 février 1716, il était allé voir au Louvre les fameux plans en relief des villes fortes du royaume, que lui avait expliqués l'ingénieur responsable, M. Mazin. Le 11 mai, on le conduisit au Jardin des Plantes, où s'était retiré le premier médecin de Louis XIV, le vieux et sinistre Fagon, qui lui offrit une collation. Le 10 juin, on lui montra l'Observatoire, où l'on fit devant lui plusieurs expériences ; celles réalisées avec l'aimant lui plurent particulièrement et il s'y intéressa longuement ; au retour, il fit halte devant la maison des pères de l'Oratoire, où vivait dans la retraite un fidèle serviteur du feu Roi, le chancelier de Pontchartrain, qui vint saluer Sa Majesté à la portière de son carrosse. Et le 22 juillet, il alla pour la première fois admirer la place Royale et la place des Victoires. Le 1er septembre, il quitta le deuil de Louis XIV et, dès le lendemain, alla rue de Richelieu à une réception que lui avait préparée sa marraine la duchesse de La Ferté, dans son hôtel.

Au fil des jours se rapprochait peu à peu le septième anniversaire du Roi et donc le moment où il passerait aux mains des hommes, ce moment à la fois redouté et désiré par Mme de Ventadour. Redouté, parce qu'il marquerait sa séparation d'avec cet enfant tendrement aimé. Et ardemment désiré, parce qu'elle serait délivrée des lourdes responsabilités qui pesaient sur elle : « Onze mois sont bien longs », disait-elle à la fin de février 1716. Elle atteignit sans traverse l'an 1717 qui, au bout de quelques semaines, allait marquer la cessation de ses fonctions.

Dès le premier jour de la nouvelle année, le Régent régla avec elle les pensions des personnes qui avaient servi le Roi : sous-gouvernantes, femmes de chambre, valets et garçons de chambre. Le 1ᵉʳ février, selon un usage très ancien, Louis fut mis tout nu et on fit défiler devant lui médecins, chirurgiens, apothicaires, princes, princesses, seigneurs et dames, qui, après l'avoir palpé, examiné et visité membre par membre, signèrent un procès-verbal reconnaissant qu'il était de sexe mâle, nullement blessé, bien nourri, sain et entier.

Sur ces entrefaites intervinrent inopinément dans le haut personnel de l'État des changements dont le Roi eut plus qu'un écho lointain et qui amenèrent aux affaires des hommes appelés à le servir ensuite pendant de longues années. Le 2 février, en effet, mourut subitement un très important personnage, que Louis avait vu assis au bas des degrés de son lit de justice le 12 septembre 1715 et qu'il avait revu depuis en diverses circonstances : le chancelier de France, M. Voysin. Fut-il averti sur le moment de ce décès ? On l'ignore. Mais, le 3 février, en présence du Régent, il reçut le serment du nouveau chancelier que ce prince, conseillé par le duc de Noailles, s'était hâté de désigner : M. d'Aguesseau. Ce ministre, qui, jusque-là, exerçait les fonctions éminentes de procureur général du parlement de Paris, allait être une des gloires du règne. Le Régent lui donna pour successeur dans cette charge de procureur général l'avocat général Guillaume François Joly de Fleury, un savant magistrat que d'Aguesseau présenta le 7 à Louis XV, qui devait avoir ensuite tant d'occasions de le revoir et d'entendre parler de lui.

Le 13 février au matin, quand on habilla Sa Majesté, on lui ôta ses lisières et, à son dîner, sans qu'Elle en parût surprise, le maréchal de Villeroy commença à La servir à la place de Mme de Ventadour, qui s'était volontairement absentée pour préparer l'enfant aux changements imminents. Le lendemain, Louis étant habillé, les officiers de garde-robe lui demandèrent s'il voulait qu'on lui remît ses lisières : « Non, non », s'écria-t-il, tandis que la gouvernante répliquait : « Le Roi se tient trop droit et marche si sûrement que je n'ai pas dessein qu'on les lui remette. »

Le lundi 15 février, Louis XV eut sept ans. On le vêtit de

neuf, puis Mme de Ventadour alla se poster au passage du Régent à l'heure où il se rendait au Conseil. Selon la formule consacrée, elle lui demanda :
« Monseigneur, voulez-vous bien que je dépose entre vos mains la personne du Roi ?
— Volontiers, Madame. »
Étant entrés dans la chambre de l'enfant, la duchesse reprit :
« Monseigneur, voilà le dépôt que le feu Roi m'a confié et que vous m'avez continué ; j'en ai pris tous les soins possibles et je le rends en parfaite santé.
— Le Roi et tout l'État vous ont, Madame, une obligation infinie de l'attention que vous avez apportée à préserver des jours si précieux de tout accident. »
Se tournant vers Louis :
« Sire, vous ne devez jamais oublier les obligations que vous avez à Mme de Ventadour. Elle vous a sauvé la vie par ses bons soins et chacun est content de l'éducation qu'elle vous a donnée. »
Puis Philippe d'Orléans lui présenta son gouverneur, le maréchal de Villeroy, et son précepteur, l'ancien évêque de Fréjus, M. de Fleury. S'adressant à eux, il termina : « Messieurs, ce sacré dépôt vous regarde particulièrement. Nous espérons que vous répondrez parfaitement à l'attente que toute la France a conçue de vous pour l'éducation du Roi. C'est à vous à présent d'en avoir tout le soin que nous nous promettons de votre zèle et de votre inclination pour Sa Majesté et pour l'État. »
Mme de Ventadour dit alors au Régent : « Monseigneur, voilà mon ministère fini, vous me permettrez de baiser la main du Roi et de me retirer. » Elle baisa aussitôt la main de Louis, si émue qu'elle ne put retenir ses larmes. Le Roi, se rendant compte de la séparation qui s'opérait, se jeta vers la duchesse, la serrant de se petites mains, se suspendant à ses vêtements, refusant de la lâcher, pleurant à chaudes larmes et criant à travers ses sanglots : « Maman..., Maman... » Elle parvint à sortir, mais Louis XV ne cessa de pleurer, mettant son chapeau devant ses yeux pour cacher ses larmes. Il alla à la messe dans son oratoire ; tournant la tête et ne voyant plus sa Maman, les sanglots recommencèrent. Après la messe, on tâcha de le consoler dans la pièce du billard, pendant qu'on déménageait son appartement, dont pour lors les meubles appartenaient de droit à la gouvernante. Ensuite, on le ramena dans sa chambre, où se tenaient ses nouveaux serviteurs et jusqu'à un jeune suisse âgé de six ans et demi, Jacob, tenant à la main une petite hallebarde d'argent au manche d'ébène. Il demeurait inconsolable et, quand vint l'heure du dîner, refusa de manger si Mme de Ventadour ne revenait près de lui. On finit, vers trois heures et demie, par envoyer chercher la duchesse qui

lui fit reproche de ce qu'à son âge il manquait de résolution, lui remontra qu'il devait au contraire être très content de se trouver sous la conduite des hommes et fit appel à sa raison.

« C'est parce que j'ai de la raison, ma chère Maman, que j'ai regret de me voir séparé de vous.

— Mais, Sire, vous n'avez pas mangé.

— Non ! A présent que vous êtes auprès de moi, que l'on m'en apporte. »

Il dîna donc en sa compagnie et, à ce moment, M. de La Vrillière, secrétaire d'État, apporta pour la duchesse un présent de diamants qu'il étala sur la table du Roi : il y avait des bracelets avec les portraits du Dauphin et de la Dauphine Bourgogne, un collier de perles avec une croix de diamant magnifique, la bague du Dauphin Bourgogne et encore d'autres pierreries, l'ensemble valant plus de 150 000 livres. « Est-ce tout ? » demanda Louis. « Oui, Sire », lui répondit-on. « C'est bien peu. Ma Bonne en mérite davantage par les soins qu'elle a pris de moi. » Huit jours plus tard, on porta chez elle la vaisselle de vermeil des Dauphin et Dauphine père et mère de Louis XV.

Mme de Ventadour ne se retira que vers neuf heures du soir. Le Roi, lui ayant fait promettre de revenir le lendemain, se coucha assez tranquillement et sombra dans le sommeil après une journée si lourde de chagrin. Une étape de sa vie s'achevait comme elle avait commencé : dans les larmes.

*
**

Au terme de sa mission, quel bilan la duchesse de Ventadour pouvait-elle en dresser ? « Ne prétendez nous le rendre ni beau, ni spirituel : rendez-nous le sain ; c'est tout ce qu'on veut » : telles avaient été, on s'en souvient, les recommandations de Mme de Maintenon en 1712. Sur le dernier point, ces vœux avaient manifestement été comblés : le Roi n'avait cessé depuis 1715 de se fortifier et il était très bien portant. Par habitude, on s'alarmait encore quand lui advenait quelque petite indisposition, mais insensiblement le temps était passé où l'on croyait voir l'ombre de la mort planer constamment sur lui. Les compétitions dynastiques et les complications politiques que son décès n'aurait pas manqué de susciter devenaient des éventualités de plus en plus improbables et l'État en était affermi.

Il se trouvait qu'en plus Louis XV était beau et intelligent ! Avantages congénitaux que la gouvernante, surtout pour le second, avait su développer. L'enfant était ravissant et tous ceux qui le voyaient était, quels qu'ils fussent, en admiration devant sa beauté et sa grâce. La vivacité et la curiosité de son esprit frappaient tout autant. Il était évident que l'abbé Perot avait su éveiller son intelligence et que ses leçons, soutenues par l'heureuse mémoire de l'élève, avaient porté des fruits. Enseignement élémentaire, certes, mais assurant des bases solides. Quelques jours avant de passer aux mains des hommes, le Roi se servit de ses fraîches connaissances historiques pour taquiner le nonce du pape en lui demandant combien il y avait eu de souverains pontifes jusqu'à présent. Le prélat ayant hésité et n'ayant pu donner le chiffre exact, Louis lui répliqua : « Vous ne savez pas le nombre des papes, et moi je sais combien il y a eu de rois en France jusqu'à moi, qui suis encore un enfant. » Sur quoi, il lui récita, dans l'ordre chronologique, la liste de ses prédécesseurs. Plus encore que pour l'histoire, Louis XV éprouvait pour la géographie un attrait si vif, que les contemporains s'en firent l'écho non par quelque réflexe flagorneur, mais pour faire partager une admiration réelle, et un peu étonnée, devant un goût si précoce et si prononcé. Il n'était encore que Dauphin et déjà, nous l'avons vu, Mme de Ventadour et Dangeau avaient remarqué cette inclination. Celle-ci ne faiblit pas, au contraire, et, peu avant que le Roi n'atteignît ses sept ans, on pouvait relater que la géographie faisait « ses délices » et qu'il aimait « passionnément tout ce qui a rapport à cette science, comme sphères, globes, compas, figures de mathématiques, etc. ». Inclination qui décelait tout un penchant de sa nature : le sérieux. Sérieux dans ses curiosités intellectuelles, comme dans ses exercices de piété et de religion et dans l'accomplissement de ses devoirs de représentation, si pesants qu'ils lui parussent.

Sous le gouvernement de Mme de Ventadour s'étaient accusés plusieurs traits de son caractère qui s'esquissaient déjà lorsqu'il était Dauphin. En particulier, ce double aspect de sa personnalité qui le faisait paraître tantôt gai, enjoué, espiègle, plein d'entrain, et tantôt triste, mélancolique, ennuyé. C'était le signe d'un penchant inné à la neurasthénie, renforcé par sa condition d'orphelin, où la sensation de sa solitude — aussi absolue que son pouvoir — venait comme par bouffées prendre le pas sur la vivacité et la pétulance naturelles à son âge. D'où la réaction bien aperçue par Maman Ventadour : ce « soulagement à ne plus faire le Roi », ce besoin de fuir la foule de la cour et ses visages inconnus, révélateur d'une adéquation imparfaite entre le rôle auquel l'appelait sa naissance et certaines pentes de sa nature.

CHAPITRE II

Une enfance parisienne

En passant aux mains des hommes, Louis changeait d'entourage et en partie de vie, car ses obligations de représentation et de cérémonial allaient s'alourdir. Le duc du Maine conservait la surintendance de l'éducation de Sa Majesté, qualité qui lui conférait plus d'honneur que de responsabilité effective, mais, sous lui, c'était un renouvellement presque complet des personnes appelées à élever le Roi jusqu'à sa majorité. Dans leur recrutement, le Régent avait suivi les dernières volontés de Louis XIV, à une exception près. Par son second codicille du 23 août 1715, le feu Roi avait en effet décidé que son propre confesseur, le père Letellier, continuerait son ministère auprès de Louis XV. Ce jésuite ayant fortement intrigué contre lui lors de la préparation du testament royal, le duc d'Orléans, aussitôt après la mort de son oncle, l'avait invité à s'éloigner de la cour et ne lui donna un successeur que lorsque le jeune Roi approcha de l'âge de raison. Ce fut un prêtre très savant et très pieux, étranger à toute coterie et qui, aux côtés de Fénelon, avait été sous-précepteur des père et oncles de Louis XV, les ducs de Bourgogne, d'Anjou et de Berry : l'abbé Claude Fleury, que l'on présenta à Louis XV le 14 novembre 1716. Pour le reste, le Régent, dès le mois d'avril 1716, avait fait dépêcher les nominations officielles des personnes retenues par Louis XIV : le maréchal de Villeroy comme gouverneur, M. de Fleury, ancien évêque de Fréjus, comme précepteur, les marquis de Saumery et de Ruffey comme sous-gouverneurs, ce dernier, lié au duc du Maine, avait été substitué au marquis de Joffreville, qui s'était récusé à cause de sa mauvaise santé. Gouverneur et sous-gouverneurs étaient flanqués de quatre gentilshommes de la manche : le chevalier puis marquis de Pezé, le marquis d'Haussy, le marquis d'Arcy et M. de La Haye. Trois valets de chambre furent désignés pour être continuellement à la disposition du Roi

« pendant ses études et ses exercices » et y faire les fonctions qui leur seraient réglées par Villeroy et M. de Fréjus. Un avocat du nom de Philippe Lambert fut « attaché à l'instruction » de Sa Majesté : il assura le secrétariat de l'éducation aussi bien pour le gouverneur que pour le précepteur.

Changement d'entourage accompagné d'un changement sensible d'existence. Jusqu'en février 1717, en effet, les personnes vaquant à l'éducation du Roi, depuis Mme de Ventadour jusqu'à la plus modeste femme de service, formaient au sein de la maison de Sa Majesté une petite entité à part où, après avoir rempli ses obligations de cour et d'État, Louis retrouvait un mode de vie plus retiré pour ses jeux, ses études, ses repas, son sommeil. Ce cercle intime fut dissous à partir du 15 février 1717 et ce fut désormais le personnel des différents offices de sa maison qui — du plus éminent au plus humble — l'assista jour et nuit dans tous ses faits et gestes. C'était l'un des aspects et non le moindre, du passage aux hommes. Le Roi s'en rendit compte dès son réveil le 16 février.

Ce matin-là, au lieu de voir le sourire affectueux de Maman Ventadour se pencher sur lui, il aperçut le rictus apprêté du maréchal de Villeroy lui prescrivant d'appeler le premier gentilhomme de la chambre, duc de Mortemart. Louis l'appela trois fois, on l'introduisit : « Je veux me lever », lui dit-il. Le duc lui présenta sa robe de chambre et ses mules, puis lui demanda : « Votre Majesté ne souhaite-t-Elle pas passer dans son cabinet ? » On ouvrit aussitôt, comme sous Louis XIV, aux seigneurs qui avaient des brevets d'entrée. Louis fut étonné de voir tant d'hommes autour de lui. M. de Mortemart fit ensuite appeler la chambre et la garde-robe. De nombreux officiers s'étant alors présentés pour faire leur devoir, l'enfant fut encore plus surpris par l'intrusion de ce renfort. Il demanda Maman Ventadour, qui finit par arriver en habit de voyageuse ; au bout d'une heure elle voulut prendre congé : « Mon prince, je suis obligée de vous quitter et d'aller à Saint-Cyr voir Mme de Maintenon. » A ces paroles, il se jeta à son cou, fondit en larmes et ne se consola que sur la promesse de la revoir bientôt. Elle revint en effet le lendemain et les jours suivants. Comme le Roi ne pouvait se passer d'elle, Villeroy arrêta qu'en récompense de l'application qu'il apportait à ses études, il verrait sa « Maman » régulièrement, à condition de la laisser se retirer quand elle voudrait, sans la retenir par ses pleurs. Mais désormais, pour son lever comme pour son coucher, le Roi fut soumis aux rites qui, pour lui, faisaient de ces actes de la vie privée de ses sujets une cérémonie publique minutieusement réglée.

Au fil des jours et selon les heures et les circonstances, tantôt le Régent, tantôt le gouverneur, tantôt le précepteur, veillaient sur les activités de Louis XV. Le duc d'Orléans lui faisait sa cour au lever et au coucher et, comme on l'a déjà vu, l'assistait en de nombreuses fonctions d'État. Villeroy lui inculquait les règles et les usages de la cour et veillait à son éducation de gentilhomme. M. de Fréjus présidait à ses études profanes et à son instruction religieuse et morale. Le tout se succédant, ou plutôt s'entremêlant, au rythme de la mécanique de la cour et du gouvernement. Pour échapper à la confusion, l'historien est forcé de pratiquer quelques coupures dans cette trame continue et de porter son attention successivement sur ce qui relevait du gouverneur, du précepteur et de la politique.

I. — LE ROI ET SON GOUVERNEUR

LE MARÉCHAL DUC DE VILLEROY

François de Neuville, duc de Villeroy, pair et maréchal de France (1644-1730), ne devait sa charge de gouverneur du Roi ni à ses qualités humaines, ni à ses services. Son père, lui aussi duc et maréchal, avait été gouverneur de Louis XIV mineur et lui-même avait été élevé avec ce prince : cette amitié d'enfance, la reconnaissance des services paternels lui procurèrent auprès du Roi-Soleil une faveur que rien ne put altérer. C'était en 1717 un vieillard de soixante-treize ans, sec et vigoureux, magnifique en tout, avec un visage avenant et toutes les façons d'un grand seigneur, avec cet esprit de conversation et cette politesse distante que donnent l'usage de la cour et l'habitude de commander. En sous-ordre, il avait montré de la bravoure à la guerre, mais dès qu'il avait eu à diriger des armées, son incapacité et sa présomption lui avaient fait accumuler les désastres. La perte de Namur en 1695, ses défaites devant le prince Eugène en 1701 à Chiari et devant Marlborough à Ramillies en 1706 lui avaient valu d'être bafoué à la cour et à la ville. Mais, « s'il n'avait pas brillé à la guerre, nul ne l'avait plus vite oublié que lui » ; brillant cavalier, empressé auprès des femmes, « il portait avec fatuité la gloire de ses bonnes fortunes » (P. Gaxotte). Comme l'a bien vu Saint-Simon, c'était « un homme qui n'avait aucun sens et qui n'avait d'esprit que ce que lui en avait donné l'usage du grand monde au milieu duquel il était né et avait passé une très longue vie. »

En plaçant auprès de son petit-fils ce compagnon de jeunesse et confident de sa vie privée, Louis XIV avait entendu choisir un homme de la vieille cour, formé aux bonnes manières et capable de les transmettre, un homme dont la fidélité et le dévouement lui semblaient sûrs. Le Régent avait respecté ce choix, par reconnaissance d'abord, par magnanimité ensuite. Villeroy, en effet, avait été, avec le chancelier Voysin, l'un de ceux qui avant la mort du feu Roi, avaient révélé les dispositions de son testament au duc d'Orléans, qui, par là, se sentait son obligé. Mais après, celui-ci compta plus souvent le maréchal parmi ses adversaires que parmi ses fidèles et il lui fallut assurément beaucoup de mansuétude et de libéralisme pour supporter presque jusqu'au bout cet encombrant personnage.

Modèle de courtisan pour la grâce, la parure et les manières, Villeroy fut pour Louis XV un incomparable professeur de maintien, lui faisant porter jusqu'en juin 1721 un « corps de baleine » (nous dirions un corset). Il lui donna cet air royal et cette prestance souveraine qui impressionnèrent tant les contemporains. Encore sa science en ce domaine fut-elle maladroite. Si l'enfant ne pouvait échapper aux contraintes du métier de Roi, encore convenait-il de les adapter à son âge. C'est ce qu'avait compris le Régent, aussi fin que Villeroy l'était peu : il avait décidé, par exemple, que lors des « compliments » de condoléances, les courtisans se présenteraient devant Sa Majesté sans les longs manteaux de deuil exigés par l'étiquette. Le gouverneur, au contraire, entendait que le jeune monarque de sept ans accomplît intégralement toutes choses avec autant de majesté et d'endurance que Louis XIV dans la force de l'âge.

L'APPRENTISSAGE DU PROTOCOLE

A peine en fonctions, il donna un bel exemple de cette sotte conception en conférant au dîner du Roi le samedi 29 février 1717 le caractère de ce que le protocole appelait un « grand couvert », c'est-à-dire un repas public servi dans les formes les plus cérémonieuses. La chose vaut qu'on s'y arrête, comme typique des corvées que Villeroy se croyait obligé d'infliger à son pupille.

Le grand couvert étant commandé, un huissier de salle se rendit à la salle des gardes du corps, frappa sur la porte avec sa baguette et dit tout haut : « Messieurs, au couvert du Roi ! » De là, avec un garde, il alla au gobelet pour demander qu'on apportât *la Nef* du Roi. C'était une pièce d'orfèvrerie en vermeil, façonnée en forme de navire démâté, où l'on enfermait entre des coussins de senteur les serviettes qui devaient être présentées au Roi durant son repas. Lorsque le souverain mangeait en grand couvert, elle était posée au bout de la table, à droite de Sa Majesté ; les autres jours, en quelque endroit qu'elle fût placée, toutes les personnes qui passaient devant, même les princesses, lui devaient le salut, de la même manière qu'elles le devaient au lit du Roi en traversant sa chambre. La nef fut donc apportée par le chef du gobelet, Nicolas du Chêne, suivi des autres officiers de ce service portant le reste du couvert. L'huissier de salle ouvrait la marche, baguette en main, et le garde du corps marchait à côté de la nef. Le long de la salle où devait manger le Roi étaient venus se ranger en haie douze gardes du corps, six de chaque côté, la carabine sur l'épaule et le chapeau sous le bras. Aux deux côtés de la table étaient deux gardes de la manche en habits de cérémonie, avec leurs pertuisanes. Les brigadiers des gardes du corps tenaient les portes. Une balustrade séparait la table royale et le service de l'espace réservé aux curieux venant regarder le Roi dîner.

Le chef du gobelet posa la nef sur la table précédemment recouverte de deux nappes, sur lesquelles un des gentilshommes servants étala une serviette, dont une moitié débordait du côté du Roi, serviette où il posa le couvert de Sa Majesté, c'est-à-dire l'assiette, la serviette et le « cadenas », qui était un coffret oblong de vermeil à bouts arrondis, où l'on mettait le pain, la cuiller, la fourchette et le couteau, puis il replia sur le tout la serviette de dessous qui débordait. Il posa non loin de là le couteau, la fourchette et la cuiller nécessaires pour le service, ces trois pièces entourées d'une serviette pliée entre deux assiettes d'or.

Pendant ces préparatifs, l'huissier retourna à la salle des gardes, frappa de nouveau de sa baguette contre la porte, en disant : « Messieurs, à la viande du Roi ! » De là, il gagna l'office-bouche, où s'étaient rendus le premier maître d'hôtel, comte de Livry, six gentilshommes servants et le contrôleur d'office. Là se déroula un premier « essai » : ainsi appelait-on la formalité consistant à goûter tous les mets et toutes les boissons destinés à Sa Majesté. Un écuyer-bouche présenta deux essais de pain au maître d'hôtel, qui fit l'essai du premier service et, après avoir touché les viandes de ces deux essais de pain, en donna un à manger à l'écuyer-bouche et mangea l'autre. Ensuite, un des gentilshommes servants, le contrôleur d'office et les officiers de la bouche prirent les plats en cet ordre, le maître d'hôtel ayant le bâton en main ; ils s'acheminèrent vers la salle, précédés par l'huissier et accompagnés par trois gardes du corps, carabine sur l'épaule.

Le premier service étant prêt, M. de Livry, conduit par l'huissier, alla avertir le Roi. Quand il fut à table, on lui présenta pour se laver les mains une serviette mouillée, dont l'essai avait été fait. Le maréchal de Villeroy se mit près de lui pour l'aider à manger. Le duc de Noailles, capitaine des gardes, et le duc de Mortemart, premier gentilhomme de la chambre, étaient debout derrière son fauteuil. Un de ses aumôniers, l'abbé de Maulévrier, se tenait près de la nef et la découvrit chaque fois que les gentilshommes servants y prirent les serviettes quand Louis voulut en changer.

Les officiers de la bouche présentèrent les plats aux gentilshommes servants qui, sous les yeux de Sa Majesté, firent faire l'essai de chacun par un officier de la bouche avant de les poser sur la table. L'écuyer-tranchant découvrit tous les plats du Roi et lui changea d'assiettes ; sur un signe de lui, il retira les plats et les passa au serdeau, qui les reporta à l'office. Lorsque Louis fut attablé, le chef du gobelet envoya prévenir son collègue de garde à l'office, qui vint apporter « le fruit », qui comprenait deux grandes pyramides de fruits crus dans des porcelaines, deux plats de confitures sèches, quatre compotes et confitures liquides et quatre salades. Dès que Louis XV demandait à boire, un échanson criait « A boire pour le Roi ! », faisait une révérence à Sa Majesté, allait prendre des mains du chef d'échansonnerie-bouche un plateau d'or où étaient le verre (couvert) et deux carafes de cristal pleines d'eau et de vin, revenait précédé du chef et suivi de l'aide du gobelet. Étant arrivés tous trois à la table du Roi, ils faisaient une nouvelle révérence, puis un gentilhomme servant et le chef du gobelet faisaient l'essai de l'eau et du vin dans une petite tasse de vermeil, après quoi le gentilhomme escorté par un garde du corps présentait le plateau au Roi. Celui-ci se servait et buvait, remettait le verre sur le plateau, lui-même repris par le gentilhomme qui, après révérence, le rendait au chef.

Avec son sérieux habituel, Louis fut très attentif à tout ce cérémonial nouveau pour lui. Il est néanmoins permis de penser que, même servi par des officiers très stylés et très entraînés, un repas aussi compliqué et, de surcroît, consommé en public, dut sembler bien long à un enfant de sept ans. Par bonheur, Villeroy ne l'obligea plus à manger chaque jour dans des formes aussi solennelles. D'ordinaire, le Roi dîna et soupa dans sa chambre ou son cabinet à ce qu'on appelait « le petit couvert », dont l'étiquette était plus simple, mais requérait toujours l'essai des aliments et des boissons. Là encore, Villeroy le contraignit sottement et inutilement à singer Louis XIV, lui apprenant, relate Saint-Simon, « à ôter la moitié des œufs frais qu'il mangeait et tous les bouts des ailes de perdrix, de faisans et de gélinotes et à n'en jamais manger les cuisses, parce que le feu Roi mangeait ainsi ».

Villeroy assistait non seulement aux repas du Roi, mais l'accompagnait à la messe, à la promenade, à l'étude et, le soir venu, dormait sur un lit dressé dans la chambre même de Sa Majesté, ne quittant l'enfant ni jour ni nuit. Le gouverneur assumait son rôle avec une application dans laquelle il entrait un dévouement incontestable et une dose non moins forte d'affectation et d'ambition. Gonflé d'importance, lourd de mystérieux soucis, il tenait enfermés le pain et le beurre que mangeait

Louis XV, il rangeait ses mouchoirs sous triple serrure. « De l'aube à la nuit, il jouait à la cour et se jouait à lui-même la comédie de l'ange gardien, en guerre contre les empoisonneurs inconnus » (P. Gaxotte). Attitude plus que blessante pour le Régent, auquel des bruits abjects avaient jadis imputé la mort des parents de Louis XV. Attitude que beaucoup, à la cour et à la ville, jugeaient ridicule, mais qui plaisait fort au petit peuple de Paris qui, à toutes ses apparitions publiques, acclamait chaleureusement Villeroy, lequel aspirait à la popularité du duc de Beaufort sous la Fronde. Le vieillard rêvait-il de devenir premier ministre à la majorité du Roi ?

Sous cette autorité tâtillonne et peu éclairée, Louis XV s'imprégnait peu à peu des usages et des manières de la cour, tout en continuant, comme il le faisait depuis son avènement, à remplir certaines obligations de son métier de Roi qui l'initiaient lentement et sûrement à la vie de son royaume. Le 18 janvier 1717, par exemple, il donna audience à la députation des états de Bretagne, qu'il n'avait encore jamais reçue, les états de cette province ne se réunissant que tous les deux ans. Train parfois routinier auquel le printemps 1717 vint apporter une diversion de taille : la visite du czar de Russie.

La visite du Czar

Venant des Pays-Bas, Pierre le Grand débarqua à Zuydcoote le 21 avril, salué de la part du Roi par un gentilhomme de la chambre. Il se rendit le lendemain à Dunkerque, qu'il visita à fond pendant plusieurs jours, puis à travers la Flandre et la Picardie se dirigea à petites étapes vers Paris. Le 7 mai, il atteignit Beaumont-sur-Oise où le maréchal de Tessé, désigné par le Régent pour être attaché à sa personne pendant son séjour, l'attendait avec une escorte et six carrosses à six chevaux. Après un dîner d'apparat, le cortège s'ébranla et arriva à Paris vers neuf heures et demie du soir. Une foule énorme s'était rassemblée sur son passage. Le Czar fut conduit au vieux Louvre, où on avait somptueusement meublé à son intention l'appartement d'Anne d'Autriche. Un grand souper était préparé : il le considéra, demanda un morceau de pain et des raves, goûta cinq ou six sortes de vins, but deux gobelets de bière, jeta les yeux sur la masse des courtisans et demanda à être conduit à l'hôtel de Lesdiguières qui — ses goûts spartiates étant connus — avait été mis aussi en état de le recevoir. Il décida d'y dormir non dans sa chambre, mais dans une garde-robe destinée à son valet de chambre.

Dès le lendemain, le Régent fut saluer Sa Majesté Czarienne, à qui son ambassadeur, le prince Kourakin, servait d'interprète. Le lundi 10, Louis XV alla vers cinq heures après midi à l'hôtel de Lesdiguières, où Pierre Ier vint le recevoir à la descente de son carrosse. L'entrevue, dont le cérémonial avait été soigneusement réglé, dura à peine un quart d'heure. Le petit Roi ne parut pas impressionné par ce géant qu'était le Czar (sa taille était proche de deux mètres), lequel, malgré sa rudesse, fut séduit et attendri par la beauté et l'élégance de l'enfant : il le prit dans ses bras, l'embrassa à plusieurs reprises, joua avec ses belles boucles blondes et le prit par la main pour le ramener à son carrosse. Le lendemain, Pierre alla rendre sa visite à Louis XV aux Tuileries ; il y arriva avec presque trois quarts d'heure de retard à cause des embarras dus à l'affluence extraordinaire des badauds. La rencontre se déroula aussi bien que celle de la veille.

Pendant son séjour, le Czar déploya une activité incroyable pour apaiser sa fringale de connaissances et d'expériences. Levé de grand matin, il alla — et parfois retourna — partout. Ses allées et venues étaient abondamment relatées et commentées, et d'abord à la cour, où Louis XV eut quotidiennement l'écho des faits et gestes de son hôte. Celui-ci alla à l'Arsenal, aux Gobelins, à l'Observatoire, à la manufacture des glaces, aux Invalides, à l'Opéra, aux plans en relief, à l'Académie de Peinture ; fit des visites de courtoisie à Madame, à la duchesse de Berry. Le 24 mai au matin, il retourna voir le Roi aux Tuileries, *incognito* cette fois. La conversation étant tombée sur la carte de Moscovie dressée par un des frères Delisle, le maréchal de Villeroy la fit apporter et lui dit que le Roi serait bien aise d'apprendre de lui si elle était exacte. Louis XV se mit à commenter cette carte, traitant de la situation des provinces, des différentes rivières, de l'implantation des principales villes et le Czar, surpris et charmé par ses connaissances, prit un crayon et lui indiqua la jonction qu'il avait décidée entre la Volga et le Don pour faire communiquer la mer Noire et la Caspienne. On lui montra ensuite les pierreries de la couronne. Puis il partit pour Versailles, en revint le 27 pour assister à Notre-Dame à la grand'messe de la Fête-Dieu, alla voir la Monnaie, l'Imprimerie royale, la Sorbonne, chassa à Fontainebleau, visita l'abbaye de Saint-Denis, séjourna à Trianon puis à Marly, poussa jusqu'à Saint-Germain-en-Laye et même à Saint-Cyr (où il vit Mme de Maintenon), retourna à la Monnaie et aux Gobelins, monta en haut des tours de Notre-Dame, passa en revue les troupes de la maison du Roi. Le 18 juin, il prit congé *incognito* du Roi et du Régent ; le 19 assista, dans une des lanternes de la grand'chambre, à une audience du parlement en robes rouges, reçut la visite d'adieu de Louis XV, alla à l'Académie des Sciences. Il quitta enfin Paris le 21 juin au soir, après avoir tenu en haleine l'opinion et la curiosité publiques pendant presque deux mois.

Pendant ce voyage mémorable, le 10 juin, on avait remis au Roi le grand tableau le représentant, commencé par Rigaud en septembre 1715 et que le peintre venait de livrer. Peu après, le 23 juin, le duc d'Orléans vint montrer à Louis XV le merveilleux diamant qu'il avait acheté depuis peu pour la couronne, ce joyau prestigieux qu'on appela et qu'on appelle encore « Le Régent ».

En 1718, le Roi eut de nouveau à accueillir un souverain. Mais cette visite n'eut pas le caractère exotique et fantasque de celle du Czar : le duc et la duchesse de Lorraine venaient en voisins et en parents. Ils arrivèrent à Paris le 18 février avec une suite nombreuse et descendirent au Palais-Royal, où ils étaient en famille. Élisabeth-Charlotte d'Orléans, mariée depuis 1698 au duc de Lorraine Léopold Ier, était, en effet, la sœur du Régent et donc la grand-tante de Louis XV à la mode de Bretagne. Pour couper court aux difficultés de cérémonial, Léopold séjournait *incognito,* sous le nom de comte de Blâmont ; sa femme, jouissant de ses honneurs de petite-fille de France, n'eut pas besoin de ce subterfuge. Ce déplacement du duc de Lorraine avait un motif précis : il venait rendre hommage lige au Roi pour ce qu'on appelait le Barrois mouvant, cette partie du duché de Bar sise à l'ouest de la Meuse et placée sous la suzeraineté de la couronne de France. La prestation d'hommage eut lieu dès le 19 février dans le cabinet de Louis XV, en présence du Régent et du maréchal de Villeroy ; la cérémonie fut beaucoup plus simple que celle où Léopold, en 1699, s'était acquitté de la même formalité entre les mains de Louis XIV. Vieux rite féodal, que Louis XV accomplissait pour la première fois de son règne et qu'il aurait ensuite peu d'occasions de répéter. Madame, toute à la joie de revoir la duchesse sa fille, la conduisit le lendemain chez le Roi, qui accueillit cette tante fort gracieusement. Le reste du séjour fut consacré aux divertissements : gala à l'Opéra, soupers, bals, réceptions et promenades, princes, courtisans et ambassadeurs rivalisant avec le Régent dans les fêtes offertes au duc et à la duchesse qui, après avoir pris congé du Roi le 6 et le 7 avril, quittèrent Paris le 8 pour regagner leurs États.

De telles visites permettaient à Louis XV de prendre conscience sur le vif de ses parentés et alliances. Mais elles étaient assez rares et les deuils de cour y suppléaient à leur façon. Au décès des membres de la famille royale, des têtes couronnées et de certains princes, le Roi prenait le deuil. Comme celui-ci variait en durée et en signes selon le degré de parenté avec les défunts et la qualité des maisons princières, ces nuances instruisaient Louis XV de la proximité de ses liens avec les dynasties d'Europe et de l'illustration des différentes couronnes : trois semaines de deuil en violet en mai 1718 pour la reine douairière d'Angleterre, quatre jours seulement en juillet suivant pour la princesse de

Parme ; trois semaines en janvier 1720 pour l'infant don Philippe, fils de Philippe V, six semaines en violet depuis le 25 février pour l'Impératrice douairière, suivies d'une semaine en noir pour la duchesse de Bourbon. Il n'était pas d'année sans que le roi de France n'eût plusieurs fois à prendre le deuil.

Les ris et les jeux

Pour se distraire entre toutes ces obligations et les moments consacrés à l'étude, Louis XV avait besoin de fréquenter d'autres garçons de son âge. Du temps de Mme de Ventadour, il avait eu son houssard et quelques autres petits camarades. Villeroy visa plus haut et lui recruta des compagnons dans les grandes familles de la cour : le prince de Bouillon, le duc de Boufflers, les fils du duc de Luxembourg. Ils jouaient sur la terrasse qui régnait le long de l'appartement du Roi, où l'on avait installé une petite ménagerie ; on s'exerçait à l'anneau tournant et au volant, on tirait des pétards et de petites fusées. Près d'un bosquet tout proche, on avait construit un pavillon léger, où Louis aimait souper les soirs d'été. Il institua pour les jeunes seigneurs de sa cour et quelques-uns de ses domestiques un petit ordre de chevalerie, qu'il appela précisément l'ordre du Pavillon, dont les titulaires portaient une croix d'or émaillé, attachée à un ruban rayé de blanc et de bleu, que lui-même passait sous le cordon du Saint-Esprit. Cette terrasse des Tuileries constitua comme un royaume en miniature, dont il distribua les charges et les dignités à son entourage : il créa des ducs et des maréchaux, s'intitulant lui-même « maréchal duc Louis », nomma plusieurs gouverneurs généraux : de la Terrasse, de la Province des appartements, des Jeux de l'anneau tournant, des Ports et havres d'eau douce, et différents gouverneurs : de la Salle du billard, du Petit entresol, des Tentes et pavillons du Roi, des Coffres et bahuts de la terrasse, des Cahutes, poules, pigeons, tourterelles et hautes volières, et recruta des régiments.

Parmi les sorties publiques incombant au jeune Roi revenaient chaque année les revues des différents corps de sa maison militaire : gardes françaises et suisses au printemps, gendarmes, chevau-légers et mousquetaires en été ou au début de l'automne, sans oublier le régiment de Sa Majesté. Autre rituel immuable : le défilé des courtisans venant le Ier janvier présenter leurs vœux au souverain, prélude aux festivités qui marquaient le 15 février son jour anniversaire, elles-mêmes d'autant mieux venues qu'elles coïncidaient avec cette période de l'année antérieure au carême, où les réjouissances étaient de tradition. En 1718, ce furent les fameuses *Symphonies pour les soupers du Roy* de Delalande qui, le 15 février, accompagnèrent le repas de Sa

Majesté. Le lendemain, dans une salle des Tuileries où l'on avait dressé un théâtre, on joua devant Elle un divertissement de circonstance, *L'union de la jeunesse et de la sagesse,* mêlé de danse et de musique, qui fut repris le 19 et le 26. Pour le même anniversaire en 1719, il y eut bal dans le grand cabinet du Roi, bal qu'il ouvrit en personne par un menuet dansé avec le petit duc de Boufflers et où il participa encore à quelques entrées, le reste des danses et contredanses étant exécuté par les jeunes seigneurs ses familiers habituels. C'était une petite fête assez intime, qui se déroula en présence du duc de Bourbon, de Maman Ventadour et de Villeroy. Mais ce dernier eut l'année suivante l'idée malencontreuse d'imprimer à cette manifestation un autre caractère.

Les corvées de représentation

Le gouverneur entendit, en effet, que, pour son anniversaire de 1720, le Roi participât non à quelque petit bal d'enfants dans ses appartements, mais à un ballet dansé en public. Laissons la parole à Saint-Simon : « Le maréchal de Villeroy, qui avait vu danser des ballets au feu Roi, ... voulut faire danser un ballet au Roi. Le maréchal les aimait et y avait brillé. Il leur devait reconnaissance, puisque sans les ballets, il n'aurait jamais brillé nulle part ; mais il ne prenait pas garde, lui qui avait été si avant dans les galanteries et qui en avait conservé le goût et les façons, que le feu Roi était amoureux quand il donnait des fêtes, que la galanterie en est l'âme et que le Roi n'était pas en âge de sentir encore ce que c'était ; mais les raisonnements, surtout les conséquents, ne furent jamais son fort. Le feu Roi avait dansé : n'importe à quel âge et dans quelles circonstances, il fallut que le Roi dansât. » On exhuma à cette fin une comédie de Thomas Corneille, *L'inconnu,* pour laquelle Delalande composa de nouveaux intermèdes et Ballon une chorégraphie. Louis XV devait y danser seul plusieurs entrées, les gentilshommes de sa jeune cour exécutant les autres mouvements. Dès le mois de décembre, le Roi dut, presque chaque jour, répéter son rôle sous la direction de Ballon. On dressa un théâtre dans l'antichambre du Roi, où la première représentation eut lieu le 7 février devant la cour, suivie jusqu'au 24 de quatre reprises. Louis XV avait donc dû danser cinq fois son ballet et les gazettes ne manquèrent pas d'assurer que Sa Majesté y avait déployé « toute la justesse et les grâces imaginables ». En réalité, rapporte Saint-Simon, le pauvret avait dansé « non comme il voulut, mais comme le maréchal [de Villeroy] voulut et comme le put un prince qui, bien que couronné, était enfant, par conséquent timide et désolé de se voir en spectacle, et glorieux, comme le sont les enfants, de danser avec des gens plus âgés et plus forts que lui, et qui bien aisément dansaient beaucoup mieux ». Après ces représentations, le Régent donna ordre de remettre en état le vaste théâtre des Tuileries.

Ce fut dans cette magnifique *Salle des Machines* que, dès la fin de l'année, Louis XV dut à nouveau s'exhiber en scène. La corvée, cette fois, était accrue, car le public serait plus nombreux, comprenant non seulement la cour, mais des spectateurs de la ville admis par billets. Le 29 décembre 1720, la musique et les comédiens de Sa Majesté, renforcés par des artistes de l'Opéra, donnèrent la première représentation d'une pièce intitulée *Les folies de Cardénio,* écrite par le peintre Charles Antoine Coypel et agrémentée d'un prologue et de trois intermèdes de danse et de musique dus à Delalande et d'une chorégraphie réglée par Ballon. La pièce fut reprise les 4, 8 et 11 janvier suivants et, d'autre part, le 13 et le 18 janvier, les Comédiens français interprétèrent une comédie de Scarron, *Dom Japhet d'Arménie,* dans laquelle on intercala les intermèdes de danse de *Cardénio.* Louis XV dansa seul plusieurs entrées à toutes ces représentations. Les flatteurs proclamèrent que Sa Majesté avait fait « l'admiration et l'empressement de toute la cour et de la ville. » Mais l'avocat Barbier, présent à l'une de ces séances, trouva que l'auguste et jeune danseur paraissait « sérieux » et « ne dansait pas avec une grande vivacité ». Un petit incident permit au Roi de faire connaître avec esprit son sentiment. Le duc d'Aumont, premier gentilhomme de la chambre en exercice en 1720, ayant préparé la comédie de *Cardénio,* entendit continuer d'en ordonner l'année suivante, mais le duc de Mortemart, premier gentilhomme pour 1721, assura que ce soin relevait désormais du devoir de sa charge. Ils se querellèrent et portèrent leur différend au Régent, qui leur dit de s'accommoder et qu'il avait d'autres affaires à régler que leur ballet. Ils allèrent alors à Louis XV qui, pour les mettre d'accord, répondit qu'il ne voulait plus qu'on jouât *Cardénio,* qui l'avait trop ennuyé, et qu'il voulait qu'on jouât *Dom Japhet,* qui l'avait fait rire !

Le 31 décembre 1721 et les jours suivants, le Roi fut encore obligé de danser en public aux Tuileries. Il s'agissait du ballet. *Les éléments,* dont la musique était due à la collaboration de Delalande et de Destouches. Ce ballet fut aussi le dernier auquel il ait jamais participé, car ces parades chorégraphiques auxquelles l'avait contraint Villeroy lui inspirèrent une telle aversion que, dès qu'il fut majeur et ensuite pour toute sa vie, rien ni personne ne put l'amener à réitérer la moindre figuration de ce genre. Certes, il prit part aux bals de la cour et, à Paris, à ceux de l'Opéra et de l'Hôtel de Ville, où il lui advint de bien s'amuser, mais, depuis la Régence, il avait rejeté pour toujours l'idée de se donner en spectacle dans un ballet, bien différent en cela de ses aïeux Louis XIII et Louis XIV.

L'INITIATION À LA VÉNERIE

En revanche, il hérita d'eux leur ardeur pour la chasse. Assez tôt, son gouverneur commença à l'initier à ce passe-temps typiquement royal. Dès le mois d'avril 1718, il lui fit prendre « le plaisir du vol », c'est-à-dire assister à des chasses au faucon. Celles-ci se déroulaient à Vincennes et traditionnellement en avril et mai. Louis XV y retourna désormais chaque année. Toujours en 1718, au cours de promenades à Meudon, il vit se dérouler des chasses aux lapins, que des furets faisaient sortir de leurs terriers et que poursuivaient de petits chiens de manchon ; l'année suivante, il alla suivre à la Muette et au bois de Boulogne de telles chasses au lièvre et au lapin. Ensuite, ces distractions prirent un tour moins enfantin : en 1720, le 8 mai, à la Muette, il monta à cheval pour la première fois en se servant de petites montures qu'il avait reçues en cadeau de son cousin le prince des Asturies ; on lui permit même de galoper un peu, seuls le maréchal de Villeroy et le prince Charles de Lorraine, grand écuyer, étaient auprès de lui, car on ne voulait pas que quelque cheval n'eût de « l'ardeur » et n'en donnât au sien. La semaine suivante, il fit ses débuts au manège et, au commencement de juillet, apprit à tirer au fusil en visant une cible placée sur la terrasse des Tuileries. Il devint vite assez habile à cet exercice pour décharger son arme sur du menu gibier : le 21 juillet à la Muette, il tira quinze ou seize coups et tua trois lapins, deux tourterelles et cinq faisandeaux à qui l'on avait complaisamment coupé les ailes et qui couraient dans les allées, divertissement qu'il pratiqua ensuite souvent au bois de Boulogne et à la Muette.

Si Villeroy l'entraînait ainsi à des délassements requérant plus d'endurance, c'est que sa santé le permettait. Le Roi se portait bien, sa croissance se déroulait normalement et il devenait robuste. Aussi, le 17 juin 1721, après avis du premier médecin et du premier chirurgien, avait-il quitté le « corps de baleine » qu'il portait depuis plusieurs années et, dès le lendemain, on l'avait conduit dans le Marais, au jeu de paume de la Sphère, assister à une partie où jouait le maître de la salle, le sieur La Taille, désormais chargé de lui apprendre ce sport. Dans le même temps, il se livra dans la galerie des Tuileries à de grandes parties de volant avec le chevalier de Pezé et M. de La Pérouse contre ce La Taille et le marquis de Calvière.

En septembre 1721, il participa à sa première chasse à courre, une chasse en miniature organisée dans son domaine de Vanves par le duc de Bourbon, qui avait fait venir quelques jeunes chevreuils de la forêt de Chantilly. M. le Duc prit ses ordres pour commencer la chasse, le Roi monta à cheval, on découpla sa meute au son des cors et plusieurs chevreuils furent lancés dans le parc. La chasse dura une heure, terminée par la mort de deux chevreuils, l'un pris par les chiens, l'autre abattu au fusil par Louis XV qui prit à cette poursuite un plaisir très vif, annonciateur de cette passion pour la vénerie qui allait devenir une des dominantes de sa vie. Toutes distractions d'autant plus saines et nécessaires qu'il s'adonnait à ses études avec beaucoup de sérieux.

II. — LE ROI ET SON PRÉCEPTEUR

MONSIEUR DE FRÉJUS

Le 23 août 1715, dans son deuxième codicille, Louis XIV avait désigné l'ancien évêque de Fréjus comme précepteur du futur Roi. Instruit depuis plusieurs mois de cette destination, l'intéressé s'était démis le 3 mai 1715 de son évêché pour pouvoir se fixer à la cour sans faillir à son devoir épiscopal de résidence. Conformément à la volonté de son oncle, le Régent avait fait expédier le 1er avril 1716 l'acte conférant officiellement cette charge au prélat. André Hercule de Fleury, né en 1653 à Lodève, était d'assez humble origine, fils d'un receveur des décimes du diocèse. On appelait décimes la contribution que le clergé de France levait sur ses membres pour subvenir aux finances de l'ordre. Grâce aux relations que de telles fonctions procuraient avec le monde ecclésiastique, le père eut le sentiment que l'Église donnait aux petites gens le moyen de parvenir et il mit son fils en religion. Ordonné prêtre en 1674, le jeune homme obtint sa licence de théologie en 1676, fut chanoine de Montpellier et, par la protection du cardinal de Bonzi, devint aumônier de la Reine, puis, en 1678, du Roi, poste dans lequel il se morfondit une vingtaine d'années, n'ayant pas obtenu d'évêché avant 1699, encore s'agissait-il du siège modeste et lointain de Fréjus. Tout en se tenant à l'écart des cabales de la cour et des querelles religieuses, M. de Fréjus sut se procurer des protections efficaces : celle de M. de Basville, le fameux intendant de Languedoc, celle de M. de Torcy, secrétaire d'État, celle même des jésuites. Aussi quand Louis XIV chercha un précepteur pour son arrière-petit-fils, il accepta de se souvenir de cet évêque doux, modeste, bien élevé, qui n'était lié à nulle coterie.

Au moment où débutait son préceptorat, Fleury était donc âgé de soixante-trois ans. D'après Saint-Simon, il avait été « fort beau et fort bien fait dans sa première jeunesse et en a conservé les restes toute sa vie ». En 1717, c'était en effet un vieillard de taille moyenne, au visage noble et régulier et à l'allure imposante. Il prit très à cœur sa mission d'éducateur du jeune Roi, dans laquelle beaucoup de ceux qui l'assistèrent furent, par la force des choses, des ecclésiastiques et, bien qu'il ait fait aussi appel à des laïcs, on ne saurait trop insister sur le caractère religieux dont a été empreinte l'instruction de Louis XV, où matières profanes et matières sacrées s'entremêlèrent inextricablement. Il importe aussi de noter que la personne et la pédagogie de M. de Fréjus lui valurent aussitôt la confiance du Régent qui, dès le mois de mai 1717, lui octroya la faveur inouïe de monter dans le carrosse de Sa Majesté en déclarant : « Je ne vous l'accorde point comme précepteur du Roi, ni comme évêque ; je vous l'accorde personnellement pour vous. » Cette grâce extraordinaire permit à M. de Fleury d'accompagner Louis XV partout, d'être près de sa personne presque aussi constamment que le gouverneur et de contrebalancer ainsi l'influence de Villeroy.

La tâche de M. de Fréjus, identique en principe à celle jadis illustrée par Bossuet auprès du Dauphin et par Fénelon auprès du duc de Bourgogne, en différa sur un point essentiel : ces princes, en effet, n'étant qu'héritiers présomptifs de la couronne et l'époque de leur avènement paraissant fort lointaine, leur précepteur pouvait étaler largement leurs leçons dans le temps, tandis que Louis XV à sept ans était déjà Roi et serait émancipé à treize, ce qui imposait à ses études une cadence plus vive.

Les maîtres

Les deux principaux collaborateurs de Fleury furent l'abbé Vittement et l'abbé Perot. Ce dernier nous est bien connu : c'est l'instituteur chargé depuis 1714 des premières études du Roi ; il fut nommé le 8 mai 1716 garde des livres du cabinet de Sa Majesté, poste équivalent à celui de sous-précepteur ; il s'en acquitta en veillant très diligemment à la conservation et à l'accroissement de la bibliothèque personnelle de Louis XV. L'abbé Jean Vittement, investi le 22 avril 1716 des fonctions de sous-précepteur, était un prêtre fort savant et fort vertueux, qui avait été coadjuteur du principal du collège parisien de Beauvais, puis, en 1697 et 1698, recteur de l'université de Paris, d'où Louis XIV l'avait tiré pour le faire lecteur des enfants de France. A ce titre, il avait fait partie de la suite de Philippe V lorsque celui-ci s'était rendu en Espagne prendre possession de son trône. Ce roi avait alors insisté pour le garder auprès de lui, allant jusqu'à lui offrir l'archevêché de Burgos. Vittement avait refusé et était revenu en 1702. Contrairement aux dires de certains, il n'abandonna pas en 1719 cette charge de sous-précepteur. On notera, enfin, que l'abbé Fleury, confesseur du Roi depuis novembre 1716, historien renommé et naguère sous-précepteur du duc de Bourgogne, avait, à ces titres divers, maintes occasions d'intervenir dans l'éducation de son pénitent.

A ces ecclésiastiques vint se joindre dès le commencement un laïc, auquel il convient d'accorder plus d'attention qu'on ne l'a fait généralement. François Chevallier, investi par brevet du 22 février 1717 des fonctions de maître de mathématiques de Sa Majesté, était à cette date membre de l'Académie des Sciences et professeur au Collège de France. Il tenait sa première formation de l'abbé Galloys, un familier des Colbert, chargé jadis de dresser des jeunes gens au métier d'ingénieur des fortifications, et avait ainsi été mis en relation avec Vauban. Admis dès 1699 à l'Académie des Sciences, il épousa une nièce du mathématicien Joseph Sauveur, membre de cette académie depuis 1686 et maître de mathématiques des ducs de Bourgogne, d'Anjou et de Berry. Célèbre pour ses découvertues en acoustique et en calcul des probabilités, Sauveur était aussi l'auteur d'un important *Traité des fortifications,* si estimé par Vauban que lorsque celui-ci jugea en 1702 que sa nouvelle dignité de maréchal de France ne lui permettait plus de continuer à examiner les jeunes gens se destinant à la carrière d'ingénieur, il désigna Sauveur pour les interroger à sa place. A la mort de Sauveur en 1716, son neveu Chevallier lui avait succédé dans sa chaire au Collège de France et, en 1720, dans ses fonctions d'examinateur des candidats ingénieurs. Par Sauveur, Chevallier se rattachait, comme les abbés Vittement et Claude Fleury, à l'équipe recrutée par Fénelon pour l'éducation du duc de Bourgogne et de ses frères, ainsi encore que deux autres maîtres appelés en mars 1717 à servir auprès de Louis XV : François Silvestre, pour le dessin, et Jean Rousseau, pour l'escrime.

Le 1er mars 1717, le maréchal de Villeroy, jugeant nécessaire d'établir une règle constante pour les exercices du Roi, arrêta que le lever de Sa Majesté aurait lieu à huit heures et demie, qu'Elle travaillerait après avec son précepteur et ses maîtres et assisterait ensuite à la messe. On constate que, contrairement à une légende aussi mensongère que tenace, M. de Fréjus s'acquitta avec une extrême sollicitude de sa mission de précepteur et, en particulier, fit bénéficier Louis XV des connaissances et de l'expérience des meilleurs savants, dont certains, du reste, semblent lui avoir été indiqués par le Régent lui-même. Chaque jour, le Roi s'appliquait à l'écriture, au latin, à l'histoire, et trois fois la semaine au dessin, à la géographie et aux mathématiques. Un brevet du 22 mai 1719 désigna Jean Monglas pour, sous les ordres de M. de Fréjus, copier « tout ce qui sera par lui composé ou dicté » pour l'éducation de Sa Majesté.

Un élève studieux

Après avoir passé les premiers mois de 1717 à apprendre du précepteur en personne les éléments fondamentaux du latin, Louis XV commença en juin à rédiger ses premiers devoirs en cette langue. Conservés aujourd'hui à la Bibliothèque nationale avec ceux des années suivantes, ils sont hautement révélateurs des méthodes pédagogiques de M. de Fleury. Ils mêlent, en effet, initiation au latin, sentences morales sur les devoirs des rois, préceptes religieux, versets bibliques et de prières, le tout assaisonné parfois de reproches teintés d'humour, comme celui-ci, par quoi s'ouvre le premier de ces recueils :

> *Dic mihi cur Rex tam timet studium.*
> Dis-moi pourquoi le Roi craint tant d'étudier.
>
> *Quia interactus plus mihi placent quam actus.*
> Parce que j'aime mieux les entractes que les actes.

Pendant ce mois de juin, Louis eut à traduire des maximes isolées : « Un roi dont la vie ne sera pas conforme au nom de Roi Très-Chrétien ne sera jamais béni », « le Roi ne peut être heureux et grand s'il n'est aimé de Dieu », « bien que les rois soient supérieurs aux autres hommes, ils ne doivent pas moins être soumis à Dieu ». Dès juillet, ces exercices, souvent rédigés par questions et réponses, prirent un caractère plus structuré et, jusqu'à la fin de septembre, Louis fit passer de latin en français successivement des *Miscellanea* tendant à son instruction religieuse et morale, une brève *Analyse* de la doctrine chrétienne, des éléments de catéchisme, les six premiers chapitres des *Actes des apôtres,* des fragments des prières de la messe et des vêpres, le *Confiteor*, des sentences moralisatrices : « Heureux le peuple de qui le Roi craint Dieu et qui emploie sa puissance pour défendre la religion catholique », « Malheur à la terre dont le Roi est un enfant et qui ne pense à rien de tout ce qui lui est nécessaire pour gouverner son peuple », « Un Roi insensé hait la vérité et la vérité le fuit. Aussi Dieu le livre-t-il à l'esprit d'erreur et de vertige... Un Roi sage hait le mensonge et les flatteurs, qui sont toujours menteurs. »

Au mois d'octobre 1717, Louis entama un ensemble de versions latines qui l'occupa jusqu'au 14 mai 1720 : des extraits « des plus beaux endroits de la vie de saint Louis ». Ces exercices visaient un double but : perfectionner le latiniste encore débutant et inculquer au monarque également débutant de sains principes de gouvernement, inspirés de la vie de son ancêtre saint Louis, dont l'imitation est proposée dès la première page : « On peut admirer dans saint Louis des exemples de toutes les vertus de piété, de justice et de force. Les rois de France doivent l'avoir toujours devant les yeux comme le véritable modèle des Rois. » Ces textes n'étaient pas choisis pour apprendre l'histoire du saint Roi, ils ne suivent guère la chronologie de son règne et, curieusement, ne se réfèrent à aucune date. Ils constituent un corpus de réflexions et d'aphorismes ordonnés autour de trois thèmes : piété, justice (police et finance), force.

Piété? « Appeler le Roi le père et le pasteur du peuple n'est pas tant faire son panégyrique que de l'appeler par son propre nom et définir ce que c'est qu'un roi. » « Celui qui est né pour régner doit savoir qu'il n'est pas destiné à mener une vie tranquille dans le repos et les délices, mais plutôt à mener une vie laborieuse et sujette à beaucoup de périls..., car la lèpre du péché souille l'âme et nous rend ennemis de Dieu et digne des supplices éternels. » « C'est ainsi qu'il faut instruire les princes dès leur tendre jeunesse, car les choses qu'ils apprennent dans leur enfance ne sortent jamais de leur esprit. »

Riche matière, la justice de Louis IX inspire maintes recommandations : « Ce très bon Roi établit de très saintes lois, par lesquelles il assura à la religion le respect qui lui est dû, aux jugements l'équité, à toutes choses l'ordre qui leur convient, il réprima l'impiété par des châtiments sévères. » « Il visitait souvent les différentes provinces de son royaume, non seulement pour se montrer aux peuples, lesquels en France, plus que tous les autres, désirent de voir le visage du Roi, mais aussi afin d'observer de ses yeux les maux auxquels il devait remédier. » Préceptes parmi lesquels le gallicanisme affleure, puis se déploie ouvertement : « Il donnait les bénéfices aux plus savants et aux plus gens de bien, qu'il faisait chercher avec beaucoup de soin, pour éclairer les peuples par leur piété et leur doctrine, et il consultait toujours Dieu auparavant dans la prière... Combien eût-il été plus exact si, pour lors, il eût nommé aux évêchés ! » « Aucun prince n'a été jamais plus soumis au Saint-Siège que Louis, mais cependant de sorte que les droits du Roi demeurassent en leur entier. Le droit qu'on appelle régale, il le défendit avec beaucoup de force, comme un privilège particulier aux rois de France... Il conserva très soigneusement les statuts anciens et empêcha qu'on ne donnât aucune atteinte aux libertés de l'église gallicane et il ne souffrit pas qu'elles fussent ébranlées par les officiers de la cour de Rome... Il protégeait singulièrement les pieux et fidèles ministres de Dieu et favorisait l'ordre épiscopal, de manière pourtant que l'autorité des officiers royaux demeurait dans son entier. » De longs propos traitent des duels, saint Louis n'ayant rien fait « de plus utile et de plus grand » que d'abolir « cette barbare coutume ». Et la fiscalité n'était pas oubliée : « Ce que la nécessité des temps avait obligé d'établir cessait dès qu'elle n'y était plus. Aussitôt même qu'il s'apercevait que ces impôts étaient trop onéreux aux peuples, il les remettait. » « Il avait accoutumé de dire, comme il l'avait gravé dans le cœur, que ce qui est onéreux aux peuples ne peut être avantageux aux rois. Ce sentiment est très digne d'un roi chrétien, et d'autant plus louable dans saint Louis qu'il ne s'en écarta jamais... Car il savait fort bien qu'il était le père du peuple et qu'il n'avait reçu de Dieu la souveraine puissance que pour protéger ses sujets et pour les rendre heureux autant qu'il était en lui. »

La force de Louis IX inspirait d'autres sages conseils : « Sa haute piété n'ôtait rien toutefois ni à son courage ni à la majesté de l'empire, qu'il défendit constamment et qu'il conserva sans tache jusqu'à la fin. Il aima surtout la paix, mais, lorsqu'il était nécessaire, il ne craignit point la guerre et il la faisait avec vigueur de la tête et du bras. » « Il décidait sur-le-champ avec une habileté admirable les choses qui demandaient une prompte expédition. Dans les autres affaires plus difficiles, il avait accoutumé de prendre l'avis des sages. Il les examinait et les agitait en lui-même et ensuite il déterminait avec une grande prudence et un grand jugement ce qu'il fallait faire. » Et, là encore, une pointe gallicane : « Il connaissait parfaitement les bornes des deux puissances, à savoir l'ecclésiastique et la séculière, et il ne permettait pas que l'une entreprît sur les droits de l'autre, car il avait appris de Jésus-Christ qu'il faut rendre à Dieu ce qui est à Dieu et à César ce qui est à César. »

Un trait de la vie de saint Louis que ces extraits mirent en vedette avec insistance fut sa modération envers ses ennemis. On rappela qu'après avoir battu en 1242 à Taillebourg et à Saintes le roi d'Angleterre Henri III venu aider les barons poitevins révoltés, Louis IX lui avait rendu « généreusement tous ses biens, s'étant contenté de n'en confisquer qu'une petite partie ». Des développements plus abondants furent consacrés au traité de 1258, ce traité par lequel, « contre l'avis de presque tout son Conseil », le pieux Roi reconnut au même Henri III la possession de l'Aquitaine et lui céda le Quercy, le Périgord et le Limousin, le tout à charge de l'hommage-lige, l'Anglais renonçant pour sa part à toutes prétentions sur la Normandie, le Maine, la Touraine, le Poitou et l'Anjou : « Il ne s'applaudit jamais tant d'aucune résolution que de ce traité et il disait dans les entretiens familiers qu'il avait avec Joinville qu'il ne pouvait se repentir d'être demeuré ferme dans son sentiment. Dans tout le reste, il avait accoutumé de se rendre docile aux sentiments des plus sages et il donnait à ses conseillers la liberté de dire ce qu'ils voulaient. »

Pendant trois ans et demi, Louis XV traduisit chaque semaine de tels aphorismes et récits, qui tiraient de l'existence de saint Louis des principes constitutionnels et toute une règle de vie à la fois personnelle et publique. Ces textes exigeaient qu'on s'y attardât, car ils ont laissé dans l'âme du jeune Roi une empreinte profonde, attestée par bien des traits de son comportement tout au long de son règne : sa dévotion envers saint Louis, son respect très grand pour l'épiscopat, son embarras devant les conflits entre la puissance spirituelle et la temporelle, sa générosité envers ses ennemis vaincus. En alternance avec eux, Louis commença, à partir de 1718, à translater des extraits de l'Ancien Testament ; ces exercices, qui durèrent jusqu'à la fin de 1719, couvrirent différents chapitres de la *Genèse*, de l'*Exode*, du *Lévitique* et des *Nombres* et visaient à son instruction religieuse autant qu'à sa formation de latiniste.

Au printemps de 1719, M. de Fréjus commença à lui faire enseigner l'italien par un prêtre d'origine vénitienne, l'abbé Michel-Ange Petricini, alors nommé interprète et maître d'italien de Sa Majesté, à qui cette initiation permit au moins de suivre les pièces jouées à la cour par les comédiens italiens. Ce fut, semble-t-il, la seule langue étrangère jamais apprise par le Roi : les bibliothèques personnelles dont il disposa dans plusieurs de ses châteaux continrent beaucoup plus de traductions que d'originaux d'œuvres étrangères. Détail révélateur de la suprématie où était alors parvenu le français et corollairement du déclin de l'espagnol comme langue politique et même de culture : Louis XIII et Louis XIV avaient parlé l'italien et l'espagnol.

Tel qu'il fut conçu par le précepteur, l'enseignement dispensé au Roi ne devait pas avoir un caractère uniquement livresque et théorique, mais être à la fois égayé et étayé par des activités manuelles. En 1718, on installa aux Tuileries une petite imprimerie, dite du cabinet du Roi, et un imprimeur parisien, Jacques Collombat, fut choisi pour initier Sa Majesté à l'art typograhique. Il rédigea et imprima à son intention un petit manuel de cet art et, sous sa direction, Louis XV composa et mit sous presse des placards et quelques petits livrets. La Bibliothèque nationale conserve une cinquantaine de ces pièces. La variété de leur teneur montre qu'elles étaient fort soigneusement conçues à la fois pour amuser l'enfant-Roi et pour consolider les enseignements qu'il recevait par ailleurs. Il imprima ainsi les *Dernières paroles du roy Louis XIV au roy Louis XV, son arrière-petit-fils* et des maximes de morale politique : « Un Roy doit ses plus précieux moments au gouvernement de son État, c'est là son obligation principale, et dont Dieu lui demandera un compte rigoureux. » Sentences qui servaient aussi de thème latin : « Que sert-il d'être le maître d'un grand royaume ?... *Quid juvat regno potentissimo praeesse?...* » D'autres impressions ne visèrent qu'à la récréation du Roi, tel ce feuillet où il consigna que, le 16 juillet 1718, sa taille mesurait 3 pieds, 10 pouces et 3 lignes, tels aussi un *État des gouvernements de la Terrasse,* un *État des régiments de la Terrasse,* un *État du régiment de dragons du maréchal duc Louis.* Travaux manuels couronnés de la manière la plus sérieuse par la publication en septembre 1718 d'un livre in-4° de VIII-72 pages, « composé et imprimé » par Louis XV en personne, intitulé *Cours des principaux fleuves et rivières de l'Europe* et constitué par le résumé des leçons de géographie que lui avait données Guillaume Delisle. Apprentissage qui lui permit de profiter pleinement des explications qu'il entendit ensuite au cours de ses visites à l'Imprimerie royale, où il alla pour la première fois le 21 février 1719.

Les extraits de la vie de saint Louis que le Roi traduisit de 1717 à 1720 lui dispensaient des leçons de morale politique et non d'histoire. Aussi bénéficia-t-il d'autre part d'un enseignement proprement historique, élargissant et approfondissant celui qu'il avait reçu de l'abbé Perot depuis 1714. M. de Fréjus composa lui-même à cette fin un *Abrégé de l'histoire de France,* formant cinq volumes manuscrits que Louis XV tint plus tard à garder dans sa bibliothèque personnelle à Versailles. Ils y voisinaient avec d'autres ouvrages également manuscrits traitant de « l'histoire des Musulmans » et de celle de divers états d'Europe : Angleterre, Allemagne, Savoie, Gênes, Venise, Rome, royaume de Naples, Espagne, Portugal, « république des Suisses » et qui, pieusement recueillis par l'abbé Perot après la mort du Dauphin Bourgogne, n'étaient autres que les compilations rédigées sous le préceptorat de Fénelon pour la formation historique de ce prince et de ses frères ; la bibliothèque de l'École de Guerre en est aujourd'hui l'héritière.

A ces leçons d'histoire, M. de Fleury fit participer un des premiers érudits de ce temps, l'abbé de Longuerue. Il le présenta en mai 1718 au Roi, à qui il donna la primeur de sa *Description historique et géographique de la France ancienne et moderne,* parue ensuite en 1719 en un gros in-folio, où la géographie historique de toutes les provinces du royaume était très savamment reconstituée depuis les peuplades gauloises jusqu'aux siècles modernes.

Les leçons de l'abbé de Longuerue assuraient la liaison entre l'histoire et la géographie, cette science pour laquelle Louis XV nourrissait depuis sa petite enfance une véritable passion et dans laquelle il se perfectionna depuis 1717 sous la conduite des meilleurs maîtres. C'est alors que commença à s'accroître le nombre des géographes ordinaires du Roi, peu élevé sous Louis XIV, et qu'apparut le titre de premier géographe de Sa

Majesté. Dès que le Roi fut passé aux mains des hommes, son professeur de géographie fut le fameux Guillaume Delisle (1675-1726), lui-même élève à la fois de son père (géographe et historien déjà fort estimé et ancien professeur du Régent) et de Cassini Ier. Membre de l'Académie des Sciences depuis 1702, Delisle était un cartographe d'une science et d'un talent exceptionnels qui, à partir des découvertes maritimes, des relations de voyages et des observations des astronomes, rectifia d'innombrables erreurs contenues dans les traités et les cartes de ses prédécesseurs. Il fut gratifié le 24 août 1718 de la qualité de premier géographe du Roi, au moment même où allait paraître sous le titre de *Cours des principaux fleuves et rivières de l'Europe,* composé et imprimé par son royal élève, le résumé de ses leçons. Delisle fut bientôt flanqué d'un jeune collègue arrivé dans le sillage de l'abbé de Longuerue, pour qui il venait de dessiner de très belles cartes illustrant sa *Description historique et géographique de la France* : Jean-Baptiste Bourguignon d'Anville (1697-1782). Présenté au Roi le 22 janvier 1719, il lui offrit une carte historique de la cité gauloise des Parisis, dont un autre exemplaire ornait depuis déjà quelques jours la petite chambre de Sa Majesté ; à la demande de M. de Fréjus, il en donna alors au Roi une explication détaillée. D'Anville reçut le 21 juin 1719 le brevet de géographe de Sa Majesté ; il avait vingt-deux ans : c'était le début prometteur d'une carrière qui le vit entrer en 1754 à l'Académie des Inscriptions et Belles-Lettres, en 1773 à celle des Sciences et fit de lui le plus grand géographe français du siècle ; à la mort de Buache en 1773, il lui succéda dans sa place de premier géographe.

Des leçons pratiques

Géographie et cartographie jouaient en quelque sorte un rôle de carrefour dans l'instruction de Louis XV. François Chevallier, son maître de mathématiques, ne se cantonnait pas dans les spéculations abstraites et se souciait de leurs applications pratiques. Pour remédier tant aux grands frais qu'il en coûtait pour lever géométriquement la carte d'un pays, qu'à la rareté des sujets capables d'un tel ouvrage, il avait mis au point en 1707 une méthode économique et simple pour lever une carte à l'aide de châssis orientés selon les amplitudes, méthode fort louée par Fontenelle et à laquelle d'Anville, non sans audace, recourut pour organiser avec succès à partir de 1720 le levé par correspondance d'une carte du diocèse de Lisieux en adressant à tous les curés un *Mémoire instructif* fort bien rédigé, qui décrivait les opérations à faire et les détails à porter sur un châssis préparé.

L'enseignement de Chevallier pouvait donc aisément s'harmoniser avec ceux de Longuerue, de Delisle et de d'Anville. Le détail des leçons qu'il prodigua au Roi n'est pas connu, mais on peut en deviner le contenu d'après le programme de celles qu'il professait au Collège de France. Certes, il n'a pu d'emblée faire accéder son royal élève à des notions très élevées, mais Louis XV avait incontestablement une aptitude congénitale aux spéculations et aux raisonnements mathématiques et un attrait prononcé pour les sciences, dispositions héritées de son aïeul le Grand Dauphin et de son père le duc de Bourgogne qui, au dire de Saint-Simon, se distinguait par « son goût pour les sciences abstraites et sa facilité à les pénétrer ». Il a donc été possible au Roi de progresser aisément dans les matières que lui inculquait Chevallier. Or, les cours de celui-ci au Collège de France portèrent en 1717 et 1718 sur la géométrie et l'arithmétique, en 1719 et 1720 sur l'art des fortifications, en 1721, 1722 et 1736 sur l'art de la navigation, en 1723 et 1724 sur l'optique, de 1725 à 1735 de nouveau sur l'art des fortifications, en 1737 et 1738 sur les applications de la géométrie à la perspective. Cette seule énumération révèle à la fois les domaines dans lesquels il était spécialement compétent et les disciplines qui leur étaient connexes : peut-on enseigner l'art de la navigation sans s'appuyer sur l'astronomie et l'optique ? La géométrie et l'architecture ne sont-elles pas le fondement de l'art des fortifications, lui-même élément de l'art de la guerre ? Et pour en revenir à la cartographie, ne recourt-elle pas, elle aussi, à l'astronomie et à la géométrie ? Il apparaît ainsi que Chevallier a présidé à l'éveil et au développement chez Louis XV de connaissances multiples : en l'initiant, par exemple, à l'art des fortifications, il participait à son éducation militaire, mais en même temps le formait au métier d'ingénieur et d'architecte. Il ne faut pas chercher plus loin l'origine du goût et de la compétence très poussée que le Roi manifesta toute sa vie pour l'architecture. D'où la question de savoir en quoi consistaient les leçons de dessin qui lui étaient données chaque semaine.

Depuis 1717, il avait pour maître à dessiner François Silvestre, issu d'une lignée illustre de peintres et de graveurs et donc apte surtout à lui apprendre à manier le crayon, le pinceau et le burin. Mais un tableau du temps et son esquisse (Musée Carnavalet et Bibliothèque nationale) représentant une séance d'étude du Roi montrent des plans de fortifications, preuve qu'il s'exerçait aussi au dessin d'architecture, probablement sous la surveillance de Chevallier, ce disciple de Vauban.

Comme naguère Mme de Ventadour et l'abbé Perot, M. de Fréjus jugeait que l'enseignement des maîtres devait être non seulement — comme on l'a déjà vu — accompagné d'activités manuelles, mais encore complété par des leçons pratiques. Aussi les sorties et les promenades du Roi avaient-elles souvent un but instructif, y compris certains exercices de piété. Pendant l'octave de la Fête-Dieu, il allait faire chaque jour ses dévotions dans une église différente, remplissant ainsi ses devoirs de piété tout en visitant les plus beaux sanctuaires de Paris : au mois de juin 1718, il se rendit successivement au carmel du faubourg Saint-Germain, à Saint-Louis des Invalides, au Val-de-Grâce, aux Capucins de la rue Saint-Honoré, à l'Abbaye-aux-Bois, aux Minimes de la place Royale. La station la plus mémorable fut celle du 19 juin aux Invalides où, après avoir assisté au salut et contemplé les beautés de l'église et du dôme, le Roi visita l'hôtel et, en particulier, vit souper les invalides ; comme il avait ordonné qu'on leur servît double portion, des vivats chaleureux l'accueillirent quand il parut dans le réfectoire.

Très tôt, on l'emmena voir des cabinets scientifiques. Et d'abord au château de Bercy, où M. Pajot d'Ons-en-Bray, intendant général des postes, avait rassemblé des collections fort variées d'histoire naturelle et un ensemble exceptionnel d'appareils et d'engins destinés à des expériences de physique, de mécanique et de chimie. M. d'Ons-en-Bray était riche non seulement d'une fortune considérable, mais aussi de connaissances scientifiques très étendues (il appartenait à l'Académie des Sciences) et encore d'un esprit si inventif qu'il avait imaginé lui-même certains des instruments de son laboratoire. En outre, il avait constitué celui-ci avec l'assistance du frère Sébastien — *alias* le père Truchet — un religieux carme, son confrère de la même académie, qui était l'un des plus habiles mécaniciens d'Europe. De sorte que le cabinet de Bercy était probablement le mieux équipé du royaume. Louis XV y alla pour la première fois le 25 juillet 1717 ; il vit notamment fonctionner un « miroir ardent », où l'on fit fondre un louis d'or et des morceaux d'acier. Il y retourna ensuite maintes fois, car cette visite l'avait vivement intéressé et aussi parce qu'un objet y prit place qui lui fut spécialement destiné. Connaissant, en effet, l'ingéniosité du maître de céans, le maréchal de Villeroy lui avait demandé s'il lui serait possible, pour faciliter l'étude des mathématiques par Sa Majesté, de réaliser une machine qui illustrerait certaines vérités élémentaires en représentant « aux yeux ce qui n'est ordinairement présenté qu'à l'esprit ». M. d'Ons-en-Bray et le frère Sébastien se piquèrent au jeu et construisirent « une espèce de géométrie élémentaire toute en machines », où des mécanismes subtilement combinés offraient à la vue, par des mouvements continus, la démonstration de certains théorèmes de base.

Plus proche, puisqu'il était installé dans un appartement des galeries du Louvre, un autre cabinet lui fut montré : celui de M. d'Hermand. Le logis de ce colonel d'infanterie et ingénieur des camps et armées était moins vaste et moins somptueux que le château de Bercy, mais il y avait entassé tout ce qu'une honnête aisance permettait d'acquérir à un collectionneur pétri à la fois d'humanisme et d'amour de la science et des techniques. Aux murs de l'appartement, M. d'Hermand avait accroché plus d'une centaine de tableaux et de dessins ; il avait aussi rassemblé plus de deux cents objets de bronze, bibelots, statues, vases, qui voisinaient avec des portefeuilles bourrés des estampes des plus grands maîtres et avec une collection de cartes géographiques. Environnés de monceaux de livres, on voyait des instruments de toute sorte, dont d'Hermand avait besoin à la fois pour exercer sa profession et pour satisfaire ses curiosités : des compas nombreux et variés, des boussoles, des niveaux, des équerres, des quarts de cercle, des règles, des lunettes astronomiques, six sphères célestes, dont l'une illustrait le système de Tycho Brahé, une autre celui de Copernic et une autre encore celui de Ptolémée, trois microscopes, une quantité de miroirs, etc. Enfin et surtout, un ensemble d'« ouvrages de méchanique et forces mouvantes », maquettes et modèles sortis, au moins en majeure partie, des mains expertes du maître du logis : une quarantaine de « problèmes de forces mouvantes », un modèle de moulin à poudre et un autre de moulin à papier, deux ballistes, un mouvement perpétuel, deux machines à hacher le tabac, une petite grue, une grande machine hydraulique à plusieurs pompes et roues, d'autres mêmes machines plus petites, des plans en relief, deux miroirs concaves, des ponts de différents types, deux pompes montées sur des bateaux, des presses hydrauliques, un tour, sept modèles de carrosses... Quel enchantement que ce savant capharnum pour un garçon de neuf ans ! Aussi Louis XV, qui y avait été mené pour la première fois le 21 février 1719, y fut-il reconduit souvent dans les mois et les années qui suivirent.

Au début de l'été 1719, les Tuileries ayant besoin de réparations et d'assainissement (la cour ne les avait point quittées depuis bientôt quatre ans !), le Roi, pour la durée des travaux, alla s'établir au Vieux Louvre. Celui-ci, boudé depuis longtemps par les souverains, abritait de respectables institutions et des logements d'artistes. Leur rassemblement dans ce palais permit d'organiser à l'intention de Louis XV une suite presque ininterrompue de visites propres à parfaire et élargir sa culture. Il s'installa au Louvre le 16 juillet 1719. Le lendemain, il retourna au cabinet d'Hermand ; le 18, il alla voir l'atelier d'Antoine Coypel, son premier peintre, et le 19 celui de Desportes ; le 21, il fut reçu à l'Académie de Peinture et de Sculpture, le 22 à l'Académie française et à l'Académie des Sciences, le 24 à l'Académie des Inscriptions et Belles-Lettres. Le 1er août, nouveau passage chez d'Hermand et à l'Imprimerie royale et le

2 août, avant de réintégrer les Tuileries en fin de journée, il se rendit à l'Académie royale d'Architecture et à la Monnaie, où l'on frappa sous ses yeux une médaille à son effigie.

UNE ÉDUCATION CHRÉTIENNE

Tout en dispensant abondamment au Roi, par le biais surtout des exercices latins, des principes de morale et de religion, M. de Fréjus lui procura aussi des enseignements spécifiquement religieux. Là encore, on ne dédaigna pas de s'aider de la typographie : sur les presses du cabinet, Louis XV tira un placard donnant les commandements de Dieu et ceux de l'Église et un autre contenant des « Préceptes de sagesse » : « Rendez au Créateur ce que l'on doit lui rendre... » Surtout, Fréjus rédigea pour le Roi un *Catéchisme,* dont Louis XV tint longtemps à garder les deux volumes dans sa bibliothèque personnelle. En ce domaine, il est impossible de dissocier l'action du précepteur, M. de Fleury, et celle du confesseur, l'abbé Fleury, appelé, par la force des choses, à contribuer lui aussi à l'éducation chrétienne du souverain, ne fût-ce qu'en le préparant à recevoir les sacrements. Le dimanche de Pâques 28 mars 1717, l'abbé Fleury entendit la première confession de Louis XV qui, ensuite, retourna régulièrement chaque année à confesse aux fêtes traditionnellement retenues par les rois de France pour ce pieux devoir : Pâques, Pentecôte, Assomption de la Vierge, Toussaint et Noël. D'autre part, les chroniqueurs ont tous relevé le sérieux avec lequel il assistait à la messe et aux exercices de piété, y compris au prône. Les prédications du carême de 1718 à la cour furent assurées par Massillon, qui s'y surpassa : cette suite de sermons, devenue fameuse sous l'appellation de *Petit carême,* impressionna si vivement Louis XV que — peut-être poussé par son précepteur ou son confesseur — il envoya le maréchal de Villeroy prier Massillon de lui en confier les textes pour qu'il pût se les remémorer. L'illustre prédicateur venait d'être désigné par le Régent pour l'évêché de Clermont-Ferrand ; il fut sacré le 21 décembre 1718 par M. de Fréjus dans la chapelle des Tuileries. Le Roi fut présent dans sa tribune à la cérémonie et reçut le 3 janvier 1719 le serment du nouvel évêque.

Il y avait assez peu de temps que Louis XV recevait le serment qu'archevêques et évêques de France étaient tenus de prêter au souverain chaque fois qu'ils accédaient au gouvernement d'un diocèse ou en changeaient et sans lequel ils ne pouvaient en prendre possession. Dès janvier 1716, le Régent avait pourvu aux évêchés vacants, mais le pape Clément XI, mécontent de l'attitude du prince à l'égard des jansénistes, avait refusé de conférer l'investiture canonique aux prélats ainsi désignés. Cette situation se prolongea jusqu'aux derniers jours de mai 1718, où, de guerre lasse, le Souverain Pontife consentit à accorder leurs bulles aux postulants, qui étaient alors une quinzaine. Louis XV n'avait donc pas encore eu, depuis son avènement, l'occasion de recevoir de tels serments : le premier fut, le 29 juin 1718, celui de M. de Chavigny, évêque de Troyes transféré à l'archevêché de Sens. Ce devoir épiscopal était accompli, le Régent présent, à la messe de Sa Majesté. Formalité importante, qui faisait prendre conscience au jeune Roi et des liens qui unissaient la monarchie à l'Église, dont il était dans son royaume « l'évêque du dehors », et de l'autorité qu'il exerçait sur l'épiscopat.

Autant il est probable que Louis XV ne put saisir dans toute leur complexité les raisons qui avaient bloqué les nominations papales aux évêchés depuis la mort de Louis XIV, autant il est peu vraisemblable qu'il ait ignoré cet état de choses et qu'il n'ait pas eu l'intuition, au moins confuse, que les matières d'Église recélaient des sujets brûlants ou épineux. Un petit épisode advenu peu après sous ses yeux ne put que l'affermir dans ce sentiment : au mois de décembre 1718, les ecclésiastiques qu'il était habitué à voir desservir sa chapelle aux Tuileries furent brusquement remplacés par d'autres. C'est que les premiers, des feuillants, avaient interjeté appel de la bulle *Unigenitus* et que le cardinal de Rohan, grand aumônier de France, avait jugé inconvenant de conserver à la chapelle de Sa Majesté des religieux qui se rebellaient contre une bulle que le feu Roi avait reçue et fait enregistrer. *Unigenitus !* Un mot qui allait harceler Louis XV jusqu'au tombeau, mais qui devait alors lui paraître encore bien mystérieux. Ce qui conduit à s'interroger sur les notions qu'il pouvait avoir des événements intérieurs et extérieurs.

III. — LES LEÇONS DES ÉVÉNEMENTS

Un lit de justice

Comme on l'a déjà amplement souligné, le Roi, sans participer au gouvernement du royaume, n'en avait pas moins, tout mineur qu'il fût, à exercer certaines de ses prérogatives souveraines. Ces actions l'instruisaient en priorité de la constitution et des institutions de l'État, mais certaines d'entre elles, effets des conjonctures politiques et des décisions du Régent, n'ont pu manquer de l'initier quelque peu à l'histoire de son temps. Le 2 septembre 1715, lors de la séance d'ouverture du testament de Louis XIV, le duc d'Orléans était parvenu, non sans efforts, à éviter tout affrontement sérieux entre le duc de Bourbon et le duc du Maine. Embellie de courte durée, Bourbon étant inexorablement décidé à faire rapporter intégralement les mesures prises par le feu Roi en faveur de ses bâtards. Dès le mois d'août 1716, flanqué de son frère le comte de Charolais et de son cousin le prince de Conty, il avait présenté à Louis XV une requête tendant à la tenue d'un lit de justice pour abolir ces dispositions. Le papier ne resta que quelques instants dans les mains du petit Roi ; sa teneur fut bientôt publique et provoqua une requête contradictoire des légitimés. Saisi par les deux parties, le parlement de Paris fit demander à Sa Majesté la conduite à suivre. Une délégation de ses membres fut reçue le 30 juin 1717 par Louis XV, qui lui déclara : « Je vous remercie de votre attention ; mon chancelier vous dira le reste », à savoir que la cause était évoquée au Conseil de Régence, où elle fut portée le lendemain. L'édit de juillet 1714 et la déclaration du 23 mai 1715 y furent révoqués, mais le duc du Maine et le comte de Toulouse conservaient leurs autres privilèges, en particulier la préséance sur les ducs et pairs dans les cérémonies publiques et au parlement. Révocation exprimée par un édit qu'une députation du parlement alla recevoir le 5 juillet des mains du Roi. Que put comprendre celui-ci à l'intervention du parlement ? Peut-être remarqua-t-il que les princes légitimés faisaient décidément beaucoup parler d'eux.

Les prestations de serment du haut personnel de la monarchie lui donnaient occasion de connaître les changements survenus dans le gouvernement et, sans qu'il pût en suivre les développements, de pressentir que des remous agitaient la vie politique. Le 25 septembre 1718, il reçut le serment de secrétaire d'État de M. Le Blanc et de l'abbé Dubois, nommés l'un à la Guerre et l'autre aux Affaires étrangères. Déjà le 28 janvier 1718, M. d'Argenson avait prêté entre ses mains le serment de garde des sceaux. Or, il se souvenait d'avoir reçu, moins d'un an plus tôt, celui du chancelier d'Aguesseau. Pourquoi le Régent avait-il retiré les sceaux à M. le chancelier ? Pourquoi l'avait-il éloigné de la cour ? L'enfant-Roi ne pouvait que s'interroger en silence sur ces péripéties. Vers le même temps, il commença probablement à entendre parler d'un certain M. Law, tandis que les cours supérieures s'imposaient à son attention.

A peine en avait-on fini avec l'édit rétablissant l'incapacité des bâtards à succéder à la couronne, que Louis XV dut donner audience à des députés du parlement de Paris venant lui présenter des remontrances : le 9 septembre 1717 et le 26 janvier 1718, à propos de la suppression de l'impôt du dixième ; le 13 mars 1718, ce furent des magistrats du parlement de Rennes puis derechef, le 27 juin et le 26 juillet suivants, ceux de Paris, à propos de la refonte des monnaies. Toutes démarches révélatrices de la tension croissante qui s'élevait entre le Régent et les parlements de Paris et de Rennes, suscitée autant par le dessein des parlementaires de s'ingérer dans les affaires de l'État, que par leur défiance à l'encontre de Law, de sa banque et de sa Compagnie d'Occident. Excédé par cette obstruction et ces prétentions, le duc d'Orléans fit adopter au Conseil de Régence des mesures réglant l'exercice du droit de remontrance et décida de les faire enregistrer par le Roi en lit de justice. Son ami Saint-Simon sauta sur cette occasion pour porter un dernier coup aux légitimés, ou plutôt au duc du Maine. Il parvint à persuader le prince de faire passer dans la foulée de cette loi de discipline une déclaration qui ravalerait les bâtards du feu Roi au rang des ducs et pairs, amendée par une autre qui, par égard pour l'estime générale dont était entouré le comte de Toulouse, lui conserverait à titre viager les honneurs dont il jouissait. D'où la nécessité pour Louis XV de payer de sa personne en tenant un lit de justice, le second de son règne après celui du 12 septembre 1715.

Saint-Simon obtint du Régent que la cérémonie se déroulât non au palais de justice, mais aux Tuileries. Il ne s'en fit pas seulement le chroniqueur génial et hystérique, mais aussi le metteur en scène, car, de concert avec l'intendant général du garde-meuble, il combina la disposition des tribunes et des gradins de manière à humilier les gens de robe. Les festivités qui marquèrent la fête du Roi (25 août), en détournant l'attention, permirent de conduire les préparatifs avec un secret tel que Messieurs du parlement furent tout ébaubis quand, le 26 août 1718 aux premières lueurs du matin, ils furent avertis qu'un lit de justice allait avoir lieu et qu'il se tiendrait aux Tuileries.

On avait aménagé à cette fin la grande antichambre où le Roi prenait d'ordinaire ses repas. Tout le monde étant placé, on alla chercher Sa Majesté, qui ouvrit la séance. Selon les rites séculaires, le parlement enregistra d'abord les lettres patentes conférant à M. d'Argenson la charge de garde des sceaux, puis, têtes basses et mines renfrognées, celles réglementant l'usage des remontrances, ensuite la déclaration sur le rang des bâtards et enfin celle concernant les honneurs conservés au comte de Toulouse. Après quoi, le duc de Bourbon, arguant qu'il était majeur et de ce que le duc du Maine n'était plus prince du sang et jouissait d'une pairie récente, revendiqua la surintendance de l'éducation du Roi, qui lui fut dévolue. Pendant cette fonction, Louis XV, rapporte Saint-Simon, se montra « sérieux, majestueux, et en même temps le plus joli qu'il fût possible, grave avec grâce dans tout son maintien, l'air attentif et point du tout ennuyé, représentant très bien et sans aucun embarras ». Vers la fin, en attendant que le garde des sceaux et le greffier en chef aient fini de transcrire les actes sur le registre, il se mit à badiner avec ceux qui se trouvaient à portée de lui. Madame assura que ce lit de justice l'avait « bien moins ennuyé que les remontrances. »

Que put-il retenir de tout ce cérémonial ? Sans être capable d'aller encore au fond des choses, il était cependant en mesure de constater que la conduite du parlement était occasion d'embarras et de mesures spectaculaires et qu'on agitait souvent des propos où il était question de monnaie, d'impôts et aussi des dettes du feu Roi. En outre, ces événements le frappèrent dans son entourage proche, avec l'éviction du duc du Maine de la surintendance de son éducation et son remplacement par M. le Duc. Quels que fussent ses défauts de caractère, M. du Maine était un homme cultivé et de beaucoup d'esprit, regretté du Roi qui aimait entendre les histoires que lui narrait cet oncle, doué d'un grand talent de conteur. Pauvre duc du Maine ! Combien fut-il question de lui quatre mois plus tard, lorsqu'on éventa le complot d'opérette où il s'était laissé entraîner par sa femme et par l'ambassadeur d'Espagne, le prince de Cellamare ! Quel trouble pour Louis XV d'apprendre que l'ambassadeur de son oncle Philippe V avait agi en conspirateur, qu'on avait dû le reconduire sous escorte à la frontière et, le 29 décembre 1718, que le duc et la duchesse du Maine étaient arrêtés, lui pour être interné à la forteresse de Doullens, elle exilée à Dijon ! Quoi de plus déconcertant que ces péripéties où était compromise cette Espagne où régnait un petit-fils de Louis XIV ? Une certitude, en tout cas, se grava dans l'esprit du Roi et régla sa conduite ultérieure : c'est que les bâtards royaux légitimés étaient pour l'État source de troubles et de complications. Au milieu de toute cette agitation, put-il savoir que, le 14 décembre, la banque de M. Law était devenue Banque royale ? Et s'il le sut, qu'en saisit-il ?

Les échos des affaires d'Espagne devinrent rapidement belliqueux : le 9 janvier 1719, en effet, la guerre fut déclarée à Philippe V au nom de Louis XV. Une guerre du déroulement de laquelle le Roi fut tenu informé et dont la sagesse du Régent sut limiter les opérations et la durée. Au reste, le temps approchait où Louis XV allait pouvoir suivre plus directement et plus régulièrement les événements.

L'Entrée au Conseil

Dans son testament, Louis XIV avait prévu que, lorsqu'il atteindrait l'âge de dix ans, le jeune Roi assisterait au Conseil de Régence quand il voudrait, « non pour ordonner et décider, mais pour entendre et pour prendre les premières connaissances des affaires ». Conformément à cette disposition, le Régent fit entrer

Louis XV à ce Conseil le dimanche 18 février 1720. Comme il y fut surtout question de ce qui devait se passer le jeudi suivant à l'assemblée générale de la Banque royale, le duc d'Orléans, craignant qu'une telle matière ne l'assommât, lui proposa au bout d'un moment de se retirer et d'aller jouer. Mais le Roi, qui ne paraissait pas s'ennuyer, tint à rester jusqu'à la fin. Désormais, il y retourna ponctuellement, toujours sans opiner ni décider, préférant ces réunions sérieuses aux ballets auxquels, au même moment, Villeroy le forçait à participer.

Cette présence régulière au Conseil constitua un incomparable apprentissage du métier royal. Certes, comme nous le redirons, le Régent dérobait au Conseil la connaissance de bien des choses importantes pour les traiter lui-même. Louis XV, néanmoins, y était mis au courant de maintes affaires de l'État, il y apprenait comment elles y étaient introduites, exposées, délibérées, résolues, il y observait la manière dont le Régent y menait la discussion, il s'y imprégnait du vieil esprit de conseil, ce caractère essentiel de la monarchie. En outre, il n'y acquérait pas seulement des lumières sur les choses, mais encore sur les hommes, ayant dès lors l'esprit assez délié pour discerner parmi les ministres et autres membres du Conseil ceux qui opinaient avec pénétration et compétence et ceux qui parlaient pour ne rien dire. Et comme, pour l'examen de certaines questions, on faisait assez souvent venir au Conseil de Régence des conseillers d'État et des maîtres des requêtes, le Roi voyait ainsi défiler peu à peu devant lui les principaux serviteurs de l'État et s'habituait à leurs noms et à leurs figures.

En même temps que Louis entrait au Conseil se déroulait à Nantes le procès du marquis de Pontcallec et de ses compagnons inculpés d'avoir conspiré en liaison avec la duchesse du Maine et le prince de Cellamare : le 26 mars 1720, le principal accusé et trois de ses acolytes eurent la tête tranchée. La sévérité de la peine qui frappa ces gentilshommes bretons fit sur le moment une vive sensation, bientôt éclipsée par la débâcle des opérations de Law et par d'autres circonstances. Le Roi en percevait l'écho dans les débats du Conseil, les conversations de la cour, voire les propos de son gouverneur, de son précepteur et de ses maîtres. Sans pouvoir saisir entièrement le fond des choses, il comprenait fort bien qu'elles provoquaient dans la vie du royaume des perturbations dont les changements de ministres lui apportaient, comme d'habitude, le témoignage le plus voyant : le 29 mai 1720, M. Law donna sa démission de contrôleur général des finances, M. d'Argenson remit celle de garde des sceaux le 7 juin et le chancelier d'Aguesseau, rappelé, vint le 8 saluer Sa Majesté.

Alors que la déconfiture du système de Law tenait le gouvernement et l'opinion en haleine, une nouvelle terrifiante parvint du

Midi : la peste s'était déclarée à Marseille et s'étendait en Provence, d'où elle menaçait toute la France et les états voisins. Les premiers décès suspects remontaient à la mi-juin, mais les échevins avaient rechigné à reconnaître et à publier le mal, qui put ainsi progresser sans être combattu à temps. Le Régent ne fut alerté que vers le milieu de juillet, alors que l'épidémie était déjà implantée. Après de premières réactions un peu confuses, il prit des mesures drastiques, grâce auxquelles « la contagion », comme l'on disait, fut limitée à la Provence, au Comtat et au Gévaudan et épargnée au reste du royaume et à l'Europe. Mais il fallut près de trois années de lutte et de vigilance pour enrayer et éliminer le fléau et pour faire cesser les alarmes qu'il inspirait, trois années pendant lesquelles le jeune Roi vécut ces craintes et ces soucis.

Les premières appréhensions suscitées par les nouvelles de Marseille coïncidèrent avec des circonstances qui agitèrent fort Paris et la cour : le 21 juillet 1720, le duc d'Orléans, irrité par l'attitude du parlement tant devant les avatars du Système que dans les affaires de religion, l'exila à Pontoise, d'où il ne le laissa revenir qu'en décembre. Si importantes que fussent les affaires du dedans, le Régent ne laissait pas, avec le concours de l'abbé Dubois, secrétaire d'État des Affaires étrangères, de mener une diplomatie active qui, entre autres objectifs, tendait à raccommoder la France et l'Espagne après la courte guerre de 1719. Le 27 mars 1721, par le traité de Madrid, Philippe V accéda à l'alliance franco-anglo-hollandaise et, suivant les conceptions du temps, on songea aussitôt à consolider cette réconciliation par des mariages entre Bourbons de France et Bourbons d'Espagne. Avant que ces pourparlers n'aboutissent, deux événements vinrent rompre la routine de l'existence du Roi : la réception d'un ambassadeur turc et la maladie.

L'ambassade de Mehemet Effendi

La venue d'un émissaire du Grand Seigneur fut plus subie que souhaitée par le Régent, mais elle avait été si fortement désirée à la Porte, qu'il eût paru discourtois et inopportun de la décliner. Mehemet Effendi fut donc accueilli en France avec les égards les plus flatteurs. Il prit terre près de Toulon en novembre 1720 et les circonstances l'obligèrent à faire quarantaine sur place. Puis il s'embarqua pour Maguelonne, d'où, évitant les régions pestiférées, il fit route vers Paris à travers le Languedoc. Le 23 février 1721, il passa à Poitiers, atteignit Corbeil le 7 mars et, par Charenton, arriva le 8 dans le faubourg Saint-Antoine, où il logea dans la maison dite du Diable, devant laquelle une compagnie du régiment du Roi était sous les armes. Il attendit là plus d'une semaine que les préparatifs de son entrée solennelle fussent prêts. Le dimanche 16, tout Paris fut sur pied pour ne pas manquer ce spectacle. Le Roi se rendit incognito chez la maréchale de Boufflers, place Royale, pour voir passer le cortège ; le Régent était à un autre balcon. Ce fut un chatoyant défilé où, plus que les grenadiers et dragons de l'escorte, plus que les officiers de la grande et de la petite écurie du Roi et autres gens de livrée, plus que le carrosse du Roi « en argent doré », que celui du Régent « en argent » et que les quatorze carrosses des princes et princesses, l'ambassadeur et sa suite captaient les regards. Précédé par soixante cavaliers turcs, dont certains avec la pique à queue de cheval, par son fils, son intendant, son « aumônier » et son interprète, Mehemet Effendi caracolait, entouré, à sa droite, du maréchal d'Estrées et, à sa gauche, de l'introducteur des ambassadeurs. Au milieu d'un immense concours de peuple, il gagna ainsi rue de Tournon l'hôtel des ambassadeurs extraordinaires, où il prit demeure pour le reste de son séjour.

C'est de là que, le vendredi 21 mars, il se rendit, à peu près dans le même ordre, à l'audience publique du Roi. Dès six heures du matin, ce fut le grand branle-bas dans les rues et aux Tuileries. Les gardes françaises et suisses, habillés de neuf, se mirent en haie depuis le pont tournant jusqu'à la terrasse, ensuite les gendarmes, les chevau-légers et les mousquetaires. Pendant ce temps, dans la galerie ornée des tapisseries de la tenture de l'Histoire de Louis XIV, les princesses et quelque trois cents dames de la cour, dans des parures ruisselantes de pierreries, prenaient place sur trois rangées de gradins. Au fond de la galerie, en haut d'une estrade à huit degrés, se dressait le trône du Roi, surmonté du dais et séparé du reste par une balustrade dorée.

Le cortège de l'ambassadeur s'ébranla à dix heures du matin. Le fils de Mehemet Effendi chevauchait devant lui, portant dans un bassin de vermeil recouvert d'un voile d'étoffe brodée les lettres du Sultan et du grand vizir pour le Roi. Averti de l'approche de son hôte, Louis XV vint occuper son trône. Et lui qui avait si bonne mémoire dut alors, devant ce faste et ce cérémonial, avoir l'impression de revivre cette journée du 19 février 1715 où, au côté de Louis XIV, il avait pris part, dans la grande galerie de Versailles, à l'audience de l'envoyé de Perse. Cette fois, il portait un habit de velours « couleur de feu », aux boutonnières enrichies des plus beaux diamants de la couronne. Il avait à son chapeau une agrafe de gros diamants parmi lesquels brillait le *Sancy* et portait à l'épaule un nœud de perles et de diamants où étincelait le *Régent*. Debout près du Roi, le Régent, en justaucorps de velours bleu brodé d'or, était en avant des autres princes du sang. M. de Fréjus était à côté de Sa Majesté.

L'ambassadeur pénétra dans le vestibule du palais, où les Cent-

Suisses et les gardes du corps rendaient les honneurs, et alla se reposer dans l'appartement du duc de Bourbon ; il y but du chocolat et changea de turban. Puis il monta le grand escalier garni de Cent-Suisses et fut accueilli en haut par le duc de Noailles, capitaine des gardes, qui, à travers les salles des gardes, l'antichambre, le salon, le grand cabinet, le conduisit jusqu'à la galerie. On ouvrit un des battants de la porte. Les Turcs, deux par deux, s'approchèrent du trône et se rangèrent en dehors de la balustrade ; huit « notables à barbe » entrèrent en dedans et restèrent au pied des degrés. Après une première révérence, Mehemet Effendi monta seul les marches, fit de nouveau la révérence, s'approcha de Louis XV et lui fit sa dernière révérence, suivie de son discours, qui fut bref et traduit sur-le-champ par un interprète du Roi « vêtu en arménien ». Louis XV, suivant le protocole observé à la Porte envers les ambassadeurs de France, resta assis et couvert. Villeroy, à titre de doyen des maréchaux, prit la parole et l'ambassadeur donna les lettres du Grand Seigneur et du grand vizir à l'abbé Dubois, qui les remit à Sa Majesté. Puis, avec les mêmes saluts et les mêmes formes, le diplomate se retira et, à travers les rues noires de monde, rentra chez lui.

Si Louis XV s'était ainsi produit devant l'envoyé du Sultan avec tout le faste et toute la magnificence dont un roi de France, même enfant, était capable, c'est que le Régent avait tenu à ce que cette réception donnât à la cour de Constantinople une haute idée de la richesse et de la puissance de la monarchie. Il avait ordonné à Coypel, premier peintre du Roi, de prendre des croquis de la cérémonie ; dès la semaine suivante, l'artiste vint lui présenter l'esquisse du tableau qu'il avait conçu et qui servit ensuite de modèle aux Gobelins pour une tapisserie. De leur côté, les peintres Parrocel et Martin commémorèrent aussi l'événement par de grandes compositions.

Mehemet Effendi passa près de cinq mois à Paris. C'était un homme lettré et fort instruit qui, entre les démarches de politique et d'apparat, fut très recherché dans le grand monde et, un peu comme Pierre le Grand quatre ans plus tôt, consacra une part importante de son temps à profiter des beautés et curiosités de Paris et des environs : l'Opéra, le Jardin du Roi, la Bibliothèque royale, l'Observatoire, la Comédie française, Saint-Cloud, Meudon, Marly, Versailles et Trianon, la Sorbonne, le cabinet d'Ons-en-Bray, le tout en observant le Ramadan. Le 21 mai, il fut dîner chez le maréchal de Villeroy aux Tuileries et à cette occasion — privilège insigne — revit en privé le Roi, qui le conduisit dans la galerie pour lui détailler les épisodes de l'*Histoire de Louis XIV* figurés sur les tapisseries ; après le dîner, on lui montra les plus beaux diamants de la couronne, puis il alla voir les plans en relief au Louvre, où il retrouva Louis XV, qui lui expliqua lui-même les maquettes des villes fortes de son royaume. Le 19 juillet, Mehemet Effendi eut son audience solennelle de congé de Sa Majesté, avec un cérémonial assez analogue à l'audience d'arrivée : cette fois, il n'était plus à cheval, mais dans un carrosse du Roi à six chevaux. Les 29 et 30 juillet, il fut reçu somptueusement à Chantilly par M. le Duc et quitta définitivement la capitale le 3 août.

La maladie et la guérison

Le duc de Bourbon était encore à Chantilly quand on lui manda soudain de regagner Paris en hâte : le Roi était malade ! Le jeudi 31 juillet, en effet, Louis XV eut un malaise à la messe mais ne voulut pas quitter la chapelle avant la fin de l'office. Il décommanda son grand couvert et s'alita l'après-midi ; la fièvre se déclara et augmenta pendant la nuit. Le lendemain vendredi, cette fièvre devint si forte que l'on recourut deux fois à la saignée. Le 2 août, on lui fit prendre de l'émétique et il vomit quatre fois dans la journée, avec une évacuation considérable par le bas. Le quatrième jour, on le trouva soulagé, presque sans fièvre et le pouls régulier. Quelques personnes furent admises à lui faire leur cour, une députation du parlement, conduite par le premier président, vint le voir et entendit la messe dans sa chambre, puis le duc de Bourbon, le comte de Toulouse, le comte de Clermont et quelques seigneurs s'assirent autour de son lit et l'amusèrent par des tours de cartes. Depuis le début, Maman Ventadour et le duc de Bourbon ne l'avaient pas quitté, et le Régent presque pas. Le lundi 4 août, sa guérison fut patente et il commença à recevoir les félicitations sur ce rétablissement et le 6 donna audience aux ambassadeurs.

L'alerte avait été brève, mais vive : on avait craint la petite vérole ! Le 2 août, le parlement avait ordonné que la châsse de sainte Geneviève serait découverte, et le cardinal de Noailles, archevêque de Paris, qu'il y aurait des prières publiques dans toutes les églises avec exposition du Saint Sacrement. La guérison déclencha une incroyable explosion de joie. Les chroniques de Buvat et de Marais résonnent encore des acclamations et de la bousculade populaires. Le parlement fit chanter dès le 4 août un *Te Deum* à la Sainte Chapelle ; le 6, il y eut *Te Deum* en grande pompe à Notre-Dame en présence du Régent, des princes, des cours supérieures en robes rouges. Villeroy et Mme de Ventadour furent acclamés à la sortie. Des fontaines de vin coulèrent dans les rues illuminées, où les chants, les farandoles, les réjouissances et le tapage ne cessèrent que vers trois heures du matin. Les députations se succédèrent aux Tuileries pour complimenter Sa Majesté : charbonniers, porteurs d'eau, bateliers, artisans de tous métiers, les dames de la halle, les poissonnières, qui offrirent au Roi un gros esturgeon, les bouchers, les tailleurs, les perruquiers, etc. Pour sa première sortie, le 18 août, Louis alla entendre une messe d'action de grâces à Notre-Dame et, le 22 alla à Sainte-Geneviève, accompagné chaque fois des vivats d'une foule en liesse. Un peu partout à travers la France, des fêtes et des cérémonies du même ordre associèrent les habitants du royaume à l'allégresse des Parisiens.

Dans ces circonstances, les festivités de la Saint-Louis, le 25 août, prirent un surcroît de relief. Au concert traditionnellement offert au Roi dans le jardin des Tuileries par ses vingt-quatre violons, les trompettes et timbaliers de la chambre et les musiciens de l'Opéra, fit suite un feu d'artifice en musique particulièrement somptueux, un peu perturbé par la pluie. Une affluence énorme était venue jouir du spectacle et se serrait jusque sur les toits des maisons riveraines et voisines. Par rafales puissantes, les cris de *Vive le Roi* déferlaient vers le palais, où Louis XV se montrait aux fenêtres, tantôt du côté de la place du Carrousel, tantôt vers le jardin. L'enthousiasme de cette foule bruyante lui faisait peur. Il cherchait à se cacher et le maréchal de Villeroy devait tirer l'enfant par le bras pour le ramener vers la fenêtre, où son apparition décuplait les acclamations. En le forçant ainsi à s'exhiber, le maréchal lui aurait fait cette étrange admonestation : « Voyez donc, mon maître, tout ce monde et tout ce peuple ; tout cela est à vous, tout cela vous appartient ; vous en êtes le maître. Regardez-les donc un peu pour les contenter ; car ils sont tous à vous ; vous êtes le maître de tout cela ! » Ces propos ont beaucoup indigné Saint-Simon et maints historiens. Si Villeroy avait grandement raison de remontrer au Roi qu'il était une personne publique, que son devoir était de se faire voir à son peuple, ne fût-ce que pour le remercier de son affection et de son loyalisme, hélas le ton et le tour de ses propos étaient stupides. Par bonheur, le précepteur et les maîtres chargés de l'instruction de Sa Majesté étaient mieux avisés.

Son admission au Conseil de Régence au début de 1720 a donc marqué pour Louis XV une étape importante de sa minorité, signe d'une plus grande maturité d'intelligence et de jugement, révélée aussi par une petite anecdote où il apparaît comme maîtrisant déjà les subtilités de la politesse de cour. Un jour à son lever, il vit son maître de la garde-robe, le marquis de Maillebois, s'appuyer contre la balustrade, ce qui ne se devait jamais faire. Plutôt que de le prier de s'en écarter, « il faut, lui dit-il, que vous ayez joué quelque grande partie de paume ce matin, vous me paraissez fatigué. » Plaisante remarque, qui fut très approuvée.

Et par ailleurs, le cours de ses études ne pouvait que faire progresser sa réflexion.

Des études renforcées

A partir de 1720, en effet, M. de Fréjus imposa au Roi un surcroît d'application en le faisant travailler chaque jour non seulement le matin, mais l'après-midi ; une étude avait même lieu les dimanches et fêtes. Pour le latin, quand furent terminées le 14 mai 1720 les traductions d'extraits de la vie de saint Louis, le précepteur, pendant le reste de l'année et au long de 1721, choisit des textes visant, comme les précédents, autant à entraîner son élève au latin qu'à lui prodiguer des leçons de religion et de morale adaptées à sa condition de souverain. Ce furent d'abord des chapitres de *L'imitation de Jésus-Christ*, puis, tirés de la Bible, des psaumes et des fragments du livre des *Proverbes* et enfin les *Définitions principales du catéchisme*. Certaines de celles-ci, conçues spécialement pour l'orphelin royal, ont laissé dans son âme une impression ineffaçable et méritent une attention particulière :

« A quoi nous oblige le quatrième commandement de Dieu ?
— A honorer nos père et mère, et sous ce nom sont compris tous ceux qui ont quelque autorité sur nous.
— Qu'est-ce qu'un enfant doit à son père et à sa mère ?
— Il doit leur obéir, les aimer, les respecter et les assister dans tous leurs besoins.
— Quand on n'a plus ni père, ni mère, comment satisfait-on à ce commandement ?
— En exécutant leurs dernières volontés, en honorant leur mémoire et en faisant prier Dieu pour eux.
— Qui est-ce qui tient lieu à un enfant de ses père et mère ?
— Ses tuteurs et ceux qui ont soin de son éducation.
— Doit-il leur obéir comme à ses père et mère ?
— Oui, et il doit être docile à leurs instructions et souffrir leurs corrections.
— Qui doit-on entendre encore sous le nom de père et mère ?
— Nos pères spirituels, qui sont le Pape, notre évêque, notre curé, notre confesseur et l'église catholique, qui est notre mère.
— A quoi sommes-nous obligés envers eux ?
— A les protéger, à écouter leurs instructions et à leur être soumis. »

Catéchèse dont les vieilles obsessions gallicanes n'étaient jamais absentes :

« — Quelle est la plus grande des censures ?
— C'est l'excommunication. (...)

— N'est-il pas permis en aucun cas d'avoir commerce avec les excommuniés ?

— L'excommunication ne dispense point les sujets de ce qu'ils doivent à leur prince, non plus que les enfants de ce qu'ils doivent à leurs père et mère, et les serviteurs à leurs maîtres. »

D'autre part, au mois de mai 1720, M. de Fréjus fit appel à de nouveaux maîtres pour l'assister : l'abbé Raguet pour la géographie et l'abbé Alary pour l'histoire. Le premier, docteur en théologie, était depuis 1703 un collaborateur du *Journal des Savants;* le second, naguère secrétaire de l'abbé de Longuerue, initia Louis XV au blason et surtout étendit à l'Antiquité un enseignement tourné surtout jusque-là vers le passé de la France et les siècles chrétiens. A partir notamment de Xénophon, on aborda l'histoire de la Grèce et Guillaume Delisle commença alors à dresser pour Sa Majesté une série de cartes dont les sujets successifs dévoilent le programme de ses études : d'abord une carte de la retraite des Dix Mille, puis d'autres consacrées aux empires antiques, celui d'Alexandre, celui de Darius, celui de Rome « dans sa plus grande étendue », et aussi des cartes de la France « selon ses différentes divisions, tant sous les Romains que sous les trois races de ses Rois ». Au début de 1721, Raguet et Alary reçurent des responsabilités à la Bibliothèque royale (notre Bibliothèque nationale), où le département des livres de théologie fut confié à Raguet, Alary recevant celui des livres d'histoire : ces deux abbés avaient ainsi toutes facilités pour préparer les leçons dispensées au Roi.

Celui-ci continuait par ailleurs à bénéficier d'une instruction scientifique et technique animée par Chevallier et élargie grâce, d'une part, à des visites répétées au cabinet de M. d'Hermand et, d'autre part, à des rencontres avec certains des savants les plus réputés. Le 18 juin 1721, par exemple, Louis XV retourna une fois de plus à Bercy où M. d'Ons-en-Bray avait attiré depuis quelque temps dans son laboratoire deux de ses collègues de l'Académie des Sciences, les frères Geoffroy. Ils comptaient alors parmi les meilleurs chimistes ; l'aîné était professeur au Jardin du Roi et au Collège de France, où il avait succédé à Tournefort. Ils pratiquèrent diverses expériences devant Sa Majesté, opérant « un mélange de deux liqueurs qui, mêlées ensemble, s'enflammaient » et « un mélange de deux liqueurs qui, blanches séparément, devenaient rouges dès qu'on en faisait la mixtion ».

Grand événement un mois plus tard : une éclipse de soleil devait se produire le 24 juillet au matin ! Deux astronomes fameux de l'Observatoire, Cassini II et son cousin Maraldi Ier (les membres de ces lignées savantes se numérotent comme les rois et les papes), eurent ordre de venir faire suivre le phénomène par Louis XV, à quoi celui-ci avait été préparé par les leçons de Delisle qui, jadis élève de Cassini Ier, recourait beaucoup pour ses travaux de cartographie aux observations et aux calculs astronomiques. Les deux savants firent porter dans la galerie des Tuileries une pendule à secondes, deux lunettes et les autres instruments nécessaires. Le Roi se rendit avant sept heures au lieu de l'observation. Ce n'était qu'une éclipse partielle et encore les nuages en offusquèrent-ils le commencement et la fin, mais il y porta un extrême intérêt, qui s'étendit bientôt à l'étude des astres en général. Le 30 août suivant, il se fit conduire à l'Observatoire, où Maraldi lui expliqua la carte de la lune. C'était l'éveil du goût prononcé qu'il ne cessa ensuite de manifester pour l'astronomie.

Les activités manuelles ne furent pas délaissées pour autant. Nous avons vu Louis XV formé en 1717 à la typographie. En 1721, il apprit l'art du tour, sous la conduite d'une des artistes les plus habiles, Jeanne Maubois, fille de Jacques Maubois, tourneur de Louis XIV. Elle donna aussi pendant deux mois des leçons au fils de Mehemet Effendi. Bientôt le riche M. d'Ons-en-Bray offrit à Sa Majesté « un tour d'un travail très recherché et très fini..., ouvrage de l'illustre Mlle Maubois », qui fut récompensée par l'octroi du titre de tourneuse du Roi. Louis XV fit faire dans la salle du trône aux Tuileries « un cabinet boisé » pour y placer cet engin, dont il commença à se servir le 10 octobre 1721. Il y prit goût fortement, montra de l'adresse, et conçut pour cette activité un attrait qui ne le quitta jamais.

A partir de 1722, ses études latines prirent un tour moins ecclésiastique, à la fois parce qu'elles s'écartèrent du latin d'église et parce qu'elles abordèrent des textes profanes, sans renoncer pour autant à tout dessein moralisateur. Le Roi traduisit d'abord des fables jadis composées par Fénelon pour l'éducation du duc de Bourgogne, qui n'étaient autre que les *Fables* de Phèdre, mais transposées en prose pour aplanir les difficultés liées à la versification et assorties de moralités appropriées. L'apologue du loup et de l'agneau, y disait-on, est écrit « pour les hommes qui oppriment les innocents sous de faux prétextes ». Avec le loup sous la peau du lion, on apprend que « la bonne mine, le sceptre et la couronne sont les moindres parties d'un roi, il ne l'est véritablement que par la justice, la force, la bonté et l'affabilité ». Quant à l'âne portant une idole, il enseigne que « c'est l'habit royal qu'on honore dans un roi indigne ». Louis XV mit en français une soixantaine de ces textes, puis, en 1722 et 1723, s'attaqua, sous le titre d'*Apophtegmes*, à des versions formées de sentences ou d'exemples tirés de la vie des grands hommes de l'Antiquité : « Un de ses courtisans qu'il aimait fort priant instamment Philippe de Macédoine d'empêcher le jugement d'une affaire où un de ses amis était intéressé, je t'aime bien, lui dit Philippe, et je serais fort aise de te faire plaisir, mais j'aime encore mieux que ton ami perde son procès que moi ma réputation. Parole vraiment digne d'un grand roi, qui connaît combien il est important pour les princes de se conserver la réputation de droiture et d'équité. » « Les princes n'ont jamais été reconnus grands par leurs victoires seulement, et le respect pour la religion doit toujours être la source de leur véritable grandeur. Quoique les dieux des païens ne fussent que de faux dieux, Alexandre ne laisse pas d'être loué du respect qu'il avait pour eux. » Mais le destin du même Alexandre prouve aussi qu' « il est bien rare de trouver un prince qui puisse résister aux attraits de la volupté et à l'ivresse de la bonne fortune ».

A l'occasion, M. de Fréjus demandait des devoirs aux professeurs du collège Louis-le-Grand, ces grands humanistes. Mais il reste certain que les exercices latins de Louis XV le disposaient à comprendre et à écrire la langue des hommes d'Église plutôt que celle de Cicéron et que jadis le duc de Bourgogne son père avait reçu de Fénelon une formation de latiniste beaucoup plus classique. A cela une raison bien simple, déjà évoquée ; Fénelon avait du temps devant lui, alors que les maîtres de Louis XV devaient aller vite et aborder de nombreuses matières avant sa majorité.

Aussi l'éducation scientifique du Roi progressait-elle sans relâche. A la suite de l'éclipse de soleil du 24 juillet 1721, Cassini et Maraldi continuèrent à développer ses connaissances en astronomie. Dans le même temps et en marge de son instruction, il aborda deux disciplines qui, elles aussi, le captivèrent toute sa vie : l'anatomie et la chirurgie. Le sort funeste de ses parents, emportés à la fleur de l'âge par un mal que l'on ne savait ni diagnostiquer ni soigner, est probablement à l'origine de cet intérêt pour tout ce qui touchait à la santé. Il est certain, en tout cas, que cette curiosité fut chez lui très précoce. Il n'avait encore qu'une dizaine d'années lorsqu'un jour il remarqua que Falconet, un de ses médecins consultants habituellement présent à son dîner, n'était pas là ; il lui demanda le lendemain la cause de son absence : l'autre avait été appelé au chevet d'un malade. Et Louis de le questionner aussitôt sur le nom et l'état de son patient, sur la nature de sa maladie, sur le traitement et les remèdes qu'on lui administrait et de réclamer ensuite quotidiennement de ses nouvelles. Deux raisons au moins l'ont poussé à s'instruire en ces matières. La première, que cette étude était volontaire de sa part et qu'il s'y livrait par goût et sans contrainte aux heures dont ses autres exercices lui permettaient de disposer.

Et l'autre, que veillait constamment sur sa personne un corps médical nombreux et compétent, dont il pouvait à tout moment tirer des explications et des connaissances.

Georges Mareschal, titulaire depuis 1703 de la charge de premier chirurgien de Sa Majesté, avait en cette qualité veillé sur la santé de Louis dès sa plus tendre enfance et le Roi lui témoigna par une estime singulière la reconnaissance des services ainsi rendus. Mais son initiation aux disciplines médicales est inséparable d'un homme qui devint bientôt pour lui un ami personnel : François Gigot de La Peyronie (1678-1747). Ce Montpelliérain s'était formé à Paris et dans sa ville natale, où il s'installa d'abord et acquit si grande réputation d'anatomiste et de chirurgien qu'en 1714 Louis XIV le fit venir à Paris, comme démonstrateur d'anatomie au Jardin du Roi. En février 1719, son maître et ami Mareschal lui fit octroyer la survivance de sa charge de premier chirurgien. Très à l'aise dans le plus grand monde, d'un esprit vif et piquant, La Peyronie conquit très vite la sympathie et la confiance du petit Roi, qui l'anoblit dès juin 1721, première de toutes les faveurs qu'il allait lui prodiguer jusqu'à sa mort. Louis XV n'aimait pas être saigné et lorsqu'il tomba malade à la fin de juillet 1721 et qu'il fallut lui pratiquer cette intervention, il exigea que celle-ci fût faite par La Peyronie et nul autre, bien qu'il ne fût encore que le survivancier de Mareschal. Après sa guérison, La Peyronie commença à lui donner une première idée de l'anatomie et, pour illustrer ses leçons, pratiqua devant lui la dissection de quelques animaux de la ménagerie.

Dans des études où, manifestement, une place majeure revenait aux disciplines scientifiques, quelle fut la part des belles lettres et des arts ? Nous avons déjà vu que Louis XV eut depuis 1717 un maître à dessiner, mais qu'il semble s'être surtout entraîné au dessin d'architecture. En 1717 aussi, on répara le clavecin du Roi, plus par souci de son bon entretien que pour l'usage de Sa Majesté, qui ne fut initiée que plus tard à la pratique instrumentale. Robert de Visée devint en 1719 son maître de guitare et l'année suivante un des chantres de la chapelle qui avait jadis enseigné la musique au duc et à la duchesse de Bourgogne, Jean-Baptiste Matho, fut appelé à la même mission auprès de leur fils. Fut-ce l'effet du dégoût inspiré par les ballets où il était contraint de paraître ? Ou, plus vraisemblablement, d'une nature peu sensible à la musique ? Toujours est-il que Louis XV, à la différence de Louis XIII et de Louis XIV, ne devint pas mélomane et même eut tendance à chanter faux !

En fait, son éducation artistique — comme celle de tous les princes — relevait moins des soins de tel ou tel maître que d'une imprégnation de tous les jours et de tous les instants procurée par les conditions mêmes de la vie de cour. Habiter des palais construits et ornés par les plus grands architectes, y occuper le plus bel appartement, n'y voir sur les murs que des tableaux des plus illustres peintres morts ou vivants, n'y être environné que de meubles, tapis et tapisseries dessinés par les artistes les plus renommés et réalisés par les artisans les plus talentueux, ne se servir aux repas que de vaisselle et de couverts ciselés par les meilleurs orfèvres, n'ouvrir que des livres somptueusement reliés, n'utiliser — fût-ce un simple bougeoir — que des objets aux formes parfaites, n'entendre à la chapelle ou au concert que des œuvres dirigées et jouées par des musiciens d'élite, n'avoir en toutes choses que les premiers artistes à son service : existe-t-il plus sûre et plus féconde formation du goût que ce contact quotidien, du lever au coucher, avec le raffinement, l'élégance et les chefs-d'œuvre ?

Lors de l'avènement de Louis XV, Robert de Cotte était premier architecte et Jacques Gabriel architecte ordinaire de Sa Majesté. Ses sculpteurs s'appelaient Coysevox, Coustou, Jacquet ; ses peintres : Jouvenet, Lafosse, Boullongue, Coypel. Ses jardins étaient régis par Desgots, neveu de Le Nôtre. Delalande cumulait les charges de maître de chapelle, surintendant et compositeur de la chambre ; Couperin, Buterne, Garnier et d'Agincourt touchaient les orgues, d'Anglebert le clavecin, d'autres instrumentistes avaient nom Marin Marais, Philidor, Descoteaux, Hotteterre et les fameux vingt-quatre violons de la chambre constituaient une phalange de virtuoses. Après une telle énumération — nullement exhaustive —, est-ce la peine de s'interroger sur la sûreté et le raffinement de goût manifestés ensuite par Louis XV ?

De même, les représentations théâtrales données à la cour ont-elles contribué à son éducation littéraire, dans laquelle Molière paraît avoir tenu une place de choix. Pendant le mois de février 1719, ses comédiens jouèrent successivement devant lui *Le malade imaginaire*, *Pourceaugnac* (qu'il avait déjà vu l'année précédente) et *Le médecin malgré lui* et en mars *Le bourgeois gentilhomme*. La première tragédie à laquelle il assista fut, en février 1719, *Œdipe*, que venait d'écrire un jeune auteur qui se fit bientôt appeler M. de Voltaire. Il eut le 10 juin 1721 la révélation d'*Athalie*, spectacle supérieur à tous égards à celui que, quatre jours après, lui vinrent donner les élèves du collège Louis-le-Grand : un « drame héroïque » intitulé *Grégoire ou les incommodités de la grandeur*. Répertoire composé aussi de vieux succès comme *Le grondeur* et de comédies italiennes alors très goûtées : *Arlequin Protée*, *Arlequin médecin volant*, *Le port à l'Anglais*, etc. Le 10 novembre 1721, le Roi se rendit à l'Opéra pour une représentation de *Phaéton* de Lully ; jusque-là il n'avait entendu qu'en concert des extraits d'œuvres de ce maître et c'était le premier spectacle d'opéra qu'il voyait. Celui-ci s'insérait parmi les réjouissances alors organisées à l'occasion de la signature du contrat de mariage d'une des filles du Régent avec le prince des Asturies, héritier du trône d'Espagne. Mais à cette date le Roi lui-même était, si l'on ose dire, menacé de devoir prendre femme. C'est que plus se rapprochait le temps de sa majorité et plus cette échéance engendrait de combinaisons et de compétitions.

IV. — RAISON D'ÉTAT ET RAISONS DU CŒUR

Il est certain qu'en devenant majeur en 1723 le Roi serait encore trop jeune pour faire face à toutes ses responsabilités. Philippe d'Orléans réfléchit donc aux dispositions que lui permettraient, sa mission de Régent terminée, de guider Louis XV dans la pratique de son métier royal et d'exercer ainsi une sorte de régence prolongée. Ses projets furent très influencés par son homme de confiance, l'abbé Dubois, dont la forte et ambitieuse personnalité domine cette dernière étape de la minorité. Depuis qu'il assistait au Conseil de Régence, où il l'écoutait rapporter les affaires, le Roi connaissait l'abbé et il allait voir se multiplier les occasions de le côtoyer.

Dubois visait à dominer le gouvernement. Pour y parvenir et ensuite s'y maintenir durablement, il s'appliquait à gravir, dans l'Église comme dans l'État, tous les degrés conduisant au faîte des honneurs et du pouvoir. Secrétaire d'État des Affaires étrangères depuis septembre 1718, ordonné en mars 1720, nommé archevêque de Cambrai le 6 mai 1720, sacré le 9 juin, il prêta en cette qualité son serment au Roi le 16. Dès 1719, il avait commencé à tresser pour parvenir au cardinalat des manœuvres si hardies et si subtiles que le nouveau pape Innocent XIII ne put se dispenser de le lui conférer le 16 juillet 1721. Dès le 27, Louis XV le coiffa de la calotte rouge avant de lui remettre solennellement la barette le 21 septembre. Entre ces deux dates étaient parvenues au Régent des ouvertures assez singulières de la cour d'Espagne qui, sous les apparences d'une initiative spontanée de celle-ci, couronnaient en réalité d'ingénieux manèges du nouveau cardinal.

Des fiançailles précoces

Le 26 juillet 1721 à Madrid, le marquis de Maulévrier, ambassadeur de France, reçut la visite d'un secrétaire d'État de Philippe V, M. de Grimaldo, qui lui exposa que le Roi son maître, soucieux d'affermir à jamais la bonne intelligence entre les branches de la maison de Bourbon, voyait dans des épousailles la voie la plus sûre pour y parvenir. Aussi Philippe V, d'une part, demandait-il en mariage pour son fils aîné, le prince des Asturies, l'une des filles du Régent, Mlle de Montpensier, et, d'autre part, proposait de marier l'infante Marie Anne Victoire, sa fille unique, à Louis XV ! Maulévrier dépêcha aussitôt un courrier porter à bride abattue ces offres à Paris. Le duc d'Orléans les saisit au vol et, le 4 août, adressa de sa main ses remerciements à Philippe V. Dubois, de son côté, se mit à s'occuper des détails de l'affaire. Le tout, d'abord, dans le secret le plus total. Celui-ci, toutefois, ne pouvait rester caché longtemps, car il fallait bien finir par mettre dans la confidence le principal intéressé, c'est-à-dire Louis XV, et par déclarer son mariage au Conseil de Régence. Le Régent était en peine de l'accueil que feraient à ces projets et le jeune Roi, que les surprises effarouchaient, et le public, à cause de l'âge de l'infante : si le prince des Asturies avait quatorze ans et Mlle de Montpensier douze, ce qui pouvait passer pour raisonnable, Louis XV n'en avait que onze et sa « fiancée » trois ! Orléans résolut de choisir un jour de Conseil de Régence et, juste avant de le tenir, d'apprendre au Roi son mariage et de le publier aussitôt après au Conseil, pour que l'affaire soit vite consommée.

Ce fut le dimanche 14 septembre 1721, où le Conseil était convoqué pour l'après-midi. A la fin de la matinée, le Régent manda séparément le duc de Bourbon, surintendant de l'éducation du Roi, puis M. de Fréjus, et les mit au courant, en leur enjoignant de garder le secret sans réserve, en particulier envers le maréchal de Villeroy. M. le Duc approuva fort le projet d'alliance, Fleury plus froidement, car il trouvait l'infante bien jeune ; l'un et l'autre s'engagèrent à user de toute leur influence sur le Roi. Vers quatre heures du soir, le duc d'Orléans entra dans le cabinet de Sa Majesté, d'où l'on fit sortir les sous-gouverneurs et quelques valets, et où ne restèrent que le duc de Bourbon, M. de Fréjus, Villeroy et le cardinal Dubois. Le Régent, plus rouge encore que d'habitude, dévoila au Roi le projet de son mariage et lui demanda son acquiescement pour y donner suite. Louis XV se mit à rougir lui aussi et à pleurer silencieusement. Successivement le duc d'Orléans, M. le Duc, Dubois, Villeroy lui expliquèrent la nécessité de ce mariage et les avantages qui en découleraient pour l'État, la dynastie et la paix. Le Roi ne disait rien et ses larmes coulaient dru. Enfin M. de Fréjus, en le raisonnant à mi-voix, parvint à en tirer le *oui* fatal. Là-dessus, pleurant toujours, il refusa d'aller au Conseil. Or, il était essentiel qu'il y déclarât son mariage ou du moins que cette déclaration s'y fît en sa présence. L'assistance eut de nouveau toutes les peines du monde à venir à bout de sa résistance et ce fut encore une intervention de Fleury qui eut raison non de ses larmes, mais de son obstination. On lui accorda alors un peu de répit pour se remettre.

Pendant ce pénible débat, les autres membres du Conseil de Régence s'étaient assemblés, fort intrigués par ce conciliabule dans le cabinet de Sa Majesté qui retardait anormalement l'ouverture de la séance. Louis XV parut enfin, les yeux encore rouges et gros et l'air fort sérieux. Toute la compagnie était en attente d'un imprévu. Le Régent la parcourut lentement du regard, puis, tourné vers le Roi, lui demanda s'il trouvait bon qu'il fît part au Conseil de son mariage. Louis répondit un *oui* sec et assez bas. Aussitôt Philippe d'Orléans déclara le mariage et la prochaine venue de l'infante, puis s'étendit sur la convenance et l'importance de cette alliance. Un des témoins, le maréchal de Villars, observe que l'infante « n'ayant que trois ans et quelques mois, ne pouvait faire espérer des enfants que douze ans après ; ce qui était bien reculer les désirs de la France pour un roi fils unique et dont la vie et la postérité pouvaient seules assurer le bonheur et la tranquillité du royaume. Cependant, rapporte-t-il, tout le Conseil applaudit et trouva que rien ne pouvait être plus heureux pour le Roi et pour l'État. Il n'y avait personne qui ne vît l'inconvénient qu'on vient de remarquer, mais, comme la représentation eût été fort inutile, on ne s'avisa pas de la faire. »

Dès la fin du Conseil, la nouvelle courut Paris. Les Tuileries et le Palais-Royal furent bientôt remplis de tous ceux qui venaient se présenter au Roi et au Régent et les complimenter sur ce mariage. Louis XV demeura fort sombre tout le reste de la journée et manqua encore d'entrain le lendemain, puis, le temps passant, retrouva son équilibre et même, parlant peu après au jeune duc de Boufflers, marié le 15 septembre à une petite-fille de Villeroy, il lui aurait dit : « J'ai aussi présentement une femme, mais je ne pourrai coucher de longtemps avec elle. » Réflexion qui, si elle est authentique, témoignerait d'un humour plutôt désenchanté.

Par déférence pour le Roi, le duc d'Orléans avait tenu secret le projet de marier sa fille au prince des Asturies. Il le fit acquiescer sans difficulté par Louis XV le 27 septembre et en fit la déclaration le lendemain au Conseil de Régence. Annonce qui déchaîna aussitôt les fureurs de la vieille cour, déjà passablement étourdie par le mariage du Roi. Ses tenants, relate Saint-Simon, n'avaient eu jusqu'alors « que l'Espagne dans la bouche, qui était l'ancre de leurs espérances, la protection de leurs mouvements, le seul moyen d'accomplissement de leurs désirs..., l'occasion continuelle et sans indécence de fronder et critiquer le Régent et son gouvernement », or toutes ces choses « non seulement tombaient et disparaissaient par ce double mariage, mais se tournaient contre eux... L'horreur qu'ils conçurent d'un revers si subit et si complètement inattendu fut plus visible que facile à représenter », tant tous ceux de cette cabale — et Villeroy le premier — faisaient triste mine.

Si imparfaitement mêlé qu'il fût encore aux affaires, Louis XV était trop intelligent et déjà trop observateur pour ne pas avoir conscience des rivalités qui s'affrontaient autour de lui, sur lesquelles d'autres faits ne purent, au même moment, que lui ouvrir les yeux. Les deux mariages renforçaient, en effet, la position de leur inventif artisan, le cardinal Dubois, que cette opération assurait, si possible, d'un surcroît de crédit et de reconnaissance de la part du duc d'Orléans. Or, il entendait capter seul cette faveur et visa donc à écarter ceux avec qui il pourrait avoir à partager influence et confiance auprès du Roi et du Régent. Plus que ce vieux sot de Villeroy, M. de Fréjus lui parut un compétiteur éventuel. Ce prélat avait acquis peu à peu sur Louis XV un ascendant révélé par les scènes du dimanche 14 septembre. La veille même de ce jour, la mort du cardinal de Mailly avait fait vaquer l'archevêché de Reims. Et Dubois de concevoir aussitôt le dessein d'y faire nommer Fleury, élégant moyen d'éloigner un concurrent potentiel : Reims était un siège prestigieux, première pairie du royaume, honoré presque toujours du cardinalat et à qui était attaché le privilège — bientôt effectif — de sacrer le Roi. Dubois n'eut aucune peine à rallier à cette idée le Régent, qui fit proposer par Louis XV en personne cette nomination à M. de Fréjus. Celui-ci opposa aux avances du Roi comme aux instances réitérées du duc d'Orléans, de Villeroy, de Saint-Simon, une résistance si longue, si tenace et si habile, que le projet fut enterré à la fin d'octobre 1721. Simplement, Fréjus accepta de recevoir, parmi les dépouilles du cardinal de Mailly, la commende de l'abbaye Saint-Étienne de Caen, soit un revenu de quelque 70 000 livres.

En même temps que se faisaient et se défaisaient tous ces calculs, progressaient les préparatifs des voyages de l'Infante et de Mlle de Montpensier et les Parisiens, quelque peu ébaubis à cause du très jeune âge de la future reine de France, oubliaient cette impression pour se réjouir de l'arrestation de Cartouche, opérée le 14 octobre, terme impatiemment attendu d'une suite sanglante de crimes et de méfaits horribles.

L'Infante-Reine

Le principe des deux épousailles arrêté, il fallut en régler le détail : envoi d'ambassadeurs extraordinaires pour les demandes officielles en mariage, obtention en cour de Rome des dispenses de parenté, montant des dots et douaires, cérémonial d'échange des princesses, etc. Philippe V dépêcha le duc d'Ossone pour solliciter la main de Mlle de Montpensier et l'ambassadeur désigné pour aller à Madrid demander celle de l'Infante ne fut autre que M. le duc de Saint-Simon, à qui cette mission purement protocolaire convenait parfaitement ; il y gagna pour un de ses fils la qualité de grand d'Espagne, mais, grâce aux soins perfides de Dubois, y écorna sérieusement sa fortune déjà mal en point. Avec un train somptueux, il quitta Paris le 23 octobre, avant la signature du contrat de Mlle de Montpensier, qui eut lieu le 15 novembre 1721, suivie d'un bal magnifique ouvert par le Roi avec cette princesse. Le contrat de mariage de Louis XV et de l'Infante fut signé à Madrid le 25 novembre. Les cortèges conduisant les fiancées à la frontière cheminèrent en grande pompe à la rencontre l'un de l'autre : celui de Mlle de Montpensier partit de Paris le 18 novembre, celui de Marie Anne Victoire de Madrid le 27. Le goût prononcé de Louis XV pour la géographie et la cartographie étant connu, on avait dressé pour lui une grande carte de dix pieds sur quatre et des mémoires historiques lui permettant de suivre l'itinéraire de sa future épouse de Madrid à Irun.

Le cérémonial d'échange de ces augustes personnes suivit celui pratiqué lors des mariages de Louis XIV et Marie-Thérèse en 1660 et de Charles II d'Espagne avec Marie Louise d'Orléans en 1679. Une belle maison de bois avait été bâtie au milieu de la Bidassoa dans l'île des Faisans, reliée aux rives par deux larges ponts de bateaux. Luxueusement meublés, deux appartements égaux, l'un du côté de France, l'autre du côté d'Espagne, y étaient séparés par un salon destiné à l'échange, dont la cérémonie se fit très solennellement le 9 janvier 1722 à midi. Les deux princesses, accompagnées d'une cour brillante, se rendirent chacune dans leur appartement, y prirent quelque repos, pénétrèrent dans le salon et s'avancèrent jusqu'à la table qui était au milieu. On signa de part et d'autre les procès-verbaux de remise, on se fit réciproquement force politesses, on s'embrassa et les fiancées furent conduites chacune dans leur nouvel appartement. Une demi-heure plus tard, chaque cortège s'ébranla dans sa direction.

L'infante Marie Anne Victoire, retirée tout en larmes des bras de la duchesse de Montellano et privée, à l'exception de sa remueuse, de sa domesticité espagnole, passait aux mains de sa gouvernante, qui n'était autre que Maman Ventadour ! On chemina vers Paris par un long trajet où, à chaque étape, l'on était accueilli par des harangues, des hommages et des festivités sans fin, de sorte que ce fut seulement le 1er mars après midi que l'Infante atteignit son dernier gîte avant Paris : Berny. Entre temps, Louis XV avait été voir au Louvre les appartements aménagés pour elle et, d'autre part, avait été témoin d'une petite tempête qui secoua le Conseil de Régence.

Le duc d'Orléans, à la mort de Louis XIV, avait promis à l'instar de son oncle, de ne point appeler de cardinaux au Conseil, à cause des difficultés protocolaires que leur présence y eût soulevées. Il tint longtemps parole, si bien qu'en coiffant la calotte rouge Dubois avait dû cesser d'y paraître. Il s'en consolait mal et imagina pour y rentrer un habile expédient. Le cardinal de Rohan revint de Rome, où il avait utilement servi les intérêts du Régent et de Dubois. Pour le récompenser de sa mission, le duc d'Orléans le fit entrer le 8 février 1722 au Conseil de Régence, où il lui assigna place au-dessus du chancelier et des pairs, préséance si contraire aux prétentions de ces derniers qu'ils se récrièrent vivement et menacèrent de ne plus venir au Conseil plutôt que d'y céder le rang. Philippe d'Orléans fit mine de se fâcher et les prit au mot : les ducs cessèrent d'assister au Conseil et Villeroy fut contraint désormais de conduire le Roi jusqu'à la porte pour se retirer ensuite. Dubois y prit séance le 22 février et le chancelier d'Aguesseau dut se retirer dans sa terre de Fresnes, cédant ses fonctions à un garde des sceaux, M. Fleuriau d'Armenonville, qui prêta serment au Roi le 1er mars, alors que l'Infante n'était plus qu'à quelques lieues de Paris.

A son arrivée le même jour à Berny, Marie Anne Victoire fut saluée par le Régent, par les cardinaux de Rohan, grand aumônier de France, de Bissy et Dubois et par plusieurs seigneurs et dames. Le lendemain matin, Madame et la duchesse d'Orléans vinrent avec les princesses du sang lui rendre les mêmes devoirs et, après son dîner, toutes ces Altesses reprirent la route de Paris dans son carrosse avec Mme de Ventadour. De son côté, Louis XV quitta les Tuileries à onze heures avec le Régent, le duc de Chartres, les princes du sang et Villeroy et s'arrêta à Bourg-la-Reine, où il arriva peu avant l'Infante. Il la reçut à sa descente de carrosse, lui dit un mot aimable, la conduisit dans un appartement qui avait été préparé. L'entrevue dura un quart d'heure, puis tous deux montèrent dans des carrosses différents, l'Infante devant faire une entrée solennelle dans la capitale et le Roi gagner auparavant le Louvre pour l'y accueillir.

La marche de la petite princesse se fit lentement, avec l'escorte et la suite les plus nombreuses et les plus éclatantes qui fussent. Elle arriva vers quatre heures au Louvre, où Louis XV la reçut, la conduisit à son appartement et lui offrit une superbe poupée. Les réjouissances populaires se prolongèrent tard dans la nuit et le lendemain toute la cour alla baiser la main de l'Infante, hors les personnes titrées qu'elle embrassa. Pendant des jours, ce ne furent que présentations, députations, opéra, bals, illuminations, feux d'artifice le tout couronné par un grand *Te Deum* à Notre-Dame le 12 mars.

Les futurs époux devaient vivre séparés : le Roi aux Tuileries et celle qu'on appela désormais l'*Infante-Reine* au Louvre, élevée à la française sous le gouvernement de la duchesse de Ventadour. On lui donna dès lors un maître à danser et aussi un instituteur, qui fut tout simplement l'abbé Perot. Après ces fastes, Louis XV reprit son existence ordinaire, toujours très studieuse : en avril, Cassini et Maraldi vinrent lui montrer le dessin d'une tache du soleil qu'ils avaient observée et, d'autre part, MM. de Puységur et d'Hermand commencèrent à lui donner ses premiers rudiments d'instruction militaire. D'Hermand le voyant prendre intérêt à l'éclosion de vers à soie, lui procura un livre sur la manière d'élever et de nourrir ces larves. On le conduisit au collège d'Harcourt assister aux cours et aux expériences du docteur Polinière, un médecin qui donnait dans les grands collèges parisiens des leçons fort prisées de physique expérimentale. Deux nouveaux personnages, MM. de Beaurain et Daudet, collaborèrent à ses études et furent bientôt nommés géographes de Sa Majesté. Dans cette vie si appliquée, le Roi, au moment du carême, eut encore le désagrément de se sentir l'enjeu d'une intrigue de cour et d'Église.

UN NOUVEAU CONFESSEUR ET LE RETOUR À VERSAILLES

Son confesseur, le vieil abbé Claude Fleury, dut alors se retirer à cause de sa mauvaise santé. A la place de ce gallican convaincu et quelque peu jansénisant, le duc d'Orléans nomma un jésuite, le père de Linières, déjà confesseur de Madame. M. le Duc et Villeroy le présentèrent au Roi le 31 mars. Or, au mois d'août 1716, le cardinal de Noailles, archevêque de Paris, avait ôté aux jésuites tout pouvoir de confesser dans son diocèse, n'exceptant de cette mesure que ce religieux, mais pour la seule Madame. Le Régent lui envoya donc demander l'extension de cette permission pour la personne de Louis XV. Le cardinal refusa et repoussa ensuite inflexiblement toutes autres instances. Comme, de leur côté, le duc d'Orléans et Dubois n'entendaient pas céder et que le temps pascal survenait, il fallut sortir de l'impasse. Le dimanche de Quasimodo, 12 avril 1722, le Roi fut entendu en confession par un simple prêtre, l'abbé Jérôme Chupperelle, chantre haute-contre de sa chapelle. Les semaines suivantes, le P. de Linières assista le Roi dans ses prières, mais comme le cardinal de Noailles persistait à lui refuser toute amplification de pouvoir, ce fut encore de M. Chupperelle que Louis XV reçut l'absolution pour la Pentecôte.

Au moment même de la retraite de l'abbé Fleury, les Parisiens commencèrent à se répéter que la cour allait se réinstaller à Versailles. Ce n'était pas un faux bruit. La décision en était prise pour plusieurs considérations. Et d'abord parce que le Roi y inclinait. Il avait un souvenir nostalgique et précis du merveilleux château et des vastes perspectives de son jardin et de son parc ; un jour de l'été 1720, il se plaignit à Villeroy de ce qu'on le menait au cours la Reine, à Vincennes, à Saint-Cloud et jamais à Versailles, ni à Trianon : « J'aime tant Trianon ! », avait-il soupiré. Le gouverneur lui ayant demandé s'il parlait ainsi de lui-même ou si on le lui avait suggéré, il l'assura que cela ne venait que de lui et comme Villeroy essayait de lui faire entendre qu'à Versailles on effectuait aux eaux et aux canaux des travaux qui rendaient l'air insalubre, il lui avait répliqué : « Bagatelle, bagatelle ! » Paris, où le cours de ses jours était si studieux, lui semblait comme un collège privé d'air et d'espace ; si imposant que fût l'ensemble du Louvre et des Tuileries, il s'y sentait logé moins magnifiquement qu'à Versailles. En ce mois de mars 1722, feuilletant des recueils d'estampes de Versailles, il exprima le dessein d'y aller quand il serait majeur. Il n'eut même pas à attendre jusque-là, ce désir se rencontrant avec les vues du duc d'Orléans et de Dubois. Le Régent, en effet, aspirait à quitter la capitale où, depuis l'effondrement du Système, sa popularité avait fortement baissé ; il comptait aussi qu'à Versailles il serait plus à portée d'avoir des entretiens politiques avec le Roi pour le préparer à gouverner et enfin qu'il pourrait s'y débarrasser de Villeroy plus aisément qu'à Paris, où le vieillard était très en faveur parmi le peuple. Tout un faisceau de raisons poussaient donc au retour à Versailles, qui fut quelque peu retardé par la nécessité de remettre en état la prestigieuse demeure, inoccupée depuis presque sept ans. Le lundi 15 juin 1722, au début de l'après-midi, Louis XV quitta les Tuileries pour s'y rendre. Tout Paris alla le voir passer cours la Reine et beaucoup dans la foule se demandaient mélancoliquement si ce départ était temporaire ou définitif.

SOLITUDE AU SOMMET DE L'ÉTAT

Depuis février 1717, le Régent initiait progressivement Louis XV au métier de Roi, Villeroy le formait à la vie de cour et M. de Fréjus présidait à sa formation intellectuelle et morale. Quelle fut, dans le même temps, sa vie affective et comment, au terme de ces cinq années et demie, se dessinait sa personnalité ?

On a dit avec quel désespoir Louis avait dû, le 15 février 1717, subir la séparation d'avec Mme de Ventadour. Comme elle l'avait promis, elle vint le voir le lendemain et les jours suivants, puis elle espaça un peu ces visites, le Roi s'habituant à sa nouvelle existence. Mais il ne s'accommoda jamais de longues absences de la chère duchesse et, à partir du printemps, il fut convenu qu'il irait dîner ou souper chez elle au moins une fois par semaine. Il lui restait si attaché qu'il se mit à pleurer en apprenant en septembre 1717 la mort du duc de Ventadour, croyant qu'elle en serait très affligée : il ignorait que, depuis fort longtemps, il n'y avait nul commerce entre les époux ! En avril 1718, Mme de Ventadour fut gratifiée d'un appartement au château de Meudon ; elle y résida pendant la belle saison et le Roi y alla chaque semaine passer une ou deux après-dînées chez elle. Les années s'écoulaient sans altérer en rien l'affection filiale et la reconnaissance qu'il lui avait vouées : elle restait toujours pour lui l'irremplaçable « Maman ».

A la cour, sa parente la plus proche était son arrière-grand-tante Madame, la mère du Régent. De très grandes et parfois très rudes manières, cette vieille princesse — 63 ans en 1715 — était par sa vaste culture, par sa rare droiture de caractère, par sa parfaite honnêteté de mœurs, la plus forte personnalité de la famille royale. Entre cette grosse dame au verbe haut et gaillard et le petit Louis XV, les relations furent d'abord assez froides : « Le jeune Roi, disait Madame en novembre 1717, n'aime personne au monde que son ancienne gouvernante... Je ne suis pas du tout dans ses bonnes grâces, mais je ne m'en afflige guère. » De temps à autre, Louis était protocolairement conduit chez elle, en particulier pour la saluer à son départ pour Saint-Cloud, où elle vivait une partie de l'année, et ensuite à son retour, et ces politesses ne devaient guère amuser l'enfant. Il me fait, disait-elle encore, « tous les ans quelques visites, sans doute bien malgré lui et à contrecœur. Il ne peut me souffrir. Cela vient, je crois, de ce que je lui ai dit à différentes reprises qu'il sied mal à un grand Roi, comme il est, d'être mutin et opiniâtre ». Cette attitude de Madame était affectée et cachait en réalité un vif désir d'être aimée de son neveu, lequel finit par sentir qu'il trouverait en elle une réelle affection. Preuve de la confiance qui s'établit peu à peu entre eux : ce consentement du Roi, en octobre 1718, à danser en privé devant elle, ce qu'il ne voulait faire devant personne. Il s'habitua à la voir tous les dimanches et lorsqu'il tomba malade en juillet 1721, elle se rongea d'inquiétude. Il aimait désormais cette vieille tante un peu grondeuse, car il avait discerné qu'elle vivait à l'écart des intrigues et lui vouait des sentiments désintéressés, et il savait déjà combien ce désintéressement était rare à la cour.

De même fut-il sensible à la délicatesse de la conduite du Régent à son égard. Celui-ci, aussitôt après la mort de Louis XIV, s'était présenté à lui « comme le premier de ses sujets ». Ce n'était pas dans sa bouche une formule de circonstance, vide de sens et de portée, mais une profession de foi et un engagement sincères, auxquels il fut très loyalement fidèle. Certes, sachant qu'en cas de mort de Louis XV la couronne devait lui échoir, il n'a jamais perdu de vue la sauvegarde de ses droits personnels et familiaux, mais il a toujours subordonné ce souci à celui des intérêts du Roi et de l'État. Douloureusement affecté par les ignobles accusations de poison que certaines coteries avaient insinuées contre lui en 1711 et 1712, il veilla très scrupuleusement sur la santé du jeune Roi. Son fils le duc de Chartres ayant contracté la petite vérole à la mi-septembre 1716, il décida de ne plus aller chez Louis XV, transféra le Conseil de Régence au Louvre et défendit à tous ceux qui approchaient Sa Majesté toutes visites au Palais-Royal. Il attendit le 31 ocotbre pour revoir le Roi et ramener le Conseil aux Tuileries. Il renouvela ces précautions en février et mars 1719, à cause de la variole d'une de ses filles, et de février à mai 1720, où les Orléans avaient la rougeole. En cette même année 1720, il vint au mois d'août se loger au Louvre, pour être plus près du Roi.

Il semble aussi que, sans peser sur l'action du précepteur, le Régent a contribué à orienter les études de Louis XV vers les sciences, domaine dans lequel il avait lui-même des connaissances étendues. Son premier médecin, Guillaume Homberg, membre de l'Académie des Sciences, avait d'abord été son professeur de chimie et ils se livraient ensemble à des expériences dont une cabale ignare et malfaisante tira ses incriminations de poison. Il avait au Palais-Royal un laboratoire, qui comportait notamment un fameux « miroir ardent », dont il fit don à M. d'Ons-en-Bray pour son cabinet de Bercy. Il assista à Paris aux démonstrations publiques de Polinière et cet exemple a probablement incité à y conduire le Roi. Claude Delisle (1644-1720), père de Guillaume le géographe, avait été son professeur d'histoire et de géographie. Et c'est encore le Régent qui arrêta les dispositions prises pour initier Louis XV à l'art de la guerre.

Philippe d'Orléans, qui séparait méthodiquement sa vie politique et ses plaisirs, veilla toujours à ce que rien de sa conduite privée n'éclaboussât le Roi, qu'il n'abordait jamais qu'avec un tendre respect. Son intérêt, certes, lui commandait de mériter au moins la reconnaissance du jeune souverain, mais, en dehors de tout calcul, il lui porta une affection sincère et profonde, attestée par ce trait : en octobre 1719 il pria Louis XV qui, en lui parlant, lui disait toujours « Monsieur », de l'appeler désormais « Mon oncle », puisque naguère Louis XIV l'appelait « Mon neveu ». Le Roi accepta et aima de plus en plus cet oncle affectueux et prévenant, dont les hommages avaient tant de grandeur, les propos tant d'élégance et de pertinence, les conseils tant de séduction. Quand il présentait à Louis XV des sujets pour remplir des charges ou des bénéfices, il avait soin d'ajouter : « C'est à Votre Majesté de choisir et de décider, Elle est le maître, je ne suis ici que pour Lui rendre compte, pour recevoir ses ordres et les exécuter », propos où beaucoup d'historiens n'ont vu, à grand tort, que basse flagornerie. Ils étaient, au contraire, d'une étonnante justesse, car, d'une part, le prince y parlait bien comme le premier des sujets, donnant aux autres l'exemple de l'obéissance, mais, d'autre part, il y enseignait le Roi à exercer son devoir fondamental : décider et commander. Cette affection du Roi n'eut guère occasion de s'étendre à la duchesse d'Orléans, l'épouse altière et désœuvrée du Régent, avec laquelle il n'entretint que des relations d'étiquette.

Les sentiments de Louis XV pour son gouverneur étaient plutôt neutres. Villeroy dormait dans sa chambre et, dès son lever, l'accompagnait partout. Le Roi conçut ainsi pour le maréchal un attachement d'habitude, qui ne l'empêchait ni d'apercevoir ses ridicules, ni de souffrir des contraintes pompeuses auxquelles il l'astreignait bêtement, telle cette scène rapportée par Mehemet Effendi. Celui-ci, dans son audience privée du 21 mai 1721, ayant vanté les grâces du Roi, Villeroy lui dit : « Sa démarche est aussi fort belle » et s'adressant à Louis XV : « Marchez de cette manière que l'on vous voie », et le Roi d'aller jusqu'au milieu de la salle et ensuite de revenir. « Marchez avec plus de vitesse, dit alors le gouverneur, pour faire voir votre légèreté à courir. » Et l'enfant de se mettre à courir avec précipitation. Mais il s'irritait d'être ainsi traité comme une poupée mécanique et de subir aussi des remarques grotesques. Lors de l'arrivée de l'Infante-Reine au Louvre le 1er mars 1722, la petite princesse crut, à tort, qu'elle devait reconduire son fiancé aux Tuileries. Villeroy la retint en disant : « Madame, le Roi vous prie de n'en pas faire davantage, et il vous l'ordonne comme votre seigneur et maître », ce qui fut trouvé fort mauvais, parce qu'étant infante d'Espagne et n'étant encore qu'accordée à Louis XV, celui-ci n'était pas son « seigneur et maître ». « On n'est pas content, déplorait alors Mathieu Marais, des hauteurs que le maréchal donne au Roi... On dit qu'il ne fait plus que radoter. » Peu après, Madame, à qui les plaisanteries un peu grasses ne faisaient pas peur, le ridiculisa en public. Louis XV se plaignant d'avoir eu « une colique venteuse », elle s'approcha de lui de l'air le plus sérieux et lui glissa un billet dans la main.

« Quel billet, Madame, donnez-vous là au Roi ? demanda gravement le gouverneur.
— C'est un remède contre la colique des vents.

— Il n'y a que le premier médecin du Roi qui lui propose des remèdes.

— Pour celui-ci, je suis sûre que Monsieur Dodart l'approuvera, il est même écrit en vers et en chanson. »

Louis XV, un peu embarrassé, ouvre le billet et éclate aussitôt de rire. « Peut-on le voir ? » demande Villeroy, à qui le Roi passe le papier et qui lit :

> « *Vous qui dans le mésentère*
> *Avez des vents impétueux,*
> *Ils sont dangereux*
> *Et pour vous en défaire*
>   *Pétez !*
> *Pétez, vous ne sauriez mieux faire,*
>   *Pétez,*
> *Trop heureux de vous défaire d'eux.* »

Le vieux radoteur, qui n'apprécia pas la leçon, n'en restait pas moins un personnage dangereux pour le Régent, car il s'opposait de toutes ses forces aux projets politiques que celui-ci caressait à l'approche de la majorité royale.

Dans l'entourage immédiat du Roi, quelqu'un s'était insinué de plus en plus dans son esprit et dans son cœur : M. de Fréjus. Depuis 1717, celui-ci avait navigué avec la plus grande circonspection parmi les écueils de la cour. Jamais il n'avait donné prise au soupçon d'intriguer contre le duc d'Orléans, ni même de parler contre lui, et il avait réussi, en même temps, à n'indisposer ni le maréchal de Villeroy, qui était le coryphée de la vieille cour opposée au Régent, ni le duc de Bourbon, surintendant de l'éducation de Sa Majesté. Ses devoirs de précepteur l'amenaient à être avec Louis XV presque aussi souvent que Villeroy et au moins autant qu'Orléans. Ce prince et même le gouverneur avaient sur lui une telle supériorité de naissance et d'état que d'abord ce prélat discret compta si peu qu'on ne prit pas garde au crédit qu'il gagnait insensiblement. Et quand on s'en rendit compte, il inspirait au Roi des sentiments qui le mettaient à l'abri de toute défaveur et même, constatait Saint-Simon, « commençaient à faire de lui un personnage que chacun voulait ménager ». Situation rendue évidente par les scènes qui avaient précédé la déclaration du mariage avec l'Infante. A cette date, M. de Fleury avait conquis dans les affections de Louis XV autant de place que Maman Ventadour. A celle-ci le Roi rattachait les souvenirs de sa petite enfance et sa première expérience d'une vraie tendresse. Et en Fleury il rencontrait non pas, comme dans Villeroy, un dresseur dont l'action ne tendait qu'à un conditionnement mécanique, mais un éducateur qui le préparait à affronter tout l'imprévisible d'un règne en éveillant et meublant son esprit et accomplissait cette mission en lui portant un amour presque paternel. Ainsi Maman Ventadour et Fleury étaient-ils finalement les seuls êtres avec lesquels il pouvait épancher son cœur. Incontestablement, il vouait au Régent de plus en plus d'estime et d'attachement, mais sans pouvoir encore se confier à lui aussi totalement et librement qu'à eux. Fréjus avait enfin ceci de plus que ses qualités de prêtre et d'évêque lui avaient assuré sur l'âme d'un enfant élevé depuis toujours très dévotement une influence à laquelle personne d'autre n'avait part.

*
**

Pour solides et réconfortantes qu'elles fussent, ces rares affections tempéraient sans l'annihiler la solitude dans laquelle Louis XV vivait depuis son avènement. Solitude inhérente, certes, à son rang, mais alourdie par sa situation de fils unique et d'orphelin. Il avait bien dans son proche entourage quelques jeunes seigneurs de son âge, ses compagnons de jeux, mais aucun n'était son ami intime. A partir du milieu de 1722, le comte de Clermont — le plus jeune frère du duc de Bourbon — commença à paraître à la cour, à fréquenter le Roi et en particulier à le suivre dans ses chasses à la Muette et à Vincennes. Il n'avait qu'un an de plus que Louis XV et il s'établit entre eux une bonne camaraderie. Clermont prenait aussi des leçons de Mlle Maubois et offrit un jour à son cousin un manche de fouet en ivoire qu'il avait tourné avec elle. Tout en souffrant — confusément peut-être — de son isolement, le Roi n'en avait pas moins conscience du caractère unique et exceptionnel de sa condition royale et des égards qui lui étaient dus : il ne pouvait endurer les familiarités. Un jour de mai 1720, M. de Pezé, celui de ses gentilshommes de la manche qu'il aimait le plus, crut pouvoir, fort de cette préférence, prendre quelques privautés avec lui : Louis le souffleta, car, bien qu'il n'eût encore que dix ans, il sentait qu'il était le maître et que l'autre lui avait manqué. On sait par Saint-Simon que l'incident fut réglé au plus mal par le gouverneur : « Au lieu d'étouffer ce soufflet comme une plaisanterie et puis avertir le Roi en tête-à-tête de ce qu'il y avait à lui dire là-dessus, le maréchal de Villeroy, toujours à gauche et ravi de faire montre de son autorité, chaussa le cothurne, harangua et força le Roi à faire excuse à Pezé, on dit même en termes ridicules... Le Roi pleura et fut outré. Il fut longtemps à ne revenir point pour Pezé et à ne le traiter comme les autres que pour n'être pas grondé. »

Ce sens aigu de la dignité royale explique pour une part le sérieux avec lequel, de l'avis unanime des contemporains, il accomplissait toutes ses actions publiques. Mais ce sérieux était aussi un trait fondamental de son caractère, décelé par la piété très sincère avec laquelle il remplissait ses devoirs de religion, par l'intérêt qu'il portait à ses études et aux événements et par les notions que, malgré son jeune âge, il en retenait. Il n'avait encore que douze ans quand un soir, à son coucher, il fut question de l'arrivée d'une flotte turque devant Malte ; Villars, qui écoutait, fut presque ébahi de l'entendre parler « avec une connaissance très exacte des dernières guerres des Turcs en Hongrie, du siège de Corfou, de celui de Belgrade et de toutes les fautes qu'ils avaient faites dans ces dernières campagnes ». Constatation qui n'avait, au fond, rien d'étonnant : le Roi avait une mémoire prodigieuse, sa vive intelligence et son application faisaient le reste.

Son sérieux dégénérait souvent en un mutisme servant de refuge à une timidité qui inquiétait. A la fin de 1721, Villars encore relevait que Louis « montrait beaucoup d'esprit, de pénétration et de vivacité », mais que « avec toutes les bonnes qualités que nous avons expliquées, il ne pouvait se résoudre à dire une seule parole à tous ceux qui n'étaient pas dans sa familiarité. Jamais de réponses aux ambassadeurs et même aux députations des provinces que dictées mot à mot par le maréchal de Villeroy. » Et Villars, pour lui faire honte de ce silence, de lui conter un jour « comment il avait vu élever l'empereur Joseph, appelé d'abord roi de Hongrie, qu'il avait entendu souvent réciter des harangues en italien, en latin, en français, et parler en public, ce qui souvent était indispensable à un roi ». Même écho chez Madame dès 1718 : « Le Roi serait bien gentil s'il voulait parler un peu, mais on a de la peine à lui arracher les mots » ; et encore en 1722 : « Notre Roi est un jeune homme fort beau, très agréable, mais par trop taciturne. Quand il ne connaît pas les gens, on n'en peut rien tirer. » Silences qui traduisaient parfois le dépit d'une volonté forcée d'accepter une décision prise en dehors d'elle, comme le mariage espagnol. Mathieu Marais, à la fin de mars 1722, alla voir souper le Roi et l'Infante, qui mangeaient séparément : « L'Infante, rapporte-t-il, m'a paru très jolie, très vive et pleine de petites grâces... J'ai vu ensuite souper le Roi, qui n'a pas dit un seul mot, qui m'a paru triste et sérieux et mangeant bien. Le maréchal de Villeroy a dit au maréchal de Villars que le Roi avait bien de l'obligation à Mme de Villars d'avoir été au souper de l'Infante. Cela a paru une radoterie dont le maréchal de Villars s'est joué... et enfin le Roi n'a point parlé du tout et s'est levé de table sans rien dire. » Déjà le même témoin, présent à la sortie du Roi de Notre-Dame après le *Te Deum* du 12 mars, lui avait trouvé « un très mauvais visage et bien pâle. Cela vient peut-être de chagrin, car on dit qu'il n'aime point sa petite infante, et toutes ces fêtes-là le chagrinent ». Ces accès de mutisme et de tristesse allaient contribuer, toute sa vie, à faire méconnaître la personnalité de Louis XV : on commence à craindre, notait Barbier aux mêmes dates, que son caractère « ne soit mauvais et féroce. Il a l'air très sérieux et très morne ».

Taciturne, Louis l'était aussi parce qu'il était secret, déjà très secret, à la fois par nature, par éducation et par nécessité. Par nature, car sa timidité le poussait à se taire et à cacher ses désirs et ses desseins. Par éducation : « Je voudrais qu'on le dressât peu à peu au secret, en l'accoutumant à ne pas redire ce qu'on lui aura confié. » Faite en 1715, cette recommandation de Mme de Maintenon avait été suivie à la lettre : au Régent demandant en 1720 à Villeroy « je voudrais savoir s'il est secret », le gouverneur répondit qu'il l'était beaucoup et qu'il avait dans l'esprit des détours très fins pour déconcerter ceux qui voulaient le pénétrer. Secret enfin par nécessité, une nécessité imposée aux souverains par la raison d'État et perçue déjà par sa perspicacité et sa pénétration.

Au moment où Louis s'éloignait du Paris de son enfance pour aborder à Versailles aux rives de l'adolescence, ce grand garçon, si beau et si racé, si intelligent et déjà si instruit, dévoilait une personnalité encore inachevée, mais où certaines constantes de sa nature se confirmaient, personnalité déjà complexe, condamnée à un accomplissement laborieux et solitaire. Toute l'existence du Roi, sûr seulement de la tendresse de quelques vieillards, devait être une lutte pour vivre sans parents, sans frère ni sœur, pour naître en quelque sorte de lui-même.

CHAPITRE III

Versailles, Reims, Fontainebleau

En arrivant à Versailles le 15 juin 1722 en fin d'après-midi, le Roi retrouva la foule : celle des habitants, massés dans l'avenue de Paris et acclamant de leurs vivats un maître dont le retour rendait à la ville son lustre et son animation. A sa descente de carrosse, il alla d'abord à la chapelle prier devant le Saint Sacrement exposé, puis il se précipita vers les jardins et, malgré la chaleur, en parcourut avidement tous les bosquets, tandis que son entourage ahanait péniblement à le suivre. Remonté au château, il se dirigea vers le grand appartement et enfin la galerie des glaces où, rompu lui-même de fatigue, il se coucha sur le parquet pour contempler les peintures de la voûte, où Le Brun avait représenté l'histoire de Louis XIV. Tout le monde s'assit par terre et le Régent en profita pour aller se changer après avoir dû emprunter une chemise, car son linge n'était pas encore là. Comme l'a fort bien vu le regretté Pierre Verlet, « avec son mélange de faste et de familiarité, la cour de France est résumée dans cet instant, qui semble annoncer l'attitude du nouveau Roi à l'égard de Versailles », un Versailles qu'il aimait et admirait, mais où il entendait pouvoir vivre selon ses aises, un Versailles qu'il adaptera aux besoins de son existence quotidienne, un Versailles où une demeure intime se faufilera, sans l'altérer, dans la demeure officielle.

Le 17 juin, l'Infante-Reine vint à son tour s'installer à Versailles. Avec un ravissement fébrile, le Roi fut pendant plusieurs semaines tout à la joie de retrouver les merveilleux domaines qu'avait créés son bisaïeul, multipliant les promenades dans le parc et à Trianon, pêchant dans le grand canal, allant et retournant à Marly, chassant à Trianon, chevauchant dans les bois de Chaville. Le charme mystérieux de Versailles opéra : on sut au bout de quelques jours que Louis y passerait tout l'été et même l'hiver. Mais en même temps son retour dans ce sanctuaire de la monarchie, l'approche de son sacre et de sa majorité lui firent sentir que s'éloignait à grands pas le temps des enfantillages.

I. — CRÉPUSCULE D'UNE ENFANCE

En vue du sacre, le Roi devait d'abord se préparer avec son confesseur à recevoir les sacrements de confirmation et d'eucharistie. Un subterfuge rendit inopérante la mauvaise volonté du cardinal de Noailles au sujet des pouvoirs du père de Linières : Saint-Cyr étant situé non dans le diocèse de Paris mais dans celui de Chartres, où les jésuites exerçaient leur ministère sans restriction, on avisa d'y mener le Roi en compagnie du père de Linières, qui pourrait entendre là sa confession. Ce qui eut lieu une première fois le 29 juin, puis de nouveau le 8 et le 14 août veilles de cérémonies importantes. Le dimanche 9 août, en effet, devant le Régent, les princes et toute la cour, le Roi fut confirmé dans la chapelle du château par le cardinal de Rohan, grand aumônier ; puis il entendit la messe chantée en musique et l'après-midi les vêpres et le salut, entre lesquels il fut présent au Conseil. Et le 15 août il se rendit en grand apparat à l'église paroissiale, où il fit très solennellement sa première communion et assista à une seconde messe avant de retourner au château ouïr les vêpres et le salut. Il participa avec beaucoup de recueillement et de sérieux à ces pieuses journées et ce n'était pas sans mérite de sa part, car, depuis son retour à Versailles, son attention avait de quoi être accaparée par les péripéties qui affectèrent la cour et le gouvernement.

La disgrâce de Villeroy

Comme on l'a déjà remarqué, il était évident que le Roi devenu majeur en droit serait encore en fait un adolescent inexpérimenté, hors d'état, quelles que fussent ses capacités, d'assurer pleinement toutes les responsabilités du pouvoir suprême. Cette situation avait dans l'histoire des précédents qui fondèrent les conjectures du public et les projets de Dubois et du Régent. Depuis des mois, on chuchotait qu'à la majorité de Louis XV le cardinal serait nommé premier ministre et le duc d'Orléans lieutenant général du royaume. La perspective de cette promotion de Dubois hérissait beaucoup de gens à la cour, et d'abord le maréchal de Villeroy. Il y avait longtemps qu'il importunait le Régent en s'opposant à ce que le prince vît le Roi en tête à tête. Or Philippe d'Orléans jugeait nécessaire d'avoir de telles entrevues pour l'initier à la politique et, dès septembre

1720, l'avait signifié à Villeroy. Le vieillard lui avait répondu par cette anecdote : « Monseigneur, il faut que je conte à Votre Altesse Royale ce qui est arrivé à feu mon père, pendant qu'il était gouverneur du roi Louis XIV. Il me l'a souvent répété. La Reine mère et régente vint un jour voir le Roi ; elle le prit en particulier et lui parlait assez bas. Mon père se retira par respect, pour ne point entendre la conversation. La Reine lui dit : Monsieur le maréchal, il faut que je vous apprenne votre métier. Un gouverneur du Roi ne doit jamais souffrir qu'on lui parle en secret, pas même moi qui suis sa mère. Approchez, vous n'êtes point de trop. » Le Régent se contenta de repartir : « Le fait est curieux et je suis bien aise de le savoir. »

Plus les mois passaient, plus le prince sentait que son devoir lui imposait d'avoir des conversations particulières avec son neveu et moins il supportait que le maréchal s'interposât continuellement entre eux. Villeroy, en outre, recherchait constamment et ouvertement l'appui du parlement et, par conséquent, des adversaires de l'autorité royale et le Régent, conscient que sa mission lui commandait de remettre intacte cette autorité au souverain majeur, tenait ce jeu politique pour fort dangereux. Il constatait enfin que le gouverneur s'entêtait à traiter Louis XV comme s'il avait toujours sept ans, imposant à son éducation un caractère indéfiniment puéril : c'était une raison de plus, et non la moindre, de l'éloigner du Roi. Reprenant un projet déjà caressé plusieurs fois, il résolut, au début de 1721, de le remplacer par Saint-Simon. Le petit duc déclina obstinément cette charge, quelques prières qu'il lui en fît et qu'appuyât le duc de Bourbon. Tant que la cour fut aux Tuileries, Orléans temporisa à cause de la popularité du vieux radoteur dans la capitale et dans le parlement. La réinstallation à Versailles aplanit cette difficulté. Les sottises de Villeroy firent le reste.

Moins que jamais, le maréchal parvenait à accepter l'idée que Dubois devînt premier ministre, bien que cette élévation apparût chaque jour un peu plus inéluctable. A peine revenu à Versailles, il le prit de plus haut encore avec le cardinal, multipliant dangereusement les algarades avec lui. Là-dessus, un scandale éclata en juillet à la cour, compromettant certaines des principales familles et notamment des petits-enfants du maréchal : les femmes avaient des amants et les hommes se consolaient entre eux. Toute cette jeunesse approchait quotidiennement le Roi, qui risquait d'être éclaboussé. Villeroy lui-même demanda qu'on exilât toute la bande, mais, malgré cette démarche courageuse, sa position devint branlante, d'autant plus qu'il eut encore des scènes avec le cardinal Dubois. Son élimination ne fut plus qu'une question de jours.

Le lundi 10 août, lendemain de la confirmation de Louis XV,

le Régent alla à dix heures du matin travailler avec lui, comme il était désormais accoutumé de faire plusieurs fois par semaine. Ce travail consistait à lui montrer des listes d'emplois vacants — magistratures, bénéfices, intendances, régiments — et de récompenses diverses et à lui expliquer les raisons des choix et des préférences, à lui exposer quelques affaires et à lui communiquer les nouvelles récentes de l'étranger. A la fin de ce travail, où Villeroy était toujours présent et où M. de Fréjus se hasardait volontiers de rester, le duc d'Orléans pria le Roi de vouloir bien passer dans un arrière-cabinet, où il avait un mot à lui dire en tête à tête. Villeroy s'y opposa à l'instant, sans voir le piège ainsi tendu. Le Régent lui représenta fort poliment que Sa Majesté entrait dans un âge si voisin de celui où Elle gouvernerait par Elle-même, qu'il était temps, pour celui qui était dépositaire de son autorité, de Lui rendre compte des affaires qu'Elle pouvait entendre et ne pouvaient être révélées qu'à Elle seule, quelque confiance que méritât toute autre tierce personne, et qu'il le priait de cesser de mettre obstacle à une chose si nécessaire et si importante que lui, Régent, avait peut-être à se reprocher de n'avoir pas commencé plus tôt, uniquement par complaisance pour lui. Le maréchal, s'échauffant et, selon son habitude, secouant sa perruque, répondit qu'il savait le respect qu'il lui devait et aussi ce qu'il devait au Roi, mais que sa charge le rendait à tout moment responsable de la personne de Sa Majesté et qu'il ne souffrirait pas que Son Altesse Royale parlât au Roi en particulier. Sur ce propos, le duc d'Orléans, le regardant fixement, lui dit avec un ton de maître qu'il se méprenait et s'oubliait, qu'il devait songer à qui il parlait et à la portée de ses paroles et que, par respect pour la présence de Sa Majesté, il s'abstenait de lui répondre comme il le méritait et de pousser plus loin cette conversation. Là-dessus, il fit au Roi une profonde révérence et s'en alla, laissant le vieillard écumant et gesticulant.

Après la messe royale, le maréchal aborda le Régent pour lui donner un éclaircissement sur ce qui s'était passé. Le prince objecta qu'il n'avait pas le temps de l'écouter et lui dit de se rendre à trois heures chez lui et qu'il l'entendrait. Toutes les mesures avaient été prises. Villeroy alla au rendez-vous, seul, sa chaise et ses gardes restés au loin. Il pénétra avec fracas dans le grand cabinet précédant le cabinet de travail du Régent. On l'entoura aussitôt, sous prétexte de civilité. D'une voix autoritaire, il demanda ce que faisait le duc d'Orléans. Comme on lui répondait qu'il était enfermé et travaillait, il éleva le ton, déclara qu'il fallait qu'il le voie et qu'il allait entrer chez lui. Dans l'instant même où il s'avançait, le marquis de La Fare, capitaine des gardes du Régent, barra sa marche, l'arrêta et lui demanda son épée. Le maréchal entra en furie. A ce moment, parut le secrétaire d'État de la Guerre, M. Le Blanc, dont la chaise fut plantée devant Villeroy. On l'y poussa, on l'y enferma, les porteurs sortirent dans le jardin par une porte-fenêtre, dévalèrent précipitamment le grand degré de l'orangerie, au bas duquel attendait un carrosse à six chevaux. On y jeta le maréchal. D'Artagnan, capitaine des mousquetaires gris, s'assit à ses côtés, un officier des mousquetaires et un gentilhomme ordinaire devant lui, vingt mousquetaires encadrèrent le carrosse qui partit à fond de train vers le château de Villeroy, non loin de Corbeil, où le gouverneur déchu ferait chez lui sa première halte sur la route de l'exil. Celui-ci n'avait rien de cruel : le maréchal, gouverneur de Lyonnais, était relégué à Lyon, ville dont l'un de ses fils était archevêque. Le Régent n'était ni mesquin, ni méchant ; il lui suffisait d'être débarrassé d'un insupportable gêneur, il n'avait cure de persécuter un vieillard.

Quand il jugea que le prisonnier avait parcouru assez de lieues pour qu'on fût sûr de ne plus le revoir, il alla mettre Louis XV au courant de ce qui venait de se passer. Il fit sortir du cabinet de Sa Majesté tous les courtisans, n'y laissant que quelques personnes qui y avaient leurs entrées. Au premier mot, le Roi rougit, ses yeux se mouillèrent, il se colla le visage contre le dos d'un fauteuil, sans dire un mot, et ne voulut ni sortir, ni jouer. Le soir, il soupa à son ordinaire, sans laisser voir sur ses traits aucune altération, non plus qu'en jouant ensuite avec les jeunes seigneurs de sa cour habituelle. Mais quand il se fut couché, il passa la nuit à pleurer et la journée du lendemain fut morose. Signification complexe que celle de ces larmes royales. Villeroy remplissait sa mission de façon trop pesante et trop théâtrale pour que le Roi lui en vouât un attachement profond, mais il en retirait un sentiment de sécurité, blessé par un éloignement qui, par ailleurs, bouleversait ses habitudes et le jeune souverain tenait déjà beaucoup à celles-ci. Enfin, en toutes ces choses qui le touchaient de près, lui, qui était le Roi, se sentait entièrement contraint et mis devant le fait accompli. De sorte que dans ses pleurs il y avait peut-être autant d'anxiété et de dépit que de tristesse.

La disgrâce de Villeroy fit sensation à la cour et à la ville, où l'on chercha à pronostiquer à qui échoirait sa charge de gouverneur du Roi : au prince de Rohan ? au maréchal de Berwick ? au duc de Charost ? Ce fut ce dernier, un fort honnête homme, que retint le Régent à la demande de Louis XV, suffisamment habitué à ce seigneur qui était l'un de ses capitaines des gardes. Sa nomination fut déclarée le 13 août, il prêta serment le lendemain et prit aussitôt ses fonctions.

Après sa première communion, le Roi aurait pu assez vite oublier tous ces remous si sa sensibilité n'avait été de nouveau mise à l'épreuve. Le lundi 17 août, à l'heure habituelle de son étude, on s'aperçut que son précepteur, M. de Fréjus, avait disparu. Il avait laissé une lettre pour le Régent et une pour le duc de Bourbon, où il expliquait son départ, sans dire où il allait. L'émoi fut très vif à la cour, où l'on crut que le prélat se cachait à la Trappe, à Issy, ou bien à Villeroy. Louis XV était en larmes et son désespoir inquiétait plus encore que la disparition de l'évêque. Par bonheur, on apprit le lendemain qu'il s'était retiré au château de Courson, dans la région de Dourdan, chez ses amis Lamoignon, où on le joignit bientôt et d'où il écrivit au Roi qu'il souffrait d'un mal de tête et avait besoin de repos. Louis XV lui répondit incontinent par ce billet : « Vous vous êtes assez reposé ; j'ai besoin de vous ; revenez donc au plus tôt », injonction appuyée par le Régent de la manière la plus engageante. Le 18 août vers dix heures du soir, M. de Fréjus était de retour auprès du Roi.

Sa fuite discrète de la cour avait été résolue non sur quelque foucade, mais selon un plan assez retors. Depuis 1717, il avait su rester en bons termes avec Villeroy et s'était comme engagé à se retirer en cas que celui-ci fût disgracié. Cette éventualité s'étant produite, il tint à se donner l'air de suivre le sort du maréchal. En réalité, il jubilait d'être débarrassé d'un protecteur aussi incommode ; il se garda bien de démissionner de son préceptorat, imagina cette fugue et ne l'accomplit que pour se faire aussitôt rappeler par le Roi et se l'attacher sans réserve. Calcul qui tomba on ne peut plus juste. Villeroy, si ennuyeux qu'il parût à Louis XV, lui avait persuadé que lui seul, par sa vigilance de tous les instants, conservait sa vie, menacée par le poison. Lorsque Fréjus disparut le 17 août, le Roi crut que son gouverneur et son précepteur n'avaient été écartés que pour faciliter un crime. Le prompt retour de Fleury le délivra en partie de ces funestes idées, que sa bonne santé et l'habileté du prélat achevèrent ensuite de dissiper.

Plus rien désormais — et surtout pas les objurgations de Saint-Simon — n'empêchait le Régent de satisfaire les ambitions de Dubois. Le samedi 22 août, le cardinal fut déclaré « principal ministre de l'État » et présenté en cette qualité au Roi, à qui il prêta serment le 23. Cette charge comportait, entre autres prérogatives, celle d'assister à tous les entretiens politiques du souverain avec le Régent et les ministres. Le personnage allait donc plus que jamais traverser quotidiennement l'existence de Louis XV.

L'ÉDUCATION POLITIQUE

L'installation à Versailles, loin de ralentir ou de perturber les études du Roi, ne fit au contraire que les accélérer et les intensifier. En plus du latin, des mathématiques et des sciences, de la géographie et de l'histoire, qui continuèrent à lui être enseignés comme précédemment, le Régent instaura des leçons et des exercices qui le prédisposaient plus directement à régner et à gouverner. La première de ces séances d'instruction politique eut lieu le mercredi matin 26 août 1722 à dix heures dans le cabinet de Sa Majesté. Le Roi était dans un fauteuil devant sa petite table, le Régent à sa droite et le duc de Bourbon à sa gauche, le cardinal premier ministre face à lui sur un pliant, entre le duc de Charost et M. de Fréjus. La matinée fut occupée par une allocution du duc d'Orléans, probablement rédigée par Dubois, et qui constituait à la fois une entrée en matière, un bref rappel du passé et un programme général :

« Jusqu'à présent, Sire, je n'ai pas cru qu'il fût encore temps d'informer Votre Majesté du détail des affaires de son royaume, tant pour ne La pas fatiguer dans sa grande jeunesse, que pour ne pas interrompre ses études et les autres exercices de son éducation, comptant que j'aurais assez de temps avant sa majorité pour ne Lui laisser rien ignorer de ce qu'il est essentiel qu'Elle sache. Mais, restant peu de temps jusqu'à sa majorité et voyant l'attention qu'Elle donne à ce qui est rapporté dans le Conseil, je crois qu'il est de mon devoir de ne pas différer davantage à L'instruire des matières les plus importantes qui regardent le gouvernement de son État. Et je prends la résolution de L'entretenir tous les jours de quelque partie de ce qui peut Lui faire connaître les principales matières dont la connaissance Lui sera nécessaire ; de Lui expliquer les principes et les maximes qu'Elle doit suivre pour sa gloire et pour le bonheur de ses sujets et ce que l'expérience m'a appris dans la pratique des affaires et des hommes, et les précautions qu'Elle doit prendre pour n'être point trompée par les différents caractères des hommes, dont malheureusement la plupart préfèrent leur intérêt particulier à leur devoir.

Les principales matières qui méritent l'attention de Votre Majesté roulent sur les finances, la guerre et les affaires avec les puissances étrangères.

... Dans la résolution que j'ai toujours eue à cœur d'instruire Votre Majesté, lorsqu'il en serait temps, de toutes les connaissances pour le gouvernement de son État sans qu'Elle soit obligée d'être dans la dépendance de personne, j'espère que le temps qui reste de la minorité suffira pour La mettre parfaitement au fait de tout, de sorte qu'il ne Lui échappe rien de ce qui Lui sera nécessaire pour gouverner sûrement et avec réputation.

Et j'ai la consolation de voir que, malgré sa jeunesse, je ne trouverai pas en Elle le principal obstacle qu'il y a à craindre dans les jeunes princes et qu'elle est capable de secret, qui est la qualité la plus essentielle à un Roi pour se faire craindre et respecter et pour assurer le succès de ce qu'il aura entrepris... »

Chaque matin, dès lors — y compris les dimanches et fêtes — le Régent et Dubois initièrent le Roi à la pratique et aux principes des grandes affaires en lui lisant des mémoires qu'ils avaient demandés aux meilleurs spécialistes. Lorsque quelque point avait besoin d'une explication, le duc d'Orléans la donnait. En dehors de ces cours réguliers, ce prince, sans prendre d'heures ou de jours fixes, allait seul chez le Roi, au gré des circonstances, avec un portefeuille rempli de dossiers. Les jours où il n'ouvrait pas ce portefeuille étaient les mieux employés, car les deux ou trois heures qu'il restait avec Louis XV se passaient en conversations qui avaient pour objet les grands principes du gouvernement. Le Régent se préparait à ces entretiens en lisant un chapitre du *Testament politique* de Richelieu ou de quelque autre traité de ce genre.

Trois matières principales devaient donc être développées : les finances, la guerre et les affaires étrangères. Pour ces dernières, le Roi était déjà, par la force des choses, au courant depuis plusieurs années des principaux événements de son temps. Une connaissance plus approfondie lui fut procurée, d'un côté, par les exposés oraux de Dubois et les entretiens avec le Régent et, d'un autre, par des mémoires compilés à cette fin. M. de Clairambault, généalogiste des ordres de Sa Majesté, recomposa alors les quartiers des différents princes souverains d'Europe de manière à faire ressortir leurs parentés avec Louis XV et il semble bien que ce travail ait été entrepris dans le dessein de l'aider à saisir toutes les implications dynastiques de la politique extérieure. Il existe aussi un recueil manuscrit de *Mémoires historiques et politiques sur les principales puissances de l'Europe relativement à la France*, dus apparemment à un premier commis des Affaires étrangères, M. Le Dran, et rédigés spécialement pour l'instruction du Roi en 1722. C'est une suite de vingt et une études condensant sobrement les notions nécessaires sur les états avec lesquels la France s'était trouvée longtemps en conflit ou entretenait des relations plus étroites : il pourrait s'agir des textes ayant servi de base aux explications et aux commentaires du Régent et de Dubois. L'importance relative de ces chapitres (où manquent les états d'Italie) reflète assez bien le poids des diverses puissances et dynasties dans les calculs de la diplomatie de ce temps : l'Espagne occupe cent soixante-seize pages, le Portugal quarante-sept, l'Angleterre trente, la Hollande vingt-deux, la maison d'Autriche quatre-vingt-dix, la Pologne et la Lorraine soixante-cinq l'une et l'autre, les cantons suisses cinquante-cinq, la Suède vingt-sept, le Danemark, l'empire ottoman et la Russie quinze chacun (avec un rappel de la visite du Czar en 1717), la Bavière cinquante-deux, la Saxe et le Palatinat tous deux quarante, les électorats de Trèves, Mayence et Cologne de dix-huit à trente, le Saint Empire trente. Le tableau de l'Europe à la mort de Louis XV sera bien différent !

Pour initier le Roi aux matières de finance, des mémoires furent commandés, d'une part, à d'éminents administrateurs, MM. les intendants des finances Fagon et d'Ormesson, et, d'autre part, aux frères Pâris. Ces derniers étaient alors les principaux hommes d'affaires du royaume et avaient donc les capacités et l'expérience requises pour exposer ce qu'étaient l'organisation et les circuits du commerce de l'argent : banque, crédit, circulation des espèces et des lettres de change, taux des monnaies, etc. Alors que leur travail est perdu, celui des intendants des finances, intitulé *Des finances en général*, nous est parvenu, amputé de sa dernière partie consacrée au commerce ; les deux autres — *Des revenus du Roi* et *Des impositions* — constituent un traité didactique sommaire, mais remarquablement clair et précis, sur les sources des revenus de l'État et sur les modalités de leur perception. Aujourd'hui encore, étudiants et même professeurs y trouveraient le meilleur exposé sur les institutions financières de l'Ancien Régime. Il imprégna profondément le jeune monarque, car la description de la fiscalité n'y était pas dissociée des principes.

Une première règle gouverne tout le système : « Il est démontré depuis longtemps que le Roi ne peut être riche qu'autant que ses sujets le sont. Ce principe paraît un des plus essentiels de la finance de l'État et dont le prince doit être pleinement convaincu. L'application de ce principe consiste à garder une proportion exacte entre les sommes que le Roi exige de ses sujets. » La suite ridiculise le parti pris des historiens depuis Tocqueville de considérer à tout prix la monarchie des XVIIe et XVIIIe siècles comme un État centralisé et bureaucratique. On ne cachait pas à Louis XV, en effet, que, pour que les exigences du fisc fussent parfaitement justes, « il faudrait découvrir quelles sont les facultés des sujets du Roi. Mais elles sont inconnues et il ne se présente pas de moyens praticables pour s'assurer de ce que chaque particulier possède. On doit donc être restreint à examiner quelles ont été les plus fortes impositions sur les peuples sans que leurs fortunes en ayent été altérées et comparer le temps de ces impositions avec le temps présent ». Au reste, « il serait inutile d'apprendre ce que les peuples peuvent fournir, si le prince ne savait pas restreindre ses demandes à cette possibilité et régler ses dépenses sur la connaissance qu'il aurait acquise des facultés de ses peuples ».

Cet exposé ne rusait pas avec les difficultés et ne dissimulait aucun défaut. La taille personnelle, impôt roturier calculé d'après les signes extérieurs, était franchement condamnée : « Il est facile d'apercevoir les abus auxquels l'imposition de la taille personnelle donne lieu. Comme elle est imposée arbitrairement par les collecteurs, l'animosité, l'injustice et l'autorité en conduisent souvent la répartition. » On a multiplié les règlements pour remédier à ces abus, « mais il en reste une infinité qu'il n'est pas facile de détruire. » Les nobles ne sont pas sujets à la taille et cette exemption « a pour origine le secours que la noblesse donnait à l'État par ses services personnels, qui l'ont toujours fait exempter des contributions pécuniaires » : en parlant ainsi des services que la noblesse *donnait*, à l'État et non de ceux qu'elle lui *donne*, insinuait-on que cette situation avait évolué et qu'une telle décharge perdait sa raison d'être ? Impôt plus récent, « la capitation est un secours qui se paye par tête, tant par les nobles, exempts et privilégiés que par les taillables, dans toute l'étendue du royaume », mais il est devenu un monstre et « il est facile d'apercevoir le défaut de cette imposition, qui ne devrait avoir d'autre règle que les facultés de celui qui est imposé ». Aucun fondement légitime n'est reconnu aux privilèges fiscaux de l'Église : « L'exemption des ecclésiastiques a pour origine la pauvreté du clergé, qui n'avait d'autre revenu que celui des offrandes des fidèles. Et le clergé devenu riche s'est conservé dans la jouissance de ce privilège. » Enseignement hardi que Louis XV n'oubliera pas, car toute sa politique fiscale est en germe dans ces phrases qui prônent la justice et l'égalité devant l'impôt.

L'ÉDUCATION MILITAIRE

Avant que le Roi ne quittât Paris, le Régent avait tenu à lui faire donner une première teinture d'instruction militaire, à laquelle préludaient déjà, on le sait, les leçons de Chevallier, son maître de mathématiques, expert en l'art de la fortification. L'ingénieur d'Hermand monta « une machine qui représente le campement d'une armée avec toutes ses évolutions, par le moyen des ressorts cachés qui la font agir ». Le duc d'Orléans était allé admirer cette mécanique le 6 octobre 1721 et Louis XV l'avait vue fonctionner le lendemain. D'Hermand construisit aussi pour lui un « petit bagage » destiné à illustrer ce qu'était le service des vivres aux armées : Louis s'en servit comme d'un jouet et fracassa tout. Depuis le début de 1722, l'ingénieur Mazin façonnait à son intention un plan en relief où figureraient tous les éléments intérieurs et extérieurs d'une fortification idéale.

Avec le retour à Versailles, cette éducation martiale et aussi navale devint systématique et fit partie des leçons nouvelles dispensées depuis le 26 août 1722. A l'occasion de la Saint-Louis, le duc de Bourbon, surintendant de l'éducation de Sa Majesté, Lui offrit « pour son bouquet » un fusil, un fourniment et une baïonnette incrustés d'ornements d'or et de nacre d'un travail exquis. On voit encore au Musée de la Marine la très belle maquette du *Louis XV*, modèle d'un grand vaisseau de ligne construit pour l'instruction du Roi. Un premier commis du département de la Guerre, M. Briquet, dressa un mémoire décrivant les rouages de cette administration. Le fidèle M. d'Hermand dessina et enlumina de grands recueils — dont certains subsistent — donnant « le détail de toutes les troupes, de leurs exercices, de leurs habillements, de leurs drapeaux et de leurs étendards », décrivant « les fonctions des officiers, le nombre d'hommes qui composent une compagnie, soit d'infanterie », soit de cavalerie ou de dragons ; les régiments et les brigades dont se forme une armée et « de quelle façon les armées marchent, campent, décampent et combattent ».

M. d'Hermand était un praticien très ingénieux et non un théoricien. Pour inculquer au Roi les grands principes de l'art de la guerre, le Régent fit appel au plus remarquable des penseurs militaires de ce temps : le marquis de Puységur, futur maréchal de France, qui avait déjà donné en 1693 des leçons au duc de Bourgogne. Mais de telles matières ne s'apprennent pas seulement dans les leçons et les livres ou sur les cartes et les plans-reliefs, mais aussi, et nécessairement, sur le terrain. La France vivant en paix, Louis XV ne pouvait faire l'expérience d'une campagne d'opérations. Qu'à cela ne tînt ! Le duc d'Orléans décida de lui procurer la démonstration d'un siège. Aux portes de Versailles, entre Montreuil et Porchefontaine, il fit construire un fort selon toutes les règles de l'art, avec bastions, fossés, demi-lunes, lunettes, etc., et le Roi en dirigerait l'attaque. Le régiment de Sa Majesté, que commandait le chevalier de Pezé, fut choisi pour assurer ce jeu guerrier : une partie de ses bataillons ferait le siège, les autres s'enfermant dans le fort pour tenir le rôle des ennemis assiégés, baptisés Hollandais pour la circonstance. Les troupes arrivèrent le 12 septembre 1722, Louis XV les passa en revue le 16 et les manœuvres commencèrent le lendemain. Un des géographes de Sa Majesté, M. Daudet, avait levé pour Elle tous les plans des environs du fort et du camp. Le Roi alla chaque après-midi et parfois une partie de la nuit assister aux opérations qui lui firent vivre toutes les étapes d'un siège nécessairement victorieux : investissement et blocus de la place, ouverture de la tranchée, formation de la seconde, puis de la troisième parallèle, creusement des sapes, installations des batteries, des chemins couverts, etc., cependant que par leurs sorties, leurs mines, leurs tirs, les assiégés tentaient de se dégager. Le tout avec canons, bombes (en carton), convois surpris, espion capturé et pendu (en effigie), soldats simulant la blessure ou la mort, prisonniers. Ce spectacle attira, surtout le dimanche, des masses de curieux et aussi d'illustres soldats comme les maréchaux de Villars et de Berwick. La place capitula le 29 septembre et sa garnison se rendit au Roi le 30 avec les honneurs de la guerre. Pour finir, le régiment de Sa Majesté Lui donna le 2 octobre dans le camp de Porchefontaine le simulacre d'un combat en rase campagne, deux bataillons luttant contre deux autres. D'après tous les témoins, Louis XV participa avec beaucoup d'ardeur, d'attention et de détermination à ce siège du fort de Montreuil, dont il garda une empreinte durable et profonde. Une quarantaine d'années plus tard, un jour où il voulut agir incognito, ne choisit-il pas de se cacher sous le pseudonyme de « Louis de Montreuil, ancien officier de cavalerie »?

Un événement beaucoup plus impressionnant encore approchait : le sacre.

II. — L'OINT DU SEIGNEUR

Certes, et le lecteur le sait déjà, un roi de France accédait à la plénitude du pouvoir dès le dernier soupir de son prédécesseur et son autorité et ses actes étaient aussitôt d'une légitimité et d'une légalité parfaites. Mais le serment prêté sur les Évangiles, mais l'onction et le couronnement par l'archevêque de Reims doublaient cette légitimité juridique et politique d'une légitimité religieuse, aussi imposante que l'autre aux yeux des peuples du royaume, car, d'une part, celui en qui s'incarnait la royauté s'enracinait ainsi dans l'histoire et dans les mythes fondateurs de la nation et, d'autre part, revêtait un caractère sacré : il était désormais l'oint du Seigneur, à qui les fastes de Reims conféraient la qualité insigne de roi thaumaturge, guérisseur des écrouelles. Par le sacre, la fonction royale recevait un accroissement de prestige et de rayonnement au-dessus de toute estimation et de toute expression. Autant ces rites et ces pompes étaient frappants pour les sujets, autant l'étaient-ils pour le souverain lui-même. Pour Louis XV aussi c'était une plongée dans l'histoire : en cheminant de Paris à Reims par Soissons, il ne se rendrait pas en Champagne, mais au cœur de la Gaule franque et dans la merveilleuse cathédrale rémoise il serait successeur non plus seulement de Louis XIV mais de Clovis et d'une longue suite de rois. Et s'il connaissait le passé de son royaume et de sa dynastie, par ailleurs son éducation très dévote, sa confirmation et sa première communion, ses entretiens avec son confesseur et son précepteur le disposèrent à accomplir dans son sacre un acte de religion autant que d'État et une étape capitale de son règne.

Les préparatifs du sacre

A la mi-avril 1722, voyant approcher la majorité, le Régent annonça que le sacre aurait lieu au mois de septembre. Louis XV demanda aussitôt qu'on mît à sa disposition des recueils d'estampes figurant les sacres de ses prédécesseurs et son géographe Bourguignon d'Anville rédigea pour lui une dissertation historique sur les douze pairs de France et leur rôle au sacre. Le grand maître des cérémonies, marquis de Dreux, partit pour retenir et accommoder à Reims les logements qu'il fallait dans la ville et ses environs pour les princes, les prélats et tous les dignitaires ecclésiastiques et laïques qui devaient participer à ce rite auguste, et aussi pour les troupes et les serviteurs de la maison de Sa Majesté. Le duc d'Orléans n'avait oublié qu'un détail : septembre est en Champagne le mois des vendanges ! Craignant que leurs vignes ne fussent picorées, voire saccagées, par les soldats et les foules, les Champenois firent des représentations auxquelles on eut égard : le sacre fut repoussé au dimanche 25 octobre. Ce délai donnait aussi plus de temps pour parfaire les multiples apprêts d'une cérémonie dont le Régent entendait qu'elle revêtît la plus grande magnificence. Ces fastes ne revenant que rarement en un siècle — le sacre de Louis XIV remontait au 7 juin 1654 —, leurs ordonnateurs devaient en collecter les précédents et, à cette fin, compulser les rituels et les cérémoniaux d'église, les annales de la cour et de l'État, les chroniques, les tableaux, les images, pour régler les moindres détails d'une journée où tout geste, tout acte étaient si chargés de sens et de symboles qu'ils ne pouvaient être abandonnés au hasard ou à la fantaisie. Il leur fallait aussi, à chaque instant, arbitrer les différends de tous ceux, petits et grands, qui prétendaient être en droit ou en possession immémoriaux d'occuper tel rang ou d'accomplir telle fonction et de telle façon. Cependant que brodeurs, tailleurs, tapissiers, carrossiers, orfèvres, pourvoyeurs en toutes choses se mettaient en campagne pour être prêts au jour dit. La somptueuse couronne de Louis XV — aujourd'hui au Louvre — fut l'œuvre de Claude Rondé, joaillier du Roi, assisté de son collègue Ballin et d'un très habile sertisseur, Duflos, qui y monta le *Régent*, le *Sancy*, les *Mazarins* et d'autres pierres et diamants les plus précieux du trésor de la Couronne.

Dès le 10 octobre, les troupes de la maison de Sa Majesté, les gardes françaises et suisses firent route vers le camp qui leur était destiné aux portes de Reims. Prirent aussi les devants les conseillers d'État et maîtres des requêtes désignés pour accompagner le garde des sceaux : ils allaient examiner les procès de tous ceux qui, munis d'un sauf-conduit, avaient quitté leur prison pour aller implorer la clémence du Roi, car il était de tradition que celui-ci, à l'occasion de son sacre, exerçât son droit de grâce en éteignant ou modérant les peines infligées aux captifs détenus pour affaires civiles et même criminelles, hormis certains délits très graves et les crimes de sang. Tandis que, sous bonne escorte, les religieux de Saint-Denis s'acheminaient vers Reims avec tous les ornements royaux, déposés traditionnellement au trésor de leur abbaye.

Louis XV quitta Versailles le vendredi 16 octobre au début de l'après-midi à destination de Paris, où il devait passer la nuit. Il arriva aux Tuileries vers cinq heures, au milieu des acclamations d'un peuple immense accouru de toutes parts pour marquer sa joie de le revoir dans sa capitale. Et aussitôt un cri de parcourir la foule, qui revint comme une litanie tout au long du voyage : « Le Roi est beau comme l'amour ! » Le lendemain, après avoir assisté à la messe dans la chapelle des Tuileries et avoir dîné, il se mit en route à onze heures, précédé et suivi par des détachements des gardes du corps, gendarmes, chevau-légers, mousquetaires et autres corps de sa maison. Il avait dans son carrosse le Régent et son fils Chartres, le duc de Bourbon, le comte de Clermont, le prince de Conty et le duc de Charost, son gouverneur. Il alla coucher à Dammartin-en-Goële, en repartit le dimanche 18 après la messe et arriva d'assez bonne heure à Villers-Cotterêts, où le château, propriété du Régent, avait été remis en état par Oppenord. De là il gagna Soissons le 19. Accueilli par le comte d'Évreux, gouverneur d'Ile-de-France, et par les maire et échevins qui lui présentèrent les clefs de la ville, il descendit au palais épiscopal, où le chapitre, la municipalité et les corps constitués le vinrent « complimenter ». Il y passa la journée du 20, entendit la messe à la cathédrale et assista aux Conseils. L'après-midi, apercevant quelques-uns de ses pages sur le haut de la tour de cette église, il décida d'y monter aussi et, suivi du duc de Bourbon et d'autres seigneurs, gravit allégrement les trois cent cinquante-cinq marches conduisant au sommet. Il trouva de là-haut la vue si belle que, cartographe en toutes circonstances, il ordonna qu'on lui en levât le plan. Il visita ensuite les abbayes de Saint-Paul et de Notre-Dame. Le mercredi 21, il partit de Soissons après la messe et se rendit à Fismes, dernière étape avant Reims.

L'échevinage de cette ville, auquel incombait l'organisation et la dépense de tout ce qui ne relevait pas du cérémonial du sacre, avait grandement fait les choses. Entre la porte de Vesle, par où le Roi entrerait, et la cathédrale, plusieurs arcs de triomphe jalonnaient son parcours dans les rues, architectures éphémères, ornées de sculptures, statues, tapisseries, peintures, inscriptions lourdes de symboles dans leur exubérance et leur profusion baroques. Toutes ces décorations entraînaient de grands frais, mais on comptait les amortir grâce aux dépenses faites dans la ville par les foules qui y étaient attendues. Une cérémonie aussi rare et aussi fameuse que le sacre d'un roi de France attirait, en effet, une affluence énorme de Français et d'étrangers de toutes sortes d'âges, d'états et de conditions. La duchesse de Lorraine était là avec ses enfants, ainsi que le frère du roi de Portugal, le prince de Waldeck, le duc de Liria, le duc de La Mirandole et de nombreux autres seigneurs étrangers ; les ambassadeurs et diplomates accrédités à la cour de Louis XV étaient tous présents, tout ce beau monde accompagné d'une brillante livrée. Certains seigneurs ou dignitaires tenaient table ouverte. C'est dire qu'il régnait dans Reims et toute sa contrée une animation extraordinaire.

Les fastes de Reims

Le jeudi 22 octobre, Louis XV s'approcha de Reims tôt dans l'après-dînée. A une demi-lieue de la ville, il quitta son carrosse de voyage pour un autre plus magnifique, tandis que se mettaient en place les troupes, les carrosses, les officiers, pages et gens de livrée qui escorteraient sa marche. Le prince de Rohan, gouverneur de Champagne, et les magistrats municipaux allèrent à sa rencontre et lui offrirent les clefs de la ville, où il fit son entrée à trois heures. A travers les rues où la haie des gardes françaises et suisses maintenait difficilement la pression de la foule, le cortège chemina lentement vers la cathédrale, au bruit des vivats et au son des cloches de toutes les églises. A sa descente de carrosse, le Roi fut accueilli par l'archevêque duc de Reims, M. de Rohan-Guéméné, à la tête de son chapitre et des évêques suffragants. Après avoir reçu l'eau bénite et baisé le livre des Évangiles, Louis XV entra dans la cathédrale, alla se placer sur un prie-Dieu au milieu du chœur et on entonna le *Te Deum*. Pendant cet hymne, on apporta un somptueux ostensoir d'argent doré, présent du Roi à l'église de Reims. Le Régent le remit à Sa Majesté, qui le posa Elle-même sur l'autel. Après la bénédiction, Louis se retira dans les appartements qui lui avaient été préparés au palais épiscopal. Il y reçut aussitôt les respects du chapitre, les présents du corps de ville, les compliments du présidial et de l'université et fut enfin harangué par le maire et les échevins de Troyes, capitale de la Champagne.

Le 23 au matin, après avoir reçu la visite de sa tante la

duchesse de Lorraine, il fut entendre la messe à l'abbaye Saint-Nicaise et alla l'après-midi à celle de Saint-Pierre-aux-Nonains voir Madame qui y était descendue avec la duchesse de Lorraine sa fille, laquelle lui présenta les princes et princesses ses enfants. Le 24, il retourna à Saint-Pierre pour la messe et après dîner, prélude à l'auguste cérémonie du lendemain, alla à la cathédrale assister aux vêpres du sacre et subir un sermon de l'évêque d'Angers, sur quoi il regagna l'archevêché et s'y confessa au père de Linières.

A qui connaît la cathédrale de Reims, sa majesté et sa splendeur naturelles, il faut un réel effort d'imagination pour se la représenter telle qu'elle apparaissait au matin du sacre. Parallèlement à l'axe du vaisseau central et de part et d'autre de celui-ci, des tribunes en gradins, recouvertes de draperies fleurdelysées, attendaient les invités. Les plus belles tapisseries de la couronne, en deux rangs superposés, surmontaient ces tribunes jusqu'à la naissance du triforium et dissimulaient ainsi les grandes arcades et les piliers de la nef. Le maître autel était paré d'un ornement de drap d'argent galonné d'or et chargé des armes de France et de Navarre, don de Louis XV, ainsi que les chappes et ornements d'étoffe d'or et d'argent. Les marches de l'autel et le chœur étaient couverts de tapis. Vis-à-vis de l'autel étaient préparés pour le Roi un prie-Dieu et un fauteuil de velours violet semé de fleurs de lys d'or. Au sommet du jubé, lui aussi somptueusement orné, se dressait le trône où Louis s'assoirait après le sacre. Ce trône et l'autre fauteuil étaient surmontés de dais fleurdelysés, ayant servi l'un au sacre de François Ier et l'autre à celui de Henri III. Autour des trônes et de l'autel, à des endroits et hauteurs différents et méticuleusement réglés, on avait placé les bancs et sièges des participants laïques et ecclésiastiques, recouverts de velours fleurdelysé. La cérémonie devant durer plusieurs heures, un bref du Pape avait dispensé le Roi du jeûne eucharistique et il était prévu d'avoir près du jubé une réserve de bouillon pour Sa Majesté. Pour parer à une longueur excessive des offices, les psaumes, hymnes et prières seraient chantés non « en musique », mais en plain-chant et en faux-bourdon. Les rites se succéderaient en plusieurs temps : après la minutieuse installation de tous les assistants et participants, viendrait le sacre proprement dit, suivi du couronnement, puis de l'intronisation et enfin de la messe, qui ne serait autre que celle de la férie.

Le dimanche 25 octobre, dès six heures du matin, les chanoines de la cathédrale vinrent y occuper leurs stalles et commencèrent à chanter primes. Pendant qu'ils psalmodiaient, arrivaient et étaient placés les invités : cardinaux, archevêques et évêques, conseillers d'État, maîtres des requêtes, secrétaires d'État, pairs ecclésiastiques en chappe et mitre, maréchaux de France, le corps diplomatique, Madame dans une tribune spéciale avec la duchesse et les princes de Lorraine et l'infant de Portugal. A sept heures, parurent les six pairs laïques avec leur veste d'étoffe d'or, leur couronne de vermeil, leur manteau violet doublé et bordé d'hermine. Tout le monde étant placé, l'évêque duc de Laon et l'évêque comte de Beauvais furent députés pour aller quérir le Roi. Précédés des chanoines, d'une musique et du grand maître des cérémonies, ils passèrent par une galerie de bois découverte, ornée de tapisseries, construite depuis le portail de l'église jusqu'à l'archevêché. Le chantre frappa de son bâton d'argent à la porte de la chambre royale et l'évêque de Laon demanda Louis XV. Le prince de Turenne, grand chambellan, répondit sans ouvrir : « Le Roi dort. » Le chantre frappa une seconde fois. Même réponse. Le chantre ayant frappé une troisième fois et l'évêque ayant dit « Nous demandons Louis XV, que Dieu nous a donné pour Roi », les portes furent ouvertes. Le Roi, couché sur un lit de parade, était vêtu d'une chemise en toile de Hollande et d'une longue tunique de satin cramoisi, ouvertes toutes deux là où devaient être faites les onctions. Par-dessus la tunique, il passa une robe en toile d'argent et se coiffa d'une toque de velours noir enrichie d'aigrettes et de pierreries.

Un nouveau cortège se forma. En tête, les gardes de la prévôté de l'hôtel précédant le clergé, les Cent-Suisses, les hautbois, trompettes et tambours de la chambre, les six hérauts d'armes, le grand maître des cérémonies, quatre chevaliers du Saint-Esprit, le maréchal de Villars figurant le connétable, enfin Louis XV entre les deux évêques, suivi du duc de Charost, du grand écuyer, du capitaine des gardes, du garde des sceaux de France, du grand maître de la maison, du premier gentilhomme de la chambre et de gardes du corps. Pendant le même temps, la Sainte Ampoule était apportée en cérémonie de l'abbaye Saint-Remy, qui en avait traditionnellement la garde. Reçu par l'archevêque de Reims qui lui présenta l'eau bénite, le Roi gagna son fauteuil dans le chœur, d'où s'offrit à ses regards un spectacle inoubliable : la décoration de l'église, le scintillement des luminaires, la richesse des ornements pontificaux et sacerdotaux, l'éclat des costumes des pairs et des grands officiers, la pourpre des cardinaux, les habits des seigneurs et dames, les uniformes des gardes, offraient un coup d'œil d'une magnificence et d'une splendeur inouïes.

L'archevêque accueillit la Sainte Ampoule, on entonna le *Veni Creator* et le sacre commença, qui comprenait lui-même deux phases : les serments et les onctions. Ayant à ses côtés les évêques de Laon et de Beauvais, l'archevêque s'approcha du

Roi pour le premier serment (en latin), qui n'était en fait qu'une *promesse* de protection faite à l'Église, prononcée par Louis XV assis et couvert :

« Je vous promets de conserver à chacun de vous et aux églises qui vous sont confiées les privilèges canoniques, une loi équitable et la justice, et de vous protéger et défendre autant que je le pourrai, avec le secours de Dieu, comme un roi est obligé de le faire dans son royaume pour chaque évêque et l'église qui lui est confiée. »

Là-dessus, selon un rite immémorial, les deux prélats soulevèrent le Roi de son fauteuil et demandèrent le consentement de l'assemblée. Puis vint le serment essentiel et fondamental, appelé « serment du royaume », qui n'était pas une simple promesse mais un authentique serment, c'est-à-dire un engagement contracté en prenant Dieu pour témoin et pour juge, que le Roi prononçait en latin en tenant les mains sur les Évangiles :

« Je promets au nom de Jésus-Christ au peuple chrétien qui m'est soumis :
Premièrement de faire conserver en tout temps à l'Église de Dieu la paix par le peuple chrétien.
D'empêcher toutes rapines et iniquités, de quelque nature qu'elles soient.
De faire observer la justice et la miséricorde dans les jugements, afin que Dieu, qui est la source de la clémence et de la miséricorde, daigne la répandre sur moi et sur vous aussi.
De bannir entièrement de mes états tous les hérétiques condamnés par l'Église.
Toutes lesquelles choses ci-dessus, je confirme par serment.
Qu'ainsi Dieu et ses saints Évangiles me soient en aide. »

Le Roi prêta ensuite trois autres serments, moins constitutionnels : celui de chef et grand maître de l'ordre du Saint-Esprit, celui de chef et grand maître de l'ordre de Saint-Louis et enfin celui de faire observer les édits défendant le duel.

Louis fut alors conduit au bas de l'autel, ôta sa robe de soie et sa toque, entendit plusieurs oraisons, chaussa ses bottines de velours fleurdelysé et des éperons d'or, puis reçut de l'archevêque l'épée dite de Charlemagne, la ceignit, l'offrit à Dieu, la posa sur l'autel, la reprit et la confia au maréchal de Villars, qui la tint haute, la pointe levée, pendant toute la cérémonie.

On entonna les litanies des saints pendant lesquelles le Roi resta prosterné devant l'autel. L'archevêque étant revenu à son siège, Louis s'agenouilla devant lui et en reçut sept onctions : un peu d'huile de la Sainte Ampoule mêlée à du saint chrême et appliquée successivement sur le sommet de la tête, sur la poitrine, entre les deux épaules, sur l'épaule droite, sur la gauche, à la jointure du bras droit et à celle du gauche. Il se leva alors et le grand chambellan l'aida à passer la tunique, la dalmatique et le grand manteau royal de velours violet semé de fleurs de lys d'or, fourré et bordé d'hermine. Le Roi revint s'agenouiller devant l'archevêque, qui lui fit les deux dernières onctions : sur les paumes de chaque main. On passa alors au couronnement.

Le garde des sceaux monta à l'autel et appela les pairs selon leur rang, le premier étant le Régent, figurant le duc de Bourgogne, et le dernier n'étant autre que le précepteur du Roi, M. de Fréjus, qui représentait l'évêque comte de Noyon empêché. Les pairs s'étant groupés autour du Roi, l'archevêque duc de Reims prit sur l'autel la couronne dite de Charlemagne, la bénit, la posa sur la tête de Sa Majesté et les pairs la soutinrent pendant que l'archevêque récitait les oraisons.

Ensuite ce prélat prit le Roi par le bras droit et le conduisit, précédé et suivi de pairs, gardes et seigneurs, au trône élevé sur le jubé. Couronne en tête, tenant le sceptre et la main de justice, Louis s'assit sous le dais et l'archevêque récita les prières de l'intronisation, après lesquelles il quitta sa mitre, fit une profonde révérence, embrassa le Roi en proclamant : *Vivat Rex in aeternum!* (Vive le Roi à jamais). Les pairs firent de même.

On ouvre alors les portes de la cathédrale. La foule s'y précipite en poussant de folles acclamations, on lâche des oiseaux, on jette au peuple des médailles d'or et d'argent, toutes les cloches de la ville sonnent, l'artillerie tonne, les régiments en haie sur le parvis font une triple salve, les orgues retentissent de tous leurs jeux, les chœurs chantent le *Te Deum* : vacarme et tintamarre qui solennisaient un des instants les plus émouvants dans la vie d'un Roi et de son peuple.

Le *Te Deum* achevé, commença la célébration de la messe, pendant laquelle il était d'usage que le Roi n'ôtât sa couronne qu'à la proclamation de l'Évangile. Innovant, Louis XV tint à la quitter aussi à l'élévation. Après une ultime et brève confession, ayant derechef déposé sa couronne, il communia sous les deux espèces. Il sacrifia volontairement la faculté octroyée par le Pape et resta à jeun tout au long des quelque six heures que durèrent ces cérémonies, auxquelles il participa avec un recueillement et une endurance étonnants. Après la communion, il fut coiffé non plus de la couronne dite de Charlemagne, mais de celle plus légère, qui avait été montée et ciselée spécialement pour lui.

Il retourna en grand cortège et en musique au palais archiépiscopal pour le traditionnel « festin royal » offert par le corps municipal. Après quelques instants de repos, il reprit son grand manteau et sa couronne personnelle et gagna la salle du Tau, somptueusement décorée. Surmontée d'un dais, sa table, où il mangerait seul, était dressée sur une estrade devant la cheminée. Quatre autres tables étaient destinées respectivement aux pairs ecclésiastiques, aux pairs laïques, au corps diplomatique et aux « honneurs. » Sur la table royale étaient posées et la nef d'or renfermant les serviettes de Sa Majesté, et, sur des coussins, la couronne de Charlemagne, le sceptre et la main de justice. C'était comme un grand couvert d'une solennité exceptionnelle : les plats destinés à Sa Majesté étaient apportés en fanfare avec une escorte de hérauts d'armes, de maîtres d'hôtel, de gentils-hommes servants. Les quatre autres tables étaient servies par les officiers de la ville et les notables bourgeois en habits et manteaux noirs, une fleur de lys brodée à hauteur du cœur. Les vingt-quatre violons de la chambre jouèrent pendant tout le festin, qui se termina peu après deux heures. Louis XV fut reconduit en grande cérémonie à son appartement, où il put enfin reprendre des forces en vue des actions des jours suivants.

Le lendemain, il se rendit en une brillante cavalcade à l'abbaye Saint-Remy, où il entendit la messe et où on lui montra la châsse du saint et la Sainte-Ampoule. Le mardi 2, il assista le matin à la messe dans l'église des jésuites et après dîner alla solennellement à la cathédrale, où la décoration du sacre était toujours en place, pour l'office au cours duquel eut lieu sa réception de chef et grand maître de l'ordre du Saint-Esprit, dont il revêtit les insignes. Le 28, après avoir ouï la messe à l'abbaye Saint-Étienne, il passa en revue l'après-midi les troupes de sa maison et les gardes françaises et suisses, campées entre Reims et le village de Saint-Léonard, et remit la croix de Saint-Louis à une quarantaine d'officiers. Le jeudi 29, le Roi retourna à l'abbaye Saint-Remy, y entendit une première messe, au cours de laquelle il communia ; après la collation, il assista à une seconde messe, à l'issue de laquelle il passa dans le parc de l'abbé, où l'attendaient plus de deux mille scrofuleux. Tête nue, il parcourut les allées avec sa suite, à laquelle s'était joint son premier médecin. Celui-ci appuyait sa main sur la tête de chaque malade en même temps que le duc d'Harcourt, capitaine des gardes, leur tenait les mains jointes. Louis les touchait de la main droite au visage en disant : « Dieu te guérisse, le Roi te touche. » Derrière, le cardinal de Rohan, grand aumônier de France, distribuait une aumône à ceux qui avaient été touchés. Le même jour, ce prélat se rendit dans les prisons de la ville où étaient assemblés sept cents prisonniers venus solliciter leur grâce et, au nom du Roi, leur annonça leur délivrance en faisant remettre à chacun d'eux un pécule pour leur retour. Les portes des prisons s'ouvrirent et les captifs libérés se précipitèrent dans la cour de l'archevêché où ils poussèrent des cris répétés de « Vive le Roi ».

Le joyeux retour à Versailles

Le 30 octobre, après la messe célébrée dans la chapelle de l'archevêque, Louis XV partit de Reims en même appareil qu'à son arrivée et refit en sens inverse la route vers Paris. Il arriva le lundi 2 novembre à Villers-Cotterêts où le Régent lui offrit pendant deux jours des fêtes pleines à la fois de magnificence et d'ingénieuse fantaisie. Ne pouvant accueillir que le Roi, les princes et les principaux courtisans, le château avait été augmenté de constructions de bois pour loger le reste de la cour, les officiers, les cent quarante acteurs, musiciens et danseurs engagés pour ces fêtes. Un camp militaire accueillait les troupes, copieusement nourries et abreuvées. A midi, peu après l'arrivée du Roi, on tira un coup de canon : c'était un signal avertissant les hôteliers et cabaretiers de la ville et de ses environs de traiter gratis, aux frais du duc d'Orléans, tous ceux qui se présenteraient jour et nuit pendant le séjour de Sa Majesté. Il y eut illuminations dans les jardins, chasse au sanglier dans les toiles, où brilla le comte de Saxe, chasse au cerf, mais le clou de la fête fut, le 3 novembre, une foire imaginée par le Régent, à l'image embellie des foires parisiennes de Saint-Germain et de Saint-Laurent, avec comédie italienne, ballets, marionnettes, danseurs de corde, acrobates, loterie et boutiques tenues par les demoiselles d'opéra où l'on trouvait tout à volonté : pâtisseries, liqueurs, chocolat, glaces, dragées, confitures, faïences, porcelaines, café, bijoux. Louis XV retint quelques précieuses bagatelles pour l'Infante-Reine, qui n'était pas du voyage. Selon la presse du temps, il fut consommé à Villers-Cotterêts pendant ces journées 29 045 pièces de volaille et de gibier, 3 071 livres de jambon, 10 552 livres de lard ou de saindoux, 14 039 livres de poissons, 36 464 œufs, 80 000 bouteilles de bourgogne et de champagne, 800 bouteilles de vin du Rhin, 65 000 oranges et citrons, et nous en passons !

Le 4 novembre à la tombée de la nuit, le Roi parvint à Chantilly, où le duc de Bourbon lui avait ménagé un accueil qui ne le céda guère en éclat à celui du Régent : pendant trois jours, ce ne furent que promenades dans le parc et la forêt, pêche aux carpes, bombances, chasses, feux d'artifice, illuminations, concerts, comédies. Le dimanche 8 novembre, Louis partit de Chantilly, dîna à Écouen et s'arrêta à Saint-Denis, une antique tradition voulant que les Rois au retour du sacre visitassent l'illustre monastère. Il entra prier dans l'église abbatiale, baisa la croix de Philippe Auguste, vénéra la châsse de Saint-Louis, récita le *De profundis* devant la sépulture de Louis XIV, vit les tombeaux royaux et le trésor, puis remonta en carrosse à destination de Paris, où il entra vers cinq heures, accompagné par les vivats d'une foule énorme. Le lendemain 9, ce fut aux Tuileries le défilé et les harangues des cours supérieures, du bureau de la Ville, de l'Université, de l'Académie française et le soir, à l'Opéra, représentation de *Persée* de Lully. Le 10 novembre enfin, le Roi regagna Versailles, un peu étourdi peut-être par l'intensité et la variété des impressions qui venaient de frapper son cœur et son esprit pendant près de quatre semaines avec les rites augustes du sacre et ce flot ininterrompu de cérémonies, hommages, fêtes, acclamations, témoignages d'amour et de respect qui venait de déferler vers sa personne. Nul doute, cependant, quant à la profondeur et à la pérennité de l'empreinte ainsi marquée sur son âme : non seulement il se mit dès lors à parler plus souvent en maître, mais on le verra en 1766 se cabrer fièrement devant une évocation spécieuse du serment prêté sous les voûtes de la cathédrale de Reims.

On passa bientôt des réjouissances à l'affliction, la santé de Madame donnant les plus vives inquiétudes. Tout en lui procurant la joie de revoir sa fille et de faire connaissance de ses petits-enfants Lorraine, le voyage de Reims l'avait épuisée. Au retour, ses forces déclinèrent sans rémission. Le 5 décembre, Louis alla la voir à Saint-Cloud, où elle s'éteignit le 8. Avec elle disparaissait une des personnalités les plus marquantes de la cour de Louis XIV. Si le sacre avait frappé le Roi, il vivait par ailleurs les temps difficiles de la puberté avec ses langueurs, ses inquiétudes, ses bouillonnements. Pour s'affirmer, il se laissait aller à des malices de mauvais goût, coupant les cravates et les anneaux des manchons, arrosant un abbé avec les jets d'eau des jardins, montant sur les toits et s'y divertissant à hurler dans les cheminées ou à y jeter des plâtras. Avec cela, des fringales d'adolescent : quelques jours avant sa majorité, après avoir eu froid au cours d'une battue de lapins, il se gava si bien de viande de bœuf et de perdrix qu'il se trouva mal à la messe. Ce n'était qu'une indigestion, mais toute la cour fut en alarme.

Gamineries et chahuts nécessaires à sa détente, car les occupations sérieuses ne lui manquaient pas. Toujours séduit par les disciplines scientifiques, il avait ordonné à Cassini et à Maraldi de venir lui faire observer l'éclipse de soleil annoncée pour le 8 décembre 1722 et, dès l'été, leur avait fait calculer à cette fin une méridienne passant par la petite galerie de ses appartements. Au jour dit, les deux astronomes installèrent leurs instruments dans le salon de la Paix. Il vint les y rejoindre au commencement du phénomène et le suivit avec eux jusqu'au moment de la plus grande obscurité, où il dut se retirer pour aller au sermon. D'autre part, les Conseils où il assistait étaient plus nombreux et, après l'entracte de Reims, il avait repris ses leçons d'éducation royale sur un rythme plus soutenu que jamais. En décembre, on l'initia à l'élaboration et à gestion du budget de l'État. Entre le 10 et le 18 janvier 1723 eurent lieu les centième à cent dix-huitième entretiens sur les questions militaires ; ceux-ci, consacrés à l'artillerie, lui départirent la quintessence des *Mémoires d'artillerie* de Surirey de Saint-Remy, le meilleur théoricien du temps. Enseignement assorti de statistiques : Louis apprenait que les dépenses de cette arme s'élevaient en moyenne à 1 500 000 livres par an et que ses arsenaux et magasins renfermaient 20 millions de poudre, 10 millions de plomb, 5 200 pièces de canon (plus que l'armée française en 1989 !), 2 500 000 boulets, 1 000 mortiers, 275 000 bombes, 130 000 grosses grenades et 1 800 000 petites, 300 pierriers.

En même temps se poursuivait le tête-à-tête quotidien où le Régent l'initiait non seulement aux affaires mais aux hommes. Les 22 et 23 décembre 1722, il arriva avec l'état des magistrats de la chambre des comptes de Paris et celui du Grand Conseil ; ces listes, que l'on possède encore, ne sont que des suites de noms sans nul commentaire : le mérite et la capacité de chacun n'étaient dévoilés que verbalement par le duc d'Orléans. Du 23 au 27 décembre, il présenta de la même façon les officiers du parlement de Paris, puis, le 18 janvier 1723, les premiers présidents, procureurs généraux et avocats généraux des parlements provinciaux. Contrairement aux précédentes, la liste des conseillers d'État, étudiée le 19 janvier, avait été préalablement enrichie d'appréciations du garde des sceaux : M. Amelot de Gournay est « plus versé qu'aucun dans les matières de commerce soit intérieur ou étranger », M. d'Angervilliers est « intendant en Alsace et capable de tous emplois », M. d'Ormesson est « également instruit dans les matières de finance et de judicature », M. de Gaumont est « capable par son esprit et son application de tout ce dont on le voudra charger », M. de La Rochepot est « borné aux fonctions du Conseil, qu'il remplit dignement ». Le Régent détailla de même au Roi tous les gouverneurs des provinces. L'un desquels eut droit à une diatribe longue et acerbe : celui de Lyonnais, le maréchal de Villeroy !

Dans son exil, le vieil homme ruminait des espérances de retour en grâce. Ce n'étaient que chimères, mais le cardinal Dubois les prenait au sérieux et redoutait qu'après la majorité Villeroy ne soit rappelé à la cour et nommé premier ministre à sa place. Il n'eut aucune peine à remonter le duc d'Orléans, déjà convaincu que la présence du maréchal auprès de Louis XV ne pouvait être que néfaste. Pendant trois jours au début de 1723, la leçon d'instruction politique du Roi commença par l'énumération de tous les reproches et griefs qu'on pouvait formuler contre le vieillard et le Régent conclut, le 5 janvier, en disant : « Je ne suis point haineux ni vindicatif, tout homme le sait ; mais je suis incompatible avec M. de Villeroy, parce que M. de Villeroy est incompatible avec le bien de votre royaume », et en demandant à Louis XV sa parole de ne pas le faire revenir. Le Roi, qui avait écouté sans dire mot toutes ces invectives, ne répondit rien non plus sur ce dernier point. Le silence lui paraissait l'attitude la plus raisonnable face aux espoirs et aux appréhensions suscités par l'imminence de sa majorité.

III. — LE TEMPS DES PREMIERS MINISTRES

La majorité du Roi

Par une ordonnance très solennelle du mois d'août 1374, Charles V avait fixé à treize ans accomplis la majorité des rois de France. Confirmée en 1393 par Charles VI, cette disposition n'avait jamais cessé d'être de règle. Cet âge de treize ans était beaucoup plus bas que celui de la majorité féodale, qui était de vingt et un ans, mais Charles V le Sage légiférait en un temps où la peste noire ravageait l'Europe de telle manière que, chaque jour, la mort transformait des enfants en chefs de famille. Étant né le 15 février 1710, Louis XV entra le mardi 16 février 1723 dans sa quatorzième année et devint donc majeur. Ce matin-là, le duc d'Orléans vint à son réveil et lui dit qu'il lui remettait le soin de l'État, qu'il avait le bonheur de le lui rendre tranquille au-dehors comme au-dedans, qu'il lui continuerait toute sa vie ses services avec le même zèle et la même affection et qu'il était désormais le maître. Louis ne répondit rien et resta fort sérieux dans son lit. Après son lever, il parut gai et content et reçut les compliments des princes et de toute la cour. Le soir, il commença à donner « l'ordre » aux gardes du corps et aux mousquetaires qui, auparavant, le recevaient du duc d'Orléans.

Il n'y avait plus ni régence, ni Régent : Philippe d'Orléans n'était plus que le premier prince du sang, mais auréolé du prestige d'avoir dirigé l'État pendant plus de sept ans. De même n'y avait-il plus ni surintendant de l'éducation, ni gouverneur, ni précepteur du Roi et l'on ôta aussitôt de sa chambre le lit du gouverneur. Mais telle était déjà sur lui la force de l'habitude, qu'il pria le duc de Bourbon, le duc de Charost et M. de Fréjus de lui continuer leurs soins et de ne pas le quitter. Le lendemain 17, Louis XV annula les entrées de sa chambre et de son cabinet et l'on attendit qu'il donnât le nouveau règlement des entrées. Il désigna aussi les ministres d'État, mais sa majorité, bien que parfaite dès le premier jour, devait traditionnellement être proclamée en lit de justice au parlement de Paris. Le 20 février, il quitta Versailles pour les Tuileries et, comme de coutume, fut accueilli dans la capitale par une population fort chaleureuse. Par une heureuse coïncidence, l'euphorie du moment fut renforcée par le constat officiel que la peste avait disparu de Provence : les dernières barrières et défenses furent levées, le commerce et la circulation intégralement rétablis, les prières publiques d'action de grâces décrétées. Après la messe, le Roi alla le 21 chasser à la Muette, où il abattit vingt-deux pièces de gibier ! Le lit de justice était annoncé pour le lendemain, lundi 22 février 1723.

A dix heures du matin, escorté de toute sa maison militaire, Louis XV quitta les Tuileries pour le palais de justice. Il était en habit et manteau violet, sans plumes à son chapeau, à cause du deuil de Madame, et toute sa suite était de même en deuil. Il entendit la messe à la Sainte Chapelle, puis fut conduit solennellement à la grand'chambre, où les deux lanternes (des sortes de loges) étaient occupées l'une par Maman Ventadour, M. de Fréjus et quelques personnes de qualité, l'autre par les ambassadeurs. Le Roi parut intimidé. D'une voix assez basse, il déclara : « Messieurs, je suis venu en mon parlement pour vous dire que, suivant la loi de mon État, je veux en prendre le gouvernement. » Le duc d'Orléans fit ensuite une harangue touchante, à laquelle Louis répondit en ces termes : « Mon oncle, je ne me proposerai jamais d'autre gloire que le bonheur de mes sujets, qui a été le seul objet de votre régence. C'est pour y travailler avec succès que je désire que vous présidiez après moi à tous mes Conseils et que je confirme le choix que j'ai déjà fait, par votre avis, de M. le cardinal Dubois pour premier ministre de mon État. Vous entendrez plus amplement quelles sont mes intentions par ce que vous dira M. le garde des sceaux. » Philippe d'Orléans s'approcha du Roi, s'inclina respectueusement en signe d'hommage et lui baisa la main. Louis le releva et, debout, l'embrassa deux fois. Puis, de leurs places, les princes, le garde des sceaux, les pairs, les maréchaux et pour finir toute l'assistance firent de profondes inclinations vers Sa Majesté. On entendit alors le discours de M. d'Armenonville, garde des sceaux, et celui du premier président, M. de Mesmes. Il fut procédé ensuite à l'enregistrement des lettres patentes par lesquelles les sceaux avaient été confiés un an plus tôt à M. d'Armenonville, puis à la réception de trois nouveaux pairs : les ducs de Biron, de Lévis et de La Vallière, et enfin à l'enregistrement de l'édit que, conformément à la promesse faite à Reims, le Roi donnait pour prohiber les duels. Comparé aux splendeurs du sacre, le cérémonial immuable du parlement paraissait terne et compassé. Du moins avait-il le mérite de la brièveté : un peu plus d'une heure. Le soir, il y eut comédie au Palais-Royal, mais Louis ne voulut pas y paraître. Le lendemain, le parlement et les autres cours, le bureau de la Ville, l'Université, l'Académie française, les gardes des six corps des marchands parisiens le vinrent complimenter sur sa majorité : il les accueillit sans mot dire et refusa ensuite d'aller à l'Opéra, quelque instance que lui en fît le duc d'Orléans. Le 24, il se promena et chassa à la Muette et revint à Versailles le 25 en fin d'après-midi.

La fin du cardinal Dubois

Louis XV avait proclamé au lit de justice que l'ancien Régent présiderait après lui à tous les Conseils et, par cette simple annonce, sans conférer à son oncle ni titre, ni charge, ni qualité nouvelle, il avait fait de lui le principal personnage du gouvernement, au-dessus du cardinal Dubois, confirmé pour sa part dans les fonctions de premier ministre. Philippe d'Orléans et le cardinal avaient dès longtemps mis au point cette combinaison, qui instaurait une sorte de régence de fait prolongée jusqu'au jour où le Roi serait en âge de prendre réellement en main le timon de l'État. Toutefois, ce ne pouvait être la reconduction pure et simple de ce qui se pratiquait avant le 16 février, car, quelle que fût l'influence octroyée au duc d'Orléans, celui-ci n'était plus le dépositaire de l'autorité royale, qui avait tout entière refluée vers le Roi majeur. Désormais, le dispositif des actes souverains — lettres scellées ou arrêts du Conseil — cessa de comporter la clause « de l'avis de M. le duc d'Orléans, Régent », de rigueur depuis le 2 septembre 1715. Le Conseil de Régence disparut, les Conseils de gouvernement reprirent la forme qu'ils avaient avant 1715, Louis XV n'y assistait plus en témoin muet, il les présidait effectivement et, au terme des débats, c'était à lui de prendre et de prononcer la décision, même si elle lui était soufflée ou suggérée par Orléans. Il était maintenant seul ordonnateur des fonds du Trésor royal et il en découlait pour lui beaucoup d'écritures qu'il devait tracer de sa propre main. C'était avec lui que les ministres travaillaient en particulier pour les affaires de leur département, toujours en présence du premier ministre, et, là encore, c'était à lui de trancher. De même lui revenait-il de donner ses ordres pour le fonctionnement de tous les services de la cour et pour régler l'étiquette. Et puis il y avait ces circonstances exceptionnelles où il déployait le caractère mystérieux de son pouvoir : le toucher des écrouelles la veille des principales fêtes religieuses, que, pour la première fois depuis le sacre, il opéra le Samedi saint 27 avril 1723.

Majeur et sacré, il était pleinement le maître, même s'il avait besoin, en la personne de l'ancien Régent, d'un mentor pour le guider pendant encore un certain temps et le faire ainsi bénéficier d'un ultime apprentissage du métier de roi. Un métier dans lequel, en ce mois de février 1723, il était servi, outre par Dubois, qui cumulait le portefeuille des Affaires étrangères avec les fonctions de principal ministre, par le garde des sceaux Fleuriau d'Armenonville, par les secrétaires d'État Le Blanc (Guerre), Fleuriau de Morville (Marine), Maurepas (Maison du Roi et Clergé) et La Vrillière (Protestants) et par M. Dodun, contrôleur général des finances.

Ainsi, dès le lendemain de ses treize ans, Louis XV dut consacrer beaucoup plus de son temps aux affaires du royaume. Plusieurs fois par semaine, après la messe, il tenait son Conseil. Presque chaque jour, il lui fallait travailler en privé avec tel ministre ou tel dignitaire : entre le 3 mars 1723 et le 3 mars 1724, il n'eut pas moins de cent soixante-deux séances de ce genre avec le contrôleur général des finances ! Quotidiennement, il avait quantité de papiers à lire, à écrire ou à signer. Simultanément, il devait, de son lever jusqu'à son coucher, satisfaire à tous les rites et toutes les traditions de la vie de cour. Tant de changements dans son existence depuis le sacre et la majorité lui faisaient prendre conscience de l'alourdissement de ses responsabilités et on remarqua qu'il devenait plus taciturne que jamais, accueillant en silence les compliments dont le régalaient les corps constitués, signant les contrats de mariage sans dire un mot aux familles.

*
**

Tout en satisfaisant à ses devoirs accrus de représentation et de gouvernement, constamment entrecroisés, il entendit, à présent qu'il était plus libre de ses décisions, se ménager envers et contre tout des lieux et des moments où il pourrait travailler, lire, s'instruire, se délasser à son gré et à l'écart de la foule des courtisans. A peine revenu à Versailles et avant même d'être majeur, il fit accommoder en 1722 au second étage des cabinets du feu Roi une mansarde pour installer son tour, car il voulait continuer à s'y exercer. Dès 1723, toujours dans cette partie du château, il se fit aménager une vaste chambre de bains, première étape d'une recherche de toute sa vie pour un confort luxueux et raffiné. En 1723 encore, il commanda de riches meubles et armoires « plaqués d'amaranthe » et rehaussés de bronze doré pour remplacer dans le cabinet aux livres de Louis XIV des bibliothèques détériorées par le manque d'entretien : il n'avait encore que treize ans, mais déjà désirait — comme ensuite tout au long de son règne —, vivre entouré de livres. Sa majorité lui permit, d'autre part, de donner libre carrière à deux penchants innés de sa nature : l'amour du grand air et le besoin d'exercice physique. Double appétence qui trouva son accomplissement dans la passion de la chasse, elle-même d'autant plus facile à satisfaire que son objet était considéré depuis longtemps comme le plaisir des rois et que les traditions cynégétiques de la cour de France étaient profondément enracinées. L'originalité de Louis XV n'est pas d'avoir aimé la chasse, car beaucoup de princes avaient été avant lui d'infatigables chasseurs, elle tient plutôt à l'ardeur précoce et combien tenace avec laquelle il s'y adonna.

Dans les semaines de sa majorité, après encore quelques modestes battues de lapins, il alla bientôt courre souvent le daim et surtout le cerf au bois de Boulogne, dans les forêts de Marly et de Saint-Germain, dans le parc de Meudon. Il s'éprit aussitôt de ces courses en pleine nature, une nature où il entendait galoper à son aise : à l'automne de 1723, il commanda que l'on traçât de nouvelles routes en forêt de Livry. En décembre, il ordonna au capitaine du vautrait de capturer des cerfs et des sangliers en diverses forêts pour repeupler celles de Saint-Germain et Marly. Et c'est dès l'été de 1723 qu'il commença à donner ce qu'on appela bientôt ses retours de chasse : des soupers où, après la curée, il conviait à une chère délicate les princes, seigneurs et dames qui l'avaient suivi. Après s'être faites d'abord sous des tentes, ces agapes ne tardèrent pas à se dérouler dans des lieux plus abrités. Elles devinrent bientôt de règle dans la vie du Roi, de même que, très vite, il apparut aux yeux de tous qu'accompagner Sa Majesté à la chasse serait certainement une des meilleures manières de Lui faire sa cour. C'est encore dès 1723 que Louis fit orner de vingt-quatre têtes de cerfs moulées en plâtre et pourvues de bois naturels la plus grande des cours intérieures de ses appartements, qui s'appela désormais Cour des Cerfs. Ce décor n'attestait pas seulement sa passion pour la vénerie, mais aussi sa curiosité pour l'histoire naturelle, car ces massacres, remarquables par leur ampleur ou leur bizarrerie, étaient à la fois des trophées des plus belles chasses royales et des curiosités zoologiques. Au reste, encore en 1723, on remit en état la ménagerie de Versailles pour y enfermer les oiseaux et les animaux rares auxquels le Roi s'intéressait. Pour être grand chasseur, il fallait être brillant cavalier : à partir de novembre 1723, Louis alla deux fois par semaine s'entraîner au manège de la grande écurie sous la conduite des meilleurs écuyers et il disposa dans la petite galerie de ses appartements d'un cheval de bois pour ses exercices de voltige. Tous les sports l'attiraient : un de ses gentilshommes ordinaires lui ayant fait présent d'arcs, flèches et carquois venus de Turquie, on plaça une cible dans la galerie des glaces, où il s'amusa à tirer à l'arc avec les jeunes seigneurs de son entourage. Ces divertissements alternaient avec les devoirs de cour et d'État, eux-mêmes soumis aux remous de la vie politique.

*
* *

La confirmation du cardinal Dubois dans les fonctions de principal ministre, loin de satisfaire sa volonté de puissance, l'avait comme stimulée et on eut l'impression qu'il ne rêvait que de dominer le jeune souverain et le duc d'Orléans. Impression renforcée par le nouveau règlement des entrées chez le Roi, promulgué au début de mars 1723, qui les hiérarchisait en quatre classes : les entrées familières, les grandes entrées, les premières entrées et celles du cabinet. N'avaient les familières que l'ancien Régent et les princes du sang, le premier ministre, M. de Fréjus, la duchesse de Ventadour, le duc de Charost, la nourrice, le premier médecin et le premier chirurgien de Sa Majesté, les quatre premiers valets de chambre et les garçons ordinaires de la chambre. Quant aux entrées du cabinet, elles étaient accordées aux personnes jouissant des familières et à celles que le Roi choisirait, nul n'y ayant droit par naissance ou par charge. Ces dispositions, différentes de celles du temps de Louis XIV, semblaient destinées à priver le plus grand nombre de gens de toute occasion d'être familièrement connus du Roi et, au contraire, à procurer à Dubois la possibilité d'approcher celui-ci le plus souvent possible et de se rendre peu à peu maître de son esprit. Par rapport au passé, ces mesures avantageaient les princes et même les bâtards, car, en avril, le duc du Maine et le comte de Toulouse furent rétablis dans les honneurs de princes du sang. Le cardinal comptait les agréger ainsi à sa clientèle. Calcul en partie déjoué, car ses ambitions les inquiétèrent et les indisposèrent, surtout le duc de Chartres, qui craignait que le duc d'Orléans son père ne finisse par être complètement supplanté par Dubois.

Celui-ci écartait impitoyablement tous les obstacles : le 2 juillet 1723, le secrétaire d'État de la Guerre, M. Le Blanc, eut ordre de démissionner ; il fut universellement regretté. M. de Breteuil, intendant de Limoges, le remplaça. A cette date et depuis un mois déjà, le Roi, l'Infante-Reine et la cour étaient installés à Meudon, voyage prévu depuis avril, car il y avait encore des réparations à faire à Versailles et surtout à y curer le grand canal, opération toujours assez malsaine. Avant son départ pour Meudon, Louis XV avait fait la revue de ses gardes. A cheval derrière lui, le cardinal était apparu tordu sur sa selle et cadavérique. Il n'était plus, en effet, qu'un vieillard malade et usé. Usé par une ambition dévorante, usé probablement aussi par les plaisirs, usé surtout par le travail, car le personnage était un grand homme de gouvernement, un animateur infatigable et implacable. Il s'était fixé et respectait pour chaque jour de la semaine un horaire minutieux : de cinq heures du matin à sept ou huit heures du soir alternaient le labeur solitaire dans son cabinet, les entretiens chez le Roi, les Conseils, le travail avec les ministres chez Sa Majesté ou en particulier, les rapports des premiers commis, les conférences avec les ambassadeurs, les rendez-vous de toute espèce. Toutes ces activités, détaillées sur le « Journal de Son Éminence », laissent une impression harassante. Ses souffrances le jour où il avait suivi le Roi à la revue venaient de la rupture d'un abcès formé au col de la vessie. Le mal était très grave ; le cardinal se jeta dans les remèdes tout en épuisant ses forces par un labeur effréné. Quand, sur les instances de ses médecins, il consentit enfin à se faire opérer, il était déjà trop tard : on le transféra péniblement de Meudon à Versailles, où l'intervention des chirurgiens précipita la fin. Il râla plusieurs heures de suite et mourut le 10 août 1723 vers cinq heures par un lourd après-midi d'orage.

La fin de Philippe d'Orléans

Dès que le duc d'Orléans sut le cardinal en agonie, il manda M. de Morville, secrétaire d'État, lui ordonna d'aller à Versailles s'emparer de tous les papiers du mourant et de prendre à sa place le département des Affaires étrangères ; la Marine, que laissait Morville, irait s'ajouter aux attributions de M. de Maurepas. Averti par un exprès de la mort de Dubois, l'ancien Régent se rendit aussitôt dans le cabinet du Roi lui annoncer la nouvelle et conclut : « Sire, je ne vois personne qui soit plus en état que moi pour rendre service à Votre Majesté en qualité de premier ministre et, sans faire attention à mon rang et à ma dignité de premier prince de votre sang, je prêterai demain le serment de fidélité à Votre Majesté. »

Louis XV répondit *oui* sans un mot de plus et reçut le lendemain le serment du nouveau premier ministre. Cette nomination causa quelque sensation, car il était sans exemple dans l'histoire de la monarchie qu'un petit-fils de France assumât ces fonctions. C'était assurément la solution la meilleure pour le royaume comme pour le Roi. Loin d'avoir été affligé par la mort du cardinal, Louis XV en avait été comme soulagé, car il n'éprouvait guère d'attirance pour lui. Bien que frotté depuis près de quarante ans au plus grand monde, le défunt n'avait jamais pu se décrasser complètement de ses façons de parvenu. Il avait déployé beaucoup de soins et de souplesse pour gagner l'esprit du Roi, mais celui-ci était déjà trop fin pour être dupe de ses procédés et, s'il lui advenait de reconnaître son zèle pour l'État et d'écouter avec intérêt ses rapports et ses explications, il ressentait pour sa personne une répugnance sensible, soigneusement entretenue par M. de Fréjus.

Quel contraste avec les moments passés en compagnie du duc d'Orléans, dont les respects n'étaient pas intimidants, qui exprimait toutes choses avec élégance et clarté, dont les instructions n'étaient jamais ennuyeuses et qui avait l'art de le laisser maître sur le choix des personnes ! Soulagé lui aussi par la mort de Dubois, l'ancien Régent se plongea dans les papiers laissés par le cardinal et travailla aux affaires avec une ardeur renouvelée. L'affection de Louis XV pour son oncle devint alors plus vive que jamais. Que ce fût au Conseil ou bien dans son travail avec les autres ministres, ou encore dans leurs entretiens particuliers, il avait quotidiennement, et même plusieurs fois par jour, l'occasion d'apprécier ses talents supérieurs d'homme d'État, son expérience des affaires, son dévouement au bien du royaume, l'étendue de son intelligence et aussi sa tendresse. La mort de Dubois procura donc à Louis XV un apprentissage politique d'une qualité rare et Philippe d'Orléans, voyant les dons intellectuels du Roi, s'est peut-être d'autant plus appliqué à le former qu'il sentait trop bien que le duc de Chartres, son fils unique, était loin d'être aussi doué : Louis XV serait son brillant élève, comme Louis XIV l'avait été de Mazarin !

Bien qu'il n'eût alors que quarante-neuf ans, Orléans n'était pas en très bonne santé. Depuis quelque temps, il avait beaucoup épaissi et devenait sujet à de longues somnolences, mais, malgré l'avis de ses médecins, ne voulait rien changer à son genre de vie. Le jeudi 2 décembre 1723 à Versailles, il travailla le matin avec Louis XV, dîna — contre sa coutume, car il ne dînait presque jamais — et prit néanmoins comme d'ordinaire son chocolat en public. Puis il travailla avec M. de La Vrillière et M. de Maurepas, secrétaires d'État, vit à quatre heures le duc de Chartres, passa ensuite trois quarts d'heure en tête à tête avec son ami Saint-Simon et reçut de cinq à six M. Le Couturier, premier commis des finances. Il se retira alors dans son grand cabinet, au rez-de-chaussée du côté de l'Orangerie, pour préparer les papiers qu'il voulait emporter chez le Roi, avec lequel il devait de nouveau travailler. La nuit était tombée et déjà les garçons de chambre avaient clos les volets et tiré les rideaux. Ayant un peu de temps devant lui et voulant se distraire, il demanda à son valet d'introduire la duchesse de Falari, une de ses belles amies qui attendait avec d'autres dames dans l'antichambre. Il la fit asseoir près de la cheminée et s'installa devant le feu. Il était enrhumé et se plaignait d'une grande pesanteur dans l'estomac. Mme de Falari se disposait à le divertir d'une de ces histoires qu'elle narrait avec tant d'espièglerie quand, tout à coup, il se renversa sur le dossier de son fauteuil, eut un soubresaut et glissa à terre inanimé. La duchesse se leva, criant au secours. A cette heure, le rez-de-chaussée du château était comme abandonné, chacun croyant Philippe chez le Roi, où il montait par un escalier dérobé. Personne dans les antichambres, dans les salons, dans la galerie basse. Attiré par les cris de la Falari, parut enfin un laquais, mais ce n'était pas un secours et il s'écoula une demi-heure avant l'arrivée des médecins et chirurgiens. Le prince n'avait pas repris connaissance. La saignée fut sans effet. Il mourut à 7 h 30.

Le secrétaire d'État La Vrillière, averti un des premiers, courut informer le duc de Bourbon. Celui-ci monta aussitôt chez le Roi, qui était alors enfermé avec M. de Fréjus. A l'annonce de la mort de son oncle, Louis se mit à pleurer de grosses larmes. En bredouillant, M. le Duc lui demanda la succession du défunt. Le Roi acquiesça entre ses dents, après avoir consulté du regard M. de Fréjus, qui consentit d'un signe de tête. Bourbon prêta serment sur-le-champ. Les courtisans, qui se pressaient en foule aux portes du cabinet de Sa Majesté, remarquèrent combien Elle paraissait triste et avait les yeux rouges et mouillés.

Le chagrin de Louis XV n'était pas feint. La disparition de Philippe d'Orléans était en effet pour lui un très grand malheur. Une fois de plus, la mort traversait brutalement la trajectoire de son destin, cette mort qui devenait pour lui une vieille compagne : après l'avoir privé d'un Papa et d'une Maman qu'il n'avait même pas pu connaître et d'un bisaïeul très vénéré, après l'avoir forcé de s'éveiller à la vie sous une lourde chape de tristesse, elle lui arrachait soudain un oncle tendrement aimé et estimé, en qui il reconnaissait le guide qui l'aiderait à naître définitivement de lui-même. Un rôle auquel il pressentait que M. le Duc n'avait guère d'aptitude.

Le duc de Bourbon et l'exercice du pouvoir

Louis Henry de Bourbon-Condé, duc de Bourbon — M. le Duc dans le parler de la cour —, était alors un prince de trente et un ans, laid, borgne, haut perché sur des jambes de héron. Incapable de grandes pensées politiques, de caractère inconsistant et parfois brutal, il passait, suivant une expression de ce temps, pour « peu esprité », mais il avait été assez avisé pour s'enrichir considérablement à la belle époque du Système de Law, grâce à quoi il menait à Chantilly un train tout à fait princier. Aucun talent particulier ne le destinait à un grand rôle, mais il en était inconscient et, quelques mois plus tôt, avait peut-être songé à succéder au cardinal Dubois, rêve auquel l'ancien Régent s'était empressé de couper court. Et si M. le Duc n'avait pas eu d'ambitions, d'autres en auraient eu pour lui. Veuf depuis

1720, il avait pour maîtresse la marquise de Prie, fille d'un riche munitionnaire aux armées mariée à un cousin issu de germain de Mme de Ventadour. Jolie, intelligente et spirituelle, ambitieuse pour deux, toute-puissante sur son amant, Mme de Prie protégeait les gens de lettres et les artistes, annonçant ainsi l'importance du pouvoir féminin au XVIIIe siècle.

Depuis le lit de justice mémorable du 26 août 1718, le duc de Bourbon avait remplacé le duc du Maine dans la charge de surintendant de l'éducation du Roi. Ce dernier était donc habitué de longtemps à sa personne, ce qui peut expliquer en partie qu'il ait accepté d'en faire son premier ministre. Mais cet agrément n'avait été donné qu'avec l'assentiment de M. de Fréjus. Le prélat, surpris par la démarche inopinée du prince venant à la fois annoncer l'apoplexie du duc d'Orléans et réclamer sa succession, n'avait pu s'y opposer, mais, peu après, s'efforça de limiter les dégâts en engageant Louis XV à ne jamais travailler avec M. le Duc sans que lui-même y fût présent. Cet arrangement a poussé certains contemporains à soupçonner — non sans vraisemblance peut-être — que Bourbon et Fleury étaient d'intelligence depuis qu'ils avaient constaté l'altération de la santé de Philippe d'Orléans. Quoi qu'il en ait été, il est certain que, pendant toute la durée de son ministère, M. le Duc a dû non seulement compter avec cette présence constante de Fleury, mais même qu'il lui abandonna la conduite de certaines affaires et non des moins délicates, puisqu'il s'agissait de tout ce qui concernait l'application de la bulle *Unigenitus*. A beaucoup d'égards, ce fut là un point de très grande conséquence.

Officiellement majeur, le Roi ne pouvait vraiment diriger l'État sans l'assistance du duc de Bourbon, lui-même flanqué dans la coulisse par M. de Fleury. Mais, par sa présence au Conseil comme par son tête-à-tête avec les ministres, il était quotidiennement appelé à s'occuper des affaires publiques, qu'il s'agît des plus hauts intérêts du royaume ou, au contraire, de détails apparemment modestes. Un heureux hasard a soustrait aux suppressions massives du vandalisme révolutionnaire cinq gros portefeuilles conservés aux Archives nationales et contenant les rapports présentés à Louis XV depuis sa majorité jusqu'en juin 1726 par M. Dodun, contrôleur général des finances, lors de son travail particulier avec Sa Majesté. Rien de plus édifiant que la variété des affaires qui parvenaient ainsi jusqu'à la personne même du souverain, dont la décision était notée en marge d'un mot très bref : « Bon », « Néant », « Ne se peut », « Bon suivant l'apostille ». Ce sont des intendants qui demandent un congé, qui reçoivent une pension ou qu'il faut changer de destination : « M. d'Evry, intendant en Auvergne, s'étant brouillé avec quelques personnes de distinction et des premiers de la province, on estime qu'il serait nécessaire, pour le bien du service de Sa Majesté, de le faire passer à l'intendance de Moulins, qu'il est fort en état de remplir. Et on ne voit pas de meilleur sujet à proposer à Sa Majesté pour l'intendance d'Auvergne que M. de La Grandville, maître des requêtes », à quoi Louis XV dit *Bon*. Voici des rapports sur le nettoiement des rues de la ville de Tours, sur la réfection du pavage de la Canebière à Marseille, sur l'agrandissement des prisons de Rennes. Une tempête ayant gravement endommagé la cathédrale de Bazas, l'évêque et le chapitre réclament un secours : la requête est renvoyée à l'intendant, qui fera dresser un procès-verbal des destructions et un devis des réparations. Le coût des travaux de réfection de la grand-chambre du parlement de Paris dépasse les prévisions : *Bon* pour le paiement des frais supplémentaires. Les habitants de l'île de Ré demandent qu'il soit défendu aux fermiers du tabac d'établir un autre bureau que celui qui existe : *Néant*. Les maire et échevins de Soissons s'opposent à ce que, à cause de sa « mauvaise conduite » et de son « défaut de naissance », certain particulier soit admis à acheter l'office de lieutenant de Roi : démarche rejetée, le personnage ne peut être exclu, car il a déjà naguère exercé cet office. Les maîtres perruquiers de Besançon et de Grenoble veulent éluder l'établissement de nouvelles maîtrises dans ces villes : ils sont déboutés, « ces maîtrises n'ayant été créées que pour donner au menu peuple un emploi de ses liquidations. » Il y a trop de notaires à Lyon : leur nombre sera réduit de quarante à vingt.

La diversité de ces rapports est incroyable. Les cartiers, cartonniers, feuilletiers et dominotiers de Nantes veulent être érigés en communauté réglée et ont élaboré à cette fin des statuts : *Bon*. Pour construire la maison de ses séances, l'Académie des Sciences et de Musique nouvellement établie à Pau prie le Roi de lui accorder la coupe du bois domanial d'Orthez : *Bon*, « afin de l'engager à faire fleurir les sciences dans un pays où elles étaient peu connues ». On rejette la requête des marchands de beurre et de fromage d'Auvergne, qui souhaitaient être exemptés de péages sur les fromages dont ils approvisionnent Toulouse. Le lieutenant général de police de Paris a fait arrêter et embastiller un individu auteur de faux billets (dont un gagnant !) de la loterie de Saint-Sulpice : incarcération approuvée. La même loterie, un autre jour, est prorogée de dix ans. Prorogés aussi, à d'autres dates, les octrois accordés à différentes villes. M. Boyvin d'Hardancourt, un des directeurs de la compagnie des Indes, sollicite et obtient des lettres d'anoblissement et le trésorier général du marc d'or est, sur sa demande, décoré de l'ordre de Saint-Michel. L'Académie royale de Peinture et de Sculpture propose qu'il ne soit point créé de maîtrises dans ces arts :

satisfaction lui est donnée, pour procurer « quelque faveur à ces arts qui méritent d'être protégés ». Un industriel voudrait établir une manufacture de faïence près de Saint-Maur-des-Fossés : projet jugé inopportun. L'entrepreneur de la manufacture de dentelle d'Argentan, qui a fourni toutes les dentelles du sacre, demande que son privilège soit prolongé sa vie durant : il devra se contenter d'une prorogation de dix ans. Duplessis, peintre et dessinateur de la manufacture royale de tapisserie de Beauvais, verra, comme il le sollicite, ses appointements passer de 2 000 à 3 000 livres par an. De nombreuses mesures sont proposées pour régler des difficultés suscitées à des particuliers et à des communautés d'habitants par la peste de Provence et ses conséquences. D'autres sont prises concernant la confection des rôles de la capitation de la cour.

On y relève encore : les décisions définitives pour la reconstruction de la ville de Rennes incendiée, l'approbation du règlement proposé par l'intendant de Flandre pour l'administration municipale de Condé-sur-Escaut, la confirmation des privilèges des gentilshommes verriers de Clermont-en-Argonne, le doublement de la rétribution accordée aux députés du tiers aux états de Bretagne, l'entérinement d'arrêts du Conseil préparés par le bureau du Commerce. L'intendant de Tours avise le Roi « que les peuples du Cranois dans l'Anjou ne vivent pour la plus grande partie que de pain composé de racines de fougères », la récolte de 1724 ayant été très mauvaise ; il a fait approvisionner de grains les marchés, mais l'argent manque aux habitants pour en acheter ; il propose donc de leur faire remise de la capitation de 1725 : *Bon.* Un bûcheron qui travaillait dans la forêt de Fontainebleau ayant perdu un bras lors de la chute d'un gros arbre, le feu Roi lui avait alors accordé une pension de 60 livres : sa femme, à présent veuve, en implore la continuation, qui lui est accordée.

Par ces plaintes, par ces projets, ces sollicitations, ces requêtes, ces rapports, ces affaires de toute sorte, les unes aux conséquences étendues, les autres très médiocres, c'était toute la vie du royaume qui, à travers ces papiers sobres et concis, palpitait sous les yeux du jeune souverain. De ces exposés parfois pittoresques et le plus souvent austères, il tirait de riches et concrètes leçons. Et d'abord que ses décisions ne statuaient pas dans l'abstrait sur les grands intérêts de l'État, mais emportaient des effets variés qui rejaillissaient tantôt sur une personne, tantôt sur un milieu social ou professionnel, tantôt sur une province ou un corps, tous en droit ou en possession de jouir qui d'une exemption, qui d'une exonération, qui d'un monopole de vente ou de fabrication, qui encore de certains honneurs ou préséance et que, par conséquent, toute la société reposait sur un système de privilèges dont il était le régulateur. Il se rendait compte, d'autre part, que le plus humble des Français pouvait recourir à sa personne royale et qu'une telle démarche appelait autant d'attention de sa part que celle du plus éminent de ses sujets. Il y trouvait aussi la consécration d'un enseignement dont ce qu'il avait exercé du métier royal depuis 1715 l'avait déjà imprégné : la diversité des institutions provinciales, municipales, fiscales, sociales, corporatives, économiques de son royaume. Il pouvait enfin constater que les affaires soumises à lui par le contrôle général des finances ne se limitaient pas uniquement au budget et aux impositions quelles qu'elles fussent, mais s'étendaient aux domaines les plus variés et que, par suite, ce ministre ne gérait pas seulement les deniers de l'État et faisait en réalité mouvoir une grande partie de l'administration générale. Toutes impressions que lui réitéraient les débats de ses Conseils. Dès sa majorité, la mécanique du gouvernement — sans parler de celle de la cour — lui imposa donc de lourdes et strictes obligations, auxquelles il lui était impossible de se soustraire.

Goûts et récréations

Après la mort de Philippe d'Orléans, le Roi chercha à en prendre assez à son aise avec ces contraintes. Quelque peu enivré par le sentiment de liberté qu'il éprouvait, il s'adonna à la chasse avec une frénésie qui surprendrait chez ce garçon de quatorze et quinze ans, si Maman Ventadour n'avait prophétisé dès 1716 que « les grands plaisirs lui seront nuisibles parce qu'ils l'appliqueront trop. » Passion nullement combattue par le duc de Bourbon, lequel entretenait, à Chantilly un somptueux équipage de vénerie, et favorisée par l'affection qui unit bientôt Louis XV à son oncle le comte de Toulouse, grand veneur de France. Celui-ci, au lendemain de la disparition de l'ancien Régent, avait rendu public son mariage — célébré secrètement quelques mois auparavant — avec la veuve du marquis de Gondrin, nièce du cardinal archevêque de Paris et sœur du duc de Noailles. Le ménage prit aussitôt dans la vie de la cour une part plus active que n'avait pu faire le comte (alors âgé de quelque quarante-cinq ans) pendant son long célibat. En particulier, ils reçurent beaucoup et fort bien dans leur château de Rambouillet, au cœur d'une contrée giboyeuse.

Après avoir souvent chassé pendant l'hiver en forêt de Marly, de Saint-Germain et autour de Versailles, c'est en avril 1724 que le Roi alla pour la première fois courre le cerf à Rambouillet chez le comte de Toulouse, où il coucha. Au retour, il s'amusa beaucoup de souper dans une auberge du Perray, où il alla lui-même cueillir dans le potager une salade pour son repas. Il retourna dès le mois suivant à Rambouillet et ces escapades fréquentes chez les Toulouse lui devinrent une habitude très chère. Quant à M. le Duc, il ne crut pouvoir être plus agréable à Sa Majesté qu'en L'invitant à passer une partie de l'été à Chantilly, où Elle séjourna du 30 juin au 1er août, chassant quasiment tous les jours le cerf et le sanglier, soit avec sa meute, soit avec celle du duc de Bourbon. Rien ne La détournait de ce sport, pas même le tragique accident du jeune duc de Melun, mort le 31 juillet après qu'un cerf lui eût d'un coup d'andouiller percé le flanc jusqu'au foie. Après Chantilly, Louis ne fit que se poser à Versailles et partit s'installer à Fontainebleau.

Ce séjour d'automne à Fontainebleau — autre paradis des chasseurs — était une antique tradition de la cour avec laquelle Louis entendait renouer. En novembre, il avait donné ses ordres pour que le château fût mis en état de l'accueillir. Il partit de Versailles le 23 août et suivit l'itinéraire de son trajet sur une carte que lui avait dessinée Daudet, l'un de ses géographes. Ce voyage de Fontainebleau fut très brillant. Le 8 septembre, on entendit à la messe du Roi la Cuzzoni chanter un psaume : c'était la fameuse cantatrice italienne que Haendel avait fait venir en 1722 à Londres, où elle avait créé plusieurs de ses opéras, et qui traversait alors la France. Son talent émerveilla si bien la cour, que Louis XV lui offrit un bracelet de diamants et de perles d'une valeur de 4 300 livres. Et naturellement on fut courre presque tous les jours, avec une apothéose le jour de la Saint-Hubert (3 novembre), où une grande chasse rassembla les équipages du Roi, ceux du comte de Toulouse de M. le Duc et des autres princes du sang, soit quelque quatre-vingts sonneurs de cor, plus de neuf cents chiens et un millier de chevaux ! Séduit profondément par Fontainebleau, le Roi y resta plus de trois mois et ne regagna Versailles que le 2 décembre pour se remettre aussitôt à chasser et déployer en 1725 la même ardeur à cet exercice, d'autant qu'il séjourna de nouveau à Chantilly chez M. le Duc du 8 juin au 8 août. Ces exploits cynégétiques furent si remarqués que, pour le jour de l'An 1725, la Monnaie frappa une médaille du Roi, sur l'avers de laquelle se voyait son portrait et, au revers, un trophée composé des principales armes de chasse et de dépouilles d'animaux, sommé du carquois et du croissant de Diane, avec différents chiens et pour âme ce vers imité d'Ovide : *Et habet sua castra Diana* (Diane aussi a ses camps.) Et un savant jésuite, le père de Tournemine, directeur des *Mémoires de Trévoux*, ne rougit pas de s'abaisser à la plus plate flagornerie en publiant alors une dissertation où il prouvait « que l'inclination pour la chasse est dans un jeune prince le présage d'une vertu héroïque » !

Cet emballement paraissait excessif à plus d'un. « Le Roi ne songe qu'à la chasse », remarquait en août 1724 l'avocat Barbier : « C'est dommage, il est bien fait et beau prince ; mais qu'y faire si c'est son goût ? Il est en place à ne point se gêner ». Et le même de noter quelques semaines après : « Le Roi est à Fontainebleau... il va tous les jours à la chasse et l'on court dans la même journée cerf et sanglier... Le Roi se couche très tard ; nulle règle pour le lever, et beaucoup de dérangement pour les Conseils. Il est d'âge à ne point aimer le travail et quelquefois on tient des Conseils à onze heures du soir. » Même écho, un peu déconcerté et désabusé, au même moment, de la part de l'avocat Marais : le Roi « ne parle que de Fontainebleau... L'aventure du duc de Melun est oubliée... Il n'est permis à personne de lui parler ni de sa santé, ni de son éducation. Le tout va comme il peut. » En déployant autant d'activité physique à un moment décisif de sa croissance, Louis XV acquérait la stature, la force et l'endurance d'un sportif accompli. « Le Roi, observait encore Marais en juin 1724, est grand, fort, toujours à la chasse, à la pluie, à la poussière, au soleil, et ne se soucie guère de fatiguer ses officiers ou ses courtisans... Il est beau, a les yeux grands, a le plus beau regard du monde et fait avec grâce tout ce qu'il veut faire bien. » Villars le trouvait « plus fort et plus avancé à quatorze ans et demi que tout autre jeune homme à dix-huit ». Un tableau de Van Loo et Parrocel — aujourd'hui à Versailles — terminé au début de 1725 et figurant le Roi à cheval donne une fort bonne représentation de ce qu'était alors le jeune et fringant souverain. Si fringant qu'il fut parfois malade de surmenage. Le 20 février 1725, il eut soudain une grosse fièvre, fut saigné deux fois, se trouva mieux le lendemain et parfaitement bien le surlendemain : ce n'était qu'une indigestion compliquée d'un effort qu'il s'était donné à la chasse en rompant un arbre. Cette incommodité bénigne sema à la cour une vive alarme, dont nous verrons bientôt certaine répercussion.

Ces divertissements fougueux n'étouffaient pas le sérieux congénital de son caractère. Il continua à s'instruire en compagnie de ses livres et de certains savants avec lesquels il restait en contact, car il avait le désir d'étendre et d'approfondir les connaissances qu'il avait acquises en des matières qui l'attiraient particulièrement, comme l'astronomie. Pour le préparer à suivre la grande éclipse de Soleil de 1724, un hydrographe provençal, M. Meynier, vint lui présenter dès le 12 avril une « sphère mouvante » de son invention : c'était un ingénieux agencement de cercles mobiles porteurs d'étoiles et planètes permettant de reproduire les différentes positions des astres les uns par rapport aux autres. Il convoqua Cassini et Maraldi pour l'aider à observer le phénomène à Trianon le 22 mai. Ils y transportèrent une pendule à secondes, un quart de cercle, une machine parallactique, deux lunettes, dont l'une à micromètre, appareillage que le Roi compléta par un baromètre et un thermomètre tirés de ses cabinets. Il rejoignit les deux astronomes peu avant l'heure de l'éclipse, qui commença à 5 h 54 du soir et fut totale à 6 h 48. L'obscurité était telle qu'il fallut allumer des lumières pour suivre le mouvement de la pendule. Dans un silence impressionnant — les oiseaux s'étaient tus et se cachaient — Louis XV participa à l'observation, vit distinctement Mercure entre le Soleil et Vénus, reconnut diverses étoiles, comme la Chèvre, et en aurait aperçu d'autres sans les nuages qui, vers la fin, offusquèrent sa vue. Meynier fut récompensé par une charge de professeur royal d'hydrographie au Havre et Maraldi par celle de premier géographe, que le Roi lui conféra en 1726 à la mort de Guillaume Delisle, en même temps qu'il créait pour lui une place de géographe ordinaire à l'Académie des Sciences, où il n'y en avait pas encore. Cette inclination de Louis XV vers les sciences, moins patente et donc moins notoire que celle pour la chasse, n'était cependant pas ignorée de tous et était même déjà connue au-delà des frontières. Un correspondant de l'Académie des Sciences et ami de Delisle, le mécanicien et géographe suisse Isaac Brückner lui fit alors présent d'un globe terrestre en cuivre fort perfectionné qu'il avait construit; il en fut remercié par le titre de géographe ordinaire. On doit enfin se souvenir que le penchant du Roi pour la chasse fut très tôt et toujours en partie suscité et entretenu par cette curiosité scientifique et plus spécialement par son intérêt pour la botanique et la zoologie.

Curieusement, enfin, la vénerie a déclenché les premières initiatives de son mécénat artistique. En vue du séjour à Fontainebleau, le marquis de Beringhen, premier écuyer de Sa Majesté, fit faire en 1724 une calèche spéciale pour la chasse : c'était une voiture de dix places à impériale, ouverte de tous côtés, dont les panneaux latéraux, représentant les chasses du loup, du sanglier, du cerf et du renard, furent peints par Oudry, qui semble avoir accompli là son premier travail pour le Roi. Cette gondole — ainsi l'appela-t-on — était à peine livrée, que M. de Beringhen ordonnait à Fontaine, sellier de Sa Majesté, d'en construire une autre, plus grande (neuf pieds sur cinq), très somptueusement ornée et attelable de huit chevaux. Ses panneaux du devant et du fond, ses portières et les panneaux de chacun des grands côtés furent agrémentés de douze scènes de vénerie peintes de nouveau par Oudry. A ce moment, cherchant à remercier M. le Duc de l'hospitalité reçue à Chantilly, le Roi songeait à lui offrir des tableaux. Les panneaux de gondole dus à Oudry ayant beaucoup plu à Louis XV, il lui commanda une *Chasse au chevreuil* (Musée de Rouen) et une *Chasse au renard*, Desportes étant, de son côté, chargé de peindre une *Chasse au sanglier* et une *Chasse au cerf*. Ces quatre grandes toiles vinrent embellir en 1725 la salle des gardes de Chantilly. Le talent d'Oudry avait conquis le Roi, qui lui témoigna dès lors une confiance et une faveur qui ne se démentirent jamais. L'artiste dut bientôt entamer une suite de tableaux, peints d'après nature et en présence du Roi lui-même et figurant les chiens préférés de ses meutes : *Misse et Tulle* en 1725, *Polydore* en 1726.

Personne ne contrariait le Roi dans ces bagatelles : l'exécution pleine et entière de ses volontés récompensait les occasions où, dans des conjonctures plus lourdes de conséquences et sans nulle participation de sa part, il était placé devant le fait accompli. C'est ainsi qu'à peine âgé de quinze ans, il fut amené à prendre femme et que cette épouse ne fut pas l'Infante-Reine.

IV. — UNE REINE POUR LA FRANCE

Aussitôt investi de la charge de premier ministre, M. le Duc parut obsédé par les questions dynastiques et surtout par la nécessité de marier le Roi, qui était un très beau jeune homme, fort capable d'engendrer postérité. Dès février 1721, relate Marais, Louis XV avait eu « un mal fort plaisant et qu'il n'avait point encore senti : il s'est trouvé homme. Il a cru être bien malade et en a fait confidence à un de ses valets de chambre, qui lui a dit que cette maladie-là était signe de santé. Il a voulu en parler à Maréchal, son premier chirurgien, qui lui a répondu que ce mal-là n'affligerait personne et qu'à son âge il ne s'en plaindrait pas. On appelle cela en plaisantant le mal du Roi. » Ce « mal » s'était bien invétéré et personne en 1724 ne doutait des capacités reproductrices de Sa Majesté. Mais il fallait patienter encore une dizaine d'années avant que l'Infante-Reine pût être mère. Pouvait-on, sans danger pour l'État, laisser si longtemps le souverain sans descendant légitime ?

Jusqu'alors Louis XV n'avait pas accordé d'attention aux femmes, et à l'Infante-Reine moins qu'à toute autre : pour lui, elle n'était guère plus qu'un meuble. Il se montrait si indifférent envers elle, qu'il avait fallu travestir cette froideur en marque d'intérêt. Quand le maréchal de Villeroy put reparaître à la cour, la petite princesse, qui était vive et enjouée, lui dit : « Il faut croire que le Roi vous aime bien, car il ne vous a rien dit. » Ce qui vient, explique Barbier, « de ce que le Roi ne lui parle pas non plus à elle et qu'on lui fait croire néanmoins que le Roi l'aime bien ». Mais on ne pouvait imaginer que Louis persévérerait toujours dans ce détachement vis-à-vis du beau sexe, ni qu'il accepterait de se morfondre seul en attendant que l'Infante atteignît l'âge nubile. Et on ne pouvait pas non plus se flatter de monter indéfiniment la garde autour de lui : « Les dames sont toujours prêtes, notait crûment le maréchal de Villars, et l'on ne pouvait pas dire : le Roi ne l'est pas. » Une liaison durable ou des passades répétées eussent fait scandale.

Si Philippe d'Orléans avait vécu, il aurait probablement maintenu cette situation, qui était son œuvre : héritier de la couronne aussi longtemps que Louis XV n'aurait pas d'enfant mâle, il attendait sans impatience les jours où le Roi et l'Infante pourraient consommer leur mariage. Le duc de Bourbon n'avait pas du tout la même vue des choses : la mort de Louis XV avant la naissance d'un dauphin aurait fait de lui le sujet de l'insignifiant fils du Régent, le jeune duc d'Orléans, qui épousa en juillet 1724 une princesse de Bade, bientôt grosse. Or les maisons d'Orléans et de Condé se détestaient. Considérations renforcées par les événements qui affectèrent alors la monarchie d'Espagne. Au terme d'une crise de neurasthénie et de mysticisme, Philippe V abdiqua le 10 janvier 1724 en faveur de son fils aîné le prince des Asturies, qui devint le roi Louis Ier, marié, on s'en souvient, à Mlle de Montpensier, fille du Régent. Mais le 31 août 1724, Louis Ier, qui se dépensait beaucoup à la chasse et en exercices violents, mourut à seize ans de la petite vérole et Philippe V remonta sur le trône. La combinaison imaginée en 1721 par Dubois et Philippe d'Orléans semblait disloquée, ou plutôt l'Espagne en demeurait seule bénéficiaire, qui se débarrassait de la jeune veuve de Louis Ier en la réexpédiant en France.

Le renvoi de l'infante

Ne convenait-il pas, dès lors, de pratiquer en sens inverse l'échange des princesses et de renvoyer l'Infante-Reine à ses parents ? Louis XV ne risquait-il pas, lui aussi, d'être brutalement emporté par la variole ou quelque autre épidémie ? Les malaises ou les indispositions qu'il éprouvait parfois après avoir déployé trop d'efforts à la chasse ne mettaient-ils pas sa vie en danger ? Quelle autre fiancée dénicher pour lui ? Comment réagirait la cour de Madrid à un tel affront ? Autant d'éventualités et conjectures qui devinrent pour M. le Duc des obsessions dont il ne pouvait se libérer que par des mesures hardies.

Dès l'été de 1724, ces questions furent agitées par le premier ministre dans des entretiens confidentiels avec son homme de confiance, le financier Pâris-Duverney, et le maréchal de Villars, ministre d'État, qui était bien vu de Philippe V. Ils voulurent s'adjoindre M. de Fréjus, qui se déroba. Ils distinguèrent au moins six raisons de marier le Roi sans tarder : la religion, la santé de Sa Majesté, les vœux de la nation, la tranquillité intérieure du royaume, la confiance des puissances étrangères, la nécessité d'écarter toute entreprise funeste. En même temps, Morville, secrétaire d'État des Affaires étrangères, eut ordre d'établir la liste des princesses en âge d'être mariées avec tous les renseignements qu'il pourrait obtenir sur leur âge, leur figure et leur santé. Des conciliabules rassemblèrent à Fontainebleau autour de M. le Duc, les 6, 29 et 31 octobre, les maréchaux de Villars et d'Huxelles, un ancien ambassadeur, le comte de La Marck, bon connaisseur des cours d'Europe, Morville et son premier commis Pecquet, et enfin M. de Fréjus. Ils conclurent à la nécessité de renvoyer l'Infante, mais d'attendre qu'une nouvelle fiancée fût choisie pour informer la cour d'Espagne de cette résolution. « Dieu, pour la consolation des Français, nous a donné un Roi si fort qu'il y a plus d'un an que nous pourrions en espérer un dauphin. Il doit donc, pour la tranquillité de ses peuples et pour la sienne particulière, se marier plutôt aujourd'hui que demain. » Cet avis de Villars résuma les autres, à l'exception de celui de Fréjus, extrêmement réticent. Toutes ces consultations restèrent parfaitement ignorées du reste de la cour.

A la fin de février 1725, comme on l'a déjà conté, Louis XV dut s'aliter pour avoir trop mangé et trop chassé. Malaise anodin et passager, qui suscita néanmoins une vive inquiétude à Versailles et affola littéralement le duc de Bourbon. Il allait à tout moment voir le Roi, interrogeait nuit et jour médecins, chirurgiens et valets de garde. On l'entendit dans le salon de l'Œil-de-Bœuf se parler à lui-même, disant : « Que deviendrai-je ? Je n'y serai pas repris. S'il en réchappe, il faut le marier. » Louis XV rétabli, on précipita les choses.

Le 1er mars, on dépêcha à Madrid le courrier porteur de l'annonce du renvoi de l'Infante. Au Conseil d'En-haut du 11, le Roi arrêta que le départ de la princesse aurait lieu au début d'avril et il se retira à Marly pour n'avoir pas à lui faire d'adieux. Il ne lui restait plus, pour parler par antiphrase, qu'à choisir une autre fiancée : en fait, l'élue allait lui être imposée à peu près comme l'Infante en 1721. La liste de princesses dressée par Morville en comprenait une centaine : quarante-quatre ne convinrent pas comme trop âgées et vingt-neuf comme trop jeunes, dix autres furent écartées à cause de leur appartenance à des « branches cadettes ou si pauvres que leurs pères et frères sont obligés de servir d'autres princes pour subsister ». Une nouvelle élimination réduisit encore le nombre des candidates présentables. Il ne restait plus qu'à opérer l'ultime sélection. Ce fut la besogne d'un Conseil tenu par Louis XV le samedi 31 mars 1725, où l'on passa successivement en revue :

Mlles de Vermandois et de Sens, sœurs de M. le Duc, mais ce choix eût élevé trop haut une branche des princes du sang ;

la princesse Élisabeth, fille aînée du duc de Lorraine, mais elle était Orléans par sa mère et la même raison militait contre elle ;

la fille du prince de Galles, mais elle était protestante et il était hors de question qu'elle pût se faire catholique ;

la princesse de Portugal, mais elle était « d'une nation peu féconde et d'une famille dont on n'estime pas que la santé soit bonne » ;

les filles du roi de Prusse, mais elles étaient calvinistes ;

la princesse Anne de Russie, mais elle était « née d'une mère de basse extraction et élevée au milieu d'un peuple encore barbare ».

Finalement, il fallut se rabattre sur la princesse Marie, fille de Stanislas Leszczynski, roi détrôné de Pologne.

Louis XV prit l'avis de M. de Fréjus et donna son consentement.

Une fiancée polonaise

La princesse Leszczynska n'était pas une inconnue pour M. le Duc. Sans intention de rompre avec Mme de Prie, mais sans enfant, il jugeait une duchesse de Bourbon nécessaire à la perpétuation et au prestige de sa maison et cherchait à se remarier. Depuis 1721, des approches discrètes et discontinues avaient été faites en ce sens du côté du roi Stanislas, qui se serait vu très volontiers beau-père d'un prince du sang. En 1724, le comte d'Argenson, revenant de Rastadt où il était allé négocier à la cour de Bade les articles du mariage du duc d'Orléans, s'était arrêté en Alsace chez Stanislas et, rentré à Versailles, avait dit grand bien de la princesse polonaise. Depuis novembre 1724, les relations s'étaient ranimées entre le duc de Bourbon, Mme de Prie et Stanislas, qui se remit à espérer en un dénouement favorable, plus encore lorsque, le 24 février 1725, il vit arriver à l'improviste l'académicien Pierre Gobert, porteur d'une lettre de la marquise annonçant que ce peintre était chargé d'exécuter au plus vite le portrait de la princesse Marie. Le roi de Pologne crut que M. le Duc était cette fois décidé à devenir son gendre, illusion qui allait faciliter la sauvegarde du secret si nécessaire.

Gobert apporta à Marly dès le 21 mars le portrait de Marie Leszczynska et Mme de Prie d'écrire aussitôt à Stanislas combien il avait fait une heureuse impression. Stanislas était aux anges et voyait déjà Marie duchesse de Bourbon. Aussitôt après le Conseil du 31 mars, un courrier extraordinaire avait été dépêché vers lui à bride abattue et en grand secret. Il arrive le lundi de Pâques 2 avril en fin de matinée. Stanislas prend l'enveloppe et reconnaît le cachet du duc de Bourbon. Il ouvre : M. le Duc lui demande sa fille en mariage... au nom de Louis XV ! La commotion est si forte qu'il défaille et s'évanouit.

Il reprit sans tarder ses esprits et fit part à sa fille de l'étonnant message. « Pas un instant, Marie n'hésita à accepter la grâce qui lui était envoyée et qui apportait la consolation à ceux qu'elle aimait. Son jeune cœur s'attachait déjà de toute sa force au bel adolescent royal, dont les estampes lui avaient fait connaître les traits et pour le bonheur de qui elle avait souvent prié, en retour de l'hospitalité reçue par les siens » (P. de Nolhac). Les consentements de Stanislas et de sa fille devaient rester secrets jusqu'à ce que l'Infante fût rendue aux siens, mais au bout d'une semaine la nouvelle en circulait déjà, sans couper court cependant à d'autres pronostics. A la mi-avril, le Roi désigna la dame d'honneur de la Reine et la surintendante de sa maison ; au début de mai, on fit travailler à sa livrée et à ses équipages, mais officiellement la souveraine était toujours une inconnue. Ce fut seulement le dimanche 27 mai à son petit lever que Louis XV fit l'annonce publique de son mariage : « Messieurs, j'épouse la princesse de Pologne. Cette princesse, qui est née le 23 juin 1703, est fille unique de Stanislas Leszczynski, comte de Lesno, ci-devant staroste d'Adelnau, puis palatin de Posnanie, ensuite élu roi de Pologne au mois de juillet 1704, et de Catherine Opalinska, fille du castellan de Posnanie, qui viennent l'un et l'autre faire leur résidence au château de Saint-Germain-en-Laye avec la mère du roi Stanislas, Anne Jablonowska, qui avait épousé en secondes noces le comte de Lesno, grand général de la Grande Pologne. » Le duc de Gesvres, premier gentilhomme de la chambre, passa alors dans l'Œil-de-Bœuf et répéta ce message, « livrant la grande et décisive nouvelle aux commérages de la cour et aux discussions des partis » (P. Gaxotte).

Le renvoi de l'Infante avait causé déjà une vive sensation en France et à l'étranger, et tout d'abord, on s'en doute, en Espagne, où la cour et la nation se sentirent outragées. Philippe V rompit les relations diplomatiques et l'on craignit même qu'une guerre n'éclatât entre les deux royaumes. On n'en vint pas là, par bonheur, mais il s'ensuivit une longue période de froid entre les Bourbons de France et ceux d'Espagne. Au désespoir de Maman Ventadour, l'Infante quitta Versailles le 5 avril pour être reconduite à la frontière. On lui avait caché la raison de ce voyage et elle crut ou fit semblant de croire que ses parents voulaient la voir et qu'elle reviendrait après. Elle chemina avec une suite de plus de deux cents personnes, recevant les mêmes honneurs qu'à son arrivée, et ne franchit la Bidassoa que le 17 mai. Si elle ne fut pas reine de France, elle coiffa néanmoins une couronne royale : elle épousa en 1729 le prince du Brésil, qui devint en 1750 le roi Joseph Ier de Portugal.

En France, l'orgueil national eut le sentiment d'une déconfiture à l'annonce du mariage polonais. Celui-ci « étonne tout le monde, écrivait Barbier. Il ne convient, en effet, en aucune façon au roi de France, d'autant que la maison Leczynski n'est pas une des quatre grandes noblesses de Pologne. Cela fait de simples gentilshommes, et c'est une fortune étonnante pour cette princesse. » Même sentiment de déception chez Marais : « Nous verrons les suites de ce mariage avec un Roi qui n'est plus Roi, qui l'a été par une élection faite en conquête, qui cesse de l'être par la même conquête et qui est d'une nation tout à fait étrangère à la nôtre. Les cœurs des Français ne sont pas faits pour aimer des Polonais, qui sont des Gascons du Nord et qui sont très républicains. Quel intérêt pouvons-nous avoir avec de tels peuples ? » C'était là l'opinion de la grande bourgeoisie parisienne. La cour ne fit pas moins la fine bouche et se reput de potins colportant que Marie était laide, scrofuleuse, épileptique, sotte et incapable d'avoir des enfants. Les Orléans crièrent à la mésalliance. La déception fut particulièrement vive à la cour de Lorraine, où la princesse Elisabeth avait été mise ouvertement sur les rangs. Mortifiée dans son orgueil de mère et dans sa fierté de nièce de Louis XIV, la duchesse de Lorraine ne pardonna jamais à M. le Duc : « J'avoue, gémissait-elle, que pour le Roi, dont le sang était resté le seul pur en France, il est surprenant que l'on lui fasse une pareille mésalliance et épouser une simple demoiselle polonaise, car... elle n'est pas davantage et son père n'a été roi que vingt-quatre heures. »

Stanislas était à l'origine un magnat richement possessionné, porté sur le trône de Pologne en 1704 par le vote de la diète et le soutien armé du roi de Suède Charles XII. Sa situation fut compromise par la victoire de Poltava, remportée en 1709 par Pierre le Grand sur le Suédois. Le Czar rétablit en Pologne la royauté de son protégé, le Saxon Auguste II. Après cinq années d'exil en Turquie, Stanislas avait reçu de Charles XII en 1714, aux portes de la Lorraine, la jouissance du duché de Deux-Ponts et de ses revenus, retraite assez décente, dont il fut privé par la mort du roi de Suède à la fin de 1718. Il se trouvait presque totalement démuni de ressources, ses domaines patrimoniaux de Pologne ayant été confisqués. En mars 1719, il s'installa à Wissembourg, avec l'autorisation du Régent, qui lui accorda une pension de 1 000 livres par semaine, cependant que, par une rencontre prémonitoire du destin, il recevait aussi un secours du duc de Lorraine. Il vivait chichement à Wissembourg, flanqué d'une épouse triste et grincheuse et entouré d'un petit cercle de fidèles compatriotes qui se partageaient quelques titres de cour aussi ronflants qu'impécunieux.

Croyant sa fille promise à un destin sans éclat, Stanislas, lui-même fort instruit et cultivé, lui avait donné une éducation très soignée : de solides connaissances, l'amour de la lecture et de la musique, beaucoup de religion. Marie Leszczynska, sans être belle, ne manquait pas de charme, avec une jolie taille, une très belle carnation, un regard expressif. Bien qu'elle n'eût guère été formée à la vie de cour, elle sut comme d'instinct se tenir en public et affronter les foules.

Le mariage du Roi

Il fut arrêté que le mariage serait célébré à Fontainebleau et qu'auparavant le duc d'Orléans, premier prince du sang, irait à Strasbourg épouser Marie par procuration. Les préparatifs de ces cérémonies furent poussés fiévreusement, ainsi que la formation de la maison de la Reine, dont une partie devait se rendre en Alsace pour se mettre à son service. Le 4 juillet, Stanislas et les siens vinrent s'établir à Strasbourg, où le corps municipal et le clergé prenaient toutes dispositions pour donner grand éclat à la fête. Le 15 août, dans la cathédrale, devant le cardinal de Rohan, évêque du diocèse et grand aumônier de France, Louis d'Orléans épousa Marie par procuration. Dès qu'elle fut retournée à son fauteuil après l'échange des consentements, Orléans dit au duc de Noailles, capitaine des gardes : « Monsieur, gardez Madame, c'est votre Reine et votre maîtresse. » Noailles prit son bâton, les gardes de la manche allèrent se placer aux deux côtés de l'estrade et les officiers des gardes du corps, restés à l'écart jusque-là, vinrent se poster. Tel était le sens de l'union par procuration : Marie était désormais reine de France et tous les honneurs souverains lui étaient dus.

Le surlendemain, après avoir pris congé de ses parents, la Reine se mit en route à destination de Fontainebleau. Son escorte de dames, gentilshommes, pages, écuyers, gardes, serviteurs, formait une interminable procession s'étirant sur plus d'une lieue. Son itinéraire avait dû être détourné des duchés de Lorraine et de Bar, où se pratiquait alors une réfection générale des grands chemins, circonstance grâce à laquelle la cour de Lunéville évita de se mettre en frais pour celle en qui elle ne voyait « qu'une demoiselle polonaise et puis c'est tout ». La marche fut donc lente, d'autant plus lente qu'il faisait un temps abominable. L'année de la majorité du Roi avait été une année de sécheresse, où il avait fallu adjurer le Ciel de faire pleuvoir ; l'année de son mariage était une année pourrie, où les prières publiques imploraient la fin des pluies. Par Saverne, Metz, Verdun, Clermont, Sainte-Menehould, Châlons, Sézanne, Provins, le cortège avança péniblement sur des routes trempées d'eau : les carrosses piétinaient ou versaient, les chariots s'enlisaient, les chevaux et les cavaliers tombaient dans la boue, les dames en grand habit étaient crottées jusqu'aux yeux. Les intempéries n'altérèrent ni la bonne humeur, ni l'enthousiasme. A chaque étape, la Reine trouvait un seigneur ou un prince porteur d'un message ou d'un présent du Roi. En cours de route, elle faisait distribuer des secours aux paysans dont les récoltes étaient noyées par trois mois de pluies. Vers Fontainebleau et ses prisons se dirigeaient en même temps des groupes de détenus venant solliciter les grâces que le Roi accorderait à l'occasion de son mariage, dans les mêmes conditions que lors de son sacre : deux cent un condamnés furent ainsi amnistiés.

Le 4 septembre, Louis XV, informé que Marie, après avoir passé la nuit à Montereau, devait se rendre à Moret, monta en carrosse suivi de sa cour et partit à ses devants. Il s'arrêta près de Montarlot. La pluie avait cessé, il faisait un peu de soleil. Aussitôt qu'il aperçut le carrosse de la Reine, le Roi descendit du sien. La Reine, au même instant, mit pied à terre. Ils s'avancèrent l'un vers l'autre. Marie s'inclina. Louis la releva, la serra dans ses bras, l'embrassa, puis lui présenta les princes du sang. Ils montèrent ensemble dans le carrosse de la Reine jusqu'au château de Moret, dont Louis fit les honneurs à son épouse avant de rentrer à Fontainebleau, où le mariage devait se dérouler le lendemain, mercredi 5 septembre 1725, avec tout le faste que pouvait déployer la cour de France.

A midi, Leurs Majestés se mirent en marche vers la chapelle du château. La Reine portait le grand manteau royal de velours violet, bordé d'hermine et semé de fleurs de lys d'or, avec une traîne de presque dix mètres, sous lequel elle était en robe de même velours, le devant couvert de pierreries. Elle portait une couronne fermée, garnie de diamants et sommée par une fleur de lys. Le Roi était vêtu d'un habit de brocard d'or, et d'un manteau de points d'Espagne d'or, son chapeau à plumes blanches était relevé sur le côté par un énorme diamant. Marie était rayonnante au point d'être jolie. Louis était radieux. Le cardinal de Rohan donna la bénédiction nuptiale, puis dit la messe, que termina le *Te Deum* chanté en musique. Les souverains dînèrent avec quelques princesses, virent les comédiens français représenter *Amphitryon* et *Le médecin malgré lui*, soupèrent au grand couvert et allèrent prendre place sur un balcon d'où ils devaient admirer l'illumination des parterres, que le mauvais temps fit manquer. Louis XV en profita pour écourter le cérémonial et hâter l'heure de l'intimité.

Intimité toute relative que celle d'un couple royal au milieu d'une cour avide d'indiscrétions. Le bruit courut le lendemain que les nouveaux mariés étaient restés au lit de dix heures du soir à onze heures du matin et que Louis, fatigué, avait dû ensuite dormir une heure dans une autre chambre. Bien qu'il se fût agi d'un détail sur lequel, avouait M. le Duc, « je sais mieux que personne qu'il faut garder le silence », le premier ministre s'empressa de mander à Stanislas que la Reine avait reçu du Roi « pendant la nuit sept preuves de tendresse. C'est le Roi lui-même qui, dès qu'il s'est levé, m'a envoyé un homme de sa confiance et de la mienne pour me le dire et qui, dès que j'ai entré chez lui, me l'a répété lui-même en s'étendant sur la satisfaction qu'il avait de la Reine ». Selon Villars, « les nuits suivantes furent à peu près égales ».

L'isolement dont rêvent les amoureux étant à la cour une félicité inaccessible pour les souverains, peut-on parler d'une lune de miel royale à Fontainebleau ? Ravis l'un de l'autre, Louis et Marie ne se résignèrent à en partir qu'à l'extrême fin de novembre. C'est à ce moment que le Roi fit connaissance de ses beaux-parents. Il avait été arrêté que Stanislas et la reine Catherine s'installeraient non à Saint-Germain mais à Chambord. Partis de Strasbourg le 22 septembre, ils descendirent le 16 octobre au château de Bourron, à côté de Fontainebleau, où Marie Leszczynska les vint aussitôt retrouver. Ce furent des embrassements touchants et interminables. Le lendemain, Louis XV vint chez le roi et la reine de Pologne et l'entrevue se passa le mieux du monde. Stanislas alla rendre cette visite le 17 à Fontainebleau et partit le 19 pour Chambord.

La Reine s'adaptait aisément à un mode d'existence bien différent de celui de Wissembourg. Le lendemain de son mariage, elle avait reçu le serment des grands officiers et officières de sa maison. Certains des dignitaires et serviteurs de son entourage avaient été naguère attachés à l'éducation du Roi et pouvaient ainsi l'éclairer utilement sur la personnalité et les habitudes de son époux : elle avait pour grand aumônier M. de Fréjus, pour secrétaire de son Conseil le mathématicien Chevallier, pour intendant de sa maison Philippe Lambert, pour première femme de chambre Mme Mercier, jadis nourrice de Louis. Dès le 18 septembre, le Roi emmena Marie à la chasse et se remit à courre avec la même ardeur, aussi bien à Fontainebleau qu'à Versailles après son retour. L'imprimeur Colombat publia même une brochure où un amateur de statistiques révéla qu'au cours de 1725 Louis XV avait pris avec ses équipages 104 cerfs, 50 sangliers, 4 loups, 27 chevreuils, que l'équipage de M. le Duc avait capturé, le Roi présent, 32 cerfs et 47 sangliers, et que Sa Majesté avait parcouru 3 255 lieues, tant à cheval qu'en carrosse !

Le mariage du Roi donna lieu à des fêtes et à des *Te Deum* à Paris, en maintes villes du royaume, dans les ambassades à l'étranger. Les corps constitués vinrent nombreux à Fontainebleau complimenter Leurs Majestés. Ces réjouissances servaient de dérivatif au mécontentement général engendré par le mauvais gouvernement de M. le Duc et renforcé par la cherté du pain consécutive aux maigres récoltes. Le premier ministre était près de sa chute.

V. — LA PROMOTION DE M. DE FRÉJUS

Après deux années d'exercice du pouvoir, M. le Duc était universellement détesté. Le 8 juin 1725, le Roi avait dû tenir un lit de justice pour faire passer au parlement de Paris tout un train de mesures fiscales fort mal accueillies. La tâche majeure du gouvernement consistait à assainir complètement la situation des finances et de l'économie après les secousses infligées par les opérations de Law, dont beaucoup, au demeurant, avaient été bénéfiques pour l'État et la nation. Cette remise en ordre avait été énergiquement menée par le cardinal Dubois, assisté par le contrôleur général des finances, M. Dodun, qui ne manquait ni d'expérience, ni de mérites. Poursuivie nominalement par le duc de Bourbon, cette tâche était conduite en réalité par le financier Pâris-Duverney, qui jouait en coulisse un rôle capital. Quelles que fussent ses capacités (et elles étaient fort grandes) et quelle que fût la valeur de certains ministres, le mécontentement était général et Louis XV ne l'ignorait pas, qui était renseigné chaque jour par l'évêque de Fréjus, M. de Fleury.

La chute du duc de Bourbon

Le prélat assistait à tous les entretiens du Roi avec le premier ministre et à tous les Conseils et M. le Duc enrageait de se sentir ainsi constamment épié. Pour parvenir à travailler seul à seul avec Louis XV, il imagina de recourir à l'intercession de la Reine, en jouant des sentiments de reconnaissance auxquels Marie Leszczynska, dont la délicatesse morale était grande, s'estimait tenue envers l'artisan de son mariage. Non sans hésitations, car elle savait combien le Roi aimait son ancien précepteur, mais encore novice au milieu des intrigues de cour et d'État, elle accepta d'entrer dans ce jeu.

Peu après le retour de la cour à Versailles, un soir de décembre 1725, alors que Louis XV était avec Fleury, elle envoya son chevalier d'honneur, le marquis de Nangis, le prier de passer chez elle. Le Roi vint, mais trouva là M. le Duc qui, sous divers prétextes, se mit à lui parler d'affaires et, de surcroît, dans un sens ouvertement hostile à Fréjus. Louis XV restant silencieux, Bourbon lui demanda ce qu'il pensait des imputations qu'il venait de porter :

« Rien !
— Votre Majesté ne donne-t-elle aucun ordre ?
— Que les choses demeurent comme elles sont.
— J'ai donc eu le malheur de déplaire à Votre Majesté !
— Oui.
— Votre Majesté n'a plus de bontés pour moi ?
— Non.
— M. de Fréjus a seul la confiance de Votre Majesté ?
— Oui. »

Et M. le Duc de se jeter aux pieds du Roi en protestant de son dévouement et en demandant pardon. « Je vous pardonne », finit par laisser sèchement tomber Louis XV et il sortit aussitôt sans un regard vers la Reine éperdue et atterrée.

Devinant ce qui se passe, Fleury, dès qu'il sait le Roi enfermé avec M. le Duc, ne se présente chez la Reine que pour se faire refuser la porte et renouveler son stratagème d'août 1722. Il quitta aussitôt Versailles en laissant à son élève une lettre où il expose que « ses services lui paraissant désormais inutiles », il le supplie « de lui laisser finir ses jours dans la retraite et préparer son salut auprès des sulpiciens d'Issy », chez qui il se retire. Consterné, Louis XV se retranche dans ses appartements, pleure et se tourmente à chercher une issue à la situation où il est acculé. Tout bien pesé, il comprend qu'un coup d'éclat est nécessaire et ce fut, dans son règne, la première décision politique d'importance qu'il ait prise de son propre chef : le duc de Bourbon fut contraint d'écrire lui-même à Fleury que Sa Majesté l'attendait !

Le premier ministre survécut encore quelque temps à un camouflet aussi rude. Le mardi 11 juin 1726, après avoir tenu à l'ordinaire son Conseil des Finances le matin, le Roi s'en alla l'après-midi souper et coucher à Rambouillet. M. le Duc devait l'y rejoindre après avoir donné audience aux ambassadeurs. Avant de partir, Louis XV badina familièrement avec lui et prit congé en disant : « Mon cousin, venez de bonne heure à Rambouillet, je vous attendrai pour jouer et ne commencerai pas sans vous. » Vers sept heures, Bourbon se disposait à quitter Versailles quand le duc de Charost, capitaine des gardes, l'aborda en lui remettant ce billet du Roi : « Mon cousin, je vous ordonne, sous peine de désobéissance, de vous rendre à Chantilly et d'y demeurer jusqu'à nouvel ordre. » Au même instant, la Reine était avertie de cette disgrâce par Fleury lui-même, qui parut devant elle porteur de cette lettre de créance de son époux : « Je vous prie, Madame, et, s'il le faut, je vous l'ordonne, d'ajouter foi à ce que l'ancien évêque de Fréjus vous dira de ma part, comme si c'était moi-même. » Ces démarches furent si discrètes que, sur le moment, elles passèrent inaperçues à la cour, d'autant que M. le Duc partit en gracieusant les courtisans qui l'entouraient et attendit que son carrosse fût hors de portée pour crier à son postillon « A Chantilly ! » Un exempt des gardes du corps l'y accompagna et revint le lendemain rendre compte à Sa Majesté qu'il l'y avait laissé. Quand l'événement fut notoire, il frappa par ce qu'il révélait du caractère secret du Roi et de sa capacité de dissimulation : « M. de Fréjus a accoutumé de bonne heure son élève à dissimuler », commenta Barbier. En cajolant M. le Duc avant de le renvoyer sèchement quelques heures plus tard, Louis XV avait d'entrée de jeu mis au point, pour congédier ses ministres, un procédé dont ensuite il ne s'écartera presque jamais.

Le renvoi du duc de Bourbon, accompagné de celui de ses créatures — et en premier lieu de Mme de Prie, exilée dans ses terres en Normandie —, causa une jubilation générale : à Paris le lieutenant général de police eut peine à empêcher les feux de joie. La satisfaction devint plus vive encore à l'annonce publique que le Roi avait pris la détermination de gouverner désormais par lui-même à l'exemple de Louis XIV.

Le dimanche 16 juin 1726, en effet, Louis XV fit à son Conseil d'En haut cette déclaration :

« Il était temps que je prisse moi-même le gouvernement de mon État et que je me donnasse tout entier à l'amour que je dois à mes peuples, pour leur marquer combien je suis touché de leur fidélité.

Quelque sensible que je sois au zèle qu'a montré mon cousin le duc de Bourbon dans les affaires dont je lui avais confié l'administration et quelque affection que je conserve toujours pour lui, j'ai jugé nécessaire de supprimer et d'éteindre le titre et les fonctions de premier ministre.

J'ai déjà donné ordre de faire part à mon parlement de Paris de la résolution que j'ai prise de prendre en main le gouvernement de mon royaume et la même chose sera faite à l'égard de mes autres parlements. J'en ferai instruire par des lettres particulières tous les gouverneurs et intendants de mes provinces et j'en ai fait donner part aussi à tous mes ministres dans les cours étrangères. Mon intention est que tout ce qui regarde les fonctions des charges auprès de ma personne soit sur le même pied qu'elles étaient sous le feu Roi mon bisaïeul. J'ai choisi, à la place du Sr Dodun, qui m'a demandé la permission de se retirer, le S^r Le Peletier des Forts pour remplir la place de contrôleur général et, le Sr de Breteuil m'ayant demandé la même permission, j'ai nommé le S^r Le Blanc à la charge de secrétaire d'État de la Guerre.

Les Conseils se tiendront exactement dans les jours qui y sont destinés et toutes les affaires s'y traiteront à l'ordinaire.

A l'égard des grâces que j'aurai à faire, ce sera à moi que l'on en parlera et j'en ferai remettre les mémoires à mon garde des sceaux, à mes secrétaires d'État et au contrôleur général de mes finances, chacun suivant leur département.

Je leur fixerai des heures pour un travail particulier, auquel l'ancien évêque de Fréjus assistera toujours, aussi bien qu'aux autres détails dont différentes personnes ont soin en vertu des charges qu'ils remplissent.

Enfin, je veux suivre en tout l'exemple du feu Roi mon bisaïeul.

Si vous pensez qu'il y ait quelque chose de plus à faire dans ces premiers moments, vous pouvez le proposer avec confiance et j'attends de votre zèle pour mon service que vous me seconderez dans le dessein où je suis de rendre mon gouvernement glorieux en le rendant utile à mon État et à mes peuples, dont le bonheur sera toujours le premier de mes soins. »

Les ambassadeurs et ministres dans les cours étrangères, les parlements, les gouverneurs et les intendants des provinces reçurent notification officielle de ces décisions et tous les archevêques et évêques du royaume ordre de prescrire des prières publiques pour attirer les bénédictions de Dieu sur les résolutions de Sa Majesté. La Monnaie frappa une médaille du Roi où, d'une main, Minerve prenait celle de Louis XV, vêtu du grand habit royal, pour lui remettre le globe de la royauté et, de l'autre lui montrait au-dessus de sa tête la Renommée tenant le portrait de Louis XIV. De fait, ces événements de 1726 étaient lourds de signification : avec eux se consumaient les derniers prolongements de la Régence. Autre signe des temps : avec la mort de Michel Richard Delalande, survenue le 18 juin 1726, c'était encore un peu de la cour du Grand Roi qui s'en allait. Qui était alors le bel adolescent en qui s'incarnait le roi de France ?

Une personnalité en gestation

De la résolution annoncée au Conseil du 16 juin 1726 il serait excessif d'inférer qu'elle mettait davantage en vedette l'ancien précepteur du Roi que son élève. Mais elle rendait incontestablement manifeste l'affection qui les unissait l'un à l'autre et la profondeur de l'empreinte que Louis XV gardait de son éducation. Éducation facilitée par les dons qu'il avait reçus de la nature : intelligence rapide et pénétrante, sûreté de jugement, mémoire prodigieuse des faits et des lieux, des choses et des hommes, goût prononcé pour les sciences et facilité à les assimiler. Les maîtres appelés par Fleury à dispenser leur enseignement à Louis XV jusqu'à sa majorité appartenaient ou bien aux Académies des Sciences et des Inscriptions et Belles-Lettres, ou bien à des cercles proches de ces compagnies comme celui du *Journal des Savants*. C'est dire que le Roi a été nourri de notions reflétant l'état le plus récent et le plus avancé des connaissances, les Académies étant alors autant des centres de recherche que des aréopages de gens illustres. Il conçut ainsi tant de goût pour les activités intellectuelles qu'il n'entendit pas les abandonner après sa majorité et comme il avait acquis un solide savoir de base, il put, dans la suite de son existence, donner libre cours à son inclination pour les sciences, soit en se perfectionnant dans celles qu'il avait déjà pratiquées, soit en s'initiant à d'autres disciplines. Ainsi est-il devenu incontestablement l'un des souverains les plus instruits de son temps.

Fleury, d'autre part, a été responsable en majeure partie de la formation chrétienne de Louis XV. Celui-ci a été élevé très dévotement et a acquis des sentiments de religion si enracinés qu'ils ne l'ont jamais quitté, quels qu'aient été plus tard les écarts et les scandales de sa conduite. Comme nous l'avons déjà souligné, son éducation fut teintée de gallicanisme, ce qui était inévitable, mais elle lui laissa en ce domaine des convictions tempérées par beaucoup de respect pour le Saint-Siège. Gallicanisme trop modéré pour coexister avec la moindre sympathie envers les disciples et les tenants de Port-Royal : Louis XV, bien au contraire, a été dressé à se méfier intégralement du jansénisme et des jansénistes. Enfin, Fleury, qui avait personnellement une très haute idée du ministère des évêques, l'a transmise à son élève. Renforcée par la confiance et la reconnaisasnce qu'il éprouvait pour ce prélat, elle l'a imprégné d'une grande révérence pour l'épiscopat : c'est là un point capital pour comprendre son attitude embarrassée devant certaines crises politico-religieuses de son règne. Au total, une piété réelle et sincère, volontiers formaliste et insuffisamment éclairée en ce sens qu'elle ne l'empêchera pas, plus âgé, de biaiser avec certaines règles morales. Cette piété, cette culture scientifique révélaient non une nature frivole, mais un fond de caractère intrinsèquement sérieux.

Aussi, sous l'effet du retour à Versailles, du sacre, de la majorité et enfin du mariage, Louis prit-il plus pleinement conscience de la nature et des obligations de sa condition souveraine. Il se livra de bon cœur à son travail politique et n'essaya plus d'esquiver ses devoirs de représentation, mais il y apporta sa note propre. Si lourdes et contraignantes que lui parussent les règles de l'étiquette, il avait compris qu'elles étaient la liturgie dont devait nécessairement s'entourer sa personne sacrée. Il fit donc renaître la vie de cour et présida désormais à ses rites et ses pompes avec cette prestance royale qui fera toujours la fierté de ses sujets. Mathieu Marais le vit à la Pentecôte de 1724 (donc à quatorze ans) officier pendant plus de six heures à la cérémonie de l'ordre du Saint-Esprit : « Il la fit à merveille, sans embarras et avec l'admiration de tout le monde. » Il devenait à sa manière aussi majestueux que Louis XIV. Sans se soustraire aux servitudes du métier de Roi, il s'y ménageait des moments et des lieux de liberté : dès son installation à Versailles, on le voit entamer en direction des cabinets du premier étage et des pièces du second la conquête d'un espace intime où il se retirera à l'écart du bruit et de la foule.

C'est que, quelque aisance que gagnassent progressivement ses manières, sa timidité restait à vaincre et lui imposait en de certaines circonstances un comportement dont il ne parvint jamais à se débarrasser. En particulier, il était et fut toujours décontenancé par la rencontre d'une personne inconnue ou absente depuis longtemps : il était alors comme incapable de lui adresser la parole. D'où la surprise de Villars lors de la première entrevue de Louis XV avec le roi Stanislas : elle se déroula « avec beaucoup d'amitié de la part du gendre ; sa conversation fut même plus libre et plus aisée que l'on a dû s'attendre. Il parla beaucoup plus qu'une timidité naturelle pour tout ce qu'il n'a pas vu ne lui permet d'ordinaire ». Au contraire, un an plus tôt, quand la veuve du Régent lui avait présenté la princesse que venait d'épouser le jeune duc d'Orléans, il avait embrassé cette nouvelle cousine sans parvenir à lui dire un mot.

Non moins caractéristiques les circonstances du retour du vieux Villeroy. Philippe d'Orléans était à peine enterré que, conduit par le duc de Bourbon, le duc de Villeroy, fils du maréchal, vint demander au Roi la levée de l'exil de son père. « Non » fut toute la réponse. Le duc revint à la charge quelque temps après, pour s'entendre dire : « Je ne me soucie pas de le voir. » On prétendit que Fleury dictait ces refus. Plus vraisemblablement, Louis XV jugea qu'un rappel si prompt passerait pour un désaveu du passé et l'ajourna par respect pour la mémoire de son oncle. Mais six mois plus tard, le maréchal eut permission de revenir. Il arriva à Paris le 25 juin 1725, se rendit le lendemain à Versailles et fut mené le 27 par M. le Duc chez le Roi, qui parut attendri, mais ne lui dit rien. Là-dessus, le vieillard, toujours fier et haut, vint au dîner de Sa Majesté, qui parla à bien des gens, mais ne l'honora ni d'un regard ni d'une parole. Et Barbier de conclure : « Le maréchal éprouve le premier l'effet de la fierté et de la hauteur qu'il a inspirées au jeune monarque. »

Louis XV était taciturne non seulement parce qu'il était timide, mais parce qu'il était secret. Secret par pudeur de ses sentiments, secret par éducation : Maman Ventadour, le Régent, Fleury l'y avaient formé. Secret par nécessité d'État. « Il ne dit jamais ce qu'il veut faire » : cette remarque de Marais en juin 1724, que de fois ensuite ceux qui attendaient ses paroles eurent occasion de la faire ! Dès l'enfance, nous l'avons vu animé par les mouvements les plus contrastés, tour à tour triste et enjoué, loquace et silencieux, ennuyé et attentif. Les années renforçaient cette dualité d'attitude, qui le rendait indéchiffrable aux yeux de beaucoup et favorisa très tôt l'éclosion et la circulation de propos dénigrant son intelligence, sa culture et sa personnalité. A la fin de la Régence, Barbier remarquait : « On se plaint fort de la taciturnité du Roi et on ne sait de quel caractère cela provient », « il est très particulier, il n'a répondu mot à tous les compliments qu'on lui a faits pour sa majorité ».

Cette humeur taciturne suscite encore une question : de quelles impressions les événements écoulés entre 1715 et 1726 l'ont-ils marqué ? C'est qu'en plus des enseignements dispensés systématiquement pour son instruction humaniste, religieuse et politique, il recevait quotidiennement la leçon des faits. Or sa minorité et ses prolongements constituent certainement la régence la plus calme de l'histoire du royaume. Quel contraste avec celles de ses deux prédécesseurs immédiats ! Devenu Roi par le drame de l'assassinat d'un père adoré, Louis XIII avait eu une minorité si houleuse qu'elle dut se clore par la convocation des états généraux et leur réunion en octobre 1614. Les trois années suivantes, où Marie de Médicis, tout en cessant d'être Régente, continua à gouverner, ne furent pas moins tumultueuses avant de finir par l'exécution de Concini et l'exil de la Reine Mère. Et quand le jeune Louis XIV devint majeur en septembre 1651, quelle aventure était déjà sa vie ! A l'extérieur, la France et la maison d'Autriche s'affrontaient dans une lutte sans merci. A l'intérieur, après la cabale des Importants, une guerre d'usure se joua de 1644 à 1648 entre la Régente et le parlement de Paris, puis ce furent les barricades dans Paris, la Fronde, celle de la haute magistrature et celle des princes et des grands en révolte armée contre l'autorité légitime, le Roi et la cour se sauvant de la capitale, le cardinal premier ministre fuyant à l'étranger. Et après la majorité, que d'affrontements sanglants et de ravages avant le retour à la paix civile et la soumission des derniers frondeurs.

Toutes expériences inconnues au petit Louis XV. Jamais il n'a eu à s'évader clandestinement des Tuileries et de Paris pour aller coucher sur la paille dans un château où rien n'était prêt pour le recevoir. Jamais il n'a vu les rues de sa capitale hérissées de barricades, ni la trahison ou la rébellion des princes et des grands, ni la guerre intestine désoler ses provinces, ni l'invasion menacer son royaume. Non que sa minorité ait été dépourvue d'épisodes ou d'événements importants, mais aucun n'a perturbé le moins du monde le confort et la quiétude de sa vie quotidienne. La discipline louis-quatorzienne avait du bon, qui avait réussi à faire reculer à ce point la violence dans les mœurs de la nation. Et pourtant ce furent pour Louis XV des années sombres et douloureuses, mais par le fait de sa condition personnelle d'orphelin royal et non des péripéties de la politique. De là, comment discerner ce qu'il a retenu en profondeur de tout ce qu'il a entendu et observé sans rien dire au long de cette calme période ?

Pour s'en faire idée, le plus simple et aussi le plus sûr est de se référer à ses propres souvenirs. Une vingtaine d'années plus tard, récapitulant les commencements de son règne, il écrivait au maréchal de Noailles : « Il est vrai qu'on peut dire que nous avons eu trente ans de paix ; mais considérez, je vous prie, les événements qui sont arrivés pendant ce temps, dont l'agiot n'est pas le moindre, puisqu'il a renversé toutes les têtes et fait perdre tout crédit ; combien ne faut-il pas de temps pour le faire revenir ! De plus, ne payons-nous pas tout ce que le feu Roi a fait de dettes pour affaires extraordinaires et 50 millions de rentes et plus, qu'il faut commencer de payer avant tout ? Ensuite, les maladies qui ont fait périr tant de monde, puis la famine dont nous avons été menacés ; tout cela ne vaut-il pas bien une cruelle guerre, sans compter la peste de Provence ? »

Propos révélateurs à souhait : ce qu'il gardait en mémoire de cette longue décennie c'était la liquidation du passif financier hérité de Louis XIV, c'était la fulgurante expérience de Law, c'était la peste de Marseille, c'étaient les années de mauvaise récolte et leurs conséquences sanitaires et alimentaires. A quoi on doit sans hésitation ajouter l'agitation janséniste et parlementaire et les inconvénients liés pour la dynastie et même l'État à l'existence de bâtards royaux légitimés. Mais rien qui ressemblât à ce que Louis XIII aurait pu vers 1618 évoquer du passé, ou Louis XIV en 1660.

D'où un sentiment très fort dont fut pénétré Louis XV : le respect des institutions. Elles avaient permis au Régent de diriger l'État avec maîtrise. Donc, elles étaient solides et efficaces, sans négliger le prestige qu'elles tiraient de leur longue histoire et d'abord du règne du feu Roi. Conviction qui disposait Louis à être un monarque conservateur, alors que sa culture le préparait à régner en souverain moderne. Il devait concilier ces deux tendances de sa personnalité en aménageant la monarchie par des touches légères d'abord et ensuite plus appuyées, pour finir par des réformes radicales. Conduite illustrée par celle qu'il suivit pour Versailles. Mais Versailles, n'était-ce pas une institution ? En y entretenant et en y complétant l'œuvre de son bisaïeul, il y introduisit aussi des éléments nouveaux, et cela dès 1722. Quelques travaux mineurs et discrets en premier lieu, puis des modifications et des transformations de plus en plus étendues, en attendant, à la fin du règne, le « grand projet » de Gabriel tendant à une métamorphose un peu effarante des façades d'entrée du château.

*
**

En cette année 1726 où Louis XV entendait prendre lui-même le gouvernement de son royaume, sa personnalité semblait donc riche de virtualités qui ne s'étaient pas encore toutes épanouies. Situation bien analysée par le remerciement que Fleury lui adressa en public le 5 novembre 1726 après avoir été coiffé par lui de la barrette de cardinal :

« Sire..., Ne serais-je pas avec raison taxé d'ingratitude si je n'annonçais pas à la France qu'il y a en vous un fond de bonté, de sentiment et... de reconnaissance, qui doit faire la plus douce consolation de vos sujets ? La majesté du trône attire naturellement le respect ; les grands talents des princes excitent l'admiration ; leur puissance inspire la crainte, mais c'est la bonté, la douceur, l'humanité qui les rendent maîtres des cœurs : et qu'est-ce que les Français ne sont pas capables d'oser, de faire, de souffrir même, quand ils se croient aimés de leur maître ?... Votre Majesté a reçu des marques de cet amour dès sa plus tendre enfance. Ils vous ont aimé, Sire, avant que vous ne fussiez en âge de les aimer vous-même... Avec quelles acclamations vos fidèles peuples n'ont-ils pas reçu la déclaration que Votre Majesté a faite de vouloir prendre en main le gouvernement de son royaume ? Et de quel heureux avenir ne se croient-ils pas en droit de se flatter quand ils voient se développer de plus en plus en Votre Majesté les grandes qualités de son auguste bisaïeul, que vous vous êtes proposé pour modèle ?

Un esprit d'ordre et de justice, une conception à laquelle rien n'échappe, un secret impénétrable, une droiture de jugement, un service doux et facile ; jamais d'impatience, ni d'humeur ; jamais un mot, un seul mot, de fâcheux contre personne ; un éloignement du luxe en tout genre ; mais, ce qui est infiniment au-dessus de tout, un attachement invariable à la religion et un respect pour nos saints mystères qu'aucune distraction étrangère, ni les mauvais exemples ne peuvent interrompre.

Voilà, Sire, ce qu'on admire déjà en Votre Majesté et qui fonde la juste espérance que vos sujets ont de vous voir un jour égaler nos plus grands rois.

Rien n'est plus dangereux, ni plus difficile à soutenir qu'une grande attente, mais j'ose assurer qu'il ne tiendra qu'à Votre Majesté de ne point tromper la nôtre. Puissiez-vous, Sire, la remplir dans toute l'étendue que demandent nos besoins !... »

L'invitation et l'encouragement étaient nets. Assisté d'un côté par le cardinal ministre et de l'autre par la Reine, Louis XV allait-il enfin réussir à naître définitivement à lui-même ?

CHAPITRE IV

Par la grâce de Dieu roi de France et de Navarre

Avant que de voir Louis XV exercer de plus en plus activement le métier de Roi, il faut tenter de pénétrer jusqu'au cœur même de la royauté, de saisir dans son intimité ce que nous appelons, faute de mieux, monarchie absolue de droit divin. Entreprise aussi malaisée que nécessaire, car cet État d'Ancien Régime est pour nous une entité à la fois si proche et si lointaine qu'il est difficile de nos jours d'en concevoir une notion juste. Certaines de nos institutions présentes, en effet, sont un héritage de l'ancienne monarchie, et même plus spécialement du règne de Louis XV ; mais, d'autre part, de ce roi de France, personne sacrée, unie à son royaume par une manière de sacrement, il émanait un pouvoir mystérieux, qui semble si impénétrable que l'on a forgé pour le désigner un terme très laid qui n'existait pas dans l'ancienne France : « absolutisme ». En cette fin du XXe siècle, nous vivons dans un univers si imprégné de totalitarisme que beaucoup ne voient pas la différence — pourtant radicale — qui existe entre pouvoir absolu et dictature. Nous nous efforcerons donc d'abord de percer quelque peu ce mystère de la royauté en disséquant la constitution monarchique. Il devrait ensuite être plus facile de comprendre la nature et la structure des institutions dont Louis XV a disposé pour régner depuis sa majorité : le gouvernement, ses moyens d'action et enfin la cour.

I. — LE MYSTÈRE DE LA ROYAUTÉ

Une observation préliminaire au sujet du « droit divin » : dans la chrétienté occidentale, tous les régimes politiques légitimes, quels qu'ils fussent, étaient considérés comme de droit divin : « Il n'y a jamais eu, professait le chancelier d'Aguesseau, et il n'y aura jamais de puissance qui ne soit sortie du sein de Dieu même.

C'est Lui qui, ayant formé les hommes pour la société, a voulu que les membres dont elle serait composée fussent soumis à un pouvoir supérieur... C'est Lui, par conséquent, qui est le véritable auteur de ce pouvoir ; c'est de Lui que le chef de chaque nation le tient comme une portion de cette puissance suprême dont la plénitude ne peut résider que dans la divinité... Celui ou ceux en qui réside la suprême puissance sont donc les images et les ministres de Dieu. Elle peut être entre les mains d'un seul ou de plusieurs suivant la constitution de chaque État. Dieu qui est la source et l'unique auteur de toute puissance, Dieu qui la renferme seul dans une plénitude aussi immense que la perfection de son être, a bien voulu cependant que des êtres intelligents et raisonnables, que des hommes qu'il a créés à son image... eussent part jusqu'à un certain point au choix de ceux qui seraient appelés à un gouvernement que l'état présent de l'homme dans cette vie rend absolument nécessaire. Dieu a même trouvé bon que la manière de faire ce choix dépendît aussi jusqu'à un certain point de la volonté, du génie ou de l'inclination de chacun des peuples qui forment ces grandes sociétés qu'on appelle une nation ou un état. » Voilà qui est net : la république de Venise, le royaume et république de Pologne, la république des Provinces-Unies étaient des régimes de droit divin, tout comme les royautés et souverainetés héréditaires. Sur ce fondement commun, la puissance publique s'était organisée différemment dans chaque pays et ainsi la constitution monarchique française avait-elle une originalité propre.

LA CONSTITUTION DU ROYAUME

Constitution ! Périodiquement ce terme fait resurgir une vieille controverse entre les historiens et les juristes les plus sérieux : la France n'a pas eu de constitution avant 1791 ! disent les uns ; les autres rétorquant : pas du tout ! elle avait une constitution coutumière ! Comme beaucoup des plus âpres débats, celui-ci est peut-être sans objet véritable. On constate, en effet, que les Français des XVIe, XVIIe et XVIIIe siècles se référaient couramment à « la constitution du royaume ». Si l'expression avait cours, c'est qu'elle correspondait à une réalité et c'est donc cette dernière qu'il faut atteindre.

Au fil des siècles, la monarchie française a pu changer d'allure, mais n'a jamais changé de nature et, jusqu'en 1789, les principes dont découlèrent la théorie et l'exercice du pouvoir royal n'ont pas varié. Principes tirés à la fois de l'expérience historique de la nation, de facteurs philosophiques et de la composition de la société. Jadis, la première démarche des médecins et alchimistes était de diagnostiquer à laquelle des quatre complexions reconnues depuis l'Antiquité appartenait un individu et, selon qu'il était congénitalement sanguin, flegmatique, colérique ou mélancolique, ils lui prescrivaient le mode de vie ou la thérapeutique appropriés. L'expérience historique alimenta des raisonnements politiques analogues. Différents types de gouvernement possibles avaient été identifiés parmi les nations : monarchique, aristocratique, démocratique et mixte. Les siècles découvraient auquel de ces régimes un peuple était informé et alors les structures politiques dont il était doté paraissaient découler naturellement de son identité. Or, l'histoire montrait que, depuis Clovis, la France était gouvernée par des rois : c'était le signe que ce pays était monarchique par essence et que, puisqu'elles dérivaient de cette nature intrinsèque, ses institutions étaient nécessairement les seules qui lui convinssent. C'est ce que voulaient dire les Français quand ils parlaient de « la constitution du royaume » : ils entendaient par là non les fondements légaux de l'État, mais la complexion immuable du pays, sécrétant les modes et les organes spécifiques de gouvernement. Il en résultait un état de choses intangible, auquel le souverain lui-même ne pouvait rien changer, car il était indépendant de sa volonté : « Je dois, proclamait Louis XV en 1768, je dois transmettre à mes successeurs mon État avec la même constitution qu'il avait lorsque je l'ai reçu. » C'est pourquoi attaquer ou rejeter dans son principe l'autorité royale était la faute la plus grave, une faute contre nature, car ce n'était pas tant faillir à l'obéissance normale due par les sujets — écart toujours pardonnable et souvent pardonné —, qu'attenter aux fonctions et aux principes vitaux du corps politique.

Cette conscience de vivre selon les lois de l'histoire explique le caractère coutumier des institutions : on était avide de précédents, on cherchait à fonder l'action du présent sur la conduite du passé. Mais comme le souverain, ses conseillers, ses ministres et ses sujets n'avaient point de l'histoire de la monarchie une connaissance rigoureuse et érudite, comme la nuit des temps tombait très tôt, il était possible d'introduire des innovations tout en croyant répéter ou exhumer des usages vénérables. Ainsi la monarchie s'adaptait aux temps et aux circonstances, en un mélange étonnant de rigidité et de souplesse.

Ces concepts s'étaient forgés au fil des siècles, notamment sous l'influence de la vision du monde exprimée par la philosophie médiévale, et singulièrement des notions d'ordre et de nature chères à saint Thomas, pour qui l'ordre objectif qui s'impose aux hommes dérive de la loi naturelle, laquelle est la pensée même de l'auteur des êtres. Dès lors, la raison n'a pas seulement à reconnaître l'ordre issu de cette pensée créatrice, elle doit établir l'ordre des choses humaines et ajouter à la loi naturelle les déterminations de la loi positive, qui trouve dans la justice le fondement mystique de son autorité, ce qui rejoignait une idée à la fois biblique, grecque et romaine voyant dans l'exercice de la justice la fin véritable de l'autorité souveraine. Depuis le Moyen Age, le roi de France était essentiellement un justicier et son État un État de justice. Le Roi en personne était juge en son Conseil, où il jugeait les affaires publiques et aussi les privées : déclarer une guerre, c'était porter un jugement contre un prince étranger qui avait contrevenu au droit des gens et c'était envoyer une armée pour exécuter ce jugement. « Selon le droit public, proclamait en 1725 l'avocat Marais, le Roi est juge et le nom de roi est un nom de juge. » Mais cet État de justice n'était pas omniprésent, car la majorité des questions d'intérêt public n'étaient pas de sa compétence. Et là intervenait un autre élément : la condition des sujets.

*
**

Sous Louis XIV et Louis XV, un Français se définissait autant par son appartenance aux divers corps qui formaient le tissu social du pays que par son identité personnelle. Le royaume formait une société de corps privilégiés. Il y avait — avatar de l'antique répartition trifonctionnelle des tâches dans le monde indo-européen — les trois ordres (clergé, noblesse, tiers état), encore marqués par l'empreinte de la féodalité, où le Roi était le seigneur des seigneurs. Il y avait les compagnies d'officiers, les corps de marchands et d'artisans, les corps municipaux, les communautés villageoises, les fabriques, les confréries, les universités, les collèges, les académies, les états provinciaux, les établissements hospitaliers et charitables, les fermes d'impôts, les compagnies de commerce, etc. Parmi ces corps intermédiaires si nombreux et si variés, les uns représentaient des intérêts légitimes ; les autres, sans avoir reçu délégation d'autorité, remplissaient un rôle éminent dans la nation, car ils exerçaient des activités d'intérêt public. Pour remplir leur mission, ils devaient vivre chacun selon leurs lois particulières, c'est-à-dire leurs privilèges, privilèges qui fondaient leurs franchises et leurs libertés. Et c'est parce que chaque Français participait aux privilèges, franchises et libertés des différents corps auxquels il appartenait, ceux de son ordre, ceux de sa province, de sa ville, de sa paroisse, de sa profession, c'est par là qu'il éprouvait existentiellement le sentiment de sa liberté. Le rôle du souverain consistait à reconnaître, valider, confirmer ou octroyer les privilèges, à obliger chaque corps d'observer ses privilèges, à apaiser les différends ou rivalités entre les corps, à harmoniser leur action de manière qu'elle ne vienne ni contrarier ni desservir le bien commun du royaume dont le prince avait la charge. Le rôle du Roi justicier relevait de l'arbitrage et du contrôle autant que de la gestion.

Mais justice est un terme à double sens désignant à la fois une vertu et les institutions mises en place pour son exercice. L'Église avait depuis toujours insisté sur la vertu de justice, sur les principes de religion qui devaient approfondir et moraliser la notion juridique de justice en la liant intimement à la piété, à la charité, à la miséricorde, à la clémence, pour parvenir à l'équité, forme suprême de la justice : le souverain devait se comporter en père de ses sujets. Et ainsi l'administration de la justice relevait non seulement de lois historiques, mais aussi de règles morales, ses fondements étaient éthiques et chrétiens autant qu'institutionnels. On a vu (p. 128) l'importance de la justice et de la miséricorde dans la promesse et dans le serment du sacre.

*
**

La monarchie française était donc vécue comme un ordre naturel, conçu lui-même comme une pyramide de communautés, de privilèges, de traditions et de symboles, pyramide dont le souverain constituait le faîte ; et aussi comme un corps mystique, dont les sujets étaient les membres et le Roi la tête. Le prince était à la fois source unique de légitimité pour tous les pouvoirs publics, législateur unique pour tout son royaume — soit comme auteur des lois générales, soit comme dispensateur, conservateur ou modérateur des privilèges — et enfin recours ultime de ses sujets contre les injustices ou abus de ses agents et contre l'oppression des puissants et la pression des collectivités. La distinction aujourd'hui familière entre pouvoir exécutif, pouvoir législatif et pouvoir judiciaire n'existait pas : ils étaient tous concentrés en la personne du Roi. Et nécessairement. Dans cette société de corps, en effet, après des débats contradictoires, des conseils, des consultations, des enquêtes, des réclamations, des remontrances, il fallait une décision émanant d'une autorité libre et universelle, vouée à dire en toutes choses le dernier mot, à « avoir le dernier », ainsi qu'on disait alors. Comme la complexion congénitale de la France était monarchique, au sens strictement étymologique du mot, cette autorité résidait tout entière en la seule personne du Roi et, par suite, était perpétuelle, sans dépendance et sans partage : c'est en cela, très précisément, que consistait le pouvoir absolu.

En dernière analyse, au terme de toutes gloses et réflexions, avant tout, au-dessus de tout et indépendamment de tout, il y avait d'abord l'autorité du Roi, clef de voûte de tout le système politique et social et dont tout affaiblissement, toute déstabilisation mettaient en péril et le fonctionnement régulier des pouvoirs publics, et les libertés des sujets, et l'indépendance du royaume face à l'étranger. Les droits et les intérêts de la nation n'étaient pas distincts de ceux du Roi et ne reposaient qu'en ses mains, il n'en était responsable que devant Dieu. Par là se trouvaient rigoureusement exclues l'existence ou même l'hypothèse d'un contrat quelconque ou d'un arrangement synallagmatique entre le Roi et ses sujets. Aussi le chancelier de Lamoignon se refusa-t-il un jour de 1759 à réfuter des remontrances parlementaires en disant : « L'autorité du Roi doit être regardée comme le principe fondamental de la monarchie. Il semble que c'est en douter que de chercher à la justifier. »

*
**

Dans sa double fonction de fondement et de soutien de l'État monarchique, cette autorité était arc-boutée par son caractère sacré. D'où la riche signification des rites du sacre, où, après avoir reçu l'épée et les onctions et avant d'être paré du grand manteau royal, le souverain passait deux vêtements liturgiques réservés aux diacres et sous-diacres : la tunique et la dalmatique. Par l'huile sainte, en effet, l'archevêque venait de lui conférer un des ordres mineurs, le sous-diaconat, et donc de faire de lui un personnage ecclésiastique, participant aux mystères de la religion et à qui les papes avaient décerné le titre de Roi Très-Chrétien. Son pouvoir, qui était déjà par lui-même d'origine divine, acquérait de la sorte comme une nouvelle transcendance et la soumission qui lui était due n'était plus seulement un devoir civique, mais un devoir de religion et de conscience. Ainsi s'étaient noués au fil des siècles entre le catholicisme et la royauté française des liens d'autant plus organiques que, de par la constitution politique et sociale du royaume, le clergé constituait en droit le premier ordre de la nation et en fait le seul organisé. De là une interpénétration multiforme de l'Église et de l'État dans cette France où le Roi, en vertu de la promesse faite au sacre, était considéré par les clercs comme leur protecteur né, « l'évêque du dehors ».

Du moment que son autorité était reçue et acceptée sans réserve, le Roi s'accommodait de la plus grande variété dans les manifestations de l'obéissance qu'il réclamait. Parce que sa juridiction souveraine était partout reconnue, il pouvait laisser ses tribunaux juger les affaires des particuliers ici selon le droit écrit et là selon le droit coutumier dans toute sa diversité. De même, en matière fiscale, pourvu que les contribuables s'acquittassent exactement de leurs charges, il admettait que les Bretons, les Languedociens ou les Flamands fussent imposés selon des règles différentes, auxquelles ces sujets étaient fort attachés. L'autorité absolue du Roi garantissait aux régnicoles le droit à la différence.

Un pouvoir limité, mais non contrôlé

Formidable en théorie, l'autorité du roi de France était limitée dans la pratique par les idées, les coutumes et les institutions mêmes qui la soutenaient. Elle était à la fois étayée et modérée par la religion. En tant que créature du Très-Haut, le Roi était soumis, disait d'Aguesseau, « à l'empire des lois naturelles » et de la raison. En tant qu'enfant de Dieu, baptisé et, de surcroît, oint de l'huile sainte, il devait obéir aux commandements de Dieu et de l'Église et cette morale du prince a été magistralement exprimée par Bossuet dans sa *Politique tirée des propres paroles de l'Écriture sainte,* qui n'est pas un traité des pouvoirs du Roi Très-Chrétien, mais un manuel du parfait souverain chrétien. En tant que Français, enfin, il devait observer les lois fondamentales et les maximes du royaume.

*
**

Les lois fondamentales du royaume étaient les limites majeures de droit positif apportées à l'autorité souveraine. Elles s'étaient élaborées peu à peu au Moyen Âge sous la plume des jurisconsultes et dans les sessions des états généraux, mais aucun texte législatif ne vint jamais les codifier : elles demeurèrent des coutumes qui s'étaient progressivement imposées pour régler certains rapports entre le Roi et l'État. Leur développement est à la fois démonstration et conséquence du fait que le Roi était distinct de l'État, que la royauté était indépendante de la personne du Roi. Non seulement Louis XIV n'a jamais dit ou pensé : « L'État c'est moi », mais il a dit en mourant exactement le contraire : « Je m'en vais, mais l'État demeurera toujours. » Pour les hommes du XVIIIe siècle, les origines de ces coutumes se perdaient dans la nuit des temps. Ces règles traditionnelles demeuraient toutes-puissantes et le souverain, en 1717 comme en 1771, se reconnaissait « dans l'heureuse impuissance » de les violer.

La première concernait la dévolution de la couronne et précisait que celle-ci était non pas héréditaire, mais légale et statutaire, c'est-à-dire que le souverain montait sur le trône non comme héritier de son prédécesseur, mais en vertu de la loi du royaume. C'était par quoi il était soumis aux lois fondamentales et c'est pourquoi, comme nous l'avons vu, certaines clauses du testament de Louis XIV étaient vaines. La royauté était donc un office public et ainsi n'était jamais vacante : la mort d'un Roi ouvrait *ipso facto* le règne de son successeur. Trois motifs d'incapacité fondaient un ensemble de règles excluant d'éventuels compétiteurs à la couronne : l'incapacité des femmes et de leurs descendants, exprimée par la fameuse « loi salique », l'incapacité des bâtards — règle confirmée, on s'en souvient, sous la Régence — et l'incapacité des hérétiques. Venaient ensuite deux lois fondamentales relatives au domaine : l'une voulant qu'il fût totalement inaliénable et l'autre que les biens personnels d'un prince appelé au trône tombassent à son avènement dans le domaine royal. Ces lois formaient une barrière infranchissable aux volontés et aux caprices du souverain, mais il est évident que Louis XV n'eut guère l'occasion ou la tentation de les transgresser.

Une dernière loi fondamentale incontestée concernait les rapports de l'Église et de l'État en posant que la puissance temporelle était indépendante de la spirituelle. Mais dans un pays où, comme « évêque du dehors », le Roi était le protecteur de l'Église, les limites entre les deux puissances étaient confuses et rendaient l'application de cette loi si épineuse qu'elle entraîna le gouvernement de Louis XV dans des conflits déstabilisateurs.

**

D'autres règles venaient encore tempérer l'exercice du pouvoir souverain : les maximes du royaume. C'était un ensemble de traditions et de règles, d'adages et de principes, d'usages et de routines qui, sans avoir le titre ni le caractère de lois fondamentales, participaient beaucoup de leur nature, car il s'agissait d'habitudes d'agir et de penser extrêmement contraignantes, dont le Roi pouvait théoriquement s'écarter, mais qui avaient dans la pratique une force si coercitive que certains la jugeaient abusive : « L'usage trop établi fait loi et cela prive l'autorité royale d'un de ses ressorts », déplorait en 1736 le marquis d'Argenson.

Première maxime : la nation, face au Roi, est organisée en corps privilégiés. « Les sujets du monarque sont libres, disait un conseiller d'État de Louis XV, et c'est pour assurer cette liberté qu'il est de l'essence d'une monarchie qu'il y ait des corps intermédiaires. » Dans ce royaume hérissé de communautés sociales, professionnelles et territoriales, le Roi devait être d'abord justicier : rendre la justice était une prérogative essentielle de la souveraineté, constituant pour le monarque un devoir autant qu'un droit. D'où il découlait que sa justice ne pouvait coexister avec le caprice, la fantaisie, le désordre. L'obligation d'être un justicier comportait corollairement celle d'être un législateur : il lui incombait de légiférer non seulement parce que cela découlait de son pouvoir universel, mais parce que c'était un devoir auquel il était tenu envers ses sujets et envers l'État. Pouvoirs et devoirs qui lui conféraient évidemment la puissance de promulguer les lois, mais encore d'interpréter les lois obscures ou vagues, de modifier les lois défectueuses, d'abroger les lois néfastes ou inutiles, de suspendre l'exécution d'une loi, d'excepter une personne, un corps ou un territoire de l'application de telle ou telle loi, et aussi de combler par tous moyens appropriés les vides de la législation.

Ces pouvoirs de justicier et de législateur ne devaient s'exercer que par la voie légale et celle-ci devait elle-même revêtir certaines formes. Législation et justice exigeaient l'existence d'une magistrature : dans un vaste royaume, le prince ne peut lui-même rendre la justice à tous et il lui faut confier à des officiers suffisamment nombreux et compétents la mission de l'administrer en son nom. Mais c'était une délégation et non un abandon de pouvoir, le Roi conservant toujours en lui-même « la plénitude de la magistrature ». Il ne communiquait jamais son autorité propre, retenant toujours la possibilité de juger les affaires qui lui étaient soumises directement, d'appeler devant lui celles qui avaient d'abord été portées devant les juges (ce que l'on appelait « évoquer »), enfin de contrôler et de guider ceux-ci dans l'exercice de leur charge. Pour bien marquer ce droit de supériorité et que les pouvoirs des cours n'étaient qu'une délégation de ceux du Roi, leurs arrêts n'étaient pas prononcés en leur nom propre, mais s'expédiaient en forme de lettres patentes émanées de lui. Afin que les magistrats pussent connaître, observer et faire observer les lois, il était nécessaire que celles-ci fussent promulguées selon des règles et des formalités stables : après avoir été authentifiées par le sceau royal, elles étaient vérifiées et enregistrées par les cours, qui pouvaient alors présenter des remontrances à leur sujet.

Ce n'était pas tout que de donner des lois et de suivre des formes réglées pour les faire connaître. Encore fallait-il qu'elles aient été mûrement délibérées avant que d'être adoptées : il était donc nécessaire que le monarque fût quotidiennement éclairé et assisté dans l'exercice de son autorité. Nécessité satisfaite grâce à l'organisation de la société féodale, où le lien qui unissait au Roi les vassaux en vertu soit de l'hommage, soit de la foi lige naturelle, créait pour eux le devoir de lui fournir, sur sa simple demande, bon et loyal conseil. Ce devoir de conseil des sujets n'a jamais été aboli, mais les contraintes du gouvernement avaient entraîné l'éclosion et l'épanouissement à la suite du Roi d'un organe propre de conseil. L'assistance constante d'un tel Conseil auprès de lui était une autre de ces nécessités reconnues et imposées par le bon sens et l'expérience auxquelles les siècles avaient donné force de maximes du royaume. Les temps et les hommes ont modifié la composition et la structure du Conseil : ils n'en ont jamais altéré l'essence. Si sa présence auprès du souverain était jugée indispensable, il ne s'ensuivait nullement qu'il lui eût abandonné ou délégué la moindre parcelle de son pouvoir. Il ne devait rien faire d'important sans consulter son Conseil, mais les avis de celui-ci n'engageaient en aucune manière le monarque, qui gardait toujours et en toute circonstance la faculté de décider et statuer à l'encontre de ses conseillers. Ce que l'un d'eux reconnaissait en ces termes en 1767 : « Le Conseil du Roi, attaché à sa personne et inséparable de lui, n'est dans sa généralité ni une juridiction, ni un tribunal contentieux. C'est le Roi accompagné de ceux qui l'assistent dans l'administration qui lui est propre, dont le caractère vraiment royal exige l'esprit de délibération et de conseil. » La nature du Conseil était donc complexe : d'un côté, il était en quelque manière l'organe par excellence où le Roi exerçait son autorité absolue, mais, d'un autre, il constituait aussi une des limites que la raison et la coutume avaient imposées à cette autorité.

Ce principe d'un pouvoir dont la plénitude demeure toujours dans le monarque fondait aussi le statut d'autres auxiliaires du Roi : les titulaires des charges ministérielles. Aux magistrats le souverain déléguait une partie de ses pouvoirs dont les lois et l'usage réglaient l'exercice et les limites. Les ministres, eux, occupaient des fonctions qui n'avaient de titre et de borne que la confiance de Sa Majesté. Secrétaires d'État et contrôleur général des finances ne constituaient pas un « ministère » ou un « cabinet » au sens actuel, une formation solidaire et responsable : ils n'étaient que les auxiliaires du Roi qui, dans leur département, leur confiait l'exécution de ses volontés. Théoriquement, ils ne menaient d'autre action que celle du prince ; en fait on parle de politique de Machault, de politique de Choiseul, et à juste titre, car il suffisait à un ministre de faire adopter ses vues par le Roi pour qu'elles devinssent par là celles de Sa Majesté. Ainsi un ministre pouvait esquiver reproches et critiques, voire poursuites, en répliquant qu'il n'avait à en référer à nul autre qu'au maître. En 1716, Desmaretz, contrôleur général de Louis XIV disgracié par le Régent, rappelait à ce prince : « N'ayant fait aucune gestion qu'en vertu des ordres du Roi, je ne suis point obligé d'en rendre compte ; mais un motif d'honneur et le respect que je dois à Votre Altesse Royale me pressent également de donner des éclaircissements sur l'état où étaient les finances. »

Enfin, outre les lois fondamentales et les maximes du royaume, d'autres bornes — qui n'étaient pas les moins solides — restreignaient encore l'exercice du pouvoir royal. Celles, d'abord, que posait la force d'inertie des individus et des corps, et puis celles qu'imposaient en ces temps les moyens d'information, de communication, de coercition et par conséquent d'action. La caractéristique de la monarchie était donc d'être limitée, et parfois étroitement, mais de n'être pas contrôlée : on ne contrôle par l'oint du Seigneur ! En outre, tout contrôle est en principe facteur de clarté et l'autorité royale avait besoin d'être protégée par une certaine imprécision. Ce que le garde des sceaux Chauvelin justifiait en ces termes : « Tout ce qui est trop connu est méprisé ou même n'est plus en vénération, qualité cependant nécessaire pour s'attirer l'extrême confiance. C'est une règle de l'autorité royale que de ne pas laisser voir tout ce que le Roi peut en France ; bientôt on saurait ce qu'il ne peut pas. » Toutefois, lorsque le salut public était en jeu, les pouvoirs du Roi n'avaient plus de bornes : il n'était plus tenu à observer ou subir aucune limite dans les circonstances où l'existence du corps politique était menacée.

Pour sauvegarder l'intégrité de son autorité, le Roi ne devait donc n'en user qu'avec circonspection et, selon les cas, ou bien la manifester dans toute sa force et sa plénitude, ou bien ne la déployer qu'en partie, ou encore renoncer à s'en servir, car rien autant que le mauvais succès, la maladresse ou l'inopportunité de son emploi ne risquait de l'énerver, de la déconsidérer ou de la désacraliser. Il fallait souvent se contenter de brandir la menace de s'en servir : en 1739, le chancelier d'Aguesseau terminait une lettre adressée aux magistrats du parlement de Dijon en les invitant à lui proposer « un ordre convenable pour la prompte expédition des procès, parce que s'ils ne le font pas, assurait-il, le Roi y pourvoira par son autorité. On aurait pu le faire dès à présent ; mais comme il s'agit de changer un ancien usage auquel les juges ne sont que trop attachés, j'ai cru devoir faire une dernière tentative pour les engager à se réformer eux-mêmes ou, du moins, les mettre par là dans leur tort et les convaincre de la nécessité d'y pourvoir par l'autorité du Roi ». On pourrait comparer l'art de régner à celui de l'organiste, maître soit de faire sonner son instrument avec toute sa majesté, son éclat et sa force, soit de ne tirer du seul jeu de *piccolo* qu'un son à peine audible et, entre ces extrêmes, de graduer la puissance et la coloration de sa sonorité.

En présumant que ces propos arides ont percé un peu de l'ombre qui défend le mystère de la royauté, on peut maintenant porter l'attention sur les rouages de la monarchie, et d'abord le gouvernement.

II. — LE GOUVERNEMENT

C'est au début du règne de Louis XV que le terme de « gouvernement » s'est enrichi d'une acception nouvelle en s'appliquant à l'ensemble des ministres. Jusque-là, il désignait, sans plus, soit le territoire sur lequel s'exerçait l'autorité d'un gouverneur, soit l'art et l'action de gouverner. C'est entre 1720 et 1730 qu'il a pris le sens aujourd'hui familier de direction suprême de l'État. L'avocat Barbier notait en février 1724 : « Les affaires sont dans un état paisible ; on ne dit ni bien ni mal du gouvernement. » Relatant en 1726 la disgrâce du duc de Bourbon, le même chroniqueur écrivait : « On a renversé le gouvernement. » Le procureur général du parlement de Paris, à propos d'une affaire délicate de discipline ecclésiastique, prévoyait en 1734 qu'elle s'apaiserait « pourvu que l'on ne s'en mêle point, de la part du gouvernement, qu'en tâchant, par exhortation aux évêques, d'éviter à l'avenir ce scandale des refus de sacrements ».

Le Roi régnait en s'appuyant sur des hommes autant que sur des institutions. Le fait est illustré par la variété des statuts juridiques de ceux qui le servaient. Le poste éminent de premier ministre avait la condition assez vague de « charge ». A certains, le souverain confiait la mission de représenter sa propre personne, soit dans une province (les gouverneurs et lieutenants généraux), soit hors des frontières (les ambassadeurs). D'autres étaient officiers, c'est-à-dire personnes publiques possédant et exerçant une fonction ordinaire créée et limitée par édit ; beaucoup d'entre eux formaient compagnie. Il y avait les commissaires, autres personnes publiques, mais remplissant une fonction extraordinaire instituée et limitée par lettre de commission. Et d'autres encore étaient des commis. Un même individu pouvait cumuler deux au moins de ces qualités : officier et commissaire, officier et ambassadeur, etc. Corps d'officiers et commissaires se sont souvent affrontés, mais office et commission constituaient deux réalités à la fois antinomiques et inséparables, les commissaires étant, dans la quasi-totalité des cas, recrutés parmi les officiers et s'appuyant sur les prérogatives de leur office pour exécuter leur commission. La France d'Ancien Régime, on ne le répétera jamais trop, était toute diversité.

La hiérarchie et la compétence de tous ces serviteurs s'étaient déterminées au fil des règnes et au gré des événements. En dernier lieu, elles avaient été profondément marquées par Louis XIV. La remembrance de la Ligue et l'expérience de la Fronde lui avaient fait prendre une conscience aiguë du fait que l'autorité royale était la pierre angulaire de la monarchie et que son indépendance et sa force étaient les conditions nécessaires de tout retour à l'ordre et les garantes du bien commun de la nation. « Vous savez assez que le Roi ne souffre pas que l'on touche à son autorité », rappelait un jour Colbert à un intendant. Il avait donc remanié et clarifié le gouvernement de manière à éliminer tout empiétement sur cette autorité et Louis XV hérita de lui ce système tel qu'il avait évolué depuis 1661.

Faire le Roi

Dans la pratique, comment le Roi exerçait-il quotidiennement son métier ? Les habitudes du temps de Louis XIV s'imposèrent forcément à Louis XV, mais il les adapta à son tempérament et en contracta aussi quelques autres. Il s'acquitta de ses tâches de quatre manières principales : en tenant plusieurs fois par semaine ses Conseils, en ayant à jours et heures déterminés des entretiens en tête-à-tête avec ses ministres et avec les chefs de différents services, en travaillant seul dans la retraite de son cabinet et enfin en recevant en audience privée les personnalités dont les avis ou les connaissances lui étaient utiles pour la conduite des affaires. Les Conseils étaient une vénérable institution sur laquelle nous reviendrons ; le reste appelle moins de développements.

Chaque semaine, à jours et heures fixes, Louis XV recevait séparément ses ministres pour examiner, discuter et décider certaines matières avec eux. Sous Louis XIV, cette entrevue fut longtemps appelée « la liasse », chaque ministre s'y présentant avec un portefeuille rempli des papiers qu'il avait à soumettre à Sa Majesté. Peu à peu, cette dénomination fut détrônée par celle de « Travail du Roi ». Parler d'entretien seul à seul avec le prince n'est pas rigoureusement exact dans tous les cas, puisque le premier ministre y assistait toujours. Louis XV recevait ainsi dans son cabinet le chancelier, les secrétaires d'État et le contrôleur général des finances, mais aussi le prélat chargé de la feuille des bénéfices, le directeur des économats, le surintendant ou le directeur des bâtiments, le premier architecte, le gouverneur du château de Versailles, le directeur des fortifications, le chef du conseil temporel de Saint-Cyr, le colonel de son régiment, les chefs de sa maison militaire et des grands services de la cour, le lieutenant général de police de Paris (à partir de 1749), l'intendant général des postes. Les ministres avaient jours et heures attitrés pour leur « travail », mais l'arrivée d'un courrier important de l'étranger ou de l'armée, l'annonce d'une incartade de quelque parlement, obligeaient souvent le Roi à convoquer ou recevoir tel ou tel à l'improviste.

On venait au « travail » avec des rapports, des mémoires, des projets, des demandes, des placets, des propositions, des listes.

Beaucoup de ces pièces se terminaient par une phrase où Sa Majesté était « suppliée de trouver bon » ce qu'on Lui proposait. Elle écrivait de sa main « Néant », « Ne se peut », « Approuvé » ou « Bon », d'où l'habitude d'appeler « Bon du Roi » toute feuille ou tout cahier portant cette trace autographe de la volonté royale. Malgré les multiples destructions d'archives opérées depuis deux siècles, il subsiste encore en d'innombrables dossiers des milliers de ces « Bons » de Louis XV. Très nombreuses y étaient les décisions touchant les personnes : collation des évêchés et des bénéfices ecclésiastiques, nominations et promotions dans l'armée et la marine, choix des intendants, des ambassadeurs et autres diplomates, des premiers présidents et procureurs généraux des cours supérieures, etc. Si le sujet traité paraissait requérir une discussion plus large, le Roi renonçait à statuer et décidait qu'il en serait parlé au Conseil. Le travail servait donc à discerner et débrouiller les affaires dont il était nécessaire de saisir le Conseil et à trancher celles qui n'étaient pas de nature à y être exposées. Mais, inversement, les ministres, pour se dérober à des discussions aléatoires, intempestives ou oiseuses, y sollicitaient aussi du souverain des résolutions qui auraient dû normalement être prises en Conseil. Le travail du Roi faisait donc concurrence à la besogne des Conseils.

En dehors des réunions de Conseil et des entrevues régulières ou extraordinaires avec les ministres et autres responsables, le Roi, en fonction des événements et des situations, sentait la nécessité de donner audience en privé à des personnes qui n'appartenaient ni à son gouvernement ni à son Conseil, mais dont les compétences, l'opinion, l'ascendant sur les hommes et les affaires lui étaient utiles pour se décider en bonne connaissance de cause et qui, de la sorte, s'acquittaient en loyaux sujets de leur devoir de conseil. Ainsi l'on vit bien souvent des cardinaux, l'archevêque de Paris, le premier président du parlement de Paris et d'autres encore entrer, sur ordre ou sur leur demande, dans le cabinet de Louis XV, sans parler de ceux qu'il fit monter chez lui, à l'insu du public, par les escaliers et passages dérobés.

Le Roi, enfin, consacra une bonne partie de son temps au travail solitaire dans son cabinet : ce fut un aspect si important de ses activités qu'il en sera traité plus loin en détail.

Par toutes ces voies, il prenait les décisions les plus diverses, aussi bien sur les plus hauts intérêts de la nation que sur des objets fort minces. Il faut insister sur un aspect particulier de ses tâches en matière de finance. Quelques jours après l'arrestation de Fouquet en septembre 1661, Louis XIV avait supprimé la charge de surintendant des finances et avait résolu d'en remplir désormais les fonctions, ce qu'il fit effectivement jusqu'à sa mort et qu'ensuite le Régent, Louis XV et Louis XVI accomplirent de même. Qu'est-ce à dire ? Le surintendant ayant la prérogative insigne d'être seul ordonnateur des fonds du Trésor, Louis XIV, en décidant d'être son propre surintendant, se condamna à un très sensible surcroît de travail, car, aux affaires financières habituellement traitées par le souverain, il ajoutait ainsi les multiples écritures liées à l'ordonnancement et à la comptabilité des deniers de l'État. Il fut donc obligé de tracer de sa main d'innombrables « Bons », des récapitulations de comptes et des états de caisse, de viser ou signer des prévisions de recettes et de dépenses, des rôles, des états de distribution, des ordonnances et autres documents budgétaires, le tout formant chaque année une masse considérable de papiers présentés soit au Conseil royal des Finances, soit au travail du contrôleur général. Louis XV hérita toutes les servitudes de cette paperasse.

Pour pouvoir observer le Roi dans son Conseil, on commencera par passer en revue ceux qui l'y entouraient.

Ministres et conseillers

Le Conseil étant « le Roi accompagné de ceux qui l'assistent dans l'administration qui lui est propre », il tirait de cette référence perpétuelle à la personne de Sa Majesté une unité et une indivisibilité inaltérables, quelques différences qui existassent entre la compétence et la composition de ses séances. On pouvait être appelé à siéger dans tous les Conseils ou seulement dans tel ou tel d'entre eux : cette nuance était sans portée, en raison de l'unité organique du Conseil. En revanche, une distinction s'établit comme d'elle-même entre les personnes qui assistaient au Conseil parce qu'elles n'avaient d'autre mission que d'y délibérer et d'y opiner et pour lesquelles cette séance avait donc un caractère personnel et viager ; et, par ailleurs, celles qui n'y étaient admises qu'en vertu de leurs charges et seulement tant qu'elles en étaient pourvues. Il n'était pas rare que quelqu'un pénétrât au Conseil à l'un et l'autre titre.

*
**

Deux catégories de personnages avaient accès au Conseil uniquement parce qu'ils y étaient personnellement appelés par le Roi, indépendamment de toute autre fonction : les conseillers d'État et les ministres d'État.

Les conseillers d'État comptaient parmi les dignitaires les plus éminents de la monarchie et le cérémonial leur attribuait de très grands honneurs. Ils étaient revêtus d'*une dignité* qui, comme l'expliquait l'un d'eux, consistait en « une destination à être consulté sur quelque matière et en quelque occasion que le Roi le juge à propos ». Nulle condition d'âge n'était requise pour y accéder : le souverain pouvait choisir des jeunes gens aussi bien que des barbons. En fait, il désignait en général des hommes mûrs et expérimentés, mais le marquis d'Argenson fut fait conseiller d'État à vingt-quatre ans et le comte son frère à vingt-deux. Le seul Conseil auquel tous les conseillers d'État entraient ordinairement était le Conseil privé ; certains étaient membres permanents de Conseils de gouvernement et d'autres y étaient admis fréquemment à titre de commissaires pour y opiner sur une affaire dont l'examen leur avait été préalablement renvoyé, voire sur des catégories entières de sujets délicats. Il y avait au XVIIIe siècle trente conseillers d'État : trois étaient d'Église (dont au moins un évêque), trois d'épée et vingt-quatre de robe. Les places d'épée récompensaient les services rendus dans les ambassades ou l'armée par des gentilshommes de naissance distinguée. Les conseillers de robe — qui formaient l'élément le plus actif — étaient, dans la proportion des neuf dixièmes, choisis parmi les maîtres des requêtes, les autres étant tirés des cours supérieures, surtout parisiennes. En fait, ces places de robe couronnaient le plus souvent une carrière d'intendant et ainsi étaient conférées surtout à des hommes âgés de quarante-cinq à cinquante ans. C'était une dignité très honorable et influente, mais peu lucrative en soi : les gages annuels étaient de 3 300 livres au début et passaient ensuite à 5 100. Les pensions et l'assistance à des commissions de finance procuraient des rémunérations supplémentaires et plus substantielles, de sorte que les conseillers de robe parvenaient à toucher en moyenne de 20 à 25 000 livres par an, et parfois sensiblement plus.

Le titre de *ministre d'État* était donné aux membres du Conseil d'En haut et à eux seuls. Il n'avait aucune autre signification et était donc porté aussi bien par des hommes investis par ailleurs d'une charge ou fonction gouvernementale, que par d'autres dont tout le rôle n'était que d'entrer au Conseil pour y faire bénéficier le Roi de leurs lumières et de leur expérience. Le Conseil d'En-haut était par excellence et par nature celui des ministres d'État ; l'usage voulait qu'ils siégeassent aussi au Conseil des Dépêches. La dignité de ministre d'État n'était conférée depuis 1661 par aucun instrument écrit : on devenait ministre sur simple ordre verbal du Roi, exprimé de vive voix à l'intéressé ou transmis par un huissier du cabinet de Sa Majesté. Et pour retourner au Conseil, il fallait être chaque fois averti : en cessant d'envoyer l'huissier chez un ministre, le Roi l'excluait de son Conseil. Le titre et les émoluments (20 000 livres par an) ne se perdaient jamais : disgracié ou retiré, on les conservait jusqu'à la mort. Louis XIV s'était fait une règle de ne point conférer cette dignité aux princes du sang, aux ecclésiastiques et aux nobles de cour et n'y dérogea qu'exceptionnellement et tardivement pour les ducs de Beauvillier et de Villeroy. Sous Louis XV, gens d'église et gens d'épée y accédèrent plus nombreux. D'autre part, Louis XIV avait tenu à ne pas multiplier les ministres d'État : jamais plus de cinq à la fois ; fidèle à cette tradition, Louis XV fit, selon les circonstances, osciller leur nombre entre quatre et sept.

***

Les charges les plus importantes de l'État et du gouvernement procuraient à leurs titulaires, aussi longtemps qu'ils en étaient pourvus, la prérogative d'entrer soit dans tous les Conseils, soit dans certains d'entre eux. C'était le cas du premier ministre, du chancelier de France, des secrétaires d'État, du contrôleur général et des intendants des finances, et enfin des maîtres des requêtes.

On sait déjà que la charge de « *principal ministre de l'État* », éteinte par Louis XIV après la mort de Mazarin fut rétablie en 1722 et tenue successivement par le cardinal Dubois et les ducs d'Orléans et de Bourbon, après quoi, supprimée en droit, elle fut exercée de fait par le cardinal de Fleury, qui n'y eut pas de successeur. Le premier ministre était comme associé au pouvoir royal, dont il était à la fois l'émanation et l'organe. Ses fonctions le rattachaient à la personne du prince et non à la monarchie et son être tenait donc de la seule confiance du prince et non de la constitution du royaume. Il était le canal immédiat et unique par où le souverain faisait passer ses volontés, et d'abord aux autres ministres, dont les attributions étaient limitées aux matières et aux provinces de leur département, alors que l'autorité du premier ministre s'étendait à tout l'État. C'est pourquoi il était toujours présent au travail du Roi et avait accès à tous les Conseils. Dans la pratique, il n'allait que dans les Conseils de gouvernement. Sa compétence universelle faisait de lui le premier personnage de l'État, inspirateur de la politique générale, coordinateur, régulateur et animateur de l'action gouvernementale. Comme Louis XIV après la mort de Mazarin, Louis XV, après celle de Fleury, fut son propre premier ministre.

Le chancelier de France était grand officier de la couronne, le seul depuis la suppression des offices de connétable et d'amiral de France en 1627. Il jouissait en cette qualité d'honneurs et de préséances considérables. Son office avait néanmoins subi sous Louis XIV une perte sensible de pouvoir et d'influence, Colbert l'ayant fait écarter de toute participation au maniement des finances auquel il était associé depuis le Moyen Age. Le chancelier restait chef des Conseils, surintendant de la justice (et par là régulateur de la législation) et enfin gardien des grands sceaux du Roi. Ses fonctions le rattachaient donc à la monarchie et non à la personne du monarque, aussi était-il inamovible, prérogative qui devenait embarrassante quand il était physiquement ou intellectuellement diminué ou avait politiquement cessé de plaire. Dans ces cas, sans le priver de son office, le Roi lui en retirait l'exercice pour le confier à un garde des sceaux révocable. Mais il advint aussi plusieurs fois que Louis XV partageât les attributions de la chancellerie entre le chancelier et un garde des sceaux opérant simultanément. Le chancelier était de droit chef des Conseils. A ce titre, il présidait les séances où le Roi ne venait pas et recevait le serment des conseillers d'État. Il siégeait en principe dans tous les Conseils, mais, depuis 1661 et par une étrange dérogation à cette règle, il ne faisait plus partie d'office du Conseil d'En-haut : aucun des chanceliers de Louis XV ne fut ministre d'État, alors que certains de ses gardes des sceaux l'ont été. Le prestige de ce vénérable office accomplit néanmoins sous Louis XV une très nette remontée, provoquée tant par les conflits avec les parlements, qui mirent nécessairement en vedette le chef de la magistrature du royaume, que par les personnalités exceptionnelles de deux chanceliers : d'Aguesseau, l'illustre jurisconsulte et législateur, et Maupeou, le dernier grand homme d'État de la monarchie.

Les secrétaires d'État — officiers de la couronne — étaient quatre depuis leur apparition sous Henri II. A deux reprises, Louis XV en eut cinq à son service : depuis septembre 1718 jusqu'à la mort du cardinal Dubois, puis à partir de la fin de 1763, où un cinquième poste fut créé pour M. Bertin, qui quittait alors le contrôle général des finances. Certains secrétariats d'État avaient depuis longtemps des départements bien caractérisés : Affaires étrangères, Guerre, Marine ; d'autres attributions — Maison du Roi, Clergé, Ville de Paris — ne furent rassemblées en une seule main qu'à partir de 1749 et 1757 et le département de Bertin fut constitué en majeure partie d'affaires traitées auparavant par les finances. Il n'y avait pas de ministère de l'Intérieur, car les secrétaires d'État se partageaient traditionnellement l'administration des provinces. Celles des frontières étaient rattachées à la Guerre, les pays d'états à la Maison du Roi et le reste, suivant les moments, à tel ou tel : la Marine avait les colonies et cessa, sauf de 1749 à 1754, d'avoir des provinces métropolitaines ; à partir de 1747, plusieurs secrétaires d'État des Affaires étrangères ne voulurent plus se charger de ce détail, alors hérité par le secrétariat d'État de la Maison du Roi duquel, dans la seconde moitié du règne, relevèrent de plus en plus de provinces de l'intérieur.

Les secrétaires d'État étaient membres de droit du Conseil privé, mais y allaient très rarement ; ceux de la Marine et des Affaires étrangères assistaient au Conseil royal de Commerce. La plupart finirent par être ministres d'État : c'était de règle pour le secrétaire d'État des Affaires étrangères dès son entrée en charge. Ils étaient tous membres du Conseil des Dépêches, qui était vraiment leur Conseil par excellence. Leur rôle était donc limité en fait aux Conseils de gouvernement, où il était essentiel.

De Henri II jusqu'en 1715, tous avaient été nobles, issus non pas de familles chevaleresques, mais de lignées de robe, de plume ou de finance entrées dans la noblesse, tantôt récemment, tantôt d'ancienneté, par l'achat d'offices anoblissants de judicature ou de chancellerie. Louis XV continua à puiser ses secrétaires d'État dans ce même milieu, mais, à partir de 1757, il en recruta plusieurs dans la vieille aristocratie de cour. Celle-ci, depuis la Régence, avait presque sans interruption fourni des ministres d'État et avait ainsi été mêlée aux affaires publiques : il était inévitable qu'à force d'y être mêlée elle souhaitât y prendre une part de plus en plus active.

Le contrôleur général des finances était un des membres les plus éminents du gouvernement, non seulement parce qu'il gérait les finances, mais parce que, depuis Colbert, il faisait mouvoir la majeure partie des ressorts de l'administration du royaume, grâce surtout aux intendants des provinces, qui étaient pour la plupart à sa nomination et sous sa dépendance. La structure de son ministère était différente de celle de la chancellerie et des secrétariats d'État : elle avait un caractère collégial, hérité du Moyen Âge. Le contrôle général, en effet, était divisé en plusieurs départements ; le contrôleur général se réservait l'un d'eux, groupant les matières jugées essentielles (notamment le Trésor royal) et ne conservait qu'une sorte d'inspection générale sur les autres, dirigés chacun par un *intendant des finances*. Équipe maintes fois désignée par les expressions de « Messieurs des finances » ou « les gens des finances ».

De droit, le contrôleur général siégeait au Conseil privé (où sa venue était rare), au Conseil des Dépêches et aux Conseils royaux des Finances et de Commerce ; tôt ou tard et presque inévitablement, le Roi le créait ministre d'État. Les intendants des finances n'entraient qu'au Conseil privé, où il leur était difficile d'être très assidus ; deux au moins siégeaient au Conseil royal des Finances et presque tous finissaient par être promus conseillers d'État. Ils n'avaient pas de travail particulier avec le Roi, honneur réservé à leur chef. Ils étaient néanmoins des personnages quasi ministériels. Le règne de Louis XV a marqué leur apogée.

Leur nombre oscilla entre cinq et sept selon les moments.

Leurs départements acquirent des attributions fixes et cohérentes, constituant comme autant de petits ministères : ainsi le département des impositions, dirigé de père en fils pendant trois générations par MM. d'Ormesson, le département des ponts et chaussées, illustré par Trudaine, le département des eaux et forêts et des domaines, etc. Ils étaient maîtres de leur service et correspondaient directement avec le chancelier, les secrétaires d'État et les intendants des provinces. Leurs fonctions, érigées en *offices*, étaient donc parfaitement stables, beaucoup plus que le poste de contrôleur général, qui était statutairement *une commission* révocable à tout instant. Stabilité qui leur conférait un avantage sur les contrôleurs généraux qui, par moments, se succédèrent rapidement et dont certains n'eurent guère de personnalité. Comme ils étaient généralement issus, de même que ces ministres, du corps des maîtres des requêtes, ils étaient pour eux des collaborateurs faisant figure de collègues plus que de subordonnés. Pour un intendant des finances chevronné, le contrôleur général pouvait même apparaître moins comme un supérieur que comme un confrère ambitieux ou téméraire s'abandonnant à la séduction facile d'une place ministérielle au lieu de savourer la pérennité d'un pouvoir et d'une considération fermement assis.

Le contrôleur général était encore secondé par quatre *intendants du commerce* qui, sans atteindre le degré de prestige et d'influence de ceux des finances, n'en participaient pas moins, eux aussi, à la gestion collégiale de ce vaste ministère.

Les fonctions des *maîtres des requêtes* étaient constituées en *offices*, et cela depuis le Moyen Âge. Ils formaient en 1723 une compagnie de quatre-vingt-huit magistrats, que Louis XV réduisit à quatre-vingts en 1752. Leur titre complet, « maître des requêtes ordinaire de l'hôtel du Roi », attestait l'ancienneté de leur existence et la variété de leurs activités. De leur institution primitive subsistait au XVIIIe siècle le rite voulant que les dimanches et jours de fête deux d'entre eux accompagnassent le Roi à la messe, où ils se tenaient près de son prie-Dieu, et le reconduisissent ensuite à son cabinet, pour recevoir en chemin les placets et suppliques ; pendant la guerre de Succession d'Autriche, Louis XV en emmena deux à sa suite en campagne. Depuis des siècles, ils dépendaient étroitement du chancelier dont ils étaient les collaborateurs habituels, « les assesseurs » aimait-on dire. Aussi la justice, l'audience du sceau et le Conseil étaient-ils les terrains d'élection de leur action. Mais c'était dans les Conseils dont ils étaient les rapporteurs nés, qu'ils remplissaient la partie la plus active de leurs fonctions et qu'ils décidaient de leur carrière. En fait, tous n'assistaient et n'opinaient qu'au Conseil privé et ne pénétraient pas en corps dans les

Conseils de gouvernement, mais seulement à titre individuel, en tant que commissaire désigné pour le rapport d'une affaire précise.

Quelque capital que fût leur rôle auprès du chancelier et des Conseils, l'essentiel de leur importance tenait à ce que leur compagnie était le vivier où le Roi puisait la majeure partie du personnel du gouvernement et de l'administration : conseillers d'État, intendants des provinces, des finances et du commerce, contrôleurs généraux des finances, lieutenant général de police de Paris, certains secrétaires d'État. Le marquis d'Argenson la qualifiait avec justesse de « pépinière des administrateurs ».

On appartenait donc au Conseil du Roi à des titres divers et on y tenait des rôles non moins variés. Comment cette institution a-t-elle évolué sous Louis XV ?

LE ROI EN SON CONSEIL

Avec la réinstallation de la cour à Versailles en juin 1722, l'organisation du Conseil du Roi redevint, à quelques détails près, ce qu'elle était au moment de la mort de Louis XIV. Dans son unité fondamentale, *le Conseil du Roi* partageait son travail entre des séances bien différenciées par leur compétence et leur composition et formant deux groupes distincts : les Conseils de gouvernement et les autres.

*
**

On appelle *Conseils de gouvernement* ceux qui étaient toujours et exclusivement tenus par le Roi en personne et dont, pour cette raison, émanaient les arrêts dits « en commandement ». Ils ne siégeaient que dans l'appartement de Sa Majesté, en une pièce voisine de sa chambre et appelée « cabinet du Conseil », qui existait dans tous les châteaux royaux, où elle était l'une des plus somptueuses. Pièce liée à la vie publique comme à la vie privée du prince : il arrivera à Louis XV de s'y habiller, voire d'y coucher par les grands froids, son chat angora y aura domicile sur un coussin de damas cramoisi. Le Roi indiquait l'heure de la séance, dont les membres étaient avertis par les huissiers du cabinet. Une fois le Conseil assemblé, on fermait les portes, qui étaient gardées au-dehors afin que nul n'en approchât pour tenter de percer le secret des délibérations. On ne devait pas déranger le Roi pendant le Conseil, sauf dans des circonstances particulières.

Ces Conseils siégeaient autour d'une table longue, à l'un des « hauts bouts » de laquelle prenait place le souverain. Lui seul avait un fauteuil et le reste de l'assistance se contentait de tabourets sans bras ni dossiers qui avaient forme de pliants pour marquer que le Conseil devait suivre partout un monarque itinérant par nature. On prenait place à droite et à gauche de lui, selon des rangs et des préséances jalousement observés. Le Roi ouvrait la séance, soit en mettant lui-même une question sur le tapis, soit en donnant la parole au rapporteur. Après audition de celui-ci, le Roi lançait la discussion, où chacun intervenait selon son rang, en commençant par les moins élevés en dignité. Pour finir, le Roi allait « aux opinions », c'est-à-dire recueillait, toujours dans ce même ordre, les avis définitifs, puis tranchait. En principe, le Conseil étant un organe purement consultatif, le souverain n'était nullement tenu par les suffrages exprimés et était libre de statuer à l'opposite de ses conseillers. Dans la pratique, Louis XIV s'était fait une règle de prononcer toujours une décision conforme à la pluralité des voix et ne s'en écarta presque jamais. Louis XV l'imita et se sentait même si lié par l'avis majoritaire qu'il lui arriva quelquefois, devant la tournure prise par le débat, de l'interrompre plutôt que d'avoir à prendre un parti différent de celui qui menaçait de se dégager.

Les séances duraient généralement au moins deux heures, mais bien souvent l'importance, le nombre ou l'urgence des affaires les prolongeaient fort au-delà. Cinq Conseils de gouvernement ont fonctionné avec des fortunes diverses entre 1723 et 1774 : le Conseil d'En-haut, le Conseil des Dépêches, le Conseil de Conscience, le Conseil royal des Finances et le Conseil royal de Commerce.

Le Conseil d'En-haut — souvent nommé aussi « Conseil d'État » par les contemporains — était sous Louis XIV le plus éminent, car on y délibérait de tous les principaux intérêts de l'État, c'est-à-dire des affaires intérieures aussi bien que des extérieures. On s'attendait en 1723 à ce qu'il reprît exactement ce rôle et c'est ce qui se passa d'abord. Mais à partir de 1730, il fut concurrencé pour la politique intérieure par le Conseil des Dépêches et bientôt n'eut plus à connaître que de la diplomatie, des questions militaires et navales et, en temps de guerre, de la préparation des campagnes et de la conduite des opérations, partageant ainsi la prépondérance avec le Conseil des Dépêches.

N'entraient à ce Conseil que le premier ministre et les ministres d'État. Le secrétaire d'État des Affaires étrangères, qui était nécessairement ministre d'État, et celui de la Guerre, très souvent ministre lui aussi, en étaient les rapporteurs attitrés. Les jours de séance sous Louis XV furent immuablement le dimanche et le mercredi, mais les séances extraordinaires étaient fréquentes, surtout pendant une guerre ou une crise internationale. De sorte que ce Conseil se réunissait en moyenne de cent vingt à cent trente fois par an, et sensiblement plus en cas d'événements graves.

Le Conseil des Dépêches avait lieu tous les samedis, ou parfois le vendredi quand Louis XV avait prévu une chasse ou un voyage en fin de semaine. En dehors de cette session hebdomadaire, il y en eut beaucoup d'extraordinaires, jusqu'à plusieurs jours de suite, pendant les grands conflits entre la couronne et les cours supérieures. De sorte que le Roi qui, dans une année courante, le tenait une cinquantaine de fois, dut le convoquer de soixante à soixante-dix fois au moins dans les années de crise, et celles-ci ne manquèrent pas à partir de la guerre de Sept Ans. Cette fréquence atteste l'importance prise par ce Conseil qui n'atteignit son plein épanouissement que sous Louis XV et devint alors l'homologue de celui d'En-haut, étant aux affaires du dedans ce que l'autre était aux affaires du dehors.

Le Conseil des Dépêches était composé du premier ministre, du chancelier, des ministres d'État, des secrétaires d'État — qui en étaient les rapporteurs ordinaires — et du contrôleur général. Des conseillers d'État y entraient souvent avec un maître des requêtes pour y opiner sur une affaire dont l'examen leur avait été renvoyé, car ce Conseil était appelé à juger des procès de conséquence.

Le Conseil de Conscience était une création du Régent, qui l'avait institué en 1720 pour veiller à l'application des mesures relatives à la bulle *Unigenitus*. Il fut conservé en 1723 pour être tenu le jeudi. De par sa compétence, il eut une composition assez singulière, rassemblant autour du Roi et du premier ministre quelques cardinaux et évêques (dont Fleury) et nul autre ministre. Il fut très actif jusqu'en 1730, puis déclina rapidement, miné par l'omnipotence du cardinal de Fleury, et disparut définitivement en 1733.

Le Conseil royal des Finances avait été mis sur pied par Louis XIV en septembre 1661 aux fins d'être assisté par lui dans l'exercice des fonctions de surintendant. Ce Conseil devait donc à la fois expédier toute une besogne comptable et décider de la haute politique financière et fiscale de la monarchie. Il en alla ainsi dans les commencements, mais, dès le temps de Colbert, le rôle originel de ce Conseil s'infléchit sous l'effet de la concurrence que lui infligeaient et le travail du Roi avec le ministre, et la structure collégiale du contrôle général. Beaucoup de décisions de son ressort furent prises en tête à tête par Louis XIV et les contrôleurs généraux successifs, tandis que ses séances étaient envahies par un contentieux souvent intempestif, qui ne méritait pas toujours l'attention du Roi.

Ce Conseil fut reconstitué dès les derniers temps de la Régence. En faisaient partie le premier ministre, le chancelier, le contrôleur général, deux conseillers d'État et un personnage qui, en dépit de son titre de « chef du Conseil royal des Finances », n'avait qu'un rôle décoratif mais hautement rémunéré. Il tenait une session tous les mardis, ce qui était en retrait par rapport aux usages de Louis XIV, qui l'assemblait deux fois par semaine. Pendant quelques années, il soutint régulièrement ce rythme hebdomadaire, mais, dès les années 1728-1730, eut peine à le suivre : dans la décennie 1730-1740, il siégeait à peu près vingt-cinq fois l'an, et non cinquante comme il aurait dû. Ensuite, son activité continua à devenir de plus en plus intermittente et, à partir environ de 1755-1760, il se réunit en moyenne une fois par mois. Ce dépérissement apparemment inéluctable eut une cause majeure dans le fait que le contrôleur général était l'unique rapporteur dans ce Conseil : il y donnait aux affaires la tournure qu'il avait forgée dans son cabinet. Comme ces affaires résultaient d'une multitude de détails que les autres membres du Conseil ne possédaient pas comme lui, la décision était comme inévitablement conforme à son avis. Puisque le rapporteur décidait tout, à quoi bon réunir le Conseil ? Le travail du Roi et la besogne des bureaux suffisaient. Dans ces conditions, il est naturel qu'un *Conseil royal de Commerce* créé en 1730 n'ait eu qu'un fonctionnement éphémère et bientôt une existence purement nominale.

Tous ces Conseils de gouvernement supposaient une préparation. Celle-ci était d'abord la tâche des services ministériels, mais maintes affaires étaient préalablement examinées, soit (on l'a déjà dit) dans le travail du Roi, soit dans des réunions où se retrouvaient, hors de la présence de Sa Majesté, les membres du Conseil d'En-haut ou du Conseil des Dépêches et qu'on appelait *Comité des ministres*. Ce n'était pas une institution, mais une pratique informelle à laquelle on connaît des antécédents sous Louis XIV et la Régence et qui se régularisa au commencement de 1737. Le cardinal de Fleury venait de faire disgracier le garde des sceaux Chauvelin, qu'il traitait depuis plusieurs années comme un adjoint et un successeur et qui vaquait notamment à harmoniser l'action des divers ministères. Il ne voulut désigner personne pour reprendre ce rôle et pensa obtenir aussi bien cette coordination en tenant des assemblées de ministres. Ces Comités eurent lieu régulièrement tous les lundis jusqu'à la mort de Fleury. Louis XV eut alors conscience qu'un Comité se réunissant régulièrement et comme automatiquement risquait d'échapper à son contrôle et d'avilir et affaiblir ses Conseils en devenant une sorte de conseil de cabinet. Aussi, à dater de 1747, les Comités perdirent-ils leur caractère régulier et ne purent s'assembler que sur son ordre ou son autorisation et au gré des circonstances, sous la présidence du chancelier ou du plus élevé en dignité des ministres d'État. Et cela, le plus souvent, pour mettre en forme les décisions prises en Conseil ou pour examiner en détail une affaire à porter au Conseil : maintes fois, les remontrances des cours commencèrent par être lues dans les Comités, où les matières abordées relevaient ordinairement des secrétariats d'État et très rarement de la finance.

*
**

Le Roi ne pouvait pas être présent à tout ce qui se traitait dans son Conseil, particulièrement en matière contentieuse, mais tout se faisait au Conseil sous son aveu et comme émané de sa personne et c'est pourquoi, là où il ne venait pas, le chancelier — dont la tradition disait qu'il était « la bouche du Roi » — présidait les séances et prononçait les arrêts. L'ensemble de ces séances était intitulé *Conseil d'État privé Finances et Direction*, appellation complexe recouvrant une réalité qui l'était elle-même quelque peu.

En 1661, cet assemblage comprenait quatre formations : le Conseil d'État privé, appelé encore Conseil des Parties, le Conseil d'État et des Finances, dénommé aussi Conseil ordinaire des Finances, et deux réunions dites respectivement Grande et Petite Direction des Finances.

Les deux premières étaient en fait le même Conseil qui tenait chaque semaine deux sessions différentes : certains jours, il était *Conseil d'État privé* et, ce faisant, exerçait la justice retenue du Roi en maintenant l'ordre des juridictions, en veillant au respect de la législation et en examinant ce qui relevait en général du contentieux judiciaire impliquant les particuliers et les corps, d'où son surnom usuel de *Conseil des Parties*. Et d'autres jours, fonctionnant comme *Conseil d'État et des Finances* ou *Conseil ordinaire des Finances,* il expédiait les questions courantes d'administration financière et fiscale et il jugeait le contentieux administratif dépendant du contrôle général. La *Grande Direction des Finances* traitait ceux des procès opposant des particuliers à l'État où celui-ci avait moins d'intérêt que ceux-là et la *Petite Direction* avait même compétence pour les affaires mineures.

Un même personnel servait autour du chancelier dans le Conseil des Parties et le Conseil ordinaire des Finances : les conseillers d'État, les intendants des finances, les maîtres des requêtes, le contrôleur général. Membres de droit, les secrétaires d'État n'y venaient guère et les ministres d'État moins encore. Les deux Directions n'accueillaient que certains conseillers d'État.

Cette organisation subit une altération essentielle : vers 1665, le Conseil d'État et des Finances amorça un déclin qui se poursuivit si bien d'année en année qu'il finit par disparaître entre 1680 et 1690. Jamais sa suppression ne fut prononcée, ni annoncée ; ses réunions s'espacèrent si doucement que, au terme d'une lente désuétude, on ne s'avisa point que l'une fut la dernière. Diverses causes ont présidé à ce discret effacement.

En premier lieu, le retrait au chancelier de sa participation à la gestion des finances le priva en grande partie de la possibilité de distribuer des requêtes ou des instances à rapporter au Conseil ordinaire des Finances, distribution qu'accapara Colbert. Comme il y avait déjà presque un siècle que les maîtres des requêtes — qui avaient statutairement l'exclusivité du rapport des requêtes dans les Conseils — se plaignaient amèrement d'être dépossédés par les intendants des finances du rapport d'un grand nombre d'affaires devant le Conseil d'État et des Finances, Colbert put aisément parachever cette éviction. Or Messieurs des finances faisaient tous partie des Conseils du Roi. Certes y entraient-ils à des titres et à des rangs divers, mais cette appartenance globale au Conseil et la nature collégiale de leur besogne les amenèrent à se considérer comme formant ensemble une manière de Conseil et à se substituer ainsi en majeure partie au rôle du Conseil ordinaire, voire du Conseil royal des Finances.

Avec le Conseil d'État et des Finances avait disparu la juridiction suprême du contentieux administratif, alors même que celui-ci tendait à s'enfler. Cette défaillance passa d'abord inaperçue, parce que, d'une part, elle se produisit furtivement et que, d'autre part, le nombre des arrêts censés émaner annuellement des Conseils de Finance — traditionnellement appelés « arrêts en finance » — ne diminuera en rien, pour une raison que nous exposerons bientôt.

L'on saisit ainsi ce qu'il en était en 1723 du « Conseil d'État privé Finances et Direction » : il ne se composait plus que du Conseil d'État privé ou des Parties, des Directions et de différents bureaux et commissions. Les deux Directions eurent un rôle effacé : la grande ne tenait que de six à douze réunions par an et la petite eut une activité si discontinue et si réduite qu'elle cessa complètement vers 1767.

Le Conseil d'État privé, au contraire, manifesta tout au long du règne une constante vitalité. Il siégeait ordinairement le lundi, dans un local qui lui était réservé, la « salle du Conseil », aménagée seulement dans les principales résidences royales et située hors de l'appartement du Roi : à Versailles, elle est au rez-de-chaussée de la « vieille aile », donnant d'un côté sur la cour royale et de l'autre sur celle des princes. Louis XIV le tint quelques rares fois au commencement de son règne et ensuite n'y alla plus. Louis XV le laissa aussi travailler en toute liberté et n'y serait probablement jamais descendu sans les circonstances particulières qui, à deux reprises, l'incitèrent à y venir en 1762 et en 1766. Sa Majesté était toujours réputée présente et son fauteuil vide dominait la salle ; le chancelier s'asseyait à droite de ce siège et présidait de là. Des « chaises à bras » recouvertes de maroquin noir accueillaient MM. les conseillers d'État ; les maîtres des requêtes restaient debout.

L'assistance y était beaucoup plus nombreuse que dans les Conseils de gouvernement. Certes, ceux qui en étaient membres ne pouvaient pas tous y paraître : des conseillers d'État et des maîtres des requêtes étaient trop âgés ou malades pour se déplacer et d'autres étaient retenus ailleurs par leurs fonctions d'ambassadeur ou d'intendant. Il y avait souvent de trente-cinq à quarante-cinq présents, et parfois jusqu'à une soixantaine. Après la séance, le chancelier retenait à dîner Messieurs du Conseil. Le Conseil des Parties bénéficiait à peu près des mêmes congés que les parlements : en octobre, après avoir tenu quelques réunions supplémentaires, il vaquait jusqu'à la Saint-Martin, siégeant en moyenne de quarante à quarante-cinq fois l'an.

Dans le Conseil privé, le Roi exerçait son droit de supériorité sur les cours et tribunaux auxquels il avait délégué le pouvoir de rendre la justice en son nom. Leurs juges étaient dispensateurs et non pas maîtres de l'autorité qui leur était confiée. S'ils en mésusaient, c'est cette autorité même qu'ils blessaient et le prince, qui en était la source, était en droit d'y mettre ordre comme souverain. Le Conseil des Parties avait donc en vue l'intérêt de la loi avant celui des justiciables. Il connaissait des demandes en révision de procès criminels, des règlements de juges et surtout des pourvois en cassation. Le chancelier de Pontchartrain à la fin du règne de Louis XIV et ses successeurs sous Louis XV s'efforcèrent avec succès de bannir la chicane du Conseil privé et réussirent ainsi tout à la fois à circonscrire et à magnifier son rôle. Ils luttèrent en particulier pour dissuader les plaideurs de considérer le recours en cassation comme une voie d'appel déguisée. Ce Conseil se comporta de plus en plus comme une manière de cour suprême, où le droit s'affinait et se perfectionnait grâce aux trois cent cinquante à quatre cents arrêts qui s'y rendaient chaque année.

C'est qu'il travaillait avec beaucoup de régularité et de rigueur. Aucune affaire n'y était jugée sans avoir été préalablement étudiée, au rapport d'un maître des requêtes, par un groupe de conseillers d'État. Ceux-ci étaient, à cette fin, constitués en plusieurs « bureaux » spécialisés : bureau des affaires ecclésiastiques, bureau des cassations, etc. Comme les arrêts des cours supérieures n'étaient pas motivés, un des premiers soins du Conseil privé saisi d'un recours en cassation était de demander au procureur généal de la cour dans laquelle avait été rendu l'arrêt attaqué d'envoyer les motifs sur lesquels celui-ci était fondé. Outre que c'était un éclaircissement de grande conséquence pour accorder ou refuser la cassation, c'était aussi un acte de supériorité que le Roi exerçait sur ses juges en leur demandant raison de leurs décisions.

Autour de tous les Conseils gravitaient encore de multiples *bureaux et commissions*, où s'affairaient conseillers d'État, maîtres des requêtes, intendants des finances et du commerce : Conseil de Chancellerie, bureau du Commerce, bureau des Domaines et aides, bureau des Gabelles et Fermes, Conseil des Prises, commission des Péages, bureau des Postes et messageries, etc. Certains de ces organismes n'étaient chargés que de l'étude de telles et telles catégories d'affaires et d'autres, qui avaient reçu des pouvoirs juridictionnels, rendaient des jugements en dernier ressort contre lesquels on pouvait se pourvoir devant le Conseil en appel ou en cassation. De tels jugements palliaient en partie la défaillance du défunt Conseil ordinaire des Finances.

Au Conseil, le Roi éclairait son action et déclarait sa volonté : cet organe était comme le cœur de la monarchie. Institution à la fois pluriséculaire et très moderne, institution fondamentale, aux ramifications variées mais inégalement vivaces car il saute aux yeux que tout ce qui relevait des finances y était traité différemment du reste. Distinct du gouvernement, ce Conseil était en même temps inséparable de lui, car ils étaient l'un et l'autre animés par un personnel commun. Quantité d'affaires parvenaient dans les Conseils par le canal des ministres, chargés ensuite de l'exécution des décisions. Il faut donc pénétrer un moment dans leurs bureaux.

Les bureaux

La majorité des matières portées dans les Conseils de gouvernement y étaient introduites par les ministres. Il s'agissait en général soit de dossiers élaborés, ayant fait l'objet d'enquêtes préparatoires, d'examens contradictoires, d'études juridiques, techniques ou financières, soit des nouvelles, rapports, mémoires, demandes ou avis charriés par le flot quotidien des correspondances reçues des ambassadeurs, chefs d'armées, gouverneurs, intendants, premiers présidents, procureurs généraux, évêques, maires et tous autres personnages investis de responsabilité publique. Une des tâches majeures du premier ministre consistait à filtrer toutes ces affaires pour retenir celles qui passeraient au travail du Roi ou au Conseil.

Pour recevoir le courrier, le répartir entre les responsables, en tirer des extraits, préparer les rapports, les réponses, les projets de lois, d'arrêts et de règlements, bref pour expédier tout le travail découlant de leurs attributions, le chancelier, les secrétaires d'État et les gens des finances disposaient de secrétaires et d'employés entre lesquels ces tâches étaient réparties. Ces services comprenaient généralement, d'une part, un secrétariat particulier du ministre (ancêtre lointain de nos pléthoriques cabinets ministériels) et, d'autre part, différents bureaux ayant à leur tête un chef titré le plus souvent « premier commis ». Ces premiers commis et secrétaires particuliers étaient recrutés et nommés sur l'initiative et sous la responsabilité des ministres : c'était un choix personnel dont le Roi ne se mêlait généralement pas. Beaucoup de premiers commis finissaient cependant par être connus de lui, les uns à cause des hautes responsabilités qu'ils assumaient ou de leur mérite personnel, les autres parce que lui-même leur confiait des missions : des premiers commis des Affaires étrangères, par exemple, furent envoyés comme ministres plénipotentiaires ou résidents dans diverses cours d'Europe. Semblablement, les premiers commis, qui répondaient du travail de leurs commis et subordonnés, les choisissaient-ils en principe à leur gré. En fait, l'approbation du ministre était requise au moins par déférence et des protections pouvaient influencer l'embauchage : on constate ainsi que le patronage de Marie Leszczynska et, plus tard, de ses filles a été le point de départ de plusieurs carrières dans les bureaux. Les appuis familiaux n'étaient pas moins utiles et on relève souvent dans tout ce monde les parentés les plus proches comme les cousinages les plus variés. Jouissant d'un traitement élevé, anoblis parfois en récompense de leurs services, les premiers commis des ministres étaient des personnages fort importants, qui préfigurent à la fois les directeurs généraux de nos ministères et les directeurs de cabinet de nos ministres.

*
**

La chancellerie, un des plus vieux rouages de la monarchie, fonctionna encore sous Louis XV selon d'antiques traditions. De par ses qualités de surintendant de la justice, gardien du sceau et chef des Conseils, le chancelier avait à sa disposition de nombreux officiers et dignitaires. Pour le sceau, il était assisté par les maîtres des requêtes et par les officiers propres de la chancellerie. Pour les Conseils, il était servi par les conseillers d'État, les maîtres des requêtes, secrétaires-greffiers, avocats et huissiers. Les maîtres des requêtes encore, ses assesseurs, et les conseillers d'État l'aidaient dans son travail législatif et judiciaire. Dans ces conditions, il n'avait besoin par ailleurs que de rares collaborateurs. Aussi n'eut-il jamais qu'un secrétariat un peu étoffé, avec deux secrétaires, dont l'un était qualifié de « premier secrétaire », commandant eux-mêmes à quelques scribes. En tout, pas plus de dix à douze employés !

Les secrétariats d'État, dont les traditions n'étaient pas aussi vénérables, avaient des bureaux plus développés, mais dans des proportions variant sensiblement d'un département à l'autre. La spécialisation des attributions de certains secrétaires d'État avait exigé la formation de services de caractère technique ou très spécifique comme ceux des routes, des invalides et déserteurs à la Guerre, des interprètes et du chiffre aux Affaires étrangères, des classes, des pêches, des colonies, des consulats à la Marine. Presque tous avaient un bureau des provinces pour l'administration intérieure et un bureau des fonds pour la gestion du budget. Au moment de la mort de Louis XIV, il y avait dix bureaux et autant de premiers commis à la Guerre, où l'on comptait au moins 54 commis en 1734. Aux Affaires étrangères, il y eut, selon les ministres, deux ou trois bureaux politiques à compétence géographique (« Nord » et « Midi » lorsqu'ils étaient deux). La Marine avait en 1762 8 premiers commis et 62 commis. Le secrétariat d'État de M. Bertin occupait en tout et pour tout 25 personnes.

Tous ces chiffres doivent rester présents à l'esprit quand on se met à parler de « bureaucratie monarchique » : oui ! la monarchie devenait de plus en plus administrative, mais où trouve-t-on exactement trace de bureaucratie quand la chancellerie n'a pas 15 commis, quand un département important comme la Marine ne totalise même pas une centaine d'employés de tout grade, quand un autre n'en compte que deux douzaines ? L'étonnant, c'est que si peu d'hommes, écrivant à la lueur des bougies avec des plumes d'oie, aient griffonné, minuté, recopié, grossoyé ou calligraphié tant de dépêches, d'arrêts, de rapports et autres documents ! A vrai dire, il y aura, nous le dirons, une croissance des effectifs après 1750 et, surtout, les choses étaient assez différentes du côté des gens des finances.

*
**

Le contrôleur général, en effet, avait ses bureaux avec leurs premiers commis, commis et employés divers, mais chaque intendant des finances avait aussi ses bureaux avec premiers commis, commis et employés divers. En 1762, par exemple, secrétaires particuliers et premiers commis de Messieurs des finances formaient à eux seuls un effectif de 34 personnes, ce qui suppose pas mal de subordonnés répartis en des services inégalement peuplés : si, en 1726, un des premiers commis de M. d'Ormesson avait sous ses ordres 24 employés de rangs variés, il ne s'ensuivait pas que tous ses collègues en eussent un nombre aussi élevé.

La différence de structure entre les finances et les autres ministères se répercutait sur les procédés de gouvernement. Le fonctionnement d'un secrétariat d'État reposait sur les relations entre une seule personne — le ministre — et ses premiers commis : ceux-ci avaient avec lui un « travail », comme lui-même avec le Roi, où ils apportaient dossiers et rapports et recevaient les ordres, les directives et les instructions qu'ils faisaient ensuite dépêcher et appliquer par leurs bureaux. Mais, si habiles et considérés que pussent être ces premiers commis, ils n'appartenaient jamais au Conseil, duquel leur ministre était seul à faire partie. Les finances, au contraire, étaient coiffées par un ensemble de membres du Conseil : le contrôleur général et les intendants des finances. Or, cette appartenance commune au Conseil les poussait non seulement — comme on l'a déjà signalé — à se comporter depuis Colbert comme une sorte de Conseil, mais même à donner à leurs résolutions personnelles et collectives la forme d'arrêts du Conseil, ce à quoi il faut reconnaître qu'ils étaient contraints aussi pour d'autres raisons.

Pour exprimer leurs décisions, ils ne disposaient guère, en effet, que de leur correspondance politique et administrative, par où ils ne pouvaient tout faire passer. Or, le statut de leurs fonctions ne leur permettait pas de promulguer sous leur responsabilité personnelle des actes de portée législative ou réglementaire tels que décrets ou arrêtés : tout devait prendre nécessairement la forme d'un acte émané du Roi, principe et centre de toute puissance publique. C'était une vieille règle, antérieure au développement du pouvoir ministériel depuis le XVIe siècle, et que l'on n'avait pas tenté d'adapter ensuite. Dans ces conditions, Messieurs des finances ont été comme inexorablement conduits — et au moins depuis Sully — à recourir au biais de l'arrêt du Conseil.

Le contrôleur général et les intendants des finances avaient chacun des séances de « travail » à tour de rôle avec leurs premiers commis ; le contrôleur général recevait de même régulièrement l'un après l'autre les intendants des finances. Ces derniers, en outre, pour coordonner leurs activités, se réunissaient une fois par semaine chez le plus ancien. De cette assemblée hebdomadaire, du travail du ministre avec le Roi et avec les intendants des finances, comme de celui des premiers commis avec le contrôleur général et les intendants, de toutes ces réunions et entrevues émanaient des décisions prises souvent dans l'intimité d'un cabinet, mais dressées en forme d'arrêts du Conseil. Et dans une proportion telle qu'on a pu, par exemple, calculer avec exactitude que, sur les 2 638 arrêts en finance rendus au long de l'année 1736, 13 % seulement avaient été effectivement rendus en Conseil, le reste habillant des résolutions adoptées par Messieurs des finances. Le plus souvent, le Conseil n'était donc en finance qu'une façade derrière laquelle agissait une administration au demeurant compétente, dévouée, efficace et généralement fort intègre. Aujourd'hui on parlerait de pouvoir technocratique. Quels que fussent les mérites des hommes, il y avait là une situation fausse, car elle reposait trop largement sur une fiction qui, tôt ou tard, ne pouvait qu'être décelée et donc dénoncée et qui le fut effectivement un jour, ainsi qu'on le verra.

*
**

De tous ces services ministériels on retiendra enfin qu'ils étaient itinérants, à la fois parce que le Roi l'était et parce que les bureaux n'étaient pas tous implantés à Versailles. Louis XIV avait fait élever dans cette ville un hôtel pour la chancellerie, à quelques pas du château, et, dans l'avant-cour de celui-ci, deux ailes symétriques pour les bureaux des secrétaires d'État et du contrôleur général. Ces édifices conservèrent leur destination au XVIIIe siècle, mais les deux ailes des ministres furent insuffisantes pour absorber des bureaux et un personnel accrus. D'où une dispersion assez singulière des services. En 1718, un hôtel de la place Vendôme à Paris fut acheté pour le chancelier : c'est toujours notre ministère de la Justice. Dans le secrétariat d'État de M. de Saint-Florentin, une partie des premiers commis étaient installés à Versailles dans l'aile des ministres, les autres avaient leurs bureaux à Paris dans leur demeure et les archives du département s'entassaient au Louvre. C'est seulement en 1759 et en 1762 que le secrétariat d'État de la Guerre et celui des Affaires étrangères purent emménager au complet dans des hôtels édifiés spécialement pour eux à Versailles près du château. Les services des finances étaient fort disséminés, mais principalement dans Paris, où résidaient à la fois en personne et en corps les financiers avec lesquels ils étaient sans cesse en contact : fermiers généraux, trésoriers généraux et autres manieurs d'argent. Les bureaux du contrôleur général étaient partagés entre Versailles et la capitale ; les intendants des finances habitaient à Paris et abritaient dans leur propre hôtel leur secrétariat et les bureaux de quelques premiers commis, les autres ayant les leurs à domicile. Toutes implantations condamnant les hommes et les dossiers à courir ou à rouler souvent sur la route de Versailles et dans les rues parisiennes.

Enfin, quand Louis XV accomplissait les séjours rituels à Fontainebleau et à Compiègne, il y était accompagné non seulement d'une bonne partie de sa cour et de sa maison, mais de ses ministres avec une forte délégation de leurs bureaux : en 1735, 36 premiers commis et 125 commis durent ainsi se transporter en automne à Fontainebleau. Des hôtels avaient été construits dans cette ville et à Compiègne pour la chancellerie ; les premiers commis et commis des autres ministères étaient logés dans des maisons ou appartements réquisitionnés ou loués pour eux.

Au terme de cette exploration des Conseils et du gouvernement, une évidence apparaît criante : en matière financière, rien ou presque ne ressemblait à ce qui se faisait ailleurs. Les Conseils où devaient se traiter les affaires relevant du contrôle général semblaient condamnés les uns après les autres à un dépérissement inéluctable, alors que les autres Conseils faisaient preuve, au contraire, de la plus grande vitalité. Et les finances, avec leur structure collégiale et leurs très puissants intendants des finances, différaient beaucoup de la chancellerie et des secrétariats d'État, où le ministre était un homme seul, dont les assesseurs ou collaborateurs étaient toujours hiérarchiquement et honorifiquement très en-dessous de lui. En outre, par leur nombre, les bureaux et les commis de Messieurs des finances équivalaient presque à ceux des autres départements ministériels. Ce poids du contrôle général était dans le gouvernement un facteur de déséquilibre.

*
**

Cet examen des organes de gouvernement et de Conseil conduit à une constatation frappante : l'absence d'un secrétariat particulier du souverain. Louis XV faisait tout lui-même : il annotait de sa main les documents et rédigeait de même lettres et réponses, mettait lui-même en ordre ses dossiers et ses armoires, triait et brûlait les papiers inutiles. Ses premiers valets de chambre ou un garçon de la chambre transmettaient les plis. Pour le premier monarque d'Occident, ces méthodes de travail étaient en quelque sorte artisanales. Il existait bien quatre « secrétaires de la chambre et du cabinet du Roi » servant par quartier, mais ils n'avaient la plume que pour les lettres de part, de félicitations, de condoléances, de nouvel an, que le Roi Très-Chrétien adressait protocolairement aux autres têtes couronnées ; ils n'entretenaient pas la moindre correspondance politique. Les vrais secrétaires du souverain — les seuls — étaient ses secrétaires d'État, dont la titulature complète s'énonçait « secrétaires d'État et des commandements et finances de Sa Majesté ». Lors de leur apparition sous Henri II, leur rôle auprès du Roi avait un caractère domestique et ils n'étaient alors assistés que de quelques scribes. Au fil des règnes, ils étaient devenus des personnages ministériels, leurs départements s'étaient développés, évolution qui renforça leurs prérogatives et singulièrement celle voulant que les ambassadeurs, les chefs d'armée, les gouverneurs, les intendants, les évêques, les hauts magistrats et tous autres ne pussent correspondre officiellement en droiture avec le prince : toutes les dépêches qu'ils lui adressaient ne lui parvenaient que par le canal des secrétaires d'État, qu'empruntaient de même ses réponses et ses ordres. En outre, dans la plupart des cas, les dépêches, rapports et autres documents lus ou présentés au Roi pendant le Conseil ou le Travail ne restaient pas tous entre ses mains, même s'il se les faisait remettre pour les étudier seul : il en rendait la plupart aux ministres, qui les versaient dans leurs archives. Ainsi aucun organe de secrétariat particulier n'a-t-il pu s'insinuer à l'ombre du souverain.

De quelque manière qu'elles aient été prises et de quelque forme qu'elles aient été revêtues, de quelque nature et portée qu'elles fussent, les volontés ou, comme l'on aimait à dire, « les commandements » du Roi étaient exécutoires. Comment ? Et par qui ?

L'AUTORITÉ DU ROI SUR LES PROVINCES

Pour l'exercice et la sauvegarde de leur autorité à travers le royaume, les rois de France avaient recouru à trois principaux moyens d'action : la délégation de pouvoir à une compagnie d'officiers, l'implantation dans un ressort territorial d'un haut personnage représentant la personne même de Sa Majesté, l'envoi de commissaires chargés des tâches les plus diverses.

*
* *

La délégation de pouvoir caractérisait les cours supérieures (Louis XIV leur avait défendu de se dire « souveraines ») et d'abord les parlements. Jusqu'au XVIe siècle, la gestion de l'État étant judiciaire, ces compagnies avaient constitué des rouages essentiels de gouvernement et d'administration, jouant un triple rôle : d'une part, en qualité de juridictions de second degré, et parfois de première instance, elles exerçaient la justice souveraine du Roi en rendant des arrêts en dernier ressort ; elles avaient, d'autre part, des attributions dites de « police générale », ce qu'on appelait alors « justice » s'étendant à ce qui relève aujourd'hui de l'administration ; et enfin leurs magistrats, sans être membres du Conseil, n'en étaient pas moins tenus envers le Roi au devoir de conseil et s'en acquittaient, soit sur sa demande, soit de leur propre mouvement, en lui exprimant les remontrances que ses commandements ou les événements leur inspiraient. L'activité strictement judiciaire des parlements n'avait jamais faibli, alors que leurs attributions de police générale s'étaient effritées, car cet État de justice souffrait de diverses faiblesses, les unes structurales, les autres conjoncturelles. Parmi les premières, il y avait l'inévitable lenteur d'une action conduite par des procédures judiciaires et par les moyens de la justice et se révélant peu expéditive et inefficace dans les circonstances graves ou urgentes. Autre point faible : la trop vaste étendue du ressort de beaucoup de cours ; leur autorité, respectée dans les villes où elles siégeaient et dans les régions proches, faiblissait ensuite avec les distances. Enfin, la vénalité et l'hérédité des charges rendaient difficile le châtiment ou la censure d'une compagnie ou d'un officier : la compagnie, parce que l'action personnelle de ses membres se diluait dans celle de la collectivité ; et l'officier parce que le statut de sa fonction lui assurait une sorte d'impunité.

Tares structurales rendues manifestes, puis aggravées par les événements. Dès le règne de Henri II, il fut évident que la vieille gestion judiciaire des affaires publiques n'était plus très apte à la sauvegarde de l'autorité royale et avait besoin d'être renforcée ou plutôt doublée par une gestion exécutive. Celle-ci sauva l'État pendant les guerres de Religion — où les parlements eurent un rôle ambigu et souvent accessoire — et permit ensuite de faire face à l'intense effort national requis par la guerre extérieure. Au seuil du règne de Louis XV, les antiques pouvoirs de police générale des cours étaient partout fortement lézardés et même, pour certaines, dans un état assez ruineux. Comme, en même temps, leurs membres étaient lésés sérieusement dans leurs intérêts matériels par une baisse constante du prix des offices, ces magistrats vivaient dans un univers à part, peuplé de mythes, de rancœurs et de prétentions. Ils fixaient l'image d'un âge d'or révolu, où ils s'inventaient un rôle merveilleux d'anges tutélaires et de pères de la patrie. La manière dont ils entendaient satisfaire à leur devoir de conseil envers le souverain se fondait sur cette référence presque continuelle à un passé fabuleux. Prétentions à la fois opiniâtres et sournoises, dont il n'existe guère d'analyse plus perspicace que ces lignes consacrées par Saint-Simon au parlement de Paris : « Cette compagnie... se prétend la modératrice de l'autorité des Rois. Sur quoi fondé ? C'est une autre affaire, mais elle le prétend et y tient bon. De cette maxime, elle en tire une autre sur les enregistrements : elle ne les prend point comme une publication qui oblige parce qu'elle ne peut être ignorée, ni la nécessité de l'enregistrement comme celle de la notoriété d'où il résulte l'obéissance à des lois qu'on ne peut plus ignorer ; elle les prétend comme l'ajoutement d'une autorité supérieure, en genre de lois, d'ordonnances et d'édits, à une autorité qui seule peut les rendre, mais qui ne les peut faire valoir ni observer sans le concours de cette autre autorité, qui est celle que le parlement ajoute à celle du Roi par l'enregistrement. Et de cette dernière maxime suit que tout effet d'autorité nécessaire, mais forcée, est nul et que, par conséquent, tout ce que le Roi porte au parlement y est vainement enregistré par la force et par la crainte et ne le peut être valablement qu'autant que ce qui s'y porte a été auparavant communiqué, et approuvé par le parlement ou qui, porté directement au lit de justice, y est discuté avec liberté pour y être admis ou rejeté. » C'est ce dessein de mettre en tutelle et même de confisquer l'autorité royale, duquel il avait expérimenté les périls, que Louis XIV avait fermement barré.

*
* *

Dans les commencements du règne de Louis XV, les onze parlements provinciaux faisaient assez peu parler d'eux et le branle était donné par celui de Paris, à qui la force des choses conférait un rôle à part. Son prestige tenait d'abord à son ancienneté, au fait qu'il pouvait siéger en cour des pairs et qu'il était généralement le théâtre de rites importants tels que la proclamation des régences et des majorités royales. L'immense et déraisonnable étendue de son ressort — près de la moitié du royaume — était un autre motif de singularité. Les autres parlements, en effet, dont la juridiction était limitée à une province, se comportaient comme par nature en défenseurs de ses franchises et libertés, ce à quoi la cour parisienne ne pouvait guère s'adonner, tant les pays de son ressort étaient nombreux et divers : autant, par exemple, il était facile aux parlements de Rennes et d'Aix de veiller respectivement sur les privilèges de la Bretagne et de la Provence, autant il eût été malaisé au parlement de Paris — dont le recrutement était très parisien — de se multiplier pour défendre tout à la fois les privilèges de l'Auvergne, de la Picardie, du Lyonnais, de l'Anjou, de la Champagne et de beaucoup d'autres. D'où cette conséquence assez inattendue que c'était peut-être sur cet énorme ressort que l'autorité royale exerçait sa plus forte emprise. C'était aussi le cœur du vieux royaume capétien. Dans la seconde moitié du XVIIIe siècle, on verra les parlements provinciaux se mettre en vedette tout autant que celui de la capitale, sinon davantage.

Bien que confinées de plus en plus dans un rôle strictement judiciaire, les cours supérieures — parlements, chambres des comptes, cours des aides — restaient des corps avec lesquels le Roi devait compter. Il se trouve, en effet, que dans cette monarchie où le prince était source de toute autorité et où, on l'a déjà souligné, il n'existait en droit nulle séparation des pouvoirs, les officiers de l'ordre judiciaire jouissaient en fait d'une inamovibilité et d'une indépendance parfaites. Et cela par une conséquence de l'hérédité et de la vénalité des offices, grâce auxquelles toute carrière de magistrature échappait entièrement à la hantise d'un « avancement » hiérarchique et pécuniaire. Pour entrer dans une cour, il fallait pouvoir y acquérir un office et cette possibilité était limitée de plusieurs façons : la retraite (et il n'y avait pas d'âge limite à l'exercice des fonctions) ou la mort d'un officier ne remettaient son office sur le marché que si lui-même ou ses héritiers s'en défaisaient, ce qui n'était pas le cas le plus fréquent. Un office était-il mis en vente ? encore devait-on disposer des capitaux suffisants pour l'acheter. Et une fois que l'on était conseiller dans une cour, l'espoir d'y accéder à un poste de président y était très mince, d'abord parce que de tels postes étaient peu nombreux et donc chers, et ensuite parce que, de nouveau, s'interposait la double nécessité d'en trouver un qui fût disponible et d'avoir les moyens de l'acquérir. D'autre part, le recrutement des cours était si localisé que si, par exemple, il était possible de troquer un office de la cour des aides de Rouen contre un du parlement de cette ville, il était rare de passer d'un parlement dans un autre. Enfin, les officiers des tribunaux subalternes — bailliages et sénéchaussées — avaient fort peu de chances d'entrer en fin de carrière dans un parlement, car une telle accession se doublait d'une promotion sociale qui se réalisait plus facilement sur deux ou trois générations que sur la tête d'un seul et même individu. De sorte qu'en prenant possession d'un office de conseiller de parlement, son titulaire avait conscience que, même après trente ou quarante ans de services assidus et méritants, il ne serait jamais président à mortier et ne toucherait point d'autres gages que ceux de ses débuts. En revanche, il avait l'assurance que rien ni personne, en dehors de la mort ou d'une retraite volontaire, ne pouvait le déloger de ses fonctions. Un magistrat fainéant, incapable ou véreux avait exactement les mêmes certitudes, à ceci près qu'il pouvait être déchu de sa charge en cas de forfaiture.

Cette indépendance individuelle de l'officier de justice s'appuyait aussi sur un très puissant esprit de corps, qui était, pour une part, d'inspiration nobiliaire. Au XVIIIe siècle les offices des cours supérieures conféraient tous la noblesse, une noblesse en quelque sorte surérogatoire, car presque toujours les pourvus de ces offices étaient déjà nobles de naissance, tantôt depuis peu de générations, tantôt de vieille souche, et certains parlements affectaient même de ne recevoir que des hommes d'ancienne noblesse. Cette commune appartenance au second ordre était un élément de cohésion d'autant plus actif que, dans le courant du XVIIIe siècle, noblesse d'épée et noblesse de robe tendirent à se distinguer l'une de l'autre par des nuances plutôt que par des contrastes. D'autre part, après avoir acheté la finance d'un office et après en avoir été pourvu des fonctions par le Roi, un magistrat ne pouvait siéger dans une cour qu'après qu'il y eut été procédé à sa réception. Or celle-ci allait de soi pour les héritiers d'un magistrat décédé ou retiré, mais n'était pas une simple formalité pour les nouveaux venus : il y en eut de rejetés, le plus souvent pour leur naissance obscure. Le recrutement des cours tenait donc aussi de la cooptation, autre ciment de l'esprit de corps. Ce dernier avait, au surplus, un rôle ambigu : d'un côté, il venait en renfort de l'indépendance de chaque officier, mais, d'un autre, il exerçait sur les consciences individuelles une pression trop contraignante, qui amenait des magistrats à se rallier à des démarches ou des opinions qu'ils désapprouvaient en leur for intérieur.

Il est peu de témoignage plus éloquent sur la rigidité et la souplesse concomitantes des institutions d'Ancien Régime que cette indépendance des magistrats. D'un côté, le Roi retenait en sa personne la plénitude de la magistrature, les juges étaient dispensateurs et non pas maîtres de sa justice et il exerçait sur eux un droit constant de supériorité, sans cesse rappelé comme un dogme. Mais, en même temps, grâce à cet empirisme organisateur caractéristique de la monarchie française, les magistrats de l'ordre judiciaire jouissaient en fait d'une indépendance et d'une inamovibilité que tous les régimes qui se sont succédé depuis 1789 se sont bien gardés de leur conserver aussi pleines et entières.

Pour bien des raisons, les compagnies de justice étaient donc des institutions lentes à se mouvoir, lourdes et difficiles à manier, inaptes souvent à une action efficace et rapide. Pour pallier ces inconvénients, la royauté recourut dès longtemps à des agents opérant à titre individuel qui, par conséquent, pouvaient prendre vite et faire exécuter de même toutes mesures utiles et aussi se déplacer avec autant de célérité que le permettaient les circonstances et les moyens de communication. Parmi ces agents d'un autre type figurent d'abord les gouverneurs et lieutenants généraux des provinces.

***

Les fonctions de *gouverneur* avaient pour caractéristique essentielle de faire de leurs titulaires les représentants de la personne du Roi, habilités à faire tout ce que ferait Sa Majesté si Elle était présente. Ils avaient ainsi des pouvoirs d'ordre essentiellement politique, limités toutefois en matière judiciaire (ils ne devaient pas empiéter sur la juridiction des cours) et fiscale (ils ne pouvaient, de leur propre chef, lever des impôts). Il s'agissait donc de charges très importantes, confiées seulement à des princes ou à des gentilshommes de la plus grande naissance. Elles connurent leur apogée entre le milieu du XVIe siècle et la mort de Mazarin. Ensuite, soucieux d'amoindrir les responsabilités politiques de la haute noblesse et édifié par la conduite de certains gouverneurs pendant la Fronde, Louis XIV restreignit systématiquement leur rôle, en limitant notamment leurs pouvoirs à trois années renouvelables et surtout en leur défendant de séjourner dans leur gouvernement sans son ordre ou son autorisation. En outre, il évita, autant que possible, de confier ces charges à des princes et à de trop grands seigneurs. Dans ces conditions, le rôle des gouverneurs à partir de 1661 devint très effacé en comparaison de ce qu'il avait été précédemment et l'autorité du Roi sur les provinces s'exerça principalement par l'intermédiaire des intendants.

*
**

Les intendants étaient statutairement des commissaires, révocables au gré du souverain et envoyés dans une province pour exécuter et faire exécuter ses ordres. Ils ne représentaient pas, comme les gouverneurs, la personne du monarque ; ils étaient plutôt les représentants d'une abstraction : l'État. Ils étaient recrutés parmi les maîtres des requêtes, qui jouissaient à cet égard d'un monopole non de droit mais de fait, confirmé par les rares dérogations qu'il subit sous Louis XV : six seulement pour tout le règne. La nomination de ceux des provinces frontières était proposée au Roi par le secrétaire d'État de la Guerre, les autres étaient désignés sur présentation du contrôleur général. Le chancelier et les secrétaires d'État entretenaient naturellement une correspondance avec les intendants, mais comme ceux-ci avaient, entre autres tâches majeures, à pourvoir — avec bien des variantes locales — à l'assiette et au recouvrement des impôts, ils se trouvaient par là dépendre principalement du contrôleur général et des intendants des finances.

En 1726, le royaume était divisé en trente intendances d'étendue assez inégale : en Normandie, par exemple, il y en avait trois (Rouen, Caen, Alençon), mais une seule pour l'immense Languedoc, l'intendance de Tours était beaucoup plus vaste que celle de Limoges ou celle de Soissons. Messieurs les intendants étaient tous qualifiés « intendant de justice, police et finance », ce qui définissait sommairement leurs principales attributions. Justice ? Leur condition de maître des requêtes leur conférait séance dans tous les parlements et la présidence des bailliages, sénéchaussées et présidiaux où ils entraient ; d'autre part, par arrêts du Conseil ou par lettres de commission particulière, le Roi les chargeait souvent d'instruire et de juger en dernier ressort diverses contraventions ou infractions : ces causes devaient être instruites et jugées avec le nombre de juges requis par les ordonnances, qui étaient en général des magistrats de présidial. Il y avait donc un contentieux propre aux intendances. Le mot « police » n'avait guère encore le sens que nous lui donnons maintenant et recouvrait des activités très variées telles que la surveillance de l'approvisionnement des marchés, du commerce des grains et subsistances, le tirage de la milice, la fourniture des étapes et des vivres pour les troupes et la tutelle sur les villes et communautés, qui s'exerçait surtout en veillant à la régularité de leur gestion financière et des élections de leurs maires, jurats, consuls, échevins et autres officiers. Quant aux attributions dites de finance, elles étaient fort étendues puisque, en dehors de ce qui relevait de la fiscalité directe et indirecte, elles concernaient toutes les branches d'administration dépendant du contrôle général : ponts et chaussées, travaux publics, domaine, pépinières royales, agriculture, etc. Dans la pratique, l'exercice de ces compétences communes s'effectuait de manière très diverse.

$$***$$

Les deux tiers des intendances coïncidaient avec une généralité, c'est-à-dire avec une circonscription financière, elle-même subdivisée en élections et où le montant de la taille, le vieil impôt direct, arrêté par le Roi en son Conseil, était réparti et levé par des officiers ou des agents royaux. D'autres intendances, s'étendant presque toutes sur un vaste territoire, correspondaient à une province ayant conservé son assemblée d'états, laquelle votait, sous forme de subsides qualifiés généralement « don gratuit », les contributions demandées par le Roi, dont l'assiette et la perception étaient ensuite assurées par des agents des états. Il y avait enfin des intendants à la périphérie du royaume dans les provinces les plus récemment réunies à la couronne, où l'impôt, souvent dénommé « subvention », était fixé par arrêt du Conseil, assis et levé par des agents royaux.

On devine que l'intendant d'un pays d'états, obligé de manœuvrer avec le gouverneur pour obtenir de l'assemblée qu'elle satisfasse pour sa part aux besoins financiers du royaume, avait à tenir dans ces occasions un rôle délicat de diplomate et d'enjôleur auquel échappaient ses collègues des généralités. En outre, les pays d'états ne suivaient pas tous les mêmes usages : les états de

Languedoc se réunissaient tous les ans, ceux de Bretagne tous les deux ans et ceux de Bourgogne tous les trois ; la représentation des trois ordres n'était pas identique dans toutes ces assemblées et leurs débats n'avaient pas la même tenue : habituellement sérieux et ordonnés en Languedoc, confus et tumultueux en Bretagne. Les responsabilités variaient donc d'un pays d'états à un autre. Et les provinces dites de pays conquis avaient aussi leurs singularités, certaines, comme en Alsace, garanties par les traités, et d'autres venant de ce que, dans ces pays situés aux frontières, le poids de l'administration militaire était plus lourd qu'ailleurs dès le temps de paix, et plus encore pendant les guerres, où l'intendant de la province était le plus souvent nommé aussi intendant d'armée.

Mais la situation était encore plus bigarrée, selon qu'une intendance coïncidait ou non avec un ressort parlementaire. Cette coïncidence existait dans les grands pays d'états : Languedoc, Bourgogne, Provence et Bretagne, où l'intendant ne devait se mettre à dos ni les états, ni le parlement. Plusieurs ressorts parlementaires se superposaient ailleurs à celui d'une intendance, tant en pays conquis — Franche-Comté, Trois-Evêchés —, que dans certaines généralités : Dauphiné et surtout Guyenne, où le parlement de Bordeaux se montrait d'autant plus ombrageux qu'il jugeait souvent assez mal. Si bien que l'administration la moins difficultueuse était finalement celle des douze généralités du ressort du parlement de Paris, non seulement, comme on l'a déjà remarqué, parce qu'il enserrait trop de provinces pour s'évertuer à entretenir leurs particularismes, mais surtout parce que, lorsque cette cour voulait chercher noise au pouvoir royal, elle pouvait viser très haut et s'en prendre directement aux ministres, au Conseil, voire au Roi, sans tracasser les intendants. C'est ainsi qu'ils exerçaient dans ce vaste ressort des pouvoirs plus étendus et plus tranquilles qu'ailleurs. Certaines généralités — Moulins, La Rochelle, Montauban, Limoges, Auvergne, Alençon — étaient confiées de préférence à des débutants ; de là, on était promu à un poste plus important : Amiens, Bordeaux, Lyon, Lille, Grenoble, Besançon. Et c'est le plus souvent après avoir fait ses preuves que l'on accédait aux intendances les plus prestigieuses · Alsace, Languedoc, Paris.

*
**

L'organisation interne des intendances présentait à travers le royaume nombre de traits communs, en même temps qu'une grande variété, car elle restait très dépendante des méthodes de travail du maître, de son caractère et de ses manies, des usages locaux et des précédents. Un intendant était assisté, d'un côté, par ses bureaux et, d'un autre, par un réseau plus ou moins dense de subdélégués. Depuis le début du XVIIIᵉ siècle, la plupart des intendants désignaient un subdélégué général, qui veillait à la bonne marche du service quand ils étaient en tournée ou à la cour et qui avait autorité sur les bureaux et les subdélégués particuliers. Ces subdélégués généraux ont été des agents importants, si importants même que certains furent subrogés officiellement par le Roi à toutes les fonctions de l'intendant absent ou empêché. La plupart des intendants avaient un secrétaire particulier et un premier secrétaire, lequel se confondait ici et là avec le subdélégué général. Et sous eux, les tâches étaient réparties entre quelques commis et scribes. L'ensemble atteignait huit à dix personnes, quelquefois dix ou douze, et cela pour entretenir la correspondance avec les ministres et bien d'autres et pour administrer des territoires équivalant au moins à deux ou trois de nos départements et parfois à beaucoup plus. Territoire à travers lequel l'intendant commettait des subdélégués, qui étaient des agents d'information — tant vis-à-vis de lui que des populations — et aussi d'exécution, mais n'avaient jamais le pouvoir de juger. Ces subdélégations étaient fréquemment implantées dans l'étendue d'un bailliage ou d'une élection, sans qu'il y eût aucune règle à cet égard : leur nombre et leur ressort dépendaient de la volonté ou de la fantaisie des intendants successifs.

Personnel des bureaux et subdélégués étaient recrutés par les intendants sous leur responsabilité personnelle : ni le Roi, ni les ministres ne s'en mêlaient, sauf quelquefois pour le choix d'un subdélégué général. Les frais de bureau alloués par le Trésor royal étaient assez chiches et il n'était pas rare qu'un intendant prélevât sur ses revenus propres un complément de salaire pour tel ou tel de ses employés. Une fois encore, l'on sent combien il serait inadéquat de parler ici de bureaucratie.

Les intendances, pièce maîtresse de l'autorité monarchique sur les provinces, étaient donc des institutions à structure très légère : il y avait moins d'agents dans les bureaux de l'intendance de toute une province qu'il n'y en a de nos jours dans ceux d'une sous-préfecture moyenne ! Structure légère, et solide aussi, mais dans la mesure où l'activité de l'intendant était clairement et fermement soutenue par le souverain et son Conseil : le jour où cet arc-boutant donnerait l'impression de fléchir, l'institution pourrait révéler une fragilité insoupçonnée.

Qu'il s'agisse du gouvernement central ou de l'exercice de l'autorité royale à travers le royaume, une constatation s'impose : l'extrême diversité des organes et des pratiques. La monarchie a mené un incontestable effort de centralisation, mais sans verser dans le centralisme. La volonté d'unifier le pays ne dégénérait pas en frénésie d'uniformisation.

Quotidiennement, soit au Conseil, soit dans ses entretiens particuliers, soit encore dans la solitude de son cabinet, le Roi ne s'occupait pas seulement des relations de la France avec les autres puissances et des affaires majeures ou mineures du gouvernement intérieur, il lui fallait encore régler le bon fonctionnement d'une machine fort complexe : la cour.

III. — LA COUR

La cour ! Comment définir cet ensemble distinct de l'État, mais inséparable de lui, distinct aussi de la famille royale et non moins inséparable d'elle, et qui réunissait, du plus humble au plus huppé, tous ceux qui participaient au déroulement de la vie publique comme de la vie privée du Roi et des siens. La cour devait assurer l'existence quotidienne du souverain et de sa famille : les loger, les nourrir, les soigner, les distraire, les garder, les transporter, toutes nécessités auxquelles il ne pouvait être satisfait pour eux comme pour le commun des mortels. Il fallait d'abord que la cour fût fastueuse, car la magnificence de la demeure et du train de vie des princes portait témoignage de la richesse et de la puissance de leur État, de la protection éclairée et féconde qu'ils accordaient aux arts, du talent et de l'habileté des artistes et artisans de la nation. D'autre part, le Roi étant une personne sacrée, cette condition l'obligeait à soumettre les actes et les gestes les plus banals de l'existence à cette liturgie qu'on appelait étiquette. La cour était enfin une foire aux vanités, où les prétentions de rang et de fonction, les querelles de cérémonial, les usurpations d'honneurs et de droits surgissaient constamment à tous les échelons, menaçant de semer la confusion. Henri III et Louis XIV avaient introduit ordre et règle dans ses services et ses rites. Néanmoins, il n'était pas dans la monarchie d'institution où la nature et la titulature des charges, les usages et les traditions fussent plus empreints d'archaïsme. Le duc de Luynes ne relevait-il pas en 1737 la présence chez le Roi d'un valet de chambre qui était porte-nain, obligé aussi de porter les singes, et ce alors que, depuis longtemps, il n'y avait plus de nains de cour et que Louis XV n'avait pas de singe !

Au moment de sa majorité, Louis XV héritait de son bisaïeul la cour la plus magnifique d'Europe. Son fonctionnement reposait sur huit services principaux : la Chapelle, la Maison civile, la Chambre, les Bâtiments, la Maison militaire, l'Écurie, les Plaisirs et la Prévôté de l'hôtel. Les effectifs étaient nombreux, mais moins pléthoriques qu'il ne paraît, car une même charge avait souvent quatre titulaires qui n'exerçaient chacun que pendant un « quartier » de l'année (l'on dit aujourd'hui un trimestre).

La chapelle

Premier en dignité des services de la cour, *la Chapelle* groupait les officiers ecclésiastiques responsables de l'exercice de la religion auprès du Roi. Elle avait à sa tête *le grand aumônier de France,* dont la charge était au sommet des honneurs que pouvait espérer un évêque français : aussi n'était-elle possédée que par des cardinaux. C'était depuis 1713 le cardinal de Rohan, à qui succédèrent les cardinaux de Soubise (1749), de Tavannes (1757) et de La Roche-Aymon (1760). Outre les fonctions liturgiques qu'il remplissait quand il assistait à la messe et aux offices (donner au Roi la communion, lui faire baiser le livre des Évangiles, lui imposer les cendres, etc.), au lever et au coucher de Sa Majesté, le grand aumônier disposait des fonds destinés aux aumônes royales (200 000 livres par an) et s'occupait de la délivrance des prisonniers auxquels le Roi accordait sa grâce en certaines occasions (sacre, mariage, naissance du Dauphin, victoires, grandes fêtes). On disait parfois du grand aumônier qu'il était l'évêque de la cour, formule et prétention qui exaspéraient ses confrères de l'épiscopat, la cour n'ayant d'autre ordinaire que celui du diocèse où elle séjournait : à Versailles l'archevêque de Paris, à Fontainebleau l'archevêque de Sens, à Compiègne l'évêque de Soissons.

Après le grand aumônier, les principaux dignitaires étaient : le premier aumônier, le maître de la Chapelle-Musique, le maître de l'Oratoire et le confesseur de Sa Majesté. *Le premier aumônier* était aussi évêque (et parfois cardinal) ; il avait des fonctions propres et, en outre, suppléait dans les siennes le grand aumônier absent ou empêché. *Le maître de l'Oratoire* avait autorité sur le clergé de la Chapelle, soit : huit aumôniers, un prédicateur ordinaire, un chapelain ordinaire et huit chapelains, un clerc ordinaire et huit clercs, un sacristain et deux sommiers. Les aumôniers pouvaient aussi remplacer le grand et le premier aumôniers et l'un d'eux devait assister au lever et au coucher du Roi ; les chapelains célébraient la messe basse de Sa Majesté aux jours ordinaires.

Selon une tradition remontant à Henri IV, la charge de *confesseur du Roi* fut confiée à des jésuites jusqu'à la dispersion de leur ordre en 1764. Au père de Linières, qui se retira en 1743 à cause de son grand âge, succéda un prédicateur réputé, le P. Pérusseau, remplacé à sa mort en 1753 par le P. Desmarets, auquel fut substitué en 1764 l'abbé Maudoux. Les Rois prédécesseurs de Louis XV avaient généralement confié à leur confesseur « la feuille des bénéfices », c'est-à-dire le soin de les éclairer dans la dévolution des évêchés et autres bénéfices consistoriaux. Cette fonction leur échappa sous Louis XV, ce qui restreignit considérablement leur influence.

Le maître de la Chapelle-Musique (en général évêque) avait la responsabilité administrative du corps des musiciens de la Chapelle, dont la responsabilité artistique incombait aux *sous-maîtres* (dits souvent « maîtres »), qui servaient par quartiers. Ces derniers devaient à la fois composer de la musique pour les offices et entraîner un corps nombreux de musiciens : quatre-vingt-quatorze chanteurs au début du siècle (ils ne servaient pas tous quotidiennement), des joueurs de serpent, clavecin, luth, flûte, viole, violon, hautbois et surtout — les plus considérés — quatre organistes, dont la plupart furent des virtuoses fameux (François Couperin, Louis Marchand, d'Agincourt, Calvière, d'Aquin...). Delalande cumulait depuis longtemps tous les quartiers de sous-maître quand, à la fin de 1722, le Régent l'obligea à n'en garder qu'un et confia les autres à Campra, à Bernier et à Gervais. A la mort de Delalande en 1726, ces trois compositeurs héritèrent chacun un mois de son quartier. Leurs successeurs furent Mondonville (1744), l'abbé Blanchard (1738), l'abbé Madin (1744) et Mathieu (1770). Cette musique de la Chapelle ne constituait pas toute la musique du Roi : il avait encore celles de sa Chambre et de son Écurie, qui pouvaient fusionner avec elle dans les grandes solennités. A la mort de Louis XIV, l'ensemble formait le plus beau corps de musique de toute l'Europe.

LA MAISON CIVILE

La charge de *Grand maître de France,* dit souvent Grand maître de la maison du Roi, était la plus prestigieuse après celle de grand aumônier. Elle était traditionnellement aux mains des princes de Condé. Le grand maître réglait tous les ans les dépenses de bouche de la maison et avait juridiction sur ce qu'on appelait « Les sept offices ». Sous son autorité et en sa présence se tenait le bureau où étaient passées les adjudications aux fournisseurs, arrêtées les dépenses journalières et jugées les contestations entre les offices et les marchands. Immédiatement après lui, plusieurs officiers de haut rang : le premier maître d'hôtel, le grand pannetier, le grand échanson et le premier écuyer tranchant. Ces trois derniers ne faisaient leurs fonctions à la table du Roi qu'aux grandes cérémonies ; elles étaient remplies d'ordinaire par les trente-six gentilshommes servants. Le grand maître était flanqué enfin de plusieurs officiers comptables.

Le premier maître d'hôtel, assisté d'un maître ordinaire et de douze maîtres, commandait aux *Sept offices.* Les deux premiers de ceux-ci, la Bouche et le Gobelet du Roi (lui-même subdivisé en Panneterie-bouche et Échansonnerie-bouche), besognaient exclusivement pour la personne de Sa Majesté, avec leurs sommeliers, aides, gardes-vaisselle, lavandiers, porteurs, sommiers, coureurs de vin, contrôleurs, écuyers, maîtres queux, hâteurs, potagers, pâtissiers, galopins, serdeau, avertisseurs, etc. Quatre autres offices, la Panneterie-commun, l'Échansonnerie-commun, la Cuisine-commun et la Fruiterie, peinaient pour approvisionner les tables où, de par leur privilège de commensalité, de nombreux serviteurs et dignitaires de la cour venaient, aux frais du Roi, se restaurer ou chercher pain, vin et provende. La Fruiterie fournissait en outre de bougies la Chambre. Le septième office, la Fourrière, procurait le bois de chauffage à toute la maison, y compris aux appartements royaux. A Versailles, jouxte le château qui n'était pas assez grand pour abriter tous ces offices, Louis XIV avait fait construire à leur intention le Grand Commun, vaste bâtiment où logeaient aussi des personnes de condition — jusqu'à des conseillers d'État — pour lesquelles la place manquait dans le palais.

La chambre

La Chambre du Roi employait un nombreux personnel aux activités très diverses avec l'Antichambre, la Chambre proprement dite, la Garde-robe, le Cabinet, le Garde-meuble, la Musique et les Officiers de Santé. A sa tête paradait le *Grand chambellan*. Sa charge, exercée au XVIIIe siècle par les seigneurs de la maison de Bouillon, lui procurait l'un des premiers rangs auprès du souverain dans les rites et cérémonies de cour, comme de ne céder qu'aux princes du sang l'honneur de lui donner la chemise à son lever. Immédiatement après venaient les quatre *premiers gentilshommes de la Chambre*, qui servaient un an à tour de rôle, et le grand maître de la Garde-robe, tous ducs et pairs.
Les premiers gentilshommes de la Chambre faisaient, en son absence, tout ce qui incombait au grand chambellan, avaient diverses fonctions au lever et au coucher du Roi, commandaient les costumes, masques et théâtres pour les divertissements ; ils étaient ordonnateurs des dépenses de la Chambre. Le Roi entretenait vingt-quatre pages de sa Chambre, dont six étaient attribués au premier gentilhomme d'année. Dans tous les châteaux, l'*Antichambre* précédait toujours la chambre du Roi ; trois huissiers y étaient affectés, dont les fonctions consistaient à refouler toutes les personnes n'ayant ni congé, ni ordre de passer. C'est dire qu'il leur fallait une mémoire fort entraînée pour se souvenir à tout instant et de la régmentation complexe des entrées, et des noms, physionomie et qualité de tous ceux qui y avaient droit.

Les premiers gentilshommes commandaient à toute une hiérarchie d'officiers qui, la plupart, servaient par quartier. En tête venaient les quatre premiers valets de chambre, personnages fort importants, tenus, entre autres choses, de coucher la nuit sur un lit portatif à côté de celui du Roi, à la personne de qui ils étaient reliés par un cordon. Ils avaient eux-mêmes sous leurs ordres seize huissiers de la chambre, trente-deux valets de chambre, un porte-manteau ordinaire et deux porte-manteaux, deux porte-arquebuses, un barbier ordinaire et huit valets de chambre-barbiers, quatre horlogers (remontant chaque jour montres et pendules), six garçons ordinaires de la chambre, deux porte-chaises d'affaires, un frotteur et divers autres subalternes, dont certains s'occupaient des petits chiens, lévriers, oiseaux et autres animaux familiers du Roi.

Dépendaient encore de la Chambre vingt-six gentilshommes ordinaires, qui ne prenaient et ne recevaient d'ordres que du Roi, lequel les employait souvent à aller notifier aux cours étrangères les naissances de la famille royale. Le titre était octroyé aussi à des diplomates du second ordre (résidents, envoyés), voire en guise de faveur : Voltaire en fut gratifié en 1746.

*
**

Au *Grand maître de la Garde-robe,* qui jouissait des mêmes honneurs que les premiers gentilshommes de la Chambre, incombait le soin des habits, du linge et des chaussures de Sa Majesté. Il était assisté — et remplacé à l'occasion — par deux maîtres de la Garde-robe, toujours grands seigneurs, avec lesquels il dirigeait quatre premiers valets de Garde-robe, un valet ordinaire et seize valets, quatre garçons ordinaires, six tailleurs ordinaires. Il nommait les vingt-six marchands et artisans (merciers-joailliers, pelletiers, brodeurs, chaussetiers, cordonniers, etc.) qui étaient fournisseurs attitrés de la Garde-robe.

Les dépenses de la Chambre et de la Garde-robe étaient réglées par les intendants et les contrôleurs généraux de l'Argenterie et des Menus plaisirs.

*
**

Le Cabinet du Roi comprenait le cabinet des affaires et dépêches, le cabinet des livres et le cabinet des oiseaux. En dehors des rares personnes jouissant des entrées « familières », nul ne pouvait pénétrer dans le cabinet du Roi sans y avoir été appelé par lui, appel transmis par les deux huissiers du cabinet, qui ne laissaient passer personne d'autre. Quatre secrétaires de la chambre et du cabinet avaient charge de certaines écritures et douze courriers du cabinet, appelés aussi chevaucheurs de la grande écurie, portaient à travers le royaume les lettres et dépêches du Roi et des ministres qu'on ne voulait pas confier à la poste. Le cabinet des livres se composait d'abord d'un garde de la bibliothèque personnelle de Louis XV à Versailles, puis d'un imprimeur (Colombat), de relieurs (Boyet, Du Seuil, Padeloup, Anguerrand père et fils, Dubuisson, Laferté), d'un garde des plans, cartes et dessins, d'un dessinateur de la chambre et du cabinet (Meissonnier, les Slodtz, puis Challe), d'un lecteur (sinécure honorifique) et de plusieurs interprètes. Quant à la fauconnerie du cabinet, appelée souvent Vol du Cabinet, elle illustre à merveille l'incroyable conservatisme des institutions de la cour, où des charges dont l'activité confinait au néant se maintenaient en raison, d'une part, de leur antiquité et, d'autre part, des honneurs et privilèges qu'elles conféraient à leurs titulaires et dont il eût été cruel et flétrissant de les frustrer, surtout s'agissant de fonctions permettant d'approcher la personne de Sa Majesté. Aussi, alors que la chasse à l'oiseau de proie était passée de mode et que Louis XV la pratiquait peu, le Vol du Cabinet continuait imperturbablement à entretenir les vols pour corneille, pour pie, pour les champs, pour émerillons et pour lièvre.

*
**

Le Garde-meuble de la couronne était dirigé par un intendant et contrôleur général, charge qui, sous Louis XV, fut occupée de père en fils par MM. de Fontanieu. L'intendant était flanqué et suppléé si nécessaire par un garde général, dont le rôle fut d'autant plus important que Gaspard Moïse de Fontanieu, intendant du Garde-meuble de 1717 à 1767, fut en même temps maître des requêtes, puis conseiller d'État et aussi intendant du Dauphiné de 1724 à 1740, donc éloigné de la cour. Ces gardes généraux furent : Claude Nérot, puis Philibert Ollivier (1750), Jean François Gentil (1752) et Pierre Randon de Pommery (1764). Sous les ordres et selon les goûts du Roi, intendants et gardes ont présidé à la commande, à la réalisation, à l'achat et à l'entretien ou restauration du mobilier des appartements et furent, à ce titre, d'éminents agents du mécénat royal et de la lente et sage évolution des styles.

*
**

La Musique de la Chambre avait à sa tête deux surintendants servant par semestre. Delalande, Destouches, Collin de Blamont, François Rebel, François Francœur, Dauvergne en occupèrent successivement les fonctions, souvent cumulées avec la direction ou l'inspection de l'Opéra. Relevaient d'eux des chanteuses et chanteurs (dont certains appartenaient aussi à la chapelle) et une phalange de « symphonistes » : clavecinistes (d'Anglebert), flûtistes, hautboïstes, bassonistes, violoncellistes, violonistes (certains très célèbres : Guillemain, Guignon, Dauvergne, L'Abbé, Canavas) ; et aussi — distincte des précédents — la fameuse bande des Vingt-Quatre violons, non moins riche en virtuoses (Senallié, les Rebel, les Francœur, Jacques Aubert...). Ces musiciens de la Chambre avaient des obligations moins lourdes que ceux de la Chapelle.

*
**

Un dernier service à la suite de la Chambre, et non le moindre, était celui des *Officiers de santé,* comprenant les médecins, chirurgiens et apothicaires, particulièrement nombreux sous Louis XV. *Le Premier médecin de Sa Majesté,* qui avait le titre (mais non les fonctions) de conseiller d'État et aussi la surintendance des eaux minérales de France, était un personnage considérable. Il était tenu d'être quotidiennement au lever et au coucher du Roi, où il avait l'entrée familière, la plus intime. Venaient ensuite un médecin ordinaire (remplaçant attitré du Premier), huit médecins consultants, huit médecins de quartier (qui donnaient au Louvre des consultations gratuites un après-midi par semaine) et un médecin oculiste. *Le Premier chirurgien* qui, sous Louis XV, devint l'égal du Premier médecin, participait aussi, avec la même entrée, au coucher et au lever. Il couronnait une hiérarchie composée d'un chirurgien ordinaire (son suppléant habituel), de huit chirurgiens de quartier, trois chirurgiens renoueurs, un opérateur oculiste et un autre pour les dents. Ces médecins et chirurgiens furent, dans une part à peu près égale, docteurs des facultés de Montpellier et de Paris, quelques-uns diplômés d'autres universités. Enfin, servant par quartier, quatre apothicaires du Roi et leurs quatre aides fournissaient à Sa Majesté les remèdes et liqueurs médicinales dont Elle avait besoin et avaient l'honneur de les Lui donner de la main à la main, sans en faire l'essai. Ils Lui procuraient aussi « les sachets de senteur » pour ses habits, son linge et ses perruques. L'hérédité ou la parenté présidaient souvent à la transmission de ces charges, qui rassemblèrent sous Louis XV l'élite des médecins, chirurgiens et apothicaires du temps et jouirent d'un prestige d'autant plus grand qu'elles produisaient de gros revenus.

*
**

Avec tous les services qui étaient à sa suite, la Chambre remplissait donc un rôle capital dans la mécanique de la cour autant que dans la vie publique et privée du Roi. Elle était le théâtre de certains rites d'apparat essentiels comme le lever et le coucher de Sa Majesté, mais aussi de son lever et de son coucher véritables, de son sommeil, de son réveil. Là se forgeaient les liens qui unissaient le souverain à une bonne partie de ses familiers, de quelque rang qu'ils fussent. Le grand chambellan, les premiers gentilshommes de la chambre, le grand maître et les maîtres de la garde-robe, tous grands aristocrates, l'entouraient constamment. Mais inévitablement il n'avait pas moins d'habitudes (et parfois plus d'amitié réelle) avec tel huissier qui lui gardait et ouvrait les portes, avec le valet qui lui faisait la barbe, avec le garçon de chambre qui fermait ses volets ou entretenait son feu et surtout avec son premier valet de chambre qui, couchant près de son lit, connaissait beaucoup des secrets de son maître, y compris ceux de ses activités nocturnes de mari et d'amant.

LES BÂTIMENTS

Les Bâtiments étaient une administration très active, adonnée aux tâches à la fois les plus humbles et les plus exaltantes. Elle faisait face, en effet, aux banales nécessités quotidiennes de l'entretien des demeures royales : remplacer un châssis de fenêtre vermoulu, parer aux infiltrations d'eau dans une toiture ou une terrasse, déboucher des latrines. Mais, d'autre part, elle assurait la construction des nouveaux édifices, la transformation ou la rénovation des anciens, et ce pour l'architecture et la décoration aussi bien extérieures qu'intérieures. Elle avait ainsi un rôle capital dans l'expression de la magnificence et de la munificence royales, dans l'évolution des goûts, des arts et des styles et, par suite, dans la carrière des artistes.

Elle avait à sa tête un *directeur général des Bâtiments, Arts et Manufactures de France,* dont les fonctions furent exercées de 1708 à sa mort en 1736 par le duc d'Antin (qui eut même entre 1716 et 1726 la qualité de surintendant), puis (1736) par M. Orry, contrôleur général des finances, par M. Le Normant de Tournehem (1746) et le marquis de Marigny (1751), respectivement oncle et frère de Mme de Pompadour, et enfin (1773) par l'abbé Terray, contrôleur général des finances. Immédiatement après le directeur général venait *le Premier architecte de Sa Majesté,* dont l'autorité et l'influence étaient d'autant plus étendues qu'il était aussi directeur de l'Académie royale d'Architecture. Si grand artiste qu'il fût, ses responsabilités étaient d'ordre administratif autant qu'esthétique : il passait les marchés avec les entrepreneurs et les corps de métiers, surveillait la gestion des magasins (marbres, plombs, etc.), inspectait les chantiers, procédait à la réception des travaux, etc. Il était secondé dans ce double aspect de ses fonctions par des intendants et contrôleurs généraux, des contrôleurs généraux, des dessinateurs, un inspecteur général, tous architectes réputés, presque tous académiciens. De lui relevait encore l'intendance des eaux et fontaines, charge tenue depuis le XVIIe siècle par la famille de Francine. Des officiers comptables et des commis complétaient l'organisation.

Le Premier peintre du Roi occupait une place apparemment symétrique, mais moins éminente, car il n'avait en pratique personne sous ses ordres. Aussi la charge demeura-t-elle plusieurs fois sans titulaire : elle n'en avait plus en 1715 quand le Régent la conféra à Antoine Coypel, après la mort duquel (1722) elle fut vacante jusqu'en 1736, où Louis XV la donna à François Le Moyne, qui en jouit à peine un an. Charles Antoine Coypel ne lui succéda qu'en 1746, mourut en 1752 et fut remplacé en 1762 seulement par Carle Van Loo, que suivirent Boucher (1765) et Pierre (1770). Nulle solution de continuité, au contraire, dans le poste de premier architecte, illustré tour à tour par Robert de Cotte (de 1708 à 1734), Jacques V Gabriel (1734) et Ange Jacques Gabriel, son fils (1742).

Outre cet état-major central, des officiers des Bâtiments étaient affectés à chacune des « maisons royales », ainsi qu'on les qualifiait. Elles étaient nombreuses. Après l'ensemble de Versailles, Trianon et Marly, la demeure traditionnellement la plus prestigieuse était Fontainebleau, qui bénéficiait d'un personnel très choisi. Et puis il y avait Saint-Germain, Meudon, le Louvre, les Tuileries, le Palais-Royal, le Luxembourg, Madrid, la Muette, Vincennes, Compiègne, Blois, Chambord, Amboise, auxquels il faut ajouter le Jardin des Plantes, l'Observatoire, la maison de Saint-Cyr, le Collège de France, les manufactures des Gobelins et de la Savonnerie. Liste que Louis XV enrichira avec Choisy, Saint-Hubert, Bellevue, le nouveau Trianon et plusieurs pavillons de chasse.

Un des soucis les plus harcelants pour le Roi était de loger dans ses châteaux tous ceux qui avaient droit, besoin... ou envie d'y résider. Il donnait pour cela ses ordres au grand maréchal des logis, que secondaient douze maréchaux et quarante-huit fourriers de logis, servant tous par quartier. Cette destination des logements était une opération délicate, car elle chatouillait les susceptibilités, les vanités et les ambitions, surtout à l'occasion des voyages de Sa Majesté.

La maison militaire

La maison militaire du Roi remplissait la triple mission de veiller à la sûreté de sa personne sacrée et de celle de la Reine et des Enfants de France, de rendre avec éclat les honneurs qui étaient dus à Leurs Majestés et de contribuer par le luxe et la splendeur des costumes au faste de la royauté. Une partie de ces troupes était affectée à la garde intérieure du château où résidait le Roi, l'autre à sa garde extérieure.

**

La garde du dedans était assurée par trois formations : les gardes du corps, les Cent-Suisses et les gardes de la porte. *Les gardes du corps* étaient constitués en quatre compagnies servant par quartier et composées chacune de six brigades de cinquante-quatre gardes, soit, avec les exempts, brigadiers, sous-brigadiers, commissaire, trompettes et timbaliers, un effectif de trois cent trente-huit hommes par compagnie, sans compter le major, les aide-majors, chirurgiens et aumôniers. La première compagnie était dite écossaise, bien que, depuis longtemps, son recrutement ne justifiât plus cette appellation. Comme l'indique leur dénomination, les gardes du corps veillaient tout spécialement sur le corps, c'est-à-dire la personne du Roi, et cela en assurant jour et nuit la garde de ses appartements, en y effectuant son service d'honneur et celui de la Reine, des Enfants de France et des ambassadeurs et en accompagnant, à cheval si nécessaire, Leurs Majestés dans leurs déplacements à l'extérieur. Vingt-cinq gentilshommes tirés de la compagnie écossaise et qualifiés gardes de la manche étaient plus particulièrement tenus de se tenir, dans certaines circonstances, aux côtés du Roi pour le protéger. Pendant leur quartier, les capitaines des gardes (des ducs, des princes ou des maréchaux) ne devaient jamais quitter Sa Majesté de son lever à son coucher. Ils se tenaient et marchaient toujours immédiatement derrière Elle, sans que nul pût passer ou s'interposer entre Elle et eux, car ils ne devaient à aucun prix La perdre des yeux. Aussi La suivaient-ils à table, en chaise, en carrosse, à cheval et partout ailleurs, sauf dans le cabinet du Conseil quand celui-ci se tenait.

Les Cents-Suisses étaient organisés en six escouades de chacune seize gardes. Avec les trois tambours et le fifre, ils étaient donc cent. Leur capitaine-colonel était français, ainsi qu'un des deux lieutenants et les deux enseignes et que quatre des huit exempts ; tout le reste du corps était helvétique. Les Cent-Suisses, concurremment avec les gardes du corps, rendaient certains honneurs dus au Roi dans ses appartements, y assuraient une garde nocturne et diurne et précédaient Leurs Majestés quand Elles sortaient. Leur capitaine-colonel marchait toujours devant le Roi et comme le capitaine des gardes marchait derrière, ils couvraient tous deux en permanence la personne de Sa Majesté. Tous les soirs, avant que le Roi ne se couchât, le capitaine-colonel venait lui demander « l'ordre », c'est-à-dire le mot de passe qui serait ensuite signifié aux sentinelles postées pendant la nuit : cette « cérémonie de l'ordre » était un des rites immuables du coucher.

Commandée par un capitaine et quatre lieutenants, *la compagnie des cinquante gardes de la porte* surveillait certaines portes et grilles, chargée notamment de ne laisser entrer en carrosse ou en chaise dans les cours que les personnes qui jouissaient de cet honneur.

A ces gardes de l'intérieur on peut rattacher, d'une certaine manière, *la prévôté de l'hôtel*, dont le chef était le prévôt de l'hôtel et grand prévôt de France. La prévôté poursuivait et jugeait les délits commis dans les maisons royales et connaissait en première instance des affaires civiles des officiers de la cour et suite de la cour. Elle avait donc, d'une part, des officiers assurant son activité juridictionnelle et, d'autre part, cent gardes, dont une partie était détachée : deux auprès du chancelier de France et deux auprès de chaque intendant de province.

*
**

La garde extérieure était confiée à des unités de cavalerie : gendarmes et chevau-légers ; et d'infanterie : mousquetaires, gardes françaises et suisses. Le Roi était capitaine des *gendarmes* et *chevau-légers,* compagnies qui comprenaient chacune deux cents maîtres, un état-major et des officiers inférieurs. Les deux compagnies de *mousquetaires* étaient une infanterie montée, l'une sur chevaux noirs, l'autre sur gris ; elles avaient aussi le Roi pour capitaine et chacune son état-major, ses officiers et deux cent cinquante-huit maîtres. Les effectifs des deux régiments des *gardes françaises* et des *gardes suisses* étaient élevés : 2 400 hommes de troupe pour les Suisses et de 3 600 à 4 800 pour les gardes françaises, selon que le Roi augmentait ou diminuait le nombre de soldats par compagnie. Ils stationnaient en particulier dans la cour royale, les gardes suisses à droite en entrant, les gardes françaises à gauche. Une minorité seulement de ces derniers était de service à la cour ; le reste, caserné à Paris, formait en partie la police de la capitale.

Ces différentes unités de gardes entretenaient au-dehors et au-dedans des maisons royales une atmosphère toute militaire : les cours retentissaient de roulements de tambour et de cris de commandement, les salles résonnaient des claquements de talon des sentinelles et du choc des crosses de fusil sur le parquet, nul ne s'offusquait d'apercevoir dans le décor des salons les plus somptueux le lit de camp à pavillon rouge où somnolaient les Cent-Suisses pendant leurs veilles nocturnes et l'air charriait souvent des effluves de crottin.

L'Écurie

Le Grand écuyer de France, « M. le Grand » ainsi qu'on l'appelait, avait la surintendance de l'Écurie du Roi et, en cette qualité, disposait des charges vacantes dans ce service, ordonnançait les dépenses et délivrait les lettres sans lesquelles nul écuyer ne pouvait tenir dans le royaume une académie d'équitation. La charge fut constamment exercée au XVIIIe siècle par des princes de la maison de Lorraine. Amené par sa naissance et ses fonctions à côtoyer sans cesse le Roi, M. le Grand exerçait son autorité sur les deux offices composant l'Écurie. Cette division entre Grande et Petite écurie se traduit sur le terrain à Versailles par les deux palais que Louis XIV fit édifier pour ses chevaux face au château, auquel, à l'extrémité de la place d'Armes, ils fournissent à l'est un point d'appui grandiose.

**

De la Grande Écurie dépendaient trois classes d'officiers : ceux qui y servaient journellement, ceux du haras du Roi, ceux des grandes cérémonies. Au nom du Grand écuyer, la marche quotidienne de la Grande écurie était dirigée par un Écuyer-commandant assisté de trois écuyers ordinaires, cinq écuyers de cérémonie et trois écuyers cavalcadours. Il était aussi le supérieur des quarante-huit pages de la Grande écurie (et de leurs gouverneur, aumônier, précepteur et maîtres divers), de quarante-deux valets de pied ou grands laquais et d'un nombreux personnel de palefreniers, maréchaux, selliers, éperonniers, etc. La Grande écurie comportait deux manèges, dont un couvert. Elle avait soin des chevaux de guerre et de manège du Roi et aussi d'une centaine de coureurs qu'il montait à la chasse. Au milieu du règne de Louis XV, elle comptait sept cents chevaux.

Installé au Pin, dans la généralité d'Alençon, le haras du Roi était dirigé par un capitaine et tout un personnel compétent. Enfin, certains officiers de la Grande écurie avaient un rôle d'apparat dans les grandes cérémonies : le roi et les hérauts d'armes, les poursuivants d'armes, les porte-épées de parement, et tout un corps de musiciens, soit douze trompettes, des joueurs de hautbois, musette du Poitou, fifre, tambourin, cromorne et trompette marine.

*
* *

Distincte et séparée de la grande, la *Petite écurie* était commandée par le premier écuyer du Roi, « M. le Premier », charge très distinguée possédée pendant la majeure partie du XVIIIe siècle par la famille de Beringhen. M. le Premier était aidé et suppléé par un écuyer ordinaire ; ils avaient sous leurs ordres vingt écuyers servant par quartier, trente pages, vingt-quatre petits valets de pied, quatre cochers et un postillon du corps, d'autres cochers, sans oublier palefreniers, maréchaux, selliers, etc. La Petite écurie avait un seul manège, mais de vastes remises, car elle avait charge des carrosses, calèches, gondoles, litières, chaises roulantes et à porteurs dont se servait le Roi. Autour de 1750, elle entretenait six cent quatre-vingts chevaux de selle et de carrosse, dont dix attelages de dix pour les voitures de Sa Majesté et de nombreux coureurs utilisés ordinairement par Louis XV.

Chaque jour, un des écuyers de la Petite devait se trouver au lever et au coucher du Roi pour savoir si Sa Majesté voulait monter à cheval ou rouler carrosse. Quand Elle était à cheval, cet écuyer La suivait toujours immédiatement : dans une marche ordinaire, il partageait la croupe de la monture royale avec le capitaine des gardes, mais si, à la chasse ou autrement, il fallait franchir quelque passage étroit, l'écuyer devait passer devant ce capitaine. Ce n'est là qu'un des multiples détails de l'étiquette de l'écurie, car la présentation au Roi des éperons, du montoir, de l'étrier, de l'épée, était minutieusement réglée, sans que les disputes de cérémonial fussent toujours éliminées pour autant.

Les plaisirs

Sous le titre de *Plaisirs du Roi* étaient groupés les différents équipages des chasses : la vénerie, le vautrait, la fauconnerie, la louveterie et quelques autres.

Vénerie et vautrait dépendaient du *Grand Veneur de France,* charge remplie depuis 1714 jusqu'à sa mort à la fin de 1737 par le comte de Toulouse et ensuite par ses descendants. Passionnés l'un et l'autre de chasse, Toulouse et Louis XV ont porté à leur perfection l'art et la science de la vénerie. Celle-ci désignait proprement et principalement le courre du cerf et aussi celui du chevreuil et du lièvre, auxquels participait tout un personnel hautement entraîné : lieutenants, écuyers, valets de limiers, valets de chiens, piqueurs, etc. En remaniant un équipage du lièvre, Louis XV en créa un en 1738 pour le daim, qu'il paya sur sa cassette. Le courre du sanglier ou vautrait relevait, sous le grand veneur, d'un équipage particulier commandé par le capitaine général des toiles de chasse et du vautrait.

Le grand fauconnier était chef de la fauconnerie, très vénérable office qui se maintenait grâce surtout à sa vétusté, car Louis XV, on l'a déjà dit, ne s'adonnait guère à cette chasse. Mais comme le grand maître de Malte et le roi de Danemark envoyaient traditionnellement chaque année à Sa Majesté Très-Chrétienne des gerfauts et autres oiseaux de proie, on persévérait à entretenir différents vols : vol pour milan, pour héron, pour corneille, canard, pie, lièvre, qui faisaient double emploi avec le Vol du cabinet.

La louveterie avait à sa tête le grand louvetier. Louis XV ne se livrant qu'occasionnellement au courre du loup, sa louveterie tendit de plus en plus à devenir un service public assurant l'élimination d'un animal jugé nuisible et dangereux. La chasse du renard, si prisée en Angleterre, ne se pratiquait que rarement à la cour de France.

*
* *

On ne doit pas oublier, enfin, les *Officiers des cérémonies* qui comprenaient, dans l'ordre hiérarchique : le grand maître, le maître, l'aide, les deux introducteurs ou conducteurs des ambassadeurs et le secrétaire à la conduite des ambassadeurs. Le grand maître recevait ses ordres du Roi et de lui seul ; absent ou empêché, il était suppléé par le maître. Ils ordonnaient de toutes les cérémonies telles que mariages, baptêmes et pompes funèbres de la famille royale, lits de justice, audiences publiques des légats, nonces et ambassadeurs, *Te Deum* solennels, audiences des députations dépêchées vers le Roi par les cours supérieures, les états provinciaux, l'assemblée du clergé et autres corps et compagnies, accueil des princes et princesses étrangers, etc.

Et l'on n'a encore traité que de la maison du Roi ! La Reine avait aussi la sienne, organisée en grande partie sur le modèle de son époux, mais avec un personnel plus restreint, la souveraine n'ayant d'autre maison militaire et d'autres musiques que celles du Roi. Mais elle avait ses officiers ecclésiastiques (dont un grand aumônier), sa chambre, ses médecins et chirurgiens, son écurie, ses sept offices (bouche, échansonnerie, panneterie, etc.). La charge de surintendante de sa maison, remplie depuis 1725 par une sœur du duc de Bourbon, Mlle de Clermont, fut supprimée en 1741 à la mort de cette princesse et les premiers dignitaires en furent dès lors la dame d'honneur (la duchesse de Luynes à partir de 1735) et le chevalier d'honneur. Après la dame d'honneur venait d'abord la dame d'atour, puis douze dames du palais. Et quand le Dauphin et Mesdames de France atteignirent l'âge requis, le Roi leur constitua aussi une maison.

*
* *

La cour de Louis XV était donc une machine vaste et complexe dont on a quelque peine à se faire idée à notre époque. Aujourd'hui, quand vers six heures du soir les châteaux de Versailles, de Fontainebleau, de Compiègne ont vomi leurs derniers touristes, ils deviennent froids et mornes comme des tombeaux : nulle lumière aux fenêtres, sauf chez quelques conversateurs et gardiens, des salons et des enfilades où le vide et le silence ne sont troublés que par le craquement d'un bois, le passage d'une ronde de sécurité ou la fuite d'une souris. Palais morts où ne glissent que des fantômes. Alors qu'au XVIIIe siècle ils grouillaient de vie. Un château royal était certes un lieu de curiosité, de représentation, voire d'ostentation, mais il méritait tout autant le beau titre de demeure, car il était conçu non comme un musée, mais pour accueillir la vie, la vie du Roi, de sa famille et de ses serviteurs, avec tout ce qu'elle comportait de contrastes, à la fois disciplinée et fantaisiste, solennelle et familière, fastueuse et pittoresque. Aussi le château et ses abords étaient-ils toujours bruissants et animés : on entendait battre les tambours dès que la garde rendait les honneurs à un prince, un ambassadeur ou un maréchal paraissant dans la cour ; les roues des voitures crépitaient sur les pavés : roues des plus riches carrosses et aussi des lourds fourgons apportant les provisions englouties chaque jour par le Grand Commun ; dans les appartements et les escaliers, balayeurs et frotteurs croisaient grands seigneurs et grandes dames ; les pages qui s'ennuyaient en faction traçaient des graffiti sur les glaces et les murs ; venant remplacer un carreau cassé, un simple vitrier rencontrait le Roi ou la Reine au plus intime de leurs cabinets. La nuit n'offrait qu'une trêve assez courte, car au Grand Commun, où il y avait tant de bouches à nourrir, il fallait de bonne heure allumer fours et fourneaux et tard le soir récurer les casseroles et ranger la vaisselle.

La vie de la cour reposait sur un fourmillement d'activités qui, des plus honorifiques aux plus serviles, étaient ordonnées au service de la personne du Roi comme en cercles concentriques entre lesquels les hiérarchies d'extrace et de fonction ne constituaient pas des barrières infranchissables. Au-delà du monde des courtisans bénéficiant par leur naissance ou leurs dignités des « honneurs de la cour », s'était constitué un milieu propre des officiers exerçant des fonctions subalternes dans les maisons de Leurs Majestés. Leurs emplois avaient pour la plupart une hérédité de fait et l'on était fier d' « être au Roi » de génération en génération. Ceux que leurs offices mettaient en contact permanent avec le souverain étaient comme irradiés par la majesté royale, d'où, à la longue, une imprégnation telle qu'elle élevait progressivement leur condition personnelle jusqu'à un statut distingué : Louis XV anoblit des porte-manteaux, des valets de chambre et de garde-robe, même des garçons de chambre, parce que leurs père et grand-père, avaient déjà avant eux exercé la même charge auprès de Louis XIV et de lui-même (voire de Louis XIII). Et les autres, qui avaient de père en fils leurs habitudes au château, finissaient par y compter relations, protections, amitiés même, parmi les principaux seigneurs et dames de l'entourage du Roi, de la Reine et des princes, dans la domesticité intime de la famille royale et des favorites. On comptait parmi ces gens une masse de serviteurs fidèles, intègres, dévoués, mais aussi des sujets douteux, avides d'argent et de promotion sociale, à l'affût de bien des compromissions : menues filouteries, chantages, espionnages, entremises galantes et parfois intrigues aux ramifications et aux répercussions inattendues.

Accomplis depuis l'enfance, bien des rites de l'étiquette avaient pour Louis XV un caractère machinal, mais il lui était impossible de ne pas veiller sur leur déroulement. Il était, en effet, maître des honneurs dans son royaume et il lui appartenait d'apaiser les rivalités qui surgissaient constamment entre dignitaires et entre serviteurs de sa maison au sujet de leurs prérogatives. Là encore, il était juge, juge des rangs et des préséances, et cette justice, qui consistait à préserver, confirmer, interpréter ou préciser les moindres détails de cérémonial et de politesse, emportait des conséquences étendues dans une société très hiérarchisée et très chatouilleuse sur l'honneur. Mécontenter les princes du sang ou les ducs et pairs, c'eût été déclencher une affaire d'État. Et en dépitant des valets de chambre ou le contrôleur de la Bouche, on courait le risque de décourager et d'aigrir des sujets dont la fidélité et l'attachement n'étaient pas moins utiles. C'est pourquoi il n'était pas de semaine, sinon de jour, où le Roi n'eut occasion de régler de menus ou de sérieux différends d'étiquette et ce genre de décision se croisait constamment avec celles de gouvernement et d'administration. Les obligations de cour et d'État pesaient en un même fardeau sur les épaules du Roi. Il était terriblement seul pour le porter.

*
**

On a déjà remarqué combien Louis XV, dépourvu du moindre secrétariat particulier, était seul pour gouverner. De même, malgré tant de courtisans et de serviteurs, était-il seul au sein de sa cour. Le Roi, constatait en 1771 le duc de Croÿ, « est un être isolé au milieu de la foule, et pour qui la foule n'est personne ». Solitude due non seulement à la suprématie sans partage de sa condition royale, mais au fait que, en dépit de son pouvoir absolu, il n'était pas le maître de composer son entourage tout à son gré, même pas sa domesticité intime. Comme on l'a souligné, les fonctions de premier valet de chambre, de valet de chambre ou de garçon des appartements étaient souvent héréditaires en fait et il était difficile au Roi de refuser à l'un d'eux qui le servait bien de céder son poste à un fils, un gendre ou un neveu, même si la personnalité du candidat ne lui agréait guère. A plus forte raison ne pouvait-il disposer selon ses affinités des principaux offices de sa cour. Comment éliminer les Condé de l'office de grand maître de France ou les Lorraine de celui de grand écuyer, sans soulever une tempête ? Comment, même si l'homme inspirait défiance ou antipathie, écarter un Noailles, un La Trémoïlle, un Béthune, un La Rochefoucauld, un Brissac, d'une charge tenue par ses pères depuis un siècle ou deux ? Ainsi le Roi était-il contraint de subir la présence et les services constants de domestiques et de courtisans qu'ils n'aurait pas recrutés s'il avait été pleinement le maître de ses choix. D'où le prix de la faveur de ceux vers lesquels inclinaient son amitié et sa confiance et qui tempéraient ainsi sa solitude. On reconnaît là, à un degré un peu moins fort que pour les offices de magistrature, les limites que la patrimonialité des charges imposait aux volontés voyales.

En dernière analyse, c'était peut-être dans le choix de ses ministres et de certains de ses conseillers que le Roi était le plus libre. Solitude dans le pouvoir suprême conjuguée pour Louis XV à la solitude d'âme et de cœur à laquelle il était condamné depuis la mort de ses parents.

CHAPITRE V

L'héritage

En prenant en main le timon de l'État, Louis XV allait disposer d'instruments et de principes de gouvernement forgés au fil des règnes par l'expérience historique et politique de la monarchie et de la nation. Avec cet héritage lentement accumulé il recueillait en outre une succession plus immédiate, qui était même une double succession : celle de Louis XIV et celle de la Régence. Et le tout lui était dévolu dans des circonstances façonnées dans la longue durée par les flux et reflux du peuplement, les modes de vie, les variations du climat, les vicissitudes de l'économie mondiale, toutes choses indépendantes de la volonté et, bien souvent, de la conscience des princes, des ministres et des sujets.

Succession complexe dont il importe de faire l'inventaire pour bien comprendre les conditions dans lesquelles Louis XV a dû régner et les problèmes qui se posèrent à lui, après s'être posés d'abord à Philippe d'Orléans et au duc de Bourbon. On se demandera donc quelles étaient l'étendue et la population du royaume et quelle tendance générale entraînait l'économie, comment fonctionnaient le gouvernement et l'administration, en quelle situation se trouvaient les finances de l'État et de la nation, quelles relations la France entretenait avec les autres puissances, quelle marche suivaient les affaires de religion et la vie de cour.

I. — IL N'EST DE RICHESSE QUE D'HOMMES

En 1715, la configuration du royaume était déjà très proche de celle de « l'Hexagone » actuel. A l'est, entre la Champagne et l'Alsace, s'interposaient les duchés indépendants de Lorraine et de Bar. Ils ne formaient pas toutefois un bloc homogène, car les seigneuries temporelles des évêques de Metz, Toul et Verdun, conquises en 1552 par Henri II, constituaient, au sein de l'État lorrain, des enclaves françaises. Vers le sud-est, le roi de Sicile — naguère duc de Savoie — régnait sur la Savoie et le comté de Nice, possessions ancestrales de sa maison. Avignon et le Comtat Venaissin relevaient du Pape et la Corse était la sujette fière et indocile de la république de Gênes. La république urbaine de Mulhouse et la principauté de Montbéliard étaient indépendantes et, sur certains points, la frontière nord du royaume pénétrait un peu plus avant qu'aujourd'hui en Flandre et en Allemagne, englobant les villes et contrées de Philippeville, Marienbourg, Sarrelouis et Landau, perdues en 1815.

Combien de Français vivaient à l'intérieur de ces limites ? Voilà une question sur laquelle Louis XIV et Louis XV n'eurent que des notions fort vagues et même longtemps fausses. Les premières tentatives en vue de compter la population furent tardives et d'une technique assez rudimentaire. Les recensements du type de ceux qu'on pratique de nos jours ne remontent qu'à 1790 et il était difficile avant cette date d'organiser avec succès une opération semblable. D'abord parce que le Roi manquait d'agents et d'argent pour mettre en œuvre un dénombrement général de ses sujets. Et ensuite (et peut-être surtout), parce qu'une telle entreprise eût risqué d'indisposer dangereusement les populations, soit qu'elles y vissent — non sans de bonnes raisons — le prélude à quelque alourdissement des charges fiscales, soit qu'elles la considérassent comme une atteinte déshonorante à leur liberté, tant les Français d'Ancien Régime répugnaient à toute intrusion de l'État dans leur vie privée. De sorte que les historiens du XXe siècle finissant ont sur la population de la France au XVIIIe des clartés plus exactes et plus précises que n'en eurent jamais Louis XV et ses ministres. Depuis quelque quarante ans, en effet, menées à partir de toutes les sources possibles, à l'aide des méthodes les plus avancées et avec le secours de l'ordinateur, les recherches d'histoire démographique de la France ont progressé spectaculairement et abouti à des conclusions solides.

Des calculs les plus récents et les mieux fondés, il ressort qu'à la mort de Louis XIV le royaume comptait 22 500 000 habitants, chiffre plus élevé qu'on ne l'imaginait. L'important, c'est qu'avec ces 22 à 23 millions d'âmes, la France était de loin l'État le plus peuplé d'Occident avec 24 % des Européens. Aucun des autres pays unifiés d'Europe n'atteignait ce nombre et même aucun ne rassemblait à lui seul la moitié de la population française : les Îles britanniques comptaient de 6 500 000 à 7 000 000 d'habitants, l'Espagne un peu plus, les possessions de la maison d'Autriche dans l'Empire et en Europe centrale autant que l'Espagne, les Provinces-Unies 1 900 000, la Suède 1 500 000. La France jouissait donc en 1715 d'une forte supériorité numérique : quelque 20 millions de producteurs et presque autant de contribuables, qui donnaient à la politique royale sa solidité et sa profondeur et grâce auxquels Louis XIV avait pu tenir tête à l'Europe ameutée contre lui.

Soixante ans plus tard, Louis XV laissait en mourant un royaume d'au moins 27 000 000 d'habitants, augmentation très sensible depuis le début de son règne. Cette croissance, d'abord modérée jusque vers 1750 (11 %), s'accéléra ensuite (18 %) et se poursuivit jusqu'à la Révolution (28 100 000 en 1790), soit un gain d'environ 32 % pour le siècle.

Deux traits sont à retenir de cet accroissement. Le premier, que pendant longtemps il a été non seulement ignoré du Roi, du gouvernement et de la nation, mais que prévalait le préjugé contraire selon lequel le royaume se dépeuplait : c'était l'opinion de Montesquieu et de Voltaire, c'était encore une des thèses des physiocrates. Ce fut assez tard sous le règne de Louis XV que certains ministres et certains intendants prirent conscience qu'il n'en était rien et que la population tendait à s'accroître plutôt qu'à diminuer. Mais ainsi les prévisions du budget de l'État ont reposé sur une supputation du nombre des contribuables inférieure à la réalité et il y a probablement là une des causes de la prospérité de la France sous Louis XV : en dépit des déclamations des parlements et quels que fussent les défauts de son assiette et de sa perception, l'impôt royal ne fut pas aussi lourd que s'il eût été calculé en fonction d'une connaissance exacte du chiffre de la population. Involontairement, le prélèvement fiscal resta modéré, laissant l'argent s'investir utilement ailleurs.

L'autre caractéristique de cette poussée démographique est tout aussi importante, mais moins souriante. Pour considérable qu'elle ait été en effet, elle fut sensiblement moindre que celle de la majorité des autres états d'Occident. Pendant que la population française augmentait de 31 à 32 %, la croissance atteignait 110 % en Irlande, 80 % en Russie d'Europe, 67 % en Suède, 61 % en Angleterre, 400 % en Hongrie ; elle était plus discrète en Espagne, supérieure néanmoins à celle de la France. De sorte que, à l'insu de tous, la part relative du royaume de Louis XV dans l'ensemble européen se contractait au fil des décennies, passant de 24 à 20 %. C'était encore beaucoup et, Russie exclue, la France restait le pays le plus peuplé, mais talonnée par les possessions de la maison de Lorraine-Habsbourg et par l'ensemble du Saint-Empire.

Ce retard français a beaucoup intrigué les historiens, qui ont fini par en discerner la cause. L'augmentation de la population a résulté non pas d'un essor de la natalité, mais d'un recul de la mortalité, dû lui-même à la fin des famines, des épidémies et des guerres. Fin des famines ? Grâce à la vigilance des intendants, aux progrès du réseau routier et à de meilleures conditions climatiques, les crises de subsistance se firent de plus en plus rares et bénignes : même lors des mauvaises années (et sauf cas individuels), on ne mourait pas de faim au XVIIIe siècle dans les villes et les campagnes françaises ; et si la mortalité augmentait après de médiocres récoltes, c'était moins sous l'effet de la disette que d'une cherté épisodique des grains, génératrice de sous-alimentation, et donc d'une moindre résistance aux maladies dues au froid et à l'humidité. Ce fut aussi la fin des grandes épidémies : la peste de Provence a été la dernière et les efforts du Régent l'ont épargnée aux autres provinces. Subsistaient évidemment les épidémies « traditionnelles » (typhoïde, dysenterie et la terrible variole), liées souvent au rythme des saisons et toujours aux conditions d'hygiène. Dans l'ensemble, l'état sanitaire du royaume s'améliora, le nombre des médecins et autres gens de santé ayant augmenté dans les villes, cependant que la médecine et surtout la chirurgie faisaient quelques progrès et que s'imposaient certaines règles élémentaires de prophylaxie, d'hygiène ou de simple propreté. Ainsi parvint-on en 1757 et 1758 à empêcher le typhus qui ravageait l'escadre de Brest de s'étendre au reste de la Bretagne. Ce déclin des épidémies fut lié aussi à la fin des guerres. La politique de la France a certes été guerrière à divers moments entre 1715 et 1774, mais elle a fait du royaume un sanctuaire pratiquement inviolé et donc soustrait aux mortalités consécutives aux maladies, disettes, dévastations et déplacements de population liés aux mouvements des armées et aux invasions étrangères.

Pendant que rétrogradait la mort, la natalité tendait à stagner et commençait même à amorcer un freinage, attesté dès le début du siècle dans un milieu très élevé et très restreint : les familles de ducs et pairs. De là, ce comportement descendit lentement et insidieusement l'échelle sociale. Vers 1750, la bourgeoisie de Rouen se montrait peu féconde ; les milieux populaires furent atteints plus tardivement. En fait, la grande masse de sujets de Louis XV a fini par recourir à un malthusianisme diffus, « un malthusianisme de famille nombreuse », a-t-on dit justement. Ce freinage de la natalité fut en son temps un phénomène spécifiquement français, qu'on ne rencontre guère ailleurs. Il reste inexpliqué.

Ainsi peuplé, le royaume demeurait un pays fondamentalement rural. On constate bien une poussée de l'urbanisation au cours du siècle : vers 1725, sur 23 500 000 habitants, il y avait 16 % de citadins, mais en 1789 19 % pour 28 100 000. Certaines villes virent leur population augmenter de façon très sensible et parfois spectaculaire : 140 % à Bordeaux, 100 % à Brest et à

Nantes, 66 % à Strasbourg, 55 % à Nancy et à Lyon. Gains de population dus en général à une immigration paysanne sur laquelle on ne doit pas se méprendre : les départs de la campagne vers la ville représentaient un pourcentage dérisoire du peuplement campagnard, si riche qu'il pouvait contribuer à celui des villes sans que sa masse fût entamée. Il n'y a pas trace d'exode rural.

Rurale, cette France l'était non seulement dans sa paysannerie, mais dans toutes les couches de la société. Le clergé était rural parce que les curés de village étaient proches de leurs ouailles, parce que le produit de la dîme, si important pour eux, dépendait de la qualité des récoltes, parce que le clergé était un gros propriétaire foncier et que le revenu de ses terres assurait la subsistance ou le faste des bénéficiers. La noblesse était rurale, non seulement parce qu'il y avait des gentilshommes campagnards, mais parce que les plus grands seigneurs et Messieurs des parlements tiraient une part importante de leurs revenus du rapport de leurs terres ou de la rente foncière et parce que les financiers fraîchement anoblis ne rêvaient que de se constituer un patrimoine terrien. Les citadins étaient des ruraux, parce que les villes étaient pleines d'écuries et d'étables et que leurs habitants consommaient le vin, les fruits et les légumes, les grains, le fourrage et autres produits de leurs propriétés ou lopins. L'administration elle-même était rurale à sa façon, car le contrôleur général attendait pour arrêter avec le Roi le budget de l'État, que les intendants et les receveurs généraux des finances eussent communiqué leurs prévisions sur les récoltes en cours. Rural enfin, le souverain en personne ; l'Île-de-France, ultime théâtre de l'itinérance séculaire de la royauté, n'était pas encore rongée et défigurée par le chancre de l'agglomération parisienne et était une contrée agricole et forestière.

A Versailles et au milieu de ses fastes, Louis XV menait une vie campagnarde. Autour du château, au-delà des jardins et du « petit parc » — celui-ci correspondant au Parc actuel —, s'étendait « le grand parc », le tout formant un vaste domaine que Louis XIV et ses successeurs s'évertuèrent à arrondir avec une ténacité toute capétienne. Il englobait en 1715 quelque 6 000 hectares (3 500 de fermes et 2 500 de bois), mais 13 000 en 1789 (5 000 en fermes, 6 000 en bois et 2 000 en jardins et avenues). La ville même de Versailles a considérablement grandi elle aussi ; elle était devenue en 1789 la septième de France, avec 70 000 habitants contre 15 000 en 1715. Louis XV, néanmoins s'y sentait à la campagne, surtout pour ce chasseur infatigable qui, plusieurs fois par semaine, allait courre dans ce domaine d'où, à travers champs et villages, il passait aisément en forêt de Marly et de Saint-Germain ou dans les bois de Chaville, de Meudon ou de

Fausse-Repose, ce qui le conduisait souvent aux portes mêmes de la capitale, à la poursuite d'un cerf dans le bois de Boulogne ou tirant des perdrix à Issy-lès-Moulineaux. Et lorsqu'il séjournait à Compiègne et à Fontainebleau, il se trouvait encore et toujours à la campagne et, pour s'y rendre, il ne rencontrait en chemin que forêts, terroirs, bourgades rustiques ou hameaux.

Aussi observait-il le temps non pas en chasseur, mais véritablement en paysan. Les lettres qu'il écrivait à son petit-fils l'infant Ferdinand de Parme foisonnent de nouvelles sur les récoltes, les moissons, la gelée, la sécheresse, les intempéries, traitant sur un ton quasi biblique du sort des « biens de la terre » :

« J'arrive de la chasse où j'ai été bien mouillé, mais je m'en console aisément par le bon effet que cela fait aux biens de la terre ; le vert croît à vue d'œil. » « Depuis quelques jours, il pleut presque continuellement. Avec cela, il fait très doux. Les biens de la terre, qui sont admirables, commencent à en souffrir, ce qui seroit bien malheureux. » « Nous avons de très beaux jours et bien chauds, qui ont fait bien du bien à la moisson. » « L'été nous est revenu... cela fera grand bien à la vendange. » « Le temps a voulu être chaud avant-hier, ... mais il plut très fort le soir, ce qui a remis le temps au froid ; cependant tous les biens de la terre sont très beaux, hormis les fruits dont il y aura peu cette année, à cause des gelées de Pâques et du mois de mai. » « Nous avons ici beaucoup de pluie... cela n'accommode pas notre moisson. » « La chaleur nous est arrivée et elle est excessive, ce qui pourrait nous amener de l'orage. L'on coupe les blés à force. » « Nos semences dans ces pays-ci se sont faites très bien, mais nous avons grand besoin d'une bonne année. » « Nous avons aussi eu de la pluie, mais avec grande joie, car elle était bien nécessaire pour les biens de la terre. »

Propos qui témoignent, et souverainement peut-on dire, du caractère foncièrement rural de la France d'Ancien Régime et de l'importance du facteur climatique dans la vie du pays. A cet égard, le règne de Louis XV allait se dérouler dans des conditions plus favorables que ceux de Louis XIII et de Louis XIV. Après que la fin du XVe et la première moitié du XVIe siècle eurent bénéficié d'un climat tempéré, une longue période de refroidissement s'ouvrit vers 1560, s'aggrava autour de l'an 1600 et culmina pendant le XVIIe siècle. Ce qui signifiait non seulement que les hivers étaient rudes, mais que les autres saisons — c'est-à-dire les trois quarts de l'année — étaient marquées aussi par ce rafraîchissement. D'où un bon siècle de calamités pour des économies agraires et pour des sociétés essentiellement rurales. Or, ce phénomène s'inversa autour de 1715. Certes y eut-il encore des froids très rigoureux : en 1740, les frimas furent tels qu'à Paris les charrois empruntaient la Seine gelée en profondeur. L'ensemble du siècle, néanmoins, connut un réchauffement qui raréfia et atténua les adversités que villes et campagnes avaient essuyées au siècle précédent. Circonstance d'autant plus heureuse que la conjoncture économique évoluait favorablement elle aussi.

Pour la majeure partie des états européens — et singulièrement la France — une conjoncture défavorable, une conjoncture de contraction a affecté la deuxième moitié et même presque les deux premiers tiers du XVIIe siècle, attestée par la chute des arrivages de métaux précieux d'Amérique latine, par le reflux des trafics maritimes et de la production manufacturière, par le recul des revenus agricoles, de la rente et des offices, par les variations monétaires, par une poussée de l'endettement. Cette longue crise se fit moins grave dès la première décennie du XVIIIe siècle, puis, à partir de 1726, la France fut emportée par un élan économique, cassé par la Révolution, favorisé par l'adoucissement du climat, l'accroissement de la population et l'abondance des espèces monétaires, caractérisé par la hausse des prix agricoles, par une croissance et une prospérité sans précédents du commerce extérieur. Là encore, il y eut des périodes plus ou moins favorables, des creux conjoncturels ; l'essor connut des pulsations plus ou moins fortes, sa courbe se présente plus d'une fois en dents de scie, mais conserve une direction fermement et fortement ascendante.

Le règne de Louis XV démarrait donc et allait se poursuivre sous des auspices favorables, mais cette situation engendra ses difficultés spécifiques, grosses de menaces pour l'autorité royale. Le royaume n'a pas connu de guerres épuisantes, ni l'invasion étrangère, qui ne réapparaîtra qu'en 1792 ; il n'a pas éprouvé ces famines, ces disettes, ces grandes épidémies pesteuses, qui avaient été le cauchemar des populations dans les siècles antérieurs ; il a bénéficié d'une prospérité rare. En contrepartie, la guerre cessant d'imposer sa discipline, et le pays ne donnant jamais l'impression d'être en danger, les énergies nationales vont se relâcher, le devoir d'obéissance ne va plus être perçu avec la même acuité et le même courage que naguère, les facilités de la richesse vont pousser à l'insubordination.

II. — LES INSTITUTIONS

Lorsque Philippe d'Orléans avait été investi de la régence, il avait promis, dans les organes et même les méthodes de gouvernement, d'imminents changements visant essentiellement à contenter la noblesse, qui estimait avoir été frustrée par Louis XIV de son rôle politique. Ne voyait-il dans ces mesures qu'un expédient provisoire destiné à lui gagner au bon moment des partisans et à semer ensuite dans les affaires et parmi les hommes la confusion et la division qui lui permettraient de gouverner en maître ? Jugeait-il foncièrement juste et nécessaire de rétablir l'aristocratie dans des prérogatives indûment entamées ? Probablement a-t-il été guidé par ces deux sentiments à la fois.

La noblesse de robe eut satisfaction grâce à la déclaration royale du 15 septembre 1715 qui, conformément à l'engagement pris dès le 2 par le Régent, leva les restrictions posées depuis 1673 à l'usage des remontrances, sans vouloir pour autant ouvrir la porte au désordre : prudent, le prince y spécifiait que ces remontrances devraient être faites « dans la huitaine, au plus tard, du jour de la délibération », faute de quoi Sa Majesté y pourvoirait ainsi qu'il appartiendrait. Inspirée, assurait-on, des projets du duc de Bourgogne, une autre déclaration du même 15 septembre annonça le démantèlement des départements ministériels : sous prétexte que « toute l'autorité de chaque partie du ministère étant réunie dans la personne d'un seul devenait souvent un fardeau trop pesant pour celui qui en était chargé et pouvait être dangereuse », on allait établir « plusieurs Conseils particuliers, où les principales matières qui méritent l'attention directe et immédiate du souverain seraient discutées pour recevoir ensuite une dernière décision dans un Conseil général », le Conseil de Régence. Ces Conseils particuliers seraient présidés par de grands seigneurs, pour calmer les appétits de la noblesse d'épée.

Le duc d'Orléans, toutefois, entendait bien exercer pleinement l'autorité souveraine, et telle que Louis XIV en avait disposé. Il se garda bien de porter ou de laisser porter la moindre atteinte à l'activité des intendants, pièce maîtresse de l'administration. Par ailleurs, une déclaration royale du 23 septembre et un règlement du 14 novembre 1715 précisèrent que, jusqu'à la majorité du Roi, le Régent arrêterait et signerait « tous les états et ordonnances de fonds et de dépenses que le feu Roi... avait coutume de signer et d'arrêter lui-même » depuis la suppression de la surintendance, qu'il aurait « seul la signature de toutes les ordonnances concernant les dépenses comptables et les comptants, tant pour les dépenses secrètes, remises, intérêts, qu'autres de toute nature » et qu'il aurait « pareillement le Trésor royal avec les parties casuelles ». Le Conseil du Roi, d'autre part, ne fut pas mis en cause, puisqu'il tenait par nature à l'essence même de la monarchie. Le Conseil d'État privé, la grande et la petite Direction eurent ordre de se tenir « ainsi que par le passé ». Quant aux Conseils de gouvernement, ils allèrent, comme toujours dans les temps de minorité, fusionner tous au sein du Conseil de Régence, qui tint sa première séance le 18 septembre 1715, où il décida de s'assembler quatre fois la semaine : le dimanche et le mercredi matin pour les affaires étrangères (et il était alors Conseil d'En-haut sans le nom), le samedi après-midi pour les finances (autrement dit comme Conseil royal des Finances) et le mardi après-midi pour les affaires du dedans (soit en Conseil des Dépêches). Il succédait donc naturellement et sans rupture aux Conseils de gouvernement de Louis XIV, mais son rôle et sa composition furent affectés par l'instauration du système des Conseils particuliers, que l'on baptisa *Polysynodie*.

Entre le 1er octobre 1715 et le 4 janvier 1716 furent promulguées les ordonnances instituant les sept Conseils particuliers destinés à se substituer aux départements des secrétaires d'État et du contrôleur général des finances : Conseils du Dedans, des Affaires étrangères, de la Guerre, de Marine, de Finance, de Conscience et de Commerce. En dépit de leur nom, ils ne faisaient pas partie du Conseil du Roi : ils étaient des organes de gouvernement et d'administration, non de conseil. Le nombre des charges de secrétaire d'État fut ramené à trois et on en changea la plupart des titulaires ; leurs attributions furent transférées aux assemblées de la Polysynodie et ils se trouvèrent à peu près réduits à la préparation et à la signature des expéditions en commandement. Le contrôleur général Desmaretz fut congédié ; on conserva son poste, mais sans y nommer personne ; un édit du mois d'octobre supprima tous les offices d'intendants des finances et d'intendants du commerce. Tous ces changements, auxquels seuls échappèrent les services et les compétences du chancelier, visaient à remplacer chacun des ministères fonctionnant sous Louis XIV par une administration collégiale, elle-même dominée par la haute aristocratie. Les présidents des Conseils de la Polysynodie furent le duc d'Antin (Dedans), le maréchal duc de Villars (Guerre), le marquis d'Huxelles (Affaires étrangères), le comte de Toulouse (Marine), le duc de Noailles (Finance), le cardinal de Noailles (Conscience) et le maréchal de Villeroy (Commerce). Ils y furent entourés d'autres grands seigneurs, à côté desquels on jeta des ecclésiastiques, des conseillers d'État, des maîtres des requêtes, des parlementaires, dont beaucoup étaient, heureusement, des administrateurs émérites.

Cette réorganisation spectaculaire eut ses répercussions sur la composition du Conseil de Régence. Celui-ci était inévitablement plus nombreux que le Conseil d'un souverain majeur, car il n'était pas seulement Conseil de gouvernement, mais encore conseil de tutelle du Roi mineur. Aussi était-il ouvert de droit aux princes du sang, dès qu'ils avaient l'âge requis, et au chancelier de France. Un seul secrétaire d'État, La Vrillière, y fut admis, mais sans voix délibérative, juste pour tenir le procès-verbal des séances ; les autres en furent exclus : dépouillés de leurs départements, ils n'avaient plus rien à rapporter. Les présidents des Conseils de la Polysynodie n'y avaient accès, et à titre seulement de rapporteurs, que les jours consacrés à la discussion des matières de leur ressort. Le titre de ministre d'État n'eut plus cours pendant la minorité, mais celui de « conseiller au Conseil de Régence » y correspondit très exactement. Il fut conféré en septembre 1715 à l'ancien évêque de Troyes, Bouthilier de Chavigny, au maréchal de Bezons et, comme l'avait fixé Louis XIV, à Colbert de Torcy, naguère ministre et secrétaire d'État, au duc d'Harcourt et au maréchal de Villeroy. Un dernier conseiller n'avait pas été prévu par le feu Roi : le plus présomptueux et le plus encombrant des ducs et pairs, M. de Saint-Simon, dont l'entrée au Conseil était plus symbolique que toutes les autres.

En dépit des apparences et des illusions, cette nouvelle organisation du gouvernement était plus lourde et plus complexe que l'ancienne. Elle donna si peu de satisfaction qu'au bout de quelque trois ans il fallut remettre les choses sur leur ancien pied. Outre que la substitution de sept conseils à cinq ministères accrut la paperasse sans accélérer l'expédition des affaires, les assemblées de la Polysynodie furent affaiblies dès le départ par les conflits de compétence qui les opposèrent les unes aux autres, par les querelles de préséance surgies entre leurs membres et par l'impéritie de la plupart de leurs présidents et des grands seigneurs qui y entraient. Seuls le comte de Toulouse et le duc de Noailles, à la tête respectivement du Conseil de Marine et de celui de Finance, furent à hauteur de leur tâche ; mais le premier était amiral de France et le second un disciple du contrôleur général Desmaretz, auprès duquel il s'était formé pendant deux ans à la gestion des deniers publics. D'autre part, le duc d'Orléans mena dans les domaines essentiels une politique très originale et souvent secrète, qui ne s'accommodait guère du système ainsi instauré.

Le Régent se donna à sa mission avec la plus grande application. Il commençait sa journée à huit heures et consacrait la matinée aux affaires et aux Conseils. Il dînait très très rarement, se contentant de prendre vers trois heures du chocolat. Il se remettait ensuite au travail jusqu'à six ou sept heures. Il aimait consulter, hors de toute séance réglée, tous ceux dont l'opinion, les compétences ou l'expérience lui semblaient de poids. Souvent, il confiait l'examen d'une question à quelques membres du Conseil de Régence qui, après en avoir débattu, lui présentaient leurs conclusions. En fin de soirée, il s'accordait une pause, consacrée souvent à une visite assez protocolaire à sa femme ou à un entretien à bâtons rompus avec quelque courtisan ou confident. Après quoi, il disait adieu au métier de régent et allait rejoindre ses amis dans des soupers où la galanterie était au menu autant que la bonne chère et les vins fins, mais qui, semble-t-il, n'étaient pas des orgies. Ce qui est certain, c'est qu'il se ménagea deux parts dans sa vie, une pour l'État et l'autre pour les plaisirs, et ne laissa jamais celle-ci empiéter sur celle-là : ses maîtresses n'eurent pas la moindre influence politique.

Dans ces conditions, le Conseil de Régence, centre de la constellation gouvernementale, perdit vite le rôle majeur auquel il était appelé, car il devint une véritable cohue. Il était normal qu'il comptât plus de membres que les Conseils de Louis XIV, mais — faiblesse ou insouciance ? — Philippe d'Orléans y admit peu à peu tant de conseillers que leur nombre finit par tripler : douze en 1716, quatorze en 1717, dix-sept en 1718, vingt-neuf en 1719 et 1720, trente-trois en 1721 et trente-cinq en 1722 ! Pléthore qui était source de critiques et de conséquences fâcheuses : le secret des délibérations et des décisions n'était plus gardé, trop de trublions de l'espèce Saint-Simon y rendaient difficile la discussion sérieuse des affaires. D'où un déclin attesté par la fréquence de plus en plus relâchée de ses séances : cent soixante-cinq entre le 1er octobre 1715 et le 30 septembre 1716, mais cinquante-sept entre le 1er octobre 1718 et le 30 septembre 1719, pour aboutir ensuite à peine à une seule session hebdomadaire. Le cabinet du Régent fut, beaucoup plus que celui du Conseil, le centre d'où partaient les décisions.

Ce style très personnel de gouvernement laissait peu d'espérance de vie au système de la Polysynodie, malingre par nature, écarté des grandes affaires et n'engendrant, pour les affaires courantes, que désordre, confusion, impuissance et, par suite, mécontentement. L'échec devint si patent qu'en février 1718 le parlement de Paris fit au Régent des représentations sur les Conseils particuliers, qui lui paraissaient alors « beaucoup moins utiles aux sujets du Roi qu'on ne l'avait espéré ». En septembre suivant, le prince profita des circonstances politiques pour supprimer les Conseils des Affaires étrangères, de la Guerre, du Dedans et de Conscience et rétablir les secrétaires d'État dans leur nombre et leurs départements de naguère. Subsistèrent seulement le Conseil de Marine, qui se maintint jusqu'à la fin de la Régence, et le Conseil de Finance (avec, dans son ombre, celui de Commerce), qui évolua peu à peu jusqu'à redevenir Conseil royal des Finances. Le contrôle général retrouva un titulaire (Law) en janvier 1720, les intendants des finances réapparurent — d'abord avec le titre de commissaires — en juin 1720.

L'épisode n'a pas laissé, toutefois, que de comporter quelques suites durables, dont la principale est d'avoir rendu à la haute noblesse un accès aux responsabilités politiques qu'elle n'a pas seulement conservé, mais qu'ensuite elle a su élargir. La Régence, en effet, a ouvert le Conseil à une vague de grands seigneurs qui n'a jamais reflué complètement. De l'aventure polysynodique, ils tirèrent la conclusion que, pour participer aux affaires, il était inutile de bouleverser les institutions et qu'il suffisait d'y reprendre pied. Ainsi, à partir de 1723, Louis XV eut, presque sans solution de continuité, des ducs et autres seigneurs parmi ses ministres d'État, en attendant que, vers le milieu du siècle, ces gentilshommes se missent à postuler et obtenir des charges de secrétaires d'État. Autre constatation : les princes et les grands cessèrent d'être aussi notoirement écartés que sous Louis XIV des postes de gouverneurs : en 1717, le prince de Conty fut nommé gouverneur de Poitou à la place du marquis de La Vieuville, et en 1719 le comte d'Évreux, un Bouillon, gouverneur d'Ile-de-France au lieu du duc d'Estrées ; la même année, le Régent donna à son fils le duc de Chartres le gouvernement de Dauphiné, dont démissionna le duc de La Feuillade et dont les Orléans restèrent titulaires jusqu'à la Révolution. Le gouvernement de Touraine avait été exercé aux origines par des princes du sang, mais Louis XIV l'avait confié en 1667 à Dangeau, gentilhomme de bonne maison sans plus ; à sa mort en 1720, son successeur fut le comte de Charolais, frère du duc de Bourbon. Autant de choix qui attestent que le Régent a souvent été animé par le propos d'associer plus largement que Louis XIV la haute aristocratie à la conduite de l'État et qu'il y est parvenu durablement. Comme il avait commencé par flatter aussi les officiers des parlements — quitte à s'en repentir ensuite —, il a enhardi les milieux de robe et ainsi préparé le terrain à cette collusion de la noblesse d'épée et de la noblesse de robe qui emportera sous Louis XV de si lourdes conséquences.

Au reste, les changements bruyants opérés au début de la Régence touchèrent le gouvernement sans effleurer l'administration. Les premiers commis et commis des ministères de Louis XIV passèrent au service des Conseils de la Polysynodie, où ils imposèrent les habitudes anciennes et cette routine des bureaux a assuré, pendant et après la Régence, la continuité des traditions. Le rôle des intendants ne fut altéré ou modifié en rien et les services où opéraient des administrateurs d'un type nouveau — les premiers « fonctionnaires » au sens actuel — furent maintenus et même renforcés : ce n'était pas seulement le personnel des secrétariats d'État, du contrôle général et des intendances, c'était la hiérarchie mise en place depuis Colbert pour administrer la marine et les colonies et qui ne subit alors aucune réforme ; c'était aussi celle des ingénieurs des ponts et chaussées, bénéficiaire en février 1716 d'une réorganisation décisive.

Loin d'avoir été inversé ou au moins freiné par la Régence, le mouvement qui, déjà au XVIe siècle et surtout depuis 1661, entraînait la monarchie vers une gestion plus exécutive que judiciaire, s'est, au contraire, amplifié. Retenu parmi beaucoup d'autres, trois exemples de l'action des pouvoirs publics illustrent cette poussée de l'État entre 1715 et 1723, car ils supposent un prince et une administration promptement et parfaitement obéis. Pour apurer et résorber le passif financier du règne de Louis XIV, puis procéder à la mise en place et ensuite à la liquidation du Système de Law, le Régent a dû mener une politique autoritaire, aux procédés parfois policiers, qui n'a pu être conduite que par une intervention énergique et très poussée du pouvoir royal, scandée par de nombreux arrêts du Conseil, dont le plus significatif est peut-être celui du 14 septembre 1721 enjoignant aux notaires de fournir des extraits de tous les contrats, tant d'acquisitions que de constitutions, et autres actes translatifs de propriété ou constitutifs de créances, passés entre le 1er juillet 1719 et le 31 décembre 1720. Cette mesure passa difficilement au Conseil de Régence, car elle semblait violer le secret des familles et du ministère notarial et son caractère inouï heurtait vivement les contemporains. Autre occasion remarquable où se développa cet interventionnisme : la peste de 1720. Pour meurtrière qu'elle ait été, elle fut limitée à la Provence et à quelques contrées des Cévennes. Au siècle précédent, elle eût semé le deuil et la désolation à travers le royaume et une partie de l'Europe. Ce cantonnement de l'épidémie et cette victoire sur la mort couronnèrent les dispositions sévères et énergiques édictées par le Conseil de Santé alors créé auprès du Régent, dont l'action transcenda celle des institutions locales traditionnelles : cours supérieures, états provinciaux. Dernier exemple, plus borné dans l'espace, mais non moins caractéristique : la reconstruction de Rennes, anéantie en majeure partie par un incendie à la fin de 1720. Là encore, effacement des pouvoirs locaux (municipalité, états) devant les initiatives du pouvoir central. L'intendant de Bretagne, le contrôleur général des finances et Jacques V Gabriel, alors architecte ordinaire du Roi, prirent en main les opérations : tracé des alignements, édification des nouveaux quartiers et autres mesures adoptées pour la plupart au Conseil royal des Finances. La reconstruction de Châteaudun, ravagée aussi par le feu en 1723, fut menée, dans le même temps, de façon identique.

Ainsi Louis XV devenant majeur pouvait-il disposer des mêmes instruments de conseil et de gouvernement que Louis XIV et d'une administration plus efficace que jamais. Ce n'était qu'une partie du legs du feu Roi et de la Régence, dont l'essentiel était la paix, condition impérative de la restauration des finances.

III. — PLAIE D'ARGENT N'EST POINT MORTELLE

Louis XIV mourut alors que l'encre des traités de paix était à peine sèche et donc avant d'avoir pu entamer à fond le rétablissement des finances. De 1701 à 1714, la guerre de Succession d'Espagne avait exigé, surtout depuis 1708, une véritable politique de « patrie en danger » : cette guerre, rappelait en 1716 au Régent le contrôleur général Desmaretz, « était engagée et soutenue par des ennemis fort unis, fort aigris contre la France, et dont les desseins n'étaient pas moindres que de partager le royaume et d'en faire un pays de conquête pour eux... Il fallait donc, de nécessité, soutenir la guerre. L'épuisement du royaume était connu ; on n'avait ni assez de moyens différents à choisir pour la soutenir, ni assez de temps pour délibérer ; à peine avait-on celui d'agir et de mettre en œuvre tous les moyens qui pouvaient, sans violence, produire de l'argent ». Par son intelligence et son ingéniosité, Desmaretz était parvenu à donner à nos armées les moyens de durer et de vaincre, mais, la paix revenue, une catastrophe semblait inévitable. En septembre 1715, reconnaissait une déclaration royale, « il n'y avait pas le moindre fonds, ni dans notre Trésor royal, ni dans nos recettes, pour satisfaire aux dépenses les plus urgentes ; et nous avons trouvé le domaine de notre couronne aliéné, les revenus de l'État presque anéantis par une infinité de charges et de constitutions, les impositions ordinaires consommées par avance, des arrérages de toute espèce accumulés depuis plusieurs années, le cours des recettes interverti, une multitude de billets, d'ordonnances et d'assignations anticipées de tant de natures différentes et qui montent à des sommes si considérables qu'à peine en peut-on faire la supputation ». De fait, le capital de la dette constituée atteignait quelque 1 200 millions de livres et, sous différentes étiquettes, celui de la dette à court terme allait bien à un milliard. Pour faire face au service des intérêts : rien, les recettes ordinaires de l'année étant déjà insuffisantes de moitié pour couvrir les dépenses normales.

Devant un bilan aussi dramatique, les amateurs d'expédients sommaires préconisaient, tel Saint-Simon, la banqueroute. Le Régent écarta cette solution, qui eût été fatale au crédit de l'État, déjà fort mal en point, et qui, en outre, n'était pas de circonstance. Il apparaît, en effet, d'après les recherches les plus récentes, que si l'État était financièrement aux abois, la nation n'était pas dans une situation aussi critique. « Il n'est plus permis désormais de présenter la fin du règne de Louis XIV sous des couleurs uniformément sombres » (P. Goubert). Depuis la paix de Ryswick en 1697, le commerce extérieur français s'est relevé et l'avènement de Philippe V au trône d'Espagne a fait accéder les négociants français au marché des colonies espagnoles, ouverture inacceptable pour l'Angleterre, mais fructueuse pour le royaume de Louis XIV. De plus, la baisse constante des arrivages en Europe de métaux précieux d'Amérique espagnole commençait à être compensée par l'exploitation des gisements portugais du Mozambique et du Brésil : on débarqua en 1715 à Lisbonne quinze fois plus d'or qu'en 1699 et trois fois plus qu'en 1703. Bien que drainées surtout par le Portugal et le Royaume-Uni, de telles masses contribuaient à remettre en train l'ensemble de l'économie européenne, France comprise. Une France irriguée plutôt par l'argent métal des Indes espagnoles : les trente millions de piastres déchargées d'un convoi parvenu à La Rochelle le jour de Pâques 1709 furent littéralement providentielles. Cette provisoire union économique franco-espagnole aida la France à ne pas sombrer. Elle contribua à réamorcer bien des manufactures, surtout rurales, tandis que les ports de l'Atlantique et de la Manche connaissaient un trafic très fructueux : par l'Ouest maritime s'annonçait le réveil économique, prélude à l'emballement du grand commerce français autour de 1726. C'est pourquoi le duc d'Orléans put, dans un premier temps, éviter la déconfiture et redresser la situation, puis, à partir de 1718 et surtout de l'été 1719, laisser se déployer la fulgurante expérience de Law. Celle-ci se termina en débâcle, mais sa liquidation fut opérée avec la même rigueur et le même succès que celle du passif légué par Louis XIV. De sorte qu'en 1726 Louis XV héritait de la Régence et du ministère du duc de Bourbon une situation financière qui — malgré les conséquences des graves intempéries de 1725 — n'était pas mauvaise.

Un élément très positif en était la stabilisation de la monnaie. L'arrêt du Conseil sanctionnant cette mesure fut promulgué le 15 juin 1726 et, bien que le contrôleur général Dodun ait démissionné la veille, le mérite lui en revient et non à son successeur M. Le Peletier des Forts. C'était, en effet, l'aboutissement des efforts de Dodun et de son conseiller Pâris-Duverney, décidés à mettre fin aux soubresauts fâcheux que la déflation voulue par Desmaretz et l'inflation déchaînée par Law avaient successivement infligés à la circulation monétaire. L'arrêt portait pour six mois la valeur du louis d'or à 24 livres et celle de l'écu d'argent à 6 ; en décembre, un second arrêt prorogea le premier pour un nouveau semestre ; six mois plus tard, nouvelle et semblable prorogation et ainsi de suite jusqu'au 11 novembre 1738, où il fut enfin décidé que l'arrêt serait considéré comme reconduit une fois pour toutes et le prix des espèces fixé pour toujours. Sauf une variation infime en 1785, il ne devait plus bouger jusqu'à la Révolution et retrouva ensuite sa valeur en 1803 avec le franc « Germinal ». La France allait ainsi disposer d'un véritable instrument d'échanges et cette circonstance explique, pour une part, le grand mouvement de prospérité qui va emporter le royaume.

Grâce au Régent et aux soins du duc de Noailles, l'établissement et la gestion du budget avaient bénéficié dès 1716 d'améliorations durables. Le duc d'Orléans, rappelons-le, s'était réservé, comme Louis XIV, l'ordonnancement. Il remit en vigueur plusieurs sages pratiques instaurées du temps de Colbert et mises à mal dans les dernières années du grand règne. En particulier, il fit tenir rigoureusement les registres et journaux où les recettes et les dépenses du Trésor étaient consignées au fur et à mesure de leur encaissement ou ordonnancement. Comme, malgré le compte que lui rendaient les secrétaires d'État et autres ordonnateurs secondaires de la nécessité et de la destination des fonds qui leur étaient alloués, il ne parvenait pas à obtenir une parfaite connaissance du sort de ces fonds et des revenants bons, il ordonna de faire tenir en parties doubles le registre de l'emploi des fonds et de leur application aux destinations résolues. Il fit en outre exiger par le premier ministre de tous les ordonnateurs et trésoriers la justification de l'emploi des sommes reçues et de leur application à leur objet, de sorte que, à partir de 1722, le Régent avait été en état de constater dans un même registre et toutes les sorties de fonds du Trésor, et leur emploi dans les délais et les destinations prescrits. Il visait par là à empêcher les trésoriers de donner leurs billets en paiement aux destinataires et, d'autre part, à pouvoir établir dès la fin de chaque année — et non plus au bout de trois ou quatre ans — une balance exacte de toute la recette et dépense et, par suite, à mieux proportionner celle-ci à celle-là. Diverses autres mesures de détail entrèrent ainsi grâce à lui dans les habitudes des bureaux du contrôleur général et des intendants des finances ; elles contribuèrent incontestablement à établir dans la préparation et l'exécution du budget, dans le mouvement des fonds et dans la comptabilité ministérielle une clarté et une rigueur qu'ils n'avaient encore jamais connues.

Si, en vue de liquider le passif du dernier règne, puis celui du Système de Law, le duc d'Orléans avait écarté la solution désinvolte d'une banqueroute, il n'en avait pas moins opéré des banqueroutes partielles en faisant procéder au visa et à la réduction des effets répandus dans le public, dont les porteurs reçurent en contrepartie des constitutions de rentes. Depuis 1725, le service de la dette ainsi constituée représenta une somme annuelle de 51 500 000 livres, qui venait s'additionner dans le budget de l'État aux dépenses ordinaires. Celles-ci comportaient un certain nombre de postes fixes : Maison du Roi, Pensions, Guerre, Marine, Affaires étrangères, Gages du Conseil, Gages divers, etc. Or, les recettes ordinaires — la taille et ses annexes, le domaine, les dons gratuits des états provinciaux et du clergé, les parties casuelles — permettaient péniblement d'acquitter les dépenses ordinaires et se montraient insuffisantes pour honorer le service de la dette et pour faire face, notamment en cas de guerre ou de crise, à tout accroissement des débours. D'où la nécessité de trouver les moyens de combler ce déficit.

Pendant la guerre de Succession d'Espagne, ces moyens avaient été fournis par ce que — avec un humour involontaire — on appelait « les affaires extraordinaires » : création d'offices saugrenus, opérations de crédits extravagantes. Or, s'il y eut une leçon retenue par l'administration monarchique de cette période d'expédients, ce fut bien que ces « affaires extraordinaires » étaient un remède du passé et non une médecine d'avenir. En particulier, il était désormais difficile de tabler beaucoup sur les créations d'offices, non seulement parce qu'on en avait abusé jadis et naguère, mais parce que le prix des offices de judicature, même très prestigieux, s'effondrant, les offices anciens vacants ne trouvaient pas toujours preneurs, ce qui dissuadait d'en créer de nouveaux. Dans ces conditions, il devenait inévitable de recourir soit à l'emprunt, soit à l'impôt, voire à l'un et à l'autre, solution facilitée en partie par les circonstances.

Le réveil de la conjoncture économique, en effet, et les conséquences bénéfiques du Système de Law allaient rendre plus aisées les émissions d'emprunts publics. Comme l'a démontré M. Edgar Faure, « Law a échoué, mais le Système a réussi ». Il a réussi en ce qu'il a déclenché, surtout dans le monde rural, un large phénomène de désendettement (de l'ordre de quelque 50 %), lui-même générateur d'expansion. Ce désendettement résulta d'abord de la baisse de l'intérêt, puis de la hausse des prix et enfin des suites de la dévaluation de la monnaie métal et de la décote des billets de banque, qui incluaient elles-mêmes des opérations telles que le rachat des billets au rabais pour payer des dettes à leur montant nominal. Le Système a provoqué, d'autre part, d'importants transferts de biens fonciers qui, passés aux mains de nouveaux maîtres mieux pourvus en dynamisme et en capitaux que les anciens, furent à l'origine d'un bond en avant de l'économie agricole. Cependant que les villes connaissaient une vive activité de la construction. L'économie qui, dès avant la mort de Louis XIV, donnait des signes de convalescence, s'en trouva singulièrement fortifiée. Grâce, enfin, à la stabilisation monétaire, qui facilitait les mouvements de fonds et l'abondance du numéraire, l'emprunt se révélait comme une formule opportune et sensée.

Jointes à toutes ces causes, la croissance démographique et quelque fermeté dans les tractations préalables à la conclusion des baux des fermes promettaient un accroissement régulier du produit des impôts indirects, qui étaient surtout des taxes de consommation, de circulation, de mutation et de transaction. Les solutions étaient beaucoup plus malaisées à trouver pour les impositions indirectes.

La taille, le vieil impôt roturier, constituait depuis des siècles une ressource de base du budget, mais une ressource désormais peu extensible. Du temps de Richelieu et de Mazarin, elle s'était alourdie cruellement, si cruellement même qu'il en demeurait comme un remords ou au moins un reproche dans la mémoire collective des gouvernants, qui estimaient imprudent et injuste d'en augmenter sensiblement le montant. On se contentait de faire varier selon les circonstances « les crues » de la taille, traditionnellement affectées à des dépenses militaires. Sur ordre du Régent, ces diverses « crues » furent, à partir de 1717, regroupées dans un brevet unique, complémentaire de celui de la taille et souvent appelé « brevet militaire », dont le taux s'élèverait en temps de guerre pour s'abaisser à la paix. En outre, la taille était un impôt de répartition, d'une assiette souvent peu équitable. L'expérience tentée depuis 1710 pour établir la taille proportionnelle dans les élections de Niort et de Lisieux avait dû, sur son échec, être abandonnée en 1723. Enfin, la taille et ses annexes ne pesaient en fait que sur les paysans, la partie la plus nombreuse mais la moins riche de la nation. La richesse était surtout entre les mains du clergé, d'une partie de la noblesse et de nombreux bourgeois, que leurs privilèges avaient longtemps soustraits aux impositions directes : en faire des contribuables était le moyen le plus sûr — parce que le seul — d'accroître les recettes du fisc.

Il fallut toute l'autorité de Louis XIV et la sixième année de la guerre de la Ligue d'Augsbourg pour tenter d'en arriver là. Une déclaration royale du 18 janvier 1695 institua un droit par tête à percevoir sur tous les régnicoles indistinctement, comme cela se faisait déjà en Prusse et dans les états héréditaires de la maison d'Autriche. L'ordre du clergé racheta cette « capitation » par le versement d'une somme forfaitaire et, comme promis, la perception en cessa en 1698 à la paix. La guerre recommençant en 1701, la capitation fut aussitôt rétablie, mais cette fois définitivement et transformée en un impôt de répartition. Elle ne fut plus dès lors pour les taillables qu'une manière de supplément de taille, le clergé s'en racheta une fois pour toutes en 1710, et sa répartition sur les non-taillables — nobles, bourgeois des villes exemptes, corps — et, par suite, son rendement laissèrent fort à désirer.

D'où l'instauration, par déclaration du 14 octobre 1710, d'une nouvelle contribution qui se voulait plus égalitaire : le dixième.

Ce devait être un prélèvement de 10 % sur les revenus de tous les sujets du Roi : dixième foncier (le plus rémunérateur en théorie) reposant à la fois sur les déclarations des propriétaires et les recherches et vérifications de contrôleurs, dixième perçu sur les revenus des charges et offices, dixième d'industrie sur les bénéfices industriels et commerciaux. Excellent dans son principe, le dixième ne le fut guère dans la pratique. Louis XIV en 1710 n'avait ni le temps, ni les moyens de mettre en place le personnel et les services propres à réussir la longue et délicate besogne requise par l'assiette et le contrôle d'un tel impôt. On para au plus pressé, en accordant sans grande résistance des abonnements, des rachats et des exemptions (le clergé se libéra contre un don gratuit de 8 millions) et en acceptant — quand les redevables consentaient à les produire — des déclarations tardives, fausses ou confuses. C'était néanmoins une ressource pour le Trésor, à laquelle le Régent et le duc de Noailles eurent l'imprudence de renoncer par un édit du mois d'août 1717.

De sorte que, des menaces de guerre et les cérémonies du mariage royal provoquant une montée des dépenses, le contrôleur général Dodun et Pâris-Duverney durent, pour obvier au déficit, lancer tout un train de mesures fiscales, comprenant notamment le rétablissement d'un impôt égalitaire, inspiré du dixième : le cinquantième. Celui-ci, institué pour douze ans par déclaration du 5 juin 1725, frapperait les revenus de tous les propriétaires sans exception, ecclésiastiques ou laïques, nobles ou roturiers. L'innovation consistait en ce que, selon une idée chère à Vauban, il serait perçu en nature, en vue de couper court aux traitements de faveur, aux forfaits ou décharges de complaisance. Aussi cet impôt égalitaire fut-il particulièrement mal accueilli. Non seulement et naturellement par les privilégiés et leurs défenseurs : cours supérieures et assemblée du clergé ; mais aussi par les autres, d'autant plus que, la pluie ayant noyé les récoltes, la perception d'une redevance en nature semblait vexatoire, sans parler des difficultés propres à l'établissement d'une contribution de ce genre, pour quoi rien n'était prêt. Des désordres éclatèrent à Paris et en d'autres villes et l'impopularité du duc de Bourbon devint telle que Louis XV le disgracia. Une des premières décisions du nouveau gouvernement dut être de renoncer, dès le 21 juin 1726, à la levée en nature, en attendant qu'une déclaration du 7 juillet 1727 fixât au 1er janvier 1728 la suppression du cinquantième.

Les remous soulevés par cette tentative étaient ainsi apaisés, mais la question qui l'avait suscitée restait posée : comment établir avec équité une imposition à laquelle seraient effectivement astreints les Français de toutes conditions ? Que nul autre moyen ne permît d'assurer l'indispensable accroissement des recettes ordinaires de l'État, c'était là une évidence dont Louis XV avait été pénétré par les leçons politiques que nous avons vues lui être dispensées vers la fin de sa minorité. Mais son adoption postulait de nouvelles manières d'envisager les rapports entre le Roi et ses sujets, et de concevoir le système administratif, car il ne s'agissait de rien moins que de raboter les privilèges fiscaux du clergé et de la noblesse, d'établir la parité entre les charges des pays d'élections et celles — moins lourdes — d'autres provinces, de définir la notion de revenu d'ensemble et de discerner ses diverses sources, d'établir l'obligation du contribuable à déclarer l'assiette de l'impôt et, en corollaire, le droit pour l'administration d'en vérifier l'exactitude. S'efforcer de satisfaire à toutes ces exigences, c'était faire surgir les plus graves et les plus difficultueux des problèmes politiques et sociaux : ceux-là mêmes que Louis XV va devoir affronter de plus en plus rudement.

IV. — LA PAIX

Louis XIV léguait à son successeur un royaume en paix et une politique adaptée au nouvel état de l'Europe. Il entendait, pour des raisons économiques autant que dynastiques, consolider et pérenniser l'union désormais acquise avec l'Espagne et, dans sa pensée, les objectifs primordiaux des deux pays ne pouvaient être atteints qu'à condition d'éviter les diversions des conflits contre d'autres puissances européennes. La reprise de tels conflits était à craindre, car la paix signée à Utrecht avait été imposée par l'Angleterre et la France à leurs alliés respectifs, sans éteindre tous les différends et même en créant le risque d'en faire sourdre de nouveaux. Malgré les agrandissements territoriaux substantiels dont il avait bénéficié, l'empereur Charles VI n'était pas satisfait des traités : il regrettait de ne pas avoir obtenu la Sicile, il avait refusé de donner explicitement son accord à l'exclusion de sa maison de la monarchie espagnole, il continuait à se parer du titre de roi d'Espagne, traitait Philippe V en usurpateur et affectait de vivre avec lui sur le pied d'une simple trêve. Par ailleurs, ses conquêtes sur les rives de l'Adriatique et son installation dans les Pays-Bas catholiques lui inspiraient une politique économique ambitieuse, intolérable pour la Grande-Bretagne et la Hollande. De son côté, Philippe V n'avait consenti de bon gré ni à la renonciation de ses droits à la couronne de France, ni au démembrement de ses possessions et, en particulier, à la perte du royaume de Naples.

Louis XIV comprit que la paix de l'Europe était à la merci d'un sursaut des antagonismes et que ce danger ne pouvait être écarté que par un rapprochement des Bourbons et des Habsbourgs, sans lequel l'Angleterre serait l'arbitre des rivalités qu'elle allumerait ou éteindrait sur le continent. Conception hardie en un temps où, après deux siècles de guerres, l'animosité contre la maison d'Autriche était en France une thèse classique de la diplomatie et pour l'opinion publique une manière de *Credo*. Mais le Grand Roi avait saisi que, un Bourbon régnant à Madrid, l'empire de Charles Quint avait d'autant moins de chance d'être reconstitué que, à la suite de leurs victoires sur les Turcs depuis 1683, les Habsbourgs tournaient leurs ambitions vers l'Europe orientale et étaient intéressés à ce qu'aucune puissance germanique ne dominât l'Empire et n'y constituât une grande monarchie protestante, formée autour de la Prusse ou du Hanovre. Rassurée sur ses frontières, la France pouvait consacrer ses efforts à affranchir les états européens de la prépondérance anglaise en préparant entre eux, par des ententes librement consenties, un équilibre dont elle-même, l'Espagne et la maison d'Autriche eussent été les garantes. L'Angleterre ne pouvait que s'inquiéter d'une telle politique et les questions dynastiques lui permirent de susciter des obstacles à son application.

Pour les Anglais, en effet, les clauses des traités et les déclarations concernant la renonciation de Philippe V à tous droits à la couronne de France ne prêtaient à aucune équivoque. Or, la jeunesse du Dauphin Anjou rendait une régence inévitable et sa santé réputée fragile laissait craindre une vacance du trône, et comme Philippe V n'avait pas perdu l'espoir de faire valoir ses prétentions en France et que le duc d'Orléans, premier prince du sang, entendait non seulement être régent à la mort de Louis XIV, mais devenir roi si Louis disparaissait, il en résultait une situation où Orléans et le roi d'Angleterre George Ier avaient un commun intérêt à consolider la renonciation de Philippe V, en compensation de laquelle l'Angleterre l'avait reconnu souverain légitime de l'Espagne, cependant que la France, lâchant les Stuarts, avait admis la légitimité de George de Hanovre comme roi d'Angleterre, légitimité que, pour sa part, l'empereur Charles VI n'avait pas consenti à garantir.

En septembre 1715, le Régent avait donc besoin du soutien de George Ier, non moins concerné que lui par une stricte exécution du traité d'Utrecht. Dès le mois d'août 1714, il avait engagé à cette fin avec la cour de Londres des pourparlers discrets, qui ne pouvaient que se poursuivre et s'amplifier après son accession à la régence, tout en demeurant confidentiels. Il lui était impossible, en effet, de se rapprocher subitement et ouvertement de l'Angleterre sans, d'une part, heurter le sentiment populaire, très favorable à Philippe V, ni, d'autre part, susciter une très forte opposition des partisans d'un entente étroite avec l'Espagne, regroupés dans « la vieille cour », c'est-à-dire les princes légitimés, les anciens ministres de Louis XIV et des courtisans en vue, comme le maréchal de Villeroy. Le soutien chaleureux que cette coterie accordait au Roi Catholique était d'autant plus intempestif que ce prince allait jouer pendant des années un rôle de trouble-fête, dont l'impulsion venait de sa seconde femme, Elisabeth Farnèse, nièce du duc de Parme et du grand-duc de Toscane. Très soucieuse de l'établissement de ses fils, Elisabeth entendait leur assurer la réversibilité des états de Parme et de Toscane, dont les dynasties étaient en voie d'extinction. Elle avait hissé aux affaires un compatriote, l'abbé et bientôt cardinal Alberoni, qui, devenu ministre prépondérant à Madrid, rêvait de libérer de la domination autrichienne les états d'Italie naguère perdus par Philippe V. Elisabeth et Alberoni allaient pousser aux aventures et les deux seules puissances alors en état d'enrayer l'extension d'un conflit étaient l'Angleterre et la France. Ainsi les intérêts personnels du Régent et ceux de la paix coïncidaient, mais la politique extérieure conçue par Louis XIV dans les derniers temps de sa vie allait devoir être délaissée.

L'abbé Dubois fut, avec son intelligence aiguë, sa connaissance des hommes, son aptitude aux initiatives, ses talents de négociateur et aussi son absence de scrupules, l'artisan de cette diplomatie secrète de Philippe d'Orléans. Il est hors de propos d'en relater les étapes. Entre Dubois et le comte Stanhope ministre britannique, l'entente se fit au cours de deux entrevues, à La Haye puis à Hanovre, dans l'été de 1716, sur un projet d'accord dont le Parlement anglais mit quelque temps à accepter le principe. L'adhésion de la Hollande obtenue, on aboutit, le 4 janvier 1717, au traité de La Haye qui confirmait celui d'Utrecht, au prix de quelques concessions françaises : expulsion du prétendant Stuart, arrêt des travaux entrepris dans le port de Mardick pour le substituer à celui, démantelé, de Dunkerque. Ce fut ce qu'on appela la *Triple alliance* de La Haye, alliance défensive et conservatrice, dirigée contre le roi d'Espagne et les projets qu'on lui prêtait. Il était prévu d'inviter Philippe V à une révision des clauses italiennes des traités : il abandonnerait à l'Empereur la Sicile au lieu de la Sardaigne, Charles VI pourrait alors accepter de reconnaître Philippe comme roi d'Espagne et ce monarque renouvellerait sa renonciation à la couronne de France.

Communiqués à Madrid, ces projets y furent très froidement accueillis et les pourparlers s'enlisaient quand un incident imprévu suscita un conflit : en mai 1717, le grand inquisiteur d'Espagne, de passage en Milanais, y fut arrêté comme sujet rebelle à l'Empereur. Alberoni expédia une flotte contre la Sardaigne et, Charles VI n'ayant point de marine, l'île fut conquise presque sans coup férir en août 1717. Stanhope et

Dubois s'entremirent et proposèrent un accommodement : bien que Londres ait alors fait miroiter — une fois n'est pas coutume — la restitution de Gibraltar, les Espagnols firent la sourde oreille et même occupèrent la Sicile. Alors l'Empereur adhéra le 2 août 1718 à l'alliance franco-anglo-hollandaise, qui devint la *Quadruple alliance*, et une escadre anglaise envoyée en Méditerranée détruisit le 11 août 1718 la flotte espagnole au large de Syracuse. Philippe V déclara la guerre à l'Angleterre. Ses intrigues en France furent éventées par la découverte des menées de la duchesse du Maine, simple complot d'opérette, mais qui rendit au duc d'Orléans le service d'indigner la vieille cour. Après de vaines tentatives de conciliation, l'Angleterre finit par déclarer la guerre à Philippe V le 28 décembre 1718 et fut imitée par la France le 9 janvier suivant. Le Régent ne s'était résigné qu'avec peine à suivre ce parti, car il lui déplaisait de combattre le roi d'Espagne son neveu, mais seule, des alliés, la France était en mesure d'intervenir efficacement, ayant une frontière commune avec l'Espagne.

Le 21 avril 1719, une armée commandée par le maréchal de Berwick franchit la Bidassoa et manœuvra aisément, le gros des forces adverses étant en Sardaigne et en Sicile. Berwick s'empara notamment de Passaje, devenu par les soins d'Alberoni un grand arsenal maritime, et y détruisit cales, chantiers, vaisseaux et approvisionnements ; un autre corps alla, entre Bilbao et Santander, brûler Santoña, centre de construction navales. Toutes entreprises qui renforçaient la supériorité des Anglais sur mer. Le Guipuzcoa occupé, les opérations se transportèrent aux confins du Roussillon et de la Catalogne. Les hostilités furent heureusement de courte durée et d'une ardeur retenue. Invité à sacrifier Alberoni, Philippe V y consentit sous la pression des événements : le cardinal fut chassé en novembre 1719 et, dès le 16 février 1720, le Roi Catholique fit annoncer son adhésion à la Quadruple alliance, dont l'acte fut signé le 20 mai. Il dut évacuer Sicile et Sardaigne et renoncer derechef tant à la couronne de France qu'à ses anciens territoires italiens.

Dès lors, les dispositions du Régent et de Dubois changèrent à l'égard de l'Espagne : du rapprochement auquel ils l'avaient contrainte, ils parvinrent à faire une alliance intime. Les deux pays signèrent le 27 mars 1721 un traité défensif, avec garantie réciproque de leurs possessions ; la France promettait aussi d'appuyer les prétentions espagnoles sur Parme et la Toscane et même de s'employer à Londres pour obtenir la rétrocession de Gibraltar. Les Anglais ne lâchèrent rien sur ce point, mais consentirent à procéder avec Paris et Madrid à la formation d'une nouvelle Triple alliance, le 13 juin 1721. La réconciliation franco-espagnole fut scellée ensuite par les fiançailles du jeune Louis

XV avec l'infante Marie Anne Victoire et par celles, bientôt suivie de mariage, du prince des Asturies avec une fille du Régent. Il s'ensuivit dans les relations des deux cours une période d'embellie que vint brutalement interrompre en mars 1725 le renvoi de l'Infante-Reine. Philippe V en fut si courroucé qu'il rappela son ambassadeur et expulsa celui de Louis XV. Tout contact était ainsi rompu entre les deux pays, à une heure où la paix était sérieusement menacée.

L'Europe traversait alors un malaise dû en grande partie à la brouille qui s'insinuait entre l'Empereur et les puissances maritimes. L'Escaut et le port d'Anvers étant toujours interdits au trafic, des négociants belges conçurent le projet de faire jouer à Ostende le rôle jadis tenu par Anvers. Ils envoyèrent des vaisseaux dans les mers lointaines et Charles VI reconnut en 1722 à leur compagnie le privilège du commerce des Indes orientales et occidentales. C'était là un domaine que prétendaient se réserver l'Angleterre et la Hollande, qui firent à Vienne d'aigres représentations sur ce qu'elles considéraient comme une violation des traités. L'Empereur accorda à une autre compagnie le droit exclusif de commercer par terre et par mer avec la Turquie, il proclama Trieste et Fiume ports francs, le pavillon impérial parut en Méditerranée, au grand déplaisir des Anglais et des Hollandais. De sorte qu'au moment du renvoi de l'Infante-Reine, les relations entre Vienne et les puissances maritimes s'étant refroidies, l'Empereur courait le risque d'être isolé et se trouvait ainsi d'autant plus incité à accueillir des ouvertures de la cour d'Espagne que d'autres raisons l'y poussaient.

En dehors de sa politique d'expansion économique, Charles VI poursuivait un projet dynastique qui lui tenait tellement à cœur, qu'il finit par tourner presque à l'idée fixe. N'ayant pas d'enfant mâle, il voulait assurer la succession de ses états héréditaires à sa fille aînée, au préjudice de différents cousins. Dès 1713, il avait légiféré à cette fin par une charte solennelle, *la Pragmatique Sanction*. Il avait de bonnes raisons de craindre que, le jour venu, des prétendants ne se déclarassent contre la jeune souveraine et qu'il n'en résultât une guerre civile, voire une guerre générale. Aussi souhaitait-il obtenir des états étrangers l'engagement formel de reconnaître la Pragmatique et le droit de l'archiduchesse Marie-Thérèse à lui succéder. Plus les années passaient et plus ce désir devenait pour lui une obsession et pesait sur l'orientation de sa politique. De même, à la cour de Madrid, Elisabeth Farnèse ne pensait qu'à l'établissement de ses fils en Italie, impossible à réussir sans la bonne volonté impériale.

Depuis des mois, un congrès siégeait à Cambrai pour régler une bonne fois les questions litigieuses entre l'Empereur et l'Espagne dans l'application des traités de 1713 et 1714. Achoppant en particulier sur la question de l'investiture des duchés de Parme et de Plaisance, les conversations s'étaient vite embourbées, de sorte qu'Elisabeth Farnèse fit faire dès 1724 de discrètes ouvertures à Vienne même. D'abord surpris, le gouvernement impérial accepta de jouer le jeu, pour sortir de l'isolement où le confinait l'attitude de ses alliés, et ainsi le négociateur espagnol, Ripperda, put mettre sur pied un traité de commerce et d'autres arrangements. Les souverains espagnols tardaient à acquiescer, quand la nouvelle du renvoi de l'Infante-Reine triompha de leurs hésitations. Philippe V adhéra solennellement le 1er mai 1725 à la Pragmatique et Charles VI promit de s'entremettre à Londres en vue de la restitution de Gibraltar. Sur cette lancée, un traité plus développé fut négocié, traité secret, connu sous le nom de Premier traité de Vienne et signé le 5 novembre 1725. Il était convenu que les fils d'Elisabeth Farnèse épouseraient chacun une archiduchesse et que les deux cours s'appuieraient mutuellement de toutes leurs forces si la situation en Europe l'exigeait.

Dès les premières nouvelles des conversations austro-espagnoles, le cabinet anglais avait saisi que sa plus grande chance d'éviter la guerre ou, en cas de conflit, de la terminer rapidement, était le concours de la France. Or, celle-ci, depuis les disparitions de Dubois et de Philippe d'Orléans, menait une diplomatie anxieuse et incertaine, car le duc de Bourbon dominait mal les événements. Aussi l'Angleterre put-elle assez aisément l'entraîner dans une nouvelle alliance conclue en Hanovre, à Herrenhausen, le 3 septembre 1725, à laquelle adhéra le roi de Prusse. Simultanément, la situation se gâtait dans le Nord après la mort du czar Pierre le Grand en février 1725. Devant les visées du nouveau ministère russe, les Anglais se disposaient à intervenir en Baltique. Pris de peur et ne songeant plus qu'à se libérer des engagements d'Herrenhausen, le roi de Prusse signa avec la czarine Catherine Ire un traité de neutralité et s'aboucha secrètement avec l'Empereur. Des navires britanniques ayant franchi le Sund et rallié la flotte danoise, la cour de Saint-Pétersbourg, intimidée, conclut à la nécessité d'un rapprochement avec la maison d'Autriche. Charles VI se trouvait ainsi en position de force et en profita : le 6 août 1726, il accorda un pacte défensif à la Prusse et à la Russie, qui, en contrepartie, adhérèrent à la Pragmatique Sanction.

En 1726, Louis XV et le cardinal de Fleury se trouvaient donc face à une conjoncture assez différente de celle de 1715. A part la courte guerre franco-espagnole de 1719, le royaume avait vécu en paix. Ce résultat ne tenait pas seulement au fait qu'après un conflit déjà presque mondial, tous les anciens belligérants étaient exténués. C'était tout autant le bienfait procuré par la sage politique du Régent et de Dubois. Celle-ci avait décontenancé et même scandalisé l'opinion, l'entente avec l'Angleterre, l'ennemie d'hier, paraissant monstrueuse au lendemain même de la guerre. Mais de tous les états naguère engagés dans celle-ci, la Grande-Bretagne et la France étaient les seuls à conserver militairement et financièrement la possibilité d'agir et, par conséquent, de préserver la paix. Raison péremptoire pour justifier l'existence et la durée de leur entente, dont l'histoire, comme la bien montré M. Paul Vaucher, constitue un spectacle singulier. L'alliance entre ces deux pays, en effet, ne parvenait pas à cacher leurs rivalités, mais elle était nécessaire à la fois pour maintenir en Europe et même au-delà une paix à laquelle ils aspiraient réciproquement, et parce qu'elle était aussi le seul moyen dont ils disposaient pour neutraliser l'une par l'autre leurs ambitions opposées. C'est dire qu'elle était appelée pour longtemps encore à s'imposer aux deux parties.

Une autre leçon se dégageait de cette décennie postérieure à la mort de Louis XIV : le caractère difficultueux des relations avec l'Espagne. On avait présumé à Versailles qu'il serait naturel et donc facile de s'entendre avec ce pays aux côtés duquel on venait de lutter pendant quinze ans en sacrifiant tant d'hommes et d'argent et sur lequel régnait maintenant un souverain français. Hélas, la parenté des monarques comptait peu face aux intérêts et à la susceptibilité des nations. Et l'Espagne se montrait une voisine ombrageuse, non seulement à cause des ambitions maternelles de sa reine, mais parce qu'il y avait déséquilibre entre le poids réel de l'État espagnol en Europe et celui de son vaste empire colonial, objet constant de la convoitise des puissances atlantiques. L'établissement nécessaire de rapports amènes et confiants non entre les rois, mais entre les gouvernements de France et d'Espagne, promettait d'être œuvre de longue haleine, où alterneraient brouilles et réconciliations.

Une autre évidence s'imposait aussi : le poids des Habsbourgs dans la politique européenne. Si l'autorité de l'Empereur sur les principautés d'Empire était lointaine, son prestige n'y était pas négligeable. Mais surtout les gains de territoires obtenus par la maison d'Autriche depuis la fin du XVIIe siècle étaient impressionnants : elle avait chassé les Turcs d'Europe centrale et s'était implantée jusqu'en Serbie, cependant que les traités de 1713, 1714 et 1720 lui avaient procuré les Pays-Bas catholiques, le Milanais et le royaume de Naples. Ensemble dispersé, certes, et par là malaisé à défendre, mais réservoir d'hommes et de richesses. De sorte que, à la tête de ses états héréditaires, Charles VI disposait de moyens militaires et financiers qui progressaient d'année en année. La promesse de reconnaître la Pragmatique était évidemment pour les autres puissances un sérieux moyen de pression sur lui et cette question va tenir un rôle croissant dans les calculs des chancelleries. Mais dès que l'Empereur était maître de la situation, il disposait d'un ascendant considérable et on ne saurait trop insister à cet égard sur l'alliance austro-russe de 1726, conclue peu après l'accession du cardinal de Fleury aux affaires. Les cours de Vienne et de Saint-Pétersbourg ont entendu de là faire de l'Europe orientale un domaine réservé conjointement à leur influence et à leurs interventions. Ce fut désormais un des éléments permanents et primordiaux de la politique européenne. Il ressortait ainsi que, tôt ou tard, il serait inévitable pour Louis XV d'en revenir à ce qui avait été l'intuition et aussi le raisonnement de Louis XIV : l'alliance avec les Habsbourgs.

V. — RELIGION

Les embarras financiers de l'État ont été constamment présentés comme l'élément le plus fâcheux de la situation du royaume en 1715. L'aisance avec laquelle le Régent s'en sortit en peu d'années démontre que les historiens ont été obnubilés par cet aspect des choses au point de perdre de vue la part la plus onéreuse de cet héritage, qui n'était pas la détresse du Trésor, mais la bulle *Unigenitus*, point de départ des pires difficultés du règne de Louis XV.

Le pape Clément IX était parvenu en 1668 à apaiser les affrontements suscités par le jansénisme. La trêve qui s'ensuivit fut mise à profit par les jansénistes pour s'organiser en France et au-dehors, amorçant ainsi le mouvement qui les constitua non plus en courant religieux, mais en parti politique. Une génération plus tard, l'effervescence reparut, et si allègrement que le Souverain Pontife Clément XI prononça en 1705, par la bulle *Vineam Domini*, une nouvelle condamnation de Jansenius. Les querelles se poursuivirent dans un climat devenu progressivement si tendu que Louis XIV résolut d'y mettre fin d'autorité : en octobre 1709, les moniales de Port-Royal-des-Champs, en révolte contre la bulle pontificale, furent dispersées et, l'année suivante, l'église et les bâtiments abbatiaux rasés. Le Roi n'en demeura pas là et, rompant avec sa conduite antérieure, alla jusqu'à demander l'intervention du Pape. Celle-ci échut le 8 septembre 1713 avec la fulmination de la bulle *Unigenitus Dei Filius*, qui condamnait cent une propositions tirées du livre *Nouveau Testament en français avec des réflexions morales sur chaque verset*, publié en 1692, après plusieurs éditions successives, par un oratorien, le P. Quesnel. Cet ouvrage — couramment appelé *Les Réflexions morales* — avait repris et développé plusieurs thèses des jansénistes et, pour beaucoup d'entre eux, s'était substitué à l'encombrant *Augustinus* comme ouvrage de référence.

L'hostilité de Louis XIV envers le jansénisme procédait d'une vue politique profonde : il avait saisi que l'acharnement des jansénistes à contester les jugements dogmatiques et l'infaillibilité pontificale les conduirait — et d'autres dans leur sillage — à contester aussi l'autorité royale. La suite des événements atteste le bien-fondé de cette intuition.

L'objet de la bulle était simple en apparence : c'était une liste de propositions extraites textuellement des *Réflexions morales* et condamnées comme fausses ou suspectes. Elle avait en réalité une portée beaucoup plus étendue, car elle constituait une somme organique de toutes les thèses jansénistes. Sans en avoir eu communication préalable, Louis XIV s'était fait fort auprès du Pape de la faire recevoir sans opposition des évêques ni des parlements. D'où la déconvenue et l'irritation qu'il éprouva devant les réserves et les objections qu'elle déclencha aussitôt parmi les théologiens, les magistrats et certains évêques. Les controverses théologiques, qui s'annonçaient inépuisables, n'affectaient qu'un public restreint. En revanche, les prises de position de la magistrature et de l'épiscopat avaient un écho très large.

Les magistrats, qui se considéraient comme les gardiens naturels des prérogatives de l'État, sentaient leurs susceptibilités heurtées par certaines des dispositions disciplinaires de la bulle, en particulier par celle qui visait la proposition tirée sous le n° 91 du livre de Quesnel et qui était ainsi conçue : « La crainte d'une excommunication injuste ne doit jamais nous empêcher de faire notre devoir. On ne sort jamais de l'Église, lors même qu'il semble qu'on en soit banni par la méchanceté des hommes, quand on est attaché à Dieu, à Jésus-Christ et à l'Église même par la charité ». Certains magistrats virent dans la condamnation de cette proposition la revendication par la papauté du droit de délier — par le biais d'une sentence d'excommunication — les sujets d'un roi de leur serment de fidélité et, par là, de disposer du pouvoir temporel : enclins à revivre les situations du passé plutôt qu'à vivre celles du présent, ils se référèrent aux excommunications jadis prononcées par Sixte-Quint contre Henri III et Henri IV, il leur sembla que la bulle *Unigenitus* contenait en germe quelque nouvelle Ligue, qu'elle mettait ainsi en cause les assises mêmes de l'autorité monarchique et que, par suite, il était de leur devoir de la rejeter au nom des libertés gallicanes.

Les maximes gallicanes pesaient aussi sur l'attitude de quelques évêques. Allaient-ils recevoir cette bulle de leur propre mouvement ? Ou avec le Pape ? Ou après lui ? Rome tenait beaucoup à une acceptation pure et simple, sans réserves ni explications, qui aurait équivalu à une reconnaissance tacite de l'infaillibilité pontificale. Or un petit groupe d'évêques refusa la bulle, et d'autres, la présentant à leurs diocésains, prétendirent l'enrober d'explications. Ces contestataires ne constituaient qu'une minorité dans l'épiscopat, mais une minorité opiniâtre et fort remarquée, car elle comptait dans ses rangs le cardinal de Noailles, archevêque de Paris. Son hostilité à la bulle relevait du gallicanisme plus encore peut-être que du jansénisme, mais, s'agissant d'un des dignitaires ecclésiastiques les plus en vue, son attitude était entraînante pour beaucoup de clercs, circonstance d'autant plus fâcheuse que ce prélat — dont nul ne nia jamais la grande piété et les hautes vertus — était intellectuellement assez benêt et d'un caractère vacillant. Qui plus est, les réactions des évêques devant la bulle — qu'elles fussent favorables ou non — étaient susceptibles de provoquer de l'effervescence dans les paroisses.

Le bas clergé, en effet, était travaillé par le richérisme, courant ecclésiologique tirant son nom de celui d'Edmond Richer, théologien auteur d'un traité sur le pouvoir ecclésiastique et le pouvoir politique paru en 1611. Son livre avait été aussitôt condamné, mais ses thèses furent reprises et diffusées par P. Quesnel dans les *Réflexions morales*. Selon Richer, l'Église est gouvernée par la hiérarchie des évêques, successeurs des apôtres, et des prêtres, successeurs des disciples du Christ. Les principales fonctions ministérielles y sont dévolues aux évêques, mais les prêtres, parce qu'ils participent au même sacerdoce, sont juges pour la foi et conseillers pour discipline. Dans son expression terrestre, l'autorité est exercée par des ministres unis dans un sacerdoce identique et inspirés dans leurs décisions par des assemblées représentatives : le concile pour la chrétienté, le synode pour l'Église locale. Ces idées trouvèrent d'autant plus d'audience parmi vicaires et curés que, l'épiscopat étant monopolisé en fait par la noblesse, ils y puisaient la revendication d'un statut qui les aurait distingués du haut clergé par des différences de fonctions plus que de nature et qui, ce faisant, aurait inféré que l'ensemble des ministres de l'Église — et non pas seulement les évêques — tenaient d'elle et de Jésus-Christ le pouvoir spirituel. Tous systèmes propres à faire bon ménage avec le gallicanisme.

Celui-ci disposait d'une arme juridique redoutable : *l'appel comme d'abus*. On dénommait « abus » toute contravention commise par des juges ou par des supérieurs ecclésiastiques en matière de droit. Et l'appel comme d'abus était la plainte portée contre un supérieur ou un juge ecclésiastique accusé d'avoir excédé ses pouvoirs ou d'avoir entrepris de quelque manière que ce fût contre la puissance séculière ou contre les libertés de l'église gallicane. De tels appels pouvaient viser aussi bien des instructions pastorales, des ordonnances, mandements et autres actes épiscopaux, que des bulles, brefs et tous rescrits de la cour de Rome. Ils se relevaient devant les parlements, où ils étaient interjetés soit par le ministère public, soit par des particuliers, laïcs ou clercs, ou des corps. C'est dire que des ecclésiastiques interdits ou condamnés par leur évêque ou leur supérieur pour refus de la bulle *Unigenitus* allaient être tentés d'en appeler comme d'abus devant les parlements, eux-mêmes trop heureux en l'occurrence et d'exercer une de leurs prérogatives les plus chères, et, grâce à elle, de barrer l'autorité des évêques au bénéfice du bas clergé. C'est ainsi qu'une procédure conçue initialement pour protéger la puissance temporelle des empiétements de la puissance spirituelle pouvait être dévoyée et aboutir, au contraire, à une tentative d'asservissement de l'Église par le pouvoir civil, génératrice de troubles très graves en différents diocèses et même dans tout le royaume.

Louis XIV dut mettre en jeu tout le poids de son autorité pour venir à bout de la résistance de certains prélats et de la récalcitrance du parlement de Paris. Pour faire obtempérer celui-ci, le Roi écarta la solution d'un lit de justice, conscient que, selon son habitude, la compagnie s'évertuerait ensuite, avec autant de ruse que de persévérance, à en éluder l'effet. Il parvint à ses fins en intimidant le premier président et le procureur général et le parlement consentit le 15 février 1714 à enregistrer la bulle, mais par un arrêt dressé en termes si captieux que, touchant la fameuse proposition 91, on a pu dire qu'il équivalait à « l'assertion absolue de la proposition condamnée ». Les parlements des provinces en reprirent la teneur quand, à leur tour, ils enregistrèrent l'*Unigenitus*. Celle-ci était dès lors devenue, selon la tradition gallicane, une « constitution »[1], mais le Roi s'était fait obéir dans des conditions qui ne garantissaient guère une soumission durable et paisible, car il n'avait pas réellement désarmé l'hostilité foncière des gallicans, des jansénistes et des richéristes. La mort le surprit alors qu'il travaillait à la réunion d'un concile national qui devait juger le cardinal de Noailles et ses adhérents.

Contenues de son vivant, les passions explosèrent dès qu'il eut rendu le dernier soupir, faisant s'affronter zélateurs et adversaires de l'*Unigenitus,* ces derniers déchaînés contre les jésuites.

---

1. Les bulles et rescrits des papes n'étaient reconnus et observés en France qu'après avoir été vérifiés, reçus et enregistrés par les parlements, formalité au terme de laquelle ils étaient qualifiés de *constitutions*. D'où les surnoms de « constitutionnaires » appliqués aux partisans de la constitution *Unigenitus,* et d' « anticonstitutionnaires » décernés à ses adversaires.

Pour accéder à une régence pleine et entière, le duc d'Orléans crut devoir faire au parlement de Paris les concessions politiques que l'on sait, restreignant ainsi sa propre liberté de manœuvre. Cette cour jugeait la constitution *Unigenitus* inacceptable, comme contraire aux libertés de l'Église gallicane. Le Régent pouvait-il, pour autant, s'opposer à sa réception ? Ses propres sentiments sur l'affaire étaient assez vagues : il était à la fois fidèle par hérédité à la tradition gallicane et éloigné personnellement des réalités spirituelles. Mais il avait aussi un sens très fort de la continuité de l'État et, par suite, se sentait lié par la politique du dernier règne. Puisque le feu Roi avait promis au Pape de faire recevoir la bulle, il fallait trouver les moyens de remplir cet engagement. « Ces principes contradictoires expliquent les atermoiements de la politique religieuse de la Régence » (R. Taveneaux).

Orléans commença par des avances aux anticonstitutionnaires. Dès le 1er septembre 1715, il présenta au petit Louis XV le cardinal de Noailles, que Louis XIV s'apprêtait à faire déposer et à qui il avait défendu de paraître à la cour, et, peu après, confia à ce prélat la présidence du Conseil de Conscience institué dans la Polysynodie. Abusés par cette bienveillance apparente et forts des dangereuses équivoques recelées tant par l'*Unigenitus* que par son arrêt d'enregistrement, les jansénistes se crurent tout permis et contrarièrent ainsi les espoirs du prince de parvenir à un « accommodement » agréé en France comme à Rome.

Le 2 décembre 1715, la faculté de théologie de Paris — la Sorbonne — chassa son syndic, le remplaça par un janséniste et désavoua l'acceptation de la constitution qui lui avait été arrachée en mars 1714. D'autres facultés l'imitèrent aussitôt dans les provinces. De leur côté, les évêques constitutionnaires ripostèrent par la censure de pamphlets jansénistes, cependant que, de toutes parts, surgissaient mémoires ou libelles prônant le rejet ou l'acceptation pure et simple de la bulle. Le public suivait avec passion ces débats qui, en grossissant jusqu'à les déformer les différences de doctrine, les mettaient par là à sa portée et réveillaient en lui de vieux fanatismes. Ballotté dans cette mêlée furieuse, le cardinal de Noailles faisait triste mine. A partir d'avril 1716, le Pape entendit ne conférer l'investiture canonique aux évêques nommés par le Régent que moyennant l'engagement pris par eux de recevoir la constitution ; le prince ayant repoussé cette exigence, des évêchés commencèrent à rester sans titulaire. Dans de telles conjonctures, les conciliabules où l'on s'efforçait, vaille que vaille, d'élaborer « l'accommodement » s'interrompirent. Et pour saborder toute tentative de conciliation, les anticonstitutionnaires coupèrent les ponts en interjetant, au mois de février 1717, appel de l'*Unigenitus* au prochain concile œcuménique. Quatre évêques lancèrent ce mouvement, suivis incontinent par quelques autres, puis par la Sorbonne et de nombreuses facultés, par des chapitres, des monastères, des congrégations religieuses, par maints curés et prêtres, aussi par bon nombre de laïcs. D'où le sobriquet d' « appelants » porté désormais par les anticonstitutionnaires.

Ces appels étaient l'expression du gallicanisme le plus outré, celui qui déniait au Pape l'infaillibilité pour ne la reconnaître qu'à un concile général, thèse que ses tenants incluaient dans leur conception des libertés de l'Église gallicane, ces libertés dont les parlements se voulaient les champions vigilants et intransigeants. Or, des questions aussi essentielles que l'infaillibilité pontificale, que les fondements de l'autorité des évêques et du ministère sacerdotal et que le rôle des conciles n'étaient pas affaires de jurisconsultes et de canonistes, ne relevaient par nature que de la théologie et de l'écclésiologie et étaient si délicates qu'il a fallu attendre, de nos jours, les conciles Vatican I et II pour les tirer au clair.

Par suite, incorporer des positions doctrinales sur ces matières à l'ensemble des libertés de l'Église gallicane, que l'on insérait lui-même parmi les lois fondamentales du royaume, c'était mener les magistrats à une double attitude. On les verra d'une part, se mêler de théologie et de discipline ecclésiastique, avançant des maximes et prononçant des jugements difficilement tolérables par les évêques les plus placides. Et, d'autre part, sous prétexte de protéger l'autorité royale des entreprises de la cour de Rome et de l'épiscopat — décelées à leurs yeux par la condamnation prononcée par l'*Unigenitus* contre la fameuse proposition 91 —, ils allaient se poser en défenseurs inébranlables de cette autorité contre ses propres défaillances ou aveuglements, travestir leur insubordination aux volontés du Roi en soumission foncière aux intérêts supérieurs de la couronne, braver leur souverain pour le service duquel ils prétendront combattre quand il les condamnera dans son Conseil. Les plus graves conflits politiques affrontés ensuite par Louis XV étaient là en germe.

Le déploiement des appels attisa les querelles, sans que le Régent renonçât à ses desseins de compromis. Par une déclaration royale du 7 octobre 1717, il tenta d'imposer silence aux deux camps. Mais le sectarisme des appelants finit par l'indisposer. Il exila en janvier 1718 le chancelier d'Aguesseau, trop conciliant, et confia les sceaux à M. d'Argenson. Il se racommoda avec le Saint-Siège, de sorte qu'à partir de mai 1718 les évêques par lui désignés reçurent leur investiture spirituelle. Sur quoi, par une encyclique publiée le 8 septembre 1718, le Pape exigea de tous les fidèles une obéissance entière et sans réserve à la bulle *Unigenitus*. Cette intervention pontificale raidit les appelants dans leur attitude. Le cardinal de Noailles rendit public son appel — jusque-là secret — au concile et il démissionna du Conseil de Conscience, qui fut supprimé. Une dernière fois, par une nouvelle déclaration du 5 juin 1719, le Régent chercha à acculer tout le monde au silence. En vain. De guerre lasse, et bien remonté par l'abbé Dubois, il décida de faire passer de gré ou de force des explications propres à accompagner la constitution et à la faire accepter. Elles furent adoptées le 13 mars 1720 par une centaine d'évêques et même, à l'étonnement de ses partisans, par le cardinal de Noailles. Posant alors en principe qu'elles avaient rassuré tous les fidèles, le duc d'Orléans promulgua le 4 août 1720 une déclaration ordonnant que la constitution *Unigenitus* serait observée dans tout le royaume, défendant de rien écrire et publier contre elle, interdisant d'en interjeter appel à un futur concile et annulant les appels ci-devant lancés. La situation était alors d'autant plus délicate que, en représailles contre son obstruction à la politique de Law, le parlement de Paris venait d'être, le 21 juillet, exilé à Pontoise. Circonstance qui n'entama point son aversion. Fort de l'appui de quelques évêques, de l'université et d'un groupe de curés parisiens, il refusa l'enregistrement de la déclaration du 4 août. Le Régent pensa pallier cet échec en la faisant enregistrer le 23 septembre par le Grand Conseil garni de princes du sang, de pairs, de maréchaux et autres dignitaires. Peine perdue : l'opinion désapprouva cette procédure insolite et il fallut en revenir au parlement, qui, à la fois menacé d'une relégation à Blois et rasséréné par la retraite imminente de Law, procéda le 4 décembre 1720 à l'enregistrement de la déclaration, prélude à son retour dans la capitale. Encore s'arrangea-t-il pour assortir sa soumission d'un arrêt fort artificieux qui maintenait ses restrictions.

Sans s'embarrasser de cet appendice importun, le gouvernement fonda désormais sur cette déclaration du 4 août 1720 sa conduite en matière de religion. Politique dont l'abbé Dubois fit sentir au Régent qu'elle exigeait en priorité de bien tenir en main l'épiscopat. Aussi le prince décida-t-il d'assembler chaque semaine devant lui cinq ou six prélats pour l'assister dans ces affaires. Cette réunion, appelée Conseil ecclésiastique ou Conseil de Conscience, commença à se tenir en octobre 1720. L'abbé Dubois et le précepteur du Roi, M. de Fleury, en firent aussitôt partie, Dubois la dominant dès le départ et plus que jamais après ses promotions successives à l'épiscopat, au cardinalat et au poste de premier ministre. On s'y efforça de faire observer la déclaration du 4 août avec une modération énergique, propre à prévenir les excès ou les maladresses des anticonstitutionnaires enragés comme des constitutionnaires trop zélés. A la majorité du Roi, ce Conseil devint un conseil de gouvernement tenu devant Sa

Majesté, où, après la mort de Dubois, la prépondérance passa à M. de Fleury. Le duc de Bourbon, confessant honnêtement ne rien entendre en ces matières, lui abandonna en fait la conduite de tout ce qui touchait à la bulle *Unigenitus*.

En une dizaine d'années, tous ces débats avaient profondément modifié la scène politique. Dès le début de la Régence, l'*Unigenitus* a provoqué la fusion du gallicanisme, du jansénisme et du richérisme. Fusion véritablement organique, que la Régence n'a pas créée, mais qu'elle a favorisée et qui va donner sa coloration propre au jansénisme du XVIIIe siècle, bien inférieur, par la qualité d'âme et par les talents de ses sectaires, à celui du XVIIe. Ce nouveau jansénisme imprégnait intimement les milieux ecclésiastiques et judiciaires. Il était le fait non seulement du monde nobiliaire de la haute robe, mais de toutes les strates de la bourgeoisie, de la plus modeste (celle de la basoche : huissiers, procureurs et petits avocats), à la plus relevée (celle des maîtres du barreau et des notaires parisiens), en passant par les couches moyennes constituées par les magistrats des bailliages, sénéchaussées et autres juridictions et par le clergé des villes. Soit une masse variée et influente de citadins, auxquels un gallicanisme exacerbé tenait lieu de patriotisme et parfois de piété.

On ne saurait trop insister sur le rôle ainsi joué à Paris par les avocats. Leur étroite solidarité avec le parlement avait souvent un rôle ambigu, car elle les poussait non seulement à le soutenir dans toutes ses entreprises, mais aussi à engager eux-mêmes des actions auxquelles les magistrats se sentaient tenus d'emboîter le pas, quand bien même ils n'eussent pas osé en prendre l'initiative. Comme les avocats les plus célèbres ou les plus savants siégeaient dans le conseil des princes et des plus grandes familles, comme certains étaient intimement liés avec les ministres, ces ténors du barreau constituaient un groupe de pression introduit dans les milieux les plus huppés de l'épée et de la robe et par-là très puissant. En partie grâce à eux, la capitale se taillait dans la vie politique et la vie sociale une part plus importante que celle qui lui revenait depuis environ 1661, évolution due aussi à celle de la cour.

VI. — LA VIE DE COUR

Sous Louis XIV, la cour n'était pas seulement le centre décisif de la haute société. Le Roi étant opposé à la dispersion de la vie mondaine — dispersion impossible à éviter entièrement —, la vie sociale se déroulait pour une grande part dans le cadre de la cour. Or celle-ci se désagrégea après la disparition de Louis XIV, événement sur lequel il ne faut pas se méprendre. Toutes les institutions de la cour continuèrent, en effet, à fonctionner aussi régulièrement que dans le passé, qu'il s'agît de la maison civile ou de la maison militaire de Sa Majesté. Mais elles tournaient presque à vide sous un souverain enfant et avec une famille royale décimée par les deuils. « Une image d'ordre et de distinction s'était maintenue jusqu'à la mort du feu Roi », relate Saint-Simon, qui ajoute : « Mais après lui le peu de dignité de M. le duc d'Orléans jusque pour soi-même, sa légèreté, sa facilité et même sa politique confondirent tout à son avènement à la régence. Ni Reine, ni Dauphine ; Madame, seule fille de France avec Mme la duchesse de Berry ; la première toujours enfermée, et sa toilette et son dîner fort déserts ; l'autre enfermée ou en partie, voulant et ne voulant point de cour. »

Situation aggravée par la décision du Régent de déserter Versailles au bénéfice de Paris. Le centre de gravité de la vie mondaine se déplaça dans la capitale, mais comme écartelé entre les Tuileries, où vivait le Roi, le Palais-Royal, résidence du duc et de la duchesse d'Orléans, et les hôtels de l'aristocratie. Et Saint-Simon encore de relever les effets de ce « changement du séjour de Versailles, où tout était rassemblé sous le même toit, dans celui de Paris, où tout fut mêlé, éparpillé, confondu ; plus de cour et peu de chose en consistance..., la vieille cour éparse. »

Grâce au retour à Versailles, grâce à la majorité du Roi et ensuite à son mariage, la cour put, à partir de 1722, recouvrer progressivement son rôle, car tous les fils de la société y aboutissaient, le rang, le prestige et, jusqu'à un certain point, les revenus des gens de cour et de bien d'autres s'y décidaient. Mais ce rôle ne se reconstitua pas exactement tel qu'avant 1715. L'épisode de la Régence a eu, là aussi, des conséquences ineffaçables et, sous Louis XV, la cour va devoir partager sa fonction de centre de la sociabilité et de source de la culture avec les cercles parisiens réunis dans les hôtels des grands seigneurs et de la haute magistrature, dans ceux des financiers et dans les salons. Qui plus est, dans la mesure où nobles de robe et d'épée se côtoyaient dans ces assemblées, cette fréquentation pouvait amener à concordance leurs attitudes politiques, rapprochement très lourd de conséquences.

*
**

Après les changements opérés un peu fébrilement dans les premiers temps de la Régence, il avait fallu, sur bien des points, remettre les choses sur leur ancien pied. Restauration particulièrement visible pour le gouvernement et les Conseils, reconstitués tels que sous Louis XIV, et en matière de religion, où il avait fallu en venir à des résolutions à peu près aussi brutales que celles du feu Roi. Le Régent avait laissé un gouvernement et une administration apparemment consolidés. Le Roi — nous l'avons déjà souligné — n'avait jamais ressenti depuis 1715 de menace sérieuse contre son pouvoir, il n'avait pas eu à déployer pour la sauvegarde de l'autorité monarchique les efforts imposés à ses trois prédécesseurs. Au moment où il commençait à prendre personnellement en main la conduite de l'État, Louis XV pouvait donc se croire l'héritier d'une situation de tout repos et s'attendre à exercer aisément et paisiblement le métier de roi. Ce en quoi les événements lui préparaient de cruelles désillusions, car il n'était guère de domaine où, quelque sage et bénéfique qu'elle ait été, la politique du Régent n'ait induit des conséquences irréversibles, plus perceptibles, il est vrai, aujourd'hui avec le recul du temps, qu'elles ne l'étaient jadis dans leur gestation lente et souterraine. Quelle conscience, par exemple, pouvait-il avoir de la collusion survenue entre jansénisme et gallicanisme ? Et du fait que les risques qu'elle comportait par elle-même pour l'autorité royale avaient été décuplés par les concessions imprudemment consenties au parlement le 2 septembre 1715, qui ont comme semé de mines les voies où se mouvait le char de l'État ?

CHAPITRE VI

Fleury le pacificateur

Quelques jours après la disgrâce du duc de Bourbon, on avait entendu Louis XV annoncer le 16 juin 1726 qu'il entendait assumer désormais lui-même, à l'instar de Louis XIV, le gouvernement de son royaume. Résolution curieusement démentie en même temps que proclamée, car, tout en notifiant sa décision « de supprimer et d'éteindre le titre et les fonctions de premier ministre » — ce qui était en effet revenir formellement au système suivi depuis 1661 —, le Roi ajoutait que l'ancien évêque de Fréjus assisterait à tous ses entretiens avec les ministres et les autres responsables appelés par leurs fonctions à travailler en particulier avec lui. Comme le prélat était déjà et demeurait ministre d'État, c'était, sans oser le déclarer premier ministre, lui attribuer en fait toute l'autorité de la charge supprimée en droit. Arrangement déconcertant non par ses fins, mais par ses moyens. Louis XV n'était en juin 1726 qu'un jeune marié de seize ans, apte déjà à saisir et décider bien des choses, mais d'expérience et de maturité encore courtes. Rien de plus naturel, et aussi de plus louable, que son désir de retrouver dans l'exercice personnel du métier de roi cette assistance que l'ancien Régent lui avait si bien prodiguée avant de mourir et que M. le Duc n'avait guère su perpétuer. En revanche, la combinaison imaginée dans ce but était singulière, qui fit de l'ancien précepteur du Roi un véritable premier ministre, et même celui dont jamais le pouvoir fut le plus assuré et le plus étendu. Grâce à la longévité exceptionnelle de Fleury, cette situation persista près de dix-sept années, qui délimitent dans le règne une période caractéristique et importante, tant pour l'extension du royaume et son rayonnement dans le monde et pour les affaires intérieures, que pour l'administration, la législation et l'économie. Tous aspects de la vie de Louis XV et de la monarchie qui dépendirent étroitement de la personnalité de Fleury et de ses moyens d'action.

I. — MONSIEUR LE CARDINAL ET SON ÉQUIPE

Au moment où l'ancien évêque de Fréjus était appelé en juin 1726 à diriger le gouvernement, il y avait très exactement soixante-treize ans qu'il était venu au monde. Depuis son Languedoc natal jusqu'au faîte des responsabilités à Versailles, il avait suivi une démarche habile et prudente, dont l'étape décisive avait été, de 1717 à 1723, l'exercice de la charge de précepteur de Sa Majesté. C'est dans cette fonction qu'il gagna ce qui allait être l'assise inébranlable et inaltérable de son autorité : la confiance et l'affection de Louis XV. L'homme était naturellement bon et doux. Ses manières caressantes l'avaient bientôt fait aimer du petit Roi orphelin, que son remarquable talent de conteur avait su intéresser à ses études. Sans qu'il eût l'air de commander, ses conseils étaient suivis comme des ordres et il acquit peu à peu un tel ascendant intellectuel et moral sur son pupille, que celui-ci tendait à recourir toujours à lui, pour les grandes comme pour les petites choses. Le sentiment de Louis XV pour lui était un sentiment filial, que l'on comparerait volontiers à celui d'un petit-fils pour un grand-père très aimé et très vénéré. Fleury s'imposa par cette voie, et d'autant plus aisément que ce prélat de belle allure et d'excellentes manières était sans liaison avec les coteries et cabales de cour et de gouvernement et, par conséquent, fut longtemps sans ennemi. Les places et les responsabilités parurent venir le chercher et lui ne les accepter que comme forcé. Sans qu'on y prît garde, il s'éleva ainsi graduellement et tranquillement et l'on s'aperçut en même temps qu'il avait atteint une position éminente et que celle-ci était inexpugnable. L'intrépide cardinal Dubois lui-même s'était rendu compte qu'il fallait compter avec M. de Fréjus.

Cette ascension se fit à la fois par la politique et par la cour. A la cour, Fleury avait progressé insensiblement dans les honneurs et les prérogatives. Ses fonctions de précepteur lui conféraient d'emblée les entrées les plus familières chez le Roi mineur, qu'il ne quittait guère de la journée. Dès 1717, le Régent lui avait accordé à titre personnel la faveur exorbitante de monter dans le carrosse de Sa Majesté. A Reims en 1722, il avait suppléé au sacre l'un des pairs ecclésiastiques empêché et en avait gardé les honneurs de la pairie. La fin de la Régence ne l'avait pas séparé de Louis XV qui, le jour même de sa majorité, lui avait ordonné de rester près de lui et l'avait créé ministre d'État. Mais à cette date, Fleury siégeait déjà dans un des Conseils, depuis que le Régent et Dubois l'avaient fait entrer en novembre 1720 dans le Conseil des Affaires ecclésiastiques institué pour veiller à l'application de la déclaration du 4 août 1720 relative à la bulle *Unigenitus*. Il avait été dès lors associé de si près aux affaires publiques que, à l'occasion de la mort du duc d'Orléans en décembre 1723, il aurait pu déjà devenir premier ministre s'il n'avait préféré se tenir en réserve. Mais non à l'écart : rappelons que M. le Duc lui abandonna la conduite de la politique religieuse et que, au grand dépit de ce prince, il assistait à tous les entretiens du Roi avec lui.

Pourquoi Fleury entendit-il exercer les fonctions de principal ministre sans en être investi en forme ? Pour une raison fort simple. Un premier ministre officiellement institué était par là même tenu de signer après le Roi une multitude de papiers et notamment de documents financiers, astreinte grande consommatrice de peines et de temps. Or, si étonnamment robuste de santé et de constitution qu'il fût, Fleury avait conscience d'être en 1726 un vieillard et entendait consacrer toutes ses ressources intellectuelles et physiques à ses tâches politiques, sans les surmener ou les gaspiller dans des activités accessoires. Comment y parvenir, sinon en se faisant octroyer de fait l'autorité entière d'un premier ministre sans essuyer toutes les fatigues consécutives à une investiture officielle ? Position renforcée par le cardinalat que, à la demande de Louis XV, le Pape lui conféra en septembre 1726 et qui lui procurait à la cour et dans le clergé un prestige et des prérogatives fort précieux

En complément de la mission universelle et supérieure d'inspiration, d'animation et de coordination du gouvernement qui incombait à un premier ministre, celui que bientôt l'on n'appela plus que *Monsieur le Cardinal* tint à être lui-même « ministre de la feuille ». On désignait ainsi l'ecclésiastique à qui le Roi confiait la feuille des bénéfices, c'est-à-dire la charge très importante de lui proposer les sujets à nommer aux bénéfices dont il avait la disposition, notamment aux évêchés et archevêchés. Malgré tant de responsabilités, nulle bureaucratie auprès de Fleury. Lui-même écrivait beaucoup de sa main et il n'eut jamais besoin que d'un très petit nombre d'auxiliaires : trois ou quatre secrétaires selon les temps, l'un affecté spécialement à la feuille des bénéfices et chacun assisté d'un commis. A ces six ou huit employés il faut ajouter quelques confidents : l'abbé Couturier, supérieur de la compagnie de Saint-Sulpice, qui éclairait Son Éminence dans le choix des évêques, et deux personnages extrêmement influents de sa maison : l'abbé Brissart, son aumônier et intendant, et Barjac, son premier valet de chambre. Tous deux appartenaient à des familles de fermiers généraux, avaient grand crédit auprès de leur maître et furent les intermédiaires de multiples démarches. Pour obtenir audience de M. le Cardinal, les ambassadeurs préféraient souvent recourir à l'entremise de

Barjac plutôt qu'à celle des ministres. Un cercle aussi limité de collaborateurs tint en partie à ce souci de ménager les deniers publics qui anima toujours Fleury jusqu'à la parcimonie.

Pour la même raison, jamais il n'adopta le train de vie fastueux, ni ne pratiqua le mécénat d'un Richelieu ou d'un Mazarin. Il dépensait en aumônes la plus grande partie des revenus des abbayes dont il avait la commende : Saint-Étienne de Caen (70 000 livres) et Saint-Philibert de Tournus (20 000 livres). Le reste et ses appointements de ministre d'État (20 000 livres) lui suffisaient pour tenir honorablement son rang. Ses dîners, où ce méridional donnait libre cours à sa vivacité d'esprit et à sa verve de conteur, étaient recherchés ; son lever et son coucher attiraient familiers, protégés et quémandeurs. Pour échapper au bourdonnement et à l'agitation de la cour, il aimait se retirer au calme dans la maison de campagne des sulpiciens à Issy-lès-Moulineaux, où il continuait à suivre les affaires et même à recevoir ministres, diplomates, évêques, etc. Désintéressé pour lui-même, il le fut aussi pour sa famille. Non que celle-ci n'ait pas bénéficié de sa présence à la tête de l'État, mais — hasard ou finesse — les grâces insignes que reçurent ses neveux et nièces parurent résulter non de quelque sollicitation de sa part, mais de la seule initiative du Roi.

Ce beau vieillard souriant, au regard limpide, à la parole apparemment timide, était au-dedans, comme l'a bien vu Saint-Simon, « un homme superbe et implacable », un entêté ayant la passion du pouvoir, mais aimant profondément la France et son Roi. Certes, ce n'était guère un homme à idées, mais il avait un discernement très sûr, l'esprit très fin et très habile, beaucoup de sagesse et de modération. Toute sa conduite fut servie jusqu'au bout par une mémoire stupéfiante : à quelques jours de la mort, malade et affaibli, il tint à voir le ministre de France en Russie, qui arrivait de Saint-Pétersbourg, et lui fit plusieurs questions en lui rappelant des détails qu'il lui avait mandés dix-huit mois plus tôt ! Son onction ecclésiastique dissimulait une ténacité et un acharnement inébranlables, soutenus par une patience infinie et une grande faculté de secret. S'il avait au plus haut point l'esprit de suite, il n'avait, à aucun degré, l'esprit de contradiction ou, si l'on veut, de négation : il n'admonestait ou ne rabrouait avec rudesse qu'exceptionnellement. Parler ferme, opposer un refus catégorique à un interlocuteur lui coûtait un effort pénible. Aussi prit-il la précaution de s'entourer d'hommes dont certains étaient ses contraires.

Il semblait n'avoir été fait premier ministre que pour aider pendant quelque temps le Roi à se perfectionner dans l'art de gouverner. Cette autorité fut donc sans éclat, mais presque sans limites, s'étendant jusqu'aux détails d'étiquette et de cérémonial.

Elle n'eut d'autres bornes que celles fixées par le respect et l'amitié de son ancien pupille, qui ne lui firent jamais défaut. Le grand cardinal de Richelieu disait qu'il redoutait moins d'affronter l'Europe hostile que « les quatre pieds carrés du cabinet du Roi » : Fleury a constamment été exempté d'un tel souci. Il assistait aux audiences du Roi, le rencontrait longuement en tête à tête pour lui parler des affaires et guider ses décisions, il était présent au travail particulier des ministres avec lui, il siégeait dans les Conseils de gouvernement, ne manquant jamais celui d'En-haut, moins assidu aux autres. Comme Louis XV ne tenait pas en place et découchait souvent de Versailles, M. le Cardinal profitait de ces absences pour faire retraite à Issy, mais ils n'en continuaient pas moins chacun de son côté, à suivre les événements en entretenant une correspondance abondante portée par messagers courant à franc étrier.

Des centaines de lettres et de notes ainsi échangées, il ne subsiste plus le moindre exemplaire. Lacune déplorable pour l'historien, qu'elle rend incapable de discerner dans la masse des décisions suprêmes de toute nature prises entre 1726 et 1743 quelle part précise revient en propre à Louis XV et quelle autre à Fleury, à qui il est peut-être plus expéditif que congru d'en attribuer la plupart.

*
**

Immédiatement ou à court terme, la chute du duc de Bourbon entraîna celle de plusieurs ministres, dont Fleury fit choisir les successeurs avec grand soin. Le contrôleur général Dodun démissionna de lui-même dès le 14 juin 1726 et M. de Breteuil, secrétaire d'État de la Guerre, dut l'imiter le 19. M. d'Armenonville, garde des Sceaux, et son fils M. de Morville, secrétaire d'État des Affaires étrangères, durèrent jusqu'au milieu d'août 1727. Le Roi rappela alors le chancelier d'Aguesseau, sans toutefois lui rendre intégralement ses attributions, car un président au parlement de Paris, M. Chauvelin, reçut les sceaux, auxquels s'ajouta le département des Affaires étrangères. Les comtes de Maurepas et de Saint-Florentin, issus de la vieille famille ministérielle des Phélypeaux, conservèrent leurs secrétariats d'État.

Le portefeuille de la Guerre échut à M. Le Blanc, qui en avait été privé en 1723 par Dubois. Il mourut en juillet 1728 et fut remplacé par M. d'Angervilliers, à la mort duquel, en février 1740, Breteuil se retrouva titulaire du poste. Le contrôle général fut confié le 14 juin 1726 à M. Le Peletier des Forts, un conseiller d'État qui avait l'expérience de cette administration, où il était entré en 1700. A la suite d'une manœuvre malencontreuse, il dut démissionner en mars 1730. Son successeur, l'intendant de Flandre Philibert Orry, resta en fonctions jusqu'à la fin de 1745.

Sous un roi de seize ans et un premier ministre de soixante-treize, ce gouvernement penchait du côté de la jeunesse. D'Aguesseau n'avait en 1727 que cinquante-huit ans, ce qui, pour une fonction aussi vénérable que celle de chancelier, était presque la fleur de l'âge. Chauvelin comptait quarante et un ans, Maurepas vingt-cinq et Saint-Florentin vingt et un. A la Guerre, les hommes étaient plus mûrs : cinquante-six ans pour Le Blanc, cinquante-trois pour d'Angervilliers et cinquante-quatre pour Breteuil. Le contrôleur général des Forts entra en fonction à cinquante et un ans et Orry à quarante et un. Dans l'ensemble une équipe jeune ou dans la force de l'âge, composée de gens sérieux et honnêtes, expérimentés et compétents, dont émergeaient quelques fortes personnalités : le chancelier d'Aguesseau, le comte de Maurepas et deux hommes, Orry et Chauvelin, sur lesquels M. le Cardinal s'appuya d'autant plus systématiquement qu'il pouvait, grâce à eux, jouer constamment la comédie du bonhomme candide et craintif, persécuté par des collaborateurs intransigeants. Orry était lourd, brutal, massif, mais gestionnaire habile et ménager vigilant des deniers publics : il écrasait d'un regard les solliciteurs et remplissait ainsi les vues économes de Fleury. Et Chauvelin, issu d'une importante famille de robe, très savant, travailleur acharné, ambitieux, riche, brillant, coléreux, cassant, aux reparties incisives, intimidait les ambassadeurs et maîtrisait les affaires. Quand M. le Cardinal se sentait serré de trop près, il se dérobait, appelait Orry ou Chauvelin à la rescousse, quitte à paraître gémir de leur rudesse et de leur fermeté. Chauvelin acquit ainsi tant de crédit dans le gouvernement et auprès des cours d'Europe que, le 31 mars 1732, il fut déclaré associé et adjoint de Fleury : Louis XV régla qu'il viendrait travailler chez lui avec M. le Cardinal et suppléerait celui-ci absent. En hissant le garde des sceaux à cette situation éminente, Fleury semblait le désigner comme son successeur éventuel ; beaucoup de contemporains l'entendirent ainsi, Chauvelin le premier, que cette espérance conduisit à des menées imprudentes et à la plus amère déconvenue.

Dans le choix ou le maintien des principaux agents de l'administration, Fleury fit preuve du même discernement que pour les ministres. Le poste si important de lieutenant général de police de Paris demeura tenu avec habileté et efficacité pendant près de quinze ans par M. Hérault (1725-1740). Les intendances des provinces connurent alors une des meilleures périodes de leur histoire, peut-être même la meilleure. A la fois parce que les intendants se sentirent fermement dirigés et soutenus sans défaillance par le gouvernement, et parce que ces hommes constituèrent une élite. Il y avait parmi eux un hurluberlu, M. Richer d'Aube : on s'en débarrassa en 1731. Les autres se distinguèrent dans l'ensemble par un dévouement indéfectible et souvent modeste au service du Roi : tels M. Lallemant de Lévignen et M. Dodart, qui restèrent pendant quarante ans depuis 1726 et 1728 à la tête respectivement de la généralité d'Alençon et de celle de Bourges ! Certains déployèrent des talents supérieurs, comme La Galaizière en Lorraine, Pontcarré de Viarmes en Bretagne, Tourny pendant treize ans en Limousin avant de s'illustrer à Bordeaux, Bertier de Sauvigny à Moulins, puis en Dauphiné et enfin à Paris.

Ministères et services où — on le sait déjà — un nombre fort restreint de premiers commis, commis et scribes parvenait à dépêcher toute la besogne gouvernementale et administrative, au sein de laquelle M. le Cardinal se réserva la conduite directe des affaires à ses yeux les plus importantes parce qu'elles mettaient en jeu la paix. Paix intérieure, minée par la querelle constitutionnaire. Paix extérieure, menacée par les antagonismes nationaux et les rivalités dynastiques. Sur les autres terrains, il laissa plus d'initiative aux ministres, pourvu qu'ils suivissent en général les directives qu'il leur avait données.

II. — LA PAIX CIVILE

Dans le royaume, les remous suscités par la bulle *Unigenitus* allaient continuer pendant longtemps à animer essentiellement, pour ne pas dire exclusivement, la vie politique. Situation que les hommes et les femmes du XXe siècle finissant ont peine à imaginer et à comprendre. Il faut pourtant qu'ils se persuadent que ces débats dont semble sourdre aujourd'hui un ennui prodigieux ont agité la société française sous Louis XV si en profondeur, que la monarchie a fini par en être ébranlée. Oui, les conflits dont l'*Unigenitus* a été tantôt la cause, tantôt le prétexte, ont déchaîné les passions. Pour avoir relevé du verbe et non de l'épée, les affrontements n'en ont pas moins été d'une extrême violence, au sein de combats qui semblent indéfiniment recommencés. On se battait à coups de mandements, d'arrêts, de consultations, de traités, de pamphlets, de lettres, de sermons, de discours, de libelles, d'écrits de toute espèce, souvent massifs et toujours cruellement dénués de talent, qui ne furent que le rabâchage inlassable des mêmes arguments et arguties, tout ayant été dit très tôt de part et d'autre. Et tous ces échanges verbaux et verbeux ont fait couler des torrents de fanatisme, d'orgueil et finalement de haine. Si les Français du XVIIIe siècle semblent souvent frivoles, légers, insouciants, c'est pour avoir voulu s'échapper de l'atmosphère ennuyeuse, batailleuse et haineuse où les faisaient vivre ces conflits opiniâtres.

Situation que le Cardinal ministre n'allait pas traiter en novice, lui qui, depuis la mort de Dubois, dominait le Conseil de Conscience et conduisait les affaires de religion. Avec quel esprit et dans quelle intention ? Il ne nourrissait pas envers la bulle assez d'estime pour s'en faire le zélateur passionné. Il était certes foncièrement hostile au jansénisme, mais professait un gallicanisme modéré, assez dans la ligne de Bossuet, se faisant notamment la plus haute idée des responsabilités et des droits de l'épiscopat, dont la défense lui tiendra toujours à cœur. En sa double qualité d'évêque et de ministre, il considérait l'*Unigenitus* comme un acte émané régulièrement du Pape, agréé de même par Louis XIV et par Louis XV et auquel, par conséquent, étaient dus un respect et une soumission nécessaires non seulement par un devoir de religion, mais tout autant, sinon davantage, pour la sauvegarde de l'autorité royale. Son but était de les obtenir en établissant la paix dans l'Église et, par suite dans la société civile, et cela en recourant à une mainmise sur les individus propre à imposer peu à peu le silence, plutôt que par des mesures d'ordre général, sources de résistances tapageuses et bavardes. M. le Cardinal avait bien vu que les Français de son temps aimaient se griser de paroles et que les obliger à se taire était, dans la plupart des cas, les empêcher d'agir.

LA RELÈVE DU JANSÉNISME ÉPISCOPAL
PAR LE JANSÉNISME PARLEMENTAIRE

Du temps de Dubois, le Conseil ecclésiastique avait surtout veillé à tenir fermement en main l'épiscopat, contenant aussi bien le fanatisme des prélats jansénistes que le zèle intempestif de certains constitutionnaires. Sous la conduite de Fleury, ce Conseil devint aussi le centre où affluèrent les dénonciations contre les appelants ou leurs sympathisants et d'où partirent les lettres de cachet privant de leur chaire les théologiens suspects, écartant tels chanoines des assemblées capitulaires, exilant des prêtres hors de leur paroisse ou de leur diocèse, transférant nonnes et religieux de leur couvent dans un autre, toutes mesures qualifiées ironiquement par les anticonstitutionnaires d' « exploits du Conseil de Conscience ». Cette politique portait ses fruits : nulle protestation bruyante, nul désordre flagrant ne signalèrent l'année 1723 et les débuts du ministère de M. le Duc. Le mouvement janséniste semblait vaciller sous ces coups sourds et répétés, le cardinal de Noailles était isolé, alors que le parti constitutionnaire suivait avec persévérance une tactique bien arrêtée et se serrait autour d'un chef résolu.

La mort du pape Innocent XIII en mars 1724 remit tout en question. Le défunt était un défenseur très résolu de la bulle, envers laquelle son successeur Benoît XIII nourrissait des sentiments plus complexes, propres à engendrer de nouvelles disputes. Intraitable sur le dogme de l'infaillibilité et bien décidé à maintenir l'*Unigenitus*, le nouveau pontife prétendait en même temps concilier celle-ci avec les doctrines augustinienne et thomiste. Il était donc disposé aux accommodements et aux explications. Par suite, au lieu de mener par des voies obliques une pacification progressive et discrète, Fleury allait devoir tourner son action vers Rome, vers les évêques jansénistes et, en particulier, le cardinal de Noailles.

Rien de plus lassant que la longue suite des efforts de M. le Cardinal pour amener ce prélat à accepter purement et simplement la bulle : ce fut un travail de Pénélope, les défaillances de mémoire du vieil archevêque aggravant les oscillations habituelles de sa volonté. Cette laborieuse et lente recherche d'accommodement rendit courage aux appelants et Fleury sentit la nécessité d'en revenir aux mesures d'intimidation et de les appliquer non à des individus obscurs, mais à des victimes dont le sort serait plus saisissant. D'où le dessein de s'en prendre à l'épiscopat janséniste, mais en abritant les décisions royales derrière des procédures canoniquement régulières. Le choix du sacrifié était délicat. L'évêque de Boulogne-sur-Mer n'était pas d'humeur à se laisser faire ; celui de Montpellier, l'un des plus ardents, était un Colbert, protégé par son nom et son influente famille ; et celui de Bayeux, un Lorraine, était aussi par sa naissance à l'abri de tout tracas. Par chance, l'évêque de Senez, M. Soanen, s'offrit lui-même aux coups en adressant au mois d'août 1726 à ses diocésains une instruction pastorale où il renouvelait son appel et faisait l'éloge du P. Quesnel. Pour ce « vieillard entêté et batailleur, qui n'avait pour lui que d'être un saint » (P. Gaxotte), c'était le couronnement d'une longue vie de lutte port-royaliste. Il fut traduit devant le concile de sa province ecclésiastique, présidé par le métropolitain, l'archevêque d'Embrun, M. de Tencin. L'assemblée siégea en août et septembre 1727, condamna l'instruction pastorale et prononça contre la personne de Soanen une sentence soigneusement dosée : il convenait de ne pas s'aliéner le Saint-Siège, compétent de droit sur les causes des évêques en matière d'hérésie. L'accusé fut donc déclaré suspens de tous pouvoirs et juridiction et de tout exercice de l'Ordre, tant épiscopal que sacerdotal, jusqu'à ce qu'il ait satisfait par des rétractations. Toutes décisions approuvées en décembre par le Pape. La personnalité de Fleury s'effaçait derrière ces évêques en concile soutenus par Rome : les jansénistes n'avaient pas devant eux un ministre et un parti, mais les décisions régulières de l'Église, renforcées en outre par celles de l'autorité royale. Une lettre de cachet du 30 septembre 1727 relégua Soanen au cœur des montagnes d'Auvergne, à l'abbaye de la Chaise-Dieu, exil adouci par la charité fraternelle de l'évêque des lieux, Massillon.

Fleury renonça à susciter contre les autres prélats jansénistes de nouveaux conciles provinciaux : il estimait, par celui d'Embrun, avoir suffisamment intimidé les opposants. En fait, il les avait plutôt irrités que désarmés. Les jansénistes se répandirent en invectives contre ce qu'ils surnommèrent « le brigandage d'Embrun ». Libelles et caricatures accablèrent d'injures et de malédictions Tencin et les pères du concile. M. le Cardinal mit en campagne le lieutenant de police, la Bastille s'ouvrit aux auteurs, aux imprimeurs, aux graveurs de pamphlets et d'estampes, cependant qu'on essayait de prévenir les manifestations des prédicateurs et des évêques. Mais l'opposition était si sûre d'elle-même et de son audience, que ces mesures policières et ces démarches personnelles ne purent la réduire au silence. Il se dessina, au contraire, un mouvement d'opinion inquiétant par sa nature comme par ses ramifications.

Le 30 octobre 1727, cinquante avocats parisiens lancèrent une consultation qui, sans se placer sur le terrain de la théologie, s'efforçait d'établir, à partir de textes juridiques, la nullité du concile d'Embrun. Imprimée et abondamment répandue, elle eut un grand succès de scandale. Signée par certains des avocats les plus célèbres, elle constituait un véritable réquisitoire contre la bulle, contre la cour de Rome, contre la politique de Fleury, et aussi un rappel violent aux maximes gallicanes, empreint du richerisme le plus marqué. Au parlement, le premier président et le procureur général se déclarèrent dans l'impossibilité de sévir contre les avocats. Dérobade fondée sur au moins deux raisons : l'une, que le parlement, qui n'aimait guère remonter les forts courants d'opinion, ne voulait pas s'aliéner le clergé de la capitale, très pénétré de richerisme ; l'autre, que le barreau en entier cesserait immédiatement tout ministère et paralyserait ainsi l'action des tribunaux. De plus, ce manifeste donna le branle à une démarche qui vint corser le scandale : douze évêques adressèrent à Louis XV une lettre où, « pour la forme seulement, sans parler du dogme ni de la constitution », ils concluaient, eux aussi, à la nullité du concile d'Embrun. Cette épître fut retournée par le Roi à ses signataires avec une sévère admonestation.

L'esclandre de la consultation des avocats était moins aisé à étouffer. S'étant heurté à la force d'inertie du parlement,

M. le Cardinal recourut à l'expédient d'une assemblée de prélats. Les évêques présents à la cour et dans la capitale (une trentaine) eurent ordre de se réunir chez le cardinal de Rohan pour examiner la consultation. Le résultat de leurs délibérations, porté au Roi le 4 mai 1728, opposa aux allégations des avocats autant de réfutations, leur reprochant notamment de soumettre « les pasteurs au troupeau ». Fleury fonda sur ce document un arrêt du Conseil par lequel, le 3 juillet, décidant de « faire usage de la puissance qu'Elle a reçue du Ciel pour protéger les décisions de l'Église », Sa Majesté ordonna la suppression de la consultation, « comme contenant des propositions opposées à la doctrine de l'Église, injurieuses à son autorité, contraires aux lois de l'État » et défendit de la distribuer. En outre, dès le 10 mai, une déclaration royale avait comminé des peines contre les auteurs et imprimeurs de tous écrits « qui attaqueraient les bulles reçues dans le royaume et s'écarteraient du respect dû au Pape et aux évêques ». Pour avoir ainsi fait adopter, contre son penchant naturel, une mesure générale, il fallait que Fleury fût sérieusement alarmé.

Il l'était, en effet, par le succès foudroyant d'une feuille hebdomadaire qui, depuis le début de 1728, circulait sous le manteau et sous le titre de *Nouvelles ecclésiastiques*. D'abord « à la main », puis imprimé, cet organe du parti des appelants publiait régulièrement, assaisonnés de commentaires tendancieux, malveillants et même haineux, non seulement les moindres faits, canards ou rumeurs relatifs à la querelle constitutionnaire, mais jusqu'à des documents dérobés dans les bureaux officiels, et menait par ce biais contre l'*Unigenitus* et ses tenants vrais ou supposés une lutte sans merci. Prodigieuse entreprise de désinformation, l'aventure des *Nouvelles ecclésiastiques* — dont la publication ne cessa qu'en 1803 — est une des plus parfaites réussites de l'histoire de la presse clandestine. Malgré quelques coups de filets heureux de la police, la rédaction et l'impression de ce périodique, sa diffusion très large dans le royaume et au-dehors ne furent jamais interrompues. Impunité qui en dit plus long que bien des propos sur la richesse, l'organisation, la puissance et l'efficacité des réseaux de soutien du parti janséniste, sur les complicités dont il bénéficiait jusque dans les institutions appelées à le combattre. En septembre 1730, le cardinal de Fleury eut la surprise désagréable de lire dans ces *Nouvelles* le texte de trois lettres qu'il avait adressées quelque temps auparavant aux avocats généraux, au procureur général et au premier président du parlement de Paris : « Il est triste de voir, remarqua-t-il, que les gens du parti trouvent le secret de gagner dans toutes les maisons des gens qui les avertissent et qui leur communiquent même ce qui devrait être le plus caché. » Et de fait on mit à la Bastille en septembre 1730 et en décembre 1731 des domestiques du lieutenant général de police : l'un communiquait des informations à la secte, l'autre détournait des documents pour elle. A Troyes, le maire de la ville, qui était aussi subdélégué de l'intendant de Champagne, lorsqu'il recevait des lettres de cachet, en avertissait ceux qu'elles visaient et les gardait ensuite assez de temps pour leur permettre de prendre leurs dispositions. Quelques cas, parmi beaucoup d'autres, qui attestent, d'une part, l'étroitesse et, souvent, la faiblesse des moyens dont disposait l'autorité royale pour se faire respecter et, d'autre part, que le jansénisme constituait désormais une société secrète, qui reste à étudier comme telle. Il est piquant de constater que, dans le même temps, la franc-maçonnerie, autre société secrète, se propageait rapidement dans le royaume.

L'irruption des avocats dans ces disputes, l'apparition et la vogue des *Nouvelles ecclésiastiques* révélaient l'extension des assises sociales du jansénisme. L'attitude du barreau décelait sa faveur dans la bourgeoisie et dans les milieux judiciaires et la feuille clandestine, en faisant pénétrer sa doctrine et son fanatisme dans la masse de la population, le mêlait aux affaires du siècle et transformait « une doctrine théologique en fait de mentalité » (R. Taveneaux). D'où la circonspection requise dans les manœuvres du gouvernement. Si les adversaires du concile d'Embrun étaient publiquement blâmés par le Pape, par le Roi et par les évêques, Fleury n'entretenait guère d'illusions sur l'étendue de ce succès. Il mena donc contre les appelants une lutte aussi opiniâtre que silencieuse, visant à immobiliser leur parti pour le décapiter plus facilement. Il remporta un avantage important avec la soumission du cardinal de Noailles. Isolé, chambré, harcelé, conquis, ruiné dans son prestige et son autorité, le vieux prélat finit, le 23 octobre 1728, par souscrire le mandement par lequel il acceptait la bulle *Unigenitus*. Son décès, le 4 mai suivant, amorça le déclin du jansénisme épiscopal. Titulaire de la feuille des bénéfices, M. le Cardinal veillait à ne confier les évêchés qu'à des sujets d'une orthodoxie éprouvée et, avant que la mort n'éliminât le dernier carré des prélats jansénistes, les survivants ne menèrent plus qu'un combat d'arrière-garde. A l'égard des moines et moniales, des prêtres et des théologiens, on continua d'appliquer le même régime dosé de faveurs, de délations et de persécutions : les défections étaient encouragées et récompensées, l'obstination source d'enquêtes, d'avanies et d'affronts. Nulle mesure générale : elle eût soulevé tout le parti. Mais une lente conquête poursuivie patiemment.

Il fallait déployer presque autant de vigilance envers les constitutionnaires, car, par leurs apologies inopportunes de la bulle ou leurs invectives contre ses détracteurs, certains évêques et docteurs risquaient à tout moment de braver les opposants et de rompre un calme précaire. En même temps, M. le Cardinal menait avec les puissances étrangères sur l'échiquier diplomatique une partie très serrée. Surprenantes étaient les forces intellectuelles, morales et physiques de ce vieillard, qui faisait face sans défaillance à des responsabilités aussi lourdes et variées. La suite des disputes religieuses — ou pseudo-religieuses — allait mettre cette endurance à rude épreuve.

*
**

Le jansénisme ecclésiastique donnait l'impression d'être sinon anéanti, tout au moins dispersé, découragé et réduit au silence. Le moment semblait donc venu d'en finir avec ce jansénisme laïque et judiciaire qui s'était manifesté violemment avec la consultation attaquant le concile d'Embrun. Mais c'était pour Fleury un terrain moins familier que celui de l'Église, où font merveille les compromis silencieux et les paix fourrées. Messieurs des parlements étaient gens entiers, catégoriques, amoureux des systèmes, du bruit et des grands mots, virtuoses dans l'art d'envenimer les différends ou les incidents les plus bénins en les transportant sur le plan supérieur où s'opposent principes à principes. « La diplomatie la plus subtile est sans prise sur ces monstres d'orgueil » (P. Gaxotte).

Une gaffe de l'évêque d'Orléans amorça une reprise des querelles. Ce prélat adressa le 1er mars 1729 à ses diocésains un mandement fort superflu contre Soanen, contre la consultation des avocats et en faveur du concile d'Embrun. On était en plein pays janséniste : six curés refusèrent de publier ce mandement. Traduits devant l'official, ils furent interdits de leurs fonctions. Connaissant les bonnes dispositions du parlement de Paris à l'égard des ecclésiastiques du second ordre, ils se hâtèrent de lui présenter une requête tendant à être reçus appelants comme d'abus de la procédure de leur officialité. Fleury et le chancelier d'Aguesseau cherchèrent à gagner du temps, car le fracas de l'évêque d'Orléans risquait de donner aux affaires un tour nouveau qui les inquiétait. En dépassant de loin les intentions du Roi et de M. le Cardinal, le prélat incitait fâcheusement les curés à reprendre à leur compte la cause janséniste, que l'ordre épiscopal abandonnait, et le parlement n'aspirait qu'à les soutenir. Or, comme l'a bien vu Georges Hardy, « le parlement et les curés ne sont pas limités à leurs propres forces ; au contraire des évêques, qui n'avaient d'autre autorité que celle de leurs fonctions et de leur valeur personnelle, ils sont aidés et le plus souvent poussés par l'opinion publique ; ils ne sont pas libres de reculer, ils risquent des huées ou des applaudissements, ils sont les instruments d'une force brutale, la foule, qui les incite aux actions éclatantes ou irréfléchies, leur impose un rôle au-dessus de leurs moyens et de leurs intentions ».

Pendant des semaines, le premier ministre et le chancelier menèrent des tractations délicates qui eurent au moins pour résultat de traîner en longueur l'affaire des curés d'Orléans devant le parlement, qu'une initiative de la cour de Rome permit d'amadouer. La congrégation des rites publia, en effet, l'office de la fête de saint Grégoire VII, le pape devant qui l'empereur Henri IV avait dû s'humilier en 1077 à Canossa, et cet office était précédé d'un éloge du pontife, où les parlementaires crurent reconnaître la prétention ultramontaine de soumettre le pouvoir temporel au pouvoir spirituel. Ils prirent donc feu et flamme et Fleury les laissa s'exciter là-dessus à leur aise, non sans veiller à ce que l'arrêt de condamnation de ce texte fût conçu en des termes dont le Saint-Siège ne pût s'offenser. Cette entente de M. le Cardinal avec le parlement privait le jansénisme de son chef, car la compagnie visait à remplacer le cardinal de Noailles comme centre de la résistance. Au même moment, le nouvel archevêque de Paris progressait avantageusement dans la pacification de son diocèse. Pour succéder à Noailles, Fleury avait fait choix de M. de Vintimille qui venait, pendant plus de vingt ans, d'administrer avec prudence et douceur l'église d'Aix-en-Provence, où il n'avait pas eu l'expérience des révoltes. Peu après son intronisation à Paris, M. de Vintimille obtint la soumission à la bulle du chapitre de Notre-Dame, puis celle d'une partie de son clergé, de la Sorbonne, d'importantes congrégations religieuses. Ces succès et l'attitude conciliante du parlement poussèrent M. le Cardinal à abandonner sa tactique préférée, celle des voies obliques et des conquêtes individuelles, pour se hasarder à une mesure d'ensemble.

L'*Unigenitus* loi de l'État

Ce fut la déclaration du 24 mars 1730, par laquelle la constitution *Unigenitus,* déjà loi de l'Église en France, fut proclamée loi de l'État. Mais de cette bulle, le Roi entendait que ses sujets fissent, en catholiques prudents et en bons citoyens, une lecture raisonnable. Pour assurer le repos et la tranquillité de l'État, le souverain n'était plus disposé à tolérer les querelles d'interprétation, les « subtilités frivoles » que soulevaient sans cesse les adversaires de la bulle et qui finissaient par ébranler les règles de la hiérarchie et le respect dû aux lois. Aussi les appels comme d'abus introduits par des ecclésiastiques contre leurs supérieurs ne seraient plus recevables désormais par les juges civils que dans des cas soigneusement définis. En outre, tous les écrits jansénistes étaient prohibés et des peines sévères prévues contre leurs auteurs, imprimeurs, dépositaires et colporteurs. Cette loi était donc modérée dans son fonds et, au surplus, visait non pas à vider un débat théologique, mais à résoudre une question d'intérêt général, de nature sociale et politique. Elle présentait cependant un grave défaut, qui pouvait en compromettre les effets : elle n'imposait pas silence à tout le monde, car elle fermait la bouche aux opposants seulement. « Autant valait inviter les évêques constitutionnaires à profiter du silence imposé à leurs adversaires pour les accabler sous l'avalanche de leurs écrits » (G. Hardy).

Dès que la déclaration fut portée au parlement, une forte majorité s'y dessina contre elle. Pour couper court aux difficultés, Fleury décida de la faire enregistrer par le Roi séant en lit de justice. La cérémonie eut lieu le Lundi saint 3 avril, dans une atmosphère tendue et orageuse, mais se termina nécessairement par l'enregistrement. Louis XV fit défense à la compagnie de revenir sur l'affaire et se retira, suivi des présidents et des greffiers, empêchant ainsi toute délibération.

Ce lit de justice du 3 avril 1730 fut à l'origine d'une agitation qui se déroula pendant trois ans, selon un scénario que l'on verra se renouveler bien des fois au cours du règne et qui finit par tenir du psychodrame. Au cours de la discussion, les représentations les plus saugrenues avaient été faites au Roi : « Sire, lui avait dit un conseiller, les contestations présentes ne tiennent à rien moins qu'à enlever la couronne de la tête de Votre Majesté et à Lui ôter le sceptre de ses mains ! » Et le meilleur orateur du parlement, le fougueux abbé Pucelle, s'était déclaré « trop fidèle sujet du Roi pour consentir qu'on le dépouille de ses droits et qu'on le déclare vassal du Pape. » Le chancelier lui ayant alors fait observer que c'étaient là des mots et que la déclaration ne contenait rien de tel : « Je sais, répliqua-t-il, que ce dont je me plains n'y est pas renfermé en termes formels, mais c'en est l'esprit et ce sont autant de conséquences nécessaires. » Ces propos étaient absurdes : jamais la souveraineté d'un roi de France n'a moins été que celle de Louis XV menacée par d'éventuelles prétentions du Saint-Siège et les papes du XVIIIe siècle n'eurent aucune visée théocratique sur la fille aînée de l'Église. Le temps des Grégoire VII, des Innocent III et même des Sixte-Quint était révolu, mais dans les parlements on s'y croyait encore et on rencontre là, dès 1730, un des traits majeurs de l'opposition parlementaire : son caractère intemporel.

Dans ces matières, les parlementaires étaient comme hantés par la menace d'un nouveau Canossa, par la résurgence d'une autre Ligue. Aveuglés par un passé mythique, ils se faisaient une vue fausse des réalités de leur temps et vivaient une sorte de rêve éveillé. En ce même mois d'avril 1730, l'abbé Pucelle légitimait son opposition en se fondant sur une casuistique digne de ces jésuites qu'il exécrait : « Il y a deux sortes de respects, l'un, le vrai, le sincère, partant du cœur, l'autre, faux et simulé. Le faux respect se portera toujours à donner des marques de déférence, extérieures et aveugles, aux volontés du prince, mais ce respect est criminel en ce que le prince, n'étant pas à l'abri de la surprise, pourra faire enregistrer une loi contraire à ses véritables intérêts ; le véritable respect, le respect filial qui part du cœur, consiste à se mettre au-devant du poignard qu'on voudrait plonger dans le sein du Roi. »

L'abbé étant un homme sincère et dénué d'ambition personnelle, ses propos sont particulièrement révélateurs des fantasmes qui obsédaient les anticonstitutionnaires. Leur rébellion instinctive devant toutes les censures qui, couronnées par l'*Unigenitus,* avaient frappé le jansénisme, procédait d'un complexe antiromain, dégénérant lui-même en une sorte de nationalisme aux répercussions à la fois religieuses et politiques. D'une part, il se développait aux dépens de l'universalisme catholique et, d'autre part, rejoignant l'hostilité routinière à la maison d'Autriche, il se méprenait sur l'évolution d'une Europe où, dans le domaine politique, la cour de Rome ne comptait plus. Ces sentiments engendraient chez leurs tenants un fanatisme aussi aveugle et opiniâtre que jadis celui de ces guisards dont ils abhorraient le souvenir et lorsqu'un poignard menacera effectivement la vie de Louis XV, la main de celui qui le brandira sera armée par ces nouveaux ligueurs.

A la suite du lit de justice du 3 avril, la fermentation fut grande dans le parlement, contenue difficilement par le premier président Portail, qui n'avait pas l'âme d'un héros, bridée plus efficacement par Fleury, dont la fermeté s'appliquait en même temps à parer tout ce qui, du côté constitutionnaire, risquait d'envenimer le débat. Mais en lui le ministre n'étouffait jamais l'évêque et il résolut de profiter de la tenue quinquennale de l'assemblée du clergé pour lui expliquer sa politique de modération et contraindre l'épiscopat à l'adopter. L'assemblée siégea du 10 juin au 17 septembre 1730 et, grâce à la vigilance de M. le Cardinal, chemina prudemment. Avant de se séparer, elle adressa à Louis XV le 11 septembre deux lettres offrant la synthèse de ses travaux et requérant l'intervention de Sa Majesté. D'abord contre les écarts fâcheux des évêques jansénistes d'Auxerre et de Montpellier et surtout contre le soutien accordé par le parlement aux contestataires du bas clergé.

A force de traîner, l'abcès causé par l'affaire des curés d'Orléans était sur le point de crever. Le parlement, malgré les démarches de Fleury, avait défendu l'exécution des ordonnances rendues contre eux par leur évêque ; ils avaient repris leurs fonctions sans être déférés à leurs supérieurs ecclésiastiques pour être relevés des sentences qui pesaient sur eux. Simultanément, le curé de la paroisse Saint-Barthélemy de Paris, accusé d'omissions dans la célébration de la messe et autres manquements graves, ajourné à comparaître devant l'official et, avant faire droit, déclaré suspens de ses fonctions, fut, le 26 juillet, reçu appelant comme d'abus de cette sentence par le parlement et avait aussi repris l'exercice de son ministère. C'était, dans les deux cas, la négation même de l'autorité épiscopale et une contravention à l'édit d'avril 1695 sur la juridiction ecclésiastique. L'assemblée demandait donc l'annulation de l'arrêt du parlement.

Fleury ne s'inquiétait guère des incartades de MM. d'Auxerre et de Montpellier, beaucoup moins périlleuses que la collusion du parlement et du clergé du second ordre, qu'il jugea urgent de briser. Dès le 23 septembre, un arrêt du Conseil cassa l'arrêt du parlement du 26 juillet, évoqua l'appel comme d'abus interjeté par le curé de Saint-Barthélemy et lui défendit d'exercer ses fonctions. Et le 2 octobre le Conseil rendit un arrêt analogue au sujet des curés d'Orléans. Las ! La modération tant prônée par Fleury n'était guère comprise. Le jour même de la promulgation de l'arrêt du Conseil relatif aux Orléanais, commença à circuler dans la capitale une consultation d'avocats en leur faveur. Elle fit l'effet d'une bombe, non seulement parce que, de nouveau, elle était cautionnée par plusieurs signatures illustres, mais parce qu'elle avançait des thèses parfaitement subversives. Délaissant cette fois les arguties du droit canonique, ses auteurs s'aventuraient hardiment sur le terrain du droit public, qualifiant le Roi de « chef de la nation » et le parlement de son « sénat », énonçant le caractère représentatif de l'autorité publique, qualifiant les lois de conventions entre gouvernés et gouvernants ; bref, adhérant à la théorie de la monarchie contractuelle imaginée par John Locke. L'émoi fut considérable, d'autant que cette consultation eut une diffusion rapide. Le 30 octobre, un arrêt du Conseil ordonna sa suppression, car elle « ne serait pas approuvée dans les républiques mêmes » et contenait « des propositions contraires à l'autorité du Roi » ; les signataires étaient mis en demeure de se rétracter dans le mois, sous peine d'interdiction de leurs fonctions. Cette rétractation, contresignée par le bâtonnier, prit plutôt les allures d'un désaveu inséré dans un arrêt du Conseil du 25 novembre suivant. Laborieusement mis au point au terme de multiples entrevues et conciliabules auxquels participèrent Fleury, le chancelier d'Aguesseau, Chauvelin et quelques membres modérés de l'ordre, sa teneur fut adoptée au Conseil des Dépêches. Mais — incident combien significatif — l'opération faillit capoter à la dernière minute. Il était dit, en effet, dans la version finalement retenue, que « les ministres de l'Église... tiennent uniquement de Jésus-Christ et de son Église le pouvoir spirituel. » Au cours d'un ultime examen du document, Fleury voulut substituer à l'expression « les ministres de l'Église » les seuls mots « les évêques ». La réaction des mandataires du barreau, soutenus par Maurepas, fut aussi immédiate que catégorique : ils déclarèrent qu'ils se feraient plutôt couper le poing que de signer le texte ainsi modifié. Et Fleury céda.

Faisant suite à celle de 1727, cette nouvelle consultation était, à bien des égards, un fait capital. Elle illustrait, d'abord, l'irruption bruyante et irréversible des phénomènes d'opinion dans la vie politique et aussi, tout ensemble, l'entrée massive de la bourgeoisie robine dans la polémique janséniste et la mutation de celle-ci. L'opposition anticonstitutionnaire devenait une idéologie nouvelle, nourrie par une littérature polémique surabondante et opposant à la fois « deux formes de religion et deux formes de régime politique : la monarchie absolue et la monarchie contrôlée » (R. Taveneaux). Idéologie bientôt répandue dans une large fraction du peuple et, son contenu religieux se délabrant graduellement, ralliant les contestataires de tous bords. Or, il est manifeste que le gouvernement était déconcerté par ces mouvements de masse, qu'il se trouvait quasiment dépourvu de moyens dans le domaine de ce que, dans l'univers médiatique de notre siècle, on appelle « communication » et « relations publiques » et que, par suite, il lui était difficile d'endiguer ces processus et de désamorcer slogans et rumeurs.

Le Roi avait obtenu des avocats réparation de leur écart, mais les évêques constitutionnaires estimaient que ceux-ci avaient fait amende honorable à l'autorité royale et non à celle de l'épiscopat. Leur intervention ranima des hostilités que Fleury semblait près d'éteindre. Tout sage qu'il fût, M. de Vintimille crut devoir publier le 10 janvier 1731 contre la consultation des avocats — lesquels, après tout, étaient ses diocésains — un mandement qui déchaîna une nouvelle tourmente. M. le Cardinal ne put empêcher le parlement de recevoir, le 5 mars, le procureur général appelant comme d'abus du mandement de l'archevêque, mesure qui eut le mérite de contenir un moment les avocats, dont la colère bouillonnait. Répit d'autant plus précaire que le parlement commençait à s'émouvoir des refus de sacrements infligés à des appelants dans le diocèse d'Orléans. L'orage qui menaçait éclata après que, le 30 juillet, un arrêt du Conseil eut permis à M. de Vintimille de faire distribuer son mandement, suspendu toutes poursuites, évoqué l'appel comme d'abus et ordonné silence sur toutes ces disputes. Le barreau en entier s'insurgea contre ce qu'il considérait comme un acte de mauvaise foi : le Roi, qui avait, en novembre, accepté la soumission des avocats, autorisait à présent ce mandement où ils étaient traités comme des rebelles et des hérétiques ! Ils décidèrent le 27 août de cesser toutes fonctions. L'exercice de la justice fut suspendu, mais non l'effervescence des magistrats, qui rendirent le 7 septembre un arrêt « de maximes générales », expression radicale du gallicanisme parlementaire, aussitôt cassé par Louis XV et biffé sur les registres.

Les vacances judiciaires contraignirent le parlement à l'inaction, mais, à la rentrée de novembre, il se remit en campagne. Seul, cette fois, car, Fleury étant parvenu à négocier un accommodement entre l'archevêque et les avocats, ceux-ci avaient accepté le 26 novembre de cesser la grève. Le 29, après un grand tumulte, les magistrats décidèrent d'aller déposer eux-mêmes leurs protestations au pied du trône. Cinquante présidents et conseillers s'empilèrent en hâte dans quatorze carrosses et partirent pour Marly, où était la cour. Les courriers du lieutenant de police les avaient devancés : à leur arrivée, ils ne trouvèrent ni M. le Cardinal, ni le chancelier, ni Maurepas, ni le garde des sceaux, ni aucune des personnes susceptibles de les introduire. Ils errèrent pendant une heure dans le château, jusqu'à ce que Louis XV, secrètement averti de leur présence, leur fît dire par le duc de Tresmes, premier gentilhomme de la chambre, que Sa Majesté était surprise de les savoir là, qu'Elle n'avait rien à leur dire et les priait de s'en retourner.

Penauds et furieux, ils reprirent le chemin de Paris et, le lendemain, ameutèrent leur compagnie et exigèrent du premier président qu'il demandât audience au Roi pour lui exposer que son parlement, se jugeant avili, était prêt à cesser ses fonctions. Le malheureux Portail se rendit en effet à Versailles, le 8 décembre, mais à peine eut-il ouvert la bouche que Louis XV lui dit son mécontentement et lui tourna le dos. Le parlement insista pour être reçu en corps et finit par être autorisé à envoyer une députation. Elle comparut le 10 janvier 1732 devant le Roi entouré de son Conseil des Dépêches. « Voici la seconde fois, leur dit-il, que vous m'obligez de vous faire venir pour vous marquer mon mécontentement de votre conduite : mon chancelier vous expliquera mes intentions. » Et d'Aguesseau de représenter alors aux magistrats « l'irrégularité et l'indécence » de leur conduite, de leur remémorer les défenses réitérées du Roi, de les avertir que Sa Majesté considérera comme « désobéissants et rebelles » ceux qui tenteront de les éluder et, pour finir, de rappeler que « la plus inviolable des maximes qui regardent l'autorité royale est qu'il n'est jamais permis de manquer à l'obéissance qui lui est due. Le devoir le plus essentiel et le plus indispensable des magistrats est d'en donner l'exemple aux autres sujets du Roi et de prouver leur soumission personnelle par les effets beaucoup plus que par les paroles. » A quoi Louis XV lui-même ajouta : « Voilà ma volonté. Ne me forcez pas à vous faire sentir que je suis votre maître. »

Le calme revint alors au palais, mais l'état des esprits était loin d'y être serein. Commentant la fin de la grève de son ordre en novembre 1731, un avocat concluait : « Dieu veuille que le parlement résiste aux évêques, dont le complot est formé d'anéantir les libertés de l'église gallicane et d'établir dans le royaume une deuxième puissance, plus souveraine que celle du roi ! » Cet avocat, Me Jullien de Prunay, l'un des plus fameux de son temps, était aussi un des sages de sa profession et avait eu une part très active aux tractations qui avaient apaisé les conflits entre l'ordre et le pouvoir royal. Émanés d'un modéré, des propos aussi intrépides laissent présumer le degré de passion et d'exaltation que pouvaient atteindre des esprits moins rassis. Ils révèlent aussi la formidable animosité — difficile à comprendre aujourd'hui — que le monde judiciaire en entier, avocats et juges, nourrissait contre l'épiscopat. Cette exécration allait se manifester de nouveau sans tarder.

Les insaisissables *Nouvelles ecclésiastiques* continuaient à aigrir régulièrement les querelles et aussi à magnifier les extravagances des convulsionnaires. De guerre lasse, M. de Vintimille prit le parti, par un mandement du 27 avril 1732, d'en déclarer les rédacteurs hérétiques et d'en interdire la lecture sous peine d'excommunication. Vingt et un curés de Paris refusèrent de lire en chaire ce mandement et se pourvurent au parlement. Pour prévenir toute intervention de sa part, le Roi ordonna l'évocation générale des affaires religieuses à son Conseil. Le garde des sceaux Chauvelin venait alors d'être adjoint à M. le Cardinal et cette circonstance explique sans doute la fermeté gouvernementale. Le parlement désobéit en décidant de s'assembler pour délibérer sur le mandement de M. de Vintimille, mais Louis XV s'y opposa et convoqua à Compiègne une députation des principaux magistrats, à laquelle, en des termes menaçants, il fit défense de traiter des affaires de l'Église et de tenir des assemblées sans son ordre. Le récit de cette audience souleva au palais tant d'agitation que la compagnie fut de nouveau mandée par le Roi qui, le 14 mai, l'accueillit très froidement à Compiègne, lui disant : « Je vous ai fait savoir ma volonté et je veux qu'elle soit pleinement exécutée, je ne veux ni remontrances, ni réplique, en quelque forme et de quelque nature qu'elle soit. Vous n'avez déjà que trop mérité mon indignation. Soyez plus soumis et retournez à vos fonctions. » Le premier président s'avance alors pour prendre la parole : « Sire... », mais Louis XV l'interrompt : « Taisez-vous ! » L'abbé Pucelle veut lui remettre le manuscrit du discours préparé pour la circonstance : « Maurepas, déchirez ! », ordonne le Roi à son ministre. Messieurs n'eurent plus qu'à se retirer. Sur le chemin du retour, ils furent rejoints par un émissaire qui remit un ordre d'arrêt à Pucelle et à un de ses collègues.

Les sept chambres des enquêtes et des requêtes amorcèrent le 16 mai une grève, qui tourna court le 25 devant l'injonction royale de reprendre le service. Mais le parlement entama alors l'examen du mandement archiépiscopal et, le 12 juin le procureur général en fut reçu appelant comme d'abus. Les quatre magistrats instigateurs de cette désobéissance ayant été arrêtés, les enquêtes et les requêtes présentèrent leurs démissions le 20 juin, cependant que, sous les huées, la grand'chambre devait renoncer à tenir audience. Si les démissionnaires avaient cru faire peur, ils furent déçus. Les grands chambriers furent félicités de leur fidélité, ils intercédèrent en faveur des factieux, au sujet desquels se chuchotaient et prenaient corps des projets alarmants : confiscation des charges, déchéance de la noblesse, relégation hors de Paris. Cette campagne d'intimidation et divers marchandages vinrent à bout de l'obstination des rebelles : ils retirèrent leurs démissions et reprirent le 6 juillet leurs fonctions, non sans se croire obligés d'adresser le 2 août des remontrances au Roi.

Louis XV y répondit par l'envoi le 18 août d'une déclaration promulguant un règlement de discipline que le gouvernement, fort de sa victoire, avait conçu, d'une part, pour soustraire le corps aux pressions tapageuses des jeunes conseillers des enquêtes et des requêtes, incitateurs habituels à la sédition, et, d'autre part, pour barrer la prétention opiniâtre et cauteleuse de la compagnie à considérer son droit de remontrance comme une manière de droit de veto indéfiniment opposable aux décisions du souverain. Cette loi statuait donc que les actes royaux enregistrés en lit de justice étaient immédiatement exécutoires ; que les réponses aux remontrances emportaient le devoir d'obéissance et que ces remontrances ne pourraient être réitérées sans autorisation de Sa Majesté ; que les matières de religion ne seraient désormais portées que devant la grand'chambre sur réquisition du ministère public ou sur proposition du premier président ; que toute cessation de service était prohibée. Déclaration raisonnable qui, loin de remettre en vigueur celle du 24 février 1673, beaucoup plus contraignante, ne faisait que reprendre les dispositions de celle du 15 septembre 1715, des lettres patentes du 26 août 1718, de deux édits de juin et décembre 1725, et se fondait sur l'ordonnance civile d'avril 1667.

Elle souleva néanmoins un tollé au parlement, dont la

mémoire curieusement sélective oubliait qu'il avait enregistré de son propre mouvement l'ordonnance de 1667, la déclaration de 1715 et l'édit de décembre 1725. La résistance s'annonçait telle que M. le Cardinal décida de recourir à un lit de justice, et un lit de justice qui, pour la première fois dans les fastes de la monarchie, se tiendrait à Versailles. Il se déroula le 3 septembre dans la salle des gardes, spécialement aménagée, et se termina par cette brève injonction de Louis XV : « Je vous ordonne de ma propre bouche d'exécuter tout ce que vous avez entendu, et particulièrement de faire vos fonctions sans discontinuer. » Ce nonobstant, dès le lendemain, les enquêtes et requêtes se remirent en grève. Leurs cent trente-neuf officiers furent aussitôt punis par dispersion aux quatre coins du ressort. La grand'chambre entendait continuer son service, mais, les avocats et procureurs cessant tout ministère, l'exercice de la justice se trouva arrêté.

L'opinion était troublée, la pensée de M. le Cardinal sollicitée par les soucis extérieurs, la fermeté de la grand'chambre aléatoire, les mutins gagnés par l'ennui de leur exil et par la nostalgie de la capitale. Peut-être aussi les deux camps éprouvaient-ils chacun quelque lassitude. Les avances et les entremises officieuses se multiplièrent et la paix se fit à petit bruit, en ménageant de part et d'autre les formes et les susceptibilités. Les exils furent levés le 11 novembre, le parlement rentra le 1er décembre 1732 et envoya à Versailles sa grande députation, qui eut le 4 audience de Louis XV : le premier président protesta de la soumission de sa compagnie et le chancelier annonça que, touchée par ces assurances, Sa Majesté consentait que sa déclaration du 18 août demeurât « en surséance ».

Après ces grands orages des années 1730-1732, il n'y eut plus d'affrontement aussi sérieux entre le gouvernement et le parlement de Paris qui, notamment, abandonna les convulsionnaires à la police du Roi. Fut-il poussé à plus de sagesse par la crainte de voir Louis XV lever le sursis interposé à l'exécution de la déclaration de discipline du 18 août 1732 ? Plus vraisemblablement, l'apaisement résulta en grande partie du concert qui s'établit entre M. le Cardinal et le procureur général du parlement, M. Joly de Fleury, convaincu que le premier ministre, ennemi de toute violence, redoutait les brûlots constitutionnaires autant que les jansénistes. Depuis 1733, le Conseil de Conscience cessa de se réunir et Fleury présida avec plus d'autorité que jamais et un souci constant de pacification à l'application de la déclaration du 24 mars 1730, imposant silence aux évêques, aux parlementaires, aux jansénistes, à tous les trublions, et cela au prix d'une vigilance de chaque instant, le calme étant toujours à la merci d'un incident. C'est pourquoi, de toutes les sanctions ou menaces mises en œuvre pour obtenir l'adhésion à la bulle, il n'a jamais voulu permettre l'usage régulier des refus de sacrements, auquel les constitutionnaires étaient de plus en plus tentés de recourir. Il resta jusqu'au bout l'homme des demi-mesures, qui sauvegardaient l'autorité de la Bulle sans révolter l'opinion. A sa mort en janvier 1743, le royaume était tranquille.

III. — LOUIS XV ARBITRE DE L'EUROPE

Malgré l'alliance d'Herrenhausen et le premier traité de Vienne, l'Europe se trouvait dans un tel état d'instabilité que les combinaisons diplomatiques semblaient transitoires. Tiraillés entre plusieurs systèmes, les gouvernements ne s'arrêtaient ni à l'un ni à l'autre, mais les essayaient tour à tour. Fleury en France et Robert Walpole en Angleterre étaient tous deux des partisans et des artisans de la paix et cette convergence de vues, qui prenait la suite de la bonne intelligence instaurée par le Régent et Dubois, a été un des éléments essentiels de la politique européenne de leur temps. Mais ils se trouvaient condamnés l'un et l'autre à mener dans leur propre pays un jeu difficile : Walpole devait compter avec l'opposition du Parlement, qui l'obligeait à rechercher des sujets de prestige, et M. le Cardinal avec les traditions anti-autrichiennes dont Chauvelin se faisait le champion. Fleury, en outre, visait obstinément à procurer à la France une plus grande indépendance d'action au sein de cette entente franco-anglaise. Convaincu que la maison d'Autriche ne constituait un danger que dans la mesure où elle serait liée à l'Angleterre, il a persévéramment travaillé à les séparer et à ménager la cour de Vienne, en vue d'un rapprochement futur. Quant à l'Espagne, la duplicité et l'agitation de sa reine en rendaient l'alliance incertaine. Aussi pacification extérieure et pacification intérieure donnèrent-elles chacune autant de peine à M. le Cardinal et souvent pour les mêmes incompréhensions, son œuvre étant contrariée par les entraînements irréfléchis de l'opinion et de la cour.

Les temps incertains

A peine devenu premier ministre, le cardinal de Fleury dut louvoyer entre des menaces de guerre. S'il ne l'avait retenue, l'Angleterre serait, à plusieurs reprises, passée à l'attaque soit contre l'Espagne, à laquelle se heurtaient ses ambitions commerciales en Amérique, soit contre l'Empereur, à cause de la concurrence de la compagnie d'Ostende. L'Espagne, de son côté irrité par les procédés britanniques, mettait en février 1727 le siège devant Gibraltar. Face aux cours de Vienne et de Madrid, la France se trouvait alors seule, menacée d'un conflit continental dont l'Angleterre se promettait de tirer, sur mer, tous les bénéfices. Invité par Londres à exécuter le traité d'Herrenhausen, Fleury ne se pressa pas de répondre, mais, en secret, agit sur l'Empereur et lui proposa un compromis qui, suspendant pour sept ans la compagnie d'Ostende, apaiserait les Anglais et laisserait l'Espagne isolée. Charles VI finit par accepter cet arrangement, scellé le 31 mai 1727 par les préliminaires de Paris. Fleury se retourna alors vers Philippe V, qui ne se résignait pas à abandonner l'espoir de régner en France en cas de mort de Louis XV. Mieux que personne, M. le Cardinal connaissait l'assiduité des rapports conjugaux de son ancien pupille. Il n'hésita pas à promettre à Philippe son appui entier le cas échéant. En échange de cet engagement de comédie, le siège de Gibraltar fut levé en juin 1727 et l'Espagne accéda aux préliminaires de Paris. Le règlement des questions en suspens devait être résolu dans un congrès, qui se réunit l'année suivante à Soissons et d'où faillit sortir la guerre en plus d'une occasion.

Fleury reçut en 1728 des avances de Vienne et de Madrid et il aurait pu probablement les grouper autour de la France s'il avait consenti à leur sacrifier l'alliance anglaise. Mais, tout bien pesé, celle-ci lui parut le moindre mal et, d'autre part, il discernait que l'entente de la cour d'Espagne et de la maison d'Autriche était fondée sur une équivoque fragile : l'Empereur, en effet, rechignait à satisfaire les ambitions de la reine d'Espagne pour ses fils et à donner à l'aîné, don Carlos, une archiduchesse en mariage. Il aurait donc été imprudent de fonder une politique sur cette union austro-espagnole, ce que prouvèrent les événements.

Quand, en février 1729, la reine d'Espagne se trouva en présence d'un refus à peine dissimulé de la cour impériale, elle prit, par une volte-face aussi brutale que celle qui l'avait rejetée vers Vienne en 1724, le parti de se tourner vers Londres et Versailles. Un traité élaboré entre les trois puissances fut signé à Séville en novembre 1729 : il n'y était pas question de Gibraltar, l'Espagne restituait aux marchands anglais, français et hollandais les privilèges dont elle les avait privés pour les donner en 1725 aux sujets de l'Empereur, la France et l'Angleterre promettaient de garantir à don Carlos les duchés de Parme et de Toscane, où des contingents espagnols pourraient prendre à l'avance possession des principales places. Restait à obtenir la renonciation de Charles VI à ces duchés. Or, il déclara d'abord qu'il s'opposerait par la force au débarquement de soldats espagnols. A la mort du dernier duc de Parme, une nouvelle crise faillit éclater, ses états ayant été occupés par des troupes impériales. L'Espagne se répandit en menaces, la France et l'Angleterre, agissant séparément mais mues par un même désir de paix, réussirent à apaiser les adversaires. La longue négociation, dont Walpole fut le principal maître d'œuvre, aboutit au « Second traité de Vienne », signé le 16 mars 1731 entre les cours de Londres et de Vienne, par lequel l'Angleterre adhérait à la Pragmatique Sanction, l'Empereur consentant, pour sa part, à l'occupation des duchés italiens et à la suppression pure et simple de la compagnie d'Ostende. Ce rétablissement de l'entente entre les anciens adversaires de Louis XIV suscita des inquiétudes à Versailles et surtout à Madrid, où certains envisageaient, à la grande satisfaction de Chauvelin, un resserrement des liens avec la France. Mais Fleury imposa ses vues, amena l'Espagne à accepter un élargissement du traité de Séville et aboutit ainsi à un nouveau traité austro-espagnol, conclu en juillet 1731, qui fut une manière d'annexe au second traité de Vienne : Philippe V reconnaissait à son tour la Pragmatique, Charles VI confirmait les droits de don Carlos sur les duchés de Parme et de Plaisance et souscrivait à la dévolution ultérieure de la Toscane à la descendance d'Élisabeth Farnèse.

A la fin de 1731, don Carlos put s'installer effectivement à Parme et le grand duc de Toscane le reconnut comme son héritier. L'Espagne avait donc satisfaction. D'autre part, la naissance d'un Dauphin en 1729 avait ruiné les derniers rêves de Philippe V sur la couronne de France. La paix semblait assurée pour longtemps, mais le sort en décida autrement.

La succession de Pologne

Depuis quelque temps déjà, les chancelleries incluaient dans leurs conjectures l'éventualité d'une succession au trône électif de Pologne. Auguste II, roi de ce pays et électeur de Saxe, était atteint, en effet, d'un mal incurable. En 1726, on s'en souvient, l'Empereur et la Czarine s'étaient accordés pour faire de l'Europe orientale une zone commune d'influence et, en particulier, peser sur les affaires polonaises, auxquelles, de son côté, le roi de Prusse n'était pas indifférent. Ces trois souverains avaient même signé en 1732 un traité secret qui excluait de la couronne de Pologne Stanislas Leszczynski et l'électeur de Saxe. Ce dernier, en récompense de son adhésion à la Pragmatique, avait obtenu la levée de cet interdit et Stanislas, rival malheureux d'Auguste II en 1709, n'avait jamais, au tréfonds de son âme, renoncé à régner sur sa patrie. Aussi la mort d'Auguste II, survenue le 1er février 1733, ouvrit-elle une crise européenne.

L'empereur Charles VI et la czarine Anna Ivanovna, résolus à ne pas laisser un client de la France s'installer à Varsovie, se prononcèrent en faveur d'Auguste III, électeur de Saxe et fils du défunt roi. D'autres prétendants se manifestèrent dans des familles régnantes et l'aristocratie polonaise. Mais, au début de mars 1733, la diète d'élection arrêta qu'elle ne prendrait pas en considération les candidats étrangers et cette décision importante influa sur l'attitude de la France. A Versailles et à Varsovie un parti puissant s'était formé pour pousser à la restauration de Leszczynski. Les politiques — et particulièrement Chauvelin — rappelaient que la France avait toujours eu besoin d'un allié oriental pour prendre les Habsbourgs à revers ; que les difficultés de l'empire ottoman et de la Suède ne leur permettaient plus de jouer ce rôle et que l'occasion était unique de renverser cette situation à notre profit. Et pour le gros de l'opinion, Louis XV devait soutenir son beau-père, moins par solidarité familiale que pour faire honneur à son peuple, qui avait dû accepter pour reine une demoiselle polonaise, fille seulement d'une tête décourannée. Le cardinal de Fleury nourrissait peu de sympathie — c'est le moins qu'on puisse dire — pour la personne de Stanislas et se résigna sans hâte à lui accorder un soutien qui était à la fois réclamé par les uns et populaire auprès des autres. Il laissa Leszczynski partir secrètement pour la Pologne, pendant qu'un sosie prenait ostensiblement la mer à Brest sur un vaisseau du Roi. Le 8 septembre 1733, Stanislas arriva sans encombre à Varsovie, où les largesses et les arguments de l'ambassadeur de Louis XV avaient préparé le terrain. Dans l'après-midi du 12, la diète reconnut pour la deuxième fois Stanislas roi de Pologne et grand-duc de Lithuanie.

En fait, une dissidence avait déjà éclaté. Les adversaires de Leszczynski s'étaient, depuis le 8 septembre, rassemblés sur la rive droite de la Vistule, dans le faubourg de Praga, et les puissances voisines s'insurgèrent contre l'élection de Stanislas. La Czarine mit aussitôt des régiments en marche et, dix jours après son avènement, Leszczynski dut, le 22 septembre, abandonner sa capitale et se réfugier dans le port puissamment fortifié de Dantzig (aujourd'hui Gdansk), où il espérait recevoir de l'aide. Et le 5 octobre à Varsovie, sous la protection des troupes russes, le Saxon fut à son tour proclamé roi sous le nom d'Auguste III.

De cette issue de la succession polonaise allait sortir une guerre, mais une guerre où, paradoxalement, la Pologne fut à peine un théâtre d'opérations et où les événements décisifs touchèrent surtout l'Europe occidentale. M. le Cardinal avait conscience que la situation pouvait conduire à un conflit général et c'est pourquoi il ne se laissa entraîner par Chauvelin dans l'affaire polonaise qu'après avoir garanti ses arrières du côté de l'Angleterre et de la Hollande. A force de finasseries, de déclarations vagues et entortillées, il s'assura l'abstention des

Anglais et, dès le 26 août, obtint des Hollandais une promesse de neutralité, transformée le 24 novembre en une convention formelle, qui avait en outre l'avantage de rendre plus sûre l'inaction britannique. Certain que les puissances maritimes ne bougeraient pas, il put préparer et entamer la revanche des déboires polonais.

La déconfiture de Stanislas était due aux Russes, qu'il était difficile d'atteindre. On allait donc s'en prendre à leur complice, l'empereur Charles VI, en s'assurant l'appui des rois d'Espagne et de Sardaigne. Un traité d'alliance fut conclu à Turin le 26 septembre 1733 : le roi de Sardaigne s'engageait à remettre le duché de Savoie à la France qui, en échange, lui promettait le Milanais que l'on conquerrait ensemble sur le Habsbourg. Le 10 octobre, Louis XV déclara la guerre à Charles VI, démarche qui hâta la conclusion des négociations en cours avec Madrid. Le traité franco-espagnol, « le premier Pacte de Famille » signé le 7 novembre, prévoyait que la France aiderait Philippe V à reprendre Gibraltar et don Carlos à conquérir le royaume de Naples et que les Français bénéficieraient pour leur commerce des privilèges accordés par l'Espagne aux marchands anglais.

Dès la déclaration de guerre, la France lança une campagne militaire où les vétérans du temps de Louis XIV firent leurs dernières armes. Une armée du Nord-Est, commandée par le maréchal de Berwick, commença, en violation de la neutralité lorraine, par occuper Nancy et les duchés, puis passa en Alsace, se saisit de Kehl, mit le siège devant Philippsbourg, où Berwick fut tué le 12 juin 1734, peu avant la reddition de la place. Et avec une autre armée Villars traversa le Mont-Cenis, rallia les Sardes à Verceil, s'empara de Novare et de Pavie, entra à Milan le 3 novembre et livra la Lombardie au roi de Sardaigne.

Pendant ce temps, Stanislas replié à Dantzig attendait le secours d'une escadre française. C'était compter sans l'hostilité foncière de Fleury à toute aventure polonaise. M. le Cardinal savait que l'abstention et la neutralité des puissances maritimes seraient compromises si la France intervenait en force dans la Baltique. Les quelques vaisseaux que Louis XV y avait envoyés et qui mouillaient à Copenhague eurent ordre de réappareiller à destination de Brest et levèrent l'ancre le 14 octobre 1733. Or les Russes vinrent, en février 1734, mettre le siège devant Dantzig et, à partir d'avril et mai, soumirent la ville à un pilonnage intense et à des assauts furieux. Pour ne pas donner à l'Europe l'impression que le roi de France abandonnait son beau-père, Fleury fit partir quelques bateaux portant un peu plus de deux mille hommes, à chacun desquels on n'avait distribué que sept balles ! La petite troupe se fit valeureusement massacrer au large de Dantzig à la fin de mai. L'étreinte russe se resserra et

Stanislas, dont la tête avait été mise à prix, n'eut plus d'autre ressource que de s'évader de la ville le 27 juin sous un déguisement. Après des aventures rocambolesques, il put enfin, le 3 juillet, trouver asile en terre prussienne, où le roi Frédéric-Guillaume Ier l'accueillit avec honneur et l'hébergea généreusement au château de Koenigsberg. C'était la fin des illusions : le destin polonais de Leszczynski était clos.

Dantzig capitula le 9 juillet, deux jours après la mort de Villars survenue à Turin, où le maréchal avait renoncé à son commandement pour marquer son désaccord avec le roi de Sardaigne, Charles-Emmanuel III, qui se montrait un allié douteux, moins soucieux désormais de nuire aux Autrichiens que de contenir les progrès des Espagnols. Ceux-ci, il est vrai, se rendaient maîtres du royaume de Naples. Après les victoires de Parme et de Guastalla, les opérations furent moins actives en Italie du Nord. Dans l'Empire, le prince Eugène, autre vétéran des guerres passées, se bornait à opposer une ligne de résistance le long des frontières bavaroises et les renforts russes qu'il reçut enfin en 1735 arrivèrent trop tard pour jouer un rôle dans des opérations militaires qui, sur les différents théâtres, se caractérisaient de plus en plus par la médiocrité des stratégies. Au surplus, cette aide tardive de l'allié russe attestait l'isolement de l'Empereur, isolement qui devenait un élément majeur du jeu politique en un moment où la diplomatie tendait à se montrer plus active que les armes.

Si nous passions par la Lorraine ?

Charles VI avait cru, en vertu du second traité de Vienne, pouvoir compter sur l'appui de l'Angleterre. Or, quand il requit cette assistance, Walpole se déroba en juillet 1735, cependant que la situation des armées impériales se détériorait. Dépités, l'Empereur et son Conseil décidèrent de chercher un terrain d'entente avec Louis XV. Cette solution concordait avec les vues de M. le Cardinal qui, depuis le début de l'année, avait déjà fait faire à Vienne de discrètes avances. Les premières ouvertures semblent être venues de lui, à l'insu de Chauvelin, dont les sentiments belliqueux et anti-autrichiens étaient inconciliables avec ces démarches. Les pourparlers s'engagèrent très vite : le négociateur français arriva le 13 août à la cour impériale et, comme convenu, sa mission se déroula dans le plus grand secret. Ses instructions — ce fut là le trait de génie de Fleury — lui prescrivaient de subordonner l'obtention de la paix à la solution de la question lorraine.

Il y avait, en effet, une question lorraine, liée à la fois à celle de la Pragmatique Sanction et à la géographie historique. Bien que mités par la souveraineté française sur les seigneuries épiscopales de Metz, Toul et Verdun, les duchés indépendants de Lorraine et de Bar coupaient les communications entre le royaume et l'Alsace. Louis XIII et Louis XIV avaient cru pouvoir en finir par la force avec cet inconvénient et, à plusieurs reprises, avaient mis la main sur ces territoires. Cette annexion de fait avait finalement échoué, et échoué sur le principe de légitimité. Malgré la durée des occupations françaises — et la dernière alla de 1670 à 1697 — les Lorrains dans leur ensemble ne cessèrent jamais de considérer le Roi Très-Chrétien comme un intrus chez eux et restèrent obstinément fidèles à leur dynastie nationale. Et pour leur part, les puissances européennes tenaient les ducs de Lorraine pour injustement dépossédés de leur État patrimonial par un usurpateur. Fondement du patriotisme lorrain comme de l'attitude des étrangers, ce principe de légitimité était si fort que Louis XIV avait dû s'incliner devant lui : au traité de Ryswick en 1697, il souscrivit au rétablissement dans ses états du duc de Lorraine Léopold Ier. Celui-ci, à peine réinstallé, avait découvert les limites de son indépendance et donné dès 1700 son accord à un projet de partage de la succession d'Espagne, selon lequel il cédait Lorraine et Barrois à Louis XIV, en échange du duché de Milan. Ce troc — annonciateur de celui de 1737 — n'eut pas lieu, ce qui sauva l'État lorrain, sans pour autant le fortifier : il restait pris en tenaille par la France, constamment menacé par elle d'une intervention armée, mais tenu par sa dynastie légitime, laquelle était, de surcroît, une des plus anciennes et des plus prestigieuses d'Europe. La question de la Pragmatique vint à la fois corser et dénouer cette situation.

Depuis 1723, le fils aîné et héritier du duc Léopold, le prince François, vivait à la cour de Vienne où l'Empereur l'avait invité. Il sut plaire à Charles VI, qui s'employa à parfaire son éducation. A la mort de son père en 1729, il était devenu le duc François III et avait regagné la Lorraine, mais pour peu de temps. Dès avril 1731, il avait confié la régence à sa mère, la duchesse douairière Élisabeth-Charlotte, et était parti pour un long voyage qui le conduisit d'abord à Bruxelles, puis en Hollande, en Angleterre et en Prusse, pour le ramener au bout d'un an non en Lorraine — où il ne revint plus jamais — mais à Vienne, où il allait remercier l'Empereur qui venait de lui confier la vice-royauté de Hongrie. Cette nomination annonçait en réalité que François III était destiné à épouser l'archiduchesse Marie-Thérèse, sa cousine issue de germain, celle-là même en faveur de laquelle avait été dressée la Pragmatique Sanction ! Devenu mari de cette princesse, héritière des couronnes des Habsbourgs, il ne lui resterait plus qu'à se faire élire Roi des Romains, c'est-à-dire successeur désigné de Charles VI à l'Empire. Or, proclamait Chauvelin,

« nous ne souffrirons jamais la Lorraine et la couronne impériale dans la même maison. » Comme il ne pouvait être question pour Louis XV d'annexer par la force les duchés lorrains, ni de tolérer que François III abdiquât en faveur de son frère cadet le prince Charles, il fallait trouver une solution à ces problèmes territoriaux, dynastiques et politiques. A quoi s'employèrent à Vienne les négociateurs français et autrichien.

L'idée d'accorder les duchés à Stanislas est peut-être née d'une boutade du roi de Prusse et Leszczynski y était déjà acquis en avril 1735. Elle fut avancée à Vienne par l'envoyé de Louis XV, M. de La Baune, dès le début des conversations. Celles-ci se poursuivirent, dans une atmosphère parfois très tendue, dans la seconde quinzaine d'août et en septembre et aboutirent, le 3 octobre 1735, à un accord appelé « Les préliminaires de Vienne », dont le traité définitif ne fera guère que reprendre les clauses.

Il était convenu : que le duc de Lorraine céderait ses duchés à Stanislas, à la mort duquel ils reviendraient à la France ; que François de Lorraine serait indemnisé par la mise en possession de la Toscane au décès du grand-duc régnant ; que la maison d'Autriche récupérerait le duché de Milan et abandonnerait certains territoires lombards au roi de Sardaigne ; qu'elle céderait le royaume de Naples à don Carlos, qui lui rendrait Parme et Plaisance ; qu'Auguste III serait reconnu roi de Pologne ; que la France garantirait la Pragmatique Sanction. Ces arrangements étaient si acceptables pour Louis XV, que le cabinet de Vienne essaya de revenir sur certaines de leurs dispositions. C'est alors que M. le Cardinal déchaîna Chauvelin dont, tout au long de 1736, la hauteur et la brutalité firent merveille contre ces atermoiements.

Il fallait aussi obtenir le consentement d'autres puissances et personnes concernées par ces préliminaires. Ils furent fort mal accueillis à Turin et surtout à Madrid, où l'on trouvait que Fleury avait bien allégrement oublié ses engagements antérieurs relatifs à la Toscane, mais ces cours n'eurent d'autre remède que de s'incliner. Le 27 janvier, Stanislas, bouleversé, abdiqua officiellement la couronne de Pologne et le 12 février se célébra en grande pompe à Vienne le mariage de François de Lorraine et de Marie-Thérèse d'Autriche. Le 28 août fut conclue la convention pour la cession des duchés lorrains, qui supposait un abandon formel de souveraineté par le duc. A Vienne, celui-ci était ébranlé par les objurgations de sa mère, par les remontrances de ses magistrats et les lamentations de ses sujets, mais il était engagé irréversiblement dans un processus qui le dépassait. Il signa le 24 septembre 1736 l'acte de cession du duché de Bar et, ému à la pensée de mettre fin d'un trait de plume à une histoire de presque huit siècles, fit traîner jusqu'au 13 février 1737 sa renonciation au duché de Lorraine. Ces deux formalités étaient capitales pour la France : déliés du serment de fidélité par leur souverain qui les abandonnait, les Lorrains n'avaient plus qu'à reporter leur loyalisme sur Stanislas et sur Louis XV. Cette rupture du lien dynastique par la dynastie même qui en bénéficiait était un élément essentiel de toute la combinaison. Si essentiel que, bien avant la conclusion définitive de la paix en Europe, la mainmise française sur les duchés lorrains fut pleine et entière.

*
**

Stanislas, qui avait quitté Koenigsberg le 5 mai 1736, s'était établi le 4 juin au château de Meudon, où il put très vite prendre conscience que la France, jalouse de tenir enfin des marches convoitées depuis des siècles, entendait les placer immédiatement sous sa domination, en ne lui laissant que les apparences de la souveraineté. Moins d'une semaine après que le duc François III eut consenti à l'abandon du Barrois, Fleury, Chauvelin et les autres ministres de Louis XV obligèrent Leszczynski à signer, le 30 septembre 1736, une déclaration secrète, couramment appelée « convention de Meudon », par laquelle Sa Majesté Polonaise, s'affirmant peu désireuse de se « charger des embarras des arrangements qui regardent l'administration des finances et revenus des duchés de Bar et de Lorraine », abandonnait toute prétention à ce sujet au roi de France, qui s'en mettrait en possession « dès maintenant et pour toujours ». Le nouveau duc de Lorraine se satisferait pour vivre d'une somme de 1 500 000 livres par an, portée à 2 millions après la mort du grand-duc de Toscane. L'administration des finances se ferait au nom de Sa Majesté Polonaise, qui concédait que les impositions directes et indirectes de toute nature fussent perçues au profit de Sa Majesté Très-Chrétienne et par des officiers de son choix. Leszczynski s'engageait à nommer « un intendant de justice, police et finances... ou autre personne sous tel titre et dénomination qu'il sera jugé à propos, lequel sera choisi de concert avec S. M. Très-Chrétienne. Ledit intendant ou autre exercera en notre nom le même pouvoir et les mêmes fonctions que les intendants de province exercent en France ». Finalement, ce personnage reçut le titre de chancelier et Stanislas, le 18 janvier 1737, en investit le sujet proposé par Fleury et Orry, qui n'était autre que le beau-frère du contrôleur général : M. Chaumont de La Galaizière, alors intendant de Soissons. C'est à lui qu'incomba la mission d'aller, flanqué d'un commissaire du roi de Pologne, effectuer la prise de possession — « actuelle » au nom de Stanislas et « éventuelle » au nom de Louis XV — des duchés lorrains, qui se fit le 8 février 1737 à Bar-le-Duc pour le Barrois et le 21 mars à Nancy pour la Lorraine.

Entre ces deux dates s'était produit un événement que certains politiques sentaient venir, mais qui n'en fit pas moins sensation à Versailles et au-dehors : la disgrâce de Chauvelin, destitué le 20 février de toutes ses charges et exilé d'abord sur ses terres, puis à Bourges. L'épisode est demeuré assez mystérieux. Le ministre a-t-il été châtié pour quelque intrigue avec la cour d'Espagne ? ou pour des manœuvres tortueuses dans le parlement de Paris ? En fait, il semble avoir été perdu pour avoir traversé cauteleusement les campagnes diplomatiques de M. le Cardinal et aussi par de sourdes menées tendant à le supplanter, de son vivant, dans le rôle de premier ministre, ce que Louis XV et Fleury considérèrent comme une trahison et une vilenie impardonnables. Ils se servirent encore de lui tant que sa rudesse fut nécessaire dans les négociations relatives aux duchés lorrains, mais, du jour où le mécanisme de prise de possession de ceux-ci fut enclenché, l'homme devint inutile, et par là condamné.

Avant de disparaître, la cour de Lorraine jeta un dernier éclat. Du 3 au 5 mars 1737 se déroulèrent à Lunéville avec beaucoup de faste les fêtes du mariage de la princesse Élisabeth-Thérèse, sœur de François III, avec le roi de Sardaigne. Dès le lendemain, dans les larmes et la désolation de la population, la duchesse régente et la famille ducale quittaient le château de Lunéville pour faire place à Stanislas. L'affliction des Lorrains n'était pas feinte : ils n'avaient aucune envie particulière de devenir Français. En un temps où le mot et le mythe d'autodétermination n'existaient pas, leur sort résultait d'un jeu diplomatique adroit, étranger à la volonté des peuples et réglé par les convenances des princes, mais la désertion de leur dynastie séculaire désarmait leur patriotisme. Aussi bien fût-ce avec une morne indifférence qu'ils accueillirent leur nouveau maître.

Depuis les prises de possession, Stanislas piaffait d'impatience à Meudon. Le 30 mars, il put enfin aller avec sa femme prendre congé de Louis XV à Versailles. L'entrevue fut sans chaleur et purement protocolaire, comme la visite que, le lendemain le gendre alla rendre à ses beaux-parents. À l'aube du 1er avril Stanislas sauta dans une chaise de poste et prit à un train d'enfer la route de Lorraine. Brûlant les étapes, courant une partie de la nuit, évitant Nancy, il arriva le 3 avril vers sept heures du soir à Lunéville, où il dut aller loger chez le prince de Craon, les châteaux ducaux ayant été vidés de tous leurs meubles et collections, emportés par François III. La reine Catherine Opalinska, le rejoignit le 13.

Le 25 mai et le 1er juin, Leszczynski promulgua les édits créant son Conseil d'État et son Conseil des Finances et Commerce, édits dont les termes avaient été soigneusement pesés à Versailles. « Je trouve fort convenable, avait précisé Orry au chancelier de La Galaizière, que le Conseil d'État ne prenne connaissance que des matières qui sont portées en France au Conseil privé du Roi » et un autre jour il lui mandait : « Vous vous dispenserez de rendre des ordonnances en qualité d'intendant, pour éviter qu'il y ait lieu de les porter au Conseil. Cela n'empêchera pas que vous ne puissiez exercer les fonctions d'intendant dans toutes les circonstances où il vous paraîtra convenable de le faire, puisqu'il vous sera toujours aussi facile de faire prononcer le Conseil sur les cas qui se présenteront, que d'y statuer par vos ordonnances. » Ainsi était mis en place un système animé depuis Versailles et tendant à plier progressivement les Lorrains aux règles françaises. Grâce aux talents d'administrateur de La Galaizière et à l'humanité de Stanislas, la transition allait s'opérer sans difficultés majeures.

Les paix glorieuses

Après la disgrâce de Chauvelin, les sceaux furent rendus au chancelier d'Aguesseau et le secrétariat d'État des Affaires étrangères confié à M. Amelot de Chaillou, personnalité sans relief, exécutant parfaitement docile de la politique de M. le Cardinal, qui tendait à asseoir définitivement la paix. Les hostilités avaient cessé et pendant que Louis XV, par Leszczynski interposé, se hâtait de mettre la main sur la Lorraine, les négociations et les événements eux-mêmes conduisaient à un nouvel équilibre de l'Europe. Le mariage de la princesse de Lorraine et du roi de Sardaigne (5 mars 1737) et celui de don Carlos avec une princesse de Saxe (9 mai), en créant des liens dynastiques, la mort du dernier Médicis (9 juillet), en faisant accéder François de Lorraine au grand-duché de Toscane, facilitèrent les ultimes conversations et les cessions territoriales et conduisirent au traité de paix, signé à Vienne le 2 mai 1738, qui confirmait les préliminaires de 1735. L'échange des ratifications n'eut lieu que le 18 novembre, car on avait dû attendre l'accession des Anglais et des Hollandais; celle de l'Espagne ayant tardé jusqu'au 21 avril 1739, ce fut seulement le 28 mai 1739 que Louis XV put signer l'ordonnance annonçant à ses sujets la conclusion de la paix.

Sa diplomatie n'entrait pas pour autant en sommeil et, au contraire, déployait en Orient une activité brillante. Après avoir imposé et affermi la royauté d'Auguste III en Pologne, la Russie s'était attaquée aux Turcs en 1736, envahissant la Crimée et s'emparant d'Azov. L'Empereur aurait souhaité ne pas intervenir aux côtés de son allié moscovite, mais, lié par le traité de

1726, dut d'assez mauvaise grâce accorder son concours. L'intégrité de l'empire ottoman était pour la diplomatie française une maxime plus sacrée encore que l'indépendance de la Pologne. Les visées russes sur les territoires soumis aux Turcs et sur le commerce de la mer Noire et de l'Orient inquiétèrent le cardinal de Fleury, dont les vues furent admirablement servies par notre ambassadeur à Constantinople, le marquis de Villeneuve. Le Sultan s'en remit à lui d'organiser la défense et, à la surprise de l'Europe, l'armée ottomane tint tête à celle de Charles VI, qu'elle vint même en 1739 assiéger dans Belgrade. L'Empereur envoya un plénipotentiaire au camp adverse. Villeneuve, qui s'y trouvait, joua naturellement le rôle de médiateur : Turcs, Autrichiens et même Russes s'en remirent à lui. Les négociations ne traînèrent pas et un traité de paix fut signé à Belgrade le 18 septembre 1739, par lequel la cour de Vienne abandonnait aux Turcs Belgrade, le nord de la Serbie et la Valachie, traçant ainsi une frontière qui subsista jusqu'en 1914, cependant que la Russie n'obtenait qu'un petit district sur le rivage de la mer Noire. Villeneuve, à son retour à Constantinople, fut accueilli en triomphateur et son prestige lui permit d'obtenir dans des conditions avantageuses, en mai 1740, le renouvellement des « Capitulations », c'est-à-dire des privilèges que le Grand Seigneur accordait dans son empire à la France pour son commerce et pour la protection des Lieux saints et des populations catholiques. Ces succès permirent la reconstitution de l'instrument classique des diversions orientales : dès juillet 1740, par l'intermédiaire de Villeneuve, la Suède conclut un traité avec les Ottomans. Et dans le Nord, Fleury était en train de détacher le Danemark de l'Angleterre, dans le dessein de grouper les cours de Copenhague, de Stockholm et de Berlin en une alliance susceptible de contenir la Russie. Cette stabilisation de l'Europe, inlassablement recherchée par M. le Cardinal était sans cesse à la merci des antagonismes renaissants : l'encre du traité de Vienne était à peine sèche, que les relations anglo-espagnoles se tendirent dangereusement.

*
**

Il y avait entre l'Espagne et l'Angleterre un vieux contentieux touchant le commerce des Indes occidentales. Les litiges avaient été plutôt aggravés que résolus par les traités d'Utrecht et étaient périodiquement entre les deux pays occasion de contestations acerbes alternant avec des replâtrages. Pendant la guerre de Succession de Pologne, la modération l'avait emporté de part et d'autre, mais la tension se réveilla à partir de 1737, entretenue à Londres par un puissant « lobby » colonial, soutenu par les négociants de la Cité et des ports et violemment hostile au pacifisme de Walpole. Ce ministre avait réussi à signer avec Madrid une convention qui réglait certaines des questions en suspens et à la faire ratifier par le Parlement. Mais la situation alla aussitôt en se dégradant : les préparatifs militaires et navals des deux royaumes, les menaces de représailles, les consignes offensives aux escadres furent couronnées le 19 octobre 1739 par la déclaration de guerre de l'Angleterre à Philippe V. Dans le conflit qui s'engageait, l'attitude de Louis XV allait, de toute évidence, revêtir une importance capitale.

Les Anglais, très jaloux de la rapide expansion du commerce français (en grande partie au détriment du leur), s'étaient lancés dans la guerre en acceptant le risque d'une intervention de la France que, pour sa part, l'Espagne se mit à désirer vivement. Dès l'automne de 1738, quand le ton commença à monter avec Londres, Philippe V, surmontant l'amertume causée par les préliminaires de Vienne, avait amorcé un rapprochement avec Versailles. On commença par le plus facile : une combinaison matrimoniale. Dès septembre, il fut arrêté que don Philippe épouserait la fille aînée de Louis XV, Louise-Élisabeth de France ; le mariage fut officiellement annoncé le 22 février 1739 et célébré le 26 août suivant. Les conversations politiques furent beaucoup plus épineuses, chacune des parties les abordant avec des préoccupations différentes : les Espagnols donnaient la priorité aux objectifs politiques et cherchaient à entraîner la France dans de vastes projets dirigés à la fois contre l'Angleterre (Gibraltar, les Amériques) et l'Empereur (possessions italiennes pour don Philippe), alors que Fleury s'attachait avant tout à obtenir un traité de commerce avantageux et à limiter ses engagements politiques.

Le coup de main spectaculaire de l'amiral Edward Vernon en Colombie sur Portobello, les préparatifs d'un formidable armement britannique destiné à une attaque stratégique contre l'Amérique espagnole obligèrent M. le Cardinal à faire un pas en avant. Au mois d'août 1740, il décida l'envoi aux Antilles de deux escadres, qui devaient se joindre à la flotte espagnole. A l'ambassadeur d'Angleterre, il confia que les amiraux français n'avaient pas d'instructions offensives et devaient seulement protéger les colonies hispaniques de toute tentative anglaise de conquête ou d'établissement. En même temps, il signifia à l'ambassadeur de Philippe V que la signature des traités en cours de négociation n'avait aucun caractère d'urgence. Il était absolument déterminé à conserver sa liberté d'action et à ne pas céder prématurément aux impulsions de Madrid.

En s'assurant de la sorte une influence immédiate sur le cours des événements, sans toutefois y mettre la main, Fleury se ménageait la possibilité d'intervenir directement au moment opportun. Cette politique d'assistance limitée à l'Espagne donna les meilleurs résultats : pendant qu'en Amérique la France renforçait ses positions et que, en Europe, elle isolait l'Angleterre, celle-ci se voyait obligée de réviser sa stratégie en toute hâte et subissait dans son commerce de lourdes pertes du fait des corsaires espagnols. Au début de l'automne 1740, la situation apparaissait particulièrement sombre au cabinet britannique, qui se demandait comment empêcher la France d'en venir à lui dicter sa loi.

*
**

« Depuis la paix de Vienne, la France était l'arbitre de l'Europe » : cette constatation du roi de Prusse en 1740 est le jugement le plus lucide porté sur l'action du cardinal de Fleury. Par des moyens jugés parfois pusillanimes ou mesquins, il avait instauré une pacification générale, tout en obtenant de substantiels avantages pour Louis XV et même — bien qu'ils s'en défendissent — pour ses cousins espagnols. La solution de la question lorraine avait inauguré entre les cours de Vienne et de Versailles un rapprochement cher au cœur de M. le Cardinal et prometteur pour la stabilité de la paix. Cette collaboration des deux monarchies catholiques n'avait pas été remise en question par la guerre survenue en Orient à partir de 1736. Tenues à l'écart des négociations entre Vienne et Versailles, les puissances maritimes avaient été mises devant le fait accompli et n'avaient eu qu'à s'incliner quand Louis XV et Charles VI réclamèrent en 1738 leur accession au traité et il en était allé de même en 1739 pour la paix de Belgrade. Tous résultats obtenus sans briser l'entente avec l'Angleterre, mais en parvenant à se libérer de tout ce que, depuis la Régence, elle pouvait comporter de contraignant pour la France ; sans cesser de vivre en bonne intelligence avec elle, Fleury avait réussi à l'isoler.

En cette fin d'été 1740, après le renouvellement des Capitulations avec Constantinople et devant le désarroi de la Grande-Bretagne, Louis XV pouvait être fier et reconnaissant des avantages et de la gloire que la politique de M. le Cardinal avait procurés à la France et à son Roi.

IV. — LA TYRANNIE DE L'OPINION

Alors que les regards se portaient principalement vers les mers, le décès de deux souverains germaniques vint soudain modifier les positions sur l'échiquier diplomatique. Frédéric-

Guillaume Ier de Prusse, « le Roi-Sergent », s'était éteint à Potsdam le 31 mai 1740. Son fils et successeur, Frédéric II, avait vingt-huit ans et un grand génie, mais son accession parut d'abord celle d'un bel esprit, que l'on savait avoir été fort maltraité par son père et qui était réputé homme de lettres plutôt que d'État ou de guerre. Autant, sur le moment, nul n'avait entrevu les répercussions de son avènement, autant, quelques mois plus tard, la mort inattendue de l'Empereur fut immédiatement ressentie comme un événement très lourd de conséquences. Charles VI, en effet, mourut presque subitement à Vienne le 20 octobre, âgé seulement de cinquante-cinq ans. La disparition du dernier des Habsbourgs créait une situation en apparence assez simple, caractérisée par une double succession : celle aux couronnes héréditaires de sa dynastie (Bohême, Hongrie, possessions autrichiennes), d'une part, et, d'autre part, celle à la couronne impériale, élective en principe, mais depuis trois siècles dévolue en fait, de père en fils ou d'oncle en neveu, à la maison d'Autriche. Le premier héritage était assuré à l'archiduchesse Marie-Thérèse par cette Pragmatique Sanction que le défunt s'était inlassablement évertué à faire garantir tant par les principautés intéressées et les princes électeurs de l'Empire, que par les puissances européennes. Quant à la couronne impériale, il semblait naturel d'en coiffer l'époux de Marie-Thérèse, François de Lorraine, devenu grand-duc de Toscane. Las ! La Pragmatique eut aussitôt la valeur d'un chiffon de papier et la dignité d'Empereur différents compétiteurs, de sorte que, une fois encore, l'attitude de Louis XV, arbitre de l'Europe, pouvait être déterminante.

Il fait froid sur le mont Pagnote

La cour effectuait son séjour traditionnel à Fontainebleau quand, le 29 octobre, un courrier apporta à Louis XV la nouvelle de la mort de l'Empereur. Le Roi attendit deux jours avant de livrer en public ses réflexions : « Je ne veux pas, dans cette circonstance-ci, dit-il dans une conversation, me mêler de rien, je demeurerai les mains dans les poches, à moins que l'on ne voulût élire un protestant empereur. » Peu après, alors qu'on parlait devant lui des événements d'Allemagne, il laissa tomber : « Nous n'avons qu'une chose à faire, c'est de rester sur le mont Pagnote. » A quoi l'un des assistants, le marquis de Souvré, répliqua vivement : « Votre Majesté y aura froid, car ses ancêtres n'y ont pas bâti. »
Cet échange de propos est extrêmement révélateur. Le mont Pagnote est une butte de la forêt d'Halatte où souvent se faisait la curée : y rester, c'était, « les mains dans les poches », regarder

les autres se battre, sans entrer dans la mêlée. Les paroles de Louis XV sont caractéristiques de sa justesse de coup d'œil, de son sens pratique et de sa sagesse bourgeoise. Et la riposte du courtisan est plus significative encore : elle fait sentir quelle force gardait dans la plupart des esprits la routine anti-autrichienne. Les guerres du XVIe et du XVIIe siècle avaient fait naître aux yeux de beaucoup de Français un nouvel ennemi héréditaire, l'empire des Habsbourgs. Pendant deux siècles, la noblesse avait gagné fortune et gloire en s'illustrant sur les champs de bataille contre la maison d'Autriche. Pendant deux siècles, son abaissement avait été le principe suprême des hommes de guerre et des politiques. Antagonisme beaucoup moins ancien que l'antagonisme franco-anglais, antagonisme « surtout cérébral, entretenu par une littérature historique ou pseudo-historique » (G. Zeller) qui, à la cour comme à la ville, imprégnait les mentalités en profondeur et jouera un rôle important pendant encore tout le XVIIIe siècle. On retrouve là un trait déjà observé à l'occasion de la querelle constitutionnaire : de même que jansénistes et gallicans se cramponnaient à une situation dépassée en redoutant un second Canossa, de même une grande partie du public se croyait encore au siècle de Charles Quint et de Philippe II, et ces deux sentiments également passéistes étaient à l'occasion professés ensemble par les mêmes personnes ou les mêmes milieux.

Il était clair, en tout cas, que les affaires d'Europe allaient faire passer au second plan le conflit maritime et colonial en cours : les escadres qui patrouillaient au large des Indes occidentales eurent ordre de rallier Brest et Toulon. Pour le reste, demeurer « les mains dans les poches », « rester sur le mont Pagnote », ce premier mouvement du Roi fut aussi celui du cardinal de Fleury. Il en fit sans doute état lors d'une long entretien qu'il eut le 5 novembre avec le prince de Liechtenstein, ambassadeur de Marie-Thérèse, à qui Louis XV déclarait quelques jours plus tard : « Vous assurerez la grande-duchesse de la part que je prends à sa douleur... et vous lui manderez que je ne manquerai en rien à mes engagements. » Deux voies s'offraient à lui pour tenir ces engagements sans quitter le mont Pagnote : ou bien, en devançant un appel éventuel de Marie-Thérèse, confirmer la garantie accordée à la Pragmatique et, en vue de l'exécution de celle-ci, promettre et préparer l'accomplissement des obligations contractées par le traité de 1738 ; ou bien éviter de s'expliquer sur les moyens de les remplir et attendre que, sous le poids des difficultés, la fille de Charles VI en vienne à invoquer le secours de ses alliés, secours que le Roi pourrait monnayer contre une compensation territoriale du côté du Luxembourg ou des Pays-Bas. C'était la solution de la sagesse, aussitôt combattue à la cour et ailleurs.

En vain M. le Cardinal expliquait-il qu'on n'était plus au temps de Charles Quint, que la maison d'Autriche, abaissée, n'était plus dangereuse, que, l'œuvre étant consommée, il n'était ni nécessaire, ni même prudent de vouloir la pousser plus avant. La cour et la ville ne voulaient rien entendre. Quand Fleury annonçait son intention de respecter la Pragmatique, Versailles et Paris faisaient chorus pour dénoncer sa couardise et réclamer la guerre. Étrange aventure, où l'octogénaire était tourné vers l'avenir et les jeunes générations attardées à des vieilleries.

Au parti anti-autrichien, il manquait un chef. Pour remplacer Chauvelin, toujours relégué à Bourges, le public fabriqua en quelques semaines un autre grand homme : Charles Louis Foucquet, comte de Belle-Isle. Ce petit-fils du surintendant de Louis XIV était depuis sa jeunesse à la poursuite d'un destin brillant, propre à faire oublier la disgrâce de son grand-père. Sa furieuse ambition était servie par un indomptable courage d'esprit et de cœur. Avec cela, hardi, intrigant, beau parleur, gai, facile, sachant parler aux femmes, abondant en projets. Il avait suivi une belle carrière militaire et était depuis 1731 lieutenant général. Nommé en 1733 gouverneur de Metz et du pays messin, il avait proposé pendant la guerre de Succession de Pologne un plan d'opérations contre l'Empereur, que la paix avait rendu inutile, et il avait mis à profit le changement de souveraineté dans la Lorraine voisine pour se faire valoir et tisser un réseau de soutiens et d'amitiés. Il devint à l'automne de 1740 l'idole du parti belliciste. La noblesse qui, depuis la mort de Louis XIV, n'avait guère eu l'occasion de se montrer sur les champs de bataille et se sentait frustrée par la médiocrité des campagnes de la guerre de Succession de Pologne, ne rêvait que d'en découdre avec un ennemi censé héréditaire. Ce zèle guerrier était particulièrement ardent dans la jeunesse de la cour qui, malgré les cinquante-six ans de Belle-Isle, le considérait comme « élu par la Providence pour achever ce que le grand cardinal de Richelieu avait commencé et ce que le poltron Fleury se refusait à terminer » (P. Gaxotte).

Ce devint un emballement torrentueux. Jadis, quelques froncements de sourcils de Louis XIV auraient désarçonné cette exaltation écervelée. Mais Louis XV était timide et son caractère libéral le poussait à accorder trop de respect aux avis qu'il n'approuvait pas. Son entourage comprenait pour une large part de jeunes seigneurs avides de gloire militaire, dont beaucoup étaient liés avec la maîtresse de Sa Majesté. Et dans son Conseil, Maurepas et Amelot de Chaillou penchaient pour une politique active. Le Roi en vint à douter de la justesse de son premier mouvement et à faire partager cette incertitude par Fleury. Ainsi s'ébaucha une solution bâtarde : laisser la reine de Bohême et

Hongrie (c'était désormais le titre de Marie-Thérèse) jouir paisiblement de l'héritage de ses aïeux, mais faire glisser la couronne impériale sur la tête de l'électeur de Bavière, allié traditionnel de la France et, de surcroît, en la personne de Charles-Albert, proche parent de Louis XV. Dès le 11 décembre 1740, Louis XV annonça que Belle-Isle serait son ambassadeur à la diète d'élection de l'Empereur à Francfort. Ce résultat, obtenu en quelques semaines, est révélateur de la pression exercée sur les décisions gouvernementales par l'opinion publique.

Celle-ci, au reste, était influencée par les nouvelles de l'étranger, qui pouvaient lui donner l'impression que Marie-Thérèse serait bientôt aux abois et que la France devait se hâter pour avoir part à la curée. Aussitôt après la mort de Charles VI et au mépris de leurs engagements, l'électeur de Saxe (et roi de Pologne), l'électeur de Bavière, le roi de Prusse (et électeur de Brandebourg), le roi de Sardaigne et le roi d'Espagne revendiquèrent la succession entière du défunt. Certes, ils ne formulaient des prétentions aussi grandioses que pour satisfaire des ambitions plus restreintes, capables néanmoins, à elles seules, de démembrer la monarchie habsbourgeoise. Charles-Albert voulait la Bohême et la couronne impériale, Auguste III de Saxe la Moravie, Charles-Emmanuel III le Milanais et Philippe V Parme et Plaisance pour don Philippe. A la surprise générale, le jeune roi de Prusse brusqua soudain les choses : le 16 décembre, il envahit sans avertissement la Silésie et s'en rendit bientôt maître. Coup de force annonçant que Frédéric II était appelé à jouer désormais un rôle de premier plan : on allait, de toutes parts, rechercher son alliance et il comptait bien s'employer à la faire désirer. Bientôt aussi, on se rendit compte que, loin d'être femme à se laisser abattre, la reine de Bohême et de Hongrie était « un homme d'État » courageux et déterminé, fort, en outre, du loyalisme de ses peuples.

Comprenant à regret que la guerre maritime passait au second plan, M. le Cardinal accepta en principe d'octroyer son appui aux prétentions du roi d'Espagne en Italie, mais en le subordonnant aux accords que Philippe V conclurait avec les autres prétendants qu'étaient le roi de Sardaigne et l'électeur de Bavière, et au soutien qu'il accorderait à la candidature de Charles-Albert au trône impérial.

Heurs et malheurs de M. de Belle-Isle

Belle-Isle, créé maréchal le 11 février 1741, hâta autant qu'il put les préparatifs d'une ambassade qu'il voulait magnifique. Il se mit en route dès le 4 mars pour Francfort, où il entra avec un train quasi princier et où il tint une représentation fastueuse. Les intentions de Fleury lui étaient bien connues : « Mon premier mouvement, lui avait expliqué le cardinal, était de ne rien faire et je voulais que le Roi fût simplement spectateur de la scène qui va s'ouvrir en Allemagne. Sa Majesté possède aujourd'hui la Lorraine. Elle ne veut point étendre ses frontières et il ne convient pas du tout à l'état du royaume d'avoir une guerre qui peut être longue. Je n'ai point cessé de réfléchir depuis : j'ai discuté très amplement la matière avec les ministres seuls et quelquefois avec eux en présence de Sa Majesté. Ils n'ont point pensé comme moi, mais, sur leurs raisons, il a été unanimement décidé que nous ne devions jamais souffrir que la couronne impériale restât dans la maison d'Autriche en la laissant donner au grand-duc [de Toscane], parce qu'en effet ce prince, en faisant revivre cette maison, y ajouterait sa haine et sa volonté déterminée d'entrer en Lorraine. » A la diète d'élection, Belle-Isle devait donc s'attacher uniquement à procurer cette couronne impériale à Charles-Albert de Bavière et, pour le reste, ne rien faire d'autre que de gagner du temps pour permettre à Fleury d'empêcher toute action intempestive et prématurée de la cour de Madrid. En outre, éloigné de Versailles et de Paris, le maréchal cesserait d'y intriguer ; l'opinion aurait quelque satisfaction et, la lutte contre l'Angleterre étant ajournée par le rappel des escadres, la menace d'une double guerre se dissiperait.

Une fois en Allemagne, Belle-Isle outrepassa allégrement ces consignes temporisatrices et prudentes et se fit l'artisan d'une politique visant non seulement à faire du Bavarois un empereur, mais à isoler Marie-Thérèse et à intervenir contre elle. Au printemps de 1741, le maréchal eut des conversations difficiles avec Frédéric II qui, au même moment, négociait avec les Anglais. Déçu de ce côté, il se retourna vers Belle-Isle et signa le 5 juin avec lui un traité stipulant que la France soutiendrait par les armes l'électeur de Bavière, qu'elle garantirait la possession de ses conquêtes silésiennes au roi de Prusse, qui voterait à la diète pour Charles-Albert. Quand on sut que Belle-Isle avait été si loin, l'émotion fut vive à Versailles, où l'on n'avait nulle envie d'entrer en campagne. Mais le maréchal vint à la cour, sans autorisation, défendre son traité, qui en avait besoin. Il risquait, en effet, d'amener Louis XV à participer à la guerre sans l'avoir déclarée à personne, ses soldats ne devant intervenir qu'en qualité d'auxiliaires de Charles-Albert de Bavière. Cette combinaison promettait des opérations difficiles, tant pour le commandement, dévolu en principe au Bavarois, que pour les mouvements des troupes, obligées de traverser les nombreuses principautés ecclésiastiques et laïques de l'Empire qui s'étaient déclarées neutres, mais, selon le droit international du temps, étaient tenues, sous certaines conditions, d'accorder le passage aux belligérants. Après des heures et des heures de Conseils et de palabres avec Louis XV et Fleury, il fut décidé que le Roi enverrait deux armées en Allemagne. L'une en Westphalie, pour inquiéter et contenir l'électeur de Hanovre-roi d'Angleterre, et son approche procura en effet la neutralité de cet électorat. Et l'autre, aux ordres de Belle-Isle, vers la Bavière. Armée qui, après sa jonction avec les Bavarois, pénétra en Autriche et entra dans Linz dès le 10 septembre. Vienne n'était plus qu'à trois jours de marche et les Viennois attendaient l'envahisseur, qui ne parut point. Belle-Isle obliquait vers la Bohême et, le 26 novembre, par une escalade hardie, Maurice de Saxe s'empara de Prague, où Charles-Albert se fit couronner roi de Bohême.

Cet exploit fit grand bruit et contribua à assurer l'élection du Bavarois qui, le 24 janvier 1742 à Francfort, devint l'empereur Charles VII. Couronne aussitôt branlante, et sur une faible tête. La veille même du scrutin, les Autrichiens avaient obtenu la reddition des troupes françaises assiégées dans Linz; ils marchèrent ensuite sur la Bavière et entrèrent à Munich le 23 février : le nouvel Empereur avait perdu ses états héréditaires ! En Bohême, Belle-Isle, tombé malade, était suppléé par Broglie, mais les deux maréchaux ne s'entendaient pas. La conduite des opérations en souffrait et Frédéric II en prenait prétexte pour servir uniquement ses intérêts particuliers. Déjà, en octobre 1741, il avait conclu avec la cour de Vienne un armistice secret, qui ne l'avait pas empêché, au printemps suivant, d'attaquer la Moravie, donnant alors l'impression en France qu'il devenait un allié efficace. En fait, il négociait en sous main avec Marie-Thérèse et signa avec elle, le 11 juin 1742, le traité de Breslau par lequel il recevait la Silésie et se retirait de la coalition.

Cette volte-face, qui causa à Versailles et à Paris une stupeur indignée, n'était pas une infortune isolée. A Londres, Walpole avait dû démissionner le 13 février 1742 et son successeur Carteret entendait prendre une part plus active à la guerre en aidant la reine de Bohême et de Hongrie, à laquelle l'Angleterre restait liée depuis 1731. Après le traité de Breslau, l'électeur de Saxe déposa les armes et Marie-Thérèse prit l'offensive en Bohême, où Belle-Isle, bloqué dans Prague et ne disposant pas des approvisionnements suffisants, reçut l'ordre de rapatrier son armée. Dans la nuit du 16 au 17 décembre, il réussit à s'échapper de Prague et, par une retraite savante et périlleuse, à ramener sur le Rhin ses troupes qui firent des prodiges d'héroïsme. Chevert, demeuré dans la ville avec quatre mille soldats, fut contraint à capituler le 2 janvier 1743, en obtenant les honneurs de la guerre et la permission de rentrer en France avec sa garnison. A la fin de

1742, Marie-Thérèse restait maîtresse de ses états (amputés de la Silésie) et tenait la Bavière à sa merci, la coalition nouée contre elle était disloquée, la neutralité anglaise s'effilochait : c'était l'effondrement de la politique anti-autrichienne échafaudée par Belle-Isle.

La mort de M. le Cardinal

Au moment du retour de l'armée de Bohême, le cardinal de Fleury approchait de sa fin. A plus d'une reprise déjà, on avait été en alerte pour sa santé. Pendant l'automne de 1738, après la conclusion du traité de Vienne, il avait été sérieusement malade ; il avait reçu le viatique et les pronostics sur sa succession avaient été bon train. Sa surprenante vitalité avait repris le dessus et, malgré quelques malaises passagers, il faisait face vaillamment à ses lourdes responsabilités. Il ménageait ses forces en se retirant le plus souvent possible à Issy. Il était trop fin pour s'illusionner sur sa longévité et chercha, en prévision de sa mort, à renforcer le Conseil d'En-haut. Dès le mois de mars 1741, au moment du départ de Belle-Isle pour Francfort, il avait fait créer ministre d'État le secrétaire de la Guerre, Breteuil. Puis, se sentant insensiblement faiblir, il procura le 26 août 1742 la même dignité au cardinal de Tencin et au comte d'Argenson : c'était le moment où se défaisaient les combinaisons allemandes de Belle-Isle.

A l'automne, le déclin de ses forces devint évident. Cent fois dans sa vie, il avait joué la comédie de l'épuisement et de la fatigue, mais à présent le doute n'était pas permis et les rimailleurs de chansons et d'épigrammes ne se privaient pas d'anticiper sur son décès. En décembre, il ne sortit guère d'Issy, mais la passion des affaires lui conservait un ressort surprenant. Le 3 janvier 1743, il vient travailler avec le Roi à Versailles et repart de bonne heure ; le duc de Luynes le trouve alors « fort changé ». Quand, le 5 janvier, le chevalier de Belle-Isle, frère du maréchal, arrive de l'armée avec les dernières nouvelles, c'est d'abord à Issy qu'il se rend et il ne voit Louis XV que le lendemain, où le cardinal rapplique à Versailles pour s'entretenir avec le Roi et de la situation telle qu'elle ressort des relations du chevalier, et du choix d'un successeur à Breteuil, tombé en apoplexie. Ce dernier meurt le 7 et le comte d'Argenson reçoit aussitôt le portefeuille de la Guerre.

La situation empira à partir du 10 janvier : le 14, on porta le viatique au malade, qui reçut le lendemain l'extrême-onction ; il était alors si mal qu'on croyait qu'il ne passerait pas la nuit. Il fut beaucoup mieux le 16, où le Roi le visita et resta un moment enfermé avec lui. Louis XV revint le voir le 19 et le 22, sortant fort triste de ces rencontres. Le 21, ce fut le tour de la Reine et, le

23, celui du Dauphin : il semblait faire partie de la famille royale et lui dire ses adieux. Malgré son abattement, il exigea de recevoir M. de La Chétardie, ministre du Roi auprès de la Czarine, arrivant de Russie et le secrétaire d'État Amelot de Chaillou se sentait toujours obligé de lui rendre compte de certaines dépêches. A partir du 25, il ne fut plus qu'en survie et s'éteignit le 29 janvier en fin de matinée, à l'âge de quatre-vingt-neuf ans et sept mois.

Le Roi levait le Conseil des Finances quand Maurepas et Amelot se présentèrent porteurs de la triste nouvelle. Louis se retira aussitôt dans ses appartements et s'enferma dans sa garde-robe pour pleurer à son aise. C'était un mardi, jour de comédie à la cour : le spectacle fut décommandé. Un des secrétaires de M. le Cardinal arriva bientôt avec les clés de ses armoires et des papiers cachetés à remettre à Sa Majesté. Maurepas alla dans l'appartement de Son Éminence se saisir des dossiers regardant les affaires de l'État.

**

Louis XV fut en larmes une partie de la journée, tant son chagrin était profond. Recevant le lendemain les deux abbés de Fleury, « vous avez perdu un oncle, leur dit-il, et moi j'ai perdu un ami ». Et il mandait à Philippe V : « Je puis dire que je tiens tout de lui et qu'ayant eu le malheur de perdre mes père et mère avant que j'eusse connaissance, je l'ai toujours regardé comme tel, ce qui rend sa perte plus douloureuse. » Fleury avait été non seulement un vieil et sûr ami, mais un grand ministre, ce dont personne, sauf le Roi, ne se rendait compte. Son regret, en mourant, fut probablement de ne point laisser la France en l'état pacifique où, par ses soins persévérants, il l'avait conduite quelques années plus tôt.

Pour les affaires de religion comme pour les affaires étrangères, toutes choses, nous l'avons dit, avaient été, jusque dans les moindres détails, menées quasi exclusivement sous son inspiration. A l'intérieur, le royaume était calme, mais à l'extérieur il était engagé dans une aventure qui tournait au fiasco. Et cela parce que, à l'encontre des premières réactions intuitives et raisonnées de sa sagesse et de sa perspicacité, il avait cédé en 1740 à l'emballement général et à la satisfaction d'évincer du trône impérial la maison de Lorraine-Habsbourg, se laissant ainsi accrocher en Allemagne par un conflit archaïque, au lieu de consacrer toutes les forces du pays à la guerre de l'avenir, la guerre maritime et coloniale. Revirement dont avaient été cause une lassitude et un abandonnement dus à l'âge, dont un premier effet s'était déjà fait sentir en décembre 1732, avec la décision de laisser « en surséance » l'exécution de la déclaration de discipline imposée au parlement de Paris, concession dont la suite des événements prouva qu'elle était une très lourde faute politique, aux conséquences désastreuses.

L'une et l'autre circonstances mettent en évidence un fait déjà noté à propos des querelles jansénistes, mais dont on ne saurait trop souligner l'importance : l'embarras de l'autorité royale devant les phénomènes d'opinion et son manque de moyens pour les affronter et les maîtriser. Or, une des justifications du caractère absolu du pouvoir souverain était précisément la mission incombant naturellement au Roi — et, par suite, à son Premier ministre — d'interposer une autorité capable à la fois de s'élever au-dessus des incohérences de l'opinion publique et de limiter son ingérence dans les grands intérêts de l'État. Mais comment, avec un gouvernement presque désarmé dans le domaine de « la communication », faire saisir le bien-fondé d'une politique et réfuter les arguments et les thèses adverses ? La royauté souffrait là d'une carence appelée à l'affecter de plus en plus gravement.

CHAPITRE VII

La France de M. le Cardinal

Le cardinal de Fleury tint à conserver jusqu'à sa mort la haute main sur tout ce qui touchait à la paix intérieure ou extérieure. Pour les autres affaires, sur lesquelles il ne pouvait pas porter une attention aussi poussée, les ministres jouirent d'une grande liberté d'action, à condition de rester fidèles à la ligne de conduite tracée par Son Éminence. Conduite dictée par le même désir fondamental de paix qui présidait aux campagnes diplomatiques et à la politique religieuse. M. le Cardinal était pacifique non seulement par tempérament mais par raisonnement. Il avait la conviction qu'après les guerres du règne précédent — dont la dernière avait été si coûteuse —, la France devait viser avant tout à la paix. Non pour se préparer à de nouvelles conquêtes en Europe, mais pour fonder la puissance du royaume sur sa prospérité. Il jugeait — surtout après l'acquisition si habile de la Lorraine — que la France n'avait plus guère d'agrandissements territoriaux à opérer, que le Roi tirerait sa suprématie sur les autres couronnes, et de son rôle d'arbitre stabilisateur, plutôt que de sa force de conquérant, et de la richesse de son État et de ses sujets, elle-même liée à l'essor du commerce maritime et colonial. Un commerce que, dégagée de conflits continentaux, la France pourrait étendre et protéger, au besoin par les armes. On sait ce que les circonstances firent de ces objectifs. Mais il reste que ces idées générales s'imposèrent à tous les ministres dans la gestion de leurs départements. Nul ne pouvait, notamment, ignorer combien M. le Cardinal était soucieux de saine pratique budgétaire et — presque jusqu'à la ladrerie — ennemi du gaspillage et des dépenses superflues. Ces actions ministérielles se déployaient dans les domaines des finances et de l'économie, de l'administration, de la législation et des activités intellectuelles et scientifiques, où elles offrent l'avantage de laisser parfois apparaître, plus nettement que pour la diplomatie et la politique religieuse, les volontés propres de Louis XV.

I. — FINANCE ET ÉCONOMIE

Pendant près de vingt ans (1726-1745), deux contrôleurs généraux seulement se succédèrent à la tête des finances. Le premier, M. Le Peletier des Forts, appartenait à une riche et puissante famille de robe, apparentée à tout ce qu'il y avait de grand dans ce milieu, et avait exercé dès sa jeunesse une charge d'intendant des finances. Et l'autre, M. Orry, de dix ans son cadet, d'extraction moins brillante, avait fait carrière dans les intendances des provinces : à Soissons d'abord, puis en Roussillon et enfin, depuis peu, en Flandre. Les six intendants des finances leurs assesseurs, dont la plupart étaient en poste depuis la Régence, eurent des fonctions encore plus stables : MM. d'Ormesson (à qui son fils aîné fut associé en 1740), Taschereau de Baudry, Le Pelletier de La Houssaye, Fagon, Amelot de Chaillou et de Gaumont. Ce dernier céda en 1734 son office à son neveu M. Trudaine et M. de Chaillou, devenu secrétaire d'État en 1737, fut remplacé par M. Orry de Fulvy, demi-frère du contrôleur général.

La ferme générale

On se souvient qu'en succédant à Dodun le 14 juin 1726 Le Peletier des Forts eut la sagesse de faire promulguer le lendemain l'arrêt du Conseil préparé par son prédécesseur et établissant, pour tout le siècle, la stabilité de la monnaie. Décision capitale, bientôt suivie d'une autre : l'organisation définitive d'une institution devenue fameuse, la ferme générale.

Depuis la fin du ministère de Colbert, le Roi avait coutume d'affermer à une seule compagnie de financiers, sous le nom d'un particulier quelconque — ordinairement un valet de chambre du contrôleur général —, les plus importants des impôts indirects. Le procédé avait subi des interruptions dans les années difficiles de la fin du règne de Louis XIV : on ne trouva plus de fermiers et on dut se contenter de régies. Pendant la Régence, la débâcle du Système, auquel les fermes avaient été adjugées en 1719, ramena en 1721 à la formule de la régie, sous l'égide des frères Pâris, qui étaient les premiers à en reconnaître les défauts. Au début de juillet 1726, Le Peletier des Forts y renonça et le 19 août fut signé le bail qui abandonnait à quarante fermiers généraux — dont le sieur Carlier était le prête-nom — la perception pendant six ans des gabelles, aides, traites et domaines, pour 80 millions par an.

Ce premier bail fut très désavantageux pour l'État, parce que, d'une part, on prit pour chiffre de base les produits d'une régie qui avait mal fonctionné et que, de l'autre, l'accroissement des affaires fut plus rapide qu'on ne pensait et que, pendant quatre ans, les fermiers furent seuls à en profiter et réalisèrent des gains énormes. Aussi l'une des premières décisions importantes d'Orry fut-elle, à la fin de mai 1730, de résilier ce bail deux ans avant son expiration et d'en passer un nouveau, plus élevé de quatre millions. Et ensuite, de renouvellement en renouvellement, le contrôle devint plus sévère et les enchères toujours plus hautes. Les fermiers continuèrent à faire de gros bénéfices, mieux proportionnés néanmoins aux risques courus et aux capitaux engagés. Plus les années passèrent et plus la ferme devint une administration exemplaire. Qu'importe ! Le public en resta aux profits considérables produits par le bail Carlier, d'où date la réputation légendaire de richesse véreuse des fermiers généraux et leur impopularité. Réputation tenace bien que de moins en moins méritée.

A partir de 1726, la ferme est devenue un organisme capital dans la monarchie, un organisme « para-étatique » dirait-on aujourd'hui. Ses bureaux centraux à Paris finirent par compter quelque six cents employés et les effectifs répandus par le royaume une hiérarchie de plus de vingt-cinq mille agents, recrutés et dirigés avec un soin croissant, soumis à des règles précises de rémunération et d'avancement et bénéficiant, pour la première fois en France, d'un régime régulier de retraite proportionnelle. Le statut très moderne de ce personnel était, avant la lettre, un statut de fonctionnaire, et, comme tel, a servi de modèle.

Les impositions indirectes dont les fermiers généraux assuraient la perception restèrent jusqu'à la Révolution un bel exemple de complexité, avec douanes intérieures, inégalités de droits selon les provinces, exemptions et privilèges locaux ou personnels, etc. L'uniformisation de ce système ou, à défaut, sa simplification n'étaient pas du ressort de la ferme : c'était un problème de gouvernement. Du moins, grâce à la ferme générale constituée au temps de M. le Cardinal, le rendement des contributions indirectes fut-il désormais mieux assuré, permettant au contrôleur général de tabler chaque année sur un chiffre certain de recettes lors de la préparation du budget.

LE BUDGET

Certains historiens — et non des moindres — ont refusé d'appliquer aux pratiques financières de la monarchie d'Ancien Régime le terme de *budget*, applicable seulement dans leur esprit, à une loi de finance discutée et votée par des assemblées représentatives de la nation. C'est là une acception à la fois étriquée et anachronique, car le mot désigne d'abord et avant tout un état de prévision balançant recettes et dépenses et, ainsi entendu en son sens obvie, correspond parfaitement aux usages du contrôle général, eux-mêmes attestés depuis au moins le XVe siècle.

Entre 1726 et 1740, l'établissement d'un budget annuel de l'État n'était pas une tâche très ardue. Pour les dépenses, certains chapitres étaient fixes : le service de la Dette (sous forme de rentes), d'une part, et, de l'autre, les frais de fonctionnement des grands services publics. Ces derniers étaient étalés sur quelques ensembles : Maison du Roi, Guerre, Marine, Affaires étrangères, Pensions, eux-mêmes subdivisés chacun entre plusieurs postes énumérant précisément les diverses parties prenantes, dont toutes avaient à suivre des règles strictes. Il y avait là une routine dépensière dont les antécédents fournissaient la majorité des éléments nécessaires à l'établissement d'un budget particulier sûr. Et pour la Dette, son extension et sa charge étaient faciles à évaluer depuis les Visas de 1716 et 1721 : là encore, les données étaient certaines.

Du côté des recettes, l'établissement de prévisions solides n'était pas moins aisé. Les baux des fermes, conclus pour plusieurs années, assuraient, pour chacune, des versements d'un montant précis. Le produit de la taille et de la capitation était calculable d'avance. D'autres revenus tels que les dons gratuits des pays d'états et du clergé pouvaient de même être supputés exactement ou faire l'objet d'estimations satisfaisantes. Diverses ressources, enfin, comme le rapport du domaine, le bénéfice des monnaies, le profit des parties casuelles, étaient pronostiquées en fonction de leur rendement des derniers exercices.

Toutes ces données étaient complétées par les informations envoyées des provinces par les intendants et par les receveurs généraux des finances concernant les rentrées fiscales de l'année écoulée, la qualité des récoltes et, en gros, les facultés des contribuables. L'ensemble de ces renseignements se trouvait concentré à la fin de l'été dans les services du contrôleur général et des intendants des finances et l'on pouvait alors — les directives du Roi et du premier ministre étant connues par ailleurs — passer à la confection du projet de budget de l'année à venir. On y vaquait d'habitude pendant le séjour automnal de la cour et des bureaux à Fontainebleau. Une fois mis au point, le document était statutairement soumis à l'examen du souverain.

Sa discussion et son adoption se faisaient en principe au Conseil royal des Finances. En fait, et d'autant plus que Fleury ne participait pas régulièrement à ce Conseil, le débat se ramenait le plus souvent à une séance de travail entre le contrôleur général et Louis XV, tenue dans le cabinet de Sa Majesté en présence de M. le Cardinal. Le Roi n'arrêtait ce budget général qu'après en avoir fixé un élément coutumier : le montant de la taille et de son annexe, le brevet militaire.

En fonction de la décision royale, le contrôleur général procédait à une autre opération, plus éloignée de nos usages que les précédentes. Il ventilait les ressources en fonction des dépenses, en assignant à chaque partie prenante le ou les fonds sur lesquels elle prélèverait sa dotation. Cette procédure s'imposait en l'absence de caisse unique centralisant tous les versements de recettes et tous les paiements. Il déduisait donc, sur chaque point de l'actif, les sommes qui devaient être affectées directement à tel ou tel poste de dépense sans transiter par le Trésor royal. Ainsi, par exemple, une grosse part des fonds versés par les fermes générales (une quarantaine de millions en 1740) allait en droiture aux payeurs des rentes sur l'Hôtel de ville. Il y avait encore d'autres défalcations et le reste entrait au Trésor royal pour en constituer ce qu'on appelait « le revenu net ».

Alors était dressé, au sein du budget général, comme un second budget portant exclusivement sur les entrées et sorties du Trésor. Face aux ressources, y étaient portées en dépenses les parties prenantes avec les sommes qui leur étaient allouées et, au bas des colonnes, se lisait le résultat de ces prévisions. Louis XV y traçait de sa main son approbation et signait. Le document devenait alors *l'État du Roi*, expression traditionnellement consacrée pour désigner cet état de prévoyance, dont l'exécution rigoureuse s'imposait non seulement au contrôleur général et aux intendants des finances, mais aux gardes du Trésor royal, aux différents trésoriers et receveurs généraux, à tous officiers comptables et ordonnateurs secondaires.

*
**

Tous ces rites s'appliquaient à une année mettant en balance des revenus et des dépenses *ordinaires*. Quand survenait une dépense inaccoutumée, excédant de beaucoup les prévisions de l'État du Roi, le contrôleur général était contraint de trouver des recettes extraordinaires. En 1739, par exemple, Orry eut à faire face aux frais du somptueux mariage de Madame Première avec l'infant don Philippe : il s'en tira par un emprunt de 30 millions de livres auprès des fermiers généraux. C'était là une nécessité passagère. Les guerres et menaces de guerre constituaient évidemment des motifs durables et pressants d'amplification des dépenses, entraînant non seulement un accroissement du budget ordinaire, mais le recours à des ressources et à un budget extraordinaires.

On se souvient que les revenus extraordinaires étaient de deux sortes : soit de nature fiscale, soit issus d'expédients divers. De la première relèvent les créations ou rétablissements d'impositions et de droits percevables jusqu'à la paix, décidés en général en Conseil royal des Finances. Au commencement de la guerre de Succession de Pologne, une déclaration du 17 novembre 1733 ressuscita le dixième, cet impôt à vocation égalitaire institué par Louis XIV en 1710 et supprimé en 1717, dont Fleury et Orry, devant la tournure des événements, eurent l'honnêteté d'arrêter la perception le 31 décembre 1736, bien avant la signature définitive de la paix. Ce ne fut qu'une suspension, car, la guerre de Succession d'Autriche advenant, le dixième resurgit bientôt par déclaration du 29 août 1741 et fut levé beaucoup plus longtemps.

Et il y avait « les affaires extraordinaires ». Pendant longtemps, elles avaient inclu des créations d'offices. Mais Louis XV y recourra de moins en moins. Le déclin du procédé est attesté précisément par le sort de l'édit de novembre 1733 qui, à cause de la guerre de Succession de Pologne, érigea en offices les nombreuses charges des corps municipaux du royaume : maires, lieutenants de maire, échevins, consuls, jurats, syndics, etc. Ces offices se vendirent mal, si mal que beaucoup n'avaient pas encore trouvé acquéreur quand éclata la guerre de Succession d'Autriche ! Aussi Orry se tourna de plus en plus vers les emprunts et, à partir de 1742, par un procédé déjà usité sous Louis XIV mais auquel il donna un grand développement, et qui consistait à emprunter par l'intermédiaire des états provinciaux.

*
* *

Quels montants atteignaient ces budgets ? Après les réductions opérées depuis 1715 par le duc de Noailles, par Law et par Dodun, la Dette exigeait encore plus de 60 millions. La Guerre (57 500 000) et la Marine (8 000 000) représentaient ensemble à peu près autant. Les dépenses de cour (Maisons du Roi, de la Reine, des princes) et les pensions ne demandaient qu'une vingtaine de millions. Pour les Affaires étrangères, les ponts et chaussées, les gages et appointements des officiers et du personnel administratif, il en fallait plus de trente. Le budget de 1726 s'élevait ainsi à 182 973 882 livres ; les fermes lui fournissaient 83 600 00 livres, les impositions directes 77 800 000, le reste provenant du clergé, des pays d'états, des monnaies, etc. Ce fut, en gros, le budget de la monarchie jusqu'à la guerre de Succession de Pologne. Celle-ci exigea un certain effort et le budget de 1733 dut être porté à 209 millions ; mais, limitée dans sa durée et ses opérations, elle n'obéra pas gravement les finances royales, malgré la création de 168 millions de ressources extraordinaires. L'émission restreinte de titres de rentes en 1733, 1734 et 1735 ne provoqua pas d'alourdissement de la dette ; les revenus tirés à partir de 1737 de la Lorraine et du Barrois compensèrent certains sacrifices. Dépenses et recettes revinrent à peu près aux chiffres d'avant la guerre, de sorte que le budget se retrouva en équilibre et même — phénomène sans beaucoup de précédents et qu'on ne reverra plus avant la Restauration — se solda en 1739 et 1740 par un excédent des recettes ! Ces quelques années constituent un moment faste dans l'histoire budgétaire de la France : les recettes couvraient les dépenses, les paiements étaient à jour et le contribuable n'était pas vexé inutilement. Le budget arrêté pour 1741 ne put être respecté, la guerre de Succession d'Autriche provoquant des dépassements extraordinaires : les débours de l'année s'élèvent à près de 257 millions, causant un déficit supérieur à 13 millions. Plus long et beaucoup plus ample que le précédent, ce nouveau conflit allait aussi peser plus lourdement sur le Trésor.

FISCALITÉ ET ÉCONOMIE

En matière de fiscalité directe, le temps des innovations fondamentales s'annonçait, mais n'était pas encore accompli. La taille restait une ressource traditionnelle, cependant la part relative de cet impôt roturier dans le budget tendait à diminuer. Louis XV et Fleury ont eu constamment le souci de ne faire peser sur les taillables qu'une charge raisonnable. Le brevet de la taille varia très peu : de 45 430 762 livres en 1727, il s'abaissa l'année suivante à 42 430 762 et, de 1729 à 1745, oscilla entre 42 400 628 et 43 418 744 livres, et cela pour une population qui s'accroissait. Quand un supplément fut nécessaire, il porta sur le brevet militaire qui, d'abord assez stable entre 6 000 000 et 6 400 000 livres, augmenta sensiblement en 1734 et 1735 à cause de la guerre.

Même d'un montant en soi supportable, la taille restait pour les contribuables source d'injustices et de vexations. Aussi Orry essaya-t-il, à partir de 1733, de substituer à la taille personnelle — c'est-à-dire à l'appréciation arbitraire des facultés des taillables par les collecteurs — la taille dite tarifée, parce que fondée sur une analyse exacte et un dénombrement précis des sources de revenus, permettant ensuite une taxation d'après un tarif fixé d'avance. La réforme fut tentée dans la plupart des généralités avec un succès inégal et surtout éphémère : la taille tarifée ne survécu que dans les intendances de Limoges et de Châlons. Ce souci d'équité envers les taillables eut pour corollaire chez Orry la rigueur avec laquelle il s'efforça de contraindre les grands seigneurs à acquitter leurs arriérés de capitations et la fermeté grâce à laquelle il obtint du clergé des dons importants au moment des guerres : alors que l'ordre avait accordé 4 millions en 1730, il en donna 12 en 1734 et 10 en 1735 ; son versement s'abaissa à 3 millions et demi en 1740, mais remonta à 12 millions en 1742 et à 15 en 1745.

C'étaient là des ressources coutumières. Diverses circonstances exigèrent des secours exceptionnels, pour lesquels on se contenta de recourir à des contributions à visée égalitaire, inspirées ou reprises de celles du temps de Louis XIV. L'expérience du cinquantième fut, à cet égard, un fiasco et Le Peletier des Forts, aussitôt entré en fonctions, dut, pour calmer l'opinion, mettre en œuvre le dispositif qui, par paliers successifs, aboutit à la suppression de cet impôt à partir de 1728. On sait déjà que, dès le déclenchement des guerres de Succession de Pologne et d'Autriche, Orry rétablit le dixième. Il souhaitait le percevoir avec rigueur et en obtint effectivement plus qu'on n'en avait tiré de 1710 à 1717, mais il ne put échapper aux rachats, abonnements et autres arrangements grâce auxquels des provinces, des corps et des individus éludèrent plus ou moins l'assiette de cette contribution et en rétrécirent le produit.

Puisqu'il était difficile d'améliorer le recouvrement et le rendement des impôts directs, on conçoit l'importance des indirects, dont le rapport dépendait étroitement des fluctuations de l'économie.

*
**

Le Peletier des Forts ne craignit pas de reprendre certaines idées de Law, en particulier celle de rétablir l'équilibre des finances par la relance économique et de provoquer celle-ci en utilisant la Bourse et en y suscitant une hausse des actions de la Compagnie des Indes. Pour exécuter cette manœuvre, il utilisa deux banquiers qui évoluaient dans le sillage de son beau-frère, le conseiller d'État Lamoignon de Courson. Sur ordre secret du ministre, ils disposèrent frauduleusement depuis 1727 d'actions déposées par leurs propriétaires à la caisse de la Compagnie et les vendaient au comptant pour financer des achats à terme répétés. La découverte fortuite du manège au début de mars 1730 causa un grand scandale : les actions de la Compagnie chutèrent, anéantissant les résultats acquis, et le public se persuada sans peine que le contrôleur général avait monté la combinaison pour son propre compte. En réalité, il ne tirait aucun profit personnel de ces détournements, opérés au nom de la raison d'État, mais les calomnies se déchaînaient et des Forts, que le Roi avait créé ministre d'État le 1ᵉʳ janvier, n'eut plus qu'à démissionner le 19 mars. L'incident eut une répercussion plus générale, en renforçant le discrédit que la chute du Système de Law avait jeté en France sur les marchés de bourse à terme et à découvert : un arrêt du Conseil rétablit aussitôt la prohibition des marchés de ce type, ce qui eut pour effet d'empêcher le développement du capitalisme boursier dans notre pays au XVIIIᵉ siècle.

La retraite de Le Peletier des Forts a peut-être aussi fait échouer de vastes projets échafaudés par le garde des sceaux Chauvelin dans le dessein de se ménager une influence majeure dans les affaires de commerce. Orry en retint certains points, mais écarta tout ce qui aurait pu entamer la compétence de son ministère. Il en reprit l'idée d'un Conseil royal de Commerce tenu par le Roi, qui fut institué effectivement par un règlement du 29 mai 1730, mesure bientôt suivie de la création de deux postes d'inspecteurs généraux des manufactures. Initiatives annonciatrices de l'attention que le nouveau contrôleur général entendait porter au commerce et aux manufactures. En fait, le Conseil royal de Commerce devint bientôt un décor plutôt qu'un rouage du gouvernement et le rôle essentiel en ces matières fut joué par le Bureau du Commerce, qui était une commission du Conseil, dont le président était alors M. Fagon, intendant des finances et conseiller d'État, et dont les rapporteurs étaient les intendants du commerce. On a qualifié l'action d'Orry et de Fagon de « néo-colbertisme », ce qui ne veut rien dire. Dans la pratique, ils ont visé à contraindre les manufacturiers à ne façonner que des marchandises et des produits dont l'irréprochable qualité leur garantirait à l'exportation des débouchés sûrs et abondants. Cette réglementation fut élaborée avec grand soin, précédée notamment d'enquêtes minutieuses, que naguère Dodun avait déjà commencé à pratiquer, mais qu'Orry multiplia systématiquement. Enquête sur le commerce et les productions du royaume (1730), sur les bacs et péages (1731), les tanneries (1733 et 1745), l'industrie papetière (1738 et 1745), la métallurgie (v. 1740-1744), les mines (1741 et 1742), etc. Enquêtes — nous y reviendrons — caractéristiques de l'action ministérielle à cette époque et qui, en l'occurrence, ont été à la base des nombreux arrêts du Conseil, lettres patentes et autres actes qui, entre 1730 et 1745, ont réglementé, souvent dans le détail, la fabrication des produits manufacturés. Voici, par exemple, des lettres patentes du 7 juillet 1733 relatives à la teinture des laines destinées au tissage des tapisseries et une déclaration du 8 mars 1735 pour la fabrication des bouteilles et carafons de verre. En la seule année 1736, on relève au moins cinq règlements pour des industries textiles : trois pour le tissage de certaines toiles en Bretagne, un pour celui des toiles, basins, coutils et autres tissus dans la généralité de Lyon et un pour celui des peluches dans les ville et généralité d'Amiens. Et comment ne pas évoquer, fruit des enquêtes de 1741 et 1742, l'arrêt du Conseil du 14 janvier 1744, véritable code minier du royaume, promoteur de l'essor de l'industrie charbonnière dans la deuxième moitié du siècle ?

Arsenal de règlements qui suscita bientôt de l'inquiétude outre-Manche. Dès 1729, un économiste britannique constatait : « Les soins qu'ont pris les ministres de France pour le progrès des manufactures et pour ramener tout au bien commun sont surtout remarquables. Des gens élevés dans le commerce et qui auraient tourné toutes leurs vues de ce côté-là, n'auraient su prendre des mesures plus justes et mieux concertées... Plusieurs règlements des Français pourraient nous servir de modèles. »

Cette réglementation, qui parut ensuite tatillonne quand elle eut porté ses fruits, n'aurait pu, à elle seule, procurer à l'économie du royaume l'essor qui devint le sien, mais elle s'est rencontrée avec l'esprit d'initiative et d'entreprise qui anima en même temps les milieux du commerce et des manufactures. De cette conjonction sont nés les progrès commerciaux de la France dont, une fois de plus, les meilleurs témoins furent les Anglais, d'autant plus qu'à l'inverse du nôtre leur commerce déclinait. En juin 1739, la compagnie *Turkey C°* faisait ce tableau de la situation : « Les Français ont amélioré leurs manufactures, qui ont atteint aujourd'hui une telle perfection que l'on devrait être surpris qu'aucune étoffe anglaise puisse encore se vendre, plutôt que de s'étonner que leur consommation ait diminué. » A Constantinople, à Smyrne, à Alep, de grands stocks de marchandises britanniques ne trouvaient pas d'acheteur et la situation ne pouvait qu'empirer après le renouvellement des Capitulations obtenu par Villeneuve.

Le contrôle général s'était enrichi depuis Colbert de tant de compétences que son action ne se limitait ni aux finances, ni à l'économie, mais s'étendait à bien des secteurs de l'administration et de l'équipement du pays.

II. — ADMINISTRATION ET ÉQUIPEMENT

Au temps du cardinal de Fleury, l'action des ministres s'est souvent engagée, discrètement et sans bruit, dans des voies nouvelles, que l'on avait parfois tenté d'explorer auparavant, mais sans y avancer beaucoup. Caractéristiques de l'évolution de la culture et aussi d'un gouvernement suffisamment obéi, ces initiatives ont particulièrement visé les enquêtes administratives, la connaissance physique du royaume, les voies de communication, la formation de corps de techniciens et la santé publique.

Les enquêtes administratives

Le souci d'être renseigné est naturel à tout gouvernement et, dès le règne de Louis XIV, Colbert et d'autres ministres avaient tenté, par l'envoi de questionnaires ou par d'autres moyens, d'obtenir des éclaircissements propres à étayer leur action. Les possibilités d'investigation étaient alors si frustes, que le bilan de ces collectes était toujours imparfait et souvent médiocre. Sans atteindre encore les sommets de la rigueur, les enquêtes et les statistiques ministérielles du règne de Louis XV seront plus méthodiques dans leur déroulement et plus exactes dans leurs résultats, bien que leur accomplissement se heurtât à des obstacles peu surmontables. Certaines, en effet, suscitèrent des réticences, voire de la mauvaise volonté, dans la population ou dans les corps de métier, prompts à leur prêter — pas toujours à tort — des arrière-pensées fiscales. Par ailleurs, elles reposaient essentiellement sur les intendants, qui n'appliquaient pas tous avec le même talent les consignes supérieures, et sur leurs subdélégués, dont les compétences et la diligence étaient très variables. Il est clair, en tout cas, que le besoin d'être sérieusement informé et de disposer, autant que faire se pouvait, de renseignements chiffrés a alors été de plus en plus ressenti, non pas propre seulement à l'un des ministres en particulier, mais commun à la plupart d'entre eux.

Typique du ministériat du cardinal de Fleury, ce recours aux enquêtes avait été amorcé sous celui du duc de Bourbon, où des circulaires du contrôleur général Dodun avaient successivement prescrit un dénombrement des offices et des officiers (1723), une recherche d'ordre économique (1724), une sur les salaires (1724), une sur la mendicité et les établissements de bienfaisance (1724) et, derechef, une encore sur les offices et leurs prix (1725), cependant que le garde des sceaux d'Armenonville tentait aussi de savoir à quoi s'en tenir sur les tribunaux et officiers (1724). Le Peletier des Forts ne manifesta pas le même zèle documentaire, se contentant de diffuser en 1728 un questionnaire sur les papeteries, mais, en contrepartie, le chancelier d'Aguesseau se révéla alors friand d'informations et de données précises et nous reviendrons sur ses nombreuses enquêtes.

Ce fut le contrôleur général Orry qui sentit avec le plus de logique et de force qu'il était impossible de gouverner avec équité sans de bonnes connaissances statistiques. Plus encore que par ses enquêtes commerciales et industrielles, déjà évoquées, cette conception est révélée par la circulaire qu'il signa le 17 décembre 1744 à l'intention des intendants. La guerre de Succession d'Autriche venait d'entrer dans une nouvelle phase et le Roi voyait croître ses besoins d'hommes et d'argent. Orry réclamait en conséquence des renseignements précis et étendus sur chaque province : état du commerce et de l'industrie, richesse et pauvreté relatives des « peuples », facultés des contribuables, détention par les particuliers laïques d'argenterie, « vaisselle d'argent et autres ouvrages d'orfèvrerie », dénombrement général de la population « et en particulier des garçons de l'âge de 15 à 45 ans, sujets à la milice et capables de porter les armes ». Ce fut l'un des premiers recensements nationaux, car il s'étendit aux duchés de Lorraine et de Bar. Louis XV allait enfin avoir quelque idée du nombre de ses sujets. Idée, au demeurant, inférieure à la réalité, car ce comptage totalisa quelque 18 millions d'habitants, alors qu'ils étaient au moins 22 millions et demi !

Mais la circulaire d'Orry comportait une innovation plus remarquable encore : « Vous ferez, ordonnait-elle, semer les bruits dans les villes franches de votre département d'une augmentation d'un tiers sur les droits d'entrée. Vous y ferez aussi semer les bruits, ainsi que dans le plat pays, de la levée d'une future milice de deux hommes dans chaque paroisse... Vous recueillerez avec soin ce qu'en diront les habitants et vous en ferez mention dans l'état que le Roi vous demande. » Pour la première fois, le pouvoir royal entendait non s'enquérir de l'état des esprits (cela lui était déjà arrivé), mais se livrer à une ingénieuse expérimentation : « semer les bruits » dans un premier temps, puis, ces rumeurs ayant germé, relever et consigner leur écho. C'est dire que, dans le gouvernement et la haute administration, des hommes prenaient désormais assez conscience de la réalité et du poids de l'opinion publique, de l'approbation et du soutien dont elle pouvait favoriser une politique, pour juger nécessaire de connaître ses formes, pour anticiper ses réactions et tenter de les faire naître. On notera en passant la promptitude avec laquelle Orry se faisait obéir : les réponses des intendants à ce questionnaire étendu lui parvinrent dans les mois de juillet et d'août 1745.

En même temps que ce besoin d'être averti des ressources économiques et humaines du pays, d'en sonder et orienter l'opinion, était ressenti celui de le mieux situer dans l'espace.

La description du royaume

On sait quelle part importante la géographie et la cartographie avaient tenu dans l'éducation de Louis XV et la très forte inclination qu'il avait conçue pour ces disciplines. La conjonction de ses goûts et connaissances personnels, des vues de ses géographes et des projets de ses ministres permit la mise en chantier d'une description topographique du royaume.

Bourguignon d'Anville, un des géographes du Roi, s'appuyant sur la méthode mise au point par Chevallier, maître de mathématiques de Sa Majesté, avait mené depuis 1720 des travaux de cartographie qui lui inspirèrent à la longue des conceptions grandioses, exposées au cours des derniers mois de 1732 dans son « Mémoire sur le plan et la description du royaume ». Le « plan » indiquerait la position des villes, villages, hameaux, châteaux, maisons, couvents, chapelles, croix, sources, cours d'eau, ponts, îles, gués, chemins, montagnes, gorges, les divisions et subdivisions judiciaires, administratives, fiscales, ecclésiastiques, etc. Et la description comprendrait : « L'histoire de ce qu'il y a de plus singulier dans chaque lieu », le commerce, les arts et les manufactures qu'on y pratique, le nombre et les fonctions des habitants, la quantité et la qualité des denrées produites, le prix des terres et des bois, les terres incultes (et leurs possibilités de défrichement), les mines et carrières, le revenu des seigneuries et abbayes, les rivières navigables et celles qui pourraient le devenir, les différentes coutumes, les poids et mesures en usage. Toutes ces connaissances permettraient ultérieurement de réformer le ressort souvent aberrant des élections (et ainsi d'établir une meilleure justice fiscale), de ramener à l'unité la diversité des poids et mesures, d'établir des écoles professionnelles le long des cours d'eau, de rendre ceux-ci navigables ou flottables et de creuser des canaux, d'améliorer l'état des routes et d'en tracer de nouvelles, de remettre en culture les terres en friche, etc.

D'Anville voyait trop grand et l'ensemble de son projet était irréalisable et, au reste, certains des renseignements qu'il rêvait de collecter avaient déjà été fournis par les enquêtes de Dodun et d'Orry. Ce dernier n'eut donc qu'à émonder ces propositions encyclopédiques et à échelonner dans le temps certaines réalisations. On commencerait par la confection d'une description géométrique de la France. La décision en fut prise au printemps de 1733, où Louis XV confia à Cassini II la mission « de se transporter dans les différents endroits du royaume pour y faire lever des cartes géographiques générales et particulières de la France, dans le dessein d'exécuter dans la suite divers projets avantageux au commerce et au bien de l'État, tels que rendre des rivières navigables, construire de nouveaux canaux, ponts, chaussées, grands chemins, et faciliter par ce moyen le transport des denrées et marchandises d'une province à l'autre ». Accompagné de son fils Cassini III de Thury et de leur cousin et collègue

Maraldi II, flanqué de plusieurs géographes et ingénieurs, le savant se mit incontinent en devoir d'accomplir cette tâche, qui aboutit finalement à deux résultats. En une dizaine d'années, en effet, ils menèrent à bien une description trigonométrique de la France, soit une chaîne de quatre cents triangles appuyés sur dix-huit bases, ouvrage immense que Cassini de Thury put faire graver en 1744 sous le titre de *Nouvelle carte qui comprend les principaux triangles qui servent de fondement à la description géométrique de la France, levée par ordre du Roy*, principe de tous les travaux ultérieurs de cartographie. Mais, en outre, ces Messieurs ayant entendu, pour entamer l'entreprise, se fonder sur le méridien de Paris et sa perpendiculaire, ce parti ranima la polémique concernant la figure de la Terre et occasionna ainsi l'envoi en Laponie et au Pérou d'expéditions scientifiques fameuses, dont nous reparlerons. Les projets de Bourguignon d'Anville, l'enquête d'Orry en 1744 et ces entreprises cartographiques, signes d'un souci rénové de connaissance et d'utilisation de l'espace, témoignaient de l'intérêt accru porté alors aux voies de communication.

Les ponts et chaussées

En février 1716, le Régent avait remodelé l'organisation des ponts et chaussées : un ingénieur par généralité (les pays d'états conservant la responsabilité de leurs routes, chemins et ouvrages d'art), trois inspecteurs, un inspecteur général (Lahite) et, au sommet, un architecte-premier ingénieur, poste alors confié à Jacques V Gabriel, contrôleur et architecte ordinaire des Bâtiments du Roi. Tous personnages coiffés administrativement par un directeur général, aux fonctions plus décoratives que réelles. La haute main sur ces affaires était exercée par le contrôleur général et, depuis 1720, celui-ci s'en déchargeait sur M. d'Ormesson, intendant des finances. En mars 1723, le cardinal premier ministre avait procuré la charge de directeur général à son frère Joseph Dubois ; ce parfait honnête homme s'en démit en octobre 1736 et n'y eut pas de successeur : un arrêt du Conseil précisa alors officiellement que les ponts et chaussées relèveraient du contrôle général et que leur « détail » dépendrait d'un intendant des finances, qui fut évidemment M. d'Ormesson.

La réfection et l'extension du réseau routier étaient des nécessités alors pressantes. Leur réalisation par les seigneurs riverains était une solution depuis longtemps périmée et les ressources budgétaires étaient traditionnellement réservées aux seuls ouvrages d'art. Dans ces conditions s'imposa le recours à la corvée, c'est-à-dire au travail obligatoire des habitants des localités circonvoisines. Traditionnelle dans certaines provinces, elle tendait à se généraliser depuis 1720, mais sans règle uniforme : selon les cas, elle assujettissait à des prestations ici raisonnables et ailleurs abusives. Intendant de Soissons de 1722 à 1727, Orry avait pourvu par ce moyen aux réparations des routes de la généralité et en avait alors apprécié les avantages. Quand Louis XV voulut arrêter un plan d'ensemble pour le réseau routier, la question fut débattue à plusieurs reprises devant lui de savoir s'il était préférable de recourir soit à un impôt général sur les biens-fonds, soit à une contribution en nature, la corvée. Celle-ci fut finalement préférée : « J'aime mieux, disait sagement Orry, leur demander des bras qu'ils ont que de l'argent qu'ils n'ont pas. Si cela se convertit en imposition, le produit viendra au Trésor royal, je serai le premier à trouver des destinations plus pressées à cet argent ; ou les chemins ne se feront pas, ou il faudra revenir aux corvées. »

Il est très remarquable que les mesures destinées à instaurer cette prestation et à y mettre ordre et uniformité n'aient emprunté ni la voie législative, ni la voie réglementaire : nul édit, nulles lettres patentes, nul arrêt du Conseil, nulle ordonnance, mais simplement quelques dispositions d'une circulaire adressée le 13 juin 1738 aux intendants et portant instruction d'ensemble pour les ponts et chaussées. Texte élaboré avec grand soin par Orry et d'Ormesson qui, tout en posant des règles générales, laissait assez de latitude pour les appliquer en fonction des circonstances et habitudes locales, de l'ordre des travaux agricoles, de la rareté ou abondance des bêtes de somme et de trait, etc. Les paysans demeurant à portée des grands chemins (soit à une dizaine ou une douzaine de kilomètres) seraient convoqués avec leurs voitures et leurs bœufs ou chevaux six jours par an en deux fois au printemps et à l'automne, par équipes successives se remplaçant l'une l'autre. Au moyen des outils fournis par le Roi, ils vaqueraient aux remblais et déblais, à la fouille des moellons, des cailloux et des graviers, au transport des matériaux, etc. Les tâches plus complexes incombaient à une main-d'œuvre spécialisée et les ingénieurs dirigeaient le tout.

La corvée allait rendre réalisable la planification des travaux, la prévision des crédits budgétaires et donc un programme d'ensemble visant tant à l'élargissement, redressement et remise à neuf des routes existantes, qu'à l'ouverture de voies nouvelles, programme caractéristique d'une administration moderne et requérant des hommes de haute compétence, dont le concours fut opportunément facilité par divers changements dans le personnel supérieur.

*
**

Jacques Gabriel — promu entre-temps premier architecte du Roi — mourut le 23 avril 1742 et sa charge de premier ingénieur des ponts et chaussées passa alors à un autre architecte fameux : Germain Boffrand. Quelques mois plus tard, disparaissait l'inspecteur général Lahite, dont Boffrand absorba les fonctions cependant que les inspecteurs recevaient le titre d'inspecteurs généraux. Dans le même temps, M. d'Ormesson constatait que l'exécution de la circulaire de 1738 imposait une surcharge excessive à son département, dont les attributions étaient fort lourdes par ailleurs. Un arrêt du Conseil du 1er avril 1743 vint donc lui retirer le détail des ponts et chaussées et le confier à son collègue M. Trudaine. Ces mouvements de personnes des années 1742 et 1743 ouvrirent une période décisive.

Avant d'accéder à une intendance des finances, Daniel Trudaine avait été de 1730 à 1734 intendant en Auvergne, où il s'était occupé très activement du rétablissement des chemins. Chargé en 1743 des ponts et chaussées, il entendit aussitôt presser avec diligence et détermination l'application intégrale de l'instruction de 1738. Visée dont la réussite impliquait deux préalables, eux-mêmes étroitement liés : une qualification indiscutable des ingénieurs et un lever des plans de routes permettant la rectification des tracés, la prévision des voies à créer et la délimitation des zones de paroisses corvéables. Il fit dresser un devis de cet énorme travail de cartographie, dont l'exécution, étalée sur dix ans, devait démarrer le 1er janvier 1745, et comme rien n'existait alors au contrôle général pour le réaliser, il créa dès février 1744, sous la surveillance d'un des inspecteurs généraux, un bureau de dessinateurs, où s'affairèrent d'abord quatre employés, puis sept en 1745 et treize en 1746. L'idée vint à Trudaine de faire aussi de ce bureau un centre de formation technique pour les ingénieurs, dont les capacités étaient encore inégales selon les individus.

Ces créations et ces projets allaient connaître des développements remarquables, qui attestent les vues supérieures de Trudaine, un des grands serviteurs du règne. Si remarquables fussent-elles, ses initiatives ne constituaient nullement un cas unique ou isolé.

L'ESSOR DES TECHNICIENS

En vue d'appliquer la circulaire de 1738, l'ingénieur des ponts et chaussées de la généralité d'Alençon, M. Perronet, s'était constitué sur place un bureau de dessinateurs et ainsi les plans et projets relatifs à cette généralité furent bientôt prêts. Frappé par le zèle et l'efficacité de Perronet, Trudaine reconnut en lui l'homme dont il rêvait. Il avait besoin, en effet, d'un sujet capable de diriger et d'exploiter le travail de cartographie entrepris depuis 1745 et, en même temps, de « former des jeunes gens pour le dessin et les autres sciences qui puissent les mettre en état de remplir par la suite les places d'ingénieurs des ponts et chaussées ». Par arrêt du Conseil de février 1747, Perronet fut chargé de cette mission : placé sous l'autorité immédiate de Trudaine et du contrôleur général, il aurait « la conduite et inspection des géographes et dessinateurs de plans et cartes » et devrait les instruire « des sciences et pratiques nécessaires pour parvenir à remplir avec capacité les différents emplois desdits ponts et chaussées ». En outre, concurremment avec les inspecteurs généraux et les autres ingénieurs, il serait chargé de la conduite et inspection des travaux à travers les généralités.

Au départ, il ne s'agissait en apparence que de flanquer le « bureau des géographes et dessinateurs » d'une sorte de centre d'instruction et de perfectionnement pour les sous-ingénieurs, dont beaucoup étaient inaptes, et pour les candidats à la carrière des ponts et chaussées. L'établissement ainsi fondé dispensa aussitôt, sous la férule de Trudaine et de Perronet, un enseignement si étendu et de si haut niveau qu'il ne lui fallut pas dix ans pour n'être plus connu que comme « École des ponts-et-chaussées ». Celle-ci demeure, depuis Louis XV, comme d'autres apparues dans le même temps, une de nos grandes écoles les plus prestigieuses.

La désignation en 1739 d'un inspecteur général de la marine témoigna de l'intérêt personnel et entendu que Louis XV et son secrétaire d'État de la Marine, le comte de Maurepas, portaient en commun aux sciences. Le poste ainsi créé ne fut pas confié, en effet, à un officier des vaisseaux, mais à un de ces savants non étroitement spécialisés comme il pouvait alors en exister : Duhamel du Monceau. Agronome, économiste, ingénieur, ce membre de l'Académie des Sciences avait le mérite rare de se mouvoir aussi aisément dans les spéculations abstraites que dans leurs applications pratiques. Le Roi et le ministre attendaient de lui qu'il veillât au perfectionnement des constructions navales. Tâche assez voisine de celle qui écherra bientôt à Perronet. Pour former des « maîtres de charpenterie » compétents, Duhamel du Monceau ouvrit dès 1741 à Paris une « petite école de la marine », où il accueillit des élèves détachés des ports, et qui, en 1748, fit place à une « grande » école, installée au Louvre (non loin des plans en relief), dans des locaux où il rassembla des modèles de navires provenant des arsenaux. S'y formèrent les postulants aux fonctions d'ingénieur, qualificatif qui supplantait désormais celui de maître de charpenterie. Un brillant avenir était promis aussi à cette fondation, comme encore à une autre, remontant à la même année.

Le maréchal d'Asfeld, directeur général des fortifications,

étant mort le 7 mars 1743, une ordonnance du Roi décida, trois jours plus tard, que les fortifications ne formeraient plus désormais un service autonome, mais relèveraient en droiture du secrétariat d'État de la Guerre, qui venait d'être confié au comte d'Argenson. Impressionné par le nombre élevé d'ingénieurs militaires tués au cours des campagnes entre 1743 et 1748, ce ministre attribua ces lourdes pertes à une formation de base insuffisante sur le plan militaire et décida d'y parer par une rénovation de cet enseignement. Dessein servi à point nommé par la disparition en janvier 1748 de Chevallier, maître de mathématiques et d'architecture de Louis XV et, depuis 1720, examinateur des candidats aux fonctions d'ingénieur. Le comte d'Argenson entendait créer dans plusieurs villes fortes importantes de petites écoles de places, très souplement organisées sous la conduite de quelques ingénieurs en chef particulièrement qualifiés. Par circulaire du 11 avril 1748, il annonça aux directeurs de places l'arrivée auprès de certains d'entre eux de plusieurs ingénieurs volontaires, libérés des combats et destinés à recevoir un complément d'enseignement pratique et théorique, sanctionné par un examen final, condition de leur incorporation définitive. Dans le mois qui suivit, l'ingénieur en chef de Mézières, chevalier de Chastillon, édicta en conséquence un « Règlement pour le service des ingénieurs volontaires aux ouvrages de la place et pour l'école du génie à établir à Mézières ». Les dispositions en concordaient si heureusement avec les intentions ministérielles et même les précisaient si bien, que ce programme d'études fut retenu et que, dès 1751, grâce à l'allant et à la ténacité de son auteur, il fut décidé que Mézières serait le seul établissement chargé, après une première sélection à Paris, d'instruire les candidats aux fonctions d'ingénieur des fortifications.

*
* *

La création simultanée de la petite, puis de la grande École de la Marine, de l'École des Ponts-et-chaussées et de l'École du Génie de Mézières allaient toutes dans le même sens et, quels que fussent le mérite et l'originalité — très réels — de chacune d'elles, témoignaient des besoins généraux que l'avancement des sciences et des techniques suscitait à l'État et à la société autour de ces années 1740. Jusque-là, des ingénieurs de grande capacité et de grand talent s'étaient déjà maintes fois distingués dans ces différentes branches d'activité, après s'être formés le plus souvent de manière quasi initiatique, dans le cercle fermé de leur famille ou de l'entourage d'un maître illustre. A cet empirisme, on visait maintenant à substituer un enseignement scolaire, où les élèves, détachés de leur milieu d'origine et regroupés pendant deux ou trois années d'études dans une ambiance propre, recevraient à la fois connaissances pratiques, culture théorique et réflexes administratifs. Pédagogie nouvelle, grosse de conséquences. Dotés non plus de la formation individualiste de naguère, mais d'une instruction uniforme, ces techniciens du génie militaire, du génie maritime et de ce que nous appelons aujourd'hui génie civil exerceraient des compétences appelées à se distinguer plus nettement que dans le passé de celles d'architecte, sans toutefois s'en dissocier totalement. De plus, leur mode de recrutement, leur profil de carrière, leur statut juridique, leur qualification technique les apparentaient à d'autres serviteurs du Roi qui, dans leur domaine étaient aussi des techniciens : les premiers commis, commis et employés des ministres et le personnel recruté pour leurs bureaux par les intendants des provinces. C'étaient des techniciens de l'administration, techniciens modestes ou éminents selon les cas : les uns, embauchés simplement pour leur belle écriture et confinés dans la préparation des brouillons, la calligraphie et l'enregistrement du courrier et autres besognes de ce genre, et les autres affectés, d'après leurs connaissances, leur culture, leurs talents, à des tâches plus relevées et à des responsabilités plus lourdes. Leurs effectifs, on le sait, n'étaient pas fort nombreux, mais lorsque seraient entrés en fonction les sujets issus des grandes écoles, techniciens de l'administration et du génie civil ou militaire allaient constituer ensemble parmi les agents des pouvoirs publics une catégorie bien caractérisée et non plus incertaine comme ci-devant : celle des fonctionnaires.

La santé

Le même besoin d'un enseignement supérieur modernisé se faisait sentir pour les facultés de médecine, qui ne dispensaient plus qu'une formation archaïque, sans leçons cliniques, sans travaux pratiques, ni initiation à la chirurgie, en complet décalage avec les progrès des techniques médicales et chirurgicales. Mais fortes de leur autonomie, elles se dépensaient opiniâtrement à la sauvegarde de statuts et de traditions surannés. Attitude où la vanité sociale le disputait aux intérêts professionnels. Alors que les études médicales étaient soumises à un cursus universitaire requérant l'obtention préalable de la maîtrise ès arts (car les cours de médecine n'étaient professés et les thèses soutenues qu'en latin), la maîtrise en chirurgie couronnait un apprentissage qui ne réclamait pas la même culture humaniste. Il en découlait dans la société une considération pour les médecins bien supérieure à celle des chirurgiens. Par des mesures importantes prises en 1692, Louis XIV avait amorcé un retournement de cette situation : il avait alors prononcé la séparation des barbiers-perruquiers d'avec les chirurgiens, défendu à ceux-ci de tenir boutique et ordonné l'implantation dans les villes et les bourgs principaux du royaume de médecins-jurés et chirurgiens-jurés recrutés après une sélection sérieuse. Les médecins n'avaient pas cessé pour autant d'ignorer la chirurgie et de mépriser les chirurgiens. De sorte que si le Roi pouvait mettre sur pied des écoles d'ingénieurs sans rencontrer d'obstacles, la rénovation des disciplines médico-chirurgicales s'annonçait, au contraire, hérissée de difficultés et rien n'illustre mieux la circonspection et les biais auxquels était contraint un souverain absolu pour remédier à des situations fâcheuses, mais séculaires.

De toute évidence, les réformes devaient s'appliquer d'abord à la capitale, d'où l'exemple ferait loi. Mais il était exclu de s'en prendre de front à une citadelle comme la faculté de médecine de Paris et force était donc d'en venir à bout par des manœuvres de débordement et un lent travail de sape, conduits par une troupe experte et bien armée, dont le corps médical attaché au Roi et à sa famille, le Collège de France et le Jardin du Roi allaient fournir les effectifs. Les « officiers de santé » de Sa Majesté, on l'a déjà dit, étaient nombreux et le Régent, pressentant le rôle qu'on en pouvait espérer, les avait renforcés en 1718 de quatre médecins « consultants ». S'y étaient ajoutés en 1725 et 1727 les médecins, chirurgiens et apothicaires de la Reine, puis des Enfants de France. Tous gens fort en vue, car leur charge à la cour leur faisait approcher — quotidiennement pour certains — les personnes de Louis XV et de Marie Leszczynska. Mais comme ils n'avaient pas continuellement occasion de leur dispenser des soins, ils cumulaient souvent cette fonction avec celles d'inspecteurs généraux des hôpitaux militaires, de médecins et chirurgiens des différents corps des maisons de Leurs Majestés et, en temps de guerre, servaient aux armées. Ainsi avaient-ils loisir d'enrichir leurs connaissances et leur expérience.

Le Collège de France, pour sa part, entretenait une chaire de médecine, chirurgie, pharmacie et botanique, dont certains titulaires (Astruc, Poissonnier) furent des médecins de Louis XV. Au Jardin du Roi, où la surintendance ou l'intendance furent exercées jusqu'en 1732 par le premier médecin de Sa Majesté, étaient dispensés, souvent par des médecins, des enseignements d'anatomie et de botanique et chimie appliquées à la pharmacie, assortis des travaux pratiques correspondants. A l'Académie des Sciences, enfin, les sièges destinés par les statuts à des anatomistes, des chimistes et des botanistes accueillaient toujours quelques-uns des médecins, chirurgiens et apothicaires du Roi, et des maîtres du Collège de France et du Jardin du Roi. Dans tous ces services et établissements, placés sous sa protection et son autorité directes, Louis XV disposait de savants praticiens, pourvus de titres universitaires — et donc inattaquables sur ce point —, mais ne relevant que de lui et de ses ministres, soustraits de cette manière aux contraintes et aux tracasseries corporatives et ainsi en mesure d'aller de l'avant. En outre, comme le personnel de santé des armées et de la marine était de même sous la seule dépendance du souverain et des secrétaires d'État, les mesures prises pour améliorer sa formation allaient aussi contribuer à la rénovation de la médecine et de la chirurgie. Progrès dont cette dernière fut la principale bénéficiaire.

Académicien des sciences depuis 1716, Pierre Chirac était conscient de l'unité des deux disciplines et, lorsqu'il était premier médecin du Régent, avait conçu l'idée d'une académie où la discussion de questions pratiques aurait tendu à combler les lacunes de l'enseignement universitaire. Philippe d'Orléans l'avait approuvée, sa mort empêcha d'y donner suite. Devenu premier médecin du Roi en décembre 1730, Chirac ranima aussitôt son projet, dont les dispositions ne tardèrent pas à susciter l'hostilité de la faculté. Chirac étant tombé malade, puis décédé en mars 1732, La Peyronie, avec l'aveu de Mareschal dont il était survivancier, prit l'affaire en main et continua à s'en occuper après l'accession du gendre du défunt, François Chicoyneau, à la charge de premier médecin. Chirac, Chicoyneau et La Peyronie étaient issus de l'université de Montpellier, plus ouverte aux nouveautés que celle de Paris.

A la fois médecin et chirurgien, La Peyronie avait depuis longtemps réfléchi à ces matières et en était arrivé à conclure que, puisqu'il était pratiquement impossible d'amener les médecins à s'initier à la chirurgie, il était plus simple de faire apprendre la médecine aux chirurgiens. Il avait en tête le plan de réforme approprié et se trouvait dans les meilleures conditions pour le faire aboutir. L'Académie des Sciences l'avait accueilli en 1731. En sa qualité de premier chirurgien du Roi, il exerçait statutairement sur tous les maîtres chirurgiens du royaume une juridiction dont, pour sa part, le premier médecin n'avait pas l'équivalent sur ses collègues. Enfin et surtout, Louis XV lui accordait un soutien inconditionnel, à la fois par amitié pour lui et par intérêt personnel pour les questions de santé, en quoi le Roi était diligemment servi par Maurepas, de qui dépendaient les Académies et établissements scientifiques. Toutefois, quels que fussent ses appuis et sa propre détermination, La Peyronie dut cheminer patiemment.

Avec la permission royale, s'ouvrirent d'abord en 1731 des

« assemblées académiques de chirurgie », où entrèrent tous les membres du collège de Saint-Côme, c'est-à-dire l'élite des chirurgiens de la capitale. Dès l'automne de la même année, Mareschal présenta un projet de lettres patentes et de règlement pour autoriser l'établissement d'une académie de chirurgie. Louis XV suspendit sa décision : avant que d'octroyer à ces réunions un statut légal et plus distingué, il voulait, conformément à ce qui s'était passé pour les autres académies, qu'elles fissent preuve de leur utilité. En attendant, il agréa la liste des chirurgiens appelés à en faire partie, auxquels il adjoignit des associés étrangers. Ces Messieurs adoptèrent aussitôt les mœurs académiques, ayant directeur annuel, vice-directeur, secrétaire, trésorier, confrères chargés l'un de la correspondance et l'autre des « extraits ».

Dans ces premiers temps, il s'agissait moins d'une compagnie savante, que d'une société d'enseignement mutuel et professionnel, visant à recueillir et confronter les observations et à en tirer un code de pratique et de directives communiqués à tous ceux qui avaient des responsabilités médicales et chirurgicales. En 1739, « informé des progrès de la chirurgie depuis l'établissement » de ces assemblées, le Roi les érigea en « Société académique de Chirurgie », qu'il dota d'un règlement. Nouveau pas en 1741 vers un état plus prestigieux : il trouve bon que le premier volume des mémoires que la Société se propose de publier lui soit dédié et porte le titre de *Mémoires de l'Académie de Chirurgie*. Pour illustrer l'unité intrinsèque des disciplines médico-chirurgicales et aussi renforcer l'autorité de son premier chirurgien, Louis XV conféra en septembre 1742 à La Peyronie une charge de son médecin consultant, puis, en mars 1743, celle de médecin servant par quartier. C'est alors que La Peyronie lui fit arrêter un « État des chirurgiens que le Roy a nommé entre ceux qui composent l'Académie royale de Chirurgie pour former à l'avenir un comité perpétuel de ladite Académie ». Officieusement, la Société, dont les structures et l'activité se développaient, prenait donc la qualité d'académie et même d'académie royale. Quand celle-ci lui fut officiellement reconnue, La Peyronie n'était plus là pour savourer la réussite de ses efforts, dont le couronnement avait été retardé.

Sur ses avis, en effet, Louis XV avait promulgué le 23 avril 1743 une déclaration concernant les maîtres chirurgiens de Paris, portant qu'il serait désormais impossible d'être reçu maître en chirurgie et d'exercer sans avoir obtenu le grade de maître ès arts et que la profession de barbier-chirurgien serait éteinte. Très vite, cette loi fit surgir des différends entre, d'une part, la faculté de médecine, bientôt rejointe par l'université, et, d'autre part, le corps des chirurgiens parisiens. Pendant des années, arguments et répliques des parties adverses alimentèrent le procès, que le Roi finit par évoquer à son Conseil. La Peyronie mourut le 24 avril 1747 sans en connaître l'issue, mais La Martinière, nommé premier chirurgien le 16 juin, renoua sans désemparer avec la politique de son prédécesseur et, grâce à cette continuité, la situation évolua favorablement. Le 2 juillet 1748, des lettres patentes du Roi, qu'enregistra le parlement, portèrent confirmation de l'Académie de Chirurgie et lui conférèrent, à l'instar des autres, la qualité d'Académie royale. Et puis Louis XV, séant en son Conseil des Dépêches, jugea le 12 avril 1749 le procès en cours : il y aurait désormais deux catégories de chirurgiens : de simples « associés » et, au-dessus, des « gradués » seuls admis dans l'Académie royale et tenus, eux, d'obtenir le titre de maître ès arts et de passer en fin d'études « un acte ou examen public » en latin devant un jury comprenant des médecins.

Ces mesures, conçues d'abord pour Paris, furent progressivement adaptées au reste du royaume, non sans rencontrer réticences ou résistances de la part de divers parlements et corps de métier. En outre, elles ne peuvent être dissociées de toutes celles qui, dans le même temps, concernèrent les services de santé de la marine et des armées. Leurs effets furent variés et étendus. En imposant aux chirurgiens une culture de base et un programme d'études rigoureux, l'Académie fit d'eux les égaux des médecins, leur donnant ainsi accès à un statut social élevé. D'autre part, en assurant les progrès de la pratique et des connaissances chirurgicales, elle suscita aussi ceux de l'art de guérir car, au-delà des villes de quelque importance, c'étaient les chirurgiens qui, dans les bourgs et les villages, exerçaient la médecine courante et intervenaient en cas d'épidémie.

Corrélativement, les traitements médicamenteux bénéficièrent aussi de la sollicitude gouvernementale et, là encore, les mesures conçues d'abord pour Paris visèrent ensuite l'ensemble du pays. Trop de particuliers sans qualité débitaient de prétendus « remèdes spécifiques », dont les uns étaient, au mieux, des attrape-nigauds inoffensifs et d'autres des compositions dangereuses ou nocives par elles-mêmes ou par leur emploi inadéquat. A la suggestion de M. Dodart, premier médecin de Louis XV, un arrêt du Conseil du 3 juillet 1728 enjoignit à toutes personnes distribuant des médicaments de déposer dans les deux mois devant le lieutenant général de police de Paris les brevets ou privilèges en vertu desquels elles se livraient à ce commerce, lequel, passé ce délai, serait sévèrement prohibé. Le 25 octobre suivant, nouvel arrêt du Conseil rendu pour tout le royaume, sanctionnant le précédent et désignant — pour examiner les titres représentés, faire l'analyse et l'épreuve des remèdes concernés et donner un avis quant à leur approbation ou rejet — une commission composée des premiers médecins du Roi et de la Reine, du premier chirurgien du Roi et de son survivancier, du doyen de la faculté de médecine de Paris, de deux médecins, deux chirurgiens et deux apothicaires, dont l'un était au Roi. Commissaires qui, au moment même où naissaient les assemblées académiques de chirurgie, virent leurs pouvoirs confirmés et étendus. Un arrêt du Conseil énonça en effet, le 17 mars 1731, une série de mesures remarquables : seule cette commission aurait mandat, sous le sceau du premier médecin de Sa Majesté, d'accorder, après examen et pour une période de trois ans éventuellement renouvelable, les privilèges pour la distribution des remèdes, privilèges qui devraient spécifier les maladies et les cures auxquelles les destiner. Le premier médecin était tenu d'adresser un double imprimé de ces documents aux doyens des facultés et collèges de médecine, à qui il était enjoint de rendre compte à la commission du succès ou des inconvénients des médicaments. Enfin, les médecins et chirurgiens constatant des épidémies et cas extraordinaires avaient obligation d'en informer la commission, en précisant quels traitements et quels soins ils leur avaient appliqués. Réglementation qui, jointe aux autres mesures prises dans le même temps en faveur de la chirurgie et de la médecine, témoigne de l'attention particulière accordée par Louis XV et ses ministres à tout ce qui touchait à la santé publique.

III. — JUSTICE ET LÉGISLATION

Entre le début du ministériat de Fleury et le milieu du siècle s'écoula une des périodes les plus brillantes et les plus fécondes de l'histoire législative et juridique de la France. La gloire en revient à celui que, le 20 février 1727, M. le Cardinal eut la sagesse de faire revenir aux affaires : le chancelier d'Aguesseau. Les cinq années passées à l'écart dans sa terre de Fresnes n'avaient nullement été pour lui un temps perdu : il les avait employées à méditer les devoirs de sa charge, à inventorier lacunes et défaillances du système judiciaire et à concevoir un programme de réformes. Il arrivait la tête pleine de projets, dont les conditions de son retour allaient faciliter la mise en œuvre. Certains contemporains et ensuite divers historiens se sont émus de ce que le chancelier n'ait recouvré en 1727 que des fonctions diminuées par la nomination concomitante de Chauvelin comme garde des sceaux. En réalité, ce dernier ayant reçu certaines attributions assez lourdes de la chancellerie — en particulier la police de l'imprimerie et de la librairie —, ce partage des fonctions mit d'Aguesseau en mesure de se consacrer pleinement à sa mission de réformateur. Et avec d'autant plus de zèle et de résolution que Louis XV et Fleury se reposèrent sur lui en toute confiance de cette entreprise. Le Roi était conscient de l'illustration qu'une législation sage et habile valait à un règne et aussi de la compétence exceptionnelle de son chancelier, à qui cet appui discret mais ferme et constant assura une parfaite liberté d'action, bien éloignée de l'immixtion de Louis XIV dans la préparation des grandes ordonnances de 1667 et 1670.

De par son expérience et ses réflexions, d'Aguesseau était mieux que quiconque au fait de la crise traversée par les institutions judiciaires, crise elle-même liée à celle des offices ou, plus précisément, des offices de judicature. Alors que le cours des offices de chancellerie et de finance demeurait stable, voire en augmentation, la valeur de ceux de judicature ne cessait de baisser, sauf dans les chambres des comptes. Cette chute, sensible dès la fin du XVIIe siècle, s'était accentuée depuis la Régence et se poursuivait comme inexorablement. Aux yeux du chancelier, elle tenait à tout un ensemble de causes. Les créations d'offices s'étaient tellement multipliées sous Louis XIV, que cette marchandise s'était dépréciée par surabondance. Puis, le Système de Law avait entamé le patrimoine d'éventuels acquéreurs et, jusqu'à 1726, la circulation monétaire était restée peu active. On constatait aussi partout une diminution du nombre des procès, due au coût élevé des frais de justice et aux incertitudes ou à la confusion de la jurisprudence. Situation lourde de conséquences. Les offices se vendaient mal ou ne se vendaient plus : « Un dégoût presque général pour les charges de judicature, déplorait le chancelier, semble avoir succédé à cette avidité incroyable avec laquelle nous les avons vu rechercher... Il y a trop d'offices et trop peu d'officiers. » Ce phénomène a causé un tort sérieux à de nombreuses familles de magistrats et il explique — pour une part que l'on a fréquemment sous-estimée — la fronde des juges sous Louis XV : alors que le prestige social et mondain de la robe atteignait son apogée, elle s'est sentie lésée dans ses intérêts matériels et comme, d'autre part, l'apparition des fonctionnaires consacrait le déclin de son rôle administratif et politique, elle a réagi avec l'aveuglement et la passion du désespoir.

Si elles ne perturbaient point trop le travail des compagnies supérieures, les vacances prolongées d'offices en venaient à paralyser souvent le fonctionnement des sièges subalternes. Certains n'étaient plus assez garnis pour prononcer leurs sentences avec le nombre de juges requis par les ordonnances : ainsi, entre autres, les présidiaux de Saint-Pierre-le-Moûtier et de Mantes, le bailliage de Magny-en-Vexin étaient hors d'état de connaître des procès criminels. En outre, remarquait le chancelier, « les usurpations continuelles de plusieurs parlements sur la juridiction des présidiaux sont encore une des causes qui, en avilissant ces sièges, les ont rendus presque entièrement déserts ». Comme les juridictions inférieures étaient multiples, il en résultait cette situation paradoxale, où il y avait à la fois pléthore de tribunaux et pénurie de juges. Ces inconvénients, d'Aguesseau les avait perçus dès la Régence, mais il n'eut vraiment qu'à partir de 1727 le loisir d'y remédier à sa guise.

Si l'on doit incontestablement saluer en lui le maître d'œuvre de cette noble entreprise, ce n'est point diminuer son mérite que de reconnaître le concours constant et essentiel qu'y apporta son ami Guillaume François Joly de Fleury, procureur général du parlement de Paris, même si celui-ci n'est souvent intervenu qu'en coulisse. Juriste consommé, érudit omniscient autant que fin politique, Joly de Fleury a été à maintes reprises le premier confident, voire l'instigateur des projets du chancelier, arrêtant avec lui l'ordre et l'objet des réformes, lui fournissant parfois jusqu'au schéma des questionnaires destinés aux cours.

La méthode suivie par d'Aguesseau fut remarquable par son libéralisme dans les travaux préparatoires et par sa rigueur dans la mise en œuvre finale. Il lança de grandes enquêtes auprès des intendants et des compagnies supérieures et en fit dépouiller et analyser les résultats par deux avocats de confiance. Pour l'aider ensuite dans l'élaboration des projets de lois, il forma un groupe de travail, bientôt appelé Bureau de Législation, composé de quatre savants conseillers d'État, assistés de deux maîtres des requêtes comme rapporteurs. Les textes ainsi dressés commençaient presque toujours par être communiqués en confidence à M. Joly de Fleury. Ses observations, ses suggestions, ses amendements, dressés bien des fois en collaboration avec ses substituts, étaient pris en compte dans une rédaction remaniée, adressée alors plus ouvertement au premier président du parlement de Paris, qui vaquait à son examen avec les présidents à mortier et les magistrats du parquet. Leurs conclusions étaient remises au chancelier et, si besoin était, de nouvelles versions leur étaient encore soumises. Au terme de ces navettes, la mise au point définitive était opérée par le Bureau de Législation. On voit combien le parlement de Paris a été, de cette manière, associé au travail législatif ; les parlements des provinces n'y participèrent pas d'aussi près, manifestant les uns le zèle et la docilité attendus, et les autres indifférence ou désinvolture, voire (Rouen) réserve ou hostilité. Si experte, minutieuse et appliquée que fût la besogne du Bureau de Législation, le chancelier revit lui-même tous les textes avec la hauteur de vue, la vaste science et les grandes vertus qui étaient siennes.

En lui coexistaient un jurisconsulte et un législateur incomparables, un penseur profondément épris de cartésianisme, un lettré et un humaniste accomplis, un styliste raffiné, un catholique fervent, ferme mais modéré dans son gallicanisme, teinté de jansénisme dans ses mœurs mais non dans sa foi, un moraliste se faisant du ministère du juge et du législateur une conception très élevée, passionné de justice, mais plaçant l'équité plus haut encore que la justice ; un chrétien, en somme, qui eut un jour cette belle et simple parole : « Il faut traiter les affaires humaines humainement. » D'où les soins vétilleux avec lesquels, soucieux d'élégance littéraire autant que de précision juridique, il relisait et retouchait inlassablement les moindres termes et jusqu'à la ponctuation des lois qu'il proposerait au Roi de promulguer, au risque de passer pour tatillon et d'exaspérer parfois son entourage par ses scrupules. Pour les conseillers d'État et surtout les jeunes maîtres des requêtes qui collaborèrent à ses tâches, le Bureau de Législation fut une école de perfectionnement moral autant que juridique, où ils se pénétrèrent d'un esprit de dévouement impersonnel à une grande œuvre qui les dépassait, où l'individu s'effaçait dans le service dû au Roi et au public. Certes y travaillait-on en famille, le chancelier y ayant fait entrer ses deux fils aînés et son neveu d'Ormesson. Mais on a généralement prêté une attention insuffisante aux longs services qu'y rendirent et à l'empreinte qu'y reçurent certains des meilleurs serviteurs du règne : le comte d'Argenson, Machault d'Arnouville, Bertin, Marie François d'Ormesson, Trudaine. Si un idéal d'équité a si souvent inspiré leur action, c'est qu'ils étaient les fils spirituels du chancelier d'Aguesseau.

Celui-ci, dans sa retraite et dans sa correspondance avec Joly de Fleury, avait conçu un programme grandiose de réformation : réviser les grandes ordonnances du règne précédent (ordonnance civile de 1667, ordonnance criminelle de 1670, ordonnance des eaux et forêts de 1669, du commerce de 1673, de la marine de 1681), préparer une ordonnance générale de police, diminuer les frais de justice, réformer les justices seigneuriales, fixer la finance des offices de judicature, réglementer la tenue des registres paroissiaux, aplanir des diversités de jurisprudence entre les cours supérieures, assurer la conservation des archives ecclésiastiques et judiciaires, régler la police de Paris, etc., etc. C'était beaucoup, c'était même trop pour les moyens d'action du chancelier et aussi pour le temps dont il disposait, un temps souvent mangé par ses scrupules de rédaction. Aussi dut-il échelonner ses entreprises en les faisant porter sur trois points principaux : la jurisprudence et la législation, la procédure judiciaire, l'administration de la justice.

Jurisprudence et législation

Une des premières questions que le chancelier eut à résoudre, soulevée en 1726 par le parlement et les états de Provence, concernait un édit de mai 1567, l'édit de Saint-Maur, par lequel Charles IX avait tenté d'introduire dans les pays de droit écrit les dispositions du droit coutumier relatives à la succession des mères au patrimoine d'un enfant prédécédé. Mal accueilli en son temps, cet édit n'avait pas été enregistré partout, ni observé uniformément et son exécution ou son interprétation suscitaient des difficultés inextricables. Le 18 mars 1728, d'Aguesseau adressa à ce sujet un questionnaire aux parlements et conseils supérieurs, dont il eut toutes les réponses pour le 1er juillet. Le Bureau de Législation se mit au travail et, au terme d'une étude approfondie, le chancelier fit prononcer le 6 août 1729 par Louis XV séant au Conseil des Dépêches la révocation de cet édit. Il retira de cette affaire des enseignements décisifs : en manifestant l'impossibilité de combler la coupure séparant pays coutumiers et pays de droit écrit sur un point où on avait essayé un rapprochement, elle lui inspira le sentiment que l'unification du droit privé du royaume — à laquelle il avait rêvé — était une entreprise prématurée, irréalisable sans de longs et persévérants efforts d'information, de persuasion et de simplification. Puisque, dans ces conditions, il fallait renoncer à codifier un droit civil unitaire, la sagesse et la prudence commandaient d'abolir le caractère arbitraire et contradictoire de la jurisprudence du temps, dû non seulement à la diversité et à la contrariété des coutumes, mais aussi à la manière dont les tribunaux inférieurs et les cours supérieures appliquaient les règles du droit quand elles étaient identiques. Avant d'unifier, il fallait émonder. Le chancelier se détermina donc à ramener à l'unité la jurisprudence divergente des parlements dans l'application des mêmes points de droit.

En quelque dix-huit mois, il entama quatre grandes enquêtes en adressant à toutes les compagnies supérieures des questionnaires détaillant les difficultés de principe commandant les dispositions à adopter en matière successivement de donations (10 novembre 1728), de testaments (25 avril 1729), de faux (2 mars 1730) et de substitutions fidéicommissaires (2 mai 1730). Les dernières réponses à la première circulaire lui parvinrent vers le milieu de 1729 et la mise au point de la loi demanda presque deux ans : l'ordonnance sur les donations fut promulguée en février 1731, complétée, dans ses implications fiscales, par une déclaration datée du 17 février, préparée en liaison avec le contrôle général. Comme les suivantes, cette ordonnance sur les donations est un chef-d'œuvre, tant par la maîtrise avec laquelle la matière a été dominée, que par la langue claire, lapidaire, élégante et précise en laquelle elle a été rédigée : elle est passée telle quelle en 1804 dans le Code civil, ce code dont le style était si cher à Stendhal. Pour les testaments, la besogne fut plus longue : la consultation se termina au début de juin 1730 et l'ordonnance ne fut publiée qu'en août 1735 ; le Code civil en a retenu les dispositions qui avaient des correspondances dans le droit nouveau. L'ordonnance sur le faux parut en juillet 1737. Manifestement, la durée de confection de ces lois n'a cessé de s'allonger. Accessoirement, cette temporisation tint aux scrupules qui poussaient le chancelier à remettre souvent l'ouvrage sur le métier. Mais ses tâches s'étaient alourdies quand, après la disgrâce de Chauvelin en février 1737, il dut exercer en totalité les attributions de la chancellerie. Et puis, pour parler franc, les parlements traînaient les pieds. A Paris, Le Peletier, successeur de feu Portail dans la première présidence depuis juin 1736, était un homme difficultueux et ses chicaneries faisaient languir les choses, malgré la bonne volonté du procureur général. Dans les autres parlements, les projets du chancelier, qui en dérangeaient la routine et la suffisance, n'avaient jamais rencontré beaucoup d'enthousiasme : Rouen refusa de répondre au questionnaire sur les testaments, Bordeaux n'enregistra les ordonnances sur les donations et les testaments que sur lettres de jussion de Sa Majesté, plusieurs autres présentèrent des remontrances dont certaines tendaient à vider ces lois de leur substance. Sûr du soutien de Louis XV, le chancelier ne céda sur aucun point et ses ordonnances furent partout enregistrées et appliquées. Avec les années, la rétivité parlementaire se durcit et les cours différaient de plus en plus leurs réponses pour retarder au maximum la promulgation de lois nouvelles.

Si le rythme de sortie des grandes ordonnances se ralentit, le Bureau de Législation n'en restait pas moins fort occupé, ayant à étudier de nombreuses questions de moindre portée ou d'intérêt plus local que national. Ainsi virent le jour des déclarations interprétant certains articles des grandes ordonnances : pour les donations en Artois (1736), les testaments en Normandie (1736) et en Provence (1745), les substitutions en Flandre (1749). A la requête des états de Bretagne, furent rendus pour cette province une déclaration sur le rapt des mineures (1731) et un édit sur les tutelles (1732). Parurent aussi une déclaration servant de règlement pour la dîme entre les curés primitifs et les curés-vicaires perpétuels (1731), une autre sur la fraude pratiquée en Normandie par ventes séparées et successives du fief et du domaine utile d'une même terre (1731), des lettres patentes relatives à diverses coutumes suivies en Artois (1743). Un texte capital fut la déclaration du 9 avril 1736 statuant sur la manière de tenir les registres de baptêmes, mariages et sépultures. Entamée en 1728 et menée avec une sollicitude extrême, son élaboration ne requit pas moins de huit années, car, aux démarches et révisions habituelles, il fallut joindre des consultations avec le clergé, la marine et l'armée. Le résultat fut une législation si pertinente qu'elle est encore aujourd'hui la base de notre état civil. Cette concertation nécessaire avec les autorités ecclésiastiques explique peut-être qu'un questionnaire sur les matières bénéficiales, envoyé aux cours le 5 août 1735, n'ait abouti à rien.

La retraite du premier président Le Peletier à l'automne de 1743 réduisit, semble-t-il, les difficultés. L'ordonnance sur les substitutions fidéicommissaires put enfin être promulguée au mois d'août 1747. Le 12 août 1738, d'autre part, le chancelier avait ouvert une enquête sur les incapacités de donner et de recevoir ; la date (juin 1744 !) de la dernière réponse, celle du parlement de Toulouse, est révélatrice de la mauvaise volonté des grands tribunaux. La matière, au surplus, était délicate, par sa connexité avec les modes d'accroissement des biens d'Église. Aussi fallut-il préalablement déblayer le terrain sur ce point, objectif atteint grâce à l'édit du mois d'août 1749 légiférant sur les établissements et acquisitions des gens de mainmorte et qui, de concert avec M. de Machault d'Arnouville, contrôleur général des finances, entendait arrêter toute extension abusive de la propriété ecclésiastique. Mais d'Aguesseau quitta la chancellerie sans avoir pu venir à bout du reste des incapacités de donner et de recevoir. Si son œuvre proprement jurisprudentielle s'était quelque peu ralentie, c'est aussi que son attention était simultanément captée par d'autres tâches.

PROCÉDURE

Pour la procédure, le travail se fit aussi au Bureau de Législation. Contemporaine de l'ordonnance sur les donations et interprétative de l'ordonnance criminelle de 1670, une déclaration sur les cas prévôtaux et les cas présidiaux fut promulguée le 5 février 1731 et rendit plus aisée la répression de la criminalité sur les grands chemins. L'instruction des affaires criminelles dans les élections fut codifiée en 1736 et 1743. Une des lois les plus importantes en fait de procédure fut la grande ordonnance du mois d'août 1737 sur les évocations et règlements de juge, fruit, elle aussi, d'une préparation attentive et minutieuse. Le chancelier fit encore publier en mars 1741 une déclaration concernant les oppositions au sceau des offices. Surtout, il mit à profit la période où l'esprit tracassier du premier président Le Peletier faisait traîner certains projets pour en pousser d'autres, auxquels le parlement n'avait pas à être mêlé puisqu'ils regardaient le Conseil du Roi.

Le 28 juin 1738, Louis XV approuva deux règlements confectionnés avec prédilection par d'Aguesseau. Un premier traitait de la procédure devant les commissions extraordinaires du Conseil et l'autre, le plus important, de celle devant les Conseils de Sa Majesté. Chef-d'œuvre de logique et de clarté, le second était si bien approprié à son objet qu'il a été suivi par notre Cour de Cassation jusqu'en 1947, où il a été remplacé par une loi à laquelle il a fourni encore bien des éléments de base. Un titre entier de ce texte remarquable visait le ministère des avocats aux Conseils, qui formaient un barreau particulier. Ces Messieurs s'insurgèrent contre lui et, peut-être impressionnés par l'exemple donné quelques années plus tôt par leurs confrères du parlement dans les affaires religieuses, décidèrent de cesser le travail aussi longtemps que le règlement n'aurait pas été retiré. Cette folle incartade servit les desseins du chancelier. Au début de septembre 1738, un édit supprima les cent soixante-dix charges d'avocats existantes et en créa soixante-dix nouvelles. En attendant que celles-ci fussent remplies, d'Aguesseau commit divers juristes pour occuper au Conseil et y assurer le cours de la justice. Dès la mi-octobre, le nouveau barreau fut au complet, composé d'une partie des anciens, revenus à de meilleurs sentiments. La défaite des mutins était totale : le règlement du Conseil fut appliqué intégralement et les effectifs de l'ordre, pléthoriques jusque-là, ramenés à un chiffre raisonnable et suffisant.

ADMINISTRATION DE LA JUSTICE

En tant que surintendant de la justice, il incombait au chancelier de veiller au bon fonctionnement de tous les tribunaux, d'où la sollicitude qu'il porta à leur recrutement, à leur discipline interne, à la définition de leur compétence et à toutes questions les concernant.

On a vu qu'en raison de la crise des offices il y avait — principalement pour la justice de première instance — trop de tribunaux et pas assez de juges. Cette situation désolait d'Aguesseau, qui voulut d'abord s'en faire une idée claire. Reprenant des tentatives ébauchées par le duc de Noailles dès 1717, par le contrôleur général en 1723 et le garde des sceaux en 1724, il lança le 24 avril 1728 auprès des intendants une enquête en vue d'être renseigné sur le nombre d'offices dont était composé en principe chaque bailliage, sénéchaussée et présidial, sur le nombre de ces charges alors vacantes et sur les prix auxquels ces offices s'étaient négociés en dernier. Fort des informations reçues, il écrivit derechef aux intendants le 20 octobre suivant, leur faisant part de sa détermination de « supprimer les prévôtés, châtellenies ou vigueries royales qui subsistent encore dans les villes mêmes où est établi le siège du bailliage ou de la sénéchaussée supérieure, et de les réunir à ce siège. » Il réclamait en conséquence un dénombrement des offices concernés. Pour suivre ces affaires, voyant le Bureau de Législation déjà surchargé de projets, il créa alors un bureau homologue, le Bureau des Réunions.

Le premier résultat de son travail fut un édit d'octobre 1730 fusionnant la juridiction de la prévôté de Laon avec celle du bailliage de cette ville. Cet édit servit de modèle pour tous ceux qui, au fil des ans, égrenèrent ensuite des décisions identiques touchant de nombreuses localités. Mesures utiles, mais apparemment sans effets suffisants. En janvier 1740, le chancelier s'adressait de nouveau aux intendants, circulaire appuyée par une autre du contrôleur général Orry : « Vous êtes trop instruit de l'état de votre généralité pour ne pas savoir que le nombre des juges y diminue tous les jours, en sorte que les tribunaux inférieurs sont menacés d'une désertion presque entière et la justice même de n'avoir plus de ministres. » Il leur prescrivait la confection d'états très minutieux de la composition de toutes les juridictions royales relevant du parlement du ressort. Cette fois encore, les magistrats montrèrent peu de diligence et de docilité : en octobre 1742, cinq des vingt-deux bailliages de Bourgogne renâclaient toujours à fournir le détail de leur situation. En attendant, se succédaient les édits particuliers prononçant des fusions de tribunaux, jusqu'au jour où, en avril 1749, un édit général ordonna enfin la suppression dans tout le royaume des prévôtés, châtellenies, vicomtés, vigueries et autres sièges royaux établis dans les villes où existaient bailliage ou sénéchaussée, et l'union de leur juridiction à celle de ces derniers. Les charges de judicature ne furent pas seules en cause : ce fut aussi le cas des surabondants offices ministériels, dont beaucoup méritaient d'être éteints. Le Bureau des Réunions y vaqua : le nombre des notaires de Meaux fut, par exemple, ramené en 1740 de dix à six. Au mois d'avril 1748, enfin, d'Aguesseau lança une enquête sur les geôliers des prisons royales : on ne savait même pas s'ils exerçaient leurs fonctions en qualité d'officiers ou à quelque autre titre !

Le fonctionnement et la discipline intérieure des cours supérieures offrirent au chancelier maintes occasions d'imposer sa sage rigueur. Voici un édit sur la chambre tournelle du parlement de Bordeaux (1732), des lettres patentes apaisant les contestations entre les officiers de la cour des comptes, aides et finances de Montpellier (1733), une déclaration concernant les substituts du procureur général du parlement de Bordeaux (1734) et une encore pour ceux du parlement de Pau (1737), une autre portant règlement pour le parlement de Besançon (1739), un règlement de discipline pour le parlement de Pau (16 juillet 1747), prétexte seize ans plus tard à de graves désordres, voici encore une déclaration servant de règlement pour la cour des aides de Paris (1748).

Entre juridictions supérieures et même subalternes, les conflits de compétence et de présence étaient endémiques et le chancelier s'évertua, par des décisions claires et rationnelles, à en éliminer les causes. Dès septembre 1727, il faisait promulguer des lettres patentes portant règlement entre les officiers du parlement, de la chambre des comptes et du bureau des finances de Dijon. Maintes lettres patentes ou déclarations suivirent, portant règlement, par exemple, entre le conseil provincial et les bailliages royaux d'Artois (1728), entre le parlement, les requêtes du palais et les présidiaux de Bretagne (1732), entre le parlement et la cour des aides de Bordeaux (1734), entre le parlement de Toulouse, la cour des comptes, aides et finances de Montpellier et divers tribunaux de Languedoc (1736). D'Aguesseau appliqua à bien d'autres matières encore sa volonté de réformation : en 1736, les parlements reçurent de lui un questionnaire daté du 2 avril sur la manière de vider les partages d'opinion survenant dans le jugement des procès ; la déclaration qu'il mit en chantier pour y pourvoir n'est jamais sortie. En revanche, il réussit à réglementer les fonctions des huissiers et sergents royaux (1730) et les frais de justice des procès criminels (1734). Et il ne faut pas oublier sa sollicitude pour les universités — et surtout les facultés de droit —, envers lesquelles, de par ses attributions, il était tenu à un devoir de protection.

Le 27 octobre 1750, le chancelier d'Aguesseau, alors octogénaire, remit au Roi la démission de sa charge, que l'altération de sa santé ne lui permettait plus d'exercer. Il ne survécut guère à cette démarche et s'éteignit le 9 février suivant. Il avait souhaité que ses cendres fussent mêlées à celles des pauvres, mais, au contraire, un mausolée s'éleva sur sa tombe à Auteuil, où Louis XV fit dresser un obélisque de porphyre orné d'inscriptions élogieuses. Rien de plus justifié que cette manifestation de la gratitude royale. D'Aguesseau avait mis en place les éléments d'un code Louis XV et le Roi, avec sa lucidité habituelle, avait conscience que l'œuvre de son chancelier constituait une des gloires de son règne. Œuvre qui n'est pas encore pleinement connue, à cause de l'anéantissement des archives de la chancellerie grâce au vandalisme jacobin. Elle a pu être étudiée en détail dans certains de ses aspects, mais n'a pas encore été saisie dans son ensemble et son inventaire reste à faire.

Toutefois, elle apparaît d'ores et déjà comme révolutionnaire. Oh, certes ! une œuvre accomplie patiemment, sans réclame ni tapage, et qui semble être au droit et à la législation ce que les tableaux de Chardin sont à la peinture. Cette humilité même lui a permis d'être révolutionnaire. Elle fut, en effet, la première réalisation notable d'un droit civil unitaire et, surtout, en introduisant dans les sciences juridiques l'analyse cartésienne, d'Aguesseau leur a fait faire le progrès le plus décisif, car il les a ainsi dotées de l'instrument même par lequel ont été rendus possibles tous les progrès ultérieurs. Il a contribué plus que quiconque à instaurer dans ces disciplines la suprématie de la raison : à ses yeux, il n'y avait d'autre législateur que celle-ci dans les affaires terrestres. Mais à une limitation près, et capitale : la loi morale. D'Aguesseau demeurerait inexplicable sans cette morale d'austérité, dont selon lui, les nécessités du bien commun ne pouvaient dispenser l'État d'observer les règles.

IV. — CULTURE ET SCIENCES

Comme pour la santé publique, comme pour la législation, le second quart du XVIIIe siècle a constitué un temps propice pour la vie intellectuelle et scientifique du royaume et, en grande partie, pour les mêmes raisons, c'est-à-dire grâce à l'attrait éclairé que, chacun à sa manière, Louis XV, d'Aguesseau et Maurepas éprouvaient pour les sciences humaines et les sciences exactes, dont, au reste, le cardinal de Fleury ne se désintéressait nullement, qui tint à devenir membre de l'Académie française, de l'Académie des Inscriptions et Belles-Lettres et de celle des Sciences. Leur action est particulièrement discernable en trois domaines : l'édition, l'érudition, les expéditions scientifiques.

L'ÉDITION

Traditionnellement, la police de l'imprimerie et de la librairie relevait de la chancellerie, où elle était confiée à un personnage qualifié de directeur de la librairie. Il n'était pas désigné par le Roi mais par le chancelier ou le garde des sceaux, sous la responsabilité duquel il avait mandat exclusif de traiter ces affaires et qui en déléguait le soin à un membre de sa famille ou à un de ses intimes. Elles furent attribuées en 1727 au garde des sceaux Chauvelin et, après sa disgrâce en 1737, recouvrées par le chancelier. Chauvelin prit successivement comme directeur un neveu, un cousin et un intendant du commerce, M. Rouillé ; et d'Aguesseau : le comte d'Argenson, puis, quand celui-ci devint ministre d'État, un maître des requêtes, M. Maboul, suppléé un moment par M. Gros de Boze, secrétaire perpétuel de l'Académie des Inscriptions.

Les fonctions de directeur de la librairie étaient délicates et fort ambiguës. D'une part, en effet, il était tenu d'appliquer une réglementation restrictive, mais, par ailleurs, il devait aussi protéger l'édition française de la double concurrence des presses étrangères et des publications nationales clandestines. Deux tâches plutôt contradictoires. Sous le chancelier de Pontchartrain (1699-1714) avaient été édictées des mesures sévères, favorisant les libraires parisiens au préjudice de ceux des provinces, et en février 1723 un arrêt du Conseil avait établi pour Paris un véritable code de la librairie, étendu en mars 1744 à tout le pays. En réalité, la matière était par elle-même impossible à réglementer. N'étaient autorisés à paraître dans le royaume que les livres dont les auteurs avaient obtenu un privilège d'impression, délivré sur approbation du manuscrit par un censeur royal. Ce privilège était lui-même un titre équivoque : il avait en principe et en fait un rôle tutélaire visant à protéger à la fois le droit moral des écrivains sur leurs œuvres et les libraires de la concurrence et des contrefaçons ; il était aussi une précaution de l'autorité royale envers les écrits contraires à la religion, à l'État et aux bonnes mœurs. Mais le domaine du livre et des journaux — et le cas des *Nouvelles ecclésiastiques* est exemplaire à cet égard — est l'un de ceux où les opérations clandestines sont en pratique impossibles à contrecarrer, qu'il s'agisse d'importation, d'impression ou de diffusion. Aussi les libraires français se plaignaient-ils de plus en plus de voir leurs concurrents, surtout hollandais, tirer bénéfice de la publication d'ouvrages qu'on leur avait interdit d'éditer et qui, finalement, se trouvaient en France entre toutes les mains. Ces arguments d'ordre économique conduisirent à des mesures d'un pragmatisme assez frappant.

Cousin du garde des sceaux et directeur de la librairie entre 1729 et 1732, Jacques Bernard Chauvelin imagina une nouvelle forme de permission, en contradiction avec l'esprit de la législation : la permission tacite. C'était une autorisation accordée par le directeur de la librairie à un libraire français pour diffuser en France un ouvrage théoriquement édité à l'étranger, mais dont on savait pertinemment que, sous le couvert d'une adresse étrangère ou fantaisiste, il avait été en réalité imprimé dans le royaume. De telles permissions furent, par exemple, accordées pour la publication des œuvres de Spinoza et de Hobbes, réputées pernicieuses, mais déjà largement répandues en France. Ce libéralisme allait à la fois séduire et déconcerter le chancelier d'Aguesseau quand il reprit les sceaux. Son amour de l'histoire, son goût pour les mathématiques et les sciences exactes (il était académicien des Sciences depuis 1728) le portèrent à donner en 1746 un privilège d'impression à l'*Encyclopédie,* qu'on lui avait représentée comme une entreprise scientifique ; sa prédilection pour le droit et la philosophie lui firent regretter que *L'Esprit des lois* (1748) n'eût pas été publié en France ; et sa morale austère le poussa à refuser de décerner des privilèges pour les romans. Mais son directeur de la librairie, son ami le comte d'Argenson, jugea cette prohibition néfaste et, avec la complicité du lieutenant général de police de Paris, admit que l'on continuât à imprimer des romans en France, mais sous le manteau et sans même une permission tacite.

Ainsi fut instauré, en marge de la règle officielle du privilège et parallèlement à elle, un régime de tolérance officieuse et assez pharisaïque — permission tacite, autorisation occulte — qui, en créant un régime de liberté concertée, cherchait à réintégrer dans le champ de la légalité ce qui risquait de lui échapper par tous les circuits de la clandestinité et à établir un équilibre fragile entre les impératifs du commerce, la défense de l'autorité monarchique et de la morale et la création intellectuelle.

L'ÉRUDITION

S'il est une science dont les progrès sont liés à la continuité de la recherche fondamentale, c'est bien l'histoire. Un mérite du Régent et de Louis XV, de Fleury et de Maurepas est d'avoir poursuivi et développé les initiatives prises en ce domaine par le chancelier de Pontchartrain. Deux institutions surtout en bénéficièrent : l'Académie des Inscriptions et Belles-Lettres et la Bibliothèque du Roi.

A la tête de cette dernière, le Régent avait placé en 1721 un savant conseiller d'État, l'abbé Bignon, membre de l'Académie française, de l'Académie des Sciences et de celle des Inscriptions, qui, jusqu'en 1714 avait été directeur de la librairie sous son oncle Pontchartrain. Distincte et séparée des livres dont le souverain disposait personnellement dans ses châteaux, la Bibliothèque du Roi — aujourd'hui Bibliothèque nationale — dépendait du secrétaire d'État de la Maison de Sa Majesté, donc de Maurepas. Sous la longue direction de l'abbé (1721-1741), elle devint un grand centre intellectuel : il en réorganisa les départements, tous confiés à d'éminents érudits, souvent académiciens ; il mit en chantier de nouveaux catalogues et s'acharna à enrichir les fonds. Il envoya des missions en Orient rechercher des manuscrits et des inscriptions, il incita les ambassadeurs du Roi dans les pays étrangers à participer à cette collecte, il fit faire des achats dans les grandes foires (Francfort, Leipzig, Venise), il opéra l'acquisition de prestigieuses collections privées (Colbert, Gaignières, Mahudel, Baluze, Mesmes, Lancelot, etc.). Lors de sa retraite, les collections — manuscrits français, latins, grecs et orientaux, livres imprimés, estampes, médailles, monnaies, raretés — avaient doublé et il avait donné des règles de gestion qui avaient un siècle d'avance : la Bibliothèque du Roi était alors, et de loin, la première du monde. A la veille des grandes offensives des Lumières, il avait tendu à renforcer le respect de l'ordre établi par un esprit de large ouverture.

Quant à l'Académie des Inscriptions et Belles-Lettres, remaniée par le Régent en 1716 et où l'influence de l'abbé Bignon fut très grande, elle mit notamment un soin particulier à conduire à bonne fin une compilation de la législation royale entamée sur ordre de Pontchartrain. Le premier tome de ces *Ordonnances des rois de France de la troisième race* parut en 1723, dû surtout au jurisconsulte Eusèbe de Laurière, après la mort duquel en 1728 le chancelier d'Aguesseau chargea l'académicien Secousse de la continuation du recueil. Ce savant donna une tenue plus rigoureuse à la collection ; les volumes successifs eurent un caractère plus critique et érudit qu'à l'origine et, ainsi, rendent encore service aujourd'hui à la recherche. Un peu plus tard, Secousse eut l'idée de mettre sur le métier un répertoire bibliographique de l'histoire de France, que l'Académie fit poursuivre après sa mort. A ces précieux recueils il faut ajouter les travaux personnels des membres de cette compagnie, dont beaucoup furent imprimés dans le gros volume annuel de *Mémoires* qu'elle fit paraître à partir de 1717.

Les expéditions scientifiques

Entre autres conséquences, les travaux de cartographie menés dans le royaume à partir de 1733 ranimèrent de vieilles controverses demeurées latentes parmi les savants au sujet de la figure de la Terre. Dans ses *Principia* (1687), Newton avait démontré que celle-ci était un sphéroïde aplati aux deux pôles. Loin d'être unanimement acceptée, cette vérité ouvrit un long débat, d'autant plus piquant que les travaux de Picard et des Cassini concernant la méridienne de Paris conduisirent à des déductions très différentes, puisque, à partir des données empiriques de l'astronomie pratique et de la géographie, l'analyse des renseignements obtenus rendait plus plausible la thèse d'une Terre oblongue, aplatie à l'équateur ! Contradiction qui venait se greffer sur celle qui opposait fondamentalement cartésiens et newtoniens dans l'approche de l'étude du monde physique. Empoisonnée par les partis pris nationalistes et idéologiques, la discussion était importante, sa conclusion entraînant des conséquences majeures sur la géographie et la navigation. Pour en sortir, la solution n'était-elle pas de recourir à de nouvelles observations ?

A la fin de 1733, Godin, astronome à l'Observatoire, reprenant une idée de La Condamine, suggéra à l'Académie des Sciences l'envoi d'une expédition qui opérerait dans les terres américaines proches de l'équateur la mesure d'un arc de cercle. Proposition bientôt suivie d'une autre de Maupertuis, newtonien convaincu, en faveur d'une entreprise analogue vers le pôle Nord. L'Académie acquiesça à ces deux projets, que Louis XV agréa et que Maurepas eut à mettre en œuvre, en sa qualité de secrétaire d'État chargé à la fois des académies et de la marine.

L'expédition envoyée au Pérou sous la direction de La Condamine pour mesurer trois degrés du méridien à partir de Quito leva l'ancre à La Rochelle en mai 1735 et fit usage en route pour le calcul de la latitude du « nouveau quartier anglais », c'est-à-dire de l'octant, instrument encore très peu répandu. Partie plus tard, la mission menée vers la Laponie par Maupertuis en compagnie de Clairaut, de Lemonnier, de Camus, de l'abbé Outhier et du Suédois Celsius, revint la première : elle s'embarqua à Dunkerque le 2 mai 1736, fit halte à Stockholm le 21 et débarqua le 18 juin au fond du golfe de Botnie à Tornéa. Elle fut de retour à Stockholm le 11 juillet 1737, fêtée par la cour de Suède, et Maupertuis regagna Paris le 20 août et, dès le lendemain, fut reçu et félicité par le Roi, par M. le Cardinal et par Maurepas. Le 13 et le 16 novembre, il présenta à l'Académie des Sciences le résultat des mesures opérées, qui assuraient la victoire des idées de Newton. Les travaux de La Condamine et de ses compagnons — le botaniste Joseph de Jussieu, les astronomes Pierre Bouguer et Louis Godin, l'ingénieur de la marine Verguin, des dessinateurs et un horloger mécanicien chargé de surveiller et régler les instruments — durèrent beaucoup plus longtemps, ralentis par des confrontations personnelles, par les tracasseries de l'administration coloniale espagnole, par les difficultés du terrain et du climat et par l'ampleur de la tâche. La Condamine ne rentra à Paris qu'en janvier 1745, précédé par Bouguer, qui lui disputa la priorité des découvertes. Celles-ci — outre une nouvelle confirmation expérimentale de la thèse newtonienne — étaient nombreuses et de qualité, concernant la botanique, la géographie, la médecine, le génie rural et civil, la cartographie, l'anthropologie, l'administration coloniale : les herborisations de Jussieu firent connaître le quinquina, La Condamine avait effectué la première reconnaissance scientifique du bassin de l'Amazone et dressé la carte de la province de Quito, il rapportait de précieuses indications sur l'inoculation et il introduisait en Europe un produit que lui avaient révélé des Indiens et un missionnaire et qui n'était autre que le caoutchouc !

La corroboration irréfragable des idées de Newton n'était pas le bénéfice le plus notable de ces expéditions, car les calculs de l'aplatissement polaire qu'elles avaient procurés restaient imparfaits en raison de la qualité des instruments et de servitudes propres à l'observation telles que la variation de la réfraction astronomique à de hautes altitudes, la déviation de la verticale causée par la présence de grandes montagnes, etc. Elles emportaient des résultats de plus grande portée, dont le plus brillant a été l'apparition et l'affirmation de la géodésie en tant que discipline nouvelle. D'autre part, celle de La Condamine est devenue un modèle pour toutes les entreprises ultérieures du même genre, soit les treize autres voyages scientifiques accomplis ensuite par la France au XVIIIe siècle pour la solution du problème des longitudes, pour des observations astronomiques, pour des explorations océaniques et géographiques, pour les perfectionnements de la navigation et autres périples savants.

*
**

Loin de faiblir après la mort du cardinal de Fleury, l'action royale et gouvernementale a donc persévéré sur sa lancée jusque vers 1750, persévérance liée évidemment à la stabilité des hommes : Orry n'a quitté le contrôle général des finances qu'en décembre 1745 et y a été remplacé par un disciple de d'Aguesseau et du comte d'Argenson, M. de Machault d'Arnouville ; Maurepas a géré jusqu'en avril 1749 les départements de la Marine et de la Maison du Roi, le chancelier d'Aguesseau ne s'est retiré qu'en novembre 1750, les comtes d'Argenson et de Saint-Florentin ont conservé et vont longtemps encore conserver leurs secrétariats d'État et il y eut peu de changements parmi les intendants des finances. D'où une continuité de vues grâce à laquelle ce quart de siècle — particulièrement dans les années 40 — a été riche en innovations et en orientations qui, pour avoir été opérées sans éclat, sans boniment et presque trop humblement, n'en ont pas moins emporté pour l'État et la nation des suites majeures, dont quelques-unes durent encore aujourd'hui.

Soutenue par l'essor économique, la rigoureuse politique budgétaire et financière d'Orry a obtenu probablement pour le Roi le maximum des ressources que le système fiscal pouvait procurer et a ainsi rendu évidente la nécessité d'une refonte radicale de celui-ci, au moment même où l'ensemble de la population — tous ordres et tous milieux réunis — bénéficiait de certaines réalisations du gouvernement. Un dessein de modernisation et d'équipement du royaume a manifestement présidé aux initiatives ministérielles. Les enquêtes économiques, administratives et judiciaires, les recensements de population, les entreprises cartographiques témoignent d'un souci poussé de mieux cerner les ressources matérielles, démographiques et géographiques du royaume, dont la mise en valeur apparut liée à l'existence de hiérarchies de techniciens caractérisés à la fois par leur haute qualification professionnelle et par leurs compétences administratives. D'où cette politique des grandes écoles, marquée par la naissance de ces établissements fameux qui occupent depuis lors une place majeure dans le paysage intellectuel et social de la France et dont, par ailleurs, la fondation constitua la première immixtion de l'État dans un domaine dont, jusque-là, il ne se mêlait pas directement : l'enseignement. Ce fut aussi non pas l'apparition, mais l'épanouissement d'une catégorie nouvelle d'agents de la puissance publique, ceux que nous appelons « fonctionnaires », bien qu'à ce moment le terme n'eût pas cours. Si le mot manquait, la chose existait désormais, ébauchée de longue date par le statut des bureaux des ministres et des intendants et aussi, plus récemment, par celui du personnel para-étatique des fermes générales.

Ces processus de modernisation de l'État, de même que les mesures en faveur de l'enseignement et de la pratique médico-chirurgicales et que l'envoi au loin d'expéditions scientifiques, resteraient inexplicables si l'on oubliait l'action et l'influence personnelles de Louis XV. L'attrait que, depuis toujours, il éprouvait pour les sciences et les techniques, ses connaissances et sa culture en ces domaines, l'estime, la sympathie et même l'amitié dont il honorait médecins, chirurgiens, savants, ingénieurs, le rendaient apte à saisir l'opportunité de transformations, de créations et de toutes autres opérations dictées par des nécessités de cet ordre. Si ses ministres pouvaient aller de l'avant, c'était parce qu'ils savaient quel intérêt soutenu et éclairé il portait à ces matières et, par là, se sentaient indéfectiblement assurés de son approbation et de son soutien.

Le même sentiment de confiance a permis au chancelier d'Aguesseau d'édifier une œuvre législative, jurisprudentielle et procédurale dont la très haute valeur contraste avec le malaise des institutions judiciaires, promis lui-même à une aggravation quasi inéluctable. La crise des offices de judicature semblait non seulement sans remède, mais mettre en cause, à plus ou moins long terme, l'existence même de l'officier en tant qu'agent des pouvoirs publics, alors qu'à cet égard l'avenir paraissait appartenir au fonctionnaire. Or, le monde des juges était pétri d'archaïsme et rebelle à toute innovation : on a dit avec quel manque d'enthousiasme il avait accueilli les sages ordonnances de d'Aguesseau. La dégradation de la valeur des offices, la croissance du fonctionnariat, la lente substitution d'une gestion administrative de l'État à son antique gestion judiciaire, le rejet instinctif des nouveautés, tous ces éléments, renforcés dans la haute robe par des réflexes de défense nobiliaire, faisaient de la magistrature et de ceux qu'elle dominait (avocats et basochiens) un milieu tourmenté. Comme, par ailleurs, elle adhérait en masse aux thèses jansénistes et gallicanes, la conjonction de ses déboires socio-professionnels et de ses idéologies politiques risquait de fomenter en elle une fermentation dangereuse. Menace accrue depuis que, dans un moment de faiblesse de Fleury, il avait été décidé en décembre 1732 de surseoir à l'application de la déclaration de discipline imposée cinq mois plus tôt au parlement de Paris. En 1748, au lendemain de la paix extérieure, la paix intérieure pouvait être à la merci d'une telle situation.

CHAPITRE VIII

Guerre et paix

La nouvelle de la mort du cardinal de Fleury venait à peine de se répandre, que deux plis confidentiels parvinrent à Louis XV. Le premier contenait une lettre fort respectueuse de Chauvelin, accompagnée d'un mémoire récapitulatif de l'action de l'ancien garde des sceaux, très blessant pour la mémoire de M. le Cardinal. Et le second une longue épître du maréchal duc de Noailles, commentant l'envoi d'un précieux document que Louis XIV lui avait jadis remis en dépôt. C'était le double de l'instruction que le Roi avait donnée lui-même, écrite de sa main, à son petit-fils Philippe V lorsqu'il était parti prendre possession du trône d'Espagne et où, après bien des exhortations, il concluait par celle-ci : « Je finis par un des plus importants avis que je puisse vous donner. Ne vous laissez pas gouverner, soyez le maître. N'ayez jamais de favori ni de premier ministre. Écoutez, consultez votre Conseil, mais décidez. Dieu, qui vous a fait roi, vous donnera toutes les lumières qui vous sont nécessaires, tant que vous aurez de bonnes intentions. »

Pour toute réponse, Chauvelin, exilé à Bourges depuis près de six ans, fut gratifié d'une lettre de cachet le reléguant à Issoire. Louis XV manifestait ainsi sa détermination de se passer à l'avenir de premier ministre. S'y ralliait-il en exécution d'un dessein conçu de longue date et renforcé par la maladresse et la présomption de Chauvelin ? Ou par docilité à cet appel posthume de Louis XIV ? Ou encore par réaction spontanée, naturelle de la part d'un monarque de trente-trois ans ? Peu importait : le Roi avait clairement pris parti.

I. — SEUL À LA BARRE

A court et à moyen terme, la mort de Fleury n'eut guère — on l'a déjà signalé — de répercussions notables sur l'administration intérieure du royaume, mais il était inévitable qu'elle en imposât de plus sensibles au comportement de la France dans le conflit de la Succession d'Autriche, non seulement parce que M. le Cardinal avait régi ces matières, mais parce que, ailleurs en Europe, d'autres acteurs entraient aussi en scène. Lord Carteret, nouvel inspirateur de la politique britannique, lui donnait une orientation vigoureusement antifrançaise. Et en Espagne, une forte personnalité, le marquis de La Ensenada, devenait en avril 1743 ministre prépondérant. Après la retraite de Bohême, des choix stratégiques et diplomatiques de grande conséquence s'imposaient au Roi et les circonstances allaient bientôt le conduire sur les champs de bataille. Avant d'évoquer ces campagnes et leurs péripéties, il est bon de considérer les conditions dans lesquelles Louis XV abordait ces responsabilités.

Le temps des confidents

La résolution affichée par le Roi de gouverner sans premier ministre n'empêchait pas son âme d'être agitée par des sentiments complexes. Vivement et profondément affecté par la perte de son vieil ami, il était en même temps soulagé par la disparition d'un mentor, qui lui avait parfois donné l'impression de régner à sa place, et décontenancé par le fait d'avoir dorénavant à exercer le lourd métier royal en s'éclairant d'abord de ses propres lumières. Nécessité à laquelle la longévité même de Fleury lui avait donné loisir de réfléchir et, dans une certaine mesure, de parer. Depuis quelque temps déjà, il avait cherché à recueillir des avis et à se former une opinion en dehors de Fleury et aussi du Conseil, mais confidentiellement, dévoilant ainsi un trait constant de sa conduite : le recours aux voies secrètes.

Dès les années 1740 et 1741 peut-être, il avait commencé à avoir des entretiens dérobés avec son cousin le jeune prince de Conty. Celui-ci, de sept ans son cadet, animé d'un grand désir de parvenir, était certes le plus doué des princes du sang. Un moment, il avait été question pour lui d'un mariage avec la grande-duchesse Elisabeth, future impératrice de Russie, et ce dut être le premier sujet de ses conversations privées avec le Roi. Elles se feront plus régulières après la mort de M. le Cardinal. La parenté et les importants commandements militaires exercés par Conty suffirent longtemps à les justifier sans trop exciter la suspicion des ministres et les cancans de la cour ; elles permirent ensuite, nous le verrons, de suivre certain projet politique.

D'autre part, à la fin des opérations de 1742, Louis XV avait décidé de confier l'année suivante un grand commandement au nord et à l'est du royaume à quelqu'un qu'il estimait beaucoup, le maréchal de Noailles. Celui-ci s'était appliqué aussitôt à organiser avec soin cette future campagne et se sentit dès lors tenu d'éclairer son maître non seulement sur ses préparatifs, mais sur la situation des affaires en général et, le 7 octobre 1742, le pressentit en ce sens : « Je serai très content de recevoir vos idées » lui avait répondu le Roi. N'était-ce qu'une formule polie ? Noailles ne se crut pas autorisé à parler sans contrainte et, le 20 novembre, insista : « Jusqu'à ce qu'il plaise à Votre Majesté de me faire connaître ses intentions et sa volonté, me bornant uniquement à ce qui regarde la frontière dont Elle m'a donné le commandement, je parlerai avec franchise et liberté sur l'objet qui est confié à mes soins et je me tairai sur tout le reste... Si vous voulez, Sire, qu'on rompe le silence, c'est à vous de l'ordonner. » Scrupules levés de la manière la plus gracieuse par la lettre envoyée de Versailles par retour du courrier : « Le feu Roi mon bisaïeul, que je veux imiter autant qu'il me sera possible, m'a recommandé en mourant de prendre conseil en toutes choses et de chercher à connaître le meilleur pour le suivre toujours ; je serai donc ravi que vous m'en donniez : ainsi, je vous ouvre la bouche, comme le Pape aux cardinaux, et vous permets de me dire ce que votre zèle et votre attachement pour moi et mon royaume vous inspireront. Je vous connais assez, et depuis assez de temps, pour ne pas mettre en doute la sincérité de vos sentiments et votre attachement à ma personne. » Ainsi s'ouvrit une correspondance secrète qui dura plusieurs années — et a été publiée en 1865 — et dont l'un des premiers messages fut précisément cette épître remise à Louis XV le 29 janvier 1743 et contenant les instructions de Louis XIV à Philippe V. Le rôle important auquel était promis M. de Noailles fut manifesté par son élévation, le 10 mars 1743, à la dignité de ministre d'État, prévue du vivant de M. le Cardinal.

Le duc d'Orléans s'en étant retiré depuis juillet 1741, le Conseil d'En-haut se trouva ainsi composé de six membres : le cardinal de Tencin, les comtes de Maurepas et d'Argenson, M. Amelot de Chaillou, le contrôleur général Orry et le duc de Noailles. Tencin y apportait sa finesse et sa grande connaissance des affaires de Rome ; il ne manquait pas d'ambition et, sous les dehors d'une attitude réservée, il ne lui eût pas déplu de succéder à Fleury. Cette éventualité ne se produisit point, à la fois parce que le Roi l'écarta, parce que Tencin ne tenta pas de se mettre nettement en avant et enfin parce que lui échappa la feuille des bénéfices, que, quelques heures après la mort de Fleury, Louis XV encore en larmes avait confiée au précepteur du Dauphin, M. Boyer, évêque de Mirepoix et confident de feu M. le Cardinal.

La personne qui prit alors le plus d'ascendant sur l'esprit du Roi fut Noailles. On se souviendra qu'il avait présidé le Conseil de Finance de la Polysynodie entre septembre 1715 et janvier 1718 et était ensuite entré au Conseil de Régence. Depuis 1723, il n'avait plus assumé de responsabilités politiques, mais des commandements militaires sur le Rhin et en Italie lors du conflit de la Succession de Pologne, au cours duquel il avait reçu en 1734 le bâton de maréchal. Au reste, il n'avait jamais quitté le proche entourage du Roi, dont il était capitaine des gardes. De longue date, et pas seulement grâce à sa naissance et à sa qualité de duc et pair, il avait à la cour une position très forte : il avait épousé en 1698 une nièce de Mme de Maintenon ; sa sœur s'était remariée en 1723 au comte de Toulouse ; la duchesse de Villars, sa fille, était dame d'atours et amie de la Reine ; ses deux fils, le duc d'Ayen — qui avait depuis 1731 la survivance de sa capitainerie des gardes — et le comte de Noailles, avaient été compagnons d'enfance de Louis XV et en étaient maintenant les amis ; il appartenait enfin au cercle de Mme de La Tournelle, favorite actuelle de Sa Majesté ! D'où le ton de franchise sans apprêt que purent prendre ses lettres privées au Roi.

En 1743, le maréchal était âgé de soixante-cinq ans. Sa longue expérience, capable de s'employer dans les finances et les négociations comme à la guerre, son bon sens, sa sûreté de jugement, ses capacités politiques, sa rigoureuse honnêteté, son dévouement à la monarchie et son patriotisme lui valurent alors la confiance intime de Louis XV. Mais s'il était ainsi seul à trancher sur les autres ministres d'État, son esprit un peu court, son tempérament circonspect le retenaient d'autant plus d'avoir l'audace et le dessein de forcer la main du souverain, qu'il lui avait recommandé solennellement, au nom même de Louis XIV, de ne point prendre de premier ministre. Et ce fut bien souvent comme un porte-parole du feu Roi que Noailles apparut au Conseil et dans sa correspondance.

L'INDISCIPLINE GAULOISE

Le cours de la politique fut fortement influencé par le parti qu'en Angleterre lord Carteret s'efforça de tirer de la défection du roi de Prusse dans l'été de 1742 et de la retraite des Français de Bohême. La Saxe étant revenue au système autrichien et la

Hesse s'étant rapprochée du Hanovre, le ministre anglais s'efforça de lever l'obstacle de la neutralité prussienne pour former un bloc protestant au cœur de l'Allemagne, élément d'un ensemble plus vaste à constituer ensuite. Il n'obtint de Frédéric II qu'une convention défensive, signée à Westminster le 18 novembre 1742, et eut la présomption de l'interpréter comme une promesse de concours. La pression britannique exercée à Vienne au profit de la Prusse avait incité le cardinal de Fleury à penser que Marie-Thérèse pourrait se prêter à un retour vers une entente avec Versailles, mais sa démarche, mal préparée, n'avait abouti qu'à un affront. Carteret s'en prévalut pour reconstruire contre les Bourbons, par une alliance entre la maison d'Autriche, le roi de Sardaigne et les états protestants, la grande coalition qui s'était nouée en 1701 contre Louis XIV et pour lui assigner les mêmes objectifs. D'où, dans l'Empire et en Italie, une activité diplomatique intense, influencée par la tournure des campagnes militaires.

C'était donc face à une situation complexe que Louis XV avait à agir sans l'assistance d'un premier ministre. Apparemment, il en fut embarrassé et exerça le métier royal avec tant de réserve qu'un observateur aussi peu malveillant que le duc de Luynes en vint à écrire dans l'été de 1743 : « Le Roi paraît jusqu'à présent peu frappé de la situation présente... Il conte trop historiquement des faits qui sembleraient devoir l'affecter. » Les lettres alors échangées par Louis XV et le maréchal de Noailles attestent qu'en réalité le Roi suivait les affaires de près et en était affecté autant que le méritaient les nouvelles éprouvantes qui se succédèrent pendant ces mois. Mais la réflexion de Luynes est doublement révélatrice, attestant, d'une part, qu'un témoin tel que lui, bien placé, bien informé et très soucieux d'exactitude, parvenait difficilement à saisir le comportement véritable du Roi et, d'autre part, que le secret de la correspondance de Noailles avec son maître était bien gardé.

En 1742, le maréchal de Maillebois avait été envoyé à la tête d'un corps de troupes secourir Belle-Isle assiégé dans Prague. La jonction n'avait pu se faire et Maillebois s'était replié sur la Bavière, forçant ainsi les Autrichiens à l'évacuer et permettant à Charles VII de rentrer dans Munich. Maillebois fut injustement sacrifié et l'armée de Bavière confiée au maréchal de Broglie. Les ennemis avaient ainsi le champ libre dans l'Allemagne du nord-ouest et cette situation inspira les stratégies de 1743.

George II, électeur de Hanovre et roi d'Angleterre, avait pris le parti de soutenir Marie-Thérèse et levé à cette fin des contingents anglais et hanovriens, qui devaient opérer comme auxiliaires de cette souveraine, tout comme les régiments français étaient auxiliaires de Charles VII. Lord Stairs, l'insolent ambassadeur anglais en France entre 1714 et 1720, était le chef de ces troupes anglo-hanovriennes, dites « armée pragmatique », destinées naturellement à rejoindre un corps autrichien appelé à servir avec elles. Le maréchal de Noailles avait été chargé de tenir tête à cet ennemi et, depuis l'hiver, s'efforçait de mettre sur pied une armée nouvelle, formée des débris de celle de Bohême et de recrues fraîches et avec laquelle il devait se tenir entre le Neckar et le Main. Il fit si bien qu'elle se trouva prête avant celle de Stairs ; il voulut profiter de cet avantage pour border le cours inférieur du Main et même occuper Francfort. Proposition rejetée à Versailles, comme contraire aux instructions qui lui prescrivaient de demeurer sur le Neckar afin d'être plus rapproché de la Bavière, où stationnait l'armée du maréchal de Broglie.

Ce dernier avait reçu des consignes offensives, qu'il avait peine à suivre en raison de sa mésentente avec l'état-major et l'entourage de Charles VII. Il tergiversa si bien que, le 9 mai 1743, les Autrichiens franchirent l'Inn à l'improviste et bloquèrent dans Braunau la moitié de la chétive armée de l'Empereur. Broglie demanda aussitôt des renforts et Louis XV ordonna à Noailles de détacher auprès de son collègue douze bataillons et dix escadrons, qu'il fit aussitôt marcher sur Donauwoerth. Broglie, à qui les Bavarois semblaient des alliés de plus en plus suspects, n'eut bientôt plus qu'une idée fixe : le salut de son armée. Celle-ci et le reste des Impériaux avaient à garder, de Munich à Ratisbonne, des lignes de défense étirées le long de l'Isar et du Danube. Jouant de nouveau la surprise, les Autrichiens, dans la nuit du 5 au 6 juin, forcèrent le Danube. Broglie fit alors retraite dans un ordre parfait sous Ingolstadt et Donauwoerth, mouvement conforme à la liberté de manœuvre que lui laissaient ses instructions. Mais il ne saisit pas, ou ne voulut pas saisir, que cette liberté avait pour limites les limites mêmes de la Bavière. Son aveuglement entêté angoissait sur place l'empereur Charles VII et soulevait à Versailles l'émoi le plus vif : « La Bavière me tourne la tête », confiait Louis XV le 4 juin. Il enjoignit expressément à Broglie de se maintenir à Ingolstadt ou, à défaut, de chercher à atteindre le Neckar. N'en tenant nul compte, le maréchal abandonna Ingolstadt le 21 juin, Donauwoerth le 27, évacua précipitamment la Bavière et fit route vers le Rhin et l'Alsace. Une insubordination aussi grave et flagrante appelait des sanctions : destitué de son commandement, Broglie dut remettre son armée à Noailles et se rendre incontinent à Strasbourg, où il trouva un ordre du Roi lui intimant de se retirer dans ses terres, cependant que le maréchal de Coigny, gouverneur d'Alsace, prenait le commandement de cette province, où d'autres troupes refluaient d'ailleurs.

Noailles, en effet, avait essuyé des déboires. Réunie dans les Pays-Bas, l'armée pragmatique de lord Stairs avait passé le Rhin et marchait à la rencontre des Autrichiens du prince Charles de Lorraine. Au commencement de juin, elle avait passé le Main au-dessous de Francfort. Noailles s'était aussitôt porté vers elle, mais, à son approche, Stairs s'était replié sur la rive droite. Quelques jours plus tard, l'Anglais s'installa à Aschaffenbourg, cédant nominalement le commandement au roi George II. Le poste choisi par Stairs était si bien clos qu'il pouvait facilement empêcher les Français d'y pénétrer, mais qu'en revanche les Français pouvaient presque aussi aisément l'empêcher d'en sortir. Noailles vit tout le parti qu'il pouvait tirer de cette position. Il était venu camper en face de son adversaire, la rivière entre eux deux. Les alliés, mal approvisionnés, ne pouvaient séjourner longtemps dans leur camp et tout portait à croire qu'ils ne tarderaient pas à rebrousser chemin pour se rapprocher de Francfort. C'est alors que Noailles comptait les attaquer. Des ponts jetés sur le Main, des gués reconnus à peu de distance lui permettaient de faire passer rapidement sur la rive droite des effectifs assez nombreux pour fermer aux ennemis la route qu'ils devaient nécessairement suivre, tandis que leurs colonnes, arrêtées et massées dans une plaine étroite, auraient à subir le feu de toute l'artillerie française en batterie sur l'autre rive. Bon connaisseur, Frédéric II voyait là « un dessein digne du plus grand capitaine ».

Au milieu de la nuit du 26 au 27 mai, Noailles fut averti que les alliés commençaient à marcher et avaient déjà évacué Aschaffenbourg ; il y fit aussitôt passer des troupes qui s'y établirent. Il courut alors un peu plus au nord pour présider lui-même à l'exécution de son projet principal. Toute son armée avait pris les armes ; la cavalerie et l'infanterie franchissaient le fleuve et l'artillerie prenait position sur les berges de la rive gauche. Le duc de Gramont, neveu du maréchal et colonel des Gardes françaises, commandait l'aile gauche portée au-delà du Main. Ses premières instructions étaient d'occuper un terrain resserré qui formait défilé jusqu'au village de Dettingen. L'adversaire ayant commis la faute de dégarnir cette localité, Gramont eut ordre de s'y installer solidement, sans essayer de déboucher au-delà. Pris de part et d'autre entre Dettingen et Aschaffenbourg, les alliés devaient être réduits à la capitulation ou à une retraite hasardeuse en une région montueuse et boisée.

Ses dispositions prises, le maréchal était revenu sur la rive gauche observer les mouvements des ennemis qui, sous la canonnade, commençaient à reculer en désordre. Soudain, il aperçut le régiment des Gardes françaises qui débouchait de Dettingen ! Il y courut en hâte. Il arriva trop tard : déjà, de nombreuses unités étaient engagées dans la plaine. C'était un coup de tête du duc de Gramont : persuadé qu'un grand exploit allait racheter sa désobéissance, il avait poussé de l'avant, sans se rendre compte qu'il bouleversait ainsi les dispositions de son oncle, qui dut sur-le-champ en improviser d'autres. L'engagement fut très meurtrier de part et d'autre et se solda par un fiasco plutôt que par une défaite : l'armée de Noailles put repasser au complet sur la rive gauche et les alliés s'éloignèrent en hâte, si heureux de se tirer à si bon compte d'un si mauvais pas, qu'en quelques semaines Haendel composa un superbe *Te Deum* pour célébrer la victoire de Dettingen. Au lendemain de laquelle, les deux armées se retrouvaient l'une en face de l'autre, dans la même situation que devant. Après diverses marches et contre-marches, toutes les forces françaises, ayant repassé le Rhin, se trouvèrent concentrées en Alsace à la fin de juillet 1743 et Charles VII enfermé dans Francfort. Les opérations militaires en restèrent là.

La retraite de Bavière et l'affaire de Dettingen eurent des répercussions étendues, moins par leur portée stratégique, que par leur effet moral et leurs retombées politiques. L'une et l'autre avaient eu pour cause majeure l'indiscipline, une indiscipline toute gauloise. Passant outre à tous les ordres reçus un maréchal de France, le duc de Broglie, avait, de sa seule initiative, évacué un territoire confié à sa protection et avait ainsi livré celui-ci à l'ennemi et surtout donné à croire à l'Europe que le roi de France se parjurait en abandonnant à son triste sort l'empereur Charles VII, qu'il s'était engagé à soutenir. Et la bataille de Dettingen, heureusement combinée et engagée, avait mal tourné par l'insubordination du duc de Gramont. Non moins fâcheuse avait été en la circonstance la tenue de nombreuses unités. Alors que l'armée pragmatique s'était ressaisie et avait fait front en bon ordre, certains régiments français n'avaient guère brillé au feu : les Gardes françaises, surtout, avaient cédé à la panique et les corps de la maison du Roi avaient mollement défendu leur proverbiale réputation de bravoure. Des signes inquiétants d'indocilité s'étaient déjà fait jour avant cette péripétie, quand des unités de l'armée de Noailles envoyées en Bavière au mois de mai avaient murmuré contre ce déplacement d'une manière alarmante. Manifestement, du haut en bas de la hiérarchie, la discipline des troupes royales s'était sérieusement délabrée et le comte d'Argenson, récent secrétaire d'État, n'avait pas encore eu le temps de la restaurer.

Vers la belligérance officielle

Le maréchal de Noailles était trop sensé et trop honnête pour ne pas se rendre compte de cet état de choses et surtout pour le dissimuler au Roi à qui, dès le lendemain même de Dettingen, il dévoila impitoyablement la vérité : « Il faut apporter tous ses soins et tout son argent à l'état militaire, lui répondit Louis XV, car je vois bien que c'est le soutien de l'État, surtout étant aussi jalousé qu'il l'est par nos voisins. » Joignant incontinent le geste à la parole, le Roi et le comte d'Argenson entamèrent la réorganisation de l'armée : dès le 1er juillet paraissait une ordonnance créant cent cinquante-deux compagnies de cavalerie, suivie, quelques jours plus tard, de deux autres accroissant les effectifs des dragons. « L'augmentation de la cavalerie est ordonnée, mandait Louis XV à Noailles le 13 juillet... ; l'ordonnance de la milice est aussi sous la presse. Après cela, nous en viendrons à l'infanterie. » Du 1er juillet 1743 au 30 avril 1744 s'égrenèrent ainsi au moins seize ordonnances renforçant les effectifs de la cavalerie, de l'infanterie et de l'artillerie et une vingtaine d'autres portant sur les ingénieurs militaires, sur l'habillement, l'armement, la discipline, l'intendance et l'administration des armées.

Parallèlement, un effort financier s'imposait, auquel Noailles poussa le Roi avec une véritable véhémence : c'est un point, lui remontra-t-il, sur lequel Votre Majesté « doit parler en maître et donner la loi à ses ministres. Votre contrôleur général doit, à l'avenir, être obligé de fournir les fonds dont on aura besoin, sans qu'il ose s'informer des raisons pour lesquelles on les demande, et encore moins en décider. Il doit se renfermer à juger des moyens les plus convenables pour trouver les sommes que Votre Majesté aura jugé nécessaires pour l'exécution de ses desseins. C'est ainsi que le feu Roi, Sire, en a usé à l'égard de M. Colbert et de tous ceux qui l'ont suivi dans cet emploi ; il n'eût jamais rien fait de grand dans tout le cours de son règne s'il avait pris un autre parti et je dois prévenir Votre Majesté que, sans cela, il Lui sera fait des représentations sans fin sur l'impossibilité de trouver les fonds et qu'à moins qu'Elle ne se déclare d'une manière bien expresse et bien décidée sur la volonté où Elle est d'être obéie, tout manquera par le défaut de l'argent nécessaire pour l'exécution de ses désirs. » Noailles s'exprimait ainsi depuis son quartier général de Spire, où il était plus facile de commander à une armée qu'à Versailles à quelques ministres. Louis XV se montra-t-il aussi autoritaire qu'il l'y invitait ? Ou bien fut-il plus doucement persuasif ? Toujours est-il qu'Orry prépara dix édits fiscaux, enregistrés sans difficulté par le parlement de Paris du 20 au 23 décembre 1743. Efforts budgétaire et militaire dont les effets se révéleraient bientôt bénéfiques.

En attendant, les puissances adverses tirèrent parti de la perte de prestige éprouvée par la France à la suite de ses déboires militaires dans l'Empire et de l'éclipse concomitante de sa position politique dans les cours du Nord. En 1741, le cardinal de Fleury n'avait pu retenir les Suédois d'attaquer la Russie en Finlande. Leur offensive tourna au désastre et, en août 1743, ils durent par le traité d'Abo céder à leur voisine les districts méridionaux de la Finlande. La czarine Elisabeth reprit aussitôt à Stockholm l'influence perdue depuis 1738 et exigea la désignation comme héritier de la couronne non du prince royal de Danemark, mais d'un candidat de son choix, solution à laquelle crut devoir se rallier le parti français. Ainsi se trouva ruiné le projet d'union scandinave que la France poursuivait depuis 1739 entre le Danemark et la Suède.

*
**

Lord Carteret, qui avait accompagné son roi sur le continent, profita de toutes ces circonstances pour tenter de ressaisir l'Europe et accélérer son projet de grande coalition contre la France. Après Dettingen, il entreprit, sous sa seule responsabilité, de réconcilier Marie-Thérèse avec Charles VII. Celui-ci, quels que fussent ses déceptions, son dénuement et aussi les pressions de ses entours, refusa de se détacher de Louis XV, qui lui avait renouvelé et tenait effectivement ses promesses d'assistance, ne fût-ce qu'en assurant la subsistance du malheureux Empereur.

L'Italie fut le théâtre d'une intense activité diplomatique, l'Italie où Carteret cherchait à la fois à obtenir le concours du roi de Sardaigne, Charles-Emmanuel III, contre la France et l'Espagne, et à rapprocher ce prince de Marie-Thérèse. Tractations épineuses, car le roi de Sardaigne jouait double jeu : il était engagé avec la France et ne voulait pas rompre avec elle sans être assuré du consentement de la cour de Vienne à un démembrement du Milanais garanti par Londres. Et Marie-Thérèse, déjà amputée de la Silésie, rechignait à se séparer d'une partie de la Lombardie. Carteret parvint néanmoins à ses fins. Au traité de Worms, signé le 13 septembre 1743, il fut convenu que Charles-Emmanuel recevrait de Vienne un contingent de 30 000 soldats, de l'Angleterre un appui naval et de l'une et de l'autre des subsides ; que Marie-Thérèse lui abandonnerait une partie de ses possessions d'Italie du Nord. En échange, il garantissait la Pragmatique, renonçait à ses prétentions sur le reste du Milanais et s'engageait à entretenir 45 000 hommes en campagne. La reine de Bohême et de Hongrie se dédommagerait de ses sacrifices en conquérant l'Alsace, les Trois-Evêchés et les duchés de Lorraine et de Bar. Apparemment, ce traité était fort dangereux pour la France, menacée de dépècement ; il couronnait en réalité une combinaison assez instable, car l'adhésion habsbourgeoise n'était pas sincère : Marie-Thérèse en subissait toutes les charges et ne recevait que des compensations hypothétiques, liées à une défaite préalable et décisive de la France.

Louis XV en avait le sentiment, mais la duplicité de son oncle — Charles-Emmanuel était frère de feue la dauphine Bourgogne — l'indigna : il rompit sur l'heure les relations diplomatiques avec lui. Pour éviter l'isolement, le Roi, fortement incité par Noailles, résolut de resserrer ses liens avec l'Espagne. Les négociations ne traînèrent point et, le 25 octobre à Fontainebleau, fut conclu « le deuxième pacte de famille », à des conditions fort avantageuses pour la cour de Madrid, dont les obligations étaient moins précisément stipulées que celles de Versailles : les deux monarchies feraient cause commune, des troupes françaises participeraient à une conquête du Milanais, de Parme et de Plaisance au bénéfice de don Philippe, gendre de Louis XV, le royaume de Naples serait garanti à don Carlos, le roi de France déclarerait la guerre à l'Angleterre, aiderait Philippe V à recouvrer Gibraltar et Minorque et à abolir les privilèges commerciaux des Britanniques dans l'Amérique espagnole.

La rupture avec Turin, la perspective d'une intervention en Italie, la promesse d'entrer en guerre contre les Anglais, tout laissait prévoir que la France participerait bientôt aux hostilités non plus comme auxiliaire de l'infortuné Charles VII, mais en qualité officielle de belligérante. Ses troupes réunies principalement en Alsace, elle était pour le moment sur la défensive et la saison n'était pas assez avancée pour que ses adversaires prissent leurs quartiers d'hiver. Aussi, en août et septembre, s'attendait-on encore à quelque action militaire. Mais qui commanderait en chef ? L'armée, la cour, la ville étaient divisées entre partisans des maréchaux de Noailles et de Coigny. N'aurait-il pas été possible de mettre tout le monde d'accord si le commandement était pris en main par une personnalité indiscutable ? Or, il n'y avait que le Roi sous qui des maréchaux de France pussent servir. La venue du souverain au milieu de ses troupes eût été, en outre, le meilleur moyen de mettre fin, dans les états-majors comme dans les régiments, au flottement de la discipline.

Cette présence aux armées était depuis longtemps le rêve de Louis XV. Je souhaite, mandait-il en avril 1743 au maréchal de Broglie, « que nous puissions faire une heureuse campagne, laquelle nous puisse amener une bonne paix, tant pour moi que pour mes alliés. Mon intérêt particulier et mon goût n'y seraient pourtant pas, car tout ce que je désirerais, ce serait de pouvoir me trouver à la tête de mes braves soldats et de partager leurs peines et leurs gloires. J'ai déjà trente-trois ans et le malheur a voulu qu'aucunes circonstances ne me l'aient pu permettre ; je n'en ai rien témoigné au-dehors, mais je vous réponds qu'au-dedans j'en ai eu tout le chagrin possible. Avec cela, cependant, je saurai toujours sacrifier mon bien personnel à celui de mon peuple et au repos et à la tranquillité si nécessaire à mon royaume ». Cette envie d'aller se battre, le Roi avait dû la refréner parce que, dans les conditions juridiques où les hostilités se déroulaient depuis trois ans, il lui était impossible de marcher à la tête de ses armées. Celles-ci n'opéraient qu'à titre d'auxiliaires de l'électeur de Bavière, puis Empereur, qui en était le chef théorique. Dans une telle situation, il était possible à des maréchaux de France d'être aux ordres d'une tête couronnée autre que leur maître naturel, mais il était fondamentalement exclu que le roi de France fût subordonné à un autre souverain, eût-il été son allié et son parent. « Le Roi est empereur en son royaume » professait-on depuis au moins Philippe le Bel, et le royaume s'étendait à tout territoire envahi ou conquis. Pour que Louis XV dirigeât en personne des campagnes, il fallait d'abord que, au regard du droit, il fût en état de guerre. Cette condition, nettement ressentie dans la lettre au duc de Broglie, commande avec plus de relief encore ces propos tenus en juillet au maréchal de Noailles : « Selon toute apparence, nous allons avoir la guerre personnellement. La déclarerons-nous, ou attendrons-nous qu'on nous la déclare, soit de fait, soit autrement ? Dans tous les cas, il faudra faire quelque chose, soit à la fin de cette campagne, soit au commencement de l'autre... Je suis accoutumé à me contenir sur les choses que je désire et qui n'ont pas été possibles jusqu'à présent, ou du moins qu'on n'a pas cru telles, et je saurai encore me contenir sur celle-ci, quoique je puisse vous assurer que j'ai un désir extrême de pouvoir connaître par moi-même un métier que mes pères ont si bien pratiqué et qui, jusqu'à présent, ne m'a pas réussi par la voie d'autrui. » Le Roi et Noailles correspondirent pendant plusieurs semaines à ce sujet et il en ressortit — la passivité de l'adversaire aidant — que si Louis XV se rendait aux armées, ce serait tout au plus pour les inspecter, expédient qu'il repoussa : « La seule visite de mes frontières ne me convient en aucune façon en ce moment », trancha-t-il le 3 septembre. Au surplus, la situation diplomatique était telle à ce moment, que sa présence était probablement aussi utile au centre du gouvernement qu'en tout autre point du royaume.

Veillée d'armes

En fonction de l'alliance avec l'Espagne et de la menace venant de la coalition adverse, il fallut déterminer la politique et la stratégie de l'année qui approchait. Les buts de la guerre étaient, au fond, incertains. Certes, il s'agissait dans l'immédiat de défendre l'intégrité du royaume et, par suite, de s'opposer aux coalisés, mais, à plus long terme, pourquoi ou pour qui allait-on se battre ? Pour l'empereur Charles VII réduit à l'impuissance ? Pour procurer des principautés aux fils de Philippe V et d'Élisabeth Farnèse ? Pour châtier le roi de Sardaigne ? Pour satisfaire à la vieille routine anti-autrichienne ? Il y eut un peu de tout cela et rien de nettement déterminé.

Quant au choix des théâtres d'opérations, l'Allemagne fut éliminée : on venait d'y accumuler trop de déceptions. On se contenterait d'y rester sur la défensive et d'y subventionner les princes fidèles à l'Empereur. En Italie, une armée coopérerait avec les Espagnols à la conquête du Piémont et, dès le 1er janvier 1744, le prince de Conty en fut déclaré général. Proposée au Conseil par le cardinal de Tencin et par Maurepas, une diversion serait tentée en Angleterre pour y appuyer une restauration des Stuarts. Enfin, bien qu'elle risquât d'indisposer les Hollandais, l'invasion des Pays-Bas catholiques constituerait l'offensive principale : le pays appartenait à Marie-Thérèse et constituait traditionnellement un champ de bataille, favorable aux manœuvres, aux sièges et donc à la gloire du Roi qui y commanderait en personne ; en outre, cette poussée attirerait une partie des forces autrichiennes et dégagerait le Rhin. Il fallait enfin s'attendre à des hostilités sur mer et aux colonies.

Aussi, pendant l'hiver 1743-1744, préparatifs politiques et préparatifs militaires marchèrent-ils du même pas allègre. Dès octobre 1743, le roi de Prusse, considérant que la possession irrévocable de la Silésie ne lui était pas garantie par les combinaisons échafaudées par Carteret, avait rouvert des pourparlers avec la France, proposant son alliance et un plan de démembrement de la Bohême. Ces conversations, souvent très serrées, se poursuivirent pendant des mois et aboutirent seulement lorsque Frédéric II jugea que la tournure des événements le permettait.

Au sud, les hostilités s'ouvrirent de bonne heure. Le 19 février 1744, une force navale franco-espagnole sortit de Toulon pour rompre le blocus côtier établi par la marine anglaise. Après une rencontre indécise, le 22 février, au large du cap Sicié, les escadres alliées furent réduites à se réfugier dans les ports d'Espagne, privant ainsi de protection, au moins en partie, les transports de troupes et de matériel destinés aux armées d'Italie. Ce contretemps n'empêcha point le prince de Conty et le marquis de La Mina de s'emparer du comté de Nice au début d'avril.

A cette date, Louis XV était depuis peu l'adversaire officiel de l'Angleterre, à laquelle il avait déclaré la guerre le 15 mars. L'opération montée contre elle avait aussitôt été mise en branle, mais la flotte de Brest, qui transportait vers la Tamise un corps expéditionnaire sous les ordres du comte de Saxe, fut à la fois arrêtée entre Douvres et Calais par la croisière anglaise et dispersée par une tempête. Cette diversion fut abandonnée et Maurice de Saxe, créé maréchal de France le 6 avril, devint disponible pour d'autres commandements. Sur le Rhin, on en était encore aux préparatifs. En Flandre, on était l'arme au pied et, prologue nécessaire à toute offensive de ce côté, la déclaration de guerre à la reine de Bohême et de Hongrie fut proclamée le 26 avril. Des pluies obstinées retardèrent l'ouverture des hostilités et l'arrivée de Louis XV.

*
**

Depuis la fin de l'hiver, la cour n'était qu'interrogations et rumeurs au sujet de la venue du Roi à la tête de son armée. Quand la rejoindrait-il ? Le Dauphin l'y accompagnerait-il ? De quels ministres Sa Majesté serait-Elle suivie ? La Reine s'avancerait-elle à proximité des champs de bataille ? Quels seraient les aides de camp du Roi ? Par quels détachements de sa chapelle et de sa maison civile serait-il servi ? Sans rien dire ni faire qui pût entamer la certitude de son départ en campagne, Louis XV veilla soigneusement à en dissimuler jusqu'au bout les circonstances et les conditions précises. Certes, par son travail avec ses ministres, par les séances des Conseils et par tous les préparatifs militaires et diplomatiques qui s'opéraient au grand jour, le public se rendait compte que le souverain prenait toutes dispositions utiles, mais le détail de son voyage lui échappait, tant il restait entouré de discrétion.

La Reine était, la première, dans l'ignorance et, n'osant en parler à son époux, lui remit elle-même le 23 avril une lettre lui faisant part de son désir de le suivre sur la frontière. La réponse fut que, par économie, il était préférable qu'elle demeurât à Versailles, tout en usant à son gré de Trianon. Quant au Dauphin, il n'était pas question qu'il allât s'exposer avant son mariage à la fin de l'hiver prochain. Le temps, en passant, levait de lui-même les voiles sur les intentions royales. Le dimanche 26 avril au soir, aussitôt après la publication de l'entrée en guerre contre Marie-Thérèse, le secrétaire d'État des Affaires étrangères, M. Amelot de Chaillou, fut remercié. Ses qualités étaient celles d'un commis et avaient suffi tant que le cardinal de Fleury dirigeait lui-même la diplomatie. Abandonné à ses seules ressources, il s'était révélé peu capable de remplir sa charge. La surprise ne vint pas de sa retraite, mais du fait qu'il n'eut pas de successeur : Louis XV prit lui-même la direction des affaires étrangères ! Un premier commis de ce département, réputé pour sa compétence et son expérience, M. de La Porte du Theil, aurait l'honneur de travailler en tête à tête avec Sa Majesté, de Lui rendre compte des événements et des correspondances et de recevoir ses ordres ; le comte d'Argenson parapherait les expéditions exigeant le contreseing en commandement ; ce ministre et le maréchal de Noailles feraient les rapports au Conseil d'En-haut.

Après la déclaration de guerre à Marie-Thérèse et le renvoi de M. Amelot, la cour crut le départ du Roi imminent. Mais le lendemain, lundi 27, il alla chasser près de Rambouillet, puis, comme la veille, s'enferma longuement avec Maurepas pour mettre sur pied la maison de la future Dauphine, dont les charges et dignités à pourvoir excitaient ambitions et vanités. Et les jours suivants les choses se passèrent comme d'habitude : Conseils, travail avec les ministres, rites du lever et du coucher, etc. Il transpirait, cependant, que des ordres discrets étaient donnés aux écuries et des feuilles de route aux gardes du corps.

Le samedi 2 mai, le Roi signa un règlement pour la tenue des Conseils en son absence : une partie du Conseil d'En-haut le suivrait à la guerre, le Conseil des Dépêches et le Conseil royal des Finances fusionneraient en un seul Conseil, tenu à la chancellerie sous la présidence de d'Aguesseau. Il ordonna aussi l'envoi à tous les évêques de lettres prescrivant des prières publiques pour le succès de sa campagne. Il écrivit à ses filles. Il prit congé de Mme de Ventadour par ce billet de sa main : « Ma chère maman, ... Priez Dieu pour la prospérité de mes armes et pour ma gloire personnelle. J'emporte à l'armée toute la volonté possible. Que le Dieu des armées m'éclaire, me soutienne et bénisse mes bonnes intentions. Adieu, maman, j'espère vous retrouver en aussi bonne santé que je vous laisse, que je vous embrasse du fond du cœur. Louis. » Il travailla encore avec l'évêque de Mirepoix pour la dévolution des bénéfices. La Reine, toutefois, pour marquer sa tristesse d'une séparation prochaine, décommanda son concert. Puis il y eut, « à l'ordinaire », souper au grand couvert, où vint un monde prodigieux, mais où il ne fut nullement question du voyage. Au sortir de table, le Roi alla chez la Reine, fit un quart d'heure de conversation indifférente, quitta les lieux sans rien dire à Marie (il l'avait avertie par ailleurs) et donna l'ordre pour son coucher à une heure et demie.

Il vint alors effectivement dans sa chambre comme pour se mettre au lit, mais ne fit que changer d'habits. Il passa dans son cabinet, où l'attendait son premier aumônier, M. de Fitz-James, évêque de Soissons. Après un moment d'entretien, suivis du seul duc de Béthune, ils allèrent ensemble à la chapelle. Dans le silence et l'obscurité, Louis resta un quart d'heure en prière. Il revint chez lui. Un de ses carrosses légers attendait dans la cour déserte. Le Roi descendit y prendre place, trois seigneurs de son entourage montèrent avec lui et la voiture s'enfonça dans la nuit. C'était le dimanche 3 mai 1744, à trois heures du matin.

II. — LOUIS LE BIEN-AIMÉ

Le Roi fit halte à la Muette pour entendre la messe, avant de repartir à fond de train, par Chantilly et Pont-Sainte-Maxence en direction de Péronne, où il arriva le soir. Dès les premières localités traversées, dès les premiers relais, les populations et bientôt les soldats accueillirent chaleureusement son passage. A Péronne, il était attendu par ses huit aides de camp et par le maréchal de Noailles. Il quitta cette ville le lendemain après la messe, s'arrêta en route à Cambrai, où il descendit à la cathédrale pour prier devant une Vierge miraculeuse, et arriva en fin d'après-midi à Valenciennes, logeant chez l'intendant de Hainaut, M. de Machault d'Arnouville. Les 5 et 6 mai, il inspecta les fortifications de la ville et de la citadelle, l'arsenal et les magasins et passa en revue les unités cantonnées aux environs, joyeusement salué par ses troupes. Cette armée de Flandre était en effet *son* armée, celle dont il venait prendre le commandement, secondé par Noailles. Confiée au maréchal de Saxe, une armée d'observation couvrait celle de Sa Majesté.

Le baptême du feu

Le Roi gagna Condé le 7 mai, dîna le 8 au Quesnoy et fut coucher à Maubeuge, où il alla voir la manufacture d'armes. Le 9 au soir, il était de retour à Valenciennes, y resta la journée du 10, solennellement reçu à l'hôtel de ville. Il se remit en route le lendemain pour continuer à parcourir la région, visitant partout places fortes, arsenaux, magasins, hôpitaux et campements, passant les régiments en revue. Il contemplait ainsi sur le vif — et non plus sur des plans en relief — cette « ceinture de fer » qui, grâce à Louis XIV et à Vauban, protégeait les issues du royaume. En même temps, il prenait contact, lui qui ne connaissait que l'Île-de-France, avec la terre (alors fort détrempée), les villes et les hommes de deux autres provinces. Et même ce terrien verrait bientôt la mer et ses navires. Par Bouchain, il se rendit de Valenciennes à Douai, salué à son arrivée par le parlement et l'université. Après la messe et la visite du fort de la Scarpe, il quitta Douai le 12 et arriva l'après-midi à Lille, où il passa la journée du 13. Il alla le 14 à Cysoing inspecter le camp où se rassemblaient son armée et celle du maréchal de Saxe et y établit son quartier général à l'abbaye, où il tint dans l'église un chapitre de l'ordre du Saint-Esprit. Le lendemain, il fit une revue générale des deux armées, qui, grâce à la diligence du comte d'Argenson et des maréchaux de Noailles et de Saxe, étaient complètes et en excellent état. Et le 16 travailla avec ces trois personnes à l'établissement des derniers ordres relatifs au déclenchement imminent des opérations. Le secret du plan de campagne avait été bien gardé et l'ennemi, trompé par les démonstrations des troupes et par l'arrivée du Roi à Valenciennes, avait concentré ses moyens de défense en Hainaut, alors que la Flandre maritime était l'objectif de l'armée royale.

*
**

Le 17 mai à trois heures du matin, l'armée du Roi et celle de Saxe se mirent ensemble en mouvement, franchirent la frontière et arrivèrent le soir au pont d'Espierres ; vers une heure après midi, Louis XV revint à Lille. Noailles, après avoir été reconnaître le 18 à Halluin les abords de Menin, fit investir cette place le jour même, cependant que Saxe se dirigeait vers Courtrai. Il lui suffit de s'en approcher pour que les magistrats municipaux vinssent lui présenter les clefs de la ville, où il prit son quartier général. Le Roi passa alors plusieurs jours à Lille. Depuis son départ nocturne et presque clandestin de Versailles, sa suite avait grossi. Des détachements de sa chambre, de son cabinet, de sa bouche et de son gobelet le servaient. Chicoyneau et La Peyronie étaient là avec quelques autres médecins et chirurgiens. Le père Pérusseau, son confesseur, M. de Fitz-James, premier aumônier, deux aumôniers et deux chapelains l'avaient rejoint. Le corps diplomatique accrédité était arrivé ensuite et logeait à proximité. Chaque jour, envoyées par les ministres restés en cour, parvenaient les nouvelles de l'intérieur du royaume et de la marine, sur lesquelles il donnait ses ordres. Il réunissait son Conseil, travaillait avec les ministres présents et aussi, pour diriger la diplomatie, avec M. de La Porte du Theil qui avait mené avec lui plusieurs commis des Affaires étrangères. Les négociations, en effet, ne chômaient pas. Rassuré par la fermeté martiale de la France aux Pays-Bas, le roi de Prusse conclut le 22 mai à Francfort, pour la défense de l'Empereur et des libertés germaniques, une union avec la Bavière, l'électeur palatin et le landgrave de Hesse. Cet accord, auquel Louis XV accédait par un article secret, ruinait définitivement les espérances de grande coalition antifrançaise nourries par l'Angleterre.

Le 22 mai à midi, Louis sortit de Lille et vint planter son quartier général à Wervik pour diriger le siège de Menin, qui se resserrait, mais lentement à cause des pluies abondantes et persistantes. Il alla le lendemain reconnaître la ville investie et peut-être alors se remémora-t-il ce fort que, pour l'initier à l'art de la guerre, le Régent avait fait construire et attaquer sous ses yeux quelque vingt ans plus tôt aux portes de Versailles. Cette fois, les bombes ne seraient plus en carton, ni les morts de faux morts. Dans la nuit du 28 au 29 mai, la tranchée fut ouverte aux deux points qu'il avait ordonnés et il présida à une de ces attaques, l'autre étant confiée au comte de Clermont. La capitulation intervint dès le 4 juin, comme le Roi participait à Wervik à la grand'messe et à la procession de la Fête-Dieu. Dès le lendemain, il décida de faire investir Ypres et en chargea le maréchal de Noailles et le comte de Clermont. Il prit possession de Menin le 7, selon un rituel qui se renouvellera immuablement ailleurs : défilé devant lui de la garnison ennemie se retirant, entrée dans la ville, présentation des clefs par l'échevinage, confirmation des privilèges, *Te Deum* à la grande église.

Dans le même temps (5 juin) était signé entre lui et Frédéric II un traité d'alliance offensive prévoyant que le roi de Prusse envahirait la Bohême à la tête d'une grosse armée, cependant que, sur le Rhin, le maréchal de Coigny attaquerait le prince Charles de Lorraine pour l'empêcher de se retourner contre les Prussiens.

Dès le 8 juin, le Roi revint à Lille, où il séjournerait pendant les premiers temps du siège d'Ypres. Lors de cette halte lilloise, les équipages de Sa Majesté s'alourdirent du plus encombrant des bagages : sa maîtresse, la duchesse de Châteauroux. Croyant revenu le temps où Louis XIV traînait à sa suite Louise de La Vallière et la marquise de Montespan dans ces mêmes plaines de Flandre, elle était venue, flanquée de sa sœur la grosse duchesse de Lauraguais, rejoindre son amant à Lille et s'était installée dans une maison jouxtant l'hôtel du gouvernement où il logeait. L'arrivée de ce renfort galant déconcerta quelque peu les populations et l'armée. Depuis l'arrivée du Roi en Hainaut et en Flandre, l'attention avec laquelle il avait inspecté partout les établissements et équipements militaires, son sang-froid au siège de Menin, sa sollicitude envers les troupes et les blessés, la satisfaction évidente qu'il éprouvait d'être au milieu de son armée, sa majesté naturelle tempérée par sa bonne grâce, toute sa conduite l'avaient rendu très populaire : les habitants se pressaient sur son passage pour l'assourdir de vivats, rivalisant d'enthousiasme avec les soldats. La présence soudaine de Mme de Châteauroux mitigea cette ferveur, réflexions grivoises et quolibets circulèrent : on eût voulu que, de son aïeul le Vert-Galant, Louis XV n'héritât que la bravoure.

Parti de Lille le matin, le Roi arriva le 17 juin au soir devant Ypres et prit son quartier à une lieue de la ville, à Vlamertinge. Avec Noailles et le comte d'Argenson, il examina les plans des travaux effectués sur le front des deux attaques, se fit rendre compte de l'établissement des batteries et ordonna pour le lendemain l'ouverture de la tranchée. L'ennemi capitula le 27 et Louis alla aussitôt visiter les blessés dans les hôpitaux, insistant pour qu'ils fussent soignés avec les plus grandes attentions. Il entra dans Ypres le 29, recevant en plus le serment de fidélité de l'évêque, puis retourna à son camp, donner ordre au comte de Clermont d'aller assiéger la place de Furnes, voisine de Nieuport. Après avoir séjourné à Lille du 30 juin au 2 juillet, il partit pour une nouvelle tournée de visite des fortifications et des installations militaires et navales, qui le conduisit successivement à Béthune, Aire, Saint-Omer, Calais (qu'il gagna en bateau par le canal), Boulogne, Gravelines, Mardick et enfin Dunkerque, où il s'installa le 9 juillet. Averti que les défenseurs de Furnes avaient hissé le drapeau blanc, il alla y planter son camp et entra le 13 dans la ville, dont la prise le rendait maître de la Flandre maritime. Ce fut aussi, par la tournure des événements, la clôture de la campagne sur cette frontière.

*
* *

Depuis peu, en effet, parvenaient d'Alsace des nouvelles de plus en plus préoccupantes. Le maréchal de Coigny avait pour consigne de s'opposer à tout passage du Rhin par l'armée autrichienne commandée par le prince Charles de Lorraine. Leurré par les feintes de cet adversaire, Coigny s'était avancé sur la rive gauche du fleuve jusqu'à Spire et à Worms. Dans la nuit du 30 juin au 1er juillet, de premiers détachements autrichiens franchirent le Rhin à quelques lieues de Landau et d'autres débarquèrent bientôt au nord de Worms, suivis de troupes nombreuses. Voyant l'Alsace menacée, Coigny retraitait vers elle à marches forcées. Louis XV en fut informé à Dunkerque le 7 juillet : « Nous voilà, dit-il, à la veille d'une grande crise de ce côté-là. » Pronostic qui devint prophétie. Il sut bientôt, en effet, que Coigny n'avait pu s'assurer de Wissembourg qu'au prix d'un combat acharné. Le Roi saisit qu'il ne lui fallait plus engager en Flandre d'opération qui l'empêchât de prendre un parti plus important. Il ordonna que le corps commandé entre Sambre et Meuse par le duc d'Harcourt fît incontinent mouvement vers les Vosges pour occuper les gorges de Phalsbourg entre la Lorraine et l'Alsace. Là-dessus, le 12 juillet, apprenant que Coigny avait dû abandonner Wissembourg et la ligne de la Lauter pour se replier sur Haguenau et la Moder, il résolut de laisser en Flandre le maréchal de Saxe avec une armée suffisante pour rester sur la défensive en couvrant la frontière et les dernières conquêtes et d'envoyer le reste des troupes grossir l'armée d'Alsace, qu'il irait lui-même rejoindre à Metz et serait désormais l'armée royale, commandée en attendant par le maréchal de Noailles.

Pendant que Saxe protégeait la frontière, les unités destinées à l'Alsace se mirent en route. Le 19 juillet, Louis quitta Dunkerque à destination de Metz, passant successivement par Saint-Omer, Bergues, Béthune, Arras, Péronne, Saint-Quentin, La Fère, Laon et Reims, où il entra le 29 juillet et resta deux jours. Il s'y rendit d'abord à la cathédrale et put y revivre en mémoire ce moment de son sacre où l'archevêque l'avait ceint de l'épée de Charlemagne ! Il était d'une humeur toute martiale : « J'ai bien de l'impatience d'être à Metz, manda-t-il de Reims à Noailles... Je sais me passer d'équipage et, s'il le faut, l'épaule de mouton des lieutenants d'infanterie me nourrira parfaitement. » Le mot était heureux et fit fortune, ajoutant, si possible, à la chaleur des acclamations par lesquelles les peuples accourus en foule jalonnaient depuis Dunkerque la route de leur maître courant sus à l'envahisseur. Les Rémois, gens prudes, furent toutefois choqués d'apercevoir le carrosse de la duchesse de Châteauroux dans la suite de Sa Majesté. Après avoir entendu la messe à l'abbaye de Saint-Remi, Louis repartit le 31 juillet, fit étape à Châlons, à Sainte-Menehould, à Verdun et arriva le mardi 4 août à Metz, que ralliaient aussi les troupes venues de Flandre.

Les scènes de Metz

L'armée du prince Charles de Lorraine accentuait sa menace : elle entra le 31 juillet dans Saverne et des éclaireurs se montrèrent le 3 août aux environs de Strasbourg. Dans l'émoi général, trois personnes gardèrent leur sang-froid : Louis XV, le maréchal de Belle-Isle et le chancelier du roi Stanislas, M. de La Galaizière. Dès le printemps, l'ancien roi de Pologne ne s'était plus senti en sécurité à Lunéville et s'était installé aux portes de Nancy, au château de La Malgrange. On craignait que les Lorrains ne prissent fait et cause pour le prince Charles, frère du dernier duc national et naguère très populaire dans les duchés. Quand il eut franchi le Rhin et occupé Wissembourg, ce fut la panique à la cour de Stanislas : la reine Catherine Opalinska s'enfuit jusqu'à Meudon et son époux l'aurait volontiers suivie si son chancelier ne lui avait remontré qu'il ne devait pas donner le signal du découragement et ne lui avait suggéré d'aller avec son trésor se mettre à l'abri des murailles de Metz, ce qu'il avait fait.

La Galaizière, en effet, se montrait à la hauteur des circonstances : seul, sans ordres, sans appui, il regroupa les milices, arma les ouvriers des salines, fit élever des retranchements de fortune en bois et en terre, mettant ainsi le pays à couvert des incursions des coureurs ennemis. Et le loyalisme des Lorrains ne branla pas : de mystérieux tas de bois ayant été aperçus sur certains sites bien choisis, on avait craint qu'il ne s'agisse de signaux préparés à l'intention de quelque envahisseur. Alarme vaine : ces amas avaient été dressés lors des travaux de triangulation de Cassini !

Quant au maréchal de Belle-Isle, avant tout ordre et sous sa seule inspiration de gouverneur de Metz et des pays messin et verdunois, il avait pris pour la défense des Evêchés et la subsistance de l'armée royale les dispositions les plus opportunes et son collègue Noailles arrivant à Metz le 31 juillet trouva toutes choses si bien réglées qu'il le reconnut et le signala au Roi avec une parfaite loyauté.

Louis XV projetait de ne stationner que quelques jours dans cette ville, pour atteindre ensuite les Vosges par Lunéville et Saint-Dié. Il logeait chez Belle-Isle, à l'hôtel du gouverneur que, depuis quelques jours, une galerie en bois reliait en face à celui de la première présidence. Passerelle dont Mme de Châteauroux trahit la destination en venant prendre gîte chez le premier président. Louis accueillit le 5 août les hommages du parlement de Metz et vit partir le lendemain le maréchal de Noailles pour l'armée du Rhin. Le vendredi 7, il reçut M. de Schmettau, grand maître de l'artillerie du roi de Prusse, porteur d'une nouvelle bien satisfaisante : Frédéric II se mettait en devoir d'entrer en Bohême et en Moravie ; il comptait que, en concomitance, les Français marcheraient le long du Danube vers la Bavière et pousseraient une diversion vers le Hanovre. Après l'audience de M. de Schmettau, le Roi partit à cheval inspecter les fortifications de la place. Il en revint avec mauvaise mine et l'air maussade. Il se réveilla tôt le lendemain avec de la fièvre et mal à la tête ; on le saigna et il prévint qu'il n'irait pas à la cathédrale assister au *Te Deum* qui devait se chanter pour les succès du prince de Conty en Italie. Un courrier fut envoyé à Versailles annoncer cette incommodité. Les jours suivants : fièvre persistante, maux de tête aggravés, insomnies, saignées, administration d'émétique et autres médicaments. Outre La Peyronie, le Roi avait alors à sa suite Chicoyneau, son premier médecin, et Marcot, un de ses médecins ordinaires ; dès le 9, il avait ordonné que l'on fît venir de Paris Dumoulin, un de ses consultants en qui il avait grande confiance. La Peyronie, qui était en fait le chef de cette équipe, crut devoir, le mardi 11 août, confier à l'évêque de Soissons, premier aumônier, que Sa Majesté lui paraissait en danger. Le lendemain avant la messe, le prélat parla en conséquence et très fermement au Roi. Louis répondit qu'il se sentait faible, qu'il souffrait beaucoup de la tête et avait bien des choses à confesser. « Votre Majesté pourrait toujours commencer et achever demain », proposa l'évêque. Ce même jour, Mme de Châteauroux étant près de son lit, le Roi lui fit un baise-main, puis la repoussa en murmurant : « Ah ! princesse, je crois que je fais mal. » Elle voulut l'embrasser, il refusa et ajouta : « Il faudra peut-être nous séparer. » Il passa le reste du jour dans un grand trouble d'esprit. Le corps médical était inquiet, deux autres docteurs furent appelés en consultation, dont l'un, Casteras, médecin des hôpitaux militaires de Metz, était aussi médecin de quartier du Roi. La nuit fut éprouvante et, dès le jeudi matin, Louis fut encore saigné ; il eut de grandes agitations pendant la messe, puis fut pris d'un malaise auquel ses tourments moraux pourraient avoir eu autant de part que ses maux physiques. Il était certes très las, mais trop conscient aussi pour ne pas souffrir et des manèges hideux de ses entours, et de ceux dont il craignait que Versailles ne fût le théâtre.

*
**

Aussitôt alité, Louis XV avait été pratiquement chambré par Mmes de Châteauroux et de Lauraguais et par le duc de Richelieu, premier gentilhomme de la chambre, qui avait partie liée avec la favorite. En dehors de ce trio et des médecins, des domestiques inférieurs et du chapelain qui y disait la messe chaque matin, nul ne pénétrait dans la chambre du Roi, auquel ne devait arriver aucune parole de crainte, de façon qu'il ne soit surtout pas question de sacrements, c'est-à-dire d'éloignement de la maîtresse. Frustrés de leurs entrées ordinaires, les princes du sang et les grands officiers s'en plaignaient de plus en plus haut, en particulier le duc de Bouillon, grand chambellan. Dans l'antichambre où, par une accablante chaleur d'août, s'entassait cette petite cour messine, partisans et adversaires de cet isolement du Roi s'affrontaient sourdement dans une atmosphère très tendue. Sur un coup d'autorité du comte de Clermont, prince du sang, et du duc de Bouillon, l'ordre accoutumé des entrées fut rétabli le 12 août. L'émotion et l'angoisse débordaient infiniment ce cercle étroit. C'était le royaume tout entier, villes et campagnes, qui, depuis l'annonce de la maladie était dans les affres et en prière. Des prières que, pour sa part, le parti dévot dénatura. Le premier aumônier M. de Fitz-James — grand seigneur ambitieux et orgueilleux, entré tardivement dans l'Église, plus porté à la bataille qu'à la charité — et l'évêque de Metz, M. de Saint-Simon, moins préoccupés du salut éternel de leur maître que de manifester avec éclat la toute-puissance du clergé sur les rois, firent de leur ministère l'instrument d'un chantage humiliant.

Il n'était donc pas étonnant au matin du 13 août que Louis XV, affecté par les cabales de son entourage, par la fièvre et une mauvaise nuit, ait eu des « vapeurs » et se soit senti très mal. Il appela précipitamment son grand chambellan : « Mon Bouillon, mon Bouillon, adieu ! Je me meurs, je ne vous reverrai plus ! Le père Pérusseau ! » Le duc fit aussitôt quérir le jésuite. Le Roi se confessa, puis ordonna que Mme de Châteauroux et sa sœur quittassent leur demeure. Richelieu leur conseilla d'obtempérer, mais sans sortir de Metz. Et M. de Soissons de se rebiffer. Louis XV, en effet, devait communier le soir en viatique et le premier aumônier entendait que ces dames eussent auparavant décampé de la ville. Il fit proclamer par M. de Metz que le Saint Sacrement serait retiré des églises aussi longtemps que les deux femmes seraient dans les murs : « Qu'on ferme nos saints tabernacles afin que la disgrâce soit plus éclatante et que le Roi soit obéi sur des ordres nouveaux ! » Pendant que ces consignes insensées étaient diffusées avec scandale dans les paroisses messines où des foules étaient en prière pour le salut du prince, M. de Fitz-James revint auprès du Roi : « Toutes les lois de l'Église, Sire, dit-il, et les canons défendent précisément d'apporter le viatique lorsque la concubine est encore dans la ville. Je prie Votre Majesté de donner de nouveaux ordres. » Le Roi, sans hésiter, de dire qu'elle sortît sur-le-champ.

Le déchaînement de la populace était si violent que le maréchal de Belle-Isle prêta aux deux sœurs un carrosse à ses armes dans lequel, stores baissés et cachant leurs visages, elles s'enfuirent de la ville, poursuivies par des cris de haine. De village en village, les huées et les quolibets se ranimaient :

« La paille au cul
Vous partez donc, grande duchesse,
La paille au cul !
Qui de nous l'aurait jamais cru
Que Louis rempli de tendresse
Renverrait un jour sa maîtresse,
La paille au cul ! »

Dès la nouvelle du départ, M. de Soissons apporta le viatique et, en présence de M. de Metz, communia le Roi. Il lui imposa alors une espèce d'amende honorable, prononcée en termes inutilement avilissants devant la cour, les officiers et des bourgeois de Metz, demandant pardon du scandale et du mauvais exemple qu'il avait donnés et ajoutant que son intention était de les réparer autant qu'il serait possible. Le même jour, le comte d'Argenson avisait le maréchal de Noailles que, vu l'état de santé de Sa Majesté, il était investi du commandement en chef de l'armée d'Alsace.

Le vendredi 14 fut très mauvais et les médecins ne donnaient plus au malade que deux jours à vivre. Il fut résolu de lui conférer l'extrême-onction, et, une fois encore, M. de Fitz-James imposa son chantage : il remontra au Roi que l'éloignement de Mme de Châteauroux n'était pas encore assez patent. Louis ordonna donc qu'elle se retirât à Autun, en évitant de croiser la Reine et ses enfants qui accouraient, et qu'elle perdît sa charge de surintendante de la maison de la Dauphine, décisions auxquelles le prélat donna une publicité indiscrète. Pour couronner ces opprobres, le Roi dut encore faire détruire certaine galerie de bois, ouvrage exécuté avec une telle diligence qu'au matin de la fête du 15 août tout vestige en avait disparu, les matériaux enlevés, les murs recrépis, comme si de rien n'avait été.

A l'aube de l'Assomption, après une nuit pénible, Louis reçut l'extrême-onction et sa mort était jugée imminente. Ses médecins se sentaient si impuissants que, en désespoir de cause, ils laissèrent un ancien chirurgien-major des armées traiter empiriquement le patient. Effet de cette cure ou non ? un mieux incontestable s'ensuivit. Mais la nuit du dimanche au lundi fut encore « terrible » et Dumoulin, enfin arrivé, crut le Roi sans aucune ressource ; le chapelain qui célébra la messe fut du même sentiment. La journée s'écoula néanmoins sans accident et le lendemain, où la Reine était attendue, le mal avait cessé d'empirer.

*
**

Les premières nouvelles de l'indisposition du Roi étaient parvenues à Versailles le dimanche 9 août au soir. Ensuite, chaque jour, la Reine en reçut du comte d'Argenson et de La Peyronie et envoyait elle-même des courriers en quérir à Metz. Vite l'appréhension fit place à l'anxiété. Marie, le Dauphin, Mesdames étaient dévorés d'angoisse. Priant de toute l'ardeur de leur cœur, ils brûlaient aussi du désir de se rapprocher de leur époux et père. Aucune personne royale ne pouvant quitter la demeure du Roi sans son autorisation, la Reine la fit demander. L'état de Louis XV devenait de plus en plus alarmant, quand, folle d'inquiétude, elle reçut enfin le soir du 14 août — alors que tout semblait perdu — l'avis qu'elle pouvait s'avancer jusqu'à Lunéville, le Dauphin et Mesdames ne devant pas dépasser Châlons. Il était onze heures du soir. Dans la bousculade et la fébrilité, on prépara le départ et le lendemain 15 août, après avoir entendu la messe à l'aube, Marie prit place dans un carrosse léger qui la mena d'une traite à Soissons. Elle faisait à rebours son voyage de fiancée ! Les courriers, après lui avoir remis de relais en relais des bulletins pessimistes, en apportèrent de moins mauvais et aussi l'avis que son époux l'attendait impatiemment. Sautant les étapes, elle prit donc la route de Metz. Le 17 au matin, après Vitry, elle rencontra le Roi son père accouru de Lunéville à sa rencontre pour la réconforter. Le soir même, peu avant minuit, elle était enfin à Metz. Elle monta droit à la chambre du Roi, qui sommeillait. Elle entra seule, il s'éveilla, la vit, la reconnut, l'embrassa et lui demanda son pardon.

La Reine n'était pas arrivée seule à Metz, ni même la première. Le Dauphin et Mesdames avaient pour dernières instructions de ne s'avancer que jusqu'à Verdun. Néanmoins le duc de Châtillon, le trop dévot gouverneur du Dauphin, avait résolu dès Versailles de mener le prince jusqu'à Metz et crut pouvoir suivre ce dessein sans paraître se douter qu'il lui donnait ainsi l'apparence pénible d'un héritier venant allégrement enterrer son parent. Parti quelques heures après sa mère, le Dauphin arriva le même jour qu'elle à Metz, mais dès le milieu de l'après-midi. On se garda bien de l'annoncer à Louis XV, dont les ordres n'avaient pas été suivis et duquel, en son état d'épuisement, il convenait d'écarter les contrariétés. Le Dauphin fut censé n'être arrivé que le vendredi 21 août et dut attendre ce jour-là pour voir son père. L'entrevue ne fut pas aussi tendre qu'on se le serait imaginé : outre que le Roi était encore dans une grande lassitude, il était toujours resté lucide et les manigances des dévots lui avaient déplu. Le même jour, le Roi accueillit aussi ses filles.

La maladie entrait dans sa phase régressive quand la famille royale se trouva réunie à Metz, où elle n'eut plus qu'à suivre les étapes d'une convalescence qui progressa assez vite. Le mercredi 26 août, Dumoulin prononça que le Roi, qui n'avait plus de fièvre, était hors de danger ; on lui fit la barbe, on lui donna du pain dans du bouillon et il commença à voir un peu plus de monde. L'amélioration se poursuivit ensuite, à cela près que les nuits étaient encore coupées de nombreuses insomnies. Le Roi commença à jouer l'après-midi et, le 29 août, se remit à manger de la viande. Il était étendu le jour sur une chaise-longue, mais devait être soutenu par deux personnes pour marcher, tant encore il était faible. Le quinquina aidant, sa robuste constitution reprit peu à peu le dessus. On s'interroge encore aujourd'hui sur la nature précise de son mal : insolation ? intoxication alimentaire ? obstruction intestinale ? ou quelque autre affliction ? Au fond, on ne sait même pas si, malgré des symptômes aussi sérieux qu'une forte fièvre et ces maux de tête violents et persistants, sa

vie fut réellement en danger. Mais une chose est certaine — et c'est ce qui compte —, c'est que ses médecins, son entourage, la cour et toute la nation l'ont cru perdu et que lui-même eut le sentiment de l'être : « Je serai ravi de vous revoir, mandait-il le 30 août à Noailles, vous me trouverez avec bien de la peine à revenir ; il est bien vrai que c'est de la porte de la mort. »
Louis recommençait à écrire, signe que ses forces renaissaient. Le 8 septembre, il s'habilla, remit une perruque et le lendemain tint pour la première fois son Conseil d'En-haut et en sortit sans être fatigué. Un mois venait de s'écouler sans qu'il ait pu s'occuper des affaires du royaume et il était grand temps qu'il les reprît en main. A l'annonce de sa guérison, d'autres ministres avaient rallié Metz : Maurepas d'abord, puis le contrôleur général Orry, arrivé le 30 août, et ces Messieurs tenaient le Comité dans le cabinet de La Peyronie. Il ne restait plus à Versailles ou à Paris que le chancelier d'Aguesseau et un secrétaire d'État, le comte de Saint-Florentin. Et tout ce monde rassemblé à Metz — ministres, ambassadeurs, généraux, courtisans — était en ébullition à cause des événements d'Alsace.

**

Investi du commandement jusqu'à la venue de Louis XV, le maréchal de Noailles était arrivé à Sélestat le 9 août et s'était aussitôt concerté sur la conduite des opérations avec le maréchal de Coigny, commandant en second. Allait-on passer le Rhin en lançant deux ponts au nord de Strasbourg pour prendre à revers ceux du prince Charles de Lorraine ? Ou bien poursuivre directement son arrière-garde ? Là-dessus tomba la nouvelle de la maladie du Roi et l'attention de Noailles se trouva partagée entre les évolutions de l'ennemi et les bulletins de santé arrivant de Metz. Le gros des troupes ramenées de Flandre était à pied d'œuvre le 11 août et il devenait urgent de prendre un parti. Noailles avait beau se raidir et faire effort, l'intérêt qu'il devait aux mouvements du prince Charles se détourna vers Louis XV qui se mourait, vers la chambre royale assiégée et disputée, vers Mme de Châteauroux chassée et conspuée. Ces obsessions prévalurent sur sa vigilance et il laissa filer l'armée autrichienne, qui pouvait être prise ou détruite. Quand il s'aperçut de sa faute, il était trop tard : après avoir pu repasser le Rhin dans la nuit du 23 au 24 août, le prince Charles marchait par la Souabe vers la Bohême envahie par les Prussiens, sacrifiant une simple arrière-garde qui donna aux Français la compensation illusoire de quelques succès locaux et stériles.

La retraite du prince Charles écartait tout danger d'invasion de la Lorraine et de l'Alsace, mais ce n'était que le bénéfice indirect d'un échec peu glorieux et lourd de conséquences. L'envoyé prussien auprès de Louis XV, M. de Schmettau, éclatait en reproches ; échappant à Noailles, le prince Charles allait se porter en force au secours de la Bohême et, en effet, Frédéric II, qui s'était emparé de Prague le 16 septembre, et s'avançait vers l'Autriche, fut obligé de se retirer. D'où un déchaînement universel contre le maréchal de Noailles, à Metz, à Paris, à Versailles et dans l'armée. En quelques jours, il expia deux années de faveur. Le comte d'Argenson laissait pousser toutes ces clameurs, qui ne déplaisaient ni au cardinal de Tencin, qui avait un goût marqué pour les affaires étrangères, ni à Belle-Isle, que ses derniers services avaient lavé du discrédit dont il souffrait depuis sa retraite de Bohême. Le maréchal de Noailles fut autorisé à venir à Metz. Il s'y rendit le 4 septembre et put y constater le déclin de son influence : Louis XV l'accueillit sur un ton assez indifférent et laissa passer plus de dix jours avant de travailler avec lui. Au reste, la cour s'ennuyait à Metz et, faute de distractions, se complaisait à de grandes brigues au sujet des intentions du Roi, les uns voulant qu'il allât en Alsace, les autres cherchant à l'en détourner et à lui faire regagner Versailles.

Le rétablissement de sa santé se poursuivait de manière de plus en plus satisfaisante. Il tenait ses Conseils, travaillait avec ses ministres, faisait des promenades à pied et, le 27 septembre, recommença à monter à cheval. Voyant qu'il pouvait reprendre une vie normale, il décida d'aller terminer la campagne avec l'armée d'Alsace, menée par le maréchal de Coigny et non plus par Noailles. Celui-ci ayant demandé au Roi s'il pouvait l'y suivre, il lui répondit assez sèchement : « Comme vous voudrez. » Les départs s'organisèrent : le Dauphin quitta Metz le 21 septembre pour Lunéville, où il allait embrasser son grand-père avant de rentrer en droiture à Versailles. La Reine était incertaine de son sort. Elle aurait aimé suivre son époux, mais Louis lui signifia assez froidement que ce n'était pas la peine. Elle partir le 28 à destination de Lunéville et y fut rejointe le lendemain par le Roi.

Stanislas s'ingénia à procurer à ses hôtes les agréments les plus variés. Louis XV se montra tantôt enjoué, tantôt maussade et soucieux. Guéri physiquement de sa maladie, il en conservait un grand trouble moral : d'un côté, il était ravi d'avoir échappé à la mort et radieux d'avoir ressenti dans ces circonstances l'affection passionnée de son peuple, pour qui il était désormais *Louis le Bien-Aimé,* mais, en même temps, ce qu'il appela « les scènes de Metz » l'avaient douloureusement marqué, et le conflit de ces sentiments le rendait parfois nerveux. C'est ainsi que, lui qui était toujours d'une politesse si exacte et attentive, il fit scandale le 2 octobre quand il partit de Lunéville en oubliant de prendre congé de sa belle-mère la reine de Pologne !

Il était attendu par son armée devant Fribourg-en-Brisgau. A partir du 28 août, en effet, ses troupes avaient franchi le Rhin et s'étaient répandues sur la rive droite du fleuve, en direction notamment de Fribourg. L'investissement de cette place très forte avait commencé le 17 septembre, la tranchée avait été ouverte le 30 et le siège se poursuivait. Au sortir de Lunéville, Louis fut coucher à Sarrebourg et de là, par Phalsbourg, alla faire étape à Saverne, où il resta deux jours avant d'arriver le 5 octobre au soir à Strasbourg, accueilli par un peuple en liesse. C'est là qu'il apprit que certains de ses corps, manœuvrant en Souabe et vers les villes forestières, avaient occupé Villingen, Radolfzell et fait capituler Constance. Il quitta la capitale alsacienne le 10 octobre, passa la nuit à Sélestat et planta le 11 son quartier devant Fribourg, dont il dirigea désormais le siège avec l'assistance du maréchal de Coigny, Noailles n'étant plus là qu'en spectateur. La ville capitula le 6 novembre, les régiments français y entrèrent le lendemain et, sans attendre la reddition des châteaux, le Roi décampa le 9 à destination de Paris, où il devait s'arrêter plusieurs jours aux Tuileries. Après des haltes à Huningue, Vesoul et Chaumont, il dormit sa dernière nuit de voyage dans le château du contrôleur général Orry à La Chapelle, près de Nogent-sur-Seine. Il mit à profit ces journées de route pour exercer son ressentiment contre certains acteurs des « scènes de Metz » : le gouverneur du Dauphin, duc de Châtillon, fut exilé sur ses terres le 10 novembre et même sort échut en même temps au duc de Bouillon, grand chambellan, au duc de La Rochefoucauld, grand maître de la garde-robe, à M. de Balleroy, gouverneur du duc de Chartres. M. de Fitz-James ne recevra qu'au début de 1745 l'ordre de se retirer dans son diocèse de Soissons, perdant ainsi un futur chapeau de cardinal et l'exercice de ses fonctions de premier aumônier, dont il finira par se défaire en 1748.

Le 13 novembre, à sept heures du soir, ce fut l'entrée dans Paris où l'accueil, a-t-on dit, fut comme « un triomphe d'empereur romain ». Ces journées parisiennes ne furent qu'une succession d'actions de grâces, de *Te Deum*, de congratulations et de festivités. On renoua aussi avec les habitudes : dès le 16, le Roi fut courre le daim au bois de Boulogne et il se réinstalla le 19 à Versailles.

D'ARGENSON LA BÊTE

Il y avait plus de six mois que Louis XV dirigeait lui-même sa diplomatie, soutenu un temps en cela par les conseils de Noailles.

Mais le crédit politique du maréchal subissait une éclipse et le Roi, depuis sa convalescence, se rendait compte qu'il ne pouvait se passer d'un secrétaire d'État. Au moment de quitter Strasbourg, il s'en était ouvert en grand secret, le 9 octobre, au comte de Saint-Florentin : « J'ai jeté les yeux, lui confia-t-il, pour remplir la place des affaires étrangères sur M. de Villeneuve. Il est un peu vieux, mais c'est une bonne tête, et je voudrais qu'en même temps que je le nommerais à cette place il me proposât deux sujets qui lui serviraient de secrétaires, ou de tel autre nom qu'on voudrait leur donner, lesquels il instruirait pour qu'un des deux pût lui succéder. Ce n'est pas un parti pris à l'improviste, comme vous croyez, mais c'est singulier comme nous manquons de sujets pour toutes les places. J'aurais bien désiré en prendre un plus jeune, mais je ne l'ai pas trouvé, et c'est ce qui m'a fait imaginer ce que je vous mande. Mon intention est donc que vous sondiez M. de Villeneuve. » C'était ce conseiller d'État qui avait fait merveille dans son ambassade à Constantinople. Comme on ne put le joindre, car il était absent de Paris, le Roi, sans plus attendre, décida le 3 novembre à Fribourg de lui confier le portefeuille des Affaires étrangères et l'annonça publiquement en arrivant, en même temps que la nouvelle paraissait dans la *Gazette de France*. Villeneuve vint se présenter. Introduit, plus mort que vif, dans le cabinet de Sa Majesté, il en sortit gai et souriant, car, sur ce qu'il avait représenté que son âge et ses infirmités ne lui permettraient pas de suffire au labeur et à l'assiduité de la place, Louis XV l'en avait déchargé. Ses excuses n'étaient pas feintes : il mourut huit mois plus tard.

Jeté dans l'embarras par ce refus, le Roi resta plusieurs jours sans rien décider. D'aucuns veulent qu'il ait alors prêté l'oreille aux suggestions de Bachelier, un de ses premiers valets de chambre, ou de M. de La Porte du Theil, avec qui il travaillait depuis la disgrâce d'Amelot. En tout cas, aussitôt rentré à Versailles, il appela aux Affaires étrangères le marquis d'Argenson, frère aîné du secrétaire d'État de la Guerre et fils du garde des sceaux de la Régence. La surprise fut générale, non seulement parce que le marquis était lié à Chauvelin, mais parce qu'il faisait avec son cadet, brillant homme de cour et de gouvernement, le contraste le plus frappant : on le surnommait *d'Argenson la Bête*. Et pourtant ce curieux bonhomme n'était point sot, mais d'une intelligence plus critique que déliée. Doué d'une grande puissance de travail, il avait suivi jusque-là une carrière honorable d'intendant de province et de conseiller d'État. C'était surtout un idéologue impénitent et un esprit faux. Il accédait aux affaires avec un plan soigneusement préconçu, qui assignait à la France la mission d'arbitrer les différends entre les états européens en contenant les ambitions des quatre puissances qui, selon lui, menaçaient la paix : la maison de Lorraine-Habsbourg, l'Angleterre, la Russie et l'Espagne. Ce plan, hérité au moins en partie de Chauvelin, comportait la protection de la Hollande contre l'Angleterre, une ligue de riverains de la Baltique contre la Russie, une Allemagne organisée contre la cour de Vienne, avec collaboration de la Saxe et de la Prusse, et, enfin, la création, avec l'appui de la Sardaigne, d'une fédération italienne libre de toute tutelle autrichienne et espagnole. Son hostilité foncière à l'Espagne ne le prédisposait guère à poursuivre les objectifs tracés par le récent « pacte de famille », mais, quoi qu'il en eût, ses premiers soins durent être de régler les derniers arrangements en vue du prochain mariage du Dauphin avec une infante, couronnement d'une politique qu'il se préparait à combattre.

III. — UN CONFLIT GLORIEUX ET SANS ISSUE

En pratique, le marquis d'Argenson ne put conduire la diplomatie française à son gré, car il n'eut jamais la confiance totale de Louis XV, sur les déterminations de qui agirent tout autant le maréchal de Noailles (qui ne perdit jamais l'amitié et l'estime de son maître), la fille aînée du Roi (« Madame Infante »), Maurepas, le comte d'Argenson, qui marchait rarement du même pas que son frère, et encore le prince de Conty. Très vite le nouveau ministre eut occasion d'afficher son attitude doctrinale et son aveuglement.

La mort de Charles VII

Alors que la cour et la ville étaient tout occupées des préparatifs du mariage du Dauphin et de la baisse des actions de la Compagnie des Indes, la politique continuait son chemin. L'offensive prusienne en Bohême et en Moravie ayant contraint les troupes autrichiennes à évacuer la Bavière, Charles VII s'était réinstallé à Munich et Belle-Isle avait été envoyé auprès de lui en qualité d'ambassadeur. Le maréchal se rendait de là conférer avec le roi de Prusse quand, au mépris du droit des gens, les Anglais, prétendant qu'il s'était aventuré en pays de Hanovre, s'emparèrent de sa personne le 20 décembre 1744, alors qu'il était en terre neutre, et le transférèrent en Angleterre comme prisonnier d'État, un prisonnier qu'ils furent d'autant moins enclins à libérer, que bientôt son influence en Allemagne leur apparut plus redoutable encore qu'au moment de sa capture. Le 20 janvier 1745, en effet, mourut l'empereur Charles VII, emporté en peu de jours par une « goutte remontée ».

Sa disparition débarrassait la France des dernières servitudes de la politique où elle s'était engagée après le décès de Charles VI. Louis XV avait l'occasion de reprendre les négociations que Fleury avait tenté d'engager en 1742 avec Marie-Thérèse, qui, en échange d'un appui moral à la candidature de son mari à la couronne impériale, se montrait disposée à d'importantes concessions. Mais, bien loin d'en profiter, le marquis d'Argenson s'obstina à contrecarrer l'élection de François de Lorraine et à lui dénicher des rivaux. Le nouvel électeur de Bavière, le jeune Maximilien-Joseph, refusa d'entrer dans ce jeu ; le 19 avril 1745, par le traité de Füssen, il abandonna toute prétention à ce sujet et promit sa voix à l'époux de Marie-Thérèse. Un moment indécis, l'électeur de Saxe préféra s'entendre avec cette souveraine, s'engageant à lui fournir un secours de 20 000 hommes contre Frédéric II et à voter à la diète pour son mari. Comme le landgrave de Hesse retirait ses troupes et que l'électeur palatin se réfugiait dans la neutralité, la ligue nouée un an plus tôt à Francfort volait en éclats, réduite au roi de France et à un roi de Prusse avant tout décidé à ne jamais lâcher la Silésie. Mais une décision pouvait-elle être encore recherchée dans l'Empire ?

En réalité, la guerre avait changé de caractère depuis la mort de Charles VII, car elle ne durait plus que par la volonté des Anglais, qui étaient comme inaccessibles chez eux et ne pouvaient donc être frappés que dans les Flandres. L'obtention de la paix dépendait d'une offensive vigoureuse et victorieuse de ce côté. C'était le dessein non pas du marquis d'Argenson, mais des maréchaux de Saxe et de Noailles, du comte d'Argenson, et de Louis XV. Un rideau de troupes suffisant protégerait la Lorraine et l'Alsace, permettant à l'armée royale d'opérer librement en terre belge.

Si l'on s'apprêtait à combattre, on ne dédaignait pas les fêtes et celles du mariage du Dauphin furent très fastueuses. L'infante Marie-Thérèse passa la Bidassoa le 13 janvier 1745 et chemina ensuite en grande pompe pour n'être accueillie par le Roi, la Reine et le Dauphin que le 22 février. Les épousailles furent célébrées le lendemain dans la chapelle de Versailles et déclenchèrent, à la cour comme à Paris, tout un cycle de réjouissances somptueuses, coïncidant avec les divertissements traditionnels du carnaval. Coûteuses distractions, certes. Mais ces prodigalités n'étaient pas sans intention politique. Copieusement étalées dans la presse, elles tendaient à prouver aux puissances ennemies que, tout en supportant le poids de la guerre, la France demeurait assez riche pour marier magnifiquement l'héritier de la couronne.

Malgré un très mauvais état de santé, le maréchal de Saxe s'adonna sans désemparer aux préparatifs de la campagne, efficacement secondé par un excellent intendant d'armée, M. Moreau de Séchelles. Pendant le premier trimestre de 1745, les troupes restèrent dans leurs quartiers de Flandre. Une trêve de fait s'était établie sur la frontière et ne fut point rompue de part et d'autre. Au commencement d'avril, après avoir arrêté définitivement le plan des opérations avec le Roi et le comte d'Argenson, Saxe quitta la cour pour aller en Flandre prendre ses dernières dispositions et entrer en campagne. A partir du 22 avril, les troupes se mirent en mouvement, certaines unités paraissant se diriger vers Mons et Charleroi pour détourner l'attention de l'ennemi, cependant que le maréchal, par Taisnières, Quiévrain et Péruwelz, se hâtait vers Tournai. Dès le 25, il put envoyer le duc d'Harcourt explorer les abords de cette place puissamment fortifiée. Il en commença lui-même l'investissement le 26 et mena le siège avec vivacité.

Prise à l'improviste, l'armée adverse, commandée par le duc de Cumberland, fils du roi d'Angleterre, qui croyait avoir à défendre Mons, dut se porter au secours de Tournai. Informé de sa marche, Maurice de Saxe, sans vouloir interrompre le siège, fit plusieurs reconnaissances pour découvrir un terrain propre à l'y attendre, de quelque côté qu'elle arrivât. L'emplacement le meilleur fut trouvé au sud-est de la ville, entre un bois, la localité d'Antoing et le village de Fontenoy sur l'Escaut. Une grande bataille était en vue et le Roi ne voulait pas la manquer.

Fontenoy

Le 2 mai 1745, Louis XV reçut par un courrier du maréchal de Saxe la nouvelle que la tranchée avait été ouverte devant Tournai. Il travailla l'après-midi avec le comte d'Argenson, avec l'évêque de Mirepoix et avec M. Orry. Le 3, il alla courre le daim, tint le 4 ses Conseils des Dépêches et des Finances, réglant qu'en son absence ils se tiendraient comme l'an passé. La cour était alors très grosse, le prochain départ du Roi et du Dauphin ayant attiré beaucoup de monde. Le Roi travailla encore le 5 avec le comte de Saint-Florentin, puis se retira plus d'une heure dans son cabinet avec le Dauphin et la Dauphine ; le soir, il soupa au grand couvert, passa ensuite, comme de coutume, dans la chambre de la Reine et s'en alla après un quart d'heure de conversation générale. La Dauphine avait donné ses ordres pour être prête dès cinq heures du matin, mais son affliction était telle au moment de se séparer de son époux, qu'elle fut incapable de monter au lever du Roi qui, ce jeudi 6 mai, fut matinal. La Reine et Mesdames, très émues, y assistèrent. Le Dauphin se rendait chez son père, quand sa mère, postée au passage, le héla et ce furent, dans les larmes, des embrassements interminables. Louis

XV entendit la messe à la chapelle, revint quelques instants chez lui, puis descendit prendre son carrosse. Le Dauphin, le duc d'Ayen et le premier écuyer s'y assirent avec lui et, à sept heures et quart, le cocher prit au grand galop la route des Flandres. Départ aussi peu ostentatoire que celui de l'année précédente.

Louis et le Dauphin passèrent la nuit à Compiègne, arrivèrent le 7 au soir à Douai, où les joignit un courrier du maréchal de Saxe relatant les évolutions des ennemis. Le 8, toujours suivi de son fils, le Roi partit de Douai dès cinq heures du matin pour gagner son quartier général, établi au château de Chin, à portée de Tournai. Leur arrivée donna une nouvelle vigueur aux troupes qui continuèrent le siège avec plus d'ardeur que jamais. Maurice de Saxe avait l'œil à tout, au prix d'efforts presque surhumains : malade, il ne quittait guère son « berceau », une voiture d'osier qui lui servait de lit et de moyen de transport. La venue du souverain le tracassait. Certes, comme il l'écrivait au comte d'Argenson, « la présence du Roi vaut 50 000 hommes », mais pourrait-il, précisément à cause d'elle, accomplir librement les manœuvres qu'il avait prévues ? Louis XV lui-même le rassura, qui, soucieux de ne gêner en rien l'exécution du plan établi, signifia à l'état-major : « Messieurs, j'entends que M. le maréchal soit obéi par tout le monde. Ici, c'est lui qui commande et je suis le premier à donner l'exemple de l'obéissance ! »

Le Roi était plein d'entrain à l'idée de participer bientôt à une bataille rangée et visitait joyeusement ses régiments. Le 9 mai au matin, le maréchal lui rendit compte que, l'approche des ennemis laissant prévoir une rencontre imminente, il formait son ordre de bataille, qu'il paracheva le 10. En plusieurs points, l'on était en contact avec l'adversaire, dont la marche était bien telle que l'avait prévue Saxe. Il n'y avait aucun doute : la bataille était pour demain. A la veillée, Louis se montra particulièrement gai. Toujours féru d'histoire, il rappela que, depuis Jean-le-Bon, aucun roi de France n'avait combattu avec son fils à ses côtés et, sans crainte d'évoquer des souvenirs fâcheux, il proclama que si, depuis Charles VII, ses prédécesseurs n'avaient guère remporté de victoires sur les Anglais, il entendait bien être le premier. La soirée se continua par des chansons martiales et gaillardes, puis il alla dormir.

Sa nuit fut courte : au lever du jour, ce mardi 11 mai 1745, il était à cheval et faisait demander ses dernières consignes au maréchal de Saxe, toujours au fond de son « berceau », torturé par l'hydropisie. Le front français dessinait un triangle dont la pointe était le village de Fontenoy, les deux côtés étaient appuyés à droite à Antoing, à gauche au bois Barry. Ce front était couvert par des ravins, des abattis d'arbres et plusieurs redoutes. La bataille commença dès cinq heures. Après plusieurs attaques infructueuses, le duc de Cumberland entreprit d'enfoncer le centre français, entre Fontenoy et la redoute du bois Barry. Traînant à bras leurs canons, les Anglais formèrent une masse de vingt mille hommes qui s'avança dans les lignes françaises comme un rouleau compresseur[1]. Ils marchaient à pas lents, massifs et intrépides, tirant bas et vite. Les gardes françaises — dont le chef, le duc de Gramont, avait été tué au début de l'action —, les Suisses, les régiments d'Aubeterre, de Normandie, de Hainaut, des Vaisseaux, tentent en vain d'ébranler ce corps formidable et s'effondrent sous le feu. Il était près de midi. La victoire allait-elle sourire aux Anglais ?

Exposé au tir de l'ennemi, Louis XV suivait la bataille depuis un observatoire. Il avait près de lui le Dauphin, le maréchal de Noailles, le duc de Richelieu et le comte d'Argenson et restait en liaison avec Maurice de Saxe soit directement, soit par estafettes. Il était d'un calme et d'un sang-froid impressionnants, encore que de grosses gouttes de sueur sillonnassent son visage tandis qu'il voyait la colonne anglaise progresser comme invincible. Le moment parut alors si critique que le maréchal de Saxe, que l'on avait fini par hisser sur son cheval, voyant les boulets tomber autour du Roi et craignant qu'il ne fût pris avec le Dauphin dans quelque remous, même temporaire, lui envoya le marquis de Meuse pour le conjurer de repasser l'Escaut. Louis refusa : « Oh ! Je suis bien sûr qu'il fera ce qu'il faudra, mais je resterai où je suis. » Noailles aussi, jouant la prudence, fit au Roi la même suggestion. En vain. Accourut alors Richelieu. Il venait d'aller reconnaître la situation du côté de Fontenoy et de se rendre compte que l'avancée des Anglais les mettait désormais à portée de notre artillerie, qui eut aussitôt ordre de les mitrailler. En dix minutes, nos canons ouvrirent de tous côtés la colonne anglaise. « Qu'on fasse marcher ma maison ! », s'écria Louis XV en voyant ces brèches. Cette cavalerie d'élite s'y précipita, cependant que le maréchal de Saxe profitait du trouble pour lancer l'attaque générale. L'ennemi n'eut plus qu'à sonner la retraite, abandonnant neuf mille morts et une partie de son artillerie. Il était deux heures et demie.

Sur un tambour, le Roi griffonna ce mot pour la Reine :

> « Du champ de bataille de Fontenoy, ce 11 mai
> à deux heures et demie.
>
> Les ennemis nous ont attaqués ce matin à cinq heures. Ils ont été bien battus. Je me porte bien et mon fils aussi. Je n'ai pas le temps de vous en dire davantage, étant bon, je crois, de rassurer Versailles et Paris. Le plus tôt que je pourrai, je vous enverrai le détail.
>
> Louis. »

---

1. Le lecteur nous pardonnera l'anachronisme de cette comparaison.

Maurice de Saxe se fit porter par ses grenadiers vers le Roi. Il trouva un reste de force pour fléchir le genoux devant lui : « Sire, j'ai assez vécu, je ne souhaitais de vivre aujourd'hui que pour voir Votre Majesté victorieuse. Vous voyez à quoi tiennent les batailles. » Louis le releva et dit en l'embrassant : « Tout vient de Dieu et de Maurice de Saxe. » Puis, avec le Dauphin, il alla de régiment en régiment, accueilli avec délire : ce n'étaient que vivats, cris de victoire, chapeaux lancés en l'air, drapeaux et étendards brandis, félicitations réciproques des officiers qui se donnaient l'accolade. Le Roi méritait cette liesse, parce que, en ne perdant à aucun moment la maîtrise de lui-même, en refusant de quitter le champ de bataille — alors que son retrait eût pu décourager l'armée et provoquer la débandade —, il avait fortement contribué au succès. C'était l'avis d'un expert indiscutable : « La victoire de Fontenoy, a écrit Napoléon, est due à Louis XV, qui est resté sur le champ de bataille. S'il eût repassé l'Escaut, comme le maréchal de Saxe le voulait, la bataille était perdue. Les boulets arrivaient jusqu'au pont de Calonne. Si le Roi est resté, il en a tout le mérite. »

Toujours accompagné de son fils, Louis XV parcourut ce champ de bataille, dont le spectacle était si tragique que le comte d'Argenson manqua de se trouver mal et dut respirer un flacon de sels. Cumberland avait laissé des monceaux de cadavres et de nombreux blessés, que Louis XV ordonna de recueillir, de traiter comme ses propres soldats et auxquels il adressa, comme aux siens, des paroles de réconfort. Le Dauphin était surexcité — il avait fallu l'empêcher de se jeter, l'épée au poing, dans l'assaut final — et comme il insistait joyeusement sur les pertes des ennemis, son père jugea bon de le rappeler à des sentiments plus humains : « Voyez ce que coûte une victoire, lui dit-il. Le sang de nos ennemis est toujours le sang des hommes. La vraie gloire, c'est de l'épargner. »

*
* *

Dès le lendemain, le Roi revint à son quartier général devant Tournai poursuivre le siège de cette cité si chère au cœur de Louis XIV. Elle capitula le 23 mai, mais la citadelle résista jusqu'au 19 juin, de sorte que Louis n'entra dans la ville que le 24 juin. Le 1er juillet, l'armée royale se remit en marche et se déploya au-delà de l'Escaut, sur la ligne de la Dendre. Le reste de cette campagne allait être une suite ininterrompue de succès : étrillé à Fontenoy, démoralisé et désuni, l'ennemi n'était guère en état de tenir tête. Le Roi campa successivement à Leuze, à

Rebaix, puis près de Lessines. Ses équipages ayant mal suivi, il passa sur la paille la nuit du 7 au 8 avant de s'installer au camp de Bost, pendant que le comte de Lowendhal prenait la tête d'un détachement qui s'empara de Gand le 11 juillet. Une semaine plus tard, Bruges tombait sans combat alors qu'on ouvrait la tranchée devant Audenarde, qui se rendit le 22. Louis XV leva le camp le 25 et, après s'être arrêté à Audenarde, fit son entrée dans Gand, où il allait séjourner quelque temps. Le 29, il se rendit à Bruges par le canal et revint le 31 à Gand, qu'il quitta le 4 août pour le camp d'Alost, d'où il surveillerait les sièges de Dendermonde et d'Ostende. La première de ces places ouvrit ses portes le 13 et le Roi se rapprocha d'Ostende, qui capitula le 23 août. Il était à son camp près de Lippeloo lorsque, le 28, se présentèrent à lui le maréchal de Belle-Isle et son frère, enfin relâchés par les Anglais. Il ordonna aussitôt que fût reprise l'exécution du cartel conclu en 1743 avec George II pour l'échange des prisonniers, suspendu depuis la capture de ces deux généraux. Pendant que l'on mettait le siège devant Nieuport, il alla prendre possession de Dendermonde et d'Ostende, puis se prépara à quitter l'armée. Il sortit de Gand le 4 septembre, fit étape à Courtrai et entra le 5 à Lille, en franchissant les arcs de triomphe élevés en son honneur, et où lui parvint l'annonce de la reddition de Nieuport. Il se remit en route dès le 6, alla coucher à Roye et, le 7 en fin d'après-midi, atteignit Paris, qui lui avait ménagé un accueil enthousiaste. La capitale le retint jusqu'au 10, où il regagna Versailles pour souper au grand couvert.

Il avait laissé Maurice de Saxe maître de séparer l'armée. Comme la saison était encore peu avancée et qu'il eût été inopportun de froisser le roi de Prusse en écourtant la campagne ou en se laissant surprendre par l'ennemi, le maréchal fit mettre en défense les villes conquises et, d'autre part, entama le siège d'Ath, qui se termina victorieusement le 8 octobre. La facilité des opérations de cette fin d'été tenait en partie au fait que le contingent du duc de Cumberland avait dû être rapatrié d'urgence pour faire front à un soulèvement de l'Écosse, consécutif au débarquement, le 3 août, du fils du prétendant Stuart, le prince Charles-Édouard. Après avoir vaincu une armée anglaise aux portes d'Edimbourg, il poursuivait son aventure et faisait mouvement vers le sud, semant le désarroi à Londres, où l'on se consolait en apprenant que, le 28 juin, un corps expéditionnaire britannique s'était emparé au Canada de l'île du Cap Breton, à l'embouchure du Saint-Laurent. Par ailleurs, la campagne des *Gallispans* (ainsi appelait-on les troupes françaises et espagnoles combattant de concert en Italie) avait été brillante : une bonne partie du Piémont était entre leurs mains, ainsi que Parme, Plaisance et le Milanais ; seules leur résistaient encore les citadelles d'Alexandrie et de Milan. Dans l'Empire enfin, Frédéric II, au mois de juin, puis derechef à l'automne, avait été le brillant vainqueur du prince Charles de Lorraine. A certains égards, tous ces succès paraissaient un peu vains au vu du résultat de l'élection impériale, qui s'était terminée à Francfort le 13 octobre par le choix de François de Lorraine comme empereur, éclatante revanche de la maison de Lorraine-Habsbourg sur la politique suivie depuis l'automne de 1740 par la France et l'Espagne, et aussi mortification pour le marquis d'Argenson. Qui plus est, le roi de Prusse, conforté par ses victoires dans la possession de la Silésie et constatant que Louis XV considérait alors l'Allemagne comme un terrain d'opérations secondaire, n'avait pas hésité à faire sa paix avec l'Angleterre, qui, par la convention de Hanovre signée en juillet, lui avait garanti la Silésie. Les Autrichiens engagèrent bientôt une ultime tentative pour récupérer cette province, mais, à deux reprises en décembre, Frédéric II les battit sévèrement. L'Impératrice-Reine (ce fut le titre porté désormais par Marie-Thérèse) fit alors une offre désespérée à la France, lui proposant, en échange de la paix, une partie de la Flandre et, pour l'infant don Philippe, Parme et Pavie. Le marquis d'Argenson rejeta ces avances. Aveuglé par sa prédilection pour le roi de Prusse, il n'imaginait pas que celui-ci pût faire de nouveau défection. C'est pourtant ce qui advint. Rebutée par Versailles, Marie-Thérèse n'eut plus qu'à conclure la paix avec Frédéric en lui confirmant la possession de la Silésie : ce qu'elle fit au traité de Dresde, signé le 25 décembre 1745.

La guerre continue

En regagnant ses pénates après avoir goûté la vie des camps et l'ivresse de la victoire, Louis XV avait retrouvé ses habitudes et les réalités de la politique. Dès le lendemain de son retour à Versailles, il fut tirer dans le parc. Il alla ensuite passer une huitaine à Choisy, avant de partir avec la Reine le 2 octobre pour un séjour de quelque sept semaines à Fontainebleau. Quant à la cour, depuis des mois déjà elle était en émoi et en rumeurs au sujet de celle qui avait bien vite relevé la feue duchesse de Châteauroux dans son rôle de favorite officielle, cette Mme d'Étiolles, que le Roi avait créée en juillet marquise de Pompadour. Elle était déjà si intronisée qu'elle put bientôt exercer ce qui allait être le plus clair de ses talents politiques : chasser les bons ministres. Rendus tout-puissants par les circonstances, les fournisseurs aux armées se plaignaient de la rigueur du contrôleur général Orry. Or, ces fournisseurs c'étaient les frères Pâris, protecteurs attitrés de la marquise. Sentant le terrain se dérober sous ses pas, Orry demanda à quitter le gouvernement. Louis XV ne voulut pas le laisser partir avant d'être certain de le bien remplacer. Mme de Pompadour n'ayant eu aucune part à ce choix, celui-ci fut excellent.

Pendant ses récentes campagnes, le Roi avait remarqué et apprécié la personne et la besogne de l'intendant de Hainaut, M. de Machault d'Arnouville, dont probablement il connaissait aussi les mérites de rapporteur au bureau de Législation. Il lui fit écrire par Maurepas qu'il lui destinait le contrôle général des finances. Machault, qui était sans ambition, répondit au ministre en le suppliant « avec la dernière instance de représenter à Sa Majesté qu'en l'acceptant je répondrais mal à ses bontés et que je ne saurais Lui donner une preuve plus grande de tout le zèle que j'ai pour son service, qu'en La suppliant de faire choix de quelqu'un qui puisse La servir plus utilement dans la place dont Elle voudrait m'honorer. » Ce fut Louis XV lui-même qui le relança, prenant la plume pour lui mander : « Quand je vous ai choisi pour contrôleur général de mes finances, c'est comme vous croyant le meilleur pour remplir cette place. Vos représentations augmentent l'estime que j'avais pour vous et me prouvent que vous êtes un des plus honnêtes hommes de mon royaume et le plus capable de me servir dans cette place. Ainsi tout me confirme dans mon choix et j'attends de vous cette marque de votre dévouement à mon service et à celui de mon État. » Cette lettre terminée, le Roi en écrivit une autre à Orry, pleine d'estime et de bonté, pour lui marquer qu'il acceptait sa démission. Accouru de Valenciennes, le nouveau contrôleur général vint faire « sa révérence » au Roi le samedi 11 décembre 1745 et ils travaillèrent ensemble dès le lendemain.

Comme M. de Machault ne fut pas créé alors ministre d'État, le Conseil d'En-haut, après la retraite d'Orry, ne réunit plus que cinq personnes autour de Louis XV, à un moment où les sujets de délibération n'allaient pas lui manquer. Une conséquence immédiate du traité de Dresde fut, en effet, de rendre disponibles d'importants contingents de troupes autrichiennes, aussitôt dirigées vers l'Italie, où leur intervention pouvait d'autant plus infléchir les événements que les tractations du marquis d'Argenson avec le roi de Sardaigne créaient une situation fâcheuse. Charles-Emmanuel avait prêté l'oreille à des ouvertures que le marquis lui avait fait faire en secret et, tout en se refusant absolument à partager les chimères de fédération italienne chères au ministre, il avait agréé un plan de partage qui lui attribuait le Milanais, amputé de quelques districts destinés à grossir les territoires de don Philippe, gratifié par ailleurs du Crémonais, du Parmesan et d'une partie du Mantouan. Arrangements inclus dans un accord préliminaire signé à Turin le 26 décembre 1745 et dont le roi de Sardaigne subordonnait l'exécution à la conclusion, avant deux mois, d'un armistice supposant l'acceptation de l'Espagne. En réalité, il ne cherchait qu'à gagner du temps pour voir comment allaient tourner les choses en Allemagne.

La nouvelle de cet accord franco-sarde, accompagné d'une manière d'ultimatum à l'Espagne, parvint à Madrid le 25 janvier 1746 et y provoqua naturellement une violente réaction. Les souverains espagnols y virent avec raison une atteinte aux stipulations du pacte de famille et prirent une double décision. Celle, d'une part, d'envoyer d'urgence à Versailles un ambassadeur extraordinaire, le duc d'Huescar, protester contre l'accord de Turin et exiger son annulation. Et, d'autre part, celle de sonder la cour de Vienne en vue d'une paix séparée. Deux initiatives qui tournèrent court, car les combinaisons de d'Argenson se défirent d'elles-mêmes. Après avoir reçu d'importants renforts autrichiens, le roi de Sardaigne rompit les conversations et rouvrit les hostilités en s'emparant par surprise d'Asti le 8 mars 1746. Cette campagne commençait sous de mauvais auspices pour les Gallispans : leurs troupes, étirées de Gênes à Milan, étaient minées par une défiance réciproque due aux derniers événements. Devant la poussée des Austro-Sardes, il fallut lever en hâte les sièges d'Alexandrie (10 mars), de Milan (18 mars) et de Parme (1er avril). Les Français rétrogradèrent vers Tortona et les Espagnols vers Plaisance.

Échecs d'autant plus ressentis à Versailles qu'ils contrastaient avec les brillantes opérations menées aux Pays-Bas. Parfaitement renseigné par les intentions et les mouvements de l'adversaire (et notamment le transfert de troupes outre-Manche pour mater l'insurrection écossaise), le maréchal de Saxe lui fit la surprise d'une campagne d'hiver. Par d'habiles feintes et de savantes manœuvres, il se rapprocha de Bruxelles et vint mettre le siège devant cette ville. L'investissement commença le 30 janvier 1746 et la capitulation intervint le 20 février, livrant au vainqueur des milliers de prisonniers et un butin considérable en vivres, armes et munitions. Succès d'autant plus retentissant que, s'agissant de la capitale du pays, ce pouvait être un pas vers la liquidation de la guerre. Saxe se rendit peu après à Versailles et Louis XV l'accueillit avec les égards les plus marqués : il lui accorda les grandes entrées de sa chambre et la jouissance, sa vie durant, d'une prestigieuse demeure royale, Chambord, que le service des Bâtiments commença incontinent à remettre en état.

Le maréchal prit congé du Roi le 20 mars pour regagner les Pays-Bas, où allait encore se porter le principal effort et où il était à craindre que des troupes anglaises ne revinssent combattre, car la chance trahissait Charles-Édouard Stuart, impitoyablement écrasé à Culloden le 27 avril. Louis XV ne voulut pas retourner aux armées sans résoudre la crise de confiance surgie entre les deux branches de la maison de Bourbon. Il chargea d'une mission spéciale le maréchal de Noailles, qu'il savait favorable à l'Espagne et bien vu de Philippe V et de la Reine. Du 23 avril au 8 juin, Noailles séjourna à la cour d'Espagne, en revint à la fois porteur de propos conciliants et bien décidé à obtenir la destitution du marquis d'Argenson. Celui-ci venait de remporter en avril un des rares succès de son ministère : un traité de neutralité et de subsides qui détachait la Saxe du camp adverse. Pour le reste, décidément incorrigible, ce ministre avait entamé des pourparlers secrets avec les Hollandais, sans en avertir Louis XV ni l'Espagne ! Une autre menace se dessinait alors à l'est avec la conclusion, le 22 mai 1746 entre Marie-Thérèse et la czarine Élisabeth d'un traité confirmant celui de 1726 et comportant l'engagement pour la Russie de fournir à son alliée un corps de 37 000 hommes, sans préciser sa destination. Comme l'Impératrice-Reine était en guerre avec la France et que, par conséquent, elle entendait utiliser contre elle ces troupes moscovites, Louis XV rappela son ministre à Saint-Pétersbourg.

A partir de Gand, Bruges, Audenarde, Tournai et Maubeuge, Maurice de Saxe entama le 1er mai 1746 son offensive, cependant que, dans la nuit du 1er au 2, le Roi, aussi discrètement que les années précédentes, se mettait en route pour le rejoindre. Il arriverait cette fois sans le Dauphin, qui devait rester à Versailles jusqu'à l'accouchement de sa femme en juillet. Louis entra le 4 mai à Bruxelles et passa le 5 ses troupes en revue. Louvain fut occupée le lendemain, Malines le 12 et, entre le 19 et le 21, on investit la citadelle d'Anvers, qui se rendit le 31. Le Roi prit possession le 5 juin de cette grande ville, d'où il promulgua le 9 une déclaration pour l'administration de la justice dans ces pays conquis. Il donna alors au prince de Conty le commandement d'une armée pour aller assiéger Mons et, après avoir laissé la sienne au maréchal de Saxe, revint à Versailles le 14 juin pour être présent aux couches de sa belle-fille.

Comme celles-ci tardaient, il se montrait impatient de retourner auprès de ses troupes, d'autant plus avides de succès aux Pays-Bas que la situation continuait à se dégrader en Italie, où la défaite des Gallispans à Plaisance le 16 juin les mettait dans une position critique. Au reçu de ces mauvaises nouvelles, Philippe V — appuyé par Noailles à peine rentré — demanda l'aide de la France. Le remue-ménage et l'inquiétude étaient grands dans les deux cours, quand le roi d'Espagne fut foudroyé le 9 juillet par une crise d'apoplexie. Sans trahir ses devoirs de souverain espagnol, le défunt n'avait jamais pu — même dans les moments de tension — oublier ses origines, lui qui ne manquait pas d'évoquer avec ses visiteurs français les lieux et les souvenirs de son enfance. Son fils et successeur Ferdinand VI serait-il aussi bien disposé ? En attendant d'être fixé à ce sujet, on s'évertua à éviter toute émotion fâcheuse à la Dauphine en lui cachant le décès de son père. La princesse accoucha enfin le 19 juillet. On espérait un duc de Bourgogne : il naquit une fille. Déception bientôt doublée d'un deuil : la Dauphine mourut au matin du 22 juillet.

Ce décès et celui de Philippe V créaient de telles circonstances qu'il ne pouvait plus être question pour Louis XV de retourner aux Pays-Bas où, successivement, Mons (10 juillet) et Charleroi (2 août) se rendirent au prince de Conty. Celui-ci réunit ensuite ses troupes à celles du Roi, mais il rechignait, en qualité de prince du sang, à être subordonné à Maurice de Saxe et en prit prétexte pour quitter l'armée et gagner Paris le 14 août.

Le secret de Conty

Apparemment, la fierté froissée de Conty l'avait porté à remettre son commandement, mais il semble bien que, pour des raisons occultes et précises, il lui eût paru très nécessaire d'être à ce moment présent à la cour. Depuis quelque temps, en effet, le prince poursuivait un projet politique auquel s'intéressait le Roi et qui prenait alors développement. Il s'agissait, tout simplement, de son éventuelle élection au trône de Pologne.

Depuis la débâcle de Stanislas Leszczynski et la reconnaissance de son rival comme roi de Pologne, Louis XV n'avait plus de représentant à Varsovie. Les débris du parti « français » ou « patriotique » étaient dispersés et découragés. Le roi saxon Auguste III visait à rendre la couronne héréditaire dans sa maison et, à cette fin, manœuvrait de son mieux entre la coalition franco-prussienne et Marie-Thérèse qui, depuis le début de la guerre en 1741, tentaient respectivement de s'assurer son appui. Pour amorcer un rapprochement, Louis XV envoya en 1744 à la diète que devait tenir Auguste à Varsovie un ambassadeur extraordinaire, le comte de Saint-Séverin, diplomate d'une grande finesse.

Quoique brève (décembre 1744-février 1745), sa présence à Varsovie réveilla les espoirs de ceux qui avaient autrefois travaillé pour la France. Saint-Séverin nota la fermentation qui régnait parmi bon nombre de seigneurs polonais, où la question de la succession au trône était déjà agitée, poussant la puissante famille des Czartoryski à se constituer un parti. Il en concluait que la France devait tirer profit de cette situation, au moins pour traverser la politique antifrançaise du comte de Brühl, premier ministre de Sa Majesté Polonaise. Ces suggestions clairvoyantes ne recueillirent que peu d'écho auprès du marquis d'Argenson. Probablement Saint-Séverin pensait-il dès lors à faire bénéficier le prince de Conty, bien vu du Roi, des bonnes dispositions manifestées par les Polonais. Il proposa donc à d'Argenson de nommer résident ou chargé d'affaires de France à Varsovie un nommé Duperron de Castéra, Français fort répandu dans les milieux aristocratiques de cette capitale, où il était précepteur du jeune prince Czartoryski. D'Argenson fit la sourde oreille, ce qui n'empêcha pas l'ambassadeur de confier, de son propre chef, à Castéra une mission d'information et de le charger d'aller en faire le rapport directement au secrétaire d'État.

L'homme se présenta le 12 mars 1745 à d'Argenson, lui rendit compte de sa tournée et lui remit une lettre du grand général de Pologne, où ce magnat lui demandait d'envisager la nomination d'un résident français à Varsovie, poste pour lequel Castéra lui semblait qualifié. Mais cette démarche officielle — et vouée à l'insuccès — en dissimulait une autre. Une seconde lettre du grand maréchal, en effet, confidentielle celle-là, accréditait Castéra auprès du prince de Conty, qui se trouvait alors à Versailles. Parlant, sous la promesse d'un secret absolu, au nom de trois des principaux seigneurs polonais, il révéla au prince que ceux-ci, connaissant la mauvaise santé d'Auguste III et ses efforts pour rendre, avec l'appui de la Russie, la couronne héréditaire dans sa maison, avaient jeté les yeux sur lui, Conty, pour en faire leur prochain roi. Option dictée et par leur estime pour sa personne, et par le souvenir de son grand-père, élu roi de Pologne en 1697 sans avoir pu régner.

Aussitôt, le prince fit part au Roi de cette démarche. Louis XV trouva bon que son cousin acceptât ces offres, mais ne voulut pas se compromettre à un moment où il était lui-même en pleine négociation avec Auguste III. Conty dut donc prétendre qu'il n'avait rien dit au Roi et se contenter de renvoyer Castéra à Varsovie, muni d'un mémoire demandant plus de précisions. C'est à l'armée d'Allemagne, qu'il commandait, que le prince reçut la réponse à ces questions. De retour à la cour au début de l'hiver, il présenta à Louis XV, le 19 décembre 1745, un mémoire récapitulatif de ses échanges de vues avec les magnats polonais. Il y ajouta un mémoire où il montrait que, pour rétablir son influence dans le Nord, la France avait intérêt à voir le trône de Pologne occupé par un prince de son sang.

Saint-Séverin, de son côté, jouait un rôle dans la réussite de ces vues. Nommé en juin 1745 plénipotentiaire à la diète d'élection de l'Empereur, il ne cessa de Francfort d'entretenir une correspondance active avec Conty et, après l'élection de François de Lorraine, regagna la France et pressa le marquis d'Argenson d'utiliser Castéra au moins comme « émissaire » pour envoyer des nouvelles de Pologne et y entretenir le zèle francophile. Quand le ministre soumit cette suggestion à Louis XV le 25 décembre, le Roi, qui venait de recevoir le rapport du prince de Conty, y acquiesça immédiatement et même, un peu plus tard, insista pour que Castéra reçût un caractère officiel. On le nomma donc chargé d'affaires en mars 1746. Ses instructions officielles, très prudentes, furent doublées par des instructions secrètes reçues de Conty, où Louis XV, directement mis en cause cette fois, s'engageait à diriger les négociations dans le Nord de manière à seconder les vues des chefs polonais, auxquels il accorderait quelques subsidess, le tout à l'insu du secrétaire d'État.

L'affaire se traiterait donc entre le Roi, Conty et Castéra. Là-dessus, le traité d'avril 1746 ayant opéré un rapprochement entre la France et Auguste III et les cours de Vienne et de Saint-Pétersbourg ayant par ailleurs confirmé leur alliance, Louis XV jugea opportun d'accréditer un ambassadeur auprès du roi et de la république de Pologne et confia le poste à un ami du prince de Conty, le marquis des Issarts. D'Argenson lui remit le 31 juillet 1746 des instructions lui fixant pour objectif de soustraire Auguste III à l'influence de la Russie, de dissiper, à cette fin, l'hostilité entre ce prince et Frédéric II et, d'accord avec ce dernier, de seconder les efforts tendant à rendre la couronne de Pologne héréditaire dans la maison de Saxe. Rien n'était plus contraire aux vues de Conty !

Quoi d'étonnant que celui-ci ait alors jugé indispensable de gagner Versailles de toute urgence, travestissant son départ de l'armée en foucade de susceptibilité princière ? Il se présenta le 16 août au lever du Roi, dont il fut très bien reçu, et bientôt M. des Issarts, tandis qu'il rejoignait son poste, reçut de Conty des instructions secrètes. Elles consistaient en un commentaire de celles de Castéra, auxquelles on le renvoyait en précisant que l'intention du Roi était qu'il ne fît rien qui pût préjudicier aux projets du prince et que l'affaire se traitait sous le plus grand secret, à l'insu du secrétaire d'État. Le mariage ultérieur du Dauphin et d'une princesse de Saxe n'incita nullement Louis XV à s'écarter de ce dessein. Ainsi prenait le départ un projet qui allait, pour longtemps, faire fonctionner, en marge de la diplomatie officielle, une diplomatie secrète.

IV. — LE CHEMIN DE LA PAIX

La gloire de Maurice de Saxe

Maître de la majeure partie des Pays-Bays et astreint à respecter le territoire néerlandais, Maurice de Saxe en était presque réduit à piétiner sur place après avoir fait capituler la ville et les châteaux de Namur (19 septembre et 1er octobre 1746). Alarmés, les Hollandais demandèrent des secours à Marie-Thérèse, qui leur envoya le prince Charles de Lorraine. Il franchit la Meuse à la tête de 50 000 hommes et vint camper entre Tongres et Liège, offrant à Saxe l'aubaine non de vaquer encore à quelque siège, mais d'affronter enfin l'ennemi. La rencontre eut lieu le 11 octobre près de Liège, à Rocoux (auj. Rocourt), longue et rude bataille d'infanterie, terminée par une victoire que la tombée de la nuit empêcha Maurice de Saxe d'exploiter à fond. Il allait encore triompher quelques jours plus tard, mais sur un autre terrain : grâce à son entremise et aux efforts du marquis d'Argenson, il fut convenu avec la cour de Dresde que le Dauphin épouserait en secondes noces Marie-Josèphe de Saxe, nièce du maréchal.

Autant la campagne avait été glorieuse aux Pays-Bas, autant elle tournait mal en Italie où, leur moral sapé par la méfiance et la discorde, les troupes françaises et espagnoles étaient en pleine retraite depuis l'évacuation de Tortona (18 août). Gênes, attaquée par les Autrichiens et une flotte anglaise, capitula le 6 août. Sospel tomba le 5 octobre, Vintimille le 6. Les Austro-Sardes reprirent le comté de Nice et, franchissant la frontière, pénétrèrent en Provence tandis que les régiments espagnols faisaient pratiquement défection. La ligne du Var forcée, les Français, très inférieurs en nombre, durent se retirer du pays de Grasse à Lorgues, puis au Luc, derrière la ligne de l'Argens, cependant que l'ennemi, visant Toulon, tentait de déborder le littoral par la plaine de Fréjus. Menace sur la Provence orientale et centrale qui semait l'inquiétude à Marseille et même en Languedoc, où l'on craignait que les huguenots ne se missent en branle. La consternation était grande aussi à Fontainebleau quand, le 6 novembre, la cour vit avec surprise y arriver le maréchal de Belle-Isle, aussitôt enfermé avec le Roi et le comte d'Argenson pour recevoir ses instructions en vue de la mission qui lui était confiée. Louis XV, en effet, l'envoyait en Provence remplacer le maréchal de Maillebois, relevé de son commandement.

La révolte des Gênois qui, le 5 décembre, chassèrent de leur ville l'occupant autrichien, donna à Belle-Isle le temps de recevoir des renforts et de stopper l'invasion, qui atteignit en décembre sa pointe extrême. L'obstination du maréchal, la justesse et la rapidité de ses dispositions lui permirent, dès janvier 1747, de marcher victorieusement à l'ennemi (franchissement de l'Argens, reprise de Castellane), puis, au début de février, de le forcer à repasser le Var et à lever le siège d'Antibes, mettant fin de la sorte à la seule et brève invasion que le territoire du royaume ait connue entre 1713 et 1792. Après quoi, épuisés les uns et les autres, tous les combattants prirent leurs quartiers d'hiver.

Au seuil de 1747, les belligérants souhaitaient tous arrêter un conflit coûteux et sans issue. La France était en position de force : elle venait de rejeter l'ennemi au-delà du Var et, en trois campagnes, les Pays-Bas autrichiens étaient passés sous sa domination. Il parut cependant impossible à Louis XV de déposer les armes, car la politique du marquis d'Argenson n'avait avancé en rien l'heure de la paix. Il n'avait réussi à traiter ni avec les Hollandais, ni avec les Piémontais. Il s'était laissé amuser par eux, notamment aux conférences de Bréda, et ses négociations avaient gêné les militaires, sans aboutir à autre chose qu'à leur faire perdre du temps. Il ne saisissait pas que l'alliance austro-anglaise était en train de se rompre et, contre tout bon sens, persistait à soutenir de dangereuses combinaisons anti-espagnoles. Louis XV se débarrassa de lui et confia le portefeuille des Affaires étrangères au marquis de Puisieulx, qui avait participé aux négociations de Bréda. Cette disgrâce de d'Argenson tomba le 10 janvier 1747, le jour même où — ironie du sort ou malice du Roi ? — le mariage de Marie-Josèphe de Saxe et du Dauphin se célébrait par procuration à Dresde. Le même jour encore, Louis XV marqua toute la confiance qu'il conservait au cadet du ministre congédié : il accorda au comte d'Argenson les grandes entrées de sa chambre.

Le lendemain 11 janvier, Maurice de Saxe, mandé à Choisy, apprit de la bouche du Roi qu'il le créait maréchal général de ses camps et armées, titre suprême qui n'avait été porté que par Turenne et, dans les derniers mois de sa vie, par Villars. « Vous m'avez, lui dit Louis XV devant la cour, aussi bien servi que M. de Turenne avait servi le feu Roi ; il était juste que je vous donnasse le même grade ; je souhaite que vous l'imitiez en tout. » Pendant les semaines suivantes, en même temps que se fêtait somptueusement le mariage du Dauphin, le Roi, les ministres et le maréchal vaquèrent aux préparatifs militaires et diplomatiques de la prochaine campagne. Saxe obtint que l'armée du Rhin, au lieu de stationner face au Palatinat, vînt manœuvrer en Hainaut pour lui prêter appui. Il obtint surtout d'avoir les mains libres du côté de la Hollande et prit congé le 24 mars pour regagner Bruxelles. Sur ses talons arriva le maréchal de Belle-Isle, qui resta à la cour du 3 au 30 avril pour arrêter les projets d'opérations du côté de l'Italie.

La paix d'Aix-la-Chapelle

Le 17 avril 1747, l'ambassadeur de Louis XV à La Haye signifia aux états généraux des Provinces-Unies que, puisqu'ils s'obstinaient dans leurs menées hostiles, l'armée de Sa Majesté allait pénétrer sur leur territoire et s'y nantir de places fortes qu'elle conserverait jusqu'à parfait accommodement. Le maréchal de Saxe entra alors en campagne, fit capituler les citadelles qui bordaient l'Escaut et, entre le 30 avril et le 17 mai, se rendit maître de ce fleuve jusqu'à la mer. Louis XV le rejoignit à Bruxelles le 31 mai et s'y arrêta près de trois semaines, inspectant ses troupes et discutant avec le maréchal de la suite des opérations, pendant que, le 3 juin, Belle-Isle prenait l'offensive sur le Var.

Aux Pays-Bas, les ennemis, commandés par le duc de Cumberland, croyant que Saxe allait se porter sur Maastricht, s'avancèrent vers la Meuse pour protéger cette place. Le maréchal aurait souhaité les y laisser se morfondre, mais Louis XV voulut la bataille et Saxe la prépara. Elle se déroula le 2 juillet à Lawfeld, en Limbourg belge, à deux lieues de Maastricht, et la victoire française fut chèrement acquise. Comme à Fontenoy, le Roi y participa de très près et s'illustra par un trait chevaleresque. Un des généraux anglais, le comte Ligonier, était un huguenot languedocien émigré outre-Manche. Il fut fait prisonnier dès le début de l'action et on amena au Roi cet ennemi qui était né son sujet. Il l'accueillit avec bienveillance et lui dit : « Ne vaudrait-il pas mieux songer sérieusement à la paix que de faire périr tant de braves gens ? », puis le fit manger avec lui à sa table.

Comme les forces adverses s'étaient reformées derrière la Meuse, Maurice de Saxe ne put investir Maastricht. Il décida de rester sur place et de confier au comte de Lowendahl l'exécution d'un projet depuis longtemps mis au point : le siège de Berg-op-Zoom aux bouches de l'Escaut, place qui formait avec Maastricht le boulevard des Provinces-Unies.

Le soir de la victoire de Lawfeld, Louis XV coucha près de ses troupes à la commanderie des Vieux-Joncs, au nord-est de Tongres, là même où, la veille, Cumberland avait son quartier général. Le Roi y prit le sien pendant le déroulement du siège de Berg-op-Zoom. Comme les actes royaux devaient toujours être datés du lieu où se trouvait effectivement Sa Majesté, ce fut de cette commanderie que partit au mois d'août la promulgation de l'ordonnance sur les substitutions fidéicommissaires, polie et repolie par le chancelier d'Aguesseau. Là aussi parvinrent les nouvelles d'Italie, heureuses d'abord et moins ensuite : après avoir fait capituler Vintimille le 1er juillet, Belle-Isle tenta d'entrer en Piémont en forçant le passage des Alpes au col de l'Assiette, mais essuya le 19 juillet un échec sanglant, qui eut néanmoins pour effet de forcer les Autrichiens à lever le siège de Gênes. Comme toujours, les grandes satisfactions vinrent du nord : Lowendahl mena supérieurement les opérations devant Berg-op-Zoom, qui capitula le 16 septembre, livrant un butin énorme au vainqueur, aussitôt créé maréchal de France. La chute de cette place réputée imprenable plongea les ennemis dans un désarroi d'autant plus opportun que, dans le fracas des armes, la diplomatie ne perdait pas ses droits et que Louis XV, de retour à Versailles le 26 septembre, était fermement décidé à parvenir à une paix que ses conquêtes aux Pays-Bas lui permettaient de proposer.

Paix, au reste, partout désirée. Maurice de Saxe et le duc de Cumberland étaient déjà entrés en pourparlers ; le marquis de Puisieulx et lord Sandwich se rencontrèrent à Liège et convinrent de la tenue d'un congrès qui se réunirait en terre neutre, à Aix-la-Chapelle. Le plénipotentiaire français y fut le comte de Saint-Séverin, à qui l'on adjoignit M. de La Porte du Theil. Louis XV leur donna des instructions étonnamment modérées. Engagées à la fin de mars 1748 à Aix-la-Chapelle entre Saint-Séverin, Sandwich et, pour Marie-Thérèse, le comte de Kaunitz, les conversations furent accélérées par la brillante entrée en campagne du maréchal de Saxe, qui entama le 10 avril l'investissement de Maastricht. Devant la menace d'une invasion imminente des Provinces-Unies, le cabinet britannique se porta à chercher de toute urgence un accord avec la France en passant outre, si nécessaire, aux objections des Sardes et des Autrichiens. Ces derniers désiraient aussi en finir, car Londres et La Haye refusaient de prendre à leurs frais le corps russe qui, après avoir traversé la Pologne et la Saxe, approchait de la Franconie pour faire enfin sa jonction avec les troupes de l'Impératrice-Reine. Celle-ci, à qui l'alliance anglaise ne procurait que déconvenues, fit des avances à Saint-Séverin, qui les aurait volontiers accueillies si le préjugé anti-autrichien n'avait encore été puissant à Versailles, où Puisieulx faisait grand cas de nos liens avec le roi de Prusse.

Quand l'ambassadeur espagnol arriva le dernier au congrès, Saint-Séverin avait ordre de Louis XV de donner la priorité aux pourparlers avec Sandwich, car c'était avec l'Angleterre que la France avait le plus d'intérêt à désarmer pour obtenir des restitutions en Amérique et mettre fin à la guerre maritime, très préjudiciable à son commerce. Le 29 avril, les plénipotentiaires français, anglais et hollandais se mirent d'accord sur des articles préliminaires, qu'ils communiquèrent aux autres en les invitant à les signer avec eux. Ils durent les parapher seuls, car leurs alliés respectifs regimbaient vigoureusement, en particulier l'Espagne. Mais comme Français et Britanniques se montrèrent résolus à conclure au besoin une paix séparée, comme Maastricht capitula le 7 mai, les préliminaires finirent par être unanimement acceptés comme base des négociations. Celles-ci traînèrent jusqu'au 18 octobre 1748, où le traité définitif fut enfin conclu par les plénipotentiaires français, britanniques et néerlandais ; les autres puissances lanternèrent encore leur accession : la dernière, celle de la Sardaigne, tarda jusqu'au 20 novembre.

BÊTE COMME LA PAIX ?

A la veille d'apposer sa signature, le comte de Saint-Séverin avait annoncé qu'il venait accomplir les paroles du Roi son maître, « qui voulait faire la paix, non en marchand, mais en roi ». Aix-la-Chapelle fut en effet pour la France un retour au statu quo. Elle restituait les Pays-Bas à l'Impératrice-Reine, Berg-op-Zoom et Maastricht aux Hollandais, la Savoie et le comté de Nice au roi de Sardaigne et Madras aux Anglais qui, pour leur part, lui rendaient Louisbourg et l'île du Cap Breton. Elle reconnaissait la succession protestante en Angleterre et s'engageait à éloigner le prétendant Stuart. La république de Gênes recouvrait l'intégralité de son territoire. La cour de Vienne cédait à l'infant don Philippe — fils de Philippe V et gendre de Louis XV — les duchés de Parme, Plaisance et Guastalla ; au roi de Sardaigne la partie du Milanais sise à l'est du Tessin ; et au roi de Prusse la Silésie. La Pragmatique Sanction était derechef confirmée par toutes les parties contractantes et François de Lorraine implicitement reconnu empereur.

Au premier jour, la paix, dont on ignorait le détail, fut accueillie avec des mouvements de joie. Elle ne fut officiellement publiée par Louis XV que le 14 janvier 1749 et criée un mois plus tard dans les rues de Paris. Quand ses stipulations furent connues, l'opinion déchanta, le traité passa pour un monument d'ineptie et « bête comme la paix » devint un dicton. Un fait bien mince avait amorcé les critiques. Louis XV avait fait discrètement et courtoisement prier le prétendant Stuart de sortir de France, mais le jeune prince, très populaire et habitué à la curiosité admirative des Parisiens, refusa de déférer à cette invite. Il s'opiniâtra à paraître avec ostentation dans les lieux publics et à l'Opéra, partout acclamé. Il était impossible de tolérer plus longtemps ce défi scandaleux. Le 10 décembre 1748, il fut brutalement arrêté à la porte de l'Opéra, ficelé proprement, mis de force dans un carrosse et conduit furieux au château de

Vincennes. Bien logé, bien traité, entouré d'égards, il se calma et, le 15, se laissa escorter jusqu'en Suisse.

Ce simple épisode souleva une violente indignation et peu à peu on s'étonna de ce que Louis XV ait renoncé à toutes ses conquêtes aux Pays-Bas, on trouva que nos négociateurs n'avaient pas su monnayer une concession aussi énorme et ne s'étaient démenés que pour nos alliés : don Carlos confirmé dans le royaume de Naples, don Philippe installé à Parme, le duc de Modène rétabli dans son duché, la république de Gênes rentrée dans ses droits. La magnanimité de Louis XV et, plus que tout, sa renonciation à la Belgique avaient effectivement et ont encore de quoi surprendre.

Plusieurs raisons ont poussé le Roi à ne pas conserver sa conquête. Il y avait d'abord l'idée — communément répandue depuis le mainmise sur la Lorraine par la personne interposée de Stanislas — que le royaume avait atteint désormais le terme de son développement. D'autre part, pour beaucoup de conseillers de Louis XV, toute annexion totale ou partielle aux Pays-Bas ne pouvait que susciter l'opposition insurmontable de l'Angleterre et des Provinces-Unies : c'était une opinion qui, de Torcy à Dubois et de Dubois à Fleury, avait pris valeur d'axiome pour la diplomatie française. D'où cette appréciation de Voltaire : « Il parut plus beau, et même plus utile à la cour de France de ne penser qu'au bonheur de ses alliés, que de se faire donner deux ou trois villes de Flandre qui auraient été un éternel objet de jalousie. » Cette vue des choses était-elle fondée en 1748 ? Ce n'était pas l'avis du maréchal de Saxe, qui ne doutait pas que la France ne pût alors conserver impunément des territoires aussi essentiels à sa sécurité et à sa prospérité. Il avait probablement raison, car ses conversations avec le duc de Cumberland le mettaient bien au fait de la situation et des intentions britanniques et néerlandaises. Mais il apparaît finalement que l'attitude de Louis XV a été dictée par des considérations plus morales que politiques, fruit des leçons reçues dans son enfance.

On sait combien, pendant sa minorité, ses éducateurs lui avaient proposé pour modèle le règne de saint Louis, insistant particulièrement sur le scrupule de ce pieux ancêtre à ne jamais consentir à un agrandissement injuste de ses états. Précepte sur lequel on s'était encore appesanti par la suite. Dans les *Définitions principales du catéchisme* qu'il avait apprises en 1721, il était précisé que le VIIe commandement de Dieu, qui défend « de prendre ou de retenir injustement le bien d'autrui, soit par fraude, soit par violence », était violé par les rois « quand ils font des conquêtes injustes ou qu'ils lèvent des impôts pour en faire un mauvais usage ». Et parmi les *Apophtegmes* qu'il traduisit du latin en 1723 figurait cette « belle réponse » d'un roi de Lacédémone, au ton assez fénelonien : « Quelqu'un lui demandant par quels moyens on pourrait conserver un royaume, c'est, dit-il, en ne songeant point à l'augmenter. » Ces maximes ont marqué le jeune Roi pour toujours et le traité d'Aix-la-Chapelle était là en germe. Conclusion qui pourrait sembler hasardieuse, si elle ne ressortait des paroles mêmes de Louis XV. N'écrivait-il pas, le 5 mai 1748, à son parent le roi d'Espagne, Ferdinand VI : « Mon ministre à Aix-la-Chapelle vient de signer mon consentement à des articles préliminaires d'une paix générale... Les restitutions que je fais et le peu d'avantages que je me procure par cette paix feront suffisamment connaître à Votre Majesté que la pitié pour mes peuples et la religion m'ont bien plus conduit en cette occasion que l'esprit d'agrandissement. » Élévation et noblesse de sentiments d'autant moins destinées à être reconnues et appréciées que le Roi ne prit nullement la peine d'éclairer l'opinion à ce sujet. Il avait pour lui sa conscience et laissa dangereusement courir les criailleries et les propos malveillants.

La paix décevait donc beaucoup de ses sujets : ils avaient l'impression de s'être battus « pour le roi de Prusse ». La guerre avait, en effet, essentiellement profité à Frédéric II, ravisseur cynique et impuni de la Silésie, et un peu au roi de Sardaigne, agrandi de quelques cantons lombards. Personne, par ailleurs, n'était satisfait. L'Angleterre n'avait réglé aucun de ses litiges commerciaux avec l'Espagne et sa lutte coloniale avec la France aux Antilles, en Amérique et dans l'océan Indien tournait court. La maison de Lorraine-Habsbourg avait certes fait admettre la Pragmatique et avait conservé le titre impérial, mais elle avait dû s'amputer de territoires et avait éprouvé l'inanité de l'alliance anglaise. Depuis l'avènement de Ferdinand VI, les heurts s'étaient répétés entre alliés français et espagnols et, en dernier lieu, l'Espagne s'était froissée de ce que, une fois de plus et sans se soucier de la restitution de Gibraltar et de Minorque, Louis XV l'ait acculée à signer la paix. Une longue bouderie allait en découler entre les cours de Madrid et de Versailles.

*
* *

Quand, huit ans plus tôt, Louis XV avait renoncé à prendre position sur le mont Pagnote, il paraissait s'être effacé docilement derrière la volonté de Fleury. Après la mort de M. le Cardinal, le Roi eut dans les maréchaux de Noailles et de Saxe des consultants placés à côté des ministres chargés d'agir et sa fille aînée la duchesse de Parme eut aussi influence sur lui. Il avait toujours considéré les questions de politique extérieure comme siennes par nature et par excellence, mais il leur porta une sollicitude accrue quand il prit conscience — plus tôt et mieux que ses ministres — du surgissement d'une question nouvelle et capitale, celle de la situation de l'Europe orientale, née des progrès de la puissance russe et de l'effacement de la Pologne, de la Suède et de la Turquie. Sa perspicacité lui fit saisir l'importance du renouvellement en 1746 de l'alliance des cours de Vienne et de Saint-Pétersbourg et c'est pourquoi il se décida non seulement à seconder les vues du prince de Conty sur la couronne de Pologne, mais à être de nouveau représenté à Varsovie par un ambassadeur. Puis, sa volonté de paix, peut-être aiguillonnée par la marche des troupes moscovites se portant au service de Marie-Thérèse, fut déterminante dans les négociations d'Aix-la-Chapelle. Dès avant la fin du conflit, son intervention directe et personnelle sur les affaires de l'Europe se faisait sentir. Mais quelle Europe ! Les systèmes d'alliances qui avaient fonctionné vaille que vaille pendant la guerre étaient en décomposition. L'équilibre du monde germanique était fragile et l'ombre de l'empire russe s'épaississait sur ses voisins. Les rivalités coloniales couvaient toujours. Malgré les intentions pacifiques et chevaleresques de Louis XV, la paix d'Aix-la-Chapelle risquait fort de n'être qu'une trêve.

CHAPITRE IX

Homme et Roi

En cheminant à travers l'enfance et l'adolescence de Louis XV, on a tenté de déceler vers quoi inclinaient son esprit, son caractère et ses goûts. Le moment est maintenant arrivé de s'interroger sur le Roi adulte qui, lors de la signature de la paix d'Aix-la-Chapelle, était, à trente-huit ans, dans la force de l'âge. Comment apparaît alors sa personnalité ? Question majeure et, en l'occurrence, particulièrement ardue, car, s'il demeure toujours une part de mystère au fond de chaque être, cette part fut immense chez Louis XV. « Le caractère de notre maître, constatait en 1743 le duc de Luynes, est peut-être plus difficile à dépeindre qu'on ne se l'imagine ; c'est un caractère caché, non seulement impénétrable dans son secret, mais encore très souvent dans les mouvements qui se passent dans son âme. » Ce trait primordial fait doublement achopper la critique historique : parce que, d'abord, ce secret résiste par essence aux investigations et que, d'un autre côté, à une vérité malaisément accessible se sont substitués des potins, des rumeurs, des légendes et des mensonges, dont les plus accrédités ont été inévitablement les plus noirs, les plus haineux, les plus sales et les moins vrais. La personnalité d'un souverain était façonnée à la fois par sa nature intrinsèque et par sa fonction, en même temps que celle-ci, tout immortelle et intangible qu'elle fût, prenait sous chaque roi un relief propre. Comment Louis XV a-t-il subi ces interactions ? C'est ce que l'on va tenter d'élucider en étudiant tour à tour en lui l'homme et le monarque.

I. — L'HOMME

Pour atteindre l'humanité de Louis XV, il sera traité successivement de son corps, de son esprit, de sa culture et de ses goûts, de son caractère et de ses sentiments religieux. On s'abstiendra d'évoquer à présent ses goûts artistiques, abordés plus loin avec le vaste sujet du mécénat royal.

LA BEAUTÉ ET LA FORCE

Louis XV était grand et fort, la taille cambrée et bien prise, d'une corpulence heureusement proportionnée à sa stature : en 1737, il pesait 165 livres (quelque 80 kilos) et, à la veille de son départ pour l'armée en 1746, 185 livres (90 kilos). Il se tenait très droit et son port de tête lui donnait un air de grandeur incomparable. Devenu homme, il avait gardé longtemps un visage d'adolescent, ainsi qu'on le voit sur son grand portrait en costume de sacre peint par Rigaud en 1730. Ce masque se virilisa vers 1740, tel qu'il apparaît en 1748 sur le fameux pastel de La Tour : les traits s'accusèrent, les joues se firent plus pleines sous les pommettes saillantes, la mâchoire solide, le menton proéminent sous une bouche bien dessinée et un nez tracé d'une ligne aiguë. Visage harmonieux animé par de grands yeux bruns entourés de longs cils, glissant entre des paupières bridées et remontées légèrement vers les tempes. Étonnamment expressifs, ces yeux donnaient à sa physionomie un air tantôt altier et intimidant, tantôt doux et charmeur. « Jamais habile peintre, atteste Casanova, n'est parvenu à rendre l'expression de cette magnifique tête, lorsque le monarque la tournait avec bienveillance pour regarder quelqu'un. » Le Roi était beau, le plus bel homme de son royaume, disait-on, d'une beauté noble, mâle et sensuelle, propre à troubler les femmes. Et sa prestance, servie par de très grandes manières, lui conférait une étonnante majesté, un peu différente de celle de Louis XIV, parce que plus hautaine et, parfois, plus cassante. Physiquement, il émanait de lui une autorité qui impressionnait naturellement : au moment de rapporter pour la première fois devant lui à Versailles au Conseil des Dépêches, un jeune maître des requêtes fut saisi de panique en le voyant et s'en retourna sur-le-champ à Paris. Le Roi le fit rappeler au Conseil suivant et tint à le rassurer et l'encourager.

Cette allure souveraine était soutenue par une solide constitution. Autant l'on avait craint dans son enfance que Louis n'eût une complexion délicate, autant ces appréhensions apparurent vaines quand il atteignit l'adolescence et l'âge adulte. Robustesse qu'il devait en grande partie à la pratique systématique de ce qu'aujourd'hui nous appelons le sport. « L'exercice et l'air sont deux choses absolument nécessaires pour se bien porter » enseignait-il à son petit-fils l'infant de Parme. Et pour un roi, l'exercice et l'air c'était essentiellement l'équitation et la chasse. Louis XV fut un cavalier accompli et, très jeune encore, un chasseur passionné. Il n'aimait pas la chasse au faucon, si chère jadis à Louis XIII, et ne la pratiquait qu'une ou deux fois par an à la saison habituelle, par respect d'une tradition et pour ne pas désobliger ses officiers de fauconnerie. Il chassait presque quotidiennement, excepté les dimanches et fêtes : un jour avec le grand équipage, un autre avec le petit, un jour pour le vautrait et le sanglier, un autre pour le chevreuil ou le daim, jusqu'à ce que la chasse à tirer fût ouverte.

Il utilisait plusieurs meutes et, assure d'Argenson, faisait « véritablement un travail de chien pour ses chiens : dès le commencement de l'année, il arrange tout ce que les animaux feront jusqu'à la fin... Il s'agit de combiner leur force de chasse, de repos et de marche ; je ne parle pas seulement du mélange et des ménagements des vieux et des jeunes chiens, de leurs noms et qualités, que le Roi possède comme personne de ses équipages ne l'a su ; mais l'arrangement de toute cette marche, suivant les voyages projetés ou à projeter, se fait sur des cartes avec un calendrier combiné ». Il s'occupait effectivement de ses chenils avec une sollicitude quasi paternelle : « *Mascarade* ayant été couverte par *Polydore* le 23 juillet, annonçait-il en 1729 au comte de Toulouse, elle a accouché le 21 septembre de six chiens : six lices. Et *Noblesse* ayant été couverte le même jour, elle n'a accouché que le 26 d'un chien et de deux lices... Mon petit *Gredinet* est boîteux d'une course qu'il fit hier après des perdrix, lièvres, lapins et chevreuils dans le parc de La Muette » ; et en *post scriptum :* « Madame d'Epernon vient d'accoucher d'une fille. » *Polydore,* un lévrier superbe, et *Gredinet,* un épagneul : deux chiens que le Roi fit portraiturer par Oudry en 1726 et 1727.

Bientôt, ce fut lui-même en train de chasser que Louis XV voulut faire représenter. Oudry reçut en janvier 1728 l'ordre de suivre les chasses de Sa Majesté. Il prépara ainsi le vaste tableau livré en 1730 et figurant *Louis XV chassant le cerf en forêt de Saint-Germain* (Toulouse, Musée des Augustins). Une toile que le Roi fit placer dans son cabinet à Marly et qui lui agréa si fort qu'il conçut l'idée de rivaliser avec une des plus fameuses tentures de tapisseries de la Renaissance, les *Chasses de l'empereur Maximilien.* En 1733, il passa à Oudry la commande d'une série de peintures ayant pour sujet *Les chasses royales* et devant servir de modèles à autant de tapisseries. De 1735 à 1746 l'artiste fournit une suite de neuf tableaux, dont les Gobelins exécutèrent deux fois la transcription textile : d'abord entre 1736 et 1747 (château de Compiègne), puis de 1742 à 1750 (Florence, palais Pitti). Ces œuvres montrent Louis XV chassant dans ses sites favoris et attestent à quel degré de perfection il porta l'art de la vénerie. Mais elles sont ainsi composées qu'elles semblent donner priorité à l'évocation de la nature par l'ample figuration de ces nobles allées forestières où le Roi aimait tant galoper.

Dans ces forêts regorgeant de bêtes, ses tableaux de chasse étaient fabuleux : le 14 août 1741, en moins de deux heures, il tire 153 coups derrière Trianon et tue 105 pièces ; cinq jours après, il en abat 155 ! Une autre fois, du côté de Saint-Denis, il ne tue que 90 pièces, mais comme il avait permis à sa suite de tirer aussi, il y eut 1 700 pièces de gibier rapportées. D'après les calculs du duc de Luynes, le Roi prit au moins 208 cerfs en la seule année 1738. En général le produit de ces hécatombes était envoyé au Grand Commun et à des hôpitaux ou bien affecté à des gracieusetés : quand Louis XV venait tirer dans la plaine de Vaugirard jusque sous les murs du séminaire d'Issy, il envoyait des perdrix améliorer par dizaines l'ordinaire ecclésiastique. Au reste, il veillait, plus que bien de ses sujets, à ce que sa passion cynégétique n'infligeât quelque préjudice aux populations. Dufort de Cherverny souligne qu'il « avait une grande attention de ne jamais passer dans une terre labourée, ensemencée ou prête à rapporter ; il tançait rudement les chasseurs qui passaient même sur les bords. Il faisait à chaque chasse payer les dommages aux propriétaires, s'ils se plaignaient, ou même sans plainte. »

Penchant pour la vénerie qui répondait chez lui à un besoin d'exercices violents. « Il aime la peine du corps », remarquait d'Argenson. Invité un jour d'hiver à Choisy, le duc de Croÿ y trouve le Roi s'amusant « à voir travailler des ouvriers, aimant et étant habitué à être toujours à l'air. Nous travaillâmes tout le jour à abattre un bosquet. Il me prit la serpe de la main pour abattre lui-même, ce qu'il faisait en homme fort et adroit. » Quand la neige ou le gel rendaient la chasse impraticable, il allait au manège monter ses chevaux préférés ou parcourir en traîneau le parc de Versailles, se laissant volontiers griser par la vitesse : il lui advint de mener son traîneau à si vive allure qu'il dut ralentir pour rassurer Mme de Mailly affolée. En 1754, Croÿ encore le voit, en forêt de Saint-Germain, « sur un chemin gelé qui faisait trembler », essayer successivement trois chevaux et leur faire faire à chacun plus de deux lieues au galop, ce qui observe le duc, « le secouait » et « lui était absolument nécessaire, car, dès qu'il était plusieurs jours sans courir, il lui prenait des jaunisses et des rhumatismes, son habitude là-dessus étant devenue nécessité ». Pour faciliter ces chevauchées enivrantes, il édicta à partir de 1724 toute une série d'ordonnances pour l'aménagement des routes dans les capitaineries royales des chasses : c'est au tracé de ces pattes-d'oie, étoiles et percées que les forêts d'Île-de-France doivent leur charme majestueux.

Grâce à cet entraînement constant, sa corpulence était faite de muscles et non de graisse et sa résistance physique tenait du prodige : il était inaccessible au froid, à la pluie et la fatigue semblait lui être inconnue. Voici, par exemple, ses allées et venues pendant les jours gras de 1737 : le dimanche, il va en voiture à la Muette, où il soupe et couche ; au retour le lundi, il courre le cerf et revient à Versailles souper dans ses petits cabinets, d'où, à minuit, il repart pour Paris, entre masqué au bal de l'Opéra, s'y amuse pendant deux heures, rentre à Versailles à six, entend la messe, se jette sur son lit avec ordre de ne l'éveiller qu'à dix-huit heures, mais se lève à onze, commande son équipage et remonte à cheval pour courre le cerf. Après cette chasse, il va chez la Reine et lui raconte son équipée, puis, tout guilleret, monte souper dans ses cabinets et garde tard ses convives sans éprouver de lassitude. Au printemps de 1742, galopant en forêt de Fontainebleau dans un chemin pierreux, son cheval tomba et lui avec. On le releva quelque peu étourdi, mais il ne perdit pas connaissance ; il n'avait que quelques contusions, refusa d'être saigné, but un cordial, remonta à cheval et ne revint au château qu'après la mort du cerf. Cette chute à la chasse n'était pas la première et ne fut pas la dernière : aucune ne le découragea.

Autant il endurait stoïquement de tels maux externes, autant, curieusement, était-il douillet face au moindre malaise interne : un soir de janvier 1743 à Choisy, souffrant de colique, il quitta soudain le salon des jeux, revint à son appartement disant à Champcenetz, son premier valet de chambre : « Je me meurs, je souffre des douleurs horribles. La Peyronie ! La Peyronie ! » On envoya quérir le premier chirurgien et comme il n'arrivait pas assez promptement on lui dépêcha exprès sur exprès. Il trouva le Roi sur son lit dans une grande agitation, se déshabillant lui-même en arrachant tout. Des serviettes chaudes et un remède firent aisément passer le mal.

Le point faible de sa constitution était, depuis l'enfance, la facilité avec laquelle il contractait rhinites et laryngites. Inconvénient dont a pu dériver la seule défaillance constatée parmi les attributs de majesté dont l'avait doté la nature : celle des cordes vocales. Il n'avait pas la voix correspondant à son allure imposante : elle était enrouée, si caractéristique, selon Dufort de Cheverny, qu'elle « l'aurait distingué entre cent mille ». Ce n'était guère gênant pour crier « Tayaut » à la chasse, pour délibérer au Conseil, tenir une conversation et mener en général la vie de cour. C'était malencontreux quand le Roi devait prendre la parole en public, notamment pour interpeller des corps indociles ou rebelles et les ramener au respect de son autorité. Le 3 juin 1738, par exemple, il recevait une députation du parlement de Paris venue lui faire des représentations : il commença, dit Luynes, sa réponse « d'un ton piqué et haut, mais la fin fut plus basse, au point même que les députés disaient ne l'avoir point entendue et, sur ce prétexte, ils prièrent M. le Cardinal de la leur faire avoir par écrit. » Aussi faisait-il le plus souvent lire par ses ministres de telles déclarations, mais elles n'avaient pas alors autant de poids que s'il les avait lui-même prononcées.

Il n'est donc pas étonnant qu'en dehors de l'énigmatique maladie de Metz la chronique de sa santé n'offre guère que des banalités. Le 26 octobre 1728, la cour étant à Fontainebleau, il eut un malaise pendant la messe et prit le parti de ne point sortir. Quelques boutons lui apparurent sur la peau et il s'alita vers six heures du soir. Le lendemain, l'éruption continuant, tout le corps médical appelé en consultation diagnostiqua la petite vérole. L'inquiétude aussitôt fut extrême, mais, dès la soirée du 31, on put annoncer que Sa Majesté était hors de tout danger et Barbier de conclure : « Il n'y a jamais eu de petite vérole plus heureuse que celle du Roi. Il n'a point été malade, ni eu de fièvre, il a bien dormi, en sorte que, sans aucun remède, il en a réchappé. » Guérison incontinent célébrée par de multiples *Te Deum* et actions de grâces. En réalité, il n'avait eu qu'une bénigne affection éruptive. Celle-ci, malgré tout, lui fut fatale à long terme. L'on eut, en effet la conviction — et lui le premier — qu'il avait eu la variole et comme il était d'expérience et de notoriété publiques qu'on ne la contractait jamais deux fois, il se jugea immunisé. Quand se répandit une quarantaine d'années plus tard la pratique de l'inoculation, il crut donc inutile de s'y soumettre et c'est ainsi qu'une authentique variole put l'emporter en 1774.

Cet homme vigoureux était sobre. En s'éveillant le matin, il prenait du lait. Il dînait après le Conseil, entre deux et quatre heures de l'après-midi. Ce dîner, précise Luynes, « est toujours uniforme pour le nombre des plats ; il est composé de deux potages ou d'un potage avec un plat de pain pour mettre dans le bouillon ; ensuite on lui sert deux plats : d'un côté une grosse pièce, un jour de mouton, l'autre de bœuf et l'autre de veau, et de l'autre côté une entrée tout unie de veau ou de mouton, à laquelle il ne touche presque jamais ; ensuite on lui sert trois plats de rôtis tous bardés, un de poulet, un de perdrix ou de lapin et l'autre de pigeon ou d'oiseaux de rivière. Il en mange ordinairement assez peu. Ensuite on sert le fruit, composé de deux plats de fruits montés aux deux bouts de la table, deux compotes et deux assiettes de sec, dans l'une desquelles il y a toujours régulièrement un morceau de cédrat seul. Le Roi ne mange jamais de compote, ni de cédrat, tout au plus une orange ». Son repas principal était le souper et avait lieu dans la soirée. Quand le Roi et la Reine le prenaient solennellement au grand couvert, le menu était, de tradition, plus plantureux, mais ils écornaient à peine ces mets rituels et surabondants, dont les reliefs opulents étaient revendus avec grand bénéfice par les gens du serdeau. Louis XV préférait souper au retour de la chasse dans ses petits appartements, en compagnie de quelques dames et seigneurs de son choix. Une cuisine particulière permettait d'y mitonner des repas moins inutilement copieux, plus raffinés et, dans les premiers temps, assez généreusement arrosés de champagne. Mais Luynes relève en juillet 1737 qu'alors le Roi ne buvait plus de ce vin et ne restait plus si longtemps à table. Quelle intelligence animait ce roi beau et robuste ?

L'INTELLIGENCE

Le marquis d'Argenson observait que Louis XV était « fils d'un père et d'une mère qui avaient beaucoup d'esprit », que son grand-père maternel, le duc de Savoie, « n'était que trop entendu » et qu'il avait par conséquent de qui tenir. Le récit de son enfance nous a montré qu'en effet il était intellectuellement très doué. Il a été, avec Henri IV, le plus intelligent des Bourbons. Deux traits caractérisaient d'abord son esprit : la rapidité et la perspicacité. D'Argenson a souvent relevé cette promptitude d'entendement : le Roi, dit-il, « pense vite et va loin d'abord », « ses opérations d'esprit sont plus rapides que l'éclair », « avec des vues promptes, brusques ». La correspondance personnelle de Louis XV témoigne de cette vivacité : les phrases s'y pressent et parfois s'y bousculent, avec, à l'occasion, des lapsus, des mots sautés, des accords incorrects, qui montrent que la plume peinait à suivre la pensée. Une pensée qui, d'autre part, a frappé par sa justesse et sa lucidité ceux qui approchaient le Roi : Bernis lui trouvait « l'esprit naturellement juste » ; le contrôleur général de L'Averdy reconnaissait en lui « une justesse d'esprit singulière ». « Il avait, rapporte Croÿ, une mémoire, présence et justesse d'esprit uniques. Il ne dit jamais rien de faux et pensa toujours juste dans sa vie. » Pour le duc d'Aiguillon, il « avait un jugement droit et une telle habitude des affaires, qu'il voyait ordinairement très juste. Dans certains Conseils où les ministres dissertaient à perte de vue sur l'état de l'Europe ou sur les intérêts de ses princes, il avait l'air distrait et dormeur ; mais tout à coup, sortant de là, il s'écriait : " Vous venez tous de battre la campagne ; il n'est point question de ceci ou de cela, ce n'est pas de telle manière qu'ils agiraient ; voici, au contraire, ce qu'ils feraient ", et il devinait toujours bien. »

Clairvoyance qui tournait parfois à un excès de lucidité, générateur de scepticisme et de renoncement. Au comte de Broglie lui soumettant en 1769 un projet de régénération de nos colonies des Antilles, le Roi ne répondait-il pas : « Prenons garde qu'en voulant faire trop fleurir nos Îles, nous ne leur donnions les moyens un jour, et peut-être promptement, de se soustraire à la France, car cela arrivera sûrement un jour de toute cette partie du monde. » Propos qui, en outre, tendrait à prouver qu'il avait lu Montesquieu. L'*esprit des lois*, il est vrai, figurait à Choisy dans sa bibliothèque.

Son coup d'œil était juste car, sans s'en donner l'air, il était très observateur : « Il remarque souvent, notait Luynes, ce à quoi il a paru n'avoir point fait attention » ; « il écoute tout, disait d'Argenson, jusqu'aux moindres détails » et Dufort de Cheverny évoque ce Roi « qui n'oubliait rien ». Sa mémoire, en effet, était stupéfiante et, depuis son enfance, par le biais de ses lectures, de ses conversations, de ses correspondances politiques et privées, des débats du Conseil, des rapports de ses ambassadeurs et de ses ministres, enregistrait sur les hommes, les faits, les lieux et les usages une masse de souvenirs qui surprenaient par leur variété, leur exactitude et leur durée. Il avait ainsi une excellente connaissance de la situation géographique et politique des différents pays, de l'état des cours et des dynasties. Au début de sa mission en France, l'ambassadeur impérial comte de Kaunitz mandait en 1750 à sa cour : « Mes premières audiences du Roi et de la famille royale ont été fort bien. Le Roi m'a parlé avec beaucoup de bonté... Depuis, il n'a pas manqué une occasion tous les jours de m'adresser la parole... Il n'y a sortes de questions qu'il ne m'ait faites sur Leurs Majestés, leur auguste famille, leurs ministres, toutes les plus petites particularités de notre cour et de notre ville de Vienne et j'ai même été étonné de le voir si fort instruit. »

Ce n'était pas seulement un esprit très doué que celui de Louis XV : c'était aussi un esprit très orné, qui fit de lui l'un des souverains les plus instruits de son temps.

Connaissances et culture

Fruit de l'éducation très soignée dispensée sous le préceptorat de Fleury, Louis XV a manifesté toute sa vie le désir d'enrichir ses connaissances et un attrait marqué pour les activités intellectuelles. D'où une culture à multiples facettes. On se souviendra qu'à peine réinstallé à Versailles, il s'était fait aménager en 1723 une bibliothèque personnelle. Ses appartements privés prirent ensuite plus d'extension et les livres — eux-mêmes en constante augmentation — y bénéficièrent pendant tout son règne d'une place et d'une installation de choix. Le point de départ de cette bibliothèque était celle du duc et de la duchesse de Bourgogne. A leur mort, Louis XIV avait ordonné qu'on la conservât telle quelle, pour servir à leur fils et en avait confié la garde à l'abbé Perot, confirmé en 1716 dans cette fonction. Après avoir fait aménager de 1726 à 1728 de nouveaux locaux pour elle, Louis XV remania sa composition. Sur ses instructions, Perot opéra en 1729 un tri parmi ses ouvrages. Ceux dont le Roi ne voulait plus furent remis à l'abbé Bignon pour la Bibliothèque de Sa Majesté à Paris. Des livres retenus et de ceux parvenus entre-temps par dons et achats, l'abbé Perot dressa un catalogue, clos le 23 décembre 1730. Dans les derniers mois, il avait été secondé dans ces arrangements par un ancien premier commis des Affaires étrangères, M. Hardion, membre de l'Académie française et de celle des Inscriptions, qui lui fut bientôt officiellement adjoint dans la charge de garde des livres et médailles du cabinet du Roi.

Ce catalogue de 1730 dénombre 1 278 titres en 2 551 imprimés et 40 manuscrits. Parmi ces derniers, un seul beau manuscrit ancien, bien à sa place chez un passionné de vénerie : le fameux *Livre de la chasse* de Gaston Phébus, aujourd'hui à la Bibliothèque nationale ; on y remarque aussi deux œuvres de Vauban : *Traité des sièges et de l'attaque des places* et *Mémoires et instructions sur les munitions des places*. Les autres manuscrits étaient pour la plupart des ouvrages rédigés pour l'éducation de Louis XV et de son père, notamment un *Catéchisme pour le Roy* et un *Abrégé de l'Histoire de France*, dus au cardinal de Fleury. Hardion porta ensuite sur ce catalogue les enrichissements successifs du fonds, soit 597 livres nouveaux jusqu'en 1742. Après cette date, on manque de renseignements précis sur les accroissements de cette bibliothèque, qui comprenait donc alors au moins 3 148 livres, ce qui explique qu'il ait fallu en 1738 agrandir les locaux. Certains de ces livres, superbement reliés, appartiennent maintenant à la Bibliothèque municipale de Versailles. Louis XV avait aussi à Fontainebleau un cabinet de livres et il concevait si peu de se priver de lire que, lorsqu'il fit aménager le château de Choisy — qui pourtant n'était pas destiné à de longs séjours —, il tint à y installer une bibliothèque dont il donna la garde au poète Gentil-Bernard. Commencée en 1741 ou 1742, cette bibliothèque de Choisy fut inventoriée en 1760 et rassemblait alors 1 971 livres couvrant 639 titres.

Beaucoup étaient pour le Roi des instruments de travail, auxquels la conduite des affaires l'amenait à se référer : traités de cérémonial pour régler les disputes de rang et d'étiquette, atlas, histoires de France et des pays étrangers pour mener la politique intérieure et extérieure, ouvrages de jurisprudence civile et canonique, voire de théologie, pour éclairer les débats politico-religieux, etc. Parmi les autres, lesquels correspondaient plus particulièrement aux curiosités et aux goûts propres du maître ? Question délicate, d'autant que, pour une part, ces bibliothèques s'enrichissaient comme automatiquement des publications des

Académies. On y remarque de nombreux livres d'histoire, de géographie, de sciences et aussi de religion. Luynes trouvait en 1743 que « les rites et cérémonies de l'Église, le détail du calendrier », faisaient « un peu trop souvent » le sujet des conversations de Louis XV : « On ne peut concevoir jusqu'à quel point il est instruit sur ces matières ; il l'est en même temps sur beaucoup d'autres ; il sait assez bien ce qui regarde l'histoire de France ; il a lu assez et lit encore. » D'Argenson rapporte en décembre 1739 qu'il faisait alors lecture des *Œconomies royales* de Sully. Et de fait, il s'est passionnément intéressé au passé de son royaume. Nul souverain n'a acheté autant que lui des souvenirs historiques : portraits venant des collections Gaignières et Clairambault ou, lors de la démolition de la Sainte-Chapelle de Bourges, le portrait de Charles VII attribué à Fouquet, une armure de Philippe VI, le couteau qui aurait servi en 1419 à l'assassinat de Jean sans Peur sur le pont de Montereau. Il ne dédaignait pas non plus les ouvrages de piété et de morale : un jour de 1746, tout rempli d'un sermon de Bourdaloue, il fit irruption chez Mme de Pompadour pour lui faire partager les réflexions que ce texte lui inspirait et lui demanda si elle voulait qu'il lui lût le reste du sermon qu'il n'avait pas achevé. Sa proposition n'étant pas goûtée, « Hé bien, dit-il, je m'en vais donc chez moi continuer ma lecture », et il regagna ses cabinets.

***

Que sa bibliothèque personnelle à Versailles ait compris non seulement des armoires et tablettes pour les livres, mais encore une galerie des cartes ne saurait surprendre qui se souvient que l'histoire lui avait été enseignée dans son enfance en partie à l'aide de cartes et qu'il avait dès lors manifesté une vive ardeur pour la géographie et la cartographie. Dans des armoires vitrées, les cartes de sa galerie s'enroulaient et se superposaient à l'aide de rouleaux à ressorts. Quelques-unes subsistent aujourd'hui à la Bibliothèque municipale de Versailles : des tableaux généalogiques des rois de France, des empereurs, des Bourbons, et surtout quatre tableaux chronologiques conçus par Hardion, tracés et enluminés sous sa direction de 1731 à 1740 et consacrés à l'histoire universelle de Jésus-Christ à 1731, à l'histoire de l'Ancien Testament, à l'histoire grecque, à la chronologie universelle depuis la création du monde jusqu'au Christ. Louis XV consultait si souvent ses cartes que l'on dut, en 1736, fournir des draps de toile blanche fine « pour remplacer trois pareils draps détruits à Versailles, pour coller derrière les cartes de géographie du Roy ».

Le Régent, on ne l'a pas oublié, avait créé en 1718 une charge de premier géographe de Sa Majesté en faveur du professeur de géographie du jeune Roi, le fameux Guillaume Delisle, surnommé « le réformateur de la cartographie ». Il trépassa prématurément en 1726, fut remplacé par Maraldi Ier, puis, après le décès de celui-ci en 1729, par Philippe Buache, qui servit jusqu'à sa mort en 1773 et dont le poste échut alors à Bourguignon d'Anville. Autour de Delisle et de Buache fonctionna le meilleur atelier cartographique de Paris. Ils couronnaient une petite hiérarchie de « géographes du Roi », dans laquelle se succédèrent MM. de Beaurain, père et fils, Daudet, Jaillot, Robert de Vaugondy, Rénou de Chauvigné, Buy de Mornas et de Vezon. Tous savants dont beaucoup étaient parents ou alliés : Buache devint gendre de Delisle et Louis XV tint à signer le contrat du mariage. Leurs activités et celles des astronomes étaient souvent connexes : les Cassini avaient mené de 1733 à 1744 les travaux de triangulation de la *Description géométrique du royaume.*

Dans l'élan de cette entreprise, Louis XV envoya en 1746 Cassini de Thury à la suite des troupes opérant aux Pays-Bas, avec mission, d'une part, de rattacher le dernier côté du triangle de Dunkerque au premier côté de la mesure du degré terrestre du mathématicien hollandais Snellius et, d'autre part, d'exécuter la description des régions conquises. Cassini se mit en route le 1er avril 1746 et, secondé par les ingénieurs géographes des armées, exécuta avec diligence des relevés détaillés de ces provinces et des principaux champs de bataille. L'année suivante, il put les présenter au Roi à l'occasion de la grande revue qui eut lieu quelques jours après la victoire de Lawfeld. Louis XV les examina avec la plus grande attention, comparant sur le terrain la place des retranchements, les positions des différents corps et la situation des lieux avec leur figuration dessinée. Ravi, il se tourna vers Cassini en disant : « Je veux que la carte de mon royaume soit levée de même, je vous en charge, prévenez M. de Machault », contrôleur général des finances.

Cassini de Thury proposa de destiner au départ 40 000 livres à l'opération ; le ministre était disposé à accorder davantage, mais il fallait d'abord former un nombre suffisant d'ingénieurs et de graveurs, faire fabriquer des instruments, établir une imprimerie et rassembler tout l'attirail. Après quoi, Thury estima à 90 000 livres pendant dix ans la somme nécessaire pour parvenir au but, à raison de quinze planches par an : ce crédit fut accordé et la besogne prit en 1752 une marche sûre et régulière. A la fin de 1755, les ingénieurs avaient levé et vérifié les frontières de Dunkerque à Metz, les côtes de Cherbourg à Dunkerque, la généralité de Paris. C'est alors qu'un autre contrôleur général, M. de Séchelles, annonça à Cassini de Thury que les dépenses de la guerre l'obligeaient à lui couper les fonds, qui seraient rétablis en des temps meilleurs. Consterné, le savant, après avoir fait d'inutiles représentations au ministre, alla trouver le Roi, alors à Compiègne. Par chance, il put commencer par lui montrer la carte des environs, que l'on venait de terminer. Louis XV fut émerveillé de la précision avec laquelle, malgré la petitesse de l'échelle, étaient représentées toutes les routes de la forêt, où il reconnaissait les cantons, les carrefours et tous ses rendez-vous de chasse. Il en fit le plus vif éloge et, sentant que l'astronome allait tenter de profiter de cette satisfaction, il le prévint : « Mon contrôleur général, dit-il, ne le veut pas. » Mais ce fut prononcé avec tant de bienveillance, qu'à l'instant Cassini se sentit « électrisé » et conçut un projet de survie : « Sire, que Votre Majesté daigne encore manifester des regrets si honorables et la carte de France est sauvée » Trois jours après, il revint au coucher du Roi, qui ne manqua pas de parler de la carte. Thury lui remit alors le projet d'une association de particuliers qui soutiendraient à leurs frais la continuation de l'entreprise. Louis XV garda le papier et le rendit le lendemain, souscrit des noms de Mme de Pompadour et de sept personnes des plus huppées de la cour qu'il avait enrôlées. Lui-même n'était pas sur la liste, mais ne s'en montrait que plus généreux : il faisait don et abandon général de tout l'ouvrage effectué jusqu'à ce jour, soit planches, cartes, dessins manuscrits ou gravés, instruments, qui devenaient propriété de la nouvelle compagnie et formaient son premier fonds. En quelques jours, la souscription fut couverte et, dès le 13 septembre 1756, les directeurs purent aller à Versailles offrir au souverain la première feuille réalisée dans ces nouvelles conditions. Ainsi fut lancée et poursuivie cette première grande carte de France, dont la cent-quatre-vingtième et dernière feuille ne parut qu'en 1789. Communément appelée « Carte de Cassini », elle pourrait tout aussi justement être dite « Carte de Louis XV ».

*
**

Initié dès sa minorité à l'astronomie, le Roi ne l'avait pas alors considérée comme un amusement. Il n'a jamais cessé depuis de s'y intéresser et d'y acquérir une réelle compétence, facilitée par l'aisance naturelle avec laquelle il assimilait les mathématiques : il était, pour parler familièrement, un « matheux ». Il faisait venir souvent dans ses cabinets Cassini II, son premier instructeur en la matière, son fils Cassini de Thury et l'abbé Chappe pour faire avec eux des calculs et des observations et s'entretenir de cette science. Il manifesta la même confiance et encore plus de sympathie envers l'astronome Pierre Charles Lemonnier, frère d'un de ses médecins ordinaires. Admis à vingt et un ans à l'Académie des Sciences (1736), professeur au Collège de France en 1748 (où il eut Lalande pour élève), Lemonnier fut un des observateurs les plus habiles du siècle. Sans jouir officiellement du titre d' « astronome particulier du Roi », que lui attribuait l'illustre Jean Bernouilli, il en tint le rôle. Louis XV lui donna une collection des plus beaux instruments et lui fournit les moyens d'avoir un observatoire. Au XVIe siècle, les rois de France avaient des astrologues, leur successeur au XVIIIe un astronome : éloquente illustration des progrès de l'esprit scientifique !

Avec de telles lumières, le Roi tint à participer à tous les grands moments de l'astronomie en son temps, n'hésitant pas — sacrifice révélateur — à renoncer pour cela à la chasse. Il procéda à Versailles avec Cassini II à l'observation de l'éclipse de soleil du 1er mars 1737. Il était à Compiègne pour suivre avec Cassini de Thury, La Condamine et l'abbé Nollet, celle du 25 juillet 1748 où, en même temps que Thury, il remarqua « sur la surface de la Lune comprise dans les cornes du Soleil des rayons de lumière rouge et un filet de lumière qui semblait masquer le disque de la Lune ». Autre éclipse semblable le 5 août 1766, que Louis XV et Lemonnier regardèrent depuis Bellevue. Ce fut de là encore que, le 6 mai 1753, ils assistèrent au passage de Mercure devant le Soleil. Et ils ne manquèrent pas les deux passages de Vénus devant cet astre, observés à Saint-Hubert les 5 juin 1761 et 3 juin 1769, le dernier en compagnie du marquis de Chabert, qui revenait d'une expédition scientifique au Levant. Sur la terrasse de Compiègne, le Roi avait fait dresser un mât pour supporter les instruments lui permettant d'examiner avec les Cassini les éclipses des satellites de Jupiter.

Le duc de Chaulnes était bien connu de Sa Majesté, non seulement parce qu'il commandait les chevau-légers de sa garde, mais parce qu'il était un authentique savant, très versé en astronomie. En 1765, il présenta à l'Académie des Sciences (il en était membre) un appareil de son invention, un demi-cercle astronomique muni de deux lunettes achromatiques, dont c'était la première application à un instrument divisé. Et Louis XV aussitôt d'expérimenter celui-ci en compagnie de Cassini de Thury, qui étonna le duc de Croÿ par ce qu'il lui révéla « de la science et de l'exactitude avec laquelle le Roi fit lui-même les observations les plus difficiles et vérifia le bel instrument que M. de Chaulnes avait inventé. Il m'assura que les calculs et les remarques les plus justes lui étaient familières. »

Il ne paraissait guère de livre ou de carte un peu importants en astronomie que leurs auteurs n'obtinssent de les présenter à Sa Majesté, qui les accueillait de fort bonne grâce. En janvier 1764, par exemple, Lalande, chargé par Elle de « composer chaque année le livre de la connaissance des mouvements célestes », Lui remit le volume afférant à 1765. Et Messier vint en avril 1759 et janvier 1764 Lui offrir « la carte de la route apparente » de la comète de Halley et de celle dite de 1764, fruits de ses investigations à l'observatoire de la Marine, où cet astronome s'était spécialisé et illustré dans la recherche de ces astres au point que Louis XV l'avait surnommé « le furet des comètes ». Si instruit que fût le Roi en cartographie et en astronomie, ses connaissances n'étaient pas moindres dans les sciences médicales.

***

Là encore, c'est dans l'enfance que germa pour ces disciplines un penchant qui s'affermit avec les années. Dès que Louis encore Dauphin fut capable d'observer, de ressentir et de se souvenir, l'ombre de la maladie et de la mort s'appesantit sur lui : maladies et morts de son grand-père, de son père, de sa mère, de son frère aîné, auxquelles il ne survivait lui-même que de justesse. Pendant des années, il ressentit avec une évidence obsédante que sa santé était le souci majeur de Louis XIV, du Régent et de toute la nation. Et puis il y eut, alors qu'il était plus grand mais encore jeunet, l'épisode combien frappant de la peste de Marseille. Dans de telles circonstances, il est normal — surtout s'il s'y joignait une curiosité innée — que tout ce qui touchait à la vie et à la mort, au fonctionnement du corps humain et à ses défaillances lui ait inspiré un intérêt vif et soutenu, favorisé par les conditions de sa vie de cour et renforcé enfin par l'expérience de la guerre avec le spectacle des blessures de ses soldats et officiers.

Comme on l'a déjà indiqué, le souverain et sa famille étaient constamment veillés par un corps médical nombreux, dont les chefs avaient avec eux une inévitable familiarité. Le premier médecin et le premier chirurgien du Roi et, en cas d'empêchement de leur part, son médecin et son chirurgien ordinaires étaient obligatoirement présents chaque jour à son lever et à son coucher où ils avaient la première entrée. Un médecin et un chirurgien de quartier étaient tenus d'assister à son grand couvert. Un de ses chirurgiens devait chevaucher près de son carrosse, et, surtout, l'accompagner à la chasse : « J'arrive de la chasse, contait Daviel, l'un d'eux..., le Roi nous a fait faire trois lieues, et il a pris trois cerfs. » L'intimité forcée de ces praticiens avec leur maître finissait par tisser entre eux et lui des liens étroits de confiance et même d'amitié. Curieusement, les premiers chirurgiens semblent avoir été à cet égard plus en crédit que les premiers médecins. Mareschal, premier chirurgien de Louis XIV, avait aussi été son confident. Quant à son survivancier La Peyronie, on sait qu'il fut un des grands favoris de Louis XV. Et

La Martinière, peut-être moins brillant homme de cour que ce prédécesseur, n'en a pas moins été un ami intime du Roi, qui avait une correspondance particulière avec lui et lui décerna en 1770 un brevet de conseiller d'État, ce qui ne s'était encore jamais fait. A l'exception de Sénac, qui fut en charge de 1752 à 1770, les premiers médecins n'ont pas été aussi en vedette : Chirac (1730-1732) et son gendre Chicoyneau (1732-1752) ont été quelque peu éclipsés par les fortes personnalités de La Peyronie et La Martinière. Inversement, les chirurgiens ordinaires (Gervais, Chaban de La Fosse [1718], Boiscaillaud [1752] et Lamarque [1768]), n'ont pas pris grand relief, alors que les médecins ordinaires (Helvétius [1720], Marcot [1733], Quesnay [1752] et Louis Guillaume Lemonnier [1761], frère de l'astronome) furent beaucoup plus en vue ; les deux derniers surtout ont été l'objet des bonnes grâces royales qui, pour une raison que l'on dira, se refroidirent pour Quesnay à partir de 1766. Et parmi les médecins et chirurgiens de quartier ou consultants, il en est beaucoup auxquels le Roi témoigna estime et faveur. Au reste, ces postes n'étaient exercés que par des praticiens dont le savoir et l'expérience étaient avérés. Jacques Daviel, envoyé en 1720 en Provence comme médecin de peste, se fixa à Marseille, y ouvrit à l'Hôtel-Dieu un cours d'anatomie et de chirurgie et, sur intervention de La Peyronie, fut nommé démonstrateur royal dans cette ville en 1738. Il s'intéressa à la morphologie de l'œil, vérifia que la cataracte était provoquée par l'opacification du cristallin et mit au point la technique opératoire permettant l'ablation de celui-ci. Intervention considérablement perfectionnée depuis, mais dont il eut le mérite insigne de concevoir et d'imposer le principe et de prouver par la pratique l'efficacité. Précédé d'une renommée flatteuse, il s'installa à Paris en 1746 et fut bientôt retenu par le Roi comme chirurgien de quartier (1748) et oculiste ordinaire (1749). A sa mort en 1762, un autre savant ophtalmologue, Pierre Demours, lui succéda dans sa charge d'oculiste.

Dans cet entourage, Louis XV a trouvé dès son jeune âge des maîtres aussi aptes que le permettait l'état de la science à le faire bénéficier de leurs connaissances et de leur habileté. Ce fut par le dépècement de bêtes de la Ménagerie royale que La Peyronie avait commencé en 1721 à l'intéresser à l'anatomie. Cette initiation se poursuivit après le retour à Versailles. La Peyronie lui rendait compte très exactement des accidents qui arrivaient journellement dans la ville ou au château et des soins qu'on donnait aux blessés et aux malades. Ses explications amenaient des détails d'anatomie. On montrait au jeune Roi des pièces artificielles ou préparées avec soin. S'agissait-il d'une opération ? On lui faisait voir les instruments avec lesquels on la pratiquerait et on lui en démontrait l'usage. Assister ou procéder à une dissection était en effet pour lui chose difficile ou même impensable s'agissant d'un corps humain. Mais la surabondance du gibier qu'il tuait lui permettait des observations répétées. Écoutons Daviel en octobre 1751 : « Nous arrivons de la chasse... après avoir pris deux gros cerfs, à l'un desquels j'ai fait l'extraction des deux cristallins. » Et, peu après, cette relation : « Le Roi m'a fait l'honneur de me parler... de ma nouvelle façon d'extraire la cataracte. Sa Majesté en fit l'éloge en présence de plusieurs seigneurs de la cour à la Muette... Sa Majesté voulut voir les cristallins que j'avais tirés des yeux et comme Elle était là pour chasser le daim, Elle me fit ouvrir en sa présence une dine femelle (sic) et sortir la matrice, dont je tirai le petit fœtus, qui avait deux mois, dont j'eus l'honneur de faire la démonstration au Roi avec applaudissement. » D'où cette appréciation de Pierre Süe, chirurgien fameux (et oncle du romancier Eugène) : « Louis XV avait voulu approfondir jusqu'à la propre structure de la machine humaine ; il fit des cours d'anatomie et en avait assez retenu pour avoir sur cette matière une conversation suivie avec l'anatomiste le plus instruit. »

Cette facette de la culture du Roi rend plus intelligibles bien de ses tendances et de ses actes. Et d'abord le fait, noté par ses contemporains avec un agacement parfois teinté de dégoût, que ses conversations et ses remarques portaient avec prédilection sur la santé, la maladie et la mort des gens. Dufort de Cheverny relate que, se présentant un jour au lever du Roi, celui-ci l'appela dès qu'il l'aperçut. Il venait d'apprendre la mort subite de son secrétaire d'État des Affaires étrangères, M. de Saint-Contest, que, de son vivant, un tic faisait constamment grimacer : « Dufort, lui dit-il, on a ouvert Saint-Contest. Savez-vous qu'il avait un squirrhe au foie, qui gagnait tellement que ses contractions au visage en augmentaient ? Là-dessus, continue Dufort, il me fit un détail savant de l'ouverture du pauvre homme, ce qui me donna le temps de me remettre, car la nouvelle était tout à fait inattendue pour moi. »

D'autre part, Louis XV eut les grands médecins et chirurgiens en telle considération qu'il tint à les honorer publiquement, notamment en leur octroyant la noblesse. Pour ses premiers médecins et premiers chirurgiens, c'était, depuis au moins deux siècles, une tradition et il ne faisait que s'y conformer. Mais, surtout dans la seconde moitié de son règne, il étendit cette grâce à d'autres praticiens, soit en leur décernant des lettres de noblesse, soit en leur procurant la charge anoblissante de capitoul de Toulouse. Ainsi accédèrent au second ordre du royaume non seulement des membres de son corps médical, comme Astruc, Sylva, Sénac, Capron (son chirurgien dentiste), Vernage, Quesnay, Daran, Poissonnier des Perrières, mais des médecins et chirurgiens des unités de sa maison militaire (Bagieu, Guérin, Sorbet, Gauthier, Caumont) ou exerçant de hautes responsabilités dans les hôpitaux des armées (Gervasy, Richard de Hautesierck), et aussi des médecins parisiens réputés (Pousse, Bouvard, Lalouette). Un jour où, dans une conversation avec le marquis de Meuse, un de ses courtisans intimes, le propos était tombé sur ces honneurs accordés à des hommes de naissance souvent peu considérable, « il est de ma gloire, déclara le Roi, de les élever ».

On a déjà relaté les mesures qui se succédèrent depuis environ 1728 en faveur de la santé publique : création de l'Académie de Chirurgie et de la commission pour l'examen des remèdes spécifiques, rénovation des études et de la profession de chirurgien, etc. Ce que l'on sait maintenant des connaissances et des curiosités de Louis XV dévoile la part déterminante qui lui revient dans cette politique. Le souci qu'il prenait de ces matières ressort de bien d'autres traits encore. Apprenant en avril 1728 que ses apothicaires démontraient alors en public à Versailles la préparation de la thériaque — un antidote aux morsures venimeuses —, il tint à se transporter dans leur laboratoire pour entendre leurs explications et encourager leur action. Rien de plus significatif aussi que son soutien au comte de La Garaye. Ce gentilhomme breton avait renoncé à son office de conseiller au parlement de Rennes pour se consacrer entièrement à des travaux de chimie et de chirurgie afin de trouver des remèdes nouveaux. Il mit au point un « dissolvant universel » permettant d'extraire des végétaux, des minéraux et des « mixtes » ce qu'il appelait des « sels essentiels ». Avant que ces découvertes ne fussent diffusées, le Roi voulut que leur auteur en fît l'essai en sa présence. La Garaye vint donc en 1731 expérimenter à Marly devant Louis XV, Fleury et Chirac. Très satisfait, le Roi lui donna son portrait et celui de la Reine et lui fit compter 50 000 livres pour le dédommager de ses frais et l'aider à poursuivre ses recherches, qui aboutirent en 1745 à la publication de sa *Chimie hydraulique*. La Garaye continua ses investigations, mais, ne se sentant plus assez valide pour se rendre à une nouvelle invitation de Sa Majesté, Celle-ci délégua chez lui en 1752 le chimiste et académicien Macquer pour s'informer de ses derniers secrets. Sur son rapport favorable, Elle octroya une gratification de 25 000 livres, que le philanthrope employa à la fondation d'un hospice. De même Louis XV acheta en 1751 d'un chirurgien berrichon nommé Brossard « le secret de l'agaric de chêne, pour arrêter sans ligature les hémorragies » et le fit répandre dans le royaume, comme, peu après, les « dragées antivénériennes » du sieur Keiser.

En 1751 encore, le Roi envoya le médecin Boyer, assisté de

chirurgiens expérimentés, au secours des habitants du Beauvaisis victimes d'une épidémie de suette. Le mal fut jugulé et Boyer décoré de l'ordre de Saint-Michel. Aussi fut-il dépêché d'urgence à Brest en décembre 1757 avec des pouvoirs étendus pour combattre le typhus qui, depuis deux mois, faisait des milliers de morts parmi les équipages, médecins et aumôniers de la marine et s'attaquait à la population civile. Ses soins et les efforts de l'administration empêchèrent le reste de la Bretagne d'être contaminé et obtinrent en avril 1758 la cessation du fléau. Louis XV en avait été tourmenté au point d'ordonner qu'on le réveillât pour lui communiquer les bulletins de santé qui arriveraient la nuit.

Par le biais de la médecine, il en vint, autour de 1750, à se passionner pour la botanique. Un de ses courtisans favoris, le duc d'Ayen (devenu duc de Noailles en 1766), avait mis son parc de Saint-Germain-en-Laye à la disposition d'un médecin de la Charité de cette ville, Lemonnier, et d'un jardinier fleuriste, Antoine Richard. Ce dernier collectionnait et élevait des plantes rares ou exotiques et le médecin s'était intéressé à ces cultures. Ensemble, ils créèrent un jardin botanique, où Lemonnier fit disposer les plantes selon les classifications de Linné. Quand le grand savant suédois était venu en France en 1738, il avait herborisé avec lui et les Jussieu sur les coteaux de Meudon et en forêt de Fontainebleau et était devenu son adepte. Louis XV voulut voir ce jardin de Saint-Germain, dont il avait entendu parler. Il en fut enchanté et il demanda à connaître l'homme qui l'avait mis sur pied. Le duc d'Ayen courut chercher Lemonnier et, sans l'avoir prévenu, le conduisit devant le Roi. Surpris, intimidé, le médecin fut si impressionné qu'il défaillit. Louis XV le rassura, se prit d'affection pour lui et se l'attacha comme botaniste, de même qu'il retint son frère aîné comme astronome.

Lemonnier avec Richard — et bientôt la famille de celui-ci — eurent à organiser le jardin botanique que le souverain décida d'implanter à Trianon. Certes connaissait-il l'existence et le renom du Jardin du Roi fondé par ses ayeux, mais c'était une institution parisienne, qu'il ne pouvait fréquenter tranquillement et à son gré, alors que Trianon lui était constamment accessible. De plus, le Jardin de Paris n'était pas voué seulement à la botanique, mais à toutes les branches de l'histoire naturelle. Les relations entre les deux jardins n'eurent rien de concurrentiel et Lemonnier, lié à Buffon, fut nommé en 1759 professeur de botanique au Jardin royal. En 1761, Louis XV lui conféra, en survivance de Quesnay, la charge de premier de ses médecins ordinaires et Lemonnier présenta Bernard de Jussieu pour le suppléer à Trianon pendant ses absences.

Louis XV y fit construire des serres de plus en plus nombreuses. Forts de son appui, Lemonnier et Richard purent envoyer dans le royaume et les pays lointains des voyageurs chargés d'en rapporter des plantes. Etabli selon le système linnéen, le jardin de Trianon devint, avec quatre mille variétés, le plus beau domaine botanique d'Europe, centre de libre recherche scientifique échangeant informations, graines, semences, échantillons avec les botanistes célèbres de l'étranger. Le Roi y venait souvent surveiller les plantations, observer la croissance et l'éclosion des fleurs, la maturation des fruits, l'acclimatation des végétaux nouvellement introduits en France, et aussi faire des cueillettes. Des graines recueillies de sa main furent envoyées à Linné, qui en témoigna sa gratitude en donnant les noms du Roi, du duc d'Ayen et de Lemonnier à autant de genres de plantes. Au cours de ses visites, Louis XV s'attardait avec Lemonnier en des conversations enviées de bien des courtisans.

Dans son esprit, son jardin de Trianon ne devait pas être uniquement au service de la science pure, mais avait aussi une mission d'intérêt général. Pendant plusieurs années, le directeur de la monnaie de Troyes, M. Tillet — admis en 1758 à l'Académie des Sciences —, avait conduit des recherches et des expériences sur les maladies attaquant les céréales et sur leurs remèdes. Outre qu'elles pouvaient entraîner la perte des récoltes, ces maladies risquaient, en amenant la vente de pain malsain, d'affecter la santé des populations. Tillet prouva que le mal couramment appelé « nielle » était une infection contagieuse survenant au moment de la germination et en déduisit les moyens de la combattre. Informé de ces travaux, Louis XV ordonna en 1755 que Tillet renouvelât ses expériences au jardin botanique de Trianon, où un terrain de 809 pieds de long sur 102 de large (environ 8 700 m^2) fut mis à sa disposition. Au mois de juin 1756, le Roi vint voir ce champ ensemencé par ses ordres et considéra attentivement les résultats obtenus sur les trente-deux carrés où avaient été cultivés en alternance grains infectés et grains soignés de blés d'hiver ou de mars. Il manifestait là ce même souci de la santé publique que dans son soutien au comte de La Garaye.

On pourrait évoquer bien d'autres de ses initiatives ou attitudes : l'envoi qu'il faisait pour étude au Jardin du Roi des animaux rares ou monstrueux qu'il abattait à la chasse : têtes de cerfs aux bois « bizarres » et ce faon à deux têtes tué en avril 1729. L'installation au château de La Muette d'un cabinet de physique copieusement équipé. L'intérêt que lui inspirèrent d'emblée les recherches sur l'électricité : dès 1760, il avait dans sa bibliothèque de Choisy la traduction, parue en 1756, des *Expériences sur l'électricité* de Franklin ; il se passionna pour l'expérimentation de la bouteille de Leyde : sur son ordre, 180 gardes françaises se tenant la main formèrent dans la galerie des Glaces une chaîne humaine reliée à chaque extrémité à l'un des pôles de la bouteille, on provoqua la décharge et les gardes sautèrent en l'air tous en même temps.

Il ne dédaignait nullement les activités manuelles. Il aimait tant façonner des objets au tour, qu'il eut un cabinet de tour dans ses appartements privés à Versailles, mais aussi à Marly, Compiègne et Fontainebleau. D'où son amour entendu pour la belle et savante mécanique pratiquée en son temps par ces hommes qui étaient à la fois des ingénieurs très habiles et des artistes raffinés : les Passemant, les Magny, les Le Roy, les Dauthiau et autres. Les microscopes, télescopes, baromètres, globes terrestres, horloges, pendules et régulateurs sortis de leurs mains enchantaient chez le souverain le connaisseur versé à la fois dans les sciences, les techniques et les arts. Et s'il avait dans sa bibliothèque tous les tomes de l'*Encyclopédie* dans une somptueuse reliure (Bibliothèque nationale, Collection Rothschild), c'était probablement moins pour y dénombrer les flèches décochées à la religion et à la monarchie, que pour en goûter les articles scientifiques et techniques et les planches.

Un témoignage ultime et touchant sur ces aspects de la personnalité de Louis XV est livré par l'inventaire de ses effets personnels dressé à Versailles après sa mort dans son grand cabinet et ses dépendances. Dans les armoires, secrétaires et tiroirs on découvrit : huit étuis de mathématiques, quatre lorgnettes, un baromètre portatif, une lunette d'approche, un microscope, un graphomètre, une boussole et son niveau, un télescope de Passemant et onze montres.

*
**

Vaste et variée, la culture de Louis XV a donc été nettement à dominante scientifique. Aimant et estimant savants, ingénieurs et artistes, il ne leur a jamais mesuré sa confiance, sa considération, sa bienveillance, sa protection et son soutien, se dépouillant avec eux de ce que sa prestance avait d'intimidant. Sans tapage, il a ainsi exercé sur le mouvement des sciences de son temps une influence réelle, trop souvent méconnue ou négligée, bien qu'elle ait été hautement vantée par un de ses sujets, d'autant moins soupçonnable de flagornerie que, personnellement, il n'aimait guère son maître : Malesherbes. Lorsque celui-ci, reçu en 1775 à l'Académie française, eut alors à prononcer l'éloge funèbre du Roi, il eut l'honnêteté de proclamer : « Louis XV aima plusieurs sciences. On le vit souvent admettre dans sa familiarité l'astronome, le géographe, le mécanicien, le naturaliste et il s'intéressait à leurs travaux... Sous son règne, les savants de tous les genres furent protégés parce qu'il savait que cette protection leur était due, parce qu'un sentiment naturel le portait à honorer le mérite, et toujours sans le faste de protection, sans aucun retour vers sa propre gloire, sans vouloir diriger les travaux qu'un souverain ne doit qu'encourager, sans prétendre dicter des lois impérieuses au génie ; et c'est sous cette douce et tranquille administration que les sciences, livrées à elles-mêmes, ont fait des progrès supérieurs à ceux des autres siècles. » Propos auxquels font écho, dans le même temps, ceux du secrétaire perpétuel de l'Académie royale de Chirurgie, Antoine Louis : « Si Louis XV avait aimé et protégé la chirurgie par faste et pour la splendeur et l'ornement de son règne, à l'exemple de son prédécesseur, qui, en faisant de grandes choses, ne séparait jamais sa propre gloire de ce qu'il jugeait à propos d'ordonner, nous n'en jouirions pas moins des fruits de sa munificence ; mais les bienfaits dont le feu Roi [Louis XV] nous a comblés nous deviennent d'autant plus chers qu'ils ont été, de la part de ce prince aussi éclairé que modeste, l'effet d'une connaissance réfléchie et de la conviction intime des avantages et de l'utilité de notre art. »

Cet aspect de la culture du Roi est très révélateur d'un trait foncier de sa nature : le sérieux. Un sérieux qui explique certains de ses partis pris. Autant, en effet, il a été attiré par les savants et les ingénieurs, autant les gens de lettres et les intellectuels lui ont inspiré une défiance et une aversion rarement surmontées. S'étant donné la peine de rimer deux épîtres sur la maladie du Roi à Metz et, pour le mariage du Dauphin, une comédie-ballet mise en musique par Rameau, Voltaire en fut récompensé par une pension de 2 000 livres, la charge d'historiographe de France et l'expectative d'un poste de gentilhomme de la chambre. En reconnaissance, il publia un *Poème* à la gloire de Fontenoy et, en décembre 1746, sa nomination de gentilhomme devint effective. Mais les amabilités de Louis XV en restèrent là. « Continuez à me bien servir, conseillait-il à Tercier, et laissez-là l'approbation des beaux esprits, ce qui a achevé de bouleverser les têtes. » Le Roi était très à l'aise en devisant avec des hommes de science et des gens instruits : « Causant et causant bien, rapporte Dufort de Cheverny, personne n'animait plus la conversation que lui par la variété de ses questions... Il ne peut parler que sciences et arts ou chasse ; car s'il parlait de politique ou des personnes, chaque mot tirerait à conséquence. » Habile et habitué à tenir des propos pertinents et solides, il n'avait pas le talent de mener ces conversations brillantes et factices dont se grisaient les « beaux esprits » dans les salons littéraires et philosophiques. Comme le notait justement Croÿ, « s'il n'avait pas, suivant le monde actuel, beaucoup d'esprit, il l'avait singulièrement juste, et le meilleur bon sens et le plus droit possible. » La gent écrivassière l'agaçait par son verbiage, sa suffisance, sa cuistrerie, son manque de sérieux. Malheureusement pour lui, elle a pullulé en son temps.

Le caractère

L'intelligence et la culture de Louis XV dénotent une personnalité originale, mais extrêmement complexe et énigmatique. Ce côté mystérieux a frappé les observateurs : « Qu'est-il au fond ? Impénétrable et indéfinissable ! » prononçait en 1743 le marquis d'Argenson. « Impénétrable », disait en écho le duc de Luynes. Au plus profond de son être, il y avait une tendance à la neurasthénie, patente dès son enfance, héritée de son trisaïeul Louis XIII et surtout de sa grand-mère la Dauphine Bavière. Cette princesse introduisit chez les Bourbons les névroses des Wittelsbach, qui se reportèrent principalement sur la branche d'Espagne : Philippe V et — combien plus — Ferdinand VI manifestèrent des troubles psychiques graves dont Louis XV, leur neveu, et sa descendance furent exempts. Tout en échappant par bonheur à ces tares, le Roi n'en tint pas moins de cette aïeule sa mélancolie native, aggravée par sa condition d'orphelin et l'ambiance de tristesse et de deuil en laquelle s'écoulèrent ses premières années.

D'où, toute sa vie, des jours et des périodes durant lesquels il traversait ce qu'on nomme aujourd'hui dépression. « Le tempérament du Roi, rapporte Luynes, n'est ni vif, ni gai ; il y aurait même plutôt de l'atrabilaire... Il a assez souvent des moments de tristesse et d'une humeur qu'il faut connaître pour ne pas le choquer ; aussi ceux qui l'approchent étudient-ils ces moments avec soin et, quand ils les aperçoivent, remettent à un autre temps, s'il est possible, à prendre ses ordres. » Ces poussées de mélancolie étaient tantôt spontanées, tantôt dues aux circonstances, celles-ci liées elles-mêmes soit à la vie personnelle du Roi, soit aux événements. A la suite de mauvaises récoltes, la disette menaçait plusieurs provinces à l'automne de 1740 et Louis en était tracasssé, relate d'Argenson, au point de se montrer à table « d'une tristesse et d'une inquiétude qui faisaient pitié ». Un an plus tard, selon le même, il vient souper chez Mme de Mailly : « Il se sentait encore de son dîner, il ne mangea qu'un morceau, but un coup et dit qu'il ne mangerait pas davantage. Après cela, il tomba dans une mélancolie noire qui ressemblait à des vapeurs et jamais on ne put l'en faire sortir, quelque gaieté qu'on apportât. »

Les perpétuelles tracasseries de la cour et les affaires du royaume avaient certes de quoi engendrer souvent une morosité et un dégoût mélancoliques. Parfois anodines, les contentions de rang et du cérémonial atteignaient aussi, à l'occasion, un degré rare de violence, par exemple entre les princes du sang et les légitimés. Quant aux affrontements politico-religieux, où bien des adversaires se bombardaient d'anathèmes et de thèses indéfiniment ressassés et se comportaient comme des enragés, n'étaient-ils pas porteurs, nous l'avons déjà remarqué, d'un ennui décourageant ? Ce choc constant des vanités exaspérées et ce tumulte impénitent des fanatismes suscitaient autour du Roi une continuelle excitation de haine et d'orgueil, propre à le fatiguer moralement.

*
**

Combien déconcertant apparaît un autre élément de base de sa personnalité. Ce prince à l'intelligence vive et pénétrante, ce prince à l'esprit orné et au jugement sûr, ce prince comblé de dons doutait constamment de lui-même ! Coexistant chez lui — cause ou effet ? — avec une modestie excessive et une timidité redoutable, cette défiance de soi venait engourdir ses plus précieuses qualités. Sa promptitude d'entendement lui faisait saisir immédiatement la portée et la suite des événements et prévoir leurs conséquences. Mais, fâcheuse contrepartie à cette vitesse de conception, Louis XV revenait sur ses pensées, devenait incertain de leur justesse — surtout si d'autres émettaient des opinions contraires —, tombait dans la perplexité et l'irrésolution et ne prenait que lentement un parti qui pouvait alors différer de celui qui, d'emblée, s'était imposé à sa perspicacité. Hardi en esprit et animé d'un désir très sincère de bien faire, il neutralisait ce discernement et cette bonne volonté en doutant de ses capacités : « Je ne suis pas plus spirituel que cela, écrivait-il au maréchal de Noailles, mais ce qui est de sûr, c'est que je fais de mon mieux. » Le duc de Croÿ, un des hommes qui l'ont le plus étudié, a souvent insisté sur cette modestie foncière de son caractère : il y avait en Louis XV, dit-il, « tout ce qu'il fallait pour faire le plus grand roi du monde », mais il « ne présumait pas assez de lui-même », « la modestie était une qualité qui fut poussée au vice chez lui. Voyant plus juste que les autres, il croyait toujours avoir tort. Je lui ai souvent entendu dire : " J'aurais cru cela (et il avait raison), mais on dit le contraire, donc je me suis trompé ! " » Personne, selon le même, « personne dans son royaume n'était aussi instruit que lui, et comme il avait l'esprit très juste, il aurait été à désirer qu'il se fût toujours conduit d'après ses idées propres ». Ce fut ainsi que, contre son premier mouvement, il finit par s'engager dans la guerre de Succession d'Autriche.

S'il éprouvait un respect excessif pour les avis qu'il n'approuvait pas, s'il était lent à se déterminer, c'est qu'il était d'une grande timidité. Défaut déconcertant chez un roi que le Ciel avait doté des avantages extérieurs de l'autorité : beauté, prestance souveraine, ascendant naturel. Défaut héréditaire, attesté dès son âge tendre, accru et ancré par son enfance solitaire et par son éducation. D'une part, en effet, Villeroy, en l'accablant sans gradations ni ménagements de corvées protocolaires, lui inspira l'horreur de la foule et des visages inconnus, favorisant, sous les apparences d'une aisance et d'une supériorité parfaites de manières, l'épanouissement de cette timidité que, pour sa part et pour incontestables que fussent les mérites de son préceptorat et de son ministère, Fleury n'a pas corrigée, Louis s'étant habitué à le regarder comme un maître à penser et à s'incliner devant ses idées. D'innombrables contemporains ont été, non sans étonnement ni tristesse, frappés par cette timidité. « Elle est née avec l'esprit du Roi », observait d'Argenson. Louis XV voyait quotidiennement Bernis chez Mme de Pompadour, mais, rapporte l'abbé, « ne se détermina qu'au bout de trois ans à me parler, tant est grande la timidité de ce prince vis-à-vis des personnes auxquelles il n'est pas accoutumé. » Et Luynes : « Ce qui paraîtra sans doute singulier, un fonds de timidité naturelle, un embarras, a toujours fait partie du caractère de ce prince... Il y a des occasions où l'on ne peut assez louer les marques d'attention et de bonté qu'il veut bien donner... Il se trouve encore tous les jours des circonstances où il parle très à propos. Dans d'autres, ceux qui lui sont attachés voient avec douleur que le moindre discours de sa part serait une récompense, pour ainsi dire, au moins une attention capable de contenter ceux qui l'ont bien servi, et qu'il ne peut s'y déterminer. On voit quelquefois qu'il a envie de parler : la timidité le retient et les expressions semblent se refuser ; on ne peut douter même qu'il n'ait dessein de dire quelque chose d'obligeant, et il finit quelquefois par une question frivole. Les réponses aux ambassadeurs et aux harangues de toute espèce ne peuvent presque jamais sortir de sa bouche... Les révérences de présentation, de congé, d'arrivée demanderaient quelques discours obligeants : ils sont malheureusement très rares. »

Cette timidité détermina ou, à tout le moins, développa un autre penchant de sa nature, qui fit de lui un homme d'habitude. « Le principal, observait d'Argenson, est qu'il trouve des gens qui le mettent à son aise et, quand cela est trouvé, on voit assez, par le ministère du cardinal [de Fleury] et par celui de Mme de Mailly, à quel point il est homme d'habitude. » Le même ministre le voyait encore « gardant les gens par habitude et sans autre raison que la crainte d'une nouvelle connaissance ». Plus tard, le duc de Croÿ relèvera aussi maintes fois combien ce prince était « tout habitude », « fort d'habitude », « absolument d'habitude », « suivant en tout ses anciennes manières ».

En le retenant de s'adresser à ceux qui attendaient ses paroles, sa timidité le paralysait dans l'action, car, pour un monarque absolu, l'action c'était d'abord la parole : c'était parler pour ordonner et décider, pour juger, pour défendre ou permettre, pour féliciter, encourager, louanger ou blâmer, punir ou pardonner. Il est ainsi évident que, après tous ceux qui l'avaient rendu orphelin, un des malheurs les plus funestes de Louis XV est d'avoir perdu prématurément l'ancien Régent. Depuis la réinstallation de la cour à Versailles, Philippe d'Orléans mettait toute son expérience et un zèle affectueux à former son neveu au métier royal, et singulièrement à lui faire entendre que sa mission essentielle était précisément de décider. Cet apprentissage se déroulait dans les meilleurs conditions morales et psychologiques : très conscient des grandes facultés d'intellect et de jugement du jeune souverain, le prince prenait plaisir à le guider et à le conforter, et Louis écoutait ses leçons et était sensible à sa délicatesse. Grâce à la confiance et à la tendresse réciproques unissant le guide et son disciple, cette gouverne du duc d'Orléans, si elle avait assez duré, aurait sans doute abouti au résultat que celle de Fleury a manqué : extirper chez le Roi, au moins en grande partie, son fâcheux penchant à douter de lui-même. « Ce qui m'étonne comme quelque chose de surnaturel, concluait Barbier à la mort du vieux ministre, c'est que l'ascendant du cardinal de Fleury sur un roi de trente ans passés fût au point de l'empêcher de faire valoir tous ses talents et de le dominer sur tout. »

*
**

Il était de règle dans l'éducation des princes de leur inculquer la nécessité du secret. Maman Ventadour, le Régent et Fleury n'y avaient pas failli, mais Louis XV s'est imprégné d'autant plus fortement de ce précepte qu'il répondait à une inclination foncière de sa nature. Comme beaucoup de timides, il avait une extrême pudeur de ses sentiments et s'ingénia à les déguiser ou les dissimuler, au risque de cacher ce qu'il avait de meilleur en lui-même. Toute sa vie, il a cherché le secret, la dissimulation, et recouru aux démarches obliques et souterraines. D'Argenson est souvent revenu là-dessus : « Personne n'a jamais été plus amateur de dissimulation que le Roi... Louis XV se travaille du matin au soir pour dissimuler ; il ne dit pas une parole, ne fait pas un geste, une démarche que pour cacher ce qu'il veut et pour donner le change. » « La marotte du Roi est de ne vouloir pas être pénétré. » « Il n'aime que le mystère... Que l'on découvrît qu'il

va battre ses ennemis sur le Rhin, c'en serait assez pour qu'il tournât ses pas du côté de la Normandie. »
Le Roi ne s'ingéniait pas seulement à cacher ce qu'il pensait ou projetait, mais n'aimait pas que l'on sût ce qu'il faisait en réalité, quand bien même il se fût agi de ses activités les plus normales. Ce parti l'a considérablement desservi, en donnant à croire au public qu'il se désintéressait des affaires. On en a vu un exemple en 1743[1], quand le duc de Luynes jugeait Louis XV indifférent aux événements au moment même où, dans sa correspondance secrète avec le maréchal de Noailles, il se montrait fort tracassé par la situation. Si un observateur aussi pondéré et attentif que Luynes pouvait être ainsi abusé, à combien de divagations ce comportement de Louis XV allait-il pousser des gens moins informés et plus partiaux !

Cette attitude réservée, silencieuse, indéchiffrable, n'était pas qu'un effet naturel de sa timidité : c'était aussi une défense nécessaire contre les sollicitations, les brigues et les manœuvres dont il était quotidiennement harcelé. Il était trop lucide pour ne pas les déceler et pour s'en étonner : « Où il y a des hommes et des femmes, professait-il, il y a des disputes. » Les manèges de ses courtisans et de ses ministres ne lui échappaient donc pas, mais comme le moindre de ses mots, de ses gestes ou de ses sourires était épié par une foule d'intrigants prêts à les interpréter, commenter et exploiter sans scrupule, il se sentait obligé de demeurer impassible. D'où cette recommandation faite en 1771 à son petit-fils Ferdinand de Parme : « Sur toutes choses tranquillisez-vous et ne laissez rien apercevoir de ce que vous sentez. »

S'il cherchait à se cuirasser contre la curiosité ou la pénétration d'autrui, c'était aussi pour ne pas laisser deviner sa sensibilité. Sensibilité dont on a bien des preuves malgré la froideur qu'il affectait. En 1738, il fallut traiter à la lancette et au bistouri quelque anthrax ou phlegmon dont le Dauphin souffrait à la joue : Louis XV, présent à l'opération, en fut ému au point qu'on dut lui administrer un antispasmodique pour l'empêcher de défaillir. Quand, le 13 septembre 1751, on lui apporta à Trianon la nouvelle de la naissance à Versailles de son premier petit-fils, le duc de Bourgogne, il fut prêt à se trouver mal et il fallut le porter dans le carrosse qui allait le mener en hâte contempler le nouveau-né. Un jour de chasse, le cerf se réfugia dans un étang ; des paysans accoururent, l'un d'eux se jeta à l'eau, s'obstina vers la bête en dépit des avertissements, perdit pied et disparut en criant « Vive le Roi ! » : celui-ci, bouleversé, tourna bride aussitôt, regagna sa voiture, en proie à une tristesse qui le rendit muet pour le reste de la journée. Le duc de Béthune confiait à

---

1. Voir ci-dessus, p. 357.

Luynes que Louis XV lui avait avoué être « peu propre à donner de la consolation, parce qu'il était interdit et saisi lui-même lorsqu'il voyait des gens dans une extrême affliction ».

Retranché dans sa propre intimité, il taisait non moins strictement ce qu'il apprenait sur les hommes et les choses, qu'il s'agît d'affaires d'État ou de détails privés. « La discrétion était née avec lui », disait Croÿ. Et Dufort de Cheverny en donne cet exemple : il y avait à l'intendance générale des postes un bureau où l'on décachetait les lettres. « L'objet premier était de découvrir dans les correspondances soit extérieures, soit intérieures, s'il ne se tramait rien contre l'État. Le Roi voulait qu'on lui communiquât toutes les semaines les anecdotes plaisantes, surtout celles des prêtres et des séminaristes. Il s'en amusait, mais était d'une discrétion impénétrable. Cependant, dans son travail avec les ministres, et surtout avec l'évêque Boyer qui avait la feuille des bénéfices, sa mémoire sûre lui rappelait des anecdotes sur les personnes qu'on lui présentait pour être placées. Il rayait les noms lui-même, et un refus sec et non motivé faisait juger qu'il en savait plus qu'il ne voulait en dire. »

Par cette quête maniaque du secret, Louis XV, dont l'existence était encombrée de contraintes de toute sorte, cherchait à se ménager un recoin de liberté et c'est pourquoi, au fond, il était libéral, car il considérait comme juste et normal que les autres eussent, comme lui, leur aire de liberté. On a sérieusement éclairci ces temps derniers la question des lettres de cachet. Le cardinal de Fleury s'en est beaucoup servi pour disperser aux quatre coins du royaume des jansénistes plus zélés qu'il ne convenait ; mais il est certain que Louis XV n'en usa qu'avec modération et lorsqu'il était convaincu que c'était à bon escient. A l'emploi de la lettre de cachet, instrumentée dans les bureaux et contresignée par un secrétaire d'État, il préféra souvent celui, beaucoup plus discret, de la « lettre d'ordre », c'est-à-dire une lettre ou un billet entièrement de sa main, tracé dans la solitude et le secret de son cabinet et invitant tel ou tel personnage à quitter la cour ou le gouvernement et à se retirer sur ses terres.

Ce libéralisme aida certainement Louis XV à faire preuve d'une inlassable patience. Parmi les témoins de sa vie — mémorialistes, chroniqueurs, épistoliers —, il n'en est aucun qui ait relaté une circonstance où le Roi se soit emporté ou mis en colère. « Je suis accoutumé à me contenir sur les choses que je désire » : nous avons déjà cité ce propos tenu en 1743 au maréchal de Noailles, à qui il disait encore, quelques semaines plus tard : « Ce qui est de sûr, c'est que je suis très patient, peut-être trop, et que j'aime voir clair dans les choses ; après quoi, je sais prendre mon parti. » Et le contrôleur général de L'Averdy, au plus fort des troubles parlementaires, écrivait en 1764 :

« J'admire la patience de notre maître, qui... laisse faire, parce qu'il espère toujours que la raison prendra le dessus dans le cœur des magistrats et qu'ils finiront toujours par se rendre enfin et par ne pas vouloir tout renverser. » Mais il s'imaginait trop volontiers qu'il lui suffisait d'avoir raison pour que ses bonnes intentions et sa longanimité engendrassent comme d'elles-mêmes des décisions !

Très chrétien ? très chrétien !

Parler de la religion de Louis XV pourrait inciter d'aucuns à goguenarder. Le sujet, pourtant, est grave et ne prête pas à sourire. Depuis un certain moment de sa vie, le Roi a enfreint avec persévérance la morale sexuelle et conjugale de l'Église, mais ses fautes n'ont jamais aveuglé son âme. Là encore, l'éducation reçue dans son enfance, très teintée de dévotion, l'a imprégné de manière indélébile. « Le Roi a de la religion, affirmait le cardinal de Bernis ; il n'a jamais voulu suivre pour sa conduite intérieure que les avis les plus sévères : il a mieux aimé s'abstenir des sacrements que de les profaner. C'est une justice que j'ai été à portée plus que personne de lui rendre. » Même constatation sous la plume, cette fois, d'un laïc, Kaunitz, l'ambassadeur de Marie-Thérèse : « Un grand fond de religion est la base [de son caractère]. Il en observe scrupuleusement les pratiques. Point de jour où il n'entende la messe, et il y assiste avec respect, toujours à genou, récitant les prières de son livre. Son jeûne est austère, le gras est banni de sa table les jours maigres et il exige la même régularité de ses courtisans. On n'oserait hasarder en sa présence des discours libres sur des matières respectables, et si l'incrédulité est proscrite de sa cour, on assure que le jansénisme oserait encore moins s'y montrer. »

Il n'est pas une seule de ces assertions de Kaunitz qui ne puisse être avérée par des faits précis. La réprobation des plaisanteries déplacés sur la religion ? Luynes relate qu'une contredanse à la mode en 1744 avait été surnommée *la Confession* : « Quelqu'un qui est très bien avec le Roi tint un fort mauvais propos à La Muette au sujet de cette contredanse. Le Roi, bien loin d'y entrer, garda un profond silence et marqua même que ce discours lui déplaisait. » L'aversion pour le jansénisme ? Un ancien père de l'Oratoire, l'abbé de La Bletterie, fut élu en février 1743 à l'Académie française et, comme de règle, ce choix devait être approuvé par Louis XV, qui le rejeta : La Bletterie était suspect de jansénisme et il fallut procéder à l'élection d'un autre candidat, ce qui n'empêcha pas l'exclu, déjà académicien des Inscriptions, de devenir professeur au Collège de France. Pendant longtemps, le Roi nourrit beaucoup de méfiance envers les protestants, mais, dans le dernier tiers de son règne, ses sentiments pour eux s'adoucirent. Son respect des pratiques le rendait imbattable en matière de liturgie : au moment de la mort du Dauphin, il stupéfia le duc de Croÿ par une conversation « avec l'archevêque de Paris et deux évêques qu'il embarrassait, car personne ne savait le rituel comme lui ». Il entrait certes du formalisme dans ces attitudes, mais il est constant aussi que Louis XV n'a jamais perdu la foi, ni la conscience de son état de pécheur, ni ses sentiments d'attachement et de respect filiaux envers Rome. Il y eut un réel mérite, car il fut toute sa vie entouré de courtisans fièrement impies, comme le duc de Richelieu, qui n'ont cessé de chercher à le détourner de sa foi.

« Quelques petits favoris travaillent à faire perdre la religion au Roi, notait d'Argenson en 1740, et à le rendre ce qu'on appelle un esprit fort ; ils sont bien coupables. Le Roi n'y mord pas. » Il n'y mordit jamais.

Éloigné quant à lui des réalités spirituelles, d'Argenson trouvait que Sa Majesté avait « de la religion, mais trop de paresse pour avoir travaillé à en démêler la superstition ». La foi du Roi tenait peut-être un peu de celle du charbonnier, mais ne laissait pas que d'avoir des fondements solides et d'alimenter une piété plus éclairée qu'on ne l'imaginerait. Il a péché, mais sa modestie lui évita de perdre le sens du péché et la confiance en la miséricorde divine. « Notre maître suprême en ayant disposé autrement, écrivait-il après la mort de Mme de Vintimille, soumettons-nous à lui, contentons-nous des regrets les plus sincères, et espérons en sa toute miséricorde... et que sa volonté soit faite à jamais. » Relevant de sa maladie, il mandait de Metz au maréchal de Noailles : « Ce n'a pas été sans regret que j'ai appris l'affaire du Rhin ; mais la volonté de Dieu n'était pas que j'y fusse, et je m'y suis soumis de bon cœur, car il est bien vrai qu'il est le maître de toutes choses, mais un bon maître. » Sa foi est révélée aussi, par sa dévotion respectueuse envers le Saint Sacrement, dont voici un exemple parmi beaucoup : un soir à Versailles, à l'heure du souper, il est averti que la marquise de Sourches, femme du grand prévôt de France, se meurt et va recevoir le viatique ; il retarde aussitôt son repas, va chercher avec la procession les hosties à la paroisse, les accompagne jusqu'à la chambre de la malade, attend dans l'antichambre, reconduit le Saint Sacrement à l'église et y reçoit la bénédiction.

Sa soumission aux dogmes de l'Église est toujours restée entière et il conserva une haute conscience de la mission religieuse de la royauté. Il concevait la désignation des évêques comme un devoir délicat et important : « Je ne donne les évêchés ni au nom, ni à la faveur, disait-il, mais à ceux qui, je crois, feront le plus le bien de la religion et la paix du royaume. Il s'en faut bien que je sois infaillible. » Et l'on a vu qu'il ne négligeait à ce sujet aucune source d'information, fût-ce le cabinet noir. Les querelles religieuses qui empoisonnèrent son règne le tourmentèrent et il souhaitait les apaiser pour le commun bien de l'Église et de l'État. N'étant ni théologien, ni canoniste, il eut souvent l'impression, après la mort du cardinal de Fleury, d'être imparfaitement conseillé en ces matières. Son éducation l'avait imprégné d'une grande révérence pour l'épiscopat et ses relations avec le Saint-Siège attestent le respect qu'il lui portait : il n'afficha jamais envers lui la hauteur et la dureté dont Louis XIV avait usé à certains moments.

Comportement sincère, mais dans lequel il entra aussi une part de calcul. Louis XV semble avoir supputé que, en compensation de la protection et du soutien que, comme Roi Très-Chrétien, il était tenu d'accorder et accordait effectivement à l'Église et à la religion catholiques, il méritait bien, à titre personnel, de transgresser certains commandements de Dieu, une bonne confession à l'article de la mort permettant d'apurer la situation. Toujours pénétrant, le duc de Croÿ en venait à penser, en le voyant dire pieusement son office, que « cherchant à se faire illusion sur tout cela, il tâchait de s'arranger comme ceux qui disent : il est avec le Ciel des accommodements. » Ces accommodements ne l'empêchaient nullement d'avoir souvent mauvaise conscience, d'être bourrelé de remords — surtout aux moments les plus forts de l'année liturgique — et ces troubles moraux déclenchaient fréquemment ses crises périodiques de dépression. On relève, notait d'Argenson, « que ces vapeurs noires prennent volontiers au Roi aux grandes fêtes, quand il manque de faire ses dévotions et de toucher les malades ; qu'il craint le diable ou, si vous voulez, le monde, quand le moment de ce scandale arrive ; qu'alors sa posture d'être à genoux irrite sa bile et la porte à la tête. » Sans s'en rendre compte, il mettait en pratique la maxime de Luther : *Pecca fortiter, sed crede fortius*. Et ainsi demeurait très chrétien.

*
* *

La personnalité de Louis XV était riche de dons qui eurent peine à s'équilibrer harmonieusement. Une dualité d'attitude demeura le trait le plus constant et le plus frappant de son tempérament. Il y eut « un Louis XV secret, connu seulement de ses proches et de ses amis, un Louis XV simple, accueillant, bonhomme, tendre, gai, spirituel, puéril parfois, se distrayant avec des riens ». Et il y eut « un Louis XV public, majestueux, renfermé, éclatant en boutades imprévues, en plaisanteries bizarres, qui passeront pour du cynisme ou de la cruauté »

(P. Gaxotte). Il y avait en lui comme deux êtres qui se contrariaient. Cherche-t-on à expliquer cette espèce de blocage ? C'est inlassablement à l'enfance du Roi que ramène la réflexion, cette enfance ballottée entre l'adulation et la sévérité, la tristesse et la gaieté, la joie et l'austérité. Une enfance de laquelle Louis conserva des souvenirs mélangés, empreints en partie d'une nostalgie qui lui entretint longtemps dans l'âme un côté puéril. En 1739, il semblait à d'Argenson que le Roi « était enfant des pieds à la tête et plus qu'on ne croyait et qu'il s'amusait volontiers à des choses d'enfance..., quoique Sa Majesté eût près de trente ans... espèce de joli défaut qui va quelquefois durer jusqu'à cinquante ans ». Luynes, dans le même temps, raconte comment Louis s'amusait, tel un collégien, à déambuler le soir sur les toits de Versailles d'où, à l'improviste, il faisait irruption par la fenêtre chez quelque courtisan ébahi.

De son enfance surgissaient d'autres réminiscences, teintées non plus d'espièglerie mais d'adversité, et d'une adversité à laquelle il inclinait peut-être à se présumer originellement voué. Par un après-midi de 1743, alors qu'il revenait de Choisy à Versailles, un de ses valets de pied tomba de derrière sa calèche et se fracassa la tête. Le Roi, tout chagrin, de lâcher alors cette exclamation : « Mon Dieu ! Est-ce que mes malheurs ne finiront jamais ? » Et en 1766, déplorant la mort de la comtesse de Toulouse, il mandait à l'infant de Parme : « Par son âge, elle devait passer avant moi. Cela ne m'empêche pas de la regretter infiniment, mais je ne puis m'accoutumer à ce qui est contre nous, qui par malheur m'est arrivé trop souvent. » Sachant ne devoir la couronne qu'à une succession imprévisible de deuils, n'aurait-il pas eu parfois, dans son inconscient, la tentation de percevoir sa royauté comme une infortune personnelle ?

II. — LE MONARQUE

« Je veux suivre en tout l'exemple du feu Roi mon bisaïeul », avait déclaré Louis XV en disgraciant le duc de Bourbon en 1726. Comme en écho, il évoquait en 1742 au duc de Noailles « le feu Roi mon bisaïeul, que je veux imiter autant qu'il me sera possible ». Et une trentaine d'années plus tard, il confiait à la comtesse de Brionne : « Je n'aime pas à défaire ce que mes pères ont fait. » Il eut donc toujours conscience d'être l'héritier et le mainteneur d'une tradition. D'un autre côté, cependant, par sa tournure d'esprit et sa culture, il était bien un homme de son temps, accessible aux changements et aux innovations. Aussi ne fut-il pas étroitement conservateur, mais, étant « tout habitude » et n'aimant pas brusquer les choses, il préféra les aménager ou les instaurer par touches successives, sans altérer systématiquement les legs du passé. Gradation pouvant conduire, au fil des jours, à des situations radicalement modernes, dont le règne offre plus d'un exemple. Pour déterminer si Louis XV est parvenu, selon son dessein, à mettre ses pas dans ceux de son glorieux prédécesseur, on précisera comment il conçut son pouvoir, fit coexister sa personne et son personnage, pratiqua quotidiennement le métier de roi et enfin se fit servir.

La conception du pouvoir

En matière de guerre et paix, la pensée de Louis XV a été influencée par celle de Fénelon. Pour le reste, en revanche, les doctrines débilitantes du Cygne de Cambrai ne l'ont pas marqué. Les orages politiques, le doute de ses propres capacités, ses crises périodiques de dépression n'ont jamais pu détériorer en lui la notion claire et ferme d'une autorité souveraine incommunicable et indivisible, la conscience du caractère religieux et sacré de la royauté française et une foi intacte en la vertu monarchique. Avec cette conception nette et inaltérée de la constitution du royaume, il n'avait pas des goûts de despote. Sa timidité et sa défiance de soi l'eussent sans doute empêché de se comporter en tyran, mais elles ne sont pas seules en cause et l'on est amené à conclure qu'il a sciemment repoussé la tentation de l'autoritarisme, à laquelle il aurait eu maintes occasions de succomber. Très édifiante à cet égard apparaît sa conduite devant certaines exhortations de Noailles.

Imbu des traditions du règne précédent, le maréchal, en mars 1743, sermonnait le Roi en ces termes : « Il est des dépenses nécessaires et dont on ne peut se dispenser... Lorsque le feu Roi votre bisaïeul, Sire, avait jugé une dépense juste et nécessaire, il fallait qu'on trouvât les fonds, parce qu'il le voulait. Votre Majesté doit expliquer sa volonté et la faire respecter ; son royaume est fécond en ressources et, dès qu'Elle le voudra et que l'on s'appliquera à rechercher les moyens et les expédients qu'on peut mettre en usage, l'argent ne doit pas manquer et ne manquera pas. Il est impossible, Sire, de tirer votre royaume de l'état où il a été précipité si, à chaque expédient que l'on propose, on objecte le manque de fonds... ce genre d'économie appauvrit et ruine insensiblement un État. » Louis XV ne répondit pas sur-le-champ à cette invite, temporisation dont ces remarques du marquis d'Argenson constituent le meilleur commentaire : « Qu'on ne s'y trompe pas, le Roi est encore plus absolu que Louis XIV ; il commande plus en se taisant que les autres maîtres en parlant haut ; son silence est une interdiction de continuer et une défense d'insister. » Mais, quelques mois plus tard et en une autre occasion, il écrivait à Noailles : « Si nous sommes obligés... de faire quelques mauvaises affaires,... adieu tout crédit, et l'argent, qui est déjà si rare, le sera encore bien davantage. Je vous dis tout cela non pas pour ne pas faire ce qu'il faut, mais pour le faire comme il faut et ne pas en user avec prodigalité et volerie. » Propos qui attestent qu'il ne considérait pas son peuple comme imposable à merci et que, respectueux des institutions, il estimait nécessaire d'observer en toutes circonstances un minimum de règles, sans renoncer pour autant à ses prérogatives.

En réalité, comme l'impliquait la réflexion de d'Argenson, Louis XV, quelles que fussent ses résolutions, ne pouvait régner exactement à l'instar de son bisaïeul. Et cela parce que ses souvenirs d'enfance ne pouvaient porter sur les pratiques de gouvernement. Parce que celles-ci évoluaient inévitablement sous la pression des événements et de la simple succession des générations. Et enfin parce que les tempéraments du Roi-Soleil et du Bien-Aimé étaient fort différents.

Peu de princes dans l'histoire ont été aussi pleinement rois que Louis XIV. Il était presque impossible de distinguer en lui l'homme et le monarque : ces deux qualités se confondaient en son être sous le double effet d'une disposition innée et d'une détermination réfléchie de soumission absolue à sa condition royale. Conjonction très opportune pour régner sur la France, où les traditions imposaient au souverain et à sa famille, plus que dans aucune autre monarchie, l'obligation de vivre constamment en public. Or, sur ce point, Louis XV se séparait beaucoup de son prédécesseur : le Roi et l'homme ne se superposaient pas en permanence chez ce timide qui, à l'âge de six ans — souvenons-nous des remarques de Maman Ventadour —, trouvait déjà « son soulagement à ne plus faire le Roi » et qui, très tôt, eut soin de se ménager un recoin de liberté et de vie personnelles.

D'autre part, Louis XIV était un homme de contact. Exigeant d'être informé de tout, il questionnait et écoutait ses conseillers, ses ministres et toutes autres personnes utilement compétentes, pesait les avis et décidait, car il avait le verbe aisé, élégant et magistral. Il n'écrivait pas beaucoup et ne gardait par-devers lui que peu de papiers, facilement serrés dans quelques cassettes. Louis XV, au contraire, souvent embarrassé avec ceux qui attendaient ses paroles, était bien plus à l'aise la plume à la main et s'entourait de dossiers, de répertoires et d'archives. On ne s'étonnera donc pas de ce que, disposant depuis sa majorité des mêmes organes de Conseil et de gouvernement, des mêmes institutions de cour que son arrière-grand-père, il ait été amené, sans guère les modifier, à les utiliser suivant son style propre.

Les deux existences

Renouant avec les traditions des Valois, et surtout de Henri III, Louis XIV avait adopté un style de vie où ses devoirs de représentation et de gouvernement étaient constamment entremêlés, mécanique de cour et d'État qui trouvait à Versailles le lieu idéal de son fonctionnement. Louis XV n'en a jamais éludé, ni même songé à en éluder les obligations, mais il les a adaptées à son tempérament. Sans la moindre gêne, Louis XIV ne concevait pas d'exercer le métier royal autrement que sur le devant de la scène, et cela pendant toutes les heures du jour et tous les jours de la semaine. Conduite que, Louis XV, par nature, ne pouvait suivre intégralement. Même lorsque ses actes relevaient au plus haut point de l'exercice de son autorité souveraine, il répugnait, sous l'effet de sa modestie et de sa timidité, à leur conférer un caractère théâtral ou spectaculaire : quoi de plus discret, par exemple, que ses départs pour l'armée lors de la guerre de Succession d'Autriche ! En outre, dès sa jeunesse, il a entendu se réserver, en marge et en cachette de sa vie publique, des temps et des lieux où, sans cesser cependant d'être le Roi, il pourrait mener l'existence d'un particulier.

On reviendra sur ses activités de bâtisseur, mais on notera dès maintenant que ce besoin de se retirer à l'écart de la pompe, du bruit et de la foule de la cour l'amena, d'une part, à aménager à Versailles des appartements tout à fait privés et, d'autre part, à construire ou accommoder des demeures encore fastueuses, mais moins vastes, où il pourrait séjourner et travailler avec une suite et un service restreints.

Il y avait ainsi des jours ou des heures où Louis XV à Versailles — et de même à Marly, à Fontainebleau et à Compiègne — faisait ce que faisait Louis XIV et comme il le faisait : observant le cérémonial du lever et du coucher, soupant au grand couvert, tenant Conseil, recevant les ambassadeurs, assistant au concert ou à la comédie, subissant les « compliments » à l'occasion du nouvel an et des deuils, mariages ou naissances de la famille royale. Et il est certain — tous les contemporains en témoignent — que, très averti des égards et du respect qui lui étaient dus, il a fait régner à sa cour un ton de majesté digne du grand siècle. Il a maintenu la stricte discipline de l'étiquette et, presque à chaque page, le duc de Luynes mentionne dans ses *Mémoires* les prétentions et disputes qui surgissaient constamment à ce sujet. Il a veillé à l'observation des bienséances et au maintien des formes et de l'appareil qui devaient entourer le trône : « Ôtez donc votre carreau », lance-t-il sans aménité au duc d'Harcourt, qui a laissé un coin de son coussin s'appuyer à la chapelle contre le fauteuil royal ! Il a aussi les mêmes expressions que son bisaïeul : « Apparemment qu'un tel me boude, puisque je ne le vois point. »

Mais ce comportement était comme à éclipses. D'abord parce que, certains jours, le Roi découchait de Versailles et séjournait en quelque autre demeure où ne le suivaient que des invités. Et aussi parce que, à Versailles même, en fin de journée et principalement au retour de la chasse, il se retirait volontiers dans ses petits appartements pour y travailler, y souper avec quelques intimes, passer la soirée avec eux, avant de redescendre dans sa chambre de parade sacrifier au rite du coucher public pour aller dormir ensuite dans sa vraie chambre.

Si, à Versailles, n'importe quel visiteur — à l'exclusion des moines et des gens mal vêtus — avait accès aux grands appartements, nul ne pouvait, par contre, pénétrer dans les petits appartements du Roi sans y avoir été convié. C'était une faveur chichement accordée et donc fort recherchée. La voie la plus commune pour l'obtenir était d'accompagner Louis XV à la chasse. Au retour, ceux qui postulaient l'honneur de souper avec lui allaient attendre auprès de sa chambre ou de son cabinet. Le Roi mettait un instant la tête à la porte, regardait qui était là et refermait pour dresser la liste des invités, qu'un huissier venait ensuite appeler. Ils entraient à mesure qu'ils étaient nommés et allaient aussitôt se mettre à table. Ces repas commençaient ordinairement vers sept heures ou sept heures et demie ; le Roi congédiait ses hôtes vers minuit. Ces soirées intimes avaient lieu aussi à Fontainebleau et à Compiègne.

Le duc de Croÿ, qui y a participé maintes fois, les a volontiers décrites. On se plaçait comme on arrivait, avec une apparence d'égalité, sauf que si, par hasard, il n'y avait que des hommes, le Roi désignait ordinairement pour s'asseoir à ses côtés les deux plus âgés. Le repas, selon Croÿ, était fort agréable et sans contrainte, « servi par deux ou trois valets de la garde-robe, qui se retiraient après vous avoir donné ce qu'il fallait que chacun eût devant soi. La liberté et la décence m'y parurent bien observées. Le Roi était gai, libre, mais toujours avec une grandeur qui ne se laissait pas oublier. Il ne paraissait plus du tout timide, mais fort d'habitude, parlant très bien et beaucoup, se divertissant et sachant alors se divertir ». Il y avait, ce jour-là, dix-huit convives très serrés ; « le maréchal de Saxe y était, mais il ne se mit pas à table, ne faisant que dîner, et il accrochait seulement des morceaux, étant très gourmand. Le Roi, qui l'appelait toujours " comte de Saxe ", paraissait l'aimer et l'estimer beaucoup... On fut deux heures à table, avec grande liberté et sans aucun excès. Ensuite le Roi passa dans le petit salon. Il y chauffa et versa lui-même son café ». Puis on fit, à petits jeux, une partie de comète et, vers une heure, Louis XV jugea qu'il était temps d'aller dormir. Tout le monde s'inclina et l'on se retrouva bientôt au premier étage pour le coucher public de Sa Majesté. On pourrait citer bien des passages de ce genre et le témoignage de Croÿ a d'autant plus de prix qu'il était le contraire d'un roué et d'un libertin, très honnête officier, pieux, bon père, excellent fils et mari fidèle. Au reste, d'autres courtisans tout aussi respectables — le duc et le comte de Broglie, le maréchal d'Harcourt, les ducs de Fleury, d'Havré, de Chevreuse — participèrent à ces soupers. Croÿ a beaucoup insisté sur l'attitude du Roi dans ses soirées : « Il était tout à fait aimable..., sans cependant que l'on eût envie de lui manquer, car il y avait toujours quelque chose de majestueux en lui, qui, soit habitude et préjugé ou autrement, faisait que l'on n'oubliait point que l'on était avec son maître. » La conversation y était très variée, mais la politique en était rigoureusement bannie, de même que les sujets licencieux ou irréligieux. Les jours maigres y étaient scrupuleusement observés.

Ces rencontres étaient si instamment convoitées et par tant de gens que, par moments, le nombre des présents atteignit la trentaine, compromettant l'intimité. Aussi advenait-il que Louis XV ne donnât pas de liste d'invités et fît discrètement prier quelques élus de monter chez lui, où il les accueillait dans ses pièces les plus retirées. Un soir de décembre 1748, relate Croÿ, « le Roi me fit dire par le maréchal d'Harcourt de monter à six heures et nous soupâmes tout en haut, dans les petits cabinets de dessus, dans le plus grand intérieur, rien que six avec le Roi..., qui fut charmant dans ce petit intérieur, d'une aisance et même politesse infinie. Il me parla beaucoup. Ensuite, dans le cabinet du tour, il fit allumer un fagot et nous fit tous asseoir autour de lui, sans la moindre distinction, et nous causâmes avec la plus grande familiarité, hors que l'on ne pouvait oublier que l'on était avec son maître ».

Rien de plus innocent et de meilleur ton que ces soupers, dont on remarquera le caractère aristocratique : malgré l'estime et l'amitié qu'il leur portait, Louis XV n'y admit aucun de ses artistes, médecins ou savants préférés, les convives furent exclusivement des seigneurs et dames de sa cour. Combien différents les soupers de Potsdam, où Frédéric II devisait avec Maupertuis, La Mettrie et autres beaux esprits auxquels M. de Voltaire fut ravi de se joindre !

*
* *

La discrétion de ces réunions des petits appartements a engendré inévitablement conjectures et soupçons. On a été porté à y situer des scènes et des faits qui n'avaient pourtant aucune chance de s'y dérouler et c'est ainsi que de très sérieux historiens ne sont pas loin de penser que des tenues de loge y eurent lieu et que, par conséquent, Louis XV a été initié à la franc-maçonnerie. Celle-ci a été implantée en France par des émigrés jacobites, fondateurs des premières loges parisiennes dans les années qui suivent immédiatement la Régence. Mais la franc-maçonnerie n'est sortie de l'ombre qu'en 1737, où elle attira l'attention de la police et intrigua l'opinion. Louis XV et Fleury furent mis au courant par le lieutenant général de police, M. Hérault, et M. le Cardinal n'éprouva que de l'antipathie pour la secte ainsi révélée. Néanmoins, l'hostilité du gouvernement envers elle demeura toujours circonspecte et feutrée. On interdit les tenues de loge, mais les contrevenants ne furent guère inquiétés : on se contenta d'admonester les traiteurs et gargotiers qui accueillaient les réunions défendues, dont les participants ne firent l'objet d'aucune poursuite. Cette indulgence eut diverses causes, dont l'une tient au fait que, très tôt, entrèrent dans l'ordre des personnages de haut rang, protégés par leur nom, leurs charges, leurs relations. Une des premières loges s'ouvrit ainsi au duc de Villeroy, capitaine des gardes et fils du feu gouverneur du Roi, au duc de Picquigny, à un conseiller au parlement de Paris, à M. Chauvelin, conseiller d'État et cousin du garde des sceaux, à Bontemps, premier valet de chambre de Louis XV, et encore à quelques ecclésiastiques. Une autre eut pour vénérable le duc d'Aumont. Comme, d'autre part, les jacobites prédominaient dans ces premiers ateliers, Fleury, soucieux de préserver ses bonnes relations avec Walpole, a probablement cherché à surveiller les menées de ces adversaires de la monarchie anglo-hanovrienne et c'est pourquoi, semble-t-il, deux secrétaires d'État, Maurepas et Saint-Florentin, se firent initier à la maçonnerie.

Il est donc certain que de grands seigneurs de l'entourage du Roi, des gentilshommes fréquentant la cour, des ministres, de hauts magistrats, des officiers généraux sont entrés dans l'ordre maçonnique. Est-ce une raison suffisante pour supposer que Louis XV les imita ? Il est vrai que, un peu plus tard, quelques témoignages — dont aucun n'est de première main — font état d'une « loge du Roy », des « Écossais des petits appartements » et d'une « loge de la chambre du Roy ». Cette dernière n'a sans doute rassemblé que des officiers subalternes de la chambre (huissiers, valets, porte-manteaux, porte-arquebuses, barbiers, tapissiers, etc.) ; ils étaient plus de cent et, bien qu'ils ne servissent que par quartier, assez nombreux pour former effectivement une loge où, de toute évidence, le Roi n'est jamais venu et dont il a même dû ignorer l'existence. Quant aux autres mentions, elles engendrent beaucoup de scepticisme et tout permet de conclure que, à la différence d'autres souverains de son temps tels que Frédéric II et l'empereur François de Lorraine, Louis XV n'a pas été franc-maçon. Lui a-t-il jamais été proposé de le devenir ? On l'ignorera probablement toujours. Mais on perçoit aisément les raisons qui l'en auraient dissuadé. Et d'abord l'attitude de Fleury. Dans un esprit assez débonnaire, M. le Cardinal n'a pas voulu déclencher de répression contre l'ordre, mais il n'a jamais cessé de le tenir en suspicion et il était trop influent sur le Roi pour ne pas lui faire partager cette défiance. D'autre part, une bulle pontificale prononça en 1738 l'excommunication de tout catholique adhérant à la franc-maçonnerie. Certes, elle ne fut pas reçue en France, mais le Roi et Fleury ne purent en ignorer la fulmination et Louis XV était assez dévot pour en tenir compte. Considérons enfin que l'égalité entre maçons était une règle fondamentale de l'ordre. Or, si Louis XV dans ses petits appartements se montrait affable, prévenant, familier, c'était avec tant d'art que, comme y revient sans cesse le duc de Croÿ, « l'on ne pouvait oublier que l'on était avec son maître ». Il était inconcevable que, quelque parti de simplicité qu'il adoptât, le Roi condescendît, au nom d'une quelconque fraternité, à se dépouiller de la condition supérieure dont il avait la conviction et la fierté d'être investi sans partage.

*
* *

Comment jouir d'un peu d'indépendance de vie sans la libre disposition de quelque argent ? Le Roi avait tout et n'avait rien : en tant qu'usufruitier de la couronne, les fonds publics, dont il était seul ordonnateur, ne lui appartenaient pas en propre, mais à l'État, et il ne pouvait y puiser à sa fantaisie. Aussi était-il de tradition que le Trésor lui procurât une manière d'argent de poche. Le premier de chaque mois, le garde du Trésor royal venait apporter à Sa Majesté deux bourses de 1 000 louis (24 000 livres) chacune. Il les posait sur la table du Conseil et, suivant un vieil usage, le Roi mettait la main sur l'une et l'autre ; puis son premier valet de chambre s'en saisissait et les serrait pour en user selon ses ordres. Avec ces 48 ou 50 000 livres mensuelles, qui constituaient sa « cassette », Louis XV achetait quelques objets personnels, distribuait pensions, subsides, présents et aumônes et tenait sa partie aux tables de jeu de la cour, où l'on jouait beaucoup, et souvent très gros. « Le Roi, rapporte Dufort de Cheverny, aimait à gagner et, aux voyages de Marly, il jouait les jeux de hasard plus en particulier qu'en roi. Il était le plus grand connaisseur du royaume en fait d'espèces ; un rouleau de cinquante louis où il se trouvait un louis faux ou un louis de moins était rejeté par lui avec une promptitude et une sagacité sans exemple. » Il lui advenait naturellement de perdre et ainsi d'être à sec. Pour se remettre à flot, il se faisait donner par le Trésor royal « un extraordinaire ». Luynes a compté qu'en 1739 ces extraordinaires s'élevèrent à 55 000 livres : une sorte de « treizième mois ».

Le Roi dépensait à son gré les fonds de sa cassette, mais ceux-ci avaient un caractère officiel, bien embarrassant quand il lui fallut subventionner une diplomatie secrète. Aussi s'employa-t-il avec ténacité à se constituer un pécule vraiment privé, séparé du Trésor royal, approvisionné et manié avec une discrétion absolue. En quoi il n'agissait pas seulement selon un penchant de son caractère, car d'autres princes firent de même. Son contemporain l'empereur François de Lorraine, homme d'affaires très entendu et très avisé, amassa personnellement de grandes richesses, qui furent la base de la fortune propre de la maison de Lorraine-Habsbourg. En un siècle où, dans la plupart des nations, l'accroissement des compétences de l'État conduisait à affirmer et affermir les droits de l'individu face à la puissance publique, les souverains eux-mêmes ressentaient le besoin de préserver leur intimité personnelle et familiale en menant une vie privée distincte de leur vie publique. Louis XV parvint peu à peu à se créer quelques revenus dont il pouvait jouir et user en toute clandestinité et liberté. Ce pécule était alimenté par ses gains en jeu et à la loterie, par le produit de « croupes » sur les fermes générales, par des titres de rentes sur les états de Languedoc. En 1762, et nous y reviendrons, ces ressources s'accrurent assez sensiblement, mais, dans leur plus grande opulence, atteignirent au mieux 450 à 500 000 livres par an.

En se ménageant cette modeste pécune, en se réservant des lieux et des temps pour mener une vie retirée, Louis XV opérait un dédoublement de personnalité qui eut naturellement ses répercussions sur l'accomplissement du métier de Roi.

Le métier de roi

On ne peut comprendre la manière dont Louis XV exerça quotidiennement le pouvoir suprême si l'on n'a constamment à l'esprit le fait qu'il était atteint d'une perpétuelle bougeotte. La monarchie des lys était, certes, itinérante par tradition. A quoi se rattachaient ces voyages rituels où, désertant Versailles, le Roi, la Reine et les Enfants de France, accompagnés des différents offices de leurs maisons et aussi des bureaux ministériels, venaient habiter pendant plusieurs semaines Compiègne et Fontainebleau. C'était alors la cour au complet qui s'installait là avec toute sa pompe, encore que des coutumes vénérables et la configuration des lieux introduisissent dans l'étiquette quelques variantes subtiles propres à chacune de ces demeures. L'on peut y joindre les séjours des souverains à Marly, bien que les y suivissent seulement les courtisans expressément invités. Marly, ce domaine pour lequel Louis XIV, dans les dernières années de sa vie, nourrissait une prédilection croissante, preuve qu'il finissait lui-même par éprouver la nécessité de se soustraire un peu aux servitudes de Versailles.

En dehors de ces déplacements de cour et d'État, Louis XV multipliait petits voyages ici et là — oserions-nous dire *week-ends*? —, souvent combinés avec ses chasses. Il fut d'abord très attiré par Rambouillet, où il se plaisait beaucoup dans la société du comte et de la comtesse de Toulouse. Puis il y eut les escapades à La Muette, les villégiatures à Choisy d'abord, puis à Saint-Hubert, à Bellevue. Entre 1728 et 1733, ces virées furent incessantes et Narbonne, commissaire de police de Versailles, a calculé alors que, certaines années, le Roi n'y avait guère dormi plus de cent nuits. Le cardinal de Fleury y mit discrètement bon ordre et, à partir de 1734, ces découchers furent en moyenne deux fois moins nombreux. Pendant ces absences du Roi, M. le Cardinal se retirait souvent à Issy et les autres ministres partageaient leur temps entre la cour et la capitale. Comment, dans ces conditions de dispersion, Louis XV a-t-il fait face à ses devoirs de souverain?

∗
∗ ∗

La machine gouvernementale était montée de telle sorte qu'il était impossible au Roi d'être paresseux, quels que fussent ses désirs d'évasion. A jours fixes, il devait tenir ses Conseils : Conseil d'En-haut le dimanche et le mercredi, Conseil des Dépêches le samedi ou parfois le vendredi, Conseil royal des Finances le mardi. Cela pour les séances ordinaires, mais il y en avait d'extraordinaires, nécessitées impromptu par les circonstances. Ces Conseils de gouvernement siégeaient dans une pièce du grand appartement de Sa Majesté, « le cabinet du Conseil », qui existait non seulement dans les grands châteaux royaux (Versailles, Trianon, Marly, Fontainebleau, Compiègne), mais dans les demeures moins solennelles aménagées ou construites par Louis XV. Celui-ci revenait souvent à Versailles pour tenir Conseil, mais, inversement, en mandait parfois les membres à Choisy, à La Muette, à Bellevue ou à Saint-Hubert. Avec le Conseil, le travail particulier avec chacun des ministres et des grands chefs de service constituait une de ses activités politiques majeures. Entretien tête-à-tête qui se déroulait dans son cabinet intérieur, c'est-à-dire aussi bien dans les grandes maisons royales que dans les autres. Dans ce même cabinet, Louis XV, d'une part, faisait introduire aussi les personnes qu'il jugeait bon de convoquer et de consulter et, d'autre part, enfin seul, étudiait les dossiers, rédigeait ses correspondances, réfléchissait sur les hommes et les événements.

Ce calendrier politique n'était pas moins réglé que celui de la cour : ils étaient étroitement imbriqués. « Conseils, travail avec les ministres, chasses à tirer et soupers dans les cabinets tous les deux jours, tels ont été à peu près les amusements et occupations de Sa Majesté », écrit Luynes à Versailles dans l'été 1743. Dix-huit mois plus tard, relate-t-il, « le Roi, depuis qu'il est à Trianon, se lève à dix heures et demie ; il passe ensuite à la messe ; ordinairement il tient Conseil ou travaille avec quelques ministres jusqu'au dîner... à deux heures. Au sortir du dîner, il s'établit trois parties de quadrille, après lesquelles le Roi fait la conversation... Cette conversation dure jusqu'à six heures : alors le Roi se retire jusqu'à neuf heures », où il soupe. Mêmes rythmes à Choisy en juillet 1746 : « L'heure du lever du Roi est à onze heures, ce qui conduit jusqu'à près de midi avant que tout le monde entre. La Reine descend chez le Roi » et on va à la messe ; ensuite, « le Roi rentre chez lui, soit pour le Conseil, soit pour donner quelques ordres... A deux heures ou deux heures un quart, on sert le dîner... Le Roi y vient après le Conseil... [et] rentre chez lui sur les trois ou quatre heures et ne paraît plus que sur les sept heures pour la promenade : pendant ce temps-là, il travaille avec ses ministres. »

Ceux-ci et ses principaux conseillers ont donc été condamnés à de multiples allées et venues pour le rejoindre, le tenir au courant des nouvelles et des affaires, assister aux Conseils, répondre à ses convocations et recevoir ses décisions. Ce qui a assuré la régularité des Conseils et du travail particulier avec les ministres. Entre le 1er janvier et le 24 septembre 1750, par exemple — et c'était en temps de paix — Louis XV eut au moins soixante-quatre séances de travail avec le comte d'Argenson, secrétaire d'État de la Guerre, soit en moyenne deux par semaine. Le seul Conseil qui dépérit fut, comme l'on sait, le Conseil royal des Finances, mais en grande partie à cause de la concurrence que lui infligeait le tête-à-tête du Roi avec le contrôleur général.

Il était cependant impossible que ministres et dignitaires fussent constamment sur les chemins à la poursuite de leur maître et ce qui ne pouvait se dire entre eux de vive voix était nécessairement traité par correspondance. C'est l'une des raisons pour lesquelles l'écriture a tenu tant de place dans les occupations de Louis XV, une autre raison étant sa timidité. Il était, en effet, plus sûr de lui-même la plume à la main et dans la solitude de son cabinet que dans son Conseil ou son travail avec les ministres. Ce qu'il n'osait pas dire, il le confiait au papier, et de sa propre main, puisqu'il ne disposait d'aucun secrétariat particulier et ne pouvait donc dicter son courrier. Rédiger lui-même notes, lettres ou billets, apostiller des documents : toutes ces activités lui devinrent très tôt une habitude, qu'il sut accorder avec sa bougeotte.

*
**

Dès 1725, l'ébéniste Guillemard façonna pour lui « un bureau de campagne », haut de 27 pouces (0,73 m), mesurant 3 pieds et 1 pouce de long sur 24 pouces de large (environ 1 m × 0,65 m) et comprenant deux tiroirs fermant à clef. Le dessus était divisé en deux parties, « dont celle de devant s'élève et s'abat ; dans celle de derrière, il y a deux compartiments carrés, qui se lèvent et ferment à clef, pour placer une écritoire et du papier ». « Porté sur quatre pieds de biche qui se reployent en dessous par des charnières », ce meuble se glissait « dans un étui de cuir doublé de toile ». Rempli de dossiers et replié dans son étui, il était aisément transporté dans une voiture de suite lors des déplacements du Roi et, où qu'il allât, celui-ci arrivé à destination pouvait aussitôt l'utiliser et se mettre au travail. Il s'en servit tellement qu'il dut le remplacer. Gaudreaux lui fournit en juin 1740 une nouvelle « table de campagne », à trois tiroirs « garnis de tabis cramoisi », de dimensions voisines (h. : 0,79 m ; long. : 0,87 m ; larg. : 0,76 m), munie de « quatre pieds mobiles qui se vissent » ; « le dessus, fermant à clef à deux serrures, s'ouvre en deux parties et est couvert en dedans de velours de soie noir bordé d'un petit passepoil d'argent. Dans le milieu, il y a trois compartiments qui s'élèvent, garnis de velours cramoisi, dont l'un forme un pupitre, l'autre, à droite, renferme différentes pièces d'argenterie et instruments de mathématiques, et le troisième est pour mettre des papiers. Dans le fond de chacun de ces deux compartiments, il y a une case aussi garnie de tabis, qui s'ouvre par un secret et renferme vingt-trois boîtes rondes pour contenir chacune 50 louis ». Le tout entrant « dans un coffre de peau de mouton noir fermant à clef », avec « un faux fond où se mettent les pieds et la clef pour les monter ». A son retour de Fribourg en 1744, Louis XV, en prévision de la campagne suivante, fit agrandir et modifier cette table de manière à y loger deux flambeaux d'argent et « une cave contenant quatre flacons de cristal garnis de bouchons d'argent ». Goût et besoin de l'écriture attestés encore par cette livraison pour lui en 1737 par le tapissier Sallior et l'ébéniste Gaudreaux : « Un fauteuil de commodité [c'est-à-dire confortable], couvert de maroquin du

Levant bleu, cloué de clous dorés, le bois sculpté doré, avec son carreau couvert des deux côtés du même maroquin et une table en pupitre, de bois d'acajou, attachée sur une branche d'acier doré du côté droit du fauteuil, couverte d'un carré dudit maroquin bleu, garnie, dans trois compartiments en dessus, d'encrier, poudrier et boîte à éponge, et sur les côtés de deux branches mobiles, aussi d'acier, pour porter deux bobèches », tous accessoires en argent fournis en même temps par l'orfèvre Germain. L'on imagine Louis XV, bien calé dans ce siège au retour de la chasse ou au saut du lit, en train de rédiger son courrier et d'apostiller les lettres et rapports de ses ministres. Le journal du Garde-meuble enregistre constamment la fourniture à son intention d'écritoires et de nécessaires pour écrire.

Le marquis d'Argenson a insisté sur les activités plumitives et paperassières du Roi. Celui-ci, dit-il, « aime les papiers, l'étude, la lecture et même beaucoup à écrire de sa main ». « Le Roi écrit beaucoup de sa main, soit lettres, soit mémoires ; beaucoup d'extraits de ce qu'il lit... et c'est avec une facilité prodigieuse. » « On sait que le Roi reste toujours deux heures à travailler seul à son bureau, les jours qu'il ne va point à la chasse ; il écrit continuellement. » « Parfois le Roi se retire dans son cabinet après dîner et après souper ; c'est pour répondre à quelque lettre à deux colonnes de Son Éminence... Il en coûte moins au Roi qu'à personne d'écrire beaucoup. » A Versailles, il a fait faire « des armoires dans un cabinet séparé et là ses papiers sont rangés dans un ordre soigneux, le tout étiqueté de sa propre main. Ce sont des états de tout, des produits, des balances, des expédients, des moyens, des plans ». Un jour où il soupait chez le Roi, Croÿ, par une porte ouverte, aperçut ce local avec « tous ses répertoires et catalogues sur tous les états et grades ou charges, et tout rempli de livres et instruments, surtout la belle pendule. Il y avait aussi de belles fleurs ; j'aurais bien voulu fouiller dans tout cela quelques heures ». On voit encore aujourd'hui dans cet arrière-cabinet les tablettes où Louis XV alignait ses cartons.

En général, et selon un usage déjà suivi par Louis XIV, les lettres adressées au Roi par les ministres — où les formules de politesse étaient réduites au minimum — n'étaient tracées que sur la moitié droite de la feuille. Dans la marge ainsi réservée, une apostille face à chaque paragraphe faisait connaître sa décision ou son opinion. « Le Roi, relate le cardinal de Bernis, m'avait permis de lui écrire franchement sur tout ce qui regardait ses affaires et même sa personne : j'écrivais à demi-marge et Sa Majesté me faisait réponse à côté, et souvent aussi bien qu'aurait pu le faire Henri IV. » Louis XV, en effet, écrivait facilement, d'une écriture élégante et racée et d'un style heurté, direct et sans nul ornement. Langage rapide et laconique dérivant à la fois de sa promptitude d'esprit et de l'abondance même de sa correspondance, qui l'obligeait, pour aller vite, à bannir redondances et périphrases et à recourir volontiers aux abréviations. Innombrables ont été les destinataires de ses écrits, en tête desquels on rencontre évidemment ses ministres, ses conseillers et autres grands responsables : le cardinal de Fleury, le chancelier, les secrétaires d'État, le contrôleur général des finances, le prélat chargé de la feuille des bénéfices, ainsi que, en temps de guerre, les généraux commandant ses armées. Il sollicitait, annotait, critiquait, rejetait ou approuvait leurs rapports, propositions ou avis, suggérant telle ou telle modification, sans craindre d'entrer dans les détails. « Mes aumôniers voudraient manger avec moi, mande-t-il de Lille en 1744 à Saint-Florentin. Je ne crois pas qu'ils le doivent, du moins tant qu'ils sont de quartier : voyez si vous ne retrouverez rien là-dessus. » Au même, il répond quelques jours après : « Ce sera fort bien fait de punir les plus mutins du parlement de Dijon. Vous savez que je ne suis pas disposé à rien passer à ces messieurs-là. » Renvoyant en 1762 au chancelier un projet d'édit relatif aux jésuites, il lui marque : « Je commence par trouver le préambule un peu long, je pense qu'on pourrait ôter tout à fait ce qui est à côté d'un tiret de crayon rouge jusqu'à un autre, cela me paraissait inutile qu'il soit dit au parlement et au public. Le mot *seul*, après, ne me plaît pas et l'on y peut substituer celui d'*un*. A l'égard de l'article 9, je pense qu'on pourrait faire autoriser par le général les provinciaux pour vicaire dans chaque province, au lieu d'un seul pour tout le royaume… Si ce changement a lieu, il portera le pluriel dans les articles suivants. » Il réclame des précisions et des projets : « Je vous demande, écrit-il au contrôleur général, d'avoir le plus tôt possible des éclaircissements sûrs et détaillés sur les abus qui sont dans l'administration des provinces relativement à la perception et répartition des impositions sur les corvées. Pareillement, des mémoires instructifs sur la manière dont les pays d'états sont administrés. De même, sur l'ancienne administration du Dauphiné et de la Franche-Comté. De faire part au premier Comité des ordres que je vous donne, afin qu'il puisse y être pris les mesures les plus convenables pour parvenir à ces différents objets, être instruit des progrès qui y sera fait et que la manière d'y procéder y soit examinée, discutée et arrangée avant que vous m'en rendiez compte. »

Des missives de ce genre relevaient de l'expédition ordinaire des affaires : leur existence allait de soi et n'étonnait personne, même si leur contenu n'avait pas à être divulgué. Mais en plus de ces correspondances normales, Louis XV en entretint de strictement confidentielles avec des ministres d'État comme le garde des sceaux Chauvelin (et peut-être même un moment encore après sa disgrâce) et, on le sait déjà, le maréchal de Noailles. Autre commerce épistolaire politique et intime, celui du Roi et du prince de Conty. Louis XV autorisa même des particuliers à lui écrire sur les hommes et sur les événements. Ce fut notamment le cas de l'abbé de Broglie. Frère du premier duc de ce nom, ce curieux personnage, ancien agent du clergé, abbé du Mont-Saint Michel et des Vaux-de-Cernay, remuant et intriguant, causeur spirituel et écrivain mordant, avait ses entrées partout et était connu à la cour sous les noms de « vieil abbé » ou « vieux abbé ». Sans qu'on sache pourquoi ni comment, il eut pendant longtemps licence d'adresser au Roi, qui s'en amusait fort, des lettres où il jugeait sans pitié à peu près tout le monde, sans négliger de parler affaires. D'un autre côté, à partir du moment où Louis XV eut une diplomatie secrète, séparée de celle de son secrétaire d'État des Affaires étrangères, il la conduisit exclusivement par écrit.

Sa famille formait un autre cercle de correspondants : la Reine d'abord, puis ses enfants et petits-enfants, le comte de Toulouse, Maman Ventadour. Le Roi, cela va de soi, écrivait aussi des missives de service aux chefs des grands offices de sa maison : chapelle, chambre, écurie, etc. Mais certains d'entre eux, d'autres courtisans familiers et aussi ses principaux serviteurs échangeaient avec lui des lettres privées. On en connaît une quinzaine qu'il adressa à son ami le comte de Coigny. Il paraît certain qu'il recevait de son premier valet de chambre Bachelier des messages traitant de politique. Et Louis XVI fit saisir à la mort de La Martinière en 1783 la correspondance de ce premier chirurgien avec le feu Roi.

Louis XV, enfin, écrivit abondamment à ses maîtresses, avouées ou cachées, et nous verrons comment ses lettres à l'une d'elles furent au centre d'une dangereuse machination. Acheminer clandestinement jusque chez le Roi et en faire partir de même tant de plis confidentiels exigeait des transmissions aussi sûres que discrètes. Louis XV s'en remettait pour cela à quelques fidèles tenus au secret le plus rigoureux et dont, semble-t-il, aucun n'a jamais trahi la confiance du maître : l'intendant général des postes, les premiers valets de chambre (Bachelier, Binet, Le Bel), quelques garçons des appartements (notamment Guimard).

Partout où il était, Louis XV a donc passé une bonne partie de son existence la plume à la main. Comme il dormait peu, il était fréquent que, réveillé de bonne heure, il passât une robe de chambre et gagnât son cabinet pour écrire tranquillement avant de se livrer à ses valets pour sa toilette et de jouer ensuite la scène du lever public. Il a été ainsi l'auteur d'une correspondance immense, sur la nature de laquelle il ne faut pas se leurrer, car il ne s'est jamais pris pour un styliste : ses réponses aux ministres furent maintes fois des apostilles et, plutôt que de longues missives, il rédigeait le plus souvent de courts billets. Il avait tant de correspondants à satisfaire que, pressé par leur nombre, par le départ des courriers et l'heure de la poste, il ne pouvait qu'être bref. Parfois, cependant, il laissait courir sa plume : quelques-unes de ses lettres au comte de Coigny sont assez disertes, et surtout celles au maréchal de Noailles et au comte de Toulouse. Ces dernières sont des récits de chasse pour le grand veneur :

« Avant-hier, qui était lundi [8 août 1735], nous attaquâmes un cerf-cerf dix corps, qui avait la tête bizarre, dans la queue de Tigery, d'où en sortant nous donnâmes la vieille meute. Puis nous tombâmes en défaut par le moyen d'une biche dans l'enceinte du Pré-Harsan, puis un jeune cerf que les chiens attaquèrent et sur quoi il fallut rompre. Enfin M. le maire nous appela sur un cerf qu'il disait être le nôtre et effectivement, de la manière qu'il le dépeignit, il me persuada. Nous prîmes donc la voie de ce cerf-là. Les chiens le chassaient en perfection, il passa au petit Sénart, où nous aperçûmes que c'était le même jeune cerf sur quoi nous venions de rompre. Mais nous n'eûmes pas la peine de rompre dessus, car les chiens avaient jugé à propos dans ce moment-là de tourner sur une biche, sur laquelle je les rompis. Puis nous tînmes un petit conseil, par lequel il fut résolu que sûrement le cerf restait dans l'enceinte. Ainsi, nous nous y en retournâmes et d'abord en rentrant le cerf fut relancé, au grand plaisir de tout le monde. Il traversa la route et entra dans la queue de Montgeron, où on donna la seconde [meute], et d'où il n'est sorti qu'en charrette, car il s'y fit prendre auprès de la croix d'Avennes après deux heures trois quarts de chasse... La tête du cerf est assez belle, c'est-à-dire que je crois que c'est un cerf qui ravale, car elle n'a pas du tout d'andouillers en bas et l'empaumure est fort grosse et plate d'un côté, telle pas digne de la galerie des cerfs de Fontainebleau, mais elle sera bonne, à ce que j'espère, pour notre cour de Versailles. »

Louis XV entendait que tous les destinataires de sa vaste correspondance n'en parlassent point : « Vous devez sentir, mandait-il au comte de Coigny..., qu'il ne faut jamais dégoiser de mes lettres. » Mais ce n'est pas pour cela que nous la connaissons si peu. De la multitude de missives, notes, apostilles et billets qu'il passa sa vie à tracer, il ne subsiste, en effet, que des épaves. Curieusement, ce sont les archives de sa diplomatie secrète qui nous sont le mieux parvenues. Pour le reste, les lacunes sont atterrantes, et en partie par la faute du Roi lui-même : « Renvoyez-moi les lettres que vous avez gardées de moi » ordonna-t-il au cardinal de Bernis en le disgraciant, et le prélat s'exécuta. Si, comme il est probable, il prit la même précaution à l'occasion du renvoi, de la mort ou de la démission d'autres ministres ou confidents, on s'explique que, de sa correspondance avec des personnages tels que Fleury, d'Aguesseau, Orry, Chauvelin,

Maurepas, Machault d'Arnouville, Bertin, Maupeou, Terray et autres, il surnage à peine quelques feuilles éparses. Et ensuite l'incurie ou la malice des hommes, les calamités naturelles, les guerres et surtout le vandalisme révolutionnaire ont multiplié les destructions. Il a fallu des lieux à l'écart des grands cataclysmes pour assurer la sauvegarde de certains papiers : on trouve aux archives de Parme les lettres du Roi à Madame Infante et à son fils. Il n'est pas impossible que des chartriers privés en recèlent encore aujourd'hui.

Le Roi et ses serviteurs

Depuis les conseillers d'État et les capitaines des gardes jusqu'aux cochers du corps et aux garçons de chambre, en passant par les valets de limier et les clercs de chapelle, le Roi, pour diriger l'État comme pour les humbles nécessités de la vie quotidienne, était assisté par les serviteurs les plus variés. Dans ses façons d'agir avec eux on retrouvera cette dualité que l'on a déjà relevée dans son comportement habituel : proche et bonhomme avec les uns, hautain et distant avec les autres.

Dans son intérieur, il était facile à servir, patient, indulgent et d'humeur égale. L'hiver, il allumait ou ranimait lui-même son feu en se réveillant pour ne pas appeler ses valets : « Il faut laisser dormir ces pauvres gens, disait-il, je les en empêche assez souvent. » A plusieurs reprises, rapporte Luynes, on a vu « ses domestiques inférieurs, quelquefois même les principaux, manquer son service ; il attend ou il s'en passe, sans montrer aucune impatience ». Au moment de se coucher, étant déjà déshabillé, on s'aperçut un soir que sa chemise de nuit n'était pas prête : « Ah ! la chemise n'est point encore arrivée », dit-il en enfilant une robe de chambre, puis s'adossa à la cheminée et patienta. A la chasse, au moment de monter à cheval, on lui présenta une fois deux bottes du même pied ; il alla s'asseoir et se mit à attendre tranquillement en disant : « Celui qui les a oubliées est plus fâché que moi. » Gentillesse attestée par Dufort de Cheverny qui, en sa qualité d'introducteur des ambassadeurs, voyait constamment le Roi : « Vu ses bontés, écrit-il, j'ai été souvent plus à mon aise avec lui qu'avec certaines gens » et, après avoir narré diverses anecdotes, il ajoute : « Je rapporte ceci pour rappeler la bonté avec laquelle il me traitait et qui est restée gravée au fond de mon cœur. »

S'il était parfois exigeant, c'était presque inconsciemment : infatigable et toujours dispos, il n'imaginait pas que les autres pussent être différents. Un jour à Fontainebleau, la chasse avait été rude, on avait forcé deux cerfs, hommes, chevaux et chiens étaient recrus. Louis XV hèle son premier piqueur, M. de Lasmartres (qu'on appelait Lansmate) :

« Lansmate, les chiens sont-ils las ?
— Oui, Sire, pas mal comme cela.
— Les chevaux le sont-ils ?
— Je le crois bien.
— Cependant, je chasserai après-demain. [Silence de Lansmate.] Entendez-vous, Lansmate ? Je chasserai après-demain !
— Oui, Sire, j'entends du premier mot. Mais ce qui me pique, dit-il en allant gagner son équipage, c'est que j'entends toujours demander si les chiens et les chevaux sont las et jamais les hommes. » Cela fut dit de manière que Louis XV n'en perdit pas un mot, mais la chasse n'en eut pas moins lieu comme il l'avait ordonné. Par ses talents exceptionnels de veneur, Lansmate en imposait au Roi et avait son franc-parler avec lui ; c'était, rapporte Dufort de Cheverny, « celui qu'il traitait le mieux, soit dans le cabinet, soit à la chasse ; il n'adressait presque la parole qu'à lui ou aux deux écuyers qui l'accompagnaient de chaque côté de son cheval ». Les relations avec le personnel de gouvernement étaient d'un autre ton.

*
**

Chanceliers, ministres d'État, secrétaires d'État, conseillers d'État, maîtres des requêtes, contrôleurs généraux des finances, intendants des finances, du commerce ou des provinces : ce furent quelque six cents personnes qui, entre le 1er septembre 1715 et le 10 mai 1774 servirent Louis XV dans son Conseil. Manquant de confiance en ses propres lumières, il ne pouvait qu'être enclin à compter sur celles d'autrui. Or, s'il sous-estima ses capacités, il est tout autant avéré qu'il fut souvent déçu par celles de ses contemporains. « Ce siècle-ci n'est pas fécond en grands hommes », déplorait-il en 1743 et cette constatation désabusée revint sous sa plume : « J'ai toujours été bien persuadé... de la valeur de nos jeunes seigneurs ; mais ce qu'il convient que vous étudiiez en eux, recommandait-il à Noailles, c'est les talents qu'ils développeront, pour que vous les cultiviez afin qu'ils puissent devenir de bons généraux, ce dont tout le monde convient que nous manquons absolument. » « Je sais, disait-il encore, que nos ministres dans les cours étrangères sont peu de choses ; mais où les employer ? Vous savez que nous manquons de sujets pour tous les objets. » Plainte reprise lorsqu'il cherchait en 1744 à qui confier les Affaires étrangères : « C'est singulier comme nous manquons de sujets pour toutes les places. »

Les soins qu'il prit alors pour faire sonder M. de Villeneuve attestent quelles réflexions et quels scrupules il apportait dans le choix de ses ministres. En novembre 1750, ayant à donner un successeur au chancelier d'Aguesseau démissionnaire, il s'en ouvrait ainsi à Saint-Florentin, son démarcheur habituel : « Je n'ai pas voulu vous parler à la sortie du Conseil, y ayant trop de monde. Ainsi je prends le parti de vous écrire. Vous savez bien que depuis quelques jours je réfléchis sur mon choix. Dans le parlement, je n'en veux pas : ils sont trop pointilleux. Le contrôleur [général], je ne veux pas le perdre en ce moment, qu'il n'ait achevé sa besogne, dont je suis très content. Aussi je me retourne sur le Conseil. M. d'Ormesson est le plus ancien, fort honnête homme, âgé, je crois que c'est ce qu'il y a de mieux dans ce moment-ici. Demandez-lui de ma part, par la poste ou par votre courrier ordinaire, car je veux déranger les curieux. » Entremise qu'il fallut renouveler auprès d'autres, M. d'Ormesson s'étant récusé sur son âge et sa mauvaise santé.

Dire que Louis XV s'est cru mal servi serait inexact, mais il est indéniable qu'il attendit toujours que son règne vît paraître quelque grand politique et eut le sentiment que cette espérance restait vaine. Fut-il, à sa façon, comme un Louis XIII en quête d'un Richelieu ? Ce serait trop dire, car, après la mort de Fleury, il ne démordit point de sa résolution de se passer de premier ministre. Ce timide redoutait d'être dominé et il veillait de près à ce que les ministres n'usurpassent pas entre eux leurs attributions : « Mon frère m'a dit, rapporte le marquis d'Argenson, que quand un ministre parle au Roi de quelque chose qui n'est pas de son département, Sa Majesté ne répond pas plus qu'un poisson. » Ce que confirme Dufort de Cheverny en ajoutant qu' « il portait cette exactitude partout et le grand veneur et amiral de France, le duc de Penthièvre, qu'il considérait pour ses mœurs, ayant voulu empiéter un jour sur la grande écurie et en rendre compte directement au Roi, celui-ci lui avait dit sèchement que cela ne regardait pas son service. »

Cette froideur silencieuse et énigmatique était aussi pour lui un moyen de tenir balance égale entre des hommes qui se combattaient mutuellement, mais qu'il appréciait et souhaitait garder : muet et, semble-t-il, non sans humour, il dominait ainsi les dissensions entre le comte d'Argenson et Machault d'Arnouville ou entre Bertin et Choiseul. « Les grands aiment à tout savoir, remarquait-il ; un ministre comme M. de Choiseul est plus à portée qu'un autre. Les grands se vantent aussi plus que d'autres. Moi, je vais mon chemin, sans me servir des petites intrigues et tracasseries. » Naturel ou affecté suivant les cas, ce mutisme constituait encore un avertissement. Par divers canaux (cabinet noir, diplomatie secrète, lieutenant général de police de Paris), Louis XV était abondamment renseigné. Sa discrétion était absolue, mais ses ministres et conseillers n'ignoraient pas qu'elle recouvrait des informations précises, qui peut-être les concernaient eux-mêmes : le seul fait de savoir leur maître instruit de bien des choses pouvait modérer leur appétit d'intrigues et les inciter à surveiller ou amender leur propre conduite.

Ainsi Louis XV n'était pas toujours facile à servir. Non par la qualité de son abord et de son travail, car il était naturellement bienveillant et d'une extrême politesse, mais à cause de sa timidité et de son impassibilité. On sait qu'il éprouvait d'abord une grande difficulté à s'habituer aux gens, mais, une fois ce stade dépassé, il ne parvenait pas toujours à leur dire au bon moment les mots qu'il fallait, même s'il s'agissait de remerciements ou d'encouragements et non de blâmes ou de refus. Ce masque d'indifférence pouvait lasser ou rebuter les meilleures volontés et les talents et dévouements les plus éprouvés. « Le Roi, déplorait le duc de Croÿ, ... ne parlait jamais des choses qui pouvaient flatter ou animer les sujets employés. Cela en dégoûtait beaucoup. Sa bonté, égale, ne pouvait parer à ce défaut. » De même qu'il n'osait louanger, il dissimulait son mécontentement et pouvait alors punir avec brutalité et brusquerie : combien de ses ministres et de ses courtisans, cajolés par lui en public, reçurent quelques heures plus tard une lettre d'exil sèche et glacée !

*
**

De ce que Louis XV se montrât méfiant ou distant envers ses collaborateurs, de ce qu'il désespérât de voir surgir quelque grand homme d'État, il serait faux de conclure qu'il ne discerna point les talents, les compétences et les dévouements. On relèvera d'abord sa générosité envers tous ses ministres et conseillers : il leur octroya largement honneurs, gratifications, pensions, dots pour leurs filles. Avec ceux qui appartenaient à la noblesse de cour, il avait des relations qui ne tenaient pas seulement à la politique : ils étaient ses ministres, mais aussi ses courtisans, participant à son existence de gentilhomme. La plupart des ministres et conseillers issus de la robe n'avaient pas les mêmes accès auprès de lui et, moins mêlés à sa vie familiale, le rencontraient surtout au Conseil ou dans leur travail avec lui. En mai 1753, relève Luynes, « on a vu dans la liste de Marly avec étonnement que M. le chancelier et M. le garde des sceaux sont du voyage et y ont des logements. C'est le premier exemple », dû à la crise parlementaire du moment. Et le comte de Saint-Florentin, secrétaire d'État et ministre d'État, ne paraît pas avoir été invité avant 1756 aux petits soupers de Sa Majesté.

Tout bien considéré, c'est cependant à cette robe de Conseil et de gouvernement que paraissent être allées les préférences du Roi. S'il sentait que des courtisans brillants et spirituels étaient irremplaçables pour animer et réussir une partie de plaisir, un souper, une réunion mondaine, il était sans illusion sur la solidité de ces esprits superficiels. Il est remarquable qu'il n'ait jamais voulu prendre comme ministre d'État un homme comme le maréchal de Richelieu, bien qu'il l'ait parfois utilisé pour des affaires importantes. La suffisance ingénue de Bernis finit par l'agacer et l'aplomb cynique et brouillon de Choiseul par l'indisposer irrémédiablement. Le monde parlementaire lui semblait peu attrayant. Ses sympathies profondes allèrent aux robins du Conseil et de l'administration, où il reconnaissait ceux de ses serviteurs les plus intègres, les plus laborieux, les plus compétents, les plus soucieux d'équité et les plus modernes.

Il les fréquentait d'assez près pour les bien connaître. Chaque semaine, les conseillers d'État membres du Conseil des Dépêches et du Conseil royal des Finances opinaient devant lui et lui devenaient familiers. Comme les autres conseillers d'État pénétraient souvent dans ces Conseils à titre de commissaires, accompagnés d'un maître des requêtes rapporteur, il finissait par les juger tous selon leur mérite. Le chancelier lui ayant, sur sa demande, proposé en juillet 1763 plusieurs d'entre eux pour être commissaires dans une affaire à porter au Conseil des Dépêches, Louis XV lui répondait : « M. de La Bourdonnaye ne me plaît pas et M. de Boynes, que j'estime beaucoup et que je sais ce qu'il vaut, ne me convient pas dans cette affaire-ci, à ce que je pense. A l'égard de M. de Monthyon ou de M. de Ténelles, je ne les connais pas assez pour en rien dire dans ce moment. » La mort de M. Fagon ayant libéré en 1744 une place de conseiller au Conseil royal des Finances, le Roi y nomma M. de Gaumont, conseiller d'État et ancien intendant des finances. Celui-ci argua de son âge et de ses infirmités pour demander à être dispensé de cet honneur. Louis XV, qui l'aimait, chargea M. d'Ormesson, son collègue et ami, de lui dire qu'il ne se rendait pas à ses raisons et de le presser d'accepter. En vain. Et le Roi de dire alors à M. d'Ormesson : « M. de Gaumont est malade, mais cela ne durera pas et il sera fâché d'avoir refusé si sa santé revient, comme je l'espère et le souhaite ; il fera sa charge quand et comme il pourra, je sais qu'il est fort âgé et quelquefois malade, je n'exigerai pas de lui l'impossible. Encore une fois, dites-le lui : je l'aime ; qu'il se ménage, qu'il se conserve, ses jours me sont précieux, mais qu'il accepte. » Le vieillard s'obstina dans son refus, cependant que, par son insistance, Louis XV montrait qu'il savait discerner les talents, le dévouement, la fidélité et cherchait à les récompenser et les honorer.

Conscient de la gloire que faisait rejaillir sur son règne l'œuvre législative de d'Aguesseau, il lui a témoigné reconnaissance et considération et encouragea l'édition posthume de ses œuvres. Il éprouvait une estime sans bornes et véritablement amicale pour Trudaine, créateur du nouveau réseau routier du royaume. M. d'Ormesson, intendant des finances de 1740 à 1775, qui avait le même âge que le Roi, était son ami, de même que M. Bertin, à qui il confia la gestion de son pécule personnel. Le préféré fut Machault d'Arnouville, en qui il devinait l'étoffe du grand homme d'État dont il rêvait. Il honorait ces gens d'une amitié authentique et, pour ainsi dire, d'affection.

*
* *

Gaumont, Trudaine, d'Ormesson, Machault, Bertin : grâce à eux et à bien d'autres, si le règne fut pauvre en grands politiques, il fut riche en grands administrateurs, épris à la fois de justice et de progrès et moins enclins que leurs prédécesseurs à confondre bien public et raison d'État. La plupart d'entre eux furent l'âme du contrôle général des finances. La faveur et la confiance amicales du Roi les soutinrent et les encouragèrent dans leur action au sein d'un département qui faisait mouvoir la plupart des ressorts de l'administration générale ; elles semblaient couvrir toutes les décisions qu'ils prenaient et dont beaucoup, selon une fiction que nous avons précédemment montrée, revêtaient la forme d'arrêts donnés par le Roi en son Conseil. Par sa prédilection pour de tels serviteurs, Louis XV a favorisé l'évolution qui poussait l'État à passer progressivement de son antique gestion judiciaire à une gestion administrative moderne.

CHAPITRE X

Époux, père et amant

Pour garantir la stabilité et la continuité de l'État, il n'incombait pas seulement au Roi de discipliner sa cour pour tenir chacun à son rang dans la société, de sauvegarder l'intégrité territoriale du royaume (voire, à l'occasion, de l'enrichir de quelque province) et de gouverner en assurant dans la justice le respect de l'autorité royale. Il était encore tenu primordialement de prévenir les troubles successoraux en perpétuant la dynastie. Être époux et père : obligation aussi prégnante qu'essentielle, dont il était plus malaisé de s'acquitter dans son cas que dans celui d'un particulier. Raison d'État et sentiment vont rarement de concert et les princes n'épousent des bergères que dans les romans et les contes de fées. Un roi ou un dauphin de France ne pouvait s'unir qu'à la fille d'une tête couronnée, et de religion catholique. En outre, la désignation de la future était, en général et selon les circonstances, fondement, renfort ou couronnement d'une combinaison diplomatique. C'est dire que, dans de tels mariages, l'amour ne préludait pas à l'union et devait en surgir, à condition qu'il le pût. Sans nulle liberté de choix, Louis XV avait été promis à l'Infante-Reine, puis marié à Marie Leszczynska et ainsi exposé aux embûches de l'amour. Et « exposé » à tous les sens de ce mot, car sa mission de perpétuation de la dynastie, plus impérieuse que jamais après les deuils qui l'avaient décimée, devait s'accomplir sous les regards de la nation, sans respect du plus intime de sa vie. Le mariage et l'adultère, assortis l'un et l'autre de paternité, contribuèrent à révéler sa personnalité et aussi à façonner sa réputation.

I. — LE ROI ET LA REINE

Le 5 septembre 1725 à Fontainebleau, Louis XV, âgé de quinze ans et sept mois, épousait une princesse qu'il n'avait jamais vue que la veille et qui était de sept ans et demi son aînée. Élevé par Fleury dans la réserve religieuse et la crainte de la femme, le Roi pénétrait en novice dans le lit conjugal. Correspondant une quarantaine d'années plus tard avec son petit-fils Ferdinand de Parme dont on négociait le mariage, et constatant que ce jeune prince n'ignorait rien des particularités anatomiques propres à l'un et l'autre sexe, il lui confiait : « L'on n'en avait pas usé de même avec moi pour l'instruction du mariage. » Au reste, à leur satisfaction réciproque, Louis et Marie avaient immédiatement consommé et ensuite allégrement renouvelé leur union. Dans quelles dispositions Louis XV abordait-il la vie maritale ? Il attendait évidemment de la Reine amour, plaisir et enfants. Mais, consciemment ou non, n'en espérait-il pas autre chose ?

La question se pose à la vue de deux tableaux qui ornèrent ses appartements et sont encore aujourd'hui à Versailles. L'un, peint par Santerre en 1710, représente la duchesse de Bourgogne, mère du Roi : sur une terrasse dominant un parc, la princesse s'avance, suivie d'un page turc coiffé d'un turban qui porte sa traîne et précédée par un amour se retournant vers elle pour lui offrir une corbeille de fleurs ; elle est somptueusement vêtue d'une jupe de brocart retroussée sur les hanches, son corsage fait une pointe triangulaire sous le décolleté, les manches s'arrêtent au coude, elle est parée de superbes bijoux. Et le second tableau, figurant Marie Leszczynska et peint par Gobert en 1725, est une réplique presque intégrale du premier. Naturellement, les deux femmes ne se ressemblent pas et, en outre, le peintre a modifié quelques détails du paysage. Mais pour le reste, on pourrait presque parler de copie : mêmes poses du corps, de la tête, des bras et des mains, même modèle de robe, mêmes joyaux aux mêmes endroits, mêmes attitudes et mêmes gestes du page enturbanné et de l'amour, ce dernier, toutefois, portant la couronne royale sur un coussin et non plus une corbeille de fleurs. L'identité de ces compositions est frappante. Y voir l'effet de la paresse ou du manque d'imagination de l'artiste serait une solution simpliste et sommaire. Beaucoup plus certainement, Gobert a-t-il répondu à un ordre exprès du Roi jeune marié, cherchant, au plus profond de son affectivité, à unir dans une vénération commune l'image de son épouse et celle d'une mère qu'il n'avait jamais connue. En 1725, il entendait, certes, que Marie fût sa femme, mais, privé à ses origines de toute relation filiale, il a pu aussi attendre d'elle comme un soutien maternel.

Et la forte aînesse de la Reine ne lui est-elle pas alors apparue comme une protection plutôt que comme un inconvénient ?

Le ménage royal

Avant son départ pour Fontainebleau, Stanislas, qui connaissait la bonne et la mauvaise fortune, avais remis à Marie des instructions pour la guider parmi les pièges et les périls de la cour. Il l'avait mise en garde contre les gens, si vertueux fussent-ils, qui chercheraient à capter sa confiance :

« Vous ne la devez tout entière, disait-il, qu'au Roi votre époux. Il doit être le seul dépositaire de vos sentiments, de vos désirs, de vos projets, de toutes vos pensées ; l'imprudence laisse échapper ses secrets, l'amitié les confie, l'amour, le véritable amour, les livre et ne s'en aperçoit pas. N'essayez jamais, néanmoins, de percer les secrets de l'État ; l'autorité ne veut point de compagne... Répondez aux espérances du Roi par toutes les attentions possibles. Vous ne devez plus penser que d'après lui, ne plus ressentir de joies et de chagrins que ceux qui l'affectent, ne connaître d'autre ambition que celle de lui plaire, d'autre plaisir que de lui obéir, d'autre intérêt que de mériter sa tendresse. Vous devez, en un mot, ne plus avoir ni humeur, ni penchant ; votre âme tout entière doit se perdre dans la sienne. »

Ces conseils étaient bons et s'accordaient avec le propre instinct de la Reine qui, à cet égard, ne commit guère de faux pas. On a vu comment — mue par la reconnaissance à laquelle elle s'estimait tenue envers le duc de Bourbon et que ce dernier s'évertuait sans délicatesse à entretenir — elle se prêta, trois mois après son mariage, à une manœuvre devant permettre à M. le Duc de travailler avec le Roi hors la présence de Fleury et comment elle se fit alors sèchement rembarrer. L'incident lui dispensa de multiples leçons. Et d'abord qu'elle ne devait en aucun cas tenter de se mêler directement des affaires de l'État, ce qu'ensuite elle observa jusqu'à sa mort. D'autre part, elle éprouva en la circonstance que Louis XV était capable d'user de dureté envers elle et que Fleury entendait bien englober le ménage royal sous la tutelle qu'il n'exerçait d'abord que sur l'époux. Sentant qu'elle devait éviter tout ce qui pouvait blesser l'attachement du Roi pour le prélat, Marie s'évertua à vivre avec lui dans les meilleurs termes. Il s'établit entre eux un échange de lettres continu, « où Fleury montre une humilité respectueuse, Marie une affectueuse docilité qui sont l'une et l'autre parfaitement feintes » (P. Gaxotte) et qui vont caractériser désormais leurs relations.

Débarrassés du duc de Bourbon et de ses entours, le Roi et la Reine filèrent le parfait amour, chacun à sa façon : créature de soumission et de tendresse, Marie éprouvait pour son époux un amour admiratif et passionné, dont ni le temps ni les vicissitudes ne purent venir à bout. Et Louis, plus réservé, n'en était pas moins fort épris. La Reine ne manquait pas de charme : « Quoiqu'elle ne soit pas grande, disait Luynes, et qu'elle n'ait pas ce qu'on appelle une figure fort noble, elle a un visage qui plaît et a beaucoup de grâce. » Mais, selon la remarque de Talleyrand, elle « manquait des agréments extérieurs qui rendaient la nation si fière de la beauté de Louis XV ». Néanmoins, pendant plusieurs années après son mariage, Marie Leszczynska a été aimée du Roi comme peu de reines de France l'ont été avant elle. Ce ménage était aussi celui de deux timides. Peut-être plus modeste encore que timide, la petite Polonaise, tout amoureuse qu'elle fût, était impressionnée par son mari, ce mari si beau et si majestueux, ce mari qui était le Roi Très-Chrétien, un des premiers monarques du monde, ce mari qui savait être tendre, attentionné, assidu, mais dans lequel elle sentit toujours subsister une part secrète et inaccessible, raison pour laquelle son attitude envers lui ne cessa presque jamais d'être craintive. Selon le duc de Luynes, qui l'observait constamment, la Reine « a toujours beaucoup craint le Roi. » En réalité, plus que le Roi, craignait-elle probablement, à travers lui, l'ombre de celui qu'elle savait investi de sa confiance absolue : le cardinal de Fleury.

L'intimité, au reste, fut grande et longue entre eux. Après avoir été malades l'un et l'autre dans l'été de 1726, ils s'installèrent à Fontainebleau, où ils firent leurs stations du jubilé et demeurèrent jusqu'au 25 novembre. Dix mois plus tard, la Reine accoucha pour la première fois : on espérait un fils. Il vint des jumelles. Le Roi, qui avait dix-sept ans et demi, fut ému et enchanté, fit des plaisanteries sur ses aptitudes à la paternité, invita Stanislas à venir voir ses petites-filles et déclara que l'année suivante serait celle d'un garçon. Ce fut encore une fille qui naquit le 28 juillet 1728. La déception fut un peu plus forte. Navrée de ne point donner à la France le prince tant désiré, Marie se rendit à Paris le 4 octobre à Notre-Dame et à l'abbaye de Sainte-Geneviève prier Dieu de lui faire la grâce d'enfanter un fils. Elle fut exaucée : le 4 septembre 1729, elle mit au monde le Dauphin. Depuis le commencement des douleurs le Roi n'avait point quitté le chevet de la Reine. Il était fou de joie et d'orgueil et Marie, devenue mère de l'héritier de la couronne, se sentait par là affermie dans le cœur de Louis. « On n'a jamais aimé comme je l'aime », écrivait-elle avec sa ferveur naïve de jeune femme. La naissance du Dauphin déclencha une explosion de joie et de ferveur : à Paris et dans tout le royaume se multiplièrent *Te Deum*, sonneries de cloches, processions, illuminations, feux d'artifices, fêtes, bals, fontaines de vin, compliments des corps constitués et autres réjouissances. Louis XV signa une amnistie générale pour les déserteurs, prononça, comme lors de son sacre et de son mariage, un grand nombre de grâces et fit présent à la Reine d'un somptueux nécessaire de vermeil (aujourd'hui au Louvre).

Un an plus tard, le 30 août 1730, ce fut la naissance d'un autre fils, le duc d'Anjou (qui ne vivra que trois ans), suivi jusqu'en juillet 1737 de cinq sœurs. En tout, dix enfants pour un père de vingt-sept ans et une mère de trente-quatre. Postérité où l'abondance des filles finit peut-être par décourager le père. D'Argenson colporte qu'à la naissance de la dernière, comme on lui demandait si on l'appellerait Madame Septième, il aurait répondu assez brutalement : « Madame Dernière ». Anecdote démentie par le témoignage de la duchesse de Luynes qui, se trouvant près du lit de Marie, l'entendit dire au Roi après cet accouchement assez laborieux : « Je voudrais souffrir encore autant et vous donner un duc d'Anjou. » Elle tint à réaliser ce vœu, se retrouva bientôt enceinte, mais ne put mener sa grossesse à terme. Ce mécompte et l'adultère désormais public du Roi firent bien de Madame Septième Madame Dernière.

La débâcle du ménage royal eut des causes diverses, dans lesquelles la Reine eut, involontairement, sa part de responsabilités. Elle finit par lasser et décevoir son mari. Non qu'elle l'ait jamais trompé ! Sa fidélité admirative et timorée resta toujours exemplaire, mais, comme l'a bien noté Talleyrand, « ses vertus avaient quelque chose de triste qui ne portait à aucun entraînement vers elle. » En outre, il lui fut difficile de s'adapter au rythme de vie de Louis XV, qui, pour sa part, ne fit guère d'efforts de ce côté. Fille d'un prince lui aussi grand chasseur, elle aimait suivre les courres du Roi, mais ses maternités répétées l'obligèrent à une existence casanière. A l'exception des voyages de Choisy, elle ne rejoignait pas son époux quand celui-ci découchait de Versailles. Et à la cour, comme elle ne pouvait guère l'accompagner à la chasse, elle ne participait point après le débotté à ses petits soupers, où elle n'aurait pas su briller. « Elle n'a pas le talent de bien conter, rapporte Luynes, et elle le sent fort bien ; cependant... elle entend avec finesse et a des saillies et des réparties extrêmement vives. » Elle ne s'intégra donc pas à la bande des seigneurs et dames avec lesquels Louis XV aimait se délasser en soirée de ses activités sportives et gouvernementales. Et par ailleurs, le cercle des courtisans favoris de la souveraine, tous gens instruits, cultivés et fort respectables, était peu fait pour attirer et divertir le Roi. Ainsi Marie Leszczynska, tout en étant pleinement la Reine, n'a pas su ou pas pu offrir un foyer à la vie privée de son mari. En dehors du lit conjugal — où

Louis XV étouffait sous les édredons amoncelés par une épouse frileuse — le ménage royal n'eut guère occasion de bénéficier de rencontres intimes ou familières qui eussent permis à la Reine d'être plus hardie devant son époux, de désarmer la timidité de celui-ci, de mieux discerner sa personnalité et de fortifier leur union. En outre, le parti adopté par le Roi de ne point associer la Reine à la conduite de l'État, parti assez sage en soi, fut suivi si strictement qu'elle ne lui fut d'aucun secours pour le gouvernement du royaume et ne put donc l'inciter et l'aider à vaincre ce penchant de son caractère qui l'entraînait à douter de lui-même.

Si, sans peut-être en avoir eu conscience, Louis XV jeune marié, avait escompté de Marie un appui quasi maternel, favorable à la révélation et à la maturation de son identité personnelle, ce fut une fausse attente. Et là-dessus, les années passant, il éprouva le besoin non plus d'une protectrice, mais de l'animatrice d'un foyer et cette aspiration fut, elle aussi, déçue, cependant que la différence d'âge entre les époux se tournait pour la Reine en désavantage. Toutes déceptions qui ont pu induire le Roi à chercher compensation en dehors des liens du mariage.

La Reine

Très vite, Marie Leszczynska s'était adaptée à ses devoirs de représentation. Dès qu'elle était en public, elle était partout flanquée de sa dame d'honneur ou, à défaut, de sa dame d'atour et accompagnée de quatre de ses douze dames du palais, qui servaient chaque semaine par roulement de quatre. Dans le rituel monarchique, elle avait à tenir un rôle essentiel et elle ne se déroba à aucune de ses obligations d'apparat. Elle se fit instruire avec minutie des usages de l'ancienne cour, se pénétra des honneurs qui lui étaient dus et posséda bientôt à fond les subtilités du cérémonial, au point d'en être quelque peu prisonnière. Toutefois, sentant que sa modestie et la jeunesse du Roi risquaient de désorganiser la cour, elle consultait docilement le cardinal de Fleury quand elle se sentait incertaine devant telles ou telles questions d'étiquette. Celles-ci comportaient parfois une bonne dose de bouffonnerie. La mode étant en 1728 aux jupes à panier, il arriva que les princesses étant assises à côté de la Reine, leur robes, en remontant, cachaient celles de la souveraine, ce qui parut « impertinent ». A force d'y rêver, M. le Cardinal décida qu'il y aurait toujours un fauteuil vide des deux côtés de la Reine, ces deux sièges étant en principe réservés à ses premières filles et l'empêchant d'être gênée. Là-dessus, les princesses du sang de demander à leur tour à être séparées des duchesses par un même espace. Cette faveur accordée, les ducs, fort piqués, firent courir un pamphlet injurieux contre les princes du sang. Le parlement s'en mêla, condamna le pamphlet et le fit brûler par la main du bourreau. Bel exemple des proportions que pouvaient prendre de telles querelles !

Ces conflits de préséance agaçaient la Reine, mais elle se dominait assez pour n'en rien laisser paraître et faire bonne figure à tous. « Il n'y a point d'humeur dans son caractère, dit Luynes ; elle a quelquefois des moments de vivacité, mais ils sont passagers ; elle en est fâchée le moment d'après et quand elle croit avoir fait peine à quelqu'un, elle est impatiente de le consoler par quelques marques de bonté. » La bonté était en effet un des traits fonciers de sa nature.

Pendant les fréquentes absences de Louis XV, c'était elle qui maintenait à Versailles la représentation royale. Quand il était présent, sa place était marquée dans le cortège quotidien qui conduisait à la chapelle. Après avoir été reçus par le Roi, les ambassadeurs comme les harangères, les délégués des états provinciaux ou des cours supérieures se rendaient chez elle en bon ordre. Son appartement, au premier étage et au midi, était celui occupé sous Louis XIV par la reine Marie-Thérèse, mais Louis XV l'a considérablement embelli. Au débouché de l'escalier de marbre, sa salle des gardes était ordinairement encombrée de soldats et de laquais, mais complètement transformée lorsque le Roi y convoquait le parlement pour tenir son lit de justice. Suivait l'antichambre, où stationnaient les valets de pied et où l'on servait le grand couvert, avec une tribune pour les musiciens. De là on passait dans le grand cabinet ou salon, où la Reine donnait ses audiences publiques. Après venait sa chambre, transformée avec magnificence par Louis XV et débouchant sur le Salon de la Paix à l'extrémité de la galerie des glaces. La Reine incorpora à son appartement ce salon, qu'une cloison mobile sépara de la galerie. Appelé désormais, selon son affectation, salle du concert ou cabinet des jeux de la Reine, il lui servit à tenir sa cour et, en particulier, à se livrer à l'un de ses passe-temps favoris, le jeu, surtout le cavagnole, « l'éternel cavagnole » disait-on, une sorte de biribi qui se jouait avec des boules et des tableaux. Là aussi se donnaient ses concerts, dont le rôle fut très important.

Louis XV chantait faux et, nullement mélomane, n'appréciait guère que les musiques militaires et les sonneries de chasse. Par fidélité aux traditions et par souci du faste nécessaire à la monarchie, il continua d'entretenir les prestigieux corps de musiciens que lui avait légués Louis XIV et à entendre, bon gré mal gré, les motets qu'ils chantaient et les opéras qu'ils jouaient. La Reine, au contraire, qui taquinait sans virtuosité plusieurs instruments, aimait profondément la musique et, par son concert, elle a été la grande animatrice de la vie musicale à la cour. Au début, ce concert s'interrompait pendant une partie du carême et au début du temps pascal, puis Marie introduisit l'audition de cantates et de motets pendant la Semaine Sainte. Quand on dénombre ces concerts, on se croirait encore sous le règne de Louis XIV, mais les programmes, loin de se limiter à Lully et à Delalande, accueillirent Destouches, Campra, J. M. Leclair, Rameau, Vivaldi.

Marie Leszczynska a donc largement assumé son rôle dans le bon fonctionnement de la cour, beaucoup mieux assurément que jadis Marie-Thérèse. Elle n'y eut jamais grand crédit, mais quand elle ne fut plus qu'une épouse délaissée et malgré les impertinences de certains, elle força toujours le respect par sa dignité de vie et par sa piété. Celle-ci, très vive et éclairée, fut sa grande consolation dans ses épreuves. Et ses vertus lui conservèrent, en dépit de tout, la confiance de Louis XV.

Soit pour se faire pardonner ses infidélités, soit qu'il jugeât que la Reine avait droit, comme lui, à un recoin de liberté, ou pour ces deux raisons à la fois, le Roi lui créa un appartement privé. Dans les grandes pièces d'apparat, elle n'était guère chez elle et il lui fallait accepter de les voir envahies par tous ceux qui y avaient droit. Une fois, Luynes compte soixante-cinq dames dans la chambre de la souveraine, qui mesure à peine dix mètres sur dix et dont un bon tiers était isolé par la balustrade que personne ne franchissait, hors Leurs Majestés. Louis XV fit donc aménager, au revers de ce grand appartement, une dizaine de petites pièces prenant jour sur une cour intérieure. Assez mal éclairées, elles étaient magnifiquement rehaussées par l'art des ébénistes, des peintres et des décorateurs. Il n'en subsiste rien, Marie-Antoinette ayant tout bouleversé. Il y avait là un oratoire, de petits salons, des bains, des cabinets, où la Reine entassa des souvenirs, des porcelaines rares, des aquarelles peintes par elle-même, des reliquaires, des tableaux et des ouvrages de piété, beaucoup d'autres livres aussi, car Marie, avec la facilité des Slaves, lisait et parlait cinq langues. « La Reine, remarquait malicieusement le bon Luynes, devrait savoir beaucoup, car elle a beaucoup lu, et même des livres difficiles à entendre, par exemple les ouvrages du P. Malebranche. Elle les lit avec plaisir ; cependant quelques gens croient qu'elle peut bien ne pas les entendre. Ses principales lectures, après celles de piété, sont des livres d'histoire. » Elle avait tant de livres que, pour installer sa bibliothèque, Louis XV lui fit ajouter quelques pièces en entresol, disposées en retrait sur sa cour intérieure. Là, comme le Roi dans ses petits appartements, Marie se sentait chez elle, affranchie des servitudes de l'étiquette. Très pertinemment, Luynes a relevé l'originalité de cette situation : la grande piété de la Reine, dit-il, « et sa vertu, qui viennent du tempérament et de l'éducation, l'ont mise à portée de jouir d'une liberté que jamais reine n'avait eue jusqu'à présent ; elle a au moins deux heures de temps à être dans ses cabinets le matin, et trois ou quatre les après-dînées, les jours qu'elle ne va point l'après-dînée à l'église. Dans ses heures particulières, elle voit qui elle veut, hommes et femmes, à son choix ; mais quoiqu'elle ait le ton de galanterie, accompagné d'esprit et de prudence, et qu'elle entende parfaitement ce langage, elle n'a nulle idée du mal, elle n'en a que l'horreur ». En aidant Marie à jouir de cette indépendance, Louis XV lui décernait un témoignage de confiance.

La Reine avait ses amis, petit groupe sans ambition, sans méchanceté ni intrigue, où l'on ne songeait qu'à se complaire. Avec le président Hénault, ce cercle réunissait le comte d'Argenson, le poète Moncrif, le chevalier d'honneur de la souveraine (successivement le marquis de Nangis, les comtes de La Mothe-Houdancourt et de Tavannes), sa dame d'atour la duchesse de Villars, sa dame d'honneur la duchesse de Luynes, le duc et son frère, évêque de Bayeux, puis archevêque de Sens et cardinal. On se donnait des petits noms d'amitié : *Papète* pour Mme de Villars, *la Poule* pour Mme de Luynes, *Cadet* pour d'Argenson. Les préférés étaient les Luynes, dont la dignité de vie était exemplaire. La Reine prit l'habitude de s'inviter constamment chez eux sans cérémonie : en la seule année 1748, elle soupa cent quatre-vingt-dix-huit fois chez la duchesse, sans compter les soirées où elle y vint après souper !

Marie Leszczynska eut non seulement une vie privée, mais encore, comme Louis XV, une part secrète dans son existence. Une part toute de charité et de piété, militant pour la dévotion au Sacré-Cœur, alors naissante et qu'elle contribua à propager, faisant des dons aux maisons de charité, aux hospices, aux couvents et ainsi s'endettant lourdement, car elle avait peu d'argent à sa disposition. Sa cassette était médiocre : 96 000 livres par an, qu'elle affectait à ses menus plaisirs, à ses aumônes et à son jeu, ce cavagnole où, d'après Luynes, elle perdait sans humeur, mais marquait trop d'envie de gagner. Aussi se plaignait-elle souvent d'être sans ressources et dépensait par anticipation plus que ses moyens, devenant de la sorte un jour débitrice de 170 000 livres. A différentes reprises, Louis XV, mis au courant, acquitta ces dettes charitables et le roi Stanislas fit aussi parvenir à sa fille quelques subsides pour sa cassette.

Malgré les heures de liberté dont elle jouissait, l'existence de la Reine eût été monotone, languissante et triste sans les diversions et les joies que lui réservèrent l'amour maternel et l'amour filial.

*
**

Ce serait masquer tout un pan de la vie de la Reine que de taire l'affection qui l'unit à ses parents et surtout à son père. La tendresse réciproque de Stanislas et de sa fille constitue presque un modèle de piété filiale et paternelle. Marie y puisa souvent réconfort et soutien dans ses épreuves, en même temps que ses attentions adoucirent ce que l'attitude de Louis XV envers sa belle-famille comporta de désinvolte et de dédaigneux. Le Roi se rendit compte assez tôt que l'épouse qu'on lui avait destinée n'était pas issue d'une des grandes dynasties d'Occident et — inconsciemment peut-être — il a dû en être dépité. Après son mariage (l'idée vint probablement de Fleury), il installa ses beaux-parents non pas à Meudon ou Saint-Germain, comme il en avait été question, mais plus loin de Versailles : à Chambord. De là, le roi de Pologne, souvent accompagné de sa femme, venait chaque automne voir sa fille avec laquelle il bavardait en de longs et délicieux tête-à-tête. Mais il était là *incognito*. Ces voyages presque furtifs se transformèrent en séjours publics lorsque la cession de la Lorraine à Stanislas lui eut rendu la qualité effective de prince souverain. Sensible aux honneurs qui lui furent dès lors marqués, il ne voulut jamais cependant que d'un cérémonial allégé. Tous les ans, il quittait Lunéville pour vivre deux ou trois semaines auprès de sa fille et de ses petits-enfants. Trianon était mis à sa disposition, mais il ne faisait qu'y dormir et passait à Versailles ses journées en famille, très fêté par Mesdames et par le Dauphin, entre lequel et ce grand-père affectueux et gai s'établit un fort courant de sympathie. Une correspondance active avec la Reine aidait Stanislas rentré en Lorraine à patienter jusqu'à la rencontre de l'année suivante.

Ses relations avec Louis XV ne furent jamais très cordiales. Ils se congratulaient protocolairement quand Stanislas arrivait et prenait congé. L'accueil du gendre était inégal : affable, contraint ou désinvolte selon les cas. En septembre 1745, ayant mal combiné ses démarches, le roi de Pologne fut reçu très froidement à Choisy, où le Roi ne s'attendait pas à sa visite. Louis XV partit pour Crécy, le jour même où son beau-père arriva à Versailles en 1750 et Stanislas ne put s'empêcher de dire en badinant à sa fille : « N'apprendrez-vous donc jamais à vivre à mon gendre ? » D'autres fois, celui-ci lui souhaitait aimablement la bienvenue et ils devisaient d'autant plus disertement que Stanislas, qui ne manquait ni d'esprit ni de conversation, s'intéressait beaucoup, lui aussi, aux sciences et aux techniques. D'où ce présent que lui fit Louis XV en 1751 : un microscope de Magny (Nancy, Musée lorrain). Au reste, le roi de Pologne veilla toujours avec la plus déférente attention à ne rien faire ou dire qui pût froisser le Roi, lequel, de son côté, ne méconnaissait pas l'habile sagesse avec laquelle il préparait les Lorrains à devenir Français.

II. — LES ENFANTS DE FRANCE

Dans l'heure de leur naissance, les deux fils et les huit filles, furent ondoyés dans la chambre de leur mère par le grand aumônier ou son suppléant, en présence du curé de la paroisse, et ensuite remis à la gouvernante et conduits pompeusement à leur appartement. Le baptême — pour ceux qui ne moururent pas en bas âge — leur fut administré bien des années plus tard. En attendant, comme on s'embrouillait un peu dans ce bataillon de filles, on les appela Madame Première et Madame Seconde (les jumelles aînées), Madame Troisième, Madame Quatrième, etc. Il fut plus facile de nommer les garçons, puisqu'ils furent aussitôt titrés M. le Dauphin et M. le duc d'Anjou. Voici l'énumération de cette nombreuse progéniture, qui vit toute le jour à Versailles :

Marie Louise *Elisabeth* (Madame Première) et Anne *Henriette* (Madame Seconde), nées le 14 août 1727.
Louise Marie (Madame Troisième), née le 28 juillet 1728.
Louis, dauphin de France, né le 4 septembre 1729.
Le duc d'Anjou, né le 30 août 1730.
Marie *Adélaïde*, née le 23 mars 1732.
Marie Louise Thérèse *Victoire*, née le 11 mai 1733.
Sophie Philippe Elisabeth Justine, née le 27 juillet 1734.
Marie Thérèse *Félicité*, née le 16 mai 1736.
Louise Marie, née le 15 juillet 1737.

Sur le point d'être père, Louis XV n'envisagea pas de désigner pour l'enfant qui allait naître une autre gouvernante que Mme de Ventadour. Celle-ci étant fort âgée, sa petite-fille la duchesse de Tallard fut sa survivancière, mais le Roi entendit que sa « Maman » fût considérée comme ayant la plénitude de la charge. Elle choya la descendance de Louis XV comme elle l'avait jadis choyé lui-même, mais beaucoup de soins incombèrent en fait à Mme de Tallard, qui ne sut guère se faire aimer de ses pupilles. Ces bambins royaux grandissaient presque sans qu'on en parlât. La cour les ignorait avant qu'ils n'eussent sept ans ; visités assez protocolairement par leurs parents, ils ne connaissaient guère que leur entourage féminin de nourrices, remueuses, femmes de chambre, sous-gouvernantes et gouvernante. En la personne de l'abbé Alary, académicien jadis affecté à l'éducation du Roi, Fleury leur donna un instituteur, qui lui mandait en février 1732 : « Je ne puis m'empêcher d'apprendre à Votre Éminence que Mesdames continuent toujours à venir à l'étude avec le même zèle... Monsieur le Dauphin ne se rebute pas non plus, quoique ses leçons deviennent assez longues par rapport à son âge [deux ans et demi]. S'il continue, je ne désespère pas que, dans six mois, il ne puisse lire assez passablement. » La mortalité infantile, alors si élevée, ne les épargnait pas : au cours d'un hiver où, selon Barbier, « le rhume... a été presque général pour tous les habitants de cette ville [de Paris] comme dans le reste du royaume », Madame Troisième mourut le 19 février 1733, âgée de quatre ans et demi. Deux mois plus tard, le 8 avril, disparaissait le duc d'Anjou, ce qui, rapporte encore Barbier, « a encore plus chagriné le Roi et la Reine que la mort de Madame de France, ne restant plus de mâle que M. le Dauphin, qui n'a que trois ans et demi » et n'eut pas d'autre frère.

Le samedi de Quasimodo 27 avril 1737, le Dauphin (sept ans et demi), ses deux sœurs aînées (neuf ans et demi) et Madame Adélaïde (presque cinq ans) furent baptisés en grande solennité dans la chapelle de Versailles. C'est probablement à cette époque que remontent deux tableaux de Gobert conservés à Versailles, où l'on voit, avec leurs beguins enrubannés, leurs robes décolletées et leurs précieux tabliers de dentelle : sur l'un les jumelles et sur l'autre Adélaïde, fillettes encore pouponnes et ressemblant assez à leur mère. Lors de ce baptême et depuis plus d'un an déjà, le Dauphin était passé aux hommes et donc élevé séparément de ses sœurs.

Mesdames de France

La petite troupe de Mesdames venait à peine d'être renforcée par la naissance de la dernière, qu'elle fut scindée par la volonté de Fleury. A la mi-avril 1738, M. le Cardinal — alors sérieusement malade, mais toujours déterminé —, trouvant que l'entretien de Mesdames coûtait trop cher, décida de ne garder que les jumelles à la cour et d'envoyer les cinq autres à Fontevrault. Et telle était l'emprise de Son Éminence sur le ménage royal, que le Roi et la Reine, qui avait le cœur bien gros, s'inclinèrent. Pourquoi Fontevrault, à quatre-vingts lieues de Versailles ? C'était une abbaye chef d'ordre, et d'un ordre original puisque les couvents de moines et de moniales qui en relevaient avaient pour supérieur général et unique une femme, l'abbesse de Fontevrault, qui ne dépendait que du Pape. Ce caractère « féministe » de l'ordre a pu inciter à y envoyer les filles du Roi. Les cinq condamnées étaient Adélaïde, qui avait six ans, Victoire cinq, Sophie quatre, Félicité deux et Louise dix mois.

La Reine avait un faible pour Adélaïde et désirait demander sa grâce, mais n'osait faire acte d'autorité, sachant à quel point M. le Cardinal était hostile à toute intervention de sa part. Il fallut imaginer une autre entremise. Les jumelles commencèrent à multiplier les témoignages de tendresse à leur père à sa sortie de la messe, puis Adélaïde elle-même se présenta un jour devant lui, lui baisa la main et se jeta à ses pieds en pleurant. Louis XV fut touché, larmoya aussi et toute la cour avec lui, en sorte qu'il promit à la suppliante qu'elle resterait en famille. Mais on s'occupa sans désemparer du voyage des quatre autres. Malgré sa lésine, Fleury dut faire remettre en état celui des nombreux bâtiments de Fontevrault — le Logis Bourbon — destiné à Mesdames ; il est vrai que leur exil procurait une économie de plusieurs centaines de milliers de livres par an. Conduites par une sous-gouvernante, les petites princesses quittèrent Versailles le 16 juin 1738, sans éclat et sans bruit : leur père était à Rambouillet où, à son retour de la chasse, Fleury lui remit une lettre de Mme de Tallard lui annonçant ce départ. Un seul carrosse les emmenait, suivi de sept autres voitures et vingt fourgons de bagages. M. le Cardinal voulait qu'elles ne fussent escortées que par huit gardes du corps ; le duc de Béthune, capitaine des gardes, obtint non sans peine qu'il y en eût douze, mais pas de Cent-Suisses.

Après treize journées de route, Mesdames atteignirent Fontevrault le 28 juin, accueillies par l'abbesse à leur descente de carrosse. C'était l'heure du dîner, qu'elles prirent à leur logis, tandis que leur suite était traitée au réfectoire. Le soir, il y eut en leur honneur illuminations et fusées. Dès le lendemain, la sous-gouvernante repartait pour Versailles, laissant les fillettes aux soins de la communauté et de quelques femmes de chambre. Félicité (Madame Sixième) n'en revint point : tombée malade pendant les réjouissances célébrant la guérison de son père à Metz, elle mourut en quelques jours à la fin de septembre 1744. Victoire y passa dix ans, Sophie et Louise douze, sans jamais recevoir la visite d'un des leurs. Sans être cependant oubliées. « Je vous envoie deux lettres pour Fontevrault » mandait Louis XV à Saint-Florentin en mai 1749, preuve que ses filles faisaient partie de ses correspondants ordinaires. D'autre part, alors qu'il était encore en Flandre en septembre 1747, il avait envoyé en grand secret Nattier à Fontevrault peindre les portraits des princesses. C'était une surprise qu'il réservait à la Reine et lorsque celle-ci arriva à Choisy le 13 octobre il lui mit sous les yeux les trois tableaux. Marie Leszczynska, qui ne s'y attendait pas, fut profondément touchée de contempler ces enfants presque inconnues et, sous le coup de l'émotion maternelle, écrivit aussitôt à la duchesse de Luynes : « Les deux aînées [Victoire et

Sophie] sont belles réellement ; mais je n'ai rien vu de si agréable que [Louise], la petite : elle a la physionomie attendrissante et très éloignée de la tristesse, je n'en ai pas vu une si singulière, elle est touchante, douce, spirituelle. »

A l'arrivée de Mesdames, l'abbesse de Fontevrault était une nièce de la marquise de Montespan, Mme de Rochechouart, remplacée à sa mort en 1743 par Mme de Saint-Hérem : deux très grandes dames, qui ne voyaient pas souvent leurs royales pensionnaires. Celles-ci eurent des sortes de sous-gouvernantes en la personne de deux religieuses : la mère Mac-Carthy, qui, trop bonne et condescendante, devint une sorte de souffre-douleur, et la mère Paris de Soulanges, qui inspira une grande affection à ses élèves ; devenue plus tard abbesse de Royal-Lieu, elle reçut souvent la visite des princesses lors des voyages de la cour à Compiègne. On ne sait pas beaucoup de choses sur la vie de Mesdames à Fontevrault. Elles avaient pour instituteur un ecclésiastique, pour maître de musique un « symphoniste » de la musique du Roi, M. de Caix, et aussi un maître de danse. Leurs caprices, colères ou espiègleries étaient ceux de tous les enfants de cet âge, pas toujours châtiés adroitement : pour ses indocilités, Victoire fut parfois enfermée seule dans un caveau servant de sépulture, punition dont provinrent les terreurs paniques dont elle fut ensuite affligée toute sa vie. En somme, une existence dont la monotonie ne dut pas souvent être interrompue.

***

Les trois aînées demeurées à Versailles furent bientôt réduites à deux. On se souvient que, à la fin de la guerre de Succession de Pologne, la cour d'Espagne n'avait accédé qu'à contrecœur aux préliminaires de Vienne, mais que, devant les menaces anglaises, elle avait dû dominer son ressentiment et rechercher l'appui de la France. Un arrangement matrimonial fut la première étape de la réconciliation : dès septembre 1738, il fut convenu que Madame Première épouserait son oncle l'infant don Philippe, second fils de Philippe V et d'Élisabeth Farnèse. En accordant sa fille, Louis XV précisa que Babet (c'était le sobriquet qu'il aimait lui donner) ne partirait que quelques mois plus tard, à douze ans accomplis. La nouvelle, longtemps chuchotée, fut déclarée officiellement à Versailles le 22 février 1739 et, d'après Luynes, Madame montra alors « plus d'affliction que de joie », non par « douleur d'enfance », mais par suite « de l'attachement qu'elle a pour tout ce qu'elle quittera et qu'elle doit aimer dans ce pays-ci ». Le 15 mars, elle fut confirmée avec Madame Henriette dans la chapelle du château et, quinze jours plus tard, le cardinal de Fleury porta chez elle le portrait de don Philippe que l'ambassadeur d'Espagne venait de recevoir. Pendant des mois, la cour fut toute en rumeurs et en rivalités au sujet des préparatifs du mariage. Le duc d'Orléans, premier prince du sang, aurait procuration pour épouser Madame au nom de l'Infant. Louis XV entendit que les cérémonies fussent très magnifiques et elles le furent en effet, sans que leur solennité protocolaire en bannît toute émotion.

Le dimanche 23 août, l'ambassadeur extraordinaire de Philippe V, marquis de La Mina, vint en grande pompe demander successivement au Roi, à la Reine et au Dauphin la main de celle qu'on appela désormais Madame Infante. La Reine, après lui avoir donné cet acquiescement très formaliste, ne put retenir ses larmes. Les fiançailles, précédées de la lecture et de la signature du contrat, se firent en grand apparat le 25 dans le salon de l'Œil-de-Bœuf. Le lendemain, à midi, dans la chapelle parée comme aux plus saints jours, devant les souverains, Mesdames, les princes et une foule de dames et de seigneurs, le cardinal de Rohan bénit le mariage. Dans l'après-midi, Madame Infante reçut les compliments de toute la cour, puis, vers six heures, le Roi et la Reine vinrent pour le jeu dans la galerie, où les chamarrures, les pierreries, les toilettes des courtisans offraient un coup d'œil prestigieux. Lansquenet et cavagnole durèrent jusqu'à huit heures, où l'on se mit aux balcons pour admirer l'illumination des parterres et un grandiose feu d'artifice, après lesquels Leurs Majestés, Mesdames et les princesses soupèrent au grand couvert. Le 27, ce fut le tour de l'ambassadeur d'Espagne d'offrir à Paris une fête somptueuse. Puis la capitale prit le relai des réjouissances : Louis XV, la Reine et leurs enfants vinrent assister le 29 au Louvre à un feu d'artifice et à une fête nautique sur la Seine et un grand bal était prévu le 30 à l'Hôtel de Ville. Mais on laissa les Parisiens danser seuls, la famille royale étant toute aux attendrissements et aux émotions du départ de Madame Infante.

Le 31 août, après un tête-à-tête d'une demi-heure entre la mère et la fille et beaucoup de larmes versées, après une entrevue avec son père dans son cabinet et encore bien des pleurs, après les adieux entrecoupés de sanglots à ses sœurs et au Dauphin, la jeune épousée monta en carrosse et Louis XV s'assit à ses côtés pour l'accompagner pendant quelques lieues et lui donner ses ultimes conseils. « Vous devez regarder, lui dit-il, le roi d'Espagne comme votre oncle et comme votre père ; avec une humeur aussi douce que la vôtre, il y a lieu d'espérer que vous lui plairez. Pour votre propre bonheur, vous ne devez avoir d'autre application et d'autres soins que de chercher à lui plaire. Je vous ordonne expressément de ne demander au roi d'Espagne aucune grâce quelque petite qu'elle puisse être, jusqu'à ce que vous ayez vingt-cinq ans. » Il ajouta : « Tâchez de vous bien souvenir de tout ce que vous avez vu à Versailles, parce que le roi d'Espagne, qui connaît Versailles, vous fera sûrement beaucoup de questions. » Au Plessis-Picquet, le carrosse s'arrêta, ils mirent pied à terre, très émus l'un et l'autre, s'embrassèrent deux fois et l'Infante remonta seule dans la voiture. « Marchez », dit au cocher le Roi qui s'éloigna, cependant que Babet éclatait en sanglots. Il rentra bouleversé à Versailles et renonça à aller chez la Reine, redoutant de s'attendrir en lui contant cette séparation. Il embrassa sa fille Henriette, puis partit à Rambouillet pour se changer les idées.

Au terme d'une longue et cérémonieuse randonnée, Madame Infante rejoignit la cour d'Espagne le 25 octobre à Alcala et son mariage y fut célébré dans l'heure. Pendant dix ans, elle mena une existence assez morne, animée par une seule préoccupation : quitter l'Espagne et obtenir pour son mari et pour elle-même un établissement convenable. Cette unique pensée la guidera dans toutes ses démarches et l'aidera à supporter son éloignement de Versailles, une belle-mère impérieuse et l'absence de son mari. Madame Infante accoucha pour la première fois le 31 décembre 1741, donnant le jour à une princesse, l'infante Isabelle, et, dès le 22 février suivant, don Philippe partit pour l'armée et ne revit son épouse qu'en 1749. Il prit part en Italie aux campagnes de la guerre de Succession d'Autriche, sans y briller beaucoup : il était de nature à ne briller nulle part, ni en quoi que ce fût. C'était alors un agréable jeune homme, encore assez puéril, mais ni le temps, ni l'expérience ne donnèrent jamais au gendre de Louis XV maturité d'esprit et de caractère.

C'est à ce prince que le traité d'Aix-la-Chapelle attribua en 1748 les duchés de Parme, Plaisance et Guastalla, faisant ainsi de Madame Infante une souveraine régnante, mais reléguée à un rang modeste parmi les têtes couronnées, car le petit état où elle allait s'établir était assez besogneux et délabré. Ses visées d'établissement s'en accrurent d'autant et elle acheva, dans ce nouveau rôle, de se révéler une femme de tête. Plutôt que de rejoindre en droiture son mari et ses duchés, elle décida de faire le détour de Versailles. Partie de Madrid à la fin de novembre 1748 avec sa fille, elle arriva le 29 décembre à Villeroy. Louis XV l'y reçut avec effusion et l'emmena à Choisy, où l'attendaient ses sœurs et le Dauphin et ce furent de touchantes retrouvailles. Le soir, il y eut les présentations et Madame Infante, trop politique pour oser froisser son père, se garda bien de faire mauvaise figure à Mme de Pompadour. Le 31 décembre, on gagna Versailles, où la duchesse de Parme reçut les embrassades émues de sa mère et les hommages de toute la cour. L'infante Isabelle, qui avait suivi à petites journées, fit son entrée le 6 janvier : Louis XV était très pressé de connaître sa petite-fille et accueillit avec beaucoup d'affection cette fillette qui avait déjà sept ans et se plut beaucoup chez ses grands-parents.

Madame Infante ne quitta la cour que le 6 octobre 1749, après des adieux déchirants. Elle avait passé son temps — à la place d'un mari dont l'insignifiance devenait proverbiale — à défendre les intérêts de ses duchés et, déjà, à rêver d'un beau mariage pour Isabelle. Après son installation à Parme, où les embarras administratifs et financiers étaient grands, elle eut deux enfants, un fils et une fille, nés la même année (1751). Toujours nostalgique de sa patrie d'origine, elle obtint de son mari et de son père de faire un nouveau séjour en France où, pendant un an, depuis septembre 1752, elle se démena pour ses intérêts de mère et de souveraine. Avec les années, l'État parmesan se releva progressivement, grâce aux hommes et aux subsides venus d'Espagne et surtout de France, grâce aussi à l'impulsion de la duchesse. Celle-ci, néanmoins, surtout depuis la mort de sa jumelle, avait une vie assez triste. Une fois encore, elle vint respirer l'air natal et traiter pour elle et son époux de l'obtention possible d'un royaume et pour sa fille d'un mariage avec un archiduc. Le 3 septembre 1757, toujours accueillie par les siens avec des transports d'affection, elle mit pied à terre à la cour pour un séjour qui s'étira sur plus de deux années et durant lequel, avec une énergie et une ardeur inlassables, elle multiplia des plans et des projets que la mort se chargea de défaire brutalement : le 6 décembre 1759 à Versailles, elle succomba à une variole apparue quatre jours avant.

Aussitôt après le mariage de cette princesse en 1739, on avait envisagé celui d'Henriette, sa jumelle, dès lors appelée Madame. On parla du fils du roi de Sardaigne ou de celui de l'électeur de Bavière, mais ce ne furent que conjectures vagues et fugaces. Un projet moins nébuleux fut caressé pendant quelque temps : unir Madame à son cousin le duc de Chartres, petit-fils du Régent, d'autant qu'une réelle inclination les poussait l'un vers l'autre. Louis XV s'y montra d'abord favorable, puis, par réticences progressives, se détermina à l'automne de 1740 à un rejet pur et simple, pour ne point favoriser à l'excès une branche des princes du sang. A en croire d'Argenson, il avait changé d'avis sous l'influence du cardinal de Fleury, hostile à la maison d'Orléans. Madame Henriette en eut le cœur très gros et éprouva une déception dont elle semble avoir souffert durablement. Le duc de Chartres épousa en décembre 1743 la fille du feu prince de Conty et Henriette ne se maria point.

Vers la fin de 1747, on chuchota que Madame Troisième, Adélaïde, était destinée au jeune prince de Conty ; quelque temps après, d'autres partis furent envisagés : les princes Xavier et Albert de Saxe, frères de la Dauphine, tous projets à peine ébauchés, et en outre irréalisables. Madame Infante fut donc la seule mariée de toutes les filles du Roi et de la Reine. Certes, il n'était pas facile de débusquer pour elles des maris, puisqu'on ne pouvait fureter que dans les dynasties catholiques et parmi les fils de têtes couronnées. Mais le destin de Madame Infante a aidé ses cadettes à se résigner au célibat. Être, comme elle, unie très jeune à un personnage insignifiant, puis souveraine tardive et insatisfaite d'une principauté chétive et d'une cour étriquée : était-ce là un sort enviable et vraiment digne du sang de France ? Malgré la monotonie et les servitudes de la représentation, n'était-il pas préférable de jouir, même en vieille fille, du faste et du luxe raffinés de la première cour d'Europe et aussi de la chaleur d'une authentique affection familiale ?

*
* *

Madame Henriette était jolie, gracieuse et pleine de cœur. Louis XV, à qui elle ressemblait beaucoup, avait un faible pour elle et ce fut entre eux deux que s'établit le plus de confiance. Dans la famille royale, où chacun avait sa personnalité, Henriette, par sa délicatesse attentive et son intelligence de cœur, avait l'art d'aplanir les différends, d'apaiser les susceptibilités, d'arrondir les angles. C'est elle qui, en grande partie, parvint à faire prendre au Dauphin confiance en sa seconde femme et ainsi à cimenter leur union. Adélaïde, Madame Troisième, moins gracieuse qu'Henriette, avait des côtés de garçon manqué : un visage plus sévère et presque viril, un caractère impulsif et aventureux, une curiosité d'esprit qui la poussait successivement vers l'étude des langues (avec Goldoni), de l'horlogerie (avec Beaumarchais !), des mathématiques, un amour de la musique qui lui faisait pratiquer plusieurs instruments. Après le mariage de l'Infante, Mesdames ne furent plus que deux à la cour, les cadettes grandissant à Fontevrault. Victoire en revint en mars 1748, Sophie et Louise en octobre 1750.

La famille se trouva ainsi au complet, au grand plaisir de Louis XV. Devenu mari infidèle, il fut toujours un père très affectueux pour ses filles. Le 29 décembre 1748, jour de l'arrivée de Madame Infante à la cour, le duc de Croÿ assista au souper qui rassembla le Roi et les siens : « Nous vîmes tous avec joie, dit-il, un coup d'œil touchant pour de bons Français : c'était la joie parfaite, noble et aisée du Roi de se voir ainsi avec sa famille, qui en témoignait aussi une parfaite. L'Infante riait aux anges et était surtout très bien et plaisante avec la gentille Madame Adélaïde, étant toutes deux très vives et spirituelles... Après le souper, dans le salon, le Roi les tint toutes longtemps embrassées, les couvant des yeux avec un air de tendresse charmante. Aussi faut-il avouer que le Roi était le meilleur père, le meilleur ami et le plus honnête homme qu'on puisse voir. » Il était lui-même trop instruit pour négliger l'éducation de ses filles. Quand elles furent toutes rentrées de Fontevrault, il chargea son bibliothécaire, l'académicien Hardion, de leur apprendre les belles lettres, l'histoire, les langues et un peu de philosophie. Ces leçons occupaient quotidiennement quatre heures et le maître en a publié des éléments dans sa *Nouvelle histoire poétique,* trois tomes parus en 1752, et son *Histoire universelle sacrée et profane,* éditée en vingt volumes de 1754 à 1769. Marguerite Antoinette Couperin, fille du grand Couperin, leur apprenait le clavecin et Pierre Mareschal-Paisible la guitare.

Les exercices physiques n'étaient pas négligés et Mesdames furent initiées à l'équitation. Depuis son camp en Flandre en 1744, Louis XV s'intéressait aux progrès d'Adélaïde, qui s'évertuait alors à monter deux chevaux, *Grisdelin* et *Pâté :* « Je suis bien aise que Grisdelin soit content de vous, je vous prie de l'en remercier pour moi. » — « Le Pâté est-il aussi joli que le Grisdelin ? Je crois que si Mme de Tallard l'a vu sauter, elle aura eu une belle peur ; pour moi, j'étais bien sûr que vous n'en auriez pas » (8 juin). — « Ma fille, le Pâté est donc encore mieux avec vous que le Grisdelin, je vous en fais mon compliment, mais ni l'un ni l'autre ne savent galoper ; il faut espérer pourtant qu'avec le temps Saint-Sauveur [écuyer] le leur apprendra » (17 juin). Un peu plus âgées, Mesdames se mirent à suivre un régime fort peu diététique : elles avaient des armoires pleines de victuailles qu'elles picoraient sans cesse, ce qui convenait peu à Henriette, atteinte périodiquement depuis l'enfance, comme l'Infante, d'une « humeur de gale » ; mais elle restait sourde aux conseils médicaux et s'obstinait à manger à sa fantaisie.

Le Roi assouplit peu à peu l'étiquette qui réglait les relations familiales. Dans les premiers temps, Mesdames ne le voyaient que quelques instants chaque jour : en général le matin à son lever public et parfois le soir au retour de la chasse. La Reine, trop obsédée par la représentation, refoula longtemps les manifestations de sa tendresse maternelle, ce dont ses enfants furent souvent attristés. Elle vivait néanmoins avec eux dans une certaine intimité et c'est à la fin de 1749 que Luynes relève qu'ils « commencent à avoir la même familiarité avec le Roi. Ils lui ont toujours été tendrement attachés et ont toujours bien senti que le Roi les aimait beaucoup. Mais comme le Roi est un peu froid et qu'ils vivaient moins avec lui qu'avec la Reine, ils étaient un peu trop sérieux avec lui, et ce n'est que depuis qu'ils le voient plus souvent, depuis les dîners dans les cabinets, les visites du soir après souper, qu'ils sont plus à l'aise avec le Roi ». Cette intimité s'accrut après les retours de Fontevrault et quand Mesdames furent assez bonnes cavalières pour suivre les chasses de leur père : elles prirent collation avec lui après le débotté. Et enfin, détail méticuleusement noté par Luynes : le vendredi 29 novembre 1751, le Dauphin, la Dauphine et Mesdames soupèrent en particulier avec Louis XV dans ses cabinets. C'était la première fois qu'il prenait ce repas en compagnie de ses sept enfants et ce devint une habitude. Depuis 1748, d'autre part, il commença à prescrire à Versailles et à Fontainebleau une série de transformations importantes en vue de ménager des appartements où puissent vivre chacune à leur aise, dans un confort raffiné, celles que, suivant la mode du temps, il surnommait affectueusement *Torche* (Adélaïde), *Coche* (Victoire), *Graille* (Sophie) et *Chiffe* (Louise).

Bien que se sentant incommodée depuis la veille, Madame Henriette, sans en rien dire, alla à Trianon avec ses sœurs le 3 février 1752. Elle avait de la fièvre et un si grand mal de tête qu'elle fut demander à son père la permission de revenir à Versailles. Le Roi, occupé à travailler avec le prince de Conty, la fit attendre et, lorsqu'il sortit, lui trouva très mauvaise mine. Rentrée à Versailles, elle s'alita et sa fièvre resta très forte. Aucune amélioration ne se manifestant, malgré saignées et émétique, tout le corps médical du Roi fut appelé en consultation : on parla d'abord de « fluxion de poitrine », puis de « fièvre putride ». Le mercredi 9, devant la gravité de son mal, Madame demanda le viatique, qui lui fut porté très solennellement. Elle se sentit mieux ensuite, le Roi et la Reine passèrent leur temps auprès d'elle et s'allèrent coucher un peu rassurés. Le lendemain matin, on dut les réveiller dès sept heures, tant l'état de la malade redevenait alarmant, mais, pour ne pas éprouver leur sensibilité, on empêcha Louis XV, le Dauphin et la Dauphine de venir à son chevet. Le Roi resta chez lui, prostré sur un canapé et pénétré de douleur. Marie Leszczynska et Mesdames vinrent le rejoindre. A une heure trois quarts après midi, voyant le P. Pérusseau passer dans la cour, Louis XV comprit que sa fille venait de mourir, ce que le cardinal de Soubise vint notifier. Les carrosses et un détachement des gardes étaient prêts, on attendait que le Roi décidât où la cour allait se retirer : « Où l'on voudra ! » répondit-il quand on lui posa la question. Finalement, ce fut Trianon où, aussitôt arrivé, il s'enferma dans son appartement.

« On ne peut exprimer la douleur dans laquelle le Roi est plongé, rapporte Luynes, Madame aimait le Roi véritablement ; le Roi le savait et c'est ce qui augmente sa douleur. » Ce billet adressé le lendemain à son gendre en est tout pénétré : « Quel coup pour votre épouse et pour vous ! Cependant je vous conjure de la ménager ; c'est tout ce qui me reste de force en ce moment, perdant toute la douceur de ma vie et toute l'espérance de ma consolation dans ma vieillesse. » Louis XV resta plongé dans un long abattement, qui rejaillissait sur la vie de la cour. Au bout d'un mois, la Reine, malgré son chagrin, voyant que l'appareil du jeu est nécessaire pour tenir une cour, en parla à son époux et celui-ci convint qu'elle ferait bien de se remettre à jouer. Sept ans plus tard, ce profond et cuisant chagrin fut ranimé et renouvelé par la mort de Madame Infante en décembre 1759. A la première nouvelle de la maladie, son mari avait eu la pensée d'accourir de Parme à Versailles : « Je n'ai point été surpris, lui manda Louis XV, du parti que vous avez été sur le point de prendre sans attendre ma permission..., mais, hélas ! vous n'y auriez plus trouvé celle que vous y veniez chercher ; il est vrai que vous y auriez trouvé un père accablé de douleur, mais plein de tendresse pour vous et pour vos malheureux enfants. Oh ! mes chers enfants, comptez que je n'oublierai jamais ma fille dans vos personnes. Elle est, j'espère, bienheureuse, mais nous bien malheureux de l'avoir perdue... Je vous embrasse tous ; mes yeux baignent de larmes. »

Adélaïde — désormais appelée « Madame » — prit la tête du quatuor des filles de France, rôle qu'elle devait à son âge et auquel la poussait aussi son caractère impérieux. En plus d'une conscience très jalouse de son rang, elle ressentait le besoin de diriger et de mener tous les siens, depuis le Roi jusqu'à la Dauphine. En fait, elle n'en imposa jamais, et imparfaitement, qu'à ses sœurs. Victoire, en effet, bien que d'un caractère fondamentalement calme et doux, n'aimait guère être contrariée ; l'âge accrut sa ressemblance avec son père, de qui elle tenait des yeux magnifiques. Timide, effacée, humble, silencieuse et discrète, Sophie a traversé la vie presque comme une ombre. Au contraire, Madame Dernière, Louise, un peu bossue, de santé médiocre et de petite taille, dissimulait sous des apparences chétives une nature ardente et une force d'âme insoupçonnée, présages du destin rare que nous verrons être le sien.

Le Dauphin et la Dauphine

Seul garçon depuis la mort du duc d'Anjou, le Dauphin grandissait entouré de sa kyrielle de sœurs. Voyant son fils en parfaite santé et l'esprit bien éveillé, Louis XV ne crut pas devoir attendre la date coutumière de son septième anniversaire pour faire passer aux hommes le soin de son éducation. A l'âge de six ans et quatre mois, le samedi 14 janvier 1736, il fut visité par les médecins et chirurgiens, qui dressèrent procès-verbal de son intégrité physique et le lendemain, dans le cabinet du Roi, les duchesses de Ventadour et de Tallard le remirent à son père, qui le confia aussitôt à son gouverneur. Formalité rituelle, qui se déroula non sans quelques larmes et de Maman Ventadour et de celui dont elle se séparait.

Le Dauphin recevait pour gouverneur le comte de Châtillon, assisté par deux sous-gouverneurs, les comtes du Muy et de Polastron, et par deux gentilshommes de la manche, le marquis de Puiguyon et le chevalier de Créquy. M. de Polastron ayant pris en juillet 1741 un commandement dans l'armée de Bavière, le chevalier de Créquy devint sous-gouverneur, remplacé comme gentilhomme de la manche par le chevalier de Montaigu. L'évêque de Mirepoix, M. Boyer, était précepteur, l'abbé de Vaux de Saint-Cyr sous-précepteur et l'abbé de Marbeuf lecteur. Toutes personnes retenues en grande partie sous l'inspiration du cardinal de Fleury. Lieutenant général des armées, créé duc et pair dès le 8 février 1736, M. de Châtillon était un personnage très haut — il était de la maison de Montmorency-Luxembourg —, de mœurs sévères, fort dévot, très exact dans ses devoirs de gouverneur, mais d'un esprit étroit. Le précepteur démissionna aussitôt de son évêché, auquel une belle réputation de prédicateur et la sûreté de sa doctrine avaient fait accéder ce religieux théatin. En plus du sous-précepteur et du lecteur, d'autres maîtres collaborèrent à l'instruction de M. le Dauphin : Chevallier qui, après avoir appris les mathématiques au père, commença à les apprendre au fils, l'abbé Alary, le claveciniste Royer et le fameux violoniste Guignon pour la musique, sans oublier les maîtres à danser, à dessiner, à voltiger et le maître d'armes.

Les commencements de cette éducation furent assez orageux : l'enfant se montrait impétueux, irritable quand on contrariait ses goûts, entier dans ses propos. Il manifesta d'abord peu d'attrait pour l'étude, mais ses maîtres réussirent à lui faire honte de son ignorance et il se fit studieux. Depuis sa première communion à la paroisse de Versailles en avril 1741 et ensuite pendant toute sa vie, il fit preuve d'une très grande piété. Ce qu'il corrigea le plus difficilement dans sa nature fut un penchant très marqué pour la plaisanterie mordante. D'une manière générale, c'est à sa mère qu'il dut d'acquérir plus de douceur de caractère. Elle exigea que, dès sa prime jeunesse, il fût réprimandé et puni pour dompter son emportement. Elle a soutenu l'abbé Alary, un de ses principaux professeurs, contre les cabales et les préventions. Elle s'est réservé une part dans l'instruction morale de son fils et lui a transmis une foi chrétienne très assurée et de vifs sentiments religieux.

En toute occasion, le Dauphin témoigna à son père le plus grand respect et la plus stricte obéissance, mais il fut longtemps comme écrasé par la personnalité du Roi et ce fut à la Reine qu'il réserva d'abord le plus de tendresse. Dans cette cour agitée par les cabales et les ambitions, il se forma très tôt une étroite union entre la mère et le fils, qui trouvèrent l'un auprès de l'autre confiance et consolation. A Metz, ce fut avec elle que le Dauphin s'entretint le plus souvent et le plus longuement.

Alors que Louis XV était sur le chemin du retour après la capitulation de Fribourg, le duc de Châtillon reçut le 10 novembre 1744 une lettre de cachet le reléguant avec sa femme sur ses terres en Poitou. Ordre daté du 17 octobre, prouvant que le Roi avait de longtemps résolu de châtier le gouverneur du Dauphin de la désobéissance commise en conduisant jusqu'à Metz son élève. Celui-ci ne parut guère contristé par cette disgrâce, dont la victime ne se releva jamais et qui fit perdre à la duchesse la place de dame d'honneur de la Dauphine et à son mari celle de premier gentilhomme de la chambre de son pupille et l'espérance d'un bâton de maréchal. Il n'eut pas de remplaçant dans sa charge de gouverneur : Louis XV écrivit en même temps à chacun des sous-gouverneurs de ne rendre compte désormais qu'à lui de l'éducation de son fils.

Il lui fit donner de 1744 à 1746 des leçons de physique par l'abbé Nollet et le mariage n'arrêta pas ses études. Le Dauphin devint un prince instruit qui, lui aussi, aima rassembler des livres, notamment des ouvrages d'économie politique, certains en anglais, car il apprit cette langue et — signe des temps — fut probablement le premier fils de France dans ce cas. Il était mélomane comme sa mère, chantant bien, jouant de l'orgue et du clavecin. Le Roi, qui n'avait pas voulu de lui pour la campagne de 1744, l'emmena à celle de l'année suivante. Le Dauphin fut présent à Fontenoy. Les troupes, qui ne l'avaient jamais vu, découvrirent avec joie qu'il était d'une taille avantageuse et d'une complexion vigoureuse, capable à quinze ans de soutenir les fatigues de la vie des camps et d'affronter bravement les risques d'une bataille. Son humeur était casanière et — peut-être par réaction contre les goûts paternels — il n'aimait guère ni la chasse, ni les exercices physiques. Quand il eut vingt et un ans, Louis XV, soucieux de son éducation politique, le fit entrer le 23 octobre 1750 au Conseil des Dépêches où, dans les premiers temps, il dut écouter sans opiner, pour se former aux affaires avant d'en discuter. Sept ans plus tard, il sera créé ministre d'État. Mais avant de débattre des grands intérêts du royaume, il avait déjà rempli un de ses devoirs d'État en devenant époux et père.

**
* *

Le mariage de Madame Première et de don Philippe en 1739 n'était que le premier élément d'une combinaison dont le second était l'union future d'une infante d'Espagne au Dauphin. Lorsque celui-ci eut quinze ans, ce projet devint effectif et le mariage fut célébré à Versailles le 23 février 1745 avec un faste extraordinaire. Au retour de Fontenoy, alors que la cour était à Fontainebleau, on soupçonna chez la Dauphine les premiers signes de grossesse, bientôt certains. On sait que la princesse mit au monde une fille le 19 juillet 1746 et mourut trois jours après. Ce décès émut la cour, mais le Dauphin fut probablement le seul à regretter sa femme. Plus âgée que lui de trois ans, elle avait aussi plus de maturité de caractère et il l'aimait d'un sentiment vrai. Il n'était pas question que l'héritier de la couronne demeurât veuf avec une fille unique et l'on s'occupa, tambour battant, de le remarier, ce qui mit en compétition les cours d'Europe. Celle d'Espagne proposa aussitôt la sœur cadette de la défunte, l'infante Antonia, mais se heurta à un refus formel de Louis XV, fondé sur l'usage du royaume voulant qu'on ne pût épouser la sœur d'une femme dont on avait eu des enfants. Dès le 21 août, le Roi signifia son opposition foncière à un tel projet. Il ne put, bien qu'il en ait eu envie, se tourner vers la cour de Turin, car le roi de Sardaigne lui faisait trop vivement la guerre. Restait la maison de Saxe, où l'électeur-roi de Pologne — avec lequel il avait signé un traité en avril — avait plusieurs filles à marier. Son ministre à Versailles, le comte Loss, le maréchal de Saxe et le marquis d'Argenson se donnèrent en faveur de la seconde, la princesse Marie-Josèphe (que les siens appelaient Pepa), de grands mouvements couronnés finalement de succès : le mariage fut décidé le 21 octobre, mais la cour n'en sut rien avant le 27 novembre, car on était retenu par les convenances et l'étiquette du deuil. Partie de Dresde avec un cortège quasi royal, Marie-Josèphe de Saxe mit pied sur la terre de France le 27 janvier 1747 à Strasbourg. Louis XV et le Dauphin vinrent à sa rencontre le 8 février à Corbeil, dernière étape avant l'arrivée du lendemain à Choisy, où se firent les présentations. Le jeudi 9, elle gagna Versailles pour la célébration des épousailles, dont les fastes, qui durèrent jusqu'au Mardi-Gras, furent la réplique de ceux qui, deux ans plus tôt, avaient accompagné le mariage de l'Infante et du Dauphin. Anniversaire douloureux pour ce prince qui, très attaché au souvenir de sa première femme, accueillait sans aménité celle que la raison d'État lui imposait maintenant.

Au moment des fiançailles, Louis XV avait écrit au maréchal de Saxe : « Que votre princesse sache bien qu'il ne tiendra qu'à elle de faire notre bonheur et la félicité de mon peuple. » Paroles banales en apparence, que l'intéressée justifia amplement. D'emblée, Marie-Josèphe sut plaire à beaucoup. Le duc de Croÿ la décrit « bien faite ; le teint assez beau, les yeux charmants quand elle les anime ; le nez et la bouche mal. En tout, de visage, sans être belle, elle plaît infiniment, pouvant être appelé un joli laideron, qui peut faire tourner les têtes ». La Reine ne reçut pas sans un peu de froideur cette bru, fille de celui qui avait ravi à Stanislas la couronne de Pologne, mais telle était la bonté foncière de Marie et telle fut aussi la délicatesse de la Dauphine dans sa conduite envers elle, qu'une affection confiante ne tarda pas à les unir. Le clan dévot voulut en profiter pour accaparer la Dauphine et l'utiliser contre Mme de Pompadour. Poussée par la Reine et Madame Henriette, elle emboîta ingénument le pas à ceux qui suggéraient au Roi un compromis : en contrepartie du renvoi de la marquise, il vivrait dans sa famille, y jouerait, y souperait et l'on fermerait les yeux sur quelques fredaines passagères avec des dames de la cour. Le comte Loss et le maréchal de Saxe s'émurent de ces cabales et, au début d'avril 1747, Louis XV eut avec le Dauphin et sa femme un entretien de plus d'une heure, au terme duquel il se sentit plein d'estime pour sa bru. Il l'entoura dès lors d'une tendresse égale à celle qu'il avait pour ses filles. Entre ces dernières et leur belle-sœur, les relations furent non seulement sans nuages, mais bientôt foncièrement affectueuses. La Dauphine se lia plus intimement avec Madame Henriette, dont la mort la laissa inconsolable.

La Dauphine plaisait à tout le monde, sauf à son mari ! Absorbé par son chagrin, il lui battait froid. Dans les beaux appartements que Louis XV leur a fait préparer au rez-de-chaussée de Versailles, juste sous celui de la Reine, et où ils s'installèrent à l'automne de 1747, il fallut à Marie-Josèphe beaucoup de tact, de constance et de force d'âme pour accepter et endurer son sort. Dans le ménage où elle était de deux ans la cadette, elle l'emporta d'abord en sérieux d'esprit et de caractère sur un mari chez qui s'attardaient beaucoup de traits d'enfance. Peu à peu, les yeux du Dauphin se dessillèrent, les mérites de Pepa lui devinrent évidents, il s'éprit d'elle sérieusement et leur union put enfin s'épanouir.

A quatre reprises entre octobre 1747 et avril 1749, la Dauphine ne put mener ses grossesses à terme, et en était fort affligée. Louis XV ne l'était pas moins, mais, par crainte de l'attrister davantage, ne se résignait pas à lui en parler. Au mois de mai 1749, il réunit en consultation à Marly ses médecins et les plus fameux accoucheurs de Paris. Il fut décidé que Mme la Dauphine irait prendre les eaux de Forges. La cure ne faillit pas à sa réputation : au commencement de 1750, on commença à chuchoter que la princesse était enceinte et sa santé fit l'objet des soins les plus attentifs. Le 26 août 1750, ô déconvenue ! elle accoucha d'une fille, Marie Zéphirine, qui mourra cinq ans plus tard. De nouvelles espérances furent bientôt conçues et, le 13 septembre

1751, vint au monde un duc de Bourgogne. Louis XV en défaillit de joie, fit cadeau de bijoux de grand prix à sa belle-fille, accorda à ses sujets une remise de quatre millions sur les tailles et ordonna à la ville de Paris de renoncer aux fêtes coûteuses qu'elle voulait donner et d'en destiner la dépense (400 000 livres) à doter des jeunes filles pauvres. La naissance de ce fils consolida l'entente de ses parents, renforcée encore l'année suivante par la petite vérole du Dauphin. Celle-ci se déclara au mois d'août et déclencha d'autant plus d'anxiété qu'on était encore sous le coup de la mort de Madame Henriette. Les médecins interdirent au Roi l'accès de la chambre du malade, mais la Dauphine ne quitta pas son chevet et l'entoura des soins les plus tendres. Sa popularité y gagna et s'accrut encore lorsqu'elle continua de multiplier la descendance royale, donnant successivement le jour au duc d'Aquitaine le 8 septembre 1753 (mort à six mois), au duc de Berry (Louis XVI) le 23 août 1754, au comte de Provence (Louis XVIII) le 17 novembre 1755, au comte d'Artois (Charles X) le 9 octobre 1757 et, après tous ces garçons, à deux filles : Madame Clotilde le 23 septembre 1759 et Madame Elisabeth le 3 mai 1764.

Le dévouement conjugal de Marie-Josèphe était méritoire à plus d'un titre, car, lorsque ses couches l'obligeaient à interrompre la vie commune, il advint à son pieux et austère mari de jeter le mouchoir à quelques beautés de Versailles. La princesse supporta tout et le ménage se stabilisa en menant une vie sédentaire, surtout quand le Dauphin eut pris la chasse en totale aversion après qu'il y eut par accident blessé mortellement un de ses écuyers. De par ses fonctions, Dufort de Cheverny fut souvent introduit dans leur intérieur : « J'ai vu, dit-il, la Dauphine assise devant un métier, travaillant au tambour, dans une petite pièce à une seule croisée, dont le Dauphin faisait sa bibliothèque. Son bureau était couvert des meilleurs livres qui changeaient tous les huit jours... Le Dauphin se promenait ou s'asseyait. Je me suis surpris plusieurs fois causant avec lui, comme si j'avais été dans une société bourgeoise... Le Dauphin avait une conversation suivie, aimable ; personne ne donnait mieux que lui audience aux ambassadeurs. Il savait les intérêts des États, connaissait toutes les familles de l'Europe et les différentes productions des pays. » D'aucuns trouvaient son existence indolente ou « apathique » et y voyaient la cause de son embompoint, peut-être hérité de son grand-père Stanislas.

*
* *

Sans y avoir systématiquement visé, la Reine, ses enfants et leurs entours finirent par constituer à la cour une coterie, qui, en certaines circonstances, joua le rôle d'un mouvement d'opposition et pesa alors sur la conduite des affaires. Deux facteurs ont contribué essentiellement à cette immixtion : la dévotion et la vertu.

Marie Leszczynska, Mesdames, le Dauphin, la Dauphine, étaient tous fort pieux et, par la force des choses, leurs familiers l'étaient en majorité. Et d'une piété orthodoxe, éloignée à la fois du jansénisme et de la philosophie des Lumières, dont les tenants de l'un et de l'autre — et il y en avait dans les milieux les plus huppés — en vinrent à les considérer et à les traiter comme des suppôts des jésuites, de l'épiscopat et de la cour de Rome. La dévotion est parfois une dérive de la piété et c'est ce qui advint au clan de la Reine et de ses enfants, que l'on verra, pour faire échouer certaines mesures fiscales, mettre en avant des motifs de religion étrangers au débat, au risque de ne pouvoir ensuite défendre efficacement la religion lorsqu'elle en eut un besoin réel. C'est par ce biais que Marie a pu passer pour avoir un parti et se mêler de politique tout en ne le cherchant pas.

L'inconduite de Louis XV fut l'autre cause majeure du comportement de sa famille. La Reine fut seule à endurer cette situation tant que ses enfants ne purent en avoir pleinement conscience. Mais devenus adolescents et, à plus forte raison, adultes, ils comprirent et partagèrent la honte et la souffrance de leur mère, et aussi celles de leur père. D'un côté, en effet, leur tendresse naturelle pour la Reine, sa fidélité irréprochable, sa dignité, son abnégation, sa douleur noblement supportée, les poussaient, pour la consoler et la réconforter, à se serrer autour d'elle en une attitude qui, toute instinctive qu'elle fût, prenait inévitablement l'allure d'un reproche. Car, d'autre part, ils aimaient le Roi et s'en savaient profondément aimés, ils souffraient en leur amour filial et en leur piété de sa conduite pécheresse et, tout naturellement, en voulaient de ce scandale à ses maîtresses et à leur cercle. Par leur date, les premières liaisons paternelles ne subirent guère cette réprobation et cette hostilité, qui se déchaînèrent surtout contre la marquise de Pompadour. Ces conflits de sentiments étaient pénibles pour tous, y compris pour Louis XV, à qui ils donnaient mauvaise conscience et des poussées de neurasthénie. En outre, à partir du milieu du siècle, le Dauphin siégea dans les Conseils : la politique, en plus de la dévotion et de la vertu, ou bien confondue avec elles, lui offrit dès lors un motif supplémentaire d'être ou de paraître parfois en désaccord avec son père.

III. — FAVORITES EN TITRE ET MAÎTRESSES OBSCURES

« Certains esprits ont voulu débiter que le Roi avait conçu de l'amour pour la jeune duchesse de Bourbon avant qu'elle fût attaquée de la petite vérole. C'est une vision. Il est certain que Sa Majesté n'a encore témoigné aucune marque d'infidélité pour la Reine et que jamais époux n'a observé jusques à présent mieux que lui, ni si scrupuleusement, les devoirs du mariage à l'égard de son épouse. On a même remarqué que toutes les beautés de la cour n'ont pu effleurer son cœur, que s'il a quelquefois paru en regarder quelqu'une avec complaisance, ce n'a été que par une bienséance à laquelle il ne pouvait se refuser. » Ce constat figure dans une relation sur la cour de France adressée au seuil de 1732 à ses maîtres de La Haye par l'ambassadeur des Provinces-Unies auprès de Louis XV. Certificat de bonne vie et mœurs d'autant plus précieux qu'il n'allait plus tarder à être périmé.

Incontestablement, Louis XV était resté jusqu'alors le modèle des maris. Il y avait un mérite réel, presque déconcertant chez un Bourbon qui descendait cinq fois du Vert-Galant ! La continence, plaisantait le maréchal de Villars, est une « maladie à laquelle les princes sont peu sujets ». Et la cour de France offrait à cet égard des précédents nombreux et fameux. Personne n'eût été surpris que, très tôt, le Roi trompât la Reine et l'étonnement naquit plutôt de sa fidélité. Au moment de la naissance de Mesdames Première et Seconde, Louis XV étant en conversation avec le duc de Béthune et le marquis de Pezé, ce dernier dit à Béthune : « Si vous vous trouviez avec Mme de Gontaut et qu'elle vous permît tout, vous ne seriez pas tenté ? — Je m'enfuirais », répondit le pieux duc et, suivant Villars, « le Roi parut, par principe de conscience, approuver ce sentiment ». Volontiers gaillard, le même rapporte que les courses de traîneaux organisées en janvier 1729 « avaient fait espérer aux dames un peu plus de vivacité pour elles. On avait dansé après le souper et, si cela avait recommencé souvent, il n'était pas impossible que quelque belle courageuse n'eût mis la main sur le Roi ». Louis, en effet, était jeune, vigoureux, séduisant, il était le Roi et, sans parler des chambrières, combien de grandes dames et de moins grandes ne rêvaient-elles pas d'être saillies par ce bel étalon royal ! Cette faveur fut d'abord partagée à tour de rôle par les filles du marquis de Nesle, puis accaparée avec éclat par la marquise de Pompadour, toutes maîtresses en titre suppléées tardivement par d'obscurs tendrons.

Les sœurs de Nesle

Louis XV ne trouvait auprès de la Reine que le coin le plus gris de la cour. Cette compagnie qu'elle ne savait pas réunir, cette atmosphère qu'elle ne savait pas créer, il commença par les chercher et les trouver chez le comte et la comtesse de Toulouse à Rambouillet et chez sa cousine Mlle de Charolais. Il se sentait particulièrement à l'aise chez les Toulouse, où la chère était délicate et la société choisie, où l'on avait loisir de narrer et d'embellir à l'infini des histoires de chasseurs et où son oncle, survivant de la cour de Louis XIV, était une des rares personnes capables de lui parler de ses père et mère : il ne pouvait les connaître que par les souvenirs d'un témoin aussi privilégié. Et Mlle de Charolais, sœur de M. le Duc habitait le château de Madrid qui, à travers le bois de Boulogne, voisinait avec la maison royale de la Muette où, bien souvent, Louis XV venait coucher avant ou après la chasse. C'était une princesse remuante, aux façons cavalières, ennemie des convenances. C'est par elle, plutôt qu'à Rambouillet, que le Roi fit plus ample connaissance avec une des dames du palais de la Reine qu'il avait déjà aperçue à la cour : la comtesse de Mailly. Elle n'était pas plus belle que Marie Leszczynska : nez long, joues plates, grande bouche, yeux vifs, teint mat, voix rude, mais bien faite, désintéressée, spirituelle et, selon le commissaire Narbonne, « charmante le verre à la main ». « Louis XV était de ceux que l'extrême beauté intimide, plutôt qu'elle ne les trouble. Mme de Mailly lui plut d'autant mieux qu'elle n'intimidait personne, qu'elle ne prétendait à rien et qu'elle avait les façons d'une bonne camarade » (P. Gaxotte). L'attitude du Roi envers les femmes fut marquée à la fois par la pruderie de son éducation et par sa timidité, qui l'empêchaient de les courtiser par de lents travaux d'approche. Pour surmonter cet embarras, il entendait passer à l'acte sans beaucoup de préliminaires et satisfaire ainsi sa sensualité avec une ardeur quelque peu animale. « Le Roi aime les femmes, et cependant n'a nulle galanterie dans l'esprit » : rien de plus pertinent que cette observation du duc de Luynes.

La Reine était souvent enceinte, fatiguée parfois par ses maternités rapprochées, et son mari finit ainsi par être tenté de chercher son plaisir ailleurs. Son premier commerce avec Mme de Mailly remonte à 1733, année de la naissance de Madame Victoire. On émergeait alors des affrontements où le monde judiciaire parisien n'avait cessé depuis 1730 de braver l'autorité royale : au terme de ces joûtes ruisselantes de fanatisme et d'ennui, le Roi éprouvait sans doute un vif besoin de distraction ! Jusque vers 1737, personne — sauf Marie Leszczynska et Fleury — n'eut soupçon de cette intrigue. Au reste, plutôt que d'une liaison constante, il s'agit longtemps de rencontres discontinues. Louis XV, en effet, ne succomba définitivement qu'après des repentirs décelés par l'examen de ses pratiques de dévotion.

Les plus manifestes de celles-ci étaient liées au rite du toucher des écrouelles que, selon une vieille tradition, le Roi Très-Chrétien ne pouvait accomplir sans préalablement s'être confessé et avoir communié. Une autre coutume non moins vénérable voulait qu'il communiât cinq fois l'an, la veille des plus grandes fêtes : le Samedi saint, le samedi avant Pentecôte, le 31 octobre le 24 décembre, et à l'une des fêtes de la Vierge (15 août ou 8 septembre), parfois remplacée par la Saint-Louis (25 août). Depuis son sacre en 1722, Louis XV s'était ponctuellement conformé à ces pieux usages et l'attouchement des scrofuleux était relaté régulièrement par la *Gazette de France* et par des journaux comme le *Mercure*. On constate ainsi qu'il toucha les malades aux dates habituelles, sauf à Noël en 1733 et 1734, sauf à la Toussaint en 1735 et sans exception en 1736. C'est aussi le temps des naissances de Mesdames Sophie (1734) et Félicité (1736). Il en ressort que ses infidélités étaient alors intermittentes, réprouvées par son confesseur le P. de Linières et par le cardinal de Fleury, et alternaient avec des scrupules, des confessions et des retours à la foi conjugale. Les périodes de contrition se firent plus rares en 1737, où le toucher des écrouelles n'eut lieu qu'à Pâques, à la Pentecôte et le 8 septembre ; c'est aussi l'année où naquit Madame Dernière et où la liaison avec Mme de Mailly, moins mystérieuse depuis quelque temps déjà, commença à faire publiquement jaser : Barbier et Narbonne l'annoncent chacun dans leur *Journal*. Les mêmes relèvent que le Roi coucha encore avec la Reine au moment de Noël : « Comme cela n'était pas arrivé depuis longtemps, écrit Barbier, on l'a remarqué ; avec préparation de bains, dans le dessein d'avoir un prince, si cela se peut. » En 1738, Louis XV fit ses pâques et communia à la Pentecôte, mais sa séparation d'avec sa femme était proche.

Au mois de juillet, la cour étant à Compiègne, la Reine avertit le Roi qu'elle était enceinte, mais peu après, au cours d'une promenade à pied, elle se fatigua trop et, la nuit même, il lui arriva un accident qui lui prouvait qu'elle n'aurait pas d'enfant cette fois. Elle le manda à Louis XV, mais elle n'osa pas lui dire aussi que, par crainte de complications, ses médecins lui interdisaient pour quelque temps tous rapports conjugaux. Quand le Roi se prépara à passer la nuit auprès d'elle, elle refusa de le recevoir. Offensé de ce méchant accueil, il estima qu'il était désormais libre de son cœur et de ses actes, il s'afficha sans retenue avec Mme de Mailly. L'adultère devint éclatant au mois de mars 1739 lorsque le grand prévôt venu prendre les ordres pour la cérémonie des écrouelles eut pour toute réponse un non très sec. Le cardinal de Fleury et le P. de Linières se gendarmèrent en vain : le Roi ne se confessa pas et ne fit point ses pâques. Le scandale fut vif, tel que des esprits peu rigoureux estimèrent qu'il eût mieux valu l'éviter par quelque feinte. « Il est dangereux pour un roi de donner un pareil exemple à son peuple et nous sommes assez bien avec le Pape, prononça Barbier, pour que le fils aîné de l'Église eût une dispense de faire ses pâques en quelque état qu'il fût, sans sacrilège et en sûreté de conscience. » Le marquis d'Argenson était partagé entre ce sentiment et son estime pour un prince qui se refusait à profaner les sacrements par le biais d'une hypocrisie : « On pourrait sauver les apparences par une basse messe que dirait le cardinal de Rohan dans le cabinet du Roi, le P. de Linières présent, et on tairait mystérieusement que le Roi ne s'est présenté ni à la pénitence, ni à l'eucharistie ; mais le Roi dédaigne cette ridicule comédie, étant plongé dans l'adultère sans vouloir quitter son habitude. Les véritables honnêtes gens conçoivent cette opinion de Sa Majesté : qu'Elle a de la religion et qu'Elle est hautement honnête homme, ne voulant point approcher indignement du sacrement, ni jouer une comédie plus indigne de son rang qu'il n'y est scandaleux de ne pas remplir le devoir. » Propos rejoints par ceux déjà cités du cardinal de Bernis[1].

Il fallut les affres de la mort à Metz en 1744 pour que Louis XV se confessât et communiât de nouveau. Quand au toucher des écrouelles, il ne l'opéra plus jamais, probablement sans se rendre compte que l'abandon de ce rite antique allait contribuer à désacraliser son autorité et donc à l'affaiblir. Cette installation dans le péché était un échec pour le cardinal de Fleury et pour l'idéal moral qu'il avait cru inculquer à son pupille, qui se créait ainsi dans son existence une sphère de laquelle son ancien précepteur se trouva totalement exclu. M. le Cardinal finit par baisser les bras, d'autant que Mme de Mailly ne se mêlait point de politique et ne coûtait pas cher.

*
**

Louise Julie de Nesle, qui avait même âge que le Roi, avait épousé en 1726 son cousin le comte de Mailly. Apparentée par sa naissance et son mariage aux Mazarin-La Meilleraye, aux Durfort et autres grandes familles largement représentées à la cour, elle se crut par là autorisée à traiter de haut la petite Polonaise

---

1. Voir ci-dessus, p. 432.

devenue reine de France. Son attitude vis-à-vis de Marie Leszczynska manqua souvent de la délicatesse la plus élémentaire et le plus fâcheux fut qu'il lui advint d'entraîner Louis XV dans des attitudes cavalières ou de dérision envers sa femme : « On a remarqué, note par exemple Luynes, lorsque le Roi arrive dans le salon, que non seulement il ne s'approche point de la table de cavagnole où la Reine joue, mais même il y a quelques jours la Reine se tint debout assez longtemps, sans que le Roi lui dît de s'asseoir ; et pendant ce temps, il parlait à Mme de Mailly ! » Marie en ressentit d'autant plus douloureusement l'abandon de son époux. De toutes ses maîtresses, Mme de Mailly est la seule qu'elle a vraiment détestée, car elle lui en voulait de lui avoir ravi le cœur du Roi et de telle sorte qu'il ne lui reviendrait plus. Lorsque Mme de Mailly était « de semaine » auprès d'elle, ses domestiques s'en ressentaient à ses impatiences répétées. Au reste, elle l'a peut-être encore plus méprisée qu'exécrée : un jour où la comtesse, étant sa dame du palais, lui demandait l'autorisation de s'absenter pour suivre un voyage de la cour, elle lui répondit : « Vous êtes la maîtresse ! » « Mot à double entente, qui a été remarqué », commente Barbier.

Mme de Mailly était l'aînée des cinq filles du marquis de Nesle, sur lesquelles se concentra d'abord curieusement le pouvoir de séduction du Roi. Favorite attitrée, Mme de Mailly dut en effet subir la concurrence de sa sœur la marquise de Vintimille, dame du palais de la Dauphine depuis son mariage avec un petit-neveu de l'archevêque de Paris. C'était une forte tête, hardie, spirituelle, avec un ton décidé et ferme. Elle voulut être aussi maîtresse du Roi et jouer un rôle politique, le poussant à affirmer son autorité et à soigner sa gloire. Louis XV sentit qu'elle l'aimait pour la grandeur de son règne et fut conquis par la mâle vigueur de son esprit. A la fin de 1740, elle se trouva grosse, sans que M. de Vintimille s'en jugeât responsable. Grossesse difficile où, selon d'Argenson, le Roi eut « toutes les attentions, et plus, pour Mme de Vintimille, que si elle était sa maîtresse déclarée », allant jusqu'à essayer lui-même la voiture qui devait la ramener de Choisy à Versailles. Les jours précédant l'accouchement, il ne manqua pas d'aller la voir et fit porter chez elle son souper. Le 2 septembre 1741, assistée par La Peyronie, elle mit au monde un fils et sa santé ne tarda pas à inquiéter. De grands médecins mandés le 8 septembre conclurent évidemment à une saignée, qui parut faire bon effet et après laquelle Louis XV resta à son chevet jusqu'à deux heures de la nuit. Puis très vite son état empira, elle demanda son confesseur, le retint longtemps auprès d'elle, perdit connaissance et expira le 9, peu après sept heures du matin. A son réveil vers dix heures, le Roi demanda aussitôt des nouvelles à La Peyronie : « Mauvaises », répondit-il simplement.

A ces mots, Louis se retourna de l'autre côté, demeura entre ses rideaux et ordonna qu'on dît la messe dans sa chambre. Il reçut à peine M. le Cardinal et, en dehors de quelques gens de service, personne, pas même la Reine, ne put le voir. Il se leva dans l'après-midi, descendit chez la comtesse de Toulouse, qu'il alla ensuite rejoindre dans son manoir de Saint-Léger-en-Yvelines, où il retrouva Mme de Mailly et quelques amis. Il fut sans manger pendant près de deux jours. Le lundi, il se laissa entraîner à la chasse, mais sans dire un mot à personne. Mme de Vintimille a été celle de ses maîtresses qu'il a le plus aimée ; peut-être était-elle aussi celle qui l'aurait le mieux révélé à lui-même. Pendant un mois, il vécut principalement à Saint-Léger, ne revenant à Versailles qu'en fin de semaine pour tenir ses Conseils et travailler avec le cardinal de Fleury et les ministres : c'était le temps où Belle-Isle se démenait à Francfort pour l'élection impériale et où des troupes françaises opéraient aux confins de la Bavière et de l'Autriche. Il demeura près de six semaines dans un état méditatif et douloureux qui frappa vivement les contemporains. Grosse de ses œuvres, Mme de Vintimille était morte en couches : il se sentait responsable de ce décès et en éprouvait un grand trouble de conscience. « Il paraît, nota Luynes, par l'air sérieux du Roi et par la manière scrupuleuse dont il entend la messe, que les réflexions de religion et l'habitude forment un grand combat en lui. » Mme de Mailly ne le quittait pas et pouvait ainsi pleurer avec lui une sœur dont la mort l'avait bouleversée et désarmer les scrupules qui auraient pu l'induire à rompre leur liaison.

*
* *

Peu à peu le Roi reprit sa vie ordinaire, avec les visites à la comtesse de Toulouse et les tête-à-tête avec Mme de Mailly. Pour le distraire, elle eut l'idée de lui présenter la plus jeune de ses sœurs, veuve depuis peu du marquis de La Tournelle. C'était elle qui, dans la famille, avait les traits les plus réguliers, la beauté la plus hautaine, avec un teint éblouissant et un port majestueux. Elle était alors courtisée de très près par le comte d'Agénois (plus tard duc d'Aiguillon), mais se mit en tête d'être à son tour la maîtresse de Louis XV et, selon, les mauvaises langues, le duc de Richelieu la guidait dans cette conquête en préparant les brouillons de ses lettres d'amour. Le Roi se sentit poussé vers cette femme qui montrait le mieux dans toute sa force ce sang de Nesle pour lequel il gardait un goût si étrange. Or Mme de La Tournelle n'entendait nullement partager avec sa sœur aînée les faveurs royales : elle ne céderait que si Mme de Mailly était chassée de la cour. Par un reste d'habitude, Louis

XV tenait encore à elle et l'habitude avait sur lui beaucoup de prise. L'automne de 1742 fut plein d'allées et venues, de correspondances, de racontars et de cabales autour de ce qui constituait à Versailles la grande affaire du moment. Signe prémonitoire : Mme de La Tournelle fut nommée le 4 octobre dame du palais de la Reine. Et l'épilogue tomba le 3 novembre où, détrônée ouvertement par sa sœur, Mme de Mailly dut déguerpir son appartement pour monter dans un carrosse du Roi qui la conduisit à Paris. Elle avait beaucoup de dettes et peu de ressources ; Louis XV lui procura un logement et une pension. Elle prit un directeur de conscience, retrouva la paix de l'âme, mena une vie réellement édifiante et mourut pieusement en 1751. Sa chute excita la malice des rimailleurs :

> L'une est presque en oubli, l'autre presque en poussière ;
> La troisième est en pied ; la quatrième attend
> Pour faire place à la dernière.
> Choisir une famille entière,
> Est-ce être infidèle ou constant ?

Louis XV, dit-on, aurait été piqué par cette épigramme, mais c'est que, au fur et à mesure qu'il changeait de maîtresse, il croissait en audace pour afficher ses amours. Le 21 octobre 1743, il titra Mme de La Tournelle duchesse de Châteauroux et des lettres patentes du mois de décembre, enregistrées au parlement, lui firent don du duché-pairie de ce nom. Liée aux Noailles et puissamment soutenue par le clan du duc de Richelieu, elle se sentit si en faveur qu'elle n'hésita pas à rallier en 1744 l'armée du Roi en Flandre, en compagnie d'une autre de ses sœurs, la grosse duchesse de Lauraguais, dont les agaceries auprès de Louis XV furent couronnées de quelques succès épisodiques et furtifs. Équipée terminée, comme on sait, par la fuite honteuse des deux femmes hors de Metz.

La maladie jeta alors Louis XV dans un désarroi moral voisin de celui qui avait suivi la mort de Mme de Vintimille. Ses convictions religieuses ne l'ayant jamais abandonné, c'était l'occasion pour lui de rompre vraiment avec le péché d'adultère. Espoir déçu par la faute des dévots, et d'abord du premier aumônier, M. de Fitz-James, dont la conduite ostentatoire contraste avec la retenue du confesseur de Sa Majesté, le P. Pérusseau. Celui-ci eut plusieurs entretiens avec son pénitent et seuls ces tête-à-tête discrets étaient capables de confirmer le Roi dans de vrais sentiments de contrition. Au lieu de cela, le prélat lui imposa des pénitences publiques et théâtrales auxquelles il se soumit quand il se crut mourant, mais dont le caractère inutilement et maladroitement mortifiant l'irrita dès qu'il reprit goût à la vie. A cela s'ajoutèrent les gaffes du gouverneur du Dauphin et le zèle malencontreux d'autres courtisans, de sorte que Louis XV garda de ces « scènes de Metz » non le ferme propos de s'amender, mais le souvenir d'une humiliation impardonnable. De plus, l'insistance avec laquelle le premier aumônier et M. de Metz avaient paru asservir la conscience du Roi était suprêmement inopportune en un temps où une partie de la nation vivait dans l'idée que les évêques étaient ligués pour mettre en tutelle l'autorité royale. D'où la pertinence de ces réflexions de Barbier : « On regarde donc l'action de Mgr l'évêque de Soissons comme la plus belle chose du monde, que le scandale ayant été public, il faut que la réparation le soit aussi... Pour moi, je prends la liberté de regarder cette conduite très indécente et cette réparation publique et subite comme un scandale avéré. Il faut respecter la réputation d'un roi et le laisser mourir avec religion, mais avec dignité et majesté. A quoi sert cette parade ecclésiastique ? Il suffisait que le Roi eût dans l'intérieur un sincère repentir de ce qu'il avait fait, pour cacher les dehors. »

Les bonnes résolutions que Louis XV avait pu prendre ne survécurent guère à sa convalescence. Dans les premiers temps de son séjour à Metz, la Reine eut quelque lieu d'espérer que l'indifférence de son époux pour elle allait changer. Il lui avait demandé pardon à son arrivée et s'était ensuite montré aimable avec elle. Mais, soit que les fréquentes conversations du Dauphin avec sa mère l'aient indisposé, soit que sa tiédeur pour elle ait repris le dessus, soit par l'effet de sa mauvaise humeur, cette embellie fut courte et Marie bientôt traitée de nouveau comme ci-devant. Quand le Roi fut sur le point de quitter Metz pour l'Alsace, elle lui demanda la permission de le suivre : « Ce n'est pas la peine », dit-il froidement, et sans un mot de plus, alla faire la conversation avec d'autres. Peu après, la cour étant à Lunéville, la Reine revint à la charge sans plus de succès : « Ce n'est pas la peine, je n'y serai presque pas. » Elle lui proposa alors de l'attendre là, mais la réponse tomba tout aussi sèche : « Il faut partir trois ou quatre jours après moi. » Marie n'eut plus qu'à rentrer tristement à Versailles.

Peut-être perdit-elle — ou gâcha-t-elle — peu après ses dernières illusions. Quittant l'armée guéri et victorieux, Louis ne devait pas regagner Versailles en droiture, mais s'arrêter plusieurs jours à Paris. Gardait-il quelque contrition des péchés confessés publiquement à Metz et quelque souvenir des bonnes intentions alors affichées ? Était-il résolu à renouer avec la Reine, venue avec ses enfants l'accueillir aux Tuileries ? Toujours est-il que, dans la nuit du 14 au 15 novembre 1744, on vint gratter à la porte de communication entre l'appartement du Roi et la chambre de Marie. Les femmes de la Reine l'en avertirent, mais elle leur dit qu'elles se trompaient et que ce bruit était causé par le vent. Le bruit ayant repris une troisième fois, Marie balança un instant, puis ordonna d'ouvrir : il n'y avait personne.

Cet épisode, relaté par Luynes, eut son dénouement dix jours plus tard : le 25 novembre en fin d'après-midi, le comte de Maurepas se présenta chez Mme de Châteauroux à Paris, mandaté pour lui annoncer que le Roi la rappelait à la cour, ainsi que sa sœur Mme de Lauraguais, et les rétablissait l'une et l'autre dans leurs charges. La nouvelle fit sensation à Versailles et à la ville, déchaînant ragots et commentaires. Le ministre avait trouvé la duchesse alitée et incommodée. Loin de se rétablir, elle alla de plus en plus mal les jours suivants : on la disait atteinte de « fièvre maligne » et son état était jugé très grave. Constamment tenu au courant, Louis XV se montrait taciturne, abattu, si manifestement soucieux que, dans son inépuisable bonté, la Reine se privait de distractions pour respecter cette inquiétude. Et telle était celle-ci qu'il fit dire des messes à la chapelle et à la paroisse pour implorer la guérison de la malade. Retiré dans ses cabinets, il n'en sortait plus que pour la messe et les Conseils, puis, le 6 décembre, partit brusquement pour La Muette. C'est là qu'il reçut la nouvelle du décès de la duchesse, survenu le 8 au début de la matinée.

Une nouvelle fois, ses amours illégitimes se rompaient sur des funérailles. Mais la mort n'était-elle pas, depuis l'enfance, sa compagne la plus fidèle ? Il fut très affecté par cette disparition et son chagrin s'accrut encore par celle de Maman Ventadour huit jours plus tard. Un entretien qu'il eut l'avant-veille de Noël avec son confesseur éveilla l'attention, mais il n'y eut point de toucher des écrouelles le lendemain.

Restait une cinquième fille de M. de Nesle, la marquise de Flavacourt. A l'encontre de ses sœurs, elle s'était dérobée jusqu'alors aux assiduités de Sa Majesté. Elle persista dans cette conduite vertueuse, de sorte qu'une place parut vacante, non seulement parce que le Roi s'était, de toute évidence, éloigné de la Reine, mais que, dans une cour princière, la présence d'une favorite attitrée était comme passée en usage. Cette expectative fit bouillonner brigues et conjectures : on parla de diverses postulantes où — signe des temps — se mêlaient à des dames de la cour, des robines, des financières et des bourgeoises. L'une de ces dernières, Mme d'Étiolles, ne tarda pas à décrocher la timbale.

Jeanne Antoinette Poisson, marquise de Pompadour

A peine intronisée dans son rôle, Mme d'Étiolles reçut le titre de marquise de Pompadour, avec lequelle elle est entrée dans l'histoire et presque dans la légende comme personnification typique de la maîtresse royale. Figure à laquelle l'avaient prédestinée et une ambition sans bornes, et ses racines familiales. A ses origines se rencontrent, en effet, la galanterie et l'argent.

Née à Paris le 29 décembre 1721, elle fut à son baptême prénommée Jeanne Antoinette et déclarée fille de François Poisson et de Louise de La Motte, son épouse. Mais son vrai père était soit le fermier général Le Normant de Tournehem, soit le financier Pâris de Montmartel. C'est que la beauté de Mme Poisson était aussi renommée que richement achalandée. Le milieu où évoluaient les parents de Jeanne Antoinette, leurs protecteurs et entours était celui des grands financiers et le mariage l'y ancra encore qui, dans sa vingtième année, l'unit à Charles Guillaume Le Normant d'Étiolles, neveu de M. de Tournehem. La jeune Mme d'Étiolles brilla très vite dans la société parisienne, à la fois parce qu'elle était la séduction même — « tout homme, confesse Dufort de Cheverny, l'aurait voulu avoir pour maîtresse » — et parce qu'elle avait reçu une éducation très soignée et raffinée : après quelques années d'enfance passées chez les ursulines de Poissy, elle avait été reprise par sa mère pour être formée aux belles lettres et au théâtre, à la musique et au dessin, avant d'être produite dans le salon de Mme de Tencin, où elle avait acquis la maîtrise d'un des arts essentiels de ce temps, celui de la conversation.

Elle passait chaque année la belle saison dans son château d'Étiolles, dont le parc confinait à la forêt de Sénart, où Louis XV prenait un plaisir particulier à chasser. Les seigneurs voisins de ces bois étaient admis à se trouver sur le passage des veneurs. En compensation de la gêne que ses courres pouvaient leur causer, le Roi leur envoyait des pièces de gibier et les dames avaient les honneurs du pied. Dans sa calèche, Jeanne Antoinette venait suivre les chasses de Sa Majesté avec un empressement qui ne resta pas longtemps désintéressé. Louis XV ne pouvait être inattentif à cette silhouette élégante, en qui il lorgnait non pas une belle inconnue, mais une jeune femme dont le charme et l'esprit avaient acquis tant de notoriété à la cour et à la ville, que d'aucuns lui prédisaient et même lui préparaient l'accès à la plus haute faveur. Destinée à laquelle l'intéressée ne se contentait pas de rêver, mais entendait bien parvenir : séduite par la beauté du Roi et surtout l'éclat de son trône, Mme d'Étiolles fut bientôt implacablement décidée à devenir sa maîtresse.

Dès 1743, des gens bien informés chuchotaient avec son nom avec une telle insistance que Mme de Châteauroux pouvait s'en alarmer. Pendant une chasse en forêt de Sénart, la duchesse de Chevreuse aurait dit innocemment devant elle et Louis XV que son amie Mme d'Étiolles était ce jour-là plus jolie encore qu'à l'ordinaire. Pour la faire taire, Mme de Châteauroux lui marcha violemment sur le pied. Le Roi ayant tourné le dos, les deux femmes s'expliquèrent : « Ne savez-vous pas, dit Mme de Châteauroux, que l'on veut donner au Roi la petite d'Étiolles ? » « On », c'étaient les relations que Mme d'Étiolles avait à Versailles dans le proche entourage de Sa Majesté : son cousin Binet de Marchais, premier valet de chambre du Dauphin, et Le Bel, ancien amant de Mme Poisson et premier valet de chambre du Roi. D'autre part, les frères Pâris, principaux fournisseurs aux armées et très influents en ces temps de guerre, la soutenaient d'autant plus qu'elle était peut-être la fille adultérine de l'un d'eux.

Les entremetteurs ne faisaient donc pas défaut et les occasions s'offrirent aisément. Le carnaval de 1745 allait coïncider avec le premier mariage du Dauphin et s'annonçait ainsi plus animé qu'à l'ordinaire. Louis XV montra soudain un goût inhabituel pour les bals masqués où il pouvait se mêler incognito à la foule de ses sujets. Ses premières entrevues avec Mme d'Étiolles demeurent mystérieuses. Dès le début de février, les courtisans soupçonnèrent qu'il y avait anguille sous roche et bientôt les fêtes du mariage mirent les jaseurs en campagne. Dans la nuit du 25 au 26 février, le Roi donna à Versailles un grand bal où lui-même et sept de ses courtisans parurent déguisés en ifs, taillés comme ceux du parc, avec des trous pour les yeux ; il ne se démasqua point et, pour certains, c'est alors qu'il se serait accointé avec Mme d'Étiolles, costumée en bergère. Selon d'autres, elle lui aurait jeté le mouchoir dans la nuit du dimanche 28 où, sans être reconnu, il passa dans trois bals : à Versailles en ville pour commencer, puis à Paris à l'Opéra et enfin à l'Hôtel de Ville, où la municipalité célébrait somptueusement les épousailles du Dauphin.

Quoi qu'il en ait été, la liaison était consommée au début de mars et les petits appartements dissimulèrent alors bien des secrets. Des secrets fort précaires, car le nom de Mme d'Étiolles fut bientôt sur toutes les lèvres. Le pieux Luynes la mentionne pour la première fois dès le 10 mars 1745. Binet défendait sa cousine des bruits qui couraient sur elle : elle n'était venue à Versailles, expliquait-il, que pour solliciter une place de fermier général pour son mari et, l'ayant obtenue, elle allait se retirer. Piètres mensonges : après Pâques, lorsque M. d'Étiolles rentra d'une tournée que les fermiers généraux l'avaient envoyé à dessein accomplir en Provence, il trouva le domicile conjugal déserté par son épouse, désormais installée à Versailles dans l'appartement d'où naguère Mme de La Tournelle avait évincé Mme de Mailly. Il fut pris de saisissement, mais l'oncle Tournehem lui fit entendre qu'il ne devait plus compter sur sa femme et, dès le 7 mai, la séparation de biens fut prononcée entre lui et Jeanne Antoinette.

Il restait à trouver une terre dont Mme d'Étiolles pût porter le nom féodal sans lequel elle ne pouvait être présentée à la cour. La vieille famille limousine des Pompadour s'éteignait en la personne de la marquise de Courcillon et son gendre, le duc de Chaulnes, renonça à en relever le nom et les armes, cependant que le prince de Conty, propriétaire de la terre même de Pompadour, acceptait dès la fin d'avril de la vendre au Roi. Le contrôleur général Orry ne fut pas mêlé à la transaction : Pâris de Montmartel avança les fonds. A l'heure où fut signé le contrat le 24 juin, Louis XV était depuis près de deux mois au milieu de son armée victorieuse. Mme d'Étiolles et lui étaient alors très épris l'un de l'autre, mais, trop fine pour renouveler l'erreur de Mme de Châteauroux, elle s'était bien gardée de paraître en Flandre à la suite du Roi, comptant que le temps et la distance joueraient en sa faveur. Ils étaient convenus qu'elle passerait avec sa mère l'été à Étiolles, où chaque jour lui arriva une lettre de son amant. Voltaire et l'abbé de Bernis lui tenaient la main pour y répondre. C'est de son camp de Bost que, le 9 juillet, Louis XV envoya le brevet conférant à Jeanne Antoinette la qualité de marquise de Pompadour ; le comte de Saint-Florentin alla en personne le lui porter. Après les fêtes qui marquèrent le retour de campagne du Roi, la présentation de Mme de Pompadour à Versailles put avoir lieu dans les formes le 14 septembre. Emmenant avec lui la marquise, Louis partit deux jours plus tard pour Choisy, mais invita la Reine à le rejoindre.

Ainsi s'impatronisait dans la vie du Roi et de la cour celle que l'on ne tarda pas à n'appeler que « la Marquise », un peu comme, du temps de Fleury, on parlait de « M. le Cardinal ». Situation que la mort dénouera une fois encore, mais l'échéance s'en fit attendre près de vingt ans.

*
**

Édifiée par le précédent de Mme de Mailly, la marquise de Pompadour était farouchement déterminée à ne se laisser déloger par personne de la place qu'elle avait conquise et à tout mettre en œuvre pour l'occuper indéfiniment. Il lui fallut à cette fin déployer sans relâche une énergie indomptable, car elle fut menacée par l'attitude d'une partie des courtisans et de la famille royale et aussi par les scrupules de Louis XV. Quand on se mit à marmonner le nom de Mme d'Étiolles, le duc de Luynes eut cette remarque : « Si le fait était vrai, ce ne serait vraisemblablement qu'une galanterie et non pas une maîtresse. » Propos hautement révélateur de l'état d'esprit à la cour, où l'on était prêt à admettre un caprice passager du Roi pour une jolie Parisienne, mais où il semblait inconcevable qu'il choisit une favorite attitrée en-dehors des familles de l'aristocratie. La grande bourgeoisie n'était pas d'un avis très différent : cette femme, remarquait Barbier, était maîtresse chez elle, « question de savoir si cet état n'était pas préférable pour une bourgeoise de cette espèce à la qualité de maîtresse du Roi ». Mme de Pompadour dut ainsi affronter tout un clan de la haute noblesse, hostile non par vertu, mais parce qu'elle se jugeait frustrée d'un rôle considéré comme lui revenant de droit. Elle ourdit des cabales pour lui susciter des rivales, mais dans le monde très policé de Versailles cette animosité jalouse pouvait moins conduire à une guerre ouverte qu'à une lutte souterraine livrée par ricanement devant telle maladresse, par chuchotement d'insinuations et de rumeurs perfides, par colportage de saillies piquantes et de traits mordants, par diffusion de chansons et d'épigrammes graveleuses où le patronyme de la marquise — Poisson — permettait les dérisions les plus triviales.

Sans être animés par la jalousie, d'autres courtisans, sincèrement scandalisés, se sentaient proches de la famille royale, justement et profondément contristée. Entre la Reine et la marquise s'élaborera un *modus vivendi*. Mais les Enfants de France, de plus en plus en âge de comprendre la situation et d'en souffrir, témoignèrent une hostilité tenace à celle qu'ils surnommèrent « maman Putain ». Le Dauphin, en particulier, nourrit contre elle une aversion presque haineuse. Par la force des choses, celle qui ancrait le Roi dans le péché devint la cible du parti dévot.

Louis XV lui-même, quelle que fût son habitude avec elle, a donné plus d'une fois à Mme de Pompadour l'impression que son sort était en train de vaciller. Son affection très vive pour ses enfants risquait de l'éloigner d'elle, qui se montra inquiète et envieuse de l'influence de Madame Infante. Surtout, la constance des sentiments religieux du Roi, souvent tourmenté de remords et de scrupules à l'approche des grandes fêtes et aussi à la mort de ses filles, constituait une menace permanente. « A juger de l'état présent des choses, relatait en 1751 l'ambassadeur impérial, Kaunitz, il semble qu'on puisse affirmer que la faveur de la marquise est au-dessus des événements. Il n'y que la seule religion du Roi qui pourrait lui enlever son cœur. Aussi lui a-t-elle déjà causé des frayeurs mortelles. »

Mme de Pompadour n'a pas échappé au sort qui fait de tout

être humain un tissu de contradictions. Implacable dans son ambition et sa volonté de puissance, cette femme savait aussi agir avec délicatesse et avec tact. Sa conduite envers la Reine en est la preuve. Autant les demoiselles de Nesle — parce qu'elles étaient « nées » — s'étaient conduites insolemment avec Marie Leszczynska, entraînant Louis XV à la traiter parfois cavalièrement, autant la marquise tint, d'entrée de jeu, non seulement à lui marquer en toute circonstance déférence et respect, mais à stimuler le Roi pour qu'il redoublât d'égards et de prévenances envers sa femme. Il entrait du calcul dans cette façon d'agir, mais aussi le sentiment, naturel chez une personne issue d'un milieu d'anoblis très récents, qu'une révérence particulière était due à la souveraine. C'est la marquise qui, deux jours après sa présentation, avait poussé Louis XV à convier Marie à Choisy, où il eut soin de lui destiner un appartement à sa convenance pour qu'elle pût y venir régulièrement. De telles attentions devenant habituelles, la Reine en reconnut sans peine l'inspiratrice et ne laissa pas que d'éprouver pour elle une reconnaissance sincère. Au tact dont on usait à son endroit, elle répondit par le tact et, résignée à son sort, finit par dire un jour que puisqu'il en fallait une, mieux valait que ce fût celle-là. Ainsi s'établit, si l'on ose dire, un partage d'attributions entre l'épouse et la favorite.

Le comportement plus amène du Roi affermit la position de la Reine à la cour, mais les effets en furent circonscrits aux appartements officiels des grandes demeures royales. Dans les petits appartements et les châteaux de plaisance, Mme de Pompadour fut la maîtresse de maison et quand l'on sait quelle part de l'existence de Louis XV s'y déroulait, on conçoit l'importance du rôle, d'autant que les limites entre les deux domaines n'étaient pas toujours nettes. La marquise excellait à tenir un intérieur, à animer un souper et une soirée. Le Roi trouva auprès d'elle un refuge où il se sentait à l'aise et dont il ne put se passer quand il y fut habitué.

Pendant les premiers mois de leur liaison, ils se montrèrent fort amoureux. Ensuite, Mme de Pompadour a-t-elle vraiment aimé Louis XV ? Elle semble lui avoir voué moins un véritable amour qu'un attachement sincère, inséparable d'un furieux appétit de domination. On peut surtout se demander si elle a réellement compris son amant. Certes sut-elle saisir qu'il était d'un naturel anxieux, scrupuleux, porté à la mélancolie, mais sans aller jusqu'à discerner que ce penchant dérivait d'un manque de confiance en ses capacités d'homme d'État. Sans comprendre non plus que ce souverain très instruit, qui avait besoin de délassement, aimait surtout, en dehors de la chasse, les distractions sérieuses telles que dessiner et discuter avec des architectes, converser avec des savants et s'exercer aux mathématiques. Au lieu de cela, elle ne pensa qu'à l'étourdir par des représentations théâtrales (où elle se produisait avec un talent rare) et par des futilités qui l'ennuyaient vite et, en outre, lui imprimaient la réputation d'un prince frivole et dépensier. Quant à aider le Roi à surmonter sa défiance de soi-même, Mme de Pompadour s'en révéla si incapable que les années de sa faveur sont aussi celles où la conduite de la politique parut la plus incertaine.

***

Démêler exactement l'influence de la marquise en politique est assez malaisé. Il est certain que, fort ignorante des grands intérêts des États et des couronnes, elle pouvait d'autant moins s'en mêler que c'était une matière dont les Rois étaient en usage de se réserver particulièrement la conduite, tradition à laquelle Louis XV n'a pas failli. Et pour les affaires intérieures, elle était tout aussi incapable de saisir l'enjeu et la portée des querelles jansénistes et gallicanes et des visées des cours supérieures. Hors d'état de concevoir les grandes lignes d'une politique ou de participer à leur conception, elle a agi sur leur mise en œuvre par son rôle dans le choix des exécutants. Mme de Pompadour s'évertua systématiquement à mettre en avant ses protégés et ses amis, amenant ainsi de simples ambitieux et jusqu'à de fort honnêtes gens à considérer son entremise comme la voie la plus sûre, et presque la seule, pour obtenir du Roi des grâces mineures ou majeures : le cordon bleu ou un commandement militaire, le souper dans les cabinets ou une ambassade, un logement à Versailles ou une intendance, un brevet de duc ou un poste de ministre, une place de fermier général ou une pension, une invitation à Marly ou Dieu sait quoi. Sans nul discernement, elle voyait le génie foisonner parmi ses amis et ses adulateurs. Elle a ainsi procuré à beaucoup d'entre eux des responsabilités trop lourdes pour leurs capacités. Inversement a-t-elle fait renvoyer de leurs charges ou éliminer de tout accès aux affaires des hommes dont les compétences et le dévouement eussent été utiles au Roi et à l'État et qui n'avaient d'autre tare que d'être mauvais courtisans et de faire preuve de caractère. Elle excellait, comme l'a bien vu d'Argenson, à faire voir à Louis XV « du mérite dans ceux qui n'en ont ni la réputation ni les apparences ». C'est principalement par ce détour qu'elle eut une action politique, action souvent étendue et rarement heureuse. Et point seulement par là, car sa position à la cour et son comportement général eurent les conséquences les plus fâcheuses sur l'opinion publique, qui s'imposait alors en tant que force politique.

Les amours de Louis XV avec les sœurs de Nesle avaient suscité des sarcasmes amusés plutôt que des blâmes véhéments, encore que la présence de Mme de Châteauroux à l'armée ait fait esclandre. La faveur de Mme de Pompadour scandalisa bien davantage. D'abord, parce qu'elle dura et perdura. Et aussi parce que, avec une inconscience stupéfiante, la marquise a tout fait pour prêter le flanc à la critique et à la calomnie. Sans qu'elle y prît garde, la profusion et l'étalage de ses dépenses, ses multiples constructions, le tourbillon de distractions dans lequel elle essayait d'entraîner le Roi, les déplacements continuels qu'elle lui imposait — alors que le cardinal de Fleury était parvenu à les restreindre —, tout ce train donnait prise à la malignité et à la malveillance publiques, qui la dépeignaient comme une créature avide et prodigue ruinant l'État. Commentant la mort de Mme de Mailly en mars 1751, Barbier soulignait : « On lui rend la justice d'avoir aimé le Roi pour lui-même et de n'avoir jamais rien demandé, ni songé à sa fortune, ce qui fait un parallèle de celle qui est aujourd'hui en place. »

Au reste, son ostentation faisait dangereusement illusion car, comme l'a montré Jacques Levron qui a scrupuleusement épluché ses comptes, Louis XV n'a jamais été fort généreux envers elle. Certes, lui a-t-il procuré en 1746 de quoi acheter la terre et le château de Crécy, mais il ne lui faisait allouer pour son existence quotidienne que les sommes strictement nécessaires. En 1745, elle recevait 2 400 livres par mois, dotation portée à 7 200 l'année suivante. S'y ajoutèrent des étrennes de 50 000 livres, tombées bientôt à 24 000. La pension fut réduite à 4 000 livres en 1750, puis à 3 000. Il y eut quelques dons extraordinaires : 6 000 livres, par exemple, à l'occasion du voyage qu'elle fit au Havre en 1749 avec le Roi. L'année la plus fastueuse fut 1748 : 205 600 livres. Ensuite, elle ne reçut guère plus de 50 000 livres par an, parfois 80 000. Elle dépensait beaucoup plus, car elle avait par ses origines des capacités de femmes d'affaires et, bien secondée par son intendant Collin, bien conseillée par les financiers de sa famille et de ses entours, a géré fort habilement sa fortune, se montrant, du reste, très charitable et généreuse. Le public n'en savait rien ou ne voulait rien en savoir. Cela eût été sans conséquence si la marquise seule avait été la cible et la victime des rumeurs diffamantes. Mais celles-ci, soigneusement entretenues par la propagande de Frédéric II, le roi giton, visaient et atteignaient à travers elle Louis XV et le gouvernement. Le malaise qui s'empara de l'opinion après la paix d'Aix-la-Chapelle eût certainement été moins grave sans les multiples maladresses de Mme de Pompadour. Pour involontaires qu'elles aient été, elles ont été funestes au Roi et à la monarchie, et c'est un autre point sur lequel l'action politique de cette femme fut plus que néfaste.

***

Mme de Pompadour ne fut la maîtresse du Roi que jusqu'en 1750. Elle était naturellement frigide et dut s'avouer que, passés les premiers feux de la volupté, elle remplissait assez mal ce qu'elle pouvait considérer comme sa charge. En quelques saisons, le terrible surmenage de la cour était venu à bout de ses nerfs et de sa santé, mais non de sa détermination et de sa volonté de puissance. Cessant d'être l'amante, elle devint l'amie inébranlable, plus influente encore dans ce second rôle que dans le premier. Louis XV l'installa en 1750 à Versailles dans l'appartement du comte et de la comtesse de Toulouse, lui accorda en octobre 1752 les honneurs du tabouret de duchesse et fit d'elle en février 1756 la treizième dame — surnuméraire — du palais de la Reine. Plus que jamais, elle fut le canal des faveurs ; les courtisans se pressaient à sa toilette et les ambassadeurs y étaient présentés.

Ainsi portée au pinacle, y fut-elle pleinement heureuse ? Sa vie donne en réalité l'impression d'une perpétuelle fuite en avant, décelée par sa recherche constante et toujours illusoire d'une demeure idéale. Elle se défit très tôt de Montretout pour acheter La Celle, qu'elle revendit en 1748, mais avait Crécy depuis 1746. Elle le garda une dizaine d'années avant de le céder en 1757 au duc de Penthièvre ; la même année, elle vendit au Roi Bellevue, qu'elle avait fait construire de 1748 à 1750. Entre-temps, elle était devenue à Paris propriétaire de l'Élysée. Puis, elle loua et meubla Champs pour s'en retirer bientôt et acquérir Ménars en 1759 et se défaire en 1760 de la seigneurie de Pompadour. Même assortis de fructueuses spéculations immobilières, ces changements incessants ne sont-ils pas la marque d'un être insatisfait, voire inquiet ?

Pour rendre sa place inexpugnable, Mme de Pompadour essaya de la faire sanctionner par l'Église en donnant dans la dévotion. Non qu'elle entendît quitter le Roi, mais elle rêva de tirer parti du fait qu'elle n'avait plus de relations charnelles avec lui. A l'automne de 1755, elle eut de longues conversations avec le P. de Sacy, chapelain de la maison de Soubise. Sur le conseil de ce jésuite, elle écrivit à son mari en lui proposant de reprendre la vie commune, espérant qu'il allait refuser. Ce qui advint. Sa nomination comme dame du palais de la Reine vint alors lui créer à point l'obligation de résider à la cour. Elle devint pour le parti dévot en enjeu de si grand prix que le P. de Sacy lui permit de garder son rouge, ses toilettes élégantes et le luxe de ses parures, mais l'obligea cependant à renoncer au théâtre. Elle se mit à manger en maigre les jours d'obligation, entendit la messe à la chapelle non plus de sa tribune mais en bas avec ses gens, ne reçut plus les ambassadeurs que devant son métier de tapisserie, s'attarda dans la prière. Cette espèce de conversion parut sincère à beaucoup et l'était en effet pour une part. Mais le P. de Sacy et le P. Pérusseau, confesseur du Roi, ces jésuites que les jansénistes taxaient de molinisme, c'est-à-dire de laxisme en morale, furent intransigeants. La conduite qu'ils proposèrent à la marquise tint en une simple alternative : s'éloigner de la cour réconciliée avec Dieu, ou bien y demeurer sans l'absolution. Comme elle refusa de quitter Louis XV et que celui-ci était trop habitué à elle pour consentir à leur séparation, ils restèrent l'un et l'autre éloignés des sacrements. Cette rigueur des jésuites leur coûta cher quelques années plus tard. Qu'ils aient eu des doutes sur la sincérité ou, à tout le moins, sur le sérieux de la conversion de l'amie du Roi tint peut-être au fait qu'ils ne pouvaient ignorer le rôle de maquerelle qu'elle n'avait pas honte de jouer auprès de lui.

Les petites maîtresses

Mme de Pompadour cessait d'être l'amante, sans imaginer une seconde de quitter pour autant la cour. Et de son côté, Louis XV, qui atteignait alors quarante ans, n'était ni en âge, ni en résolution de s'amender. Ils avaient pris goût puissamment, lui aux femmes, elle à l'empire exercé sur lui. Pour concilier ces penchants invétérés, la marquise imagina de se faire l'intendante des plaisirs particuliers du Roi et de le pourvoir en cachette de jeunes beautés d'origine suffisamment obscure pour être sans appui à la cour et aux charmes assez irrésistibles pour satisfaire sa sensualité. Elle ne manquait point d'auxiliaires pour cette besogne dans l'entourage même du Roi : le duc de Richelieu, premier gentilhomme de la chambre, était un don juan infatigable, Bachelier et Le Bel, premiers valets de chambre, étaient des entremetteurs nés. Après la mort de Bachelier en mai 1754, Le Bel assura principalement ce rôle. Toujours enclin à la dissimulation et au mystère, Louis XV se prêta volontiers à ces manèges, dont il aurait pourtant dû prévoir certaines conséquences.

Il ne pouvait ignorer, en effet, que sa cour était le point de mire des chroniqueurs et que les faits les plus communs et les plus patents de son existence alimentaient quantité de fausses rumeurs plus ou moins graveleuses dont se gorgeait un public avide de gauloiseries. Si l'on brodait de tels racontars sur des choses manifestes et innocentes, il devait s'attendre à ce que, à partir de quelques indices ou indiscrétions, l'on forgeât maintes légendes abjectes à propos de ses amours cachées. Mais, dans sa modestie foncière, Louis XV était peu soucieux de sa réputation personnelle. Son tort est de n'avoir point saisi que s'il donnait prise à la médisance et à la calomnie, la royauté serait atteinte autant que sa personne.

En procurant au Roi des idylles avec celles que l'on a appelées « les petites maîtresses » et qu'elle croyait pouvoir tirer de milieux modestes, Mme de Pompadour pensait être beaucoup plus tranquille que si elle voyait quelque femme de la cour ou de la ville se lancer à la conquête du prince. Celui-ci n'en escomptait aussi que des avantages : il prendrait son plaisir auprès de ces jeunes personnes sans avoir à redouter avec elles les implications d'une liaison avec une favorite attitrée, ambitieuse et avide pour elle-même, pour sa famille et sa faction. En quoi ils furent tous deux déçus. La marquise, en effet, dut lutter souvent pour que non seulement de grandes dames mais des maîtresses occultes ne se dressassent en rivales. Et Louis XV finira par être désagréablement surpris de voir le nom de certaines de ses petites amies mêlé à des intrigues politiques.

En avril 1751, Mme de Pompadour accueillit dans son château de Bellevue, la noce de Mlle de Romanet (nièce de sa cousine Mme d'Estrades) et du comte de Choiseul-Beaupré, menin du Dauphin. La marquise eut l'imprudence de faire admettre aux soupers des cabinets la nouvelle mariée, qui, grande et bien faite, attira si fort l'attention du Roi, que cet infatigable épistolier ne tarda pas à lui adresser des billets galants. Cette correspondance ne put être si secrète que la marquise n'en fût instruite et alarmée. Comment déjouer cette passion naissante ? Le comte de Stainville (futur duc de Choiseul), proche parent de M. de Choiseul-Beaupré, se mit en campagne, jouant auprès de sa jeune cousine le rôle d'un soupirant éperdu. Il parvint ainsi à lui soutirer les lettres du Roi, les porta incontinent à Mme de Pompadour, qui s'en servit si victorieusement que Louis XV dut renoncer à cette nouvelle inclination et se fit pardonner en donnant à sa vieille amie les honneurs du tabouret. Ce fut aussi le point de départ de la carrière politique de Choiseul. L'alerte avait été chaude : on prétendait que Mme de Choiseul-Beaupré exigeait pour céder à Sa Majesté le renvoi de la marquise.

La cour jasa peu après au sujet de Mme Boudret, très jolie femme d'un premier commis du contrôle général des finances. Convoitée en même temps, sans le savoir, par le Dauphin et par le Roi, ce dernier ne l'aurait possédée qu'un instant. En 1756, on parla et de Mme de Cambis, née Chimay, et de la vicomtesse de Noé, puis de la marquise de Coëtquen en 1757. Autant il est difficile de savoir si ces intrigantes parvinrent à leurs fins, autant il est certain qu'elles plongèrent Mme de Pompadour dans de vives appréhensions. Entre-temps, les « petites maîtresses » ne lui avaient pas infligé de moindres tourments.

***

Les premières liaisons clandestines procurées à Louis XV par la marquise doivent remonter à 1750 ou 1751, mais ces commencements sont obscurs : le secret fut si bien gardé qu'il n'en transpira d'abord rien dans le public. Ces amours cachées sont, pour le malheur du Roi, liées au Parc-aux-Cerfs. « Le Parc-aux-Cerfs », appellation maléfique : que de contes absurdes et ignobles a-t-elle inspirés ! « On se figure un sérail à la manière orientale, un parc immense, des bosquets mystérieux, des pelouses fleuries et un essaim de biches innocentes poursuivies par un monarque lubrique. Quelle belle occasion pour l'historien d'étaler une vertu intransigeante ! » (P. Gaxotte.) Dépouillée des indignations de commande et des ragots imaginés pour le plaisir malsain de leurs auteurs, la vérité apparaît plus simple, sans rien diminuer du péché du Roi.

Le Parc-aux-Cerfs était à l'origine un enclos établi à Versailles par Louis XIII pour élever du gibier. Louis XIV l'utilisa jusque vers 1694, où, devant l'extension constante de la ville, il décida de le supprimer et d'en lotir les terrains pour y créer un nouveau quartier. La construction y fut active surtout à partir du retour de la cour en 1722. Il s'y éleva non de somptueux hôtels mais de petites maisons. Ce quartier neuf garda le nom ancien du site : le Parc-aux-Cerfs ; il existe toujours aujourd'hui : c'est le quartier de la cathédrale. Par des entremises inconnues, Louis XV y loua ou s'y fit prêter une de ces petites demeures pour servir de pied-à-terre à la concubine du moment, en dehors de laquelle il n'y avait guère de place que pour une femme de chambre, une femme de service et un laquais. En dépit de certains commérages, il est tout à fait exclu que le Roi y soit venu. Il ne pouvait faire un pas hors du château sans être protégé et on ne peut l'imaginer cheminant seul dans les rues de Versailles, même de nuit, en manteau gris et en rasant les murs : il lui aurait fallu au moins être précédé d'un valet porteur de falot et suivi d'un garde, témoins gênants. Il était beaucoup plus simple que la belle se rendît au château, où ne manquaient ni issues ni escaliers dérobés, accessibles grâce à un valet et une sentinelle affidés. Louis XV la recevait dans un entresol de son appartement intérieur, au-dessus de la petite salle des gardes. Les contemporains bien informés ont appelé cette pièce « le trébuchet ». On ignore si les choses se passaient ainsi à Compiègne et à Fontainebleau pendant que le Roi y séjournait.

Une légende abjecte (voir Michelet, Henri Martin et autres) veut que Louis XV ait fait enlever à leurs familles des fillettes de neuf à douze ans pour les mener au Parc-aux-Cerfs. En vérité, il n'avait rien d'un vicieux et ses petites maîtresses se sont offertes à lui de leur plein gré. D'aucunes poussées par leurs parents, les autres par l'ambition froidement arrêtée de faire carrière dans la haute galanterie. Toutes étaient jeunes, mais nubiles. Contrairement aux projets de Mme de Pompadour, elles ne furent pas toutes de petite extrace, mais certaines avaient presque vocation au dévergondage : elles étaient déjà de naissance illégitime !

La première dont le nom ait été prononcé est Mlle Trusson, chuchotée au début de 1753 ; c'était la fille d'un commis des Affaires étrangères et d'une femme de chambre de la Dauphine qui chantait avec talent sur le théâtre de la marquise. Presque en même temps, on parla d'une jeune beauté languedocienne, Mlle Niquet, dont le père n'était rien moins que président à mortier au parlement de Toulouse ; elle aurait visé à devenir maîtresse déclarée, mais on l'éloigna en la mariant en 1753 à un M. Véron, plus tard receveur général des finances de Franche-Comté et fils d'un échevin de Paris. Peu après fit son apparition l'une des plus notoires : Marie Louise O'Murphy, dite « Morphise », issue d'une famille, quelque peu déchue, d'émigrés irlandais (le père était cordonnier à Paris), où elle avait beaucoup appris. Ses quatre sœurs étaient protégées par des piliers de tripot et des messieurs généreux. Morphise était « la plus jeune et ressemblait à l'une de ses aînées que Boucher a souvent peinte presque toujours couchée sur le ventre, pour faire valoir des lignes sinueuses et de fermes rotondités qui ont fait l'admiration de Casanova » (D. Gallet).

Morphise avait seize ans et demi lorsqu'elle connut Louis XV, que cette gamine pulpeuse paraît avoir amusé et attendri : elle l'aurait fait rire, dès leur première rencontre, en lui disant qu'elle le reconnaissait pour avoir vu son portrait sur les écus. Elle lui plut parce qu'elle était gaie. Des bruits coururent de sa disgrâce, démentis simultanément par les faits : l'inclination du Roi persistait, si bien que Mme de Pompadour en était inquiète. Mais Morphise se trouva enceinte à la fin d'octobre 1753 et pendant sa grossesse « une nouvelle » assura l'intérim. Cette inconnue — était-ce déjà l'une de celles révélées plus tard ? — est peut-être « la très jeune et jolie personne mise simplement » aperçue le 1er janvier 1754 par M. de Croÿ à la messe de la paroisse. Morphise accoucha d'une fille à Paris le 20 juin 1754 et, n'en déplût à la marquise, reprit bientôt sa place à Versailles et presque à la cour, car elle habitait le château. La persistance de sa faveur, son logis près du Roi, le fait de lui avoir donné un enfant la firent redoubler d'aplomb. La position de Mme de Pompadour était désormais trop menacée : Morphise fut congédiée, et dans des circonstances fort remarquables.

Pour se débarrasser d'elle, on la maria tambour battant et pas à n'importe qui. On lui imposa pour mari un gentilhomme auvergnat d'excellente noblesse, capitaine d'infanterie au régiment de Beauvaisis et protégé du prince de Soubise : M. de Beaufranchet d'Ayat. Louis XV lui donna 200 000 livres de dot et un trousseau magnifique. Aussitôt mariés, les nouveaux époux, conformément aux ordres reçus, prirent la route d'Auvergne et s'installèrent au château d'Ayat, à une dizaine de lieues au nord-ouest de Riom. Onze mois plus tard, Mme de Beaufranchet mit au monde une fille, suivie d'un garçon, Louis Charles Antoine, le 21 novembre 1757. Louis XV fut le parrain de ce fils né posthume, son père venant d'être tué à Rossbach. Le contrat de mariage de Morphise avait été signé chez un notaire parisien le 25 novembre 1755. Le même jour, devant le même notaire, était paraphé un autre contrat, celui par lequel les propriétaires d'une maison sise à Versailles, rue Saint-Médéric, quartier du Parc-aux-Cerfs, la cédaient avec son jardin à un particulier qui, par un acte séparé, reconnut n'agir en l'occurrence qu'en qualité de prête-nom du Roi. L'opération est claire : devant les risques représentés par la présence à demeure d'une petite maîtresse au château, Mme de Pompadour exigeait que ces demoiselles fussent domiciliées ailleurs et, pour en être sûre, forçait le Roi à acquérir la petite maison où elles seraient désormais hébergées. Elle est encore debout à Versailles, au n° 4 de la rue Saint-Médéric, mais a été agrandie depuis le XVIIIe siècle.

C'est là qu'alternèrent celles qui prirent la suite de Morphise. Parmi elles, il fut d'abord question d'une « petite beauté » qui s'appelait peut-être Mlle Fouquet, aurait été fille d'une coiffeuse, aurait bientôt été grosse et aurait alors été remplacée par une demoiselle Robert. Ce sont là cancans difficiles à contrôler. Les choses se clarifient en 1759, où la maîtresse est identifiée : c'est Marguerite Hainault. Alors âgée de vingt-trois ans, elle aurait été peintre et aurait fait un portrait de Louis XV ; elle était fille d'un entreposeur de tabac à Lorient, mais en réalité était probablement bâtarde d'un Rohan. Enceinte à l'automne de 1759, elle fut suppléée par une autre bâtarde, Mlle d'Estaing, qui avait dix-sept ans et était la demi-sœur illégitime du futur amiral. Grosse à son tour, Lucie d'Estaing s'effaça devant une nouvelle recrue, issue de la bourgeoisie dauphinoise, Anne Couppier de Romans, qui fit beaucoup parler d'elle. Grande, belle, altière, Mlle de Romans refusa de loger rue Saint-Médéric et se fit installer dans une maison de Passy. En janvier 1762, elle eut de Louis XV un fils et cette maternité renforça sa faveur et ses hautes visées : elle noua des relations avec les physiocrates et des ténors de l'opposition parlementaire et, par son entregent, causa à son tour de vives alarmes à Mme de Pompadour. Pendant sa grossesse, la maison du Parc-aux-Cerfs avait de nouveau accueilli Marguerite Hainault, mais celle-ci se prépara bientôt à accoucher encore, ce qui, si l'on ose dire, permit à Mlle d'Estaing de reprendre du service. Pour peu de temps, car elle se retrouva vite enceinte, donnant ainsi accès à une nouvelle venue de dix-sept ans, Mlle Tiercelin de La Colleterie, née dans une famille de noblesse chevaleresque normande. Lucie d'Estaing et Louise Jeanne Tiercelin accouchèrent au début de 1764, à un mois d'intervalle ! La marquise de Pompadour mourut six semaines après : son décès entama le déclin du Parc-aux-Cerfs et la politique lui donna le coup de grâce.

Le 25 juin 1765, en effet, Mlle Tiercelin entrait à la Bastille, sur lettre de cachet contresignée par le duc de Choiseul, cependant que son père était relégué dans une maison religieuse à Rouen et qu'on embastillait un aventurier ecclésiastique canadien. Les motifs de ces arrestations sont obscurs : il semble s'être agi à la fois de soupçons d'escroquerie et d'intrigues menées contre Choiseul. Mlle Tiercelin fut relâchée dès le 8 août suivant et s'exila en province. La disgrâce tomba alors sur Mlle de Romans, qui paraissait plaire si fort qu'on se demandait si elle allait succéder à Mme de Pompadour. Mais sur ordre du Roi elle dut quitter en septembre 1765 sa maison de Passy, se séparer de son fils et se retirer dans un couvent à Blois. Nous verrons dans quelle intrigue osée son nom fut bientôt prononcé.

Dépouillée de tous ragots graveleux et de tout pharisaïsme, la vérité sur le Parc-aux-Cerfs apparaît donc assez simple, sans être pour autant édifiante. En acceptant ce manège « discret, ignoble et décent » (P. de Nolhac), Louis XV enfreignait la morale d'une façon indigne du Roi Très-Chrétien. En outre, d'un point de vue strictement politique, on peut lui reprocher d'avoir manqué de cynisme dans son péché et d'avoir oublié que, selon le mot de Talleyrand, « ce qui est cru est plus important que ce qui est vrai. » Le mystère dont il s'est plu à entourer ces idylles subalternes a enflammé l'imagination des échotiers beaucoup plus que ne l'eût fait une claire notion des réalités. Ainsi proliférèrent les fables les plus folles et les plus sales, mais si complaisamment ressassées avec des sourires entendus ou des mines cafardes qu'elles passaient pour des certitudes. De sorte qu'un homme aussi peu suspect de libertinage moral et de mensonge que le duc de Croÿ a pu écrire un jour qu'on croyait que Louis XV avait « bien eu affaire à quatre-vingt-dix beautés différentes » au Parc-aux-Cerfs ! Rien d'étonnant, par suite, à ce que la descendance illégitime du Roi ait servi de prétexte à des exagérations du même ordre : certains faiseurs de ragots et de pseudo-historiens n'ont pas craint de chiffrer ses bâtards par dizaines !

Les bâtards du Roi

Louis XV n'a eu en réalité que quelques enfants naturels. Il n'en a reconnu ni légitimé aucun, sans néanmoins se désintéresser de leur sort. Celui-ci dépendit du statut de leurs mères. Lorsqu'elles fréquentaient la cour ou y étaient présentées, les favorites attitrées avaient un mari, dont l'existence assurait un état civil aux enfants pouvant naître de l'adultère de l'épouse. Tel fut le cas du premier des descendants illégitimes du Roi, le fils né le 2 septembre 1741 de Mme de Vintimille. Cet enfant adultérin fut baptisé en tant que fils du mari de sa mère et, par conséquent, enté sur les Vintimille, lignée de haute noblesse : ce nom seul lui promettait une carrière facile à la cour et dans la vie publique, il suffisait que Louis XV lui marquât une discrète sollicitude. Il s'appela le marquis du Luc et, comme il ressemblait fort à l'auteur de ses jours, on l'affubla à la cour du sobriquet de « Demi-Louis »[1]. Il fut officier général, épousa en 1764 une Castellane, émigra, revint en France en 1800 et mourut à Saint-Germain-en-Laye en 1814. Louis XV n'a pas eu d'autre enfant de ses liaisons officielles : Mme de Pompadour n'eut que de fausses couches. Pour rencontrer les autres bâtards il faut se tourner vers les petites maîtresses, qui étaient dans un cas différent.

Ces jeunes personnes, en effet, n'étaient pas mariées lorsqu'elles connurent Louis XV. Il fallait donc ou que celui-ci délaissât leurs enfants, ou qu'il les reconnût publiquement, ou qu'il leur procurât de quelque autre manière un nom, un état et des biens. Or, il est certain qu'il ne voulut pas abandonner ses bâtards, mais qu'il n'entrait ni dans son caractère, ni dans ses vues politiques de les légitimer. Ses premiers actes de majesté, ses premiers lits de justice avaient servi à humilier ses oncles les fils adultérins de Louis XIV et toute sa minorité avait été troublée par les légitimés ou à cause d'eux. Le mot bâtard ayant frappé désagréablement ses oreilles dès son âge le plus tendre, il resta marqué par ces impressions d'enfance et ne voulut pas voir resurgir de semblables embarras : il ne créerait pas de nouveaux princes légitimés, ces satellites mineurs et encombrants de la famille royale ! S'il ne put se retenir d'avoir des enfants naturels, s'il se refusa à les délaisser, en contrepartie il s'interdit de les reconnaître, de les légitimer et de les mettre entre les mains de quelque Maintenon.

Une fois cependant, mais une seule, il fit bénéficier un de ses bâtards d'une quasi-reconnaissance : lorsque naquit le 13 janvier 1762 le fils que lui donna Mlle de Romans, il permit que, « sous

---

1. Un demi-louis était une pièce de monnaie frappée à l'effigie du Roi.

le secret de la confession », on le baptisât comme « fils de Louis de Bourbon » et qu'on révélât au curé l'identité du père. Il ne renouvela jamais semblable concession, préféra faire présenter ses autres enfants naturels au baptême sous une identité fantaisiste et ensuite leur assura une éducation et une existence confortables. Comme il ne pouvait y veiller de près lui-même, il en chargea en grand secret quelques personnes sûres. Ce fut d'abord un certain Louis Yon, ancien commissaire des guerres, puis écuyer du duc d'Orléans et surtout secrétaire de confiance du contrôleur général Moreau de Séchelles. Yon était assisté de deux ou trois hommes d'affaires, responsables sous sa surveillance des fonds remis de la part du Roi et conduits par là à traiter avec différents notaires parisiens. Or certains de ceux-ci formaient une sorte d'agence vaquant discrètement à l'entretien, à l'éducation et au mariage d'enfants illégitimes dont l'un des parents appartenait à la haute société et l'autre non. De l'un de ces notaires, Me Delage, Louis XV fit l'adjoint, puis le successeur de Yon. Les archives de son étude et celles de certains de ses collègues et surtout le compte qu'il rendit à Louis XVI de sa mission permettent d'identifier et de dénombrer les bâtards de Louis XV, où, comme dans sa postérité légitime, les filles l'emportent sur les garçons.

L'aîné avait donc été le fils de Mme de Vintimille, né à Versailles le 2 septembre 1741, baptisé à Savigny-sur-Orge le 19 décembre 1742 comme fils de son père légal et élevé dans la famille de celui-ci. Les suivants furent baptisés à Paris, en l'église Saint-Paul, leurs mères étant logées dans la capitale pendant leur grossesse. Ce fut d'abord la fille de Morphise, tenue sur les fonts le 20 juin 1754 sous le nom d'*Agathe Louise Saint-Antoine de Saint-André*. Vinrent ensuite : le 20 mai 1760 *Agnès Louise de Montreuil*, première fille de Marguerite Hainault ; le 14 avril 1761 *Agnès Lucie Auguste*, première fille de Lucie d'Estaing ; le fils de Mlle de Romans, *Louis Aimé de Bourbon*, le 13 janvier 1762 ; le second rejeton de Mlle Hainault, *Anne Louise de La Réale*, le 17 novembre 1762. Parut un autre garçon, *Benoît Louis Le Duc*, fils de Mlle Tiercelin de La Colleterie, baptisé le 7 février 1764 ; talonné le 8 mars suivant par une dernière fille, *Aphrodite Lucie Auguste*, née de Mlle d'Estaing et baptisée, elle, à Versailles (Notre-Dame). Avec elle se clôt la liste de cette postérité illégitime. Après la mort de Mme de Pompadour — et ce n'est pas l'effet du hasard — Louis XV n'eut plus de bâtards.

Dans les actes de baptême, le père prit toujours le prénom de Louis, mais s'est comme amusé à se dissimuler sous des patronymes variés dont certains — Auguste, La Réale — masquaient à peine un nom illustre, et d'autres semblent témoigner d'un retour étrange du Roi sur son enfance. En se faisant qualifier en 1760 de « messire Louis de Montreuil, ancien officier de cavalerie » et en 1764 de « Louis Le Duc, ancien officier de cavalerie », Louis XV ne se référait-il pas à ses jeux avec ses petits camarades sur la terrasse des Tuileries, où il se faisait appeler « le maréchal duc Louis », et aussi à ce fort de Montreuil que le Régent avait fait construire en 1722 pour l'initier à l'art de la guerre ? Quelques-unes de ces mères reçurent aussi des pseudonymes : Mlle d'Estaing était Lucie Citoyenne !

Il ressort que Louis XV n'eut que huit enfants naturels, moins qu'il n'eut d'enfants légitimes, moins que Henri IV et Louis XIV n'en eurent de naturels. Quelle déception pour les amateurs de scandale ! Mlle de Romans allaita et éleva son fils jusqu'à ce qu'on le lui enlevât. Louis XVI destina cet oncle à l'Église : ce fut l'abbé de Bourbon, mort en voyage à Naples en 1787. Même état pour le fils de Mlle Tiercelin, l'abbé Le Duc, qui vécut jusque sous Louis-Philippe. La fille de Morphise fut élevée à Chaillot chez les dames de Sainte-Périne et ses autres demi-sœurs à Paris au couvent de la Présentation. Leurs pensions, assurées par Louis XV, étaient mystérieusement réglées par l'entremise feutrée de Yon, de Delage et de leurs acolytes. Les mères de ces enfants les revirent-elles au cours de leur enfance ? On l'ignore. Il est à peu près certain qu'on ne les montra jamais à leur père, qui ne vit pour la première fois l'aînée de ces filles qu'en signant son contrat de mariage.

En confiant l'éducation de ces enfants à des intermédiaires cachés et tenus au secret, le Roi comptait en faire non des princes, mais des particuliers riches et distingués. Dessein visant à prévenir le retour de situations ou de prétentions dangereuses pour l'État et la dynastie, et par là fort louable. Il a été mal récompensé de ces bonnes intentions : le mystère dont il a cru devoir envelopper leur réalisation a favorisé l'éclosion de légendes graveleuses et calomnieuses qui se dissipent seulement au bout de deux siècles. En prenant tous ces arrangements, Louis XV suivait certes une ligne de conduite personnelle, à la fois instinctive et réfléchie. Mais celle-ci correspondait aussi à l'évolution des mœurs en son temps. Les siècles passés avaient exhibé les bâtards sans nulle fausse honte, en particulier dans les maisons princières et la haute aristocratie. Louis XIV fut le dernier à se comporter de la sorte. La stupeur et les réserves qui se firent jour en 1714 lorsqu'il déclara sa postérité légitimée apte à succéder éventuellement à la couronne, l'abrogation de cette mesure après sa mort attestent que l'opinion publique affectait la pruderie et ne considérait plus la bâtardise du même œil que naguère. Non que le XVIIIe siècle ait été plus vertueux que les précédents, mais l'on constate que l'illégitimité de la naissance y prit un caractère plus honteux que dans le passé. Était-ce le recul d'une morale aristocratique devant une morale bourgeoise, enfarinée de jansénisme ?

*
* *

Après avoir considéré chez Louis XV l'époux, le père et l'amant, ne sommes-nous pas frappés par la solitude dans laquelle il a vécu et régné, et ramenés, une fois de plus, à sa qualité d'orphelin ? Depuis son enfance, il a senti existentiellement l'horreur de l'irréparable absence de ses parents, la hantise du vide qu'il fallait combler et qu'il a cherché en vain à combler. Après quelques années heureuses, le mariage l'a déçu et, se sentant de nouveau seul, il cst parti à la découverte des femmes. Favorites attitrées et maîtresses occultes se succédèrent et même coexistèrent, mais cette forme d'amours aboutit aussi à la solitude, une solitude troublée chez lui par les remords d'une conscience pécheresse. L'adultère, loin de l'épanouir, fut une manière de fuite. Fuite devant la femme, de laquelle il se protégeait en en interposant une autre entre elle et lui. Fuite devant les responsabilités et les conséquences : est-ce un hasard si les années de la faveur la plus éclatante de Mme de Pompadour sont aussi celles où la politique paraît hésitante et timorée ? Solitude que le Roi a voulu éviter à ses enfants : il leur a largement témoigné l'affection paternelle dont il a été privé dès son jeune âge ; et sa sollicitude envers ses bâtards, quelques détours qu'elle ait empruntés, n'en a pas moins été réelle. Solitude que Louis XV n'a tempérée que par sa foi en la miséricorde de Dieu pour le pécheur.

CHAPITRE XI

Un Roi artiste

Souverains spirituels et temporels se considéraient jadis comme tenus de laisser à la postérité des monuments qui témoigneraient de leur « gloire » et de leur munificence. Au fil des siècles, les rois de France, et Louis XIV en dernier, avaient brillamment contribué à l'essor des arts. Louis XV était donc à cet égard l'héritier d'une longue tradition. Par fidélité à celle-ci et par atavisme, mais plus encore par attirance personnelle, il a voué aux bâtiments une attention passionnée, qui, jusque dans le détail, porta non seulement sur l'architecture extérieure des édifices, mais sur leur aménagement intérieur, sur le décor des pièces, leur ameublement, leur ornementation et tous les agréments d'un cadre de vie confortable et raffiné. Les méfaits ordinaires du temps, les caprices du goût et de la mode, les vandalismes de tout genre, la mise à l'encan du mobilier royal sous la Révolution ont provoqué la destruction ou la dispersion de maintes œuvres d'art datant de son règne : une gare et des voies ferrées occupent l'emplacement du château de Choisy, le somptueux bureau plat de laque merveilleusement orné de bronze doré sur lequel écrivait le Roi dans son cabinet de travail est aujourd'hui à New York. Grâce aux œuvres subsistantes, grâce à la documentation iconographique et archivistique, il est possible, malgré tant de calamités, de retracer l'histoire du mécénat de Louis XV.

Histoire assez complexe, car les diverses maisons royales étaient un chantier quasi permanent, sur lequel artistes, artisans et ouvriers s'affairaient aux besognes les plus variées. Histoire souvent rythmée par les événements : en temps de guerre, les crédits des Bâtiments se resserraient et les grands chantiers se mettaient au ralenti ou même s'interrompaient pour ne reprendre activité qu'à la paix. Histoire liée étroitement à la culture et aux goûts personnels du Roi et aussi à ses fantaisies. Ainsi coexistaient des entreprises nées les unes de nécessités imposées par la vétusté, la dégradation ou l'incommodité de locaux ou de bâtiments, les autres d'un caprice subit du prince, tandis que d'autres encore, soigneusement programmées, tendaient à la réalisation de projets longtemps ruminés et remaniés avant leur état définitif. Tout cela infléchi aussi par l'évolution des sensibilités, les engouements et les lassitudes : n'étant plus visitées par la cour, les nobles demeures du Val de Loire — Blois, Chambord, Amboise — en étaient réduites à un strict entretien, Saint-Germain bénéficiait d'attentions suffisantes et, aux portes mêmes de Versailles, le château et le parc de Meudon étaient presque délaissés. Marly, que Louis XIV avait tant aimé, n'exerça pas la même séduction sur Louis XV. Il y séjourna, certes, tous les ans et chercha à y gagner de la place et de l'intimité en entresolant différentes pièces, mais ne s'attardait guère dans cette demeure, que l'on trouvait humide et froide.

Persévéramment, Louis XV a poursuivi plusieurs objectifs. A Versailles, il a fait aboutir plusieurs desseins que Louis XIV n'avait pu conduire à terme. Dans la plupart des grandes maisons royales, il a voulu, d'une part, se ménager des appartements intimes et, d'autre part, mener à bien de vastes campagnes de rénovations. Il a obstinément médité et mûri de « grands projets » tendant à des transformations spectaculaires de ses palais les plus prestigieux. Il a construit aussi des demeures nouvelles. Il a enfin embelli Paris et la ville même de Versailles de plusieurs ensembles monumentaux. Toutes opérations qui, faisant appel pratiquement à tous les corps de métiers, leur assurèrent une prospérité exceptionnelle et procurèrent à l'art français un prestige incomparable.

I. — GOÛTS ET MOYENS DU ROI

La vie de cour était à elle seule une école permanente du goût : édifices, décors intérieurs, meubles et tissus, objets familiers étaient souvent autant de chefs-d'œuvre, au contact desquels se développait inévitablement la culture artistique des princes et princesses. Combinées avec cette imprégnation quotidienne, les inclinations propres de Louis XV, la finesse et la sûreté de son coup d'œil lui ont conféré un sens esthétique aigu et entreprenant, appuyé sur un savoir étendu. Sans nulle intention de rompre avec le passé, le Roi a été résolument « moderne », novateur, partisan d'un art original, pour l'épanouissement duquel il a été servi par de très grands artistes.

Goûts et compétences du Roi

La musique le séduisait peu. La grande sculpture et la peinture de chevalet l'attirèrent moyennement, moins que le portrait, la peinture décorative lui agréa davantage. L'architecture le passionna. Passion à la fois héréditaire et personnelle, éclairée par une authentique connaissance du métier. On se souvient que, dans son enfance et son adolescence, son professeur de mathématiques, François Chevallier, était un expert en fortifications, venu de l'entourage de Vauban. Aussi ses études avec lui avaient-elles été, pour une large part, des études d'architecture et les plus grands maîtres en cet art ont souvent reconnu la compétence très poussée que le Roi y déployait. Faire des dessins d'architecture fut une de ses occupations favorites. En 1742, Luynes signale dans le logement de Mme de Mailly à Versailles un cabinet « où le Roi travaille à ses plans les après-dînées et quelquefois écrit ». Selon d'Argenson, Mme de Pompadour et ses amis disaient « qu'on ne peut amuser le Roi absolument que de dessins d'architecture, que Sa Majesté ne respire qu'avec des plans et des dessins sur sa table ». Divertissement auquel il entendait pouvoir s'adonner partout, comme en témoigne cet assortiment fourni par Langlois, « faiseur d'instruments de mathématiques », pour être rangé dans la « table de campagne » livrée en 1740 par Gaudreaux : « Une équerre de 6 pouces avec son plomb ; un grand compas à 6 pointes, dont 5 brisées ; un compas de 3 pouces qui change de pointe, au crayon et à l'encre ; un petit compas simple de 4 pouces ; un grand compas de proportion de 6 pouces ; ... un rapporteur d'argent ; un de corne ; un pied d'ébène garni d'argent ; une règle d'ébène ; un poinçon d'ébène à pointe d'argent » ; des porte-crayons et pince papiers. Qu'est-ce que tout cela ? sinon du matériel d'architecte ! Il ne semble guère subsister de dessins de sa main, mais certains plans du service de ses bâtiments portent des annotations et des modifications qu'il a tracées lui-même.

Parler d'architecture avec lui était une manière adroite de lui faire la cour. Alors qu'il souhaitait obtenir une faveur importante et se proposait aussi de reconstruire le château de ses aïeux en Hainaut, le duc de Croÿ, au cours d'une promenade avec lui à Trianon en janvier 1754, réussit à mettre la conversation sur ce dernier projet. Louis XV le mena aussitôt devant le Pavillon français, lui dit que c'était dans ce goût-là qu'il fallait bâtir, commanda à Gabriel, qui était là, de lui donner deux plans qu'ils avaient fait ensemble selon le même parti. On apporta crayons et papier. Le Roi et Gabriel se mirent à dessiner et à discuter pendant plus d'une heure. Louis XV en reparla le soir au grand couvert et le lendemain dans ses cabinets. Ce fut la nouvelle du jour parmi les courtisans. Un mois plus tard, Croÿ ayant pu lui montrer le plan général de son parc, le Roi raisonna de nouveau avec lui de son projet auquel, sur son ordre, Gabriel travaillait de son côté. Peines perdues : M. de Croÿ finit par n'en faire qu'à sa tête.

Capable de juger en expert les projets de ses architectes, de les infléchir ou de les susciter, Louis XV savait aussi apprécier leurs ouvrages d'un regard sans défaut. Contemplant en 1754 la nouvelle installation de son cabinet intérieur, il constate que la dorure de la boiserie est trop vive et s'accorde mal avec celle des bras de lumière en bronze. Le service des Bâtiments de s'empresser aussitôt de rectifier les tons, pour la plus grande satisfaction de Sa Majesté. Ce n'est là, parmi bien d'autres, qu'un exemple de la sûreté de son goût, de son souci de la justesse des couleurs, de l'harmonie des tons et des formes, du raffinement qu'il manifestait en tout. Rien de ce qu'il avait sous la main ou sous les yeux qui ne fût en général d'un luxe exquis. Ainsi les instruments scientifiques trouvés à sa mort dans son cabinet : les étuis de mathématiques étaient les uns en or, les autres émaillés ou garnis de diamants, l'une des lorgnettes était garnie d'or et deux autres d'argent, le baromètre était d'argent, le microscope de cuivre doré et la boussole d'or. D'autres objets alors inventoriés manifestent le même raffinement : déjeuners d'or et de cristal de roche, pots à punch en or émaillé, une « pharmacie d'argent » dans sa cassette, un service à café en or, etc. La Compagnie des Indes offre-t-elle en 1731 à Sa Majesté une écritoire « de bois verni de la Chine » ? Aussitôt Germain, orfèvre, de la garnir de charnières, portants, serrures, vis et clef d'argent et de l'enrichir d'un encrier, d'un poudrier et d'une boîte à éponge en argent ciselé. Louis aimait ce qui était beau et élégant et ceux qui commandaient ou dessinaient ses meubles et bibelots, les artistes et artisans qui les exécutaient, estimaient tous que rien de ce qui était destiné à son usage, même éphémère, n'était trop somptueux ou trop délicat : lorsqu'il posa en 1743 la première pierre de l'église Saint-Louis de Versailles, l'auge à mortier était en palissandre, la truelle et le marteau d'argent !

Cette convergence entre les goûts du Roi et les conceptions de ceux qui étaient appelés à les satisfaire explique pour une large part les réussites artistiques du règne.

CONCEPTION ET EXÉCUTION

Deux services concouraient principalement à la construction, à l'entretien et à l'ameublement des demeures royales : les Bâtiments et le Garde-meuble. La structure du service des Bâtiments n'a guère varié après la mort de Louis XIV. Son fonctionnement administratif dépendait étroitement du directeur général et, sous lui, du premier architecte. Leurs tendances artistiques étaient subordonnées aux goûts du souverain, qui était ainsi foncièrement l'inspirateur de la politique des arts, à laquelle le directeur général pouvait, selon son trempréament et aussi les occurrences, imprimer une touche personnelle par l'intermédiaire de la tutelle sur les Académies, de l'organisation des Salons et des commandes aux artistes et corps de métiers. Orry, par exemple, qui cumula les deux charges de contrôleur général des finances et de directeur des Bâtiments, était probablement plus sensible aux conséquences économiques de ses décisions qu'à leur portée esthétique et s'il convint en 1737 avec Louis XV de renouveler luxueusement les soieries des appartements du Roi et de la Reine, ce fut avec le dessein bien avoué de « soutenir des manufactures de Lyon qui manquent d'ouvrage ». Ses successeurs Tournehem et Marigny eurent des visées plus ambitieuses, ou plus prétentieuses, mais durent sans cesse compter avec la situation personnelle du premier architecte qui, fort de la confiance inébranlable du souverain, pouvait à tout instant, en dépit de la hiérarchie, se soustraire à la tutelle du directeur des Bâtiments et échapper à ses tracasseries ou ses mesquineries.

Au décès de Jules Hardouin-Mansart en 1708, le poste de premier architecte avait été dévolu à son beau-frère et disciple Robert de Cotte, mort en décembre 1734. Le jeune Louis XV n'eut guère occasion de confier de grands travaux à cet artiste, fatigué et menacé de cécité les derniers temps de sa vie. Son successeur et cousin, Jacques V Gabriel, issu d'une lignée déjà longue d'architectes, avait alors soixante-huit ans. Élève d'Hardouin-Mansart et de R. de Cotte, il avait été d'abord contrôleur à Chambord, puis académicien (1699), chargé des dehors de Versailles (1699), architecte ordinaire et contrôleur des dedans de Versailles (1709) et premier ingénieur des ponts et chaussées (1716). Louis XIV l'avait anobli en 1704. Il n'exerça les fonctions de premier architecte que pendant un peu plus de sept années, dirigeant d'importants chantiers, mais se faisant assister de si près par son fils, Ange Jacques, qu'il est parfois difficile de déterminer la part respective de chacun dans l'élaboration de certains projets. Le père préparait ainsi l'avenir et d'autant plus sûrement que son fils était déjà dans l'intimité du Roi, dont il était l'aîné de douze ans.

Né en 1698, Ange Jacques Gabriel était tout simplement l'élève de son père et que ce dernier n'ait pas jugé nécessaire pour lui le voyage que lui-même avait fait en Italie « démontre assez que l'école française, après avoir éprouvé le sentiment de sa dépendance, se jugeait autonome et prépondérante » (M. Gallet). Il semble bien que peu après le retour de la cour et avec le seul titre de contrôleur de la plaine de Saclay, puis (1728) de contrôleur général des Bâtiments, Ange Jacques, devenu académicien en 1728, ait déjà eu à Versailles diverses activités, qui s'accrurent du vivant même de Robert de Cotte. Après la mort de celui-ci, il fut promu contrôleur du château de Versailles et la collaboration entre les deux Gabriel fut dès lors constante, le père abandonnant souvent au fils, meilleur dessinateur que lui, la partie décorative des projets et des travaux. Le Roi et le jeune architecte eurent ainsi très tôt l'occasion, l'un d'apprécier les talents de l'autre, et ce dernier de se sentir estimé de son maître. Entre Louis XV et cet artiste lui aussi réservé et secret se tissèrent des liens de confiance, de sympathie et même d'amitié mutuelles, que le temps ne cessera d'affermir. Le premier édifice élevé sur les plans d'Ange Jacques était encore modeste, mais flattait les passions royales pour la vénerie et la bâtisse : c'était un nouveau et vaste chenil construit en 1737 pour les meutes du Roi. A cette date, et depuis deux ans déjà, le jeune Gabriel disposait à Versailles d'un logement auprès de Louis XV, aménagé autour de la calotte du salon de la Paix. Voisinage nécessité par les séances de dessin qui réunissaient les deux hommes. « Le Roi fait continuellement dessiner devant lui en particulier le jeune Gabriel », notait d'Argenson en 1739. Détail confirmé par Luynes les années suivantes : « M. Gabriel le fils... travaille presque continuellement avec le Roi pour tout ce qui s'appelle bâtiments et jardins », « les jours que le Roi ne va point à la chasse, il est souvent à travailler dans le cabinet à des plans avec M. Gabriel le fils ».

Dans ces conditions, celui-ci recueillit comme naturellement la succession paternelle. Le 29 avril 1742, relate Luynes, « la place de premier architecte du Roi fut donnée à M. Gabriel, dont le père qui avait cette charge vient de mourir... Il n'est pas le plus ancien contrôleur des bâtiments du Roi, mais Sa Majesté a beaucoup de bontés pour lui et il travaille très souvent avec le Roi pour des plans et projets ». Gabriel occupa ces fonctions jusqu'à la mort de Louis XV, soit trente-deux années durant lesquelles, grâce à l'amitié et au soutien indéfectibles du monarque, il triompha constamment de la jalousie de ses collègues comme de la malveillance des cuistres. Entre le Roi et le plus grand architecte de son temps s'établit une véritable collaboration, facilitée par la similitude de leurs goûts et de leurs aspirations.

*
**

L'action de Louis XV en matière artistique permet peut-être de saisir le mieux la conception qu'il avait de son rôle à la tête de la monarchie, car c'est le domaine où l'accomplissement de ses vœux et de ses volontés a rencontré le moins d'entraves. Le Roi était l'héritier du style et des formes légués par la tradition dans laquelle il avait été élevé, tradition fortement marquée par l'intense activité constructrice de Louis XIV. A cet égard, il fut, par la force des choses, imprégné par le style qui se fit jour autour de 1700 et se développa sous la Régence. Dans les vingt dernières années de son règne, Louis XIV recommanda à ses architectes un ton plus clair, plus humain, plus gai : « Il me paraît qu'il y a quelque chose à changer, que les sujets sont trop sérieux, qu'il faut qu'il y ait de la jeunesse mêlée dans ce que l'on fera... Il faut de l'enfance répandue partout ». avait-il indiqué en 1698 à Mansart à propos du décor de la Ménagerie. Aussi à Trianon, à Marly et dans certaines décorations de Versailles, trouve-t-on déjà la marque de cet esprit nouveau, incarné surtout par Robert de Cotte et qui va plaire à Louis XV. Celui-ci, respectueux et conservateur des legs du passé, était en même temps averti des nouveautés imaginées par ses contemporains et soucieux de les adapter à ses goûts et à ses besoins, à quoi il parvint en associant, par des dosages subtils, la majesté et le faste louisquatorziens à des ordonnances et des harmonies nouvelles. Ses grandes commandes attestent le besoin et le dessein qu'il eut d'être de son temps, mais aussi le sens de la mesure qui ne le quitta point : alors que la baroque l'emportait à peu près partout en Europe, Louis XV écarta les formes et les décors mouvementés avec outrance et surchargés, tout en gardant, quand il le fallait, le sens de la magnificence. Il fit ainsi évoluer les arts dans la continuité et, sans se croire ni se vouloir infidèle à la mémoire de son prédécesseur, il accorda, dans son âge mûr, des concessions aux partisans du « retour à l'antique ». Ce propos d'associer la sauvegarde d'un héritage à des innovations opérées graduellement pouvait, comme le prouvent les derniers projets arrêtés pour Versailles, engendrer à la longue des solutions radicales, dont il est frappant de constater qu'elles eurent dans le même temps leur réplique dans l'ordre des institutions de la monarchie.

Si l'on se tourne vers Gabriel, comment n'être pas impressionné par la similitude de ses inclinations avec celles du Roi. Il était, comme celui-ci, le légataire et l'adepte d'une tradition, celle de la famille et de la profession dans lesquelles il avait grandi et qui favorisa l'épanouissement de ses dons personnels. Lui aussi n'était point prisonnier de la tradition, mais avait une prodigieuse faculté d'assimilation et d'adaptation. Adaptation aux problèmes spécifiques posés par tel édifice ou tel site, sachant à l'occasion aussi bien voir grand et même colossal, qu'adopter ailleurs la retenue et la sobriété. Et assimilation des nouveautés élaborées par les générations montantes, que sa qualité de directeur de l'Académie royale d'Architecture — liée de droit à celle de premier architecte — lui permettait de connaître et de juger dès leur apparition. Comme son maître encore, Gabriel témoignait d'un raffinement et d'un tact innés qui lui permirent de concilier dans un équilibre tout classique l'ancien et le moderne.

Tous dons magnifiés par le génie propre de l'artiste : aptitude à composer avec une noble simplicité, sens de la justesse des volumes et de l'échelle monumentale, distinction de l'ornement et des modules, adresse à ménager avec autant d'aisance que d'ampleur les articulations d'une façade, sens de la mesure l'affranchissant de tout excès de rigueur ou de grandeur, et, à un degré souverain, « cette qualité du goût qu'on nomme l'atticisme » (M. Gallet). A son génie, Gabriel — assisté par des auxiliaires nombreux et brillants — joignait des talents d'administrateur. Travailleur régulier, ponctuel et infatigable, il a dirigé de multiples besognes et chantiers, établissant des devis exacts qu'il ne dépassait point, veillant avec sévérité à la réalisation et à la marche des travaux, à la bonne exécution de l'appareil, à la qualité de la sculpture.

Une question vient naturellement à l'esprit : celle de l'influence que Louis XV et Gabriel exercèrent l'un sur l'autre. Les préférences du Roi pour des pièces de dimensions humaines et des locaux de retraite ont certainement poussé son architecte à préciser dans le détail ses conceptions de la distribution des appartements, où se distinguèrent nettement pièces d'apparat, de compagnie et de commodité. De même Gabriel s'est-il laissé aller volontier à l'attirance qu'avait son maître pour les lambris dans la décoration murale. Inversement, Gabriel et son agence, assez portés, semble-t-il, à prôner l'unité dans la construction ou la rénovation des maisons royales, ont pesé et sur les déterminations du souverain devant certains projets, et sur cette évolution de ses goûts qui fit de lui le créateur du style Louis XVI. Cette amicale collaboration du monarque et de l'artiste eut enfin pour elle la durée, condition de toute action féconde.

*
* *

Condition remplie aussi grâce à la fixité et à la communuité du personnel du Garde-meuble et de certaines dynasties d'artistes et artisans. De 1711 à 1783, trois Fontanieu se sont succédé de père en fils à l'intendance et contrôle général des meubles de la couronne, assistés et même suppléés par un garde général, fonction dans laquelle, entre 1716 et 1784, se suivirent seulement quatre titulaires, dont l'un l'exerça pendant trente-quatre ans et un autre vingt. La charge de dessinateur de la chambre et du cabinet du Roi, auquel incombait de dessiner meubles, ornements, cheminées, chenêts, vaisselle d'or et d'argent, bras de lumière, torchères, girandoles et autres luminaires, décors de fêtes et de théâtre, etc., fut tenue de 1726 à 1764 par Meissonnier et les frères Slodtz, ensuite par Challe. Même stabilité parmi les ornemanistes et sculpteurs : Louis XIV employa dans les années 1690 une prodigieuse équipe de sculpteurs de boiseries — Du Goullon, Le Goupil et Taupin — « dont l'art aimable, fleuri, léger, va rajeunir le décor de Versailles pendant tout le premier tiers du XVIIIe siècle » (P. Verlet). Du Goullon mourut en 1731 et Le Goupil en 1733, mais son gendre Jacques Verberckt, qui collaborait depuis plusieurs années à ses travaux, vécut presque aussi longtemps que le Roi (jusqu'en 1771) et créa ou renouvela bien des décors à Versailles, à Fontainebleau, à Choisy, à Bellevue, etc. L'atelier de Rousseau présente la même continuité : fils d'un sculpteur des Bâtiments qui avait travaillé à la décoration de la chapelle à la fin du règne de Louis XIV, Jules Antoine Rousseau (1710-1782) consacra toute sa vie à l'ornementation des maisons royales ; il associa de bonne heure ses enfants à son entreprise et ils prirent ensemble la relève de Verberckt. Ces grands ornemanistes étaient servis par une main-d'œuvre d'un savoir-faire et d'une conscience professionnelle inégalés : modifier ou transformer en vingt-quatre heures un escalier n'était, par exemple, qu'un jeu pour les charpentiers et menuisiers des Bâtiments. Sous l'impulsion du Roi et de Gabriel, le style de chaque époque pouvait ainsi, en un équilibre étonnant, se former et se préciser et les différentes époques se confondre en un art d'une noblesse inaltérable.

II. — L'ACCOMPLISSEMENT DES DERNIERS DESSEINS DE LOUIS XIV A VERSAILLES

Par respect pour la tradition et par souci d'assurer la continuité du Versailles officiel, Louis XV se fit un devoir de mener à leur terme trois projets dont Louis XIV n'avait pu qu'ébaucher la mise en œuvre et dont lui-même mit presque tout son règne pour venir à bout. Il s'agissait d'abord de parachever le Grand Appartement par l'aménagement du salon d'Hercule, puis de compléter les plans d'eau du parc par un vaste bassin et enfin de doter le château d'une salle d'opéra digne de lui.

Le salon d'Hercule

Dédié à un héros mythologique, ce salon a d'abord été la chapelle du château, une chapelle qui n'était même pas la première. Bénite en 1682 au premier étage et enrobée peu après dans la construction de la grande aile du Nord, elle fut jugée trop petite et remplacée par le magnifique édifice élevé et agencé de 1689 à 1712 par Hardouin-Mansart et Robert de Cotte. Comme l'espace désaffecté de l'ancienne chapelle jouxtait le salon de l'Abondance, Louis XIV entendit en faire un nouveau salon qui donnerait de l'extension au Grand Appartement et en adopterait le faste et la richesse. Commencée dès 1712, l'opération fut interrompue par sa mort. Le duc d'Antin, directeur des Bâtiments depuis 1708, connaissait les intentions du feu Roi et en informa le jeune Louis XV. Celui-ci, un peu plus d'un an après sa majorité, ordonna la reprise des travaux, menés sous les directions successives de Robert de Cotte et de Jacques V Gabriel.

On commença en 1724 et 1725 par les tâches de marbrerie. Ce fut ensuite le tour des sculpteurs : Vassé, bientôt aidé par Verberckt, exécuta des ouvrages de « sculpture en marbre et en plâtre », des bases et des chapiteaux de bronze ou de plomb doré qui, tout autour de la pièce, rehaussent les pilastres de marbre et il est aussi l'auteur des bronzes ornant la cheminée.

De plan à peu près carré, le salon d'Hercule est percé à l'ouest de trois fenêtres donnant sur le jardin et d'une porte sur le salon de l'Abondance ; il est éclairé à l'est de quatre baies sur la cour de la chapelle. Il comporte deux murs obscurs sur les autres faces : l'un, au nord, est accosté de portes ouvrant sur le vestibule de la chapelle, son centre, où s'appuie la cheminée, fut décoré d'une toile en hauteur, *Eliezer et Rébecca,* de Véronèse. L'autre mur, totalement aveugle, fut disposé pour recevoir, dans une bordure magnifique, l'immense tableau de Véronèse, le *Repas chez Simon,* offert en 1664 à Louis XIV par la république de Venise et installé là en 1730.

Restait à décorer le plafond. Le peintre François Le Moyne en reçut la commande et, en vue de cette vaste composition, réalisa dès 1731 plusieurs dessins préparatoires. Une dernière maquette, examinée par Louis XV et d'Antin, fut agréée. L'artiste installa son échafaudage et entama en avril 1734 son ouvrage, qui lui prit plus de deux années et pour lequel il ne ménagea pas ses peines, étant obligé de peindre couché pendant la majeure partie de son travail. Plusieurs visiteurs, et non des moindres — le roi Stanislas, d'Antin —, s'étaient hissés plusieurs fois là-haut pour l'encourager et le féliciter. Louis XV n'avait pas voulu y monter, pour ne pas influencer l'artiste à qui il faisait pleinement confiance. Le 26 septembre 1736, allant à la messe et traversant le salon enfin débarrassé de l'échafaudage, il contempla la peinture du plafond. Il ne s'arrêta pas, mais montra un visage si satisfait que chacun vit à l'évidence qu'il était content. A sa sortie de la chapelle, il prit le temps de regarder, d'apprécier et de dire lui-même à Le Moyne, après l'avoir complimenté sur son travail, qu'il le nommait son premier peintre, place vacante depuis la mort d'Antoine Coypel en 1722. Cette faveur, assortie de gratifications et de l'octroi d'une pension, n'empêcha pas l'artiste de se suicider quelques mois plus tard.

Les éloges décernés à l'œuvre de Le Moyne par les contemporains et la postérité apparaissent pleinement justifiés. Entre l'escalier des Ambassadeurs et le Grand Appartement, le salon d'Hercule, avec ses marbres et ses peintures, parachevait une suite magnifique et homogène. Louis XV se faisait ainsi le digne continuateur de Louis XIV et, en même temps, enrichissait le château de la salle de bal qui lui manquait. Fidélité à la ligne de conduite tracée par le Roi-Soleil manifestée de même par la réalisation du bassin de Neptune.

Le bassin de Neptune

L'attention de Louis XV à ne pas altérer l'œuvre de son bisaïeul se retrouve dans les jardins et le parc, un des éléments essentiels et les plus élaborés de l'ensemble immense de Versailles, mais aussi l'un des plus coûteux. Ses soucis principaux furent, d'une part, d'en assurer, sans luxe inutile, l'entretien décent et, d'autre part, d'en compléter au nord la composition par l'établissement d'un grand bassin somptueusement orné.

Dès les années 1660, Louis XIV avait conçu le dessein de créer des plans d'eau de plus en plus vastes. A partir de 1678 et 1679, il entreprit l'aménagement de la partie septentrionale des jardins en implantant, au bas de l'allée des Marmousets et du bassin du Dragon, une grande pièce d'eau qui, désignée un temps encore comme pièce des Sapins, prit le nom de pièce de Neptune. Le Nôtre et Le Brun en fournirent les dessins. La cuvette fut creusée en 1679 et 1680 et son mur dressé. De 1682 à 1684 furent montés les parapets avec leur sculpture de glaçons, les vases, les masques et les coquilles de métal d'où s'élancent les multiples jets, que Louis XIV vit jouer pour la première fois en mai 1685. Il conçut alors un projet grandiose et demanda des dessins et des maquettes pour un Neptune, une Amphitrite et divers groupes destinés à orner ce bassin, appelé à marquer « l'un des sommets de Versailles et comme le triomphe du Roi sur les eaux » (P. Verlet). Il n'en vit pas l'achèvement.

Louis XV fit reprendre les travaux en 1733. Il fallut plusieurs années pour colmater les fuites, adapter les parois au tracé définitif, reprendre et réparer les vases et les coquilles du décor sculpté. Purent alors se mettre à l'œuvre les trois sculpteurs qui ont attaché leurs noms à ce gigantesque ouvrage : Lambert-Sigisbert Adam, Jean-Baptiste Lemoine et Edme Bouchardon. L'établissement des modèles en plâtre occupa les années 1736 et 1737. Adam, aidé de ses frères, réalisa le groupe central, le *Triomphe de Neptune;* le jeune Lemoine exécuta le groupe de l'*Océan;* Bouchardon fut chargé du groupe symétrique au précédent, *Protée,* et aussi des deux admirables groupes latéraux, les *Amours aux dragons.* On installa près du bassin un atelier pour fondre en plomb sur place ces statues énormes, hautes de douze à treize pieds et larges à proportion, opération délicate dont, de 1738 à 1741, les sculpteurs dirigèrent le parfait déroulement.

Le lundi 14 août 1741 en fin d'après-midi, Louis XV se fit conduire en calèche au bassin de Neptune, désencombré des baraques qui avaient abrité ateliers et artistes. Les eaux jouaient pour la première fois. Le Roi mit pied à terre et fit lentement le tour du bassin, examinant en détail le décor, les grands groupes sculptés, contemplant le jaillissement puissant des eaux. Il se déclara fort satisfait et avait de quoi l'être. Sous ses ordres, en effet, les artistes de son temps venaient de réaliser le plus vaste et le plus bel ensemble aquatique de Versailles, où, sans nul disparate, et néanmoins en pleine originalité, ils avaient su accorder leurs créations et celles du passé. Traditions du Grand Siècle et innovations allaient s'harmoniser de même dans la construction de l'opéra royal.

L'OPÉRA

Louis XIV aima longtemps avec passion les spectacles d'opéra, de ballet et de comédie. Aussi, après avoir ajouté au corps central du château les ailes du Midi et du Nord, prévit-il l'installation de deux théâtres : l'un, de vastes dimensions, pour les ballets et l'opéra, et un autre plus petit, pour les représentations de comédies et de tragédies par les comédiens français ou italiens. Il ne put réaliser que la seconde de ces deux salles, dans un espace étroit qui aurait dû servir (et sert aujourd'hui) de passage entre la cour des Princes et le parterre du Midi, auprès de l'escalier des Princes. Ce local étriqué, de quelque 13 mètres sur 8, où, dans une presse inconcevable, parvenaient à s'entasser — spectateurs et acteurs — environ trois cent cinquante personnes, servit pendant presque un siècle aux spectacles ordinaires de la cour. Pour faire jouer des opéras, le Roi fit monter des tréteaux démontables dans le manège de la Grande Écurie. Ces installations éphémères coûtaient cher et démontraient la nécessité d'une salle définitive, dans le genre de la fameuse Salle des Machines installée aux Tuileries par Vigarani. Ce dernier fut chargé de dresser pour Versailles les plans d'un théâtre spacieux, que Hardouin-Mansart reçut en 1685 mission de construire au bout de l'aile Nord du château et près des réservoirs, emplacement où la déclivité naturelle du terrain permettait d'installer tout l'appareillage nécessaire aux jeux de machines alors si prisés. Les travaux commencèrent, mais furent interrompus dès le début de la guerre de la Ligue d'Augsbourg en 1688. De l'opéra n'existaient encore que les fondations, d'où émergeaient quelques pans de murs que l'on recouvrit de planches, en un provisoire qui devait durer quelque trois quarts de siècle. Après la paix, en effet, l'effort du Roi vieillissant se concentra sur l'édification de la chapelle. Mais les pierres abandonnées de l'opéra ébauché étaient des pierres d'attente.

Pendant longtemps, la vie théâtrale à Versailles resta sous Louis XV ce qu'elle avait été sous Louis XIV. Les représentations ordinaires, qui commençaient en général au retour de Fontainebleau et duraient jusqu'à la fin du carême, avaient lieu dans la salle de la cour des Princes. Entre 1746 et 1750, Mme de Pompadour organisa des spectacles sur une petite scène montée dans l'appartement intérieur du Roi : ce fut l'éphémère théâtre des cabinets, où l'on n'entrait que sur invitation. Lorsque, pour fêter dignement les mariages des Enfants de France ou en d'autres circonstances, Louis XV commandait de grands spectacles d'opéra et de ballets, force était de dresser une salle provisoire dans des emplacements de fortune : la cour de marbre lors des fêtes données en 1729 pour la naissance du Dauphin, puis le manège de la Grande Écurie, où fut monté en 1745 un théâtre en matériaux légers, où se déroulèrent notamment de grands spectacles à l'occasion des deux mariages du Dauphin. Soigneusement entretenu, ce théâtre dura près de sept ans avant de disparaître dans l'incendie de la Grande Écurie le 3 septembre 1751.

Louis XV n'avait pas attendu ce sinistre pour songer à reprendre la construction de l'opéra commencée par Louis XIV. La question était revenue déjà dans ses entretiens avec Gabriel. Il est significatif que ce dernier — alors même qu'on venait d'installer le théâtre de la Grande Écurie — ait confié en 1745 à l'architecte Potain, pensionnaire de l'Académie de France à Rome, la mission de lever les plans des principaux théâtres d'Italie. Et l'on saisit là une des raisons majeures pour lesquelles la construction de l'opéra traînait en longueur : les architectes français avaient toujours plus ou moins négligé les problèmes du théâtre et, quel que fût leur génie, manquaient d'expérience et de réputation en ce domaine, où les Italiens régnaient en maîtres. Ne vantait-on pas, à ce moment, le Teatro Regio qu'Alfieri venait d'achever à Turin ?

Gabriel put reprendre ses premières recherches à la lumière des documents rapportés par Potain, de qui, à son retour en France, il fit son premier dessinateur (son chef d'agence, dirait-on aujourd'hui). Il réétudia les plans du XVIIe siècle, élargit les études de Vigarani et de Mansart et dessina une salle à quatre étages de balcons superposés, avec décoration rocaille et une grande loge royale au fond, rappelant, non par hasard, le théâtre de Turin. Bien que ces projets fussent au point lors de la signature du traité d'Aix-la-Chapelle, le retour de la paix ne procura pas leur réalisation. Ils furent remaniés en 1753, sans connaître un vrai commencement d'exécution : l'imminence, puis le déclenchement de la guerre restreignirent alors le budget des Bâtiments. Mais au moment même de la signature du traité de Paris en février 1763, Gabriel présenta un nouveau plan et les travaux marchèrent aussitôt bon train. Les façades nord (sur les réservoirs) et est (sur la rue) furent achevées en 1765, parachevant le château de pierre de Louis XIV « par l'une des plus majestueuses façades qui se puisse voir » (P. Verlet).

Le premier architecte affronta alors les difficultés posées par la charpente, tout en poursuivant, en six grands projets successifs, l'implantation de la salle, de ses abords, de ses accès et de ses dépendances. Ces reprises constantes expriment moins les hésitations de Gabriel que son désir de perfection. A suivre ses dessins, on admire à la fois la prudence de son génie et la détermination avec laquelle il rejette progressivement les fioritures du rocaille pour imposer son propre style. Au reste, il ne travaillait pas en solitaire : d'autres architectes l'éclairaient de leurs avis et de leur expérience et il avait aussi autour de lui des mouches du coche : donneurs de conseils, censeurs, le directeur des Bâtiments, Marigny, qui aimait faire l'important. Louis XV, lui, laissait mûrir ses projets avant de manifester ses volontés. Il fallut pour aboutir un prétexte et un homme.

Le prétexte fut l'approche des fêtes prévues pour célébrer en 1770 le mariage du Dauphin. Le duc d'Aumont et Papillon de La Ferté appelés, l'un comme premier gentilhomme de la chambre et l'autre comme intendant des Menus Plaisirs, à prendre la responsabilité de ces fastes, pressèrent l'architecte. Et un homme entra dans leurs vues, Arnoult, le machiniste des Menus, à la fois ingénieur, mécanicien, menuisier et artiste. L'importance des machines dans les spectacles de ce temps, la nécessité d'installer dans les sous-sols des treuils pour élever le plancher de l'orchestre et du parquet et transformer salle et scène en une immense salle de bal ou de banquet, rendaient naturelle son intervention

Il vit le Roi, décida Gabriel et se chargea de dresser une maquette de la future salle. Au moment où, en février 1768, il demanda au Roi les fonds nécessaires, Gabriel était encore sceptique. Mais Louis XV les lui accorda, et même au-delà de ses espérances. Les maçons furent à l'œuvre dès le mois d'avril et cette partie du château devint pendant deux ans un chantier grouillant d'une activité rappelant celle du temps de Louis XIV.

Le Roi vint le 11 juillet 1769 examiner et étudier à l'hôtel des Menus la maquette confectionnée par Arnoult. Après avoir beaucoup réfléchi, il se décida à renoncer à la grande loge royale d'apparat prévue par Gabriel et opta pour trois petites loges grillées, discrètes, confortables, joliment peintes à l'intérieur et ouvrant à volonté sur le balcon des secondes loges. La salle fut exécutée en bois, pour l'acoustique et aussi par économie. Menuisiers et décorateurs firent merveille. L'un des meilleurs menuisiers en meuble du temps, Delanois, exécuta les moulures des loges et des séparations, meubla la salle entière et si celle-ci paraît si fine, si précieuse, si délicate jusque dans les moindres détails, c'est à lui qu'on le doit en grande partie. L'équipe des sculpteurs sur bois, celle de Rousseau et Guibert, qui travaillait alors aux lambris du château et de Trianon, se chargea de ce qui était de pur ornement. Pajou assuma tout ce que l'on appelait « figure », c'est-à-dire la sculpture d'une multitude de bas-reliefs et de médaillons. Le Roi s'intéressait de près à la marche des travaux et la suivait aisément pour en avoir de longue date discuté avec Gabriel. Il fixa au 16 mai 1770 la date du mariage du Dauphin et, par là même, celle où tout devrait être prêt. Il s'enquit, au mois de mars, des premiers essais de voix qui venaient de se faire et, le 7 mai, tint à visiter le théâtre de fond en comble, donnant en la circonstance ses indications pour les lustres de la salle.

L'opéra fut inauguré le 16 mai 1770 par le festin donné au soir du mariage du Dauphin et de l'archiduchesse Marie-Antoinette. Le Roi, les mariés, la famille royale, la cour, après avoir traversé la galerie de la chapelle fraîchement ravalée, pénétrèrent émerveillés dans la salle qui, dans son harmonie d'ors mêlés de bleu, de vert et de rouge, brillait de l'éclat de ses multiples lustres reflétés par les glaces de l'étage supérieur. Les jours suivants, grâce au plancher mobile, alternèrent bals et spectacles. Louis XV rayonnait de satisfaction et félicita Arnoult, l'habile inventeur des mécanismes qui permettaient ces transformations. Près de quatre-vingts ans après Mansart, la sollicitude persévérante du Roi et le génie de Gabriel, reliant deux siècles et deux règnes, dotaient Versailles d'un chef-d'œuvre. Dénaturé au XIXe siècle, l'opéra de Louis XV et de Gabriel a été rétabli par la IVe République dans son ancienne splendeur.

III. — LES APPARTEMENTS DE RETRAITE

En réalisant avec ténacité à Versailles un programme de travaux tracé par son bisaïeul, Louis XV montrait de quelle révérence il entourait les créations de celui-ci. Mais il héritait aussi de lui le goût de construire, alors que Versailles apparaissait comme un monument achevé, solennel, magnifique, intouchable et presque sacré et que d'autres demeures royales ne paraissaient guère moins respectables. Comment concilier ce conservatisme et une passion impérieuse pour la construction ? Il y avait un Versailles d'apparat — un Versailles d'État, dirait-on volontiers — et un Versailles moins pompeux. Au premier ressortissaient, du salon d'Hercule au salon de la Paix, tout le Grand Appartement, les appartements du Roi et de la Reine, tout ce qui allait de l'escalier de la Reine à la chambre de Louis XIV. Louis XV se garda bien d'altérer en quoi que ce fût cet ensemble, soit par l'usage qu'il en fit, soit par les détails de décoration dont il l'enrichit. Ces enfilades prestigieuses restèrent le lieu par excellence des fastes et des rites de la monarchie et quand le Roi dut en renouveler l'ameublement, il agit avec une prudence et une sûreté de goût remarquables. De nouveaux guéridons dessinés par les Slodtz vinrent en 1743 remplacer dans les salons d'Apollon, de Mercure et de Mars ceux qu'avait commandés Louis XIV ; de même, en 1770, des guéridons d'un esprit déjà « Louis XVI » furent substitués, dans le salon de la Guerre et la galerie des Glaces, à ceux, fatigués, qui dataient de 1689 : dans les deux cas, l'introduction de ces meubles « modernes » dans ces pièces illustres n'en altéra nullement le caractère.

En maintenant fermement la tradition dans cette partie du château, Louis XV, dans une autre, n'hésitera pas à adapter Versailles à son besoin de confort et d'intimité. Il transformera toute la distribution et la décoration intérieures sur le côté nord de la cour de marbre et parviendra à se créer là, autour de deux cours invisibles du dehors, comme une habitation personnelle où il se sentirait enfin chez lui. Ce désir d'une vie privée, en marge de sa vie officielle, le poussera de même à faire aménager des pièces de retraite à Fontainebleau, autre demeure prestigieuse dont il fallait aussi respecter le caractère historique.

Dans les modifications apportées à tous ces locaux, le Roi imposa ses préférences pour des pièces de dimensions réduites et des appartements bas et entresolés, bien qu'il ne méconnût point la nécessité de plafonds élevés pour la noblesse et l'apparat des lieux. Il aimait qu'on profitât des servitudes du bâtiment existant pour créer des décrochements, des courbes, des pans coupés, tout un pittoresque qui séduisait en lui le décorateur. Il était guidé aussi par un souci très vif de confort, s'inquiétant du tirage des cheminées et faisant installer des poêles de faïence, de terre-cuite ou de bronze. On est frappé enfin par l'importance — alors nouvelle — des installations d'hygiène dans ses appartements.

Premiers aménagements à Versailles

Dans le Versailles où Louis XV se réinstalla le 15 juin 1722, une suite de pièces du premier étage, ouvrant sur le cabinet des Perruques et le cabinet du Conseil, formait le long de la cour de marbre et de la cour royale ce qu'on appelait les Cabinets du Roi. Ils n'étaient à usage ni d'habitation, ni de cérémonie et constituaient une sorte de musée particulier, où Louis XIV rassemblait ses tableaux préférés et ses objets de curiosité les plus rares. Un escalier — le degré du Roi —, précédé d'une petite salle des gardes, permettait d'y accéder depuis la cour de marbre. Sur leurs arrières, un escalier, construit en hémicycle au revers de la galerie des Glaces, conduisait à deux étages de mansardes, dont le plus élevé comportait un petit appartement . Il ne reste plus rien aujourd'hui de ces cabinets de Louis XIV : c'est à leur emplacement et au-dessus que Louis XV a progressivement établi et développé ses installations personnelles. Ces aménagements aboutirent à créer comme deux espaces différents : au premier étage, les cabinets de Louis XIV formèrent une suite de pièces qui finit par être appelée l'*Appartement intérieur du Roi* et prit un caractère semi-officiel. Au contraire, le labyrinthe des *petits cabinets* et des *petits appartements* qui se déploya aux étages supérieurs demeura un domaine strictement privé, où n'accédèrent jamais que des privilégiés. Les architectes veillèrent soigneusement à ce que les surélévations ne rompent pas l'esthétique générale du château et restent invisibles depuis la cour de marbre et la cour royale.

*
**

Peu importants, les premiers aménagements de locaux particuliers destinés au Roi n'en sont pas moins suggestifs par leur date et par leur nature. Ce fut, dès son retour à Versailles en 1722, l'installation dans une mansarde du second étage d'un cabinet de tour, car il aimait et aima toujours tourner le bois ou l'ivoire. L'année suivante, preuve chez lui d'un souci précoce et ensuite constant d'hygiène et de propreté, on lui aménagea des bains dans un recoin des cabinets de Louis XIV. C'est alors aussi que furent disposées des têtes de cerfs sur les façades d'une des cours intérieures dénommée dès lors cour des Cerfs.

En 1726 et 1727, le Roi fit procéder au deuxième étage à une première installation de sa bibliothèque et, au troisième, à l'arrangement d'un « laboratoire », c'est-à-dire d'une cuisine où il s'initierait à l'art de la gastronomie et de la pâtisserie, sous la conduite d'un officier de la panneterie-bouche, le sieur Lazur, pour qui fut accommodé là un petit logis. Dès 1728, il fallut agrandir la bibliothèque, construire de nouveaux bains et leurs annexes (cuves, chaufferie), transférer ailleurs le laboratoire, dont le local désaffecté fut converti en cabinet aux Oiseaux. On y plaça une volière et, l'année suivante, on l'embellit par la pose de boiseries et de peintures d'Oudry et de Desportes. On avait réussi en outre à accrocher une terrasse qui permettait de circuler sur trois des côtés de la cour des Cerfs.

Jusqu'alors aucune atteinte sérieuse n'avait encore touché l'architecture et le décor des cabinets du feu Roi. On commença en 1732 à y porter la main. Au premier étage, entre l'escalier en hémicycle et le cabinet des Perruques, on refit totalement le cabinet particulier du Roi et son cabinet de chaise. Au deuxième étage, les bibliothèques furent derechef agrandies, tandis qu'au troisième on créait un second laboratoire et que l'on complétait la terrasse, qui ceintura désormais entièrement la cour des Cerfs De plus, on aménagea une nouvelle cuisine vers l'autre cour intérieure, la cour du Roi, et surtout deux petits appartements furent accommodés au-dessus des voussures du salon de la Guerre, l'un pour Lazur et l'autre pour Louis XV, qui disposa là de quelques pièces de dimensions réduites, orientées vers les parterres d'eau et du Nord, constituant comme un refuge où il pouvait se retirer pour travailler enfin seul.

Tous ces travaux lui donnèrent satisfaction pour un temps, mais surtout lui révélèrent à lui-même ses goûts d'architecte et de décorateur, le poussèrent à s'y livrer pleinement, cela au moment même où il se liait avec le jeune Gabriel. A partir de 1735 — soit à l'âge de vingt-cinq ans —, il entama en effet, une série de transformations qui allaient marquer en profondeur Versailles et Fontainebleau. Le royaume, certes, était encore engagé dans la guerre de Succession de Pologne, mais, peu active, elle n'obérait pas gravement les finances.

Les petits appartements

Les entreprises conduites entre 1735 et 1738 à Versailles aboutirent à la disparition ou à la transformation quasi totale des cabinets de Louis XIV au premier étage. Entre ceux-ci et le Grand Appartement, le cabinet des Perruques assurait une liaison. Sa voûte, qui s'élevait très haut, fut abattue en 1735 et remplacée par un plafond plus bas, opération répétée peu après dans le cabinet du Billard et un salon voisin. L'espace ainsi gagné entre le nouveau plafond et l'étage des Terrasses permit d'établir une petite galerie, allongée en 1738, destinée à servir de salon de jeu et d'assemblée après les soupers des retours de chasse. Son décor se composait principalement de grandes peintures, au nombre de six, puis de neuf, qui représentent des « chasses étrangères », brossées par Carle Van Loo, Lancret, J.-Fr. de Troy, Boucher, Pater et Parrocel. Elles sont aujourd'hui au musée d'Amiens.

Avec la sculpture délicate de ses profonds ébrasements de fenêtres, avec ses peintures somptueusement encadrées, avec ses boiseries peintes en jaune d'or par Martin, la petite galerie a probablement représenté le décor le plus raffiné des cabinets de Louis XV. Elle voisina d'abord avec une salle à manger d'hiver, mais celle-ci changea de place, cependant qu'au troisième étage était aménagée une salle à manger d'été. Les bibliothèques bénéficièrent d'accroissements nouveaux. Et puis, lorsque le Roi commença à prendre maîtresse, il lui fallut l'accueillir près de lui : en 1736, les cabinets voisins du logement de Lazur furent accommodés pour que Mme de Mailly en pût disposer et Lazur reçut un autre gîte.

Les remaniements de tous ces lieux — pour ne pas dire leurs bouleversements — furent constants et constituent pour l'historien un véritable casse-tête. Entre 1722 et 1764, le cabinet de tour changea de place au moins cinq fois, les bains et leurs dépendances furent transférés successivement en différents endroits et combien d'autres locaux virent leur affectation, leurs dimensions ou leur situation modifiées : pièce de buffets, cabinets de travail, cabinet pour le jeu, cabinets de chaise, antichambres, laboratoires, cuisines et leurs resserres, sans oublier les terrasses, formant avec leurs volières et plantes rares comme un jardin suspendu. Ce dédale des petits appartements de Versailles finit par constituer au sein du château une sorte d'hôtel particulier avec passages, escaliers, dégagements et toutes les pièces nécessaires au Roi pour travailler, se distraire ou se reposer à son aise dans un décor et un confort raffinés, dans la tranquillité et même la solitude. Réduits délicieux pour ceux qui y étaient admis, « nids à rats » pour les autres.

*
**

Dans les mêmes années où il remaniait si profondément les anciens cabinets de Louis XIV, Louis XV faisait procéder à Fontainebleau à des aménagements qui tendaient aux mêmes fins. La vieille et prestigieuse demeure imposait, elle aussi, ses servitudes aux bâtisseurs. C'était, certes, un palais royal, mais un palais des champs, qui possédait « son atmosphère propre, élaborée au cours de plusieurs règnes et composée à la fois d'éléments matériels et d'impondérables psychologiques. Le château restait une des maisons de famille de la monarchie…, mal distribuée, sans doute, mais pittoresque, avenante, chère à tous par les souvenirs qu'elle dispense et les aises qu'elle autorise » (Y. Bottineau). La chasse en avait de tout temps constitué l'un des grands attraits. Louis XIV s'y était transporté régulièrement chaque année à l'automne avec la cour. Mais les constructions ou les aménagements opérés par lui étaient restés limités et Fontainebleau, placé comme à l'écart des grands courants artistiques du règne, présentait dans l'ensemble en 1715 son aspect de 1650. Louis XV y vint séjourner pour la première fois en 1724, y resta du 23 août au 30 novembre et s'y plut énormément. Il y retourna l'année suivante pour s'y marier et renoua dès lors avec la tradition du voyage annuel. A six exceptions près — dues aux guerres ou aux circonstances —, il y effectua rituellement un séjour rarement inférieur à deux mois et parfois proche d'un trimestre. Attirée par des chasses fabuleuses, une étiquette moins rigoureuse, une saison théâtrale souvent brillante, la cour était en général très grosse et animée à Fontainebleau. Aussi le Roi y éprouva-t-il, comme à Versailles, le désir de disposer d'appartements de retraite.

Jacques V Gabriel n'était premier architecte que depuis peu lorsque Louis XV décida de modifier la disposition et la décoration des appartements royaux de Fontainebleau, soit la partie du château comprise entre la cour ovale et le jardin de Diane. Ces transformations furent particulièrement étudiées en 1735 — comme celles des petits appartements de Versailles — et, à la fin de l'année, le Roi approuva un projet définitif, qui ne correspondit que partiellement aux solutions effectivement adoptées. Concernant à la fois des pièces officielles et d'autres plus retirées, les travaux battirent leur plein avant la venue de la cour en septembre 1737. L'appartement de la Reine fut rendu plus accessible et le cabinet dit des Empereurs fit place à un cabinet particulier, où la souveraine pouvait jouir de quelque tranquillité ; les arrières furent entresolés et comportèrent un escalier desservant un oratoire. Ce cabinet de Marie Leszczynska fut égayé par un mobilier d'exquise qualité et diverses peintures. Les travaux accomplis pour Louis XV lui-même furent plus marquants.

Le premier cabinet, voisin de la chambre du Roi, devint cabinet du Conseil et fut restauré prudemment. Le reste des aménagements consista dans la création de petits appartements. On divisa le vestibule de l'antichambre de Saint Louis : la plus grande partie fut transformée en un cabinet de retraite et le fond occupé par la chaise percée, par un entresol pour les garçons de la chambre et un degré privé qui permettait à Louis XV de descendre dans ses nouveaux appartements du rez-de-chaussée. Ceux-ci comprirent alors, sur le jardin de Diane, une salle à manger, une petite salle à manger ou office et l'inévitable cabinet du tour. Le cabinet de retraite fut décoré de lambris couleur paille délicatement sculptés et de tableaux, de même que la salle à manger où, dans une harmonie blanc et or, abondaient les miroirs. Non moins que ceux de Versailles, ces petits appartements furent soumis au besoin de changement du maître. Dès 1739, le cabinet du tour et son lambris émigrèrent sous la galerie de François Ier et la pièce ainsi libérée forma un cabinet de compagnie recouvert d'un nouvel ensemble de boiseries sculptées par Verberckt. En 1743, une chambre de bains prit la place du cabinet du tour, transféré ailleurs, prélude aux nombreuses modifications qui, de 1746 à 1749, dotèrent la Reine d'un second cabinet et d'un oratoire et procurèrent au Roi et à Mme de Pompadour une nouvelle extension de leurs logis privés. Ces transformations se poursuivirent jusqu'à la fin du règne.

L'appartement intérieur de Versailles

Conduits par Ange Jacques Gabriel, les bouleversements opérés à Versailles à l'emplacement des cabinets de Louis XIV aboutirent, au premier étage, à la formation d'une enfilade appelée « appartement intérieur du Roi ». Louis XV entama ces travaux au tournant des années 1737 et 1738, sous une double inspiration. Sa passion pour l'architecture s'affirmait et ce fut aussi le moment où, ayant eu trop froid dans la chambre de Louis XIV pendant une grippe et une angine très fortes, il entendit coucher désormais dans un lieu plus confortable.

Venant du cabinet du Conseil ou de celui des Perruques, on pénétrait d'abord dans celui du Billard ou des Chiens, percé de deux fenêtres sur la cour de marbre. Louis XV décida que cette pièce serait la chambre où il dormirait. Pour l'agrandir, il fit défoncer le mur nord, donnant sur la cour des Cerfs, et édifier hors œuvre sur cette cour une petite construction rectangulaire, définissant une alcôve où se placerait le lit, alcôve fermée d'un balustre et encadrée de deux grands palmiers stylisés se recourbant sur la traverse d'en haut pour rejoindre les armes de France sculptées au milieu. Une belle cheminée, de hautes bordures de glaces, des rocailles, des treillages et des bustes de femmes empanachées, quatre portes ou fausses portes à doubles vantaux composèrent le décor de cette chambre, que vinrent orner des meubles et objets somptueux. Entre les fenêtres, une console dorée, rejointe en avril 1739 par l'imposante commode fortement galbée, plaquée de bois de violette, avec ses bronzes capricieux dus à Caffieri, livrée par Gaudreaux et conservée aujourd'hui à Londres dans la collection Wallace. On y posa en décembre 1747 les fameuses girandoles d'or façonnées par Germain, flanquées plus tard de deux sucriers d'or exécutés par Roëttiers, « où sont détaillés les travaux de la sucrerie par de petits nègres ».

Entre 1754 et 1756, l'alcôve fut modifiée dans un esprit moins rocaille : des pilastres furent substitués aux palmiers, donnant à l'alcôve une symétrie plus parfaite, qui permit de placer de part et d'autre deux pendules monumentales, l'une à équation solaire, l'autre à équation lunaire, dont les boîtes, chargées des attributs d'Apollon et de Diane, furent livrées en 1762 par l'ébéniste Joubert. Sur la cheminée, enfin, vint trôner une troisième pendule, dont la boîte en forme de lyre est surmontée d'une renommée tenant la couronne royale. En outre, de précieuses soieries de Lyon alternaient pendant les semestres d'hiver et d'été pour garnir sièges et fenêtres.

Les rites du lever et du coucher continuèrent à se dérouler dans la chambre de Louis XIV. La nouvelle chambre était réservée au sommeil et à la maladie. L'intimité y était toute relative, car les courtisans cherchaient à s'y glisser. Restait alors au Roi l'ultime ressource pour s'isoler de s'enfermer derrière les rideaux du lit : ce qu'il fit notamment lors de la mort de Mme de Châteauroux et après l'attentat de Damiens.

« Il n'y a peut-être, à cet étage du château, qu'un seul endroit où le Roi puisse être seul : sa garde-robe » (P. Verlet). Ce cabinet de garde-robe, il le fit établir en 1738-1739 sous le même toit avancé que l'alcôve de sa nouvelle chambre, ouvrant sur celle-ci par une petite porte sous tenture. Un mélange de confort intime, d'extrême élégance et de tradition caractérisait ce local, dallé d'une mosaïque de marbres de couleurs. La chaise « à l'anglaise », pourvue de robinets et de soupapes, fut décorée en 1738 de marqueteries de Boulle. Le jour, on entreposait là cette belle table de nuit de palissandre exécutée en 1733 par Gaudreaux pour la chambre de Louis XIV. En 1743, Hébert, un des grands marchands parisiens, livra pour ce cabinet un bidet en forme de vase ovale, peint et veiné à l'imitation de l'albâtre oriental et portant l'estampille de B.V.R.B. La pièce était encore égayée par de précieuses bagatelles : magots de la Chine, fontaine à parfums, etc.

*
**

De cette chambre de Louis XV on passe dans une vaste pièce éclairée par trois fenêtres sur la cour de marbre et obtenue par la réunion de ce qui avait été le salon de Louis XIV sur le petit escalier et un cabinet à niches aménagé quelques années plus tôt par Louis XV. On la nomma longtemps cabinet des Pendules ou cabinet ovale, à cause des cadrans astronomiques encastrés dans la cloison en hémicycle qui la délimitait à l'est. De magnifiques boiseries blanc et or sculptées en deux campagnes par Verberckt recouvrirent les murs. L'ameublement, assorti à celui de la chambre, était principalement composé de sièges et de tables de formes diverses pour le quadrille, l'hombre ou le piquet, d'où l'appellation de salon des Jeux donné parfois à ce salon, qui allait encore changer de nom.

Louis XV y fit transporter en janvier 1754 la pendule extraordinaire que l'ingénieur Passemant lui avait livrée au mois d'août précédent à Choisy, où il l'avait déjà présentée en septembre 1750 avant de la soumettre à l'Académie des Sciences et de la faire habiller par les Caffieri. C'était à la fois une œuvre d'art et une merveille de mécanique. L'horloger Dauthiau avait mis douze ans à exécuter le mouvement et Jacques Caffieri et son fils avaient fondu et ciselé, sur un dessin choisi par le Roi, la boîte de bronze d'un travail étonnant où on l'enchâssa. La sphère de cristal qui surmonte cette pendule reconstitue le mouvement des planètes autour du Soleil selon le système de Copernic. Les quantièmes — et même ceux des années bissextiles — et les phases de la Lune se succèdent d'eux-mêmes. Désormais, au soir du 31 décembre, Louis XV ne voulut plus se coucher sans assister au déclenchement du passage à l'année nouvelle.

La mise en place de cette machine exceptionnelle fixa définitivement le nom de la pièce : cabinet de la Pendule. Au fond de celui-ci, le Roi, en 1760, fit ôter les cadrans astronomiques et substituer à l'hémicycle un mur rectiligne, revêtu de boiseries nouvelles, de glaces et d'une corniche richement ornée. La pendule de Passemant fut alors installée devant ce mur sur un socle de marbre : on l'y voit encore. Malgré les dates séparant les premiers et les derniers de ces travaux, ce cabinet conserva sa noble et harmonieuse unité.

En arrière de cette pièce, une antichambre avait été ménagée en 1738 à la place du degré particulier de Louis XV, qui fut reconstruit plus en retrait.

*
**

Faisant suite à l'est au cabinet de la Pendule venait la partie orientale du cabinet des Tableaux de Louis XIV, pièce d'angle éclairée d'une fenêtre sur la cour royale et d'une autre en retour sur la cour de marbre. Louis XV y apporta les premières modifications en 1735 par la création de deux pans coupés. Aussi fut-elle durablement appelée cabinet d'angle ou cabinet à pans, puis cabinet intérieur et, tout simplement, « le cabinet ». Ses murs restaient tapissés de damas cramoisi et quelques-uns des plus précieux tableaux des collections royales y étaient accrochés. Le Roi aimait se tenir dans cette pièce, claire et bien exposée, d'où il pouvait suivre le mouvement des cours du château. Elle fut son cabinet de travail et il se plut à l'embellir avec tant de persévérance qu'il en fit l'une des plus magnifiques du palais. Il y plaça un meuble d'un luxe extraordinaire : la commode-médaillier conçue par les Slodtz et fournie par Gaudreaux en janvier 1739. Le même ébéniste livra en 1740 pour ce cabinet un bureau de bois de violette, « chantourné de tous sens », dont le plateau de velours s'ouvrait en deux compartiments pour former écritoire et pupitre, meuble transféré deux ans plus tard à Choisy. En novembre 1744 arriva « un grand bas d'armoire en forme de bibliothèque », dû encore à la collaboration des Slodtz et de Gaudreaux.

En 1753, Louis XV fait opérer une importante transformation : les murs cesseront d'être tendus d'étoffe et vont être recouverts de riches boiseries, soit dix grands panneaux où Verberckt répand à profusion fleurs, agrafes et tableaux d'enfants, faisant de cet ensemble, avec celui de la chambre de la Reine, l'un des chefs-d'œuvre de l'art décoratif de ce temps. Cette opération terminée, le Roi installe là en 1755 une paire de somptueuses encoignures-médailliers, livrées par Joubert, qui viennent accompagner à la perfection la commode-médaillier de 1739 et sur lesquelles on posa de belles girandoles de cristal. La bibliothèque basse fut alors envoyée au garde-meuble. La suppression en 1759-1760 de l'ovale du cabinet de la Pendule entraîna d'ultimes modifications au cabinet d'angle. Les pans coupés furent abattus et la pièce prit la forme à peu près carrée qu'on lui voit à présent. La belle cheminée de griotte rouge sculptée fut repoussée au fond de la pièce, au milieu du mur septentrional, quelques nouveaux panneaux de boiserie furent ajoutés et on y disposa le magnifique bureau de travail de laque rouge, garni d'ornements de bronze ciselé et doré, fourni par Joubert en décembre 1759 (New York, Metropolitan Museum). Louis XV fit alors entamer l'étude par l'ébéniste et mécanicien Oeben de la confection d'un grand secrétaire à cylindre, que Riesener achèvera après la mort d'Oeben et livrera en mai 1769, au bout de presque dix années de travail. Connu sous l'appellation de « bureau du Roi », ce fameux et coûteux chef-d'œuvre (62 000 livres!), où l'art de l'ébéniste, du marqueteur et du bronzier se surpassèrent, était aussi un miracle d'ingéniosité mécanique : une seul clef assurait le secret du meuble et, en lui donnant un simple quart de tour, le Roi déclenchait l'ouverture du cylindre et libérait les tiroirs.

De notre temps, ce cabinet d'angle, où l'ameublement et le décor rivalisaient de luxe, de faste et de noble élégance, a pu être reconstitué en grande partie tel qu'y a vécu Louis XV. Là, il recevait en tête-à-tête aussi bien ses ministres et les titulaires des charges ayant le privilège d'un travail personnel avec lui, que les personnages avec lesquels il lui était nécessaire de s'entretenir en privé. C'était là aussi qu'il lui était commode, au saut du lit, de venir de sa chambre toute proche étudier des dossiers ou écrire en solitaire avant d'accomplir les rites de son lever d'étiquette.

Mais ce cabinet intérieur, vite investi par ceux qui brûlaient d'approcher le souverain, n'assurait pas à celui-ci une retraite absolue. Il se fit donc aménager un arrière-cabinet, à la place du cabinet ovale de Louis XIV qui se trouvait derrière ce cabinet d'angle. Il y fit disposer un poêle, des rayonnages, une table pour travailler en paix. Il y trouvait aussi un passage facile, soit pour introduire dans son cabinet, sans attirer l'attention, des visiteurs arrivant par le rez-de-chaussée, soit pour gagner discrètement ses petits appartements des étages supérieurs.

Œuvre personnelle de Louis XV, la somptueuse enfilade de l'appartement intérieur de Versailles est une création originale, d'un caractère mixte, à la fois officiel et privé. Officiel, parce qu'ouvrant de plain-pied sur les Grands Appartements qu'elle semble prolonger et dont elle partage la magnificence. Privé, parce que le Roi pouvait, non sans peine, s'y isoler un peu pour dormir et travailler, et aussi se glisser de là vers la retraite plus intime de ses petits appartements et petits cabinets. Cet appartement intérieur a tenu une grande place dans son existence, car, d'une part, il accomplissait là une bonne partie de son travail politique et, d'autre part, a pu y satisfaire en même temps son besoin de beauté et ses goûts scientifiques, ces derniers décelés par l'abondance des pendules astronomiques figurant dans ces lieux et par l'extraordinaire mécanique de son grand secrétaire, qui formait peut-être à ses yeux le mérite principal de ce meuble.

IV. — RÉNOVATIONS ET TRANSFORMATIONS

Si Louis XV put se constituer des appartements de retraite dans les demeures héritées de ses aïeux, c'est que de tels aménagements n'affectaient guère le décor ou l'ordonnance des suites officielles ou d'apparat. Celles-ci, même entretenues avec un soin respectueux, pouvaient néanmoins avoir besoin de rajeunissement ou de modifications, soit que leur vétusté les menaçât de délabrement ou les fit paraître démodées, soit qu'elles se révélassent à la longue trop incommodes, ou encore qu'on cherchât à y gagner de la place pour satisfaire une demande toujours lancinante de logements pour la famille royale, les favorites ou les courtisans. Louis XV a ainsi été conduit à ordonner des rénovations, des transformations, des destructions et des constructions qui ont principalement affecté, d'une part, les appartements royaux à Versailles et à Fontainebleau et, d'autre part, les bâtiments mêmes de la seconde de ces demeures.

Les appartements de Versailles

Incorporé partout à l'appartement du Roi, le cabinet du Conseil se situait au cœur non seulement des demeures royales, mais de la monarchie elle-même. A jours fixes chaque semaine et parfois quotidiennement, le souverain y tenait ses Conseils de gouvernement pour régler les affaires de l'État et en trancher aussi pas mal d'autres. Là encore, il accordait certaines audiences, recevait les serments des grandes charges, remettait la calotte rouge aux cardinaux et le bâton aux maréchaux, signait les contrats de mariage, tenait chapitre de l'ordre du Saint-Esprit et accomplissait maintes autres fonctions de cour et d'État. Depuis 1701 le cabinet du Conseil à Versailles communiquait d'un côté avec celui des perruques et de l'autre avec la chambre de Louis XIV. Ce prince l'avait fait clore par des portes magnifiques et richement décorer de lambris et de glaces. C'était alors une pièce assez étroite, éclairée par deux fenêtres sur le fond de la cour de marbre. Tout en la traitant avec beaucoup de respect, Louis XV se détermina à en accroître la majesté et la splendeur, et cela dans une intention peut-être plus politique qu'esthétique. C'est, en effet, à partir du moment où les cours supérieures se mirent à multiplier leurs attaques contre son Conseil, qu'il ordonna l'extension et l'embellissement des lieux où il le tenait, pour bien marquer que c'était là et non ailleurs que se débattaient les grands intérêts du royaume.

Durant les voyages de Compiègne et de Fontainebleau en 1748, il fit abaisser le plafond d'environ trois pieds. Glaces et boiseries furent déposées et reposées avec soin. La cheminée fut envoyée à Compiègne et remplacée par la superbe cheminée de griotte rouge que l'on admire toujours avec ses bronzes somptueux. A l'occasion d'une modification du mur méridional de la cour des Cerfs, le Roi — stimulé peut-être par la réussite d'une rénovation analogue qu'il venait de réaliser à Fontainebleau — décida en 1755 de supprimer le cabinet des Perruques pour agrandir d'autant celui du Conseil et lui donner la majesté et les larges dimensions qu'on lui voit aujourd'hui. Les travaux furent achevés à la mi-novembre 1756. Les dessins de Gabriel, le choix de Louis XV, le talent du sculpteur Rousseau ont créé là un des chefs-d'œuvre de l'art de la boiserie. Ce fut la seule modification d'importance opérée par le Roi dans cet appartement.

Celui de la Reine au Midi — son appartement officiel — était nécessaire à l'équilibre de la vie de la cour. Après la mort de Marie-Thérèse en 1683, Louis XIV avait tenté de l'animer en y installant la Dauphine Bavière, puis la duchesse de Bourgogne, mais, depuis 1712, il était sans occupante. En 1725, juste avant le mariage du Roi, on se hâta, sans innover, d'y remettre en état la chambre de la Reine. Puis Louis XV — d'abord en jeune mari amoureux, puis en époux infidèle soucieux de compenser son adultère — entama et poursuivit sans relâche des transformations qui firent de cette chambre l'une des plus belles de Versailles et l'un des plus brillants exemples du « style Louis XV ». Robert de Cotte donna les dessins de ces embellissements, qui commencèrent en 1730. Du Goullon, Le Goupil et Verberckt recouvrirent peu à peu les murs de magnifiques panneaux de boiseries décorés de rocailles et de bas-reliefs d'enfants. Les dessus de porte reçurent en 1734 des tableaux de Natoire et de Troy et le plafond fut somptueusement rénové en 1735. La chambre était, dans son ensemble, achevée en 1737, encore qu'on n'ait remplacé ses portes qu'en 1748. Les mêmes soins furent apportés à son ameublement : périodiquement, sur échantillons choisis par la Reine et le Roi, les manufactures lyonnaises livrèrent pour les tentures de l'alcôve, pour les rideaux, les portières, la garniture des sièges les plus merveilleuses soieries, renouvelées au gré des saisons et des modes. D'admirables tapis de la Savonnerie recouvraient le parquet et le mobilier n'était pas moins luxueux. Louis XV ne cessa, tout au long de son règne, de veiller à l'embellissement de la pièce : en 1764 encore, il la fit redorer.

On a déjà signalé que, dès 1727, le Roi commença à faire aménager pour Marie Leszczynska, en arrière de son appartement officiel, des cabinets particuliers, augmentés ensuite à diverses reprises, qui, sans atteindre l'ampleur des petits appartements de son époux, n'en constituèrent pas moins un domaine privé où, dans un luxe intime et raffiné, la Reine pouvait vivre à sa guise.

*
**

Père d'une nombreuse famille, Louis XV a dû affronter un véritable problème quand ses enfants adultes aspirèrent chacun à un appartement personnel. Comme il ne savait à peu près rien refuser à ses filles, il finit par être acculé à des décisions d'autant plus radicales que Mme de Pompadour désirait, elle aussi, étendre ses aises.

Rien de plus simple que de loger le Dauphin. Au rez-de-chaussée du corps central du château, à l'angle du parterre d'eau et du parterre du Midi et sous l'appartement de la Reine, se trouvait depuis Louis XIV celui du Dauphin. Le fils de Louis XV alla s'y installer lorsque, en janvier 1736, il fut confié à son gouverneur et il y passa la majeure partie de son existence. Peu avant son mariage, le jeune prince émigra dans l'aile du Midi, où il vécut avec sa première femme. Ce fut avec la seconde qu'il réintégra en novembre 1747 les appartements traditionnels de Dauphin et Dauphine, que le Roi venait de faire rénover et remeubler à leur intention, non sans tenir compte de leurs goûts qui, eux aussi, inclinaient vers les jolis aménagements, confortables et discrets, les entresols arrangés à la mode du temps. Versailles conserve encore quelques beaux vestiges de cet appartement, notamment la bibliothèque, restaurée avec bonheur il y a quelques années.

Longtemps logées dans l'aile du Midi, originellement conçue pour accueillir les Enfants de France et les princes, les filles de Louis XV se mirent en tête, vers le milieu du siècle, que la partie du rez-de-chaussée du corps central située face aux parterres de l'Ouest et du Nord serait plus à leur convenance, ne fût-ce que parce qu'elles y seraient proches de l'appartement intérieur et des petits appartements de leur père. Mme de Pompadour, craignant de voir croître l'influence de Mesdames sur le Roi, prétendait les maintenir éloignées et crut y parvenir en se faisant attribuer pour elle-même en 1750 l'appartement des Toulouse et des Penthièvre, au rez-de-chaussée du parterre Nord. Ce ne fut qu'un répit. Madame Adélaïde, en effet, proclama en 1752 ne pouvoir plus demeurer dans les lieux où sa sœur Henriette avait vécu et venait de mourir et Louis XV demanda aux Penthièvre de céder pour deux ans les pièces qui leur restaient, soit l'ancien appartement des Bains de Louis XIV. Après sa mise en état, Madame Adélaïde en prit possession le 8 novembre 1752. Solution toute provisoire, le Roi ayant décidé d'affecter tout près de lui à sa fille aînée un appartement neuf et vaste, situé au premier étage à l'angle de la cour royale et comportant presque en entier ce pavillon du château où jadis avait trôné Mme de Montespan.

Opération entraînant des travaux considérables et des destructions qui firent sensation. L'escalier des Ambassadeurs, en effet, l'un des ouvrages les plus vantés du Versailles louisquatorzien, fut démoli et sa cage permit la création d'une cour intérieure et l'agrandissement des appartements, agrandissement complété d'autre part grâce à la suppression du cabinet des Médailles et de la petite Galerie de Mignard. Dans l'espace ainsi gagné, on établit pour Madame aînée un appartement avec antichambres, grand cabinet, chambre, cabinet intérieur ou « doré » et aussi des petites pièces intimes et des entresols (arrière-cabinet, oratoire, bains, bibliothèque), le tout aménagé, décoré et meublé noblement et richement. Au retour de Fontainebleau le 26 novembre 1753, Louis XV, à sa descente de carrosse, alla visiter ses enfants et petits-enfants, puis monta admirer l'appartement nouveau de Madame Adélaïde, qui s'y établit aussitôt. Elle y passa quinze ans, jusqu'à ce que le Roi lui demandât en 1768 de le lui céder, afin d'y placer ses nouvelles salles à manger et surtout de loger commodément au-dessus Mme du Barry. Madame Adélaïde redescendit alors au rez-de-chaussée, où elle retrouva toutes ses sœurs.

Ces princesses étaient parvenues à envahir tout l'angle nord du château, se faisant successivement attribuer tels et tels locaux, de sorte que, par exemple, l'appartement de feue Mme de Pompadour finit pour échoir à Madame Victoire, qui dut l'abandonner en 1768 à Adélaïde. Tout cela supposant des travaux multiples et incessants, inévitables dans une partie du bâtiment qui n'était pas initialement destinée à l'habitation. A la mort de leur père, Mesdames jouissaient de quelques-uns des plus beaux appartements de Versailles. Il en subsiste une partie, elle aussi soigneusement restaurée.

Les appartements de Fontainebleau

Malgré leur faste, les appartements royaux de Fontainebleau paraissaient défectueux à Louis XV et à ses architectes : la distribution en était incommode, la circulation et les communications y étaient malaisées, l'éclairage çà et là insuffisant, le confort rudimentaire. Mais le Roi considérait cet ensemble avec respect et, dans sa détermination de le rajeunir, fut mû constamment par le souci de préserver le plus possible le décor antérieur et d'y adapter précautionneusement les nouveautés. Si, par exemple, il obligea les Gabriel à conserver les plafonds à caissons et à remployer les lambris anciens, ce fut moins par économie que par fidélité à l'esprit des lieux.

Louis XV tint à ce que la chambre de la Reine fût, comme à Versailles, l'une des plus belles pièces du château et fit entamer par elle les grands aménagements intérieurs. Rénovation subordonnée à la reconstruction de la façade sur le jardin, qui menaçait ruine. Ce travail de maçonnerie accompli, la transformation de la chambre fut entreprise en 1746 et menée à terme pour le séjour de la cour en 1747. Le Roi arriva le 14 octobre à Fontainebleau et aussitôt, abrégeant son débotté, se hâta d'aller visiter les lieux avant l'arrivée de sa femme, qui le suivait de peu. Il lui fit lui-même les honneurs de cette chambre agrandie et rendue plus agréable par la création d'une alcôve et le rehaussement du plancher, embellie par la restauration du superbe plafond ancien, conservé intact, la pose d'une belle cheminée neuve et de lambris. Ces divers ouvrages constituaient un ajustement fort réussi de l'état antérieur. Ils entraînèrent un déplacement du cabinet de retraite, reconstitué tel quel, et un réaménagement des entresols de la Reine, où, au contraire, les nouveautés purent se donner libre cours.

Louis XV pouvait dès lors s'appliquer à la transformation de son propre appartement, mais il lui parut nécessaire de pallier auparavant la difficulté des communications d'un étage à l'autre du palais. Il ordonna en 1748 à Gabriel d'élever un escalier neuf et spacieux en sacrifiant, au rez-de-chaussée, le logement du capitaine des gardes et, au-dessus, l'antichambre de l'ancien appartement de Mme de Maintenon. Ce nouvel et majestueux escalier du Roi fut prêt pour l'arrivée de la cour en octobre 1749. Prenant son départ près de la cour ovale, il aboutit, comme l'escalier de la Reine à Versailles, près de la salle des gardes, lieu de passage obligé pour se rendre chez le Roi. Le respect du passé s'y manifesta par le souci de conserver le décor mural du Primatice, alors que le degré de pierre, avec sa belle balustrade en fer forgé de style rocaille, était une concession aux goûts du jour.

Avec la même attitude conservatrice, Louis XV, en quatre campagnes menées de 1751 à 1754, fit rénover et agrandir le cabinet du Conseil et sa propre chambre, qui y fait suite. Là aussi, il fallut d'abord reconstruire la façade, mais en l'avançant. Sur un projet proposé à cette fin par Gabriel en 1750, le Roi, en effet, avait redessiné en hachures ce qu'il souhaitait et ajouté : « Le cabinet de la Reine, comme il est haché. Ma chambre avancée de quatre ou six pieds sur le jardin, sans balcon ni forme extraordinaire. Le cabinet [du Conseil] avancé sur le jardin et pareillement de six pieds, et du côté de la chambre jusqu'au mur haché. » Finalement, ce déplacement de la façade fut encore plus prononcé et les deux pièces furent considérablement agrandies. La décoration du cabinet du Conseil fut entièrement refaite de 1751 à 1753, mais en constante référence à l'état antérieur : au plafond « à plusieurs compartiments » renfermant des peintures succéda un nouveau plafond à caissons profonds destiné aussi à accueillir peintures et bas-reliefs sculptés ; le motif d'arcades en plein-cintre qui ceinturait la pièce détermina Gabriel à créer trois nouvelles grandes arcades de bois sculpté, marquant chacune le milieu de trois des côtés. L'ancien décor mural, peuplé de grotesques, arabesques, ornements divers, personnages en camaïeu représentant des Vertus, céda la place à un nouveau décor peint, où l'on retrouve, au milieu d'ornements variés, des figures en camaïeu représentant encore des Vertus, ainsi que des allégories des arts, des sciences, des saisons et des éléments, brossées par J.-B. Pierre, Carle Van Loo et Alexis Peyrotte, les peintures du plafond étant dues à Boucher. Ce cabinet du Conseil est un des ensembles décoratifs les plus parfaits et les plus séduisants du règne.

De 1752 à 1754, Gabriel s'employa avec le même soin à rénover la chambre du Roi, toujours attentif à sauvegarder les parties anciennes et à y assortir subtilement les ouvrages neufs. Le plafond fut recentré, agrandi et orné de bas-reliefs nouveaux, proches de ceux du cabinet du Conseil. Sur les murs, on remploya certains éléments des lambris d'appui, les portes et le placard de cheminée. Entièrement neufs, par contre, furent certains lambris de hauteur, les dessus de portes, la cheminée de marbre et les parcloses en mosaïques au chiffre du Roi de chaque côté. Le résultat fut tout aussi heureux que dans le cabinet voisin du Conseil.

Louis XV et Gabriel s'efforcèrent ensuite de venir à bout dans les appartements royaux des difficultés de communication entre les salles des gardes et les antichambres. A cette fin, le Roi résolut de faire refaire la salle Saint-Louis et la salle du Buffet et de remanier l'extrémité est de la galerie François Ier et le cabinet ovale. Les travaux furent menés en 1757 et conçus aussi en toute fidélité à l'esprit du château. La question des communications revint sur le tapis dix ans plus tard. L'escalier desservant l'appartement de la Reine était mesquin et ouvert à tous les vents. Louis XV décida de faire pour sa femme ce qu'il avait fait pour lui-même en 1749 et de créer, à l'autre extrémité du circuit des appartements royaux, une nouvelle cage d'escalier, à l'emplacement des salles des gardes du Dauphin et de la Dauphine, récemment décédés. Ce degré de la Reine allait être, à quelques détails près, une réplique de celui du Roi. Entamée en décembre 1767 et menée activement, sa construction était terminée au mois d'octobre suivant, pas assez tôt cependant pour que Marie Leszczynska, morte entre-temps, ait pu le gravir.

Le dernier travail important dans les grands appartements affecta en 1772 et 1773 le cabinet du Conseil qui, orienté au nord, recevait peu de jour. Pour y procurer plus de clarté, Gabriel suggéra de l'agrandir en abattant son mur de façade, qui serait remplacé par un hémicycle percé de trois fenêtres, empiétant sur le jardin. Ainsi fut fait, cependant que l'ornementation intérieure de cette avancée était combinée pour s'harmoniser avec celle exécutée dans la pièce de 1751 à 1754.

En dehors des appartements royaux, ceux du Dauphin et de la Dauphine, de Mesdames, des princes et des favorites bénéficièrent aussi, tout au long du règne, de multiples aménagements, où la liberté d'action des architectes et des ornemanistes était plus grande. Mais les transformations et rénovations ordonnées par Louis XV dans ses appartements et ceux de la Reine furent exemplaires : conformes aux exigences de faste et de commodité de souverains du XVIIIe siècle, elles avaient été obtenues « sans que le caractère original du château ait été sacrifié » et avaient presque toujours « tendu à respecter l'ancien décor, magnifique et vénérable » (Y. Bottineau). L'empreinte de Louis XV et de Gabriel n'est pas moindre dans l'architecture du palais.

Les bâtiments de Fontainebleau

Entre 1724 et 1735, les travaux d'architecture à Fontainebleau se limitèrent à l'entretien où à la restauration courants des bâtiments, ce qui n'empêcha point l'éclosion de projets plus ambitieux. En vue de remanier complètement la distribution des appartements royaux, Robert de Cotte proposa en 1729 de fermer la cour de la Fontaine par un bâtiment reliant l'aile de la Belle Cheminée à celle des Reines mères, pour créer au premier étage de ces trois corps deux grands appartements d'apparat symétriques. Cette suggestion n'eut pas de suite, en particulier parce qu'il était plus urgent de remédier à l'insuffisance du nombre des logements disponibles pour la cour que de reconsidérer l'implantation des grands appartements. Louis XV se contenta d'abord de faire construire de 1736 à 1738 une aile de logements sur la cour des Princes ou de la Conciergerie, aile copiée sans aucune originalité sur celle que Louis XIV avait fait élever aux mêmes fins sur une autre face de la cour.

Cette extension ne procura qu'une amélioration limitée et, dès 1737, fut lancée l'idée de construire, pour accueillir des courtisans, une aile nouvelle à la place de la fameuse galerie d'Ulysse, construite et décorée sous François Ier et Henri II au long du flanc sud de la cour du Cheval blanc. Saura-t-on jamais qui souffla à Louis XV la destruction d'un des ensembles décoratifs les plus prestigieux de la Renaissance ? Les protestations durent être rares, d'autant que les lieux étaient probablement en mauvais état, mais le Roi eut peut-être quelques scrupules à vaincre, car il ne donna son approbation qu'à la fin du voyage de 1738. Telle qu'elle fut conçue par Jacques V Gabriel, l'entreprise se subdivisait en trois opérations liées, mais distinctes. Il prévoyait, d'une part, du côté de la cour de la Fontaine, de jeter à bas un amas incongru de bâtisses et d'élever à la place un grand pavillon d'angle prolongeant vers l'étang l'aile des Reines mères et, d'autre part, de dresser, entre cette aile et l'aile à reconstruire, un pavillon intermédiaire assurant la transition. L'édification de l'aile nouvelle remplaçant la galerie d'Ulysse formait le troisième point du projet.

Première réalisation : celle du pavillon intermédiaire en 1739 et 1740. Son élévation et son ornementation reprirent en grande partie celles du bâtiment voisin, datant des XVIe et XVIIe siècles. Dans les mêmes années, après démolition de la galerie d'Ulysse, furent menés les travaux de l'aile neuve. Par fidélité à l'esprit de Fontainebleau, J. Gabriel y conserva la brique, mais en inversant les rapports : fenêtres, portes, bandeaux et corniches sont sertis ou appareillés de pierre et la construction est en brique. Par le jeu de ces deux matériaux, par la rupture des combles au centre de la bâtisse, par la variété des baies à chaque étage, il évita la monotonie et anima ses façades, en dépit du dépouillement de l'ornementation. Cette aile devait comprendre deux corps de dix-huit travées chacun, réunis par un pavillon central. La guerre de Succession d'Autriche, en provoquant une restriction des crédits des Bâtiments, empêcha et la prolongation de l'aile neuve au-delà du pavillon central, et la mise en chantier du gros pavillon d'angle. Priorité fut alors donnée à l'aménagement des appartements royaux.

Les projets architecturaux revinrent sur le tapis en 1749, mais Louis XV, au lieu d'ordonner l'achèvement de l'aile neuve, préféra entamer la construction du pavillon de la cour des Fontaines, où il entendait loger ses filles. Ange Jacques Gabriel aurait pu se contenter de réaliser les plans élaborés dès 1739, mais il les modifia sensiblement et cela avec des arrière-pensées qui avaient déjà inspiré son père et lui dix ans plus tôt, à savoir — et l'on y reviendra — qu'ils avaient conçu ce pavillon d'angle moins comme un prolongement de l'aile des Reines mères, que comme l'un des éléments de base d'un dessein ambitieux visant à embellir et remodeler les façades du château vers la ville.

Pour ce Gros Pavillon — telle fut et demeure son appellation — Jacques V Gabriel avait donné un dessin qui n'était pas sans rappeler la Bourse qu'il avait construite sur la place royale de Bordeaux. Son fils et Louis XV s'en inspirèrent, maintenant les hauts combles, le nombre d'étages, l'emplacement des portes et fenêtres, l'emploi des refends, la mise en valeur de la partie centrale de chaque face. Mais bien de subtiles différences séparent le bâtiment prévu en 1739-1740 et celui édifié à partir de 1750, plus en harmonie avec les constructions avoisinantes : Gabriel a renoncé à certains refends, aux clefs de voûte à tête de femme, au fronton et à ses sculptures, a substitué des colonnes aux pilastres de l'étage noble, a donné, sauf aux baies centrales du rez-de-chaussée, une forme rectangulaire aux fenêtres. Les travaux durèrent depuis les premiers mois de 1750 jusqu'en septembre 1754, en même temps que ceux des appartements du Roi. Dans son élégance très sûre, le Gros Pavillon, essentiellement majestueux et imposant, presque sévère, est proche, à certains égards, des corps en avancée de la façade de Versailles sur les jardins.

La guerre de Sept Ans survint peu après l'achèvement du Gros Pavillon et Louis XV remit à des temps meilleurs la poursuite de l'aile neuve. En 1765, Gabriel lui suggéra dans cette intention une solution si complexe, qu'il tergiversa pendant plusieurs années. Dans les derniers mois de 1772, il se détermina enfin : on achèverait l'aile neuve par un bâtiment rigoureusement semblable à celui élevé en 1739 et 1740. Le chantier fut ouvert au début de 1773 et l'aile neuve terminée à la fin de 1774. Elle comporte seize travées au lieu de dix-huit, afin de ménager à l'extrémité de la cour du Cheval blanc, la place destinée à cet endroit à un édifice prévu par le grand projet de rajeunissement du château.

V. — LES GRANDS PROJETS

Si nombreuses et importantes qu'elles aient pu être, les rénovations et les transformations opérées par Louis XV en différents châteaux n'en ont pas altéré l'économie générale : elles relevaient d'un souci d'entretien et d'embellissement, sans viser à des bouleversements radicaux. Mais parallèlement à ces entreprises somme toute normales et presque banales, le Roi et ses architectes ont presque constamment échafaudé et révisé des desseins tendant à métamorphoser quasiment certaines demeures. Spéculations architecturales alors qualifiées de « grands projets » et qu'on serait tenté de traiter de rêveries si l'on oubliait qu'elles ont fait l'objet d'études et de réflexions très approfondies et qu'elles ont malgré tout connu une exécution partielle. La lenteur de leur élaboration résulte du conflit entre les arguments qui les justifiaient ou les condamnaient. Certains théoriciens ou puristes y poussaient, pour lesquels le disparate entre façades ou l'emploi d'un matériau tel que la brique étaient archaïques, indignes du palais idéal d'un souverain. Il est certain aussi que l'agence d'architecture des Gabriel préconisait volontiers l'unification des demeures royales. Ces ardeurs étaient freinées, d'un côté, par la prévision des dépenses qu'elles eussent entraînées et, d'un autre, par la lente prudence avec laquelle Louis XV surmontait les scrupules qu'il éprouvait à anéantir ce que ses aïeux avaient fait. Ces « grands projets » ont concerné principalement les châteaux de Compiègne, de Fontainebleau et de Versailles.

Compiègne

C'est à 1728 seulement que remonte le premier séjour de Louis XV à Compiègne. Il y passa le mois de juin et y fut séduit plus par les plaisirs que ce domaine procurait aux chasseurs que par la demeure qu'il y héritait de ses précédesseurs. Il ordonna en partant qu'on perçât de nouvelles routes dans la forêt pour ses chasses, preuve qu'il entendait y revenir, malgré les défauts du château. Celui-ci était un ensemble disparate de bâtiments sans liaison, incommode et si exigu qu'il pouvait à peine abriter la famille royale et son service. Le vieux « Louvre » de Charles V en constituait le noyau primitif, autour duquel s'étaient agglutinés sans homogénéité les corps édifiés sous François Ier, Henri II, Charles IX, Louis XIII et la minorité de Louis XIV. Le tout présentait, avec çà et là des élégances d'un autre âge, une allure rustique : « A Versailles, aurait dit Louis XIV, je suis logé en roi, à Fontainebleau en prince, à Compiègne en paysan », ce qui ne l'empêcha pas d'y retourner souvent.

Louis XV envisagea bientôt des agrandissements et même une reconstruction : Robert de Cotte présenta vers 1730 le projet d'un nouveau château. On se contenta d'aménagements intérieurs réalisés en 1733. Puis vint le moment où le Roi prit de plus en plus goût aux bâtiments et Jacques Gabriel entama en 1736 une campagne importante de transformations et d'agrandissements difficiles à mener à bien, car la ville attenante et ses remparts délimitaient une aire de construction réduite et irrégulière. Ces opérations étaient coûteuses et leur réussite bien aléatoire. Aussi Gabriel confiait en 1737 au duc de Luynes qu'il existait « un projet pour bâtir hors la ville de Compiègne, du côté de la forêt, un autre château beaucoup plus grand que celui qui est dans la ville », dont la dépense irait à quatre millions. Ce projet resta dans les cartons et les travaux continuèrent jusqu'en 1740, procurant des logements nouveaux et quelques commodités, sans répondre réellement aux besoins de la cour, pour laquelle le voyage annuel à Compiègne — où elle se sentait en vacances — était entré dans les habitudes. Il avait lieu en général au début ou au cœur de l'été et se déroulait dans une atmosphère à la fois cynégétique et martiale. La forêt était, en effet, très giboyeuse et, d'autre part, différents corps de troupes se concentraient là dans le même temps pour former un « camp », c'est-à-dire se livrer à des manœuvres et des exercices sous les yeux du Roi.

Comme les solutions adoptées jusqu'en 1740 ne donnaient pas satisfaction, plusieurs architectes élaborèrent au cours des années suivantes de « grands projets » en vue de reconstruire le château de fond en comble. Tous ces projets furent évincés par celui qu'Ange Jacques Gabriel proposa en 1751, que Louis XV approuva et dont la réalisation, qui est celle du château actuel, commença aussitôt. Le Roi dut être séduit par le pragmatisme et la virtuosité déployés dans ce projet par son premier architecte. Celui-ci y intégrait les ailes reconstruites par son père, qu'il jugeait tout à fait utilisables, et s'adaptait avec une habileté souveraine à la forme du terrain dont il disposait, forme déterminée par les remparts, lesquels provoquaient en outre une dénivellation. De celle-ci, Gabriel fit un emploi très subtil : du côté de la cour, les appartements des souverains sont au premier étage et, du côté des jardins, ouvrent de plain-pied sur la terrasse qui les précède. Il a su, d'autre part, donner les apparences d'un plan classique et rigoureux à un édifice qui ne l'est pas : c'est, en gros, un triangle rectangle dont le petit côté est la façade sur la place d'armes, le grand côté la façade sur une rue de la ville et l'hypoténuse la façade sur le parc.

De tous les « grands projets » médités et adoptés sous Louis XV, celui de Compiègne est le seul à avoir été exécuté en entier. De 1751 à 1755, furent élevées la moitié antérieure de l'aile gauche de la cour d'honneur, l'aile droite de la façade sur le parc et la surélévation de l'aile au fond de la cour de l'orangerie. La guerre de Sept Ans entraîna un ralentissement des travaux, puis leur arrêt total en 1757. Ils reprirent en 1763 avec l'achèvement de l'aile gauche sur la place et se poursuivirent jusqu'en 1770 par le corps de bâtiment perpendiculaire à cette aile. Les plans d'une aile neuve du côté de la terrasse — l'aile de la Reine — furent définitivement au point en 1773 et leur réalisation décidée. Après la mort de Louis XV et la retraite de Gabriel, Louis XVI ordonna la continuation des travaux, qui furent conduits en respectant scrupuleusement le projet du feu Roi et de son premier architecte. C'est pourquoi le château, achevé en 1788, offre une si remarquable unité architecturale. Dans sa simplicité et sa noblesse, il ne laisse pas que d'amorcer le dépouillement qui va marquer de plus en plus le style de Gabriel.

Fontainebleau

En même temps qu'il vaquait à l'édification de l'aile neuve de Fontainebleau, Jacques V Gabriel soumit à Louis XV des projets que cette entreprise lui avait inspirés. On peut les dater de 1740 et ils tendaient à une rénovation audacieuse du château selon un programme en deux points. Il prévoyait d'abord de conférer plus de majesté à la façade vers la ville en entourant la cour du Cheval blanc d'ailes semblables à l'aile neuve déjà en partie réalisée au sud et en répétant aux deux angles sur la place le Gros Pavillon de la cour de la Fontaine. Le second point visait à remodeler cette dernière cour en remplaçant l'aile de la Belle Cheminée par une aile et un pavillon identiques à l'aile opposée, en modifiant la galerie François Ier et en la doublant du côté du jardin de Diane, en refaisant enfin le pavillon de la Porte Dorée. « Si ce projet avait été réalisé, Fontainebleau aurait gagné en symétrie, mais aurait beaucoup perdu en pittoresque » (J.-P. Samoyault). Son ampleur même le fit écarter, mais non point oublier.

Il resurgit, simplifié, après la guerre de Sept Ans. Dans les propositions soumises par Gabriel à Louis XV en 1765, l'idée de modernisations radicales du côté de l'aile de la Belle Cheminée et de la galerie François Ier était abandonnée et il n'était plus question que de remodeler la façade sud-ouest du château pour le doter d'un accès majestueux. Vues grandioses complétées en 1766 par le projet d'une place d'armes à implanter en face. Pour pouvoir répéter du côté de la ville à la fois le pavillon intermédiaire de 1739 et le Gros Pavillon de 1750, et cela sans empiéter sur la rue, Gabriel suggérait de démolir le pavillon central et deux travées de l'aile neuve, à l'emplacement desquelles on réédifierait le pavillon central, que l'on prolongerait par un second corps de seize travées. D'autre part, la cour du Cheval blanc ne serait plus fermée, comme dans le projet de 1739-1740, par un corps de bâtiment, mais par un mur formant galerie sur cour et interrompu en son milieu par une porte triomphale. Le Roi remit sa décision à un autre temps : il répugnait, par économie, à abattre ce qu'il avait fait ériger trente ans plus tôt et, en outre, l'opéra de Versailles accaparait alors son attention. En revanche, il semble avoir été tenté en 1767 et 1768 de modifier l'aile de la galerie François Ier afin d'agrandir ses petits appartements. Pendant ces atermoiements, Gabriel patientait en révisant et amendant ses plans. A la fin de 1772, Louis XV ordonna, on l'a vu, l'achèvement de l'aile neuve.

Signe encourageant pour Gabriel, déjà comblé depuis peu par l'adoption de son « grand projet » pour Versailles. Il soumit en novembre 1773 la dernière version de son « grand projet » bellifontain : la cour du Cheval blanc serait close non par un mur, mais par un bâtiment bas en rez-de-chaussée, percé de fenêtres rectangulaires et coupé en son milieu par un pavillon d'entrée aux allures d'arc de triomphe, pour l'élévation duquel l'architecte proposait trois variantes. Aux deux extrémités de ce bâtiment bas se dresseraient des pavillons d'angle, pour lesquels Gabriel reprenait, avec plus de majesté et de relief, la disposition préparée au milieu du siècle. Ces nouveaux plans, où perçait nettement un style « Louis XVI », auraient enfin procuré au château l'entrée vraiment royale qui lui manquait. Considération sans doute déterminante, car Louis XV les approuva. Sa mort, quelques mois plus tard fut fatale à ce « grand projet » : son successeur y renonça.

Versailles

Versailles s'étant progressivement édifié et agrandi autour du petit château de briques de Louis XIII, son immense et classique façade de pierre sur le parc n'est pas en harmonie avec celle sur la ville, où jouent la brique, la pierre et l'ardoise. Louis XIV en était conscient tout le premier, mais, en dépit des plans majestueux qui lui furent soumis et de l'insistance d'Hardouin-Mansart, il s'opposa catégoriquement à toute modification de cette partie ancienne du château, par respect pour la mémoire de son père et peut-être aussi par crainte de la dépense. Louis XV n'avait pas le même attachement sentimental pour cette architecture et tous ses contemporains critiquaient ces façades d'entrée, jugées indignes d'une demeure royale. Malgré cette pression de l'opinion et aussi celle de Gabriel, il se serait peut-être accommodé de ce disparate, si deux éléments n'étaient venus corser la situation. En premier lieu, le fait que, depuis l'aménagement du salon d'Hercule, l'escalier des Ambassadeurs ne commandait plus en totalité l'enfilade du Grand Appartement, ce qui semblait postuler son remplacement. D'autre part, l'aile droite sur la cour royale — dite aile du gouvernement, car elle abritait le gouverneur du château et ses services —, vite et mal construite, donnait des signes de faiblesse qui impliquaient tôt ou tard sa reconstruction, or c'était elle seule qui pouvait contenir un degré nouveau donnant accès au Grand Appartement. Ces arguments interférèrent constamment avec ceux qui poussaient à rééedifier en totalité le château du côté de la ville.

De ces grands projets, les plus anciens remontaient à Louis XIV et Hardouin-Mansart. Ange Jacques Gabriel les remit sur le métier, dès 1742 peut-être, et de telle manière, en tout cas, qu'en 1749 il put en soumettre un, régi par l'ordre corinthien, fort complet et cohérent. Il le révisa, élaborant une première variante en 1754, puis une autre en 1759. Ces versions successives trahissent les hésitations du Roi et du premier architecte au fil de ce long débat. Louis XV restait indécis, renâclant devant le coût de tels travaux. Cependant, la reconstruction de l'aile du gouvernement ne pouvait plus être différée et, en mai 1771, il donna ordre de l'entamer, selon un plan prévoyant un escalier assez médiocre. Décision modifiée le 20 juillet suivant, par l'adoption d'un parti moins mesquin. Mais celui-ci ne concernait que cette aile et restait fidèle aux façades louisquatorziennes : de « grand projet », de rénovation intégrale du château face à la ville, il n'était pas question. C'était la ruine des espoirs caressés par Gabriel depuis trente ans. Il sortit des plans nouveaux, qu'il devait avoir en réserve, et une partie serrée s'engagea autour du Roi entre le premier architecte, le directeur général des Bâtiments et le contrôleur général des finances. Louis XV eut un sursaut de majesté et, le 13 octobre 1771, Gabriel l'emporta.

Cet ultime « grand projet » assurait le triomphe de l'architecture classique : la cour de marbre disparaîtrait, recouverte en partie par un salon ou galerie qui, partant de l'emplacement de la chambre de Louis XIV, joindrait la galerie des Glaces à la nouvelle façade du palais sur la cour royale. Au centre de cette façade, s'élèverait un dôme, symbolisant la majesté de la demeure du souverain. La galerie ou le salon central serait éclairée par deux cours intérieures. Le projet fut effectivement mis en œuvre : l'aile du gouvernement fut démolie, sa reconstruction menée à bien selon le nouveau dessin de Gabriel et sa couverture posée en 1775. A cette date, Louis XV était mort et les travaux de finition, d'abord ralentis, furent bientôt suspendus. La campagne de décoration ne fut jamais ouverte. La sculpture des façades ne fut entreprise que sous Louis XVIII. A l'intérieur, la cage d'escalier avait été seulement épannelée et, dans sa partie architecturale, le Grand Degré prévu par Gabriel vient d'être enfin construit sous la Ve République. L'aile symétrique, où Gabriel voulait installer une salle de comédie, n'a été élevée, et partiellement, que sous Napoléon. A cela s'est réduite la réalisation du « grand projet » de Gabriel et de Louis XV pour Versailles.

VI. — LES DEMEURES NOUVELLES

Tout en veillant à sauvegarder, agrémenter et embellir le patrimoine architectural légué par ses prédécesseurs, Louis XV, malgré la variété et l'ampleur de cet héritage, n'a pas hésité à l'augmenter, soit par l'acquisition d'édifices déjà debout, soit par des constructions toutes nouvelles. Du petit château de La Muette, édifié sous Charles IX dans le bois de Boulogne, il ne subsiste rien. Il avait été promu résidence royale à la mort de la duchesse de Berry en 1718. Louis XV l'utilisa pour ses divertissements, notamment ses chasses, et décida en 1737 de le transformer. Opération réalisée par les Gabriel en plusieurs campagnes de 1737 à 1750. Le Roi résolut en 1753 de le reconstruire dans des proportions plus vastes et plus régulières. Le manque d'argent coula ce projet, concurrencé par beaucoup d'autres.

Choisy-le-Roy

Dans la succession de la princesse de Conty, morte au mois de mai 1739, figurait le château de Choisy, élevé vers 1680 par Jacques II Gabriel et entouré de jardins dessinés par Le Nôtre. Le site, au bord de la Seine, était pittoresque et proche de la forêt de Sénart et autres espaces giboyeux. Il séduisit Louis XV qui, à l'automne de 1739, acheta pour 100 000 écus château et domaine. Ange Jacques Gabriel s'y rendit au début de novembre surveiller quelques petites réparations et mettre les lieux en état de recevoir le Roi, qui y vint pour la première fois le 24 novembre et y retourna en décembre. Il chargea le jeune Gabriel du contrôle de cette demeure et, décision révélatrice de l'attrait qu'elle exerçait sur lui, en nomma gouverneur son ami le comte de Coigny. Le château était une maison de plaisance comprenant un corps de logis central, flanqué de deux ailes avançant du côté de la cour. L'élévation comportait un rez-de-chaussée et un étage surmonté d'une toiture à la Mansart avec des lucarnes. Une galerie longue et étroite aboutissant à une salle à manger avait été ajoutée à l'aile nord. Dès 1740, le Roi fit opérer quelques redistributions à l'intérieur, prémices des travaux de plus en plus étendus qui, jusqu'à sa mort, allaient maintenir Choisy en état de construction à peu près permanent.

De 1740 à 1746, arrangements intérieurs et bâtiments nouveaux transformèrent notablement Choisy, un Choisy alors étroitement associé à la faveur de Mme de Mailly. Ce fut le temps des promenades sur la Seine : par un escalier situé à l'extrémité du grand parterre, Louis XV et ses hôtes gagnaient un ponton où ils s'embarquaient sur des chaloupes richement ornées offertes au souverain par la ville de Paris. Progressivement, la décoration des appartements du Roi fut entièrement renouvelée, cependant que, de 1742 à 1743, la galerie de la salle à manger était surélevée et élargie, un pavillon des bains et une aile des offices ajoutés. Puis, en prolongement de l'aile des bains, Gabriel édifia, de 1746 à 1750, l'aile dite des Seigneurs, à l'interminable façade, et, en 1751 et 1752, l'aile de la Comédie. A partir de 1752, Louis XV fit doubler en épaisseur le château, par avancement de la façade sur la cour, d'où résultèrent d'importants remaniements dans les appartements, où les pièces de parade se distinguèrent plus nettement des autres. Tout cela sans parler de constructions annexes : grande écurie, orangerie, grand commun, serres, etc. Choisy devenait une agglomération de bâtisses successives, où Gabriel avait grand-peine à sauvegarder quelque apparence d'unité et où le Roi, après être venu d'abord seul avec sa maîtresse, se laissa bientôt accompagner par la Reine, par ses enfants et de nombreux courtisans. Choisy n'était plus une maison de plaisance, mais une demeure royale qui tendait à se poser en rivale de Marly, voire de Compiègne ou Fontainebleau. Par contrecoup, Louis XV n'y jouissait plus de l'intimité et de la tranquillité qu'il y avait trouvées au commencement. Aussi, de 1754 à 1756, se fit-il construire à l'écart, sur la gauche de l'avant-cour, un « petit château » entouré d'un jardin particulier, où il pourrait faire vraiment retraite. Charmant exemple de style Gabriel, c'était un simple rez-de-chaussée entresolé, avec antichambre et chambre, garde-robe, grand salon, salle à manger, cabinet du Conseil, et aussi un logement pour Mme de Pompadour. Le Roi continua nonobstant à amplifier, par une aile des Spectacles (1763) une aile de la Garde-robe et de la Lingerie (1768-1774), l'ensemble déjà constitué.

Louis XV aima beaucoup Choisy, où ses initiatives d'architecte et de décorateur n'étaient pas contrariées, comme si souvent ailleurs, par les égards dus aux créations des autres siècles : il put aménager et développer cette demeure au gré de ses fantaisies, sans trop se soucier de sa cohérence. L'unité que son plan ne pouvait lui conférer, Choisy l'a tirée de son architecture et de la décoration intérieure du grand et du petit château, ornés avec un soin raffiné par Verberckt, Rousseau et Guibert pour les boiseries, Boucher, Nattier, Oudry, Bachelier et Peyrotte pour les peintures, les plus grands ébénistes et menuisiers pour le mobilier. Dans le détail de la distribution et de l'aménagement des lieux, on reconnaît à plusieurs traits la permanence des préoccupations de Louis XV : une bibliothèque personnelle, installée dès 1740, rénovée en 1751, agrandie en 1755 et 1762 ; cette méridienne tracée en 1762 sur le sol de son antichambre par le chanoine Pingré, fameux astronome, et ensuite marquée par des lames de cuivre encastrées dans le parquet, avec représentation des signes du zodiaque et pose de deux lignes servant à « désigner cinq minutes avant midi et cinq minutes après » ; et ces instruments scientifiques dans son appartement : baromètres et thermomètres de Passemant (l'un de taille exceptionnelle : douze pieds de haut), télescope de dom Noël.

De ce château n'ont survécu jusqu'à nos jours que l'entrée d'honneur avec ses deux guérites et ses douves bordées de balustrades. Subsiste, par contre, l'église paroissiale du village, que Louis XV fit construire par Gabriel de 1748 à 1760 et qui récemment a servi de cathédrale au jeune diocèse de Créteil. Dans son chevet est encastré un pavillon directement accessible par le Roi qui, lorsqu'il résidait au petit château, venait de là assister à la messe, plutôt que dans la chapelle castrale.

Trianon

Louis XIV avait éprouvé une prédilection croissante pour le palais et le jardin de Trianon qui, sur les lisières du parc de Versailles, virent naître l'art français du XVIIIe siècle. Louis XV enfant en avait conservé un souvenir enchanteur, puis les négligea dans sa jeunesse. Il pensa abandonner à la Reine ce Trianon, où elle aimait se promener et prendre collation avec ses filles et ses dames. Puis, entre 1741 et 1743, il commença à s'y intéresser et c'est là que, après la mort de Mme de Châteauroux, il vint avec quelques intimes cacher son chagrin et son trouble. Il s'y attacha dès lors de plus en plus, d'autant que Mme de Pompadour s'y plaisait, et il finit par y élever quelques-uns des chefs-d'œuvre de l'architecture française.

Ce ne furent au début que de simples réparations d'entretien, puis des remaniements tendant à procurer plus de confort. Louis XV se passionna surtout pour la conservation et l'extension des jardins, avec un zèle animé par ses curiosités scientifiques autant que par ses goûts artistiques. Il commença par une nouvelle Ménagerie, auprès de laquelle Gabriel éleva en 1749 et 1750, au croisement de deux allées, un salon de jeu, aujourd'hui dénommé *Pavillon français,* conçu pour le Roi venant admirer les oiseaux rares de sa ménagerie. Le talent de Gabriel et l'élégance du siècle sont tout entiers dans ce pavillon, dont le plan est parfait : un salon octogone à colonnes corinthiennes, flanqué de quatre cabinets disposés en croix, le tout inscrit dans un cercle. Dans l'élévation et la décoration, la noblesse rivalise avec la fantaisie. C'était de cette création exquise que Louis XV conseillait au duc de Croÿ de s'inspirer pour reconstruire son château.

Dans sa situation, le Pavillon français ne pouvait devenir que l'élément d'une composition plus vaste que, effectivement, Gabriel enrichit de 1751 à 1753 d'une volière et d'une salle à manger ou Salon frais. Mais ces petites installations allaient bientôt ne plus suffire au Roi, converti à la botanique, qui projeta d'édifier un petit château ou pavillon en un emplacement d'où, selon les façades, il aurait vue sur la cour d'entrée, sur le jardin botanique, le jardin fleuriste et le Pavillon français. Fort approuvé par Mme de Pompadour, ce dessein fut longtemps contrarié par la guerre de Sept Ans. Celle-ci, du moins, laissa le temps de réfléchir et d'ébaucher des plans. Gabriel présenta en 1761 un projet un peu décevant de la part d'un maître tel que lui : trop étriqué, péchant par excès d'ornementation, avec un plan mal maîtrisé.

L'architecte se remit au travail et eut l'inspiration géniale de reprendre en les simplifiant et en les amplifiant les éléments de son projet primitif : il augmenta le pavillon et le porta à cinq croisées par façade, ce qui lui permit de résoudre les difficultés du plan et de donner plus de noblesse à l'édifice. Ce nouveau parti apparut sur des dessins datés de mai 1762, immédiatement approuvés par le Roi. « Mystères de la création, qui font que, construit en 1761, le nouveau pavillon n'eût été qu'un bâtiment charmant parmi tant d'autres ; celui de 1762 est un pur chef-d'œuvre » (Chr. Baulez).

Ainsi fut conçu ce que l'on appela et appelle toujours le *Petit Trianon* : un cube de pierre, à cinq fenêtres sur chacune de ses faces et chacun de ses étages, orné de pilastres sur deux de ses côtés, de colonnes sur un autre et sans décor sur celui tourné vers le jardin botanique. L'ensemble est traité dans un esprit « antique » et déjà « Louis XVI », où il faut voir probablement l'influence de Mme de Pompadour, tôt ralliée au nouveau style. Le projet une fois adopté, les travaux commencèrent dès le mois de mai 1762 et redoublèrent après la conclusion de la paix en 1763. Cent vingt maçons et soixante-quinze tailleurs de pierre s'affairaient sur le chantier en juillet 1764. Louis XV était très pressé, présent à chaque instant pour suivre les progrès de la bâtisse, qui était loin d'être terminée lors du décès de Mme de Pompadour. Il était là, en septembre 1764, quand les charpentiers dressaient le comble. Il arrêtait en 1765 le détail de la cour d'entrée avec ses grilles et ses guérites et, en décembre, le plan de la bibliothèque botanique qu'il entendait installer au rez-de-chaussée. Puis il se fit présenter les dessins de la rampe d'escalier. L'intérieur en effet ne fut pas moins soigné. La sculpture à l'extérieur et dans les appartements fut confiée à Guibert, beau-frère du peintre Joseph Vernet, et le nom de cet artiste, entièrement acquis au goût nouveau, est inséparable de celui de Gabriel dans la réussite du Petit Trianon. Comme celui-ci se dressait au milieu de jardins, les boiseries des pièces principales ont été sculptées avec une profusion florale extraordinaire et les peintures des dessus de porte représentent des sujets liés à la flore. Pour des raisons d'économie, les travaux se ralentirent en 1767. Mais on commença à meubler les appartements en 1768, le Roi y put souper en juin 1769 et, le chantier s'étant ranimé en juin 1770, il vint y coucher pour la première fois le 9 septembre 1770. Il se plut infiniment dans cette nouvelle et ravissante demeure, où sa dernière entreprise fut, en 1773, l'édification d'une chapelle dont il ne vit pas l'achèvement.

Saint-Hubert, les pavillons de chasse, Bellevue

Pour être hébergé pendant ses chasses en forêt de Rambouillet sans déranger son cousin le duc de Penthièvre, Louis XV décida en 1755 de construire un petit château en bordure de l'étang de Pourras, près du village de Saint-Hubert, au nord de Rambouillet. Gabriel en fournit les plans en juin 1755 et la construction fut entamée incontinent. C'était un corps de bâtiment rectangulaire, de 46 mètres sur 20, composé d'un rez-de-chaussée, d'un entresol, d'un premier étage et d'un second mansardé, coiffé d'ardoises. Il fut inauguré en 1758. Sa décoration était inspirée essentiellement par la vénerie : trophées de chasse, têtes d'animaux.

En 1763, on ferma l'avant-cour par un mur et deux pavillons et on en construisit deux autres de part et d'autre du château, dont l'un abrita la chapelle. De 1765 à 1769, on éleva à droite dans l'avant-cour un long bâtiment de communs, qui reçut son symétrique à gauche en 1771-1775. La cour royale et l'avant-cour étaient closes par des grilles. Devant la première, une place semi-circulaire servait de départ à sept avenues en étoile, reliées par des voies transversales dessinant un polygone. Au sud, le château donnait sur l'étang de Pourras, par une terrasse à décrochements qui, aujourd'hui, constitue le seul vestige d'une demeure à laquelle le Roi ne cessa de donner de l'extension et qu'il fréquenta volontiers dans les dernières années de sa vie.

Durant son règne, il a fait construire dans les forêts d'Île-de-France de nombreux pavillons aux points de rendez-vous de ses chasses : une quinzaine au moins. Beaucoup ont été détruits, quelques-uns existent encore, certains dus à Gabriel, qui conçut ces petits édifices avec autant d'élégance et de distinction que les plus grands. Le Butard, par exemple, élevé à La Celle-Saint-Cloud en 1750 et 1751, présente une façade d'entrée à refends avec un avant-corps central couronné d'un fronton représentant un sanglier coiffé par des chiens. Une corniche sur console surmonte la fenêtre centrale de l'attique. Sur la façade arrière, un avant-corps à pans coupés, éclairé par cinq baies, fait fortement saillie. L'intérieur comprend un vestibule rectangulaire à cheminée de marbre ; un salon circulaire décoré de boiseries, avec cheminée de marbre surmontée de glaces et coupoles bleu azur soulignée d'une frise d'amours dans les rinceaux de feuillage ; un échauffoir ; un cabinet de chaise. L'attique abrite un appartement bas de trois pièces. Le sous-sol est couvert d'une voûte annulaire reposant sur un pilier central. Le pavillon des Fausses Reposes (1756), celui de La Muette en forêt de Saint-Germain (1764), celui de Marcoussis (1772) témoignent également de la science et du goût du premier architecte.

Au voisinage de Meudon, Mme de Pompadour avait été séduite par la beauté d'un site exceptionnel, d'où l'on dominait la Seine d'assez haut pour que la vue embrassât Paris. Elle baptisa l'endroit Bellevue et le Roi acheta les terrains. Les deux architectes préférés de la marquise, Lassurance pour la bâtisse et Garnier d'Isle pour le parc, lui dressèrent des plans pour y construire une maison et y planter des jardins. Les travaux, réglés en apparence par elle, commencèrent en juin 1748 et occupèrent jusqu'à huit cents ouvriers. La fête d'inauguration se déroula le 25 novembre 1750. C'était un édifice rectangulaire, à neuf fenêtres sur les grands côtés et six sur les autres, avec un rez-de-chaussée, un premier étage et un second mansardé.

En 1757, Louis XV racheta Bellevue à Mme de Pompadour et Gabriel y prit la direction des travaux aussitôt commandés par le Roi, qui corrigea nombre de projets de son architecte. Il fit remanier la distribution intérieure dès 1757, puis en 1764 et 1767. Deux petites ailes en rez-de-chaussée, construites en 1767 de part et d'autre de la façade sur cour, furent englobées en 1773 dans un nouvel agrandissement, qui doubla la longueur de la façade tournée vers la Seine. Comme à Choisy, mais avec plus de cohérence, Louis XV se laissait entraîner à conférer de plus en plus d'ampleur à cette demeure, dont ne subsistent maintenant que des communs épars et des restes de terrasse.

A force de construire, Louis XV ne finissait-il point par disposer d'une pléthore de résidences ? La question se posa lorsque, à la mort du roi Stanislas en 1766, les châteaux des ducs de Lorraine échurent au roi de France. Marigny, alors directeur des Bâtiments, fut affolé par cet héritage : « En vain, gémit-il, j'emploie mon crédit à solliciter des fonds ; la finance, sourde et inexorable, les refuse ou ne les prescrit qu'avec une telle lenteur et une telle parcimonie, que je ne puis qu'entrevoir pour l'avenir les plus grandes détresses de cette partie. Dans des circonstances aussi fâcheuses, vous sentez combien mes efforts pour la conservation des monuments de la Lorraine seraient superflus et déplacés. » Ces palais, au surplus, étaient trop éloignés de l'Île-de-France pour que le Roi et la cour prissent l'habitude d'y séjourner. On envisagea donc froidement de les raser et d'en vendre les matériaux. D'où diverses protestations, dont les plus véhémentes furent celles de Mesdames de France, scandalisées par la désinvolture avec laquelle on traitait les souvenirs d'un grand-père très aimé. Au prix de leur transformation en casernes, les châteaux de Lunéville et de Commercy échappèrent de justesse à la destruction, mais tous les embellissements dont Stanislas avait doté les demeures et les jardins de ses prédécesseurs furent impitoyablement sacrifiés.

VII. — PARIS ET VERSAILLES

Loin de se limiter aux maisons royales et à celles de plaisance, l'action artistique de Louis XV s'est étendue à ce que l'on est tenté d'appeler ses deux capitales : Paris et Versailles. S'agissant dans ces villes de bâtiments officiels ou religieux, leur construction n'a pas toujours relevé du premier architecte, accaparé par tous les travaux auxquels il vaquait pour Sa Majesté.

La place Louis XV

Au moment où se déroulaient les pourparlers de paix à Aix-la-Chapelle, le Bureau de la Ville de Paris arrêta, le 27 juin 1748, d'honorer et de célébrer le Roi victorieux par l'érection d'une statue qui serait placée à « l'emplacement que Sa Majesté jugera à propos de déterminer ». Sans attendre la décision royale, la Ville passait commande de la statue à Bouchardon. Dans le même temps, l'Académie d'Architecture, mue par le directeur des Bâtiments, Lenormant de Tournehem, invitait ses membres à présenter des plans en vue de construire « une place publique pour y mettre la figure du Roy ». Deux initiatives séparées qui, non sans détours, finirent par se rejoindre et tendaient simplement à doter Paris d'une place du genre de celles édifiées à Rennes, à Bordeaux et bientôt à Nancy et à Reims pour entourer une statue du souverain.

Émanés de nombreux architectes, les projets soumis à l'Académie tendirent tous à raser des immeubles de la rive gauche ou de la rive droite pour dresser des élévations monumentales et chacun exigeait des expropriations et des relogements dont la municipalilté n'était pas en mesure de supporter les dépenses. Le marquis d'Argenson et l'architecte Lassurance firent alors miroiter qu'un terrain, exposé, il est vrai, aux crues de la Seine, était disponible entre les Champs-Élysées et le pont tournant des Tuileries. Ce marécage appartenait au Roi, qui tira la Ville de son embarras en lui en faisant don. Là-dessus, agacé par ces tâtonnements, il ordonna à l'Académie d'organiser un nouveau concours, approprié à ce site. Les académiciens furent moins enclins à y participer en 1753 qu'ils ne l'avaient été en 1748, beaucoup se désintéressant d'une opération qui ne devait plus concerner des quartiers anciens. Bouchardon qui, entre-temps, s'était mis au travail, était alors sur le point d'achever le modèle de la statue équestre du Roi. Louis XV alla en mai 1753 voir la maquette de son effigie dans l'atelier de l'artiste au Roule et marché fut conclu pour la fonte.

A l'issue de ce second concours, le Roi et le marquis de

Marigny, successeur de Tournehem, chargèrent Gabriel de concilier les éléments les plus heureux de tous ces plans. Jusque-là, le premier architecte s'était tenu à l'écart de l'affaire, observant les intrigues des spéculateurs et assistant à l'éclosion des productions de ses confrères. En un temps où le goût des beautés naturelles commençait à se répandre — et notamment pour les bords de rivière, comme à Choisy et Bellevue — le projet de l'illustre Boffrand « offrait l'intérêt de ne pas masquer la vue de la Seine par des constructions. De leur côté, les académiciens Hazon et Contant limitaient l'esplanade par des fossés qui pouvaient drainer l'humidité du sol. Gabriel retint ces deux suggestions. Il réserva les constructions importantes à la seule face exposée au fleuve et définit un espace octogonal entouré de fossés » (M. Gallet). Il fixa l'ordonnance de la rue centrale, la rue Royale, qui permettait à la statue d'être vue du Boulevard et attirait les promeneurs vers la place, et retint pour la nouvelle église de la Madeleine, qui devait en fermer au nord la perspective, le projet de Contant. Il réserva pour ses successeurs la possibilité de construire un pont, dont l'idée avait été suggérée. Architecture d'apparat et symboles du prestige monarchique, deux colonnades devaient habiller des palais qui n'avaient pas encore de destination précise. Les dessins de Gabriel furent approuvés par le Roi en décembre 1755 et ne subirent que des retouches mineures. Dans la conduite des travaux, il fut secondé de très près par Soufflot.

Les plans des deux hôtels furent remis aux entrepreneurs en mai 1757 et l'on entama d'abord l'édification de celui de l'ouest, vers les Champs-Élysées. Le chantier de l'est fut ouvert l'année suivante et la construction des maisons de la rue Royale commença en 1759. Les travaux furent ralentis par la guerre de Sept ans et l'effigie équestre du Roi fut prête la première. Sa fonte, le 6 mai 1758, avait été réussie, mais Bouchardon mourut en 1762 avant les ultimes finitions, qu'il avait confiées à Pigalle. L'érection de la statue eut lieu le 23 février 1763, moins de deux semaines après la signature de la paix. A cette date, les deux bâtiments étaient inachevés : celui de l'ouest donnait seul une apparence complète d'édifice, l'autre n'avait pas atteint le premier étage. Les frontons au faîte des pavillons furent établis en 1765 et 1766.

L'affectation de ces hôtels resta longtemps incertaine. Pour celui de l'ouest, la solution ne fut trouvée qu'après son achèvement en 1775. La construction de son pendant ayant été terminée plus tôt, Louis XV, après avoir envisagé plusieurs possibilités, finit par décider, en mars 1768, d'y établir le garde-meuble de la couronne, qui fut doté d'installations magnifiques. L'ordre corinthien domine dans la façade de chacune de ces superbes demeures où, entre deux pavillons d'angle au fronton sculpté par Coustou et flanqué de trophées, s'alignent douze colonnes formant un portique qui embrasse le bel étage et l'attique. Avec son appareil à bossage bien accentué, le soubassement égaie cet ensemble plein de noblesse, où le détail de la sculpture, de la modénature et de la stéréotomie est d'un raffinement inouï. Première expérience d'urbanisme dans la carrière de Gabriel, la place Louis XV — aujourd'hui de la Concorde — a réussi un accord miraculeux entre l'architecture et le site et elle a posé, entre la ville ancienne et sa périphérie, une articulation qui a déterminé pour l'avenir le développement de la capitale vers l'ouest.

L'École militaire

Sur la rive gauche de la Seine, un autre édifice dû à Louis XV et à Gabriel n'eut pas moins d'influence sur l'évolution urbaine : l'École militaire. Au lendemain de la guerre de Succession d'Autriche, le Roi, à l'exemple de ce que Louis XIV avait fait pour les invalides, méditait de récompenser et stimuler la bravoure et le dévouement déployés sous ses yeux par la noblesse sur les champs de bataille. Cette idée prit corps en 1750 sous l'impulsion de Mme de Pompadour, désireuse, de son côté, de doter les jeunes gens des familles nobles de ce que Mme de Maintenon avait institué à Saint-Cyr pour les filles. Elle en devisa longuement avec son ami le financier Pâris-Duverney qui, ayant été munitionnaire pendant la guerre, connaissait bien l'armée et les réformes dont elle avait besoin. Au reste, toutes ces vues, qui tendaient à la création d'un enseignement militaire spécialisé, étaient en harmonie avec ce mouvement qui, depuis peu, poussait à la création de grandes écoles dispensant des formations de haut niveau. L'établissement de ce « Collège académique » fut débattu entre Louis XV, la marquise et Pâris-Duverney et, au terme de ces discussions, un édit de janvier 1751 porta création d'une « École royale militaire », qui serait implantée à proximité des Invalides dans la plaine de Grenelle.

Gabriel avait participé aux conférences préparatoires, où Pâris-Duverney lui avait exposé les dispositions très détaillées qu'il avait mises sur pied : ce vaste collège devait loger, sinon avec magnificence, du moins avec dignité, cinq cents jeunes gentilshommes, un état-major, des officiers et des professeurs, un clergé, des sœurs pour l'infirmerie et la lingerie, un corps médical, des domestiques, soit sept cents personnes en tout, pour les activités et l'existence desquelles il prévoyait, dans leur diversité, tous les bâtiments et toutes les installations nécessaires.

Le premier architecte vit grand et produisit un projet ambitieux, qui exprimait avec clarté les fonctions comprises dans le remarquable programme de Pâris-Duverney. Celui-ci l'écarta aussitôt, comme trop dispendieux. Gabriel simplifia ses plans, mais en conservant le même parti : sur une superficie triple de celle des Invalides, il proposait d'élever vers la Seine un bâtiment d'apparat, composé de cinq pavillons réunis en chaîne par des constructions plus basses, le pavillon du milieu, appelé « château », comportant un ordre colossal ; l'église était, comme aux Invalides au fond de la cour ; les autres bâtiments répartis fonctionnellement autour de plusieurs cours. Cette seconde version, baptisée elle aussi « grand projet », fut retenue en principe. Quelques ouvrages furent entamés en 1751, mais il fallut d'abord acquérir la totalité des terrains nécessaires et les travaux à proprement parler ne démarrèrent qu'en 1753. On éleva quelques bâtiments de services et l'École commença à fonctionner en 1756. La guerre de Sept Ans vint alors freiner sérieusement l'activité du chantier, que le Roi alla visiter pour la première fois le 12 août 1760.

Après la paix, il fallut, devant les difficultés budgétaires, abandonner en 1765 « le grand projet » et Gabriel dut, une fois de plus, réviser ses plans. Il en élabora plusieurs, dont la version définitive, arrêtée seulement en 1768, est celle du monument que nous avons aujourd'hui sous les yeux. La vaste cour d'honneur, prévue primitivement vers la Seine, est reportée de l'autre côté du « château », place Fontenoy. Elle est bordée de portiques aux colonnes jumelées et, au fond, se développe le bâtiment principal, « le château », qu'allège une double galerie de part et d'autre du pavillon central. Celui-ci, sur l'autre façade vers le Champ de Mars, est marqué par un double ressaut ; huit colonnes corinthiennes portent l'entablement et quatre d'entre elles ménagent un portique embrassant le portail et le bel étage ; le tout coiffé par l'attique, lui-même sommé par un dôme à quatre pans sur plan carré. La chapelle, qui devait initialement s'élever isolée dans l'axe du pavillon central, occupe dans le château même l'aile tournée vers le Gros-Caillou.

Louis XV vint le 5 juillet 1768 poser la première pierre de cette chapelle et l'École fut, pour l'essentiel, terminée en 1773. L'intérieur — notamment l'escalier, la chapelle, la salle du conseil — reçut une décoration somptueuse. Avec son aisance habituelle, Gabriel s'est adapté à la destination militaire de l'édifice et lui a conféré un caractère de mâle noblesse.

Sainte-Geneviève

En reconnaissance de sa guérison à Metz, Louis XV fit vœu en 1744 de construire à Paris une nouvelle église en l'honneur de sainte Geneviève, la vieille abbatiale dédiée à la patronne de la ville étant fort délabrée. Un vœu dont l'accomplissement s'étira presque sur un demi-siècle, car le financement et la construction de l'édifice furent l'un et l'autre difficiles. On choisit comme emplacement le sommet de la montagne Sainte-Geneviève, à quelques toises de l'abbaye, et Soufflot, protégé de Mme de Pompadour et de Marigny, fut désigné comme architecte. Les sondages débutèrent en 1758 et les travaux de fondation furent considérables et difficultueux, à cause de l'instabilité du sol. S'inspirant de la cathédrale Saint-Paul de Londres, Soufflot a juxtaposé le péristyle du Panthéon de Rome à un grand vaisseau voûté de coupoles portées par des colonnes corinthiennes. A la croisée s'élève un dôme cerné extérieurement d'une colonnade et qui devait être sommé d'une statue de la sainte. La première pierre au ras du sol fut posée par Louis XV le 6 septembre 1764 et, pour cette cérémonie, on avait dressé en matériaux légers le portique de l'église tel qu'il devait être ensuite construit en pierre. Le Roi profita de sa présence pour aller visiter, dans l'abbaye voisine la bibliothèque qu'il ne connaissait pas.

La construction continua lentement et l'église — aujourd'hui le Panthéon — ne fut terminée ni avant la mort de Louis XV ni avant celle de Soufflot, mais seulement en 1790. L'architecte avait prévu qu'elle serait entourée d'une place dégageant largement ses volumes et bordée de bâtiments ordonnancés. Ce dessin connut un commencement de réalisation avec l'édification à partir de 1771 de l'École de Droit, dont la façade concave s'harmonise avec celle de l'église.

La Monnaie et l'École de chirurgie

Il était question déjà au XVIIe siècle de transférer en un endroit plus commode et plus spacieux l'hôtel des monnaies, qui fonctionnait dans des locaux vétustes et exigus. Plusieurs solutions avaient été proposées à cette fin et en vain depuis la Régence, lorsqu'enfin Louis XV, cherchant une affectation pour l'hôtel ouest de la place portant son nom, résolut en 1765 d'y établir la Monnaie. Il en confia la construction à un jeune architecte alors inconnu, Jacques Denis Antoine. Celui-ci imagina, en arrière de la colonnade de la place et le long de la rue Royale, un vaste ensemble fonctionnel, qui fut agréé et auquel on commença à travailler. Puis le Roi dut se raviser et décida que la Monnaie se dresserait en plein cœur de Paris, sur un terrain de la rive gauche en bordure de la Seine, près du Collège des Quatre-Nations et face au Louvre. Il approuva en avril 1767 le nouveau plan soumis par Antoine et le chantier fut ouvert à l'automne, si actif ensuite que tout était presque terminé en 1775, où ne restait plus qu'à agencer le décor intérieur.

La longue façade (117 m) sur la Seine renferme un magnifique escalier et les pièces d'habitation et de réception et se distingue par sa noble et sobre ordonnance : rez-de-chaussée à refends, étage, attique, console, toit plat ; au milieu, pas de fronton, mais un soubassement formant avant-corps, supportant six colonnes ioniques et un entablement plus élevé. Par derrière, une cour d'honneur en hémicycle et plusieurs autres cours, autour desquelles se groupent les ateliers, le tout combiné si habilement que la Monnaie joue encore aujourd'hui le rôle pour lequel elle a été conçue il y a deux siècles.

Pour couronner en quelque manière les mesures qu'il avait prises en faveur de l'art chirurgical, Louis XV acheta en 1769 des terrains rue Hautefeuille et rue des Cordeliers et en fit don à l'Académie royale de Chirurgie pour qu'elle y élevât un édifice où ses membres tiendraient leurs séances et feraient leurs cours et démonstrations. Un autre jeune architecte, Jacques Gondouin, fut chargé d'en dresser les plans. Son père avait tracé les parterres de Choisy et s'était acquis l'estime du Roi, dont la bienveillance s'étendit au fils, placé dans l'école d'architecture de Blondel et ensuite envoyé à Rome. Jointe à cette protection, l'amitié de La Martinière lui valut cette commande. Ses dessins furent présentés en 1771 à Louis XV, qui les approuva. La construction commença aussitôt et marcha rondement : l'inauguration solennelle de l'École de Chirurgie — aujourd'hui ancienne Faculté de Médecine — eut lieu un an après la mort du Roi. Elle se caractérise par la belle entente du plan et son élégante pureté de style : au fond d'une cour entourée d'une colonnade ionique, un grand péristyle à six hautes colonnes corinthiennes couronné d'un fronton donne accès au grand amphithéâtre, aussi remarquablement agencé que les autres locaux.

Non loin de là, un autre édifice, la nouvelle salle de la Comédie française — l'actuel théâtre de l'Odéon — fut élevé sur des plans retenus par Louis XV le 1er mai 1770 et dus à Peyre et De Wailly, mais sa construction ne démarra que neuf ans plus tard.

La ville de Paris est redevable à Louis XV de plusieurs ensembles monumentaux de la plus haute qualité, mais dont l'apparence pourrait presque faire méconnaître qu'il en fut l'instigateur, car elle répond mal au concept banal de « style Louis XV ». Tous remontent, en effet, à la seconde moitié du règne, soit à une période où le goût du Roi évoluait vers un art plus épuré et plus austère, auquel Gabriel — à la place Royale, mais surtout à l'École militaire — se ralliait sans hâte ni réticence et dont les nouvelles générations d'architectes se faisaient les zélateurs talentueux. Dans ces édifices, il ne s'agissait pas, au reste, d'art de cour et d'art monarchique, mais plutôt d'un art officiel ou civique, appliqué à des bâtiments publics, où les éléments symboliques devaient se combiner avec des dispositions fonctionnelles, sans écarter pour autant, et selon les cas, la magnificence, le raffinement ou la grâce. Il y avait là, au sein de l'art de bâtir, une branche particulière, dont Louis XV a bien vu l'importance et dont, par le soutien accordé à de jeunes artistes comme Antoine et Gondouin, il a favorisé les progrès.

La ville de Versailles

A Versailles, le Roi dans son château avait l'impression, on l'a dit, de se sentir à la campagne, mais il ne pouvait ignorer la ville environnante, qui n'a cessé de grossir depuis 1722. Cette croissance posait des problèmes de santé publique et ceux-ci ne laissaient jamais Louis XV indifférent. Il se soucia de procurer aux Versaillais des eaux saines, d'installer un réseau d'égouts et, en 1736 et 1737, fit supprimer l'étang de Clagny, insalubre et réceptacle d'immondices. Les principaux travaux d'urbanisme se concentrèrent d'abord dans le quartier du Parc-aux-Cerfs, en plein développement. De 1725 à 1727, le Roi y fit élever une chapelle, succursale de l'église Notre-Dame. Érigée en paroisse en 1730, sous le patronage de Saint Louis, elle se révéla bientôt trop petite et Louis XV décida la construction d'une nouvelle église. Il en commanda les plans non à Gabriel, mais à Mansart de Sagonne, petit-fils de Jules Hardouin-Mansart. Les travaux commencèrent en 1742 et le Roi put poser le 12 juin 1743 la première pierre de cette vaste église Saint-Louis, aujourd'hui cathédrale, terminée en 1754. Le plan et l'élévation sont classiques, inspirés de l'église Saint-Roch à Paris, mais l'avant-corps saillant de la façade à deux étages et les deux clochers bulbeux en retrait, les clefs des grandes arcades, les consoles de la tribune d'orgues sont animés d'un frémissement presque baroque.

Les départements ministériels, comme on sait, n'étaient pas tous ou pas complètement installés à Versailles. Cette dispersion des services présentait des inconvénients, mais les deux ailes des ministres, dans l'avant-cour du château, étaient combles. Pendant la guerre de Sept Ans, Louis XV décida d'implanter totalement dans la ville deux secrétariats d'État particulièrement actifs dans ces circonstances : la Guerre et les Affaires étrangères. L'idée vint du maréchal de Belle-Isle, alors secrétaire d'État de la Guerre. Berthier, architecte et chef des ingénieurs géographes du Roi, reçut mission de construire rue de la Surintendance, entre celle-ci et le Grand Commun, face à l'aile sud du château, les deux hôtels nécessaires. Celui de la Guerre.

avec son beau portail richement sculpté, fut terminé à la fin de 1759 et celui des Affaires étrangères en 1762 ; ce dernier accueillit aussi des bureaux de la Marine quand les Choiseul cumulèrent plusieurs ministères : il abrite aujourd'hui la Bibliothèque municipale. Derrière les sobres façades de ces deux hôtels les locaux ont été agencés avec une rare habileté et cette réussite fonctionnelle se combine heureusement avec l'élégance et le raffinement du décor. C'était un pas vers la constitution, somme toute assez logique, de Versailles en capitale complémentaire. La destruction du château de Clagny en 1769 facilita l'extension de la ville vers le nord, où une nouvelle église, Saint-Symphorien, fut construite en 1770 sur les plans de Trouard.

VIII. — UNE ÉPOQUE PRIVILÉGIÉE DE L'ART FRANÇAIS

Par son activité incessante de constructeur, par son appétit de renouvellement et de perfectionnement de ses installations intérieures, par sa recherche constante d'un luxe raffiné, Louis XV a été à la tête d'un des apogées de l'architecture française et aussi de ce que l'on considère comme l'âge d'or des arts décoratifs. Toutes les constructions, transformations et rénovations qu'il a entreprises, toutes ses commandes ont inféré une activité intense de tous les métiers d'art, en un mouvement où, comme l'a judicieusement souligné Pierre Verlet, la cour et la Ville étaient comme en symbiose. A la suite du Roi, la cour donnait le ton aux goûts et au luxe, mais il n'y avait à Versailles ni grands marchands, ni ateliers supérieurs d'artisanat : les uns et les autres étaient implantés dans cette capitale européenne des métiers d'art qu'était alors Paris, habité ou fréquenté par leur clientèle. La plupart des courtisans et des ministres y possédaient ou occupaient des hôtels dont le faste et le luxe étaient souvent rejoints, voire dépassés, par ceux construits et meublés pour de grands financiers. La cour donnait l'exemple et les idées qui, en un va-et-vient perpétuel, prenaient forme sous les doigts des artistes parisiens : architectes, peintres, orfèvres, ébénistes, bronziers, etc. « Paris est fier de sa suprématie. Versailles, de son côté, aide Paris à préserver sa prééminence, à assurer et maintenir son renom. Louis XIV avait agi en ce sens. Louis XV fera de même. Les moyens en sont le travail et l'argent, des ouvriers émérites, mais aussi le gouvernement, une direction personnelle et royale. Une partie du secret et de la réussite du XVIIIe siècle me paraît résulter du double effort accompli dans ces deux centres, dans ces deux creusets » (P. Verlet).

Quelques chiffres attestent éloquemment l'importance des

commandes royales : les meubles d'ébénisterie et ceux de menuiserie enregistrés au Garde-meuble de la couronne étaient respectivement arrêtés au n° 565 et au n° 2141 en 1715, ils le sont au n° 2742 et au n° 4368 au décès de Louis XV. Entre la fin de la Régence et la mort du Roi, la direction des Bâtiments a commandé ou acheté plus de huit cent cinquante tableaux (peintures de chevalet, dessus de porte, trumeaux, lambris, plafonds, cartons de tapisseries, etc.). Quel soutien moral autant que financier pour les métiers parisiens que de sentir auprès d'eux ce goût royal et cette attention ! Quel client aussi pour les bronziers et les orfèvres ! Utilisant surtout les jetons d'or que la ville de Paris lui offrait traditionnellement le 1er janvier, le Roi, d'année en année, a patiemment reconstitué depuis 1727 sa vaisselle d'or, presque entièrement fondue à la fin du règne de Louis XIV, et ce fut à tous les grands orfèvres de son temps, ou qui devenaient par sa protection les premiers, qu'il demanda la ciselure de sa vaisselle d'argent : Delaunay, Claude II Ballin, Besnier, les Germain, les Roëttiers. Hors de Paris, ce patronage s'étendit aux manufactures de soie de Lyon, qui bénéficièrent de la presque totalité des multiples commandes royales en tissus d'ameublement ou d'habillement.

Les retombées économiques et artistiques de ce mécénat sont incalculables. Les cours étrangères deviennent clientes des fournisseurs du Roi : les czarines Elisabeth II et Catherine II, le roi de Pologne Stanislas-Auguste achètent leurs soieries à Lyon, Ballin livre des surtouts d'argent à la cour de Saint-Pétersbourg, le roi Jean V de Portugal en commande à Germain et, après le tremblement de terre de Lisbonne, Joseph Ier fait reconstituer par lui l'orfèvrerie de la couronne, tels doreurs parisiens sont accablés par leurs travaux pour la cour d'Espagne et Martin, le vernisseur, ne sait comment satisfaire son énorme clientèle. Catherine II achète massivement à Paris miroirs et consoles de bois doré. En tapisserie, les Gobelins et surtout Beauvais donnent le ton. Et derrière les têtes couronnées ce sont les Français les plus riches et tous les grands de l'Europe que les commandes et le patronage du Roi attirent vers Paris et Lyon.

A cette prospérité Louis XV ne contribuait pas seulement par le rayonnement personnel de sa sûreté de goût, de son sens d'une magnificence mesurée et raffinée. Il y concourait aussi par ses actes. Il était de tradition que le roi de France offrît des présents aux autres souverains, aux ambassadeurs, à des princes, des seigneurs, des artistes et des savants étrangers. Complète pour le XVIIIe siècle, la liste de ces *Présents du Roy* nous montre Louis XV donnant des tapisseries des Gobelins et, de plus en plus souvent, de Beauvais, des tapis de la Savonnerie, des bijoux, montres, « boëtes » d'or avec ou sans diamants, avec ou sans portrait royal en miniature, quelques meubles, notamment pour la Russie, tous dons qui constituaient comme des échantillons des plus belles productions de l'art français et lui assuraient la plus efficace des réclames. S'y ajoutèrent, quand le Roi fut devenu fabricant et marchand, les porcelaines.

Depuis fort longtemps, les céramiques d'Extrême-Orient étaient admirées et recherchées en Europe, où l'on s'efforçait en vain de les imiter. La présence en Saxe de gisements de kaolin avait permis en 1710 la fondation de la manufacture de Meissen. Le goût et l'ingéniosité de ses productions suscitèrent une émulation extraordinaire, notamment en France, où plusieurs fabriques parvinrent, depuis les dernières années du XVIIe siècle, à maîtriser la technique dite de la pâte tendre, résultat du savant mélange de divers minéraux. Peu après 1738, quelques transfuges de ces établissements s'installèrent dans une dépendance du château de Vincennes, sous la protection de M. Orry de Fulvy, intendant des finances. Cette manufacture fut exploitée par une compagnie qui se monta par actions en 1745 et dont Louis XV, qui s'y intéressait vivement, devint en 1753 le principal actionnaire, après lui avoir conféré en 1752 la qualité de manufacture royale. Devant le succès de ses produits, les effectifs du personnel s'accrurent et il fallut construire de nouveaux ateliers. A cette occasion, Mme de Pompadour poussa au transfert de la manufacture à Sèvres, où l'installation dura de 1753 à 1757, cependant que Vincennes continuait à fonctionner et que le Roi se passionnait pour ses travaux. M. de Croÿ rapporte qu'un soir de 1754 où il avait été invité à souper dans les petits cabinets, Louis XV occupa ses hôtes « à déballer son beau service bleu, blanc et or de Vincennes, que l'on venait de renvoyer de Paris, où on l'avait étalé aux yeux des connaisseurs. C'était un des premiers chefs-d'œuvre de cette nouvelle manufacture de porcelaines, qui prétendait surpasser et faire tomber celle de Saxe ». Il est certain que, avec une rapidité assez surprenante, Vincennes avait su se donner un style et prendre un développement qui allait la faire bénéficier d'une situation privilégiée.

Peu à peu, le Roi racheta leurs parts aux divers actionnaires et, à partir du 1er octobre 1759, la manufacture de Sèvres devint sa propriété personnelle, la gestion administrative étant assurée par un intendant des finances, M. de Courteilles, puis par le secrétaire d'État Bertin. Sèvres continuait à traiter la pâte tendre, mais la découverte en 1768 du gisement de kaolin de Saint-Yrieix en Limousin allait permettre, comme en Chine et en Saxe, la fabrication de porcelaine à pâte dure. Les essais furent concluants et, le 21 décembre 1769, les premiers échantillons de porcelaine dure furent présentés à Louis XV, qui, l'année suivante, acheta le droit d'extraire le kaolin du terrain de Saint-

Yrieix. Il fut évidemment un des principaux clients de sa manufacture, dont il tira quelques-uns de ses présents les plus fastueux : services offerts à l'impératrice Marie-Thérèse (1758), au roi de Danemark (1768-1769), à la reine de Naples (1774). Mais il ne se contenta pas d'acheter : il vendit. Chaque année, à partir de 1758, il organisa à Versailles à la fin de décembre une exposition et proposa « ses » porcelaines les plus neuves et les plus coûteuses, comme de plus courantes, à ses courtisans, empressés à se faire valoir en achetant largement. Par une suite d'initiatives et de créations ininterrompues dont Louis XV était l'arbitre et l'inspirateur, Sèvres était devenue l'une des institutions les plus prestigieuses de son temps.

*
**

De toute évidence, l'action artistique de Louis XV se révèle aussi étendue que continue, mais, à l'instar de celle qu'il mena en faveur des sciences et de la médecine, elle s'est exercée avec discrétion et modestie. « Nous avons vu dépenser en bâtiments autant et plus que sous Louis XIV », a pu écrire pertinemment l'historiographe Duclos. La différence est que, du temps du Roi-Soleil, à de telles campagnes de construction eussent souvent fait écho des dithyrambes exaltant la magnificence et le grand goût du prince. Rien de tel avec Louis XV. Aussi son ascendant sur ces matières fait-il l'objet de méprises tenaces. En particulier, la notion que l'on se fait du « style Louis XV » se réduit encore trop couramment à la phase de celui-ci qualifiée de « rocaille ». En réalité, plutôt que d'un « style », doit-on parler d'un « art Louis XV », qui mérite d'autant plus cette appellation que, dans sa diversité, il se confond avec le long règne. On a trop exagéré à cet égard le rôle de Mme de Pompadour. Bien avant le temps de sa faveur, Louis XV avait discerné et fait travailler les artistes qui devaient illustrer le siècle et, en outre, les goûts de la marquise n'étaient pas exempts de quelque penchant à la mièvrerie, un défaut dans lequel le Roi n'est jamais tombé. Il a toujours recherché l'ampleur des formes, la noblesse et la mesure, sachant allier cet idéal avec le souci du détail et l'exigence de la perfection, tempérés l'un et l'autre par sa bienveillance envers les artistes. Par de lentes novations, longuement et savamment méditées, il a souverainement entraîné l'art de son temps, lui ménageant à la fois la stabilité et la faculté d'évoluer en restant pleinement original. C'est incontestablement un de ses titres de gloire.

CHAPITRE XII

Ligueurs et frondeurs

Pacifique par nature et par conviction, Louis XV eut sans doute l'espoir, au lendemain du traité d'Aix-la-Chapelle, de disposer désormais d'un temps suffisant pour moderniser tranquillement son État et contribuer à l'équilibre de l'Europe et de ses prolongements outre-mer. Il dut bientôt déchanter : la paix extérieure ne tarda pas à se révéler précaire et la paix intérieure se délabra plus vite encore. Mais la perte de ses illusions l'a probablement moins déconcerté que l'ébranlement quasi général des esprits qui l'accompagna. Dans le domaine des lettres et des idées, en effet, les événements suivirent un cours non moins mouvementé que sur le terrain politique. Diderot publie en 1746 ses *Pensées philosophiques,* en 1749 sa *Lettre sur les aveugles* et en 1751 le premier volume de l'*Encyclopédie*. *De l'esprit des lois* de Montesquieu paraît en 1748, le tome premier de l'*Histoire naturelle* de Buffon en 1749. Rousseau se fait connaître en 1750 par son *Discours sur les sciences et les arts*, suivi en 1755 du *Discours sur l'origine et les fondements de l'inégalité*. Voltaire donne en 1750 *Le siècle de Louis XIV* et l'*Essai sur les mœurs et l'esprit des nations* en 1756. Coïncidant à peu près avec ces parutions, une autre vague d'ouvrages vint traiter de questions touchant à l'économie, à la fiscalité et aux subsistances : le *Mémoire sur les blés* du fermier général Dupin (1748), l'*Essai sur la police générale des grains, sur les prix et sur les effets de l'agriculture* de C.J. Hébert (1753), *L'ami des hommes* (1755) et la *Théorie de l'impôt* (1760) du marquis de Mirabeau, le *Tableau économique* et les *Maximes* de Quesnay (1758), les *Considérations sur le commerce* de Vincent de Gournay (1758). L'an 1750 et les millésimes avoisinants constituent à beaucoup d'égards un tournant du siècle et donnent à l'historien la sensation d'aborder comme un second règne du même Roi. Les nouvelles générations semblent perdre le sens du service public. Saisie d'un véritable délire politique, la magistrature non seulement tente de se coiffer de la couronne, mais s'évertue à déconsidérer la personne même du souverain, grossissant ainsi les fantasmes étranges qui poussaient une partie de la population à vouer au Roi des sentiments de mépris et même de haine.

I. — LE RÊVE D'UN GOUVERNEMENT DES JUGES

A partir des années 50 du siècle, la magistrature s'est enfoncée dans un état à peu près constant d'effervescence et de rébellion, suscitant à tout propos des incidents et des conflits. Ceux-ci eurent pour prétexte ou pour motif telle décision du gouvernement ou telle orientation de sa politique. Mais ces *casus belli* assez classiques coexistaient avec d'autres réactions, distinctes d'eux et moins évidentes, qui contribuaient, elles aussi, à entretenir la fièvre dans les corps d'officiers de justice et expliquent, pour une part trop fréquemment sous-estimée, les composantes de leur mentalité comme la véhémence et l'opiniâtreté de leur comportement.

UN MONDE INQUIET

En dehors des mesures fiscales et de celles liées directement ou indirectement à la bulle *Unigenitus,* amorces ordinaires de l'agitation des cours, d'autres facteurs contribuaient à entretenir dans la robe un malaise pernicieux, mais rarement avoué. Il y avait d'abord la crise des institutions judiciaires de la monarchie, mise en évidence par les enquêtes menées par le chancelier d'Aguesseau et les fusions des tribunaux qu'il avait fait édicter. Cette crise se poursuivit après 1750. Une de ses causes majeures fut sans doute la persistance de la baisse du prix des offices de judicature, aussi bien dans les compagnies supérieures que dans les sièges subalternes. Entre 1682 et 1750, l'office de conseiller au parlement de Paris était passé d'une centaine à une cinquantaine de milliers de livres ; acheté 62 000 livres en 1716, un office de conseiller à la cour des aides de Paris valait moitié moins en 1768. Cette dévalorisation frappait même des offices aussi prestigieux que ceux des maîtres des requêtes : l'un d'eux se plaignait en 1768 d'avoir perdu 105 000 livres sur sa charge et celle de son frère. Devenus un mauvais placement, les offices de justice étaient moins recherchés et il en vaquait partout. Aussi, dans la foulée de d'Aguesseau, le chancelier de Lamoignon, assisté par le bureau des Réunions, continua au fil des ans à faire promulguer des édits prononçant des extinctions d'offices, des fusions ou des suppressions de tribunaux. Il estima même devoir en 1752 ramener de quatre-vingt-huit à quatre-vingts le nombre des maîtres des requêtes et prendre à cette occasion de strictes dispositions pour empêcher que ces charges ne se négociassent secrètement en dessous de 100 000 livres. Des chambres entières et différents offices furent supprimés dans les parlements de Paris (1756 et 1762), de Besançon (1759) et de Rennes (1765). Les troubles graves qui ont alors agité ces cours ont pu hâter ou, au contraire, retarder ces mesures, ils ne les ont pas provoquées : la vacance prolongée des offices les rendait inéluctables. Entre le statut mondain de la robe, alors à son zénith, le prestige réel de ses fonctions et l'idée flatteuse qu'elle s'en faisait, il y avait ainsi des discordances qui ne pouvaient que lui inspirer des sentiments d'aigreur, conscients ou non, combinés à de la jalousie.

Les cours supérieures, en effet, avaient l'impression d'être comme vidées peu à peu de leur substance par la transformation du service public, qui, avec l'apparition et le développement du fonctionnariat, devenait un métier et cessait d'être une délégation et une magistrature. « Les fonctions qui caractérisent le parlement, proclamait en 1757 celui de Rennes, ne consistent pas à juger quelques procès... ; quelque portion détachée des droits du magistrat ne peut être regardée comme cette plénitude de magistrature qui constitue essentiellement les droits et les fonctions du parlement. Juger l'équité et l'utilité des lois nouvelles, la cause de l'État et du public, maintenir l'ordre et la tranquillité dans le royaume, exercer une juridiction souveraine et de police générale qui s'étend sur toutes les matières, sur tous les objets et sur toutes les personnes, tels sont les droits et les fonctions primitives, exclusives et caractéristiques du parlement. » Mais dans le même temps les compagnies supérieures étaient absentes de ces grandes réalisations du siècle dont les populations sentaient les avantages, telles que l'implantation d'un réseau routier moderne, les travaux d'urbanisme qui ont assaini et embelli tant de villes et autres entreprises qui faisaient la célébrité, voire la popularité, de ceux — intendants, gouverneurs, ingénieurs — qui les avaient suscitées ou conduites. Il était des villes et des provinces où la renommée de M. l'intendant surpassait nettement celle de Messieurs du parlement, qui finissaient par en éprouver des sensations de frustration, d'humiliation et d'envie et par recourir à tous les moyens, fût-ce les plus démagogiques et les plus séditieux, pour occuper seuls le devant de la scène.

La cour des aides de Montauban offre un exemple typique de cette attitude. Composée d'un premier président, quatre présidents, deux chevaliers d'honneur, vingt et un conseillers, un procureur général, deux avocats généraux, deux greffiers en chef, trois greffiers garde-sacs et deux greffiers des dépôts civils, elle ne rendait par an guère plus de soixante-dix décisions et le contentieux fiscal dépassait rarement une trentaine d'affaires. Avec ces effectifs pléthoriques et une activité aussi médiocre, ses officiers étaient condamnés au désœuvrement, source d'amertume et de ressentiment. Quoi d'étonnant si, pour restaurer aux yeux du public la notion de leur utilité et le prestige de leur compagnie, et aussi pour passer le temps, ils se sont mis à tracasser les intendants de la généralité, beaucoup plus occupés et efficaces ?

Ailleurs, parallèlement à l'emploi d'arguments d'ordre général, des cours ont cherché à capter la considération et l'estime en se prévalant du particularisme de leur province. En quoi elles n'aimaient guère se sentir légitimement concurrencées par les états provinciaux. Le parlement de Toulouse et les états de Languedoc n'étaient pas en fort bons termes. Même situation en Bourgogne. La collusion des états et du parlement de Bretagne dans l'opposition à l'autorité royale a été assez tardive. Les remontrances du parlement et de la cour des comptes, aides et finances de Franche-Comté témoignent d'un réveil du patriotisme local. Celui-ci a été exploité avec une ardeur particulière par le parlement d'Aix, qui frondait en arguant dans ses remontrances que, conformément au testament signé en 1481 par le dernier comte de Provence et accepté par Louis XI en 1482, cette terre « unie, non comme membre accessoire de l'État, mais comme État égal et nullement subordonné ; unie non à l'État même, mais à la couronne ; non pour suivre les maximes d'une autre nation, mais pour voir affirmer les siennes sous l'autorité d'un souverain plus puissant, libre envers la France de toute dépendance, ne conserve avec elle d'autre lien que celui qu'exige l'harmonie du gouvernement général et l'obéissance au même souverain. »

Les officiers des cours supérieures vivaient ainsi dans le sentiment d'un âge d'or perdu, qui les poussait à tourner systématiquement les yeux vers le passé, un passé mythique. Ils nourrissaient une tendre prévention pour les temps où ils imaginaient leurs prédécesseurs agissant en pères de la patrie et prenant en main le timon de l'État. D'où leur prédilection pour la Fronde. Celle-ci fit plus que de leur inspirer de la nostalgie : elle constitua pour eux un idéal et un modèle, auxquels les cours provinciales se rallièrent ouvertement avant les parisiennes. Dès 1753, le parlement de Rouen se référait aux déclarations arrachées en 1648 à la Régente et à Mazarin, sur lesquelles d'autres fondèrent ensuite maintes remontrances et jusqu'à des arrêts. Ce fut littéralement une nouvelle Fronde qui se déchaîna après 1750.

Enfin, tout en souffrant de la crise générale des institutions judiciaires, chaque cour était travaillée aussi par des jalousies et des rivalités internes, des brigues personnelles, qui avaient leurs répercussions sur sa conduite dans les affaires publiques. Au parlement de Toulouse, la longévité du premier président de Maniban exacerbait les ambitions du procureur général Riquet de Bonrepos et du président Niquet, qui brûlaient de lui succéder. A sa mort en 1762, Louis XV confia la charge à une tierce personne et Bonrepos en conçut tant de dépit (et sa femme encore plus), qu'il devint le centre des cabales et que la fermentation s'accrut dans la compagnie. Et comment comprendre les faits et gestes des parlements de Rennes et d'Aix sans tenir compte des ambitions ministérielles des procureurs généraux de La Chalotais et Ripert de Monclar ?

Tout un ensemble d'éléments entretenait donc la haute robe dans un malaise diffus, dont l'aveu répugnait à son orgueil, mais qui pesait sur ses attitudes et contribua pour une très large part à leur conférer leur caractère passionnel. C'est encore ce qui explique pourquoi le parlement de Paris, traditionnellement à l'avant-garde de la contestation, a été, après 1750, rejoint et même dépassé par les cours des provinces.

Les générations montantes

Le renouvellement cyclique des générations modifiait inévitablement l'état des esprits dans tous les milieux et notamment chez les principaux acteurs de la scène politique : l'épiscopat, dont on reparlera, et la magistrature, où les changements ne suivaient pas le même rythme. Les sièges épiscopaux, en effet, n'étaient que cent douze et ne pouvaient être attribués qu'à des ecclésiastiques âgés d'au moins trente ans, alors que les offices de judicature, beaucoup plus nombreux, étaient aisément accessibles à des sujets d'à peine vingt ans. Donc à de jeunes hommes qui n'avaient pas vu l'invasion étrangère pénétrer dans le royaume, qui avaient bénéficié, sans peut-être en avoir conscience, du courant de prospérité dans lequel, en dépit des à-coups de l'économie, la France était emportée depuis 1726. Des hommes connaissant une certaine « douceur de vivre » et se trouvant par là moins enclins que leurs pères à comprendre et accepter les contraintes de l'effort et de la discipline.

Pendant que les évêchés renouvelaient lentement leurs titulaires, des mouvements plus amples affectaient les charges principales des cours supérieures et notamment dans quelques-unes de celles qui allaient faire le plus de bruit. En une douzaine d'années, de 1745 à 1757, les parlements de Bordeaux, Dijon, Aix, Rouen, Pau et Besançon, les cours des aides de Paris (où

Malesherbes succéda à son père) et de Montauban changèrent de premier président, tandis que dans les parlements de Paris, Toulouse, Grenoble, Rouen et Rennes, les cours des aides de Paris et Montauban, la cour des comptes, aides et finances de Rouen entraient en fonction de nouveaux procureurs généraux. En plus d'un cas, le fils recueillait la place du père, mais si les offices étaient souvent héréditaires, les idées et les convictions paternelles n'animaient pas nécessairement tel ou tel premier président, qui se révéla pour le Roi un serviteur moins sûr que son père : le parlement d'Aix en offre un bon exemple. Malgré la crise du recrutement, les chambres des différentes compagnies accueillaient de même de jeunes magistrats. Quel que fût leur rang dans la hiérarchie, beaucoup de ces nouveaux venus étaient imprégnés ou séduits par les théories et les thèses exposées dans des livres récents.

Tout naturellement, *L'esprit des lois* est devenu la bible de nombreux magistrats, mais ce qu'ils en tirèrent ce fut moins des idées — la pensée de Montesquieu étant fort au-dessus de celle de la moyenne des juges —, que des mots et des expressions dont la langue de bois de leurs compagnies allait user et abuser. En particulier le terme de *despotisme*. Dans l'ordre des définitions de Montesquieu, le despotisme était le dernier des gouvernements, mais il était le premier dans son esprit par l'aversion qu'il lui vouait. Il en dépeignait le régime tel qu'il le croyait sévissant dans les empires orientaux, mais c'était une illusion géographique masquant une allusion historique, c'était une caricature de Versailles et des organes du gouvernement français, c'était à la monarchie bourbonienne qu'il en avait (L. Althusser). Les parlementaires allaient expliciter cette insinuation et brandir avec délectation le grief de despotisme.

Mais, autant et plus que *L'esprit des lois,* des ouvrages bien moins illustres ont exercé une influence considérable dans le monde de la robe, déjà pétri de gallicanisme et de jansénisme. A mesure qu'avançait le siècle, les jansénistes de dogme se raréfiaient et les jansénistes de parti étaient de plus en plus nombreux. Ces derniers exposaient et puisaient convictions et arguments dans des livres qui, attaquant au départ dans la bulle *Unigenitus* une sentence émanée du Pape et agréée par le Roi, en venaient à rejeter l'autorité royale autant que la pontificale et à revendiquer pour la magistrature civile le droit et même le devoir de faire obstacle au « despotisme ». Ces livres, maintenant bien oubliés mais fort répandus en leur temps, étaient *L'instruction d'un prince* de l'abbé Duguet (1739), l'*Apologie de tous les jugements rendus par les tribunaux séculiers contre le schisme* (1752), œuvre de deux canonistes, les avocats Maultrot et Mey (celui-ci longtemps rédacteur principal des *Nouvelles ecclésiasti-*

ques), le *Manuel du souverain* et les *Maximes sur le devoir des rois et le bon usage de leur autorité,* deux traités de l'abbé Barral édités en 1754.

LE RETOUR À MÉROVÉE

Toutefois, le succès le plus prodigieux dans les milieux robins est revenu à un ouvrage à prétentions historiques paru en 1753 et 1754 et accueilli avec grande faveur, car Boulainvilliers et Montesquieu lui avaient frayé la voie : les *Lettres historiques sur les fonctions essentielles du parlement, sur le droit des pairs et sur les lois fondamentales du royaume* écrites par le principal meneur parisien de l'opposition parlementaire, l'avocat Le Paige. Parées d'une érudition spécieuse, ses élucubrations et ses impostures nous font rire aujourd'hui après deux siècles de recherche critique, mais les parlementaires du temps de Louis XV les reçurent comme des vérités d'autant plus évidentes qu'elles s'accordaient avec leurs fantasmes et leurs prétentions. Ils en argumentèrent leurs paroles et leurs actes.

Le Paige ne faisait que reprendre les idées de Boulainvilliers, déjà chères à Montesquieu. Boulainvilliers imaginait une nation originaire, sur laquelle la monarchie n'était venue se greffer qu'en 481 avec Clovis, et considérait l'évolution ultérieure de la France comme un long processus d'altération de cette constitution primitive et d'établissement du despotisme : les rois, disait-il, « ont tous été assis sur le même trône, mais ils s'y sont tous conduits d'une manière si différente, qu'à la réserve d'un seul point qui a été l'idée de subjuguer les peuples, d'anéantir les grands seigneurs et de rendre leur autorité despotique, on pourrait dire que leurs maximes de gouvernement n'ont pas eu plus de liaison entre elles qu'avec celles de la monarchie chinoise ou tartare. On peut remarquer cependant qu'elles n'ont pas laissé de conduire leur postérité au but qu'ils s'étaient proposé il y a déjà tant de siècles, mais que, pour atteindre efficacement ce but, l'administration du cardinal de Richelieu et le règne de Louis XIV ont fait plus en trente ans que toutes les entreprises des rois précédents n'avaient pu gagner en douze cents ans ». Publiés en 1727 et 1728 après la mort de leur auteur, les principaux ouvrages de Boulainvilliers n'avaient eu de retentissement que dans des milieux restreints d'écrivains politiques, d'historiens et de lettrés. Le génie de Le Paige fut de radicaliser ces thèses et, en les saupoudrant de fausse science, en les assaisonnant d'une éloquence de tribun, de les faire sortir des cercles d'érudits et de les mettre à la portée d'un large public. Le succès de ses *Lettres historiques* fut foudroyant dans le monde de la robe, animant aussitôt les meneurs et les suiveurs de l'opposition d'une nostalgie combattante de ce passé mythique : dans cet état d'esprit, il leur fallait, pour rétablir la nation en ce qu'ils croyaient être sa constitution originelle, déstabiliser la monarchie telle qu'elle se présentait alors, abolir son passé depuis au moins le XVIe siècle. Cette fin — le retour à Mérovée — justifia à leurs yeux tous les moyens.

*
* *

Selon Le Paige, l'ancienneté (et donc l'autorité) du parlement était antérieure à celle même du monarque : « Le parlement, par une succession qui n'a jamais souffert d'interruption, remonte jusqu'à la naissance de la monarchie française et jusqu'à nos siècles germains. Le parlement que nous voyons aujourd'hui est le même parlement qui subsistait sous Philippe le Bel, sous saint Louis, sous Philippe Auguste et dont on possède encore les registres ; comme celui qui subsistait au temps de ces trois princes était celui même du roi Robert et de ses successeurs, de Charlemagne et de toute la deuxième race, de Clovis et de toute la première ; celui enfin dont parlait Tacite il y a seize cents ans, du temps de nos rois germains, et dont on ne trouve l'origine que dans celles mêmes de l'État. »

Avec ravissement, la haute magistrature se mit sans tarder à professer, dans le droit fil de Le Paige, que les parlements étaient nés avec la monarchie, voire avant elle, ce qui revenait à les situer sur un pied d'égalité et peut-être même de supériorité avec le Roi. Doctrine proclamée dès novembre 1755 par le parlement de Paris : « Sire, il y a treize cents ans que la monarchie subsiste, il y a treize cents ans que votre parlement, sous quelque dénomination qu'il ait été connu, forme toujours le même tribunal et exerce les mêmes fonctions dans l'État. Son administration quant à la manutention des lois n'a jamais cessé d'être la même jusqu'à ce moment. » C'étaient là des contre-vérités manifestes, mais commodes pour fonder le gouvernement des juges et donc tenues dès lors par Messieurs des parlements pour un catéchisme intangible. Peu de temps après, ces assertions furent habilement réfutées par un ouvrage anonyme, les *Réflexions d'un avocat sur les remontrances du parlement du 27 novembre 1755*. Après y avoir prouvé que le parlement de Paris remontait au plus tôt à Philippe le Bel, l'auteur présentait de piquantes remarques : il relevait que les autres parlements n'étaient pas des tribunaux légitimes puisque leurs lettres de fondation n'avaient pas été enregistrées au parlement de Paris et, détail encore plus chatouillant, précisait que les lettres d'établissement du parlement de Metz par Louis XIII en 1633 n'avaient pas été adressées à cette cour, mais à des commissaires ! Le parlement — où l'humour était proscrit — prit fort mal ces rappels à la vérité historique : l'avocat général Joly de Fleury s'éleva contre « la témérité de l'auteur, qui osait s'ériger en censeur des remontrances de la cour et qui, cherchant à la rendre suspecte dans ses sentiments et sa conduite, ne rougissait pas d'accumuler mille horreurs et mille absurdités », ce pourquoi il l'invitait à « venger l'injure faite à ses sentiments et à son autorité. » Ce qu'elle fit en ordonnant, le 27 août 1756, que cet écrit serait « lacéré et brûlé en la cour du palais », comme « séditieux » et attribuant « faussement et calomnieusement » à la compagnie des pensées qui n'étaient pas les siennes.

Dans la logique de cette thèse, les parlements des provinces furent considérés, au mépris de l'histoire, comme les membres d'un même et unique corps primitif : ils ne forment tous qu'un même parlement, enseignait Le Paige, car, « n'étant que des démembrements que l'on a faits depuis trois ou quatre siècles de ce parlement unique et universel, il s'est fait en eux une émanation nécessaire des fonctions et des obligations de la cour démembrée ». Cette imposture enthousiasma Messieurs des divers parlements, qui se prirent aussitôt pour les différentes « classes » d'un corps unique. Système que l'on trouve très vite défendu dans leurs remontrances : à Grenoble (4 mars 1755), à Metz (18 mars 1756), Aix (26 juin 1756), Rouen (26 juin 1756) et dont celles du parlement de Paris le 22 août 1756 ont peut-être donné la meilleure expression : « La cour métropolitaine et toutes ses colonies sont les diverses classes d'un seul et unique parlement, les divers membres d'un seul et unique corps, animés du même esprit, nourris des mêmes principes, occupés du même objet. » Cette chimère, prévalut surtout pendant une quinzaine d'années, mais des années pendant lesquelles elle fut redoutable, car, au fil des incidents, elle engendra ce que Messieurs appelèrent « l'union des classes », c'est-à-dire une sorte de confédération des cours supérieures dans des campagnes de déstabilisation du pouvoir royal. A leurs officiers qui déjà se réclamaient de la Fronde, « l'union des classes » permit de former comme une nouvelle Ligue.

*
**

Dès qu'ils eurent conviction de perpétuer en droiture les assemblées des Francs dans leurs champs de mars et de mai, les parlements se ruèrent vers les monuments législatifs des temps les plus reculés. N'était-ce pas là que gisaient les vraies lois fondamentales du royaume ? Oubliant ou taisant que ces textes vénérables n'avaient été, et pour cause, enregistrés nulle part, ils se mirent à en argumenter leurs remontrances. C'est un tribunal subalterne, le Châtelet de Paris, qui a peut-être le premier excipé de ces lois barbares : en septembre 1753, il invoquera des décisions de Clotaire Ier et Clotaire II pour refuser de reconnaître la chambre des vacations établie à la place de celle du parlement défaillant. Sur cette lancée, les parlements accumulèrent à l'envi les remontrances aux diplômes et aux capitulaires des Mérovingiens et des Carolingiens. Toulouse, en janvier 1756, recourt à Clovis : il était difficile de remonter plus haut. Childebert Ier (511-558) est invoqué par Rouen (1761) et Toulouse (1763) ; Clotaire II (584-629) par Pau (1763) ; Charlemagne par Pau (1763) et Rennes (1764 ; capitulaire de 803) ; Louis le Pieux et son capitulaire de 823 par Paris (1759) et Bordeaux (1762). La législation de Charles le Chauve a été particulièrement exploitée : capitulaires de 844 par Pau (1757), Paris (1759) et Toulouse (1763) ; le capitulaire et le « serment » de Quierzy en 877, présentés comme ayant établi l'hérédité des offices (!), étaient très en faveur (Paris, 1759 ; Rennes, 1764), de même que le capitulaire de Pîtres (864), duquel — en la séparant soigneusement de son contexte — on citait cette formule pour en faire grand état : « *Lex consensu populi fit et constitutione regis* » (la loi est faite par le consentement du peuple et la décision du roi). En février 1765, Rennes faisait venir ensemble à la rescousse Charlemagne, Louis le Pieux, Charles le Chauve, Lothaire et Louis le Germanique. D'autres visaient globalement « les capitulaires de nos Rois » (Bordeaux, 1756), « les capitulaires émanés des Rois de la première et de la deuxième race » (Paris, 1768). Ce recours aux origines franques a aussi étayé la prétention des cours supérieures à n'accorder de reconnaissance légale et à ne déférer qu'aux actes royaux revêtus du grand sceau de France.

Très répandu dans l'Antiquité romaine, l'usage d'une signature ou souscription pour valider les actes publics se perpétua difficilement dans le haut Moyen Âge en raison du déclin de la culture. La validation par le moyen du sceau se maintint plus aisément, puisque sa force probatoire était perceptible par des illettrés. Or le sceau est une émanation de la personnalité de son titulaire et plus celle-ci est éminente, plus le sceau qui en est le signe aura d'autorité. S'agissant du souverain, il prit un caractère presque sacré, voire magique, apparaissant comme la matérialisation de la volonté royale, qui ne devenait efficace que par son intermédiaire. Les progrès de l'instruction au long du Moyen Âge restaurèrent peu à peu le prestige de la signature ; au XVIe siècle, elle fut remise en honneur comme un indice de culture et battit en brèche le règne exclusif du sceau. Il en résulta, dans la diplomatique royale, l'éclosion et l'épanouissement de nouvelles catégories d'actes — en particulier les arrêts du Conseil — validés seulement par les signatures. C'était là un fait de civilisation condamnant le sceau à s'effacer progressivement devant la signature, qui est aujourd'hui le mode de validation de la totalité des actes publics et privés. Les cours supérieures considéraient cette évolution comme une décadence liée à celle de la constitution franque, d'où l'obstination avec laquelle elles exaltèrent les vertus uniques du sceau royal, à partir surtout du moment où cette idéalisation put s'appuyer sur les usages « du temps de nos rois germains » : « Aucune lettre de nos souverains, prononçait en 1753 le vieux Joly de Fleury, n'est authentique qu'avec le sceau, cela est établi depuis au moins Pépin et Charlemagne. »

En même temps qu'elles vulgarisaient une doctrine sur les origines du parlement, les *Lettres historiques* de Le Paige recoupaient un courant de pensée relatif à la formation de la noblesse. Envisagée sous son aspect social, la thèse considérant la monarchie telle qu'elle était vécue sous Louis XIV et Louis XV comme la dénaturation du régime intrinsèque de la nation franque avait conduit quelques écrivains et historiographes — entre autres Le Laboureur (mort en 1675) et encore Boulainvilliers — à soutenir que la conquête accomplie par les Francs avait transformé les peuples conquis en serfs et les envahisseurs en aristocrates. Longtemps, l'*Histoire du gouvernement de la France, de l'origine et de l'autorité des pairs du royaume et du parlement* de Le Laboureur circula sous le manteau et en manuscrit, appréciée par quelques hobereaux ou gentilshommes de vieille souche. Elle fut imprimée en 1740, ce qui accrut naturellement son audience. Ce système, dit « germaniste », avait été sérieusement critiqué par les savants « romanistes » — notamment l'abbé Dubos — pour lesquels il y avait eu jadis non pas conquête, mais invasion germanique et, par suite, survivance en grande partie de l'ordre social gallo-romain. Il eut écho néanmoins dans la haute noblesse, qui souffrait depuis Louis XIV de sa faible participation à la conduite de l'État. Séduits par la théorie des origines franques de leur ordre, certains de ses membres se prirent à rêver au rôle tenu par les grands autour des souverains dans les assemblées des temps mérovingiens et carolingiens. Le retour à la constitution franque venait ainsi faire converger en une même hostilité à l'autorité royale, et la magistrature et de hauts et puissants seigneurs.

Sur le terrain idéologique, l'opposition des cours supérieures s'est donc compliquée et aggravée au milieu du siècle, surtout au début de la guerre de Sept Ans : aux thèmes classiques fournis par le gallicanisme, le jansénisme et la défense des privilèges sont venues s'ajouter les spéculations d'ordre constitutionnel fondées sur un retour au régime politique des Francs, propres à faire des adeptes dans l'épée comme dans la robe. Louis XV — qui avait dans sa bibliothèque personnelle les trois tomes de l'*Histoire critique de l'établissement de la monarchie française* de l'abbé Dubos —, Louis XV risquait de voir les campagnes de déstabilisation de son autorité menées par les cours supérieures suivies avec sympathie, voire encouragées et soutenues par des princes du sang, des seigneurs de sa cour et leur clientèle, raidis avec les robins dans un même rejet de la modernité. Ces nouveautés idéologiques allaient influencer les voies et moyens de la haute magistrature pour déstabiliser l'État.

Voies et moyens du gouvernement des juges

Dans ce délire factieux de la robe, la griserie du verbe a tenu une place capitale. Les parlementaires se sont enivrés de mythes et de mots, des mêmes mots dont usaient le Roi, ses ministres et les gens de son Conseil, mais qui n'avaient pas la même signification dans la bouche des uns et des autres. Ainsi les compagnies de justice aimaient — à la suite de Montesquieu — se dire « le dépôt des lois » et le souverain ne leur dénia jamais cette qualité, car par là il n'entendait guère qu'un dépôt d'archives, alors qu'aux yeux des magistrats il en découlait des droits politiques immenses. Que les cours se soient régalées de mots tint en partie à la forme que revêtaient leurs jugements : comme elles exerçaient leurs pouvoirs en vertu d'une délégation du prince, elles jugeaient en son nom et comme à sa place, en sorte que leurs arrêts s'expédiaient en forme de lettres émanées de lui. Cette habitude de parler en corps au nom du souverain poussait les parlementaires à se croire eux-mêmes souverains. En quoi ils se différenciaient essentiellement des gens du Conseil, qui ne jouissaient d'aucune délégation de pouvoir, qui tiraient force et fierté de ce que, de manière directe et continuelle, ils assistaient le Roi dans l'exercice de son autorité, mais ne formaient pas une compagnie et ne pouvaient donc agir et parler collégialement. « Il y a par la nature des choses, estimait Montesquieu, une espèce de contradiction entre le Conseil du monarque et ses tribunaux. »

Cette contradiction éclata d'abord sur la conception même du pouvoir. En général, le caractère fondamentalement absolu de l'autorité royale ne fut pas remis ouvertement en question par les cours : elles affectèrent de le professer et de le proclamer, mais — surtout à partir du moment où elles s'inspirèrent de Le Paige — elles l'assortirent en même temps d'interprétations et de gloses d'une grandiloquence empesée, qui ne tendirent qu'à le dénaturer, voire à l'annuler.

« Vous êtes seul législateur, disait en 1755 le parlement d'Aix à Louis XV, mais l'instruction et le conseil, qui furent toujours de l'essence des lois, exigent un tribunal où la loi se perfectionne, où elle s'assure du droit de régner sur les esprits et sur les cœurs. » « Votre parlement, déclarait en 1756 celui de Montesquieu, n'a jamais prétendu et il ne prétendra jamais avoir aucune part dans le pouvoir législatif ; il sait que ce pouvoir réside avec toute son étendue dans la personne sacrée de Votre Majesté, qu'il Lui est inhérent, qu'il est indivisible et incommunicable ; mais il y a bien de la différence, Sire, entre le pouvoir législatif et la législation, qui n'est que l'effet de ce pouvoir réduit en acte, pour la gloire du législateur et l'intérêt des peuples. Le parlement a, par la nature de sa constitution et de ses devoirs, une fonction essentielle dans la législation, fonction qui lui est propre, qui ne peut être transportée à autre qu'à lui, aussi ancienne et nécessaire que lui-même. Cette fonction... consiste dans le droit exclusif de recevoir la loi directement de la main du souverain, de la comparer avec les lois générales du royaume, lois ou constitutives de l'État, ou établies pour en assurer la durée. » « Toute l'harmonie politique, selon le parlement de Paris en 1756, dépend essentiellement de trois mobiles, qui doivent agir de concert par une progression de mouvements uniformes et combinés : l'autorité souveraine, la loi, les ministres de la loi. Le pouvoir d'institution et de détermination réside dans le souverain, le pouvoir d'exécution et de conservation réside dans les ministres de la loi... Le monarque, la loi, les magistrats forment un ensemble, un tout indivisible : le monarque pour gouverner en législateur et en père, la loi pour rétablir la règle et la confiance, les magistrats pour maintenir l'autorité, la justice, la subordination par leur exemple et par l'exercice des lois. » « Oui, Sire, clamait en 1758 le parlement de Bordeaux, c'est dans les mains du monarque que fut déposée, sans division et sans partage, l'autorité souveraine qui devait gouverner cet empire. C'est dans vos mains qu'elle a passé tout entière avec le sceptre qui vous a été transmis c'est là qu'elle réside sans concurrence et dans toute sa plénitude. La nature des différents objets sur lesquels elle doit porter son attention et sa vigilance en diversifie essentiellement les caractères et les opérations... Avec vous, comme législateur et comme juge, avec vous, Sire, votre parlement forme un tout essentiellement et indivisiblement uni, dont vous êtes le chef et dont vos magistrats sont les membres, comme dépositaires et ministres essentiels des lois, comme les coopérateurs de votre justice souveraine. Ses arrêts sont le commandement même de Votre Majesté. » « Le droit d'établir des lois appartient à Votre Majesté seule, reconnaissait-on à Rouen en 1763. C'est l'un des plus sages préceptes de notre droit public. Le souverain, placé au centre de l'administration et n'ayant d'autre intérêt que l'intérêt général est plus à portée que qui que ce soit de peser les motifs qui sollicitent l'établissement d'une loi. Mais vos augustes prédécesseurs, Sire, ... ont cependant senti qu'ils étaient hommes et, comme tels, sujets à l'erreur et à l'instabilité. Pour éviter l'erreur, ils ont cru que l'établissement d'une loi devant être un chef-d'œuvre de sagesse, ils ne devaient rien négliger pour être suffisamment instruits et pour prévoir d'avance les bons et les mauvais effets qu'elle peut produire. Pour éviter l'instabilité, non seulement ils ont cru que tout changement en matière de législation ne doit être admis qu'après l'examen le plus réfléchi et par les considérations les plus importantes, mais encore ils ont établi des principes fondamentaux auxquels ils ont renoncé, eux-mêmes et leurs successeurs, de faire à l'avenir aucun changement. Ces deux précautions étaient de la plus grande sagesse, mais il fallait en assurer le succès ; il fallait en confier la conservation à des hommes capables de remplir avec fidélité et avec courage les devoirs qu'elles imposent. Tels sont les magistrats, ministres des lois par état. »

Ces textes, et une multitude d'autres semblables, en affectant de ne jamais disconvenir des caractères intrinsèques de l'autorité monarchique, les gauchissaient de telle manière qu'ils les déformaient et même les renversaient. Ils visaient à établir que les cours tenaient leur autorité non du Roi, mais de la constitution même de l'État. « Le parlement de Paris, remarquait en 1753 le chancelier de Lamoignon, convient que le Roi a une autorité souveraine dans son royaume, qui est monarchique, mais il prétend que c'est à lui d'exercer cette autorité, que le Roi ne peut l'empêcher. » Les cours transformaient la délégation de pouvoirs qu'elles avaient reçue du prince en une abdication de celui-ci en leur faveur ; elles ne cherchaient nullement à effacer le caractère absolu de son autorité, mais à confisquer celle-ci ; elles ne visaient à réduire le Roi à l'impuissance que pour se revêtir elles-mêmes de la souveraineté. Aussi, reprenant une casuistique subtile élaborée dès les années 30 du siècle, usaient-elles dans leurs campagnes d'insoumission d'une distinction subtile « entre une désobéissance apparente et une désobéissance réelle, qui consiste dans l'abandon des lois ».

Cette propension à l'accaparement des pouvoirs se manifesta en toutes les directions. Les compagnies émirent la prétention de remplacer les états généraux dans l'intervalle des tenues, c'est-à-dire de représenter la nation dans le consentement à la loi. Cette revendication singulière, formulée dès la Régence puis mise en sourdine, ne refleurit que vers 1760, plus particulièrement dans les cours des aides. A défaut de se proclamer représentants du peuple, les magistrats aimaient à s'en dire les défenseurs et les organes. Votre Majesté, avançait la cour des aides de Paris en 1756, « nous a constitués non seulement les juges de ses peuples, mais aussi leurs patrons et leurs défenseurs et... Elle nous a chargés du soin de faire parvenir jusqu'à sa personne sacrée les justes plaintes de ces malheureux. » Mais c'est à un double rôle que les robins se crurent appelés dans la nation : ils voulurent être à la fois son organe auprès du Roi et l'organe du Roi auprès d'elle. « Le parlement ne parle jamais à la nation qu'au nom du Roi, proféraient les parlementaires rennais en 1757 et de même il ne parle jamais à son Roi qu'au nom de la nation. » Et le parlement de Paris dira en 1764 : « Les magistrats représentent le Roi et ses sujets ; le Roi, pour ramener ses sujets par la rigueur des peines à l'obéissance, s'ils osaient s'en écarter ; les peuples, pour porter au pied du trône les témoignages de leur soumission et de leur amour et les expressions respectueuses de leurs plaintes et de leurs réclamations. » Curieuse façon d'appliquer la théorie des corps intermédiaires chère à Montesquieu, que de dresser ainsi les cours comme une sorte d'écran entre le Roi et la nation ! En se considérant comme « le nœud politique de l'autorité et de la soumission » (Grenoble, 1756), les compagnies supérieures entendaient confisquer la souveraineté populaire tout autant que la souveraineté royale.

*
* *

Dans cet appétit de tout assumer, il n'est pas étonnant qu'elles aient prétendu constituer le véritable Conseil du prince. Réveillée elle aussi sous la Régence et ensuite assoupie, cette prétention était fort ancienne et, pour une part, légitime. En effet, toute charge de judicature ou de finance érigée en titre d'office royal conférait à celui qui en était revêtu la qualité de « conseiller du Roi », rappelant ainsi que le premier caractère de ses fonctions était de devoir au souverain le service de conseil. C'était le fondement du droit de remontrance des compagnies supérieures. De par le titre même de leurs offices, les magistrats de ces cours pouvaient donc être tentés de se prendre pour le Conseil même du prince et, plus d'une fois au cours des siècles, ils en avaient émis la revendication. Celle-ci se ranima à la lecture de *L'esprit des lois* :

« Il ne suffit pas, a écrit Montesquieu, qu'il y ait dans la monarchie des rangs intermédiaires ; il faut encore un dépôt des lois. Ce dépôt ne peut être que dans les corps politiques, qui annoncent les lois lorsqu'elles sont faites et les rappellent lorsqu'on les oublie. L'ignorance naturelle à la noblesse, son inattention, son mépris pour le gouvernement civil exigent qu'il y ait un corps qui fasse sans cesse sortir les lois de la poussière où elles seraient ensevelies. Le Conseil du prince n'est pas un dépôt convenable. Il est par sa nature le dépôt de la volonté momentanée du prince qui exécute, et non pas le dépôt des lois fondamentales. De plus, le Conseil du monarque change sans cesse ; il n'est point permanent, il ne saurait être nombreux, il n'a point à un assez haut degré la confiance du peuple, il n'est donc pas en état de l'éclairer dans les temps difficiles, ni de le ramener à l'obéissance. »

Rejoints et renforcés par les thèses de Le Paige sur le rôle des « placites » et assemblées des temps mérovingiens et carolingiens, ces propos ranimèrent la vieille propension des cours à se prendre pour le seul et vrai Conseil du monarque. Oh, certes ! on n'alla jamais jusqu'à dénier au Conseil du Roi le droit d'exister, mais on le ravalait au rang d'une espèce de bureau d'études et de groupe de travail informel, sans caractère constitutionnel.

« Votre parlement, disait-on à Bordeaux en 1756, respecte, Sire, dans votre Conseil l'autorité que Votre Majesté y exerce. Économe des trésors que le cœur de vos sujets partage avec vous, votre sagesse y règle sur les besoins de l'État leur destination et leur emploi ; père de vos peuples, votre tendresse leur aplanit les routes de la fortune par la protection que vous y donnez au commerce ; votre bonté y assigne des récompenses à leur zèle et à leurs talents ; vengeur des droits de votre couronne et de la gloire de votre empire, votre prudence y mesure et y dirige les efforts de vos armes ; vainqueur des nations, votre puissance y prescrit des bornes à leur ambition. Mais, Sire, juge et législateur de vos peuples, après y avoir projeté les lois nécessaires à la conservation de leur honneur, de leurs intérêts, de leur repos, votre autorité se transporte dans votre parlement, vous en devenez le chef immédiat. C'est dans ce *Conseil légal* du souverain que, par la voie de la vérification et de l'enregistrement, vous consommez les lois projetées. »

Conseil légal : voilà le grand mot lâché ! Dès l'année suivante, le parlement de Rennes proclamait : « Par la constitution fondamentale de la monarchie, votre parlement est le conseil nécessaire où la loi se vérifie, l'organe par lequel elle se promulgue, le garant de sa sagesse, le dépositaire chargé de la conserver et de la faire exécuter, parce que de tout temps il est le ministre essentiel de votre royaume, par lequel la chose publique est policée et entretenue. » Et désormais les cours de se proclamer à l'envi « Conseil national », « Conseil légal », « Conseil public », « Conseil commun à la nation et à son roi », « Conseil public, légal et nécessaire », « Conseil légal et immédiat », « ancien et vrai Conseil », etc.

Prétention redoutable, car elle amena les cours à refuser de déférer à des décisions émanées du Conseil du Roi : pourquoi y auraient-elles obéi, puisqu'elles se considéraient comme le seul et vrai Conseil ? Cette attitude se fonda hypocritement sur des arguments tirés de la forme. Puisque les édits, ordonnances, déclarations et autres lettres patentes n'étaient exécutoires qu'après avoir été lus, publiés et enregistrés par ces compagnies, elles en inférèrent qu'elles ne pouvaient être saisies des ordres ou sentences du souverain et tenues d'y déférer que s'ils étaient dressés en forme de lettres patentes, elles-mêmes soumises par conséquent aux formalités de vérification et d'enregistrement. Revendication qui, si elle avait été satisfaite, leur aurait procuré le contrôle de toute l'activité politique, administrative et judiciaire du Roi. Cela permettra, par exemple, de contester toute autorité au contenu d'une dépêche ministérielle. Quand le parlement d'Aix engagera en 1753 des poursuites contre le lieutenant général de la sénéchaussée de Marseille, qui n'avait agi que conformément à une lettre à lui adressée par le chancelier, cette cour remontrera à Louis XV que c'était « une entreprise » de la part de ce juge que d'avoir osé « suspendre la publication de l'arrêt général d'un parlement en vertu d'ordres prétendus que personne ne connaît et qu'aucun tribunal n'a vérifiés », et qu'elle-même pouvait « assurer avec confiance, Sire, que Votre Majesté n'a jamais voulu autoriser le lieutenant civil de Marseille à suspendre la publication de l'arrêt du 2 octobre ».

Procédant du caractère « légal » imprimé par l'enregistrement, cette doctrine spécieuse engendrait un légalisme envahissant et étouffant, qui requérait la qualité de « loi » de la majorité des actes de la puissance publique. Dans la pratique, cette revendication visait essentiellement les arrêts du Conseil, en leur déniant toute vertu normative et en allant jusqu'à refuser de prendre connaissance de leur teneur et d'en écouter la simple lecture. Chicane qui n'était qu'un corollaire occulte mais impératif de la prétention des parlements à constituer « le Conseil légal » du prince : les arrêts du Conseil étaient dénués de validité et même d'existence, puisqu'ils n'émanaient pas de ce seul « vrai Conseil ».

Comme c'était tout de même une thèse difficile à soutenir trop franchement, on l'habilla d'arguments fondés sur des questions de forme. Dans les lettres patentes, en effet, le souverain s'exprimait à la première personne, au pluriel de majesté, et les arrêts qu'il rendait dans ses Conseils étaient rédigés en forme de procès-verbaux. C'est sur cette différence de tournure que les cours affectèrent de légitimer leur aversion pour l'arrêt du Conseil. Dans le style de celui-ci, arguait en 1753 l'ancien procureur général Joly de Fleury, « on ne voit que le greffier du Conseil des Parties ou le secrétaire d'État qui font un récit et qui déclarent ce que le Roi a décidé : *Le Roi a ordonné*, et non pas *Nous ordonnons*. Dans la loi, soit ordonnance, édit, déclaration ou simples lettres patentes, le titre est le nom du Roi qui ordonne : *Louis;* il ordonne à quelqu'un : c'est la cour à laquelle il adresse : *à nos amés et féaux;* il signe *Louis*. C'est le seul titre auquel on doit obéissance, parce que c'est le souverain qui déclare lui-même ce qu'il veut et qui l'intime à celui ou ceux auxquels il ordonne et d'exécuter sa volonté, et de la faire exécuter. C'est par cette raison que, quand le Roi veut que la disposition d'un arrêt soit observée dans les cours, on ajoute à l'arrêt : *et seront à cet effet toutes lettres patentes expédiées* ».

Autre différence sur laquelle se fondaient acceptation ou rejet de ces deux catégories d'actes, celle des signes de validation : seing, contreseing et sceau pour les lettres patentes, seing du secrétaire-greffier du Conseil ou (s'agissant d'un arrêt en commandement) du secrétaire d'État pour les arrêts du Conseil. Selon le système forgé par les parlementaires et largement inspiré par la nostalgie des usages « du temps de nos rois germains », l'éminence des lettres patentes tenait substantiellement au sceau : « Le sceau, ronronnait sentencieusement le parlement de Besançon, est spécialement consacré à annoncer aux cours que les ordres qu'on leur adresse sont véritablement émanés du trône, elles reconnaissent à son empreinte la sagesse qui y préside et la réflexion dont ils sont le fruit. Mais sans ce signe auguste, elles ne peuvent en avoir aucune connaissance légale, moins encore en ordonner l'exécution et l'enregistrement » (1763). Bien d'autres propos des compagnies supérieures abondent en célébrations lyriques ou attendrissantes du sceau.

Là encore, elles adultéraient cauteleusement la coutume et les règles. Il était de tradition, en effet, que le Roi ordonnât tantôt qu'un arrêt de son Conseil fût revêtu de lettres patentes et ensuite enregistré, et tantôt qu'il fût appliqué sans cette formalité. Comme le choix entre les deux solutions n'était pas toujours évident, Louis XIV avait clarifié les choses en spécifiant, par un arrêt adopté en son Conseil d'En-haut le 8 juillet 1661, que les arrêts énonçant une décision émanée de la justice retenue du Roi ou bien relevant du droit de supériorité qu'il conservait toujours sur ses cours devaient être reconnus et observés par elles purement et simplement. Comme cet arrêt constituait une manifestation topique de supériorité, il le fit signifier à toutes les compagnies supérieures sans le faire revêtir de lettres patentes. Un siècle plus tard, le parlement de Paris arguait précisément du fait qu'il n'avait point été enregistré pour n'avoir pas à y déférer !

Exprimée dès la Régence, cette prétention à ne reconnaître un arrêt du Conseil que revêtu de lettres patentes fut ensuite enterrée pendant une trentaine d'années, puis reparut en filigrane en 1751 et fut bientôt avancée sentencieusement à tout bout de champ. Or, sous Louis XV, il se rendait chaque année entre 3 000 et 4 000 arrêts du Conseil, dont beaucoup — nous l'avons déjà signalé — constituaient le moyen d'action typique de ce que l'on appelle « monarchie administrative ». En cherchant à contester leur validité et leur force exécutoire, en réclamant qu'ils fussent revêtus de lettres patentes soumises à vérification et enregistrement, la fronde parlementaire pratiquait une obstruction qui ne tendait à rien d'autre qu'à rejeter la gestion administrative de l'État pour lui substituer le despotisme des juges.

Attaquer les arrêts du Conseil, leur dénier toute force légale, permettait simultanément de miner l'autorité de tous les agents du Roi dont l'action était mue, guidée et fondée par ces arrêts : intendants et subdélégués, directeurs et contrôleurs des vingtièmes, ingénieurs des ponts et chaussées et autres fonctionnaires, qui devinrent l'objet soit d'une animadversion collective, soit de censures ou de calomnies personnelles.

Se considérant comme l'alpha et l'oméga des institutions, les compagnies supérieures ne visaient finalement qu'à tout ramener à elles. Entendant confisquer et monopoliser à leur profit et l'autorité royale, et la souveraineté nationale, et le rôle du Conseil du Roi, elles s'intronisaient elles-mêmes comme une sorte de monarque collectif, elles rêvaient d'établir le gouvernement des juges. A quoi elles s'employèrent systématiquement, sans barguigner sur le choix des moyens.

***

Méthodiquement, elles ont tenté d'imposer à l'État leur despotisme collectif par des procédés où l'inconscience le disputa en général à la mauvaise foi. Par inconscience ou par autosatisfaction, elles s'attribuèrent cette infaillibilité qu'elles étaient si acharnées à dénier au Pape. Le parlement de Bordeaux soutenait constituer un « corps éloigné par sa nature de toutes les intrigues, aux yeux de qui les lois présentent sans cesse le flambeau qui éclaire la vérité et démasque l'erreur, qui n'a aucune espèce d'intérêt à se laisser séduire et qui ne pourrait être que gratuitement parjure au serment qui le lie » (1756). Pourquoi, demandait la cour des comptes, aides et finances de Rouen, « pourquoi les compagnies de magistrats sont-elles le plus ferme appui de la puissance royale ? C'est parce qu'elles ne peuvent abuser de leur autorité. Elles sont composées d'hommes sujets comme les autres aux faiblesses de l'humanité. Mais les lois qui leur commandent, mais les formes auxquelles elles sont assujetties les mettent dans une heureuse impuissance de s'écarter de la règle et du devoir. Il est impossible que tous ses membres se réunissent pour vexer le public ; s'ils formaient un si odieux complot, l'abus serait trop éclatant pour être ignoré de Votre Majesté. Si quelques-uns seulement y avaient part, c'est bien mal connaître le cœur humain que de croire que les autres le souffriraient. L'union dans les compagnies ne peut donc avoir pour but que le zèle et la vertu » (1760).

Il entrait beaucoup de malhonnêteté dans cette infatuation, car « l'union dans les compagnies » avait presque toujours un caractère factice ou forcé, tenant à ce que la liberté d'opinion y était constamment bafouée. On verra des cours s'insurger contre l'exécution de déclarations enregistrées en lit de justice, sous prétexte que la présence du Roi dans cet appareil empêchait les officiers d'opiner librement. Or, rien n'était plus difficile que d'opiner librement dans les assemblées des chambres où l'on débattait des affaires publiques. L'agitation y était le plus souvent fomentée — et préparée à l'avance — par un petit groupe de magistrats parlant haut et fort, exerçant sur leurs collègues un véritable terrorisme idéologique et ne reculant pas devant les coups de force. Les violentes remontrances du parlement d'Aix les 21 janvier et 27 avril 1754, par exemple, furent l'œuvre non pas des commissaires qu'il désignait à chaque rentrée pour vaquer éventuellement à cette rédaction, mais de quelques autres officiers qui, craignant la modération de leurs collègues, les dessaisirent *de facto* de cette besogne. Et voici comment, témoin lucide et timoré, le premier président du parlement de Rouen, M. de Miromesnil, dépeignait en 1760 la préparation des remontrances : « Il y a dans le parlement un petit nombre de personnes qui veulent empêcher tous les autres d'y travailler et qui malheureusement ne peuvent pas les faire elles-mêmes. Comme nous avons peu de grands travailleurs, personne ne contredit ce petit conseil particulier, et par ce moyen on fait faire les remontrances soit à Paris, soit ailleurs : elles arrivent par la poste, avec les citations sur de petites notes de papier, on les lit aux commissaires, sans me vouloir jamais communiquer l'ouvrage auparavant... J'ai voulu souvent m'offrir pour rédiger les remontrances, mais l'on trouve mon style trop doux, l'on me trouve trop difficile sur les citations et sur le choix des principes, en sorte que, toutes les fois qu'il m'est arrivé d'y travailler, l'on a trouvé le moyen de faire rejeter mon ouvrage ou, si l'on n'y a pas réussi, l'on a été jusqu'à le soustraire pour y substituer autre chose à la place ; c'est même ce qui m'a obligé à exiger la présence des commissaires pour collationner les remontrances et pour faire fermer les paquets » avant de les confier à la poste.

Aussi les assemblées des chambres dans « le sanctuaire de la justice » n'étaient-elles généralement qu'un tohu-bohu, où l'éloquence tribunitienne d'une minorité de meneurs, jouant habilement de l'esprit de corps, faisait basculer de son côté un marais veule et intimidé et les jeunes ambitieux. « Les anciens, les meilleures têtes et ceux mêmes qui étaient le plus accrédités dans les enquêtes ne sont plus écoutés ; les plus vifs, ceux qui font le plus parade de théologie (dans laquelle je les crois très ignorants) sont ceux qui entraînent la multitude » : ces constatations du procureur général du parlement de Rouen en 1753 seraient applicables à bien d'autres compagnies et à bien d'autres circonstances. Malheur à ceux qui, dans ces conditions, entendaient conserver leur liberté de jugement, d'expression et de conduite ! Ces magistrats indépendants étaient l'objet de pressions éprouvantes.

Celles-ci étaient d'abord exercées contre les officiers placés hiérarchiquement à la tête des cours : premiers présidents et procureurs généraux. Leurs offices étaient si importants que, pour en conserver la disposition pleine et entière, les Rois les avaient toujours soustraits à la vénalité. Appelé par ses fonctions à convoquer et présider l'assemblée des chambres, un premier président, s'il avait le sens de ses responsabilités, devait essayer d'empêcher les débats de déraper, de leur conserver quelque tenue, d'en modérer au besoin le ton et d'y sauvegarder le respect de l'autorité royale, de laquelle, par l'essence même de leur charge, les procureurs généraux étaient les représentants et les défenseurs attitrés. Missions de plus en plus difficiles à remplir courageusement. A cause de leur fermeté, des avanies furent infligées par leur compagnie à des premiers présidents : MM. Camus de Pontcarré à Rouen, Bourgeois de Boynes à Besançon, Bastard à Toulouse. « Les cabaleurs, rapportait ce dernier en 1763, ont la témérité de dire que je suis royaliste ! » Au parlement de Rouen, le procureur général Le Sens de Folleville, à Besançon le savant procureur général Doroz furent, pour leur loyalisme envers la couronne, en butte à l'hostilité active de leur corps. Il fallait évidemment des caractères bien trempés pour persévérer dans la fidélité tout en subissant de telles persécutions. Pour y échapper, de hauts magistrats, par solidarité corporative mal entendue, par couardise personnelle ou par complicité idéologique, épousèrent les prétentions de leur compagnie plutôt que de lutter pour la défense de l'autorité du Roi. Au parlement de Bordeaux, la faiblesse du premier président Le Berthon et du procureur général Duvigier tint de la connivence. M. Perreney de Grosbois, successeur de Bourgeois de Boynes à la première présidence de Besançon, se fit le disciple docile des doctrines parlementaires. Le premier président de la cour des comptes, aides et finances de Rouen, M. de Valliquerville, était un boutefeu et son procureur général, M. Poret de Boisemont, ne craignit pas un jour de fonder un réquisitoire sur les déclarations frondeuses de 1648 ! Au parlement d'Aix, le procureur général Ripert de Monclar et l'avocat général Le Blanc de Castillon orchestraient la subversion. Le procureur général de Toulouse, Riquet de Bonrepos, se fit, on l'a dit, le moteur des cabales et on verra le rôle étrange de son collègue de Rennes, M. de La Chalotais.

A plus forte raison, le simple conseiller qui entendait tenir tête à la tyrannie des meneurs était-il la cible des attaques et des affronts. La mauvaise habitude s'en était prise dès la crise des années 1730. A la fin d'une assemblée des chambres très mouvementée au parlement de Paris, on avait vu, le 30 juillet 1731, un conseiller se lever pour dénoncer un de ses confrères qui, « dans le sanctuaire même de la justice, taxait de révolte contre le Roi la conduite si sage de la compagnie ; qu'il s'agissait de M. Dumans et qu'il était à propos de délibérer sur ce qu'il fallait faire contre lui. » Un murmure approbateur avait accueilli ces propos, mais le premier président avait détourné l'orage en levant hâtivement la séance. De telles accusations se multiplièrent impunément dans les cours à partir de 1750, de sorte que, las de s'entendre qualifier de faux frères ou de sots rétrogrades, de subir des huées constantes, la mise en quarantaine et autres humiliations, des magistrats consciencieux, pondérés et respectueux de l'autorité royale finissaient par déserter le palais et laisser le champ libre aux séditieux. « Le parti le plus prudent est celui de cesser à nous y exposer en imitant ceux qui, depuis le commencement, n'assistent point aux assemblées de chambres sur les matières de religion » : cette annonce d'un conseiller du parlement d'Aix au chancelier en 1754 ne fut ni la première ni la dernière de ce genre. « J'ai pris le parti de ne plus me trouver dans les assemblées des chambres », lui mandait l'année suivante un autre conseiller de la même cour. Et Miromesnil, premier président du parlement de Rouen, lui confiait en 1760 : « Une grande partie des gens raisonnables, excédés des mauvais propos de nos esprits mutins, se dégoûtent du palais et font sentir qu'ils ne viendront plus, du moins aux assemblées des chambres. D'autres, intimidés par la fureur des esprits échauffés, se rangent de leur parti ; plusieurs jeunes gens, croyant se faire considérer par le bruit qu'ils feront, prennent le parti le plus violent. »

On voit ainsi sur combien d'équivoques reposait l'attitude « unitaire » des compagnies de justice. La même ambiguïté apparaît à propos de l'enregistrement des édits, déclarations et autres actes royaux. Dieu sait si elles se sont rengorgées de cette prérogative et ont multiplié les déclamations ampoulées au sujet du « dépôt des lois » qui leur aurait été ainsi confié ! Or, souvent, cet enregistrement était en réalité un enterrement. Une des grandes ordonnances du règne de Louis XIV, l'ordonnance des eaux et forêts d'août 1669, véritable code forestier, bien et dûment enregistrée en son temps par toutes les cours supérieures du royaume, était toujours en vigueur sous Louis XV. Eh bien ! deux parlements au moins, ceux de Grenoble et de Besançon, où beaucoup d'officiers étaient maîtres de forges et propriétaires forestiers, se refusaient, dès les années 1730 (et depuis quand déjà ?) à appliquer cette ordonnance ou, en tout cas, n'en retenaient que les articles qui ne les gênaient pas, et cela malgré les réclamations des grands maîtres des eaux et forêts. Mieux encore : tout imprudemment qu'il eût agi en l'occurrence, le Régent n'avait pas levé en 1715 toutes les précautions dont Louis XIV avait entouré les formalités d'enregistrement et de remontrance : il en avait maintenu quelques-unes, imposant notamment aux cours, pour présenter des remontrances avant d'enregistrer, un délai précis — huit jours à Paris et six semaines ailleurs —, passé lequel le Roi agirait ainsi qu'il appartiendrait. Ces mesures, qui ne faisaient que reprendre des dispositions de l'ordonnance civile d'avril 1667, elle aussi bien et dûment enregistrée, furent énoncées par une déclaration du 15 septembre 1715, que le parlement de Paris enregistra allégrement le lendemain pour l'oublier aussitôt. Il reçut, en effet, le 8 février 1716 un édit de janvier relatif à la surintendance des bâtiments, mais ne fournit que trois mois plus tard les remontrances préparées à son sujet. En contravention flagrante avec la loi, de semblables retards se renouvelèrent bientôt, acquirent force d'habitude et furent imités par les cours provinciales. Voilà qui en dit long sur la conscience et la fidélité avec lesquelles était sauvegardée l'intégrité du « dépôt des lois ».

*
**

Pareille ambiguïté entoura la présentation des remontrances, dont on sait déjà combien les conditions d'élaboration étaient louches. De ce qu'elles n'étaient que l'accomplissement du devoir de conseil inhérent à la condition d'officier royal, découlaient deux maximes fondamentales : l'une, que le conseil ainsi énoncé était d'ordre purement consultatif, le Roi conservant toujours la faculté d'ordonner ce qu'il jugerait bon ; l'autre, que tout avis exprimé au souverain n'était destiné qu'à lui et à son Conseil et n'avait pas à être divulgué. Cela impliquait corollairement que les remontrances roulassent non sur des généralités incertaines, mais sur telle ou telle disposition déterminée d'un édit ou de quelque autre lettre patente, qu'elles formulassent donc des observations de caractère précis et, en quelque manière, technique. Règles élémentaires, bafouées de plus en plus effrontément pour asseoir le gouvernement des juges.

Bien souvent, en effet, les cours supérieures conçurent leurs remontrances et représentations (deux démarches voisines) moins comme le mode normal d'indiquer au souverain les inconvénients ou les défauts qu'elles croyaient discerner dans telle mesure, que comme un biais servant à conférer à leurs avis un caractère délibératif et leur procurant le moyen de refuser l'enregistrement et de s'arroger ainsi en fait un droit de veto sur les décisions du Roi et du gouvernement. Remontrances et représentations furent de même détournées de leur objectif foncier en ce que, loin de se limiter à des remarques ou des observations motivées et concises portant sur un point précis, elles furent imaginées comme des manifestes politiques, prolixes et redondants — plus d'un dépasse la centaine de pages —, où les robins exposaient ce qu'était, d'après eux, le vrai droit public du royaume.

D'autre part, à coups d'assertions fallacieuses ou tendancieuses, cette phraséologie tendait à la désinformation pure et simple en présentant la France comme livrée à la désolation. Depuis 1715, comme on sait, sa population n'a cessé d'augmenter sensiblement. Il n'empêche que la dépopulation du pays a été un des thèmes favoris des remontrances : « Un empire qui sera bientôt un désert » (Montauban, 1756), « la dépopulation et la désertion se manifestent dans les villes et dans les campagnes » (Rouen, 1760), « les provinces se dépeuplent tous les jours de plus en plus. On ne voit de toute part que maisons tomber en ruine et les propriétaires s'expatrier » (Clermont, 1763). Les travaux si utiles des ponts et chaussées ? Les voici décrits en 1760 par le parlement de Rouen : « Les corvées, travail d'esclaves qui met la condition des hommes au-dessous de celle des animaux domestiques, qu'on nourrit au moins pour les services qu'on en tire... Des maisons rasées, des masures, des campagnes encore couvertes de leurs fruits impitoyablement dévastées sans dédommagement pour le malheureux propriétaire ou fermier. » D'un inépuisable réservoir à tirades ruisselèrent « les inquiétudes profondes », les difficultés « en mer immense », « les secrets de la déprédation », « les malheurs d'un peuple écrasé », « la consternation générale », « le calice du désespoir », aboutissant à la vision d'un immense désastre matériel et moral : « L'agriculture languit, les manufactures sont sans action : crédit, commerce, industrie, tout disparaît, tout s'anéantit. L'étranger s'enrichit de nos pertes... L'agriculture, les arts, le commerce, tout gémit dans l'accablement... De là l'esprit patriotique, si puissant chez les autres peuples, disparaît de jour en jour... Les mœurs semblent même dégénérer en proportion... L'honnêteté, cette vertu touchante dont..., cette vertu qui..., cette vertu universelle qui... » (Rouen, 1760).

Les remontrances furent de même dénaturées en ce qu'elles ont été rédigées de plus en plus à l'intention du public et de moins en moins à l'intention de leur destinataire unique et originel, le Roi. Celui-ci, toutefois, n'a jamais été perdu de vue, mais a été considéré sous un angle assez particulier. En lui adressant leurs manifestes, les cours, en effet, lui remontraient qu'elles seules lui faisaient connaître la vérité, une vérité que lui cachaient ses ministres et son entourage. C'était encore une assertion lancée par les jansénistes du temps du cardinal de Fleury. L'abbé Pucelle, notamment, s'était évertué à proclamer « que l'accès du trône était fermé aux particuliers, que l'innocence et la justice n'y pouvaient pénétrer..., qu'il n'y avait donc plus que le parlement qui pût porter aux pieds du Roi les vœux de ses sujets et lui faire sentir les maux de l'Église et de l'État, qu'on avait tant de soin à cacher à Sa Majesté » (décembre 1730). Un autre jour, il avait déclaré qu'il fallait lever « le blocus », « c'est-à-dire cette enceinte de cardinaux et de prélats qui investit le trône » (juillet 1731). Renforcés par la lecture de Montesquieu, ces raisonnements alimentèrent à partir de 1750 une campagne visant à dénigrer systématiquement le Conseil du Roi et, par contrecoup, Louis XV lui-même, en même temps qu'à miner la confiance qu'il pouvait avoir en ses ministres et en son Conseil. « Quatre ou cinq personnes se liguent pour tromper le souverain, ils lui montrent les choses sous la face qui leur convient ; le prince, enfermé dans son palais, ne peut connaître la vérité lui-même... Votre parlement, Sire, vous la doit cette vérité précieuse » (Paris, 1756). « C'est moins aussi pour justifier nos arrêts, que pour précautionner votre Conseil contre les erreurs et les faux principes répandus dans les actes qui portent son nom, que nous entreprendrons de les discuter » (Toulouse, 1763). « Quel contraste, Sire, entre la sage lenteur des lois, l'attention de votre parlement dans ses délibérations... et la marche rapide des ordres particuliers surpris à la religion du souverain pour couvrir les entreprises les plus dangereuse du voile de son autorité » (Grenoble, 1769). Rien n'illustre mieux ces thèses qu'une estampe gravée avec la légende *Remontrances du parlement de Rouen* et circulant sous le manteau dans cette ville en 1763 et 1764 : elle représentait Louis XV sur son trône, entouré de ses conseillers personnifiés par l'Ambition, la Flatterie, la Cupidité, la Fraude et l'Envie ; la France, à leur aspect, déplorait son infortune, tandis que surgissait la Vérité, présentant au Roi les magistrats du parlement à genoux, escortés de la Religion, de la Justice et de la Prudence.

Tout en continuant à s'adresser apparemment au Roi, les cours cherchaient surtout à atteindre un public aussi vaste que possible en assurant non seulement à leurs remontrances, mais aussi à leurs arrêts et à leurs délibérations ce que, dans le charabia du XXe siècle finissant, on appellerait « la couverture médiatique » la plus étendue. La publicité des remontrances contrevenait, elle aussi, à leur nature foncière : elles relevaient d'un dialogue entre le souverain et ses cours et n'avaient donc pas à être dévoilées. Les compagnies supérieures enfreignirent très tôt ce devoir de discrétion, tolérant ou organisant les fuites avec une hypocrisie éhontée. Dès leur lancement les *Nouvelles ecclésiastiques* purent relater en détail les délibérations et les démarches du parlement de Paris dans les affaires de religion, qui constituaient alors l'essentiel de la vie politique. Cette feuille fut une extraordinaire caisse de résonance pour les thèses du jansénisme parlementaire. Ses articles n'avaient rien d'impartial et se firent une spécialité assez odieuse de dénoncer, de ridiculiser et de vouer aux gémonies les magistrats qui, dans les assemblées des chambres, tentaient d'exercer leur liberté d'opinion et d'expression. Ces chroniques s'étendirent aux faits et gestes des autres parlements : les *Nouvelles ecclésiastiques* publièrent intégralement en mai 1730 les remontrances que les parlements de Rennes et de Rouen venaient de dresser contre la bulle *Unigenitus*. Mais les remontrances étaient dès ce moment imprimées clandestinement et anonymement en plaquettes ou brochures vendues à des centaines et souvent des milliers d'exemplaires. Les parlements feignaient alors de s'indigner de ces impression illégales, en ordonnaient « la suppression » et le brûlement public par les soins du bourreau. Mais que signifiait ce livret partant en fumée quand son texte était entre toutes les mains ?

C'était une simagrée dont la duplicité ne trompait personne. Jamais il n'y eut d'enquête pour découvrir les auteurs ou les complices de ces fuites, ni d'arrêt pour condamner nommément un imprimeur : ces investigations eussent fait tomber trop de masques. Les remontrances virulentes du parlement d'Aix du 21 janvier 1754 furent portées à David, imprimeur officiel de cette cour, par l'avocat général Le Blanc de Castillon, qui ensuite en requit la suppression, comme étant publiées sans permission et sans nom d'imprimeur : ce n'est qu'un exemple d'une comédie cent et cent fois rejouée. La subversion des cours supérieures était si bien organisée qu'elle sut toucher la presse étrangère : la *Gazette de Hollande* et la *Gazette d'Utrecht* publièrent des remontrances de différents parlements, certains de leurs arrêts les plus séditieux et encore d'autres documents relatifs aux conflits entre le roi de France et ses tribunaux. Par leur incessante propagande idéologique, par la désinformation, par la manipulation des opinions dans les assemblées de chambres, par les pressions dirigées sur les magistrats loyalistes, les cours supérieures mettaient en œuvre des moyens puissants pour déstabiliser l'État. S'y ajoutait la domination exercée sur les justices inférieures.

***

Les cours supérieures couronnaient une pyramide de juridictions subalternes, sans la docile participation desquelles l'action de la haute robe risquait de tourner court. Aussi s'ingénièrent-elles à exercer une emprise sans faille sur les bailliages, sénéchaussées et autres sièges inférieurs. Certes, la subordination hiérarchique la plus élémentaire impliquait que ces justices reconnussent et respectassent sans réserve l'autorité des parlements et autres compagnies. Mais celles-ci en vinrent à concevoir cette dépendance comme une domination exclusive ayant pour effet de prohiber aux juges de leur ressort tout acte d'obéissance à autre qu'à elles. Les mésaventures du lieutenant général de la sénéchaussée de Marseille — un des premiers tribunaux du royaume — illustrent ce dessein despotique.

Le 2 octobre 1753, à la suite d'un refus de sacrements survenu à Sisteron, le parlement d'Aix rendit un arrêt fort gallican, envoyé par le procureur général dans les sénéchaussées pour y être enregistré et publié. Une thèse de théologie était en train de susciter des remous à Marseille, où l'évêque, le populaire M. de Belsunce, était en mauvais termes avec le parlement. M. de Saint-Michel, lieutenant général de la sénéchaussée de Marseille, écrivit alors au chancelier pour lui demander si, dans ces circonstances, la publication d'un tel arrêt dans la ville était opportune. Après en avoir référé à Louis XV, Lamoignon lui répondit le 26 octobre que le Roi lui prescrivait d'y surseoir jusqu'à nouvel ordre. Pour un magistrat discipliné, il ne pouvait être question que d'obtempérer à une injonction du souverain exprimée par le chef de la magistrature : Saint-Michel mit l'arrêt en attente. Cette temporisation n'échappa point au procureur du Roi de la sénéchaussée, qui la dénonça au parquet du parlement, où l'avocat général Le Blanc de Castillon était son beau-frère. Sur ordre du procureur général, le procureur du Roi fit procéder d'office à la transcription de l'arrêt sur le registre de la sénéchaussée, ce qu'apprenant le lieutenant général écrivit en marge sa protestation. Aussitôt informé, le parlement rendit le 17 décembre un arrêt assignant devant lui pour être ouï M. de Saint-Michel. Celui-ci gagna Aix dès le lendemain matin et alla aussitôt faire visite au premier président, M. des Galois de La Tour, qui, par un cumul traditionnel en Provence, était aussi l'intendant du pays. Il en reçut un tel accueil qu'il comprit que le parlement était prêt à tout contre lui. Aussi fila-t-il sur-le-champ jusqu'à Avignon, mettre sa personne hors d'atteinte en terre pontificale. Le jour même, le parlement lança contre lui un décret de « prise de corps », c'est-à-dire d'arrestation. Peu après, Saint-Michel gagna Paris, où la protection de la Reine et du chancelier garantirent sa liberté.

Il fut bientôt rejoint dans la capitale par le procureur général Ripert de Monclar, convoqué à la suite du Roi pour rendre compte de sa conduite, en tant qu'instigateur de ces incidents qui avaient fort scandalisé le Conseil. On épargnera au lecteur le détail de tout le tintamarre qui s'ensuivit pendant des mois, le parlement s'acharnant à démontrer qu'un magistrat de sénéchaussée n'avait pas à déférer à un ordre du chancelier. Saint-Michel trouvait le temps long et le soutien de Lamoignon plus passif qu'actif. Quant à Ripert de Monclar, il s'insinuait dans les bureaux ministériels et jusque chez les ministres, fréquentait ses collègues parisiens et hantait les salons, où il se composa si habilement un personnage de magistrat éclairé et de citoyen qu'il finit par être présenté à Louis XV. Dès lors, il semble s'être entremis pour aboutir à une solution, à la fois parce qu'il avait envie de rentrer chez lui et que c'était un moyen de se poser en fin politique et d'acquérir ainsi la stature ministérielle. A la fin de juin 1755, il fut convenu que le parlement comprendrait Saint-Michel dans l'amnistie portée par la déclaration du silence d'octobre 1754, que celui-ci se déferait de sa charge de lieutenant général et que le Roi le prenait sous sa protection.

Une protection qui restait bien nécessaire. Exempté des poursuites de Messieurs du parlement, Saint-Michel n'était pas à l'abri de leur vindicte sournoise et tenace. Le Roi, bientôt, le nomma premier président de la cour des aides de Montauban, mais celle-ci refusa de le recevoir, sous prétexte qu'elle eût été déshonorée d'avoir à sa tête un officier qui avait été accusé criminellement. En dépit de toutes les injonctions, elle persista si obstinément dans son opposition, que Saint-Michel dut abandonner la partie. Louis XV le consola en lui octroyant en juillet 1756 une pension de 4 000 livres, puis lui conféra en septembre 1758 le poste de premier président de la chambre des comptes de Blois, où il fut installé sans difficulté. C'était une médiocre réparation, mais le sort voulut qu'elle permît à Saint-Michel de prendre enfin sa revanche en 1771.

Cette affaire était à peine sur sa fin que différents parlements sévirent contre des juridictions de leur ressort, « coupables » à leurs yeux d'avoir enregistré une déclaration royale que le Grand Conseil leur avait directement adressée à cette fin. Selon les lieux, procureurs ou avocats du Roi, lieutenants généraux ou simples conseillers furent alors interdits de leurs fonctions ou solennellement admonestés dans les bailliages de Vitry-le-François, Semur-en-Auxois, Coutances, Alençon, les sénéchaussées de Libourne, Périgueux et Valence ; le lieutenant principal de cette dernière ne rentra en grâce qu'au bout de cinq ans.

Ces exemples, et surtout celui de M. de Saint-Michel, ne pouvaient qu'entretenir les juridictions subalternes dans un état de sujétion aveugle et quasi servile envers les cours supérieures, sujétion parfois subie plutôt qu'acceptée, mais bien souvent volontaire et tenant de la complicité. Le parlement de Paris trouva dans le Châtelet, dans la sénéchaussée de Lyon, dans les bailliages de Troyes, Saint-Dizier, Bourges et autres lieux de précieux auxiliaires de ses campagnes. L'ensemble des bailliages de Franche-Comté paraît avoir fonctionné comme un réseau par lequel l'action des frondeurs du parlement de Besançon se propageait dans toute la province, réseau se posant en rival, voire en adversaire de celui des subdélégués de l'intendant.

Enfin, — collusion flagrante, on l'a vu, dès le deuxième quart du siècle —, les avocats, les procureurs et la basoche ont toujours et partout fourni à la fronde des cours supérieures des renforts puissants, voire un corps de bataille, et aussi des relais dans l'opinion publique, car, liés par métier à la robe, ces auxiliaires de justice se faisaient dans toutes les couches de la bourgeoisie les apologistes et les vulgarisateurs des thèses et des slogans des magistrats factieux. Le rôle des avocats, en particulier, a souvent été essentiel. En premier lieu, parce que les barreaux n'étaient pas reconnus comme des corps distincts et étaient considérés comme faisant partie du corps même de chaque parlement, appartenance qui les rendait solidaires — et parfois instigateurs — de tous les mouvements qui agitaient ces compagnies. D'autre part, ce crédit si puissant des avocats tenait à ce que leurs connaissances juridiques et leur culture professionnelle étaient en général supérieures à celles des officiers de judicature, différence qui n'a cessé de se creuser au long du siècle.

Le délire politique qui s'est emparé de la haute magistrature autour de 1750 la conduisait à bouleverser radicalement la monarchie en méconnaissant et en récusant le principe vital de la constitution selon lequel avant tout, au-dessus de tout et indépendamment de tout, il y avait d'abord l'autorité du Roi, autorité « indépendante et sans partage », permettant au souverain d'avoir en tout le dernier mot. Un dernier mot que les cours supérieures entendaient prononcer en vertu d'une autorité suprême qu'elles cherchaient à usurper. Objectif qu'elles ont poursuivi systématiquement, tant sur le terrain de l'opinion publique que sur celui de l'action politique, grâce à une tactique qui consista à harceler sans répit l'adversaire en envenimant les débats les plus importants comme les faits les plus insignifiants de manière à les transformer en autant d'épreuves de force. Alors qu'il voyait avec tristesse les corps de justice de son royaume se liguer pour déstabiliser l'État, Louis XV avait aussi la peine de constater qu'une partie de ses sujets le prenaient en grippe.

II. — LES FANTASMES DE L'OPINION

Lorsqu'on parle d' « opinion publique » sous Louis XV, il s'agit d'abord des humeurs des Parisiens. La capitale était l'observatoire privilégié de la cour et du gouvernement et le réceptacle de tous les bobards et de tous les battages. Pendant longtemps, les autres citadins et, à plus forte raison, le monde rural s'émurent moins facilement et moins promptement, mais la publicité intensive donnée aux remontrances et aux thèses des cours supérieures finirent par leur procurer un retentissement national. Les gouvernés ont toujours brocardé les gouvernants et, dès les débuts de son règne, des traits mordants furent décochés à Louis XV. Il était fort désarmé pour contre-attaquer, mais ces quolibets, ces railleries et ces critiques, souvent de source janséniste, ne purent l'empêcher d'être, un temps, le Bien-Aimé. Un engouement qui déclina brusquement pour se dégrader ensuite de façon dramatique.

Une cible mal protégée

Nul n'ignore avec quelle rage, à l'époque des guerres de Religion et de la Ligue, les rumeurs et les pamphlets s'étaient déchaînés contre Charles IX, Henri III et Henri IV. Conscients de l'importance et de la nocivité éventuelle de ces campagnes d'opinion, Louis XIII, Richelieu et, pendant longtemps, Louis XIV avaient soigneusement veillé à éclairer, voire à exalter leur action, comme à riposter aux malveillants. Mais depuis les vingt dernières années du règne du Grand Roi, cette propagande monarchique était frappée de léthargie. En 1698, un observateur suédois installé à Paris avertissait la cour de Stockholm que, « depuis la grande dévotion où Sa Majesté se trouve il y a quelques années, cet esprit d'éloge, et l'on peut dire d'adulation, qui régnait dans ce royaume n'est pas seulement diminué, mais entièrement changé du blanc au noir. L'on en use en cela comme en bien d'autres choses en France, qui est d'outrer tout ; l'on évite un excès et l'on tombe dans un autre. L'on voudrait abattre tous les monuments érigés et effacer tous les éloges inscrits du vivant du Roi, mais, ne le pouvant faire sans des inconvénients extrêmes, l'on se contente de demeurer dans le silence et l'inaction sur ces matières ». Le même témoin rapporte que l'érection d'une statue de Louis XIV place Vendôme fut à ce moment remise en question et que, si elle finit par être dressée en 1699, la cérémonie de son dévoilement se fit « sans que le Roi s'en soit mêlé en façon du monde et sans qu'aucun des princes de la maison du Roi, ni même des ministres, y ait assisté ». Déjà auparavant avait-il relaté que, lors de l'inauguration de son effigie place des Victoires, Louis XIV avait déclaré : « L'on a cru me faire plaisir par ces sortes de choses-là, mais si l'on savait combien je méprise tout cela, l'on serait bien désabusé de croire que j'y aie aucune part. »

Dû probablement à la bigoterie de Mme de Maintenon, cet excès d'humilité a eu au moins deux résultats fâcheux. Du point de vue de l'historiographie, il a obscurci la fin du règne dans la mémoire collective des Français : alors que les trompettes de la renommée ont fait retentir à travers les siècles les noms d'un Lyonne, d'un Le Tellier, d'un Louvois, d'un Colbert, on méconnaît trop souvent qu'en la personne de Torcy, du chancelier de Pontchartrain, de Nicolas Desmaretz, Louis XIV a disposé de ministres dont les capacités ne le cédaient pas à celles de leurs illustres devanciers. Beaucoup plus néfaste, l'autre conséquence de ce sacrifice de toute propagande fut que Louis XIV n'a légué à son successeur ni les hommes, ni l'appareil en mesure soit d'élaborer et diffuser justifications et explications de sa politique, soit de ruiner ou contrebalancer les arguments adverses. On a déjà pu constater combien cette lacune dans le domaine de la communication entravait l'action gouvernementale.

Quels qu'en fussent l'occasion et le caractère propres, les attaques contre le gouvernement s'amalgamaient à des obsessions et à des mythes ancestraux, comme les inévitables affabulations liées au sexe et la suspicion traditionnelle à l'encontre des financiers, des « traitants », des marchands de grains, tenus fatalement pour des voleurs et des affameurs. Écrits et potins érotico-mensongers fleurirent dès la Régence et ensuite sous le ministère du duc de Bourbon. Philippe d'Orléans avait pourtant la sagesse de séparer rigoureusement ses activités de Régent de celles de fêtard. Bourbon, au contraire, exhiba maladroitement une maîtresse ambitieuse, liée par sa naissance et ses entours au monde de l'argent, et cela en des années où des récoltes calamiteuses menaçaient de disette un pays encore mal remis des secousses du Système de Law. La crainte de manquer de pain, le spectre de l'affairisme, le péché de la chair et un premier ministre notoirement dénué de génie : tout cela se conjugua alors pour faire éclore de méchants propos, mais ceux-ci épargnaient le jeune Roi, dont on savait qu'il était encore peu mêlé à la politique.

Cette immunité n'était pas durable en elle-même et les circonstances ne pouvaient qu'y mettre fin, et notamment le développement de l'individualité du Roi, dont on a déjà compris combien il était peu doué, à la fois personnellement et institutionnellement, pour la communication. D'une modestie excessive, il n'a pas su ou voulu admettre qu'il était nécessaire à un souverain de se bien faire connaître de son peuple, il a toujours refusé de faire et d'encourager sa propre réclame et a rarement cessé de témoigner en apparence d'une indifférence déconcertante à l'égard de ce que les autres pouvaient penser de lui. Congénitalement timide, anxieux et secret, naturellement majestueux, il s'est composé un personnage si impénétrable et si indéfinissable, que bien peu de ses sujets parvinrent à discerner et à savoir en vérité quel prince et quel homme il était et ce qu'il faisait réellement. Dès lors, faute de s'en faire une idée juste, ils furent amenés à accueillir sans discernement les rumeurs, les commérages, les échos plus ou moins vagues, les anecdotes plus ou moins controuvées, les insinuations ou les imputations à partir de quoi ils essayeraient d'imaginer le portrait de leur maître. Solution risquée, surtout si les passions s'en mêlaient. Or, la bulle *Unigenitus* souleva très tôt des passions exacerbées, semant dans l'opinion des doutes et des soupçons qui enracinèrent des croyances erronées et méchantes.

Le venin janséniste

Tant qu'il résida aux Tuileries pendant sa minorité, le jeune Louis XV avait été follement adulé par une population qui lui passait toutes ses espiègleries. A peine fut-il retourné à Versailles que les Parisiens, peut-être pour le punir de les avoir quittés, commencèrent à le dauber et à cancaner. Barbier, en promenade à Versailles le 3 septembre 1722, y vit, rapporte-t-il, « notre Roi, qui se porte bien, a bon air et n'a point la physionomie de tout ce qu'on dit de lui : morne, indifférent et bête ». D'où venaient ces on-dit ? D'une multitude de sources. De la cour d'abord. Il y avait aussi à Paris des nouvellistes professionnels, qui trônaient nombreux dans les jardins des Tuileries. Le palais de justice, où grouillait quotidiennement une foule variée, était un autre laboratoire de nouvelles et de potins, alimenté par les conversations et les bavardages des magistrats, de leurs secrétaires et des basochiens. Les propos chuchotés là et ailleurs étaient répercutés par la domesticité, qui représentait alors une part élevée de la population. Les gens de livrée répétaient plus ou moins fidèlement ce qu'ils entendaient dire par leurs maîtres, grands seigneurs ou hauts magistrats. Les rumeurs parcourant la robe étaient diffusées par les clercs d'avocats et de procureurs. En attendant au palais la sortie de Messieurs du parlement, leurs laquais et cochers devisaient entre eux, se communiquaient les racontars et les glosaient. Bonnes et valets de curés et d'ecclésiastiques propageaient les propos et les réflexions tenus dans les presbytères, les séminaires, les collèges. Ainsi un petit fait, une anecdote ou une simple conjecture passaient-ils de bouche à oreille dans les halles et les marchés, les cabarets et les échoppes, les cabinets d'avocats et de procureurs, les rues et les églises, en une version de plus en plus fantaisiste, digne de foi dans la mesure où elle était plus diffamatoire ou licencieuse que flatteuse, en attendant que quelque rimailleur en fît la matière d'une épigramme ou d'une chanson sarcastique ou salace.

Depuis les cercles ecclésiastiques et le palais de justice, le jansénisme a ainsi très profondément imprégné la population de Paris, phénomène bien mis en lumière par l'avocat Barbier, pénétrant analyste des humeurs de sa ville. « Tout le second ordre ecclésiastique, notait-il en 1727, la plus grande partie des bourgeois de Paris, de la robe et du tiers état, même, ce qui est plus plaisant, les femmes et le peuple, tout est déchaîné contre les jésuites et crie en secret contre tout ce qui se fait. Voilà pourquoi ces écrits critiques courent par toute la ville et passent secrètement de main en main. » « Le gros de Paris, disait-il un autre jour, hommes, femmes, petits enfants est janséniste, c'est-à-dire en gros, sans savoir la matière, contre la cour de Rome et les jésuites. » Constatation un peu dédaigneuse, sur laquelle il aimait revenir : « Le grand nombre de jansénistes est à Paris dans le peuple, cuistres de collège, prêtres de paroisses, gens caustiques et demi-savants. »

Que ces gens fussent jansénistes « en gros » les prédisposait à accueillir comme parole d'évangile tout ce qui était relaté et insinué par les *Nouvelles ecclésiastiques*. Ce fut surtout par ce biais que la critique s'en prit à Louis XV, mais elle l'atteignit d'abord par ricochet, car, initialement, le cardinal de Fleury était visé en premier. Les jansénistes le considéraient comme un ennemi mortel, dont ils ne pouvaient imaginer qu'il eût dignement éduqué le Roi, puisqu'il n'en avait point fait un janséniste, bien au contraire. De Fleury, cette hargne s'étendit à son élève et finit par l'englober. L'on s'en prit à l'éducation qu'il avait reçue : l'abbé Pucelle clamait en janvier 1731 « combien il était triste de voir qu'on eût élevé le Roi dans des impressions si désavantageuses au parlement ». Il assura peu après « que la source de tous les maux provenait de la façon dont M. le Cardinal avait élevé le Roi. » L'année suivante, il voyait dans la politique royale « les suites funestes d'une prévention dont l'éducation était la première source ». Là encore, écoutons Barbier : « La personne du Roi n'est pas connue dans le public, constate-t-il au mois d'août 1732. Les jansénistes de profession le font passer pour un jeune homme qui ne sait ni entendre ni parler ; ils se trompent fort. Je m'en suis informé dans le particulier, près gens qui l'approchent. Le Roi est bon, a une mémoire excellente, sait parfaitement bien les mathématiques et en raisonne bien, et ce n'est pas peu pour un jeune homme qui est Roi de mordre à ces sortes de sciences. Il raconte mieux que personne, mais pour cela il faut qu'il soit avec son monde et en particulier. » Tous n'avaient pas les moyens d'investigation de Barbier, ni son souci du vrai, et ceux qui, comme lui, savaient à quoi s'en tenir, ne faisaient pas l'opinion. Lancée par les jansénistes sans nul fondement de vérité, corroborée plus d'un siècle après par M. le vicomte de Chateaubriand stigmatisant « la misérable éducation de nos princes de la branche aînée depuis Louis XIV », la légende selon laquelle Louis XV n'avait reçu aucune instruction et était ignare s'est transmise sans examen jusqu'à nos jours, alors qu'une recherche objective prouve qu'il était, au contraire, l'un des souverains les plus instruits de son temps.

De cette rumeur et du fait que la chasse était une des rares activités dont il ne se cachait pas, on inféra qu'il était incapable de grands desseins. Sa passion pour la vénerie servit à ridiculiser un prince qui ne faisait « la guerre qu'aux cerfs ». Quand il commença à déployer ses activités de bâtisseur, les contre-vérités ne tardèrent pas à circuler, nées, semble-t-il, à la cour : « L'on avait dit, relate le duc de Luynes en 1737, que les petits cabinets du Roi à Versailles coûtaient 15 ou 1 600 000 livres. M. Gabriel m'a dit que, depuis 1722 que Sa Majesté a commencé à y faire travailler jusques à aujourd'hui, la dépense, suivant les états arrêtés, ne monte qu'à 580 000 livres. M. Gabriel en fit il y a peu le dépouillement, pour en rendre compte au Roi. »

On imagine aisément quelle vaste matière les amours adultères de Louis XV fournirent à la verve des échotiers dès qu'elles commencèrent à transpirer dans le public. Du temps de Mme de Mailly, par exemple, le Roi contracta, à la veille de Noël 1737, une grippe et une angine assez malignes, dont on peut suivre le déroulement : il dut rester alité une douzaine de jours et ensuite ne point sortir, couchant non dans sa chambre, trop froide, mais dans le cabinet du Conseil, plus facile à chauffer, où il faisait dire la messe, tenait Conseil, travaillait avec les ministres. Circonstance qui, on l'a vu, le détermina à se faire aménager une chambre plus confortable. Il ne redescendit à la chapelle qu'au bout d'un mois, amaigri et fatigué, et fut six semaines sans chasser. Peu après, une grande consultation de médecins fut organisée pour soigner le Dauphin. A cette occasion, le duc de Bourbon marqua à Louis XV son étonnement de ce qu'il n'eût pas, pour sa récente indisposition, convoqué le même aréopage. « Cela n'aurait servi, dit le Roi, qu'à faire parler dans Paris. » Ce qu'entendant, le marquis de Courtenvaux (futur maréchal d'Estrées) s'écria avec sa franchise habituelle : « Sire, cela n'a pas empêché que Paris n'ait parlé ! » Louis XV voulant en savoir plus : « On disait tout publiquement dans Paris, précisa Courtenvaux, que Votre Majesté avait besoin de chirurgiens plutôt que de médecins ! » Plus crûment répétés par Barbier, les propos des Parisiens font frémir : ils colportaient que le Roi avait joui de la fille d'un boucher de Poissy introduite chez lui par Bachelier et que la belle l'avait infecté d'un vilain mal, mésaventure attestée par l'assistance répétée de La Peyronie[1]. C'était oublier, ou cacher, que, de par ses fonctions, le premier chirurgien était tenu de rencontrer quotidiennement le Roi, dont, en outre, il était l'ami. Voilà en quoi un bavardage malveillant et libidineux transformait une banale maladie hivernale.

De tels racontars, après tout, n'étaient que dans la tradition gauloise de la gaudriole assaisonnée de vulgarité. Mais l'inconduite du Roi fit monter par un autre canal les murmures contre sa personne. La condamnation du péché de la chair a toujours excité préférentiellement le zèle réprobateur des bigots. Or les jansénistes — comme beaucoup de leurs adversaires — étaient des bigots. Dans une capitale travaillée depuis des années par une prédication port-royaliste atteignant jusqu'aux milieux les plus populaires, la luxure contribuait à noircir la réputation d'un prince qui, à cause de la bulle *Unigenitus*, paraissait déjà digne de malédiction. Ces fâcheries, cependant, n'étaient pas telles qu'elles ne pussent s'apaiser.

Le Bien Aimé

Que les critiques atteignant Louis XV fussent dirigées au moins autant contre le cardinal de Fleury que contre lui, voilà ce qu'atteste le revirement des esprits au lendemain de la mort de M. le Cardinal. Le Roi fit alors entendre qu'il se passerait désormais de premier ministre et prit plusieurs dispositions pour la conduite des affaires. Il n'en fallut pas plus pour rasséréner nombre de gens mécontents ou maussades. « A chaque heure, écrit d'Argenson en février 1743, la réputation du Roi se raccommode dans le public et bientôt elle éclatera comme celle d'Henri IV, tant l'opinion du Roi chemine vite ! » Moins lyrique, le témoignage de Barbier au même moment n'en est que plus autorisé : « On continue toujours dans l'admiration du Roi... Il a déclaré à ses ministres que, quelque part qu'il soit, à Choisy ou à La Muette, il sera toujours prêt à les entendre quand il y aura quelque affaire pressée. Il a dit à M. Boyer qu'il fallait ranger autrement la feuille des bénéfices, qu'il y avait nombre d'officiers qui se sacrifient pour son service, qu'il fallait récompenser dans leurs enfants, qu'il n'en avait pas aperçu jusqu'ici sur la feuille des bénéfices. Il est accessible, il parle à Versailles, il rend justice et il travaille avec connaissance de cause. Je ne suis point étonné de cela. Il y a longtemps que j'ai entendu dire qu'il a de l'esprit, qu'il parle bien, qu'il s'occupait utilement dans les petits cabinets, qu'il savait mieux que personne, sur ses cartes, la position de ses troupes. »

---

1. Les chirurgiens, et non les médecins, étaient spécialisés dans le traitement des maux vénériens.

Ce courant de sympathie grossit très fort l'année suivante quand Louis XV fit la guerre en personne. « On ne parle ici que des actions du Roi, qui est d'une gaieté extraordinaire, qui a visité les places voisines de Valenciennes, les hôpitaux, les magasins ; il a goûté le bouillon des malades, le pain des soldats... Il veut connaître tous les officiers et leur parle avec politesse » : voilà ce que rapportait Barbier au mois de juin 1744. Là-dessus, l'arrivée de Mme de Châteauroux en Flandre jeta un froid, bientôt dissipé par l'intrépidité de Louis XV devant Menin : « La tranchée a été ouverte, dit encore Barbier..., et le Roi est resté à voir les ouvrages jusqu'à deux heures du matin, en ne s'exposant que trop avec une résolution qui le fait adorer de ses troupes et qui a fort étonné ses ennemis, aussi bien que beaucoup de malintentionnés dans Paris. » Ceux-ci, d'après le même chroniqueur, mettaient peu de hâte à désarmer : « Il faut convenir aussi qu'il y a bien des gens à Paris qui, par pur esprit de critique, sont de mauvaise humeur des avantages que nous avons jusqu'ici et qui ne savent plus que dire sur le compte du Roi depuis le développement qui s'est fait de toutes ses qualités de bravoure, de soins et de bontés pour ses troupes, d'intelligence pour tous les détails, de politesse pour les officiers et de travail pour les affaires. » On apprend la capitulation de Menin le 4 juin : « Cette nouvelle a fait grand plaisir aux bons citoyens, qui se trouvent dans une situation plus flatteuse que l'année dernière. Aussi commence-t-on à chanter. On a fait des chansons pour le prince de Conty. On en a fait une pour le Roi, que, déclare Barbier, je trouve plus glorieuse pour lui que tous les grands prologues des opéras de Lully pour Louis XIV. »

Deux mois plus tard, c'était la maladie du Roi à Metz, la nation haletante attendant dans l'angoisse les bulletins de santé, les foules en prière dans les églises, l'explosion de joie à l'annonce du rétablissement, Louis proclamé *Bien Aimé* par son peuple. Les années suivantes, il y eut la gloire de Fontenoy, puis la conquête progressive des Pays-Bas, l'entrée du Roi à Gand, à Bruxelles, à Anvers, dans toutes ces villes belges que Louis XIV aurait tant voulu conquérir. A l'exception de quelques grincheux, les troupes et la nation étaient fières de lui et l'adulaient. Si impassible qu'il s'efforçât de paraître, Louis XV était flatté et profondément touché de sentir l'affection de ses sujets monter vers lui. Tout juste guéri, il écrivait en octobre 1744 à son ami le comte de Coigny qu'il ne voulait pas manquer le siège de Fribourg, mais n'entendait point s'y surmener, « car je vous avoue, disait-il, que depuis que j'ai vu et senti l'amour de tout mon peuple pour moi, je sens qu'il faut donc me ménager pour eux ». Mais, pour être aimé et le rester, un souverain doit se faire connaître et comprendre, deux nécessités dont, avec son goût du secret et sa timidité, Louis XV n'était nullement prédisposé à mesurer le caractère impérieux. Autant il lui avait été doux de se sentir aimé, autant allait-il être affecté jusqu'au tréfonds de l'âme par le retournement du public à son égard.

Le Mal Aimé

Après s'être engouée du Roi pendant plusieurs années, l'opinion fit brusquement volte-face. De vieilles hantises resurgirent venant étayer des dérisions, des suspicions, des aversions jusque-là inconnues. Revirement qui frappe moins par sa soudaineté que par son caractère aussitôt radical : les sarcasmes non seulement se mirent à pulluler, mais prirent très vite des accents véhéments et même haineux. La déconvenue causée par les traités d'Aix-la-Chapelle contribua pour une part à semer le désarroi. La magnanimité de Louis XV envers ses ennemis, la nécessité d'éloigner le prétendant Stuart furent rarement comprises, d'autant que le Roi ne fit rien pour les expliquer et les justifier. Exceptionnelle semble avoir été la résignation un peu attristée du parlement de Douai, la seule cour raisonnable du royaume. Dans ses remontrances présentées en 1750 lors de l'établissement du vingtième, après s'être déclaré surpris par l'instauration d'une surcharge « si peu attendue », il disait au Roi : votre parlement sent « combien il a été douloureux à un prince, le père et le bien-aimé de ses sujets, de changer en tristesse et en amertume dans tous les cœurs l'allégresse et les douceurs de la paix. Il sent quel effort a dû se faire pour être moins exact à remplir ses promesses envers les siens qu'envers ses ennemis, une âme vraiment royale qui venait de sacrifier à sa parole les possessions les plus utiles, les conquêtes les plus flatteuses et les espérances les plus assurées ». Et il poursuivait en rappelant « la guerre dernière, Sire, où votre intrépidité a été le salut de la France et votre modération celui de vos ennemis ». Le bannissement du Stuart scandalisa si fort, que bientôt l'on se passa de main en main un poème le stigmatisant et critiquant du même coup la paix. Identifié, le versificateur de cette pièce, un clerc de procureur, fut accusé de lèse-majesté et envoyé à la Bastille au mois d'août 1749. Il avait moins de chance que l'auteur insaisissable de vers « épouvantables » et « horribles contre le Roi » circulant dans le même temps et commençant par : « Réveillez-vous, mânes de Ravaillac ! »

Autre cause de ces vacillements : la faveur persistante de Mme de Pompadour. Après avoir souri de la paillardise de François Ier, après avoir dénombré avec une fierté coquine les exploits du Vert-Galant, après avoir été éblouis par les péchés du Roi-Soleil et avant de ricaner du chaste Louis XVI, les Français se mirent à jouer la comédie de la vertu outragée. Conversion dont le déchaînement de la populace messine contre Mme de Châteauroux en 1744 était peut-être un signe avant-coureur. Conversion plutôt étrange à une époque où la mode n'était guère à l'austérité des mœurs : « Sur vingt seigneurs de la cour », relevait alors Barbier avec son bon sens imperturbable, « il y en a quinze qui ne vivent point avec leurs femmes et qui ont des maîtresses ; rien n'est même ni commun à Paris entre particuliers : il est donc ridicule de vouloir que le Roi, qui est bien le maître, soit de pire condition que ses sujets et que tous les Rois ses prédécesseurs ».

Cette indulgence complice n'était partagée ni par ceux qui — tel Maurepas — ne pardonnaient pas à la favorite ses origines bourgeoises, ni par ceux qui, ancrés dans la pudibonderie et le fanatisme instillés par le jansénisme, se posaient en parangons de vertu. En outre, par ses origines, ses alliances, ses relations, Mme de Pompadour était la représentante de la haute finance et, à ce titre, cristallisa les rancœurs séculaires contre les fermiers et les traitants. De toutes ces sources, les flots venaient se mêler en des vagues de murmures hostiles déferlant vers la favorite. Sources intarissables : les auteurs et les propagateurs de cette littérature ordurière risquaient, jusqu'à un certain point, d'être inquiétés dans la capitale, mais opéraient à la cour en toute impunité. Un jour qu'il traversait la galerie des Glaces, le lieutenant général de police fut pris à partie par quelques seigneurs qui lui reprochèrent de ne point faire cesser ces campagnes infâmes : « Je connais Paris autant qu'on puisse le connaître, répondit Berryer, mais je ne connais point Versailles. » Sur le terreau ainsi préparé, des événements et des faits précis firent éclore les pires rumeurs.

On reviendra sur les nouveaux affrontements suscités par les jansénistes : l'affaire de l'hôpital général de Paris et la querelle des refus de sacrements, mais on notera dès maintenant que, à partir de 1750, elles firent bouillonner les passions à un tel degré que beaucoup de jansénistes et de parlementaires prirent le Roi en exécration, cela au moment même où les rues de Paris étaient en pleine effervescence.

*
**

Les récoltes de 1747 et 1748 avaient été médiocres et, çà et là, les approvisionnements défectueux. Affamés et mendiants s'étaient mis à vagabonder et beaucoup étaient venus encombrer les rues de la capitale. A tel point qu'une ordonnance royale du 12 novembre 1749 ranima la réglementation traditionnelle prévoyant l'arrestation de ces indésirables et leur renfermement dans des maisons de force. Berryer, homme dur et borné, fit appliquer ces mesures d'une façon à la fois si rigoureuse et si sommaire que les « bavures » les plus condamnables en découlèrent. Parmi les errants, en effet, il y avait de jeunes gars, rôdeurs ou voyous plus ou moins fripons et chapardeurs, au pourchas desquels les exempts de police ne limitèrent pas leur zèle. Au hasard des voies publiques, ils appréhendèrent aussi des enfants tout à fait en règle, qui jouaient paisiblement ou qui circulaient pour aller à l'école, à l'église ou faire quelque course pour leurs parents. De telles arrestations ne purent rester longtemps inaperçues : on cria au secours, des passants et des riverains s'interposèrent, de jeunes garçons furent arrachés à leurs ravisseurs, eux-mêmes contraints à fuir et à se cacher pour échapper à la colère populaire. Toutes actions qui ameutaient les rues et les quartiers : entre décembre 1749 et avril 1750, il y eut ainsi une quinzaine d'émotions violentes dans la ville, surtout entre le Marais et le Temple. Ces troubles s'aggravèrent au mois de mai, pour culminer le 22 et le 23 : la révolte la plus caractérisée éclata le 22 en différents endroits et connut son paroxysme le lendemain où la foule, après avoir tenté d'envahir l'hôtel de Berryer, finit, au terme d'une longue traque, par massacrer un exempt de police. La fièvre tomba, le parlement rendit le 25 un arrêt pour ramener le calme et ouvrir une enquête qui se termina le 3 août par la pendaison de trois fauteurs ou comparses de l'émeute.

Déjà triste par elle-même, l'affaire l'est devenue plus encore par les bruits affreux auxquels elle donna cours et dont la genèse et la portée ont été si bien étudiées par Mme Farge et M. J. Revel. Quand ces enlèvements commencèrent à être connus, la foule émotive et crédule leur chercha une explication et se convainquit aisément qu'ils étaient exécutés par ordre du gouvernement. Mais pourquoi ? Dans un premier temps — réminiscence des opérations de M. Law — d'aucuns colportèrent que les jeunes gens arrêtés étaient destinés à aller coloniser « le Mississippi ». Puis prit corps peu à peu une rumeur amalgamant des légendes, des superstitions et des croyances multiséculaires. Barbier révèle que, dès le milieu de mai 1750, « il s'est débité que l'objet de ces enlèvements d'enfants était qu'il y avait un prince ladre [c'est-à-dire lépreux], pour la guérison duquel il fallait un bain de sang humain, et que n'en ayant point de plus pur que celui des enfants, on en prenait pour les saigner des quatre membres et pour les sacrifier, ce qui révolte encore plus le peuple ». Et d'ajouter : « On ne sait sur quoi sont fondés de pareils contes ; on a proposé ce remède-là du temps de Constantin, empereur, qui ne voulut pas s'en servir. Mais ici nous n'avons aucun prince ladre et, quand il y en aurait, on n'emploierait jamais une pareille cruauté pour remède. »

Sur cette rumeur, qui se nourrissait d'une antique croyance

selon laquelle les bains de sang d'enfants guérissaient la lèpre, vint se greffer une référence à l'Évangile, nullement surprenante dans une ville où le clergé paroissial était en majorité janséniste. Ces enlèvements d'enfants furent assimilés au massacre des Innocents : on entendit des femmes ameutées crier qu'elles se croyaient revenues au temps d'Hérode. C'était mettre Louis XV en parallèle avec Hérode et le placer ainsi au centre de la rumeur, où allait confluer le thème des bains de sang. Dans l'Ancien Testament, la lèpre a été souvent présentée comme le châtiment du pêcheur, conception à laquelle la pensée chrétienne substitua celle du péché considéré comme la lèpre de l'âme. Il était donc possible qu'un être en parfaite santé physique fût en même temps un lépreux spirituel. Or, un Roi Très-Chrétien qui bafoue les commandements de Dieu en s'opiniâtrant publiquement dans l'adultère, un Roi qui n'est plus en état de toucher les écrouelles, un tel Roi n'est-il pas précisément atteint spirituellement de la lèpre ? « Le prince ladre » et le nouvel Hérode n'étaient donc finalement qu'une seule et même personne : Louis XV se baignant dans le sang des enfants de son royaume.

Dix-huit mois après la paix d'Aix-la-Chapelle, voilà à quels fantasmes s'abandonnaient les Parisiens ! Et pas seulement la populace, mais des gens de milieux sociaux plus relevés, qui, à l'occasion, ne craignaient pas de renchérir sur les méchants propos de la rue. Comme, par exemple, l'avocat Le Paige, stratège et coryphée du parti janséniste, qui, commentant sur le moment la révolte des 22 et 23 mai, vaticinait en ces termes apocalyptiques : « Quel et le père et la mère assez durs pour se laisser dépouilller tranquillement des enfants que Dieu leur a donnés ? Cependant on doit se taire et garder le silence. Mais nous en verrons bien d'autres. Cela n'est rien en comparaison de ce qui va arriver... Des ruisseaux de sang couleront ; on a vu des fleuves qui en étaient teints. »

Si Louis XV n'a peut-être pas été mis au courant des premières échauffourées parisiennes, il en était informé au printemps de 1750 et en outre n'ignorait pas qu'on le traitait d'Hérode. Il en fut très ému et réagit à sa façon. Venu coucher à La Muette le 8 juin, il gagna Saint-Denis en sortant du bois de Boulogne par la porte Maillot et en roulant dans la plaine à travers les terres, alors que, d'habitude, il venait par les remparts de Paris jusqu'à la porte Saint-Denis et que Messieurs de la ville l'attendaient sur son passage. Sur quoi, il fit établir une route pour aller de Versailles à Saint-Denis et à Compiègne en évitant la capitale, une route bientôt surnommée route de la Révolte. Il ne voulait plus traverser lors de simples déplacements une cité où l'on débitait sur lui des horreurs révoltantes, mais il ne pouvait la négliger et continua à s'y rendre pour des cérémonies officielles. Notamment le 19 septembre 1751 pour assister à Notre-Dame au *Te Deum* chanté à l'occasion de la naissance de son petit-fils le duc de Bourgogne. Il était accompagné de la Reine, du Dauphin, de Mesdames et des princes et leur marche était magnifique : escorte formée par toute la maison militaire, dix-huit carrosses du Roi à huit chevaux, etc. Le cortège arriva par les Champs-Élysées et les quais et, relève Barbier, « on a trouvé extraordinaire qu'il ne soit point entré par la rue Saint-Honoré pour se montrer mieux à la ville de Paris, quoique sa route ait été garnie d'une grande affluence de peuple », qui criait peu « Vive le Roi » malgré l'argent qu'on lui jetait selon la coutume. Le choix de cet itinéraire est significatif, dicté par le dépit plutôt que par un souci de sécurité : Louis XV prenait ses distances non avec la capitale de son royaume — il va, au contraire, y multiplier les embellissements —, mais avec les Parisiens. Il avait ce jour-là, note encore Barbier, « un air triste et sérieux..., peut-être n'était-il pas content de son peuple ». Il lui en voulait, sans doute, de prêter une oreille trop complaisante aux rumeurs les plus infâmes.

*
**

Ce serait redites lassantes que de revenir sur l'impact des amours extra-conjugales du Roi sur sa renommée. On rappellera seulement combien le comportement ostentatoire et malavisé de Mme de Pompadour eut très vite à cet égard des répercussions fâcheuses, qui prirent des proportions désastreuses lorsque — et, là encore, la responsabilité de la marquise est très lourde — vint le temps des petites maîtresses et de la maisonnette du quartier du Parc-aux-Cerfs. On se souvient que ces combinaisons enveloppées de mystère contribuèrent à l'éclosion des légendes les plus folles et les plus abjectes tant sur le nombre et l'âge de ces jeunes beautés, que sur le grouillement des bâtards royaux. Elles firent ainsi franchir de nouveaux degrés à l'escalade de la subversion par l'ignoble : c'était l'irruption en force de la pornographie politique dans le façonnement de l'opinon, prélude à son développement luxuriant jusqu'à la Révolution.

L'argent est avec le sexe l'un des thèmes que les ragots et les insinuations de la multitude affectionnent inlassablement. Là encore, Louis XV n'a pas eu de chance, en grande partie parce que lui-même et le gouvernement ont usé et abusé du secret, un secret dont la malignité publique inférait inévitablement qu'il masquait des détournements ou des malversations énormes. Le Roi, on s'en souviendra, avait tenu à se constituer un pécule personnel, en marge et en cachette du Trésor royal. La discrétion des quelques ministres et gens d'affaires qui le secondaient dans la constitution et la gestion de ce capital fut exemplaire et le détail n'en fut jamais connu, mais l'on finit quand même par avoir vent de cette thésaurisation, dont le caractère mystérieux fit sourdre les potins les plus extravagants. On chuchotait que le Roi agiotait et amassait des sommes fabuleuses. Les langues allaient si bon train et si loin que, vers la fin du règne, on croyait à la cour de Vienne Louis XV riche de 40 millions de livres, l'ambassadeur de Suède à Versailles parlait même de 360 millions ! Un observateur plus raisonnable comme l'abbé de Véri estimait, après la mort du Roi, qu'on allait lui découvrir de 12 à 15 millions. Mais à la levée des scellés et à l'inventaire de ses cabinets, on ne trouva que 35 à 40 000 livres en espèces et rien en papier. Bel exemple des affabulations extravagantes dont ce prince était la cible.

Un autre, non moins frappant, est donné par les fausses opinions auxquelles, pour son malheur, donna prise sa manie de dissimuler le plus possible ses activités. Il en laissait deviner si peu de choses, que le public tirait de tout ce mystère des conclusions dangereusement calomnieuses : l'on allait répétant que le Roi ne faisait rien, ne se souciait de rien, ne savait rien de ce qui se passait. Croyance accueillie et propagée avec empressement par les jansénistes, puis par les milieux parlementaires, où l'on se fondait sur elle pour justifier la véhémence de ton des remontrances, destinées, dans cette optique, à ramener au sentiment de ses devoirs un souverain oisif et indifférent. Croyance qui, ainsi diffusée systématiquement, était reçue un peu partout comme une vérité sûre. A Rouen, par exemple, au milieu de 1760, comme le déplorait en ces termes le premier président du parlement, M. de Miromesnil : « Tout le monde est persuadé que le Roi n'entre dans aucun détail des affaires du royaume, qu'il ignore tout ce qui se passe, enfin qu'il ne sait même pas que l'on paie deux vingtièmes. Cette absurdité est si bien établie et l'on a pris tant de soin de la répandre dans le public, qu'il n'est presque personne qui n'en soit fermement persuadé. Je vois avec douleur que le Roi semble en quelque sorte autoriser cette erreur, parce qu'il ne paraît point assez, qu'il ne parle jamais, enfin qu'il ne marque pas prendre assez d'intérêt aux affaires. »

Ses ministres, d'autre part, menaient des actions qu'ils estimaient devoir entourer aussi de secret, notamment en matière de subsistances. La vieille hantise de la disette était une attitude mentale commune aux pouvoirs publics et aux populations : un approvisionnement normal des halles et marchés était pour les premiers un antidote aux murmures, aux désordres, un garant de l'ordre social, et pour les secondes une protection contre la faim et la cherté. La réglementation du commerce intérieur et extérieur des grains était complexe et tatillonne. Quand les récoltes s'annonçaient déficitaires, le gouvernement procédait à des achats, des importations et des stockages de céréales pour les mettre en circulation en cas de pénurie : c'était « le grain du Roi ». Pour ne pas semer l'alarme, toutes ces opérations se faisaient sourdement, mais ne pouvaient passer inaperçues et donnaient lieu chaque fois aux mêmes imputations malveillantes : on chuchotait que des spéculateurs — où l'on incluait les plus hauts personnages de l'État — s'associaient pour accaparer à vil prix les blés du royaume et les exporter avec de gros bénéfices, ou bien qu'ils en détruisaient une partie pour provoquer la disette et la hausse des prix, ou encore qu'ils faisaient venir de l'étranger des grains avariés, impropres à la consommation et bons à rendre les gens malades.

En 1763 et 1764, le vent étant au libéralisme, le gouvernement renonça à la tutelle qu'il exerçait de temps presque immémorial sur les subsistances. Politique qui décontenança et les institutions habilitées jusque-là à exercer « la police » en ces matières, et les consommateurs soudain privés de cette protection. Il en résulta une grave crise de subsistances, que M. de L'Averdy contrôleur général des finances, tenta de résoudre avec la participation d'un boulanger habile et entreprenant, Malisset, qui s'était déjà chargé plusieurs fois depuis 1748 de la fourniture et de la mise en réserve du « grain du Roi ». Au mois d'août 1765, le ministre passa un contrat avec lui et l'homme forma une compagnie pour l'assister. Aussitôt, les suspicions traditionnelles reprirent de plus belle : on colporta que, sous cette couverture, les ministres entretenaient la pénurie, montaient d'affreuses machinations pour priver le peuple de pain et tiraient des profits colossaux d'opérations clandestines et illicites. Ces rumeurs ne se propagèrent pas seulement dans les campagnes, les cabarets ou les marchés, mais dans un très large public et surtout — attitude sans précédent — Louis XV fut expressément incriminé d'avoir part à ces « manèges ».

En 1768, le parlement de Rouen ne craignait pas d'insinuer, dans une lettre au souverain, qu'il était complice du monopole organisé par ses ministres. On en vint à parler d'un complot infernal liant ceux qui cherchaient à prospérer de la famine. L'auteur d'un pamphlet intitulé *Dénonciation d'un pacte de famine...* fut arrêté et embastillé, mais le mot était lâché : « pacte de famine ». Et le mal était fait. Le public se persuada très volontiers que, puisqu'il n'avait pas hésité, nouvel Hérode, à sacrifier en 1750 des enfants innocents, puisqu'il dépensait des sommes immenses pour son sérail du Parc-aux-Cerfs, puisqu'il agiotait en secret, le Roi ne pouvait que trahir son peuple une nouvelle fois en trafiquant sur les blés au lieu de veiller paternellement à assurer sa subsistance. Il est possible, et même probable, que tel ou tel exécutant des opérations de Malisset ait, à l'occasion, malversé en gagne-petit. Mais il est certain que les ministres, et Louis XV encore moins, n'ont jamais manœuvré dans l'ombre pour s'enrichir en organisant la pénurie. La légende du pacte de famine est l'une des plus dénuées de fondement qui aient été. Elle a été, par malheur, l'une des plus tenaces et des plus nocives.

*
* *

En étudiant la période postérieure à la paix d'Aix-la-Chapelle, l'historien, avons-nous dit, éprouve l'impression de traiter d'un autre règne du même souverain. Mais Louis XV lui-même n'en est-il pas venu alors à se demander s'il régnait sur les mêmes sujets qu'hier ? En 1758 l'ambassadeur impérial à Versailles, comte de Starhemberg, signalera ce « changement radical du génie de la nation » : « L'affection naguère si vraie et le respect pour leur Roi, dira-t-il, se sont transformés en malveillance presque séditieuse et en tout cas fort dangereuse. » Ceux qui avaient surnommé Louis « le Bien-Aimé » étaient-ils les mêmes que ceux qui, principalement dans sa capitale, se mettaient à l'accabler de sarcasmes, de calomnies abjectes, de malédictions haineuses ? Et les cours supérieures étaient-elles toujours ces corps qu'une tradition sans doute trop apologétique représentait comme une des colonnes de la monarchie ? Elles semblaient, au contraire, se renier et ne plus se donner d'autre vocation que de déstabiliser l'État, de se saisir du sceptre en confinant le prince dans un rôle de figurant inerte et muet. Or, par une complaisance peut-être imprudente, les prédécesseurs de Louis XV avaient laissé prendre aux offices des compagnies supérieures un caractère anoblissant. N'était-il pas à craindre que ce déclin du loyalisme envers la couronne ne se propageât de la haute robe dans le reste de la noblesse et ne devînt le ferment d'une insubordination nobiliaire ? Toutes ces graves questions se posèrent au Roi à partir de 1748 et sa malchance est d'avoir dû les affronter dans un climat de défection, de malveillance et même de haine générales. Le XVIIIe siècle français a voulu se donner une apparence aimable. Il était en réalité livré à la haine et le sourire dans lequel il s'est crispé n'était qu'une grimace mensongère.

CHAPITRE XIII

De grands ébranlements

Les traités d'Aix-la-Chapelle laissaient subsister chez la plupart de leurs signataires trop d'arrière-pensées pour éloigner durablement une reprise des hostilités. Deux puissances seulement, la France et l'Espagne, étaient sincèrement attachées au maintien de la paix. Louis XV y aspirait profondément. Par principe, d'abord, parce qu'il était, en conscience, partisan des solutions pacifiques. Par nécessité aussi, à cause de la situation maritime et commerciale de son royaume. Le commerce, en plein essor vers la fin du ministère de Fleury, avait été atteint pendant la guerre par les prises et le blocus des Anglais. Il n'avait cependant jamais été arrêté et comme aucune colonie n'avait été perdue, son relèvement n'était qu'une affaire de temps. C'est pourquoi la seule chose réclamée par les compagnies, les armateurs, les négociants et les financiers était qu'on ne le compromît point par de nouveaux conflits. Un long répit n'était pas moins indispensable pour mener à bien le renforcement de la marine de guerre. Dans ces vues et avec un gouvernement peu à peu renouvelé, Louis XV va entreprendre à partir de 1749 de rationaliser le budget et les ressources fiscales de l'État et d'échafauder les combinaisons diplomatiques adaptées aux nouveaux rapports de forces en Europe et dans les autres continents. Mais la fronde de la magistrature va le contraindre d'agir en se débattant dans des difficultés intestines dont aucun des souverains ses contemporains n'a, et de loin, connu l'équivalent.

I. — LA RELÈVE DES HOMMES

Par des changements comparables, *mutatis mutandis*, à ceux rencontrés dans la magistrature, Louis XV, autour de 1750, prit peu à peu à son service de nouveaux responsables dans le gouvernement et les premiers postes de l'État. On n'oubliera pas que l'ingérence de Mme de Pompadour en politique se manifesta surtout en pesant sur le choix ou le rejet des personnes. Ce rôle joua pleinement pour les emplois civils et militaires, les dignités ecclésiastiques semblant en avoir été à peu près exemptées.

Chancellerie et ministères

Les années passant, il devenait patent pour Louis XV qu'il aurait bientôt à pourvoir à l'une des principales charges de la monarchie, celle de chancelier de France, considérable déjà par elle-même et plus encore dans la conjoncture du moment. La promulgation en août 1749 de l'édit sur les biens de mainmorte attestait que l'âge n'altérait ni les facultés, ni les talents de d'Aguesseau, alors proche de ses quatre-vingt-un ans. Sa santé, en revanche, se dégradait et l'on commençait à lui présumer tel ou tel successeur. Ces supputations allèrent bon train quand le vieux chancelier eut remis sa démission le 27 novembre 1750. Le poste était ouvertement et ardemment convoité par le premier président du parlement de Paris, M. de Maupeou, mais Louis XV l'offrit d'abord, sans que personne le sût, au beau-frère du démissionnaire, M. d'Ormesson, soixante-neuf ans et demi, conseiller d'État et intendant des finances, et celui-ci, nous l'avons dit[1], jugea que son âge et ses incommodités ne lui permettaient pas d'accepter. On parla du comte d'Argenson, fort lié avec d'Aguesseau et l'un des principaux collaborateurs de ses travaux législatifs, mais le Roi était trop satisfait de ses services à la tête du département de la Guerre pour l'en retirer. Par une heureuse inspiration, Louis XV aurait alors pressenti Trudaine, quarante-sept ans, autre conseiller d'État et intendant des finances, qui se serait récusé en arguant qu'il devenait dur d'oreille ce qui ne faisait pas obstacle à son travail de bureau, mais l'aurait gêné pour tenir le Conseil privé, où il fallait écouter rapporteurs et opinants, puis conclure en conséquence. Il fut aussi question d'un très savant et très brillant légiste, M. le conseiller d'État Gilbert de Voisins, soixante-six ans : c'eût été peut-être le meilleur sujet, mais, suspecté à tort de jansénisme, il fut écarté. L'on avait encore avancé le nom de M. de Lamoignon de Blancmesnil, premier président de la cour des aides de Paris, en sorte que la nouvelle, le 10 décembre, que le Roi le créait chancelier ne fit guère sensation. La surprise vint de ce qu'il recevait des attributions diminuées par la nomination simultanée d'un garde des sceaux, qui n'était autre que le contrôleur général des finances, M. de Machault d'Arnouville.

---

1. Voir ci-dessus, pp. 452-453.

Le nouveau chancelier appartenait à l'une des plus illustres familles de la robe. A soixante-sept ans, c'était un homme d'expérience, une expérience entamée onze années avant la mort de Louis XIV : placé depuis 1746 à la tête de la cour des aides, il avait été d'abord conseiller, avocat général et ensuite président à mortier au parlement de Paris. Il était réputé pour son intégrité, sa dignité de vie et sa grande piété. Sans avoir le génie législatif de d'Aguesseau, c'était un juriste averti, qui rêva lui aussi d'unifier le droit privé du royaume. Tous éléments qui avaient guidé Louis XV dans son choix. Un choix qui, pourtant, se révéla malheureux à l'épreuve. Assez vite, il apparut que, malgré ses mérites, son savoir et son nom, Lamoignon n'en imposait guère à la magistrature dont il était le chef. Non seulement parce qu'il n'avait pas les sceaux. Non parce qu'il se montra écrivain et orateur sans brio. Non parce qu'il était très gros et que l'on railla son embompoint. Mais parce que, n'étant nullement janséniste, il fut bientôt accusé par la secte d'être un suppôt des évêques et des jésuites. Il était en outre d'une candeur et d'une naïveté incorrigibles, qu'il révéla en confiant à son fils Malesherbes, avec lequel il était brouillé, la direction de la librairie, candeur et naïveté qui le rendirent comme désarmé devant l'inconscience et la mauvaise foi président communément aux mouvements des compagnies d'officiers. Avec cela, souvent maladroit dans les sanctions qu'il infligeait aux corps ou aux individus factieux. Bref, dénué de tout ce qui avait assuré à d'Aguesseau un ascendant indiscuté sur les compagnies de justice. Alors que celles-ci allaient se lancer dans une agitation frénétique, c'était une fâcheuse contrariété.

Au moment où Louis XV le nommait chancelier, l'équipe des secrétaires d'État avait été modifiée assez récemment par la disgrâce de Maurepas. Ce ministre avait toujours été hostile à Mme de Pompadour et passait à juste titre pour être l'auteur, ou au moins le propagateur, de bien des épigrammes qui couraient contre la marquise. Le Roi, qui l'aimait et dont il partageait les curiosités scientifiques, l'avait mis en garde. Il n'en continua pas moins son persiflage, et un jour sur un ton si éloigné de celui d'un homme qui se voulait suprêmement poli et raffiné, que la foudre tomba : le 23 avril 1749, Louis XV le destitua de toutes ses charges et l'exila non sur ses terres, mais à Bourges, où il allait rancir jusqu'à l'avènement de Louis XVI. Parmi ses attributions, la Maison du Roi était passée à son cousin le comte de Saint-Florentin, qui avait déjà le clergé, la R.P.R. et les pays d'états ; la ville de Paris avait été donnée au comte d'Argenson, installé à la Guerre en janvier 1743, et le département de la Marine était allé à M. Rouillé, conseiller d'État et ancien intendant du commerce. Le marquis de Puisieulx dirigeait les Affaires étrangères depuis janvier 1747.

***

Ç'avait été, on s'en souvient, au mois de décembre 1745 que Jean-Baptiste de Machault d'Arnouville avait été appelé par Louis XV à remplacer Orry, renvoyé sous la pression des frères Pâris et de Mme de Pompadour. Celle-ci, par bonheur, n'avait eu aucune part dans la désignation du nouveau contrôleur général, qui, par certains traits, n'était pas sans rappeler son prédécesseur. Il était lui aussi insensible aux plaintes des intérêts particuliers, d'une humeur taciturne et d'un abord difficile, propre à décourager les quémandeurs malgré son extrême politesse. Issu d'une famille distinguée de la robe, anoblie depuis deux siècles, il avait tout juste quarante-quatre ans lors de son entrée dans le gouvernement. Jusque-là, sa notoriété n'avait guère dépassé le cercle assez restreint, mais fort bien composé, où sa carrière s'était déroulée. Conseiller au parlement de Paris en 1721, il avait été nommé maître des requêtes en 1728 et dès lors, pendant une quinzaine d'années, étroitement associé, en tant que rapporteur du bureau de Législation, aux travaux du chancelier d'Aguesseau, qui le prit en très haute estime. Il noua là des liaisons avec le procureur général Joly de Fleury, avec Trudaine, son ami intime, avec le comte d'Argenson qui, au mois de mars 1743, lui fit confier l'intendance de Hainaut, dépendant de son département. Louis XV, peut-être averti déjà des mérites que Machault avait déployés auprès du chancelier, eut occasion d'apprécier ses capacités et sa personne lorsqu'il séjourna en Hainaut pendant la guerre et logea en 1744 et 1745 à l'intendance de Valenciennes, en sorte que son accession au contrôle général, suggérée probablement par le comte d'Argenson, lui fut imposée par le Roi avec une confiance impérieuse. Il est certain que, de tous ses ministres, Machault a été celui que Louis XV a le plus aimé et estimé. Il a vu en lui le grand homme d'État dont il rêvait, en quoi il était, une fois de plus, parfaitement lucide.

La décision et l'énergie étaient les traits dominants de son caractère, la netteté et la précision ceux de son esprit, avec une conscience admirable des nécessités pratiques plutôt qu'une propension aux spéculations théoriques, avec un respect des traditions qui n'empêcha point ses réformes d'emporter de telles répercussions qu'elles engageaient une refonte de l'État et de la société. L'homme, avec cela, était profondément intègre et, quoi qu'aient insinué ou vociféré ses ennemis, un bon chrétien. S'il n'avait nullement désiré le pouvoir et s'il ne le regretta point après l'avoir perdu, il ne manqua pas d'adresse pour s'y maintenir. Ayant notamment saisi combien Mme de Pompadour pouvait être nocive, il eut soin de s'assurer son appui et sa sympathie, sans que, en son âme et conscience, il approuvât sa liaison avec le Roi.

Chez les intendants des finances, il y eut beaucoup de continuité : M. d'Ormesson se fit adjoindre son fils en 1740 et Trudaine le sien en 1754, Taschereau de Baudry fut, après un bref intermède, remplacé en 1756 par M. Moreau de Beaumont, M. de Courteilles avait succédé à Le Pelletier de La Houssaye en 1748 et M. Chauvelin de Beauséjour remplaça Orry de Fulvy en 1751.

Gendre et successeur de M. Hérault, M. Feydeau de Marville occupait depuis janvier 1740 la charge si importante de lieutenant général de police de Paris, qu'il remplissait avec compétence. Il fut nommé conseiller d'État en mai 1747 et l'on en prit prétexte pour lui ôter la police et y affecter M. Berryer, intendant de Poitiers, personnage sans nulle envergure, mais bien vu de Mme de Pompadour.

*
**

Deux secrétaires d'État — le comte d'Argenson et Puisieulx — étaient ministres d'État en 1750 et d'autres le devinrent : Saint-Florentin et Rouillé en août 1751. Le contrôleur général l'était depuis mai 1749 et le demeura après avoir reçu les sceaux. Parmi les autres ministres d'État, le cardinal de Tencin, âgé, se retira en mai 1751, imité en septembre 1755 par le comte de Saint-Séverin, et le maréchal de Noailles resta au Conseil jusqu'en avril 1756. Deux personnalités dominaient nettement l'ensemble : le comte d'Argenson et Machault d'Arnouville. En outre, Noailles resta longtemps très influent, inspirant en coulisse la conduite de la diplomatie. On se souviendra enfin que, pour entamer l'éducation politique du Dauphin, Louis XV le fit entrer en octobre 1750 au Conseil des Dépêches, où il devait commencer par assister silencieux aux séances et n'opiner qu'au bout de quelques années.

*
**

En dehors des ministres et des membres du Conseil, il est encore un personnage avec lequel, sans lui conférer aucun mandat officiel et en le consultant de manière informelle, Louis XV continua de traiter certaines affaires : le prince de Conty. « M. le prince de Conty, rapporte Dufort de Cheverny, le plus bel homme possible, avait beaucoup d'esprit, mais le jugement le plus faux. Plein de projets, d'une imagination ardente, voulant jouer un rôle. » Ses rencontres avec le Roi remontaient, on l'a dit, à 1740 ou 1741, et parurent longtemps avoir des raisons assez naturelles pour ne point étonner. Leur persistance et leur fréquence accrue — outre qu'elles indisposèrent Mme de Pompadour — finirent inévitablement par intriguer : « On a de la peine à comprendre, notait Luynes en décembre 1746, quel peut être l'objet de ce travail. » D'Argenson relevait en décembre 1747 que « M. le prince de Conty a porté chez le Roi un gros portefeuille et a fait un long travail avec Sa Majesté... On assure que ce sont diverses idées sur les affaires, sur la paix, que Lui porte ce prince. » En devenant régulier, ce travail ne fit que piquer de plus en plus la curiosité, sans que les matières en fussent jamais clairement décelées. « On est toujours à comprendre ce que peut être ce travail, répétait Luynes en février 1754, car M. le prince de Conty a un portefeuille comme un ministre et on ne voit pas cependant qu'il soit chargé de rien. » Et d'Argenson de rapporter en janvier 1755 qu' « il ne se passe pas deux jours que ces deux princes ne s'écrivent et ne s'envoient des lettres. Il s'agit, dit-on, des plus grandes affaires du royaume entre eux ; l'on voit qu'il s'agit aujourd'hui d'arranger la paix de l'Église. »

En fait, ces entretiens ont pu rouler vers 1748, d'une part sur les démarches du prince en vue d'obtenir le grand prieuré de l'ordre de Malte en France et, d'autre part, sur les projets d'implantation de la place Louis XV, que l'on pensa un moment édifier sur les quais à l'emplacement de l'hôtel de Conty. Entrecoupés de quelques brouilleries entre les deux cousins, ils eurent longtemps pour sujet majeur la couronne de Pologne, ce que d'Argenson soupçonnait dès 1751. Il y fut question aussi des protestants, nombreux dans le comté d'Alès, dont Conty était apanagiste. S'y ajoutèrent les troubles suscités par les parlements surtout après que le prince eut obtenu en août 1749 le grand prieuré de Malte. Il put abandonner alors l'hôtel de Conty — qu'il vendit au Roi en 1760 — et s'installer à l'hôtel du grand prieur, qui n'était autre que le Temple. Or, celui-ci et le quartier avoisinant formaient ce qu'on appelait un « lieu privilégié », c'est-à-dire comme une petite ville enclavée dans la grande, avec son bailliage et ses officiers, territoire soustrait à la justice et à la police ordinaires, qui n'étaient autorisées à y engager de poursuites que sur ordre exprès du Roi. Conty pouvait donc, en toute quiétude, y dresser ses batteries souterraines, qui, après sa rupture avec Louis XV, dégénérèrent en menées de plus en plus louches.

L'ÉPISCOPAT

Héritiers de la vigilance de Fleury, Louis XV et l'ancien évêque de Mirepoix, M. Boyer, chargé de la feuille des bénéfices et précepteur du Dauphin, eurent soin de ne désigner que des évêques d'une orthodoxie apparemment sûre. De sorte qu'après la mort ou la retraite des derniers prélats port-royalistes, l'épiscopat, en restant très attentif à la sauvegarde de son autorité et de ses prérogatives, ne comptait plus d'adversaire déclaré de la bulle *Unigenitus* et professait dans l'ensemble un gallicanisme paisible.

Parmi les évêques influents contemporains de la fulmination de l'*Unigenitus,* le cardinal de Rohan, évêque de Strasbourg et grand aumônier de France, mourut en 1749, remplacé dans son diocèse par son neveu et coadjuteur le cardinal de Soubise et à la grande aumônerie par le cardinal de La Rochefoucauld, archevêque de Bourges. C'est à ce dernier que, après le décès de M. Boyer, le Roi confia le 23 août 1755 la feuille des bénéfices, qui vaqua bientôt, ce prélat pondéré et très respecté étant mort en avril 1757. Par un choix singulier, la feuille passa alors à un ecclésiastique qui ne jouissait pas et ne jouit jamais d'une grande considération : l'évêque de Digne, M. de Jarente de La Bruyère, bientôt transféré à l'évêché d'Orléans.

Les changements les plus importants concernèrent le diocèse de Paris. Nonagénaire et doyen des évêques de France, M. de Vintimille mourut le 13 mars 1746. En avril, Louis XV désigna pour lui succéder l'archevêque d'Arles, M. Gigault de Bellefond, qui, à peine intronisé, fut emporté au mois d'août par la variole. Le siège, derechef vacant, fut attribué à l'archevêque de Vienne, M. de Beaumont du Repaire, mais — peut-être par un pressentiment des difficultés qui l'attendaient — il refusa longuement cette translation et ne finit par y consentir que sur les instances expresses du Roi. Le caractère énergique de ce prélat encore jeune (quarante-trois ans) allait faire de lui pour un temps la figure de proue de l'épiscopat.

II. — DIEU ET MAMMON

A l'issue de la guerre de Succession d'Autriche, Louis XV entendit profiter de la paix pour assainir les finances de l'État et moderniser la fiscalité directe, deux objectifs étroitement solidaires. La guerre, certes, avait coûté cher, mais le contrôleur général Orry et son successeur Machault d'Arnouville en avaient couvert les dépenses avec tant de rigueur et d'adresse que la situation budgétaire pouvait être redressée sans trop d'efforts. La seconde opération — la rénovation du système fiscal — était beaucoup plus laborieuse : la première, en effet, pouvait être menée en partie à l'aide de moyens classiques, mais l'autre impliquait des changements si dérangeants que d'aucuns pouvaient les considérer comme un bouleversement radical. Il fallait un ministre de la trempe de Machault pour affronter une telle entreprise.

Le vingtième

Tant que dura la guerre, Machault ne put rien faire d'autre que d'alimenter le Trésor selon les recettes traditionnelles : emprunts, octrois, rentes viagères, augmentations de taxes, etc. Ces expédients le confirmèrent dans l'idée qu'une réforme de la fiscalité était nécessaire, que cette réforme devait comporter beaucoup plus que la correction épisodique de quelques défauts de répartition ou de perception et s'attaquer à l'essentiel. La difficulté n'était pas de trouver de l'argent : il abondait dans cette nation prospère ; elle était d'obtenir que tous ceux qui détenaient cet argent, de quelque état et condition qu'ils fussent, contribuassent aux impositions. Il fallait établir l'égalité de tous les sujets devant l'impôt, en dépit des conséquences sociales qui en découleraient. Machault eut le courage d'entamer cette réforme en pleine paix, soit en un temps où, d'habitude, le fisc renonçait à des prélèvements que les périls de la guerre avaient fait admettre. Il ne se lança dans l'entreprise qu'après les réflexions, les échanges de vues et les études préparatoires les plus sérieux. Ses plans furent discutés et mis au point en avril 1749 au cours de plusieurs Conseils des Finances extraordinaires et furent pleinement approuvés par Louis XV dans tous les détails : ils correspondaient très exactement aux enseignements politiques reçus par lui dans son enfance [1]. Ces décisions furent promulguées par deux édits rendus à Marly au début de mai 1749.

Le premier portait émission de 1 800 000 livres de rentes à 5 %, amortissables en douze ans par tirage au sort semestriel. Les 36 millions ainsi recueillis devaient être consacrés à l'extinction des dettes contractées pendant les hostilités. Pour la première fois, ces titres de rente étaient au porteur, avec coupons détachables, alors qu'il n'existait auparavant que des titres nominatifs, transférables après de longues formalités. Cette simplification assura le prompt succès de l'emprunt.

Le second édit avait une tout autre portée. Il prononçait suppression, à partir du 1er janvier 1750, du dixième établi en 1741 pour la durée de la guerre, instaurait une Caisse générale des Amortissements pour le remboursement des dettes de l'État et établissait un nouvel impôt, le vingtième, dont le produit serait versé à cette caisse. Dans le préambule, le Roi exposait avec beaucoup de clarté et de force que le retour de la paix lui faisait

---

1. Voir ci-dessus, p. 119-120.

un devoir de travailler à l'assainissement de ses finances par l'extinction de la dette, mais que, ne pouvant trouver dans ses revenus ordinaires de quoi remplir cet objet essentiel, il se voyait à regret dans l'obligation de recourir à l'imposition du vingtième, préférée à toute autre « par la considération qu'il n'y en a pas de plus juste et de plus égale, puisqu'elle se répartit sur tous et chacun de nos sujets dans la proportion de leurs biens et de leurs facultés ». Là gisait l'innovation capitale et presque révolutionnaire : le vingtième frapperait tous les sujets du Roi sans distinction. En outre, aucun terme n'était assigné à sa perception.

Cet impôt n'était, au fond, que le dixième réduit de moitié mais avec une assiette rationalisée et considérablement élargie. C'était un prélèvement de 5 % opéré non sur *le revenu*, mais sur *les revenus nets*, eux-mêmes classés en quatre catégories : revenus des propriétaires et usufruitiers de biens fonciers, revenus mobiliers (sauf les rentes sur l'État, hypothèques, emprunts du clergé, des villes et provinces), revenus industriels et commerciaux (ou « vingtième d'industrie »), revenus des charges et offices. Bref, une contribution qui frapperait la propriété, mais non point le travail, ni les salaires, ni les bénéfices des fermiers et métayers. Son avantage était d'atteindre surtout les revenus de la terre, c'est-à-dire la forme de richesse la plus répandue, la plus productive, la plus considérée et aussi, en principe, la plus difficile à dissimuler. L'édit n'exigeait pas de nouvelles déclarations de revenus des contribuables qui en avaient déjà présenté pour le dixième de 1733 ou celui de 1741, si frauduleuses ou défectueuses qu'elles aient été, mais ceux qui n'en avaient pas fourni alors y seraient astreints cette fois.

L'édit était muet sur un point hautement délicat : la manière dont il serait procédé à la vérification des déclarations. Il y fut pourvu par des circulaires d'application et des instructions adressées aux intendants, sous l'autorité desquels allait être mise en place une administration spéciale chargée de recevoir et de vérifier les déclarations, avec un directeur par généralité, à qui étaient subordonnés des contrôleurs, affectés chacun à une portion de territoire, et des commis. Les contrôleurs avaient pouvoir de se transporter dans les paroisses pour y établir un cadastre sommaire et pour se renseigner sur le rendement des terres, le prix des grains et des bestiaux, le revenu des biens affermés et jouissaient du droit d'exiger des notaires et greffiers communication des actes conservés dans leurs archives. Les mesures ainsi discrètement arrêtées n'étaient pas moins hardies que la teneur même de l'édit. Elles aboutissaient en effet à mettre en place une hiérarchie de *fonctionnaires*, relevant directement des intendants et, par eux, du contrôle général des finances et du Conseil du Roi. C'est aux vérifications de ces agents que désormais ducs, présidents à mortier, évêques et autres privilégiés seraient tenus de se plier, comme le plus simple paysan.

Il est aisé d'imaginer les aléas de l'entreprise. Des contrôleurs allaient dépendre le rendement du vingtième et le sort des contribuables. Leur recrutement, leur implantation et leurs activités ne pouvaient, dans les commencements, que rencontrer des difficultés et des déboires avant que ces novices ne fussent rompus à leur métier. D'autre part, l'instauration d'un impôt frappant le clergé et la noblesse comme les roturiers ne pouvait que faire regimber les ordres privilégiés, et surtout le mieux organisé, celui des clercs. Enfin l'établissement du vingtième conduisait à l'égalité de traitement entre les différentes provinces, ce qui ne manquerait pas de heurter celles qui bénéficiaient d'un statut particulier farouchement préservé.

Les résistances

L'édit du vingtième fut présenté au parlement de Paris le 5 mai 1749 : par cent six voix contre quarante-neuf, il décida d'ajourner l'enregistrement et de dresser des remontrances. Peu de catégories sociales autant que les officiers des cours supérieures avaient à perdre à l'établissement d'un impôt égal. Aussi ces remontrances travestirent des revendications égoïstes en un zèle larmoyant pour les intérêts du pauvre peuple. A ces déclamations Louis XV répliqua par l'ordre très ferme d'enregistrer purement et simplement et dans les deux heures. Intimidés les magistrats s'inclinèrent, l'enregistrement fut effectué le 19 mai et Machault nommé ministre d'État le 24. Cela impressionna les autres parlements qui finirent par obtempérer, non sans faire traîner les choses en longueur ici et là et en tenant des discours plus hardis qu'à Paris. Tout était en règle avant les vacances judiciaires. Ce succès permit de couronner l'entreprise en l'étendant à la Lorraine et au Barrois : en décembre, un édit du roi Stanislas, calqué sur celui de son gendre et enregistré de fort mauvaise grâce par les cours locales, introduisit le vingtième dans les duchés. Machault avait ainsi gagné la partie la plus facile. Restaient les obstacles beaucoup plus rudes dressés par les privilèges du clergé et des états provinciaux.

Les premiers reposaient sur de très anciens principes et sur des concessions royales. La doctrine du clergé, forgée dès le haut Moyen Âge, professait que l'Église était non point propriétaire, mais « dispensatrice » (c'était le terme précis en droit ecclésiastique) des biens qui lui étaient échus, que ceux-ci, réservés par destination au service de Dieu et des pauvres, étaient de droit divin, exempts de toute charge temporelle et que, si le clergé contribuait aux dépenses publiques, c'était par pure générosité et de son seul gré. C'est parce qu'il était parfaitement au fait de ces subtilités que Machault avait fait préciser dans l'édit que le vingtième frapperait les revenus des propriétaires et *usufruitiers* des biens fonciers. Persévéramment défendue par ses bénéficiaires à travers les âges, cette immunité avait été reconnue par les Rois et notamment par le contrat de Poissy (1561), en vertu duquel le clergé accepta de payer, mais en soutenant qu'il le faisait librement, sous forme de « don gratuit », en conservant le vote et la répartition de ses subsides, ce qui lui avait permis de se doter de sa propre administration financière (assemblée quinquennale, agents généraux, receveur général, receveurs des décimes, etc.), entièrement distincte et indépendante de celle de l'État. Cet affranchissement de toute tutelle et de tout contrôle sur ses biens lui tenait à cœur autant que leur possession même. En outre, quand le dixième fut établi en 1710, le clergé, en contrepartie d'un don gratuit de 8 millions pour être exempté du nouvel impôt, avait obtenu de Louis XIV une déclaration reconnaissant formellement ses immunités, qui avaient été confirmées derechef en 1726 lors de l'instauration du cinquantième.

Face à l'impôt royal, les pays d'états n'étaient pas dans des conditions tout à fait semblables, car leur dissémination géographique et leurs singularités statutaires les empêchaient de présenter la même cohésion que les ecclésiastiques. Mais tous étaient fort attachés à leurs privilèges, sous la protection desquels ils réussissaient à être moins imposés que les pays d'élections, comme à disposer chacun d'une organisation financière quasi autonome et, à l'instar du clergé, il leur semblait aussi nécessaire de la préserver de toute ingérence de l'État que de défendre la bourse des contribuables.

*
**

Pendant que les cours supérieures enregistraient peu à peu l'édit du vingtième, Machault tourna ses batteries vers le clergé en commençant par les diocèses qu'il présumait devoir être les moins récalcitrants : ceux des provinces réunies au royaume après 1561, qui n'étaient pas incorporés au clergé dit « de France ». S'il réussissait à y faire admettre que la loi divine ne dispensait pas les clercs de l'impôt, il deviendrait difficile aux autres de soutenir le contraire. Il obtint à peu près satisfaction dans les diocèses de Cambrai, Arras et Saint-Omer, où les ecclésiastiques étaient confondus avec la noblesse et le tiers état par rapport aux impositions, mais se heurta ailleurs à une résistance inflexible. Seul l'évêque de Perpignan parut se montrer d'abord accommodant, mais il fut vite sommé de s'aligner sur ses confrères de Besançon, Belley, Strasbourg, Metz, Toul et Verdun. Ceux-ci, dès le 19 juin, avaient été invités à donner les ordres nécessaires pour que parvinssent aux directeurs du dixième ou aux intendants, dans les délais fixés, les déclarations des biens et revenus de tous les ecclésiastiques de leurs diocèses. Leur fin de non-recevoir fut immédiate, catégorique, inébranlable et unanime. L'évêque de Verdun ne craignit pas de citer l'exemple de Thomas Becket, mis au rang des saints et des martyrs pour avoir défendu, au prix de son sang, les immunités de l'Église et insinuait que le clergé saurait s'en inspirer, car « si les immunités ne doivent passer qu'après le dogme et la morale, elles les suivent de si près qu'elle doivent être regardées comme faisant partie de la religion catholique ». Tout espoir de diviser l'épiscopat était perdu. La tentative de Machault du côté du clergé dit « étranger » et les réactions de celui-ci furent, on s'en doute, aussitôt connues de l'ordre tout entier, où la promulgation de l'édit d'août 1749 sur les biens de mainmorte renforça encore les mauvaises dispositions.

Le temps jouait pour lui, car l'assemblée quinquennale où allait être porté ce grand débat ne devait s'ouvrir qu'à la fin de mai 1750. Les agents généraux, l'évêque Boyer, le parti dévot à la cour multiplièrent les démarches auprès de Louis XV et les prélats présents à Paris se réunirent chez l'archevêque pour y élaborer sur l'origine et les fondements des immunités ecclésiastiques un mémoire remis au Roi le 24 août 1749. Un second appel alors adressé par le contrôleur général aux évêques du clergé étranger eut le même résultat que le premier et M. de Verdun invita le ministre à « ne point mettre en opposition l'obéissance que nous devons au Roi et celle que nous devons à notre conscience ; car dans l'incompatibilité de ces deux devoirs, le Roi lui-même a trop de religion pour ne pas sentir lequel des deux doit avoir la préférence ». L'affrontement avec l'assemblée du clergé promettait d'être rude.

En attendant, Machault s'occupa d'établir le vingtième dans les pays d'états. Ce fut chose assez aisée en Bourgogne, en Provence et en Artois. La Bretagne et le Languedoc furent coriaces. Les états de Bretagne siégeaient tous les deux ans. Dans l'intervalle ils déléguaient leurs pouvoirs à une commission intermédiaire ou, en cas de besoin, à de « petits états » de 250 membres seulement. C'est à cette assemblée restreinte, ouverte à Rennes le 6 octobre 1749, que le contrôleur général fit signifier l'établissement du vingtième. Les commissaires du Roi avaient reçu des consignes rigoureuses et les appliquèrent : les états durent s'incliner et les débats furent clos le 13 octobre. Le gouvernement avait gain de cause en apparence, mais les députés, honteux de leur soumission, se répandirent en plaintes sur les prétendues violences qui leur avaient été faites et finirent même par présenter des remontrances. Cette conduite sema dans la province un tel esprit d'insoumission, que les contribuables s'abstinrent en masse de fournir leurs déclarations, présage de discussions orageuses lors de la session ordinaire des états en octobre 1750.

Les états de Languedoc se réunissaient annuellement et comptaient cent quatorze députés, parmi lesquels les vingt-trois archevêques et évêques de la province pesaient puissamment sur les délibérations. Énergiquement remontés par le clergé de France tout entier, ces prélats ameutèrent les autres membres de l'assemblée, qui commença ses travaux le 29 janvier 1750. Elle cria au renversement des privilèges du pays, adressa des remontrances au Roi et en attendant sa réponse, ajourna le vote du don gratuit. Le maréchal de Richelieu et l'intendant Le Nain, commissaires du Roi, se montraient peu combatifs ; ils furent tancés par Machault, qui leur fit enjoindre aux états de délibérer, toute affaire cessante, sur le don gratuit, sans laisser espérer la moindre concession sur le vingtième. Nullement impressionnée, l'assemblée, le 17 février, refusa de s'incliner. A peine avait-elle émis ce vote, que Richelieu et Le Nain pénétraient dans la salle des séances, et lui signifiaient sa séparation et les ordres du Roi qui exilaient les évêques dans leurs diocèses, les nobles sur leurs terres et les députés du tiers dans leurs villes. L'intendant prit directement en main l'administration de la province. Usé et malade, Le Nain mourut à la tâche et fut remplacé par M. Guignard de Saint-Priest aussi énergique et habile que son prédécesseur l'était peu. Les opérations du vingtième suivirent un cours aussi régulier que le permettait la complexité de la besogne. Quand celle-ci eut été menée à bien et que les esprits se furent calmés, le Roi put, en octobre 1752, rappeler les états du pays, non sans imposer quelques règles plus strictes à la tenue de leurs sessions. Leur rupture en février 1750, dont le dernier exemple remontait à 1629, attestait que Louis XV et Machault n'entendaient pas alors se laisser intimider et c'était un avertissement pour le clergé à l'approche de son assemblée.

*
**

Celle-ci était activement préparée par les ecclésiastiques et très attendue par le public, déjà fortement travaillé par une campagne de brochures favorables ou non aux immunités du clergé. Avec son esprit lucide et positif, Machault sentait combien il importait de mettre l'opinion de son côté et il fit sortir le gouvernement de sa torpeur habituelle en matière de communication. Il commanda à un avocat un ouvrage consacré à réfuter les thèses du clergé, à démontrer l'illégitimité de ses immunités et le droit du Roi sur les biens d'Église. Avec son titre latin, *Ne repugnate bono vestro*, et son érudition, ce libelle, paru à Paris au printemps de 1750, eut un tel succès dans une ville alors enfiévrée par le scandale des enlèvements d'enfants, qu'il fallut bientôt en tirer une seconde édition. Son auteur, janséniste et fort dévotieux envers le parlement, n'était pas irréligieux mais anticlérical et ses propos ne reflètent pas toujours la pensée profonde du contrôleur général. Voltaire lui-même s'en mêla, qui, après avoir déjà pris la plume en mai 1749 pour faire l'apologie du vingtième, la reprit alors pour soutenir la cause du contrôleur général. Abondamment répandus ses *Lettres pour le vingtième* et le *Ne repugnate* causèrent le plus vif dépit aux députés du clergé qui arrivaient à Paris pour tenir l'assemblée de l'ordre.

Elle s'ouvrit le 25 mai 1750, mais n'aborda que le 30 juin l'affaire du vingtième. Et pour se contenter de rabâcher inlassablement et interminablement les arguments du refus indigné et hautain exprimés un an plus tôt par les évêques du clergé « étranger ». Le 17 août, les commissaires du Roi vinrent lui communiquer les dernières propositions du gouvernement : disposé à transiger sur le taux de l'impôt et même à promettre de l'employer à l'extinction des dettes du clergé, Machault demeurait intraitable sur le principe de la déclaration obligatoire. Une déclaration royale datée du même jour était adressée au parlement de Paris, qui l'enregistra dès le 21 : elle enjoignait à tous les bénéficiers du royaume de faire connaître dans les six mois l'ensemble de leurs biens et revenus. Sorti des presses de l'Imprimerie royale le texte de cette loi fut diffusé à des milliers d'exemplaires et connu de tout Paris et de tout Versailles en même temps, voire plus tôt, que du clergé. Elle obtint une approbation quasi unanime de l'opinion, frappée par sa modération et son souci d'équité. Cet accueil favorable du public n'entama pas l'intransigeance de l'assemblée. Par une lettre adressée au Roi le 19 août, elle exclut toute possibilité d'accéder à une exécution, même mitigée, de l'édit du vingtième : « Notre conscience et notre honneur, concluait-elle, ne nous permettent pas de consentir à voir changer en tribut nécessaire ce qui ne peut être que l'offrande de notre amour. » Là-dessus, elle temporisa en préparant des remontrances, où elle s'obstinait à cantonner sur le seul terrain de la religion ce débat de nature strictement financière et fiscale. Louis XV y répondit le 16 septembre par la sommation de délibérer sur le don gratuit. Celle-ci ayant été rejetée, M. de Saint-Florentin, secrétaire d'État, lui signifia un arrêt du Conseil décrétant une levée annuelle de 1 500 000 livres sur le clergé et des ordres du Roi enjoignant à chaque député de se retirer sans délai dans son diocèse pour n'en plus sortir, y remplir les devoirs de son ministère et y vaquer à l'exécution de la déclaration du 17 août. L'assemblée fut rompue le 20 septembre, ce qui fit sensation.

Six semaines plus tard, s'ouvrit à Rennes le 30 octobre la session ordinaire des états de Bretagne. Après les « petits états » de 1749, l'intendant de la province avait rendu ses ordonnances prescrivant de fournir les déclarations en vue du vingtième et en réglant la forme et depuis, huit mille contribuables à peine s'étaient acquittés de ce devoir. C'est dire que les députés arrivaient cette fois aux états dans des dispositions peu rassurantes : dans le clergé, les évêques étaient tentés de venger la dissolution de l'assemblée de leur ordre et l'exemple du Languedoc, loin de faire peur, poussait à tenir tête. Les états votèrent sans broncher le don gratuit habituel, mais manifestèrent ensuite leur volonté de contester les décisions des petits états, de forcer le gouvernement à leur demander formellement leur consentement au vingtième et de ne l'accorder qu'à la condition d'un abonnement. Les débats furent houleux, allongés par l'obstruction de la noblesse (plus de 500 députés à elle seule !, mais l'endurance, la fermeté et l'habileté des commissaires du Roi, le duc de Chaulnes et l'intendant, sauvegardèrent l'essentiel. Lorsque la session fut enfin close le 14 décembre, le vingtième subsistait comme dans les autres provinces, sans abonnement, et le gouvernement n'avait cédé que sur quelques points mineurs. Il ne lui fallait pas, toutefois, nourrir d'illusions : le vingtième en Bretagne était plus subi qu'accepté. Les Bretons mirent obstinément tous les obstacles imaginables aux opérations des agents du vingtième et s'efforçaient de faire admettre que leur consentement à cet impôt n'était valable que dans l'intervalle d'une session à l'autre des états et devait être renouvelé.

Venant après la dispersion des états de Languedoc et celle de l'assemblée du clergé, ce succès gouvernemental aux états de Bretagne fit bonne impression et comme, à ce moment même, Machault, sans quitter les finances, devint en outre garde des sceaux, on regarda ce cumul insolite comme une manifestation de la confiance de Louis XV.

*
**

Une confiance plus que jamais nécessaire dans le déchaînement de passions suscité par le conflit entre le gouvernement et le premier ordre de la nation, où les deux protagonistes sentaient chacun la nécessité de gagner l'opinion publique. Après le signal donné par les lettres *Ne repugnate* et l'écrit de Voltaire, l'ardeur de la querelle fit sourdre de toutes parts une masse toujours croissante d'écrits aux prétentions savantes et à l'érudition suspecte, dont, selon les sympathies qui les animaient, les auteurs accablaient l'adversaire. Un arrêt du Conseil du 21 mai 1751 put supprimer — quelle qu'en fût l'orientation — trente-neuf de ces libelles, sans atteindre la totalité de cette littérature foisonnante. Autant que la ville, la dispute agitait la cour, où les thèses ecclésiastiques étaient défendues — si l'on nous permet cet anglicisme — par un puissant « lobby ».

Autour de Louis XV, en effet, le clan dévot s'était rallié sans nul effort critique au point de vue et surtout à la tactique du clergé, c'est-à-dire en croyant se porter au secours des dogmes et de la foi, alors qu'en fait il n'était question que de dissimuler la richesse véritable de l'ordre et la disproportion entre ce qu'il versait à l'État et ce qu'il aurait dû lui verser. Attitude pleine de mauvaise foi et aussi d'inconscience, car, devant le silence persistant du pape Benoît XIV sur cette controverse, le clergé français aurait dû mesurer combien ses prétentions étaient hasardeuses. La faction dévote à la cour était représentée par la famille royale et son entourage. La Reine y comptait moins que ses enfants. Chaque jour, Louis XV passait quelques heures avec sa bru et ses filles et l'on sait l'affection très vive qu'il leur vouait, réchauffée encore par le retour des deux cadettes, libérées de Fontevrault. Mesdames étaient fort pieuses et très soumises à leur confesseur. Louis XV avait fait entrer le Dauphin au Conseil des Dépêches le 23 octobre 1750, soit un mois après la rupture de l'assemblée du clergé : le Roi, qui connaissait les sympathies cléricales de son fils, tentait sans doute, en lui faisant écouter les délibérations du Conseil, de l'aider à prendre conscience de l'enjeu réel du conflit et du bien-fondé de la politique de Machault, et il y parvint au moins en partie. Mais le jeune prince était en relations d'amitié et de confiance avec des ecclésiastiques très déterminés et très batailleurs : l'évêque Boyer, l'archevêque de Paris, l'archevêque de Sens Languet de Gergy, l'évêque d'Amiens, l'abbé de Nicolaÿ, agent général du clergé et bientôt évêque de Verdun, le père Griffet. Par eux, il était abondamment pourvu d'arguments, de mémoires et de papiers. Dans le Conseil et le gouvernement, cette tendance était représentée par le cardinal de Tencin et par le comte d'Argenson, un des oracles du cercle de la Reine, où, surtout depuis que la disgrâce de Maurepas lui avait procuré « le département de Paris », il apportait nouvelles et avis. Auteur partiel de l'élévation de Machault au ministère, il n'avait pas tardé à se brouiller avec lui et leurs relations tournaient de plus en plus à l'antagonisme. Pour ces têtes de file du parti dévot à la cour et pour leurs suiveurs, le contrôleur général était la bête noire. Il était pourtant très croyant, assidu aux offices et à la communion, mais comme il se refusa constamment à se laisser leurrer par des arguments théologiques parfaitement étrangers au débat, ces adversaires le représentèrent calomnieusement comme un impie et un ennemi de l'Église.

Cette coterie dévote n'était pas moins hostile à Mme de Pompadour, en sorte que, par un piquant retour des choses, le pieux et austère Machault ne tarda pas à recevoir de la marquise le soutien le plus résolu, et cela alors qu'on entrait dans le temps où elle n'était plus que l'amie du Roi, plus puissante que jamais en cette qualité, et où, en vue de régulariser cette situation, elle amorçait en direction de l'Église des avances si froidement accueillies qu'elle en conçut beaucoup d'amertume. Derrière elle se rangèrent la plupart des ministres, des courtisans marquants comme Richelieu et de nombreux représentants du monde de la finance, même les frères Pâris qui, cependant, n'entretenaient pas avec Machault des relations fort chaleureuses. En outre, le contrôleur général était assuré de la collaboration la plus loyale des intendants des finances, en particulier Trudaine, Courteilles et d'Ormesson.

Le résultat fut que, dans ses rencontres quotidiennes avec ses enfants, comme dans les séances du Conseil, dans son travail avec ses ministres, dans ses visites chez Mme de Pompadour ou ses conversations avec tel prélat ou tel seigneur, Louis XV était affecté par les bouderies et les reproches d'êtres qui lui étaient chers ou qu'il estimait. Comme jadis Henri III luttant pour sauver l'État menacé par les huguenots et les ligueurs, il subissait les pressions les plus contraires dans son propos d'établir un équilibre harmonieux entre la raison d'État et ses obligations de Roi Très-Chrétien. Un sort malencontreux voulut que, dans le même temps et à une autre occasion, il dût accorder à l'autorité ecclésiastique un soutien mérité.

L'affaire de l'hôpital général

Alors que toute l'attention de Louis XV et de ses ministres aurait dû pouvoir se concentrer sur une entreprise de telle importance que l'établissement d'un impôt quasi révolutionnaire, elle allait, hélas, être souvent détournée par un épisode initialement mineur, mais que la perversité du parti janséniste et parlementaire fit dégénérer en un conflit dangereux pour l'autorité royale. Première survenance d'un accident qui va se répéter sans cesse au cours des vingt années suivantes, à savoir la transformation de faits ou de circonstances médiocres en affaires d'État, où le Roi et le gouvernement seront acculés à gaspiller un temps et des soins ainsi dérobés à l'étude et au règlement des problèmes les plus importants.

Après l'avoir forcé à accepter l'archevêché de Paris, une des premières et plus vives recommandations que fit Louis XV à M. de Beaumont fut de « mettre ordre aux affaires de l'Hôpital [général] », en l'assurant qu'il le seconderait de toute son autorité. Pourquoi cette exigence et cette promesse ? C'est que l'établissement visé était devenu un repaire janséniste. Sous le nom d'Hôpital général étaient englobées huit maisons de refuge et de correction, dont les principales étaient la Pitié, Bicêtre et surtout la Salpêtrière. Elles accueillaient ou recueillaient mendiants, enfants trouvés, pauvres, aliénés, femmes et filles grosses et servaient aussi de lieu de renfermement pour des convulsionnaires, des prostituées et autres personnes ramassées par la police. Au milieu du XVIIIe siècle, l'ensemble, avec ses chapelains, médecins, chirurgiens, sages-femmes, employés divers et domestiques, regroupait quelque 5 000 personnes et constituait, au temporel comme au spirituel, l'une des administrations les plus importantes de la capitale et de sa banlieue.

Remontant à 1656, sa fondation et son statut très singulier avaient été inspirés par la Compagnie du Saint-Sacrement. De l'hostilité de celle-ci à la hiérarchie découla le fait que, contrairement à toutes les traditions de l'Église, l'archevêque de Paris fut d'abord tenu à l'écart du gouvernement de l'établissement. Le même esprit inspira les règlements édictés pour la supérieure, les officières et le personnel chargé du service des pauvres, qui visaient, d'une part, à les soustraire à l'autorité diocésaine et, d'autre part, à les constituer en une communauté exclusivement laïque. Les officières étaient indûment appelées « sœurs », car elles restaient du monde, ne prononçaient aucun vœu religieux (et surtout pas ceux de pauvreté et de chasteté) et pouvaient à tout instant quitter leurs fonctions pour se marier ou vivre à leur guise. L'Hôpital était placé sous l'autorité d'un conseil d'administration composé de membres de droit — les « Chefs de la direction » — et d'une vingtaine de directeurs de second ordre ou administrateurs. Ces derniers, nommés par le Roi, prêtaient serment devant le parlement, qui se considérait comme investi d'un pouvoir de surveillance sur les hôpitaux. Les « Chefs » étaient les premiers présidents des cours supérieures de Paris, le procureur général du parlement, le lieutenant général de police, le prévôt des marchands ; l'archevêque ne leur fut adjoint qu'en 1673 et en reçut la présidence. Les administrateurs étaient recrutés parmi les notables bourgeois : avocats, notaires, gens d'affaires, magistrats. En somme, une pseudo-congrégation, soumise aux règles de la dévotion la plus stricte et qui, tout en prétendant mener la vie la plus austère, n'entendait connaître d'autre autorité spirituelle et temporelle que l'assemblée des Chefs et directeurs, tous laïques sauf l'archevêque. Il est caractéristique que, pendant près de vingt ans, celui-ci en ait été soigneusement tenu à l'écart (H. Légier-Desgranges).

Dans ces conditions, il était naturel que l'Hôpital dérivât en direction de Port-Royal après l'effacement de la Compagnie du Saint-Sacrement. Celle-ci y ayant instauré une piété étroite, rigoriste, intolérante et une austérité de mœurs tyrannique, le passage au jansénisme put s'opérer comme de lui-même et déclencher ensuite le réflexe anticonstitutionnaire. Un régime ascétique ne peut être préservé que par une petite élite retranchée du siècle. L'Hôpital général était trop vaste et trop mêlé au monde pour que les faiblesses humaines ne s'y glissassent point. Vers 1750, la dévotion la plus rigide y coexistait hypocritement avec la prévarication et les mœurs les plus libres : officières et employés s'enrichissaient aux dépens des pauvres, les « sœurs » avaient des amants, l'une d'elles était la maîtresse du procureur général Joly de Fleury, le père, grand amateur de femmes. Et surtout l'établissement était un foyer actif de jansénisme : presque tous les administrateurs, les chapelains, les « sœurs », tout le monde y était appelant et le fanatisme anticonstitutionnaire se répandait de là dans le peuple de Paris. Cette situation avait empiré sous l'épiscopat débonnaire de M. de Vintimille vieillissant et son successeur était chargé de rétablir l'orthodoxie dans la maison.

M. de Beaumont prit la mission à cœur et commença par interdire aux sœurs les allées et venues perpétuelles qu'elles faisaient en ville sous prétexte de s'y confesser, s'offrant à leur envoyer tels directeurs de conscience qu'elles voudraient, pourvu que ce ne fussent point des prêtres interdits. Les stratèges du parti voulurent alors tendre un piège au prélat : à leur instigation, la supérieure générale et une trentaine de sœurs désertèrent furtivement l'Hôpital le 24 mai 1749, au moment même où Machault entamait l'entreprise du vingtième. Les *Nouvelles ecclésiastiques* de présenter aussitôt les fuyardes « comme d'innocentes brebis qui se dérobent à la fureur des loups ravissants ». La feuille janséniste n'allait plus cesser de tenir ses lecteurs en haleine au sujet de cette affaire : cette insistance et la hâte avec laquelle elle s'était mise à sonner le tocsin décèlent quelle position essentielle revenait à l'Hôpital dans le dispositif de la secte.

Le conseil d'administration se réunit le 12 juillet pour désigner une nouvelle supérieure. Les jansénistes présentèrent la sœur Saint-Michel, une forcenée qui n'avait pas fait ses pâques depuis dix-sept ans, et l'archevêque préconisa une personne extérieure à la maison, Mme de Moysan, issue de la bonne bourgeoisie marchande de la capitale et veuve d'un homme d'affaires. La plupart des directeurs (12 voix) opinèrent pour la « sœur », alors que quatre d'entre eux et les cinq Chefs présents (9 voix) se prononçaient pour Mme de Moysan, qui fut proclamée élue par M. de Beaumont. Immédiatement, les membres de la majorité protestèrent avec véhémence, mais le prélat leur riposta que lorsque les Chefs s'étaient déclarés unanimement pour une candidate, l'avis des directeurs subalternes n'était écouté que par courtoisie, les voix étant alors non pas comptées, mais pesées. Sur quoi, il leva la séance dans un concert de vociférations. Furieux, et en outre déçus d'avoir vu le premier président du parlement, M. de Maupeou, et le procureur général Joly de Fleury se ranger à l'avis de l'archevêque, les directeurs du second ordre tinrent conciliabule sur-le-champ et décidèrent de se mettre en grève, comptant paralyser ainsi le fonctionnement de l'Hôpital et contraindre le Roi, les ministres et M. de Beaumont à en passer par leurs volontés. Quatre d'entre eux allèrent aussitôt faire part au procureur général de cette résolution, notifiée le lendemain au premier président par acte passé devant notaire.

*
**

Par ce recours aux plus hauts magistrats, les directeurs subalternes entendaient envenimer l'affaire et lui insuffler les proportions d'une affaire d'État, en quoi ils étaient guidés dans l'ombre par les stratèges du parti janséniste et d'abord son généralissime, M^e Le Paige, avocat des convulsionnaires et conseiller du prince de Conty. Il va en l'occurrence commencer à déployer l'espèce de génie avec lequel il animera désormais les querelles politico-religieuses, coordonnant les mouvements de ses troupes, retenant ceux-ci, poussant ceux-là, levant les scrupules des hésitants, fanatisant tout le monde, fournissant arguments, thèmes et slogans de propagande. Après de lui, quelques avocats et des parlementaires, dont le conseiller Titon et le président Durey de Meinières. Singulier état-major pour défendre les libertés de l'Église gallicane : Conty, athée et libertin, faisait des bâtards, Titon, grand dévot du diacre Pâris, mourut dans une débauche crapuleuse, Durey de Meinières collectionnait les écrits licencieux ! Leur objectif ? Alors que l'archevêque ne cherchait qu'à rétablir à l'Hôpital la discipline religieuse, faire retomber sur lui — par la défaillance des administrateurs et des sœurs — la responsabilité d'une gestion matérielle perturbée, de façon à déclencher l'intervention du parlement, qui rétablirait la situation moins en écartant le prélat de l'administration temporelle, qu'en soustrayant l'établissement à son autorité spirituelle. En bref, rabaisser celle-ci au bénéfice du pouvoir civil. Comme Louis XV était personnellement à l'origine de l'action de M. de Beaumont, ce que n'ignoraient pas les principaux intéressés, le Roi et son autorité étaient, en définitive, les vraies cibles de l'opération.

Une opération menée concurremment sur deux terrains : l'opinion et le parlement. Le Paige et ses affidés lancèrent et entretinrent une campagne de presse où les *Nouvelles ecclésiastiques* — relayées par les gazettes hollandaises — vitupérèrent M. de Beaumont et surtout vilipendèrent par tous les moyens la personne de Mme de Moysan. Elles incriminèrent son administration, beaucoup plus humaine, il est vrai, que celle des supérieures précédentes, et, bien entendu, s'en prirent à ses mœurs, pourtant inattaquables. L'épithète de prostituée est la moindre de celles qui lui furent prodiguées avec la plus insigne mauvaise foi : « On ne sait pas si les faits mis à son compte sont vrais », reconnut cyniquement Le Paige, inspirateur de toutes ces calomnies, à qui il arrivait parfois d'être impartial. En contrepoint de ces vilenies, revenait périodiquement l'insinuation obsessionnelle d'un complot des jésuites, instigateurs de la conduite de l'archevêque.

Lors du déclenchement de l'affaire, la situation dans le parlement n'était pas tout à fait homogène. Il y avait un noyau dur et sûr de magistrats toujours prêts à la contestation, mais l'attitude du premier président de Maupeou promettait d'être d'abord ondoyante : il visait simultanément à conserver la confiance de sa compagnie et à mériter celle du Roi et des ministres, dans l'espoir ardemment caressé d'obtenir la succession de d'Aguesseau à la chancellerie. Plus préoccupant était le comportement du procureur général. En 1740, Guillaume François Joly de Fleury avait fait attribuer la survivance de sa charge de procureur général à son fils aîné, Guillaume François Louis, qui en assumait depuis juin 1746 l'exercice intégral. L'ancien procureur général était, certes, gallican, jansénisant et imbu jusqu'aux moëlles des prétentions parlementaires, mais c'était aussi un fin politique, sachant jusqu'où l'on pouvait aller trop loin, n'oubliant point qu'il était l'homme du Roi, bref conservant le sens de l'État. Un sens dont son successeur ne fut guère l'héritier : capable sans doute de bien gérer la besogne courante du parquet, mais enclin à se considérer plus comme l'homme du parlement que comme l'homme du Roi et, ce faisant, d'un loyalisme douteux.

*
**

Le premier président reçut le 15 juillet 1749 les directeurs démissionnaires et essaya sans succès de les faire revenir sur leur décision. Les jansénistes n'épargnèrent alors aucun moyen de pression pour amener les Chefs de l'administration à se déjuger. Peine perdue quant au premier président de la chambre des comptes, M. de Nicolaÿ, et à celui de la cour des aides, M. de Lamoignon de Blancmesnil, soutiens indéfectibles de l'archevêque, proches parents et liés tous deux au cercle de la Reine. Manœuvre plus efficace envers le premier président et surtout le procureur général du parlement, qui avaient donné leur suffrage à Mme de Moysan uniquement pour ne pas braver M. de Beaumont, étant persuadés que les administrateurs voteraient contre elle et qu'elle ne serait pas élue. Joly de Fleury se laissa aisément retourner, devint un des ennemis les plus décidés de la nouvelle supérieure, chercha, en invoquant les pouvoirs de « police générale » du parlement, à lui faire échoir la connaissance de l'affaire, mais, comme il ne pouvait dévoiler ses intentions, il adopta une conduite toute de duplicité. Le premier président de Maupeou tenta de se poser en conciliateur et de parrainer un compromis dont il eût tiré mérite aux yeux de Louis XV et du parlement. La gestion quotidienne de l'Hôpital étant perturbée par la défaillance de la plupart des administrateurs et le départ concerté de plusieurs officières, la campagne d'opinion des jansénistes s'appesantit sur ces difficultés et, après la grève des directeurs et des « sœurs », s'efforçait, non sans succès, de provoquer celle des donateurs. Aussi, au bureau du 2 août, l'archevêque fit-il désigner quatre nouveaux administrateurs, dont deux étaient avocats. Ces derniers furent avertis quelques jours plus tard que, s'ils acceptaient ces fonctions, ils seraient rayés du tableau de l'ordre et que le barreau cesserait de communiquer avec eux, menace révélant à quel degré d'excitation les passions étaient montées.

Vers le milieu d'août, on put croire que les projets de transaction caressés par M. de Maupeou et ceux en faveur desquels se dépensait le président de Blancmesnil allaient se concrétiser. Mais ces efforts étaient freinés dans l'ombre par Joly de Fleury. Bien que le chancelier l'ait prié de se montrer plus conciliant, il se disposait à susciter l'intervention du parlement quand d'Aguesseau déjoua ses manœuvres. Les 25, 26 et 27 août, des conférences réunirent autour du chancelier l'archevêque, le comte d'Argenson, les Chefs de l'administration et les gens du Roi du parlement ; MM. de Nicolaÿ et de Blancmesnil y restèrent intransigeants. Aucun accord n'ayant pu se dégager, ces deux magistrats et M. de Beaumont obtinrent le 31 août une audience de Louis XV et lui exprimèrent leur opposition absolue au retour des directeurs démissionnaires. Voyant la situation bloquée, le

Roi répondit qu'il en ferait un examen détaillé au prochain Conseil des Dépêches, le samedi 6 septembre.

Cette entrée en scène du souverain parut si menaçante aux conjurés jansénistes qu'ils résolurent de la prévenir, en provoquant celle du parlement. Celui-ci, sur dénonciation d'un président affidé ou manipulé, arrêta le 3 septembre que les gens du parquet lui rendraient compte le 5 de l'affaire de l'Hôpital. D'Aguesseau adressa aussitôt une semonce cinglante au procureur général, pris en flagrant délit de déloyauté, car, pour laisser le parlement se saisir de l'affaire, il avait feint d'ignorer la décision du Roi, qu'il connaissait fort bien. Cette algarade incita le parlement à reculer : il décida le 5 de renvoyer à la rentrée de la Saint-Martin le compte rendu demandé au parquet.

L'incident indigna d'Aguesseau et lui dessilla les yeux. A plusieurs signes déjà, il aurait dû se demander s'il pouvait attendre du « jeune » Joly de Fleury (il avait alors quarante ans) la continuation de la collaboration loyale et confiante qu'il avait eue avec le père : la preuve était faite qu'il n'y fallait pas compter. Il y avait plus grave que cette déconvenue, de caractère un peu personnel. Ce qui était préoccupant dans la conduite du procureur général, c'était non seulement le peu de cas que cet officier, homme du Roi par état et par devoir, faisait de la volonté propre de Louis XV lorsqu'elle lui était notoire, mais encore que ce comportement découlait non pas de quelque désinvolture corrigible, mais d'une détermination bien arrêtée de se mettre au service de la cause du parlement plutôt que de celle du Roi, bref de promouvoir le gouvernement des juges. Enclin jusque-là à des accommodements, le vieux chancelier comprit que, sous ses apparences mesquines et dérisoires, l'affaire de l'Hôpital était de première importance et révélait des menaces si séditieuses pour l'autorité royale qu'il fallait user de fermeté.

Après avoir entendu le rapport présenté au Conseil des Dépêches le 6 septembre, Louis XV rendit un arrêt qui nommait quatre administrateurs provisoires, ordonnait aux Chefs de l'administration de remettre au comte d'Argenson leurs mémoires sur les difficultés surgies à l'Hôpital et, ce faisant, confirmait implicitement l'élection de Mme de Moysan. Cet arrêt déplut aux jansénistes, ce qui était banal. Mais il indisposa gravement le premier président de Maupeou, privé par l'initiative du Roi de l'espoir d'être le médiateur de quelque arrangement. Il en était si dépité que, en privé avec Joly de Fleury le 9 septembre, il laissa épancher sa bile. Il proclama qu'il n'y avait que lui qui pût terminer l'affaire, mais que, du moment que prévalait l'arrêt du Conseil, il n'entendait plus se sacrifier à rien, « qu'il recevrait avec respect et garderait dans sa poche l'arrêt du Conseil s'il lui était envoyé, mais qu'il ne pouvait le reconnaître et qu'il ne concourrait en rien... à ce qui serait » de cet arrêt et que, tant qu'il y aurait un arrêt du Conseil pour autoriser ces administrateurs-là, il n'irait à aucun bureau. Propos tenus dans une conversation particulière par un ambitieux sous le coup d'une déception. Propos qui néanmoins font date, car on y voit poindre la prétention à ne pas déférer aux arrêts du Conseil, exprimée là peut-être pour la première fois et encore gauchement, en attendant de devenir bientôt un cheval de bataille de l'opposition parlementaire.

Maupeou se ressaisit : il n'avait pas perdu tout espoir d'être nommé chancelier, et, s'il y parvenait, les ennemis de l'archevêque étaient sûrs de triompher. C'est pourquoi le parlement, prêt à s'enflammer en août et septembre 1749, resta tranquille sur ce point jusqu'à la fin de 1750, peut-être satisfait d'autre part de la fermeté du ministère envers le clergé à propos du vingtième. Les mémoires demandés par l'arrêt du Conseil du 6 septembre ayant été confiés à d'Aguesseau, il mit sur pied un projet de règlement en 10 articles et le communiqua aux parties intéressées, ouvrant ainsi une discussion qui traîna des mois, durant lesquels le président de Blancmesnil se donna beaucoup de mouvements pour mettre en valeur ses amendements, fort prisés par l'évêque Boyer. Cette sorte d'accalmie dans l'affaire ne doit pas abuser, car la campagne de dénigrement et de calomnies menée par les jansénistes contre M. de Beaumont et la nouvelle administration de l'Hôpital ne connut aucune relâche et surchauffait les esprits dans la capitale, où la rupture de l'assemblée du clergé, d'une part, et, d'autre part, certains refus de sacrements faisaient grand bruit.

*
**

A la fin de novembre 1750, d'Aguesseau se démit de la chancellerie et, deux semaines plus tard, le président de Lamoignon de Blancmesnil lui succédait en récompense de tout le zèle déployé en faveur de l'archevêque dans l'affaire de l'Hôpital. Pour le premier président de Maupeou, ce fut une déception et un affront d'autant plus mortifiants que la nomination simultanée de Machault comme garde des sceaux semblait comporter l'expectative de la succession future du chancelier. La rage de Maupeou fut à la mesure de son échec. N'ayant plus rien à espérer du Roi ni des ministres, il comprit, dit le cardinal de Bernis, « qu'il ne lui restait d'autre moyen de se rendre considérable et de se faire rechercher que de s'attacher entièrement à sa compagnie ». On en eut bientôt la preuve.

Si le parlement enregistra dès sa promulgation l'édit de janvier 1751 portant création de l'École royale militaire, il s'agitait depuis la fin de décembre au sujet d'un refus de sacrements survenu à Paris dans la paroisse Saint-Étienne-du-Mont. Louis XV s'en étant réservé la connaissance, la compagnie décida de faire des remontrances. Alors que, le 5 février 1751, elle en débattait, un conseiller lui dénonça le procès-verbal de la dernière assemblée du clergé, dont le texte commençait à circuler. Le Roi obtint que cette intervention n'eût pas de suite. Les remontrances lui furent remises le 4 mars. Elles étaient en même temps imprimées et, note Barbier, « se vendent au palais, ce qui n'est pas ordinaire. Elles sont trop longues, jugeait-il, d'un style guindé, des répétitions et trop d'affectation sur le pouvoir du parlement, émané cependant du Roi pour maintenir la discipline, l'autorité royale et les droits de la couronne ». Louis XV n'y donna point de réponse. Le parlement ne garda pas longtemps son calme relatif.

Mêlé dès son commencement à l'affaire de l'Hôpital, le nouveau chancelier put la prendre immédiatement en main, et à sa façon. Il écarta le projet de règlement en 10 articles élaboré par son prédécesseur et y substitua celui en 18 articles qu'il avait préparé avec son neveu Nicolaÿ. Il le communiqua aux gens du parquet du parlement, qui le gardèrent longtemps et l'épluchèrent avec malveillance. Promulgué par une déclaration royale du 24 mars 1751, il confiait à l'archevêque de Paris, chargé du spirituel, la nomination et la surveillance du recteur et des prêtres commis pour desservir l'Hôpital. Ces dispositions ne pouvaient que déplaire aux adversaires de M. de Beaumont, soucieux de choisir à leur gré le clergé de l'établissement, autant par principe que pour conserver la faculté d'y nommer des ecclésiastiques jansénistes et d'y maintenir ainsi l'influence du parti. Un mois se passa en de vagues et vains pourparlers et le parlement n'entama que le 23 avril l'examen de la déclaration du 24 mars. Il décida de surseoir à l'enregistrement et nomma deux commissaires pour aller, en attendant, enquêter sur la situation actuelle de l'Hôpital.

Pendant que les choses étaient ainsi en suspens, il s'offrit un intermède financier. Au milieu de mai, il reçut pour enregistrement un édit créant 2 millions de rentes viagères sur l'Hôtel de ville et 900 000 livres de rentes héréditaires sur la ferme des postes, soit un emprunt de 50 millions de livres destiné à rembourser les dettes de la dernière guerre. Il ne l'enregistra qu'après une longue résistance : remontrances, itératives remontrances, enregistrement le 29 mai assorti d'un arrêt demandant la fixation « d'un terme préfixe pour la suppression du vingtième » et la réduction des dépenses de l'État, deux vœux portés à Louix XV par Maupeou le 18 juin. Aguerri par cette passe d'armes, il se remit bientôt à traiter de l'Hôpital.

Les deux commissaires qu'il y avait envoyés étaient d'honnêtes gens : leur rapport, communiqué le 24 à la compagnie, était tout à l'honneur de la nouvelle administration ! Les conjurés parèrent à ce désastre en produisant un contre-rapport émané des anciens administrateurs et en accentuant dans les *Nouvelles ecclésiastiques* la campagne de désinformation. Aussi fut-ce dans une atmosphère fiévreuse et combative que, le 20 juillet et pendant près de douze heures, le parlement débattit de la déclaration du 24 mars. Le rapporteur, suivant les conclusions du procureur général, proposa de l'enregistrer en la modifiant de fond en comble ; un autre avis, ralliant de nombreux conseillers, tendait à demander au Roi de la retirer. Les exaltés l'emportèrent et il passa que la déclaration serait enregistrée avec des modifications, que celles-ci ne seraient pas insérées dans l'arrêt d'enregistrement, mais feraient l'objet d'un arrêt distinct, un troisième arrêt devant statuer sur les procès-verbaux des commissaires. Ce dernier annulait la nomination de Mme de Moysan et le deuxième était beaucoup plus frondeur. Sur les articles de la déclaration, il n'y en avait aucun qu'il ne remaniât intégralement : en particulier, il rétablissait tous les édits et articles de lois auxquels il y était expressément dérogé. C'était un acte de rébellion d'une audace sans précédent, car il dépouillait le Roi de son pouvoir de législateur pour le transférer au parlement.

Il fut perçu comme tel aussitôt que connu à la cour. Dès le lendemain 21 juillet, après un Comité de ministres tenu par le chancelier et un Conseil des Dépêches extraordinaire, un arrêt du Conseil ordonna que la déclaration du 24 mars serait exécutée « sans avoir égard aux charges, restrictions et modifications » posées par le parlement et que le Roi se réservait la connaissance des contestations qui pourraient surgir sur ce règlement.

Le bureau de l'Hôpital devait se tenir à l'archevêché le 31 juillet : qu'allait-il s'y passer ? Pour éviter des incidents, le chancelier essaya naïvement, et sur un ton bien avili par rapport à celui de d'Aguesseau, de faire appel au sentiment du devoir chez le premier président et le procureur général. Dans un esprit de conciliation, M. de Beaumont était résolu à tenir pour non avenu ce qui s'était passé depuis le 24 mars, l'arrêt du parlement aussi bien que celui du Conseil. Il ouvrit le bureau en proposant un bail relatif à un domaine de l'Hôpital. Maupeou déclara aussitôt qu'il fallait commencer par mettre sur le registre la déclaration du 24 mars et l'enregistrement du 20 juillet avec ses modifications. Une dispute fort vive s'engagea sur-le-champ et l'archevêque voulut lire l'arrêt du Conseil du 21 pour le faire aussi porter sur le registre. Le premier président riposta qu'il le connaissait bien, « puisqu'il l'avait dans sa poche », qu'il ne prétendait pas s'opposer à sa lecture, mais que « ne pouvant se séparer de sa qualité de premier président du parlement, il lui était impossible d'assister à la lecture d'un arrêt qui n'était point revêtu des formes dans lesquelles il est d'usage d'en donner la connaissance au parlement ». Comme le prélat insistait, Maupeou et Joly de Fleury, selon un geste convenu, se levèrent en disant que, dans ces conditions, ils ne pouvaient pas en entendre davantage, et se retirèrent.

Scène presque bouffonne, mais combien révélatrice de l'exceptionnelle importance politique de cette affaire si ennuyeuse de l'Hôpital général. Publiquement cette fois, Maupeou affectait de ne pouvoir reconnaître et appliquer un arrêt du Conseil non revêtu de lettres patentes, fournissant ainsi à sa compagnie — et à toutes celles qui lui emboîteraient le pas — une arme bientôt favorite contre l'autorité royale. En outre, c'étaient le premier président et le procureur général du parlement le plus important du royaume qui, d'un côté, s'opposaient à une réforme expressément voulue par Louis XV et, d'un autre, en soutenant que le parlement pouvait détruire une loi en l'enregistrant, réduisaient à néant le pouvoir législatif du Roi. Attitude et doctrine qui commandèrent la conduite de leur compagnie pendant le mois d'août, où alternèrent arrêts séditieux, audiences de Louis XV et autres démarches couronnées le 17 août par des lettres patentes ordonnant l'enregistrement pur et simple de la déclaration du 24 mars et cassant les modifications imposées par le parlement. Au lieu d'obtempérer, celui-ci adopta de nouvelles remontrances, plus frondeuses que jamais, auxquelles le Roi répondit sévèrement par une nouvelle jussion d'enregistrer sans nulle restriction. Le parlement en discuta le 7 septembre, arrêta de renvoyer la délibération au 24 novembre et se sépara pour ses vacances annuelles. Cette insoumission et cette désinvolture choquèrent les esprits impartiaux et l'opinion surexcitée attendit avec fièvre le moment de la rentrée.

Le 20 novembre, le premier président de Maupeou reçut une lettre de cachet lui ordonnant de se rendre devers le Roi avec deux présidents à mortier, les gens du parquet, le greffier en chef du parlement, en apportant les originaux de tous les arrêts relatifs à l'affaire. Louis XV les reçut le lendemain, se fit remettre les papiers demandés et fit lire un arrêt du Conseil daté de la veille prononçant la cassation de tous ces arrêts, ordonnant leur suppression dans le greffe et transcription de l'arrêt du Conseil sur les registres de la cour. Pendant que l'on procédait à ces écritures, le Roi chiffonna les arrêts cassés, les mit dans sa poche, puis congédia la troupe en lui déclarant : « Vous rendrez compte à mon parlement de ce qui vient de se passer en ma présence et vous lui direz que je défends toute délibération et toute assemblée à ce sujet, sur lequel je ne recevrai ni remontrances, ni représentations. »

Les meneurs du parlement eurent le temps de mettre au point le scénario qui ferait suite au récit du premier président. A l'audience de rentrée du 23, après que celui-ci eut relaté ce qui s'était déroulé à Versailles, le doyen de la grand'chambre se tourna vers lui en clamant : « Monsieur, puisque le Roi nous défend de délibérer et qu'il nous interdit par là nos fonctions, la compagnie vous déclare qu'elle ne peut ni n'entend continuer aucun service. » On cria *Omnes, omnes !* et les magistrats se retirèrent dans leurs chambres respectives. Leur mauvaise foi était éhontée, car la défense de délibérer exprimée par le Roi n'était nullement générale et ne portait que sur l'affaire de l'Hôpital. Dès que la chose fut connue, avocats et procureurs fermèrent leurs cabinets et, en quelques heures, aucune juridiction ne put fonctionner. Les jours suivants, arrêt de travail avec piquets de grève et occupation des lieux : Messieurs venaient bavarder dans leurs chambres sans ouvrir les audiences !

Le 28 au soir, les présidents et conseillers reçurent chacun par lettre de cachet l'ordre de reprendre leur service le lendemain, « à peine de désobéissance ». Des lettres patentes datées du 29 enjoignaient aux officiers du parlement de continuer l'exercice de leurs charges et de vaquer à l'expédition des procès. Ils finirent par les enregistrer telles quelles après deux jours de délibérations orageuses. Ils eurent encore quelques sursauts de rébellion lorsque, par lettres patentes du 28 janvier 1752, le Roi attribua au Grand Conseil les causes de l'Hôpital et publia un règlement pour son administration. Le parlement se désintéressait de l'affaire, mais sa capitulation n'était qu'apparente, car son ardeur contestataire, loin d'être éteinte, ne faisait alors que changer de prétexte.

« Jamais plus petite affaire ne causa une plus grande émotion dans les esprits » : combien pertinente cette réflexion de Voltaire sur la crise de l'Hôpital général ! Louis XV, certes, avait fini par imposer sa réforme, mais les résistances qu'elle avait rencontrées servirent de répétition générale aux rébellions qui se multiplièrent aussitôt après. Scandalisés par la conduite du parlement, les gens sensés auraient accepté une réaction plus drastique de la part de Louis XV, mais celui-ci, retenu par son libéralisme et sa bonté, n'avait pas cru devoir déployer dans tout leur éclat les moyens de se faire obéir. Bénignité mal récompensée : il était clair que le parlement de Paris était hostile et au Roi dans sa personne, et à l'autorité royale dans son principe. Ce n'était sans doute que le fait d'une minorité, mais peu importait, du moment que la majorité était muselée, moquée, désarmée.

Un vingtième atrophié

L'affrontement entre le Roi et le clergé au sujet du vingtième pouvait sembler assoupi en 1751 et la querelle de l'Hôpital général lui avoir pris la vedette. Elle avait tracassé le gouvernement et n'avait guère passionné que les Parisiens, alors que, à travers les diocèses, on se demandait si les ecclésiastiques remettraient la déclaration de leurs biens et revenus dans le délai de six mois imparti par la déclaration du 17 août 1750. Or, à la date fatidique du 17 février 1751, aucune n'avait été fournie. Deux semaines auparavant, l'archevêque de Paris avait présenté au Roi un mémoire sur l'affaire. Ce document fut remis à Machault, qui en discuta posément avec l'évêque de Bayeux, M. de Luynes, et ainsi l'inexécution de la déclaration du 17 août fut assurée de l'impunité. Les choses parurent entrer en sommeil. En réalité, elles faisaient sous main l'objet de conférences et de tractations, si confidentielles que rien n'en transpirait dans le public, réduit à des potins et des hypothèses variés et contradictoires : « L'on dit sourdement dans Paris que le corps du clergé garde contre l'autorité royale une dernière proposition : ... demander l'assemblée des états généraux de la nation » (d'Argenson), « l'affaire du clergé est, dit-on, plus brouillée qu'elle n'était », « pour l'affaire du clergé, le garde des sceaux, contrôleur général, a pris le dessus et l'on dit qu'on va la pousser vivement pour la finir », « on parle fort dans Paris d'un accommodement ». Depuis le début d'octobre, les évêques présents dans la capitale tinrent avec les agents généraux des réunions chez l'archevêque pour dresser, à la demande du Roi, un projet capable de lui agréer et aussi d'être accepté par l'ordre. Ces parlotes se poursuivirent en vain et celle du 29 novembre fut la dernière : « Les espérances que l'on s'était formées, je ne sais pas sur quel fondement, dit Luynes, semblent évanouies, d'autant plus que M. le garde des sceaux persiste avec la même inflexibilité dans les principes par lesquels il s'est conduit jusqu'à présent. » Le 3 décembre, M. de Beaumont rendit compte à Louis XV de ce résultat et le silence se fit sur ce chapitre.

Un silence rompu à la fin de l'année, non avec fracas mais de manière feutrée, par une nouvelle que l'on put d'abord prendre pour une rumeur, tant elle se propageait discrètement : le clergé l'emportait, le Roi avait cédé ! Dénouement dévoilé par un arrêt du Conseil dont le texte, tiré à peu d'exemplaires par l'Imprimerie royale, ne fut pas crié par les colporteurs et fut d'abord adressé seulement aux agents généraux et aux évêques par une circulaire du 26 décembre. Il était daté du 23, des copies manuscrites et même imprimées en circulèrent peu à peu et les chroniqueurs commencèrent à en parler : le 31 décembre pour Luynes (frère d'un évêque) et au début de janvier pour Barbier et d'Argenson, qui relève combien il était « tourné avec tous les palliatifs dont notre langue est susceptible ». Cet arrêt décidait, d'une part, que l'on surseoirait à la levée de l'annuité de 1 500 000 livres ordonnée sur le clergé et, d'autre part, que, au cours de l'année 1752, les bureaux diocésains dresseraient un pouillé des biens et revenus de chaque diocèse, à partir de quoi les agents généraux prépareraient une nouvelle répartition des impositions de l'ordre, qui serait adoptée par sa prochaine assemblée. C'était pour lui un triomphe : ses subsides continueraient à être sollicités et acceptés comme une offrande librement consentie, ses biens et revenus ne feraient pas l'objet de déclarations ou inventaires vérifiables par l'État, rien ne serait changé à l'ordre de choses ancien. Pourquoi le Roi avait-il fini par retirer à Machault le soutien que longtemps il ne lui avait pas ménagé ?

*
* *

Son revirement a eu des causes variées et difficiles à élucider complètement. Il n'a pas reculé sous la seule pression du parti dévot, si forte qu'elle ait été. De son éducation, Louis XV tenait une habitude invétérée de soumission à l'Église et un respect particulier pour l'épiscopat, inculqué par le cardinal de Fleury. Il conservait aussi une foi intacte qui, comme il se savait en état de péché, le poussait à ne pas donner à ses sujets le spectacle de communions qui eussent été sacrilèges. Sa conscience n'en était pas moins assaillie périodiquement de remords et de tourments religieux, auxquels l'année 1751 multiplia les occasions de se déclencher. On devait, en effet, y célébrer en France le jubilé qui avait eu lieu à Rome l'année précédente pour appeler la faveur divine sur la seconde moitié du siècle. Le Roi décida qu'il ne découcherait pas de Versailles pendant le carême pour ne pas manquer à la chapelle les sermons du père Griffet. Celui-ci tonna si fort contre l'adultère que ses prédications attirèrent par curiosité les ambassadeurs de plusieurs princes protestants ! Les évêques profitèrent des circonstances pour donner aux cérémonies du jubilé un caractère plus grandiose qu'en 1726, comme si la religion était menacée par quelque fléau. Pendant plusieurs mois, la France fut emportée par un torrent de dévotion. A Paris, où le jubilé s'ouvrit le 29 mars, les rues étaient embouteillées par les processions, qui faisaient queue aux portes des églises, dont les plus vastes étaient trop petites pour contenir ces foules. « Le préjugé du public, notait Barbier, est monté de façon à respecter le jubilé plus que les Pâques, qui sont d'obligation. » A Versailles, la Reine, le Dauphin, la Dauphine et Mesdames en accomplirent scrupuleusement les stations et le Roi eut évidemment l'écho de ces pieux exercices au cours de ses rencontres quotidiennes avec sa famille et on se souviendra que ce fut à la fin de novembre 1751 qu'il commença à souper certains jours avec ses enfants dans ses petits cabinets.

Le lendemain même de l'ouverture du jubilé, Louis XV apprit la mort édifiante de sa première maîtresse, Mme de Mailly, et cette nouvelle le remua profondément. Ces troubles de conscience se répétèrent ensuite et firent plusieurs fois trembler Mme de Pompadour. Comme elle appuyait à fond le contrôleur général, le clan dévot les englobait, elle et lui, dans une même exécration, espérant que si la favorite était disgraciée, le ministre le serait aussi. Louis XV était donc harcelé tantôt par sa famille qui voulait le ramener à la vertu et, ce faisant, sauver la religion, tantôt par sa favorite et ses entours, qui soutenaient Machault parce que, à tort, ils le croyaient hostile à l'Église. Que d'erreurs de jugement de part et d'autre ! La foi du Roi était réelle, mais insuffisamment éclairée, en ce qu'il ne faisait pas assez le départ entre le clergé et l'Église et que, en revanche, il introduisait trop de séparation entre sa vie publique et sa vie privée. Les privilèges du clergé de France, premier ordre du royaume, étaient, en effet, de nature sociale et politique et ne concernaient ni la foi, ni les mœurs, matières qui, de droit divin, étaient du ressort de l'Église universelle et dont l'édit du vingtième ne relevait en rien. D'autre part, ne se résignant pas à se séparer de Mme de Pompadour et se trouvant par suite contraint de rester éloigné des sacrements, Louis considéra que son péché n'intéressait en lui que l'individu et que, en revanche, sa politique devait être digne d'un fils aîné de l'Église, incapable de faillir aux promesses du sacre et d'anéantir des immunités qu'on lui représentait comme établies par Dieu. Il comptait sur ses actes de Roi Très-Chrétien pour racheter les fautes de sa conduite privée.

Les raisonnements de Louis XV ont été aussi influencés par l'affaire de l'Hôpital général. Il avait expressément chargé l'archevêque d'y restaurer la discipline ecclésiastique et le prélat s'était mis en devoir de remplir cette mission, qui était foncièrement une mission d'Église, à laquelle, par de mauvaises raisons, jansénistes et gallicans conféraient une coloration politique. Au long des rebondissements de cette affaire, le Roi constata que sa personne et son autorité, attaquées par le parlement, étaient, au contraire, respectées et défendues de façon intrépide par M. de Beaumont, à qui cette fermeté valut l'inimitié des parlementaires et la haine des jansénistes. Devant le courage et la détermination de l'archevêque et la violence des attaques dont il devint l'objet, Louis XV conçut pour lui une très grande estime. Or le prélat était aussi, par la force des choses et surtout après la dispersion de l'assemblée et le retour des autres évêques dans leurs diocèses, l'un de ceux avec lesquels il traitait ordinairement la question du vingtième. La sympathie qu'inspirait au Roi sa conduite dans l'affaire de l'Hôpital l'amena à prendre en considération les arguments de l'épiscopat en faveur des immunités ecclésiastiques : comment lui refuser satisfaction sur ce point, alors qu'il montrait sur l'autre tant de zèle et de fidélité ? Louis XV, enfin, n'a-t-il pas craint, s'il s'obstinait à faire plier le clergé, d'affaiblir l'autorité des évêques alors qu'il voyait le parlement prêt à les défier à l'occasion des refus de sacrements ?

*
* *

La reculade de Louis XV devant l'ordre des clercs a donc eu des motifs très complexes. Ses conséquences ont été très lourdes. Une des plus évidentes était de nature budgétaire : amputé de la contribution du clergé, le vingtième ne produirait pas les recettes espérées et les objectifs du contrôleur général — l'amortissement de la dette, la réduction du déficit, la modernisation de la fiscalité — seraient beaucoup plus difficilement atteints. En outre, la résistance victorieuse du clergé ne pouvait guère inciter les assujettis au vingtième à fournir des déclarations sincères de leurs revenus et allait les encourager à diffamer ou contester l'activité des contrôleurs et commis de cet impôt, envers lesquels les cours des aides manifesteront souvent une malveillance systématique.

Pour l'autorité royale, c'était une manœuvre fâcheuse, car après s'être lancé avec détermination dans l'établissement d'un impôt égalitaire, le Roi battait en retraite, et devant qui ? Devant ceux-là mêmes que la partie la plus bruyante de l'opinion accusait de vouloir mettre le souverain en tutelle : les évêques ! Commentant l'arrêt du 23 décembre 1751, Barbier écrivait : « Le clergé a eu le dessus et l'autorité du Roi aussi bien que les droits réels de l'État en souffriront. Il faut convenir que la gent ecclésiastique a le bras long et même qu'elle est à craindre, et cette crainte peut bien être le motif de l'accommodement. » Barbier étant le contraire d'un forcené, il est facile d'imaginer les réflexions des fanatiques !

Quant au clergé, en mettant ses privilèges temporels sous la protection du Ciel, il avait commis une lourde faute : il exposa la religion à des attaques qui n'auraient dû tomber que sur ses ministres. Son entêtement à mettre en avant le nom de Dieu pour se soustraire à un impôt juste souleva une réprobation et une rancœur dont les philosophes profitèrent pour insinuer leurs doctrines dans un monde jusque-là réfractaire. « C'est de 1750 que date, dans la petite bourgeoisie, la haine du prêtre et c'est à la faveur de ce sentiment nouveau que commença la grande offensive des encyclopédistes contre la religion » (P. Gaxotte). D'autre part, en empêchant un inventaire exact de ses biens et revenus, le clergé amena le public à l'imaginer plus riche qu'il n'était en réalité, croyance dont l'aboutissement logique a été la nationalisation de ces biens le 2 novembre 1789.

III. — AFFAIRES ÉTRANGÈRES ET ROUTINIÈRES

Pendant la guerre de Succession d'Autriche, on s'était ligué et on avait combattu sur les positions du temps de Louis XIV : d'un côté, la France et une partie du corps germanique et, en face, la maison d'Autriche et les puissances maritimes. Les traités d'Aix-la-Chapelle avaient laissé l'Europe mécontente ou inquiète. Chaque État en voulait aux hésitations ou aux faiblesses de ses alliés et l'on sentait obscurément que le système de coalition hérité du passé ne répondait plus au rapport des forces en présence. Pour les rééquilibrer, certains ne voyaient d'autres remèdes qu'une nouvelle guerre, solution à laquelle les seuls rois de France et d'Espagne étaient opposés. Louis XV considérait le maintien de la paix comme un devoir foncier. Non qu'il manquât de courage militaire : de 1744 à 1747, il s'était senti heureux aux armées et sur les champs de bataille, où sa personnalité s'était épanouie. Mais il n'aimait pas la guerre pour elle-même et considérait la paix comme le bien suprême. En ce milieu du siècle, il constatait que sa rivalité coloniale avec l'Angleterre était plus féroce que jamais, que la croissance rapide et menaçante de la Prusse et de la Russie, tenues jusqu'alors pour secondaires, bouleversait le rapport traditionnel des forces et que, face à ces grandeurs montantes, nos vieux alliés — Suède, Pologne et Turquie — n'étaient plus de taille à maintenir l'équilibre et la paix sur le continent, alors que la France devait employer une partie de ses forces outre-mer et avait donc besoin en Europe d'alliés plus puissants. Tout fissuré qu'il fût, notre vieux système d'alliances ne se désagrégeait que progressivement et la diplomatie de Louis XV dut persister un temps dans la routine, tout en cherchant à s'adapter à l'évolution de la conjoncture, et cela en partie par des voies secrètes.

Depuis le renvoi du marquis d'Argenson en janvier 1747, le secrétariat d'État des Affaires étrangères était dirigé par le marquis de Puisieulx, diplomate expérimenté, que sa mauvaise santé fit démissionner en septembre 1751. Louis XV le remplaça par M. de Saint-Contest, alors ambassadeur à La Haye. Le maréchal de Noailles, qui avait joué auprès de Puisieulx le rôle d'un conseiller souvent consulté et volontiers écouté, devint sous son successeur le véritable inspirateur de la politique extérieure, très spécialement à l'égard de l'Espagne, concurrencé toutefois par le prince de Conty pour l'Europe septentrionale et orientale.

Les poussées belliqueuses

La reprise de la Silésie demeurait le dessein auquel l'impératrice Marie-Thérèse subordonnait sa politique intérieure et sa diplomatie. Elle entama une réorganisation des ressources financières et des forces militaires de ses États, mené par Haugwitz et Daun, et une révision des alliances, inspirée par le comte de Kaunitz, son ancien plénipotentiaire à Aix-la-Chapelle. Ce dernier préconisa dès 1749 un abandon des liens avec l'Angleterre, plus soucieuse d'étendre sa puissance maritime et coloniale que du sort de l'Empire, et une entente avec la France, seule alliée continentale possible contre le roi de Prusse, adversaire essentiel de la monarchie habsbourgeoise. C'est pour travailler à un tel rapprochement qu'il fut nommé ambassadeur auprès de Louis XV, dont il eut sa première audience le 2 novembre 1750.

Une violente hostilité envers la France était en Grande-Bretagne le sentiment dominant, mais il n'inspirait pas encore dans la nation une attitude unanime. Le roi George II, très influencé par sa maîtresse en titre, la comtesse de Yarmouth, ne pardonnait pas à Louis XV le concours qu'il avait donné en 1745 au prétendant Stuart ; d'autre part, il était encore très allemand, trop attaché à son électorat de Hanovre et à ses inimitiés de jeunesse pour tourner le dos à la cour de Vienne. Les relations de ce souverain entier et autoritaire avec ses ministres, moins axés que lui sur le monde germanique, étaient souvent tendues. Les pressions bellicistes les plus fortes étaient extérieures au gouvernement. Il y avait en Angleterre celle des milieux d'affaires et des compagnies de commerce, avides de gains territoriaux en Amérique du Nord, de facilités commerciales dans l'Amérique espagnole et en Inde. Et, sur le sol même de l'Amérique septentrionale, les colons britanniques ne pensaient qu'à rompre la chaîne des postes français qui, du Canada à la Louisiane, leur interdisaient toute expansion profonde vers l'ouest.

La czarine Élisabeth de Russie, qui n'était intervenue qu'à la dernière heure en 1748, peu satisfaite du rôle qu'on lui avait fait jouer, visait à prendre sa revanche de l'inaction qui lui avait été imposée et à en découdre avec Frédéric II, que la paix inquiétait plus que la guerre. Il était brouillé avec la Russie, la Saxe, le Hanovre et la cour de Vienne, aucune de ses frontières ne lui paraissait sûre. L'essentiel pour lui était donc de ne laisser son allié le roi de France ni s'éloigner, ni s'endormir. Il ne cessait de l'entretenir de ses griefs, de ses plaintes et de ses craintes, imaginaires ou réelles.

Seule, en dehors de la France, l'Espagne avait des intentions pacifiques. Ferdinand VI et ses principaux ministres, froissés d'avoir été abandonnés par Louis XV au moment des négociations d'Aix-la-Chapelle, lui en gardaient rancune et entendaient que leur diplomatie cessât, mais en évitant toute rupture, d'être à la remorque de celle de Versailles et trouvât un terrain d'entente avec l'Angleterre. Ils comptaient s'assurer ainsi la période de tranquillité nécessaire au redressement politique, économique, militaire et naval de la monarchie. L'Espagne conclut effectivement des accords avec le Portugal (1750) et, plus laborieusement, avec l'Angleterre (1750 et 1752). Ce refroidissement des relations avec la cour de Madrid tracassa celle de Versailles, qui allait s'efforcer, non sans mal, d'effacer les rancœurs nées de la paix d'Aix-la-Chapelle.

POLITIQUE OSTENSIBLE ET DIPLOMATIE SECRÈTE

On a vu comment s'était ébauché en 1745 et 1746 un projet tendant à procurer au prince de Conty la couronne de Pologne. La disgrâce du marquis d'Argenson le consolida. Le comte de Saint-Séverin, très lié à ce prince, était l'ami intime et le conseiller influent du nouveau secrétaire d'État, M. de Puisieulx, qui l'envoya, comme plénipotentiaire, conclure les traités d'Aix-la-Chapelle et, à son retour, le fit nommer ministre d'État (15 décembre 1748). Puisieulx avait sur la politique générale des principes analogues à ceux de Conty et Saint-Séverin était là pour harmoniser leurs vues et pour les défendre au Conseil, où le maréchal de Noailles ne s'en laissait pas aisément conter.

Dès 1747 et surtout après la paix, le prince de Conty avait élaboré, en vue du succès de ses desseins, un « système général de politique », qui dépassait largement le cadre de la Pologne. Il consistait « à garder en Europe l'équilibre établi par les traités de Westphalie, à protéger les libertés du corps germanique..., à lier par un autre traité perpétuel la Turquie, la Pologne, la Suède et la Prusse, sous la médiation et ensuite avec l'accession de la France, et, enfin, à séparer par ce moyen la maison d'Autriche d'avec la Russie, en rejetant cette dernière dans ses vastes déserts et la reléguant pour les affaires hors des limites de l'Europe ».

Cette politique, d'allure assez classique et traditionnelle, prévalut sous les ministères de MM. de Puisieulx et de Saint-Contest, et même en partie au-delà. Cependant, quel que fût l'accord de fait qui régnât entre le secrétaire d'État, Saint-Séverin et Conty, ce dernier — malgré sa faveur auprès du Roi — n'avait pas accès au Conseil, où s'élaboraient les dépêches envoyées aux diplomates français. Pour s'assurer que ses vues particulières ne fussent pas traversées par le système officiel, le prince obtint de Louis XV de faire passer directement à certains de nos représentants à l'étranger (au choix desquels il participait souvent, des instructions et des ordres confidentiels destinés à détailler à commenter, compléter ou interpréter ceux qu'ils recevaient du ministre ; en somme, à entretenir une correspondance secrète. Une telle correspondance existait dès l'origine avec Castéra et des Issarts en Pologne. Louis XV autorisa son cousin à en entamer d'autres, d'abord avec son ambassadeur à la Porte (1749), puis avec d'autres postes. On initia aussi en 1754 M. Tercier, premier commis des Affaires étrangères, ancien secrétaire de l'ambassade en Pologne et des conférences d'Aix-la-Chapelle : c'était une intelligence combien utile dans les bureaux du département, où il était chargé spécialement des correspondances de Russie, de Turquie et de Pologne. Ainsi se structurait peu à peu cette affaire secrète.

Dans ces conditions, durant les années qui suivirent la paix, les secrétaires d'État successifs et le prince de Conty poursuivirent avec ténacité, mais sur des plans différents, la réalisation du système de politique étrangère déjà évoqué. Le détail des négociations officielles ou secrètes menées à Berlin, à Stockholm, à Constantinople est impossible à exposer, d'autant que, à travers les opérations — souvent concordantes et parfois opposées — des deux diplomaties, il est fort mal connu. On en retiendra que la France conquit une position solide en Allemagne et dans les cours du Nord : l'entente avec la Prusse fut renforcée par des accords avec bon nombre de principautés de l'Empire, des traités entre la France et la Suède (1747 et 1754) furent complétés par des accords franco-danois (1749 et 1754), suédo-prussiens (1747, avec accession de la France en 1748), suédo-danois (1750). Et ce réseau d'alliances, appuyé par la Turquie, suffit en 1750 à empêcher une invasion de la Suède par la Russie. A Constantinople pourtant, les négociations, entreprises dès 1747, étaient longues et délicates : Versailles demandait la conclusion d'un traité d'amitié, assorti d'autres traités, l'un entre la Suède et la Porte, l'autre entre celle-ci et la Prusse, canevas officiel sur lequel les instructions secrètes de Conty brodaient des variantes qui retardaient la conclusion de l'affaire.

Bien que le langage du prince ne différât guère, en général, de celui que les ministres employaient au nom de Louis XV, une nuance importante les séparait : les ministres ne s'intéressaient que d'assez loin à la Pologne, dont l'anarchie les effrayait ; ils ne l'intégraient guère dans leur système du Nord et la mettaient au dernier rang de leurs préoccupations. Aux yeux de Conty, au contraire, et pour cause, ce pays était l'objectif essentiel et il importait de l'introduire dans le réseau des alliances et même de concevoir celui-ci en fonction de l'élection future.

***

Il fallait par conséquent que la Pologne fût dégagée de l'emprise russe et capable de suivre les directives venues de Conty en vue de quoi il convenait, dans un premier stade, de fortifier dans la République le parti « patriotique », favorable à la France et d'affaiblir le parti russe, mené par les Czartorisky et soutenu par la cour de Saxe. C'est à cette tâche que, depuis 1745, s'étaient employés avec succès les agents de Conty, le marquis des Issarts jusqu'en décembre 1750 et ensuite Castéra. Mais celui-ci n'était que chargé d'affaires et la présence d'un ambassadeur à Varsovie était indispensable. Louis XV confia le poste le 11 mars 1752 au comte de Broglie, un jeune gentilhomme de trente-cinq ans, qui s'était surtout distingué à la guerre, où il avait servi sous les ordres de Conty, qui avait remarqué ses capacités et l'accueillait dans son cercle du Temple. Il était, d'autre part, assez connu du Roi pour être invité aux soupers des petits appartements. Le lendemain même de sa nomination, il reçut des mains du prince ce billet autographe de Louis XV : « Le comte de Broglie ajoutera foi à ce que lui dira M. le prince de Conty et n'en parlera à âme qui vive. A Versailles, le 12e mars 1752. Louis. » Broglie manifesta une certaine répugnance à entrer dans une affaire qui serait ignorée de son ministre, mais un second billet du Roi mit fin à ses hésitations.

Muni de ses instructions officielles et de celles, secrètes, de Conty, il arriva à Varsovie le 13 septembre 1752 et se mit aussitôt à l'œuvre pour reprendre en main le parti patriotique un moment désorienté par la mort de Castéra. Très intelligent et très actif, tenace, impétueux, autoritaire, d'un caractère peu maniable, Broglie se distingua dès les premières semaines de sa mission en faisant échouer à la diète de Grodno — avec l'aide de son collègue prussien — un projet de confédération conçu par les Czartorisky pour faire accéder la Pologne au traité d'alliance défensive qui liait les cours de Vienne, Pétersbourg et Dresde. Ce succès lui valu l'inimitié du comte de Brühl, premier ministre saxon, qui fit parvenir ses plaintes jusqu'à la Dauphine. Il n'en continua pas moins imperturbablement son travail : il ranima le parti patriotique, provoqua en 1753 et 1754 un rapprochement entre les Polonais et les Turcs. En novembre 1754 enfin, il réussit un coup de maître en faisant décider en faveur du parti républicain la grande affaire de l'ordination d'Ostrog et en réconciliant, à cette occasion, ce parti et la cour de Saxe contre les Czartorisky : c'était là l'œuvre personnelle du comte qui, grâce à quelques subsides judicieusement distribués et à l'appui de la Turquie, avait pu neutraliser les efforts des ministres d'Angleterre et de Russie. Tout semblait concourir au succès des vues de Conty, mais les événements allaient prendre une autre tournure.

Brandons de discorde

Bien que la paix fût officiellement rétablie, Français et Anglais ne cessaient pratiquement pas d'en venir aux mains en Amérique du Nord et en Inde, directement ou par personnes interposées. Ces contrées lointaines, en effet, n'étaient pas de statuts identiques. Le Canada était « la Nouvelle France », c'est-à-dire comme une portion du royaume placée directement sous la souveraineté du Roi et, toutes choses égales d'ailleurs, munie des mêmes institutions que les autres provinces : gouverneur, intendant, conseil supérieur, etc. En Inde, l'implantation de Français dans certains comptoirs était le fait de la Compagnie des Indes, à laquelle ces territoires étaient inféodés par le Roi, et c'était elle qui y désignait juges et administrateurs et en assurait la défense. La situation était à peu près la même pour les Anglais dans les deux continents.

Pourquoi les hostilités auraient-elles cessé sur les confins de la Lousiane et du Canada, puisque subsistaient toutes les raisons qui les avaient naguère provoquées ? Dans leur volonté d'expansion vers l'intérieur, les colons anglais rencontraient toujours la ligne des postes français. Escarmouches et embuscades reprirent donc pour la possession des pistes, des terres et des marchés. Dès 1750, les Anglais de Nouvelle Écosse lancèrent une offensive contre l'Acadie, mais les Acadiens surent y faire face et ces incidents ouvrirent la suite interminable des plaintes et récriminations que les cours de Versailles et de Saint-James commencèrent à échanger. La lutte tendit ensuite à se localiser dans la vallée de l'Ohio, principale région de la traite indienne et chemin direct du Canada au Mississippi. Pour l'exploiter, de grands propriétaires virginiens, les Lee, les Fairfax, les Washington, formèrent une société à laquelle le gouvernement de Londres concéda une centaine de milliers d'hectares qui ne lui appartenaient pas. Le gouverneur du Canada, La Galissonnière, avertit aussitôt les planteurs qu'ils se trouvaient en territoire français et, pour marquer la souveraineté du Roi, fit enterrer de place en place des morceaux de plomb fleurdelysés, ce qui n'eut guère d'effet. Un nouveau gouverneur, M. Duquesne (1752), entreprit d'expulser les trafiquants britanniques et d'élever, du Saint-Laurent à l'Ohio, une ligne de forts que relieraient périodiquement de petites colonnes mobiles. Cette activité de Duquesne causa quelque émoi dans les colonies anglaises, mais elles étaient encore très divisées.

Les plus déterminés étaient les aristocrates virginiens, qui commencèrent à édifier un fort aux fourches de l'Ohio. Les Canadiens surprirent leurs travailleurs, les chassèrent et bâtirent à la même place le fort Duquesne, ancêtre lointain de Pittsburgh. Pour débusquer les Français, les Virginiens mirent sur pied un bataillon de miliciens commandé par un cadet de famille, George Washington, le futur président des États-Unis. Il surprit dans les bois un détachement français, commandé par le capitaine de Jumonville, qui allait à sa rencontre comme parlementaire. Nonobstant cette qualité, Washington donna froidement l'ordre de tirer : Jumonville fut tué et ses trente compagnons presque tous tués, blessés ou pris. Un mois plus tard, Washington fut à son tour cerné par les Français et libéré après leur avoir abandonné drapeau, armes et vivres (juillet 1754).

Le meurtre de Jumonville provoqua à Versailles une stupéfaction indignée, mais on y était si fermement attaché à la paix, qu'après une protestation de forme, le marquis de Mirepoix, ambassadeur à Londres, eut ordre de continuer à rechercher la solution diplomatique poursuivie de part et d'autre depuis 1749 avec plus de sincérité du côté français que de l'autre. Un accord, au reste, était difficile, car le ministère britannique faisait état de cartes qui ne ressemblaient pas aux nôtres et l'on achoppait aussi sur des questions de traduction, les Anglais repoussant le français comme langue unique dans ces pourparlers. Personnellement, le duc de Newcastle n'était pas d'humeur trop guerrière, mais il devait tenir compte de la surexcitation de l'opinion et, pour sauver son cabinet et sa carrière, il faisait dire au Parlement par le Roi qu'il saurait « garantir de toute usurpation les possessions qui faisaient la source de la richesse anglaise », engagement d'autant plus lourd de menaces qu'il pouvait s'appliquer aussi à l'Inde.

*
**

Le sort des établissements français de l'Inde fut d'abord inséparable de la personnalité exceptionnelle de Dupleix, que la Compagnie des Indes avait installé comme gouverneur à Pondichéry en 1742. Les faits survenus là-bas pendant la guerre de Succession d'Autriche lui révélèrent l'incroyable faiblesse des souverains locaux, de leurs troupes et de leurs gouvernements. Les victoires qu'il remporta sur eux avec une poignée d'hommes ouvrirent à son génie des perspectives grandioses. Il acquit notamment la conviction que la Compagnie des Indes ne pouvait se soutenir uniquement par le bénéfice de son commerce et qu'il lui fallait disposer non seulement de comptoirs et de quelques places, mais d'un domaine plus étendu, source de revenus fixes et assurés tels que rentes foncières, impôts, tributs, péages, monopoles et privilèges divers. Domaine dont les frais de défense et d'expansion seraient soldés au fur et à mesure avec les gains et les butins des conquêtes.

Les rivalités des princes indiens, dont il sut habilement tirer parti, lui permirent d'appliquer ce système avec succès : zone d'influence dans le Dekkan, protectorat sur le Carnatic, tels étaient en 1750 les résultats de son action. Résultats fragiles pour plusieurs raisons. L'Inde offrait, certes, de prodigieuses occasions de conquêtes, mais aussi, à tout moment, des coups de théâtre et des retournements de situation. D'autre part pour faire acccpter cette politique très personnelle par la Compagnie des Indes, dispensatrice de l'argent et des renforts, Dupleix avait dû lui en masquer les aléas. Aussi ne l'appuyait-elle que mollement et risquait de le désavouer en cas d'échec ou de difficultés. Or ces dernières allaient naître du raidissement de sa rivale et homologue, la Compagnie anglaise des Indes. Inquiète pour son commerce, celle-ci prit parti pour les princes détrônés ou dépossédés par Dupleix et ses réactions, d'abord intermittentes, tournèrent à la riposte systématique à partir de l'automne 1750.

Il se fit ainsi entre Français et Anglais, sous le couvert de leurs clients respectifs, une guerre indirecte, mais cependant effective, durant laquelle les troupes européennes, servant comme auxiliaires, se combattirent tout en se prétendant en paix. La défaite et la capitulation du lieutenant de Dupleix, Law de Lauriston, à Sriringam le 13 juin 1752 découragea la Compagnie française et excita les ambitions de l'anglaise. Au début de 1753, des conférences entre les deux compagnies s'ouvrirent à Londres, pendant que la française envoyait un de ses directeurs, Godeheu, obtenir de Dupleix son retrait et négocier avec le gouverneur britannique. Pour appuyer les arguments de celui-ci, Londres dépêcha une flotte de guerre et des renforts de troupes et d'artillerie. Godeheu et son interlocuteur signèrent le 26 décembre 1754 un traité qui condamnait les principes sur lesquels était fondée la politique de Dupleix dans le Carnatic et ouvrait la possibilité d'étendre au Dekkan les effets de cette condamnation. En pratique, cet arrangement laissait les choses en suspens. C'est dire, que, en Inde comme en Amérique, la volonté pacifique de Louis XV n'avait d'égal que l'appétit conquérant du commerce britannique et que les risques d'une guerre ouverte et générale allaient croissant.

IV. — DIEU ET CÉSAR

A peine l'opinion avait-elle pris conscience de la victoire du clergé sur le contrôleur général, à peine les derniers soubresauts de l'affaire de l'Hôpital général étaient-ils retombés, qu'une nouvelle et violente secousse vint ébranler l'État et la nation : l'affaire dite des refus de sacrements ou des billets de confession, résurgence des sempiternelles disputes suscitées par l'*Unigenitus*. D'aucuns l'ont voulue machinée dans l'ombre par les jésuites et les prélats à leur dévotion, à la fois pour engager le gouvernement dans des difficultés si inextricables qu'il serait forcé de renoncer à jamais à tout projet contre les immunités ecclésiastiques et pour soulever une agitation dans laquelle les parlements perdraient la face, et avec eux les ministres qui le soutenaient : c'est là du roman-feuilleton. Cette crise a résulté tout simplement de l'explosion des haines accumulées de part et d'autre depuis longtemps et exacerbées par les derniers événements. Les deux adversaires, l'épiscopat et les parlements, n'y font grande figure ni l'un, ni l'autre. Le clergé, parce qu'il ne pouvait pas engager sur un plus mauvais terrain le combat nécessaire à la sauvegarde de son pouvoir spirituel ; les parlements, parce que leur ingérence en des questions relevant de la théologie et de l'ecclésiologie plus que du droit public, et sous couvert de laquelle ils affectaient de voler au secours des droits de la couronne, ne visait qu'à mettre l'autorité royale en tutelle et à instaurer le gouvernement des juges.

Explosion de haines ? Le parlement de Paris était outré par les théories sur le pouvoir temporel émises par le clergé dans la polémique sur les immunités ; il déduisait, d'autre part, de la défaite de Machault à propos du vingtième ecclésiastique que le gouvernement était tenu en lisière par les évêques, eux-mêmes tous constitutionnaires et suppôts des jésuites, mais l'exemple du clergé lui révélait aussi qu'une résistance opiniâtre était capable de faire plier le pouvoir royal ; depuis la querelle de l'Hôpital général, enfin, il nourrissait une animosité active et vigilante envers l'archevêque de Paris. Tous sentiments auxquels adhérait avec passion une bonne partie de l'opinion de la capitale. De son côté, le clergé était raidi dans une attitude aussi intransigeante : il croyait voir le jansénisme et tous ses sectateurs avoués ou occultes, le gouvernement avec Machault, l'irréligion encore, tous conjurés pour sa perte, et il était convaincu que le seul moyen de sauver la foi en péril était d'épurer l'Église de tout élément suspect et de barrer la route à l'hérésie. Il n'est pas indifférent que l'arrêt du Conseil supprimant les deux premiers tomes de l'*Encyclopédie* ait été rendu moins de six semaines après celui qui avait donné satisfaction à l'ordre pour le vingtième. Les adversaires du jansénisme n'étant pas moins ardents que ses zélateurs, les fanatismes débordèrent largement des cercles ecclésiastiques et judiciaires pour infecter tout le royaume. Le choc entre les deux courants était inévitable et on doit bien se persuader qu'il suscita dans la société et dans les familles des affrontements aussi violents et acharnés que plus tard, par exemple, l'affaire Dreyfus ou de nos drames nationaux plus récents. Le déclenchement de la crise naquit de la conjonction de l'esprit frondeur du parlement, émoustillé par l'affaire de l'Hôpital, et de l'imprudence de certains évêques.

La guerre des billets de confession

L'usage d'exiger un billet de confession de certaines personnes demandant à recevoir les sacrements à l'article de la mort s'était introduit en France au XVIIe siècle pour démasquer les huguenots qui voulaient échapper aux obsèques ignominieuses réservées aux hérétiques. Tombé en désuétude après la révocation de l'édit de Nantes, il avait été remis en vigueur par le cardinal de Noailles en 1716, lorsqu'il avait retiré aux jésuites le pouvoir de confesser dans son diocèse. La règle ainsi restaurée par les jansénistes se retourna contre eux et des évêques recommandèrent à leurs curés de n'administrer les derniers sacrements qu'aux personnes présentant un billet de confession délivré par un prêtre non appelant. Faute d'avoir exhibé ce papier, certains fidèles étaient décédés sans avoir pu recevoir les sacrements, ce qui était toujours source de scandale, car — depuis Louis XV jusqu'au dernier de ses sujets — la croyance était générale qu'il suffisait au chrétien, pour être sauvé, de se repentir de ses fautes et d'appeler un prêtre à son lit de mort. De tels refus de sacrements s'étaient produits épisodiquement sous le ministère de Fleury. M. le Cardinal s'était efforcé de les proscrire, car il en appréhendait les conséquences, et lorsque des cas s'en étaient présentés, il s'était arrangé avec le procureur général Joly de Fleury pour étouffer l'esclandre. Attitude toute de mesure et de prudence, malheureusement délaissée ensuite.

Dès son intronisation à Paris, M. de Beaumont se fixa pour mission de restaurer l'orthodoxie doctrinale et la discipline canonique dans une ville et un diocèse où une bonne partie des clercs et des laïcs était installé dans un état de rébellion ouverte contre la bulle *Unigenitus*, c'est-à-dire contre l'autorité de l'Église universelle et même celle du Roi. Propos naturel de la part d'un évêque conscient de ses devoirs, mais requérant infiniment de tact dans sa mise en œuvre. Or M. de Beaumont, dont personne n'a jamais pu mettre en doute la piété, la vertu et la charité, était d'un caractère aussi intrépide que manquant de doigté et n'écoutait que son zèle apostolique, méprisant menaces et disgrâces. Il y avait incontestablement scandale à ce que des fidèles à l'article de la mort s'obstinassent envers et contre tout à rejeter entièrement la bulle. Fallait-il les considérer comme étant pour cela en état de péché mortel et les priver d'absolution et de viatique ? Question à laquelle M. de Beaumont ne concevait d'autre réponse qu'affirmative. Son clergé reçut donc en 1746 l'ordre de refuser les derniers sacrements à toute personne qui ne présenterait pas un billet de confession délivré par un prêtre approuvé. Consigne très risquée, car elle allait non seulement, comme on pouvait s'y attendre, hérisser les jansénistes, mais aussi choquer les esprits les moins exaltés : « La liberté est chère à tous les hommes ; on n'aime point cette contrainte de billets de confession qui, dans le vrai, est fort inutile pour le bien de la religion », tel était l'avis de Barbier, qui dira encore : « Il faut absolument abolir cet usage... qui deviendrait une inquisition. »

Des refus de sacrements se produisirent en 1749 et 1750 : le parlement en fut informé, mais son audace en resta au stade des remontrances ; il était encore retenu par son premier président qui espérait être fait chancelier. Cette ambition ayant été déçue, des éclats violents ne tardèrent pas. Les jansénistes envoyaient systématiquement les prêtres appelants âgés ou infirmes résider à Paris sur la paroisse Saint-Étienne-du-Mont, parce que son curé M. Bouëttin, était, de tous ses confrères, le plus strict observateur des ordres archiépiscopaux : c'était un moyen très sûr de faire naître des occasions de scandale. La première surgit dès mars 1752. Un vieil oratorien, connu comme appelant déterminé, tomba gravement malade et fit demander le viatique à M. Bouëttin qui le refusa, faute de billet de confession. Assigné devant le parlement, Bouëttin y fut, le 23 mars, condamné à une amende et sommé d'avoir à administrer les sacrements, sous peine de saisie de son temporel. Le 25, par arrêt de son Conseil, Louis XV cassa cet arrêt du parlement et évoqua l'affaire à sa personne, décision dont, le lendemain, il fit faire lecture en sa présence au premier président convoqué à Versailles. Le parlement le fit alors supplier de prendre des mesures pour faire conférer les sacrements au malade, dont l'état empira si bien pendant ces pourparlers qu'il mourut le 28 mars, sans sacrements. L'événement suscita dans Paris une émotion extraordinaire (on était en pleine Semaine sainte !) et dans le parlement une fureur indescriptible. Le soir même, il décréta Bouëttin de prise de corps, envoya un huissier se saisir de lui et ne se sépara qu'à 4 heures du matin, lorsque l'huissier revint bredouille : le curé était en fuite, introuvable malgré les recherches.

La conduite du parlement constituait une désobéissance formelle à l'arrêt de cassation et d'évocation rendu le 25 au Conseil : « On a beau dire, écrivit Barbier, que le parlement ne reconnaît point les arrêts du Conseil que lorsqu'ils sont revêtus de lettres patentes. Voilà une forme. Mais ici on ne peut pas douter de la volonté du Roi par la lecture, en sa présence, d'un arrêt rendu par lui-même. » Réflexion d'un honnête homme devant ce sophisme désormais professé sans cesse par la compagnie et selon lequel en désobéissant au Roi, elle ne faisait que lui obéir effectivement. De nouveau, Louis XV, par arrêt du Conseil, prohiba le 7 avril de telles procédures et cassa toutes celles qui avaient été faites. Mais le parlement était lancé et vota le 15 avril des remontrances fort vives sur les dangers du « schisme » *(sic)*, sur le coup qu'il porte aux lois fondamentales du royaume, sur les maux qu'il inflige à la religion.

Schisme : notons bien le mot, qui va revenir à satiété dans la bouche et sous la plume de Messieurs des parlements. En droit canon et en bon français, il désigne la séparation du corps et de la communion de l'Église universelle. Mais pour les jansénistes et les parlementaires, le terme s'appliquait à ceux qui respectaient la constitution *Unigenitus* et étaient par conséquent soumis au Pape et aux évêques, à leur enseignement et à leurs décisions doctrinales et disciplinaires. A elle seule, l'inversion du sens véritable de ce mot en dit plus long que tout sur le caractère inconciliable des arguments des parties en présence. Irréductible dans son hostilité à cette constitution, le parlement déniait aux ecclésiastiques le droit d'en faire une règle de foi, il revendiquait pour le pouvoir civil (c'est-à-dire pour lui-même beaucoup plus que pour le Roi) le droit de fixer ce qu'il fallait penser et retenir de ce décret fameux. Au nom de l'ordre public, il considérait tout refus de sacrement comme une diffamation, justiciable des tribunaux séculiers. Arguant de son droit prétendu sur ce qui, dans le culte, était extérieur et de pure forme, il condamnait le recours aux billets de confession comme constituant une exaction inutile et une innovation illégitime. En quoi il faisait preuve, à son habitude, de mauvaise foi, car il passait sous silence l'usage de ces billets rétabli par le cardinal de Noailles et contre lequel il n'avait alors eu cure de se gendarmer puisque les jésuites devaient en être les victimes. Cette intervention du pouvoir temporel dans la dispensation des sacrements était en partie explicable dans une société où le spirituel et le temporel étaient fort enchevêtrés. Encore fallait-il que, dans une matière aussi délicate, elle fût pratiquée avec ménagement et circonspection. Or l'intervention du parlement était brutale et violente. Il affectait de refuser à l'*Unigenitus* toute autorité et de vouloir forcer l'Église à garder malgré elle dans son troupeau des éléments en pleine rébellion contre elle. Il entendait réduire le clergé à un rôle purement machinal dans la distribution des sacrements et l'y contraindre au besoin par la force du bras séculier. Il usurpait incontestablement sur l'autorité spirituelle en se faisant juge des qualités requises pour recevoir dignement les sacrements. Il était naturel et légitime que les évêques se cabrassent contre cette usurpation, mais il était bien malencontreux qu'ils aient été mis en état de légitime défense à la suite de ce recours inopportun aux billets de confession.

***

Lors du déchaînement de cette tempête, Louis XV était encore sous le coup du choc que lui avait causé la mort de Mme Henriette le 10 février : « Le Roi est fort touché de la perte qu'il a faite, relevait Barbier..., il va à la chasse et on tâche de le dissiper. On dit que les gens d'église... qui sont à la cour voudraient profiter de ces événements pour le faire tourner à la dévotion. S'ils se rendaient une fois maîtres de son esprit, ce serait bien le plus grand malheur pour l'État, car le despotisme des gens d'église n'a point de bornes. » Les craintes de Barbier étaient vaines. Au fond de lui-même, en effet, Louis XV considérait comme abusive la formalité des billets de confession : il déclara un jour à la Reine qu'il ne devait rien y avoir de si libre que la confession et il eût souhaité que l'Église lui offrît un motif mieux fondé de la seconder dans sa lutte contre l'hérésie et les empiétements du pouvoir civil. Aussi fit-il une réponse conciliante aux remontrances du parlement, lequel n'imita guère cette modération : le 18 avril, à la grande joie du public, il rendit un arrêt « de règlement » portant défense à tous ecclésiastiques de faire aucun acte « tendant au schisme », et notamment de refuser les sacrements sous prétexte de non-acceptation de la bulle, à peine pour les contrevenants d'être poursuivis comme perturbateurs du repos public. Arrêt aussitôt imprimé, répandu à des milliers d'exemplaires, envoyé pour enregistrement à tous les bailliages et sénéchaussées du ressort et même, grâce aux intelligences que le parlement avait dans les bureaux ministériels, publié tout au long dans la *Gazette de France*, ce qui semblait lui conférer un caractère officiel.

Il n'en était rien et le Roi rendit le 29 avril un arrêt propre à déplaire et au parlement — dont l'arrêt du 18 avril n'était même pas mentionné —, et aux évêques — sur la sollicitation de qui il intervenait. Se fondant sur les déclarations des 4 août 1720 et 24 mars 1730, qui avaient proclamé l'*Unigenitus* loi de l'Église et de l'État, le Roi y prescrivait le silence à son sujet et annonçait la création d'une commission mi-partie de conseillers d'État et d'évêques pour trancher la question des billets de confession. Il n'interdisait pas absolument aux magistrats de connaître des refus de sacrements, ce qui décevait l'épiscopat, mais en invoquant les déclarations de 1720 et 1730 et en se proposant d'empêcher « que les juges séculiers n'excèdent les bornes de l'autorité qui leur est confiée en imposant aux ministres de l'Église des lois sur des matières purement spirituelles », il irritait les parlementaires, qui continuèrent à aller de l'avant. Une pétition ayant circulé parmi les curés de Paris pour demander à l'archevêque de maintenir l'usage des billets de confession, le parlement, malgré les défenses du Roi, informa au mois de mai contre ses signataires et peu s'en fallut qu'il n'y eut à ce propos une nouvelle cessation de service. Cette affaire fut vite oubliée et le parlement persista, comme si de rien n'était, à ne plus guère s'occuper que de refus de sacrements. Ceux-ci lui étaient déférés d'autant plus constamment que les anticonstitutionnaires ne reculaient devant aucun artifice pour les provoquer : ils poussaient certains d'entre eux à venir réclamer les sacrements dans des dispositions telles que le clergé fût mis dans la nécessité d'un refus ! Pendant tout l'été de 1752, il ne fut bruit, à Paris et dans le royaume, que de curés décrétés et en fuite, de paroisses privées de desservants. A chaque nouveau fait de « schisme » qui était dénoncé, le parlement informait, le Roi, par arrêt de son Conseil, évoquait la cause et cassait les procédures entamées, et le parlement les poursuivait imperturbablement.

Louis XV était très tourmenté par l'anarchie menaçante : il avait souvent l'air triste et préoccupé. En l'accablant sottement de dissipations, Mme de Pompadour essayait en vain de le sortir de cette maussaderie, entretenue par la conscience qu'il avait des coups portés à son autorité et du peu de secours que, dans des circonstances aussi graves, il tirait de son Conseil. Celui-ci était, comme la nation, profondément divisé. Le comte d'Argenson — soutenu par le Dauphin, la famille royale et le parti dévot — préconisait une politique énergique envers le parlement, que le maréchal de Noailles souhaitait, au contraire, ménager. Machault toujours appuyé par Mme de Pompadour et vilipendé par les dévots, manœuvrait entre les deux tendances, car l'arrêt du Conseil du 23 décembre 1750 n'était que suspensif et il n'avait pas encore perdu l'espoir de ressusciter son vingtième ecclésiastique, soit en se servant des parlements pour l'imposer au clergé, soit en vendant à celui-ci son appui contre les parlements. L'antagonisme entre lui et le comte d'Argenson, entre ces deux hommes estimés chacun par leur maître, était devenu virulent et leur duel faisait vaciller l'action gouvernementale. Par-dessus tout, le Roi constatait que son chancelier, si estimable qu'il fût, n'était pas à la hauteur de la situation. Plus peut-être que tous les autres ministres, Lamoignon était conscient des atteintes portées à l'autorité du Roi par les parlements et inquiet des périls qu'elles faisaient courir à l'État. Mais, malgré sa clairvoyance et l'orthodoxie de ses principes, il avait peu de crédit dans les Conseils de gouvernement, où ses interventions, quoique judicieuses, avaient quelque chose de rustre. En outre, sous le coup des événements et de l'indignation, il lui advenait, sans les concerter en Conseil, de prendre des initiatives hasardeuses, par exemple en expédiant force arrêts de cassation ou de défense, aussitôt nargués par les parlements. Selon le marquis d'Argenson, Louis XV lui aurait même « lavé la tête » pour cela en septembre 1752. Et d'autre part, il n'en imposait guère à la magistrature, pour laquelle il était « la bouche du Roi », mais il n'avait pas l'art de faire parler son prince avec ce ton de majesté que maniait d'Aguesseau avec tant de souveraine et élégante pertinence.

※
※※

Durant l'été, de Vitré à Joigny, de Nantes à Dieppe, d'Abbeville à Tours et autres lieux, se multiplièrent les poursuites pour refus de sacrements et, inquiétant progrès de l'insoumission, une juridiction subalterne, le Châtelet de Paris, commença à s'en mêler. Le conflit connut une nouvelle escalade en décembre 1752 à la suite d'un refus survenu dans une communauté de nonnes jansénistes de la capitale. Le parlement mit en cause l'archevêque en personne et lui enjoignit de faire cesser ce scandale. Sommation rejetée par le prélat comme s'agissant d'une chose d'ordre spirituel, dont il ne devait compte qu'à Dieu. Aussitôt le parlement de décréter la saisie de son temporel et, par un geste d'une hardiesse inouïe, de convoquer les pairs de France pour venir faire son procès. Indigné, Louis XV signifia au premier président qu'il prohibait cette convocation, mais le parlement poussa l'insolence jusqu'à *inviter* le souverain à l'assemblée des pairs. Le Roi ayant interdit celle-ci dans les formes, la compagnie n'osa pas passer outre, mais finit par décider, le 4 janvier 1753, de présenter des remontrances.

Comme celles-ci ne devaient pas rouler sur moins de 22 articles (!), leur élaboration traîna péniblement et, en attendant, la compagnie réitérait les procédures contre les ecclésiastiques et notamment l'évêque d'Orléans, cité à comparaître en personne et condamné par défaut à 6 000 livres d'amende. Cet arrêt fut aussitôt cassé par le Conseil, mais le parlement affecta de n'en tenir aucun compte. Furieux, Louis XV fit sur-le-champ dresser et sceller le 22 février des lettres patentes ordonnant à cette cour, sous peine de désobéissance, de surseoir à toute affaire de refus de sacrements. Elle ne les enregistra pas et arrêta enfin le 5 avril le texte interminable de ses remontrances.

Pendant que se déroulaient ces passes d'armes, la commission mi-partie annoncée par l'arrêt du Conseil du 29 avril 1752 s'était mise au travail en juin. Composée de quatre prélats et de quatre hommes de robe (trois conseillers d'État et l'ancien procureur général Joly de Fleury), elle devait suggérer les mesures les plus convenables « pour éteindre absolument » toutes ces disputes. Au bout d'une soixantaine de séances, constatant qu'ils ne pouvaient parvenir à un avis unanime, les commissaires n'eurent d'autre ressource que de soumettre au Roi à la fin de mars 1753 les différents projets de déclaration qu'ils n'avaient pu harmoniser. Cette remise précéda de peu l'adoption des grandes remontrances du parlement, qui soulevèrent dans le Conseil d'âpres discussions : le Roi devait-il les recevoir immédiatement ? ou se faire d'abord remettre l'arrêt fixant leurs articles ? Il fut décidé qu'il ne les recevrait pas tant que ses lettres patentes du 22 février n'auraient pas été enregistrées. Louis XV ne fut pas tiré d'embarras pour autant ; l'échec de la commission mi-partie l'y replongea, en sorte qu'à la date du 22 avril 1753 le secrétaire d'État Rouillé se déclarait « dans l'incertitude de savoir si le Roi se portera à donner une déclaration. Mon doute est fondé, expliquait-il, sur l'opposition des évêques, la diversité des opinions des commissaires qui ont été chargés d'examiner la question, les sentiments différents qu'il entend dans un temps où les esprits sont si échauffés, et surtout les scrupules de Sa Majesté et la crainte qu'Elle a d'empiéter sur la juridiction ecclésiastique ». Mais il eût fallu faire enregistrer une loi réglementant l'usage des billets de confession et voici que le parlement refusait d'enregistrer les lettres patentes du 22 février. Dans ces conditions, Louis XV ne dut pas seulement renoncer à promulguer une déclaration, mais prendre des mesures énergiques.

Le parlement ayant arrêté le 5 mai que, vu « l'impossibilité où il est de faire parvenir la vérité jusqu'au trône », il cesserait son service tout en demeurant assemblé, lui parvinrent aussitôt des lettres de jussion lui enjoignant de reprendre ses fonctions. Il les rejeta. Devant une désobéissance aussi flagrante, tous les magistrats des enquêtes et des requêtes furent exilés le 9 mai aux quatre coins du royaume, certains des plus compromis étant même envoyés en prison. La grand'chambre avait été épargnée. Comme elle s'empressa de protester, elle fut, deux jours plus tard, transférée à Pontoise. L'autorité royale n'était pas moins à l'épreuve à travers le royaume.

*
**

Certains parlements, en effet, restaient calmes, mais d'autres — Rouen, Aix, Bordeaux, Toulouse, Rennes — se mettaient à l'unisson de celui de Paris et remplirent de leurs éclats les années 1753 et 1754. Plus encore que leurs collègues parisiens, les parlementaires normands se comportèrent comme des enragés, en actes aussi bien qu'en paroles. « Les ecclésiastiques, remontraient-ils en novembre 1753, sont les ministres, non les maîtres des sacrements ; et lorsqu'ils les confèrent, ce n'est point une grâce qu'ils accordent, mais un devoir qu'ils remplissent. » Le palais de justice et la ville de Rouen, certains diocèses de Normandie furent le théâtre de scènes inouïes : le premier président et le procureur général pris à partie par leur cour à cause de leur loyalisme envers le Roi, remontrances incendiaires, radiations d'arrêts opérées sur les registres avec l'appui de la force armée, condamnation de l'évêque d'Évreux à 6 000 livres d'amende, incarcératioon d'archers de maréchaussée envoyés pour protéger ce prélat, etc. Les parlementaires de Provence n'étaient guère moins fanatisés, luttant avec l'archevêque d'Aix, les évêques de Marseille et de Sisteron, réitérant les remontrances les plus subversives : c'est dans cette atmosphère survoltée que se déroulèrent leurs persécutions contre le lieutenant général de la sénéchaussée de Marseille. Moins entreprenant parce qu'assez bien retenu par son premier président, le parlement de Rennes n'en finit pas moins par faire saisir le temporel de l'évêque de Vannes et par frapper son grand vicaire de cinq ans de bannissement. A Toulouse, le parlement s'insurgeait en ces termes contre l'évocation au Conseil d'un refus de sacrements : « Qu'il nous soit permis de le dire, Sire : vouloir prendre connaissance par vous-même de la procédure évoquée, c'est moins suspendre l'autorité de votre parlement, que renoncer à la vôtre. » Tous épisodes et discours dont l'impact n'était nullement limité à leurs lieux d'origine : on en trouvait l'écho ample et fielleux dans les *Nouvelles ecclésiastiques,* les remontrances provinciales avaient une large diffusion à travers le royaume et ainsi les passions étaient surexcitées à peu près partout.

Dans le pullulement de tant de bravades et de désobéissances, le peu d'autorité personnelle du chancelier s'effritait. A une députation du parlement de Rouen mandée en cour, il avait lu le 2 septembre 1753, en présence du Roi et en réponse à des remontrances, un discours rappelant les principes fondamentaux de la constitution de la monarchie. Dès le retour à Rouen, la compagnie refusa formellement de le transcrire sur ses registres malgré les ordres exprès qu'elle en avait reçus, et dressa de nouvelles remontrances où il était attaqué et réfuté phrase par phrase. Dans une lettre adressée à Louis XV le 27 avril 1754 au sujet du lieutenant général de Marseille, le parlement d'Aix s'écriait : « Que penserait la postérité... en croyant apercevoir... que votre chancelier affectait un pouvoir que vos augustes prédécesseurs n'ont jamais voulu s'attribuer à eux-mêmes ? » Ce ne sont là que quelques échantillons des insolences alors prodiguées à son chef par la magistrature, à laquelle, sans le chercher, il procurait des moyens de coordonner la subversion.

Une des sanctions qu'il infligeait de préférence aux officiers les plus mutins des cours provinciales était de les faire mander « à la suite du Roi et de son Conseil ». Appelée « *veniat* », c'était une correction appliquée traditionnellement : le sujet en devait rester coi discrètement, en attendant d'être reçu et admonesté au nom du Roi par le chancelier, puis renvoyé à ses occupations après cette semonce. Lamoignon fit ainsi venir à Paris des magistrats d'Aix, de Rouen, de Bordeaux et autres compagnies, mais les laissait volontiers languir assez longtemps avant de les libérer. Or beaucoup de cours députaient aussi à Paris ou à Versailles tel ou tel de leurs membres pour régler auprès des ministres des affaires les concernant. « Mandés » et « députés » de provenances diverses se trouvaient ainsi ensemble dans la capitale. Les mandés, loin d'observer l'isolement réglementaire, se retrouvaient entre eux et avec les députés, et tous prenaient contact avec leurs collègues parisiens, se répandaient dans les salons de la robe, tenaient des assemblées où leurs passions s'exaltaient et où ils combinaient leurs campagnes et leurs méthodes de déstabilisation du pouvoir royal. En multipliant les *veniat* et en les prolongeant outre-mesure, le chancelier, en toute innocence, favorisait ces conjurations. C'est ainsi que, face aux compagnies en rébellion ouverte, Lamoignon fit souvent la figure d'un professeur chahuté, tentant de ramener le calme dans la classe par de pathétiques exhortations à la sagesse et par la mise au piquet des trublions, avec l'espoir toujours déçu qu'à la prochaine rentrée les élèves seraient moins indisciplinés.

Vers un armistice

Dans tout ce fracas, la justice supérieure était presque paralysée dans le ressort du parlement de Paris, car la grand'-chambre transférée à Pontoise faisait traîner en longueur les procédures dont elle était saisie, espérant ainsi gagner du temps en vue d'un accommodement dont Louis XV sentait le besoin. Par l'intermédiaire du duc de Richelieu, puis du prince de Conty, il fit engager en mai et juin 1753 avec les magistrats repliés à Pontoise des pourparlers secrets, dont Machault et le comte d'Argenson furent à peu près tenus au courant. La grand'chambre parut plusieurs fois ébranlée, mais ces tractations très délicates étaient traversées de divers côtés. Le premier président de Maupeou, qui avait partie liée avec d'Argenson, faisait échouer les solutions qui paraissaient avantager Machault. Par ailleurs les grand'chambriers étaient harcelés de lettres et de mémoires où les exilés — en particulier ceux de Bourges, où étaient relégués les plus enragés — les exhortaient véhémentement à la résistance. Très compromises à la fin de juin, ces négociations furent entièrement rompues en juillet et les tentatives pour en renouer de nouvelles avortèrent.

Dans ces conditions, le chancelier convainquit le Roi d'user contre les rebelles d'une arme qui, bien maniée, eût pu leur être fatale : la constitution d'un nouveau personnel judiciaire. On atteignait cette époque de l'année où le parlement se mettait en vacances en ne laissant fonctionner qu'une chambre des vacations. Des lettres patentes du 18 septembre 1753 établirent pour ce temps des vacations une chambre comprenant six conseillers d'État et vingt maîtres des requêtes. La réussite de cette juridiction eût constitué une grosse menace pour le parlement. Aussi le mot d'ordre fut-il donné et suivi de ne pas en tenir plus de compte que si elle n'existait pas : avocats, procureurs, greffiers, huissiers, geôliers s'entendirent pour la bouder et susciter des obstacles devant elle. Les tribunaux inférieurs refusèrent d'enregistrer ses lettres d'établissement, le Châtelet osa alléguer des diplômes de rois mérovingiens pour ne pas la reconnaître et les plaideurs, persuadés que le parlement serait bientôt rappelé, s'abstenaient. A la porte du couvent des Grands Augustins, le jour où elle allait siéger pour la cinquième fois, un loustic placarda cette affiche : « MM. les comédiens du Roi donneront aujourd'hui la cinquième représentation de l'Inutilité. »

La plaisanterie était probablement inspirée par une autre tourmente qui, dans le même temps, mettait en ébullition la Cour et la Ville : la guerre des Bouffons. Le 1er août 1752, une troupe italienne d'opéra-bouffe avait fait ses débuts à l'Opéra avec la *Serva padrone* de Pergolèse, première des douze pièces qu'elle allait présenter au public parisien jusqu'à son départ en mars 1754. Le succès fut éclatant, mais engendra une polémique d'une incroyable violence. « Les Bouffons, dit Jean-Jacques Rousseau, firent à la musique italienne des sectateurs très ardents. Tout Paris se divisa en deux partis, plus échauffés que s'il se fût agi d'une affaire d'État ou de religion. » L'un soutenait la musique française et l'autre la musique italienne ; le premier était appelé « le coin du Roi », car ses partisans se regroupaient à l'Opéra sous la loge de Sa Majesté, et le second, pour la même raison, était « le coin de la Reine ». Ils s'affrontèrent avec une véritable rage : plus de soixante brochures — dont la pitoyable *Lettre sur la musique française* de Rousseau — alimentèrent en 1753 et 1754 ces débats, non moins furieux que ceux suscités par l'*Unigenitus*. Il serait amusant de savoir comment, entre coin du Roi et coin de la Reine, se répartissaient les jansénistes et leurs adversaires.

✷
✷✷

Pendant ces joutes esthétiques, la fin des vacances judiciaires arriva sans que cette chambre des vacations ait vraiment fonctionné. Échec de mauvais augure qui ne dissuada ni Louis XV ni le chancelier de persévérer dans cette voie, car l'obstination des exilés restait irréductible et la grand'chambre refusait de reprendre son service. Elle fut exilée — et non plus transférée — à Soissons, alors que des lettres patentes du 11 novembre 1753 instituaient une chambre royale composée de dix-huit conseillers d'État et de quarante maîtres des requêtes et investie, au civil comme au criminel, de toutes les attributions du parlement. Le public lui réserva le même accueil qu'à celle des vacations. Entraînée par Malesherbes, la cour des aides s'abstint de la reconnaître, le Châtelet, qui avait dû en enregistrer de force les lettres d'établissement, lui dénia ensuite toute soumission, imité en cela par de nombreux tribunaux du ressort comme la sénéchaussée de Lyon. Plaideurs et basochiens se concertaient pour n'y porter aucune affaire. Le tout, alors que d'autres parlements étaient en effervescence.

L'hiver se passa sans que rien n'ait pu entamer la résistance des exilés. Louis XV avait l'impression pénible que les maladresses de son chancelier, le zèle batailleur de certains évêques et l'opiniâtreté orgueilleuse de la magistrature le plongeaient dans des embarras sans solution. Il était d'humeur cafardeuse et ne trouvait de dérivatif à ses soucis que dans sa liaison avec Morphise. Au mois de mars 1754, on remarqua que, ayant alors la faculté de conférer l'ordre du Saint-Esprit au chancelier, il le priva de cette faveur traditionnelle et préféra décorer un conseiller d'État. Des signes de mésentente apparurent entre certains des membres de la chambre royale, si bien qu'un jour Louis XV demanda à l'un d'eux, M. d'Ormesson, de lui dire franchement ce qu'il en était de son activité et ce conseiller d'État eut l'honnêteté de lui répondre qu'elle confinait au néant. Dès lors, le Roi se résolut sans plaisir à s'arranger avec son parlement, qu'il blâmait au fond, plutôt qu'avec son clergé, qu'il préférait, mais craignait moins.

Il fallut ouvrir de nouvelles tractations et rien n'était plus délicat. Dans le Conseil, Machault, qui souhaitait le retour du parlement, entendait que celui-ci ne fût rappelé qu'après avoir fait amende honorable pour tous ses écarts de conduite, solution qui eût pu prévaloir si les éléments modérés l'emportaient dans la compagnie. Comme ils restèrent minoritaires, Louis XV, influencé peut-être par Mme de Pompadour, se résigna à faire lui-même « les avances qu'on s'obstinait à ne pas lui faire »

(M. Marion). Sans consulter son Conseil, il convoqua à Versailles le premier président de Maupeou. De leur entrevue du 4 juin, nul n'a jamais connu les conclusions. Mais on sentit dès lors que l'exil des parlementaires touchait à sa fin. Le 14 juillet, Maupeou put annoncer à ses collègues que le Roi voulait bien leur faire grâce et consentir à leur retour. Encore ce mot de « grâce » dut-il être abandonné, comme trop empreint de souveraineté, et remplacé par celui de « clémence ».

La mise au point de ces mesures demanda quelque temps, pendant lequel le secrétariat d'État des Affaires étrangères vint à vaquer le 24 juillet par la mort subite de M. de Saint-Contest. Louis XV le remplaça par M. Rouillé, qui céda la Marine à Machault. Celui-ci, qui conservait l'amitié et la confiance de son maître, restait garde des sceaux et ministre d'État, mais abandonnait le contrôle général des finances. Pourquoi s'y serait-il maintenu alors qu'à l'approche de l'assemblée quinquennale de 1755, il avait perdu tout espoir de faire plier le clergé ? Et ce dernier pouvait considérer ce remaniement ministériel comme la contrepartie du retour du parlement, retour peu glorieux pour l'autorité royale, car il n'était subordonné à aucune manifestation de repentir et de soumission.

Des lettres patentes du 30 août 1754 prononcèrent la suppression de la chambre royale. Datées du 1er septembre, des lettres de cachet ordonnèrent à tous les officiers du parlement d'être présents dans leurs chambres respectives le 4 septembre, ce qui eut lieu sous les acclamations d'un grand concours de peuple. La première chose qu'ils eurent à faire fut d'enregistrer une déclaration du 2 septembre, par laquelle le Roi entendait régler leur retour et aussi mettre fin aux disputes. Il y prescrivait d'abord la reprise du service, puis, « ayant reconnu que le silence imposé depuis tant d'années était le moyen le plus convenable pour affermir la tranquillité publique », enjoignait à la cour « de tenir la main à ce que, d'aucune part, il ne fut rien fait, tenté, innové, qui pût être contraire à ce silence et à la paix ». Enfin, il amnistiait toutes les peines et poursuites encourues à l'occasion de refus de sacrements. Déclaration adressée aussi aux parlements d'Aix, Rennes, Bordeaux et Rouen. Louis XV l'avait-il rédigée lui-même en tout ou en partie ? En avait-il simplement arrêté les grandes lignes ? Toujours est-il qu'il la considérait comme son œuvre personnelle et comme le signe de sa volonté de pacification. Dans des entretiens particuliers qu'il eut alors avec le premier président du parlement et l'archevêque de Paris, il insista pour que, chacun dans leur sphère d'influence, ils s'efforçassent d'apaiser et de rasséréner les esprits.

Il y avait malheureusement peu de chances que cette nouvelle déclaration « du silence » fût plus efficace que toutes les précédentes. Louis XV rêvait d'en faire comme une paix de religion. Or la religion sortait fort mal en point de ces affrontements qui l'avaient exposée au doute, au scepticisme et même à l'hostilité. Bien qu'assez exaltés, ces propos du marquis d'Argenson en mai 1754 sont significatifs à cet égard : « L'on assure que tout se prépare en France à une grande réforme dans la religion, et sera bien autre chose que cette réforme grossière, mêlée de superstition et de liberté, qui nous arriva d'Allemagne au XVIe siècle. Toutes deux nous sont venues par les excès de tyrannie et d'avarice des prêtres ; mais comme notre nation et notre siècle sont bien autrement éclairés que celui de Luther, on ira jusqu'où l'on doit aller : l'on bannira tout prêtre, tout sacerdoce, toute révélation, tout mystère, et l'on ne verra plus que Dieu présumé par ses grandes et bonnes œuvres, qui a écrit dans nos cœurs sa loi, son amour, notre reconnaissance, nos espérances dans sa providence et notre crainte de sa justice. Nous en savons autant que les prêtres sur les attributs de Dieu ; nous savons l'adorer par nous-mêmes et sans le secours de ces prétendus dévots de profession qui se nomment ministres des autels et qui ne sont que les frelons de la ruche. J'observe que, dans l'Académie des Belles-Lettres (dont je suis membre), il commence à y avoir une fermentation décidée contre les prêtres. »

Pas plus que la religion, l'autorité royale ne sortait indemne du conflit. Sans être encore attaquée ouvertement dans son principe, elle commençait à faire douter de sa force, car, en se croisant en pleine contradiction, arrêts du Conseil et arrêts des parlements avaient donné par moments aux sujets l'impression d'une lutte opposant deux puissances égales, entre lesquelles l'obéissance publique pouvait hésiter. Pendant que le Roi et le parlement de Paris bataillaient à propos de l'Hôpital général et des billets de confession, les réactions du gouvernement, les initiatives du chancelier (notamment l'essai de substitution d'une chambre royale au parlement défaillant), les cabales des meneurs de la compagnie, la solidarité naissante des diverses cours supérieures du royaume dans l'insubordination, tous ces faits et en général les circonstances s'y rapportant étaient observés et médités par un témoin posté aux premières loges : le propre fils du premier président, lui-même président à mortier depuis octobre 1743. Expérience et réflexions de très grande conséquence pour l'avenir.

En pratique, la remise au travail du parlement ne s'opéra pas sans grincements. Telle était sa suffisance, qu'il assortit de réserves insolentes son arrêt d'enregistrement de la déclaration du 2 septembre. Des refus de sacrements surgirent de nouveau çà et là et voici que l'un d'eux, survenu à Paris à la fin de novembre, fut approuvé par M. de Beaumont. C'en était trop ! Excédé par l'intransigeance provocatrice du prélat, Louis XV l'exila le 3 décembre dans la maison de campagne archiépiscopale à Conflans près Charenton, ce qui était lui marquer son mécontentement, tout en lui évitant d'être décrété de prise de corps par le parlement. Barbier rapporte « que l'exil de M. l'archevêque de Paris a été bien reçu et fait grand plaisir. On admire la fermeté du Roi, qui a su prendre son parti pour maintenir la paix ; on l'élève autant qu'on l'avait abaissé depuis deux ans. Tel est le peuple. » Ces caprices de l'opinion n'étaient nullement la preuve d'un apaisement des esprits et cette constance des passions était de mauvais augure.

*
**

Souvent depuis 1750, les chroniqueurs ont remarqué combien Louis XV paraissait triste et soucieux. On a pu constater qu'effectivement les sujets de préoccupation et de morosité ne lui faisaient pas défaut. Alors qu'il avait déjà été blessé par les mauvais propos lancés contre lui après la paix d'Aix-la-Chapelle et lors des enlèvements d'enfants, l'affaire du vingtième, celles de l'Hôpital général et des billets de confession vinrent alimenter, voire aggraver cette malveillance des Parisiens. Elle était, certes, sujette à des répits quand le Roi paraissait avantager le parlement aux dépens de l'archevêque, mais tendait vite à reprendre le dessus et il en était très affecté.

Tout autant que de l'hostilité ou de l'incompréhension des foules, Louis XV souffrait de celles que lui manifestait la magistrature, où maintenant la turbulence rejoignait et même surpassait dans les provinces celle de la capitale, en un mouvement dont il percevait qu'il tendait à mettre directement en cause l'autorité royale. Or le Roi était pleinement conscient que sa mission primordiale était de veiller sur cette autorité, de la conserver sans dépendance et sans partage et de la transmettre intacte à son successeur. D'où les tourments où le plongeait l'agitation endémique des cours supérieures. D'un côté, elles lui apparaissaient en quelque sorte comme des composantes de son État, conception entretenue par une tradition complaisante, qui taisait pudiquement que le parlement de Paris avait été anglais sous Charles VII, ligueur sous la Ligue et frondeur sous la Fronde. C'est pourquoi il se fit une règle de ne jamais s'opposer à la rédaction de remontrances. Mais, d'un autre côté, il voyait avec déception les égards qu'avec libéralisme il conservait aux parlements n'être guère payés de retour par les parlementaires. Comment, par exemple, n'aurait-il pas été agacé, indigné et même irrité par le tour des remontrances où les magistrats, au lieu de lui indiquer clairement et simplement les inconvénients qu'ils croyaient déceler dans telle ou telle mesure, entreprenaient avec insolence de lui faire la leçon comme à un enfant ignorant ou peu instruit et de lui apprendre son métier de roi ?

Cette discordance entre le rôle théorique d'institutions considérées comme fondamentales et, dans la pratique, les agissements de leurs officiers, occupés désormais à déstabiliser la monarchie, le fera longtemps encore hésiter sur les moyens de parer à cette situation équivoque. Comme jadis Henri III accablé de calomnies, d'opprobres et de menaces sanglantes par les factions et retrouvant dans sa cour et son Conseil les divisions qui désolaient la nation, Louis XV se sentait bien seul pour préserver l'intégrité de l'État, et cela dans une ambiance générale de haine, qui explique, pour une large part, l'état d'irrésolution et de dépression dans lequel, depuis le milieu du siècle, il semble avoir été longtemps plongé.

CHAPITRE XIV

Guerres d'usure

Les rivalités coloniales de la France et de l'Angleterre en Amérique et en Inde créaient depuis 1754 une situation si tendue qu'une rupture entre les deux pays paraissait inéluctable. Or Louis XV savait que sa marine, malgré l'action efficace de Machault pour la développer, était encore loin d'équivaloir celle des Anglais et que, par conséquent, une guerre ne pourrait pas épargner le continent, où il lui faudrait se dédommager sur le Hanovre, soit directement, soit par l'intermédiaire de son allié le roi de Prusse. Aussi va-t-il s'efforcer, presque à tout prix, de retarder au maximum l'état de guerre avec la Grande-Bretagne, cependant que celle-ci, pour n'avoir pas à intervenir en Europe et se garantir la plus grande liberté d'action sur mer et aux colonies, se mettait en quête d'un allié qui assurerait pour elle la défense du Hanovre. Ces vues allaient commander les manœuvres des chancelleries, sous l'œil inquiet et vigilant du roi de Prusse.

La puissance, les ambitions et les talents de ce prince, en même temps que la croissance de la Russie, modifiaient les rapports de forces : les vieilles alliances se lézardaient, les coalitions du passé peinaient à se reconstituer, de nouvelles communautés d'intérêts s'esquissaient. Il apparaissait que beaucoup de grandes puissances ne pouvaient plus avoir les mêmes amis ou les mêmes ennemis que naguère. Non sans être gêné par la religion qu'il avait du respect de la parole donnée par les traités, dont certains de ses interlocuteurs n'avaient pas le même souci, Louis XV s'est adapté à cette situation mouvante par ce que l'on a appelé « le renversement des alliances », c'est-à-dire de rapprochement avec la maison d'Autriche. Il est ainsi entré en guerre dans des conditions fort différentes de celles du passé. Malheureusement pour lui, les troubles de son royaume ont nui bien souvent à la conduite des négociations extérieures et des campagnes militaires et navales.

I. — LES PRODROMES DE LA GUERRE

La tension franco-anglaise

L'annonce de l'incident Jumonville et des accrochages survenus en Amérique coïncida en Angleterre avec le renouvellement de la Chambre des Communes, où les élections amenèrent une majorité acquise à la politique belliqueuse de George II et de certains de ses ministres. Dès octobre 1754, le Cabinet décida d'envoyer des régiments en Amérique et de lever là-bas deux régiments coloniaux. Le commandement de ces forces fut confié au général Braddock, avec mission d'occuper les forts de l'Ohio et du lac Erié. On pousserait les armements dans les arsenaux et les enrôlements de matelots. Toutes mesures annoncées le 14 novembre 1754 au Parlement par un message royal, qui ne contenait aucune réserve visant des droits quelconques de la France.

Louis XV n'en ordonna pas moins la poursuite des négociations, qui aboutirent même à la fin de mars 1755 à un accord transactionnel. Si pacifique qu'il voulût être, il n'avait pu se dispenser, devant l'envoi de Braddock et les préparatifs navals des Anglais, d'équiper une escadre de seize bâtiments, confiée au lieutenant général Dubois de La Motte, pour convoyer des renforts et des approvisionnements à destination de Louisbourg et du Canada : on en prit prétexte aussitôt à Londres pour l'accuser de ne négocier qu'en vue de gagner le temps nécessaire pour compenser l'avance britannique. Une nouvelle campagne orienta outre-Manche l'opinion en faveur d'une offensive brusquée qui, sans plus de délai, assurerait à l'Angleterre la maîtrise des mers et la mainmise sur les territoires contestés en Amérique, où les colons s'enhardissaient à la nouvelle de tous ces apprêts.

Ceux-ci prirent un tour décisif quand, le 16 avril 1755, l'amiral Boscawen, commandant de l'escadre d'Amérique, reçut ses instructions secrètes. Elles lui prescrivaient d'établir une croisière à l'entrée du Saint-Laurent, de capturer les vaisseaux marchands apparus dans les parages, enfin d'attaquer et de couler sans préavis les navires de guerre et les transports français que Dubois de La Motte assemblait à Brest et qui devaient appareiller quinze jours plus tard pour le Canada.

Le cabinet britannique ne se souciait pas moins des répercussions en Europe du conflit qu'il préparait. Il craignait une riposte française tournée soit vers les Pays-Bas, soit vers le Hanovre. Dans l'un et l'autre cas, il aurait souhaité pouvoir faire fond sur les Provinces-Unies. Mais, bien que la régente de ce pays fût la fille de George II, les Hollandais dans leur ensemble redoutaient d'être entraînés dans une guerre et le mouvement en faveur de la neutralité, soigneusement appuyé par l'ambassadeur de Louis XV, ne cessait de gagner du terrain. Pour couvrir le Hanovre contre la France et, éventuellement, la Prusse, George II et ses ministres tentèrent, en mars 1755, de revigorer l'entente avec la maison d'Autriche, mais en menant une double négociation : l'une entre Vienne et Londres, l'autre entre la Saxe et le Hanovre.

Dès le début des pourparlers entre les cours de Vienne et de Saint-James, les intérêts respectifs apparurent inconciliables. George II n'avait en tête que la garantie du Hanovre et la défense des Pays-Bas et Marie-Thérèse ne songeait qu'à reprendre la Silésie, à former une coalition contre Frédéric II et à s'affranchir de la défense des Pays-Bas. Les conversations ne firent que s'enliser jusqu'à leur clôture au début d'août 1755. Celles entre Hanovre et Dresde furent plus actives, car s'y greffaient des objectifs du comte de Brühl, partisan d'un démembrement de la Prusse, auquel les ministres hanovriens de George II ne répugnaient pas, en contrepartie d'une garantie du Hanovre par la Saxe, la Russie et la maison d'Autriche. Ces tractations aboutirent le 6 juillet à Herrenhausen à un projet d'accord prévoyant la formation en Allemagne d'une armée constituée par des contingents hanovriens, autrichiens, saxons et polonais et destinée à défendre, « selon que le cas l'exigerait », soit l'électorat, soit la Saxe, soit les états allemands de Marie-Thérèse, le tout complété par un traité de subsides avec la Hesse et des négociations avec le Brunswick et la Bavière.

Sans trop d'illusions peut-être sur l'évolution de ses relations avec la cour de Vienne, le gouvernement britannique avait dépêché à Saint-Pétersbourg au début de 1755 un de ses meilleurs diplomates, le chevalier Williams, avec charge d'y négocier, moyennant finances, l'aide d'une armée russe employée à protéger le Hanovre contre une éventuelle attaque prussienne. Sa mission se déroula d'autant mieux que Vienne et Dresde soutinrent ses arguments avec l'arrière-pensée d'utiliser contre « un ennemi commun » du Hanovre et de la Russie (c'est-à-dire contre Frédéric II) les forces que la Russie pourrait mettre à la disposition de la Grande-Bretagne. Espoir couronné le 30 septembre 1755 par une convention de subsides pour l'équipement et l'entretien d'une armée de 55 000 Russes en Livonie.

A cette date, le roi d'Angleterre — il avait refusé entre-temps de ratifier les engagements d'Herrenhausen — n'avait plus d'autres alliés en Europe que la Hesse et la Russie. Devant l'isolement de son pays, il lui était d'autant plus nécessaire de trouver une alliance continentale, que les clameurs de la nation le poussaient plus que jamais à une guerre ouverte contre la France, avec laquelle les relations diplomatiques étaient rompues depuis le milieu de l'année.

*
**

Le refroidissement de ses relations avec l'Espagne à la suite de la paix d'Aix-la-Chapelle était pour Louis XV une déception et un souci, partagés très particulièrement dans son Conseil par le maréchal de Noailles. Celui-ci avait provoqué en 1752 le remplacement comme ambassadeur auprès de Ferdinand VI du comte de Vaulgrenant, jugé inefficace, par le duc de Duras. Sentant l'imminence du conflit avec l'Angleterre, Louis XV estimait indispensable un rapprochement avec son cousin le Roi Catholique et souhaitait la conclusion d'un traité qui, effaçant les rancœurs consécutives à la guerre de Succession d'Autriche, définirait les bases d'une alliance rénovée et plus solide. La diplomatie anglaise étant alors fort active et entreprenante en Espagne, l'ambassade de M. de Duras était conçue comme une mission de combat : il devait restaurer à la cour de Madrid une influence qui semblait en déclin depuis l'avènement de Ferdinand VI, amener ce prince à signer avec le Roi un nouveau pacte de famille et s'assurer ainsi le concours de l'Espagne dans l'inéluctable guerre franco-anglaise. Malgré les avis que lui prodigua Noailles, Duras, par ses initiatives irréfléchies, désordonnées et impétueuses, échoua complètement. Non seulement le gouvernement espagnol n'accepta pas de négocier un nouveau traité, mais, devant la détérioration des rapports franco-britanniques, se refusa obstinément à fournir à la France le moindre appui, fût-il diplomatique ou simplement moral. Il finit même par demander et obtenir le rappel de Duras, dont les démarches directes et pressantes auprès des souverains espagnols furent taxées d'indiscrètes et d'importunes. Il se présenta à Louis XV le 22 octobre 1755 ; son successeur, désigné depuis août, était l'abbé de Bernis, qui s'était distingué dans son ambassade à Venise, mais que certaine circonstance empêcha de rejoindre Madrid où, pendant dix-huit mois, la France n'eut qu'un chargé d'affaires, expressément cantonné dans un rôle d'observateur passif. L'attention, il est vrai, se portait ailleurs.

*
**

Incapable de résister aux poussées bellicistes du roi George II et de la nation, le Cabinet britannique était passé à l'action. Partie de Brest, l'escadre de Dubois de La Motte avait pu gagner heureusement Québec, mais dans les bancs de Terre-Neuve trois vaisseaux attardés, *L'Alcide*, *Le Lys* et *Le Royal Dauphin*, donnèrent le 10 juin 1755 dans l'escadre anglaise, qui commença à les canonner. Le commandant de *L'Alcide* prit son porte-voix et répéta deux fois la même question : « Sommes-nous en paix ou en guerre ? » Du vaisseau anglais voisin le commandant répondit bien distinctement « La paix ! la paix ! », puis cria « *Fire* » (feu !) et fut obéi sur-le-champ. *Le Royal Dauphin* s'échappa, mais *L'Alcide* et *Le Lys* furent capturés. Au Canada, le général Braddock et ses lieutenants, s'ils réussirent à bloquer l'Acadie et à en faire comme une seconde Irlande en déportant la moitié des colons et en les spoliant de leurs terres, ne purent forcer la ligne des forts français contre lesquels leur effort se brisa. Leur tentative tourna au désastre et Braddock fut blessé mortellement.

Les Anglais avaient monté l'opération navale de Boscawen pour isoler d'abord le Canada et démoraliser les forces françaises d'Amérique et ensuite seconder les attaques de Braddock. Or le tout se terminait par la prise de deux vaisseaux seulement et par la déconfiture des offensives terrestres. La déception fut considérable chez les colons anglais d'Amérique et à Londres, où l'on avait imaginé imprudemment l'emporter sans peine au Canada par une série de surprises. Au contraire, on y voyait poindre une guerre longue et difficile.

A Compiègne où était la cour, la nouvelle de la capture de *L'Alcide* et du *Lys* souleva une émotion renforcée par la preuve de la mauvaise foi des Anglais, établie par la divulgation des détails de l'attaque. Immédiatement, le 18 juillet 1755, Louis XV rappela ses représentants à Londres et à Hanovre, mais tel était son désir de paix et son esprit de conciliation que, même après cette rupture, il continua à négocier par l'entremise d'agents secrets, dans l'espoir assez ingénu qu'à sa session d'automne le Parlement britannique se montrerait plus accommodant.

Les pourparlers auxquels se prêtaient les Anglais n'étaient destinés qu'à aveugler Louis XV sur leurs véritables projets, auxquels leurs déconvenues en Amérique du Nord ne les firent pas renoncer, bien au contraire. Le 16 juillet 1755, lendemain même du jour où parvint à Londres la nouvelle du combat de *L'Alcide* et du *Lys*, le vice-amiral Hawke, commandant l'escadre de réserve de Portsmouth, reçut l'ordre d'intercepter la division navale de M. du Guay patrouillant dans la Manche et tout navire de guerre ou marchand français ayant à bord des cargaisons de valeur qu'il trouverait sur sa route. Ordre étendu le 6 août à tout bâtiment français sans exception et aussitôt mis à exécution. A cette campagne de piraterie, Louis XV répliqua d'abord avec magnanimité. M. du Guay ayant rencontré la frégate britannique qui portait en Amérique le gouverneur de la Caroline du Sud, s'en était emparé et l'avait conduite à Brest : le Roi ordonna de la relâcher ! Cela n'empêcha pas les Anglais d'aller leur train et, à la fin de novembre 1755, ils avaient capturé sur toutes les mers près de 300 navires de commerce français et 6 000 officiers et matelots.

Louis XV jugea que la mesure était comble. Pour réclamer la restitution des prises, il adressa à Londres le 21 décembre 1755 un ultimatum dont le rejet serait considéré comme instaurant l'état de guerre entre les deux États. Et le 27 décembre il donna au maréchal de Belle-Isle le commandement des côtes de la Manche et de l'océan, et la même responsabilité au maréchal de Richelieu sur les côtes de Méditerranée. Pour affronter la guerre imminente, la France avait-elle des alliés ?

Renversements d'alliances

Le 30 août 1755, le comte de Starhemberg, représentant impérial auprès de Louis XV, avait obtenu audience de Mme de Pompadour et lui avait remis confidentiellement une lettre personnelle de Marie-Thérèse pour le Roi. En en prenant lecture, celui-ci dut éprouver quelque surprise : désireuse d'entamer des négociations avec lui, l'Impératrice-Reine lui demandait, sous le plus grand secret, de désigner une personne de confiance pour avoir communication des offres qu'elle souhaitait lui faire et transmettre ses réponses. Louis XV n'hésita pas à accepter la conversation qui lui était proposée, mais, connaissant les sentiments anti-autrichiens de ses ministres, ne voulut la faire engager par aucun d'eux et en chargea l'abbé de Bernis, alors presque en route pour son ambassade de Madrid. Informé en grand mystère par Mme de Pompadour, Bernis était en train de lui exprimer sa méfiance envers les pourparlers ainsi suggérés, quand le Roi entra dans la pièce : « Que pensez-vous de la lettre de M. de Starhemberg ? » lui demanda-t-il sans préambule. L'abbé développa quelques considérations assez vives sur le danger de nous lier avec une princesse qui n'avait en tête que des idées de revanche et il exprima la crainte qu'au cas où elle voulût seulement nous amuser, les négociations ne fournissent à notre allié prussien un prétexte d'infidélité. Louis XV l'écoutait avec impatience et, quand il eut fini, lui dit presque en colère : « Vous êtes comme les autres l'ennemi de la reine de Hongrie. » Bernis protesta de son impartialité, rappela les anciens projets d'union, mais conclut en conscience que rien ne lui permettait de lever les objections dont il venait d'instruire le Roi :

« Eh bien ! répliqua celui-ci avec un peu d'émotion, il faut donc faire un beau compliment à M. de Starhemberg et lui dire qu'on ne veut rien écouter.

— Ce n'est pas mon sentiment, Sire, repartit l'abbé. Votre Majesté a tout intérêt à s'instruire des intentions de la cour de Vienne, mais il faut prendre garde à la réponse qui lui sera faite. »

C'était l'heure du Conseil et Louis XV monta le tenir. Quand il redescendit il avertit Bernis qu'il avait consulté de manière adroite et détournée deux de ses ministres : « Vous allez être bien content, ajouta-t-il, car ils ont pensé comme vous. » Il décida que Bernis prendrait langue avec Starhemberg et que leurs rencontres seraient combinées de manière à rester entourées du secret le plus absolu.

Alors âgé de quarante ans, Bernis était né en Vivarais d'une famille ancienne et de la meilleure noblesse, mais peu argentée, où, en qualité de cadet, on l'avait destiné à l'Église. Après de premières études parisiennes, il fut successivement chanoine à Brioude et à Lyon, soit en des chapitres pour lesquels il fallait faire preuve de très bonne race. Comme les bénéfices ne lui venaient pas, il se fit une place dans le monde, amusé par ses talents littéraires, qui lui ouvrirent en 1744 les portes de l'Académie française. Démarches obstinées et protection de Mme de Pompadour lui valurent enfin en 1752 l'ambassade de Venise, poste de deuxième catégorie, mais bon observatoire, où il s'acquitta heureusement de ses fonctions et acquit beaucoup de considération parmi les étrangers. Le Roi venait de le destiner à aller remplacer le duc de Duras à Madrid, quand l'amitié de la marquise le fit choisir pour s'aboucher avec M. de Starhemberg. Était-il l'homme idoine pour mener des pourparlers engageant les plus hauts intérêts du royaume ? Avec le recul du temps on doit répondre *Non*. Bernis avait l'étoffe d'un excellent ambassadeur, mais non d'un homme d'État. Avec un caractère foncièrement droit et honnête, beaucoup d'intelligence et de perspicacité, de l'adresse dans l'art de combiner ses propos et ses démarches, l'abbé faisait preuve d'une très grande assurance, qui tournait souvent en suffisance et le portait à être trop impulsif. Il était, d'autre part, d'une incontestable fragilité nerveuse et psychologique : au terme de périodes de crise ou de tension, sa fatigue l'empêchait de dominer la situation. Tel était l'homme à qui Louis XV confiait le rôle délicat et inattendu de mener cette négociation, où il se lança avec ardeur et un désir presque excessif d'aboutir.

Ces conversations étaient le dénouement d'un processus entamé et contrarié depuis quarante ans. Au lendemain de la guerre de Succession d'Espagne, comprenant que la lutte contre la maison d'Autriche était désormais sans objet, Louis XIV avait orienté sa politique vers un rapprochement avec la cour de Vienne pour assurer la stabilité des Allemagnes, cependant que l'alliance espagnole permettrait de contenir l'expansion maritime anglaise. Louis XIV mort, tout ce plan fut renversé. Le cardinal de Fleury s'était efforcé de le redresser, mais s'était heurté à la routine anti-habsbourgeoise de l'opinion, qui l'avait entraîné dans la guerre de Succession d'Autriche. De même à Vienne, quel que fût aussi le préjugé anti-français, Marie-Thérèse s'était rendu compte qu'elle ne pouvait avoir d'allié continental plus sûr que le roi de France. Pour ménager une telle alliance, elle avait envoyé le comte de Kaunitz en 1750 comme ambassadeur auprès de Louis XV, à qui il proposa l'oubli des anciennes querelles et l'amitié de son pays. Le Roi avait accueilli ces offres avec beaucoup de politesse, avait manifesté pour la personne de l'Impératrice-Reine beaucoup de confiance et de sensibilité, avait fait bon visage au diplomate, mais celui-ci était parti en novembre 1752 sans que les liaisons de la France eussent changé. Sa mission, cependant, n'avait pas été inutile : très prisé à la cour et dans la haute société, il y avait acquis sur les hommes et les affaires de France des notions fort précieuses pour remplir les fonctions qui l'attendaient à Vienne. Marie-Thérèse, en effet, l'avait rappelé pour lui confier les affaires étrangères et, bientôt, en le créant chancelier de Cour et d'État, faire de lui une sorte de premier ministre. Il était résolu, en cette nouvelle qualité, à atteindre le résultat qu'il n'avait pu obtenir comme ambassadeur.

Après l'échec presque attendu des pourparlers anglo-autrichiens au début d'août 1755, deux Conseils exceptionnels rassemblèrent à Vienne les 19 et 21 août autour de l'Empereur et de l'Impératrice leurs conseillers les plus éminents. Kaunitz y fit adopter le principe d'une alliance avec la France et les propositions qui lui seraient faites : une ligue serait constituée entre les cours de Vienne, de Pétersbourg, de Stockholm, de Dresde et d'autres principautés allemandes, ligue dont les armées attaqueraient les possessions du roi de Prusse, qui seraient ramenées aux limites de l'électorat de Brandebourg avant la guerre de Trente Ans ; la Silésie et le comté de Glatz feraient retour à l'Impératrice-Reine et les autres confédérés se partageraient le reste des dépouilles. A la France, on ne demanderait qu'une attitude passive, tout au plus une contribution financière aux campagnes militaires. Pour prix de sa neutralité, on offrirait à Louis XV un établissement dans les Pays-Bas pour son gendre don Philippe, en échange de ses duchés italiens qui seraient récupérés par l'Autriche, et la cession, pendant la durée de la guerre, des places d'Ostende et de Nieuport. On promettait enfin de soutenir les visées du prince de Conty sur la couronne de Pologne. Comme de telles ouvertures étaient propres à compromettre et le gouvernement qui les faisait, et celui qui les écouterait, on prévit d'exiger les précautions les plus minutieuses pour leur garder un caractère strictement confidentiel. En fin connaisseur de Versailles, Kaunitz sentit que, pour toucher directement Louis XV par une voie secrète, il n'y avait qu'une alternative : passer par le prince de Conty ou par Mme de Pompadour. Il laissa à Starhemberg, son successeur en France, liberté de choisir l'entremise qui lui paraîtrait la meilleure : ce fut celle de la marquise.

Telles furent donc les propositions que dévoila le comte de Starhemberg. Les pourparlers ainsi déclenchés piétinèrent d'abord quelque peu, et pour la raison même qui avait rendu vaines les avances de Kaunitz pendant son ambassade : elles étaient, en effet, tournées essentiellement contre le roi de Prusse. Or, par un traité qui n'expirait que le 5 juin 1756, ce prince était lié à Louis XV et ce dernier répugnait à tromper son partenaire. Non qu'il partageât le préjugé de tant de ses ministres et de ses sujets en faveur de Frédéric II : il n'oubliait pas que celui-ci lui avait fait défection en 1742 et 1745 pour s'entendre avec Marie-Thérèse et il était agacé par les moqueries dont sa cour et son gouvernement étaient l'objet de la part de ce protestant qui, après tout, n'était que le margrave de Brandebourg et un parvenu dans la vieille famille des rois. Au fond, son alliance avec Frédéric II lui pesait, mais — scrupuleux observateur de ses engagements internationaux — il s'estimait tenu par la parole qu'il lui avait donnée et, par conséquent, dans l'impossibilité de contracter par ailleurs des engagements hostiles à cet allié ombrageux et incertain.

Ce fut à partir de ces principes que Bernis entama et poursuivit ses conversations avec Starhemberg. Leur première entrevue eut lieu le 3 septembre 1755 dans une dépendance du domaine de Mme de Pompadour à Bellevue et c'est à quoi se limita le rôle de la marquise — à peu près celui d'une boîte aux lettres — dans cette grande affaire. Ils changèrent plusieurs fois de lieu de rencontre pour dérouter les curiosités. Leurs discussions, dont l'abbé rendait compte directement à Louis XV, progressèrent lentement, puisque Bernis, sourd à toute insinuation contre le roi de Prusse, s'évertuait à transformer les conventions belliqueuses proposées par l'Impératrice-Reine en un échange de garanties auxquelles pourrait adhérer Frédéric II et qui, loin de préparer à de nouvelles batailles, consacrerait les conquêtes prussiennes et ferait cesser du même coup toute occasion de conflit en Europe. Bernis avait l'espoir ou l'illusion de parvenir à ce tour de force, bien que son interlocuteur lui fît remarquer de plus en plus que le comportement du roi de Prusse n'était peut-être pas celui d'un allié très loyal.

Ce prince, effectivement, était en train de tourner casaque en conséquence du traité anglo-russe conclu le 30 septembre. En le signant, les ministres anglais n'avaient songé qu'à la défense du territoire allemand contre d'éventuelles attaques françaises. Mais la czarine Élisabeth II n'avait songé qu'à s'en prendre à Frédéric II. Celui-ci, d'un coup d'œil, s'aperçut que, s'il ne détournait pas le coup, ce serait lui, et lui seul, qui serait atteint. L'empire des Czars l'effrayait : les troupes russes pouvaient lui faire beaucoup de mal et, s'il les battait, il ne pouvait pas les poursuivre chez elles. Comme Elisabeth et Marie-Thérèse étaient alliées, il se trouvait en danger d'être écrasé par une énorme coalition, sans avoir l'espoir que la France retiendrait une partie des troupes autrichiennes, car Marie-Thérèse préférerait abandonner la Belgique plutôt que de retirer de Bohême un seul bataillon. Dès lors, il ne fut plus question pour lui de prolonger les atermoiements et les chicanes dont, depuis des mois, il émaillait ses négociations avec les Anglais. Les conversations prirent un tour rapide et décisif. Sans avertir Louis XV ni dénoncer ses engagements envers lui, Frédéric signa le 1er janvier 1756 un accord ratifié le 16 par le Cabinet britannique et connu sous le nom de traité de Westminster, en vertu duquel l'Angleterre écartait de la Prusse la menace des armées russes et, en retour, le roi de Prusse s'engageait à défendre contre la France, son alliée, les possessions allemandes de son oncle le roi George II.

*
**

A cette date, Bernis n'était plus seul dans la confidence des négociations franco-autrichiennes. Depuis leur ouverture, la situation était de plus en plus mouvante : les Anglais menaient sans relâche leur campagne de piraterie contre les navires français, ils avaient traité avec la Russie, George II avait ouvert la session du Parlement par un discours fort belliqueux et les soupçons d'une entente anglo-prussienne commençaient à prendre consistance. Dans ces conditions, Bernis représenta à Louis XV qu'il estimait ne pouvoir demeurer plus longtemps chargé seul d'une affaire aussi importante et lui demanda que certains ministres d'État y fussent initiés. Le Roi ne céda qu'avec peine à ses instances et choisit pour conférer avec lui MM. de Machault d'Arnouville, Moreau de Séchelles, contrôleur général des finances, Rouillé, secrétaire d'État des Affaires étrangères, et de Saint-Florentin. Ce « comité secret » commença à se réunir depuis la fin d'octobre 1755. Ses membres marquèrent une grande surprise en apprenant les pourparlers engagés depuis près de deux mois, et aussi quelque dépit de n'y avoir pas été mêlés plus tôt.

Avec cette entrée de Rouillé dans le comité coïncida à peu près un début de succès pour les démarches qu'il avait entreprises en vue de renouer avec la Russie de relations rompues depuis 1748.

Il s'était ému des négociations entamées à Pétersbourg par le chevalier Williams et avait prêté l'oreille aux dires de certains intermédiaires qui lui avaient insinué que la Czarine et le vice-chancelier Woronzov verraient avec faveur une reprise des relations franco-russes, mais qu'il fallait se défier du chancelier Bestuchev, dévoué aux cours de Vienne et de Londres. Rouillé avait donc pris toutes sortes de précautions pour ne pas compromettre Louis XV et pour déjouer la vigilance de Bestuchev. Il avait accepté les services d'un protégé du prince de Conty, le chevalier Douglas, jacobite émigré en France, l'avait travesti en touriste voyageant pour son plaisir en Europe et lui avait donné pour instructions de se rendre à Pétersbourg et d'y entrer en contact avec la Czarine et le vice-chancelier. Douglas joua consciencieusement son personnage et n'arriva à Pétersbourg que le 7 octobre 1755, une semaine après la signature du traité anglo-russe. Néanmoins Woronzov — avec lequel il put entrer en communication — lui exprima son désir, et celui de la Czarine, d'entretenir de bons rapports avec la France et lui laissa même entendre qu'on saurait trouver des moyens d'éluder ce traité tout récemment conclu. De retour à Paris à la fin de l'année, Douglas rendit compte à Rouillé qui, d'abord perplexe, était plutôt enclin à le renvoyer en Russie, lorsque éclata la nouvelle du traité de Westminster, qui rendait sinon caduque, du moins sans objet, la convention anglo-russe du 30 septembre précédent. Les hésitations du ministre cessèrent aussitôt et il entendit saisir cette occasion de s'entendre avec la Russie d'autant que les manœuvres du roi de Prusse commençaient à paraître de plus en plus suspectes.

Aussi, à la fin de décembre, avait-il fait partir pour la Prusse le duc de Nivernais, le nouvel ambassadeur désigné depuis août, qu'il n'avait pas pressé jusqu'alors, tant on était confiant dans la solidité de l'alliance. Arrière-petit-neveu de Mazarin, M. de Nivernais était un esprit orné, aimable et un parfait honnête homme. Il arriva à Berlin le 12 janvier 1756 et eut sa première audience le 14. Elle eût été assez pénible si Frédéric II ne s'était réfugié dans des considérations générales. Les entretiens suivants furent beaucoup plus scabreux, et surtout celui du 25 où mettant un terme à ses équivoques, il dut dévoiler au duc le traité signé quelques jours plus tôt avec Londres ! Nivernais resta un moment confondu. Le roi de Prusse plaida habilement sa cause. Comme l'Angleterre avait rejeté le 13 janvier l'ultimatum français pour la restitution des prises, il fit des offres de médiation et cajola si bien l'ambassadeur que celui-ci caressait peut-être l'illusion d'aboutir à un arrangement, quand Louis XV, las de cette comédie et intraitable sur la question des prises, lui fit signifier son rappel. Il eut son audience de congé le 27 mars, en un temps où Frédéric, alerté par son ministre à la cour de France, commençait à soupçonner des pourparlers secrets entre Vienne et Versailles. A ces derniers le traité anglo-prussien infligeait une véritable commotion.

*
**

La situation, en effet, était absolument renversée au désavantage de Louis XV. Marie-Thérèse cessait d'être demandeuse : pourquoi aurait-elle payé très cher la rupture d'une alliance que Frédéric avait rompue ? Pourquoi aurait-elle offert au Roi Très-Chrétien des territoires et des places pour l'éloigner d'un souverain qui l'avait abandonné ? Délaissé de tous côtés, Louis avait maintenant beaucoup plus besoin d'elle qu'elle n'avait besoin de lui ! Si le traité débattu entre eux venait à manquer, elle serait immanquablement ramenée par l'Angleterre dans le giron de l'ancienne coalition antifrançaise et la France exposée au danger le plus grave qu'elle eût connu depuis les derniers temps de Louis XIV (P. Gaxotte). Le Roi, Bernis et le comité secret n'étaient plus en mesure de faire les difficiles. Tout au plus pouvaient-ils limiter les secours à accorder, le cas échéant, à l'Impératrice-Reine, en échange de la sécurité qu'elle procurerait à la frontière nord du royaume.

Après la trahison de Frédéric II, Bernis et Starhemberg poursuivirent donc leurs conversations sur ces nouveaux fondements. Elles cheminèrent lentement et furent même ralenties pendant trois ou quatre semaines par des accidents de santé de l'abbé. A peine remis, celui-ci obtint non sans peine de Louis XV que, dans sa dernière étape, la négociation fût suivie en un comité secret englobant désormais tous les ministres d'État, ce qui mit seulement dans la confidence le comte d'Argenson et le marquis de Puisieulx, car le maréchal de Noailles et le contrôleur général Moreau de Séchelles se retirèrent alors du Conseil d'En-haut, que le comte de Saint-Séverin avait quitté le 16 septembre précédent. A la fin d'avril, ce comité finit par accepter les projets d'accord dans leur ultime mise au point.

L'acte diplomatique ainsi élaboré porte le nom de « traité de Versailles », bien qu'il ait été signé le 1er mai 1756 dans le château de Rouillé à Jouy-en-Josas par ce ministre et par Bernis au nom de Louis XV et Starhemberg au nom de Marie-Thérèse. Il comprenait en réalité trois instruments distincts : une convention de neutralité, un traité défensif, destinés à la publication, et une convention secrète. Par la première, l'Impératrice-Reine promettait de se tenir à l'écart des « différends qui se sont élevés entre Sa Majesté Très-Chrétienne et S. M. Britanique au sujet des limites de leurs possessions respectives en Amérique..., différends dont l'objet ne la regarde pas » ; et le roi de France qu'il n'attaquerait ou n'envahirait sous aucune raison « les Pays-Bas ou autres royaumes, états et provinces de la domination » de cette souveraine. Dans le traité défensif, les parties contractantes, après s'être juré « une amitié et union sincère et constante », promettaient de respecter les libertés établies par les traités de Westphalie et s'accordaient réciproquement la garantie et défense de leurs possessions et états actuels en Europe « contre les attaques de quelque puissance que ce soit, le cas de la présente guerre entre la France et l'Angleterre uniquement excepté. » Cette dernière restriction était atténuée par la convention secrète, où Marie-Thérèse se déclarait prête, si quelque puissance, même à titre d'auxiliaire du roi d'Angleterre, envahissait les états du roi de France, à venir en aide à celui-ci, qui prenait envers elle un engagement analogue. Bernis et Starhemberg avaient réussi à sauvegarder jusqu'au bout le secret de leurs conversations. L'annonce de l'alliance fit donc l'effet d'une bombe politique, notamment sur le prince de Conty et ses correspondants occultes.

***

Ni Rouillé, ni Conty n'avaient cru possible un succès du comte de Broglie dans l'affaire de l'Ordination d'Ostrog. Une fois ce succès acquis, le ministre en félicita chaudement l'ambassadeur, mais le prince se montra plus réservé. Broglie, cependant, voulut aller plus loin et leur proposa de négocier avec la Saxe un traité de subsides qui permettrait à la France d'acquérir une influence prépondérante en Pologne et d'y ruiner définitivement le parti soutenu par Londres, Vienne et Pétersbourg. Rouillé accueillit avec faveur cette suggestion ; Conty la rejeta catégoriquement. Dans cette situation difficile, Broglie demanda et obtint un congé pour se rendre à la cour, où il espérait pouvoir concilier les vues de son chef officiel et de son chef occulte.

Durant son séjour en France, de mars à octobre 1755, les circonstances (la tension franco-anglaise, les conversations des Anglais à Pétersbourg et Dresde) lui fournirent l'occasion de développer ses idées et de contrecarrer l'offensive diplomatique britannique : il convainquit Rouillé d'entamer des pourparlers tendant à encourager en Pologne la formation d'une confédération qui, appuyée par la Turquie, aurait pour but de s'opposer à tout passage des Russes par le territoire polonais. Puis, il fit adopter par le ministre et le Conseil son projet de traité de subsides avec la Saxe et, à plus longue échéance, il envisageait de réconcilier la Saxe et la Prusse par un traité où la France entrerait et auquel accéderaient la Suède et la Porte.

Rouillé donna des ordres pour préparer le terrain à Dresde, mais Broglie repartit avec des instructions secrètes de Conty qui vouaient de telles négociations à l'échec. Elles furent traversées par le roi de Prusse, par le comte de Brühl, par des maladresses de Rouillé et suspendues le 12 janvier 1756. Sur quoi la nouvelle inattendue du traité de Westminster fit prendre conscience au comte de Broglie que cette défection du roi de Prusse rendait impraticable la formation de la ligue du Nord, qui constituait depuis 1748 le principal objectif du prince de Conty.

Nullement découragé, servi, au contraire, par son énergie et son esprit fertile en ressources, le comte imagina aussitôt un plan de rechange qu'il soumit à Rouillé et à Conty : il proposait de prendre l'initiative d'un « revirement de parties » qui réunirait les cours de Versailles, de Vienne et de Dresde contre Frédéric II, dont la puissance devenait inquiétante. Rouillé dut apprécier cette suggestion, lui qui savait que Louis XV était précisément en train d'opérer ce « revirement de parties », mais, tenu au secret, il fit le 4 mars 1756 au comte une réponse vague et prudente à souhait. Celle du prince fut décourageante au possible : il ne jugeait ni réalisable, ni souhaitable une alliance avec la maison d'Autriche. C'est dire à quel point il était loin de connaître et même de soupçonner les pourparlers qui allaient aboutir quelques semaines plus tard à la signature du traité de Versailles.

Une conséquence inévitable et immédiate de celui-ci fut le rapprochement franco-russe. Les hésitations cessèrent à Versailles et Rouillé décida de renvoyer Douglas à Pétersbourg, en le chargeant de représenter à Woronzov que Louis XV était sensible aux assurances d'amitié que lui avait fait transmettre la Czarine et qu'il considérait que le traité de Westminster avait comme annulé l'accord anglo-russe du 30 septembre 1755 : il ne demandait encore que la neutralité de la Russie. De son côté, le prince de Conty chargea l'Écossais de sonder secrètement les intentions de la Czarine à son égard : serait-elle disposée à lui accorder le commandement de l'armée russe ? le duché de Courlande ? voire son appui pour être élu roi de Pologne ?

Douglas fut de retour à Pétersbourg le 21 avril 1756, muni notamment d'une lettre de Rouillé qui l'accréditait officieusement. Il fut présenté le 6 mai à Élisabeth, qui le reçut gracieusement. Le rétablissement des relations diplomatiques suivit assez rapidement et des ambassadeurs furent désignés de part et d'autre : le comte de Bestuchev et le marquis de L'Hôpital. En attendant la venue de ce dernier, Douglas fut chargé d'affaires et, au début du mois d'août, arriva comme secrétaire de l'ambassade un personnage fort déluré, un certain chevalier d'Éon, qui était un ami du secrétaire des commande ments du prince de Conty et aurait charge de sa correspondance secrète. Pendant que s'opérait ce rapprochement, l'ambassadeur de Marie-Thérèse à Pétersbourg, fort de la signature du traité de Versailles, demanda si Vienne pouvait compter sur l'appui de la Russie et la Czarine répondit qu'elle était disposée à une triple alliance et même prête à entrer en campagne contre le roi de Prusse.

Peu à peu ce traité de Versailles déployait toutes ses conséquences. Le renversement d'alliances qu'il consacrait, l'entente entre les maisons de France et de Lorraine-Habsbourg, rivales séculaires, a été un événement considérable. Il a été voulu par Louis XV de la façon la plus personnelle et la plus formelle qui soit : « C'est mon ouvrage. Je le crois bon », dira-t-il au comte de Broglie. Que, dans le détail, le traité ait été négocié par Bernis avec une certaine légèreté est tout aussi incontestable. Il n'a pas su — ou voulu — profiter des avances de Marie-Thérèse pour exiger des assurances quant à la sauvegarde de la Turquie et de la Pologne, nos anciens alliés, et n'a donc pas réussi à faire de ce traité un contrepoids à celui qui, depuis 1726 et 1746, liait les intérêts des cours de Vienne et de Pétersbourg en Europe orientale. A l'heure où commençait à poindre ce que l'histoire a appelé « la question d'Orient », il y eut là — aveuglement, négligence ou insouciance ? — une lacune qui a ensuite gravement désavantagé la diplomatie de Louis XV dans cette partie du monde.

En France, le traité dérouta l'opinion. Des esprits très pondérés s'interrogèrent sur sa nécessité et ses suites, à preuve ces réflexions du duc de Luynes : « Les principes du cardinal de Richelieu, et même avant lui, étaient l'abaissement de la maison d'Autriche ; l'alliance avec le roi de Prusse semblait nous être nécessaire pour contrebalancer la puissance autrichienne ; telles ont été les maximes de notre gouvernement dans la dernière guerre ; il semble que l'on ait changé de système. L'événement en décidera. » Les plus décontenancés furent ceux-là même qui, par leurs fonctions dans les armées, dans les ambassades, devaient être les serviteurs de ce nouveau système et cherchèrent à le contrarier sourdement. Les austrophobes, les tenants routiniers de la tradition se récrièrent. La légende s'établit que le Roi avait renié les anciennes maximes de ses aïeux par une intrigue de cour et un caprice de favorite. Frédéric II fit de son mieux pour accréditer cette version mensongère des faits. Géopolitiquement parlant, il n'y avait pour Louis XV d'autre politique raisonnable que l'alliance avec la cour de Vienne. Son seul tort est de s'être laissé tromper par le roi de Prusse et on ne saurait le blâmer d'avoir agi en honnête homme et d'avoir mis l'honneur de la nation avant la raison d'État.

II. — LE TEMPS DES ILLUSIONS

Si le traité de Versailles n'infléchit nullement la politique rigoureusement neutraliste de l'Espagne, Louis XV, grâce à une diplomatie fort active, en tira d'autres avantages que son rapprochement avec la Russie. Rassurés quant à la sécurité de leur frontière méridionale, les Hollandais, malgré les pressions anglaises, s'enracinèrent le 25 mai dans une stricte neutralité. Aux mesures proposées par Londres pour empêcher tout commerce avec la France, Danemark et Suède ripostèrent en signant le 12 juillet 1756 une union maritime et en armant une escadre pour protéger leurs flottes marchandes. En même temps, la Suède conclut un traité de subsides assurant à la France sa coopération contre l'Angleterre. En sorte que celle-ci, au moment où elle entrait officiellement en guerre avec Louis XV, ne pouvait compter que sur elle-même et le roi de Prusse. Personne n'aurait alors osé prévoir que le conflit ainsi engagé allait durer sept ans.

Les premiers temps de la guerre

Depuis le rejet de son ultimatum le 13 janvier 1756, Louis XV considérait George II comme un belligérant, mais ne lui déclara officiellement la guerre que le 9 juin, date à laquelle les opérations militaires et navales battaient leur plein depuis longtemps. Louis XV et son Conseil avaient décidé d'opérer un débarquement dans l'île de Minorque, cédée à l'Angleterre par l'Espagne au traité d'Utrecht, d'en offrir la restitution à la cour de Madrid pour prix de son entrée dans l'alliance ou bien de la conserver comme gage à échanger contre les conquêtes que l'ennemi pourrait faire en Amérique. Sur les côtes de la Manche, le maréchal de Belle-Isle ferait ostensiblement des démonstrations guerrières pour donner le change aux Anglais, qui tombèrent en effet dans le piège : dans la crainte d'une invasion, l'amirauté retint ses escadres dans les eaux territoriales, le Cabinet s'évertua à renforcer l'armée nationale, cependant que, dans le Midi de la France, le maréchal de Richelieu hâtait les préparatifs de l'expédition de Minorque.

L'escadre française, commandée par M. de La Galissonnière, et le convoi portant 15 000 hommes mirent définitivement à la voile des îles d'Hyères le 12 avril et, sans être inquiétés, débarquèrent le 18 à la pointe ouest de l'île et occupèrent le 23 sa capitale, Port-Mahon, mais non le fort Saint-Philippe, qui la tenait sous ses canons, et dont elles entreprirent le siège. Le

20 mai, la flotte de secours envoyée d'Angleterre sous les ordres de l'amiral Byng et apparue en vue de Port-Mahon, fut repoussée par La Galissonnière, à qui ses instructions trop timorées ne permirent pas d'exploiter son succès. Richelieu donna le 27 juin l'assaut au fort, qui capitula le lendemain. Ces bonnes nouvelles semèrent l'optimisme à Versailles et déterminèrent Louis XV à mettre la Corse à l'abri d'une tentative anglaise. Il entra en négociation avec les Génois et, aux termes d'un traité conclu le 4 août 1756, acquit, moyennant une augmentation sensible des subsides annuels consentis à la république, le droit de loger des garnisons dans les citadelles de Calvi, Saint-Florent et Ajaccio, où elles s'installèrent vers la fin de l'année, premier jalon vers la réunion de l'île au royaume. Au Canada, enfin, pendant la campagne de 1756, l'initiative appartint constamment aux Franco-Canadiens, supérieurement commandés par Montcalm.

La perte de Minorque, la défaite de l'amiral Byng, l'occupation par la France des principales places fortes de Corse et enfin les déboires en Amérique du Nord causèrent une grande consternation dans le peuple anglais, auquel l'entente franco-autrichienne, les neutralités de la Hollande et de l'Espagne donnaient une impression d'isolement. Loin de miner son moral, ces déconvenues accrurent, au contraire, sa détermination. Traduit devant une cour martiale, Byng fut condamné à mort et pendu et surtout William Pitt finit par accéder à la direction du Cabinet, où, imposant à la nation un effort sans précédent, il mena avec une énergie indomptable la guerre contre la France. Une guerre où le roi de Prusse se révéla le plus efficace des alliés.

Alors que Marie-Thérèse, Louis XV et la czarine Élisabeth en étaient encore à conjecturer des développements du traité de Versailles, Frédéric II, par une de ces décisions soudaines et imprévues qui furent la marque constante de sa politique, assuma le rôle d'agresseur et précipita les événements. Ayant calculé que les troupes destinées à opérer éventuellement de concert avant celle de l'Impératrice-Reine ne pourraient pas les rejoindre avant l'hiver, il conçut le plan d'une marche foudroyante sur Vienne, opérée à travers la Bohême, après avoir, en passant, soumis rapidement la Saxe. Le 29 août 1756, il envahit cet état sans déclaration de guerre. Le désarroi et la confusion furent extrêmes à la cour de Dresde, où le comte de Broglie s'improvisa sur-le-champ conseiller militaire d'Auguste III : ce fut lui qui détermina ce prince à se retrancher avec son armée dans le camp de Pirna, et si les troupes saxonnes durent capituler le 16 octobre, leur résistance pendant plus de six semaines, en donnant le temps à Marie-Thérèse de rassembler son armée et d'empêcher l'invasion de la Bohême, avait fait échouer le projet du roi de Prusse. Cette occupation brutale de la Saxe hâta la formation d'une coalition contre Frédéric II et fut lourde de conséquences pour la France. Depuis la signature du traité de Versailles, les conversations n'avaient pas cessé entre Bernis et Starhemberg, où le représentant impérial s'ingéniait patiemment à entraîner son interlocuteur à une attitude nettement hostile à la Prusse. Cette évolution ne progressait que lentement. Malgré le traité du 1er mai, en effet, subsistait dans le Conseil du Roi l'arrière-pensée de maintenir l'équilibre entre Frédéric II et Marie-Thérèse, mais les avis divergeaient sur la conduite à suivre : Machault entendait qu'on en demeurât fermement au caractère défensif du traité alors que le maréchal de Belle-Isle — crée ministre d'État le 16 mai — et le comte d'Argenson acceptaient qu'un puissant effort militaire fût tenté au-delà du Rhin, mais indépendamment de la cour de Vienne et en direction du Hanovre. Ces incertitudes sur un accord plus poussé entre Louis XV et l'Impératrice-Reine avaient leurs répercussions à Pétersbourg, où Élisabeth faisait dépendre son entrée en campagne contre Frédéric d'acquisitions territoriales, opérées aux dépens de la Prusse, et de son inclusion dans le traité de Versailles, pour remplacer les garanties et subsides de l'Angleterre par ceux de la France.

Le coup de théâtre de l'offensive prussienne en Saxe mit presque tous les atouts dans le jeu de Starhemberg à Versailles : comment Louis XV pouvait-il désormais ne pas consentir au démembrement de la Prusse et à participer à la guerre continentale aux côtés de Marie-Thérèse et de ses alliés ? De défensive qu'elle était au départ, l'alliance franco-autrichienne allait devenir offensive, avec toutes les conséquences politiques et financières en découlant. La diplomatie secrète menée par le prince de Conty subit aussi le contrecoup des événements. Frédéric II ne pardonnait pas au comte de Broglie d'avoir fait manquer son plan de campagne et lui intima l'ordre de quitter Dresde : parvenu à Prague le 22 novembre 1756, l'ambassadeur y reçut le congé qu'il avait sollicité depuis un certain temps et partit pour Versailles à la mi-décembre. Une surprise de taille l'y attendait : Louis XV et Conty venaient de se brouiller.

Ce fut dans la dernière quinzaine de novembre 1756, sur la fin du voyage de Fontainebleau, que l'on remarqua un refroidissement des relations entre les deux cousins. Conty se retira dans son château de l'Isle-Adam, Louis lui renvoya les dossiers et mémoires qu'il avait de lui, puis, au début de décembre — signe d'une rupture définitive —, le prince fit déménueubler son appartement de Versailles et le remit à la disposition du Roi. La cause la plus communément évoquée pour expliquer cette séparation fut que Louis XV, après avoir promis à Conty le commandement de l'armée en formation pour la campagne de 1757, le lui avait finalement refusé sous la pression de Mme de Pompadour, ce pourquoi le prince s'était mis à bouder. Il est incontestable qu'il était, de longue date, en mauvais termes avec la favorite et que celle-ci, jalouse de ses fréquents tête-à-tête avec le Roi dont le mystère lui échappait, l'a constamment desservi auprès de lui. Mais l'incident eut en réalité des causes multiples, aux effets concomitants. Il semble bien que le prince, très vexé d'avoir été tenu totalement à l'écart des conversations entre Bernis et Starhemberg, a toujours critiqué l'alliance avec la cour de Vienne, qu'il ne jugeait conforme ni à ses intérêts personnels, ni aux traditions politiques de la monarchie : or Louis XV tenait sans équivoque à cette alliance voulue par lui. D'autre part, lorsque Conty venait à son travail particulier avec lui, son portefeuille était souvent plein de papiers relatifs aux conflits parlementaires dont il se mêlait et nous verrons que, sur ce chapitre aussi, de sérieux désaccords ont éloigné les deux cousins l'un de l'autre. Les affaires intérieures, en effet, étaient pour le Roi source de préoccupations au moins aussi graves et lancinantes que ses relations extérieures.

III. — LA GUÉRILLA INTÉRIEURE

Alors que Louis XV aurait dû pouvoir consacrer le maximum de son attention et de son travail aux combinaisons diplomatiques et aux préparatifs des campagnes militaires et navales, il en était journellement détourné par les multiples affrontements où les cours supérieures s'en prenaient à lui en des mêlées dont la furie était souvent sans proportion avec leur cause ou leur prétexte. Que le point de départ de ces crises fût sérieux ou futile, l'art des magistrats était de les transformer en épreuves plus pernicieuses finalement pour la stabilité de l'État que l'indomptable hostilité de Pitt ou le génie de Frédéric II. La diffusion des *Lettres historiques* de Le Paige explique, pour une large part, le raidissement de la haute robe à partir des années 1753 et 1754, raidissement moins sensible d'abord dans les rebondissements bien connus de la querelle des billets de confession, que dans des conflits plus obscurs mais non moins susceptibles d'ébranler en profondeur l'autorité royale.

Encore les refus de sacrements

La déclaration du 2 septembre 1754 avait, en sens inverse, le même défaut que celle du 24 mars 1730 : celle-ci avait fermé la bouche aux adversaires de l'*Unigenitus* et non à ses défenseurs, l'autre faisait du seul parlement — irréductiblement hostile à la bulle — le gardien du silence. Les effets se ressemblèrent. Au nom du « silence », le parlement entendit parvenir à l'anéantissement de la bulle : tout prêtre s'y référant dans ses prêches ou posant à son sujet une question à un pénitent sera poursuivi comme perturbateur du repos public, à plus forte raison s'il exige un billet de confession ou refuse les sacrements. Dès la fin de septembre 1754, le parlement intervint à propos de tels refus à Orléans, à Langres, puis en novembre à Paris et c'est alors que Louis XV, malgré l'estime qu'il lui portait, avait exilé M. de Beaumont, adversaire intrépide des empiétements des juges civils sur la juridiction ecclésiastique. Pendant l'hiver, on n'entendit plus parler que de décrets de prise de corps et de bannissement, de saisies de temporel prononcées contre des prêtres. Comme, de sa retraite de Conflans, l'archevêque se montrait plus intraitable que jamais, il fut relégué en février 1755 sur les confins de son diocèse, à Lagny. Le Roi semblait alors laisser carte blanche aux juges pour forcer les gens à rester tranquilles. Sa condescendance avait aussi des motifs intéressés : il n'est pas indifférent que le parlement ait enregistré le 5 décembre 1754, soit deux jours après l'exil du prélat à Conflans, un édit créant 2 400 000 livres de rentes viagères.

La complaisance de Louis XV pour le parlement ne l'empêchait pas de rechercher un terrain de conciliation dans ces affaires qu'il prenait « infiniment à cœur ». Aussitôt après l'envoi de l'archevêque à Lagny, et avec son assentiment, il invita les cardinaux et évêques présents à la cour et à Paris à s'assembler pour en délibérer. Ils furent d'avis de proposer à M. de Beaumont de suspendre dans son diocèse l'usage des billets de confession jusqu'à ce que la proche assemblée du clergé ait statué sur la matière. Le prélat accepta et, au début de mars, fut autorisé à revenir à Conflans.

Pendant ce temps, le parlement abusait des bonnes dispositions du Roi pour satisfaire sans retenue ses rancunes. Il continuait de faire esclandre au moindre geste des évêques, tout en laissant les jansénistes multiplier les écrits pour prouver la nécessité de se taire. Plus violentes et venimeuses que jamais, les *Nouvelles ecclésiastiques* soufflaient le feu et attisaient les haines en toute impunité. Le retour de M. de Beaumont à Conflans irrita Messieurs du parlement. Emportés par la passion, ils voulurent frapper un grand coup. Au terme d'une délibération portant sur un refus de sacrement fait à un chanoine d'Orléans, qui était appelant et n'avait pas voulu se rétracter, ils rendirent le 18 mars 1755 un arrêt « de règlement » par lequel le procureur général était reçu appelant comme d'abus non seulement de tous les actes incriminés du chapitre d'Orléans, mais encore, « incidemment », de l'exécution de la bulle *Unigenitus* elle-même : il y avait abus, selon cet arrêt, « en ce qu'aucuns ecclésiastiques prétendent lui attribuer le caractère ou lui donner les effets de règle de foi » ; en conséquence, il enjoignait « à tous ecclésiastiques... et à tous autres de se renfermer, à l'égard de ladite bulle, dans le silence général, respectif et absolu prescrit et ordonné par la déclaration du 2 septembre dernier. »

Déclarer abusive, même incidemment, la constitution *Unigenitus* était un coup si hardi que certains jansénistes eux-mêmes le jugèrent outré. Cela revenait, en effet, à anéantir toutes les décisions royales qui s'étaient succédé depuis le 14 février 1714 pour faire de la Bulle une loi de l'Église et de l'État. Louis XV fut très mécontent, mais dosa sa riposte, combinée le 4 avril au Conseil d'En-haut et non pas — était-ce pour éviter quelque maladresse du chancelier ? — au Conseil des Dépêches : le Roi maintint les dispositions de l'arrêt du parlement relatives au chapitre d'Orléans, comme ne contenant « rien qui ne soit conforme aux vues et aux intentions de Sa Majesté », mais, en revanche, cassa et annula le reste, où les juges s'étaient élevés « contre une décision acceptée unanimement par les évêques de France, reçue dans toute l'Église, revêtue de lettres patentes enregistrées dans tous les parlements et devenue, par le concours de l'autorité des pasteurs et de celle de Sa Majesté, loi de l'Église et de l'État » et où, « sous prétexte d'ordonner l'exécution de la déclaration du 2 septembre dernier, [ils] ont affecté d'en étendre les dispositions, comme s'il appartenait à d'autres qu'à Sa Majesté d'interpréter les lois qui sont émanées d'Elle et des Rois ses prédécesseurs. » Décision modérée, contre laquelle le parlement regimba, mais qui montrait Louis XV soucieux de faire impartialement exécuter sa déclaration : tout en cherchant à amener certains ecclésiastiques à se montrer plus tolérants et plus charitables au profit de la paix des consciences et même de la paix tout court, il ne pouvait accepter qu'on les persécutât dans un esprit sectaire et partisan. Une raison plus prosaïque l'incitait aussi à ne pas indisposer le clergé : l'espérance d'obtenir de son assemblée un don gratuit généreux.

*
**

En attendant, le parlement de Paris continuait ses procédures impitoyables contre des prêtres, condamnés au bannissement perpétuel et même aux galères, frappés de lourdes peines pécuniaires. A la fin de mai 1755 — alors que l'escadre de Dubois de La Motte cinglait vers le Canada — dix-sept procès pour refus de sacrements étaient pendants devant cette cour ! De leur côté, les parlements d'Aix et de Toulouse se montraient fort entreprenants. Le clergé était donc soucieux lorsque son assemblée commença à siéger à Paris le 28 mai 1755 sous la présidence du cardinal de La Rochefoucauld.

Dès le 6 juin, elle vota un don gratuit de 16 millions de livres : la protection du souverain lui paraissait plus nécessaire que jamais alors que les juges s'opiniâtraient à se mêler de l'administration des sacrements. Cette matière fut naturellement au cœur des délibérations de l'assemblée et fit durer sa session plus que de coutume. Continuellement, le cardinal de La Rochefoucauld allait rendre compte des débats au Roi, dont on ne doit pas oublier que, depuis le 30 août, il avait à suivre en même temps les négociations secrètes entamées sur l'initiative de Marie-Thérèse. Secrètes aussi étaient en principe les discussions du clergé, mais il finit par en transpirer qu'il avait résolu d'élaborer un document disciplinaire et doctrinal sur la question des refus de sacrements et que la mise au point en était ardue. Un projet en dix articles fut inspiré, de concert avec Louis XV, par le cardinal de La Rochefoucauld, lequel reçut le 23 août la feuille des bénéfices vacante par la mort de M. Boyer. A ce projet, qui rallia dix-sept évêques, s'opposa un contre-projet en huit articles, soutenu par une minorité de seize évêques. L'un et l'autre avaient beaucoup de points communs, notamment pour repousser l'ingérence des juges séculiers en ces matières spirituelles. Mais celui des dix-sept faisait de l'insoumission à la bulle un péché « grave » et n'autorisait un refus de sacrements que lorsque cette insoumission présentait « une notoriété de fait », dont l'appréciation devait être réservée à l'évêque. Pour les seize, en revanche, le rejet de la Bulle constituait un péché « mortel », entraînant refus de sacrements, comme pécheurs publics, « à ceux qui sont notoirement réfractaires », l'évêque n'étant saisi que des cas douteux. De Conflans, M. de Beaumont avertit ses confrères qu'il adhérait aux huit articles. Tout en multipliant à travers son ressort les poursuites contre les ecclésiastiques, le parlement surveillait attentivement l'assemblée, pour être prêt à s'opposer le cas échéant à ses décisions et, comme la session traînait en longueur et qu'approchait le temps des vacations, il demanda la prorogation de ses propres séances. Faveur que, pour n'être pas suspecté de partialité en faveur des clercs, le Roi lui accorda le 27 août : la compagnie, contre toute coutume, ne prendrait pas de vacances.

Elle escomptait peut-être que les remontrances du clergé sur l'application de la déclaration du silence, remises à Louis XV le 5 octobre, provoqueraient des remous, mais il n'en fut rien. La division entre les évêques persista malgré les efforts du cardinal de La Rochefoucauld pour concilier les projets des dix-sept et des seize. Il n'y avait plus dès lors qu'un seul recours possible : le Pape. Une lettre lui exposant l'état de la question et le partage des opinions et sollicitant son avis fut adoptée à l'unanimité par l'assemblée le 22 octobre 1755 et remise au Roi, qui se chargerait de la faire parvenir. Sur quoi, l'assemblée se sépara le 26 octobre. Louis XV écrivit le 19 décembre au Saint-Père en lui envoyant cette lettre. C'était un tournant dans l'affaire : jusque-là confinée dans les entretiens du Roi avec des prélats et des magistrats, dans des conciliabules d'évêques et les débats des parlements, elle nécessitait une intervention du Saint-Siège qui, rappelons-le, était resté coi pendant la querelle du vingtième. Les discussions allaient relever désormais, au moins en partie, des affaires étrangères. Celles de l'intérieur n'en étaient pas allégées pour autant.

L'affaire du Grand Conseil

Alors que les esprits étaient fort agités par le conflit entre Dieu et César, une affaire opposant les parlements au Grand Conseil vint faire un bruit considérable à Paris d'abord, puis dans le pays. Démembrement lointain du Conseil du Roi, le Grand Conseil avait reçu de Charles VIII et de Louis XII le statut de cour souveraine, une cour qui constituait une juridiction d'attribution, dont l'action n'avait d'autres limites que celles du royaume et dont les compétences faisaient d'elle, au civil comme au criminel, un tribunal des conflits, un tribunal administratif et un tribunal d'exception. A ce dernier titre, il était spécialisé dans les matières bénéficiales et, d'autre part, jugeait en dernier ressort par évocation générale de tous les procès d'un particulier, d'une communauté ou d'un corps. En 1755 il était composé de 52 conseillers, d'un procureur général, 2 avocats généraux et 12 substituts. Le chancelier en était le chef et, depuis 1738, la première présidence, confiée à un conseiller d'État, et les présidences, tenues par des maîtres des requêtes, étaient exercées par commission. Une compagnie qui travaillait fort consciencieusement et, en général, faisait peu parler d'elle.

De tout temps, les parlements avaient détesté ce corps, en qui ils voyaient un rival, qu'ils considéraient comme un instrument servile du pouvoir et dont ils décriaient les arrêts. Comme le Grand Conseil siégeait à Paris, le parlement de cette ville lui était particulièrement hostile. Socialement, les deux cours avaient pourtant un recrutement identique : les mêmes grandes familles de robe étaient représentées dans l'une et dans l'autre et, par certains de ses officiers, le Grand Conseil, comme le parlement de Paris, rejoignait la haute noblesse. C'était lui qui, après cette cour, fournissait le plus grand nombre de maîtres des requêtes. S'il n'était pas coutumier des éclats, il ignorait d'autant moins les affaires du temps qu'il comptait dans ses rangs d'authentiques jansénistes et lorsque, durant la crise de 1753 qui aboutit à la substitution de la Chambre royale au parlement, il avait été sondé pour remplacer provisoirement ce dernier, il s'y était refusé par solidarité. Le tapage mené autour de lui fut donc tout à fait inattendu, et d'autant plus qu'il eut pour point de départ un fait divers insignifiant.

En juin 1755, à la suite d'une discussion un peu vive qui les avait opposés, deux particuliers avaient chacun porté plainte pour voies de fait. L'un s'était pourvu au Châtelet et l'autre, qui était conseiller honoraire au Grand Conseil, avait saisi celui-ci, en se fondant sur le privilège des officiers des cours supérieures d'être, au pénal, jugés par leurs pairs. Après avoir ouvert une information, le Grand Conseil rendit le 28 juin un arrêt ordonnant l'apport à son greffe des procédures entamées au Châtelet. N'ayant obtenu satisfaction que partiellement, il renouvela ses sommations et cette insistance poussa le parlement à défendre au Châtelet de se dessaisir des documents réclamés. On n'en était alors qu'au stade d'un conflit de compétence assez banal, dénouable par une transaction satisfaisante pour les deux compagnies. Or il en sortit une affaire d'État, parce que le gouvernement s'en mêla et que le parlement se cabra.

Alors que la session de l'assemblée du clergé et les actes de piraterie de la marine anglaise étaient des sujets de préoccupations suffisants, le Roi se risqua à intervenir : ce fut en exécution de deux arrêts du Conseil des Dépêches rendus en sa faveur que, le 1er octobre 1755, le Grand Conseil put se faire délivrer les pièces de procédure qu'il revendiquait. Aussitôt informé, le parlement — dont on a vu qu'il ne prenait pas de vacances cette année-là — délibéra le jour même sur cette remise et, le lendemain 2 octobre, au terme de débats passionnés, décida de présenter des remontrances et rendit un arrêt « de règlement » faisant défenses à toutes les juridictions de son ressort de déférer aux ordres et aux poursuites « des gens du Grand Conseil », dont elles seraient tenues d'informer la cour. Arrêt considéré comme injurieux par le Grand Conseil, qui députa vers Louis XV le 5 octobre — jour où les députés du clergé lui apportaient les remontrances de l'assemblée —, pour demander réparation. Celle-ci lui fut accordée par la cassation de l'arrêt du 2 octobre, prononcée le 10 non par un arrêt du Conseil, mais par une déclaration fort circonstanciée où, après avoir rappelé les titres fondateurs du Grand Conseil, le Roi non seulement cassait et annulait ledit arrêt, mais ordonnait l'exécution directe dans tout le royaume des arrêts et ordonnances rendus par cette cour sur les matières à elle dévolues. Publiée et enregistrée le 14 au Grand Conseil, la déclaration fut adressée par son procureur général pour enregistrement à tous les bailliages et sénéchaussées de

France. Plus encore peut-être que cette déclaration elle-même, ce fut son envoi aux juridictions inférieures qui embrasa le parlement.

Cette intervention du pouvoir royal a-t-elle constitué une de ces initiatives aventureuses et hâtives du chancelier de Lamoignon, dont un gendre était alors premier président du Grand Conseil ? Ou bien la première étape d'un projet longuement mûri tendant à exalter l'autorité du Grand Conseil pour saper celle des parlements ? Si les faits sont connus, les mobiles ne sont pas clairs. Mais on mesure à quel point, dans un louable souci de préserver la compétence du Grand Conseil, la démarche gouvernementale manquait de prudence et de doigté. Comment, dans le Conseil du Roi, n'avait-on pas prévu qu'enjoindre aux justices subalternes d'enregistrer la déclaration du 10 octobre, c'était, pour le Grand Conseil, inciter et presque obliger les parlements à l'accuser, non sans quelque apparence de raison, de vouloir soumettre ces juridictions à une hiérarchie rivale de la leur et, par là, de subvertir l'ordre judiciaire et même politique du royaume ? La démarche était déjà risquée par elle-même, car elle mettait en cause le prestige des parlements et, par conséquent, ameuterait par solidarité corporative leurs membres les plus placides. Mais elle était plus hasardeuse que jamais en ce temps où ces officiers s'enivraient des thèses de Le Paige faisant de ces diverses cours « les classes » d'un unique parlement de France. Une opposition commune à la déclaration du 10 octobre 1755 va offrir à ces compagnies l'opportunité de mettre en application « l'union des classes » et même de gagner des sympathies dans la plus haute noblesse.

*
* *

Que le parlement de Paris se soit sincèrement senti en butte à une machination ou qu'il ne l'ait pas cru vraiment, il se conduisit comme s'il avait eu l'intime conviction d'être visé et, avec une habileté diabolique, parvint à mettre toutes les forces du parti janséniste en lice dans une affaire où il n'était pas question de la bulle, mais qui pouvait servir à déstabiliser l'autorité du Roi. Il est difficile de ne pas voir dans Le Paige le stratège de cette campagne. Par la force des choses, le parlement parisien donna la branle, mais d'autres lui emboîtèrent le pas sans tarder et même, comme Rouen, le dépassèrent ; seuls Rennes, Besançon, Pau et Douai ne s'émurent point. Il invita les bailliages et sénéchaussées à ne pas déférer à la déclaration du 10 octobre, multiplia les députations vers le Roi, à qui il remit le 28 novembre de copieuses remontrances, tout cela sans préjudice des poursuites pour refus de sacrements, qu'il menait toujours avec entrain. Au reçu de la déclaration envoyée par le Grand Conseil, l'attitude des tribunaux inférieurs avait été assez circonspecte : beaucoup s'en étaient tenus à une prudente expectative, d'autres avaient enregistré avec réticences et quelques-uns sans hésiter. Mal en prit à ces derniers dont les premiers magistrats furent, selon les cas, frappés par les parlements de sanctions plus ou moins lourdes ou spectaculaires[1]. Dès le 25 octobre, le parlement de Rouen, bientôt imité, rendit arrêt contre la déclaration et les remontrances fusèrent de toutes parts, souvent longues et pédantesques, où l'on reconstruisait le droit public à partir de Le Paige plus encore que de Montesquieu et où s'étalait à plaisir la théorie des « classes ». C'était aussi une guerre de libelles et d'arrêts : arrêts du Grand Conseil défendant ses droits, arrêts des parlements cassés par arrêts du Conseil. Une guerre dont Louis XV se serait volontiers passé alors que Londres venait de rejeter son ultimatum pour la restitution des prises et que la trahison du roi de Prusse compliquait les négociations de Bernis avec Starhemberg.

Le conflit fut aggravé par un arrêt du Grand Conseil, annulant le 14 février 1756 l'interdiction prononcée par le parlement de Paris contre le procureur du Roi de Vitry-le-François et renouvelant aux bailliages et sénéchaussées l'injonction d'enregistrer la déclaration du 10 octobre. Le parlement y riposta le 17 avec un arrêt par lequel, « attendu l'indécence et la continuité des entreprises des gens du Grand Conseil pour soulever les tribunaux, troubler et renverser la police essentielle du royaume », attendu « les attentats multipliés que ledit acte publié par les gens du Grand Conseil contient contre les lois fondamentales de la monarchie et l'autorité souveraine du Roi dans la cour des pairs », il invitait les princes et les pairs à venir le lendemain prendre leurs places en la cour pour délibérer de cette affaire. L'initiative était hardie et blessa Louis XV, qui voyait les parlementaires tenter d'amener les princes du sang et la haute noblesse à faire cause commune avec eux. Il défendit aux princes et pairs de déférer à cette convocation, ce qui mécontenta le parlement et aussi les princes et des pairs, ou du moins ceux qui les manœuvraient. Il est probable, en effet, que les pairs n'ont pas eu d'eux-mêmes l'idée d'engager un débat et qu'elle leur a été insinuée par le prince de Conty, manipulé par Le Paige.

Plusieurs pairs s'étaient réunis le 19 février pour préparer une démarche commune, lorsqu'ils apprirent que le duc d'Orléans, premier prince du sang, se disposait à porter au Roi une requête qui était vraisemblablement l'ouvrage de son beau-frère Conty. Ils coururent aussitôt au Palais-Royal et c'est ainsi que six princes

---

1. Voir ci-dessus, p. 594.

(Orléans, les Condé, les Conty) et vingt-neuf ducs et pairs, dont certains n'avaient pas lu le document et d'autres étaient réticents, signèrent la requête que le duc d'Orléans alla donner à Louis XV le jour même. Ils y représentaient « que la défense que Votre Majesté leur a faite d'aller prendre leurs places au parlement... donne atteinte aux droits de la pairie... Ces droits, Sire, sont aussi anciens que la monarchie. Les pairs sont membres principaux du premier tribunal de votre justice souveraine ; leur essence et leur institution les destinent à donner leurs conseils dans toutes les affaires et principalement dans celles dont la connaissance appartient à la cour des pairs. L'exercice de ce droit est encore plus précieux lorsqu'il s'agit d'objets qui ont rapport aux maximes du royaume ».

Louis XV reçut ce document à la sortie du Conseil, mais en ignora officiellement le contenu. Les princes et les ducs s'étant assemblés sans son autorisation, il ne pouvait accepter de recevoir la requête ainsi élaborée. Quand son cousin Orléans voulut la lui remettre, il lui observa qu'il ne fallait pas de requête et qu'un mémoire suffisait. Le prince lui demanda de la laisser sur son bureau : « Elle n'y sera pas longtemps », dit le Roi et il jeta le paquet au feu sans le décacheter. Un autre mémoire fut préparé et le parlement multiplia les représentations selon lesquelles « l'invitation des princes et pairs... a eu spécialement pour motifs les circonstances actuelles, où les lois fondamentales de la monarchie sont ouvertement attaquées » (21 février) et était « d'une nécessité indispensable pour délibérer avec eux sur les atteintes portées aux lois fondamentales de la monarchie par l'envoi fait aux bailliages et sénéchaussées du royaume d'une déclaration non vérifiée en parlement » (4 mars).

Cette interdiction faite aux princes et pairs de déférer à la convocation du parlement a été très mal prise par le prince de Conty qui, endoctriné sans doute par Le Paige, la considéra ou affecta de la considérer comme une violation des lois fondamentales et en voulut au Roi de l'avoir intimée. Conty était depuis longtemps favorable aux thèses du parlement et son conseil comprenait certains des jansénistes les plus notoires comme le président de Murard et l'avocat Pothouin. Cet épisode a eu pour lui au moins deux conséquences. D'abord, il a déterminé son entier ralliement à la cause parlementaire et c'est à ce moment qu'il nomma Le Paige bailli du Temple, lui procurant ainsi un repaire où il pourrait tisser ses intrigues en toute impunité. Et d'autre part, le grief qu'il a alors conçu contre Louis XV a causé la première fêlure dans leurs relations. Certes, ils continuèrent encore pendant des mois leurs mystérieux tête-à-tête, mais c'était l'amorce du processus qui devait aboutir à leur rupture.

Au surplus, Louis XV était bien embarrassé par cette affaire du Grand Conseil et cherchait vainement à l'apaiser par de bonnes paroles adressées à tous les antagonistes : au Grand Conseil, aux pairs, aux parlements, à tous, il assurait que son intention était de préserver et faire respecter les prérogatives et les compétences de chacun. Mais le coût de la guerre commencée allait le contraindre à des mesures fiscales dont l'acceptation dépendrait largement de la bonne volonté des parlements. Il lui fallait donc les ménager, quelque dépit qu'il eût de leur conduite. L'affaire du Grand Conseil traîna des mois encore et, malgré la protection royale, cette compagnie en était diminuée et la déclaration du 10 octobre 1755 resta lettre morte.

Cet épisode terriblement ennuyeux eut une grande importance politique. Dans les palais de justice déjà fort échauffés par les billets de confession, il a provoqué un surcroît d'effervescence. Il a permis aux parlements, par quelques exemples saisissants, d'alourdir l'emprise de leur autorité sur les tribunaux subalternes. Il leur a donné occasion de mettre à l'épreuve leur solidarité, de concerter des actions communes et ainsi de réaliser concrètement et de manière spectaculaire « l'union des classes ». Le parlement de Paris, enfin, a joué avec malignité de son statut de cour des pairs pour atteindre deux objectifs : l'un, de se poser en tant que « Conseil légal » comme le rival, voire le supérieur du Conseil du Roi ; et l'autre, de gagner à sa cause les princes et les pairs. Le premier n'a pas été atteint, mais le second l'a été en partie. Certes, les thèses parlementaires étaient loin de faire l'unanimité parmi les princes et les pairs, mais il reste que le duc d'Orléans, premier prince du sang (et père de Philippe-Égalité), le prince de Conty et quelques grands seigneurs ne craignaient pas de se ranger assez ouvertement sous la bannière du parlement, donnant là un exemple susceptible d'entraîner d'autres gentilshommes. Louis XV avait le désagrément de voir des membres de la dynastie et des courtisans de haute volée se commettre avec les adversaires de son autorité. Ce rapprochement de la noblesse de robe et de celle d'épée dans une même opposition était lourd de menaces.

Le terrier de Guyenne

Né d'un menu conflit de juridiction, le différend entre le Grand Conseil et le parlement de Paris s'était vite étendu à l'ensemble des parlements, qui se croyaient touchés tous par son objet, et il avait ainsi suscité « l'union des classes ». Celle-ci se réalisa tout autant à l'occasion de démêlés locaux n'impliquant qu'une seule cour, mais où les autres entraient en lice pour la soutenir et l'encourager. L'affaire du terrier de Guyenne est un exemple typique de cette ligue reliant les compagnies supérieures par-delà leurs ressorts respectifs et, encore une fois, de ces chicanes mineures que les cours excellaient à faire dégénérer en affrontements épiques.

Par lettres patentes du 15 août 1752, le Roi ordonna la réfection du terrier général de son domaine en Guyenne et commit pour y procéder le bureau des finances de la généralité de Bordeaux sous la présidence de l'intendant, M. de Tourny. Un terrier était l'inventaire de tous les biens et droits d'une seigneurie ; s'agissant du Roi, c'était l'inventaire de tous les biens et droits du domaine de l'État. Très variés par leur nature et leur étendue, ils étaient à la longue exposés à des empiétements, des fraudes, des négligences, et il était nécessaire de les recenser et ranimer périodiquement. Opération banale, confiée traditionnellement aux bureaux des finances : les précédents abondaient et une telle révision était alors en cours dans une partie de la généralité de Rouen.

Les commissaires du terrier de Guyenne commencèrent leurs travaux au mois d'août 1753. Le parlement de Bordeaux ne s'en avisa qu'à sa rentrée en novembre et cette compagnie, dont on a pu dire qu'elle était un syndicat de viticulteurs (M. Lhéritier), s'en inquiéta. Parmi les terrains les plus couramment usurpés sur le domaine figuraient les alluvions ou atterrissements déposés par les fleuves et cours d'eau. En Bordelais, ces alluvions s'appellent « graves » et chacun sait que le raisin y prospère. Lors de précédentes réfections du terrier, l'on s'était déjà aperçu que certains de Messieurs du parlement avaient empiété sur des terrains domaniaux. Comme il leur eût été cuisant qu'on en fît de nouveau la constatation, il leur fallait y parer, mais sans laisser deviner le vrai mobile de leur conduite. En novembre 1753, le parlement dressa un mémoire, envoyé le 4 décembre au contrôleur général : sans nier l'utilité d'une révision du terrier général, il y exprimait le regret de n'avoir pas été chargé de cette besogne, pour laquelle il jugeait les officiers du bureau des finances peu qualifiés ; en outre, les lettres patentes ayant réservé aux commissaires la connaissance et le jugement en dernier ressort, sauf l'appel au Conseil, du contentieux suscité par cette opération, il considérait que cette attribution bouleversait l'ordre des juridictions. Ce mémoire fut renvoyé à Tourny qui, dans des conférences privées avec le vieux premier président Le Berthon, rechercha un accommodement acceptable de part et d'autre. Ces conversations s'enlisèrent et le parlement décida le 6 avril 1754 de rédiger un nouveau mémoire de ses griefs. Beaucoup plus dur que le premier, il réclamait la révocation pure et simple de la commission du terrier. Le bureau des finances y ayant répliqué pertinemment, le parlement, à la mi-juin, députa à la suite du Conseil un de ses membres les plus intrigants, le président de

Gascq, pour défendre sa cause. Il n'en resta pas là et commença à tracasser si bien les commissaires que, en juin 1755, leur greffier dut se terrer. On voulut à Versailles en finir avec ces escarmouches. Les lettres patentes créant la commission avaient été modelées sur d'autres semblables qui avaient été exécutées partout ailleurs sans nulle contestation : les arguments du parlement étaient vains et captieux. Par arrêt du Conseil du 16 septembre 1755 — au moment où les pourparlers de Bernis et de Starhemberg venaient à peine de commencer — le Roi ordonna donc, sans s'arrêter aux mémoires présentés par cette cour, que ses lettres patentes du 15 août 1752 seraient exécutées, avec défenses à elle et à tous autres juges de troubler les opérations des commissaires du terrier.

A la rentrée du parlement le 13 novembre, le procureur général Duvigier, à qui cet arrêt du Conseil avait été signifié, le déposa sur le bureau de la compagnie, qui refusa d'en entendre lecture, décida des remontrances et rendit un arrêt par lequel, « pour prévenir les désordres que la surprise faite audit seigneur Roi par les officiers du bureau des finances pourrait occasionner », il cassait les procédures faites devant la commission sur les contestations intéressant le domaine et lui enjoignait de vaquer, sauf l'appel devant elle, à la réfection du terrier. Attitude factieuse, inséparable des remous que la déclaration du 10 octobre en faveur du Grand Conseil était en train de susciter à travers les cours supérieures. Comme on pouvait s'y attendre, cet arrêt fut cassé au Conseil du Roi le 25 novembre, permettant aux commissaircs du terrier de s'employer à leur besogne. L'affaire, qui commençait à s'ébruiter à Paris et à Versailles, devint notoire avec les remontrances du 19 janvier 1756, abondamment diffusées :

« C'est donc uniquement, assuraient-elles, le rétablissement des règles et de l'ordre public que nous réclamons aujourd'hui aux pieds du plus sage des législateurs. Ses volontés respectables seront toujours guidées par la justice et notre premier vœu fut toujours de les suivre. Mais, Sire, nous trahirions notre serment et la fidélité que nous vous devons, si nous n'osions vous représenter avec le plus profond respect que ces volontés ne peuvent ni ne doivent, suivant toutes les ordonnances, être connues de son parlement qu'autant qu'elles lui sont directement adressées, revêtues des formes anciennes et authentiques de votre autorité qui, seules, peuvent les caractériser. Pouvions-nous Sire, les reconnaître dans la signification faite à votre procureur général... ? »

Le parlement changeait de ton : jusque-là, il s'était inspiré plus ou moins d'un de ses anciens présidents, M. de Montesquieu, mais Le Paige devenait sa bible.

Le parlement était lancé, enhardi par la passivité complice de son premier président et de son procureur général ; sa grand'chambre elle-même comptait certains des conseillers les plus excités, MM. de Grissac, Carrières, de Baritault et Le Blanc. Le 12 mars, en même temps qu'il adoptait des remontrances très vives contre le Grand Conseil, il cassa une ordonnance de la commission du terrier et en décréta le procureur général et le rapporteur d'ajournement personnel. Il récidiva le 30 mars en décrétant de prise de corps ce procureur général, M. Comarieu, qui en fut réduit à se sauver. Le 31 mars et le 11 avril, cassation au Conseil du Roi de ces deux arrêts du parlement, cassation pour la signification desquels le chancelier dépêcha à Bordeaux un huissier à chaîne du Conseil, car les huissiers bordelais, terrorisés par Messieurs du parlement, n'auraient osé le faire. Comme le même huissier venait d'être employé à Coutances et à Montauban à des radiations d'arrêts de cours supérieures, les parlementaires bordelais s'inquiétèrent de sa venue, y voyant un prélude à la radiation de leurs arrêts. Vaine alarme : sa mission se limitait aux significations.

Si Messieurs redoutaient que leurs arrêts fussent biffés, c'est qu'au fond d'eux-mêmes, ils les sentaient passibles d'une telle sanction. Mais les ministres se montraient débonnaires et même étrangement débonnaires. A Paris et à la cour, le président de Gascq se démenait efficacement en faveur de son corps. Outre qu'il rencontrait les députés des autres cours et aussi les magistrats mandés à la suite du Roi et que, tous ensemble, ils se montaient la tête et coordonnaient leurs offensives, il avait ses entrées dans les bureaux ministériels, en particulier dans ceux de M. de Saint-Florentin, secrétaire d'État ayant la Guyenne dans son département. Il y retrouvait un compatriote, un certain Trouvé, qui était en cour le député de la municipalité de Bordeaux, alors fort montée contre M. de Tourny. Il apparaît que Gascq et Trouvé rencontrèrent dans la personne ou du moins dans les employés de M. Douin, premier commis chargé des provinces chez Saint-Florentin, des sympathisants de leur action. On était frappé à Bordeaux de la rapidité avec laquelle le parlement, avant que les courriers officiels lui parvinssent, était informé des décisions gouvernementales, ce qui lui permettait d'y parer, mais n'était guère explicable que par des fuites provenant des bureaux du secrétaire d'État. Voilà qui en dit long sur les secours que Louis XV pouvait attendre de certains de ses ministres. Il n'était pas mieux servi par des chefs de compagnie au loyalisme douteux, tels que le premier président Le Berthon et le procureur général Duvigier.

Le 13 avril 1756, l'arrêt du Conseil du 31 mars fut signifié au parlement, qui refusa d'en entendre lecture, décida d'itératives remontrances et rendit un arrêt fort séditieux, que publia la

Gazette de Hollande : le Roi sera « très humblement supplié de vouloir bien donner les ordres les plus précis pour éviter qu'on n'abuse à l'avenir de son nom en surprenant à la religion de son Conseil des arrêts si contraires au bien de la justice et auxquels le respect et l'amour de son parlement pour la personne sacrée de Sa Majesté, son attachement inviolable aux lois imprescriptibles du royaume et la religion de son serment ne permettront jamais d'obtempérer » ; en conséquence, le parlement persistait dans tous ses arrêts jusqu'à ce que le Roi ait répondu à ses remontrances. Persistance dans laquelle il s'opiniâtra le 28 avril après cassation de cet arrêt du 13. Dans le même temps, les négociations entre Louis XV et Marie-Thérèse allaient bientôt être couronnées par le traité de Versailles et le Roi aurait aimé pouvoir suivre cette grande affaire sans en être distrait par cette mutinerie bordelaise, dangereuse pour son pouvoir. Comme le mandait le 3 mai au chancelier M. de Tourny, qui se savait secrètement visé par elle : « C'est une continuation d'attentats à l'autorité du Roi, qui rend de plus en plus nécessaire un remède prompt et efficace. »

Le 9 mai 1756, on finit sinon par remédier, du moins par sévir : cassation de l'arrêt du parlement du 28 avril, mandement à la suite du Conseil de cinq magistrats, exil d'un conseiller à Issoire et d'un autre à Bourges, mesures complétées le 11 par l'interdiction du greffier en chef du parlement et la relégation à Soissons du président de Gascq. Dans ces *veniat,* on reconnaît une des sanctions infligées préférentiellement par le chancelier de Lamoignon, non sans imprudence, puisqu'elle amenait les magistrats les plus factieux du royaume à se rassembler à Paris. A cette date précisément, le marquis d'Argenson dénombrait « quatorze députés de différentes cours supérieures se trouvant à Paris et qui se concertent ensemble tous les mercredis ; ils s'entendent aussi avec le parlement de Paris. Chambres des comptes, cours des aides provinciales, députés de parlements, tous se concertent pour remontrer au Roi les abus de son Conseil, du ministère et des intendants. »

« Sa Majesté, écrivit alors le chancelier au premier président Le Berthon, n'a regardé les respects et les soumissions portés par les arrêts de votre parlement que comme des termes vagues, sous l'ombre desquels il cachait une désobéissance formelle à ses volontés, et que le zèle qu'il affectait pour l'exécution des lois du royaume n'était qu'un prétexte pour se soustraire à la principale de ces lois, qui est l'obéissance que les sujets doivent au souverain. » Vaine admonestation : le parlement arrêta le 26 mai qu'une députation irait présenter au Roi ses itératives remontrances. Le 4 juin — cinq jours avant sa déclaration de guerre à l'Angleterre — Louis XV prohiba cette députation, tout en autorisant l'envoi des remontrances. A cette nouvelle, le parlement, encouragé au même moment par les éclats de celui de Rouen, fit un pas de plus dans la subversion :

> « Ne pouvant plus contenir l'excès de sa douleur, à la vue des imputations accablantes qui lui sont faites d'avoir manqué à la soumission et à la fidélité qu'il doit à son souverain, d'avoir même commis un attentat à son autorité par les arrêts qu'il a rendus ; considérant aussi les surprises multiples faites à la religion et à la bonté du meilleur des rois pour soutenir les lettres patentes accordées au bureau des finances... ; considérant de plus que, dans l'état d'humiliation où il est réduit et dans l'impossibilité de pouvoir porter par lui-même et de vive voix ses justes plaintes au pied du trône, il ne doit s'occuper que du soin de justifier aux yeux dudit seigneur Roi l'exactitude de sa conduite et de celle de ses membres »,

décida le 16 juin de demeurer les chambres assemblées pour préparer ses remontrances. Ce qui revenait à se mettre en grève pour l'expédition des affaires de justice, comme le parlement de Rouen le faisait depuis déjà deux semaines.

Cette simultanéité n'était pas l'effet du hasard : les parlements s'étaient organisés, avaient chacun des correspondants chez les autres, consignes et nouvelles circulaient vite et contribuaient à « l'union des classes ». Dans cette conjoncture, le parlement de Paris arrêta le 2 juillet de présenter des remontrances « sur le traitement subi par les parlements de Bordeaux et de Rouen » : dès le 7, cet arrêt imprimé était colporté dans les rues de Bordeaux. Se mobiliser ainsi pour interpeller le Roi au sujet d'événements survenus dans le ressort d'une autre « classe », c'était encore un moyen — abondamment utilisé ensuite — de constituer une ligue des différentes compagnies.

Ce même 7 juillet étaient promulguées trois déclarations fiscales, que le Roi dut faire enregistrer en lit de justice le 21 août à Versailles. L'effort financier exigé par la guerre affaiblissait la position du gouvernement face à cette ligue. Le 18 juillet, l'huissier du Conseil installé depuis trois mois à Bordeaux fut rappelé, signe qu'il n'aurait plus de significations à faire. Le parlement adopta le 21 juillet ses itératives remontrances, où il s'entêtait dans ses présentations et son hypocrisie :

> « Les arrêts de votre Conseil n'avaient pu, Sire, faire une loi pour votre parlement par la forme inusitée dans laquelle ils lui avaient été présentés. Ne lui ayant point été adressé revêtus des lettres patentes sujettes de leur nature à la vérification et à l'enregistrement, il ne pouvait y déférer ; ne portant point les marques de vos volontés sacrées, ils ne lui présentaient aucun caractère d'une autorité légitime et la soumission à ces arrêts eût été, Sire, une atteinte mortelle à la fidélité

qu'il doit à Votre Majesté dans l'exercice de la justice, aux plus solides fondements du trône et de la monarchie et à la forme essentielle de la législation. » Vos prédécesseurs « n'ont pas voulu Sire, que leur peuple pût être la victime de ces surprises. Ils ont voulu que tout ce qu'ils auraient ordonné fût porté à ce Conseil public et légal, à ce corps né avec l'État, représentant sans moyen leurs personnes sacrées aux yeux de leurs peuples, seul dépositaire des lois et chargé par état et par serment de veiller au nom du souverain à la manutention des lois. »

Louis XV décida de ne point prendre connaissance de ces déclamations tant que le parlement ne serait pas retourné à ses fonctions. Le 22 août, celui de Paris vota ses remontrances sur la situation des « classes » de Bordeaux et Rouen, aussitôt imprimées et vendues, qui étaient une exposition en règle de la théorie des « classes ». Le parlement de Bordeaux eut l'audace de les insérer dans ses registres, tout en continuant sa grève. Mais une prorogation de la session devenait sur lui un moyen de pression efficace à l'approche des vendanges. Et puis on lui fit entendre qu'on cesserait d'être intraitable sur la commission du terrier, réduite depuis des mois à l'inaction. Le parlement décida le 4 septembre de reprendre son service ordinaire, ce qu'il fit le 7 en enregistrant les déclarations fiscales de juillet, non sans assortir son arrêt d'enregistrement d'insinuations malveillantes à l'égard de Tourny, contre qui des sous-entendus insidieux affleuraient déjà dans les remontrances du 21 juillet. Une déclaration du 8 septembre permit au parlement de former une chambre des vacations, les lettres de rappel des exilés et la levée de l'interdiction du greffier en chef furent expédiées le 18. On comprend qu'à la rentrée, le 15 novembre, Messieurs du parlement aient adressé à leurs collègues parisiens une lettre — publiée dans la *Gazette de Hollande* — pour les remercier de « l'intérêt généreux que vous avez pris à nos disgrâces » et du « témoignage public que vous nous avez donné de votre affection » : « C'est avec la reconnaissance la plus parfaite et la satisfaction la plus unanime que nous en avons consacré dans nos registres le plus précieux monument ; il affermit entre les différentes classes du parlement une confraternité aussi utile au service du Roi qu'elle est glorieuse pour nous en particulier et avantageuse à l'ordre public », le tout signé « vos très humbles serviteurs et *frères* ».

Le parlement bordelais se sentait glorieux au terme d'un affrontement entretenu depuis un an par son hostilité à une décision — la réfection du terrier du Roi — qui, par elle-même, n'aurait pas dû soulever la moindre remarque, mais qu'il a contestée, puis combattue par de tels moyens qu'il en vint à attaquer dans ses fondements l'autorité royale, pour laquelle cette affaire fut un mauvais coup. Non seulement, en effet, elle en sortait blessée, mais elle avait paru mal armée pour se faire respecter et maladroite dans l'emploi de ses moyens de défense, impressions propres à encourager les contestataires.

LA COUR DES AIDES DE MONTAUBAN

A la différence des parlements, les autres cours supérieures du royaume — chambres des comptes, cours des aides — ne pouvaient se faire passer pour les « classes » d'un corps unique. Mais elles les égalèrent souvent dans l'insoumission. C'est ainsi que, en même temps que les parlements s'embrasaient à propos des billets de confession et du Grand Conseil, la cour des aides de Montauban se signala par sa turbulence. C'était une cour assez chétive, dotée pour traiter peu d'affaires d'un personnel pléthorique, aigri par le sentiment de son inutilité et l'effondrement du prix de ses offices, et porté par son oisiveté et son amertume à se mêler des affaires publiques, et cela dans une province où, relevait l'intendant dès 1735, le « génie » des administrés se caractérisait par un « esprit d'antipathie pour les nouveautés », c'est-à-dire pour la modernité. D'autre part, M. Lefranc de Pompignan, ce poète raillé par Voltaire, premier président de cette cour depuis 1747, entendait s'y illustrer à l'instar d'un autre bel esprit, M. de Malesherbes, sous la conduite duquel la cour des aides de Paris se distinguait par son agressivité. La cible de son action était toute désignée : l'intendant de la généralité, en qui les magistrats montalbanais voyaient le grand responsable de l'amenuisement de leurs fonctions. Or M. Lescalopier, intendant depuis 1740, était autoritaire et actif, caressant de grands projets, renversant les habitudes, malmenant les préjugés et les égoïsmes.

Animée par Lefranc de Pompignan, la cour des aides entama autour de 1750 une vaste campagne de diffamation contre lui. Elle s'en prit d'abord aux ponts et chaussées — ce symbole de la modernité — et plus spécialement aux corvées : Messieurs de la cour refusaient que les paysans, chars et bestiaux de leurs domaines y fussent employés. Ces doléances eurent d'abord la forme courageuse de lettres anonymes. En 1752, la compagnie leva le masque en envoyant des mémoires au Roi au chancelier, au contrôleur général, à M. de Saint-Florentin, secrétaire d'État de la province, mais Lescalopier se justifia aisément. Elle ne se découragea pas et députa un de ses membres à Paris appuyer les mémoires qu'elle continuait à envoyer aux ministres pour discréditer le commissaire départi. La tension s'aggrava en 1754 et 1755 lorsque, sous prétexte d'irrégularités budgétaires, la cour mit en cause le maire de Cahors, parce qu'il avait à répondre des comptes de la ville et surtout parce qu'il était subdélégué de l'intendant. Vers la fin de 1755, sachant que Lefranc de

Pompignan souhaitait se retirer pour se consacrer à ses travaux littéraires, le Roi songea à le remplacer par M. de Saint-Michel, lieutenant général de la sénéchaussée de Marseille, qui était sans fonction depuis ses démêlés avec le parlement d'Aix[1]. Pompignan s'insurgea véhémentement contre le choix d'un tel successeur.

Excédé, Lescalopier obtint, par arrêt du Conseil du 2 décembre 1755, que les comptes des communautés déjà clos lui seraient remis pour être par lui revus et vérifiés et qu'à l'avenir leur examen serait porté devant les élections, et en appel soit devant la cour des aides, soit — en cas de vérification de dettes — devant l'intendant. L'huissier montalbanais chargé de signifier cet arrêt à la cour jugea prudent de n'en rien faire. Un huissier du parlement de Toulouse venu instrumenter à sa place se retrouva en prison avant d'avoir pu agir. Et le 5 janvier 1756, après avoir décidé de présenter des remontrances sur cet arrêt du Conseil, « surpris à la religion de Sa Majesté » et « contraire à toutes les lois du royaume », la cour rendit un arrêt qui le tenait pour non avenu.

Le mécontentement fut vif à Versailles, d'autant que la cour s'opiniâtrait à rejeter absolument M. de Saint-Michel. Le bruit courut que le Roi allait la supprimer. Il se contenta de rendre au Conseil le 26 janvier un arrêt cassant celui de la cour et d'exiler son procureur général, un de ses présidents et quelques conseillers. Le 4 février, cet arrêt fut signifié à la cour et transcrit sur ses registres par un huissier du Conseil dépêché à cette fin. Quelques jours plus tard, Pompignan adressait au chancelier une lettre hypocritement respectueuse et fort agressive, qui eut quelque retentissement car elle circula imprimée. En février, un des avocats généraux prononça un réquisitoire incendiaire, mais sans attirer la foudre. Et enfin la cour des aides fit paraître un pamphlet anonyme et volumineux contre M. Lescalopier, attaqué surtout à propos des ponts et chaussées, de la taille et des finances municipales. Rien de convaincant n'appuie les charges invoquées par ce libelle, caractérisé par l'exagération et la mauvaise foi, une mauvaise foi qui s'étale dès le titre de l'ouvrage : *Charges du procès de M. Lescalopier, intendant de Montauban.* Il fallait, en effet, beaucoup de déloyauté et de perfidie pour oser parler du *procès* de M. Lescalopier, alors que nulle action judiciaire n'était et ne fut intentée contre lui ! Mais il est probable que les compilateurs de ce recueil diffamatoire — et généreusement diffusé — espéraient faire traduire l'intendant devant le parlement de Toulouse ou celui de Paris.

Le gouvernement jugea-t-il secondaires ces péripéties montal-

---

1. Voir ci-dessus, pp. 593-594.

banaises alors que le Grand Conseil et le terrier de Guyenne suscitaient encore plus d'effervescence ? La maladie et la retraite du contrôleur général Moreau de Séchelles entamèrent-elles la détermination du gouvernement ? Toujours est-il que, s'agissant de la cour de Montauban, on s'achemina vers une solution bâtarde. En juin 1756, M. Lescalopier fut nommé à l'intendance de Tours. C'était l'une des plus vastes du royaume, point trop éloignée de Versailles, sans cour supérieure dans ses limites et, pour toutes ces raisons, l'une des plus convoitées par les intendants. M. Lescalopier recevait donc un avancement, mais qui s'en rendait compte en dehors du monde du Conseil et des bureaux ministériels ? Il n'y a jamais de compromis sans vainqueur ni vaincu : l'un des deux en retire toujours quelque avantage. Et à Montauban, on fut persuadé que la cour des aides avait gagné parce qu'elle était parvenue à chasser l'intendant. C'est ainsi que dans une ville très moyenne et dans sa région, une modeste compagnie supérieure pouvait susciter et entretenir un esprit de fronde, et cela sous l'impulsion de son premier président.

IV. — BUDGET, RELIGION ET DISCIPLINE

En même temps que son autorité était constamment mise à l'épreuve par le harcèlement systématique des cours supérieures, Louis XV avait à régler des affaires de la plus haute importance pour l'État : faire face aux frais de la guerre et obtenir du Pape un règlement acceptable de la querelle des billets de confession. Deux terrains sur lesquels la magistrature allait encore dresser des obstacles périlleux.

L'EFFORT DE GUERRE

Le conflit entamé promettait d'être coûteux, en raison tant des dépenses proprement militaires et navales, que des subsides promis aux pays alliés ou neutres. Louis XV y était entré avec des finances en bon état. Machault avait été remplacé au contrôle général en juillet 1754 par M. Moreau de Séchelles, alors conseiller d'État et intendant de Flandre, qui s'était acquis une réputation flatteuse comme intendant d'armée pendant la dernière guerre. Les deux hommes se connaissaient et Machault estimait son successeur qui, en effet, ne manquait pas d'étoffe. Il plaisait à Louis XV, qui le fit ministre d'État dès le 12 janvier 1755, et il aurait pu se révéler un bon ministre si, malheureusement, à la fin de février 1756, il n'avait manifesté des signes inquiétants de fatigue cérébrale. On lui donna alors un adjoint en la personne de son gendre, l'intendant des finances Peyrenc de Moras, qui lui succéda purement et simplement le 24 avril suivant, Séchelles, de plus en plus diminué, ayant dû se retirer. Peyrenc de Moras démissionna lui-même à la fin d'août 1757, inaugurant une période où les titulaires du contrôle général changèrent sur un rythme accéléré.

Grâce à Machault et à Séchelles, la situation des finances s'était assainie depuis 1748. Les frais de la guerre précédente étaient à peu près épongés. De 1749 à 1752, le service de la dette avait oscillé entre 50 et 55 millions de livres, avec tendance à la baisse. Le budget de l'État atteignit 255 millions en 1751, 265 en 1752, soit une augmentation d'environ 50 millions par rapport à 1740. Elle provenait principalement du vingtième — si incomplètement qu'il ait été établi — et aussi du relèvement du bail des fermes générales, passé en 1750 de 92 à 101 millions. Les ressources avaient crû, mais les charges aussi. Après la paix d'Aix-la-Chapelle, Louis XV avait beaucoup dépensé pour ses bâtiments : appartement de Madame Adélaïde à Versailles, pavillon français à Trianon, Gros Pavillon, cabinet du Conseil, chambre et degré du Roi à Fontainebleau, reconstruction du château de Compiègne, premiers travaux à Saint-Hubert, ailes diverses et « petit château » à Choisy et, à Paris, l'École militaire. Dépenses calculées et échelonnées plus qu'il n'y paraît d'abord, car la Maison du Roi ne consommait en 1752 que 3 à 4 millions de plus qu'en 1740. Au reste, d'une façon générale et à l'exception de pointes épisodiques, ses dépenses — qui finançaient la politique artistique et culturelle — sont restées stables au long du règne, représentant toujours moins de 10 % du budget ordinaire. Ce qui permet une juste appréciation des déclamations habituelles — et notamment celles des cours supérieures — présentant la cour comme le gouffre de l'État et la responsable du déficit. En réalité, l'alourdissement des dépenses a été le fait des départements de la Guerre et de la Marine : avec 28,8 millions en 1751, la Marine disposait de crédits plus de trois fois supérieurs à ceux de 1740 et la Guerre encore davantage, car le poste des travaux publics n'avait réalisé que des progrès modestes. Le coût de l'armée et de la marine était la cause du déficit. Celui de 1755 n'était que de 4,6 millions et comme Louis XV opéra alors de sérieux retranchements et particulièrement à la cour, le budget ordinaire de 1756 se trouva même en excédent, d'autant que Séchelles avait obtenu, par don gratuit, 16 millions du clergé de France et 2 du clergé « étranger » et en 1756 une augmentation de presque 10 millions sur le nouveau bail des fermes générales et d'autres plus-values sur la ferme des postes et des fermes secondaires (marque des cuirs, paulette, poudres et salpêtres).

Si l'État abordait dans des conditions satisfaisantes un nouveau conflit armé, celui-ci l'obligeait cependant à accroître ses ressources. Le 7 juillet 1756 furent promulguées à cette fin trois déclarations royales. L'une prorogeait pour dix ans la levée des 2 sols pour livre en sus du dixième créés en 1746 et créait 1 800 000 livres de rentes héréditaires à 5 % sur le produit de ces 2 sols. La deuxième prolongeait la perception des droits rétablis en 1743 et 1747 sur les marchandises et denrées entrant dans Paris. Et la troisième ordonnait l'établissement jusqu'à trois mois après la paix d'un second vingtième et fixait imprudemment la suppression du premier dix ans après cette date. Ces trois lois purent inspirer à Louis XV des réflexions et des remords. Des remords, car la levée d'un vingtième établi dans l'esprit de l'édit de 1749 eût été plus productive que ces deux vingtièmes (bientôt altérés et faussés par des abonnements) et eût par conséquent dispensé de recourir une nouvelle fois à l'enregistrement par les compagnies supérieures. Et des réflexions sur la dégradation subie par son autorité depuis 1749, lorsqu'il vit la résistance opposée par les cours à ces trois déclarations, et surtout à celle instaurant le second vingtième.

Encore peu aguerries en 1749, elles avaient accepté le premier à peu près sans broncher. Leur opposition au second fut très vive. A Paris, il fallut un lit de justice le 21 août pour que le parlement enregistrât, ce que la cour des aides n'exécuta que le 4 septembre, sur lettres de jussion, en assortissant, comme le parlement, son arrêt d'enregistrement de clauses tendant à asseoir le gouvernement des juges. L'un et l'autre lancèrent des remontrances acrimonieuses. La rébellion fut plus acharnée dans les provinces. Le parlement le plus hardi fut, comme de coutume, celui de Rouen. Il enregistra seulement le 15 novembre et avec des réserves inouïes : il interdisait toute vérification nouvelle de contrôleurs du vingtième et ordonnait la cessation des deux vingtièmes à la fin des hostilités ! Les remontrances affluèrent de partout, dissimulant derrière les prétentions constitutionnelles les plus archaïques et les plus chimériques, les vrais motifs de leur antipathie pour le vingtième. Cet impôt avait, au fond, le grand tort de les atteindre : il viole les lois fondamentales du royaume, disait le parlement de Toulouse, parce qu'il frappe « ces terres nobles dont l'exemption remonte évidemment au premier partage des compagnons de Clovis. » Son autre défaut majeur était, à leurs yeux, de relever d'une administration de fonctionnaires : les remontrances vitupéraient avec une furie incroyable les contrôleurs du vingtième, tous présentés comme des incapables, des tyranneaux et des filous, et cela parce qu'ils cherchaient à obtenir des notions exactes sur le revenu des biens-fonds.

En Franche-Comté et en Dauphiné, les parlements réclamèrent opiniâtrement un « abonnement » au second vingtième, soit en fait une diminution. Celui de Besançon opposa à l'enregistrement une résistance entêtée, sanctionnée par l'arrestation de quatre conseillers et l'exil de quatre autres avant l'octroi de l'abonnement en mars 1757. Celui-ci ne fut accordé au Dauphiné, après des marchandages plus paisibles mais interminables, qu'au début de 1758 ! La fièvre gagna même des compagnies qui ne pouvaient, et pour cause, se réclamer de « l'union des classes » : celles de Lorraine. En septembre 1757, le roi Stanislas dut étendre à ses États l'imposition du second vingtième. La chambre des comptes de Bar protesta aussitôt et la cour souveraine de Nancy refusa l'enregistrement, déclenchant un scénario habituel dans le royaume voisin : lettres de cachet, transcriptions d'autorité, exil de conseillers, grève des avocats, diatribes contre le chancelier de La Galaizière. Cette crise ne se dénoua qu'en septembre 1758, après médiation de Versailles, et par l'abonnement au nouvel impôt.

En gênant ainsi la fiscalité royale, en dénonçant « les gaspillages d'en haut » et les « vexations d'en-bas », en peignant « sous les couleurs les plus sombres la misère et l'épuisement des peuples » (M. Marion), en se posant en protectrices du contribuable, les compagnies supérieures flattaient et surexcitaient l'opinion publique déjà fort échauffée par les autres démêlés du pouvoir royal avec la magistrature et acquéraient une popularité indigne de la mauvaise foi et de l'égoïsme fonciers de leurs démarches.

Le sacerdoce et l'empire

Le 19 décembre 1755, Louis XV avait écrit au Pape en lui envoyant la lettre de l'assemblée du clergé. La dernière intervention de Rome dans les querelles françaises autour de l'*Unigenitus* remontait à près d'un demi-siècle avec les lettres *Pastoralis officii* (1718). Pour le moment, sans que les parlements et certains évêques cessassent cependant d'échanger des coups, un règlement éventuel de l'affaire allait dépendre des négociations entre le Roi et le Saint-Siège. Benoît XIV était un pontife à l'esprit ouvert et au jugement sûr, un modéré, canoniste et théologien averti, très désireux de mettre fin, sans altérer ses prérogatives, aux divisions de l'Église gallicane, dans lesquelles il voyait avec justesse « plus d'esprit de parti que de religion » ; il nourrissait en outre une sympathie et une estime réelles pour Louis XV. Et celui-ci, depuis novembre 1754, était représenté à Rome par le comte de Stainville, gratifié de ce poste en récompense de certain service rendu à Mme de Pompadour[1]. Ce libertin spirituel réussit assez vite à gagner toute la confiance du Pape, lui-même très conciliant, et l'affaire se régla essentiellement entre eux deux, avec l'assistance de quelques cardinaux et prélats. Benoît XIV, en particulier, eut la sagesse de traiter par le mépris les lettres et mémoires dont il était continuellement assailli de France par les constitutionnaires les plus zélés (prélats ou non), encouragés par son nonce à Paris : en propres termes, il considérait ces gens comme « des boutefeux ».

Il accueillit favorablement la lettre du Roi et celle de l'assemblée et il apparut tout de suite que ses préférences allaient au projet modéré des dix-sept. Il fallut néanmoins dix mois de négociations pour aboutir. Benoît XIV étudia personnellement les documents remis par Stainville, communiqua ensuite son travail à quatre ou cinq cardinaux de confiance. Rendu circonspect par le précédent de l'*Unigenitus,* il renonça à donner une bulle, sujette à tous les aléas d'un enregistrement dans les cours, et publierait une encyclique, dont il fit envoyer le plan à Louis XV le 19 mars 1756. Le Roi, sans en donner, semble-t-il, communication à tout son Conseil, le confia en secret à quelques « examinateurs », c'est-à-dire Rouillé et les conseillers d'État membres de la commission mixte de 1752[2]. Ces Messieurs prirent leur temps, en sorte que le Pape s'impatientait un peu. Mais simultanément le Roi avait sur les bras l'affaire du Grand Conseil, un affrontement entre la Sorbonne et le parlement, des refus de sacrements dans le ressort de Paris, l'effervescence incroyable du parlement de Rouen, la querelle du terrier de Guyenne et d'autres tracas de même ordre. A partir des observations reçues de France sur le plan de son encyclique, Benoît XIV en rédigea le texte, dont Stainville fit partir « la minute » à destination de Versailles le 18 juillet. Il fallut encore plusieurs navettes entre les deux cours avant qu'elles fussent pleinement d'accord, d'où des longueurs, qui n'incitaient pas les esprits au calme : le 19 septembre, M. de Beaumont fulmina un mandement intrépide, qui irrita le Pape et indisposa le parlement. Le 27 octobre enfin, Louis XV reçut, avec une lettre personnelle de Sa Sainteté, la version définitive de l'encyclique *Ex omnibus,* datée du 16, et s'en déclara fort satisfait.

Pour des raisons obscures toutefois, le Roi balança longtemps avant de donner à l'envoi de ce document les suites attendues. Le texte n'en était nullement confidentiel, car le Pape l'avait fait imprimer à Rome dès sa promulgation et des exemplaires en étaient parvenus en France, si vite que, dès le 2 novembre, le

1. Voir ci-dessus, p. 502.
2. Voir ci-dessus, pp. 657-658.

parlement de Rouen en prononça la suppression, ce qui était de mauvais augure. Louis XV souhaitait que l'intervention pontificale calmât les esprits, et d'abord dans l'épiscopat. Les cardinaux de La Rochefoucauld et de Luynes allèrent à Conflans solliciter l'adhésion de M. de Beaumont et l'obtinrent, ce qui allait être un bon exemple pour ses confrères. Quelques évêques encore trop exaltés furent exilés hors de leurs diocèses et les autres astreints à y résider. Le 14 novembre enfin, le Roi adressa le texte de l'encyclique à chaque évêque, avec une lettre lui prescrivant de n'en faire « aucun usage par acte public avant que je l'aie revêtu de mes lettres patentes, si je juge à propos de le faire ». Ces lettres patentes tardaient et ce silence, cette temporisation du gouvernement faisaient monter la fièvre dans le parlement de Paris. Le Roi multipliait les entrevues avec le premier président de Maupeou pour empêcher sa compagnie de se laisser aller à quelque éclat et elle se contenait effectivement un peu. Le Châtelet, simple tribunal, profitait de cette retenue pour prodiguer les sentences par où il recevait des appels comme d'abus, condamnait des écrits et donnait d'autres décisions si propres à entretenir l'effervescence dans la capitale, que l'on se demanda s'il n'était pas guidé hypocritement en sous-main par le parlement. Celui-ci accumulait les représentations et le Roi finit par lui annoncer qu'il tiendrait un lit de justice pour lui faire connaître ses volontés. En attendant, cette cour rendit arrêt, le 7 décembre, pour supprimer les imprimés diffusant l'encyclique *Ex omnibus*.

Le lit de justice se déroula à Paris le 13 décembre 1756, mais le parlement avait pris le 11 un arrêté visant à l'avance à en neutraliser les effets. Louis XV y fit enregistrer un édit et deux déclarations, mais nullement l'encyclique revêtue de lettres patentes. En fait, la substance de celle-ci était passée dans l'une des deux déclarations, datées du 10 décembre, relative aux affaires de religion et terminée, comme en 1754, par une abolition et une amnistie générales pour toutes les peines et poursuites prononcées à ce sujet. L'édit supprimait dans le parlement deux chambres des enquêtes, leurs présidences et soixante-quatre offices de conseillers et fixait le prix des offices subsistants. La seconde déclaration était une déclaration de discipline pour le parlement, fortement inspirée de celle du 18 août 1732, imprudemment mise en sommeil en son temps. Elle attribuait à la grand-chambre le monopole de « la police générale dans les matières civiles et ecclésiastiques », réservait au premier président et au procureur général la convocation de l'assemblée des chambres, confirmait l'usage des remontrances, mais exigeait qu'elles fussent présentées dans la quinzaine, ordonnait que l'enregistrement fût exécuté le lendemain de la réponse du Roi, spécifiait que les conseillers ne pourraient avoir entrée en voix dans l'assemblée des chambres qu'après dix ans d'ancienneté, prohibait les cessations de service, bref tendait à empêcher les délibérations d'être un tumulte dominé par de jeunes écervelés. Lorsque le chancelier alla aux opinions, le prince de Conty fut peut-être le seul à lui parler, et assez haut pour qu'on l'entendît déclarer que le Roi connaissait son sentiment sur les affaires présentes, pour en avoir déjà traité avec lui, et qu'il y persistait. Louis XV l'aurait alors regardé avec colère et termina la séance en disant : « Messieurs, vous venez d'entendre mes volontés. Je ferai respecter mon autorité par tous ceux de mes sujets qui voudront s'en écarter. » Il regagna son carrosse et, selon Barbier « il n'a pas été crié un Vive le Roi ! dans tout le chemin, en allant ni en revenant ; cependant le Roi avait l'air assez gai et regardait tout le monde ». Il se réjouissait peut-être d'avoir ramené ordre et tenue dans le travail du parlement, satisfaction qu'allait balayer la plus cruelle des déconvenues.

L'assemblée était restée quasi muette pendant le lit de justice et la crise éclata après sa séparation, sous forme d'une rage froide. L'édit de suppression des charges et la déclaration sur les sacrements n'étaient susceptibles d'aucune difficulté sérieuse. La déclaration de discipline, au contraire, sembla inacceptable à Messieurs. Ses dispositions relatives aux remontrances n'étaient pourtant, comme on sait, que la redite de celles de l'ordonnance civile d'avril 1667, bien et dûment enregistrée en son temps. Mais que représentait une ordonnance de Louis XIV aux yeux de gens se réclamant de Clotaire Ier ou, au mieux, de Charles le Chauve ? Aussi Messieurs des enquêtes et des requêtes considérant « l'impossibilité totale » où ils se trouvaient réduits « de pouvoir être à l'avenir d'aucune utilité pour le service du Roi et le bien de son royaume », conclurent, le soir même, à donner leurs démissions. Seuls les présidents à mortier et la moitié des grands'chambriers restèrent en fonction dans un palais sans causes, les avocats et les procureurs s'étant retirés. Tous les autres tribunaux parisiens se trouvèrent aussitôt désœuvrés : la justice n'était plus rendue. Le 16, Louis XV reçut très aimablement à Versailles les non-démissionnaires, dont la principale occupation consista dès lors à se mettre presque chaque jour « à genoux » pour réclamer la réintégration de leurs collègues, à quoi le Roi répondait qu'il tenait leurs offices pour vacants.

Une nouvelle épreuve de force était engagée et l'on peut se demander comment le Roi en était venu à adopter des mesures apparemment aussi drastiques. Si un certain temps s'était écoulé depuis la réception de la lettre du Pape et de son encyclique, c'est que Louis XV espérait, à l'occasion de ce rescrit, désarmer et les évêques trop zélés, et le parlement où la liberté de suffrage et d'opinion était violée systématiquement dans le tohu-bohu des assemblées. Les déclarations du 10 décembre et l'édit paraissent avoir été le résultat d'un travail personnel du garde des sceaux Machault d'Arnouville. Comme le comte d'Argenson, il avait toujours été mêlé aux tractations secrètes avec le clergé et les parlements. Il ne voulut plus, cette fois, qu'y fût mêlé d'Argenson, suspect de manœuvres occultes avec le premier président, et dut persuader à Louis XV qu'il était en mesure, à lui seul, d'apaiser les querelles religieuses et l'ardeur parlementaire. Au reste, il se fit aider par les conseillers d'État « examinateurs » des projets d'encyclique envoyés par le Pape : son ami Trudaine et M. Gilbert de Voisins. La déclaration de discipline correspondait à ses vues habituelles sur le parlement : le conserver, mais en lui rappelant fermement ses devoirs de subordination, en rendant dignité et liberté à ses assemblées, en le ramenant à l'observation des lois. Le chancelier n'a probablement été mis que très tard dans la confidence. Le garde des sceaux s'attendait à une résistance des enquêtes et des requêtes, mais comptait que la grand'chambre resterait fidèle et suppléerait le corps entier du parlement et que, par suite, le Châtelet, les avocats, les procureurs continueraient leurs fonctions ordinaires. Les déclarations et l'édit ne furent examinés au Conseil — et au Conseil d'En-haut, semble-t-il — que la veille du lit de justice, trop tard pour y faire autre chose que de formuler des vœux pour leur paisible enregistrement. Certains ministres, dont le comte d'Argenson, trouvèrent l'entreprise bien hasardeuse, mais, avec l'arrière-pensée que Machault en tirerait plus de désagréments que de gloire, se gardèrent de s'y opposer. Calcul perfide mais judicieux : la justice était paralysée, les parlements des provinces allaient voler au secours de celui de Paris. Dès le 20 décembre, au nom de « l'union des classes », celui de Rennes s'inquiétait des « mesures à prendre afin de se rendre utile au parlement parisien » ; le 3 janvier, deux de ses membres furent arrêtés et leurs papiers saisis : l'un, au moins, était soupçonné d'être le correspondant des parlements de Paris, Rouen et Bordeaux. Une crise grave était ouverte, et dans le gouvernement, et dans l'opinion publique.

Le parti suivi avec éclat par le parlement de Paris était un échec cuisant pour le garde des sceaux. La marquise de Pompadour qui, jusqu'alors, l'avait fidèlement et fermement soutenu, lui en voulut d'avoir plongé Louis XV dans une situation critique, elle lui retira progressivement son appui, au point de finir par le prendre en grippe. Quant au comte d'Argenson, il considérait avec satisfaction l'embarras fâcheux où s'était fourvoyé son vieil ennemi et il comptait que sa propre position en serait renforcée.

L'abbé de Bernis lui souffla alors de se rapprocher de Mme de Pompadour et de capter la faveur qu'elle était en train de dérober à Machault. Irréductiblement hostile à la marquise, le comte dédaigna cet avis.

Au terme d'une année où l'opinion publique avait été tenue en haleine par l'alliance avec la cour de Vienne, par les billets de confession, par la querelle du Grand Conseil avec les parlements, par les manifestations de « l'union des classes », par les troubles graves survenus dans les parlements de Bordeaux et de Rouen, par un flot de remontrances subversives, par les démêlés de la Sorbonne et du parlement, par deux lits de justice et autres épisodes où les fanatismes s'étaient déchaînés, au terme de toutes ces péripéties, la nouvelle crise surgie entre le Roi et le parlement vint porter au paroxysme l'échauffement des esprits, particulièrement à Paris, où depuis un quart de siècle la presse et les écrits jansénistes soufflaient la haine.

Chroniqueurs et mémorialistes ont tous relevé cette tension de l'opinion dans la capitale, surtout parmi les gens tenant de près ou de loin aux milieux judiciaires. Il se répand, constatait le marquis d'Argenson, « un sérieux triste et profond sur cet événement ; le parlement est en rage muette, et qu'on ne croie pas qu'il manque de canaux multipliés pour faire passer dans les masses l'idée de la résistance. Les gens de justice sont partout, agents supérieurs ou inférieurs, leurs innombrables suppôts, les plaideurs, une estime générale pour la magistrature... ; tout le second ordre de l'Église opposé à la bulle *Unigenitus* et leurs dévots, ce qui va encore plus loin ; toutes les provinces, leurs cours supérieures, la misère qui prêche, les magistrats qui consolent, un sourd mécontentement contre la cour, une fureur non déguisée contre l'avidité des hommes de finance, une révolte ouverte contre les intendants, l'envie, la pauvreté, la faim ». « Toute l'année 1756, rapporte Bernis, fut marquée par des actes qui trahissaient le mécontentement et le murmure des peuples, mais à Paris surtout le gouvernement était critiqué dans la société avec une indécence et une hardiesse de propos que le silence de la cour semblait autoriser. » Après le lit de justice du 13 décembre, précise-t-il, « le trouble devint extrême dans Paris : quand le parlement cesse ses fonctions, il y a près de vingt mille personnes qui meurent de faim ; la race des procureurs et des scribes est intermédiaire entre la bourgeoisie et la ville, et son agitation remue bientôt la ville ». « On est dans des circonstances très critiques », constatait Barbier, toujours lucide, « le fanatisme est général dans Paris contre l'autorité souveraine, et la plupart des hommes et femmes raisonnent sur ce ton-là, sans aucun principe de droit public ». Et le 30 décembre, il revenait là-desssus : « Il est certain que le fanatisme augmente tous les jours et que le vœu général serait de faire en tout reculer le Roi. »

V. — LES FRUITS DE LA HAINE

La tension était si forte après la paralysie de toute vie judiciaire, que la nouvelle qui se répandit tard dans la soirée du 5 janvier 1757 et selon laquelle on venait de tenter à Versailles d'assassiner le Roi fut accueillie dans la capitale avec peut-être encore plus de consternation que de stupéfaction.

Robert François Damiens

Le mercredi 5 janvier 1757, la cour était à Trianon pour tirer les rois. Dans l'après-midi, Louis XV était revenu à Versailles tenir compagnie à sa fille Madame Victoire, qui gardait la chambre. Son carrosse l'attendait depuis cinq heures et demie sous la voûte reliant la cour royale au parterre du Nord. Un peu avant six heures, il quitta ses appartements, descendit par le petit degré vers la salle des gardes située sous son cabinet d'angle. La nuit tombait et des huissiers porteurs de torches éclairaient ses pas. Le Dauphin était à sa gauche, le duc d'Ayen, capitaine des gardes, derrière lui, et, sur les côtés, le grand et le premier écuyer. Il était au bas de la dernière marche, lorsque bousculant deux des gardes qui faisaient la haie, un individu s'élança vers lui, le frappa fortement et, le chapeau toujours sur la tête, recula par la trouée qu'il avait faite. « Duc d'Ayen ! dit le Roi, on vient de me donner un coup de poing ! » Il porta la main à l'endroit du coup et la retira ensanglantée : « Je suis blessé, et c'est cet homme qui m'a frappé. » On s'était déjà jeté sur l'homme pour lui ôter le chapeau dont il aurait dû se découvrir devant son souverain. Le voyant arrêté, Louis s'écria : « Qu'on le garde et qu'on ne le tue pas ! » Puis, écartant le duc d'Ayen qui voulait le soutenir : « Non, j'ai encore la force de remonter. » Très calme, il remonta en effet l'escalier. Arrivé dans sa chambre, il perdait beaucoup de sang et s'affaiblit : « Je n'en reviendrai pas », dit-il et il demanda un prêtre et un chirurgien.

Il devait coucher à Trianon. Il n'y avait ni valets, ni linge, ni draps. Les assistants déshabillèrent le Roi, l'allongèrent sans draps sur son matelas. La Martinière était à Trianon. Parut M. Hévin, chirurgien de la Dauphine, qui pratiqua une saignée et donna les premiers soins. Le Roi perdit alors connaissance. Puis arriva un des aumôniers de quartier, l'abbé de Raigecourt ; le blessé lui ayant demandé l'extrême-onction, il alla chercher les saintes huiles. Survinrent enfin Sénac et La Martinière, qui sonda la plaie et la jugea peu dangereuse, à condition que l'arme ne fût pas empoisonnée. Celle-ci était un couteau à deux lames et celle qui blessa le Roi mesurait 8,1 centimètres. Elle avait pénétré du côté droit, entre la quatrième et la cinquième côte. En raison du grand froid, le Roi était très chaudement habillé et les couches superposées de ses vêtements avaient amorti et détourné le coup. La Martinière put lui déclarer que, s'il s'agissait d'un particulier, il aurait pu se lever en robe de chambre le lendemain et que la guérison était l'affaire de deux ou trois jours.

On avait envoyé quérir le confesseur de Sa Majesté, le P. Desmarets, qui était à Paris. En attendant, un aumônier du grand commun, l'abbé Soldini, entendit le Roi en confession et fut trois-quarts d'heure avec lui sous le rideau de son lit. Il y passa une partie de la nuit, jusqu'à l'arrivée du P. Desmarets, qui fut longtemps tête à tête avec son pénitent. Au début, il y avait eu beaucoup d'affolement. On avait couru de tous côtés. Mesdames étaient arrivées et, voyant leur père blessé et ensanglanté, s'étaient évanouies autour du lit, puis la Reine, qui se trouva mal aussi. Quoique très ému, le Dauphin garda son sang-froid. Louis XV déclara qu'il lui donnait ses pouvoirs, qu'il tiendrait les Conseils à sa place et qu'il le faisait « son lieutenant ».

Dès que le Roi s'était senti frappé, les gardes du corps s'étaient saisis de la personne de l'agresseur, qui s'était alors écrié : « Qu'on prenne garde à M. le Dauphin ! » Ce n'était qu'une ruse destinée à détourner l'attention et, par là, à éviter qu'on ne lui fît subir un mauvais sort. On retrouva dans sa poche l'arme du crime et il fut retenu d'abord et interrogé au rez-de-chaussée dans la petite salle des gardes. On craignait qu'il n'eût des complices ou ne fût l'instrument d'une conspiration. Le garde des sceaux Machault d'Arnouville survint et, violent sous son air posé, ordonna qu'on lui brûlât les pieds pour le faire parler. On lui appliqua des pincettes rougies au feu, dont il fut très meurtri, mais qui ne lui firent rien dire. Dans l'après-midi du jeudi, il fut transporté dans la geôle de la prévôté de l'hôtel, placé sous bonne garde les fers aux pieds et questionné par les officiers de la prévôté. On sut bientôt qu'il s'appelait Robert François Damiens.

Le remue-ménage et l'émoi qui régnaient à Versailles gagnèrent rapidement Paris. Vers neuf heures du soir arrivèrent dans la capitale les premiers courriers annonçant, d'abord sans grands détails, qu'on avait essayé de poignarder le Roi. Les messagers se succédèrent continuellement et, rapporte Dufort de Cheverny, « Paris près d'être pris d'assaut n'aurait pas été plus agité. Toute la nuit, on n'entendit que rouler des voitures et partir des courriers ». Dans l'attente de nouvelles, la foule s'assembla dans la cour du gouverneur de Paris, le duc de Gesvres, qui y fit allumer des feux et aussi dans la rue, car il gelait à pierre fendre, et cette multitude ne se retira qu'à cinq heures du matin, après l'arrivée du second courrier officiel. Le jeudi matin, relate Barbier, « la consternation était générale dans Paris, tout le monde était en pleurs dans les églises ». La joyeuse animation coutumière du jour des Rois fit place à l'affliction : de nombreux soupers furent décommandés et les rôtisseurs ne purent écouler toutes les volailles dont ils s'étaient approvisionnés, les cabarets restèrent mornes et personne n'osait crier « le roi boit ! ». L'inquiétude fut aussi vive que lors de la maladie de Louis XV à Metz en 1744, mais se calma rapidement puisque, le vendredi 7 et même tard la veille, l'on sut que sa blessure était légère et que ses jours n'étaient pas en danger. Ses médecins cessèrent le 8 de donner des bulletins de santé et les théâtres, qui avaient interrompu leurs représentations, rouvrirent le dimanche. Parvenue plus lentement à l'étranger, la nouvelle de l'attentat y eut un grand retentissement, le Pape pleura en l'apprenant, l'impératrice Marie-Thérèse fut bouleversée, la cour de Madrid consternée et tel était alors le degré de civilisation de l'Europe que Louis XV reçut du roi d'Angleterre un message de sympathie indignée, auquel il répondit. Si le Roi était sain et sauf, il restait qu'on avait voulu l'assassiner et qu'une telle tentative sur la personne du Roi Très-Chrétien soulevait une émotion considérable et durable. Comme l'observait pertinemment Barbier, « plus on acquérait à Paris de tranquillité sur la santé du Roi, et plus on avait de liberté d'esprit pour faire des raisonnements sur un événement aussi surprenant qu'il est triste ».

*
**

Louis XV, tout le premier, était plongé dans la tristesse et la méditation. Enfermé entre les rideaux de son lit, « il n'ouvrait la bouche, rapporte Dufort de Cheverny, que pour demander des choses indifférentes ; il était tout entier à ses réflexions. Lorsqu'on lui sonda sa plaie et qu'on l'assura qu'elle n'était pas profonde, « elle l'est plus que vous le croyez, dit-il, car elle va jusqu'au cœur. » Il paraissait « frappé sérieusement par cet événement-ci, écrit Luynes. Il est très certain qu'il a dit qu'il voudrait qu'il lui en eût coûté un bras et que ceci ne fût pas arrivé ». Il sut très vite que son agresseur avait agi seul. Mais ce misérable n'était-il pas ce régicide appelé par les mauvais propos tenus dans les prétoires, par les pamphlets, les chansons ordurières, les papiers menaçants affichés dans les rues, jetés dans les cours et les antichambres du château, adressés au lieutenant de police et même au confesseur du Roi ? Cet isolé n'avait-il pas été armé par des milliers de bras ? N'était-il pas l'instrument d'une haine collective ?

Dès le soir de l'événement, la Reine et ses enfants avaient pris possession de la chambre à coucher du Roi et de son appartement, où ne pénétraient que les médecins, le service nécessaire et quelques dignitaires. Le gros des courtisans attendait dans le salon de l'Œil-de-Bœuf, où se chuchotaient rumeurs et cancans. Le souvenir des « scènes de Metz » hantait les esprits et, voyant le souverain chambré par le clan dévot, l'on s'interrogea sur le sort de Mme de Pompadour. Elle était revenue de Trianon dans son appartement de Versailles et s'y cloîtra en attendant la suite des événements, sans envisager un instant de se retirer de son propre mouvement. Dans l'hypothèse de sa disgrâce éventuelle, sa cour ordinaire s'était rétrécie, mais les amis fidèles la tenaient au courant de tout. Bien que très vite rétabli, Louis XV demeurait moralement si affecté qu'il restait comme prostré dans son lit, à l'abri derrière les rideaux. Une fois où on les ouvrait pour lui servir son bouillon, Dufort de Cheverny l'aperçut et, conte-t-il, « cette superbe figure d'homme jeta sur nous tous un regard de chagrin ; il semblait qu'il voulût dire : Regardez votre Roi, qu'un misérable a voulu assassiner et qui est le plus malheureux de son royaume ». « Ayant l'air très tranquille dans son lit, rapporte encore le même témoin, il faisait ses réflexions : elles étaient tristes. Obsédé par sa famille et ses enfants, il se souvenait parfaitement de Metz... Il craignait que sa conduite privée ne lui eût fait perdre l'amitié de son peuple. » Depuis la nuit du drame, il avait eu plusieurs entretiens avec le P. Desmarets, son confesseur. Ils eurent encore un long tête-à-tête (près de trois-quarts d'heure) le samedi 8 janvier, puis, selon Luynes, cessèrent de se voir vers le milieu de la semaine suivante. Or le jeudi 13, pour la première fois depuis l'attentat, Louis descendit chez Mme de Pompadour et n'y resta qu'une demi-heure ; il y revint le lendemain et y passa deux heures : ses habitudes étaient renouées. Dans le même temps, on démeubla au château le logis affecté aux petites maîtresses du Roi : était-ce la contrepartie imposée par le confesseur au maintien de la marquise ? Il est certain aussi que Louis n'eut plus de bâtards avant mai 1760[1].

Peu à peu, il reprit ses activités. C'est encore dans son lit que, le 10 janvier, il reçut le corps diplomatique. Pour cette audience, il avait donné ses ordres à Dufort de Cheverny « si laconiquement, si tristement, mais d'une manière si ferme, qu'il était aisé de voir que sa tête était plus malade que son corps ». Quelqu'un lui ayant alors marqué sa joie de son rétablissement, il lui déclara : « Oui, le corps va bien » et, mettant la main à sa tête,

---

1. Voir ci-dessus, p. 508.

« mais ceci va mal, et ceci est impossible à guérir ». Il lui fallut une huitaine pour émerger de cet état dépressif. Le 12 janvier, il s'habilla et le lendemain, où il retrouva Mme de Pompadour, il se remit aussi à présider ses Conseils. C'était, ce jour-là, le Conseil d'En-haut et il y fit entrer le Dauphin, en reconnaissance de la sagacité et du tact avec lesquels il avait tenu la semaine précédente les Conseils en son nom : ce prince, en effet, après y avoir dirigé la discussion, passait dans la chambre de son père pour lui rendre compte et recevoir respectueusement sa décision. Le Dauphin, alors âgé de vingt-sept ans, siégerait désormais dans tous les Conseils de gouvernement et y opinerait comme les ministres.

Un bouc émissaire

L'une des premières choses débattues dans les Conseils tenus par le Dauphin avait été le sort de l'assassin du Roi, qui était interrogé sans relâche à la prévôté de l'hôtel avec une curiosité majeure : avait-il ou non des complices ? était-il l'exécutant d'un complot ? Ces questions, tout le monde se les était posées et les hypothèses avaient fleuri, recensées par Barbier : « On a jeté d'abord les yeux sur les Anglais à cause de la guerre ; d'un autre côté, on a regardé ce misérable comme un fanatique, à cause des troubles de la religion, et de là, le public a d'abord jeté les yeux sur les jésuites en particulier, et ensuite sur le clergé en général ; mais les gens plus tranquilles sont convenus que ce coup était inconcevable, impénétrable et qu'il fallait attendre, d'autant qu'il peut y avoir un fanatique dans les deux partis de religion. »

Avec sa pénétration coutumière, Louis XV avait deviné que Damiens était un pauvre hère et qu'il avait agi isolément, fanatisé par l'exaltation des milieux judiciaires. Il déclara tout de suite qu'il lui pardonnait de bon cœur et, s'il s'était écouté, ne lui aurait probablement fait infliger qu'une peine symbolique, d'autant que sa blessure avait été bénigne. La discrétion autour de l'événement aurait eu ses préférences et il est frappant qu'il ait clairement refusé de donner des ordres aux évêques pour célébrer sa guérison par des *Te Deum* : les prélats qui en firent chanter agirent de leur propre initiative et les autres attendirent pour le faire des consignes qui ne vinrent point. Mais les suites d'un attentat commis sur la personne d'un roi, crime de lèse-majesté au premier chef, échappaient en quelque sorte à la victime : l'appareil judiciaire et l'opinion publique s'en emparaient.

Damiens avait commis son forfait dans le château de Versailles et son cas relevait en toute légalité de la prévôté de l'hôtel, qui assurait statutairement, au civil et au criminel, la police et la justice dans l'enceinte des demeures royales. Mais, quelles que fussent les règles, pouvait-on faire le procès d'un régicide devant une juridiction occupée ordinairement à connaître d'une rixe entre garçons d'écurie ou d'un vol commis par quelque quidam dans les appartements ? Dans les premiers Conseils réunis par le Dauphin, la majorité pencha d'abord à traduire Damiens devant une commission de conseillers d'État et de maîtres des requêtes. La décision en était quasiment prise quand l'abbé de Bernis s'insurgea contre elle : il représenta que le public en concevrait des soupçons et qu'il valait mieux saisir le parlement de Paris, ou plutôt ce qui en restait, c'est-à-dire la grand'chambre, ce qui rejoignait le vœu de celle-ci. Cet avis l'emporta et Louis XV l'agréa. Pourquoi ? Peut-être pour ménager le parlement, soit dans l'espoir d'amener les mutins à résipiscence, soit que, effrayé par les révélations de Damiens, fort compromettantes pour les parlementaires, il ait voulu étouffer le scandale qu'eût provoqué la mise en cause de la première cour de son royaume.

Cette attribution était en fait une évocation suivie d'un renvoi devant des juges qui opéreraient plutôt en commissaires qu'en juges ordinaires, mais « évocation » et « commissaires » étaient des termes trop malséants au parlement pour qu'on en usât : les lettres patentes du 15 janvier, qui prononcèrent le renvoi, se contentèrent de spécifier que Damiens serait jugé « par la grande chambre assemblée de notre parlement, séante en la grande chambre ». Le préambule de ces lettres faisait état du premier mouvement du Roi : « Les sentiments de religion dont nous sommes pénétrés et les mouvements de notre cœur nous portaient à la clémence. Mais nos peuples, à qui notre vie n'appartient pas moins qu'à nous-mêmes, réclament de notre justice la vengeance d'un crime commis contre des jours que nous ne désirons de conserver que pour leur bonheur. » Préciser que le procès se déroulerait dans la grand'chambre et non point, par conséquent, à la tournelle, salle affectée d'ordinaire aux audiences criminelles, c'était exclure les magistrats des enquêtes et des requêtes, mais leur attitude était peu convenable. Si le Roi, en effet, avait eu la consolation de savoir que l'attentat avait consterné la majorité de ses sujets, le comportement de la plupart des parlementaires — à l'exception de ceux qui restaient actifs en la grand'chambre — ne pouvait que l'indisposer et l'attrister.

Dès qu'il avait été averti de l'attentat, le premier président de Maupeou était parti pour Versailles le 5 janvier vers 22 heures en emmenant « le grand banc », c'est-à-dire les présidents à mortier. Pendant que ces Messieurs passaient la nuit et une partie de la matinée là-bas, les magistrats démissionnaires des enquêtes et requêtes, alertés à leur tour et affolés par les révélations que pourrait faire l'assassin, se réunirent en hâte au palais — en habits et non en robe — vers cinq heures du matin. L'occasion était unique pour eux de faire acte de loyalisme en reprenant leurs démissions. Ils se contentèrent d'écrire au premier président, sur un ton très froid, une lettre fort brève : ils le priaient d'obtenir les ordres qui les mettraient « en état de donner, en cette occasion, des marques de leur fidélité ». De retrait des démissions, il n'était pas question : malgré les circonstances, ces Messieurs estimaient que c'était au Roi à les rappeler et non à eux d'aller à lui. Leurs passions restaient si échauffées qu'un conseiller absent lors de la séance du 13 décembre adressa le 8 janvier sa lettre de démission et que, quelques jours plus tard, plusieurs magistrats, ayant préconisé une attitude plus soumise, furent désavoués et mis en quarantaine par leurs collègues. Les autres cours dédaignèrent de même l'opportunité de manifester quelque patriotisme dans une telle conjoncture : sous le couvert d'une indignation de commande, leur esprit frondeur ne désarma pas et la ligue des « classes » demeura solide et active. Louis XV n'était pas dupe : un même jour, il fut complimenté sur son rétablissement par le greffier de la ville, au nom de la municipalité de Paris, et par celui du parlement de Rouen, au nom de cette cour : au premier, il répondit très aimablement, mais dit au second : « Je me porte fort bien. Dites au parlement qu'il songe à me donner des marques de son respect et de son obéissance. » On crut un moment que le parlement de Rennes allait se ranger : faux espoir, il décidait dès le 11 janvier de rédiger des remontrances au sujet du second vingtième et n'enregistra que le 29 mars la déclaration du 7 juillet 1756 qui l'établissait. Enregistrement alors effectué avec le même retard par le parlement de Besançon. Celui de Bordeaux n'afficha pas de meilleures dispositions. C'est dans cette atmosphère pénible que se déroula le procès du régicide.

*
**

Dans la nuit du 17 au 18 janvier 1757, Damiens fut transféré de Versailles à Paris et enfermé à la Conciergerie dans les mêmes lieux que jadis Ravaillac. Il avait été jusque-là activement questionné par les officiers de la prévôté de l'hôtel, que l'on avait renforcés de deux maîtres des requêtes. L'instruction fut reprise au parlement et dura encore plusieurs semaines. A la fin de janvier, remarquait Barbier, « il y a vingt-six jours que l'attentat a été commis et l'on travaille toujours à l'instruction du criminel... S'il y avait eu une commission des gens du Conseil pour ce jugement, on crierait contre les longueurs ». Les éléments les plus intéressants de l'enquête demeurèrent ceux recueillis par la prévôté de l'hôtel.

Né en Artois dans une famille modeste mais très digne, Robert François Damiens, âgé de quarante-deux ans lors de ces faits, avait mené une existence instable, changeant souvent de nom et de condition, ayant abandonné sa femme et sa fille. Employé surtout comme domestique, il avait servi chez plusieurs conseillers du parlement de Paris : MM. Séguier, Le Boulanger, Barré, Dupré de La Grande, de Bèze de Lys. Ces Messieurs parlaient souvent sans retenue devant leurs gens, qui épousaient leurs querelles : en 1730, les laquais des conseillers de la quatrième des enquêtes, exerçant une espèce de juridiction sur un de leurs camarades au service de M. Séguier, l'avaient condamné pour cause de molinisme ! Bèze de Lys était un des parlementaires les plus factieux et Damiens, qui fut engagé chez lui à deux reprises, a pu non seulement l'entendre vitupérer le Roi, le gouvernement, les évêques et les jésuites, mais ouïr les mêmes imprécations sur les lèvres des magistrats qui se réunissaient chez lui pour parler des affaires du temps et préparer les incidents qu'ils susciteraient au parlement. Ces Messieurs, Damiens les a nommés dans une lettre qu'il écrivit à Louis XV et remit à un exempt de la prévôté de l'hôtel, nommé Belot, qui lui avait inspiré confiance : c'étaient les présidents Bernard de Boulainvilliers et Frémont du Mazy, les conseillers Rolland de Challerange, de La Guillaumie, Lambert, Clément de Feillet. Ce dernier était peut-être le janséniste le plus forcené du parlement et sa véhémence avait fasciné Damiens, qui reconnut en propres termes qu'il le considérait comme « son dieu ». Damiens, d'autre part, aimait à parler et à se mêler de tout. Il passait une partie de son temps à hanter le palais de justice, à y recueillir nouvelles et rumeurs, qu'il courait porter toutes fraîches chez tel ou tel magistrat de sa connaissance. Or les propos échangés dans les salons parlementaires ou tenus dans les galeries, les salles ou les buvettes du palais étaient tout aussi enflammés que ceux des ligueurs sous Henri III. Damiens en eut la tête farcie. Il n'était pas dénué d'intelligence, mais avait un esprit bizarre, influençable et facilement exalté : il se convainquit que le Roi était un méchant parce que, sous l'influence de « ce coquin d'archevêque », il n'écoutait pas son parlement, et que c'était un devoir de l'en punir.

Le procès s'ouvrit le 12 février 1757 en la grand'chambre. Les juges comprenaient les conseillers restés en service (augmentés de deux rentrants), les présidents à mortier, les princes et des ducs et pairs, sous la houlette du premier président, soit en moyenne trente-deux à trente-cinq personnes par séance. Parmi les pairs, le prince de Conty se mit en vedette, non seulement par son éloquence naturelle et son talent d'argumentateur, mais par la sollicitude constante avec laquelle il s'évertua à lénifier, édulcorer, étouffer ou suspecter les témoignages et les points d'enquête qui prouvaient que les menées et les paroles séditieuses des parlementaires étaient à l'origine de la pulsion criminelle de Damiens. En particulier, il a persévéramment cherché à escamoter les investigations conduites par la prévôté de l'hôtel les plus complètes et les plus probantes. Et ceux des juges qui étaient magistrats ne pouvaient que lui emboîter plus ou moins le pas, la solidarité corporative les poussant à jeter le manteau de Noé sur les responsabilités de la robe dans ce crime. Précaution nécessaire à leurs yeux, car, après s'être déchaînée contre les jésuites, l'opinion se ressaisissait : « Le ton du public affecté commence un peu à baisser, constatait Barbier à la mi-février : il n'est plus question des jésuites ni du clergé en général. Il paraît qu'on est obligé de convenir que Damiens est un fanatique et que ce malheureux coup est une suite du système janséniste et des impressions dont ce parti a affecté le public et troublé les cervelles. » Pour beaucoup d'esprits sensés, il devenait évident que si Damiens n'avait eu pour son crime aucun complice, il avait eu, en revanche, maints incitateurs dans les milieux jansénistes et parlementaires. Damiens lui-même le reconnut, car cet égaré savait être lucide : « Si je n'étais jamais entré dans les salles du palais, déclara-t-il au tribunal, et que je n'eusse servi que des gens d'épée, je ne serais pas ici. » Aveu qu'il réitéra plusieurs fois de son plein gré.

Les dix audiences du procès se déroulèrent avec une grande affectation de rigueur et de solennité juridiques : ce zèle de la grand'chambre était destiné à mettre le parlement à couvert de tout soupçon. Même souci dans l'arrêt de mort qui tomba au soir du 26 mars : condamnation au bûcher après écartèlement. Sentence exécutée le 28 et complétée le 29 par les punitions infligées à la famille du criminel : sa maison natale rasée, son père, sa femme et sa fille bannis du royaume, ses frères et sœurs contraints de changer de nom. Les peines les plus cruelles et les plus spectaculaires avaient été retenues en apparence pour décourager le renouvellement d'un tel attentat. En apparence, car cette dureté impitoyable était pleine d'arrière-pensées. Elle tenait du marchandage : obtenir en échange du supplice horrifiant du régicide le retrait des actes enregistrés au lit de justice et par suite, la réintégration des démissionnaires. Elle visait, par ailleurs, à faire de Damiens le bouc émissaire innocentant la magistrature de ses péchés. En outre, ces châtiments horribles semblaient l'application des coutumes pénales des peuples barbares qui avaient jadis envahi la Gaule et cette référence au « temps de nos rois germains » devait plaire à certains des juges.

Un des aspects les plus troublants du procès de Damiens reste l'attitude du prince de Conty. La ténacité avec laquelle il s'y appliqua à masquer la responsabilité morale des parlementaires dans le geste du criminel indiquait que désormais il était bien dans leur camp. Tout en y animant l'agitation, il se laissa aller aussi par ailleurs à des manœuvres très louches. Depuis au moins 1755, il était en relations avec certains protestants, car les huguenots étaient nombreux dans son comté d'Alès. Il souhaitait ou affectait souhaiter que les religionnaires pussent jouir en France d'un statut reconnu, mais se laissa peut-être circonvenir par une petite minorité d'entre eux, partisans d'une action violente. Le détail de ses manigances est difficile à reconstituer. Certains ont parlé d'une conspiration ou d'un complot tramé en 1757 et tendant à organiser dans le Sud-Ouest et l'Ouest du royaume des attroupements armés de protestants. La vaine expédition des Anglais contre Rochefort en septembre 1757 aurait été montée en liaison avec ces projets. Tout cela est mal connu et ne ferait honneur ni à la fidélité de Conty, ni à son discernement, car la très grande majorité des protestants de France n'attendaient l'amélioration de leur condition ni de la sédition, ni d'une aide étrangère, mais de la reconnaissnce de leur parfait loyalisme. Quoi qu'il en ait été, Conty, placé sous la coupe de Le Paige, était désormais un personnage suspect et dangereux.

VI. — L'ANNÉE DE LA COMÈTE

Très vite remis physiquement de la blessure infligée par Damiens, Louis XV en resta moralement très atteint. L'année que cet attentat avait inaugurée pour lui se termina par d'autres déboires, d'autant plus pénibles que les campagnes militaires avaient pu longtemps engendrer optimisme et illusions.

Un gouvernement affaibli

La tentative de Damiens n'avait donc entamé en rien l'attitude factieuse des parlementaires. Les officiers de la grand'chambre restés en service n'avaient cessé de proposer leurs bons offices en faveur de leurs collègues démissionnaires. Ils préparèrent des représentations sur l'édit et les déclarations enregistrés au lit de justice et allèrent le 19 janvier 1757 les présenter au Roi, qui y fit réponse le 23. Une réponse assez longue, d'un ton ferme, mais modéré, où il était rappelé que les dispositions relatives aux remontrances n'étaient que la répétition de celles de l'ordonnance de 1667. Louis XV termina l'audience en disant au premier président : « Faites travailler les procureurs, vous le pouvez. » Il était à peu près impossible de ramener au palais les avocats, profession libérale, alors qu'on pouvait exercer des pressions sur les procureurs, dont les charges étaient érigées en offices. Voyant que le Roi ne cédait pas sur les décisions du lit de justice, les démissionnaires tinrent des assemblées où se débitèrent des propos si vifs que, dans la nuit du 26 au 27 janvier, seize des plus mutins ou présumés tels reçurent chacun une lettre d'exil.

Ce nouvel acte de rigueur fit mauvais effet : « Le mécontentement du public est général, manda alors Starhemberg à la cour de Vienne ; l'éloignement et l'opiniâtreté du parlement est devenu plus fort que jamais, ceux qui étaient les plus disposés à se soumettre se sont rétractés ; on ne parle que de mort et de poison. On a affiché, dans la galerie à Versailles, des placards affreux et menaçants pour la vie du Roi... Enfin, il n'est question que de plaintes, de murmures et de cris contre le ministère. C'est à Mme de Pompadour que l'on s'en prend encore. » Louis XV en vint-il à redouter que la crise n'empirât ? Quelles craintes, quelles lassitudes, quelles déceptions agirent-elles sur son âme ? Quelles pressions aussi pesèrent-elles sur lui alors que se poursuivait le procès de Damiens ? Toujours est-il qu'il crut devoir prendre le 1er février 1757 des décisions frappantes.

Ce matin-là, le comte de Saint-Florentin, secrétaire d'État de la Maison du Roi, se fit porter chez le garde des sceaux, à qui il devait remettre en mains propres une lettre du Roi. Machault l'ouvrit et lut :

« Du 1er février 1757.

Monsieur de Machault, Quoique je sois persuadé de votre probité et de la droiture de vos intentions, les circonstances présentes m'obligent de vous redemander mes sceaux et la démission de votre charge de secrétaire d'État de la Marine ; soyez sûr de ma protection et de mon amitié. Si vous avez des grâces à demander pour vos enfants, vous pouvez le faire en tout temps. Il convient que vous restiez quelque temps à Arnouville.

Louis.

Je vous conserve votre pension de ministre de 20 000 livres et les honneurs de garde des sceaux. »

Le comte d'Argenson s'attendait à la disgrâce de son ennemi et lorsqu'il vit Saint-Florentin remonté en chaise se diriger vers chez lui, il crut qu'il venait lui confier les sceaux et l'intérim de la Marine. Ce n'était guère ce que contenait ce billet :

« Du 1er février 1757.

Monsieur d'Argenson, Votre service ne m'étant plus nécessaire, je vous ordonne de me remettre la démission de votre charge de secrétaire d'État de la Guerre et de vos autres emplois et de vous retirer à votre terre des Ormes.

Louis. »

Les deux ministres fermèrent aussitôt leurs portes et se retirèrent où le Roi le leur enjoignait. Machault, dans son château d'Arnouville près Gonesse, aux portes de Paris, où il vieillit sereinement avant de mourir dans les prisons de la Terreur. Et d'Argenson, dans son château des Ormes, aux confins de la Touraine et du Poitou, où il dépérit, inconsolable d'avoir perdu l'amitié de son maître : il avait fait dresser dans son parc une statue du Roi, auprès de laquelle il venait méditer sur l'instabilité des choses humaines.

Pourquoi Louis XV se séparait-il de ses meilleurs ministres ? Le ton de leurs lettres d'exil était bien différent : celle qu'il écrivit à Machault était affectueuse, presque tendre, alors que le billet adressé à d'Argenson était froid et sec. C'est qu'en sacrifiant le premier, il n'entendait pas désapprouver sa politique. On colporta qu'ils avaient été disgraciés parce qu'après l'attentat de Damiens ils auraient conseillé à Mme de Pompadour de quitter la cour et de se retirer en province. Explication trop réductive. Il est certain que, depuis des années, la marquise détestait d'Argenson et que, depuis le lit de justice du 13 décembre, ses relations avec Machault s'étaient détériorées. A elle seule néanmoins, son hostilité n'aurait pas suffi à entraîner leur disgrâce. Las des agitations stériles, las de voir ses meilleures intentions travesties en actes de despotisme, Louis XV n'aspirait qu'à la paix intérieure et au silence. Il lui sembla que la manière la plus sûre d'arrêter les luttes en cours était d'éloigner les combattants. L'archevêque resterait à Conflans, les parlementaires démissionnaires croupiraient dans l'exil ou l'oisiveté, Machault, haï du clergé, et d'Argenson, ami des jésuites, seraient écartés. Pour ce dernier, tout en appréciant son œuvre au secrétariat de la Guerre, le Roi lui reprochait son action à la tête du département de Paris : il n'avait pas assez surveillé le parlement, n'avait pas su poursuivre les auteurs de placards séditieux ou de désordres. Quant à Machault, il ne le sacrifiait qu'à regret, parce qu'il avait fini par croire que, tant qu'il serait en place, les parlements ne seraient jamais tranquilles : « Ils ont tant fait, écrivit-il à Madame Infante, qu'ils m'ont forcé à renvoyer Machault, l'homme selon mon cœur ; je ne m'en consolerai jamais. » De la sincérité de ces bonnes dispositions, Machault eut bientôt la preuve : dès le mois d'avril suivant, le Roi érigea en comté sa seigneurie d'Arnouville et gratifia son fils aîné, qui entrait dans les ordres, d'un bénéfice de 10 à 12 000 livres de revenu.

Il fallait pourvoir aux fonctions laissées vacantes par les disgraciés. Le comte de Saint-Florentin récupéra le département de Paris. Le marquis de Paulmy, adjoint depuis octobre 1751 à son oncle le comte d'Argenson, eut en titre le secrétariat d'État de la Guerre. La Marine alla à Peyrenc de Moras, qui cumula ce poste avec les Finances. Le 8 février, Paulmy et Moras furent créés ministres d'État. Pour les sceaux, le temps passait sans qu'ils fussent confiés à personne et comme il était évident que le chancelier ne les aurait pas, bruits et faux espoirs se donnèrent carrière jusqu'au jour où l'on sut que le Roi entendait les tenir lui-même. Un règlement fut publié à ce sujet le 26 février et Louis XV présida l'audience du sceau pour la première fois le 3 mars, dans le cabinet de la pendule de son appartement intérieur. Cette solution avait des précédents sous d'autres règnes, mais pendant des périodes assez brèves, alors que la singularité de celle-ci fut de durer : Louis XV allait être pendant plus de quatre et demi son propre garde des sceaux.

Les deux personnalités les plus marquantes du Conseil d'En-haut furent alors l'abbé de Bernis, qui y avait été appelé le 2 janvier, et le maréchal de Belle-Isle. Ils ne compensaient qu'imparfaitement le vide causé par l'éloignement de Machault et de d'Argenson. Pour combiner les campagnes diplomatiques et militaires, Louis XV allait donc disposer d'un gouvernement affaibli, et affaibli non seulement par le départ de deux ministres très expérimentés, mais encore par les avantages remportés par les parlements.

Les reculades

Passée l'émotion fugitive causée par l'attentat de Damiens, les cours supérieures s'abstinrent, on l'a vu, d'ajuster leur conduite au loyalisme qu'elles affectaient. Le 11 février 1757, le parlement de Rennes avait dressé des remontrances au sujet de l'arrestation de deux de ses membres. Bordeaux le 25 mai, Rouen le 6 et Rennes encore le 8 août en lancèrent en faveur du retour de tous les officiers de la « classe » du parlement séant à Paris, Bordeaux en adopta le 7 septembre contre le second vingtième. Le gouvernement avait pourtant fait des concessions. Des lettres patentes du 1er avril avaient suspendu les activités de la commission du terrier de Guyenne ; un arrêt du Conseil du 16 août en révoqua un autre du 26 juillet 1749, par lequel le Roi avait évoqué à son Conseil tous les procès concernant les fermes générales portés devant la cour des aides de Bordeaux, suspecte de partialité systématique contre lesdites fermes. En juillet, M. de Malartic, et non M. de Saint-Michel, avait été nommé premier président de la cour des aides de Montauban. En juillet encore, quatre des huit conseillers du parlement de Besançon relégués en mars, avaient reçu leurs lettres de rappel d'exil.

La situation la plus délicate à régler restait celle du parlement de Paris. Comme l'avait exigé Louis XV, la grand'chambre avait enjoint aux procureurs d'exercer leur ministère et ils s'y étaient pliés facilement, sachant qu'en l'absence des avocats l'activité au palais resterait nulle. Chaque matin, on ouvrait donc l'audience avec les procureurs, mais la défaillance des avocats provoquait indéfiniment le renvoi des causes. La justice dans la capitale restait paralysée depuis le 13 décembre 1756 et des tractations souterraines furent menées de divers côtés pour y remédier : « Chaque ministre, relate Bernis, se crut autorisé à négocier avec le parlement ; M. Berryer [lieutenant général de police], et le premier président, d'accord en public et rivaux secrets, rompaient toutes les mesures des négociateurs pour se réserver tout l'honneur de cette affaire : l'un et l'autre aspiraient à la place de garde des sceaux et ils jouissaient de la confiance de Mme de Pompadour. » Certains magistrats vinrent alors trouver l'abbé de Bernis en lui demandant de s'entremettre pour obtenir le rétablissement du parlement. Le Roi l'y autorisa, mais la tentative fut traversée par le premier président.

Ce fut vers ce temps que le Dauphin, avec la permission de son père, lui fit par écrit ses réflexions sur les partis envisagés. Son mémoire, qui nous est parvenu, honore son jugement et son caractère : traçant le parallèle entre les audaces des parlementaires et la bonté du Roi, « je prends, disait-il, la liberté de vous demander si toutes les fois que vous avez bien voulu condescendre à une partie de ce qu'ils demandaient, eux, de leur côté aussi, ont daigné rabattre une partie de leurs prétentions... Aujourd'hui, je ne vois rien qui donne une espérance plausible de gagner les esprits par les mêmes moyens qui ont échoué tant de fois... Moins votre autorité sera respectée, moins votre personne sera à l'abri des abominables entreprises dont nous avons vu les funestes effets... Je pense donc qu'une fermeté inébranlable est le seul moyen de conserver et vos jours et votre autorité. Il est triste d'être forcé à se faire craindre, mais il l'est encore plus d'avoir à craindre ». La seule concession à laquelle le prince aurait consenti eût été un certain allégement de la déclaration de discipline, mais après soumission réelle de la compagnie.

L'opinion de l'héritier de la couronne ne l'emporta pas. Les besoins du Trésor vinrent, une fois de plus, imposer la reculade : des édits bursaux étaient en préparation, qu'il faudrait faire enregistrer par le parlement. Avec l'accord de Louis XV, Bernis reprit contact avec les présidents Molé et d'Ormesson et les magistrats du parquet et ensemble ils mirent sur pied le scénario du retour. Peyrenc de Moras ne tenait pas à gérer conjointement deux ministères importants : gardant la Marine, il céda le 25 août 1757 le contrôle général à M. de Boullongne, intendant des finances. La grand'chambre, qui avait préparé pour le Roi des représentations tendant au rassemblement de tout le corps du parlement, fut convoquée tout entière le 29 août à Versailles, où Louis XV lui donna sa réponse. Réponse assez entortillée, par laquelle le Roi entendait que fût exécutée la déclaration du 10 décembre sur les affaires de religion, annonçait qu'une déclaration précisant les modalités d'exécution de l'édit de suppression des charges serait incessamment publiée, admettait que la déclaration de discipline ne fût pas appliquée, consentait que le chancelier rendît aux démissionnaires leurs lettres de démission, qu'il tenait pour non avenues. La forme de cette dernière concession déplut aux jansénistes, en ce qu'elle était le fruit de la seule initiative de la grand'chambre et non de la pression exercée par les démissionnaires sur le gouvernement. C'était une des finesses imaginées par Bernis pour sauver la face. Le 1er septembre au matin, le parlement rentra au complet et dut envoyer le soir sa grande députation à Versailles pour entendre de la bouche du chancelier les volontés du Roi. La déclaration interprétative de l'édit fut promulguée sous la date du 30 août. Le parlement put constituer une chambre des vacations. Là-dessus le premier président de Maupeou démissionna le 22 septembre : ayant trahi tout le monde, il avait perdu la confiance de tout le monde. Le Roi nomma à sa place le président Molé, qui n'avait pas de génie, mais quelque droiture. Et l'archevêque eut permission de revenir à Paris.

Le 16 octobre 1757, Louis XV prit une décision importante en arrêtant que, désormais, deux conseillers d'État siégeraient en permanence au Conseil des Dépêches. Il confia ces places à M. Berryer, lieutenant général de police, et à M. Gilbert de Voisins. Ces nominations consacraient le rôle important tenu dans ce Conseil par des conseillers d'État qui y pénétraient souvent à titre de commissaires. Ces deux conseillers, commenta Barbier, « deviennent par là quasi ministres... Comme c'est dans le Conseil des Dépêches que l'on traite des affaires de l'intérieur du royaume, et par conséquent de tout ce qui a rapport aux affaires du temps entre l'Église, le clergé et les parlements..., ces deux magistrats, qui connaissent le droit public et les formes judiciaires, surtout M. Gilbert de Voisins..., seront d'un grand secours dans ce Conseil, n'y ayant presque aucun de ceux et des ministres qui le composent, qui sache, ni qui puisse bien savoir l'étendue des lois et des formalités ». Ce qu'avouait de son côté l'abbé de Bernis : « Nous avons, annonça-t-il, M. Berryer et M. Gilbert pour nous éclairer sur les formes. » C'était aussi un camouflet pour le chancelier de Lamoignon : ces nominations auraient-elles été aussi nécessaires s'il avait mieux su manier les formes ? Jusqu'à sa mort en 1769, M. Gilbert de Voisins allait jouer dans ce Conseil un rôle discret mais de grande importance.

La reculade du Roi devant les parlements pouvait-elle ramener un calme durable ? Le feu couvait souvent sous la cendre. En février 1757, le parlement de Bordeaux avait entamé contre le maire et subdélégué de Bergerac des poursuites qui se corsèrent en septembre pour dégénérer en un long conflit avec les ministres, cependant que la même cour amorçait en juin une campagne de résistance aux arrêts du Conseil des Parties, qui allait durer plusieurs années. A la mi-juillet 1757, Tourny quitta l'intendance de Bordeaux et c'est un homme amer et désabusé qui regagnait alors le Conseil du Roi : ce grand administrateur était atterré et par les atteintes impunies portées par les cours supérieures à l'autorité royale, et par le peu de soutien accordé aux défenseurs de cette autorité. Ce découragement de ses meilleurs serviteurs était pour la monarchie un risque très grave. De nouveaux chefs de compagnie sauraient-ils neutraliser les mauvaises dispositions de certains parlements ? A Rouen, le premier président Camus de Pontcarré, las de l'insoumission de sa cour et affecté par son récent veuvage, démissionna et fut remplacé en mai 1757 par M. Hue de Miromesnil, dont on espérait qu'il saurait séduire les Normands : il était gendre d'un président à mortier et son château de Miromesnil était dans le pays de Caux. A Besançon, le chancelier fit mettre à l'essai le cumul habituel en Provence en confiant à M. Bourgeois de Boynes, intendant, la première présidence du parlement. En retenant constamment l'attention du Roi et de son Conseil, les troubles intérieurs ne facilitaient pas la conduite de la diplomatie.

Le Secret du Roi

La brouille survenue entre Louis XV et Conty semblait devoir mettre fin à l'action secrète menée en vue de procurer au prince la couronne de Pologne. Le Roi ne l'avait soutenue que dans l'intérêt de son cousin et, désormais, n'avait plus aucun motif qui l'empêchât de se borner à soutenir le principal objectif de sa diplomatie officielle en Pologne : veiller à la liberté de la future élection. Néanmoins, il ne se dissimulait pas qu'il avait pris, personnellement, certains engagements — en particulier d'ordre financier — avec des chefs du parti patriotique. Tercier qui ne se résignait pas à voir perdre une besogne si patiemment poursuivie depuis des années, s'attacha à aviver ces scrupules dans des lettres qu'il adressa à Louis XV les 12 et 18 novembre 1756. A la fin de ce mois, le Roi fit un pas en arrière : tout en maintenant le principe de la liberté de choix des Polonais il déclara que si ce choix se portait sur le prince de Conty, il en serait « charmé » et qu'en attendant il voulait « qu'on continue à faire tout ce qui a été fait par le passé ».

C'est autour de l'interprétation de cette phrase ambiguë que s'opéra le sauvetage de cette affaire secrète. Le secrétaire des commandements du prince de Conty rivalisa d'ingéniosité avec Tercier pour parvenir à ce but et il est difficile de discerner si la décision que prit finalement Louis XV de poursuivre fut la conclusion de ses réflexions personnelles ou le résultat d'insinuations soufflées par des sous-ordres et assez habilement calculée pour triompher de ses hésitations. Il est certain, toutefois, que, directement ou indirectement, plusieurs motifs concoururent à le déterminer : le souci de tenir les promesses faites sous son nom aux Polonais, le désir d'utiliser cette organisation secrète en place depuis quelque dix ans, pour contrôler lui-même et dans le détail la politique de ses secrétaires d'État des Affaires étrangères, l'idée, devenue familière, d'intervenir dans la future élection au trône de Pologne (mais pas forcément en faveur de Conty) et enfin la préoccupation légitime de ne pas perdre le fruit de tant d'efforts et de dépenses. Mais Louis XV, comme bien souvent, ne manifesta sa volonté que de façon indirecte, en se contentant de remettre à Tercier les dépêches secrètes qui arrivaient de l'étranger et de lui demander des projets de réponse qu'il annotait, approuvait et lui renvoyait pour acheminement.

C'est dans ces circonstances que le comte de Broglie arriva à la cour. Il prit langue immédiatement avec Conty, qui le mit au courant de la situation et lui conseilla de rendre compte directement au Roi de l'état des affaires secrètes dont il avait été chargé. Le comte s'empressa d'obéir et, le 21 décembre 1756, adressa à Louis XV une lettre, la première d'une longue correspondance qui ne prit fin que par la mort du Roi. Peu après, il reçut de Tercier une vue d'ensemble de toute l'organisation et se vit confier une sorte de codirection de l'affaire. Le secret de Conty était devenu le Secret du Roi.

Le retrait du prince débarrassait le comte de Broglie d'un supérieur dont il avait bien des fois éprouvé l'humeur tâtillonne et l'ombrageuse susceptibilité. Il allait pouvoir s'occuper de convertir le ministre à ses grands projets politiques, que la censure de Conty avait fait échouer. Mieux encore, il était à même, désormais, d'en instruire directement le Roi et de solliciter son appui. Pendant les quelques mois de son séjour à la cour (décembre 1756-avril 1757), il déploya la plus grande activité : il chercha — sans succès, car Mme de Pompadour veillait — à obtenir l'ambassade de Vienne. Ce poste, pensait-il, lui permettrait de prendre part aux négociations en cours avec Marie-Thérèse : il pourrait y faire inscrire les précautions et garanties omises dans le traité du 1ᵉʳ mai 1756 et qui tendaient avant tout à concilier l'entente entre la France et les cours impériales avec le respect de nos amis traditionnels, Pologne et Turquie en particulier. En faveur de cette dernière, Broglie allait intervenir efficacement.

Les tractations entre la France et la Russie avaient été singulièrement facilitées par la conclusion de l'alliance entre Vienne et Versailles. Marie-Thérèse avait suggéré que l'on fît adhérer à ce traité la Czarine et Douglas avait reçu mission de seconder dans ce sens les efforts de l'ambassadeur autrichien à Pétersbourg, le comte Esterhazy. L'invasion brusquée de Frédéric II en Saxe avait donné une impulsion décisive aux pourparlers et c'est alors que se plaça l'incident qui permit au comte de Broglie de préserver les bons rapports franco-turcs. Le traité de Versailles stipulait que les contractants se donneraient, en cas de guerre contre certains pays, un secours en hommes. Mais la France, qui avait souscrit à cette clause en ce qui concernait l'Autriche, ne voulait pas la maintenir telle quelle pour la Russie et demandait au contraire qu'on insérât dans le traité d'accession une exception en faveur de la Turquie qu'elle ne voulait pas être amenée à combattre, même indirectement. Esterhazy, pressé d'en finir, fit adopter par Douglas une solution équivoque : l'exception en faveur de la Turquie fut dûment insérée dans le traité, mais une « convention secrétissime » précisa qu'en cas de guerre russo-turque on n'en tiendrait pas compte. Cet ensemble de textes fut signé dans les premiers jours de 1757 et arriva à Versailles le 7 février.

Il souleva une tempête dans les milieux officiels et encore plus parmi les agents du Secret. Douglas avait, en effet, à la fois transgressé les ordres les plus formels de Rouillé et agi à l'encontre des directives les plus traditionnelles du Secret. Broglie, alors à Versailles, intervint avec toute sa fougue et son énergie : il rédigea un mémoire que Rouillé porta au Conseil où il s'échauffa si bien en le lisant que Louis XV ordonna que cette « convention secrétissime » fût déchirée. Douglas, désavoué et sévèrement tancé, eut ordre de faire accepter par la Czarine la ratification simple de l'acte d'accession. Pour atténuer la déconvenue ou l'irritation éventuelles de la souveraine et de ses ministres, Louis XV, en accord avec son Conseil et même avec Starhemberg, prit le parti d'adresser le 19 février 1757 à Élisabeth une lettre de sa main : faisant appel à son amitié, il lui expliquait pourquoi il ne pouvait accepter la convention secrétissime.

L'idée d'une correspondance directe entre le Roi et la Czarine était décidément dans l'air, car, au moment même où Louis XV faisait cette démarche avec l'aveu de ses ministres, il proposait à leur insu à Élisabeth de lier avec elle une correspondance particulière et confidentielle. Venue de Douglas en novembre 1756, l'idée avait été soumise par Tercier à Louis XV. Celui-ci demanda le temps d'y réfléchir et ne donna que le 24 février 1757 son approbation au projet de lettre que Tercier avait dressé pour Douglas et où était accepté le principe d'un commerce épistolaire direct et confidentiel entre les deux monarques. Expédiée le 26 février, cette seconde lettre, doublant à quelques jours d'intervalle celle du 19, marque à quel point Louis XV était désireux de s'assurer l'amitié et l'appui de la Czarine. Celle-ci entra d'emblée dans les vues du Roi : le 14 mars, elle lui répondit favorablement par une aimable missive, confiée au chevalier d'Éon, dépêché en France pour apporter les instruments de l'accession russe au traité de Versailles. Il n'arriva à la cour qu'à la mi-juin et Tercier se mit en devoir d'organiser la correspondance envisagée. Il prépara pour Woronzov, homme de confiance d'Élisabeth, une lettre où il suggérait que, par précautions, les deux souverains n'échangeassent point de lettres autographes, mais se fissent écrire de part et d'autre par lui, Tercier, et par Woronzov. Louis XV approuva le texte de cette dépêche qui, datée du 21 juillet 1757, ne partit qu'en septembre avec d'Éon retournant en Russie. Le chevalier était aussi chargé de tractations secrètes pour le prince de Conty, qui se résignait à n'espérer plus que le commandement de l'armée russe et la souveraineté de la Courlande. Louis XV avait bien voulu que des avances en ce sens fussent faites à son cousin, mais ne consentit jamais à se départir à ce sujet de la plus stricte neutralité et ces ultimes ambitions extérieures de Conty sombrèrent à la fin d'octobre 1757. Le nouvel ambassadeur français, marquis de L'Hôpital, était installé à Pétersbourg depuis le 2 juillet, le chevalier d'Éon restait le seul agent du Secret en Russie.

Si le Secret s'appliquait à établir des relations confiantes entre Louis XV et Élisabeth, c'était avec le souci constant de protéger la Pologne et, en particulier, d'empêcher que, sous aucun prétexte, les troupes russes ne fussent admises à traverser ce pays. Lorsque ce passage fut devenu inévitable, le comte de Broglie remontra au Roi qu'il se devait au moins d'en limiter les inconvénients par de fermes interventions auprès des cours alliées. Il lui suggéra aussi de profiter de telles démarches pour préparer la future élection au trône de Pologne. Et comment ? En agrandissant de territoires prussiens la Saxe, que l'on érigerait en royaume héréditaire, libérant de cette manière la couronne polonaise. La politique ainsi définie recueillit l'assentiment tacite du Roi et l'appui timide de Rouillé, mais ce ministre comptait de moins en moins : Bernis, soutenu par Mme de Pompadour, menait le jeu. A leurs yeux, l'essentiel était de maintenir et de renforcer l'union récemment établie entre la France et les cours de Vienne et de Pétersbourg pour écraser plus sûrement le roi de Prusse. Tout le reste, Turquie, Pologne, etc., devait être subordonné aux nécessités de l'heure. C'est dans ces vues que furent dressées les instructions officielles du 25 avril 1757 que le comte de Broglie emporterait avec lui en retournant à Varsovie : il devait disposer les patriotes polonais à supporter la traversée de leur pays par les armées russes, promettre des dédommagements à Auguste III sans allusion à un démembrement de la Prusse et ne point parler d'un candidat français au trône de Pologne. Mais il reçut en même temps des instructions du Secret, qui insistaient sur la nécessité de préserver la liberté et l'indépendance de la Pologne et de préparer activement la prochaine élection. Avec des consignes aussi contradictoires, sa position à Varsovie allait devenir scabreuse. Il s'efforça de trouver une solution à cette situation embarrassante et soumit au ministre un plan de grande envergure. Bernis, qui venait de succéder à Rouillé, n'était pas insensible à l'ampleur et à la chaleur de ces projets, mais son principal souci était de gagner la guerre et, pour y parvenir, de resserrer les liens formés entre les cours de Versailles, de Vienne, de Pétersbourg et de Dresde, sans soulever des questions secondaires, propres à atténuer la bonne harmonie qui devait régner entre alliés et pour l'établissement de laquelle Bernis n'avait pas ménagé sa peine.

LE SECOND TRAITÉ DE VERSAILLES

L'agression de Frédéric II contre la Saxe fut une surprise pour Louis XV et son Conseil, dont certains membres n'étaient pas encore pleinement défavorables au roi de Prusse. Ses procédés brutaux, le manque d'égards dont il usa envers le roi et la reine de Pologne, parents de la Dauphine, le peu de compte qu'il avait tenu des avertissements prodigués par la France, amenèrent à Versailles une réaction violente contre lui. Dès l'arrivée des nouvelles de Saxe, Starhemberg, sans attendre les ordres de sa cour, s'était empressé de faire auprès de Rouillé et de Bernis la réquisition en forme des secours dus par le roi de France en une telle occurrence. Dès le lendemain 8 septembre 1756, Bernis lui donna la réponse : Louis XV était prêt à fournir le secours stipulé par le traité de Versailles et laissait à l'Impératrice-Reine le soin de choisir entre un subside à verser immédiatement ou l'envoi d'un corps de 24 000 hommes qui serait porté sur le point qu'elle indiquerait. Réaction favorable donc, mais accompagnée de réserves : ce corps auxiliaire pourrait-il être rendu en Bohême en temps utile pour la campagne actuelle ? Ne serait-il pas plus expédient de l'employer à une diversion vers le pays de Clèves ou à protéger les Pays-Bas et les ports d'Ostende et de Nieuport d'un coup de main anglais ? Ce qui déçut Starhemberg, ce fut de sentir que la France entendait s'en tenir à un tel secours tant qu'un nouveau traité n'aurait pas été conclu entre les deux cours. La satisfaction fut grande néanmoins à Vienne devant l'attitude de Louis XV, mais fut bientôt tempérée par le peu d'empressement avec lequel, passée sa première ardeur, le Conseil du Roi envisageait l'emploi des 24 000 hommes et aussi par les ménagements qu'il était encore disposé à réclamer au sujet du passage des armées russes en Pologne. Pour aplanir les difficultés, Louis XV envoya à Vienne le lieutenant général comte d'Estrées en qualité de ministre plénipotentiaire chargé spécialement des questions militaires. Mais les principales négociations continuèrent d'être menées par Starhemberg et Bernis.

La fidélité de Louis XV envers Marie-Thérèse était l'une des bases solides des négociations : « Toutes les fois que je parais à la cour, soit au lever, soit au grand couvert », mandait Starhemberg à Kaunitz le 16 novembre 1756, le Roi « ne manque jamais de me parler sur les affaires du temps, et en des termes qui prouvent au public l'intérêt qu'il y prend. Il ne ménage pas le roi de Prusse, et quand il parle des armées de Sa Majesté l'Impératrice il se sert presque toujours de l'expression *nous*... J'ai eu l'occasion de le voir depuis quelque temps plus particulièrement chez Mme de Pompadour... et il y parle toujours d'une façon qui confirme bien tout ce que m'avaient dit jusqu'ici ses ministres et Mme de Pompadour de la sincérité des dispositions personnelles dans lesquelles il est à l'égard de Sa Majesté l'Impératrice ». Après l'exil de Machault et de d'Argenson, les ministres étaient, eux aussi, bien ralliés à l'alliance autrichienne et, en différant l'envoi du corps auxiliaire, ils ne faisaient que céder tant à la méfiance naturelle à l'égard d'une puissance dont on s'était trop récemment rapproché pour s'en rapporter sans réserve à sa bonne foi, qu'au désir légitime de s'assurer la rançon des sacrifices qu'on aurait à s'imposer. La diversion sur le Rhin, l'invasion du Hanovre étaient le projet favori de Louis XV et de son Conseil, peu soucieux de détacher une partie de ses forces au fin fond de la Bohême ou de la Moravie. La cour de Vienne, au contraire, très encline à ménager les princes protestants du nord de l'Allemagne, était hostile à toute opération militaire qui les pousserait à sortir de la neutralité. Cette difficulté fut levée lorsque la Diète d'Empire, saisie par l'empereur François de Lorraine sur plainte de l'électeur de Saxe (et roi de Pologne), se prononça en janvier 1757 contre l'électeur de Brandebourg (et roi de Prusse) à une majorité qui compta non seulement les princes catholiques, mais certains protestants. Il restait que, à Versailles, on ne voulait pas distinguer dans George II le roi d'Angleterre et l'électeur de Hanovre ; on avait, certes, rompu définitivement avec la Prusse en octobre 1756, mais il semblait tout indiqué de mettre la main sur le Hanovre — conquête assez facile —, qui pourrait, lors de la paix, servir de monnaie d'échange contre des pertes éprouvées sur mer ou aux colonies. A Vienne, en revanche, le désir était manifeste de ménager le Hanovre et d'empêcher la France de se soustraire à la lutte contre la Prusse pour courir sus à un adversaire, la Grande-Bretagne, qu'on ne tenait pas à se mettre sur les bras. Sous la pression autrichienne, des tractations tendirent même à garantir la neutralité du Hanovre et à y faire accéder la France, mais ces projets tournèrent court en avril 1757, ce qui fit progresser les conversations de Starhemberg et de Bernis.

Les deux négociateurs agissaient dans des conditions bien différentes : fort habile déjà par lui-même, guidé par un homme d'État supérieur, Kaunitz, et par un gouvernement stable et exempt de graves soucis intérieurs, l'Autrichien traitait avec un partenaire englué par ailleurs dans une crise intestine aiguë : conflits du Roi et des parlements (dont l'abbé eut à s'occuper), attentat de Damiens, renvoi de Machault et de d'Argenson, le tout dans une atmosphère effervescente et tendue. Ces graves difficultés internes affaiblissaient de toute évidence la France aux yeux de l'étranger. Elles étaient connues de toutes les puissances, aussi bien celles renseignées par leurs représentants à la cour de Versailles, que celles avec lesquelles elle était en guerre et auxquelles ces troubles étaient si bénéfiques qu'elles les appuyaient. « L'Angleterre, atteste Bernis, regardait la cessation de la justice et nos discordes intestines comme de puissants auxiliaires dans la guerre qu'elle nous faisait, et j'ai eu la preuve qu'elle n'épargnait ni argent ni intrigues pour augmenter le feu de nos divisions. » Témoignage à rapprocher de celui du gouverneur de Franche-Comté, qui signalait en février 1757 que les magistrats les plus factieux du parlement de Besançon se réunissaient quotidiennement chez un Anglais, médecin et chirurgien fort en vue dans la ville, et dont un frère était au service d'Angleterre. Nommé Acton[1], cet Anglais avait épousé une comtoise, la sœur du greffier en chef de la cour des comptes, aides et finances de Dole, Nicolas Loys, lequel se révélera un maillon important du réseau de l'opposition parlementaire en Franche-Comté. Il est exclu que le gouvernement de Marie-Thérèse ait cherché à soutenir en sous-main la fronde de la magistrature en France : à elle seule, celle-ci suffisait très bien à desservir l'abbé de Bernis, les ministres et les ambassadeurs de Louis XV dans leurs négociations. Est-il étonnant, dès lors, que

---

1. Père de Joseph Acton, premier ministre du royaume de Naples.

le nouveau traité ait été avantageux surtout pour la cour de Vienne ?

***

Ce nouveau traité — offensif cette fois — fut signé le 1ᵉʳ mai 1757, un an exactement après le précédent, avec, comme lui, la désignation de Versailles. C'est un long instrument : un préambule, 32 articles principaux et 10 articles séparés. Si le préambule concluait à la nécessité de réduire la puissance du roi de Prusse « dans de telles bornes qu'il ne soit plus en son pouvoir de troubler à l'avenir la tranquillité publique », il n'y était pas question de l'Angleterre, qui n'apparaissait que dans l'article XXIX, où l'Impératrice-Reine promettait d'employer ses bons offices pour qu'à la paix Minorque fût conservée et que fussent abolies les défenses de fortifier Dunkerque. C'est-à-dire que « la réciprocité », dont Bernis avait fait son cheval de bataille, était à peu près écartée. En revanche, Louis XV accordait à Marie-Thérèse, outre les 24 000 auxiliaires promis par le traité défensif, l'entretien à ses frais de 10 000 soldats allemands, il s'engageait à lui verser pendant toute la durée de la guerre un subside annuel de 12 millions de florins et à mettre en ligne 105 000 hommes de ses propres troupes.

Cette coopération militaire et financière serait continuée jusqu'à ce que l'Autriche eût été mise par un traité de paix en jouissance de la Silésie. Les parties contractantes promettaient de ne mettre bas les armes que lorsque le roi de Prusse aurait cédé, en plus des pays susdits, différentes contrées à la Saxe, à la Suède, à l'électeur palatin. En outre, la France prenait à sa charge la moitié des subsides à verser à la Suède et à la Saxe.

A titre de compensation, Louis XV obtenait l'annexion au royaume du pays de Chimay, des villes de Mons, Ypres et Furnes, des ports d'Ostende et de Nieuport, le tout seulement après occupation des provinces récupérées par Marie-Thérèse. Le reste des Pays-Bas, y compris le Luxembourg, était attribué à l'infant don Philippe, gendre de Louis XV, en échange des duchés de Parme et de Plaisance, qui feraient retour à la maison d'Autriche. Tout cela complété par des échanges d'ambassadeurs : le comte de Stainville, alors arrivé de Rome en congé, avait été nommé dès mars 1757 ambassadeur auprès de Marie-Thérèse et Starhemberg, qui n'était jusque-là que ministre plénipotentiaire, reçut le caractère d'ambassadeur.

Le second traité de Versailles présentait des inconvénients évidents pour la France et ils n'avaient pas échappé à Louis XV. S'il a néanmoins passé outre, c'est que l'étendue des obligations qu'il acceptait d'assurer — notamment de lourdes obligations financières — était inséparable dans son jugement de prévisions que l'expérience a démenties, mais qu'il était fondé à faire au printemps de 1757. Il considérait que la nouvelle alliance constituait un faisceau de forces si écrasant que la possibilité d'une guerre continentale prolongée ou douteuse s'en trouvait comme exclue. A ses yeux, le nouveau traité de Versailles devait, en une seule campagne, permettre, par la ruine de la Prusse et la conquête du Hanovre, l'établissement d'une sorte de condominium continental franco-autrichien (et catholique) faisant des Pays-Bas une dépendance de son royaume et lui laissant la liberté de tourner toutes ses forces et toutes ses ressources contre l'Angleterre.

La coalition nouée contre la Prusse paraissait effectivement redoutable. Le 2 février 1757, la Czarine s'était engagée envers Marie-Thérèse à mettre en campagne une armée de 80 000 hommes, appuyée d'une flotte dans la Baltique, en contrepartie d'un subside annuel d'un million de roubles. En mars, la Suède s'était jointe aux alliés : elle enverrait, aux frais de Vienne et de Versailles, un corps de 30 000 soldats, avec promesses d'agrandissements en Poméranie. Conséquence directe des décrets de la Diète contre Frédéric II, les Cercles de l'Empire fourniraient des contingents de plusieurs milliers d'hommes. Toutes ces forces, additionnées à celles de Marie-Thérèse (133 000 hommes) et de Louis XV semblaient garantir numériquement l'anéantissement du roi de Prusse. Mais la France était seule pour lutter contre son principal ennemi : l'Angleterre.

En couronnement de tant de négociations, l'abbé de Bernis reçut le 28 juin 1757 le portefeuille des Affaires étrangères. C'était la consécration d'un état de fait, Rouillé ayant été au fil des mois dessaisi progressivement des dossiers les plus importants. C'était aussi un tournant dans l'histoire gouvernementale du royaume : pour la première fois depuis la création, deux siècles plus tôt, des secrétaires d'État par Henri II, une de ces charges était confiée non à quelque personnage issu des milieux de la robe, de la finance ou de la plume, mais à un homme de cour, ecclésiastique de surcroît, et membre d'une vieille famille chevaleresque. La suite des événements prouva que cette accession ne constituait pas un accident, mais un précédent : Bernis avait ouvert une brèche par où s'est engouffrée la noblesse d'épée, instruite par l'expérience ratée de la Polysynodie sous la Régence.

Guerre en dentelle ?

Une certitude s'était dégagée : Louis XV ne pourrait, comme dans la guerre précédente, paraître en personne sur les théâtres d'opérations, car ceux-ci, la Westphalie et le Hanovre, n'étaient pas limitrophes de son royaume. Pour aller s'y battre, ses armées n'avaient pas à pénétrer dans un pays voisin et ainsi à repousser simplement les frontières de la France, mais devaient traverser des territoires neutres avant d'arriver à pied d'œuvre. Un tel passage était alors admis par le droit des gens au titre de *transitus innoxius*. En pratique, son déroulement était toujours assez délicat et il est certain qu'une pérégrination du roi de France à travers les multiples principautés du Saint-Empire eût soulevé des questions fort complexes. Au surplus, il était exclu que le Roi pût sortir des limites de son État. Cet empêchement était fâcheux. La présence de Louis XV parmi ses soldats pendant les campagnes de la guerre de Succession d'Autriche avait contribué incontestablement à entretenir leur moral et leur discipline, le Roi ayant gagné leur sympathie par le plaisir visible qu'il éprouvait d'être au milieu d'eux. L'absence de ce stimulant risquait d'être fort regrettable car, après la mort du maréchal de Saxe en 1750 et du maréchal de Lowendahl en 1755, aucun des officiers généraux en activité ne semblait déployer de talents supérieurs. Seul, le duc de Broglie se révélera excellent homme de guerre, mais il n'avait pas encore de commandement en chef ; en outre, son caractère indépendant et fier faisait de lui un mauvais courtisan.

Les premières opérations d'envergure en 1757 furent le fait du roi de Prusse. Reprenant son plan offensif de l'année passée, il entra en campagne le 18 avril, conquit en quinze jours la moitié de la Bohême et, le 6 mai, bloqua dans Prague l'armée du prince Charles de Lorraine. Mais une nouvelle armée autrichienne sous les ordres du maréchal Daun, arrivant par la Moravie, marcha contre lui, le battit sur l'Elbe à Kollin le 18 juin, le forçant à lever le siège de Prague et à reculer jusqu'en Saxe derrière le Riesengebirge. Première défaite jamais essuyée par Frédéric II, Kollin plongea les cours de Vienne et de Versailles dans la jubilation.

Pendant que Daun se préparait à envahir la Silésie, le comte d'Estrées, récemment créé maréchal, conduisait en Westphalie l'armée française à la rencontre du duc de Cumberland, qui commandait une armée de Hanovriens et de Hessois chargée de couvrir le Hanovre. D'Estrées atteignit la Weser et, le 15 juillet à Hastenbeck, repoussa Cumberland, qui renonça à se maintenir sur la haute Weser et battit en retraite jusqu'à Minden. D'Estrées victorieux mécontenta Pâris-Duverney, munitionnaire général, en se plaignant de la mauvaise organisation des subsistances, et fut alors remplacé par le maréchal de Richelieu. Pâris-Duverney conseilla d'occuper le Hanovre et la rive gauche de l'Elbe. Richelieu se rendit maître du duché de Brunswick, occupa sans résistance la ville de Hanovre le 11 juillet, Cumberland se retira à marches forcées vers l'embouchure de l'Elbe, évacua Verden le 23 août. Les Français franchirent l'Aller et Cumberland se laissa acculer sous le canon de Stade. Il entra alors en conversations avec Richelieu et, par une convention signée le 8 septembre 1750 à Kloster-Zeven, s'engagea à dissoudre une partie de son armée et à prendre avec le reste ses quartiers d'hiver au-delà de l'Elbe, livrant Brême et Verden à l'occupation française. Cette capitulation devait permettre à Richelieu de se porter sur l'Elbe et d'y faire sa jonction avec le prince de Soubise. Une deuxième armée française, en effet, était en campagne. Formée à la demande de Marie-Thérèse après la bataille de Prague et confiée à Soubise, elle avait débouché d'Alsace, remonté le Main et rallié à Würzbourg l'armée des Cercles qui s'y concentrait sous le commandement du prince de Saxe-Hildburghausen.

Par ailleurs, les Russes, après avoir pris Memel le 15 juillet, repoussaient le 30 août les Prussiens à Gross-Jägersdorf et s'ouvraient la route de Königsberg, que Frédéric II renonça à défendre. Le 13 septembre, les Suédois débarquaient en Poméranie cependant que, devant la reprise de l'offensive autrichienne, les Prussiens évacuaient la Silésie. La situation du roi de Prusse paraissait alors désespérée et l'optimisme régnait dans les cours alliées.

Il était renforcé à Versailles par les nouvelles d'Amérique. Les Anglais avaient envoyé une escadre pour soutenir les opérations terrestres par une attaque contre Louisbourg ou Québec. Elle fut devancée par l'escadre de Dubois de La Motte et finit par regagner l'Angleterre. Sur le continent, Montcalm, malgré son infériorité en troupes et en ressources, avait refoulé l'ennemi dans la région où il était le plus solidement établi, celle du lac George. Le 2 août, il s'y était emparé du fort William-Henry.

Le déluge

Devant cette série de revers européens et américains, l'opinion britannique se cabra. La nouvelle de la convention de Kloster-Zeven ameuta le public contre la politique hanovrienne du roi George II, qui, pour dégager la couronne, désavoua Cumberland. Il envoya le 10 octobre un rescrit à Stade pour justifier le rejet de cette convention, mais ne donna pas encore l'ordre formel de le signifier à la France. Cela pour gagner du temps, car on ne doutait pas à Londres que de nouvelles défaites prussiennes ne posassent incessamment la question de la paix. Or ce fut des victoires que Frédéric II offrit à ses alliés.

La Prusse, en effet, fut sauvée en trois mois. « Dans toute la vie de Frédéric, il n'est point de campagne plus brillante. Son génie, enflammé par le malheur, donne l'impression d'une force plus irrésistible que celle des armes, celle de l'esprit. Par le choix de l'adversaire, la combinaison des manœuvres, le calcul des marches, la disposition des armées, la domination complète de la carte, il a réussi un chef-d'œuvre » (P. Gaxotte). Dans l'état critique de ses affaires, une victoire était indispensable. C'est ce qui le décida à se porter d'abord contre l'armée des Cercles et le corps auxiliaire français. La première était un ramassis de chemineaux et de pouilleux, qui n'avaient aucune expérience du feu, encadrés par un état-major de princes incapables, mal approvisionnés en vivres et en munitions. Le corps français avait meilleure tenue, mais beaucoup de ses soldats étaient encore peu aguerris et, au contact des Impériaux, avaient pris des habitudes d'indiscipline et de maraude. Le général en chef, Saxe-Hildburghausen, était une nullité ; le commandant des Français, le prince de Soubise, un médiocre. L'un et l'autre auraient souhaité prendre leurs quartiers d'hiver, mais la cour de Vienne ordonna la continuation de la campagne. A l'approche de Frédéric, ils avaient d'abord reculé en prenant de bons camps défensifs, parti le plus sage, car il leur suffisait d'occuper l'adversaire pendant quelques semaines pour donner aux Autrichiens le temps d'achever la conquête de la Silésie avant que l'hiver empêchât toute autre opération.

Par bonheur pour Frédéric, les deux généraux alliés s'enhardirent. Ils disposaient de 30 000 Allemands et 24 000 Français, les Prussiens n'étaient que 21 000. Les Franco-Allemands avaient passé la Saale et allaient attaquer Leipzig quand, sur la nouvelle d'un retour offensif de Frédéric II, ils rétrogradèrent sur la rive gauche de la Saale et s'établirent au bourg de Rossbach dans une belle position. Le roi de Prusse feignit de battre en retraite, inspirant à Saxe-Hildburghausen le projet malencontreux de l'envelopper par la gauche en lui coupant ses communications. Dès que Frédéric vit ce mouvement bien dessiné, il renversa l'ordre de ses régiments et, au moment où les alliés se flattaient de le surprendre en pleine marche, ils furent attaqués de tête et de flanc. Les soldats des Cercles lâchèrent pied à la première décharge, entraînant une partie des Français. Les autres se reformèrent dans la débâcle et, sous Saint-Germain et Broglie, tinrent jusqu'à la nuit. Ils ne se mirent en retraite qu'après avoir perdu presque tous leurs officiers.

Remportée sur un adversaire sans talent, la victoire de Frédéric II à Rossbach n'offrait rien de remarquable du strict point de vue de l'art de la guerre : lui-même y vit « une bataille en douceur ». Déconfits, les alliés n'avaient perdu que 8 000 hommes dont seulement 500 ou 600 tués ; et du côté prussien, il n'y avait eu que 165 tués et 376 blessés. Ce succès permit au roi de Prusse de voler au secours de la Silésie, où Daun et le prince Charles de Lorraine avaient enlevé Schweidnitz et Breslau. Un mois exactement après Rossbach, le 5 décembre, il affronta avec 33 000 hommes 70 000 Autrichiens établis à l'ouest de Breslau, entre les localités de Leuthen et Lissa. Ce fut, cette fois, une bataille aux manœuvres savantes, où put se déployer tout le génie militaire de Frédéric : les Autrichiens furent battus et, comme ils combattaient le dos à une rivière, leur retraite fut difficile et ils perdirent 24 000 prisonniers, après avoir laissé, comme les Prussiens, 6 000 tués ou blessés sur le terrain. En quinze jours, Frédéric réoccupa la Silésie et Breslau.

Rossbach, succès facile, et Leuthen, brillante victoire, comptèrent davantage par leurs effets moraux et politiques que par leur portée stratégique. Elles étaient un démenti à toutes les prévisions qui avaient inspiré les calculs des coalisés. Elles révélaient la supériorité de l'armée prussienne sur celles de ses adversaires, des adversaires qui ne savaient pas concerter ensemble leurs offensives. Leurs répercussions sur le moral des nations furent immenses.

Rossbach consolida le cabinet britannique et y consacra la suprématie de Pitt, entre les mains de qui passa entièrement la conduite politique et militaire de la guerre. Elle convainquit aussi les Anglais de la valeur de l'alliance prussienne. Le 28 novembre 1757, la dénonciation de la convention de Kloster-Zeven fut signifiée à Richelieu et, quelques jours plus tôt, un accord avait été conclu avec Frédéric II pour la réorganisation de l'armée confédérée, dont le commandement passait du duc de Cumberland au prince Ferdinand de Brunswick.

Autant l'Angleterre abordait avec une détermination optimiste la poursuite de la guerre, autant ses adversaires étaient démoralisés par le déluge des mauvaises nouvelles. A Vienne, après Leuthen, ce fut un concert de lamentations. Et à Versailles Rossbach fit l'effet d'une catastrophe. Soubise était un ami personnel du Roi et de Mme de Pompadour et, en l'accablant de ridicules, on voulut lui faire porter tout le poids d'une défaite dont il n'était pas pleinement responsable. On était peu glorieux aussi de la mauvaise tenue au feu de certains régiments et de la désorganisation de l'armée. Bref, le découragement pointait et Bernis, facilement impressionnable, parla de se résigner à la paix. C'est dans cette ambiance maussade que Louis XV ou Mme de Pompadour auraient fait au déluge une allusion bien mal comprise.

*
**

Année de Damiens, année de Rossbach, 1757 a été aussi l'année de la Comète. En un siècle qui se piquait de science, les savants et les amateurs se passionnaient pour les comètes, surtout depuis que l'astronome anglais Edmund Halley, reprenant en 1695 les hypothèses de son ami Newton, avait acquis la conviction que certaine comète observée en 1682 avait déjà été aperçue en 1531 et en 1607, que ses passages étaient séparés par des intervalles de 75 ou 76 ans et que, par conséquent, elle réapparaîtrait vers 1748 (c'est celle que nous avons revue en 1986). Ses conclusions passionnèrent évidemment les astronomes en Europe, mais acquirent peu à peu une large audience dans le public, où d'antiques croyances et superstitions sur les comètes étaient encore vivaces. On leur attribuait le déclenchement du Déluge aux temps bibliques et le pouvoir maléfique d'accabler l'humanité de toutes sortes de maux, voire de provoquer un nouveau déluge ou même la fin du monde, en incendiant la Terre avec leur queue.

La question était à la mode depuis 1742 où, à l'occasion du passage d'un autre de ces astres, Maupertuis avait publié sa *Lettre sur la comète*. Sur un mode à la fois savant et ironique, il s'y attachait à décrasser les esprits de telles superstitions et à prouver, calculs et expérience à l'appui, l'innocuité des comètes, et particulièrement de celle identifiée par Halley. « Ces astres, assurait-il, après avoir été longtemps la terreur du monde, sont tombés tout à coup dans un tel discrédit qu'on ne les croit plus capables que de causer des rhumes. On n'est pas d'humeur aujourd'hui à croire que des corps aussi éloignés que les Comètes puissent avoir des influences sur les choses d'ici-bas, ni qu'ils soient des signes de ce qui doit arriver. Quel rapport ces astres auraient-ils avec ce qui se passe dans les Conseils et les armées des rois ? » Une *Critique* anonyme lui répliqua la même année sur un ton badin : « M. de Maupertuis, qui est géomètre, se contente, en parlant des Comètes, de leur faire décrire des ellipses qui leur sont tracées par l'attraction, sans s'embarrasser si elles président ou ne président pas à certains événements. Les dévots les regardent comme des signes indubitables de la colère céleste qui, sous la conduite d'un Ange, viennent menacer les peuples de famine, de peste, de guerre ou de quelqu'autre fléau semblable. Les politiques croient que ces astres pronostiquent le sort des rois et des empires. »

En 1757 les comètes alimentaient donc les conversations. Les astronomes attendaient le retour de celle de 1682 et tous les télescopes étaient braqués pour la surprendre. En septembre, la découverte d'une comète assez brillante fit croire qu'il s'agissait de la réapparition attendue, mais c'était un faux espoir et il fallut reprendre les observations et les calculs. On sait que Louis XV avait des connaissances étendues d'astronomie et s'intéressait de près aux événements qui en marquaient l'étude. Il était donc au courant en 1757 de l'attente — et de l'attente déçue — des astronomes. Il savait aussi quelles croyances superstitieuses s'attachaient aux comètes. S'il est vrai — mais en est-on sûr ? — qu'il a prononcé après Rossbach la phrase « Après nous le déluge », ce n'a donc été nullement de sa part un cri d'égoïste insouciance, mais une manière d'évoquer, avec sa culture scientifique et une bonne dose d'humour noir, cette année sinistre inaugurée par la tentative de Damiens et close par les victoires du roi de Prusse.

L'un des plus grands savants français, Clairaut, révisa alors minutieusement tous les calculs sur lesquels était fondée la conjecture de la réapparition de la Comète de Halley. Il annonça son passage au périhélie à une date voisine du 15 avril 1759, avec un écart possible d'un mois en plus ou en moins : le phénomène se produisit effectivement le 15 mars. L'astronome Messier dressa alors une « Carte de la course apparente de la célèbre Comète de 1759, qui est le retour de celles de 1682, 1607 et 1531 » et fut présenter le 5 avril ce travail à Louis XV.

*
**

Les événements survenus depuis l'incident Jumonville en Amérique et depuis la déclaration « du silence » du 2 septembre 1754 n'étaient guère de nature — surtout après l'attentat de Damiens — à tirer Louis XV de cet état d'embarras et de désenchantement dans lequel il s'était enfoncé vers 1750. Ses efforts pour sauvegarder la paix extérieure et la paix intérieure avaient été vaines et une grosse déception venait de clore l'an 1757, où sombrait l'espoir de pacifier en une seule campagne le continent européen et de pouvoir ainsi tourner contre l'Angleterre toutes les forces et toutes les ressources du royaume. Il allait falloir continuer la lutte à la fois sur mer, aux colonies et en Europe. Or, depuis le renvoi de Machault et de d'Argenson, le Roi n'avait plus que des ministres médiocres et ses commandants d'armées étaient encore moins doués. « C'est singulier comme nous manquons de sujets pour toutes les places » : faite dès 1744, cette triste constatation a dû bien souvent le hanter ensuite !

Par malheur, la guérilla parlementaire se révélait au moins aussi préoccupante que toutes les flottes et armées ennemies. Les années 1754 à 1757 ont été décisives dans les campagnes de déstabilisation du pouvoir royal menées par les cours supérieures, car celles-ci se sont alors pleinement aguerries. Déjà aigries et ulcérées par la dévalorisation de leurs offices et par la crise inavouée des institutions judiciaires, leurs rancœurs et leurs déconvenues ont été cristallisées par les élucubrations pseudo-historiques de Le Paige, qui leur ont fourni des armes redoutables pour lutter contre l'autorité du Roi et tenter d'asseoir le gouvernement des juges. En se fondant sur la prétention d'être le seul « Conseil légal », elles ont entrepris de dénier systématiquement toute validité aux arrêts du Conseil, dénégation soutenue au besoin par des cessations de service. Et, d'autre part, en se proclamant « classes » d'un parlement unique et antique, elles se constituaient en organisation nationale de subversion.

La patience avec laquelle Louis XV supportait ces attentats à son autorité, la magnanimité avec laquelle il mitigeait ou annulait les sanctions d'abord infligées aux factieux, la constance avec laquelle il nourrissait l'espoir que son libéralisme finirait par apprivoiser ces robins fanatisés avaient et ont encore de quoi décontenancer. « A ces excès, qu'avez-vous opposé ? lui demandait le Dauphin en 1757. Une bonté inaltérable, une douceur qui ne vous laissait envisager qu'avec douleur la nécessité de punir, un désir soutenu et marqué en toutes les occasions d'approuver leur conduite, de les trouver fidèles, de leur donner des preuves de votre affection. Et c'est cependant vous qu'ils veulent dépeindre comme un tyran ! » Le Roi était probablement paralysé par son respect des institutions, voyant dans les parlements des corps plus nécessaires à la monarchie qu'ils ne l'étaient en réalité.

Il est vrai qu'il affrontait là un combat inégal, car il se déroulait surtout sur le terrain de l'opinion, où les cours supérieures occupaient une position de force. Par la diffusion très large et impunie de leurs multiples et copieuses remontrances, de leurs arrêts les plus séditieux, de leurs lettres et autres manifestes complaisamment reproduits jusque dans les gazettes étrangères, elles visaient avant tout à atteindre le public le plus vaste, à le désinformer, et y parvenaient en effet. Pour contrecarrer cette manipulation des esprits, Louis XV n'avait rien ou presque rien à sa disposition. Le régime était si peu despotique et l'indépendance des officiers de judicature y était telle, que leurs remontrances étaient éditées et distribuées sans entrave, que les magistrats tenaient chez eux en toute impunité des conciliabules pour mettre au point les incidents qu'ils susciteraient, que des réseaux de soutien à la subversion s'organisaient et dans le ressort d'une même cour, et entre les différents ressorts, tout cela comme si — ou parce que — nulle véritable police n'existait dans le royaume. Aggravées par « l'union des classes », ces menées s'annonçaient aussi néfastes pour Louis XV que celles de la Ligue l'avaient jadis été pour Henri III.

CHAPITRE XV

Des années noires

Après la funeste année 1757, Louis XV devait donc poursuivre la guerre et toujours dans de bien mauvaises conditions. Il restait déprimé et moralement sans ressort. La sollicitude amicale dont l'entourait Mme de Pompadour était désastreuse : au lieu de le revigorer, elle l'enfonçait, au contraire, dans son doute de lui-même. Le moral de ses sujets n'était pas meilleur : les opérations militaires se déroulaient trop loin du royaume pour les intéresser et ils n'en retenaient que l'humiliation des revers. En octobre 1757, le duc d'Aiguillon, commandant en chef en Bretagne, signalait au marquis de Paulmy que la noblesse de cette province nourrissait « des préjugés insurmontables » contre la guerre d'Allemagne. « Notre nation, déplorait Bernis en avril 1758, est plus indignée que jamais de la guerre. On aime ici le roi de Prusse à la folie, parce qu'on aime toujours ceux qui font bien leurs affaires. On déteste la cour de Vienne, parce qu'on la regarde comme la sangsue de l'État, et l'on se soucie fort peu de son agrandissement et du nôtre. » Cette routine anti-autrichienne entravait l'effort de guerre, fortement contrarié d'un autre côté par les campagnes de subversion des cours supérieures. Sans nulle considération pour le conflit international dans lequel le pays était engagé, elles poursuivaient persévéramment leur tentative d'établissement du gouvernement des juges : à ne lire que les arrêts, remontrances, représentations et autres écrits alors engendrés par leur luxuriante loquacité, on pourrait presque ignorer que la France était en guerre. Des changements dans le personnel gouvernemental finirent par améliorer l'expédition des affaires, mais l'effervescence intérieure du royaume tendit plutôt à s'exaspérer qu'à se calmer, rendant la paix extérieure aussi nécessaire que malaisée à obtenir.

I. — LA CONDUITE DES AFFAIRES

La pénurie des talents

Des ministres en place depuis le départ de Machault et de d'Argenson, seuls l'abbé de Bernis et le maréchal de Belle-Isle avaient quelque personnalité. On sait que le chancelier, « homme intègre, franc et bon citoyen », comme disait Bernis, n'avait pas d'ascendant sur la magistrature. Le comte de Saint-Florentin, secrétaire d'État depuis 1723, administrait assez diligemment son département (encore que certains de ses bureaux pussent être suspectés de complaisances pour les parlements), mais n'avait rien d'un grand politique. Paulmy à la Guerre et Peyrenc de Moras à la Marine n'étaient pas à la hauteur de leur tâche. Boullongne, contrôleur général, possédait bien la routine de la finance, mais n'étaient pas l'homme des situations difficiles. En dehors des quatre secrétaires d'État, alors tous ministres d'État, le Conseil d'En-haut ne comprenait que Rouillé, vieilli, et Belle-Isle. Avec une telle équipe, le gouvernement était menacé d'impuissance et d'anarchie.

Le marquis de Paulmy proposa de lui-même de résigner le secrétariat d'État de la Guerre et, le 3 mars 1758, Louis XV désigna le maréchal de Belle-Isle pour lui succéder. Il fallut le presser d'accepter cette charge : bien que petit-fils du surintendant Fouquet, il était, relate Bernis, « dans la vieille idée qu'un duc et pair et un maréchal de France ne pouvait pas sans déroger être secrétaire d'État, comme s'il était au-dessous de quelque dignité que ce soit de gouverner un grand royaume ». Pour satisfaire sa délicatesse, on lui donna en la personne de M. de Crémilles, lieutenant général, une sorte d'adjoint chargé de certaines écritures. Peyrenc de Moras dut remettre la Marine à un lieutenant général des armées navales, le marquis de Massiac, qui ne la conserva que du 31 mai au 31 octobre 1758. Elle passa alors à Berryer, déjà ministre d'État. Le Conseil d'En-haut, en effet, était aussi en partie renouvelé. Rouillé le quitta et, le 2 juillet, le Roi y rappela le marquis de Puisieulx, qui en était sorti deux ans plus tôt, et y fit entrer le maréchal d'Estrées et Berryer, créature de Mme de Pompadour.

Au contrôle général des finances, Boullongne se maintint jusqu'en mars 1759. Son successeur, M. de Silhouette, dut se retirer dès la fin du mois de novembre suivant et fut remplacé par M. Bertin, qui dura jusqu'en décembre 1763. Depuis que Machault avait abandonné les finances en juillet 1754, c'était le cinquième contrôleur général. Instabilité compensée par la stabilité des intendants des finances, MM. Trudaine père et fils, d'Ormesson, de Courteilles, Chauvelin de Beauséjour, Moreau de Beaumont et de Boullongne fils, qui étaient des administrateurs de la plus haute valeur. Ce défilé de ministres éphémères était sans précédent et faisait scandale.

Des changements importants intervinrent à la fin de 1758. En des circonstances sur lesquelles on reviendra, Bernis, nouvellement promu cardinal, demanda à être déchargé des Affaires étrangères, qui passèrent au duc de Choiseul, titre porté depuis le 2 août 1758 par le comte de Stainville, ambassadeur à Vienne. Les coquetteries du duc de Belle-Isle avaient été les dernières et M. de Choiseul ne fit nul embarras, bien au contraire, pour accepter le secrétariat d'État des Affaires étrangères, que le Roi lui confia le 3 décembre 1758. Il fut aussitôt créé ministre d'État et allait siéger longtemps dans le Conseil et le gouvernement, où ses attributions varièrent et s'étendirent au fil des ans. Il fut nommé gouverneur de Touraine le 27 juillet 1760 et le 28 août suivant, sur démission de Rouillé, il reçut la surintendance générale des postes. A la mort du maréchal de Belle-Isle, il se fit donner le 27 janvier 1761 le secrétariat d'État de la Guerre. Il le conserva jusqu'à sa disgrâce en 1770 et le cumula soit avec les Affaires étrangères, soit avec la Marine, échangeant ces départements avec son cousin le comte de Choiseul, titré en 1762 duc de Praslin. Ce dernier eut les Affaires étrangères du 13 octobre 1761 au 10 avril 1766 et ensuite la Marine.

Après avoir donné cent sept fois l'audience du sceau depuis le 3 mars 1754, Louis XV se décida le 13 octobre 1761 à nommer un garde des sceaux en la personne de Berryer. Choix suggéré par Mme de Pompadour, en compensation de l'éviction du personnage de la Marine, où sa gestion était déplorable. Mais, selon le mot de Bernis, « une mort prématurée en délivra la France » et les sceaux furent confiés le 27 septembre 1762 à M. Feydeau de Brou ; en sa qualité de doyen du Conseil, il avait été à la tête de la commission de conseillers d'État qui avait assisté le Roi pour la tenue du sceau.

La tentative de Bernis

La rentrée de l'intégralité du parlement de Paris en septembre 1757 avait couronné des tractations menées par Bernis avec quelques magistrats auxquels il inspirait confiance. Dès lors, tout en dirigeant les Affaires étrangères, il demeura chargé en outre des questions concernant la religion et les parlements. Ce faisant, il constata que les ministres tiraient chacun à hue et à dia et que l'action gouvernementale était sans cohésion. Scandalisé par cette situation et en même temps quelque peu démoralisé par les revers politiques et militaires, il élabora en 1758 un « plan de gouvernement », qu'il confia à Mme de Pompadour pour qu'elle le transmît à Louis XV.

Il l'avait conçu en tenant grand compte de l'aversion foncière du Roi à la présence d'un premier ministre. J'y établissais, dit-il, « la nécessité de l'ensemble, de l'accord et de la correspondance réciproque de toutes les parties du gouvernement ; qu'il fallait qu'elles aboutissent à un centre pour y recevoir un mouvement et une direction analogue à chaque branche. Ce centre est nécessairement le Roi pour donner les ordres ; mais pour épargner à ce prince les longues discussions nécessaires à la bonne conduite des affaires, je proposai que toutes celles de l'État fussent discutées dans des Comités, composés du Conseil d'En-haut et, quand il serait nécessaire, de tout le Conseil, et auxquels le contrôleur général des finances serait toujours présent. Je demandais que ce Comité examinât d'abord toutes les dépenses, afin de parvenir à les diminuer ; que cet examen commençât par la Maison du Roi et ensuite s'étendît à tous les départements de secrétaires d'État... ; que les affaires majeures de l'intérieur et du dehors y fussent également approfondies ». Ces Comités se tiendraient trois fois par semaine chez le ministre d'État le plus constitué en dignité, les décisions, prises à la pluralité des voix et signées de tous, seraient soumises au Roi pour les approuver, les amender ou les rejeter. « Par ce plan, explique l'abbé, le Conseil du Roi devenait le premier ministre de Sa Majesté ; il ne s'agissait que d'en bien choisir les membres et d'y introduire le zèle, l'expérience, la maturité et les lumières. L'État aurait été ainsi bien gouverné » et, pouvons-nous ajouter, l'influence Mme de Pompadour limitée.

Louis XV agréa ce projet, et, vers juin ou juillet 1758, les Comités proposés se mirent au travail. Ils examinèrent d'abord les dépenses de la Maison du Roi, où le coulage était grand, et proposèrent de fortes économies, que les criailleries des intéressés réduisirent beaucoup. Vinrent ensuite les Affaires étrangères, puis la Marine. Quand on aborda la gestion de celle-ci, rapporte Bernis, « tout le Conseil frémit d'une administration si vicieuse dans la partie de la finance : nulle comptabilité, nul ordre, des lettres de change tirées sur le Trésor royal pour payer des dépenses dont le compte n'était réglé que plusieurs années après... ; en un mot, un chaos, un abîme d'abus et de faux principes d'administration ». En conséquence, le Roi désigna le 13 octobre 1758 une commission extraordinaire du Conseil pour procéder à la liquidation des dettes de la Marine et des Colonies et, quelques jours plus tard, M. de Massiac dut céder ce département à Berryer.

L'abbé de Bernis était-il en train d'imposer au gouvernement de nouvelles méthodes de travail ? L'expérience allait tourner court pour des raisons dont les unes n'étaient pas de son fait et les autres lui étaient personnelles. Bien que les Comités se prononçassent à la majorité des suffrages et qu'il n'y disposât que d'une voix, il est certain que l'exécution de son plan de gouvernement le mettait inévitablement en vedette parmi les ministres et que, de plus, ceux-ci n'appréciaient pas tellement la mise à nu de leur gestion. D'autre part, les sentiments de Mme de Pompadour pour Bernis se refroidissaient, car elle sentait que les Comités qu'il avait instaurés la rejetteraient de plus en plus à l'écart des affaires sérieuses et elle s'en dépitait. Alors que l'abbé continuait à lui témoigner l'amitié la plus sincère, elle y répondait avec une loyauté de plus en plus douteuse et ce revirement insidieux ne pouvait manquer d'influencer le Roi, lui-même progressivement indisposé par le comportement du ministre.

Avec beaucoup de discernement et de pénétration dans l'esprit et d'assurance ingénue dans le caractère, Bernis était par ailleurs émotif. Les défaites de Rossbach et de Leuthen, ajoutées aux difficultés intérieures du royaume, le jetèrent dans un état semi-dépressif, qui le privait de ressort et de sang-froid, sans toutefois atténuer son zèle. D'où des attitudes contradictoires. D'un côté, il étalait des sentiments défaitistes, ne parlait plus que de mettre fin à une guerre qu'il avait quelque peu contribué à déclencher et, sachant que ce pacifisme choquait la cour de Vienne, envisageait de se retirer pour n'avoir pas à se déjuger vis-à-vis de cette alliée. « Je le trouve depuis quelque temps si abattu, confiait Starhemberg à Kaunitz au début de juillet 1758, que je ne serais pas surpris quand il reprendrait de nouveau son intention de résigner ses fonctions et de demander au Roi d'accepter sa démission. » Mais, d'un autre côté, il percevait très lucidement les carences du gouvernement, les dénonçait avec une franchise parfois malhabile et, en un mélange de patriotisme et de suffisance, se posait en restaurateur de l'État. Comportement que vint compliquer sa situation personnelle à partir du moment où le Pape — de son propre mouvement, puis avec l'agrément de Louis XV — entendit l'honorer du cardinalat, dignité qui lui conférerait de très grands honneurs à la cour.

*
* *

Bernis fut créé cardinal par Clément XIII le 2 octobre 1758 mais l'annonce ne lui en était point encore parvenue lorsque, le 4 octobre, il adressa à Louis XV un mémoire où il lui exposait que son mauvais état de santé ne lui permettait plus de diriger efficacement les Affaires étrangères, lui suggérait de confier ce portefeuille au duc de Choiseul, mais se déclarait prêt à continuer de traiter avec le clergé et avec les parlements. Tout en abandonnant un secrétariat d'État, il entendait donc rester ministre d'État et conserver des responsabilités majeures. Le Roi lui répondit le 9 : après l'avoir implicitement invité à se ressaisir et à retrouver son sang-froid, et sans se prononcer sur son maintien comme ministre d'État, « je consens à regret, lui disait-il, que vous remettiez les Affaires étrangères au duc de Choiseul, que je pense être le seul en ce moment qui y soit propre, ne voulant absolument pas changer le système que j'ai adopté, ni même qu'on m'en parle. Écrivez-lui que j'ai accepté votre proposition, qu'il en prévienne l'Impératrice ». Là-dessus, arriva de Rome le courrier porteur de la calotte rouge et, conformément aux ordres de Louis XV, le nouveau cardinal prévint le 11 octobre son « ami » Choiseul et lui exposa sa conception de leurs rôles futurs et respectifs : « Le clergé va me regarder comme son appui et j'en ferai bon usage pour la tranquillité intérieure. Je ne perdrai pas la confiance du parlement et mon système est d'empêcher le choc de ces deux corps... Il n'y aura pas de jalousie entre nous, car vous sentez bien que je n'aurais pas quitté ma place si j'avais conservé le penchant de courir après. Je crois que notre amitié sera utile au Roi et à l'État et l'esprit de domination ne l'altérera pas. Nous discuterons ensemble les matières, nous disputerons peut-être et nous finirons par être d'accord... nous ne serons que deux têtes dans un même bonnet. » Il écrivit dans le même sens à Mme de Pompadour, en précisant : « Quoique la lettre que Sa Majesté m'a fait l'honneur de m'écrire ne dise pas qu'Elle me conserve ma place dans le Conseil, je crois devoir le supposer puisqu'Elle ne dit pas le contraire. »

La favorite prenait les choses moins allégrement, sentant qu'un « tandem » Bernis-Choiseul eût miné son propre crédit. Elle remontra au cardinal que sa démission de secrétaire d'État pouvait passer pour un acte d'ingratitude de la part d'un homme « comblé des bontés du Roi ». Bernis se lava tant qu'il put de ce reproche, devinant que la marquise s'ingéniait sournoisement à en convaincre Louis XV. Un peu inquiet, il revint sur la question de son maintien au Conseil, sans obtenir de réponse, et se démena avec une présomption ingénue aux fins d'obtenir les conditions à la fois les plus honorables et les plus commodes pour exercer les fonctions qu'il entendait conserver. « J'ai la confiance du parlement et déjà celle de la moitié du clergé, écrivait-il à Mme de Pompadour. Je puis donc tenir le royaume en paix ; mais si l'on veut me charger de cette besogne, il faut soutenir mon crédit et me mettre en état de vivre décemment à la cour. » Il réclama les grandes entrées chez le Roi, comme les avait Belle-Isle, et un appartement conforme à sa nouvelle dignité : « Un cardinal ministre chez qui le Comité se tient, disait-il à la marquise, doit être logé convenablement. »

Ainsi motivée, c'était là une revendication fort hasardeuse. Elle présumait, après l'arrivée de Choiseul, la continuation de ces Comités récemment institués pour harmoniser et réorganiser la besogne gouvernementale, et ils ne pouvaient en effet que siéger devant lui, son cardinalat lui donnant le premier rang parmi les ministres d'État. Assumer cette présidence tout en accaparant les affaires religieuses et parlementaires, d'où naissaient alors tant de crises menaçantes pour la stabilité de l'État, c'était en définitive se ménager, au moins en apparence, un rôle essentiel et cette combinaison ne pouvait être du goût de tous. Elle risquait de faire craindre à Louis XV que Bernis ne rêvât de s'introniser en fait dans un rôle de premier ministre, et rien ne pouvait davantage indisposer le Roi. Elle postulait aussi un acquiescement sans réserve de la part de Choiseul. « Je crois fermement, disait le cardinal, que M. de Choiseul uni avec moi fera le bien du royaume. » Or si ce dernier était trop heureux d'entrer dans le gouvernement et dans le Conseil, rien ne prouvait ni qu'il entendît que les Comités de ministres s'ingérassent dans la conduite de son département, ni qu'il fût disposé à supporter à ses côtés la présence d'une sorte de mentor. Et Mme de Pompadour de ne point manquer, en sous-main, de flétrir « l'ingratitude » de Bernis, d'agiter devant Louis XV l'épouvantail d'un premier ministre, cependant qu'elle favorisait le dessein de Choiseul d'être affranchi de toute tutelle. Les imprudences presque naïves de Bernis et la perfidie de ses amis expliquent le dénouement de la situation.

Choiseul arriva de Vienne le 27 novembre 1758 et, trois jours plus tard, le 30, le Roi, avec tout le cérémonial accoutumé, coiffa solennellement Bernis de la barrette rouge apportée par un camérier du Pape. Louis XV se montra très aimable avec le nouveau cardinal et ce fut à la cour une grande journée. Choiseul s'était mis très vite au travail : il avait eu dès le 2 décembre son premier entretien avec Starhemberg et avait assisté le lendemain pour la première fois au Conseil d'En-haut. Bernis s'occupait toujours d'affaires, donnant audience aux ministres étrangers. Dans la matinée du 13 décembre 1758, alors que d'autres attendaient dans l'antichambre, il était ainsi en conférence avec Starhemberg quand on lui apporta un pli de la part du Roi. Il le décacheta aussitôt devant l'ambassadeur et voici ce qu'il lut :

« Mon cousin, les instances réitérées que vous m'avez faites pour quitter le département des Affaires étrangères m'ont persuadé qu'à l'avenir vous ne rempliriez pas bien des fonctions dont vous désiriez avec tant d'ardeur être débarrassé. C'est d'après cette réflexion que je me suis déterminé à accepter votre démission de la charge de secrétaire d'État. Mais j'ai senti en même temps que vous ne répondiez pas à la confiance que je vous avais marquée dans des circonstances aussi critiques, ni aux grâces singulières que je vous ai accumulées en si peu de temps. En conséquence, je vous ordonne de vous rendre dans une de vos abbayes à votre choix d'ici à deux fois vingt-quatre heures, sans voir personne, et ce jusqu'à ce que je vous mande de revenir. Renvoyez-moi les lettres que vous avez gardées de moi dans un paquet cacheté. Sur ce, je prie Dieu qu'il vous ait, mon cousin, en sa sainte et digne garde. A Versailles, ce 13ᵉ décembre 1758.

Louis. »

Il prit sur-le champ la plume pour annoncer au Roi qu'il se retirait dans son abbaye de Vic-sur-Aisne, près de Soissons, et lui renvoyait les papiers demandés. Il congédia son hôte dès qu'il put et fit renvoyer ceux qui attendaient, disant qu'il avait une affaire soudaine. Il était resté constamment si impassible que Starhemberg le quitta sans se douter de quoi que ce fût et n'apprit cette disgrâce que le lendemain de la bouche de Choiseul, venu le voir exprès pour le mettre au courant.

Bernis ne rentra jamais au Conseil, mais n'était pas définitivement perdu dans l'esprit de Louis XV, qui le nomma en 1764 archevêque d'Albi et en 1769 son représentant auprès du pape. Son exil fit sensation, plus par sa proximité de la cérémonie flatteuse de l'imposition de la barrette cardinalice, que par lui-même, tant sa situation paraissait vacillante depuis quelque temps. Celle du nouveau ministre semblait, par contraste s'annoncer florissante.

CHOISEUL

Étienne François de Stainville, duc de Choiseul, accédait au ministère à l'âge de trente-neuf ans et demi. Il était issu d'une vieille et importante famille noble de Lorraine. Le marquis de Stainville, son père, conseiller d'État des deux derniers ducs de Lorraine, représenta ses maîtres à Londres, puis (1726) à Versailles, où il se lia beaucoup avec le cardinal de Fleury. Il avait cinq enfants : trois fils et deux filles. L'aîné des garçons, le futur ministre de Louis XV, entra au service de France et le plus jeune à celui d'Autriche, le troisième étant d'Église. Jusqu'à sa nomination comme ambassadeur auprès du Pape en novembre 1753, Choiseul avait suivi avec honneur la carrière des armes, participant brillamment à la guerre de Succession d'Autriche, à la fin de laquelle il fut promu maréchal de camp. Cette expérience militaire de sa jeunesse l'a profondément marqué. La faveur de Mme de Pompadour lui avait procuré l'ambassade de Rome — et l'on a vu avec quel succès il était parvenu à accommoder avec

Benoît XIV la question épineuse des billets de confession —, puis l'ambassade de Vienne où, particulièrement bien accueilli en sa qualité de Lorrain, il avait su inspirer confiance. A la fin de 1750, il avait épousé la fille d'un lieutenant général des armées et petite-fille d'un financier richissime, Mlle Crozat du Chatel, dont les contemporains ont célébré à l'envi les qualités de cœur et d'esprit ; il la trompa au bout d'un an.

Choiseul allait rester douze années dans le Conseil et le gouvernement, en des postes que nous avons déjà énumérés, et y exerça une influence considérable. Trop habile et avisé pour froisser Louis XV en jouant les premiers ministres, il réussit à être le ministre prépondérant, imprimant sa marque dans la conduite générale et particulière des affaires et dans le choix des personnes. L'homme est difficile à peindre, car il était pétri de contradictions. Avec un front large et dégarni, des yeux petits et pétillants d'esprit, des lèvres épaisses, un nez au vent et des cheveux roux, il était court et laid, plein de succès néanmoins auprès des femmes. Ses amis vantaient sa générosité, sa bonté, sa franchise, mais il était connu aussi pour son persiflage cruel, ses mots acérés, ses mensonges et ses perfidies. Vaniteux de sa personne et très infatué de sa naissance, il excellait à toiser de haut le reste du monde, tout en admettant dans ses entours des gens qui en étaient peu dignes. Ambitieux, il aimait se camper un personnage chevaleresque et savait l'être en effet, sans se priver, si besoin lui semblait, d'emprunter des voies tortueuses, comme le prouve la façon dont il parvint, tout ensemble, à succéder à Bernis et à l'évincer.

Il était de caractère énergique et décidé et l'on peut même dire qu'il était doué d'un aplomb incroyable. Comme il était très intelligent, d'une intelligence claire, rapide, apte aux conceptions générales, ses qualités intellectuelles et son audace effrontée expliquent que Louis XV l'ait retenu si longtemps à son service : dans son travail avec lui ou dans ses rapports au Conseil, il avait l'art de présenter les choses avec tant de netteté, qu'à ce maître toujours enclin à douter de lui-même la décision semblait facile à prendre. En contrepartie de cette promptitude d'entendement, une certaine incapacité à se plier aux détails, de l'insouciance et souvent une légèreté propre à démentir le sérieux généralement prêté au caractère lorrain. Autre rançon de sa rapidité de pensée : une tendance à se satisfaire d'une notion parfois bien sommaire des choses et des personnes. Très laborieux, toujours gai, dispos, actif, « dynamique » dirait-on aujourd'hui, mais d'un dynamisme volontiers brouillon. Et adonné avec la même fougue au plaisir qu'au travail.

Choiseul était incontestablement un patriote, décidé à assurer à la France un prestige et une puissance dignes d'elle. Sa carrière le prédisposait à s'occuper diligemment de la diplomatie, de l'armée et de la marine. Ses vues en politique intérieure se révéleront beaucoup plus vagues et incertaines.

Tel était le personnage dont l'action allait si longtemps influer sur le destin du royaume et de la monarchie. Une personnalité très complexe en somme, à la fois séduisante et inquiétante. Son défaut essentiel fut le manque d'humanité, qui pouvait le rendre méchant, comme le montre son attitude envers Louis XV. Pendant une douzaine d'années, il a côtoyé presque journellement le Roi, qui lui a longtemps fait grande confiance et l'a comblé de faveurs et de grâces, y compris de grâces pécuniaires. Or il paraît n'avoir jamais vu en son souverain que la source des bienfaits, des honneurs et des pouvoirs dont il était avide, sans en lui s'intéresser si peu que ce fût à l'homme et à la personne. Sécheresse de cœur et indifférence révélées par son attitude après sa chute. Celle-ci avait ulcéré son orgueil et lorsque, dans les loisirs qu'elle lui procura, il rédigea des *Mémoires,* il n'a su parler qu'avec une méchanceté méprisante et calomnieuse d'un maître dont, au fond, il n'avait jamais cherché à connaître et à pénétrer l'individualité.

Une fois parvenu au ministère, Choiseul eut plus que jamais partie liée avec Mme de Pompadour. Ils s'épaulèrent réciproquement et cela explique pour une part la prépondérance acquise par le duc dans le gouvernement. Il poussa beaucoup sa propre famille : son frère l'abbé fut nommé évêque d'Évreux en mai 1758 et plus tard archevêque d'Albi, puis de Cambrai ; son frère cadet, devenu feld-maréchal dans les armées de Marie-Thérèse, passa en 1760 au service de France avec le grade de lieutenant général ; sa sœur Béatrice épousa en 1759 le duc de Gramont. Et l'on sait déjà que son cousin le comte de Choiseul, après l'avoir remplacé à l'ambassade de Vienne, fut ministre d'État, secrétaire d'État et créé duc de Praslin. Outre cette parenté unie et agissante, gravitèrent dans l'orbite de Choiseul des membres de la haute noblesse lorraine (Beauvau, du Châtelet) et aussi des parlementaires (d'Argental, Ripert de Monclar). En outre, par les grades et fonctions dans l'armée, la marine, les postes diplomatiques, dont il proposait au Roi les titulaires, il se créait de fidèles ou au moins des obligés. Le duc, enfin, était en rapport avec les milieux de finance. A peine installé aux Affaires étrangères, il fit nommer banquier de la cour son ami le financier Jean Joseph de Laborde. C'était la principale fonction commerçante du royaume, et la plus honorable. Le banquier de la cour était chargé de faire passer aux ambassadeurs du Roi les subsides promis aux puissances étrangères et les traitements du personnel diplomatique. A ce service ordinaire, il joignait l'escompte des rescriptions des receveurs généraux ou autres sortes d'assignations sur les revenus royaux à venir. Il avait aussi le privilège de fournir aux hôtels des monnaies l'or et l'argent nécessaires à la frappe des espèces. La charge était alors remplie par Montmartel, l'un de ces frères Pâris qui, depuis la Régence, occupaient dans la finance le premier rang. Un rang que, malgré leur intimité avec Mme de Pompadour, ils durent céder à Laborde. Ils restèrent les financiers du parti anti-autrichien, mais Laborde — qui fut aussi l'homme d'affaires personnel de Choiseul — fut le banquier du clan « lorrain », partisan de l'alliance avec la cour de Vienne (Y. Durand). L'ensemble varié des relations, des créatures, des flatteurs de Choiseul finira peu à peu par constituer une sorte de parti « choiseuliste », hostile aux dévots. Le ministre, en effet, tout en affichant un respect de convenance, était mécréant, protégeait les philosophes, correspondait familièrement avec Voltaire et recevait chez lui tous les ennemis de la religion.

II. — LE FRONT INTÉRIEUR

Il n'est pas d'État, si puissant soit-il, qui puisse conduire victorieusement une grande guerre s'il est en même temps affecté par de graves difficultés intestines. Louis XV en a fait la triste expérience, pour qui les multiples agressions des cours supérieures contre son autorité ont créé un front intérieur, aussi aventureux que les théâtres d'opérations extérieurs et même plus actif, car on n'y prenait point de quartiers d'hiver. Les affaires religieuses alimentèrent de moins en moins ces troubles, fomentés et entretenus par le propos d'instaurer le gouvernement des juges en envenimant les incidents locaux, en rejetant la gestion administrative de l'État, en résistant aux mesures fiscales.

Le feu sous la cendre

Quand, sur la fin de l'été 1757, Bernis eut été chargé par le Roi des affaires de l'Église et du parlement, l'abbé résolut d'y pourvoir en les soumettant à un double examen : celui du Conseil d'En-haut et du Conseil des Dépêches réunis en comité chez le chancelier et celui d'un autre comité composé des cardinaux et évêques les plus instruits et les plus expérimentés, la cour de Rome étant en outre consultée si nécessaire. Il parvint ainsi à procurer une certaine détente avec le parlement de Paris. L'encyclique *Ex omnibus* avait indiqué aux évêques la voie de la sagesse. Un seul se montrait encore peu disposé à s'y engager : M. de Beaumont. Aussi fut-il de nouveau exilé, un an exactement après l'attentat de Damiens, et cette fois sur les terres de sa famille en Périgord. Ce fut probablement Bernis qui poussa à amadouer le parlement par deux concessions assez peu glorieuses. Par une déclaration du 15 mars 1758, le Roi révoqua l'arrêt du Conseil du 21 novembre 1751 et les lettres patentes du 28 janvier 1752 et, ce faisant, ordonna que l'administration de l'Hôpital général se réglerait à l'avenir comme avant 1749! En juin 1758, d'autre part, le parlement étant revenu sur la défense faite aux princes et aux pairs en février 1756 de déférer à sa convocation lors de l'affaire du Grand Conseil, il obtint de Louis XV des assurances apaisantes au sujet des droits de la pairie et s'en rengorgea en voyant là un acte non de magnanimité, mais de *justice*.

En contrepartie, il n'y eut plus que quelques soubresauts en matière de refus de sacrements et il s'instaura en 1758 et jusqu'en 1759 une espèce de trêve. L'archevêque de Paris put rentrer et vint saluer le Roi le 21 octobre 1759. Le parlement, néanmoins, ne négligeait aucune occasion, fût-ce la plus mince, pour avancer ses pions. L'intendant de Paris, par exemple, avait rendu une ordonnance prescrivant de renfermer les pigeons pour protéger les récoltes. Le parlement de trouver aussitôt que l'intendant excédait son pouvoir, que la chose relevait de la police générale exercée par la compagnie et de rendre au mois d'août 1758 un arrêt commettant les juges et baillis des environs pour y pourvoir. C'était une façon de s'en prendre aux intendants, à travers celui de Paris.

Privé d'incidents bruyants, le parti janséniste n'avait pas baissé les armes et, pour ne pas laisser le fanatisme s'étioler, entretenait l'animadversion contre les jésuites. Les *Nouvelles ecclésiastiques* évoquaient l'attentat de Damiens pour insinuer que ces religieux enseignaient la doctrine du régicide et, jugeant que la déclaration du silence n'était pas faite pour elles, les vitupéraient persévéramment à propos de l'*Unigenitus*. Spoliés, par la modération des évêques, de motifs de se mettre en mouvement, les parlements en recouvrèrent grâce à « l'union des classes ».

Les troubles de Franche-Comté

Le parlement de Besançon n'avait jamais participé aux querelles religieuses et put longtemps passer pour l'un des plus paisibles. Mais l'arrivée d'une nouvelle génération d'officiers, imprégnés des utopies de Le Paige et férus aussi de particularisme local, y modifia radicalement l'atmosphère. Certains étaient en correspondance avec les factieux des autres parlements et ces frondeurs avaient mal accueilli en 1754 l'arrivée de M. Bourgeois de Boynes comme intendant en Franche-Comté, car celui-ci était voué à la vindicte des parlementaires du royaume pour avoir exercé les fonctions de procureur général dans la Chambre royale établie en 1753 pour remplacer le parlement de Paris. C'était un esprit lucide et pénétrant, juriste remarquable, gros travailleur, pénétré de la nécessité de faire respecter l'autorité du Roi. Après quelques passes d'armes relatives aux plantations de tabac (l'une des principales cultures de la province), une crise avait éclaté dans l'été de 1756 à l'occasion de l'établissement du second vingtième : pour venir à bout de la résistance du parlement, le gouvernement avait dû emprisonner quatre conseillers et en exiler quatre autres, pour finir par accorder à la Franche-Comté un abonnement avantageux[1]. Le retour des proscrits à Besançon en décembre 1757 avait pris des allures de triomphe. Les mesures de rigueur qui les avaient frappés avaient été inspirées moins par l'intendant que par le duc de Randan, lieutenant général faisant fonction de gouverneur, indigné par l'insoumission de ces officiers. Mais l'animosité se tourna contre Bourgeois de Boynes, d'autant qu'entre-temps le Roi l'avait nommé premier président du parlement. Cumulant cette charge avec celle d'intendant, il était décidé à ramener le calme et la discipline dans une compagnie dont l'esprit de rébellion trouvait des soutiens dans la haute noblesse. Un de ses conseillers d'honneur, le marquis de Grammont, d'une des premières familles comtoises, fut exilé en Auvergne au printemps de 1758, car son hôtel à Besançon servait de ralliement aux adversaires du duc de Randan et de Bourgeois de Boynes.

Contre ce dernier, les frondeurs inspirèrent d'abord une campagne de billets séditieux et de lettres anonymes, puis, le 9 août 1758, des remontrances monumentales et acrimonieuses, par lesquelles le parlement revenait sur l'abonnement aux deux vingtièmes — jugé encore trop lourd — et, surtout, mettait en cause Bourgeois de Boynes parce que, en vertu de deux arrêts du Conseil, il avait, d'une part, maintenu pour dix ans le doublement des 2 sols pour livre de la capitation et, d'autre part, réduit la superficie des terres qui pourraient être consacrées à la culture du tabac. Selon un scénario devenu habituel, c'était refuser de reconnaître les arrêts du Conseil et, par ricochet, taxer d'illégalité les ordonnances de l'intendant.

A la rentrée du parlement, une assemblée de commissaires tenue le 28 novembre, s'indigna de n'avoir encore reçu aucune réponse aux remontrances du 9 août, décida d'en présenter de nouvelle et, sans plus attendre, proposa au parlement de rendre des arrêts défendant l'exécution des ordonnances de l'intendant, considérées comme illégales. Bourgeois de Boynes demanda des

---

1. Voir ci-dessus, pp. 705-706.

ordres au chancelier, qui répondit le 15 décembre. Sa lettre fut lue à l'assemblée des chambres : au nom du Roi, il autorisait l'envoi rapide d'itératives remontrances et proscrivait tout arrêt de défense préalable. Allait-on répondre sur-le-champ au chancelier ? Le premier président mit la chose en délibération. Le huitième opinant, négligeant la question anodine ainsi posée, réclama des arrêts de défense et fut aussitôt soutenu par les enragés. M. de Boynes leva alors la séance et quitta la grand' chambre avec tous les présidents et les plus anciens officiers, au nombre de vingt-quatre. Trente autres magistrats restèrent sur place en déclarant que le premier président n'avait pas le droit d'interrompre une assemblée des chambres. Les jours suivants, ces trente refusèrent de rendre la justice et prétendirent continuer l'assemblée interrompue. Boynes était un protégé du chancelier de Lamoignon et la Franche-Comté relevait du secrétaire d'État de la Guerre, tenu par Belle-Isle depuis le mois de mars. Le maréchal n'était pas homme à laisser braver et bafouer l'autorité du Roi. Le 28 décembre, huit des mutins (dont cinq proscrits de 1757) furent mandés à Versailles. Les autres s'opiniâtrèrent dans leur obstruction. Après qu'ils eurent refusé, le 8 janvier 1759, d'écouter la lecture de la lettre de cachet qui leur enjoignait de reprendre le service, ils furent, les 20 et 21 janvier, exilés dans des villes de garnison, sanction étendue le 29 aux huit mandés en cour. Un édit de mars 1759 supprima vingt offices dans le parlement, y réduisit le nombre des chambres et réglementa la tenue des assemblées. Toutes ces péripéties eurent d'importantes répercussions, à la fois locales et générales.

*
* *

A Besançon, l'exercice de la justice, sans être interrompu, se trouva ralenti et perturbé à cause de la défaillance de plus de la moitié des parlementaires et de celle des avocats, qui se solidarisèrent avec les exilés. Il en résulta une extrême fermentation et beaucoup de divisions dans la société comtoise. On constate, par exemple, que la majorité des adversaires de Bourgeois de Boynes, loin d'appartenir à des familles représentées depuis longtemps au parlement, étaient, au contraire, d'origine plus récente. Situation que l'on retrouve, il est vrai, dans la plupart des autres cours du royaume, où les parvenus furent souvent les plus ardents à soutenir les prétentions de leur corps.

Partisans et antagonistes du premier président-intendant se combattirent en vers et en prose à coups de pamphlets, manifestes et autres écrits dont on devine aisément l'impartialité. En dehors de Besançon, la lutte contre le pouvoir royal et ses représentants était menée conjointement par l'autre compagnie supérieure de la province, la cour des comptes, aides et finances de Dole, où les opposants étaient tout aussi virulents et séditieux que dans le parlement. Et la subversion était relayée à travers la Comté par les bailliages et autres juridictions subalternes, dont maints officiers faisaient cause commune avec les factieux de la haute magistrature.

Le tracas suscité par cette affaire au gouvernement fut accru par le raffut qu'elle provoqua hors du pays comtois. Elle ameuta presque tous les parlements : seuls Douai, Metz et Pau ne s'en mêlèrent pas. Les autres, au nom de « l'union des classes », volèrent au secours des exilés de Besançon. Plaisante « classe » d'un antique et unique parlement de France que cette cour créée par Charles Quint et alors implantée à Dole, d'où Louis XIV l'avait transférée à Besançon ! L'édit de mars 1759, qui y supprima des charges et des chambres, avait rappelé dans son préambule cette existence antérieure à la réunion de la Comté à la couronne, mais Messieurs des parlements accommodaient l'histoire à leur façon. Pour s'insurger contre la relégation de leurs collègues bisontins, ils ne disposaient guère que de la voie des démarches verbales et comme cette relégation se prolongea, les remontrances « sur l'état de la classe du parlement séant à Besançon » s'accumulèrent : seize au moins entre le 15 mars 1759 et le 9 janvier 1761 !

Ces déclamations, dont beaucoup furent imprimées, aboutirent à passionner le public, moins pour le sort même des exilés, que pour les controverses de droit public qu'elles entamèrent avec le Roi et ses ministres, car elles ressassèrent à plaisir les thèses prônant le gouvernement des juges. Ainsi, par exemple, les remontrances du 27 mars 1759, où le parlement de Paris ne craignait pas de se référer à la déclaration qu'il avait extorquée sous la Fronde le 22 octobre 1648. Louis XV y répondit le 8 avril par un des textes les plus remarquables jamais arrêtés en son Conseil pour démontrer l'inanité de ces prétentions, entre autres le système des « classes » : « Tout le monde, relate Barbier est obligé de convenir que cette réponse est écrite et dictée supérieurement. On y fait parler le Roi en souverain, ce qui ne lui est arrivé depuis longtemps ; on y détruit, avec tous les ménagements possibles et avec art, les systèmes si souvent répétés dans les remontrances du parlement de Paris et des autres. » Celui de Paris n'en continua pas moins à ergoter sur la matière. Il revint à la charge cinq fois encore en faveur des exilés de Besançon et tenta même, en janvier 1761, d'associer les princes et les pairs à ses démarches.

Mais — c'était maintenant une habitude — ce fut le parlement de Rouen qui, à ce propos, se montra le plus subversif. « Le désastre de la Franche-Comté, déclara-t-il dans ses remontrances du 5 juillet 1760, ne peut être une affaire étrangère à votre parlement de Rouen. L'enlèvement qui a été fait à ce pays de ses défenseurs immédiats ne doit point le laisser sans défense. Ces magistrats que la Franche-Comté regrette sont les membres du corps entier qui les réclame ; les autres classes ne font avec eux qu'un seul et même parlement. Un Roi, une loi, un parlement [...] La loi du royaume est le pacte sacré de votre alliance avec la nation française ; c'est une espèce de contrat qui destine le souverain à régner et les peuples à obéir. A la vérité, nul ne peut vous demander compte de l'exécution de cet engagement solennel, si ce n'est Dieu seul, qui en fut le dépositaire et qui stipule pour nous. Mais nous pouvons, comme à Lui, vous demander avec respect, avec soumission et avec cette importunité que le Ciel souffre, l'accomplissement de vos promesses. »

En soutenant cette théorie contractuelle du pouvoir, on ne pouvait, ni avec plus d'insolence, énoncer des propositions plus destructrices des fondements mêmes de la monarchie. Au nom de Louis XV, le chancelier de Lamoignon y répondit le 13 novembre par une lettre très ferme, censurant ces thèses et exposant les vrais principes du droit public du royaume. Ce rappel à l'orthodoxie hérissa le parlement normand. Pendant cinq semaines, il ne fit que délibérer sur cette lettre conçue, disait-il, « en termes inouïs » et, pour répliquer « à des imputations aussi flétrissantes que peu méritées », prépara d'itératives remontrances, adoptées le 8 janvier 1761. Elles s'acharnaient d'abord sur la lettre de Lamoignon, où elles relevaient « l'indécence du style » et beaucoup d'autres défauts : « supposition de faits faux », « dénégations de faits avérés », « imputations odieuses », « perfides efforts pour envenimer sa conduite » ; elles croyaient y voir non l'ouvrage d'un chancelier de France, « mais une récrimination contre les lois et la magistrature, de la part de coupables que toutes les lois et la magistrature condamnent. » Elles soutenaient le système des « classes » et définissaient le parlement comme un « corps qui ne fut jamais créé » et dont l'existence remontait au moins à l'an 554 et peut-être plus haut encore. Elles réclamaient enfin le retour des trente exilés de Besançon. Une députation du parlement fut mandée en cour pour recevoir la réponse du Roi à cette diatribe. Vos remontrances, lui déclara Louis XV le 31 janvier 1761, « contiennent des principes si faux et si contraires à mon autorité et des expressions si indécentes, surtout par rapport à mon chancelier qui n'a fait que vous exprimer mes intentions, suivant les ordres que je lui ai donnés, que je n'ai d'autre réponse à vous faire que de vous [les] remettre ».

Le parlement jugea cette réception « accablante », décida de renvoyer à Versailles son premier président et lui dicta le discours que, bon gré mal gré, il devrait tenir au Roi le 22 février. Comme il reprenait les thèses des remontrances rejetées, Louis XV n'y fit pas meilleur accueil. Jouant la consternation, le parlement persista dans ses principes et avec d'autant plus d'obstination qu'un autre prétexte venait aiguillonner son instinct de rébellion, au moment où l'affaire de Besançon perdait de son actualité.

*
**

Le Roi n'entendant lever l'exil des magistrats de Besançon que lorsqu'ils auraient donné quelque marques certaines de soumission, et ceux-ci s'y refusant imperturbablement, la crise comtoise aurait pu s'éterniser si, accidentellement, diverses circonstances ne lui avaient procuré un épilogue plutôt qu'une solution. A la mi-novembre 1760, en procédant à l'inventaire après décès du receveur de la maîtrise des eaux et forêts de Dole, on trouva de nombreux papiers et, en les triant, tout un lot de documents dont la présence là était inattendue, car il ne s'agissait pas d'archives personnelles du défunt, mais de dossiers provenant d'un de ses parents, Nicolas Loys, greffier en chef de la cour des comptes, aides et finances de Dole. Ce Loys était une figure de l'opposition de sa province au pouvoir royal : il était en relations tant avec les mutins du parlement[1], qu'avec ceux de sa propre compagnie et des juridictions subalternes. Aussi, à sa mort en mai 1759, sa famille ou ses amis avaient-ils jugé prudent, avant qu'on inventoriât ses effets, d'en soustraire les lettres et autres pièces susceptibles de compromettre ses correspondants et affidés et d'aller les dissimuler chez ce receveur, où, cette fois, l'on mettait la main sur eux. On y découvrit aussi — délit très grave — une falsification du sceau du bailliage de Dole. Averti, le parlement entama aussitôt une procédure relative à cette falsification et ordonna l'apport à son greffe des documents provenant de Loys, ce qui fut exécuté.

Le procureur général Doroz fit connaître au chancelier le 22 décembre 1760 le résultat de l'examen de ces papiers, qui apportaient beaucoup de lumières sur les troubles de Franche-Comté. Ils mettaient en évidence le rôle d'un président de la cour de Dole, M. Terrier de Cléron, du lieutenant particulier et de l'avocat du Roi du bailliage de Dole et aussi d'un avocat de Gray. Le maréchal de Belle-Isle fut alerté par le chancelier, que Bourgeois de Boynes poussait à des mesures énergiques. Il proposait de lui envoyer tous ces papiers de Loys et d'arrêter les

---

1. Voir ci-dessus, p. 733.

personnages les plus impliqués dans ses intrigues : l'avocat du Roi du bailliage, l'avocat graylois, « auteur d'un libelle séditieux sur les salines de Montmorot, qui a excité beaucoup de trouble dans cette province et que M. Trudaine n'a pu lire sans en être vivement indigné », et le président de Cléron, le plus facile à appréhender, car, relégué par le Roi à Moulins, il était venu, sans lettre de rappel d'exil, s'établir à Paris, en situation totalement irrégulière. Malgré les instances renouvelées du premier président-intendant, le chancelier et Belle-Isle temporisaient, craignant sans doute, si ces factieux étaient emprisonnés, de devoir ensuite les remettre en liberté faute de pouvoir leur intenter un procès en règle. Le temps passait et Bourgeois de Boynes attendait toujours des ordres à ce sujet, quand le hasard encore s'en mêla en faisant mourir le maréchal de Belle-Isle le 26 janvier 1761, après quelques jours seulement de maladie.

Choiseul lui succéda le lendemain même au secrétariat d'État de la Guerre. Il s'occupa sans tarder de l'affaire en cours en Franche-Comté et, dès le 10 février, faisait connaître sa détermination à Lamoignon : il approuvait l'envoi des papiers Loys, mais pour le reste, refusant de prendre au sérieux les menées des suspects « je vous dirai naturellement, disait-il, que, dans les principes dont je fais profession, il me serait difficile d'adopter le sentiment de M. de Boynes. Des actes d'autorité de l'espèce de ceux qu'il propose ne doivent être employés qu'avec ménagement et qu'après avoir bien envisagé si le cas l'exige par l'effet qu'on doit raisonnablement s'en promettre ». Le ton était donné et la suite y fut conforme. Choiseul renonçait à démanteler un des réseaux de la subversion en Franche-Comté. A la fin d'avril 1761, Bourgeois de Boynes démissionna et de l'intendance, et de la première présidence, mais fut nommé conseiller d'État un mois plus tard. Rappelés le 1er août, les exilés furent accueillis à Besançon comme des héros et des martyrs et leur retour donna le signal à des fêtes multiples qui se prolongèrent pendant deux mois, relayées en outre par celles organisées dans les villes dont certains proscrits étaient originaires. Le règlement de discipline inséré dans l'édit de mars 1759 fut aboli par des lettres patentes du 4 décembre. En les enregistrant, le parlement précisa qu'il n'entendait pas, ce faisant, « donner aucune approbation ni acquiescement à tous actes, énonciations, verbaux ou autres, déposés dans les derniers temps au greffe ou inscrits sur les registres de la cour ». C'était suspecter d'irrégularité toute la besogne accomplie par la compagnie en l'absence des exilés. Comme ceux-ci étaient numériquement majoritaires, ils s'empressèrent de chercher noise aux magistrats restés fidèles à leur devoir. Pendant des années, la brouille régna dans cette cour et ses divisions se répercutaient dans toute la province.

Combiné pour l'essentiel par Choiseul, le dénouement de cette crise faisait perdre la face aux magistrats loyalistes et glorifiait les factieux. L'opposition comtoise pouvait se vanter d'avoir chassé l'intendant-premier président. Certes, Bourgeois de Boynes était promu conseiller d'État, mais c'était une consolation strictement personnelle, qui comptait peu en regard de l'humiliation que le retour triomphal des frondeurs infligeait à l'autorité royale et de l'encouragement qu'il apportait à la subversion robine. Pourquoi cesser de comploter, puisque ce jeu était finalement impuni et procurait même puissance et renommée ? Choiseul inaugurait ainsi sa prise en main de tels conflits. Aux Affaires étrangères, il était sans responsabilité directe sur le dedans du royaume, mais avec le département de la Guerre il avait reçu l'administration des provinces frontières, où l'on comptait quatre parlements (Douai, Metz, Besançon, Grenoble) et deux conseils supérieurs (Colmar et Perpignan), où pouvaient sourdre des rébellions. Sa première intervention ouvertement directe dans les affaires parlementaires était donc de mauvais augure. Elle révélait les idées sommaires et la légèreté avec lesquelles, sous couleur d'un libéralisme avancé, il abordait ces matières, sans se rendre compte qu'il n'était possible de conduire une politique, et surtout des réformes, qu'en préservant l'intégrité de l'autorité du Roi. Conduite, de surcroît, fort hypocrite, car, dans le temps même où il acheminait la crise comtoise vers la conclusion que l'on sait, il ne craignait pas d'écrire ceci au premier président du parlement de Rouen : « Vous sentez bien que, dans la position immense de travail où je suis, avec des connaissances peu approfondies sur la magistrature, n'ayant pas la sûreté d'autorité qui serait nécessaire pour empêcher les fautes de part et d'autre, il serait étourdi à moi de me mêler de ces affaires autrement que lorsque l'on me demande mon avis au Conseil. » Sa vision des affaires intérieures était finalement toute militaire. Au plus fort des troubles internes, ne dira-t-il pas en 1763 : « Le Roi ne doit pas y sacrifier plus de cent hommes de ses troupes ; ils seront suffisants pour anéantir avec une pièce de quatre livres de balle le grand feu parlementaire. » Conception dangereusement simpliste qui, combinée à ses préjugés nobiliaires, va le conduire à faire face avec une indulgence étonnante et presque suspecte à la fronde des cours supérieures.

Au long de ces années d'effervescence, quel souci les Comtois pouvaient-ils se faire du sort de Madras et du Canada et même de celui des armées du Roi en Westphalie et au Hanovre ? Les parlementaires gascons ne paraissent pas, de leur côté, s'en être beaucoup inquiétés.

La « jugerie » bordelaise

L'affaire du terrier de Guyenne s'étant terminée à son avantage, le parlement de Bordeaux en déduisit que sa tactique y avait été heureuse, que la rébellion était payante et que les faits ou circonstances les plus minces pouvaient en donner le signal. Aussi, cette page à peine tournée, multiplia-t-il les actes simultanés de sédition, dont les différents épisodes s'enchevêtrèrent inextricablement pendant cinq ans. Animées toutes par un même projet de déstabilisation de l'autorité monarchique et d'instauration du despotisme des juges, ces manœuvres eurent au départ des mobiles complexes, où les jalousies et rivalités locales et personnelles voisinent avec les desseins politiques et l'orgueil professionnel. Elles se déroulèrent surtout sur le terrain judiciaire. Or, notait le marquis d'Argenson en 1749, les parlementaires bordelais étaient « gens fermes, chauds, ignorants et fort intéressés ; j'ai vu souvent au Conseil privé, disait-il, des traits qui prouvent que le parlement de Bordeaux est une des mauvaises jugeries du royaume. » Réputation peu flatteuse, qui rendait ces magistrats très chatouilleux sur la qualité de leur justice.

Un premier conflit surgit à l'occasion des poursuites menées par cette « jugerie » contre le maire et subdélégué de Bergerac, M. Gontier de Biran (grand-oncle du philosophe Maine de Biran). Il avait fait exécuter dans sa ville plusieurs travaux d'urbanisme, pour le financement et l'exécution desquels il avait eu successivement l'accord de l'assemblée municipale, de l'intendant et du Conseil du Roi. Appartenant à une très vieille famille de notables, maires et subdélégués de génération en génération, il était jalousé par le lieutenant particulier de la sénéchaussée, qui anima contre lui, dans ce pays où les protestants étaient nombreux, un petit groupe de catholiques étroits, qui lui reprochaient son esprit de tolérance. Ils tentèrent d'abord en 1756 de le faire inculper par la cour des aides de Bordeaux. Sans succès. Le lieutenant particulier se tourna alors vers le parlement où il avait des intelligences, et celui-ci sauta sur cette occasion de s'en prendre, par une voie détournée, à M. de Tourny. Biran était, en effet, un ami et un des collaborateurs les plus sûrs de cet intendant. En procédant contre lui, le parlement affecta toujours de ne se référer qu'à sa qualité de maire, sans la moindre allusion à sa subdélégation, mais les actions qu'on lui reprochait étaient fondées sur des ordonnances de Tourny et des arrêts du Conseil.

Par un arrêt du 19 février 1757, le parlement cassa les délibérations municipales et décida l'envoi d'un conseiller enquêteur à Bergerac. Arrêt si audacieux, que Biran se rendit à Paris éclairer la religion des ministres. Il y était toujours lorsque le parlement lui infligea le 3 septembre une condamnation très rigoureuse et infamante : il le déclarait « atteint et convaincu des crimes de malversations et prévarications » dans l'exercice de sa charge de maire, le bannissait pour dix ans de plusieurs sénéchaussées du ressort, dont celle de Bordeaux, tout en le décrétant de prise de corps, et le frappait de peines pécuniaires. Profondément atteint dans son honneur, Biran se pourvut devant le Conseil du Roi en cassation de cet arrêt qui, par chance pour lui, fourmillait d'irrégularités de fond et de forme. Par exemple, l'accusé étant absent au procès, il aurait dû être jugé par contumace et il n'en était rien. Le bon sens lui-même y était bafoué en ce que Biran y était à la fois banni de Bordeaux et contraint de s'y constituer prisonnier à la conciergerie du palais, ce qui était une absurdité. Malgré tant de moyens évidents de cassation, le Conseil des Finances se contenta, selon la règle[1], de demander le 15 novembre l'apport des motifs et des procédures. Ayant eu connaissance de cette décision, le parlement décida de faire des remontrances à son sujet, sans pour autant satisfaire à l'envoi des pièces réclamées. « On ne peut s'empêcher de croire, dira le chancelier à Louis XV, que le parlement a bien senti que, s'il les présentait aux yeux de Sa Majesté, Elle n'aurait pu se dispenser de les condamner. »

Mais ce refus s'insérait dans un projet plus large et bien concerté de s'attaquer au droit de supériorité exercé par le Roi sur ses cours, et cela en contestant l'autorité du Conseil où, précisément, le souverain exerçait spécifiquement ce droit. Dans le même temps, en effet, sur une requête en cassation d'un arrêt du parlement présentée par un habitant de Bayonne, le Conseil des Parties avait, le 13 juin 1757, demandé l'apport des motifs et, depuis lors, l'impétrant ne parvenait pas à faire signifier cet arrêt à Bordeaux, où les parlementaires avaient défendu verbalement aux huissiers de procéder à ce genre d'exploits.

Les remontrances relatives à l'affaire Biran furent adoptées le 10 mai 1758. Dans sa boursouflure, ce long manifeste est l'un des textes les plus violents et les plus séditieux jamais sortis d'une telle officine. Soutenant que le Roi n'avait « aucune part » dans l'arrêt du Conseil du 15 novembre 1757, elles entreprenaient de lui rappeler « les lois de l'État », « ces lois mêmes dont vous avez, Sire, juré l'observation au pied de ces autels où Votre Majesté contracta les engagements solennels de la royauté..., lois précieuses dont la France réclame sans cesse le maintien... Ces lois que nous venons de rappeler à V.M. nous défendent d'obéir et d'obtempérer à quelconque mandement sur le fait de la justice

---

1. Voir ci-dessus, pp. 195-196.

surpris par importunité, par inadvertance, par l'infestation des gens de votre hôtel contre les lois de l'État et au préjudice du bien public... Dans l'exercice des fonctions qui lui sont confiées, non, Sire, votre parlement ne peut reconnaître de pouvoir intermédiaire entre lui et votre personne ; non, votre Conseil n'a sur lui aucune autorité, supériorité, ni juridiction ».

Ce refus d'envoyer les motifs d'arrêts, ce rejet du contrôle exercé par le Roi en son Conseil de l'usage fait par ses cours des pouvoirs de justice qu'il leur déléguait, étaient sans précédent : la règle au Conseil de demander les motifs avant d'examiner les pourvois en cassation était alors vieille d'au moins deux siècles et aucune cour ne s'y était jamais soustraite. L'extraordinaire venait de ce que cette insoumission inopinée du parlement gascon était soutenue par son premier président et son procureur général, deux vieillards qui, pendant des décennies, s'étaient pliés sans réserve aux procédures du recours en cassation : « Depuis près de cinquante années que vous exercez la charge de procureur général écrira le chancelier à celui-ci, vous n'avez jamais fait cette difficulté et je ne vois pas sur quel fondement vous la faites aujourd'hui. » Ils n'échappaient pas au délire collectif dont leur compagnie était saisie.

Pendant des mois, ces deux hauts magistrats échangèrent avec Lamoignon de multiples correspondances où, sur le ton d'une soumission hypocrite, ils défendaient inlassablement l'infaillibilité revendiquée par leur cour. Après deux ans et demi de ces palabres et sur l'entremise du maréchal de Richelieu, gouverneur de Guyenne, le parlement consentit le 12 juillet 1760 à envoyer les motifs et procédures relatifs à Biran, dont l'affaire fut renvoyée devant la Grande Direction des Finances. En la jugeant le 19 janvier 1761, au rapport de Monthyon, elle prononça à l'unanimité la cassation des arrêts du parlement et le renvoi de la cause devant le Grand Conseil. Décision qui courrouça la « jugerie » bordelaise : « Il me sera bien difficile, pour ne pas dire impossible, de contenir ma compagnie dans la tranquillité » annonça le premier président au chancelier. Sur ces entrefaites, le Conseil privé cassa le 25 mai 1761 un autre arrêt entre particuliers rendu par le parlement, en ordonnant en outre la restitution des épices (assez corsées) et des frais de la levée de l'arrêt. Connu à Bordeaux à la mi-juillet, ce dernier arrêt porta au paroxysme la rage et le dépit du parlement : sans prendre pour cela d'arrêté public ou secret, ni remettre leurs démissions, Messieurs cessèrent de rendre la justice au civil. Ce n'était pas la grève, mais une manière de désertion. L'entassement d'une masse d'inculpés dans les prisons les contraignit toutefois à continuer les procès criminels.

Ils accumulaient les esclandres comme à plaisir. Depuis des

siècles, ils étaient en litige endémique avec un des principaux corps ecclésiastiques de la ville qui jouissait de privilèges étendus, le chapitre de Saint-Seurin. Leurs contestations atteignaient un tel degré de passion que le Roi avait fini par évoquer les causes de Saint-Seurin et les renvoyer devant le parlement de Toulouse. Évocation si pénible pour celui de Bordeaux que, par un arrêt du 31 juillet 1759, il ordonna aux chanoines de déposer à son greffe les lettres patentes qui l'avaient prononcée en 1717. Arrêt cassé le 5 et derechef le 24 septembre par le parlement de Toulouse. Devant ce conflit de juridiction, le chapitre fut autorisé le 2 novembre 1759 à se pourvoir en règlement de juges devant le Conseil du Roi. Mais, sans plus attendre, la « jugerie » bordelaise rendit le 18 janvier 1760 un long arrêt déclarant ces lettres d'évocation « obreptices et subreptices, contraires aux ordonnances du royaume, dénuées de tout fondement légitime et légal, injurieuses à la magistrature et gréveuses aux sujets du Roi » et défendant aux chanoines de s'en servir. Ces derniers en saisirent le Conseil privé qui, le 9 décembre 1760, en prononça la cassation. D'où un redoublement de colère du parlement : non seulement cette cassation l'ulcérait par elle-même, mais le préambule de l'arrêt qui la prononçait était conçu en des termes qu'il jugeait diffamatoires. Il décida d'envoyer des députés présenter au Roi des remontrances. Louis XV refusa la députation et autorisa les remontrances, votées le 10 juin 1761 par le parlement.

Celui-ci, depuis peu, avait mis encore un autre fer au feu : il s'en prenait une fois de plus à un arrêt du Conseil, un arrêt qui, le 28 mai 1761, venait de renvoyer devant la sénéchaussée de Périgueux le jugement en dernier ressort de délits relevant de la maréchaussée et commis par les mêmes accusés dans des ressorts différents. Au mois d'août, il écrivit au Roi pour récriminer contre cet arrêt que — c'était devenu une rengaine — il déclarait « surpris du Conseil de Votre Majesté ».

Depuis près de cinq ans, ce parlement multipliait les refus d'obéissance au point de dénier au souverain toute autorité sur ses cours en matière judiciaire. Lettres au Roi et remontrances, d'une part, et, d'autre part, admonestations du chancelier s'accumulaient en vain. Demandés le 13 juin 1757, les motifs de l'arrêt dont cet habitant de Bayonne requérait la cassation, n'avaient pas encore été envoyés à la fin de 1761. Et depuis juillet 1761, le parlement n'expédiait plus les procès civils, ce qui devenait de plus en plus gênant. Toutefois, l'effervescence ne débordait guère des murs du palais de justice : rien de comparable dans la ville et la province au courant de sympathie qui soutenait à Besançon et en Franche-Comté les mutins du parlement. Et, par ailleurs, les autres cours ne ressentirent pas en cette occurrence la nécessité de former « l'union des classes ». Suscités par la vanité, l'arrogance et aussi la médiocre culture juridique des parlementaires bordelais, ces démêlés ne passionnaient qu'eux. Ils n'en constituaient pas moins autant d'attentats à l'autorité du Roi et il était impossible de les laisser se perpétuer.

La cessation du service civil découlait d'une désertion de fait et non d'une décision prise par arrêté, ce qui ménageait la possibilité d'un accommodement. La hargne du parlement se concentra de plus en plus sur les expressions figurant dans le préambule de l'arrêt de cassation obtenu le 9 décembre 1760 par le chapitre de Saint-Seurin. Or ce préambule n'était autre chose que la requête même présentée par ce chapitre. Elle était effectivement rédigée en termes peu mesurés, mais, œuvre de la partie impétrante, elle n'engageait pas la responsabilité du Conseil. Ainsi le Roi, sans céder sur le fond, put-il promettre des apaisements, à condition que le parlement reprît d'abord son service, ce qu'il fit le 8 mars 1762. Son procureur général fit alors opposition à l'arrêt du Conseil privé rendu en faveur de Saint-Seurin et il se produisit une chose inouïe : le 3 mai 1762, Louis XV, pour la première fois de son règne, descendit tenir ce Conseil. On y rapporta devant lui cette opposition, sur laquelle il prononça que l'arrêt du 9 décembre 1760 subsisterait en son dispositif, mais que la requête du chapitre serait annulée. Des lettres patentes du surlendemain réglèrent l'affaire de la sénéchaussée de Périgueux et, le 15 mai, le premier président annonçait la mise à la poste de ces motifs réclamés depuis cinq ans, bientôt suivie de l'envoi des procédures concernant le maire de Bergerac.

Cette séance royale a donc été imaginée pour clore toute cette série de chicanes très séditieuses où, sous prétexte que l'autorité du souverain résidait tout entière dans ses cours, le parlement de Bordeaux avait tenté de se soustraire à la dépendance du Roi et du chancelier, de défier le Conseil privé et d'échapper aux cassations. Louis XV avait jugé devoir accomplir cette démarche extraordinaire pour soutenir publiquement l'autorité et le prestige du Conseil des Parties. Démarche accompagnée par ailleurs d'une mansuétude assez déconcertante à l'égard de ceux qui, par esprit systématique de rébellion, avaient suscité ces passes d'armes ou qui, comme le premier président et le procureur général, les avaient laissé se déchaîner avec autant de complaisance que de fourberie, notamment les actions contre le maire et subdélégué de Bergerac.

*
* *

Bien qu'elle ait été marquée aussi par une résistance aux arrêts de cassation, l'affaire Biran n'était pas entièrement de même nature que les autres. Elle relevait d'un plan bien arrêté tendant à saper au bénéfice des sièges de justice l'autorité des intendants et de leurs subdélégués. Le ressort du parlement de Bordeaux n'englobait pas seulement l'intendance de Guyenne, mais encore une partie de celle d'Auch et Pau, administrée depuis 1751 par un intendant de qualité, M. Mégret d'Étigny, qui fut la cible des mêmes manœuvres que son collègue de Bordeaux. Les tourments infligés au subdélégué de Bergerac avaient été suscités de connivence avec des membres du parlement, par le lieutenant particulier de la sénéchaussée. A l'origine des difficultés suscitées à M. de Labèque, président du présidial de Dax et subdélégué de M. d'Étigny dans cette ville, on trouve de même les machinations d'un magistrat de juridiction subalterne, le procureur du Roi du présidial, lui-même animé par un conseiller au parlement, M. Dussault. Au moment où, en 1758, le parlement s'enflammait à propos de l'affaire Biran, le subdélégué de Dax fut décrété d'ajournement personnel par le parlement et ne cessa pendant de longs mois d'être victime des entreprises de cette cour et de ce procureur du Roi. Des tracasseries analogues furent concurremment dirigées contre les subdélégués de Mont-de-Marsan et de Bayonne, en sorte que, le 2 janvier 1760, d'Étigny écrivait aux ministres qu'au train où allaient les choses, il ne lui serait bientôt plus possible d'avoir des subdélégués dans la partie de son intendance ressortissant au parlement de Bordeaux. Le procureur du Roi de Dax fut alors mandé en cour, admonesté, obligé de se calmer, mais le parlement avait malgré tout marqué des points.

Il est vrai qu'en dépit de son insubordination et de son insolence il conservait d'étranges soutiens, révélés par les tribulations de M. Gontier de Biran. Le Roi avait renvoyé son procès au Grand Conseil, à qui les pièces avaient fini par être adressées en mai 1762. Cette cour prit sagement son temps et ne rendit son arrêt que le 17 septembre 1763. C'était une justification éclatante : Biran et ses co-accusés étaient déchargés de toutes les accusations intentées contre eux et l'arrêt devait être imprimé et affiché à Paris et à Bergerac. Le Grand Conseil avait établi que les accusations reposaient sur des falsifications de documents, des faux témoignages et des subornations de témoins.

Biran pouvait dès lors espérer, au bout de huit ans de séjour à Paris, toucher à la fin de ses peines, rentrer dans sa ville la tête haute et obtenir réparation de l'atteinte portée à son honneur. Et comment parvenir à cette dernière satisfaction, sinon en intentant un procès en dénonciation calomnieuse et en dommages et intérêts à l'auteur de la machination, le lieutenant particulier de la sénéchaussée ? Celui-ci, affolé par cette perspective, ameuta ses relations. Il n'avait agi, en effet, qu'en liaison avec un des avocats généraux du parlement, M. Dudon, auquel cette compagnie avait bêtement emboîté le pas. En sorte que faire la lumière sur les calomnies et falsifications du lieutenant particulier, c'était révéler les agissements de l'avocat général et, par contrecoup, la légèreté et la passion avec lesquelles Messieurs du parlement s'étaient mis en branle. Toutes divulgations intolérables pour eux. Le lieutenant particulier et l'avocat général avaient de puissantes protections : la solidarité ou complicité corporative du parlement d'abord, et aussi des appuis personnels dont, semble-t-il, celui du maréchal de Richelieu. On se démena pour eux en haut lieu de telle façon que, de tous côtés et jusque de la part de ministres, on se ligua pour faire sur Biran les pressions les plus fortes en vue de le dissuader d'assigner son dénonciateur en justice. Sa santé altérée par tant de méchancetés, il mourut en 1766 sans avoir pu poursuivre ses persécuteurs devant les tribunaux.

Si le parlement de Bordeaux resta assez isolé dans ses entreprises contre le Conseil d'État privé, sa détermination de déstabiliser l'administration royale était commune avec les autres cours, notamment celles de Normandie.

Une Fronde normande

Placé dans chaque généralité sous la tutelle de l'intendant, le service des ponts et chaussées était l'image même de la modernité et, comme tel, ne pouvait échapper à l'hostilité des compagnies supérieures. On a déjà vu la cour des aides de Montauban harceler à ce sujet l'intendant Lescalopier. En 1760, ce fut le tour de la cour des comptes, aides et finances de Rouen d'attaquer sur le même terrain l'intendant de Caen, M. Orceau de Fontette, forte personnalité. Ce qu'il y eut de plus remarquable dans sa démarche, c'est qu'elle eut le front de se fonder sur la déclaration du 31 juillet 1648, une des déclarations arrachées par la Fronde à Anne d'Autriche et à Mazarin. Son offensive eut pour prétexte les travaux des grands chemins et la corvée, une prestation devant laquelle les paysans bas-normands se montraient souvent rétifs. Aussi Fontette avait-il été autorisé par le contrôleur général, comme plusieurs autres intendants, d'une part, à accepter les offres des communautés qui préféreraient faire faire à prix d'argent par des entrepreneurs les ouvrages dont elles étaient chargées plutôt que de les accomplir elles-mêmes et, d'autre part, à faire payer par les communautés et corvéables qui s'étaient mis en retard les travaux exécutés d'office à leur place par entrepreneurs. Il avait rendu le 10 mars 1758 une ordonnance conforme, celle-ci avait été appliquée çà et là et, par conséquent, diverses communautés avaient acquitté ces redevances.

A Rouen, le parlement se disposait à ergoter au sujet de ces prélèvements, mais fut devancé par la cour des comptes, aides et finances, tous mouvements inséparables de la violente résistance opposée par ailleurs par ces deux compagnies aux édits fiscaux. Le 15 juillet 1760, la cour des comptes, aides et finances entendit son procureur général lui dénoncer ces contributions comme contrevenant à « toutes les lois du royaume », par lesquelles « il est expressément défendu de faire aucune levée sur le peuple qu'en vertu d'édits ou de lettres patentes émanés de l'autorité du Roi, signées d'un secrétaire d'État et scellées du grand sceau et bien et dûment vérifiés », notamment la déclaration du 31 juillet 1648. Il poursuivit sur un ton très violent son réquisitoire, en conclusion duquel la cour ordonna le dépôt à son greffe des ordonnances et mandements de M. de Fontette et des rôles et autres pièces concernant ces paiements ; commit deux de ses membres pour dresser procès-verbal de ces documents, procès-verbal qui serait envoyé au Roi afin que, par lui-même, il prît « connaissance des abus et vexations qui se commettent en Normandie » et pourvoie « à la punition exemplaire des coupables » ; commit quatre autres conseillers pour aller sur les lieux « constater toutes autres levées de deniers, perceptions d'impôts, corvées, qui s'introduisent abusivement et sans aucune forme », dans les généralités de Rouen, Caen et Alençon ; et, pour finir, visant expressément la déclaration du 31 juillet 1648, fit « défenses à toutes personnes, de quelque état, condition et qualité qu'elles soient *à peine de la vie*, d'exiger aucun impôt, levées de contributions, ni corvées... sous quelque prétexte que ce puisse être, ni aucune somme d'argent pour tenir lieu desdites corvées..., sans y avoir été autorisées par édits, déclarations ou lettres patentes bien et dûment vérifiées » et fit imprimer, diffuser et afficher son arrêt.

Si l'on se souvient que la corvée avait été réglementée en 1738 par une simple instruction d'Orry[1], on voit que la cour ne tendait à rien moins qu'à mettre sens dessus dessous l'administration des ponts et chaussées. Aussi, dès qu'il fut connu à Versailles, son arrêt fit scandale. En comminant la peine capitale, cette compagnie non seulement tentait de paralyser les travaux des routes et la perception des impôts en général, mais, en plus, ces bravades n'étaient que la suite des réquisitions du procureur général et là gisait le cœur du scandale. C'était le chef du ministère public, l'homme du Roi par excellence, qui avait donné le branle, et cela en se fondant sur la déclaration révolutionnaire du 31 juillet

---

1. Voir ci-dessus, p. 325.

1648 ! Par arrêt rendu en son Conseil le 19 juillet le Roi cassa et annula celui de la cour, prononça l'interdiction du procureur général et le manda à sa suite pour y répondre de sa conduite, ainsi que le premier président, le conseiller rapporteur et les six conseillers commis pour enquêter dans la province. Le jour même où était rendu cet arrêt, le parlement de Rouen se hâta d'intervenir en l'affaire et, se référant aux mêmes lois que la cour voisine, porta les mêmes défenses et commit deux conseillers pour enquêter dans la généralité de Caen. Mais son arrêt ayant été rédigé en termes un peu moins subversifs, le Conseil se contenta dès le lendemain d'en prononcer la cassation.

Les officiers mandés devers le Roi s'y rendirent, mais leur compagnie n'était guère impressionnée par les foudres gouvernementales : refusant de reconnaître l'arrêt du Conseil du 19 juillet, elle rédigea le 24 des remontrances pour se disculper. L'attitude de ses membres à Versailles n'était pas plus soumise. Déjà, en se mettant en route, son procureur général avait écrit au chancelier : « Je me flatte, Monseigneur... que je n'aurai pas de peine à me justifier et que, n'ayant eu d'autre vœu que celui du service du Roi, vous ne désapprouverez pas un réquisitoire que je n'ai pu me dispenser de donner et qui est fondé sur les ordonnances. » Le 27, ces Messieurs, parés « à la légère, vêtus d'un manteau court », se présentèrent devant le chancelier, qui leur fit « une réprimande très forte sur l'indécence de leur habillement » et les mit à la porte sans vouloir rien dire ni entendre de plus. Ils revinrent en robe ; le procureur général n'avait point apporté la sienne, « disant qu'étant interdit, il ne pouvait pas la porter ». Il revenait au chancelier que cet officier était « le principal auteur de toute cette affaire ».

En l'absence des mandés, la cour des comptes, aides et finances restait très échauffée. Dès le 26 juillet, elle adopta d'itératives remontrances où, après des insinuations d'une rare malveillance contre les ingénieurs des ponts et chaussées, elle soutenait la légitimité de son arrêt du 15 juillet et son devoir de remettre en vigueur les anciennes ordonnances, et notamment la déclaration du 31 juillet 1648, « lois mémorables qui assurent en même temps la souveraineté au monarque, et la tranquillité aux sujets, lois solennelles et fondamentales, qui affermissent la constitution de l'État en maintenant Votre Majesté dans le droit exclusif d'établir des impôts, les magistrats dans le pouvoir d'en autoriser la perception, vos sujets dans la certitude de ne payer que ce que la loi exige. » Remontrances auxquelles le parlement de Rouen fit écho dès le lendemain par les siennes.

Toutes ces déclamations suscitèrent beaucoup d'émoi, tant au Conseil que parmi les intendants de Normandie et dans le corps des ponts et chaussées. Blessés dans leur honneur et leur intégrité, les ingénieurs répliquèrent avec une dignité exemplaire. Forts de la sympathie et de la protection de Louis XV et de Trudaine, ils se rassérénèrent. Concurrencée par la résistance aux édits bursaux et — en ce qui concerne le parlement — les démarches en faveur des exilés de Besançon, l'affaire s'apaisa lentement et, en attendant, les magistrats de la cour des comptes, aides et finances mandés à la suite du Roi y restaient consignés. Leurs collègues décidèrent le 12 janvier 1761 d'envoyer à Versailles une députation solliciter leur retour : Louis XV leur prohiba cette démarche, mais, au début de février, autorisa ce retour, sauf pour le procureur général, toujours interdit. Sa compagnie implora aussitôt sa grâce et, comme celle-ci tardait, revint à la charge par des remontrances du 12 mars 1761, où elle persistait à brandir les mêmes textes de référence, et toujours la déclaration du 31 juillet 1648 : « Nous sommes bien éloignés de penser que l'intention de Votre Majesté ait été " d'annuler ces lois ", de nous blâmer de les avoir rappellées et de nous défendre de nous y conformer à l'avenir. Ç'aurait été anéantir en un instant les lois portées par les plus sages de vos prédécesseurs, consacrées par un long usage et tellement liées avec le bien public, qu'il répugnerait même à la sagesse de Votre Majesté d'y rien changer. »

Si cette arrogance et cette obstination avaient été connue à temps, peut-être le Roi n'eût-il pas rendu au Conseil du 8 mars 1761 l'arrêt par lequel il levait l'interdiction frappant le procureur général, qui regagna Rouen trop tard pour empêcher l'envoi de ces déclamations où ses collègues — mais en était-il choqué ? — s'opiniâtraient à traiter la déclaration de 1648 en loi fondamentale du royaume. Il demeure étonnant que Louis XV n'ait pas réprimé et proscrit avec plus de sévérité et de publicité ces références à la Fronde, répétées et sciemment séditieuses. En particulier, la sanction infligée au procureur général — une simple interdiction de quelques mois — paraît bien indulgente en regard de l'étrange conception qu'il avait de son devoir.

La cour des aides de Paris

Pour appuyer son offensive contre les intendants en 1760, la cour des comptes, aides et finances de Rouen avait eu soin de faire imprimer et répandre ses remontrances et ses arrêts. Dans le même temps, une compagnie parisienne, la cour des aides, menait avec moins de tapage une attaque en règle contre ce que nous appelons « la monarchie administrative ». Cette compagnie, et pour cause, ne pouvait, comme les parlements, se prétendre antérieure à la royauté, ni invoquer « l'union des classes ». Aussi ses remontrances ne recoururent-elles qu'avec une relative modération à la « langue de bois » alors usuelle dans la robe et, sans proscrire tout à fait les généralités amphigouriques et les rappels pseudo-historiques, eurent l'originalité d'articuler des critiques et des griefs étonnamment précis. Moins acrimonieuses et boursouflées dans la forme que celles des parlements et autres cours, elles furent souvent plus audacieuses quant au fond. Elles demeurèrent assez discrètes, car elles ne bénéficièrent pas de ces impressions à gros tirage qui, dans leur fausse clandestinité, propageaient les manifestes des autres compagnies. Néanmoins, malgré une diffusion plus limitée, leur originalité même leur assura une influence profonde. Originalité due au fait qu'elles furent en majeure partie l'œuvre personnelle de Malesherbes, premier président de cette cour depuis la fin de 1750.

Entraînée par lui, la cour des aides de Paris fit souvent chorus avec les autres compagnies supérieures, mais sa singularité fut de s'attaquer en détail à certaines pratiques de gouvernement. On a vu [1] que, grâce à sa structure collégiale, le contrôle général des finances s'était progressivement comme substitué en grande partie aux Conseils des Finances et que beaucoup d'arrêts du Conseil dits « en finance » étaient en fait l'œuvre des bureaux du contrôleur général et des intendants des finances. Il est possible et même probable que beaucoup de ces décisions aient été conformes aux lois, à la justice et à l'équité, mais elles recouvraient une fiction et, si elles étaient inattaquables quant au fond, elles n'offraient pas de garantie juridictionnelle. Tout en vitupérant de plus en plus fort le Conseil du Roi, les parlements demeurèrent très vagues là-dessus dans leurs récriminations, notamment sur la fiction que le Conseil représentait souvent en finance. Ils se contentaient d'insinuer ou de reprocher au Roi que tel ou tel arrêt eût été « surpris à la religion » de Sa Majesté, surpris « du Conseil établi en 1661 pour la police et direction de vos finances » : ces imputations restaient très floues. Mieux placée peut-être que les autres pour traiter de la question en connaissance de cause, la cour des aides se mit à l'agiter avec précision. Pourquoi ce zèle ? C'est que de nombreux arrêts en finance cassaient des sentences des cours des aides ou évoquaient des causes pendantes devant elles et qu'elles en éprouvaient un vif dépit. D'autre part, Malesherbes, bien que gendre de fermier général et beau-frère de trois conseillers d'État, dont un intendant des finances, se lança dans cette campagne pour se rendre populaire et intéressant ; comme directeur de la librairie, il avait moins de scrupules pour réclamer au chancelier son père des arrêts qui ne passaient pas au Conseil.

---

1. Voir ci-dessus, pp. 193-194, 198-200.

Dans des remontrances du 14 septembre 1756 sur les impôts, la cour s'était contentée de souligner, en termes feutrés et encore allusifs, « les inconvénients qui se trouvent à dépouiller les tribunaux pour leur substituer un seul magistrat, qui ne peut même porter sur les objets qu'on lui présente qu'une attention momentanée, et qui est distrait sans cesse par des occupations d'un autre genre. » « On a voulu, gémira-t-elle en novembre 1759, faire taire toutes les lois, pour y substituer les principes variables de ce qu'on a voulu appeler *l'administration*. » Et enfin, juste un siècle après le moment où Louis XIV et Colbert avaient définitivement engagé la monarchie sur la voie administrative, elle ajusta et nourrit violemment son tir par ses remontrances du 23 juin 1761 :

« Nous savons que, dans toutes les attributions données aux commissaires départis, on ajoute la clause que les appellations seront portées à votre Conseil, et c'est sans doute un prétexte dont on s'est servi pour dissimuler à Votre Majesté, ainsi qu'aux rois ses prédécesseurs, que c'était réellement une autorité absolue qu'on donnait aux commissaires départis. Mais, dans la vérité, cette allusion ne rassure plus aucun de vos sujets, personne ne se flatte réellement que Votre Majesté puisse se faire rapporter en son Conseil toutes les requêtes de ceux qui ont à se plaindre des commissaires départis. Personne n'ignore non plus que les magistrats et autres personnages appelés dans le Conseil privé de Votre Majesté ne sont point admis aux jugements de ces appels qui seraient mille fois trop nombreux pour que votre Conseil y pût vaquer. Nous ne nous écarterons point, Sire, des égards dus à ce qui porte le nom du Conseil de Votre Majesté, mais nous ne pouvons pas nous dissimuler ce que personne en France n'ignore : que ces appels des ordonnances des commissaires départis au Conseil de Votre Majesté ne sont jamais jugés que par un seul homme... Enfin, Sire, pour terminer ce tableau général et pour faire connaître à Votre Majesté la totalité de la destruction de l'autorité qu'Elle a confiée à ses cours des aides, il nous reste à Lui observer que, dans les parties mêmes dans lesquelles cette autorité ne paraît point avoir été transférée à des commissaires du Conseil, elle est également anéantie par l'usage introduit de détruire l'effet de ses arrêts par ce qu'on appelle des arrêts du Conseil rendus en finance. Dans toute autre matière, lorsqu'un particulier se pourvoit contre l'arrêt d'une cour, la question est décidée par les magistrats appelés au Conseil de Votre Majesté. Mais il est notoire qu'en matière d'imposition, c'est par l'avis d'un seul magistrat que les questions les plus importantes sont décidées. »

L'attaque était menée avec vigueur et sur tous les fronts. La cour visait les intendants, ce vieil épouvantail de la magistrature, et leurs subdélégués ; elle vantait les tribunaux où « l'administration est séparée de la juridiction » ; elle dénonçait enfin la collusion des financiers et de l'administration : les arrêts des cours, proférait-elle, « peuvent être détruits au gré d'un seul homme, et le sont réellement sur la simple allégation des régisseurs ou fermiers des droits de Votre Majesté, par ces décisions irrégulières, appelées arrêts rendus en finances. » Ce dernier thème était habilement choisi, car les financiers, « les traitants », étaient impopulaires depuis des siècles.

Lancée à si bon train, la cour des aides de Paris ne s'arrêta plus et allait multiplier sur ses thèmes de 1761 remontrances et représentations, à la véhémence et à l'audace toujours renouvelées, malmenant sans relâche intendants, subdélégués, financiers et *tutti quanti*. Ces critiques — où affleura parfois la nostalgie des états généraux — n'atteignirent pas seulement la fiction qui recouvrait très souvent en finance le nom du Conseil. Elles frappèrent tout l'appareil étatique affermi et développé depuis 1661. Apparaissait ainsi en plein éclairage un des inconvénients majeurs résultant de la fiction pratiquée par le contrôle général et qui était d'amener les cours à une attitude une fois de plus rétrograde, consistant à rejeter le principe même d'une justice administrative, alors que le développement de l'administration entraînait en soi la formation d'un contentieux et d'un droit administratifs. « L'administration réunie à la juridiction, proclamaient encore ces remontrances du 23 juin 1761, produira toujours le despotisme, parce que la sûreté des citoyens consiste à être jugés par ceux qui ne connaissent d'autre règle que la loi et que les principes incertains de l'administration servent aisément à colorer des injustices... Il peut être d'administration d'examiner quelle loi il est avantageux de faire en matière de finance ; mais il ne peut jamais appartenir à l'administration d'interpréter la loi déjà faite, ni de juger le particulier qui prétend s'y être conformé. »

Il est évident que ces critiques n'auraient pu être formulées si le Conseil d'État et des Finances n'avait pas cessé de fonctionner entre 1680 et 1690. La cour des aides n'aurait eu lieu de dénoncer ni le défaut de garantie juridictionnelle en matière de contentieux administratif, ni l'irresponsabilité du personnel de l'administration. Les attaques en règle qu'elle a portées contre le système instauré par Colbert et perfectionné depuis ont contribué, au moins aussi puissamment que celles des parlements et avec moins de tapage, à développer dans l'opinion publique le mythe et le grief de « despotisme ministériel », néfastes pour la stabilité du régime. Toutefois, la sensation qu'aurait pu provoquer sur le moment la première de ces vives attaques — celle portée par les remontrances du 23 juin 1761 — a été éclipsée par celle causée dans le même temps par l'offensive menée contre les jésuites.

La suppression des jésuites

La suppression des jésuites a été pour Louis XV une des affaires les plus importantes et les plus étranges de son règne, celle où le parti janséniste s'est le plus complètement joué de lui, avec une habileté, une détermination et aussi une chance stupéfiantes. L'hostilité envers les jésuites avait en France de vieilles racines remontant à l'époque des guerres de Religion et de la Ligue. Hostilité d'inspiration gallicane d'abord, professée ensuite avec passion par les jansénistes et devenue de leur part une haine implacable après la destruction de Port-Royal et la fulmination de la bulle *Unigenitus*. C'était un terrain où ils entraînaient beaucoup de monde, car, sans adhérer à la théologie janséniste, nombre de Français avaient des réflexes gallicans, voyaient dans les jésuites des agents de la cour de Rome et des soldats de l'ultramontanisme, leur attribuaient d'immenses ambitions temporelles et la volonté d'établir la monarchie universelle au profit du Pape, d'utiliser la religion pour parvenir à leurs fins et, ce faisant, de tyranniser les consciences, à commencer par celles des rois. Opinions très répandues dans les milieux judiciaires et aussi dans la population parisienne, portée à considérer ces religieux comme une sorte de « cinquième colonne », ou de « parti de l'étranger ». Ces sentiments furent ravivés par l'attentat de Damiens, où le public commença par les mettre en cause, avant de tempérer ces soupçons. Mais les jansénistes demeurèrent persuadés que les véritables auteurs de la tentative étaient les jésuites et cette conviction les poussa à rallumer la lutte contre eux et contre la bulle *Unigenitus*. Une lutte d'abord souterraine, qui comporta plusieurs phases et dont le stratège et le vainqueur allaient être Le Paige.

Dans un premier temps, Le Paige et ses affidés manœuvrèrent en vue d'obtenir du Pape la publication d'une bulle qui mettrait fin aux persécutions contre les appelants, apaiserait les controverses nées de l'*Unigenitus* et, du même coup, constituerait un désaveu de celle-ci et des jésuites, ses grands défenseurs. Et de fait, Benoît XIV — comme le prouvait l'encyclique *Ex omnibus* — était désireux de procurer la paix intérieure à l'Église gallicane. Les jansénistes avaient des agents à Rome et ceux-ci, dans les dernières semaines de 1757, se montraient fort optimistes sur les dispositions du Saint-Père. C'était une affaire à mener dans l'ombre, longue à suivre et durant les méandres de laquelle il ne fallait surtout pas laisser l'opinion oublier Damiens et les jésuites.

Le premier numéro des *Nouvelles ecclésiastiques* de 1758 prit donc pour prétexte la réédition à Toulouse d'un traité d'un jésuite allemand du xviie siècle, le P. Busenbaum, pour proférer des insinuations et des indignations bien orientées : « La déclaration est du 10 décembre 1756 et l'attentat horrible sur la personne du Roi est du 5 janvier 1757. Que ces deux événements se touchent de près! Ce concours est-il l'effet du hasard? Et combien fait-il naître de soupçons contre des hommes qu'on sait d'ailleurs avoir des principes tout formés et une tradition de doctrine détestable sur le parricide des rois! » Et le journaliste de continuer en présentant les jésuites comme des ennemis des lois et des maximes du royaume, capables de bouleverser l'Église et l'État, et dont il s'étonnait qu'ils fussent encore tolérés en France. Une telle charge ne pouvait qu'entretenir la fermentation des esprits et il était surprenant, s'indigna Barbier, « qu'on souffre ici, en bonne police, une déclamation aussi violente, aussi outrée, dans une feuille de gazette qui rappelle tous les objets de troubles et de disputes, imprimée sans permission, sans nom d'auteur, qui est d'autant plus dangereuse qu'elle est écrite avec énergie ; qui est plus que jamais répandue dans Paris et dans tout le royaume ; qui ne peut servir qu'à troubler et échauffer encore tous les esprits, disposés que trop à la fermentation. Comment avec une pareille gazette, distribuée toutes les semaines, peut-on espérer de ramener le calme et la paix? »

Tandis que le public était ainsi entretenu dans la haine et le fanatisme, Le Paige suivait activement son projet. Les lettres qu'il recevait de ses correspondants romains étaient si encourageantes, qu'à la mi-février 1758 lui-même et son ami le président de Murard jugèrent le moment venu d'agir sur Louis XV en le persuadant d'entrer en pourparlers avec Benoît XIV en vue d'obtenir cette bulle qui mettrait à l'abri les jansénistes français. A l'unanimité, en effet, les avis venus de Rome spécifiaient que l'initiative ne viendrait jamais du Pape et que l'impulsion devait être donnée par la cour de France. En avril, Le Paige eut des conférences à ce sujet avec le premier président du parlement, M. Molé, et Murard. Le 13 avril, ces deux magistrats corrigèrent et approuvèrent un mémoire dressé par Le Paige à l'intention du Roi et de ses ministres et Molé alla le 30 avril le soumettre à Bernis. Celui-ci fut assez effrayé par la difficulté du projet, mais ne refusa pas de s'entremettre. Le document ainsi préparé fut encore retouché et le 12 mai Murard et Le Paige furent en porter la version définitive à Molé. Coup de théâtre : le premier président leur apprit qu'un courrier extraordinaire venait d'apporter au Roi la nouvelle de la mort de Benoît XIV, survenue le 3.

Le projet de bulle tombait à l'eau, mais cette déception n'entama ni la détermination, ni la présence d'esprit de Le Paige. Le lendemain, même, il se réunit avec Molé et Murard chez

Clément de Feillet, ce conseiller dont Damiens faisait « son dieu », et ils décidèrent d'envoyer à Rome le frère de ce magistrat, chanoine d'Auxerre (élu en 1797 évêque constitutionnel de Versailles). Son voyage fut diligemment organisé : il arriva à Rome dès le 30 mai. Il avait pour instructions, d'une part, de faire tout son possible pour peser sur le conclave et provoquer l'élection d'un pontife favorable et, d'autre part, de s'aboucher avec les correspondants de Le Paige et avec des prélats et des clercs qui, sans être adeptes du jansénisme, faisaient partie des adversaires résolus que les jésuites comptaient dans l'entourage des papes. Sur le premier point, qui n'était probablement pas à sa portée, l'abbé Clément échoua : l'élection de Clément XIII le 6 juillet 1758 fut une défaite pour les jansénistes, qui gardaient cependant confiance dans le cardinal Archinto, secrétaire d'État, mais il mourut le 30 septembre — empoisonné par les jésuites, décréta aussitôt le chanoine auxerrois —, et son successeur n'avait pas de sympathie pour les appelants. Les autres démarches romaines de l'abbé Clément furent beaucoup plus fructueuses : il noua à la curie des relations et des amitiés utiles, en reçut des avis et des conseils précieux, qui continuèrent à lui être adressés en France quand il eut quitté Rome le 2 octobre et dont il donnait communication à Le Paige. Témoins de l'orientation du nouveau pontificat, ces affidés romains lui suggérèrent la stratégie qui leur semblait s'imposer pour venir à bout des jésuites. Puisqu'il était évident que jamais Clément XIII n'admettrait de désavouer directement ou indirectement l'*Unigenitus*, il fallait séparer la cause de Rome (et donc de la Bulle) de celle des jésuites et, désormais, n'attaquer ceux-ci que sur tous les autres terrains. La déclaration « du silence » deviendrait ainsi une arme antijésuitique.

Parvenues de Rome en décembre 1758, ces consignes furent sans délai mises en œuvre : les *Nouvelles ecclésiastiques* ouvrirent le feu avec leur éditorial du Nouvel An 1759, en comparaison duquel les *Provinciales* de Pascal sont un chef-d'œuvre d'aménité. En évitant soigneusement la moindre allusion à l'*Unigenitus*, l'auteur lançait clairement un premier appel à la destruction des jésuites, opération aussi nécessaire à ses yeux pour le salut de l'Église elle-même que pour celui des fidèles.

Mais comment parvenir en pratique à anéantir cet ordre religieux, avant-garde depuis longtemps de la papauté, dirigeant la conscience des princes et éduquant l'élite de l'Europe ? Les événements du Portugal indiquèrent la route à suivre.

Le 3 septembre 1758, le roi de Portugal Joseph Ier, alors en délicatesse avec les jésuites dans son royaume et dans ses colonies d'Amérique, fut l'objet près de Lisbonne d'une tentative d'assassinat. Le public raisonna diversement à ce sujet et, dit

Barbier, « le premier mot a été contre les jésuites. » Les auteurs complices ou présumés tels de ce régicide furent condamnés à mort par un tribunal d'exception et exécutés le 12 janvier 1759 dans des conditions horribles. Quelques jours plus tard, le premier ministre portugais, marquis de Pombal, prit les premières d'une série de mesures qui aboutirent en septembre à la mise hors la loi des jésuites au Portugal. Ces événements firent sensation à Paris : « L'affaire des jésuites de Lisbonne, note Barbier en février 1759, fait la conversation de tout Paris. On ne parle pas moins que de chasser les jésuites du royaume de France. Les plus modérés pensent qu'il faudrait détruire ici cette société et séculariser tous les jésuites qui sont prêtres, avec une pension convenable, ce qui formerait de simples ecclésiastiques... Les jésuites sortent le moins qu'ils peuvent dans Paris, crainte d'être insultés par l'animosité du public. » C'est que le compte rendu de l'assassinat manqué de Joseph Ier diffusé par le gouvernement portugais dénonçait leur complicité dans ce crime.

La presse janséniste répercuta aussitôt cette version des faits et une vague de pamphlets hostiles s'en inspira, insinuant que, les jésuites étant protégés par le Dauphin, ils avaient tout à gagner à la mort de Louis XV. Leurs ennemis ne craignirent pas de chercher alors à les discréditer en forgeant, imprimant et répandant en mars 1759 un faux arrêt du Conseil qui les impliquait dans une escroquerie de huit millions de livres ! La supercherie fut aisément éventée, trop éhontée et trop abjecte pour sortir l'effet escompté, mais attestait aussi que, pour ses instigateurs, la fin justifiait tous les moyens. Dans le même temps, pour se donner des airs de défenseur attitré de la foi et des mœurs, le parlement de Paris condamnait au feu le livre *De l'esprit* d'Helvétius, les *Etrennes aux esprits forts* de Diderot et autres écrits et désignait des commissaires (dont Le Paige !) pour examiner les sept premiers tomes de l'*Encyclopédie*.

Sans se désintéresser de ces campagnes, voire en les inspirant dans l'ombre, Le Paige, avec la collaboration d'un abbé Coudrette, s'était attelé à la confection d'un livre dont il voulait faire et qui fut en effet une machine de guerre contre les jésuites. Cette *Histoire générale de la naissance et des progrès de la compagnie de Jésus et analyse de ses constitutions et privilèges*, quatre volumes parus en 1760, rassembla tous les arguments et les faits sur lesquels allait se fonder la grande offensive contre l'ordre. Le Paige y formula le grief auquel ses concitoyens étaient alors le plus sensibles : celui de *despotisme !* Despotisme du général, sous la direction de qui la Compagnie tendrait à la domination universelle. Elle met tout en œuvre pour y parvenir. Elle a obtenu des papes des privilèges exorbitants, qui la rendent indépendante de toute autorité spirituelle et temporelle. Elle se gouverne selon des règles fluides, mystérieuses et changeantes. Elle fait appel à tous les concours. Elle sait gagner les cœurs par les facilités d'une morale complaisante et, à l'occasion, sait faire trembler jusqu'aux têtes couronnées en légitimant le régicide. Longuement développé par Le Paige, ce dernier point arc-boutait sa démonstration finale : « Le roi de Portugal en conclut la très urgente nécessité d'une prompte et efficace application du remède si l'on veut que la société chrétienne et civile ne succombe pas entièrement sous la société des jésuites. Et la conduite de ce monarque, en nous apprenant quel est ce remède si nécessaire et si urgent, nous apprend aussi que l'application n'en est pas aussi difficile qu'on aurait pu le penser. »

*
**

Impressionnés par le sort de leurs confrères portugais, les jésuites français ne pouvaient, d'autre part, ignorer la violente poussée d'hostilité qui se déployait contre eux. Mais ils en avaient connu d'autres depuis le XVIe siècle et, forts de ces précédents, leur situation pouvait leur paraître inexpugnable. Certes leur ordre était-il sorti de sa phase conquérante de la Contre-Réforme, mais ils le pensaient entré dans une ère de stabilisation et de consolidation. Ils avaient à travers le royaume 111 collèges, 9 noviciats, 21 séminaires, 4 maisons professes, 8 missions et 13 résidences. Leurs confréries pieuses regroupaient nombre de leurs anciens élèves et, dans certaines provinces, leur influence était très étendue. Le confesseur du Roi était l'un des leurs et il en était ainsi depuis Henri IV. A Versailles, ils avaient l'estime de Louis XV et le soutien inconditionnel du parti dévot, mais celui-ci était en perte de vitesse depuis la déclaration du silence de 1754 et la protection du chancelier de Lamoignon n'y pouvait suppléer. A la cour, toutefois, ils ne comptaient pas que des amis ou des indifférents et avaient des adversaires parmi les grands seigneurs mécréants ou libéraux et même, avec Conty, parmi les princes du sang. Les évêques leur étaient maintenant totalement acquis ou, à défaut, bienveillants. Le bas clergé, en revanche, leur était souvent peu favorable et les ordres religieux moins encore. Mais le nombre, la diversité, la qualité de leurs partisans et de leurs établissements semblent les avoir presque tous empêchés de prendre conscience de la détermination et de la nocivité de leurs ennemis, comme de l'approche du péril.

Dans quelle mesure Louis XV et son Conseil étaient-ils eux-mêmes renseignés à temps et exactement sur les menées, l'organisation et les ramifications du parti janséniste ? Quelques précautions que prissent ses militants pour agir le plus discrètement possible, ils n'étaient pas tous logés, comme Le Paige, dans un lieu privilégié et leurs allées et venues, leurs conciliabules, ne pouvaient être à Paris complètement ignorés de la police. Toutefois, le lieutenant général de police était-il sûr de la fidélité de tous les inspecteurs et commissaires ? Certains n'étaient-ils pas dévoués en secret à ceux-là mêmes qu'ils devaient observer et dénoncer ? Les informations rassemblées dans ces conditions et transmises au Roi et aux ministres n'étaient-elles pas trop dispersées et trop fragmentaires pour donner une vue d'ensemble de ce qui, pour une large part, tenait de la conjuration ?

La présomption d'une conjuration tendant à culbuter et anéantir l'ordre des jésuites fut soumise à Louis XV par un mémoire que le Dauphin lui remit dans le courant de juin 1760 et que ce prince tenait lui-même d'un conseiller au parlement de Paris. Ce document mettait en cause le duc de Choiseul en révélant que dès le mois de décembre 1759, ce ministre, dans des conversations avec plusieurs membres du parlement, leur avait assuré que les jésuites étaient perdus dans l'esprit du Roi, que le gouvernement était résolu à éteindre leur société, mais que c'était au parlement à donner l'impulsion à la chose. Il leur avait ensuite tracé un plan de la conduite à suivre à cette fin, leur avait indiqué les arguments à retenir et les premières mesures à prendre contre ces religieux, leur avait assigné des dates pour le déclenchement des opérations, Le Paige assurant la liaison avec le parlement de Rouen. Le texte de ce mémoire, le détail des scènes auquel il donna lieu avec le Roi, le Dauphin et certains ministres, les dénégations opposées par Choiseul, tout cela ne nous est connu que par la version que le duc en donna bien des années après dans ses *Mémoires*, où il présenta l'affaire comme une manœuvre odieuse et calomnieuse des dévots. Plaidoyer qui ne résiste pas à l'examen des faits, car si le mémoire remis à Louis XV par le Dauphin n'attestait pas la réalité d'une conjuration antijésuite, il faudrait alors reconnaître à son auteur le don de prophétie (D. Van Kley). Il n'est guère contestable que Choiseul, obligé — pour soutenir la guerre au moyen d'impôts alourdis et d'emprunts — d'obtenir au moins la neutralité des magistrats, s'est déterminé à l'acheter en leur livrant leur bête noire, la Société de Jésus, et que, pour l'essentiel, son plan d'opération était arrêté dès décembre 1759. C'était, au surplus, un parti auquel le poussait son irréligion et que Mme de Pompadour ne manquerait pas d'encourager. Elle n'était pas oublieuse de la sévérité avec laquelle, sans admettre nul accommodement, les jésuites avaient prôné son renvoi de la cour.

Plusieurs faits isolés, mais concordants, apparaissent dès les premiers mois de 1760, comme autant d'indices de la réalisation d'un plan soigneusement concerté tendant, d'une part, à dénigrer et décrier ces religieux aux yeux du public et, d'autre part, à accoutumer celui-ci à les voir traînés devant les tribunaux. Au motif qu'ils n'étaient pas imposés à proportion de leurs propriétés, la cour des aides de Clermont-Ferrand s'en prit à ceux du collège de Billom. En janvier 1760, le parlement de Paris ordonna au parquet de procéder contre les congrégations et associations de laïcs non autorisées par lettres patentes ; la prescription était formulée en termes généraux, mais — et ce fut bientôt le secret de Polichinelle — elle visait les seules congrégations établies par les jésuites. Le Châtelet condamna ceux de la rue Saint-Antoine, parce qu'ils vendaient de la thériaque et d'autres médicaments, à verser des dommages et intérêts au corps des apothicaires. L'on vit même la commission du Conseil du Roi chargée de juger les contestations relatives aux unions de bénéfices à des collèges de jésuites rendre des sentences défavorables à ces derniers. Tous procès dont la cause et l'issue étaient détaillés avec de joyeux sarcasmes par les *Nouvelles ecclésiastiques*.

Préparée par la manipulation de l'opinion publique — dont la nervosité était méthodiquement entretenue par une campagne interrompue de désinformation, de calomnies et de pieux anathèmes — et par les manèges souterrains de leurs ennemis, la grande offensive contre les jésuites n'attendait plus, à la fin de 1760 et au début de 1761, que l'occasion propice de son déclenchement. Ô ironie du sort ! ce furent ces religieux eux-mêmes qui la lui fournirent.

**

En 1741, était parti pour la Martinique un jésuite, le P. La Valette, qui avait la vocation du commerce. Le maison que possédait la Société à Saint-Pierre était criblée de dettes. Pour désintéresser les créanciers, le P. La Valette se mit à faire des plantations, à vendre du sucre, à acheter des nègres. Son entreprise prospéra d'abord, puis fut victime et de la piraterie des Anglais qui lui prirent cinq vaisseaux, et de la guerre qui l'empêcha d'envoyer son sucre en Europe. Un cyclone et une épidémie consommèrent la ruine de ses établissements. Les traites qu'il avait remises à ses correspondants furent protestées et lui-même déclaré en faillite. Parmi les créanciers, une maison de Marseille, Lionci et Gouffre, était engagée pour un million et demi de livres. Elle considéra le procureur général des missions des jésuites, le P. de Sacy, comme solidairement responsable des dettes du P. La Valette et l'assigna à ce titre devant les juridictions consulaires de Marseille et de Paris, où elle obtint gain de cause. Les jésuites entendirent faire appel de ces sentences et leur conduite en l'occurrence demeure assez incompréhensible.

Comme beaucoup d'ordres religieux, ils bénéficiaient d'une évocation générale de leurs causes au Grand Conseil. Or, par un arrêt du 17 août 1760, ils obtinrent du Conseil du roi l'autorisation de porter leur appel à la grand'chambre du parlement de Paris. Renonçaient-ils d'eux-mêmes ou sur des suggestions extérieures à leur privilège d'évocation ? Leur choix, en tout cas, était déroutant. Il y avait certes au Grand Conseil des jansénistes avérés, mais cette cour, quand la justice aurait exigé qu'elle déboutât les demandeurs de leur appel, n'aurait jamais été en mesure de faire de ce procès civil le tremplin d'une attaque générale contre la Société de Jésus. Pour renoncer à cette sécurité, les jésuites et leurs conseils auraient-ils considéré que, depuis ses démêlés retentissants avec les parlements en 1755 et 1756, l'autorité du Grand Conseil était avilie ? Auraient-ils craint, en y formant un pourvoi, d'obtenir un jugement contesté par toutes les autres compagnies, voire d'être tenus pour déconsidérés par le seul fait de ce pourvoi ? On serait alors devant une conséquence insoupçonnée et combien lourde de la querelle du Grand Conseil avec les parlements. Toutefois, la cause était déférée à la grand'chambre, où les jésuites avaient des amis et où leurs adversaires n'étaient pas trop forcenés, alors que les chambres des enquêtes et des requêtes leur étaient farouchement hostiles.

Le procès s'ouvrit le 31 mars 1761 et, pendant plusieurs jours, les avocats des parties s'affrontèrent d'abord sur des questions de procédure, les conseils de Lionci et Gouffre étant guidés en sous-main par Le Paige. Le public s'écrasait aux audiences et manifestait bruyamment son animosité contre les révérends pères. Les débats sur le fond furent suivis avec la même passion, entretenue par la diffusion de consultations défavorables aux jésuites. Le 8 mai 1761, enfin, adoptant les conclusions de l'avocat général Le Peletier de Saint-Fargeau, la grand'chambre les condamna à verser 1 552 276 livres à Lionci et Gouffre en les déclarant solidaires de cette dette sur tous les biens de l'ordre en général, à l'exception des biens de fondation de leurs collèges, missions et résidences. La foule qui se pressait au palais accueillit le prononcé de l'arrêt avec un enthousiasme indescriptible. Saint-Fargeau fut porté en triomphe jusqu'à son carrosse et Molé, qui voulait regagner discrètement l'hôtel de la première présidence, fut contraint de traverser la cour du palais sous les vivats et les bravos de gens qui, dans leur délire, préfiguraient les tricoteuses de la guillotine. « Cela a fait dans le jour, dit Barbier, la conversation et la satisfaction de tout Paris. » Des gens qui ne se connaissaient pas s'embrassaient dans les rues, comme s'il s'agissait d'une grande victoire nationale. Et pourtant, tout salué qu'il fût par cette explosion de joie populacière, l'arrêt du 8 mai n'était plus, à sa date, qu'un fait divers. Le véritable événement s'étant produit sans fracas trois semaines plus tôt.

*
* *

Quel que fût son enjeu, le procès entre Lionci et Gouffre et les jésuites restait un simple procès civil, pendant devant une des chambres du parlement. Isolément, une chambre ne pouvait entreprendre d'elle-même la discussion des affaires publiques : celles-ci ne devaient être traitées que par les chambres assemblées. Or, mettre en cause non plus tels ou tels jésuites, mais la Société de Jésus elle-même, c'était soulever une question d'intérêt public. Comment amener l'assemblée des chambres à s'en saisir ? Celle-ci, en dehors des grands débats politiques, se réunissait occasionnellement pour des formalités de routine comme l'enregistrement de banales lettres patentes ou la réception de nouveaux magistrats. Ce fut précisément à la fin d'une telle séance que, le 17 avril 1761, un conseiller des enquêtes, l'abbé Chauvelin — c'était l'un des conjurés —, se leva soudain et, dans une brève harangue qui n'était pas toute de son cru, se déclara obligé, « comme chrétien, comme citoyen, comme Français, comme sujet du Roi et comme magistrat », d'appeler l'attention de la compagnie sur les *Constitutions* de la Société de Jésus, sur les articles dangereux et le caractère despotique qu'il avait cru y remarquer : « N'y aurait-il donc pas nécessité d'examiner l'institut et le régime des jésuites, conclut-il. C'est ce que je vous prie, Messieurs, de mettre en délibération. » Ce à quoi Messieurs vaquèrent aussitôt, pour finir par enjoindre à l'unanimité aux jésuites de soumettre dans les trois jours leurs constitutions à l'examen du ministère public. Désormais, l'ordre des jésuites allait devoir se mesurer avec le parlement non plus à propos des responsabilités commerciales d'un de ses membres, mais au sujet de son existence même en France. Nullement improvisée, l'intervention de l'abbé Chauvelin était l'allumage de la mèche qui allait faire sauter la mine.

Dès le lendemain le procureur général de la Société déposa au greffe un exemplaire des constitutions et, le 21 avril, l'assemblée des chambres ordonna aux gens du parquet de lui rendre compte le 2 juin du contenu de ce recueil, délai ensuite repoussé au 3 juillet. L'affaire était évidemment suivie de près à Versailles où, apparemment, on n'avait pas encore envisagé tous ses développements possibles, car, dans le même temps, les incartades de « l'union des classes » en faveur des exilés de Besançon et la grève des audiences civiles au parlement de Bordeaux retenaient aussi l'attention. Les jésuites — certains d'entre eux au moins — n'avaient pas encore conscience de la gravité du péril. Le 7 juin 1761, dans une lettre au général de la Société à Rome, le P. Desmarets, confesseur de Louis XV, se montrait optimiste : la Société pouvait, à son avis, compter sur le soutien du Roi, du Dauphin, de la Reine, de toute la famille royale et même de l'entière bonne volonté des ministres ! Ce jésuite était bien ingénu ou mauvais connaisseur de la cour. Louis XV professait estime et sympathie pour les jésuites, sans leur vouer l'attachement presque passionné de sa femme et de ses enfants. Et dans le Conseil, si le chancelier de Lamoignon leur était absolument dévoué, d'autres ministres étaient moins sûrs.

Du 3 au 7 juillet 1761, l'avocat général Joly de Fleury présenta au parlement le rapport du parquet. Probablement ses collègues et lui-même avaient-ils reçu du chancelier des consignes de prudence, car ses conclusions furent relativement modérées. Elles suggéraient que le Roi envoyât au parlement des lettres patentes accordant la plus large autonomie aux cinq provinces de l'Assistance de France et, dans chaque province, aux différentes maisons, pour s'administrer elles-mêmes sans l'intervention du général. En revanche, l'autorité des évêques et celle des tribunaux ordinaires sur les jésuites seraient affermie et ils seraient tenus d'enseigner une doctrine conforme aux maximes gallicanes. Il serait opportun, enfin, d'engager des négociations avec le Saint-Siège en vue de « procurer des lois stables et immuables à une société qui possède des établissements considérables dans le royaume ». Une telle modération ne répondait pas à l'attente des conjurés. Dès le 8 juillet, l'abbé Chauvelin revint à la charge, versant au dossier des extraits des ouvrages politiques publiés par les pères. Des citations qu'il présentait, mais dont un certain nombre étaient mal traduites, tronquées ou fausses, il entendait faire ressortir que les jésuites avaient critiqué l'Écriture sainte, enseigné une morale perverse, fomenté des complots et prôné le régicide. L'abbé rappela les assassinats de Henri III et de Henri IV, l'attentat contre le roi de Portugal et insinua enfin que la tentative de Damiens n'était pas sans rapport avec la réédition du livre du P. Busenbaum. Sur quoi, le parlement confia à des commissaires l'examen des constitutions des jésuites et du rapport du parquet.

Le gouvernement s'était ému. Une commission de conseillers d'État avait été formée pour suivre l'affaire et en rendre compte au Conseil des Dépêches. Ainsi fut élaborée une déclaration du 2 août ordonnant aux supérieurs de toutes les maisons des jésuites en France de remettre dans les six mois au greffe du Conseil les titres de leurs établissements et interdisant pendant un an au parlement de statuer sur la matière. Cette déclaration fut envoyée au parlement, qui en délibéra le 6 août, en même temps que du rapport des commissaires désignés le 8 juillet, rapport présenté par l'un d'eux M. de L'Averdy, conseiller aux enquêtes. En conclusion, celui-ci proposa de rendre deux arrêts, aussitôt adoptés à une très forte majorité. Le premier recevait le procureur général appelant comme d'abus de tous les actes fondant, depuis l'origine, la Société de Jésus et lui permettait de faire intimer le général, afin que les pères ne puissent se plaindre d'avoir été jugés sans être entendus. Sous prétexte de protéger, par provision, les sujets du Roi contre la doctrine redoutable des jésuites, le second arrêt anticipait sournoisement et gravement sur le futur arrêt définitif : il paralysait le recrutement des jésuites, dissolvait leurs congrégations et fermait leurs collèges, dès le 1er octobre 1761 là où existaient d'autres collèges que les leurs, à partir du 1er avril 1762 ailleurs. Simultanément, le parlement enregistra la déclaration du 2 août, mais sous la réserve expresse que, sans attendre le délai d'un an, il rendrait tous arrêts « à l'égard desquels le serment de la cour, sa fidélité, son amour pour la personne sacrée dudit seigneur Roi et son attention au repos public ne lui permettraient pas d'user de demeure et dilation ». Défi insolent, que le gouvernement tenta de relever par des lettres patentes du 29 août suspendant pendant une année l'exécution de ces deux arrêts du 6. Ces lettres furent attaquées furieusement par l'abbé Chauvelin et autres conjurés. Le parlement les enregistra le 7 septembre en accordant seulement au Roi qu'aucun des collèges de jésuites situés dans son ressort ne serait fermé avant le 1er avril 1762. Exemple frappant de l'implacable maîtrise avec laquelle, en dépit des contre-attaques et des manœuvres de retardement, les ennemis des jésuites conduisaient leurs opérations.

*
**

Le délai ainsi péniblement acquis fut mis à profit par le gouvernement pour essayer, avec le concours du Saint-Siège, de sauver la présence des jésuites dans le royaume grâce à une réforme de leur constitution. Cette solution agréait à Louis XV : personnellement, il ne souhaitait pas l'anéantissement de la Société, mais l'aurait volontiers dotée d'un statut propre à neutraliser l'hostilité de nombreux gallicans. Les négociations furent difficiles et décevantes. Qu'il s'agît d'un projet d'acceptation des quatre articles gallicans de 1682 à souscrire par ces religieux en France ; qu'il s'agît d'un décret interprétatif demandé au général des jésuites, le P. Ricci, sur la doctrine du tyrannicide et sur l'étendue et l'exercice de son pouvoir ; qu'il s'agît encore de la désignation, pour la France, d'un vicaire général de l'ordre : tous ces arrangements furent repoussés par la curie généralice, elle-même soutenue par le Pape.

L'échec de ces démarches était patent à la fin de janvier 1762 et son constat paraît avoir eu alors de lourdes conséquences sur les dispositions du Roi et de son Conseil. L'intransigeance des autorités romaines désappointa Louis XV et fournit à certains de ses ministres et conseillers, à Choiseul en particulier, un argument massif pour proclamer haut et fort que les jésuites n'avaient qu'à devenir ce qu'ils voudraient et qu'ils étaient indignes des bonnes grâces du Roi. Pris entre les pressions du parti dévot et celles du parti janséniste, Louis XV avait cherché jusque-là, en composant avec le parlement, à canaliser le mouvement. Mais cette déconvenue personnelle, les sentiments défavorables affichés de plus en plus ouvertement par une partie de son Conseil, l'impression d'être emporté par une fatalité inexorable vont l'amener, par degrés insensibles, à renoncer à endiguer le torrent et à abandonner sans plaisir la Société à son triste sort. Désormais, elle n'était plus soutenue vigoureusement dans le Conseil que par le Dauphin, le chancelier et le maréchal de Soubise ; le contrôleur général Bertin lui était favorable, mais avait beaucoup d'autres soucis, Gilbert de Voisins avait une attitude ambiguë, Berryer et les deux Choiseul lui étaient hostiles.

Avec l'assentiment du Roi et l'appui du Dauphin, le chancelier de Lamoignon lança une tentative suprême pour sauver les jésuites à la veille de la date fixée pour la fermeture de leurs collèges. Il prépara un édit, à la rédaction duquel Louis XV prit part lui-même[1], et qui fut scellé au début de mars 1762. Il prévoyait que le général de l'ordre donnerait commission à chacun des cinq provinciaux des jésuites de France pour, dans l'étendue de sa province, exercer tous les pouvoirs lui appartenant. Le provincial prêterait serment, entre les mains du chancelier, de se conformer aux maximes et ordonnances du royaume. Aucun acte émané du général ne pourrait être exécuté dans le royaume sans examen des parlements. Les jésuites français seraient étroitement soumis à la juridiction des évêques et à la surveillance des magistrats, ils enseigneraient la doctrine gallicane. Sous ces réserves, ils pourraient vivre suivant leur institut et les poursuites engagées contre eux seraient éteintes.

Cet édit venait trop tard. Longtemps, en effet, les adversaires des jésuites n'avaient déployé leur offensive qu'au parlement de Paris, mais à la rentrée automnale des cours en 1761, ils avaient commencé à battre le rappel de « l'union des classes ». Dès la mi-septembre, les parlements de Rennes et de Toulouse avaient

---

1. Voir ci-dessus, p. 448.

demandé le dépôt à leur greffe des constitutions de la Société. Mais la sage lenteur de leurs procédures impatientait Le Paige et les autres conjurés. Grâce à des complicités mystérieuses — Conty ? Choiseul ? — ils étaient tenus étroitement au courant des pourparlers de Louis XV avec le Saint-Siège, dont la réussite eût contrarié leurs plans. Il leur fallait gagner de vitesse les négociateurs et faire évoluer l'affaire de manière irréversible par quelque coup d'éclat. Le parlement de Rouen était le protagoniste idéal d'une telle entreprise. Il s'était toujours distingué par sa résistance à l'*Unigenitus,* il était un des éléments les plus actifs de « l'union des classes » et l'alliance de ses séditieux avec ceux de Paris, servie par la proximité des deux villes, était notoire. Son premier président, M. de Miromesnil, clairvoyant mais pusillanime, était malmené par la faction janséniste, conduite par le conseiller Thomas du Fossé, petit-fils d'un disciple des solitaires de Port-Royal, initié depuis longtemps à la conjuration par son ami et correspondant Le Paige. Du Fossé et ses fidèles étaient en état d'alerte et, l'arme au poing, n'attendaient que le moment de l'attaque.

Attaque surprise, car, trompé par l'inaction apparente du parlement de Normandie, le gouvernement ne lui avait pas adressé la déclaration du 2 août 1761, qui réservait au Roi la connaissance du procès. Soudain, le 19 novembre 1761, cette cour exigea des jésuites de la province le dépôt de leurs constitutions, sur lesquelles le parquet fut invité à donner son avis dans le plus court délai. Le procureur général répugnant à s'en charger, un substitut se fit l'instrument du parti dans le rapport présenté du 16 au 23 janvier 1762. Puis, sans nommer de commissaires, l'assemblée des chambres examina directement et sans désemparer le compte qui lui avait été rendu. Et, le 12 février, sans intimer les jésuites, le parlement de Rouen — le premier de tous — rendit un arrêt *définitif !*

Arrêt foudroyant : les vœux formés par les jésuites déclarés nuls ; les membres de la Société vivant dans le ressort du parlement tenus d'abandonner les maisons qu'ils occupent avant le 1ᵉʳ juillet, où elles seront mises sous séquestre ; les anciens jésuites désireux d'être admis « à aucun bénéfice à charge d'âme, à aucunes chaires ou enseignements publics, à aucune charge civile ou municipale, office de judicature ou autre », astreints à prêter au préalable un serment spécial garantissant leur fidélité au Roi et aux maximes du royaume et leur répudiation de la doctrine de leur société déchue.

Le parlement de Rouen mettait Louis XV devant le fait accompli. Sa procédure expéditive et même d'une légalité douteuse — nul arrêt interlocutoire, nulle intimation des intéressés — allait être adoptée par d'autres compagnies et son arrêt du 12 février servir de modèle ailleurs, avec quelques autres du parlement de Paris. Le concert entre ces deux cours est décelé par les dispositions qui, au moment où l'on terrassait les jésuites à Rouen, étaient prises à Paris. L'envoi de l'édit de mars 1762 n'avait pas pris au dépourvu le parlement de la capitale et, le 26 mars, entraîné une fois encore par L'Averdy, il décida qu'il n'y avait pas lieu de délibérer sur cet édit avant la décision du jugement en instance sur l'appel comme d'abus. Parade reprise ensuite par les autres parlements. Dans le même temps, il préparait méthodiquement la fermeture des collèges et noviciats de la Société, qui eut lieu à la date prévue du 1er avril, sans incident mais non sans faire sensation : aux yeux du public le gouvernement abandonnait les pères.

L'exécution de cette fermeture au 1er avril dans le ressort de Paris, l'arrêt du parlement de Rouen du 12 février, d'une part, et, d'autre part, l'envoi pour enregistrement de l'édit de mars précipitèrent l'action de plusieurs cours qui ne s'étaient engagées dans l'affaire qu'avec circonspection.

*
**

Entre avril et septembre 1762, quatre parlements (Bordeaux, Rennes, Paris, Metz) et un conseil supérieur (Perpignan) prononcèrent des condamnations semblables en tous points à l'arrêt rouennais du 12 février. Celle du parlement de Paris tomba le 6 août, jour même où expirait le délai d'un an imposé par le Roi. En février 1763, le gouvernement ayant édicté des mesures d'urgence pour assurer l'éducation des collégiens privés de maîtres, pour dédommager les créanciers des jésuites et pour venir en aide aux religieux expulsés, les autres cours en déduisirent qu'elles n'avaient plus qu'à suivre le mouvement. Les dernières condamnations définitives s'échelonnèrent de janvier jusqu'en août 1763, émanées des parlements d'Aix, Toulouse, Pau, Dijon et Grenoble. Seuls les parlements de Besançon et Douai et le conseil supérieur de Colmar n'avaient pas ouvert le procès. Dans les duchés de Lorraine et de Bar, où les jésuites étaient puissamment implantés de longue date, le roi Stanislas refusa catégoriquement de les inquiéter.

Exception faite de Rouen, le procès de ces religieux devant les cours des provinces s'était déroulé selon les lieux avec plus ou moins d'empressement et de conviction. Il y eut pas mal de décalages dans la mobilisation de « l'union des classes ». Les jésuites y avaient des amis dévoués, souvent congréganistes. Six procureurs généraux refusèrent de requérir contre eux et deux firent leur apologie. Six autres, en revanche, voyant, dans la publicité que procurerait ce débat national, un moyen de se faire connaître au-delà des limites de leur ressort, prononcèrent des réquisitoires ardents et volumineux. Ceux de La Chalotais à Rennes et de Ripert de Monclar à Aix acquirent la célébrité, précieux atout pour les ambitions ministérielles de leurs auteurs. Certains parlements n'arrêtèrent la condamnation qu'après des hésitations ou dans de piètres conditions : sur plus d'une centaine d'officiers que comptait le parlement de Rennes, trente-trois seulement composaient l'assemblée des chambres qui statua définitivement. A Aix, le procès donna lieu à des débats dramatiques : les magistrats partisans des jésuites ayant dénoncé des irrégularités de procédure, le parlement alla jusqu'à leur faire un procès en mercuriale et à les condamner à des peines sévères (bannissement, interdiction, etc.), que le Roi eut la faiblesse de tempérer au lieu de les annuler ou gracier.

Les juges les plus montés contre les révérends pères étaient aussi partout les tenants les plus enragés de l'opposition parlementaire, eux-mêmes bien souvent membres actifs des loges maçonniques, où les magistrats étaient nombreux et influents dans les villes de parlement. Ils étaient en relations suivies avec les meneurs des autres cours et tout ce réseau de factieux convergeait vers l'état-major parisien, dont Le Paige était le chef. Autant les ennemis des jésuites étaient organisés, autant leurs partisans l'étaient peu. Ni le courage, ni même parfois l'habileté ne leur faisaient défaut, mais ils se battaient en ordre dispersé, sans liaisons entre les provinces, sans coordination nationale et leurs efforts isolés étaient annihilés par les rouages de l'organisation adverse.

A la fin de l'année judiciaire 1763, sauf en Flandre, en Alsace et en Franche-Comté, l'anéantissement de la Société de Jésus, sans être entièrement consommé, était partout en cours. Il fallait encore légiférer à ce sujet et aussi faire fonctionner les collèges dont les pères avaient été chassés. Coïncidant avec la publication de l'*Émile* de J.-J. Rousseau, cette réorganisation des études donna lieu à une controverse pédagogique qui n'est pas close aujourd'hui. Les projets de réforme fleurirent, dont beaucoup tendaient à conférer à l'État en matière scolaire un rôle que, jusqu'alors, il n'avait pas. Si bien des détails étaient encore à régler, il n'en restait pas moins que les adversaires des jésuites l'avaient emporté et que leur victoire constituait une grave défaite pour l'autorité royale : Louis XV n'avait-il pas été acculé à décider ces mesures sans les avoir voulues ni souhaitées ?

L'efficacité de la secte janséniste, son intolérance, sa capacité de mensonge, sa rage d'avoir raison envers et contre tout inquiétèrent des esprits nullement prévenus en faveur de la Société pourchassée. « Que dites-vous, Monsieur, des jésuites ? » demandait à Voltaire dès août 1761 un parlementaire dijonnais, et il poursuivait : « L'injustice et la violence de leurs ennemis est trop grande et fera dégénérer en pitié la haine des gens sensés. En général, toute persécution est odieuse et le parlement de Paris excède ses pouvoirs, compromet son honneur et son équité, se laisse entraîner par la passion à gouverner par le fanatisme. Nous avons été au collège Louis-le-Grand avec toute la France. Jamais on ne nous a enseigné de doctrine meurtrière, ni aucun principe dangereux, qui sont des êtres de raison imaginés par les jansénistes, qui s'anéantiront eux-mêmes quand ils n'auront plus d'adversaires à combattre. » Les réflexions les plus savoureuses furent peut-être celles de d'Alembert : « Entre ces deux sectes, l'une et l'autre méchantes et pernicieuses, si l'on était forcé de choisir, en leur supposant un même degré de pouvoir, la Société qu'on vient d'expulser serait la moins tyrannique. Les jésuites, gens accommodants, pourvu qu'on ne se déclare pas leur ennemi, permettent assez qu'on pense comme on voudra ; les jansénistes, sans égards comme sans lumières, veulent qu'on pense comme eux ; s'ils étaient les maîtres, ils exerceraient sur les ouvrages, les esprits, les discours, les mœurs, l'inquisition la plus violente. »

En acceptant ou en suggérant de coopérer avec les parlements à l'anéantissement de la Société de Jésus, Choiseul, non sans légèreté, croyait avoir trouvé l'expédient qui les rendrait conciliants en matière fiscale et il avait fait partager cette illusion à Louis XV. Le pape Clément XIII s'était bien rendu compte que la guerre et sa coûteuse prolongation avaient fourni aux parlementaires l'occasion d'assouvir leur vieille haine contre les jésuites. Mais le Roi et son ministre avaient fait un mauvais calcul. Comme le constatait le président de Miromesnil « la forme nouvelle et incroyable dans laquelle l'on a agi pour l'affaire des jésuites a encore augmenté la confiance des parlements et il n'est rien dont les gens échauffés ne se flattent de pouvoir venir à bout ». Pronostic amplement confirmé par la résistance opposée par les cours aux édits bursaux. Il est vrai qu'en faisant échouer le vingtième en 1750, le clergé avait mis l'État à leur discrétion.

Le mur d'argent

La guerre se prolongeait et coûtait cher, à cause non seulement des dépenses militaires, mais des subsides fournis aux pays alliés et amis. En 1759, par exemple, la France leur versa près de 19 millions de livres, chiffre que Choiseul parvint à réduire d'un tiers en 1761. Le contrôleur général Boullongne ne se maintint que trois mois après la disgrâce de Bernis et les finances furent confiées le 4 mars 1759 à un maître des requêtes M. de Silhouette, qui passait pour un homme à talents.

Il réussit dès la mi-avril à placer un emprunt de 72 millions, opération si habilement montée qu'elle paraissait rogner les profits des fermiers généraux, ce qui valut aussitôt à Silhouette une popularité prodigieuse. Par deux déclarations du 17 avril, il tenta et de réduire les pensions assignées sur le Trésor, et de suspendre les privilèges d'exemption de la taille. Il simplifia au mois d'août les taxes frappant les cuirs en établissant un droit unique. Mais toutes ces ressources étaient loin de satisfaire les besoins de l'État et Silhouette eut le courage de demander à l'impôt les compléments nécessaires. « Pour le soutien de la guerre et l'acquittement de ses charges », il fit promulguer en septembre son fameux édit de subvention générale. C'était comme un troisième vingtième, avec exemption pour les maisons de Paris et l'industrie, accompagné de taxes sur les laquais, les chevaux, voitures, galons, velours, soieries, étoffes d'or et d'argent, toiles peintes, sur les boutiques et enseignes, avec un doublement des droits de marque de l'or et de l'argent, de nouveaux droits d'entrée sur le café, les fourrures, les étoffes étrangères, une suspension des privilèges de franc-salé, 4 nouveaux sols pour livre ajoutés aux droits des fermes, sauf la gabelle et le tabac. A Silhouette, comme dix ans plus tôt à Machault et plus tard à d'autres ministres, il était apparu que les vieux moyens étaient usés, que le déséquilibre entre recettes et dépenses de l'État exigeait de grandes réformes, et « que l'heure avait sonné de demander à des impôts perçus sur les classes riches ce qu'on n'avait guère demandé jusqu'alors qu'aux moins fortunés » (M. Marion).

A l'annonce de cet édit, le déchaînement des intérêts menacés fut immédiat et extraordinaire. Un lit de justice le 20 septembre imposa son enregistrement au parlement de Paris, mais celui-ci remit au 28 novembre à délibérer à son sujet. La cour des aides rédigea de violentes remontrances. La popularité de Silhouette sombra en un instant et la pénurie du Trésor s'aggrava. Le ministre dut, par arrêt du Conseil du 21 octobre, suspendre pour un an le remboursement de tous les capitaux payables par le Trésor royal et par la caisse des amortissements. L'émoi devint considérable et s'accrut encore lorsque, par des lettres patentes du 26 octobre, le Roi annonça qu'il envoyait sa vaisselle d'argent à la monnaie et invita ses sujets à en faire autant. Ces mesures spectaculaires portèrent le dernier coup au crédit. Après huit mois de présence au ministère, Silhouette dut se retirer. Son nom est devenu commun pour désigner une ombre fugitive.

Désigné le 23 novembre 1759, son successeur M. Bertin était, bien que protégé par Mme de Pompadour, un homme de valeur. Après avoir été intendant de Roussillon, puis de Lyon, il était depuis 1757 lieutenant général de police de Paris. Il n'accepta le contrôle général que sur les instances personnelles de Louis XV et en spécifiant qu'il se retirerait à la paix. Les théories économiques et fiscales fleurissaient alors, dont les tenants se groupaient en écoles rivales. Bertin n'ignorait rien des doctrines des économistes et des physiocrates, mais c'était un pragmatique qui retenait des uns et des autres ce que bon lui semblait, sans être inféodé à aucun clan. Après s'être tiré vaille que vaille des premiers embarras, il fut bien obligé d'en venir à des mesures sérieuses. L'expression de « subvention générale » était trop honnie pour être conservée, mais la chose trop nécessaire pour être abandonnée. Bertin reprit à peu près les plans de son prédécesseur, en les allégeant de quelques taxes somptuaires. Par édit de février 1760, il fit supprimer la subvention générale, mais créer pour 1760 et 1761 un troisième vingtième, doubler la capitation de tous les capités non sujets à la taille et tripler celle des officiers de chancellerie, de tous les régisseurs et fermiers des droits du Roi et autres financiers. En même temps, par une déclaration du 3 février, il fit ajouter un cinquième sol pour livre aux droits perçus par la ferme générale.

Cet édit et cette déclaration déchaînèrent un violent tollé des cours supérieures. « L'extension donnée à cet impôt du vingtième, qu'elles haïssaient parce qu'il était égalitaire et était assis et perçu sans immixtion de leur part, les irritait et les inquiétait ; elles pressentaient en lui la préface de cet impôt territorial que préconisaient les économistes et qui devait faire disparaître les privilèges d'ordres et de provinces » (M. Marion). Les remontrances pullulèrent, où les cours supérieures des provinces se montrèrent plus agressives et plus séditieuses que celles de la capitale. Des remontrances qui ne se bornaient plus à alléguer sur son ton exagérément larmoyant l'épuisement des contribuables, mais avançaient contre l'autorité du souverain l'existence d'un droit national, aussitôt confisqué au bénéfice du gouvernement des juges. Comme d'habitude, le parlement et la cour des comptes, aides et finances de Rouen se trouvèrent en flèche dans cette contestation et ce parlement ne se résigna à l'enregistrement, et encore de justesse, que le 22 août 1760, tout en lançant d'itératives remontrances. Obtenu plus tôt ailleurs, cet enregistrement fut payé par de lourdes concessions gouvernementales. A Besançon, ce fut le retour des exilés et le départ de Bourgeois de Boynes. Au Languedoc, à l'Artois, à la Bretagne, à la Bourgogne, des abonnements furent accordés. La cour des aides de Paris conquit compétence sur la capitation taillable et sur les contestations relatives aux rôles des tailles établis d'office.

Ces lenteurs, ces critiques incendiaires, ces compromis avaient des conséquences funestes à plus d'un titre. A cause des enregistrements atermoyés et des abonnements consentis, le gouvernement était enserré dans un cercle vicieux : les impôts étaient encaissés avec retard, ne produisaient pas toutes les ressources escomptées, les difficultés du Trésor se prolongeaient et, par conséquent, un nouvel effort fiscal devenait inévitable, qui obligerait à dévorer derechef les affronts infligés par la magistrature. Et, d'un autre côté, parfaitement connus à l'étranger, tous ces embarras profitaient aux adversaires de la France. « Notre malheureuse habitude de rendre les remontrances publiques », écrivait Bertin le 21 juillet 1760 au premier président du parlement de Rouen, « l'espèce de fermentation inconcevable qui est dans les esprits, fait plus de bien à nos ennemis que leurs propres succès ; le dernier emprunt de l'Angleterre, au mois de décembre, ne s'est rempli que par des capitalistes dont les fonds étaient destinés pour les nôtres ; c'est un détail circonstancié que j'en ai eu de Hollande, de Suisse et d'Allemagne, qui vous ferait frémir. Et l'extrait des nouvelles de France sur nos affaires, quelques traits de plusieurs remontrances ou arrêtés sur le lit de justice, semés dans les cafés de Londres ont été plus utiles à Mr Pitt que toute les injures et les mépris dont leurs papiers et leurs déclamations sont remplis contre nous. Leur emprunt actuel ne va point, il est énorme ; et les fonds espèces de l'Angleterre ne payeraient pas la dixième partie de leurs dettes ; cependant, ils sont bien éloignés d'y renoncer depuis les difficultés qu'essuient les nouveaux édits, surtout au parlement de Normandie ».

L'opposition fut de même très vive avant l'enregistrement de la déclaration du 16 juin 1761, qui prorogea jusqu'à la fin de 1763 le troisième vingtième et les suppléments de capitation. Le parlement de Paris ne voulut l'enregistrer que pour 1762 et Louis XV dut tenir un lit de justice pour en faire faire un enregistrement pur et simple. Ce fut à cette occasion que la cour des aides lança ses remontrances du 23 juin[1]. Cette obstruction explique que Bertin ait recouru largement aux emprunts, souvent plus ou moins indirects ou dissimulés. Il réussit à financer la guerre, mais la conclusion de la paix en février 1763 ne mit nullement fin aux embarras du Trésor, obligé d'acquitter un arriéré énorme de dépenses, alors que la cessation des hostilités rendait un effort fiscal plus difficile à justifier devant l'opinion.

Bertin choisit lucidement les moyens raisonnables de faire face à la situation : renoncer inévitablement à la plupart des impôts de guerre, mais continuer le second vingtième, en prenant des mesures efficaces pour que les deux vingtièmes conservés portent dans une proportion exacte sur l'universalité des biens-fonds. Les dispositions qu'il arrêta furent promulguées en avril 1763 : une

---

1. Voir ci-dessus, p. 773.

déclaration du 24 et deux édits, dont le plus important supprimait à partir du 1er janvier 1764 le troisième vingtième et les suppléments de capitation, maintenait pour six ans les deux autres vingtièmes et ordonnait qu'il serait procédé à l'établissement d'un cadastre général de tous les biens-fonds sans exception même de ceux du domaine, des ecclésiastiques, nobles et autres privilégiés, de façon à répartir proportionnellement ces impositions sur ces biens « sans donner aucune atteinte aux privilèges qui se trouveraient bien établis », phrase rassurante en apparence mais impliquant une révision des privilèges, grosse de suppressions. C'était reprendre à la fois le projet d'un impôt universel et uniforme lancé naguère par Machault et celui d'un impôt territorial, cher aux physiocrates.

L'édit du cadastre provoqua immédiatement une levée de boucliers d'une violence exceptionnelle de la part des cours supérieures, épouvantées à l'idée que le Roi pût acquérir une connaissance exacte de la nature et de l'étendue des propriétés foncières. Un lit de justice imposa son enregistrement au parlement (31 mai) et à la cour des aides de Paris (6 juin), sans empêcher des remontrances arrogantes. Une fois encore, celles des cours provinciales les dépassèrent en audace, en insolence et en mauvaise foi. N'osant proclamer tout haut qu'elles voulaient échapper à une répartition égalitaire et exacte des impositions et entendaient continuer à jouir des ménagements gardés envers elle par le fisc, ces compagnies arrivaient au même résultat en soulevant l'opinion contre les financiers en général et les agents du vingtième en particulier, en se proposant elles-mêmes pour remplacer ces derniers et en réclamant le droit de participer à la confection du cadastre. Le tout en un galimatias outré, prétentieux, démagogique et souvent ridicule. Discours frappant aussi par son caractère rétrograde : dans ce déluge de considérations sur l'impôt, les cours revenaient inlassablement au principe d'un impôt de répartition, version améliorée de la taille, et il n'y a pas une seule idée neuve. Campagne d'opinion doublée par la publication de nombreux pamphlets, libelles et opuscules traitant de la fiscalité et favorables la plupart aux thèses parlementaires. Mais certaines cours ne se contentèrent pas de violences verbales et suscitèrent des incidents d'une gravité sans précédent.

*
**

A force de remontrances, de représentations et de mauvaise volonté, plusieurs parlements provinciaux s'étaient si bien opposés à l'édit du cadastre qu'à l'approche des vacances judiciaires ils ne l'avaient toujours pas enregistré. Dans les compagnies parisiennes, une telle situation se dénouait, en principe, par un lit de justice, solution difficilement réalisable ailleurs, à moins que le Roi ne se déplaçât lui-même ou n'envoyât le Dauphin avec qualité de lieutenant général du royaume, ce dont il n'était pas question en 1763. Les enregistrements d'autorité s'exécutaient sur ordre et en présence du gouverneur de la province (ou de sa doublure : lieutenant général ou commandant en chef), ce qui allait de soi, le gouverneur ayant pour prérogative essentielle de représenter la personne même de Sa Majesté et, par suite, de requérir même obéissance qu'à Elle. Notion claire et vivace à la grande époque des gouverneurs, entre 1550 et 1661 et dont les témoignages abondaient dans les registres des parlements. Mais depuis, le rôle des gouverneurs s'était beaucoup réduit, en sorte qu'ils n'étaient guère entraînés à faire admettre la plénitude de leur autorité et que le gouvernement lui-même était peu habitué à leur confier des missions importantes, situation qui explique pour une part la tournure de certains événements.

Le 18 août 1763, veille des vacances judiciaires à Rouen, le duc d'Harcourt, lieutenant général en Normandie, fit enregistrer l'édit du cadastre par le parlement, qui avait pris auparavant un arrêté de protestation déclarant qu'étant « associé au ministère de la législation, [il] n'est point appelé à la vérification des actes royaux pour les approuver aveuglément ». Aussi, à peine le duc était-il sorti, que la compagnie rendit un arrêt proclamant que les lois transcrites malgré elle sur ses registres « ne pourraient être mises à exécution, à peine de concussion contre les contrevenants ». D'Harcourt revint au palais le lendemain pour parer à un acte aussi séditieux, mais fut accueilli par des protestations et des huées. On lui demanda ce qu'il faisait là : « J'y viens comme pair, comme lieutenant général de la province et comme chargé des ordres du Roi, pour voir s'il ne se fait rien de contraire aux ordres que Sa Majesté m'a donnés. » Réponse rappelant très clairement l'autorité statutaire de sa charge. Mais, oublieux de tous les précédents concernant la venue des gouverneurs de Normandie consignés dans leur « dépôt des lois », Messieurs lui répliquèrent que sa mission était terminée, qu'il était désormais sans pouvoir et n'avait qu'à se retirer.

Le duc se réfugie dans une embrasure de fenêtre pour écrire des dépêches. Sur sommation du parlement, il est contraint de déclarer qu'il écrit au Roi ce qui se passe. D'où redoublement de cris et de malédictions. Ces scènes duraient depuis plusieurs heures et d'Harcourt, fatigué et excédé, finit par offrir de s'en aller si le parlement s'engageait à ne pas s'occuper d'autre chose que du procès-verbal de la séance. Promesse faite et, sitôt le duc parti, immédiatement violée. La compagnie rend un nouvel arrêt de protestation « contre les violences multipliées du duc d'Harcourt dans le sanctuaire de la justice contre l'honneur, la dignité et la liberté de la cour », déclare nul l'enregistrement et défend d'exécuter l'édit. Tous ces arrêts furent cassés le 24 par le Conseil ; le premier président et neuf autres magistrats eurent un *veniat* et restèrent consignés jusqu'à la fin d'octobre aux environs de Versailles.

A la rentrée, le 16 novembre, le parlement réitéra la défense d'exécuter les lois d'avril et annonça de nouvelles remontrances. Arrêt cassé dès le lendemain par le Roi au Conseil, en des termes très sévères, et transcrit le 19 en présence du duc d'Harcourt sur les registres du parlement, où les arrêts cassés furent biffés. Le soir même, toute la compagnie démissionna. Les parlementaires normands n'étaient pas seuls à braver l'autorité royale.

A Grenoble, l'édit du cadastre fut enregistré le 7 septembre 1763, veille de la séparation du parlement, en présence du marquis du Mesnil, lieutenant général en Dauphiné. Opération conduite sans que, par chance, la compagnie eût pris un arrêt de défense qui eût tout remis en question. Un tel arrêt ne pouvait être rendu que par toutes les chambres assemblées et il n'y avait plus qu'une chambre des vacations. Or, au début d'octobre, arrivèrent au parquet plusieurs lettres patentes relatives aux collèges et aux jésuites et le pli qui les contenait était adressé — inadvertance ou trahison des bureaux de Choiseul? — *au parlement,* alors que celui-ci n'était pas encore rentré. La chambre des vacations en prit argument pour convoquer l'assemblée des chambres le 14 octobre.

Alerté, M. du Mesnil se fit livrer le texte des lois à enregistrer et interdit l'assemblée des chambres. Soutenue par l'effervescence de la population qu'excitaient des placards incendiaires affichés en ville, la chambre des vacations décréta de prise de corps — c'est-à-dire d'arrestation — le lieutenant général, comme coupable de lèse-majesté au second chef pour substituer sa volonté à celle du souverain, et lâcha contre lui ses huissiers avec ordre de le traîner dans les prisons du palais. Pour éviter un pareil attentat, M. du Mesnil dut se faire suivre partout d'une escorte d'officiers armés et établir dans sa demeure une garnison assez forte pour décourager toute entreprise.

Après la rentrée judiciaire, le parlement rendit le 29 novembre un arrêt défendant l'exécution des lois d'avril et confirma sa résolution d'arrêter le marquis du Mesnil et de lui faire son procès, ce qui était la négation même de l'autorité du Roi. Sommé de porter à Versailles les procédures entamées contre lui, le parlement s'y refusa et fut, en punition, dispersé en décembre 1763 entre les villes de Fontainebleau, Melun et Nemours.

Dans le même temps, Toulouse était le théâtre de scènes inimaginables. Ce fut aussi la veille des vacances, 13 septembre, que le parlement de Languedoc enregistra l'édit du cadastre en présence du duc de Fitz-James, commandant en chef. Celui-ci, au terme d'une séance épuisante qui s'était prolongée toute la nuit, n'avait pas pris garde à un arrêt discrètement voté qui, en suspendant les fonctions de la chambre des vacations, prolongeait au-delà du terme légal la session ordinaire de la cour. Retirés dans la chambre du conseil, les magistrats refusaient de désemparer. Le duc eut alors l'idée de les convoquer un à un près de lui et d'obtenir d'eux individuellement l'obéissance qu'ils refusaient en corps. Le stratagème réussit d'abord, mais fut éventé au quatrième appelé ! La cohue des enquêtes se rua dans la salle et Fitz-James finit par offrir au parlement de le laisser réuni à condition qu'il ne prenne aucun arrêt tendant à empêcher l'exécution des actes enregistrés, ce qui fut promis.

Mais dès le lendemain 15 septembre, la compagnie, malgré la résistance désespérée du premier président de Bastard, déclara nul l'enregistrement et interdit l'exécution des édits. Sur quoi, dans la nuit du 18 au 19, le commandant en chef envoya un officier accompagné de douze hommes au domicile de chacun des membres du parlement lui signifier l'ordre de garder les arrêts chez lui et de n'en sortir sous aucun prétexte. L'archevêque dut même autoriser Messieurs à faire célébrer la messe chez eux pour qu'ils puissent faire leurs dévotions. Ce coup insolite frappa de stupeur les parlementaires, intimida l'opinion publique et ramena pour quelque temps la tranquillité à Toulouse.

***

Les missions confiées aux ducs d'Harcourt et de Fitz-James et au marquis du Mesnil étaient signes d'une politique de fermeté voulue par le contrôleur général et soutenue par le chancelier. Mais, sous la pression des récriminations fracassantes des cours et des actes de rébellion commis à Rouen, à Grenoble et à Toulouse, la détermination du gouvernement risquait d'être entamée. Depuis longtemps, le chancelier de Lamoignon était dans le Conseil celui que les multiples atteintes portées à l'autorité du Roi indignaient le plus et qui préconisait les mesures les plus rigoureuses pour les réparer. Son zèle, on le sait, n'était pas toujours adroit et, selon Bourgeois de Boynes, les Choiseul se plaignaient de ce qu'il fût « si fort accoutumé à prendre tout seul son parti et à faire son petit travail en se levant à cinq heures du matin, qu'on devait toujours craindre qu'il n'écrivît des lettres particulières capables d'embarrasser, sans même que ce fût son intention, mais faute de prévoir suffisamment la suite des événements ». Depuis 1750, Louis XV s'était bien rendu compte de ce travers, mais n'avait retiré ni son estime, ni sa confiance à ce parfait honnête homme, éloigné des intrigues de cour. Ses sentiments pour lui finirent cependant par s'altérer. D'abord parce que Lamoignon pouvait considérer que dans l'affaire des jésuites, où il était le grand vaincu, le Roi l'avait abandonné, or il est humain de prendre en grippe ceux vis-à-vis desquels on a des torts. Là-dessus, il semble bien que, dans les débats animés auxquels les séditions parlementaires donnèrent lieu au Conseil au long de l'été 1763, le chancelier ait stigmatisé avec plus de véhémence que jamais et les écarts des magistrats, et ce qu'il considérait comme des capitulations de l'autorité royale. Et même un jour, dans le feu de la discussion, il aurait montré le poing au Roi en lui disant : « Votre Majesté ne peut pas faire cela ! » Ce que Louis XV considéra comme un manquement grave.

Dès lors, il fut facile à Choiseul de pousser Mme de Pompadour à conseiller au Roi de demander à Lamoignon sa démission. Le vieillard (il avait quatre-vingts ans) n'y voulut consentir à aucun prix, disant qu'un chancelier devait mourir à son poste ou ne le quitter que dans l'incapacité physique de l'exercer. Louis XV l'exila le 3 octobre 1763 dans son château de Malesherbes et, le même jour, redemanda les sceaux à M. Feydeau de Brou. Il entendait cette fois, les unir à la chancellerie, mais comme Lamoignon ne voulait pas se démettre, il créa une charge de vice-chancelier et la conféra avec les sceaux à M. de Maupeou, l'ancien premier président du parlement de Paris. Nomination qui causa quelque étonnement : outre que le personnage avait soixante-quinze ans, il ne jouissait plus d'aucune considération dans la magistrature et l'on en eut bientôt la preuve, car le parlement refusa obstinément d'enregistrer l'édit créant cette charge de vice-chancelier qui n'avait jamais existé dans la monarchie. Au parlement même survint concurremment un changement très important : au moment où le chancelier était relégué sur ses terres, Molé fit la surprise de se démettre de la première présidence et Louis XV la confia le 14 octobre au plus ancien des présidents à mortier, René Nicolas Charles Augustin de Maupeou, qui n'était autre que le fils du vice-chancelier.

La mise à l'écart de Lamoignon affaiblit dans le Conseil la position du contrôleur général au bénéfice du clan Choiseul, d'autant moins porté à tenir tête aux mutineries judiciaires que, personnellement, Choiseul considérait le vingtième comme une imposition temporaire et non permanente. Le gouvernement crut acheter une accalmie intérieure par une honteuse reculade, qui ressemblait fort à une capitulation, énoncée par une déclaration du 21 novembre et une autre du 28.

Par la première, le Roi retirait l'édit du cadastre et la déclaration du 24 avril et affirmait sa volonté de régner « non par l'impression seule de son autorité, qu'il tenait de Dieu et ne laisserait jamais affaiblir dans ses mains, mais par l'amour, par la justice et par l'observation des règles et des formes sagement établies dans son royaume ». En conséquence, il invitait ses parlements, ses chambres des comptes, ses cours des aides à lui exprimer leurs vues sur les moyens « de perfectionner et de simplifier » la fiscalité. Il annonçait, pour le dénombrement des biens-fonds, des règlements que ses cours vérifieraient, après quoi seulement il serait procédé à la confection du cadastre. Il limitait au 1er janvier 1768 la perception du second vingtième et accordait encore d'autres concessions. Quant à la déclaration du 28, rendue pour l'exécution de celle du 21, elle établissait une commission composée d'officiers du parlement, de la chambre des comptes et de la cour des aides pour « former les résultats des mémoires qui nous seront adressés par toutes nos cours..., déclarant que notre intention est de donner auxdits commissaires telles communications qui seront nécessaires pour remplir les objets portés par lesdits articles ». Les exigences de la magistrature étaient comblées : il ne serait procédé au cadastre que quand et comme elle le jugerait bon et ses chances s'accroissaient de pouvoir établir le gouvernement des juges. « Un nouvel ordre des choses commence ! » proclama le parlement de Dijon dans ses remontrances du 19 janvier 1764.

Après un tel désaveu de sa politique, Bertin pouvait d'autant plus normalement abandonner les finances qu'il s'était engagé à ne les conserver que jusqu'à la paix. Il quitta le contrôle général, mais non le Conseil ni le gouvernement. Louis XV, dont il était devenu l'ami et qui l'avait fait ministre d'État en novembre 1762, tint à le garder à son service et créa pour lui le 14 décembre 1763 une cinquième charge de secrétaire d'État, formée d'attributions surtout économiques ôtées au contrôle général et qu'ensuite on appela tout bêtement « le département de M. Bertin ». La victoire des parlements résida moins dans ce retrait tout relatif de Bertin que dans le choix de son successeur aux finances : M. de L'Averdy, ce janséniste notoire, conseiller à la première des enquêtes, qui venait de prendre une part insigne au procès des jésuites.

Depuis Silhouette, la résistance des cours supérieures aux édits fiscaux avait été menée de pair avec l'offensive contre les jésuites et avec toutes les autres campagnes d'insoumission dont certaines ont été relatées ci-dessus. Si étouffantes d'ennui répétitif que soient de telles joutes, elles ne peuvent, hélas, être épargnées au lecteur, tant furent grandes leur importance dans la vie de Louis XV et leurs répercussions sur le sort de la guerre.

III. — LA FIN DE LA GUERRE

Après Rossbach et Leuthen, l'homme dont la volonté s'est fait sentir le plus puissamment sur le cours du conflit que l'histoire a dénommé « guerre de Sept Ans » fut William Pitt. Parce qu'il était en communion avec sa nation par sa volonté de vaincre, il a pu lui imposer des sacrifices sans précédent pour atteindre ses buts de guerre. Non sans devoir surmonter de graves divergences de vues avec le Roi, avec le Parlement ou certains de ses collègues. Mais les difficultés internes de l'Angleterre n'ont jamais pesé gravement sur la conduite des hostilités, car l'opposition s'en prenait à tel ou tel aspect de la politique du gouvernement dans un respect absolu des institutions. Combien différente et défavorable était la situation de Louis XV, harcelé sans relâche à l'intérieur par des attaques visant les fondements mêmes de la monarchie, attaques menées, au surplus, par des corps censés constituer, par vocation et par tradition, des soutiens de l'État. Sur le terrain diplomatique, Pitt trouvait un adversaire digne de lui en la personne de Choiseul. Celui-ci, malheureusement, n'a pas compris qu'en laissant les parlements attaquer l'autorité du Roi, il diminuait aussi cette autorité dans le monde. D'où une lente et laborieuse conquête de la paix.

Le chapelet des revers

Quand Choiseul entra dans le gouvernement en décembre 1758 l'année qui s'achevait avait été marquée par le rétablissement de l'Angleterre après ses déceptions de 1756 et 1757. La France et ses alliés n'étaient parvenus à porter de coups décisifs ni à l'armée confédérée qui défendait le Hanovre, ni à Frédéric II qui, placé à plusieurs reprises dans des situations critiques, s'en était tiré en battant ses ennemis séparément avant qu'ils n'opérassent leur jonction ou ne conjuguassent leurs offensives.

En Allemagne occidentale, le comte de Clermont, qui avait remplacé Richelieu à la tête de l'armée, avait dû abandonner précipitamment le Hanovre, le Brunswick, la Hesse et la Westphalie, puis, battu le 23 juin 1758 à Krefeld par Ferdinand de Brunswick avait reculé jusqu'à Cologne. L'invasion de la Hesse par une armée qui s'était réorganisée sur le Rhin sous les ordres de Soubise (créé maréchal) avait cependant obligé Brunswick à se porter sur la rive droite du Rhin et le maréchal de Contades, successeur de Clermont, avait réoccupé les quartiers précédemment évacués.

Guerre continentale assez indécise, alors que les attaques maritimes anglaises avaient été plus fâcheuses. Sur les côtes de

France, des coups de main avaient été tentés à Cancale et à Saint-Servan (juin), à Cherbourg (août) et une descente plus importante à Saint-Briac (5 septembre), terminée le 11 septembre à Saint-Cast par le rejet des envahisseurs à la mer opéré sous la conduite du duc d'Aiguillon, commandant en chef en Bretagne. Mais au Canada les Anglais avaient fait capituler Louisbourg (26 juillet), qui leur livrait l'accès du Saint-Laurent, et ensuite, en occupant les postes français de l'Ohio, avaient isolé la Louisiane et créé une menace pour Montréal. Au Sénégal, enfin, ils s'étaient emparés de Saint-Louis (avril) et de Gorée (décembre).

Les inconvénients d'un système offensif sur le continent étaient ainsi devenus si évidents et la résistance de la cour de Vienne à s'en écarter si obstinée, que Bernis vit dans une paix immédiate avec la Grande-Bretagne le seul moyen de les surmonter. Mal préparées, les tentatives qu'il avait faites en vue de se ménager les bons offices de la Hollande, du Danemark et de l'Espagne s'étaient heurtées partout à un parti pris de neutralité. Choiseul, comme tout le Conseil, tendit au même but, mais visa à contraindre les Anglais à demander la paix, de manière à préserver l'alliance autrichienne, à laquelle il était attaché. D'où les deux objectifs qu'il fit adopter par Louis XV : l'invasion du bassin de Londres et de l'Écosse, la conclusion d'un nouveau traité avec Marie-Thérèse. Activement préparé dès les premiers mois de 1759, le débarquement en Grande-Bretagne devait être le prélude de la paix. L'éventualité de celle-ci posait la question des relations franco-autrichiennes et de la participation ultérieure de la France à la guerre continentale. Au cours de son ambassade à Vienne, Choiseul avait déjà fait beaucoup avancer le projet d'un nouveau traité qui allégerait les charges financières de la France et ouvrirait la possibilité de négociations franco-anglaises. Ce troisième traité de Versailles fut conclu en mars 1759 et antidaté du 30 décembre précédent. Il consacrait le principe de la séparation des deux guerres. La France renonçait à de possibles agrandissements aux Pays-Bas pour bien marquer son caractère d' « auxiliaire » dans la guerre continentale. Elle s'engageait à ne pas négocier sans l'aveu de l'Impératrice-Reine, mais celle-ci, qui ne participait point à la guerre franco-anglaise, ne pourrait s'opposer à des pourparlers entre Londres et Versailles pour liquider leur guerre particulière.

Choiseul aurait aimé associer l'Espagne à son offensive contre l'Angleterre par l'envoi d'une escadre espagnole d'observation aux Antilles. Il ne le put, mais fut bientôt en droit d'escompter un déclin du neutralisme espagnol. Les succès maritimes anglais commençaient à inquiéter la cour de Madrid où la Reine, née princesse de Portugal et très anglophile, mourut en août 1759. Ce décès porta un dernier coup à la raison — déjà fort ébranlée —

du roi Ferdinand VI, qui sombra dans la folie la plus complète avant de trépasser le 10 août 1759. Il eut pour successeur son frère Charles III, déjà roi de Naples et décidé à réagir contre l'effacement de l'Espagne dans la politique européenne et coloniale.

Devant la menace d'un débarquement français, Pitt imposa à son pays un effort gigantesque pour assurer la défense des Îles britanniques sans restreindre en quoi que ce fût les offensives aux colonies. A la fin de 1759, les forces navales anglaises comptaient quelque 420 vaisseaux ! En août à Lagos, sur les côtes du Portugal, et en novembre 1759 près de Belle-Île, elles infligèrent à la marine française des pertes irréparables, dues plus encore à la valeur et à l'esprit offensif du commandement qu'à la supériorité du nombre. Le projet de débarquement de Choiseul était ruiné. Les Anglais possédaient désormais la maîtrise des mers. Ils pouvaient investir les côtes de la France, s'emparer de ses navires de commerce, capturer impunément ou retenir dans ses eaux les navires neutres, pour le plus grand profit des armateurs et des négociants britanniques, ainsi portés à souhaiter la continuation d'une guerre si prometteuse de prodigieux enrichissements. Après une campagne longtemps indécise, les Anglais firent capituler Québec le 18 octobre 1759, succès dont l'annonce souleva à Londres une joie indescriptible. En avril et mai, ils avaient conquis la Guadeloupe et les îles de Marie-Galante et de la Dominique. En Inde, ils avaient consolidé leurs positions au Bengale, au Deccan et dans le Carnatic.

A la fin de 1759, Choiseul se rendait compte que la paix n'était pas à sa portée et que, en s'éternisant, la guerre allait entraîner la prolongation de l'effort fiscal et donc de nouvelles difficultés de la part des cours supérieures. C'est aussi à ce moment qu'il aurait conçu le projet de les amadouer en leur abandonnant les jésuites. Pitt, cependant, jugeait la conjoncture préoccupante, à cause des vicissitudes de la guerre continentale. En Allemagne occidentale, le prince Ferdinand de Brunswick, battu d'abord par Broglie en avril, fut victorieux de Contades en août et força les Français à évacuer Kassel, mais ces allées et venues entre Weser et Rhin étaient sans effets décisifs. La situation du roi de Prusse était beaucoup plus tracassante. En juillet, tandis qu'une armée autrichienne descendait la vallée de l'Oder et qu'une autre se rapprochait de Dresde, que les Suédois s'avançaient dans le Mecklembourg, l'armée russe avait battu le corps prussien envoyé à sa rencontre, était entrée à Francfort-sur-l'Oder et avait fait sa jonction avec les Autrichiens. Le 12 juillet, Frédéric II lui-même avait été écrasé à Kunersdorf par les Russes de Soltykov et son armée presque anéantie : la route de Berlin était ouverte, la Saxe et la Silésie abandonnées aux Autrichiens, la Prusse en possession des Russes. Frédéric avait alors pressé l'Angleterre d'intervenir et Pitt, sans se dérober, temporisa habilement, en sorte que la désunion entre vainqueurs, les tergiversations russes, les lenteurs autrichiennes sauvèrent le roi de Prusse, mais en le laissant dans une position si précaire que seule la paix pouvait lui épargner en 1760 un désastre irréparable. Intervint, dans ces circonstances, une offre de médiation de l'Espagne.

Bien accueillie, après quelques réserves, par Louis XV et Choiseul, elle n'agréait guère à Pitt, peu soucieux ni de tolérer une intervention de Charles III entre la France et l'Angleterre, ni de discuter les griefs de Madrid contre les pratiques anglaises dans l'empire espagnol. Une déclaration anglo-prussienne fut néanmoins communiquée à la Hollande et à la Sardaigne, états neutres, et donna lieu jusqu'en avril 1760 à une négociation de cinq mois, dont La Haye fut le centre principal, premier acte des pourparlers pour la paix qui, avec bien des traverses et des retournements, allaient former la trame de la politique européenne jusqu'en 1763.

LE PACTE DE FAMILLE

Après l'échec apparent des pourparlers de La Haye, la guerre traîna encore près de trois années. Si les opérations militaires ne modifieront plus sensiblement les positions respectives des différents adversaires, la bataille diplomatique se poursuivra sans relâche, et non sans coups de théâtre. Suspendues au début de l'été 1760, les négociations entre la France et l'Angleterre furent ranimées par les événements.

A l'ouest de l'Allemagne, Ferdinand de Brunswick avait d'abord obligé une armée française partie du bas Rhin à se replier vers Wesel, mais une seconde armée, commandée par le maréchal de Broglie, avait occupé la Hesse, s'était emparée de Kassel (juillet) et, en octobre, le marquis de Castries avait battu Brunswick à Klostercamp. Et la campagne avait encore été très dure pour Frédéric II, qui avait eu beaucoup de peine à reconstituer son armée. Menacé par les Russes en Prusse, par les Autrichiens en Saxe et en Silésie, il n'avait pu, dans les commencements, ni s'opposer à l'invasion et au pillage de la Poméranie par les Russes, ni arrêter de nouveaux progrès des Autrichiens en Silésie. Il parvint en août à empêcher la jonction des Autrichiens et des Russes et à rejeter ceux-ci vers la Pologne. En novembre, il vainquit les Autrichiens à Torgau, mais, à la fin de l'année, l'épuisement de ses troupes et la dévastation de ses états justifiaient ses appréhensions sur l'issue de la guerre.

La progression française en Allemagne et l'usure de la Prusse étaient pour l'Angleterre des arguments pressants en faveur de la paix, d'autant qu'elle avait encore obtenu en Amérique et en Inde des gages précieux. Au Canada, les opérations s'étaient terminées le 8 septembre 1760 par la capitulation de Montréal. Et en Inde, les Anglais se rendirent maîtres successivement de Karikal, Pondichéry (janvier 1761) et Mahé (février 1761). Ces succès, et surtout la prise de Montréal, commencèrent à susciter dans les milieux dirigeants anglais un fort courant pacifiste dont Pitt devait désormais tenir compte. Ce ministre, d'autre part, était poussé à discuter avec la France pour éviter que celle-ci ne reçoive le renfort de l'Espagne. Les relations anglo-espagnoles, en effet, se détérioraient. Aux griefs de l'Espagne, qui portaient sur les nombreuses prises de vaisseaux par les corsaires anglais, sur les établissements britanniques du Honduras et sur la pêche dans les eaux de Terre-Neuve, Londres répliquait avec intransigeance. Pour prévenir un rapprochement des cours de Versailles et de Madrid, Pitt était obligé de négocier avec la France.

Dénouement hâté par la mort de George II d'Angleterre le 25 octobre 1760. Pour son petit-fils et successeur George III, la question hanovrienne et allemande n'avait pas la même importance que pour lui et cet avènement allait modifier l'organisation et l'esprit de la coalition gouvernementale sur laquelle reposait la puissance de Pitt. La reprise des pourparlers avec la Grande-Bretagne restait le vœu essentiel de Louis XV et de Choiseul, un vœu difficile à réaliser sans froisser leurs alliés russe et autrichien. Au début de 1761, l'alliance entre Marie-Thérèse et Louis XV traversa ainsi une phase critique. Choiseul finit par accepter le principe d'un congrès général des belligérants qui se tiendrait à Augsbourg, tout en obtenant d'engager, en attendant, une négociation séparée avec l'Angleterre, dont les conséquences pour l'avenir du congrès n'échappaient pas à Kaunitz. Le roi d'Espagne eut conscience qu'il n'avait alors d'autre choix que de continuer à subir l'intransigeance de l'Angleterre ou d'intimider celle-ci en se rapprochant de la France, un rapprochement auquel le poussaient en outre une inclination sincère et un sentiment de solidarité bourbonienne. Il dépêcha en janvier 1761 à Versailles un nouvel ambassadeur à l'esprit fort délié, le marquis de Grimaldi, pour obtenir d'être associé à la grande partie diplomatique qui s'annonçait et ses ouvertures furent très bien accueillies. Louis XV et Choiseul allaient ainsi mener simultanément une conversation avec l'Angleterre et une autre avec l'Espagne.

Deux négociateurs — le français Bussy et le britannique Stanley — furent envoyés à Londres et à Versailles discuter des conditions de la paix. Mais quand Stanley arriva le 4 juin, il y avait déjà des mois que Grimaldi était là et les pourparlers franco-espagnols avaient fait des progrès décisifs. Initialement, Louis XV et son Conseil avaient estimé que la guerre présente devait en être écartée. Position intenable : la logique voulait que l'introduction de l'Espagne dans la négociation franco-anglaise eût pour contrepartie sa participation éventuelle à la guerre. En conséquence, Louis XV s'engagea à comprendre les griefs espagnols dans ses discussions avec Londres. On s'acheminait vers un traité général entre Louis XV et Charles III, assorti d'articles secrets stipulant une possible déclaration de guerre de l'Espagne à l'Angleterre.

Parallèlement, les conversations de Londres et de Versailles progressaient, peu influencées par les événements militaires. En février 1761, Brunswick avait tenté de reprendre Kassel et Broglie l'avait repoussé. Et le 7 juin les Anglais s'étaient emparés de Belle-Île. A la fin de juin, les grandes lignes du futur traité anglo-français s'esquissaient et c'est alors que Choiseul informa Stanley du désir de Louis XV d'inclure le règlement des litiges espagnols dans ce traité. La réaction de Pitt fut brutalement négative. Les conversations franco-anglaises traînèrent encore jusqu'à la mi-septembre, mais l'insolence de Pitt triompha des dernières objections du Conseil de Louis XV contre l'alliance espagnole.

Le 15 août 1761, Choiseul et Grimaldi signèrent deux instruments. Le premier, dit *Pacte de famille,* établissait une union étroite et un système de garanties réciproques entre les Bourbons de France, d'Espagne, de Naples et de Parme. Et par le second, une convention secrète, l'Espagne s'engageait à déclarer la guerre au 1er mai 1762 si la paix n'était pas conclue avant cette date, et la France à incorporer les griefs espagnols dans les conditions à négocier avec l'Angleterre. A cette alliance Pitt aurait voulu riposter immédiatement par une déclaration de guerre à Charles III, par la capture en pleine mer des bateaux espagnols et par un débarquement à la Martinique. Ces projets belliqueux se heurtèrent aux dispositions pacifiques de George III et Pitt quitta le gouvernement au début d'octobre. L'Angleterre cherchait à éviter une guerre avec l'Espagne, mais l'alliance prussienne lui causait des soucis croissants. Aucune opération importante n'avait été menée en Allemagne orientale en 1761, ni par Frédéric II, ni par les Russes, ni par les Autrichiens. L'usure des forces prussiennes était telle cependant que Frédéric disait ne subsister que grâce à la négligence de ses adversaires. Mais sa fermeté restait inébranlable et il ne voulait ni céder à ses ennemis, ni accorder aux Anglais aucune facilité soit pour réviser son traité avec eux, soit pour traiter avec la France. La rupture entre Londres et Berlin semblait imminente quand survinrent deux événements, dont le premier allait renforcer le courant pacifiste en Angleterre et le second modifier profondément les conditions de la guerre continentale. L'un et l'autre coïncidèrent pour la France avec l'effervescence soulevée par le procès des jésuites.

Le 2 janvier 1762, la déclaration de guerre de l'Espagne fut officiellement notifiée à l'Angleterre et suscita de graves appréhensions à lord Bute, le ministre de confiance de George III. Appréhension de perdre ce que Pitt avait gagné, appréhension de compromettre le Roi devant la nation, appréhension de manquer des ressources pécuniaires nécessaires à la poursuite de la guerre. L'effort financier imposé au pays atteignait en effet les limites du possible : les sujets de George III étaient plus imposés que ceux de Louis XV, ce qui explique pour une large part le sort de la guerre. Il fallait renouer avec la France et l'Espagne, sans altérer les conditions de paix auxquelles la France était disposée à consentir lors de la négociation Stanley-Bussy.

Survint là-dessus un véritable coup de théâtre avec la mort de la czarine Élisabeth le 4 janvier 1762 et l'avènement de son neveu Pierre III. Admirateur fanatique de Frédéric II, le nouveau czar décida aussitôt un revirement diplomatique complet. Dès la fin de janvier, on eut conscience à Vienne et à Versailles de sa totale défection : il rappela le corps expéditionnaire russe en Silésie, dépêcha un émissaire en Prusse, fit des avances à l'envoyé anglais et mit en quarantaine les ambassadeurs de Louis XV et de Marie-Thérèse. Les choses allèrent si bon train que, le 5 mai, la paix fut signée entre Pierre III et Frédéric II, à qui les Russes restituaient toutes leurs conquêtes sans recevoir la moindre compensation. Par un second traité, conclu le 16 juin, le Czar s'engagea à fournir à Frédéric un corps de 20 000 soldats. Entretemps, la Suède avait, à son tour, traité avec la Prusse (22 mai). La mort de la Czarine avait sauvé Frédéric II : sa situation était raffermie et il avait désormais beaucoup de chances pour lui. La répugnance qu'il avait manifestée en 1761 à s'associer aux vues de ses alliés anglais devint une opposition décidée et une rupture paraissait de nouveau inévitable, lorsque la cour de Pétersbourg fut encore le théâtre d'une péripétie inattendue : le 10 juillet, Pierre III fut détrôné par sa femme, qui s'adjugea la couronne sous le nom de Catherine II. Elle était peu favorable au roi de Prusse, mais ses sujets aspiraient à la paix. Elle décida de respecter le traité du 5 mai et, par suite, de garder la neutralité dans le conflit entre Vienne et Berlin et de ne pas appliquer celui du 16 juin et rappela les troupes qui s'apprêtaient à rejoindre celles de Frédéric II. Celui-ci dut modifier ses plans de campagne, ce qui ne l'empêcha pas de remporter les succès auxquels il était habitué quand il n'avait affaire qu'aux Autrichiens.

La crainte d'une extension de la guerre en basse Allemagne incita Bute à renouer avec la France, par l'intermédiaire de la Sardaigne. Il ne subordonnait plus la paix à l'adhésion de

Frédéric II et il acceptait de discuter les griefs espagnols. Ces concessions n'impressionnèrent pas Choiseul, qui attendait de la co-belligérance de l'Espagne des succès susceptibles de rabaisser quelque peu les prétentions britanniques. Il poussait activement le relèvement de la marine que, depuis octobre 1761, il gérait conjointement avec la guerre. Par le « don gratuit des vaisseaux » les états provinciaux, les chambres de commerce, des villes, des corps de métiers, des fermiers et receveurs généraux finançaient la construction de navires de ligne. Une double offensive fut combinée avec l'Espagne : aux Antilles, les forces navales feraient une tentative contre la Jamaïque ; et dans la péninsule ibérique, si le Portugal refusait de fermer ses ports aux Anglais, une armée espagnole marcherait sur Lisbonne.

Les événements tournèrent contre les espérances de Choiseul. La défection de la Russie risquait d'entraîner celle de la cour de Vienne. La flotte envoyée à la Martinique arriva trop tard pour empêcher les Anglais de se rendre maîtres de l'île en janvier 1762. Le ministre décida en conséquence de reprendre sérieusement à la fin de mars les conversations avec Bute et elles progressèrent assez pour que l'on pût envisager en juillet l'échange de plénipotentiaires. Mais Choiseul peinait à obtenir de l'Espagne son agrément à cette négociation franco-anglaise. Charles III redoutait que la France ne consentît en Amérique à des cessions de territoires nuisibles pour les colonies espagnoles et, d'autre part, fondait de grands espoirs sur l'attaque contre le Portugal. Ces arrière-pensées incitèrent Londres et Versailles à envoyer les ambassadeurs chargés de conclure la paix et de réserver les questions espagnoles pour cette ultime négociation.

Les deux ambassadeurs, le duc de Bedford et le duc de Nivernais, avaient chacun reçu la mission de ne pas perdre de temps. Bute était menacé par une campagne d'opinion, encouragée par des succès qui démentaient les appréhensions causées par la conclusion du Pacte de famille. En Hesse-Kassel, où les intrigues de cour avaient écarté Broglie du commandement, d'Estrées et Soubise reculèrent devant Ferdinand de Brunswick. Frédéric II avait repris l'initiative. L'offensive espagnole au Portugal s'enlisait. Voici enfin que l'on apprit à Londres le 29 septembre que, le 13 août, La Havane s'était rendue au corps expéditionnaire anglais. Nouvelle qui déchaîna un enthousiasme inouï et une recrudescence de l'esprit belliqueux, enivré par la perspective d'un démembrement de l'empire espagnol et de son ouverture exclusive au commerce britannique. Bute était acculé à mettre le pays devant le fait accompli de la paix.

Pour Louis XV et Choiseul, l'heure était critique. Ils avaient conscience que la poursuite de la guerre risquait d'aboutir à des désastres irréparables. Mais la volonté formelle de Louis XV était de ne signer la paix que conjointement avec l'Espagne et Choiseul tenait à sauvegarder et l'alliance autrichienne et l'alliance espagnole. Les compensations généreusement accordées par Louis XV à Charles III aidèrent celui-ci à s'incliner avant que l'on ne connût un dernier et spectaculaire succès anglais : la prise de Manille. Cependant que, devant le parti de neutralité adopté par Catherine II, Frédéric II se déterminait à traiter directement avec Marie-Thérèse.

Le 3 novembre 1762, les préliminaires de Fontainebleau mirent fin aux hostilités entre le roi d'Angleterre et les rois de France et d'Espagne. Ils furent mal accueillis outre-Manche par l'opinion publique, consciente de ce que la France avait su saisir le moment de faire la paix. Ces préliminaires furent cependant largement approuvés par le Parlement britannique et le traité définitif put enfin être signé le 10 février 1763, non sans d'ultimes chicanes sur l'interprétation et la rédaction de certains articles. La conservation des îles était devenu l'objectif majeur de Louis XV et de Choiseul, ce qui explique les stipulations du traité, dénommé « traité de Paris ». La France ne perdait que les moindres de ses possessions antillaises (Marie-Galante, Tabago, la Désirade) et recouvrait la Martinique, la Guadeloupe et Sainte-Lucie. Telle était l'importance attachée à ces îles, que l'on cédait le Canada, l'île du Cap Breton, les îles du Saint-Laurent, la vallée de l'Ohio, la rive gauche du Mississippi, en ne gardant que les îles de Saint-Pierre et Miquelon et le droit de pêche de Terre-Neuve. En Inde, la France abandonnait toutes ses acquisitions postérieures au 1er janvier 1749 et ne gardait que les cinq comptoirs en sa possession lors de la paix d'Aix-la-Chapelle. Elle perdait le Sénégal et ne se maintenait que dans l'île de Gorée. Elle restituait Minorque aux Anglais. Pour récupérer La Havane et Cuba, l'Espagne cédait la Floride à l'Angleterre. De cette cession, Louis XV se sentait responsable, puisqu'il avait entraîné son oncle Charles III dans une guerre qui n'avait pas été heureuse. Aussi, par un geste chevaleresque, lui donna-t-il la Louisiane en dédommagement de la Floride. Louis XV signa le 23 février 1763 la ratification du traité et, par une curieuse rencontre, ce fut aussi le jour de l'érection de sa statue sur la place portant son nom à Paris.

Quant à la guerre continentale, elle fut close par le traité signé le 15 février 1763 à Hubertsburg, qui, en confirmant les clauses principales de la paix d'Aix-la-Chapelle, revenait à peu près au *statu quo*. Marie-Thérèse abandonnait, une fois de plus, la Silésie à la Prusse et l'électeur de Saxe recouvrait ses états.

L'AFFAIRE SECRÈTE

Tout en étant tracassé sans répit par les entreprises des cours supérieures et tout en suivant le cours plein d'aléas des campagnes militaires et diplomatiques, Louis XV a consacré encore une partie de son temps à la poursuite de l'affaire secrète entamée initialement pour procurer au prince de Conty la couronne de Pologne. Cet objectif précis était maintenant perdu de vue, mais non le sort de la Pologne. On a vu combien les instructions contradictoires reçues par le comte de Broglie au moment de son retour à Varsovie le plaçaient dans une position délicate. Et de fait, pris entre les injonctions de Bernis, les consignes du Secret et les objurgations des Polonais, il ne put que s'enferrer. La Russie protesta à Vienne et à Versailles contre son attitude et le comte de Brühl fit même intervenir contre lui le roi de Pologne auprès de la Dauphine sa fille. Accusé de travailler contre les intérêts de la maison de Saxe et contre le nouveau système d'alliance, l'ambassadeur se trouva acculé, au bout de six mois, à demander son congé. Il arriva à Versailles le 14 mars 1758 et, après quelques semaines d'incertitudes, il dut renoncer en mai à son ambassade et fut affecté en juin à l'armée de Clermont.

Louis XV décida néanmoins de poursuivre l'affaire secrète et de continuer, au moins provisoirement, à payer les sommes habituelles et entretenir les correspondances. Tercier se chargea de la besogne matérielle et Broglie, de l'armée où il s'était rendu, adressait au Roi des lettres qui portaient aussi bien sur les questions politiques que sur les opérations militaires. A son retour de la campagne, le comte trouva Choiseul installé aux Affaires étrangères à la place de Bernis. Les deux hommes se connaissaient : ils avaient le même âge, avaient fait leurs études ensemble et avaient entretenu des relations amicales avant de devenir rivaux dans la course aux honneurs, non sans conserver malgré tout quelques sentiments d'estime mutuelle. Broglie espérait que le nouveau ministre allait pratiquer vis-à-vis des cours de Vienne et de Pétersbourg une politique plus indépendante que celle de Bernis et, par conséquent, plus favorable à la Pologne. Plus circonspect, Louis XV jugea nécessaire de continuer l'affaire secrète, autorisa le comte à prendre un secrétaire et, au début de février 1759, lui ordonna de continuer à s'occuper de la Pologne. Mais un incident soudain faillit tout remettre en question : soupçonné depuis longtemps par Mme de Pompadour d'avoir part à une intrigue secrète, Tercier se vit, sous un prétexte spécieux, privé le 27 février par Choiseul de sa place de premier commis des Affaires étrangères.

Choiseul coupait ainsi le lien unique qui reliait diplomatie officielle et diplomatie secrète. Pour ne pas encourager les soupçons de ce ministre, Louis XV refusa d'intervenir directement en faveur de Tercier et, loin de renoncer pour autant au Secret, en profita, au contraire, pour manifester nettement sa volonté. Les 22 et 23 mars 1759, le comte de Broglie fut investi de la « principale direction » de l'affaire, c'est-à-dire non plus de la seule Pologne mais des autres pays, et Tercier lui fut adjoint. Dorénavant, les diplomates affiliés au Secret devraient adresser au Roi, en plus de leurs rapports particuliers, la copie des dépêches qu'ils recevraient du secrétaire d'État ou qu'ils lui enverraient. Au prix de ce travail supplémentaire, le Secret pourrait continuer et Louis XV contrôler sous main la correspondance officielle. Quant à l'objectif du Secret, s'il restait la future élection polonaise, ce fut seulement en 1760 que Louis XV se décida à déclarer, en posant toujours pour principe le libre choix des Polonais, qu'il verrait sans déplaisir ce choix se porter sur le prince Xavier de Saxe, frère cadet de la Dauphine.

Choiseul suivait des voies diamétralement opposées. Loin de vouloir intervenir en Pologne, il y bornait l'action de la France à deux objectifs : maintenir le pays dans l'anarchie et empêcher ses voisins de s'agrandir à ses dépens. Ce qui impliquait l'abandon du parti français et aussi de toute influence sur l'élection à venir. Broglie et Tercier mirent tout en œuvre pour contrecarrer ces principes. Mais pendant les années 1758-1760 la guerre absorba la meilleure partie des activités du Secret. En Suède, l'ambassadeur, marquis d'Havrincourt, négociait officiellement et secrètement une participation plus active de ce pays aux opérations contre la Prusse et l'Angleterre. A Constantinople, Vergennes tentait de s'opposer à un rapprochement entre la Prusse et la Porte. A Pétersbourg, le baron de Breteuil contrecarrait en sous main les négociations de Choiseul pour faire la paix grâce à une médiation de la Russie. De l'armée, enfin, le comte de Broglie adressait au Roi relations et réflexions sur les opérations militaires et les problèmes de commandement. Son frère le duc de Broglie, nommé maréchal et commandant en chef en 1759, le prit comme chef d'état-major et tous deux menèrent avec distinction la campagne de 1760. Mais leur caractère entier et difficile alimentait contre eux des intrigues à la cour et à l'armée même. Devenu secrétaire d'État de la Guerre, Choiseul, en 1761, divisa cette armée pour en confier une partie à Soubise. La mésentente entre celui-ci et le maréchal de Broglie aboutit à l'échec de la campagne de 1761. Revenu à la cour, le duc de Broglie s'acharna à vouloir rejeter sur Soubise la responsabilité de ce fiasco. C'était s'attaquer dangereusement à un protégé de Mme de Pompadour et à un ami du Roi. Ni les lettres du comte de Broglie à Louis XV ni l'amitié du Dauphin pour le maréchal, ni la popularité de celui-ci auprès de nombreux corps de troupes ne purent les sauver. Le 18 février 1762, les deux frères furent exilés au château de Broglie.

La disgrâce apparente du comte ne changea rien à la confiance que lui témoignait le Roi sur l'affaire secrète ! Le rôle de Tercier s'en trouva néanmoins accru et les questions traitées devinrent plus importantes après le bouleversement de situation consécutif à la mort de la czarine Élisabeth. Dans ces circonstances, le comte de Broglie fit de son mieux pour épauler la diplomatie officielle, tout en réservant une place majeure à la Pologne où, à ce moment, les vues des deux diplomaties semblaient devoir s'accorder. Espérance balayée après l'avènement de Catherine II, qui fit totalement diverger les dispositions du duc de Praslin et du comte de Broglie. Ce dernier voyait s'écrouler le rêve de pouvoir reprendre l'ancienne politique du Secret en Pologne. Déception adoucie par la décision prise par le secrétaire d'État de désigner M. Durand, ministre plénipotentiaire, et le chevalier d'Éon pour accompagner à Londres le duc de Nivernais allant débattre le traité avec l'Angleterre. Durand était un vieux routier des affaires polonaises et du secret, auquel d'Éon était initié depuis 1756. Ils eurent, bien entendu, l'ordre de rendre compte à Broglie de ce qu'ils apprendraient d'intéressant pendant la durée de leur mission.

Les traités de Paris et d'Hubertsburg, qui consacraient l'humiliation de la France et de ses alliés, provoquèrent l'indignation douloureuse du comte de Broglie et de ses principaux collaborateurs. De ce sursaut de colère patriotique et de l'esprit fertile en ressources du comte surgirent bientôt des projets appelés à restaurer le prestige de la France et à abattre la superbe de ses ennemis.

*
**

La paix ne fut proclamée officiellement en France que par une ordonnance du 3 juin 1763. A cette occasion, les compagnies supérieures de la capitale lui ayant fait demander un jour pour venir, selon la coutume, le complimenter, Louis XV manda au chancelier : « Je dispense cette fois-ci mes cours de me faire des compliments sur la paix. » Réponse à double sens. Elle témoignait de son agacement envers le parlement qui — inconscience ou hypocrisie ? — le priait en même temps de lui accorder une audience pour la présentation des remontrances adoptées contre l'édit du cadastre et les autres lois enregistrées au lit de justice du 31 mai précédent. Elle signifiait aussi qu'aux yeux du Roi une exaltation ou même une simple évocation du traité de Paris n'était pas de saison alors que la résistance opposée par ses cours aux édits de Bertin démontrait que, si les hostilités avaient cessé à l'extérieur, elles ne connaissaient guère de répit à l'intérieur du royaume, où l'avenir paraissait encore bien sombre. Louis XV n'avait encore jamais vécu des années aussi noires que celles qui s'étaient écoulées depuis Rossbach. La guerre, qu'il avait tant voulu épargner au pays, s'était déroulée et terminée sans gloire. Le public en prenait son parti avec assez de désinvolture. Souffrant néanmoins dans son orgueil d'avoir été vaincu, il accusait le gouvernement, la cour, les généraux, la Pompadour, mais la perte du Canada le laissait indifférent. N'avait-on pas gardé nos principales possessions antillaises, ces « îles à sucre » qui, selon les idées à la mode, étaient la source de richesses la plus sûre ? Bien peu s'interrogeaient sur les vraies raisons de nos défaites.

Il y avait eu le manque d'argent. La révolte et le sabotage des cours supérieures n'avaient pas seulement entravé la levée des contributions nécessaires et porté au crédit de graves atteintes. Ce faisant, ils avaient aussi aggravé les défauts et l'archaïsme des impôts et interdit toute modernisation et toute égalisation du système fiscal. Les difficultés de trésorerie ainsi accumulées étaient responsables pour une part du délabrement des armées, dû, pour une autre part, à l'exemple de sédition ou, au mieux, d'insoumission constamment donné par la magistrature à toute la nation. Pourquoi les militaires auraient-ils été plus disciplinés que les civils ? L'affaiblissement des sentiments d'obéissance et de dévouement qui avaient assuré la grandeur et la stabilité de la monarchie était général. L'autorité, la subordination étaient battues en brèche, la discussion était partout et c'était une autre raison de nos échecs.

Tous ces maux usaient les ministres, retardant les mesures de salut et, plus celles-ci étaient retardées, plus devraient-elles, à l'échéance, être radicales. Le vœu de réformes fondamentales n'émanait pas seulement de ceux qui, dans les parlements, rêvaient de tout renverser pour, à la faveur d'un retour mythique à la royauté mérovingienne ou carolingienne, instaurer le gouvernement des juges. C'était une exigence ressentie par des hommes entièrement dévoués à l'autorité royale et alarmés par l'anarchie dont le royaume était de plus en plus menacé par la rébellion de la magistrature. Restaurer la stabilité de la monarchie leur paraissait une nécessité aussi inéluctable qu'irréalisable sans le recours à des moyens exceptionnels : aux grands maux de l'État il fallait les grands remèdes. Ainsi, dans les milieux dirigeants, certains en étaient arrivés à professer que la convocation des états généraux s'imposait comme le seul moyen d'opérer la remise en ordre générale de l'État et de la société. C'était l'avis du maréchal de Belle-Isle (mort, rappelons-le, au début de 1761) et de M. d'Ormesson, intendant des finances. L'exprimèrent-ils jamais à Louis XV ? La chose n'est pas invraisemblable, mais impossible à attester dans l'état actuel des connaissances.

Cet avis ne pouvait agréer aux parlementaires qui, précisément, cherchaient alors à se poser en sénat de la nation et qui en cas d'élection aux états généraux, auraient dû briguer les suffrages du tiers état. Grisés par leurs déclamations, aveuglés par la réussite de la majorité de leurs entreprises contre l'autorité royale, ils ne se rendaient pas compte de tout ce que leur rébellion systématique avait de suicidaire. En particulier ils n'ont pas pris conscience qu'en terrassant la Société de Jésus, ils avaient prouvé qu'il n'était nullement impossible d'abattre un corps réputé solide et puissant et que cette démonstration pouvait un jour se retourner contre eux. Après la condamnation définitive des jésuites au parlement de Toulouse le 26 février 1763, le premier président de Bastard déclara prophétiquement aux chambres assemblées : « Vous venez de donner, Messieurs, un exemple funeste : celui des suppressions ; vous serez supprimés à votre tour ! »

CHAPITRE XVI

Monarchie ou anarchie ?

Après le traité de Paris, une page était tournée, celle de la guerre extérieure. Louis XV devait maintenant ajuster sa diplomatie à la nouvelle conjoncture et restituer à la France une puissance militaire et navale qui la rendît respectable à travers le monde. Deux buts auxquels il entendait parvenir dans un esprit résolument pacifique. Non qu'il ait écarté l'idée d'une revanche des revers et des humiliations de la guerre de Sept Ans, mais c'était là un objectif qu'il n'envisageait qu'à long terme et, en attendant, il était absolument déterminé à épargner à son royaume une nouvelle guerre. Résolution inspirée par son penchant naturel pour la paix, mais dictée aussi par la situation intérieure du pays, où la conclusion du traité de Paris n'avait altéré en rien l'agressivité des cours supérieures. Or l'expérience venait de démontrer cruellement au Roi qu'il était impossible d'affronter efficacement un ennemi extérieur quand de grands corps de la monarchie combattaient systématiquement et sans répit son autorité. Une politique belliqueuse ou simplement offensive était inconcevable aussi longtemps que l'État n'aurait pas bénéficié d'une profonde remise en ordre. Celle-ci s'annonçait particulièrement difficile tant le désordre était grand dans les affaires et encore plus dans les esprits et tant le coût de la dernière guerre avait obéré les finances publiques. Au reste, un redressement n'était possible que si le Roi lui-même émergeait de cet état chagrin, désenchanté et comme fataliste où il était plongé depuis environ 1750. Il finira effectivement par s'en dégager, non sans épreuves, ni rechutes.

I. — LE CREUX DE LA VAGUE

Des changements importants ont affecté la scène politique depuis la guerre de Sept Ans. A la suite de l'abbé de Bernis, la noblesse de cour est entrée dans le gouvernement et s'y est taillée une large place. Et après la démission de Bertin, un conseiller au parlement de Paris a accédé au contrôle général des finances. La carrière ministérielle va donc tenter désormais aussi bien des grands seigneurs que des officiers de cour supérieure. Modification de la sociologie des ambitions politiques, assortie inévitablement de rivalités de personnes et de clans, influant elles-mêmes sur le cours des événements.

De la suppression des jésuites découla, par ailleurs, pour Louis XV un avantage d'abord imprévisible. La plupart des graves crises intérieures du règne avaient eu jusque-là pour motif, réel ou allégué, les affaires ecclésiastiques. Affaires dans lesquelles le Roi s'était toujours embarrassé par des scrupules de conscience, par les pressions de sa famille et des dévots et par celles du parti opposé. Après le procès des jésuites, les attentats contre son autorité ne feront pas relâche, loin s'en faudra, mais la religion cessera définitivement d'en être l'occasion ou le prétexte. Ainsi libéré des tourments moraux qu'elle lui infligeait, Louis XV finira par se sentir plus à l'aise pour édicter des mesures nettes et rigoureuses.

Prépondérance des Choiseul

Après la nomination de L'Averdy, le gouvernement connut plusieurs années de stabilité. Coiffant les Affaires étrangères, la Guerre et la Marine, Choiseul et Praslin occupaient une position dominante. Saint-Florentin continuait à administrer son secrétariat d'État, aux attributions de plus en plus étendues : Maison du Roi, Paris, Clergé, R.P.R. et de nombreuses provinces. Âgé, usé, sans autorité réelle sur la haute magistrature, le vice-chancelier de Maupeou comptait peu. Bertin s'installait dans son nouveau département où, fort de la confiance et de l'amitié de Louis XV (qui lui avait confié la gestion de son pécule personnel), il contrebalançait quelque peu l'influence de Choiseul et de son cousin, auxquels L'Averdy était inféodé. Dans le Conseil d'En-haut, les maréchaux d'Estrées et de Soubise jouaient avec Bertin ce rôle de contrepoids.

L'élévation de L'Averdy était une concession d'autant plus significative faite aux cours supérieures qu'il était personnellement aussi peu qualifié que possible pour les hautes responsabilités qui lui échéaient. C'était un magistrat érudit, alors âgé de

39 ans, mis soudain en vedette par le procès des jésuites. Janséniste militant, il l'était non seulement de parti, mais de dogme, d'une piété personnelle réelle et profonde. Son honnêteté intellectuelle et morale était certaine, attestée par ses réactions après quelques jours seulement de participation au gouvernement. Il avait vécu jusque-là sur cette planète extérieure au monde que constituait un parlement, où l'on professait sur le Roi, sur les ministres, sur les Conseils des idées toutes faites, aussi fausses qu'arrêtées. Et voici que, face aux réalités de la pratique du pouvoir, les yeux de L'Averdy se dessillèrent. Il commença notamment à découvrir la véritable personnalité de Louis XV. Contrôleur général depuis à peine un mois, il faisait part de cette révélation dans ses lettres à Miromesnil avec une candeur presque touchante : « Ce prince est le meilleur des hommes, d'une justesse d'esprit singulière et digne de l'affection de tous ceux qui le connaissent. » Quelques semaines plus tard, il le dépeignait « plein de bonté et de justesse d'esprit » et vantait ce maître « dont l'esprit est judicieux ». Y a-t-il témoignage plus frappant que cette surprise ingénue sur les préjugés et les préventions dont on se repaissait dans les compagnies supérieures ?

Avec de respectables qualités personnelles, L'Averdy était aussi peu apte que possible à être contrôleur général. Il ne connaissait ni les finances, ni l'administration, ni la cour, et était dénué non seulement de connaissances administratives, mais du moindre instinct gouvernemental. Un de ses nombreux défauts était une humilité exagérée qui, jointe à une ingénuité déconcertante, lui faisait clamer son ignorance complète du département qu'on lui avait confié. Affolé, noyé dans ses dossiers, courant d'une affaire à l'autre, changeant d'avis, se répandant en aveux d'inexpérience et en protestations de bonne volonté, il n'en imposa à personne, pas même à ses anciens collègues des parlements, dont il découvrait avec stupeur la nocivité et à qui il ne savait répondre que par des objurgations timides et des supplications éplorées (P. Gaxotte). La solidité et la compétence de l'équipe formée par les intendants des finances pallièrent dans la mesure du possible l'impéritie du maître. D'autre part, l'intimité de Choiseul avec Laborde, banquier de la cour, procura des secours au Trésor, en même temps qu'elle lui donnait barre sur L'Averdy.

LE CALICE JUSQU'À LA LIE

Après l'entrée de L'Averdy dans le ministère, il ne manquait plus au triomphe des cours supérieures que le désaveu des hommes qui avaient été chargés de les soumettre. Depuis les enregistrements opérés en présence des ducs d'Harcourt et de Fitz-James et du marquis du Mesnil, les officiers du parlement de Rouen étaient démissionnaires, ceux du parlement de Grenoble consignés à Fontainebleau et alentour, ceux du parlement de Toulouse aux arrêts. Situation dont s'autorisaient d'autres parlements pour dresser des remontrances sur « les violences » exercées contre « les classes du parlement » séant en Normandie, en Dauphiné et en Languedoc.

Pour obtenir à Rouen le retrait des démissions, L'Averdy multiplia les prévenances, les promesses, les concessions. Le 23 février 1764 furent expédiées des lettres de cachet enjoignant à chaque démissionnaire de se trouver le 12 mars au palais pour y prendre connaissance des ordres du Roi. Ces lettres furent toutes envoyées au premier président, M. de Miromesnil, qui sut convaincre les destinataires de les accepter. Une députation mandée en cour eut le 10 mars une audience de Louis XV, qui lui tint le langage le plus conciliant, rendit les lettres de démission et octroya des lettres patentes déclarant non avenus les arrêts du Conseil des 24 août et 17 novembre précédents, qui avaient fustigé les actes séditieux du parlement ! Celui-ci consentit alors à enregistrer le 16 mars la déclaration du 21 novembre 1763, assortie de diminutions sur les dons gratuits des villes. Encore cet enregistrement fut-il excécuté de mauvaise grâce, avec force restrictions et réserves : le cadastre, notamment, redouté en Normandie plus que nulle part ailleurs, était repoussé « jusqu'à ce qu'on eût reconnu qu'il était possible, nécessaire, et pouvait être établi sans déroger aux droits particuliers et privilèges de la province. » La reprise d'activité du parlement fut célébrée à Rouen par des fêtes qui durèrent huit jours et dans la province par des manifestations multiples et interminables.

Plus triste encore fut la reddition du gouvernement devant le parlement de Grenoble qui, pour se soumettre, n'exigeait rien de moins que le départ de Dauphiné du lieutenant général, M. du Mesnil. Or cet officier, aux brillants états de service, n'avait agi que selon les instructions ministérielles et était en outre un ami de Choiseul. Mais celui-ci avait alors un tel désir d'apaisement qu'il ne craignit pas — il était assez coutumier du fait — de retirer son soutien à quelqu'un qu'il avait compromis. Il arracha à Louis XV le 17 janvier 1764 le rappel de M. du Mesnil et L'Averdy lui-même en eut honte : « Cet homme, écrivit-il alors, ne peut pas être condamné, avec les ordres qu'il avait, sans le déshonneur du maître. » Le parlement dauphinois n'eut à faire ni excuses, ni amende honorable. Au contraire, il reçut des frais de séjour, obtint pour la province de substantielles modérations d'impôts et fit sa rentrée à Grenoble le 20 mars dans une ville en liesse. A cette date, M. du Mesnil était mort depuis près de trois semaines : il n'avait pu survivre aux chocs émotionnels — au *stress,* dirait-on aujourd'hui — consécutifs au désaveu de sa conduite impliqué par son rappel et par le retour triomphal du parlement et aux avanies et aux affronts prodigués auparavant par cette cour.

Le 2 décembre 1763, furent levés les arrêts que Messieurs du parlement de Toulouse gardaient depuis le 19 septembre, retraite forcée durant laquelle leurs rancœurs avaient fermenté. Dès le 5 décembre, ils ouvrirent la procédure en mercuriale contre M. de Bastard, leur premier président, collaborateur trop fidèle, à leurs yeux, du commandant en chef, et, une semaine plus tard, lui infligèrent un blâme humiliant. Ils avaient enregistré entre-temps la déclaration du 21 novembre, mais rejetèrent des lettres patentes promulguées le 5 décembre pour effacer le souvenir des incidents de l'automne. Geste gros de menaces, concrétisées le 17 décembre où, « considérant les outrages multipliés et les violences inouïes dont le duc de Fitz-James, au mépris du serment qu'il avait prêté en sa qualité de pair de France, s'était rendu coupable envers la justice souveraine du Roi », le parlement le décréta de prise de corps. Le duc fut réduit, comme du Mesnil à Grenoble, à s'entourer d'une garde suffisante pour dissuader les huissiers de s'emparer de sa personne. Par un autre arrêt du 7 janvier 1764, le parlement lui dénia la qualité de commandant en chef dans la province et Fitz-James fut rappelé à Versailles. Bastard restait, lui, à portée de la méchanceté de ses collègues qui, revenant sur son entente avec Fitz-James, le mirent en interdit le 27 mars, au grand scandale du gouvernement. Le Roi cassa au Conseil les procédures faites et les arrêts rendus contre le premier président, mais ne put jamais imposer son retour à Toulouse. Retiré à Paris, Bastard y resta cinq ans sans quitter sa charge ni pouvoir en reprendre les fonctions, dont il ne se démit qu'en octobre 1768, avant d'être nommé conseiller d'État en avril 1769.

Les tribulations du duc de Fitz-James furent beaucoup plus brèves, car les procédures entamées contre lui à Toulouse tournèrent court et même ouvrirent entre les parlements provinciaux et celui de Paris une controverse qui provoqua une faille dans « l'union des classes ». En décrétant ce duc de prise de corps le 17 décembre 1763, le parlement de Toulouse avait agi en se considérant comme « classe » d'un unique parlement de France, habilitée, au nom de cette unicité, à se comporter en « classe » de la cour des pairs. Pour se plaindre de cette entreprise sur les droits de la pairie, Fitz-James écrivit au duc d'Orléans qui, avec la permission de Louis XV, assembla au Palais-Royal les princes et les pairs, lesquels ensuite vinrent siéger au parlement et celui-ci, considérant que le droit de juger les pairs lui appartenait essentiellement et *uniquement,* rendit le 30 décembre un arrêt déclarant nul et incompétemment rendu le décret de prise de corps lancé par le parlement de Toulouse contre le duc de Fitz-James. « Il est à craindre, remarqua aussitôt Barbier, que cela ne produise une dissension des parlements, ce que le ministère désirerait fort. Les parlements de Bordeaux, Rouen, Besançon, Grenoble, Toulouse et autres pouvaient croire que le parlement de Paris ne les avait engagés dans ce système d'un seul parlement de France et de la division des classes que pour les faire participer dans le parti de la destruction des jésuites ; et qu'à présent que cette société paraît entièrement détruite, le parlement de Paris n'est plus si jaloux de cette association des parlements et prétend conserver et rentrer dans la supériorité dont il a joui jusqu'à présent. »

Effectivement, les autres parlements provinciaux — et surtout ceux qui venaient de se rebeller contre les lieutenants généraux — prirent fort mal cet arrêt parisien du 30 décembre. Les princes et les pairs vinrent tenir au palais de nombreuses séances avant que, dans un geste de conciliation, le parlement de Paris admît, le 30 avril 1764, que des « membres des différentes classes eussent séance en la cour première, capitale et métropolitaine, unique siège de la cour des pairs », lorsque celle-ci serait assemblée. Cette concession n'entama nullement la prétention des autres compagnies à ne constituer que « les classes » d'un seul et unique parlement et, par suite, d'une seule et unique cour des pairs.

Cette discorde tardive dans le camp parlementaire ne compensait pas les abaissements imposés par les parlements de Rouen, Grenoble et Toulouse à l'autorité royale. Le propre de celle-ci étant d'être indépendante et sans partage afin d'avoir en toutes choses le dernier mot, il était clair que, dans leur conflit avec le Roi, dans leur désobéissance à ceux qui le représentaient, ces trois cours avaient eu le dernier mot et que, ce faisant, elles avaient partagé le pouvoir souverain et contribué aux progrès du despotisme des juges.

Despotisme auquel tendit une déclaration du 28 mars 1764, qui réservait aux cours supérieures le monopole des lumières et le privilège exclusif de conseiller le gouvernement. Cette loi, en effet, faisait défense *à tous autres* « d'imprimer, débiter ou colporter aucuns écrits, ouvrages ou projets concernant la réforme ou administration des finances. » Volonté d'imposer silence à tout ce qui n'était pas magistrat justifiée dans les termes les plus flatteurs : « Autant des mémoires sagement combinés par nos cours peuvent être utiles à ce grand objet, autant des mémoires et projets formés par des gens sans caractère, qui se permettent de les rendre publics au lieu de les remettre aux personnes destinées par état à en juger, peuvent-ils être contraires et nuisibles... et empêcher le bien que nous pourrions opérer avec le secours des mémoires dictés par le zèle éclairé des magistrats. » Despotisme déjà manifesté par le procès des jésuites.

La fin des jésuites

Condamnés dans la quasi-totalité des ressorts judiciaires, les jésuites refusaient presque tous de prêter le serment d'abjuration qu'on prétendait leur imposer s'ils postulaient des fonctions ecclésiastiques ou civiles. Certains prêchaient et confessaient et d'autres avaient distribué des livrets récusant les imputations portées contre eux par la magistrature. Il n'en fallait pas plus pour stimuler le fanatisme et, le 3 mars 1763, le parlement de Rouen — encore lui ! — imposa, sous peine de bannissement, à tous les prêtres et écoliers de la Société de Jésus, même s'ils n'aspiraient à aucune fonction, le serment qui leur était odieux. Cet arrêt fut cassé par Louis XV et comme il paraissait révoltant à tout le monde, les Normands n'insistèrent pas.

L'entrée de L'Averdy dans le Conseil ranima l'ardeur des adversaires des révérends pères. Le 18 janvier 1764, le parlement de Provence expulsa des villes d'Aix et de Marseille ceux qui ne prêteraient pas le serment. Le parlement de Paris, le 9 mars, les bannit si, dans le délai d'un mois, ils ne souscrivaient pas au serment par lui fixé, mesure reprise par les parlements de Rouen, Toulouse et Pau. Les autres parlements ne suivirent pas, car, ainsi qu'en convenait le président de Brosses, « beaucoup de gens sans partialité trouvent (et je ne sais s'ils se trompent) que la forme de cet arrêt est despotique et le traitement cruel. » Il en résultait, à la fin de l'année judiciaire 1763-1764, que la condition des jésuites était différente d'un ressort à l'autre et même que, en Alsace, en Flandre et en Franche-Comté, où aucune mesure n'avait été prise contre eux, ils remplissaient paisiblement leur ministère. Louis XV comprit qu'un édit général pour le royaume était nécessaire, à la fois pour clarifier et unifier la situation et parce que, sans cela, remarqua le cardinal de Bernis, « la destruction d'une société qu'il avait toujours protégée se serait effectuée sans le concours de son autorité. » Il entendait aussi écarter toute mesure ayant caractère de persécution contre les personnes. Ainsi fut promulgué l'édit de novembre 1764, qui proscrivit la Société de Jésus dans toute l'étendue du royaume et permit à tous ses anciens membres de rester en France ou d'y revenir sans prêter aucun serment et aux seules conditions d'y vivre en simples « particuliers », de s'y comporter en « bons et fidèles sujets » et d'y être soumis à l'autorité spirituelle des évêques.

Cet édit fut enregistré sans difficulté par la plupart des parlements, mais Paris, Toulouse, Aix et Rouen imposèrent aux anciens jésuites une résidence surveillée dans leur diocèse natal, les villes de Paris, Aix, Marseille et la plupart de celles de Normandie leur furent interdites ! Le parlement de Besançon n'enregistrera que sur lettres de jussion le 26 janvier 1765 et après avoir présenté des remontrances en faveur du maintien de la Société en Franche-Comté : « Les classes ? ironisa L'Averdy. Est-il possible qu'on soutienne ce système tout de bon ? Voilà un plaisant corps, tout un, que celui dont une classe, qui est Besançon, a fait l'apologie des jésuites dans une remontrance ! »

L'assemblée du clergé qui se tint en 1765 était encore sous le coup de cette affaire. Elle était par ailleurs soucieuse de la décadence de nombreux ordres monastiques et tenait à éviter que les parlements ne se saisissent de cette question comme ils venaient de le faire pour les jésuites. Pour prévenir toute initiative de ce côté, elle se tourna vers Louis XV qui, par arrêt du Conseil du 23 mai 1766, annonça qu'il allait choisir des personnalités de l'ordre épiscopal et de son Conseil pour enquêter sur les abus introduits dans les différents ordres ou monastères d'hommes et aviser aux moyens d'y remédier. Cinq archevêques et cinq conseillers d'État furent en effet désignés le 31 juillet suivant pour former la commission *ad hoc,* bientôt appelée « Commission des Réguliers ». Le cardinal de La Roche-Aymon, archevêque de Reims et grand aumônier, en fut le président et l'archevêque de Toulouse, Loménie de Brienne, le rapporteur. Elle mena une action importante, aussi bien par la masse des affaires traitées que par leur nature : elle a provoqué la suppression de plus de quatre cent cinquante maisons, qui durent disparaître ou s'unir à d'autres, la destruction de neuf ordres religieux et la promulgation des édits de mars 1768 et février 1773 sur les communautés d'hommes.

La mort de Madame de Pompadour

Pendant que l'État était ébranlé par les ligueurs et les frondeurs de la magistrature, la cour, en apparence imperturbable, restait fidèle à ses rites, ses traditions, ses divertissements. Toujours passionnées de musique, la Reine et Mesdames firent fête, à la fin de 1763 et au début de 1764, à un musicien de la principauté de Salzbourg arrivé depuis peu en France, M. Léopold Mozart. Celui-ci exhibait deux enfants prodiges, sa fille de treize ans et demi — Nannerl — et son fils de huit ans — Wolfgang Amadeus —, dont la virtuosité précoce émerveillait, et avec lesquels il s'installa à Versailles le 24 décembre 1763. Ils assistèrent le soir même à la messe de minuit et aux messes du matin dans la chapelle du château, puis retournèrent chaque jour à la messe du Roi : « J'y ai entendu de la musique bonne et mauvaise, estima Léopold Mozart. Tout ce qui était pour voix seule et devait ressembler à un air était vide, glacé et misérable, c'est-à-dire français, en revanche les chœurs sont tous bons et même excellents. » Il parut à la cour avec ses enfants, aussitôt remarqués et choyés : Mesdames et la Dauphine les embrassèrent « un nombre incalculable de fois », la princesse de Carignan, la comtesse de Tessé et d'autres grandes dames les comblèrent de gâteries. Le plus beau jour fut celui du Nouvel An : Wolfgang Amadeus toucha les orgues à la chapelle et lorsque, le soir, il vint avec son père et sa sœur assister au grand couvert, les gardes suisses leur firent place pour qu'ils puissent voir et être vus. La Reine, en effet, les vit et, comme elle parlait couramment l'allemand, appela Wolfgang Amadeus près d'elle, causa avec lui, le fit manger à ses côtés et traduisait à Louis XV la conversation. Les jours suivants, le jeune garçon joua du clavecin pour Mesdames, qui lui firent remettre une bourse de 50 louis d'or. Rentrés à Paris le 8 janvier, les Mozart y séjournèrent encore trois mois, pendant lesquels Wolfgang Amadeus composa deux *Sonates pour le clavecin avec accompagnement de violon* (Op. 1, K. 6-7), qu'il dédia à Madame Victoire, et deux autres (Op. 2, K. 8-9) dédiées à la comtesse de Tessé.

Longtemps fort doux, l'hiver se fit très rigoureux à la fin de février 1764. Alors qu'elle séjournait à Choisy par ce grand froid, Mme de Pompadour contracta une pneumonie, aussitôt préoccupante car, à quarante-deux ans, sa santé était usée. En particulier, les troubles cardiaques dont elle était affligée depuis longtemps s'étaient aggravés. Retirée au petit château, elle y reçut les visites d'un prêtre qu'elle connaissait de longue date, le curé de la Madeleine à Paris, et se confessa. Le 10 mars, elle fut à la mort, puis son état s'améliora un peu et, à la fin de mars, elle eut la force de revenir à Versailles. On la crut convalescente, mais, le 7 avril, elle eut une rechute, vite alarmante. « Mes inquiétudes ne diminuent point, écrivait Louis XV le 9 à son gendre, et je vous avoue que j'ai très peu d'espérance d'un parfait rétablissement, et beaucoup de crainte d'une fin que trop prochaine peut-être. Une connaissance de près de vingt ans et une amitié sûre ! Enfin, Dieu est le maître et il faut céder à tout ce qu'il veut. » L'état de la marquise empira rapidement. Sa maladie était suivie et commentée dans tout Versailles et le 11 on la sut perdue. Sans illusion, le Roi se retira le soir chez Madame Victoire avec ses autres filles. Il revit son amie le 13 et l'invita à recevoir les sacrements. Il redescendit chez elle le 14 : ce fut leur dernière entrevue. Choiseul rôdait dans l'appartement de la marquise et aurait alors fait main basse sur certains de ses papiers.

La malade souffrait avec un courage et une résignation exemplaires. Elle suffoquait et croyait à tout moment rendre le dernier souffle. Elle ne supportait pas d'être couchée et restait à demi-assise dans une bergère. Elle reçut l'extrême onction dans la nuit du 14 au 15 avril, qui était le dimanche des Rameaux. Dans l'après-midi, elle dit adieu aux amis qui l'entouraient, Gontaut, Choiseul, Soubise, dicta un dernier codicille, puis resta seule avec le prêtre et s'éteignit à sept heures et demie du soir. Son corps fut aussitôt transporté dans son hôtel de la rue des Réservoirs. Très affecté, Louis XV dissimula son chagrin. Il décommanda le grand couvert et soupa avec quelques intimes, dont Choiseul ne fut pas. Par sa fermeté et sa dignité devant la maladie et la mort, Mme de Pompadour en avait imposé même à la famille royale, où elle fut presque regrettée.

Louis XV ordonna des funérailles ducales, qui se déroulèrent le mardi 17. Ni lui, ni personne des siens n'y pouvait assister. Il était dans son appartement intérieur avec La Borde et Champlost, ses premiers valets de chambre, quand il entendit le glas de la paroisse sonner la fin du service. La nuit tombait et il faisait un temps affreux. Le Roi passa dans son cabinet d'angle, dont La Borde referma la porte. Il se mit au balcon sous la pluie avec Champlost, guettant le moment où le cortège, venant de l'église, allait s'engager dans l'avenue de Paris. Louis regarda en silence le long convoi s'écouler lentement et le suivit des yeux jusqu'à ce qu'il le perdit de vue. Il rentra dans son cabinet. De grosses larmes coulaient sur ses joues et il ne dit à Champlost que ces quelques mots : « Voilà les seuls devoirs que j'aie pu lui rendre. Pensez, une amie de vingt ans ! »

En fait, il était débarrassé de son mauvais génie, mais tous les suppôts de la marquise restaient là. La place quasi officielle qu'elle avait tenue resta vacante plusieurs années. Non faute de candidates : la duchesse de Gramont, sœur de Choiseul, s'en serait accommodée. Mais le Roi hésitait à renouveler une telle expérience. On essaya, au printemps de 1765, de mettre sur les rangs la comtesse d'Esparbès : en vain. Pendant quelque temps, il reçut chez lui Mme de Seran, mais il paraît avoir noué avec elle une amitié amoureuse plutôt qu'une véritable liaison. Au reste, Mlle de Romans était toujours très en faveur. Les autres « petites maîtresses » s'effacèrent : de Mlle Tiercelin de La Colleterie, qui avait donné au Roi un fils le 7 février 1764, et de Mlle d'Estaing, dont il avait eu une fille un mois plus tard, il ne fut plus question. « Le Roi, notait le duc de Croÿ en février 1765, ne reprenait pas de maîtresse ; il renvoya même le Parc-aux-Cerfs. » Mlle de Romans, en effet, occupait une maison à Passy. Et Louis se rapprocha de la Reine.

Manifestement, il semble avoir alors voulu amender quelque

peu sa conduite, dessein dans lequel sa conscience a pu être guidée par son nouveau directeur. Après la promulgation de l'édit de novembre 1764, il dut se séparer de son confesseur jésuite, le P. Desmarets, qui se retira à Arras, sa ville natale. Pour le remplacer, le prélat de la feuille soumit sans tarder au Roi une liste d'ecclésiastiques où figuraient entre autres le curé de Saint-Louis-en-l'Ile à Paris, M. Aubry, et le curé de Brétigny-sur-Orge, M. Maudoux, pour qui Louis XV se prononça. Alors âgé de 40 ans, il avait été à Paris prêtre habitué à Saint-Paul, puis vicaire à Saint-Louis-en-l'Ile et n'occupait la cure de Brétigny que depuis moins de deux ans. Informé le 4 décembre 1764 par le comte de Saint-Florentin, M. Maudoux accepta la charge et fut présenté le 6 à son pénitent. Dans son langage imagé, il a témoigné de la surprise effarée qu'il éprouva en apprenant sa désignation : le Roi, dit-il, « me fit tirer un coup de pistolet dans la tête en me choisissant pour son confesseur ». Choix dicté sans doute par la condition même de l'abbé, trop humble pour être l'instrument de quelques gens d'église ambitieux ou des coteries de la cour.

LA SOUMISSION DU PARLEMENT DE NAVARRE

Le procès des jésuites, le retrait des édits d'avril 1763, le désaveu implicite de MM. d'Harcourt, de Fitz-James et du Mesnil étaient pour les cours supérieures autant d'encouragements à ébranler l'autorité royale à tout propos, soit par des coups d'éclat, soit par un lent travail de sape. De cette dernière tactique relevaient leurs agissements contre le Grand Conseil. Depuis l'affrontement des années 1755 et 1756, ne pouvant pas se dissimuler qu'il leur était impossible de défendre en général d'exécuter les arrêts du Grand Conseil, puisque cette exécution était une suite du droit qu'il avait de les rendre, les parlements prirent le parti d'attaquer en détail la juridiction de cette compagnie, ici sur un point, là sur un autre, en vue d'aboutir à annihiler de fait cette juridiction, faute de pouvoir y parvenir par des voies de droit. Il n'y eut guère de parlement qui ne rendît des arrêts pour défendre ou au moins modifier l'exécution de quelque arrêt du Grand Conseil. Les magistrats de celui-ci voyaient ainsi leurs attributions et leur considération déchoir peu à peu et — on l'a déjà remarqué — cette situation a peut-être déterminé les jésuites à renoncer fâcheusement à l'évocation générale de leurs causes devant ce tribunal. En 1764, sentant son avenir compromis, le Grand Conseil multiplia les démarches vers le Roi et ne lui présenta pas moins de six remontrances entre le 16 mars 1764 et le 26 mars 1765. Finalement, lasse du silence opposé à ces remontrances, la compagnie imita l'exemple des parlements : le 29 avril 1765, elle remit à Louis XV sa démission collective, qui ne fut pas acceptée. La situation resta comme gelée et le Grand Conseil cessa toute fonction.

Cette éclipse du Grand Conseil apparaissait comme une nouvelle défaite pour l'autorité royale. Celle-ci, cependant, commençait à donner de premiers signes de redressement à l'occasion de l'effervescence qui s'était emparée du parlement de Pau. Il avait participé jusqu'alors à l'agitation robine sans se mettre particulièrement en vedette. La singularité de sa démarche en 1764 fut de s'insurger contre une loi qu'il avait enregistrée seize ans plus tôt. Le 16 juillet 1747, en effet, le chancelier d'Aguesseau avait fait publier une déclaration pour la discipline intérieure de cette compagnie. Pour empêcher les débats de sombrer dans le désordre et la cacophonie, elle conférait au premier président des pouvoirs étendus pour la convocation, la tenue et la levée de l'assemblée des chambres. Le parlement avait présenté des remontrances à son sujet, mais l'avait enregistrée le 27 août 1747 et l'avait ensuite observée. Soumission due en partie au doigté de M. de Gaubert, alors premier président. Moins diplomate, M. Gillet de La Caze, son successeur, vit bientôt son autorité contestée par une partie des officiers, qui se mirent en tête de revenir sur cette déclaration de 1747.

Le chancelier de Lamoignon refusa de recevoir des remontrances contre une loi enregistrée et appliquée depuis seize ans : il accepterait seulement des mémoires. Cette procédure de révision leur semblant aléatoire, les meneurs de la compagnie engagèrent la lutte directement avec le premier président, contre qui ils firent ouvrir la mercuriale le 12 novembre 1763. Et le 19, ils firent passer un arrêt en vue du réexamen de la déclaration de 1747. L'affaire suivit au long de 1764 un cours désormais classique : cassation d'arrêts par le Conseil du Roi, magistrats mandés en cour, cessation de service, lettres de jussion, reprise du service, remontrances répétées, l'année se terminant par un arrêt du Conseil du 22 décembre 1764, revêtu de lettres patentes et cassant toutes les entreprises tentées depuis novembre 1763 contre les pouvoirs du premier président. Le parlement refusa d'enregistrer ces lettres patentes et adopta le 11 mars 1765 de nouvelles remontrances. Devant cette résistance, l'intendant d'Auch et de Béarn, M. Mégret d'Étigny — qui entretenait de bonnes relations avec de nombreux parlementaires — eut mission d'aller à Pau faire exécuter des lettres de jussion qui ordonnaient l'enregistrement des lettres patentes du 22 décembre. Ses efforts furent vains : le 17 mai 1765, la majorité du parlement (39 officiers) préféra donner sa démission collective.

Sur cet échec, Mégret d'Étigny eut ordre, le 27 mai, de se

rendre sans délai à Versailles, où Saint-Florentin lui prescrivit de se retirer sur ses terres en Bourgogne. Le 20 juin arrivèrent à Pau deux commissaires du Roi : un conseiller d'État, M. Feydeau de Marville, muni d'une commission d'intendant, et un maître des requêtes, M. Dupleix de Bacquencourt. Ils vinrent le 21 au parlement et, ayant réussi à ramener à l'obéissance douze magistrats, dont ceux du parquet, ils purent organiser un service provisoire. Un président et trois conseillers furent arrêtés, cinq autres officiers exilés et la compagnie enregistra le 5 juillet un édit du mois de juin ramenant de huit à six le nombre des présidents et celui des conseillers de quarante-six à trente. Comme les démissionnaires s'opiniâtraient, les commissaires du Roi recrutèrent pour les remplacer des juges subalternes et des avocats. Au nom de « l'union des classes », plusieurs parlements (Toulouse, Besançon, Rouen) envoyèrent des remontrances sur la situation de la « classe » de Pau : ces manifestes ne gênèrent en rien les opérations des commissaires du Roi. Matée et reconstituée, la compagnie enregistra le 3 août une déclaration qui amendait sur quelques points celle du 16 juillet 1747. Le parlement s'étant sagement remis au travail, MM. Feydeau de Marville et Dupleix de Bacquencourt furent félicités de la part de Louis XV et rappelés le 1er décembre 1765.

La soumission exemplaire du parlement de Navarre témoignait d'un dessein du Roi de se ressaisir et de décourager par des exécutions saisissantes les attentats des cours supérieures contre son autorité. Cette première tentative était encourageante, sans être pleinement concluante. Avec un ressort n'englobant que quelques petits pays pyrénéens, le parlement de Pau, en effet, était le moindre du royaume. La réduction d'une compagnie dont la juridiction coïnciderait avec une province vaste, homogène et originale risquait d'être plus malaisée. La Bretagne en administra la preuve.

Les prodromes de l'affaire de Bretagne

Avec son assemblée d'états, souvent houleuse, avec son parlement, très imbu de préjugés nobiliaires, avec ces deux institutions gardiennes vigilantes du particularisme local, la Bretagne était sans doute la province dont l'administration était traditionnellement la plus épineuse. Dans les dernières années, l'établissement du second vingtième, la subvention générale de Silhouette, le troisième vingtième et, récemment, les édits d'avril 1763 y avaient rencontré une résistance bruyante. Mais, une fois la part faite à la singularité du pays, l'agitation y aurait assez peu différé de celle qui sévissait ailleurs, si d'irritantes questions de personnes — l'antagonisme entre le duc d'Aiguillon, commandant en chef, et M. de La Chalotais, procureur général du parlement — n'avaient embrouillé et envenimé les choses.

D'Aiguillon et La Chalotais avaient l'un et l'autre un vif désir de parvenir, qui s'était exalté depuis la guerre de Sept Ans. Voyant Choiseul et Praslin devenir secrétaires d'État, le duc d'Aiguillon ne s'était pas senti moins apte qu'eux à exercer une telle charge. Et l'entrée de L'Averdy dans le gouvernement avait enflammé les ambitions de La Chalotais. Tous deux s'étaient donc mis à rêver d'une carrière ministérielle, conscients chacun que si ce dessein leur était commun, leurs destins ne pourraient l'être et que celui d'entre eux qui parviendrait le premier au but en éloignerait l'autre pour longtemps, sinon à tout jamais. Ces deux ambitions n'échappaient à personne et il est important de noter qu'elles rencontraient, l'une autant que l'autre, l'hostilité de Choiseul. Celui-ci flairait un rival en d'Aiguillon, courtisan en vue, son cadet d'un an seulement, qui était cousin du maréchal de Richelieu et neveu par alliance de M. de Saint-Florentin, secrétaire d'État, et fut longtemps en bons termes avec Mme de Pompadour. Et La Chalotais, physiocrate convaincu, membre actif de la Société royale d'agriculture, commerce et arts de Bretagne, qui se livrait sur ses terres à des expériences agronomiques, était très lié avec Quesnay. Or les Choiseul détestaient Quesnay et ses entours et le magistrat que Choiseul aurait aimé faire accéder au contrôle général des finances était Ripert de Monclar, le procureur général du parlement d'Aix. Les visées particulières de La Chalotais conférèrent aux événements un surcroît de complication. Certes participait-il efficacement dans son parlement à la résistance robine et bretonne au pouvoir royal, mais comme il aspirait pour lui-même à un rôle national précis, il lui fallait soutenir deux causes : celle de sa compagnie et de sa province et celle de ses intérêts personnels, et sans que l'une desservît l'autre. D'où la conduite souvent artificieuse qu'il a tenue.

Deux siècles après sa mort, il reste difficile de se faire une idée juste de la personnalité du duc d'Aiguillon, tant ses adversaires l'ont calomnié et diffamé. Il n'est pas impossible, au reste, que les vilenies dont il a été la cible aient aigri et durci son caractère. Intelligent, perspicace, ayant une grande puissance de travail et une vive faculté d'assimilation, il était autoritaire, ambitieux, avec un penchant à la duplicité que les circonstances développèrent. Procureur général depuis 1752, M. de La Chalotais était un homme violent, vindicatif, cupide, criblé de dettes et, à en croire Sénac de Meilhan, assez adonné à la boisson. Avec cela, bourré de prétentions intellectuelles. Un opuscule sur la liberté du commerce des grains et un mémoire sur des dispenses de mariage n'auraient point réussi à le tirer de l'obscurité, si le procès des jésuites ne lui avait fourni enfin l'occasion, alors qu'il avait franchi la soixantaine, de faire figure de personnage politique et de chef de parti. Il s'y engagea d'abord à pas comptés, soucieux de tâter la détermination d'un gouvernement dont il attendait les faveurs, et ne s'y aventura franchement que lorsqu'il eut mesuré les chances des adversaires de ces religieux. Son *Compte-rendu des constitutions des jésuites* (1761) et son *Second compte-rendu sur l'appel comme d'abus* (1762) rivalisèrent de célébrité avec ceux de Ripert de Monclar. Couronnés par son *Essai d'éducation nationale* (1763) ces écrits firent de lui un homme à la mode dans les salons parisiens et son crédit était encore renforcé par la confiance que lui marquait le vice-chancelier.

Ses relations avec le duc d'Aiguillon avaient d'abord été honnêtes, puis avaient tourné peu à peu à une hostilité larvée, que cette affaire des jésuites avait fait éclore au grand jour. Un grief personnel vint la corser. Pour venir plus facilement parader à Paris et à Versailles et s'y mêler aux groupes influents sans perdre son empire sur le parlement de Bretagne, La Chalotais entreprit d'obtenir qu'on lui associât comme survivancier son fils, qui était notoirement un incapable. D'Aiguillon tenait là une excellente raison de contrer de toutes ses forces cette combinaison, qui dut attendre pour réussir l'exil du chancelier de Lamoignon et le départ de Bertin du contrôle général. Malgré ce dénouement favorable, La Chalotais en voulut inexpiablement à d'Aiguillon d'y avoir mis obstacle. Pour solliciter cette grâce, il s'était rendu à Versailles au début de novembre 1763 et ne retourna à Rennes qu'en mai 1764. Six mois pendant lesquels on le vit souvent à Versailles chez son ami Quesnay et où il fut nécessairement au courant de la crise qui naissait en Bretagne.

*
**

Le point de départ de cette crise a été l'enregistrement de la déclaration du 21 novembre 1763, qui interprétait et atténuait les édits d'avril et, ce faisant, maintenait le second vingtième et le 6ᵉ sol pour livre, mais abandonnait le cadastre à la bonne volonté des cours. Sans attendre la session des états de Bretagne à la fin de 1764, L'Averdy l'envoya en mars au parlement de Rennes. Comme elle marquait le recul du gouvernement devant la résistance des cours supérieures, le ministre espérait qu'elle serait enregistrée sans modification ni addition. Peut-être n'avait-il pas pris garde à des remontrances par lesquelles, au nom de « l'union des classes », cette compagnie venait, le 12 janvier et le 1ᵉʳ février, de prendre position en faveur des parlements de Toulouse, Grenoble et Rouen. Celles du 1ᵉʳ février, en particulier, sous prétexte de dénoncer « le despotisme personnel des commandants dans les provinces de votre royaume », s'en prenaient déjà, sans le nommer, au duc d'Aiguillon : « Les commandants..., se croyant tout permis, ne respectent plus rien... Votre province de Bretagne ne voit plus rien de sacré dans ses privilèges. » Il n'est donc pas étonnant qu'après avoir, le 12 mars, pris connaissance de la déclaration du 21 novembre et entamé avec le contrôleur général un véritable duel pour la faire amender, le parlement n'ait fini par l'enregistrer que le 5 juin avec de graves restrictions et en l'assortissant d'un arrêté où il faisait de la situation de la Bretagne un bilan pessimiste dont chaque élément constituait une critique précise de l'activité de l'intendant et surtout du commandant en chef.

Cet arrêté provoqua à Versailles une émotion considérable et indigna jusqu'à Choiseul. Le parlement eut ordre d'envoyer vers le Roi une députation : un président, trois conseillers et La Chalotais. Celui-ci se mit en route le 29 juin sans attendre ses collègues, tant il avait hâte de renouer avec ses relations parisiennes et versaillaises. Le 9 juillet à Compiègne, ces Messieurs eurent audience de Louis XV, qui les réprimanda d'avoir ajouté à la déclaration des objets qui « y étaient totalement étrangers et qui ne tendent qu'à jeter des nuages sur une administration dont je suis aussi content que la province, ou même qu'à élever des difficultés qui pourraient exciter des divisions entre mes sujets s'ils m'étaient moins attachés ». Puis, interpellant directement La Chalotais : « Conduisez-vous avec plus de modération, lui signifia-t-il, c'est moi qui vous le dis, ou vous vous en repentirez. » Semonce qui ajouta de nouveaux ressentiments à ceux nourris contre d'Aiguillon par le procureur général, persuadé que le duc l'avait desservi auprès du souverain.

Après avoir entendu ses députés lui rendre compte de leur mission, le parlement décida, le 16 juillet, de présenter de nouvelles remontrances sur « la nécessité de son arrêt du 5 juin » et prit un arrêt « de scission » à l'égard du duc d'Aiguillon. Datées du 11 août 1764, ses remontrances constituèrent une justification de sa conduite et un réquisitoire détaillé et véhément contre l'activité du commandant en chef, reprenant dans une critique très poussée les griefs énoncés par cet arrêté du 5 juin. Portées en cour par une députation solennelle, ces remontrances reçurent du Roi le 31 août une réponse conciliante. Mais, au récit de ce qui s'était passé à Versailles, le parlement arrêta derechef de faire des remontrances, dont la lecture fut fixée au 3 décembre, puis désempara le 4 septembre jusqu'à la rentrée. En septembre, trois des magistrats les plus factieux de la compagnie furent exilés à Sens et consignés en novembre à Versailles.

Dans cette atmosphère tendue, s'ouvrit à Nantes le 1er octobre la session des états de la province, où les difficultés allaient s'envenimer. L'enregistrement de la déclaration du 21 novembre 1763 par le parlement ne rendait nullement inutile le consentement des états aux levées de deniers qu'elle prescrivait. Naguère, les états avaient racheté les sols pour livre additionnels sur les droits perçus par et pour la province, mais cet abonnement ne couvrait pas les droits relevant de la ferme générale, encaissés depuis des années sans intervention des états et L'Averdy avait ordonné de les percevoir tels que les fixait la déclaration du 21 novembre. Néanmoins, les états décidèrent le 15 octobre — bien qu'ils n'en eussent pas le droit — de faire, devant la chambre des vacations du parlement, opposition à cette levée. Et la chambre n'hésita pas, dès le 16, à recevoir cette opposition et à faire défense aux commis de la ferme de percevoir les 2 sols pour livre, sous peine d'être poursuivis pour concussion.

Le 20 octobre, un arrêt du Conseil évoqua cette opposition et ordonna la levée des 2 sols pour livre. Puis, des lettres patentes du 7 novembre cassèrent l'arrêt de la chambre des vacations, bloquant en principe tout recours des états devant le parlement, et un arrêt du Conseil du 8 supprima toute impression des remontrances du 11 août. L'intendant Le Bret, retenu à Nantes, ordonna à son subdélégué de Rennes, M. Audouard, de faire placarder dans la ville cet arrêt du 8, ce qu'il exécuta en oubliant de munir l'affiche de l'attache de l'intendant. Le parlement, qui venait de rentrer, en prit prétexte pour rendre le 22 novembre, sur les conclusions de La Chalotais, un arrêt ordonnant la lacération de cette affiche, opération aussitôt exécutée avec grand scandale dans les rues de Rennes. Un tel geste de provocation parut insupportable : cet arrêt fut cassé le 26 par le Conseil qui, en même temps, ordonnait un nouvel affichage de son arrêt du 8 et mandait à La Chalotais de se rendre immédiatement à la suite de la cour.

Nullement intimidé, bien au contraire, le parlement, réuni en séance plénière les 3 et 4 décembre, décida l'envoi au Roi d'un mémoire justifiant l'arrêt de la chambre des vacations du 16 octobre et s'efforçant de prouver que la législation ne privait pas les états du droit de défendre les immunités de la province. Quant aux lettres patentes du 7 novembre, non seulement il refusa de les enregistrer, mais, comble d'insolence, il les retourna à Versailles avec l'arrêt du Conseil du 8 et il interrompit son service en attendant la réponse de Louis XV. Réponse qui consista dans le renvoi des lettres patentes, avec ordre de les enregistrer sans délai. Le 22 décembre, le parlement persista dans ses décisions, qui furent cassées le 28 au Conseil, avec injonction d'enregistrer et de reprendre le service. Le parlement ne délibéra que le 5 janvier 1765, et pour persévérer dans son obstruction.

Il fut convoqué le 22 janvier au palais de justice pour s'y faire signifier l'ordre formel d'enregistrer : les magistrats refusèrent encore d'obtempérer à cette jussion et, le 28, arrêtèrent des remontrances. La compagnie tout entière fut alors mandée à Versailles où, le 18 mars, Louis XV la réprimanda très sèchement. Ces péripéties étaient connues hors du ressort, car le parlement adressait des copies de ses arrêts et procès-verbaux aux autres « classes », qui y répondaient par des messages de sympathie et de soutien. C'était aussi le moment où l'effervescence se développait au parlement de Pau. De leur côté, les états avaient fini par voter les sols additionnels, mais en des termes dont l'imprécision engendra une nouvelle dispute avec le gouvernement. Un arrêt du Conseil du 14 mars ordonna la reprise immédiate de la perception de ces sols additionnels aux droits des fermes générales, mesure confirmée par un autre arrêt du 20 avril. Des négociants malouins et nantais en appelèrent alors au parlement, récemment rentré de Versailles, qui, par arrêt du 26 avril 1765, réaffirma la validité de son arrêt du 16 octobre précédent. Survint le 3 mai l'inévitable cassation par le Conseil. Il s'ensuivit à Rennes deux semaines de délibérations tumultueuses et passionnées, au terme desquelles 76 présidents et conseillers, considérant que l'arrêt du Conseil du 3 mai « n'annonce à la justice effrayée que la volonté de régner par la force », donnèrent leurs démissions le 22 mai, cinq jours après celles du parlement de Pau. Douze magistrats seulement refusèrent de s'associer à ce geste, auquel plusieurs n'avaient adhéré que par intimidation. Les avocats et procureurs se mirent aussitôt en grève. Des lettres de cachet du 28 consignèrent à Rennes tous les officiers du parlement.

La riposte des ministres à la fronde du parlement de Bretagne faisait alterner rigueur et mollesse, en une incohérence qui trahissait l'effarante nullité de L'Averdy, mais a été aussi le contrecoup d'intrigues qui agitèrent l'intérieur du gouvernement. Intrigues difficiles à démêler aujourd'hui. Il semble certain, toutefois, qu'il y eut au printemps de 1765 contre les ducs de Choiseul et de Praslin des brigues assez poussées pour faire croire qu'ils allaient être chassés. On répandit que Bertin en était l'âme, mais il s'en défendit. Soubise y a peut-être eu part. La Chalotais en eut-il connaissance ? Y a-t-il trempé ? Il est probable qu'il a su leur existence. Ces cabales ont pu être en relation directe avec la disgrâce brutale de Mlle Tiercelin de La Colleterie et de Mlle de Romans en juin et août 1765 [1].

---

1. Voir ci-dessus, p. 506.

*
**

Les événements de Bretagne rameutaient dangereusement « l'union des classes ». Les autres parlements s'étaient d'abord contentés d'échanger avec ceux de Pau et de Rennes des lettres d'encouragement et de solidarité, mais leur écho ne dépassait guère les murs des palais de justice. A partir de mai 1765, ils passèrent au stade des remontrances systématiquement imprimées et diffusées, où ils développaient les fantasmagories constitutionnelles les plus rétrogrades et les plus subversives. Il régnait désormais dans les cours supérieures et la magistrature en général une aversion incroyable contre le gouvernement et les institutions, état d'esprit dont une discussion assez vive alors survenue entre M. Gilbert de Voisins, conseiller d'État et au Conseil des Dépêches, et M. d'Ormesson, président à mortier au parlement de Paris, donne un témoignage très probant. Pour avoir été, avant d'entrer au Conseil, un très brillant avocat général au parlement, Gilbert de Voisins avait longtemps gardé pour lui une tendresse à laquelle la conduite de cette cour avait fini par substituer une tristesse indignée. Gilbert de Voisins en était venu à professer qu'il ne se faisait et ne se disait plus au parlement que « de véritables et pures pauvretés ». Un jour de 1765 où il se trouvait chez M. de Cotte, maître des requêtes et intendant du commerce, il parla de la sorte devant le président d'Ormesson, qui a raconté lui-même avec quelle fougue il s'était élevé contre ces propos.

Il lui déclara que, « dans sa jeunesse, les anciens de ce temps disaient de lui et de tous ceux qui existaient alors tout ce qu'il répétait aujourd'hui contre le parlement de 1765 ; que l'un n'était pas plus vrai que l'autre ; qu'on était magistrat dans ce temps-là comme on l'avait été auparavant, et qu'on l'était aujourd'hui tout autant qu'en ce temps-là ; qu'il ne blâmait le parlement que parce qu'il était tombé lui-même dans des systèmes d'autorité depuis qu'il était dans les Conseils ; que le parlement le lui rendait bien ; qu'au palais on n'avait pas oublié toutes les belles choses qu'il avait dites autrefois ; qu'à présent qu'on le voyait parler si différemment, on savait fort bien dire qu'il n'était plus le même et qu'il avait changé de principes ; ... que c'était l'esprit de cour qui l'avait perverti et qui l'avait conduit à des idées de despotisme ; qu'il jugeait aujourd'hui d'après ces idées-là et ne rendait pas justice au parlement, mais que le public savait bien la rendre à l'un et à l'autre ; que si le parlement était trop républicain, comme M. Gilbert avait habitude de le dire, les événements décideraient lesquels feraient plus d'honneur et de plaisir à la France de ses despotes ou de ses citoyens. M. d'Ormesson ajouta que, pour lui, il aimait mieux vivre parmi les Romains que parmi les Turcs ! »

Outre qu'elle démontre qu'il n'y a souvent rien de plus faux que l'idée qu'une société se fait d'elle-même, combien est significative cette algarade infligée à un octogénaire par un homme de quarante-huit ans, qui était tout le contraire d'un énergumène. Magistrat savant et de haute culture, le président d'Ormesson faisait si peu figure de séditieux dans sa compagnie, qu'il avait été l'un des intermédiaires choisis par Bernis pour y ramener un peu de calme en 1757 et 1758. Telles étant l'exaltation et la raideur des opinions chez un modéré, on peut imaginer quel degré de passion furieuse, aveugle et même haineuse elles atteignaient chez les factieux, avérés ou cachés. Cet état de révolte dans lequel s'installait la magistrature, en dépit — ou à cause — de toutes les concessions qui lui avaient été faites, finissait par indigner, irriter et alarmer de plus en plus sérieusement Louis XV et son Conseil. En apprenant la lacération sur ordre du parlement de l'arrêt du Conseil affiché sur les murs de Rennes, Saint-Florentin avait déclaré n'avoir encore jamais vu pareille insolence depuis quarante et un ans qu'il était dans le ministère. On s'aperçoit, relevait Bourgeois de Boynes en mars 1765, « que le Roi commence à prendre un ton différent, qu'il paraît avoir une contenance plus assurée ». Louis XV fut profondément blessé par les insolences et les audaces du parlement de Rennes : « Le Roi, écrivait à ce sujet L'Averdy le 10 juin 1765, est dans la plus grande colère et elle est d'autant plus à craindre que c'est une colère raisonnée et de sang-froid. » Devant la situation en Bretagne, devant le déferlement de remontrances soutenant les théories politiques les plus déstabilisatrices de l'État, devant l'esprit de rébellion affiché par les juges, Louis XV était dans une situation très voisine de celle de Henri III face au déchaînement de la Ligue. Ainsi prit corps dans le Conseil, au cours du premier trimestre de 1765, le projet d'un grand acte de gouvernement contre la magistrature, comportant notamment, pour riposter à tant de remontrances, une proclamation générale, jugée plus transcendante qu'un éparpillement de réponses particulières à chacun de ces libelles.

Dans cette perspective, d'aucuns imaginèrent de faire revenir le chancelier de Lamoignon, dont l'exil n'avait nullement assagi les cours supérieures. On parlait d'une venue solennelle du Roi au parlement de Paris et même au parlement de Rouen. Le bruit courut aussi — lancé peut-être par Choiseul — qu'allait être réuni soit un conseil élargi où seraient appelés tous les grands du royaume pour délibérer sur l'état actuel de la magistrature, soit une assemblée groupant le parlement de Paris et des députés des autres parlements. Comment faire mouvoir de telles machines sans chancelier parlant au nom du Roi ? Impossible, en effet, d'y employer le vice-chancelier de Maupeou, dont les fonctions n'avaient pas de sanction légale. On souffla donc à Choiseul l'idée d'un rappel de Lamoignon, idée qu'il adopta assez aisément, car, espérait-il, sa réalisation entraînerait la destitution du vice-chancelier et isolerait Bertin. L'Averdy et surtout Praslin ne s'y rallièrent vraiment que lorsque le vieux chancelier se fut engagé, s'il rentrait en grâce, à ne plus rien prendre sur lui-même dans les affaires importantes et à tout concerter avec les Choiseul et L'Averdy.

La difficulté était d'obtenir l'acquiescement du Roi à un tel arrangement. Louis XV avait éloigné son chancelier parce qu'il ne pouvait plus le supporter. Pendant des mois, Choiseul et ses partisans s'évertuèrent à lui faire surmonter cette aversion. A la mi-avril 1765, alors que l'agitation battait son plein à Pau et en Bretagne, Choiseul, incidemment, dit un jour au Roi que seul Lamoignon pouvait en imposer aux rebelles et les faire rentrer dans le devoir. Louis XV l'écouta avec attention et ne lui répondit rien. Entre le chancelier et les artisans de son retour les tractations se poursuivirent, en partie par l'intermédiaire de Bourgeois de Boynes, dont le château était assez proche de Malesherbes. La mort du duc de Parme, gendre du Roi, fournit l'occasion d'une tentative plus pressante. Lamoignon écrivit à Louis XV une lettre de condoléances où il exprimait l'espoir de recouvrer la confiance de son maître. Choiseul la remit le 28 juillet 1765 au Roi, qui mit ses lunettes et la lut en silence. Une conversation s'engagea, que fit tomber cette question de Louis XV : « Croyez-vous qu'il voulût donner aujourd'hui sa démission ? » Cette résistance ne découragea pas les affidés de ce petit complot. A la mi-octobre, ils renouvelèrent leurs instances, mais sans plus de succès : « Comment voulez-vous que je fasse revenir M. le chancelier ? » interrompit le Roi dès qu'il devina où ils voulaient en venir, « vous avez vu vous-même combien il était insupportable au Conseil des Dépêches. Cela n'est pas possible. Il n'y a qu'à tenir le parlement sans lui ». Les partisans de Lamoignon ne se tinrent pas encore pour battus et se préparèrent à revenir à la charge, mais diverses circonstances différèrent le moment favorable.

II. — LES TESTAMENTS DU ROI

1765 : cette année si fertile en attentats des parlements contre l'autorité royale devait amener aussi, le 1er septembre, le cinquantenaire de l'avènement du Roi. Paris et d'autres villes, divers corps et communautés voulurent solenniser cet anniversaire par des fêtes et des démonstrations de fidélité. Tout en les remerciant de leur zèle, Louis XV leur fit signifier qu'il ne jugeait pas à propos « qu'on fît à Paris ni dans les autres villes du royaume aucuns actes publics » à cette occasion. Il s'était de même opposé à ce que ce jubilé fût célébré ou évoqué à la cour de quelque manière que ce fût. Son autorité lui semblait trop ouvertement contestée au terme d'un demi-siècle de règne pour que de telles festivités ne sonnassent plus ou moins faux. Pour d'autres considérations, il éprouvait encore que l'heure n'était pas à la joie.

L'affaire de Bretagne

La mise à la raison du parlement de Pau était suivie avec inquiétude à Rennes, où la fermentation des milieux judiciaires atteignait un degré inimaginable. Les douze magistrats non démissionnaires et leurs familles enduraient une véritable persécution : mis en quarantaine par leurs ex-collègues, menacés, eux et leur descendance, d'être exclus du parlement, montrés du doigt dans les rues, traités partout de lâches et de traîtres, flétris, vilipendés, poursuivis jusque chez eux par les imprécations publiques (M. Marion). Vilenies méthodiquement organisées, avec relai dans la presse étrangère : dès le 5 juillet 1765, on pouvait lire dans la *Gazette de Leyde* que les officiers non démis étaient « tellement tombés dans le mépris qu'ils se sont vus obligés de se retirer à leurs campagnes. » Ce canard révulsa le subdélégué général de l'intendance : « Cet article, manda-t-il à L'Averdy, sonne le tocsin de la révolte, il apprend à toute la France et même à l'Europe que douze magistrats sont déshonorés pour avoir été fidèles à leur devoir et au service du Roi... Si c'est un déshonneur que de servir le Roi, le Roi n'aura plus de serviteurs. » Cette dernière réflexion dénonçait lucidement le danger très grave et très réel découlant des capitulations gouvernementales devant la magistrature. Qu'un journal étranger se fît l'écho de ces querelles, c'était, d'autre part, la preuve que celles-ci étaient devenues une « affaire », l'affaire de Bretagne, affaire de portée nationale.

La campagne contre les officiers fidèles fut appuyée par des libelles, des caricatures, des chansons, des vers satiriques. Les ministres se décidèrent alors à sévir contre les auteurs présumés de ces pièces : un graveur, un abbé, quelques conseillers furent arrêtés. Ces coups frappés sur des comparses subalternes ne servirent guère qu'à donner l'éveil aux auteurs principaux et à leur faire supprimer ou dissimuler à temps leurs papiers compromettants. Par des lettres patentes du 12 juillet 1765, trois conseillers d'État et huit maîtres des requêtes furent commis pour siéger à Paris à l'Arsenal et y connaître des libelles et écrits de toute sorte auxquels l'affaire de Bretagne avait donné et donnait lieu. L'établissement de cette commission suscita de tels remous au parlement de Paris, qu'elle fut supprimée dès le 18 juillet et la connaissance des délits dont elle avait été saisie renvoyée à la tournelle de ce parlement.

Parmi les écrits ainsi visés figuraient des lettres anonymes. De l'une, fort blessante, reçue en juin par Saint-Florentin, l'auteur fut identifié : un jeune déséquilibré, qui fréquentait des amis de La Chalotais. On adressa peu après au même ministre deux billets anonymes, extrêmement injurieux pour lui, pour les non démis et même pour le Roi. L'irritation fut extrême à Versailles et aussi l'émotion, car des messages de ce genre avaient circulé peu avant l'attentat de Damiens. Et surtout, l'on crut reconnaître dans la main qui avait tracé ces deux pièces celle même de La Chalotais. Ce fut, en tout cas, l'avis de plusieurs experts en écriture à qui elles furent soumises. Une étroite surveillance fut alors organisée autour du procureur général et des mutins les plus en vue.

Là-dessus, une provocation des juges de police de Rennes mit le comble à l'exaspération ministérielle. Le 15 octobre, à propos d'un banal tapage nocturne causé par des ivrognes, ils rendirent une sentence contre le commandant de la milice bourgeoise, qui était aussi subdélégué de l'intendant. Ces juges virent leur sentence cassée, furent mandés à Versailles, puis incarcérés à la Bastille. Et enfin, dans la nuit du 10 au 11 novembre, La Chalotais et son fils furent arrêtés et conduits au château du Taureau, près de Morlaix ; trois conseillers, MM. de La Gascherie, de La Colinière et de Montreuil, furent appréhendés en même temps et enfermés à Nantes et au Mont-Saint-Michel.

Croyant avoir ainsi intimidés les parlementaires bretons, le Roi leur enjoignit de se rassembler au palais le 12 novembre. Ils y entendirent lecture d'ordres de Sa Majesté les sommant de retirer leurs démissions et de reprendre immédiatement le service. Ayant tous refusé de s'incliner, les démissionnaires furent aussitôt exilés hors de Rennes et le Roi promulgua, daté de novembre, un édit supprimant toutes leurs charges, réglementant pour l'avenir la composition du parlement et ordonnant que ses fonctions seraient remplies provisionnellement par une chambre royale formée de trois conseillers d'État et de douze maîtres des requêtes. Ces commissaires se rendirent immédiatement à Rennes et vaquèrent à l'expédition des affaires judiciaires, alors fort en retard. Des lettres patentes du 16 novembre les chargèrent de faire le procès de La Chalotais et de ses co-accusés, qui furent transférés au château de Saint-Malo. On espérait pouvoir bientôt faire fonctionner à Rennes, comme à Pau, un parlement rénové et assagi.

Le duc d'Aiguillon n'eut aucune part à toutes ces mesures : depuis le mois de juin, il était allé prendre les eaux dans plusieurs stations des Pyrénées, avait été de là faire un voyage en Espagne et ne revint à Paris que le 16 novembre. A la cour, il trouva le Roi non seulement extrêment soucieux des événements de Bretagne, mais cruellement tourmenté par l'état de santé du Dauphin.

La mort du Dauphin

Situation ambiguë que celle d'un Dauphin adulte sous le règne d'un père encore en pleine vigueur. D'un côté, l'héritier de la couronne ne pouvait se désintéresser du sort de l'État, mais, par ailleurs, il était le premier des sujets et, quoi qu'il pensât des événements, devait éviter de postuler trop visiblement un rôle actif et de passer pour le porte-drapeau et l'espérance d'un courant d'opposition à la politique paternelle. Le Dauphin avait réussi à concilier ces deux attitudes. Il n'avait pas oublié Fontenoy et, au début de la guerre de Sept Ans, requit d'être envoyé à l'armée, mais le Roi ne voulut pas exposer ce fils unique et ne le laissa pas partir. Après la défaite du comte de Clermont à Krefeld en 1758, le Dauphin avait redemandé, sans plus de succès, à participer aux opérations. Depuis l'attentat de Damiens, il siégeait dans tous les Conseils et suivait donc de près les affaires. Personne n'ignorait qu'il était dévot et préconisait la fermeté envers les cours supérieures. Il avait fait tout son possible pour sauver les jésuites, dont la dispersion fut pour lui une défaite et une souffrance. Mais il avait su les défendre sans indisposer son père, alors que ses efforts en ce sens avaient achevé de lui valoir l'antipathie haineuse de Choiseul et des choiseulistes. Sans vouloir la laisser deviner, Louis XV éprouvait pour lui une affection profonde et même une manière de respect. Cette affection englobait la dauphine Marie-Josèphe de Saxe, que le Roi tenait en très haute estime. Le Dauphin, comme on sait, ne chassait plus et avait une vie privée assez retirée, aimant la lecture et la musique, surveillant de près l'éducation de ses enfants.

Prenant peu de mouvement, menant une existence assez casanière, il avait pris très tôt un embonpoint dont certains se moquaient. En 1762, sa corpulence se mit soudain à fondre, et si fort qu'il fallut rétrécir tous ses habits. Il perdait sommeil et appétit, son teint devenait pâle et livide et il se sentait parfois si faible qu'il peinait à rester longtemps debout. Ses médecins conclurent qu'il fallait lui soigner le foie, alors qu'il était en réalité atteint de tuberculose. Ces cures lui firent alterner retours de santé et périodes critiques, sans remédier à sa pâleur ni à sa maigreur. Il était dans un bon intervalle lorsqu'en juillet 1765 il partit avec la cour à Compiègne, où se tint un « camp ». Il s'y donna de grands mouvements à la tête du régiment Dragons-Dauphin, dont il était colonel.

Probablement fatigué par ces exercices, il eut après son retour à Versailles une poussée de fièvre et de dysenterie. A peine en était-il remis, qu'il fut pris d'un « rhume », signe d'une aggravation de son état : affligé d'une toux opiniâtre, il était plus faible, plus pâle et maigre que jamais. Louis XV avait trop de connaissances médicales pour ne pas s'alarmer devant ces symptômes. Sa sensibilité venait, en outre, d'être mise à l'épreuve par la mort le 18 juillet de son gendre, le duc de Parme, veuf de Madame Infante. Une disparition qui dut l'affliger moins par elle-même, que par le souvenir ainsi ranimé d'une fille très aimée. Le Roi proposa à son fils d'annuler le séjour de la cour à Fontainebleau, pour qu'il pût se soigner à Versailles. Le Dauphin, au contraire, tint à accomplir ce voyage, qui le faisait résider dans le diocèse de son ami le cardinal de Luynes, archevêque de Sens. Il arriva à Fontainebleau le 5 octobre. Effet du changement d'air ? Son mal connut alors quelque répit : mon fils « est mieux qu'il n'était, mais il n'est pas encore comme je le désirerais », mandait Louis XV le 20 octobre au fils de Madame Infante.

Brève rémission : on touchait en fait au dernier stade de la maladie. Les poumons rongés, le prince rejetait des crachats purulents et respirait avec peine. Il vit venir la mort avec une lucidité, une fermeté et une piété édifiantes. Le 13 novembre, il reçut solennellement le viatique et l'extrême onction. « Mon cher petit-fils, écrivait le Roi à Parme quatre jours après, je suis votre grand-père, et par une fille que j'aimais tendrement et que j'ai perdue. Je suis à la veille de perdre aussi mon fils, il reçut mercredi ses derniers sacrements. Jugez de l'état où je me trouve. » Un état dont il s'efforçait de ne rien laisser paraître, mais qui eut un témoin ému. Obsédé par la maladie de son héritier et aussi, ne l'oublions pas, par l'affaire de Bretagne, Louis XV chercha dans la science un dérivatif à ses tourments. Il pria Cassini de Thury de venir à Fontainebleau et, retirés dans ses cabinets, ils faisaient ensemble des calculs d'astronomie pour oublier momentanément les épreuves en cours. De ces tristes journées passées auprès du Roi, dont « la douleur noire » l'avait bouleversé, le savant fit confidence au duc de Croÿ : « Pendant huit jours, rapporte celui-ci, M. de Cassini, qui restait dans les cabinets, le voyait couché dans un fauteuil, la mort dans l'âme, puis faisant bonne mine par courage. » Détail horrible et inquiétant : des courtisans tournaient en ridicule ces distractions savantes de leur maître.

Deux fois encore, le Dauphin demanda et reçut le viatique.

Depuis le 15 décembre, il était veillé jour et nuit constamment par des médecins. La poitrine encombrée de pus, épuisé par les suffocations, on crut, le 19, qu'il allait trépasser. Il haleta encore quelque temps et, assisté par son confesseur et par le cardinal de Luynes, expira le 20 décembre vers huit heures du matin.

A midi, ayant dans son carrosse la Dauphine et Madame Adélaïde, accablées de chagrin, Louis XV partit pour Versailles. La fête de Noël y fut lugubre et, rebuté par la perspective d'avoir à subir la présentation des vœux de la cour, le Roi se retira à Choisy pour le Nouvel An, « ne voulant point, dit-il, recevoir de compliments qui m'auraient trop percé le cœur ». Sa peine, en effet, était très grande, mais il la cachait : « Le Roi, notait Croÿ, pleurait en particulier et affectait de la tranquillité en public. »

Le testament du Roi

Très affecté par la mort de son fils, Louis XV a alors agité de si sérieuses réflexions, que — inspiré peut-être par l'abbé Maudoux — il a cru devoir prendre diverses dispositions en référence à sa propre mort. Et, d'abord rédiger son testament. Non un testament politique : le nouveau Dauphin (le futur Louis XVI) n'était plus qu'à vingt mois du terme légal de la minorité royale et le Roi, qui approchait de ses cinquante-six ans et était en pleine santé, pouvait espérer régner au moins jusqu'à la majorité de son successeur présomptif et n'avoir pas à prendre d'arrangements en prévision d'une régence. Il n'ignorait pas, en outre, le sort advenu aux dernières volontés de ses deux prédécesseurs, dont on n'avait retenu que ce qui ne gênait pas, en laissant tomber le reste. Il savait enfin qu'il était usufruitier et non propriétaire de la couronne et que, de ce fait, la voie d'un testament était la moins indiquée pour laisser un message d'ordre politique. Dresser son testament allait être pour lui un acte religieux, nécessaire pour se préparer à bien mourir, un acte où les dispositions temporelles importaient moins que celles de l'âme et de la conscience.

Revenu à Versailles après une brève retraite à Choisy, Louis XV, le lundi 6 janvier 1766, s'assit à son bureau, mit ses lunettes et traça ces lignes :

« Au nom du Père, du Fils et du Saint-Esprit. Amen.
Ce qui suit sont mes dernières volontés.

Je remets mon âme à Dieu, mon créateur, et le conjure d'avoir pitié d'un grand pécheur, soumis entièrement à sa sainte volonté et aux décisions de son Église catholique, apostolique et romaine. Je prie la Sainte-Vierge, tous les saints, et particulièrement saint Louis, mon aïeul et mon patron, d'intercéder pour moi près de Jésus-Christ, mon divin sauveur et rédempteur, pour que j'obtienne le pardon de mes péchés, l'ayant si souvent offensé et si mal servi. Je demande pardon à tous ceux que j'ai pu offenser ou scandaliser, et les prie de me pardonner et de prier Dieu pour mon âme. Je prie de tout mon cœur le Tout-Puissant d'éclairer celui de mes petits-fils qui me succédera dans le gouvernement du royaume qui m'a été confié par la Providence divine (puisqu'il Lui a plu d'appeler à Lui mon cher fils unique, auquel je ne m'attendais pas de survivre), pour qu'il le gouverne mieux que moi. Si j'ai fait des fautes, ce n'est pas manque de volonté, mais manque de talents et pour n'avoir pas été secondé comme je l'aurais désiré, surtout dans les affaires de la religion. Je défends toutes les grandes cérémonies à mes funérailles, et j'ordonne que mon corps soit porté à Saint-Denis dans le plus simple appareil que faire se pourra. J'ordonne que mon cœur soit porté où celui du feu Roi, mon seigneur et bisaïeul, sera. J'ordonne que mes entrailles soient portées à Notre-Dame à Paris, pour y être placées en arrière de celles de Louis XIV. J'ordonne qu'il soit fondé un service solennel au jour de ma mort et une messe basse chaque jour pour le repos de mon âme, et un pareillement dans la paroisse du lieu où je mourrai, et un à Versailles si je meurs ailleurs. Je donne à mon petit-fils le Dauphin, qui me succédera, tout ce qui se trouvera chez moi dans toutes mes maisons, et j'ordonne que toutes les clefs lui en seront remises à lui-même, ou au régent ou régente s'il avait le malheur d'être mineur ; et je désire qu'il partage mes bijoux avec mes enfants, petits-enfants qui seront en France, de tout sexe, selon leurs désirs. Je veux que mes filles aient chacune deux cent mille livres de pension, leur maison et table payées, et que celle qui survivra aux autres en jouisse de trois cent mille livres. Je charge aussi mon successeur de bien récompenser ceux de mes domestiques particuliers qu'il ne gardera pas dans leurs emplois.

Fait au château de Versailles, ce sixième jour de janvier, l'an de grâce mil sept cent soixante-six.

Louis. »

Le Roi se relut, médita, puis, saisi d'une sorte d'angoisse, reprit la plume pour ajouter :

« O Dieu, qui connaissez tout, pardonnez-moi de nouveau toutes les fautes que j'ai faites et tous les péchés que j'ai commis ! Vous êtes miséricordieux et plein de bontés ; j'attends en frémissant de crainte et d'espérance votre jugement. Ayez en pitié mon peuple et mon royaume et ne permettez pas qu'il tombe jamais dans l'erreur, comme des états nos voisins, qui étaient jadis si catholiques, apostoliques et romains, et peut-être plus que nous.

Louis. »

Sans nulle portée politique, ce testament a le caractère d'un acte privé, mais Louis XV ne se doutait pas de tout ce que, dans sa simplicité et sa brièveté, il nous révélerait sur lui-même. Et d'abord, au détour d'une phrase, cette évocation du cas où son successeur aurait « le malheur d'être mineur » : c'est toute son enfance qui resurgit en ces quelques mots, cette enfance d'orphelin qui l'a marqué à tout jamais. La modestie, autre trait malheureux de sa nature est trahie par cette double confession : « Si j'ai fait des fautes, ce n'est pas manque de volonté, mais manque de talents, et pour n'avoir pas été secondé comme je l'aurais désiré, surtout dans les affaires de la religion. » Cette pénurie de grands ministres n'altérait pas sa foi dans la vertu monarchique, attestée par ce simple membre de phrase visant « le gouvernement du royaume qui m'a été confié par la Providence divine. » Mais ce qui domine, c'est la note religieuse et cela correspond à ses sentiments profonds. Ses fautes n'altéraient ni ses croyances, ni la conscience de son état de pécheur, ni son attachement respectueux et filial à l'Église romaine. Ce fond de religion, si essentiel à sa personnalité, est révélé, plus encore que par le corps du testament, par cette manière de *post scriptum* qu'il y ajouta dans un sursaut de contrition devant ses péchés et d'anxiété devant la déchristianisation de son royaume, plus sensible alors parmi les courtisans que dans le peuple. Les dispositions prises en faveur des ses filles rappellent, s'il en était besoin, l'affection profonde qu'il leur vouait. Mais Louis avait aussi quelques enfants naturels et, s'il n'a pas voulu les coucher sur son testament, il n'en a pas moins cru devoir, vers le même temps, prendre des mesures discrètes en leur faveur.

***

S'il s'est abstenu de légitimer et même de reconnaître ses bâtards, Louis XV n'a jamais eu l'intention de les délaisser. Il a veillé dès leur enfance à leur assurer des ressources stables, augmentées ensuite à plusieurs reprises. Le marquis du Luc, qui avait un père légal, et l'abbé de Bourbon, qui bénéficia d'une quasi-reconnaissance, étaient dans un cas particulier. Mais les six autres — les pupilles de M. Yon et du notaire Delage[1] — furent généreusement traités. On sait que le Roi avait tenu à se constituer, en marge et en cachette du Trésor royal, un pécule personnel. Une partie en était précisément affectée à l'entretien de cette descendance illégitime et, autour de 1761, Louis XV constata que les fonds dont il pouvait disposer à cette fin n'étaient pas suffisants. Il prit alors des « croupes » (ou augmenta peut-être celles qu'il avait déjà). On appelait « croupier » une personne ayant droit, dans une proportion variable, à un partage des revenus d'une place de fermier général. Le Roi eut ainsi un quart sur une de ces places, un quart sur une autre et la

---

1. Voir ci-dessus, p. 508.

moitié sur une troisième, ce qui lui procurait, au total, le revenu d'un fermier. D'autre part, il obtint en 1762 de son parent le comte d'Eu (fils du duc du Maine) qu'en échange de terres situées en Normandie celui-ci cédât sa principauté de Dombes. Bertin, alors contrôleur général, et Trudaine furent chargés de préparer la transaction, sanctionnée par un traité secret passé le 20 janvier 1762 et un contrat public signé le 20 mars suivant, envoyé à la chambre des comptes de Paris et aux parlements de Trévoux, Rouen (qui ne manqua pas de soulever des difficultés) et Paris. Bon an mal an, la principauté rapportait à peu près 250 000 livres. Au lieu de laisser ce revenu tomber dans la caisse des domaines, le Roi décida qu'il alimenterait sa thésaurisation secrète et l'administration de ce petit territoire forma un département spécial dont il chargea Bertin et que celui-ci conserva en devenant secrétaire d'État, en même temps qu'il gérait le reste de cette fortune privée.

La première manifestation connue de la sollicitude de Louis XV pour sa postérité naturelle fut modeste : une rente de 84 livres au capital de 1 200, constituée le 25 novembre 1760 en faveur de la fille de Morphise, dont la mère, il est vrai, avait été richement dotée. Après l'échange des Dombes et après le testament du Roi, vint le temps des largesses : en mars et décembre 1766, en mars 1769 et en mars 1772, Delage et ses acolytes déposèrent des fonds pour constituer sur la tête des six protégés de l'ancien notaire des contrats de rente procurant au total à chacun un revenu annuel de 24 300 livres pour un capital de 223 000. Ces versements n'ont donc pris d'importance qu'après la mort du Dauphin : il est manifeste que Louis XV a alors réfléchi à beaucoup de choses. Y aurait-il été poussé par l'abbé Maudoux ?

La même question s'impose à propos du sort des « petites maîtresses ». Dès novembre 1755, et dans les conditions que l'on a vues [1], Morphise avait reçu un mari. Seule parmi les autres, Mlle Tiercelin de La Colleterie resta vieille fille. Après son bref séjour à la Bastille, le Roi lui fit constituer depuis 1766 par ses notaires habituels diverses rentes qui lui assurèrent une existence des plus confortables. En cette même année 1766, au mois d'août, Mlle Hainaut fut mariée à un gentilhomme de Lyonnais, le marquis de Montmelas. En novembre 1768, on unit Mlle d'Estaing au comte François de Boysseulh. Celui-ci avait été page du Roi et, en cette qualité, avait jadis été dépêché par lui pour porter à la Reine la nouvelle de la victoire de Fontenoy ; en 1768, il était veuf de Mlle de Lasmartres, fille de « Lansmate », le veneur préféré de Louis XV. Quant à Mlle de Romans, elle

---

1. Voir ci-dessus, pp. 504-505.

devint en mai 1772 l'épouse du marquis de Cavanac. Tous mariages dont les contrats furent signés par Louis XV. Là encore, il est frappant qu'il ait attendu 1766 pour prendre pleinement conscience de ses devoirs envers ces jeunes personnes et pour veiller de façon systématique à les établir dignement et noblement. A d'autres titres, cette année 1766 a beaucoup compté dans son règne et son existence.

LA LORRAINE FRANÇAISE

Avec l'âge, la robuste constitution du roi Stanislas ne l'avait pas mis à l'abri des infirmités. Sa vue se faisait très basse, sa surdité s'accentuait ; assez corpulent par nature, il était devenu obèse et ses jambes le portaient difficilement. En juillet 1765 — il approchait alors de 88 ans —, il dut renoncer à son voyage annuel à Versailles et ce fut la Reine sa fille qui se déplaça pour le rejoindre à Commercy, où ils passèrent ensemble trois semaines heureuses avant de se donner rendez-vous au même endroit l'année suivante. La disparition du Dauphin, qu'il chérissait, l'affecta profondément.

Le 5 février 1766, après l'avoir aidé à s'habiller et lui avoir passé, sur ses vêtements, une robe de chambre chaudement ouatée, cadeau de sa fille, ses valets l'avaient installé dans son fauteuil, près de la cheminée de sa chambre. Il voulut être seul pour sa prière, puis, à son habitude, se mit à fumer sa longue pipe, qu'il chercha ensuite à déposer sur le dessus de la cheminée. Au contact du feu, un pan de sa robe de chambre se mit à se consumer sans flamme. Lorsqu'il s'en aperçut, il s'affola, se débattit, trébucha et tomba juste devant le foyer. Quand enfin on le découvrit, il était profondément brûlé. Après une résistance extraordinairement prolongée à ses graves lésions, il mourut à Lunéville le 23 février.

Le chancelier de La Galaizière, dont les pouvoirs avaient cessé, apporta aussitôt à Versailles les sceaux du défunt. Daté de ce mois de février, un édit de Louis XV prononça la prise de possession « actuelle » des duchés de Lorraine et de Bar et la confirmation des officiers dans leurs charges, édit enregistré le 27 février par la chambre des comptes de Bar et le lendemain à Nancy par la cour souveraine et la chambre des comptes. Le 25 février, fut expédié pour le fils aîné de M. de La Galaizière une commission le prorogeant dans le poste d'intendant de Lorraine et Barrois, dont il avait été pourvu en 1758 par Stanislas. Par arrêt du 21 mars, Louis XV transféra à ses différents Conseils la compétence de ceux du feu roi de Pologne. La Lorraine rétrogradait au rang de simple province du royaume, relevant du secrétariat d'État de la Guerre. Par une curieuse rencontre, le destin voulait qu'un Lorrain, le duc de Choiseul, en fût titulaire et instrumentât au nom du Roi les actes qui mettaient le dernier sceau à l'annexion.

La longévité exceptionnelle de Stanislas avait permis de ménager graduellement l'intégration de ce pays à la France. Sous son règne, on avait mis l'accent sur sa qualité de roi et non sur celle de duc. Les actes souverains étaient publiés en qualité d' « édit du Roi », « lettres patentes du Roi », « arrêt du Conseil d'État du Roi », etc. Les Lorrains avaient eu près de trente ans pour s'y accoutumer et ce changement de souveraineté de 1766 ne perturba guère les habitudes ainsi acquises. Peut-être eussent-ils été flattés que Louis XV vint en personne prendre possession de leur patrie. Le Roi a-t-il jamais songé à un tel déplacement ? Il est certain, en tout cas, que la situation politique ne lui permettait pas de s'éloigner de Versailles et de Paris au moment où la Lorraine devenait partie intégrante de ses États.

Une affaire dans l'affaire

Au début de 1766, la Bretagne en pleine ébullition mobilisait davantage l'opinion que la Lorraine se fondant calmement dans la communauté française. Avec l'arrestation de La Chalotais et des autres officiers, avec l'édit supprimant des offices dans le parlement, l'affaire de Bretagne avait pris une ampleur nouvelle. Pour en sortir, les ministres — essentiellement Saint-Florentin et L'Averdy — avaient à mener deux opérations distinctes en principe, mais en fait constamment imbriquées : faire fonctionner à Rennes un parlement reconstitué et faire juger les magistrats arrêtés, dont le procès était un procès politique et allait donc suivre le cours sinueux et tourmenté des procès de cette espèce.

Par lettres patentes du 16 novembre 1765, la connaissance de ce procès avait été confiée à la chambre royale envoyée à Rennes pour remplacer le parlement. Mais, sous l'influence du duc d'Aiguillon et aussi devant l'attitude menaçante des parlements de Rouen et de Paris, le gouvernement décida de remettre sur pied le plus vite possible le parlement de Bretagne. Le 9 janvier 1766, de premières lettres patentes mirent fin aux pouvoirs de la chambre royale et de secondes ordonnèrent aux magistrats non démis de venir au palais assurer le service. De janvier à avril, plusieurs autres qui avaient retiré leur démission vinrent grossir les effectifs de la compagnie ainsi restaurée, aussitôt en butte aux attaques furieuses de l'opposition, qui lui décerna le surnom injurieux de « bailliage d'Aiguillon ». Le premier geste du parlement réinstallé ayant été de demander à être déchargé du procès de ses anciens collègues, des lettres patentes du 20 janvier le renvoyèrent devant les commissaires de la chambre royale supprimée. Ceux-ci n'avaient pas encore quitté Rennes et eurent ordre de se transporter à Saint-Malo et d'y vaquer à l'instruction et au jugement définitif. La Chalotais et ses co-accusés furent transférés à la citadelle de Saint-Malo et la commission se mit activement à la tâche. Son procureur général était M. de Calonne et son rapporteur M. Le Noir, tous deux maîtres des requêtes. Calonne avait donné plusieurs réquisitoires lorsque, sur ordre du Roi, il dut faire du 28 janvier au 5 février un séjour à Versailles pour rendre compte du travail déjà accompli. Celui-ci fut bientôt interrompu par des lettres patentes du 14 février, qui renvoyèrent le procès devant le parlement de Rennes, garni désormais d'un nombre suffisant de juges. Des démarches fort séditieuses des parlements de Rouen et de Paris au sujet de la « classe » de Bretagne avaient déterminé cette nouvelle volte-face. Elle était sans relation avec un fait alors survenu à Saint-Malo, qui eut néanmoins des suites sur le déroulement de l'affaire.

Le retour de Calonne à Saint-Malo le 9 février au matin avait été précédé dans la nuit par l'arrivée et l'incarcération d'un nouvel inculpé au château de la ville : un certain Dereine, lavandier de panneterie-bouche de la cuisine-commun du Roi. Il avait été identifié comme l'auteur de deux lettres anonymes assez mystérieuses trouvées chez La Chalotais. Son arrestation à Versailles et son transfert à Saint-Malo avaient été opérés avec la plus grande discrétion. Calonne et Le Noir avaient l'ordre de visiter ses papiers, ce qu'ils firent en sa présence. Il ouvrit lui-même la cassette qui les renfermait et ils aperçurent beaucoup de brochures imprimées sur l'affaire de Bretagne, puis deux paquets de lettres enveloppées de bandes de papier, sur les enveloppes de chacune desquelles on lisait le mot *Correspondance*, suivi des lettres *L.M.S.* Ils se disposaient à les examiner, lorsque Dereine s'y opposa en se précipitant dessus et en s'écriant que cela ne pouvait être vu que par Sa Majesté et par le prince de Soubise. Prudemment, les deux magistrats jugèrent bon de ne pas insister et dépêchèrent le 11 février un courrier extraordinaire à Versailles pour demander des instructions. Saint-Florentin les félicita de leur circonspection et leur prescrivit de lui envoyer cette correspondance dûment emballée et cachetée, pour qu'il la remette au Roi. En fait, elle semble avoir été portée à Versailles par Calonne lui-même, lorsqu'il revint de Saint-Malo après la dissolution de la commission.

Ce fut probablement entre le 20 et le 24 février 1766 que Louis XV ouvrit le mystérieux paquet, dont le contenu dut l'exaspérer et le courroucer, tout en lui procurant un grand soulagement : c'étaient ses lettres à Mlle de Romans !

Leur détenteur, le nommé Dereine, ne lui était peut-être pas tout à fait inconnu. Alors âgé d'une cinquantaine d'années, il avait vécu un certain temps aux îles de France et de Bourbon, où il s'occupa de plantations et se lia avec Mahé de La Bourdonnais. Revenu en France, il acheta en 1748 une charge de sommelier d'échansonnerie-commun du Roi et épousa en 1750 la fille d'un huissier de la chambre de Sa Majesté et sœur du porte-arquebuse du Roi. Les huissiers de la chambre s'étant opposés à ce qu'il succédât à son beau-père, Dereine se contenta d'être nommé en 1758 lavandier de panneterie-bouche. Il n'a donc occupé que des postes modestes, mais sa belle-famille, au service de la maison du Roi depuis des générations, était bien connue de Louis XV et avait beaucoup de relations à la cour. Dereine, en outre, ne manquait pas d'entregent, en sorte qu'il se poussa habilement à Versailles. Il sut gagner la confiance du maréchal de Soubise. Comme il gardait de son passé colonial le goût de l'agriculture et qu'il était grand faiseur de projets, il se sentit physiocrate et devint l'ami de Quesnay, médecin du Roi. Ayant gardé des relations aux îles, il en recevait chaque année des oignons et des graines dont il aurait fait présent à Louis XV, qui aimait élever des fleurs et des plantes rares dans ses petits appartements. Enfin, il parut assez sûr pour devenir le porteur des lettres que le Roi, grand épistolier comme on sait, adressait à Mlle de Romans.

Vers 1758, Dereine avait rencontré La Chalotais chez Quesnay. Les deux hommes avaient sympathisé, étaient restés en relations et s'étaient beaucoup revus, toujours chez Quesnay, pendant les récents séjours du procureur général à Versailles en 1764 et 1765. Les physiocrates, Quesnay à leur tête, se mirent en tête d'utiliser Dereine et son accès auprès de Mlle de Romans — alors considérée comme très en faveur — pour faire de La Chalotais un ministre, et même peut-être un premier ministre. Mais comment Dereine se trouvait-il en février 1766 possesseur de la correspondance adressée par Louis XV à cette maîtresse ? Il en avait été le messager et ne pouvait normalement en être détenteur. Sa possession revêtait un caractère exceptionnel, inexplicable sans des circonstances elles-mêmes exceptionnelles. Celles-ci ne seraient-elles pas la disgrâce soudaine de Mlle de Romans au mois d'août 1765 ? Dans la confusion de son départ précipité, la jeune femme est-elle parvenue à sauver les lettres du Roi et à les remettre ou faire parvenir à Dereine ? Quoi qu'il en soit advenu, ces documents restaient, si l'on ose dire, en bonnes mains, disponibles au moment jugé opportun pour exercer sur Louis XV un chantage tel qu'il serait forcé de faire appel à La Chalotais.

L'arrestation de celui-ci en novembre 1765 avait causé le naufrage de ses ambitions ministérielles, mais les lettres déposées chez Dereine demeuraient un danger latent. Louis XV dut bénir et le hasard qui en amena la découverte, et Calonne et Le Noir, dont la prudence avait préservé ces documents d'une publicité qui eût été fort pénible pour lui et de grands personnages et aurait même pu avoir les plus graves répercussions politiques.

L'épisode éclaire la personnalité si discutée de La Chalotais. Qu'il fût glorieux et ambitieux, nul n'en a jamais douté. Qu'il pût nourrir des haines implacables, son acharnement contre le duc d'Aiguillon l'a prouvé surabondamment. L'homme avait néanmoins tenté de se camper devant ses contemporains et la postérité en un personnage de magistrat intègre et vertueux, de champion intrépide des libertés bretonnes, de défenseur des lois, de penseur, de citoyen et de patriote. Mais ce masque de Caton dissimulait un arriviste et un maître chanteur. Il y a là des traits qui dépassent sa personnalité et dévoilent la mentalité robine de ces années 60. Quelque volonté de puissance qui animât La Chalotais, lui, l'homme du Roi dans une cour supérieure, se serait-il laissé aller à oublier ses devoirs et à entrer dans une cabale aussi vile, s'il n'avait été intoxiqué par toutes les chimères dont se grisait alors la magistrature? A force de clamer que l'autorité du Roi résidait tout entière dans ses cours, Messieurs des parlements se prenaient pour un souverain collégial et finissaient par émousser ainsi en eux le respect dû à la personne sacrée du Roi. Dans cette atmosphère d'exaltation collective, il n'est pas étonnant qu'un procureur général ait voulu tenter sur Louis XV une manœuvre de chantage. L'opposition parlementaire n'avait plus de scrupules sur le choix des moyens : tous lui semblaient bons.

Bien qu'elle soit restée ignorée du public — et longtemps des historiens —, l'aventure de Dereine eut des suites politiques. Elle explique, on le verra, le dénouement du procès de La Chalotais. Elle éclaire aussi l'attitude des ministres, et en particulier de Choiseul. Celui-ci — qui devait tant à la marquise de Pompadour — ne voulait pas d'une nouvelle maîtresse pour le Roi et nourrissait l'animosité la plus vive contre Quesnay. L'arrestation de Dereine lui rendit un si grand service que Calonne, maître des requêtes depuis dix-huit mois à peine, fut pourvu par lui dès le 7 octobre 1766 de l'intendance de Metz. Dans l'affaire de Bretagne, d'autre part, ses prises de position au Conseil déconcertèrent tous ceux qui connaissaient ses sympathies parlementaires, son horreur des jésuites et sa haine du duc d'Aiguillon, car il s'y prononçait contre La Chalotais, adversaire acharné de ce duc. Conduite inexplicable sans un ressentiment très fondé contre La Chalotais, à qui, pour sa part, L'Averdy n'avait nulle envie de céder le contrôle général. En 1766, les ministres semblent avoir fait front tous ensemble contre le procureur général du parlement de Rennes quand ils eurent conscience qu'il était pour eux un rival. Il n'est pas impossible, enfin, que l'irritation de Louis XV devant la trouvaille faite dans la cassette de Dereine ait contribué à hâter la démonstration d'autorité qui se préparait.

La flagellation

Le sort du parlement de Rennes entretenait dans la magistrature une fermentation inquiétante, souvent aggravée par des références explicites ou implicites à celui du parlement de Pau. La façon dont le gouvernement avait dompté celui-ci impressionna les autres et même, au fond, leur fit peur. Ils se demandèrent dès lors s'ils n'allaient pas être, chacun à leur tour, mis au pas de la même manière, appréhension renforcée par les événements de Rennes. L'agressivité avec laquelle ils multiplièrent sur ce sujet remontrances, représentations, arrêtés et autres tirades découla d'un réflexe de peur. Pour cacher cette peur, ils entreprirent de faire peur. La masse, l'arrogance et la malveillance de leurs déclarations atteignirent un degré tel qu'au mois d'août 1765 Louis XV désigna une commission spéciale pour les examiner et lui en rendre compte au Conseil des Dépêches. Composée de quatre conseillers d'État, MM. Bertier de Sauvigny, intendant de Paris, Gilbert de Voisins, d'Aguesseau de Fresnes et Joly de Fleury, et d'un maître des requêtes pour rapporteur (Calonne d'abord, puis Le Noir), cette commission s'occupa en fait des affaires parlementaires dans leur ensemble. Ainsi eut-elle à mettre au point la démarche d'autorité projetée depuis le printemps et en vue de laquelle les Choiseul et L'Averdy souhaitaient faire revenir le chancelier de Lamoignon.

Au début d'octobre 1765, ces commissaires présentèrent à Louis XV un premier résultat de leur travail : ils lui suggéraient de convoquer une députation solennelle du parlement de Paris, à laquelle il tiendrait un discours assez bref, suivi de la lecture d'une « loi » — arrêt du Conseil ou lettres patentes — qui fustigerait souverainement les prétentions des cours supérieures et dont ils lui remirent des projets. C'est en même temps, on s'en souvient, que Louis XV avait refusé une nouvelle fois de rappeler le chancelier. Cruellement tourmenté alors par les progrès de la maladie du Dauphin, il garda longtemps ces papiers sans rien dire, jusqu'à ce que le cours des événements le convainquît que l'heure était venue de se manifester.

Il y eut d'abord la mort de son fils. Elle l'a incité à dresser son testament et a dû aussi le pousser à une démarche publique, puisque ce testament ne contenait aucune disposition relative au gouvernement et aux institutions de la monarchie. Il y eut aussi et surtout la conduite des parlements. Celui de Rouen adopta le 9 janvier 1766 des représentations « si chaudes, si violentes, tonna L'Averdy, que le feu est ici à la maison et qu'en vérité je ne sais ce qui en arrivera. Les injures y sont si fortes, les principes si faux qu'une colère générale règne dans les esprits ;... quand le Roi les entendra lire, il y a des choses si violentes que je crains tout. » A cette occasion, relate le même ministre le 9 février, on fit « de nouveaux efforts pour la grande opération légale, mais tout est encore à cet égard dans un profond nuage ». Là-dessus, les parlements de Paris et de Rouen, irrités du silence opposé à leurs dernières remontrances et représentations, prirent le 11 et le 15 mars, et dans des termes presque identiques, des arrêtés de « protestation » qui firent scandale : non seulement ils déclaraient nuls et illégaux les jugements des commissions de Rennes et de Saint-Malo, mais, ce faisant, impliquaient des menaces contre leurs membres. Louis XV ayant alors refusé de recevoir une députation du parlement de Rouen, celui-ci vota le 24 février d' « itératives représentations », qui eurent un effet décisif.

S'adressant au Roi, cette compagnie osait y invoquer « le serment que vous avez fait à la nation en prenant la couronne ». A ces mots, Louis XV interrompit la lecture de ce texte qu'on lui faisait au Conseil et dit que cela était faux, qu'il n'avait prêté serment qu'à Dieu seul et n'en devait raison qu'à Lui seul. Ces représentations le mirent hors de lui et, relate L'Averdy, « c'est de là qu'il a voulu une verte réprimande ». Irritation et indignation couronnant celles que la découverte de l'intrigue de Quesnay, de Dereine et de La Chalotais lui causait dans ces mêmes jours. De plus, une dernière tentative en vue de faire rappeler le chancelier tourna court à ce moment : aux arguments développés par Choiseul et L'Averdy en faveur de cette solution, le Roi opposa un mur de silence. Il y avait près d'un an que les partisans de Lamoignon déployaient en vain leurs efforts. Leur échec illustre la ténacité muette avec laquelle Louis XV savait résister aux pressions de ses ministres et de son entourage.

Dès lors, les choses ne traînèrent pas. Statuant sur les divers projets qui lui avaient été remis à l'automne, le Roi renonça à publier un acte de caractère législatif, exposé à tous les aléas d'un enregistrement péniblement acquis et tôt oublié, et décida qu'il irait faire à son parlement de Paris une réponse générale, qui serait commune à tous les autres et leur serait signifiée. Engager une controverse particulière avec chaque compagnie eût été indigne de la majesté royale. En outre, il fulminerait dans les termes les plus forts la cassation des arrêts et arrêtés séditieux récemment donnés et en ferait effectuer devant lui la radiation sur les registres.

Sur son ordre, il se tint quotidiennement dans les derniers jours de février des Comités où, en grand mystère, chaque terme des projets d'une proclamation royale et de plusieurs arrêts du

Conseil fut pesé et médité et où les autres dispositions furent méticuleusement préparées. De cette besogne, il lui fut rendu compte dans le Conseil des Dépêches assemblé trois jours de suite les 28 février, 1ᵉʳ et 2 mars, où tout fut discuté et arrêté définitivement jusque dans les moindres détails. Dans la forme, il ne tiendrait pas un lit de justice, mais viendrait sans appareil tenir son parlement et y siéger, accompagné seulement du secrétaire d'État de Paris, M. de Saint-Florentin, et, à défaut de chancelier (et le vice-chancelier n'étant pas reconnu), des quatre conseillers d'État qui suivaient ces affaires pour le Conseil des Dépêches.

*
**

Rien n'avait transpiré de tous les préparatifs et grande fut la surprise du premier président de Maupeou quand, à six heures du matin le lundi 3 mars 1766, M. de Saint-Florentin se fit annoncer chez lui pour l'avertir que le Roi viendrait à onze heures tenir son parlement et lui remit une instruction lui prescrivant, point par point, tout ce qu'il devait faire en conséquence. Les Parisiens ne furent pas moins étonnés de trouver les gardes françaises en haie sur les quais, d'entendre tirer le canon de la Bastille et de voir soudain surgir le Roi et son escorte. Le cortège passait sur le Pont-Neuf quand il rencontra un prêtre qui portait la communion à un malade. Louis XV fit aussitôt arrêter, descendit seul de son carrosse et s'agenouilla dans la boue parmi la foule. Le Saint-Sacrement passé, le peuple, ému de ce geste, se mit à crier follement « Vive le Roi ! », ce qui n'était pas arrivé depuis longtemps.

Au palais, le Roi trouva tous les princes du sang et fut conduit à la grand'chambre, où vinrent aussi plusieurs ducs et pairs. Il prit place sur un fauteuil et non sur un lit de justice. Il était plein d'allant, semblait radieux et avait pris cet air de majesté qui en imposait tant. Les chambres étant assemblées, il déclara, d'un ton ferme et décidé dont il ne se départit pas tout au long de la séance : « Messieurs, je suis venu pour répondre moi-même à toutes vos remontrances », remit cette réponse à Saint-Florentin et, se tournant vers les conseillers d'État : « Messieurs, dit-il, qu'un de vous la lise. » Ce fut le moins ancien, M. Joly de Fleury. Et l'on entendit :

« Ce qui s'est passé dans mes parlements de Pau et de Rennes ne regarde pas mes autres parlements... Je n'aurais pas d'autre réponse à faire à tant de remontrances qui m'ont été faites à ce sujet, si leur réunion, l'indécence du style, la témérité des principes les plus erronés et l'affectation d'expressions nouvelles pour les caractériser, ne manifestaient les conséquences pernicieuses de ce système d'unité que j'ai déjà proscrit et qu'on voudrait établir en principe, en même temps qu'on ose le mettre en pratique.

Je ne souffrirai pas qu'il se forme dans mon royaume une association qui ferait dégénérer en une confédération de résistance le lien naturel des mêmes devoirs et des obligations communes, ni qu'il s'introduise dans la monarchie un corps imaginaire qui ne pourrait qu'en troubler l'harmonie ; la magistrature ne forme point un corps, ni un ordre séparé des trois ordres du royaume ; les magistrats sont mes officiers chargés de m'acquitter du devoir vraiment royal de rendre la justice à mes sujets, fonction qui les attache à ma personne et qui les rendra toujours recommandables à mes yeux. Je connais l'importance de leurs services : c'est donc une illusion, qui ne tend qu'à ébranler la confiance par de fausses alarmes, que d'imaginer un projet formé d'anéantir la magistrature et de lui supposer des ennemis auprès du trône ; ses seuls, ses vrais ennemis sont ceux qui, dans son propre sein, lui font tenir un langage opposé à ses principes ; qui lui font dire que tous les parlements ne font qu'un seul et même corps, distribué en plusieurs classes ; que... »

Suivaient des citations extraites textuellement des remontrances. Puis le Roi enchaînait :

« Entreprendre d'ériger en principes des nouveautés si pernicieuses, c'est faire injure à la magistrature, démentir son institution, trahir ses intérêts et méconnaître les véritables lois fondamentales de l'État. Comme s'il était permis d'oublier que c'est en ma personne seule que réside la puissance souveraine, dont le caractère propre est l'esprit de conseil, de justice et de raison ; que c'est de moi seul que mes cours tiennent leur existence et leur autorité ; que la plénitude de cette autorité, qu'elles n'exercent qu'en mon nom, demeure toujours en moi, et que l'usage n'en peut jamais être tourné contre moi ; que c'est à moi seul qu'appartient le pouvoir législatif, sans dépendance et sans partage ; que c'est par ma seule autorité que les officiers de mes cours procèdent, non à la formation, mais à l'enregistrement, à la publication, à l'exécution de la loi, et qu'il leur est permis de me remontrer ce qui est du devoir de bons et utiles conseillers ; que l'ordre public tout entier émane de moi et que les droits et les intérêts de *la nation*, dont ose faire un corps séparé du monarque, sont nécessairement unis avec les miens et ne reposent qu'en mes mains.

Je suis persuadé que les officiers de mes cours ne perdront jamais de vue ces maximes sacrées et immuables, qui sont gravées dans le cœur de tous les sujets fidèles...

Les remontrances seront toujours reçues favorablement quand elles ne respireront que cette modération qui fait le caractère du magistrat et de la vérité, quand le secret en conservera la décence et l'utilité, et quand cette voie si sagement établie ne se trouvera pas travestie en libelles où la soumission à ma volonté est présentée comme un crime et l'accomplissement des devoirs que j'ai prescrits comme un sujet d'opprobre, où l'on suppose que toute la nation gémit de voir ses droits, sa liberté, sa sûreté, prêts à périr sous la forme d'un pouvoir terrible, et où l'on annonce que les liens de l'obéissance sont prêts à se relâcher ; mais si, après que j'ai examiné ces remontrances et qu'en connaissance de cause j'ai persisté dans mes volontés, mes cours persévéraient dans le refus de s'y soumettre, au lieu d'enregistrer du très exprès commandement du Roi, ... si elles entreprenaient d'anéantir par leur seul effort des lois enregistrés solennellement, si enfin, lorsque mon autorité a été forcée de se déployer dans toute son étendue, elles osaient encore lutter en quelque sorte contre elle par des arrêts de défense, par des oppositions suspensives ou par des voies irrégulières de cessations de service ou de démissions, la confusion et l'anarchie prendraient la place de l'ordre légitime et le spectacle scandaleux d'une contradiction rivale de ma puissance souveraine me réduirait à la triste nécessité d'employer tout le pouvoir que j'ai reçu de Dieu pour préserver mes peuples des suites funestes de ces entreprises.

Que les officiers de mes cours pèsent donc avec attention ce que ma bonté veut bien encore leur rappeler... Je ne permettrai pas qu'il soit donné la moindre atteinte aux principes consignés dans cette réponse... »

La lecture finie et le papier rendu au Roi, celui-ci ajouta : « Les principes que vous venez d'entendre doivent être ceux de tous mes sujets ; je ne souffrirai pas qu'on s'en écarte. Quant aux affaires de Pau et de Rennes, je maintiendrai de toute mon autorité tout ce qui s'est fait par mes ordres. » Puis, interpellant le greffier : « Dufranc, apportez-moi la minute de l'arrêté du 11 février dernier. J'ai annulé dans mon Conseil cet arrêté et j'en ai ordonné la radiation. Rayez cette minute et écrivez à côté qu'elle l'a été par mon ordre et en ma présence, et signez. » Le greffier s'étant exécuté, le Roi vérifia la minute biffée et apostillée. « Voilà mes réponses, dit-il au premier président, vous ferez registre de tout ce qui vient de se passer » et il se retira. La séance n'avait pas duré une heure et s'était déroulée dans un calme impressionnant. Les magistrats, en effet, n'étaient pas là pour procéder à l'enregistrement de quelque édit ou déclaration qui aurait pu fournir matière à délibération. Ils étaient là en spectateurs et en auditeurs et ce qu'ils avaient vu et entendu les avait terrassés. « Discours de la Flagellation », « séance de la Flagellation » : c'est sous ces dénominations que ce discours et cette séance du lundi 3 mars 1766 entrèrent aussitôt dans l'histoire.

Largement diffusés par les journaux et par l'Imprimerie royale, le discours de la Flagellation et le procès-verbal de la séance furent envoyés à tous les parlements et conseils supérieurs et même à ceux des colonies, qui, depuis quelque temps, donnaient aussi des signes d'insoumission. Toutes mesures d'ordre général, renforcées ou complétées, dès le 4 mars, par des actions particulières visant les cours les plus malintentionnées : Rouen, Grenoble et Besançon.

*

Rédigé dans une langue admirable et rappelant avec une vigueur, une clarté et une logique inattaquable les principes fondamentaux de la monarchie, le discours de la Flagellation est un des actes importants du règne. Préparée en de multiples Comités et Conseils, ce serait donc une œuvre collective. A l'examen, cependant, il apparaît que certains membres du Conseil l'ont inspirée plus que d'autres. Calonne avait envoyé de Saint-Malo un projet dont on a pu se servir. Beaucoup d'éléments semblent dus au conseiller d'État Joly de Fleury, mais l'apport le plus substantiel provient sans doute de Gilbert de Voisins. La forme définitive du texte porte la marque de ses talents de styliste et c'est pourquoi ses contemporains n'hésitèrent pas à lui en attribuer la paternité. C'était l'avis du duc de Croÿ, qui précisait néanmoins que le Roi en personne y avait mis « du sien ».

Il est certain, en tout cas, que Louis XV attacha aussitôt et ne cessa plus d'attacher la plus grande importance à ce discours. C'est que, en y martelant « ces maximes sacrées et immuables », il n'entendait pas seulement ramener à leurs devoirs des magistrats dévoyés et fanatisés, mais constituer un corps de doctrine opposable à toute tentative de subversion, apte à consolider le respect et la sauvegarde de l'autorité royale, à conforter le courage et la détermination du gouvernement et de l'administration et même, pour reprendre une expression de son testament, « à éclairer celui de mes petits-fils qui me succédera dans le gouvernement du royaume ». Le discours de la Flagellation a été son testament politique.

La fin du procès de La Chalotais

Après la séance de la Flagellation, les parlementaires parisiens demeurèrent confondus et se contentèrent de déplorer la publicité qui lui avait été donnée, douloureuse à leur orgueil. Même attitude chez leurs collègues de Rouen. Détente encore précaire et bientôt compromise par les rebondissements de l'affaire de Bretagne. Tout décrié qu'il fût par l'opposition, le « bailliage d'Aiguillon » mettait la lenteur la plus étudiée dans toutes ses démarches relatives au procès de ses ex-collègues. Aussi le gouvernement crut-il bon, une fois de plus, de changer ses batteries, non sans de laborieuses discussions au Conseil. Depuis l'épisode Dereine, Louis XV souhaitait finir irrévocablement un procès qui avait été entrepris plutôt par la volonté de ses ministres que par la sienne propre. Soubise était du même avis, mais les autres membres du Conseil étaient divisés. Il fut enfin décidé de juger La Chalotais seul sur les lettres anonymes qu'on lui imputait et de dissocier cette accusation des autres. Par lettres patentes du 5 juillet 1766, la tournelle du parlement de Paris fut chargée de continuer la procédure entamée « touchant les billets et lettres anonymes injurieux » à Sa Majesté. Attribution qui fit sortir cette cour du calme observé depuis le 3 mars : elle dressa des remontrances. Puis les avocats de La Chalotais présentèrent une requête aux fins de révocation de ces lettres patentes. Cette démarche et l'effervescence renaissante du parlement amenèrent un nouveau revirement : par arrêt du 13 septembre, Louis XV, avant faire droit sur la demande formée par les défenseurs de La Chalotais, ordonna que les charges, informations et procédures faites à Rennes, Saint-Malo, et Paris concernant cette affaire seraient portées au greffe du Conseil. Ce dépôt effectué, le Roi, par autre arrêt du 22 novembre, annula les lettres patentes du 5 juillet, évoqua le procès à sa personne, pour être jugé au Conseil d'État privé, et ordonna le transfert des accusés à la Bastille.

Le « bailliage d'Aiguillon » s'émut et le parlement de Paris adopta des remontrances, portées à Versailles le 8 décembre : « Protecteur de la fortune, de la vie et de l'honneur de mes sujets, leur répliqua Louis XV, je connais de quelle importance il est de maintenir l'exécution des ordonnances qui assignent en matière criminelle, à chacun d'eux, d'une manière invariable, les juges qui leur sont propres. Je ne laisserai porter aucune atteinte au droit des tribunaux ordinaires... Mais il se rencontre quelquefois dans ces sortes d'affaires des circonstances singulières qui forcent la volonté du souverain et qui, par la manière dont elles tiennent à son administration, l'obligent à s'écarter des règles ordinaires. L'affaire dont il s'agit en réunit un si grand nombre, et de telle nature, que je n'ai pu me dispenser de m'en réserver la connaissance en mon Conseil. »

Le Roi se retranchait derrière la raison d'État, ce qui accrut les mauvaises dispositions du parlement de Paris : il arrêta que les princes et pairs seraient invités à venir, le 17 décembre, délibérer de l'affaire avec lui. Louis XV manda la compagnie et lui défendit d'assembler les pairs. De retour à Paris, elle décida de faire des représentations, que le premier président et deux présidents furent autorisés à porter à Versailles le dimanche 21 décembre.

Il se tint d'abord ce dimanche un Conseil des Dépêches fort long, où Le Noir, rapporteur du procès de La Chalotais, rendit compte de l'état de l'instruction, puis ouvrit l'opinion tendant à ce que ce procès fût incessamment rapporté et jugé au Conseil privé. « Contre cette opinion généralement suivie, a-t-il relaté, il fut observé que tous les parlements ne cessaient de faire des remontrances à ce sujet, que, notamment, celui de Paris avait pris une délibération qui aurait des suites fâcheuses si on ne les arrêtait sur-le-champ, qu'il était certain qu'une partie des membres du Conseil, des conseillers d'État et maîtres des requêtes s'étaient déjà prononcés ouvertement en faveur des accusés, en disant dans le monde que les accusations étaient sans preuves et n'étaient que des tissus de manœuvres et d'intrigues. » Malgré ces objections, la majorité des opinants allait conclure à la nécessité de juger le procès, lorsque Louis XV interrompit la discussion, déclara que ce n'était pas son intention et demanda :

« Est-ce qu'il n'y aurait pas de moyen de finir sans jugemennt un procès qui ne fait qu'entretenir la fermentation dans les esprits ? Il est temps de faire cesser des troubles qui me fatiguent et des désordres qui vont jusqu'à attaquer ma personne et mon autorité.

— Sire, suggéra alors Gilbert de Voisins, s'il plaisait à Votre Majesté de descendre en son Conseil privé et là d'entendre seulement le résumé du procès en l'état où il est, s'il Lui plaisait d'y déclarer qu'Elle ne veut point trouver de coupables, ce serait un moyen pour parvenir à ce qu'Elle désire. »

Le Roi saisit aussitôt cette proposition et résolut de l'exécuter dès le lendemain lundi, jour ordinaire du Conseil privé, et en même temps de recevoir tout le parlemennt de Paris aussitôt après.

Pour la seconde fois de son règne[1], Louis XV alla tenir son Conseil privé le lundi matin 22 décembre 1766. Le Noir lui fit un bref rapport du procès, lui présenta les billets anonymes, que le Roi mit dans sa poche, et lui demanda la permission d'ouvrir les opinions : « C'est assez » fut la réponse. S'adressant à l'assemblée, Louis XV déclara : « Messieurs, je suis content du zèle que vous avez apporté dans l'instruction de ce procès. Le compte qui vient de m'en être rendu achève de me déterminer à un parti que j'avais en vue. Je n'ai pas besoin d'en savoir davantage et je ne veux point qu'il intervienne de jugement. » Et se tournant vers le vice-chancelier : « Monsieur le vice-chancelier, faites expédier les lettres nécessaires pour éteindre tout délit et toutes accusations à ce sujet et faites les publier au sceau ; je me réserve de pourvoir sur le reste. »

Là-dessus, le Roi leva la séance et remonta tenir son Conseil des Dépêches pour arrêter ce qu'il allait dire au parlement. Pendant que Le Noir recopiait le texte ainsi adopté, il entendit Louis XV dire à Soubise : « Il n'y avait que beaucoup d'intrigues dans cette affaire. Comment est-il arrivé que ma correspondance avec qui vous savez soit tombée entre les mains de ce nommé Dereine ? Il faudra le chasser de Versailles. » Après ce Conseil, le Roi reçut le parlement. Il lui répéta ce qu'il avait dit au Conseil

---

1. Voir ci-dessus, p. 766.

privé, précisant : « Je ne veux pas trouver de coupables » et ajoutant : « Au surplus, je ne rendrai ni ma confiance ni mes bonnes grâces à mes deux procureurs généraux de mon parlement de Bretagne, que j'ai jugé à propos d'éloigner de cette province. » Effectivement, La Chalotais et son fils ne sortirent de la Bastille que pour être relégués à Saintes et y faire l'objet d'une stricte surveillance. Malgré les prières des parlements, Louis XV ne leva jamais leur exil.

En récompense de l'habile discrétion dont il avait su faire preuve depuis certaine découverte, Dereine, à sa sortie de la Bastille, se vit simplement signifier défense de revenir à la cour, mais continua à toucher ses gages de lavandier. Et Quesnay ? Louis XV, qui avait pour lui amitié et estime, fut probablement peiné de le voir mêlé à des manœuvres aussi déplaisantes. Il jugea sans doute qu'il s'y était laissé entraîner par naïveté et par imprudence et il ne pouvait lui imputer les mêmes griefs qu'à La Chalotais. Quesnay ne subit donc aucune sanction, mais l'affaire est probablement à l'origine du déclin de sa faveur à partir de 1766, déclin attesté en 1770 lorsque Quesnay, qui pouvait légitimement s'attendre à accéder à la charge de premier médecin du Roi, n'en fut point pourvu à la mort de Sénac. Le refus de cette grâce a bien pu être un blâme tardif de sa connivence avec La Chalotais. Il reste que, mieux avisé que plus tard son petit-fils Louis XVI dans l'Affaire du Collier, Louis XV, en étouffant ainsi la cabale ourdie par La Chalotais, Dereine et consorts, avait empêché celle-ci d'éclabousser le trône.

III. — LE PROGRÈS FREINÉ

On a vu que, dans le second quart du XVIIIe siècle, différents ministres de Louis XV avaient pu mener dans les domaines de l'administration, de l'équipement, de l'enseignement supérieur, de la législation et autres une activité féconde, rendue possible par la situation intérieure du royaume, suffisamment tranquille alors pour qu'ils pussent dans la continuité conduire ces entreprises avec assez de liberté d'esprit. Cette disponibilité a été fortement réduite lorsque, à partir de 1750, les troubles variés suscités par les cours supérieures ont accaparé leur attention et ne leur ont plus laissé soit assez de temps, soit assez d'autorité pour suivre sans relâche de telles actions. D'où leurs fortunes diverses.

Les grandes écoles

Une des créations les plus originales et les plus fécondes des années 40 avait été celles d'établissements destinés à former des techniciens civils et militaires hautement qualifiés. Ces établissements se développèrent heureusement et leur réussite suscita d'autres créations du même ordre. A l'École des Ponts et Chaussées, l'organisation primitive fut complétée et perfectionnée par Perronet, lui-même constamment soutenu par Trudaine et son fils Trudaine de Montigny. Beaucoup de jeunes gens se préparaient à y entrer en suivant le cours privé d'architecture et de dessin de l'architecte Blondel. Après la guerre de Sept Ans, les critiques de certains économistes et de quelques cours supérieurs contre la corvée et les travaux des routes introduisirent à l'École un certain malaise, que Trudaine dissipa en la réformant en 1760. L'entrée de Perronet à l'Académie royale d'Architecture (1757), son anoblissement et sa nomination de premier ingénieur des ponts et chaussées du royaume en 1763 démontrent en quelle estime Louis XV le tenait. Devenue célèbre dans toute l'Europe, l'École attirait maintenant des auditeurs étrangers.

A Mézières, l'École royale du Génie connut aussi un essor remarquable, en particulier à partir de 1765. Les réformes qui lui furent appliquées à diverses reprises étaient en liaison étroite avec la réorganisation des armées après la guerre. Avec des maîtres tels que l'abbé Nollet pour la physique, que l'abbé Bossut, qui y enseigna les mathématiques depuis 1752, et Monge, son suppléant puis (1768) successeur, elle a dispensé une formation de très haut niveau, dont l'apport a été essentiel dans les domaines technique, scientifique et culturel. Elle a formé des ingénieurs et officiers de talent, qui ont contribué efficacement au développement de l'équipement technique du royaume et ont joué un rôle de premier plan dans la guerre d'Amérique sous Louis XVI et dans les campagnes de la Révolution et de l'Empire. Elle a été une pépinière d'hommes profondément conscients du rôle fondamental des sciences et des techniques et remarquablement préparés à la recherche. Du point de vue, enfin, de l'organisation générale de l'enseignement, elle a constitué une expérience si remarquable qu'elle doit être considérée comme le moule dont est sortie l'École polytechnique.

Une ordonnance du 15 mars 1765 réorganisa et perfectionna l'École de Marine dirigée au Louvre par Duhamel du Monceau. Les élèves qu'elle formait reçurent alors un titre officiel : « Les constructeurs des vaisseaux de Sa Majesté, précisa l'ordonnance, seront appelés à l'avenir ingénieurs constructeurs de la marine. » C'est notre École du Génie maritime.

Ces précédents et l'essor de l'industrie charbonnière à partir de 1744 ont suscité la naissance de l'École des Mines. Elle ne sera créée sous sa forme définitive qu'en 1783, mais, depuis 1768, Bertin, qui avait les mines dans son département, ne délivra plus une seule concession minière sans que son bénéficiaire fût astreint à verser chaque année au Roi une somme de 200, 800 ou, plus souvent, 400 livres « pour l'entretien de l'École des Mines ». Où celle-ci a-t-elle fonctionné ? Et comment ? Deux choses seulement sont certaines : l'une que les entrepreneurs s'acquittaient fort irrégulièrement de cette taxe, l'autre que, néanmoins, ce furent là les débuts obscurs d'une illustre et grande école.

Un genre d'école qui tenait beaucoup au cœur de Bertin. C'est à lui que deux autres établissements devenus vite célèbres doivent leur existence : nos écoles vétérinaires de Lyon et d'Alfort, ouvertes la première en janvier 1762 et la seconde à la fin de 1766. Détail important : dans l'esprit du ministre, il en devait sortir non seulement des praticiens de la médecine animale, mais les agents des haras, c'est-à-dire des fonctionnaires. Bertin, encore, a été le créateur d'une « Institution d'agriculture » installée près de Compiègne, mais qui, elle, n'était pas appelée à former les ingénieurs agricoles : c'était plutôt une ferme-modèle où de jeunes agriculteurs recevaient pendant un an un enseignement professionnel conforme aux progrès de l'agronomie. Ses premiers élèves y entrèrent à la fin de 1771, mais elle ne dura que quelques années.

Au-delà de 1750, Louis XV et ses ministres ont donc pu poursuivre cette « politique des grandes écoles » mise en route avec Orry, Machault d'Arnouville et Trudaine. Bertin en a été peut-être le continuateur le plus convaincu. Ce ne fut pas sa seule originalité.

Un ministère de l'érudition

Les cours supérieures fondaient de préférence leur rébellion contre le pouvoir royal et les institutions sur des arguments historiques ou prétendus tels, puisés volontiers dans leurs registres, ce « dépôt des lois » auquel seuls leurs officiers avaient accès et dont ils ne tiraient que ce qui convenait à leurs thèses en cachant soigneusement ce qui leur était contraire. Des ministres finirent par en conclure que le gouvernement devait se défendre et contre-attaquer avec les armes qu'on utilisait ainsi contre lui : celles de l'histoire. Ce fut l'idée de M. de Silhouette, qui eut la chance de rencontrer l'homme dont il avait besoin pour cela : Jacob Nicolas Moreau, futur historiographe de France. Il n'était alors qu'avocat et deviendra en 1764 conseiller à la cour des comptes, aides et finances de Provence. A la demande du gouvernement, il avait rédigé des écrits politiques contre l'Angleterre et les difficultés qu'il avait rencontrées pour recueillir sa documentation l'incitèrent à proposer à Silhouette la formation d'une bibliothèque qui rassemblerait tous les textes législatifs et réglementaires dont le contrôle général pourrait avoir besoin. Louis XV et Silhouette adhérèrent aussitôt à ce projet et l'on fit revivre pour Moreau le titre et les fonctions d'avocat des finances. Grand travailleur, fort instruit et cultivé, courageux et persévérant, Moreau avait les qualités requises pour mener à bien cette besogne, dont il aperçut bientôt qu'elle était riche de développements possibles.

Il commença donc en 1759 par réunir des recueils d'édits, d'ordonnances, de règlements, d'arrêts, une copie des registres du parlement, des ouvrages des jurisconsultes, etc. Le remplacement de Silhouette par Bertin ne nuisit en rien à l'opération : Bertin et Moreau se lièrent d'amitié et le ministre allait soutenir à fond les activités et les projets de Moreau. La bibliothèque administrative ainsi constituée, appelée Bibliothèque des Finances, fut transférée en 1760 à Paris au siège du contrôle général des finances, puis en 1764 à la Bibliothèque du Roi.

En 1762, Moreau suggéra à Bertin de créer, parallèlement à la Bibliothèque des Finances, un centre où se réuniraient des savants et où, grâce aux documents par eux colligés, s'accumuleraient les matériaux d'une vaste histoire du droit public du royaume, fondée sur des sources de première main, où le gouvernement pourrait aussi trouver tous les renseignements utiles à l'administration. Le ministre non seulement souscrivit d'emblée à ce projet, mais lui donna plus de rigueur. Moreau ne parlait que de réunir des notices de chartes, diplômes et autres actes. Bertin exigea que l'on en dressât des copies fidèles, plus sûres et plus significatives que les meilleurs extraits. Avec l'approbation de Louis XV, l'entreprise démarra vite et Bertin s'y intéressait si fort que « les dépôts et collections de chartes, tant manuscrites qu'imprimées, et les travaux ordonnés en différents temps par le Roi à ce sujet » formèrent une des attributions officielles de son secrétariat d'État.

De nombreux bénédictins, des membres de l'Académie des Inscriptions et Belles-Lettres, de savants magistrats, des érudits provinciaux collaborèrent aux activités de ce que l'on appela bientôt « le Cabinet des Chartes ». Installé d'abord à la Bibliothèque du Roi, il y fut bientôt à l'étroit et en 1769 Bertin le transféra place Vendôme du côté des Capucines, dans une maison où il logea aussi les archives de son ministère et les titres de la principauté de Dombes.

La Bibliothèque des Finances et le Cabinet des Chartes avaient, au départ, une finalité à la fois politique et scientifique. Politique, en ce sens qu'ils visaient à fournir au gouvernement et à l'administration les titres fondant, justifiant et éclairant leur action. Et scientifique, puisqu'ils devaient mettre à la disposition des historiens des sources difficilement accessibles parce que disséminées en France et à l'étranger en de nombreux dépôts publics et privés. L'action politique était principalement l'affaire de la Bibliothèque des Finances et il est assez malaisé d'en mesurer les efforts et les effets. L'ouvrage intitulé *Preuves de la pleine souveraineté du Roi sur la province de Bretagne*, publié en 1765 sous le nom de L'Averdy, était l'œuvre de Moreau et permit de réfuter efficacement des assertions du parlement et des états de Bretagne. Mais en fait le bilan de ces travaux fut surtout, et de loin, d'ordre scientifique.

Le Cabinet des Chartes a été essentiellement au service de l'histoire. Depuis 1762 jusqu'en 1790 il a été un centre extrêmement actif de recherche et d'étude des sources et préfigure exactement le Comité des Travaux historiques et scientifiques fondé en 1834 par Guizot. En 1786, il possédait plus de 46 000 copies et 1 042 originaux, des inventaires analysant 19 150 pièces du VIe au XVIIIe siècle, les notices de 21 758 documents, soit 40 908 extraits, et encore 7 000 notices diverses. Ce trésor documentaire a traversé presque sans dommage la période révolutionnaire : aujourd'hui il forme à la Bibliothèque nationale la « Collection Moreau », fort prisée des historiens qui y trouvent copies ou analyses d'originaux disparus depuis le XVIIIe siècle. Le secrétariat d'État de Bertin a été une sorte de ministère de l'érudition et rien ne s'est fait en ce domaine qui n'ait eu l'assentiment et les encouragements de Louis XV : Bertin lui rendait compte tous les quinze jours du travail du Cabinet des Chartes. Ce ministre suivait aussi pour lui une intéressante correspondance avec la Chine.

*
**

S'il fallait en croire Chamfort — mais serait-ce prudent ? —, Louis XV pensait qu'il fallait changer l'esprit de la nation et se serait entretenu avec Bertin des moyens d'opérer un tel effet. Le ministre aurait fini par lui dire qu'il serait à souhaiter que la France fût animée de l'esprit qui régnait en Chine. En quoi Bertin était bien de son temps, car le Céleste Empire était alors fort à la mode, non sans diviser l'opinion, les uns, à la suite de Voltaire, jugeant sa constitution exemplaire et les autres, avec Montesquieu, la considérant comme despotique. D'où l'intérêt que suscitèrent deux jeunes Chinois, Ko et Yang, venus depuis

1752 étudier en France pour se préparer à entrer dans la Société de Jésus. N'ayant pu, et pour cause ! poursuivre leur noviciat, ils passèrent en 1762 chez les lazaristes et furent ordonnés prêtres en 1763. Ils abordèrent alors Bertin pour solliciter leur embarquement sur un vaisseau de la Compagnie des Indes qui les ramènerait en Chine. Le ministre estima qu'ils pourraient servir d'agents de liaison pour échanger des renseignements sur le progrès des sciences et des techniques et aussi l'étude — particulièrement fructueuse pour le gouvernement royal — des institutions et du système agricole d'un pays cité comme l'un des plus prospères et des plus vertueux.

Bertin parvint sans peine à faire partager à Louis XV son opinion sur les avantages d'informations suivies sur un empire que l'on connaissait mal, parce que, notamment, il n'existait pas de relations diplomatiques entre l'empereur de Chine et les monarques d'Occident. On retarda le départ des deux Chinois et on leur fit visiter plusieurs provinces pour leur donner connaissance des métiers pratiqués en France, en sorte qu'ils pussent révéler en Chine les méthodes de production du royaume et, en réciprocité, initier les ouvriers et artisans français aux pratiques chinoises. Ils s'embarquèrent à Lorient à la fin de janvier 1765, chargés de cadeaux pour l'empereur de Chine et sa cour : tapisseries, peintures, miroirs, porcelaines de Sèvres, instruments scientifiques, etc.

Ko et Yang rencontrèrent les plus grands obstacles pour remplir la mission dont Bertin les avait chargés. Ils étaient Chinois et le fait d'avoir été en Europe à l'insu de l'Empereur les rendait passibles de la peine de mort si cette faute était découverte. En outre, étant de condition modeste, ils avaient peu d'accès auprès des lettrés et des fonctionnaires, seuls capables de leur donner des renseignements sûrs et utiles. C'est alors que les jésuites de Pékin s'offrirent à les suppléer.

En 1688, cinq jésuites français avaient fondé dans cette capitale une mission qui avait acquis un grand prestige. Ayant le statut d'étrangers admis dans le pays, n'étant pas soumis à l'ordre social, les pères, grâce à leurs connaissances artistiques, littéraires, scientifiques et même médicales, avaient gagné la faveur personnelle des empereurs et occupaient une place de choix à la cour. Malgré la querelle des rites chinois, Kien Long (1736-1795) avait tenu à conserver près de lui ces missionnaires français et à sauvegarder leur situation privilégiée, car il avait besoin d'eux comme négociateurs et interprètes dans ses relations avec les Russes et les Portugais. Ils ne demandaient eux-mêmes qu'à servir leur Roi en lui faisant mieux connaître le pays qu'ils évangélisaient. Il leur était facile de distribuer à l'Empereur et aux grands les présents de Louis XV, leurs relations à la cour et

leur crédit parmi les lettrés et les savants leur permettaient d'obtenir des informations puisées à bonne source. Ils se substituèrent à Ko et Yang dans le rôle que ceux-ci ne pouvaient assumer.
Les jésuites de Pékin — surtout le P. Amiot — entretinrent donc depuis 1766 avec Bertin une « correspondance littéraire » qui continua après la suppression de leur société. Correspondance qui consistait en missives accompagnant de copieux mémoires sur l'histoire, les arts, la littérature, les institutions, les coutumes, l'économie, les sciences, les métiers et autres aspects de la civilisation présente et passée de la Chine, le tout égayé par l'envoi d'œuvres d'art ou de raretés offertes par l'Empereur à Louis XV. Bertin rendait doublement compte de cette correspondance : au Roi d'abord et aussi à un petit comité de savants tirés du Collège de France et de l'Académie des Inscriptions et Belles-Lettres. Le P. Amiot, en effet, s'était concerté avec Bertin en vue de la publication des mémoires qu'il envoyait et ce comité érudit avait pour rôle majeur de retenir ceux de ces textes qui paraissaient les plus dignes d'être édités. Ainsi virent le jour les célèbres *Mémoires concernant l'histoire, les sciences, les arts, les mœurs, les usages, etc., des Chinois*, dont le premier volume était prêt avant la mort de Louis XV mais ne sortit des presses qu'en 1776. Le quinzième parut en 1791. C'est de la sorte que, sous les auspices de Louis XV, une nouvelle discipline scientifique est née en France : la sinologie.

Justice et législation

On a vu quelle période féconde de l'histoire juridique et législative de la France s'était écoulée depuis 1727 jusqu'à la retraite du chancelier d'Aguesseau. Celui-ci n'avait pas toujours rencontré dans les parlements un zèle répondant au sien pour les réformes. Mauvaise volonté qui préludait à l'indifférence que ces compagnies manifestèrent après 1750 pour les objets intéressant pourtant au premier chef l'exercice des fonctions de juge. Entièrement accaparés désormais par la poursuite de leurs prétentions politiques, Messieurs se désintéressaient plus que jamais de l'harmonisation de la jurisprudence et de l'unification du droit. La désinvolture avec laquelle certaines de ces cours interrompirent à plusieurs et longues reprises le cours de la justice témoigne de ce dédain pour les activités professionnelles, attesté aussi par le caractère inique d'arrêts célèbres, comme ceux rendus par le parlement de Toulouse dans le procès de Calas.

En des temps paisibles, le chancelier de Lamoignon eût été capable de continuer dignement, au moins en partie, les entreprises de son prédécesseur. Mais il n'a jamais pu disposer du temps ni de la sérénité indispensables pour l'élaboration de grands travaux législatifs. D'Aguesseau avait laissé en chantier une ordonnance sur les incapacités de donner et de recevoir : elle n'a pas pu être terminée. Lamoignon a fait promulguer en 1751 une déclaration interprétative de l'ordonnance de 1735 sur les testaments, en 1754 une déclaration sur les testaments en Roussillon et en 1762 une déclaration interprétant l'édit d'août 1749 sur les biens de mainmorte. Si son œuvre législative est courte, il a pu, en revanche, continuer activement à faire édicter des fusions ou suppressions de tribunaux, des extinctions d'offices. Quant au vice-chancelier de Maupeou, il est certain, que, dans la situation où il était vis-à-vis des cours supérieures, il ne pouvait guère légiférer en grand. Une des premières conséquences de l'effervescence constante de la magistrature a donc été de bloquer les progrès du droit et l'amélioration de la justice. Le gouvernement n'a pourtant pas manqué de projets en ce domaine, mais les circonstances en ont empêché ou retardé la réalisation.

**

Les bureaux des finances, par exemple, posaient des problèmes délicats. Si, dans chaque bureau, certains trésoriers de France secondaient souvent l'intendant de la province pour la répartition et la levée de la taille, pour les travaux de voirie et parfois les affaires militaires, c'était à titre personnel et l'utilité de ces bureaux en tant que compagnies d'officiers était de moins en moins perceptible. Mais leurs offices conféraient la noblesse graduelle et constituaient donc une voie d'ascension sociale difficile à fermer. Et pour défendre les restes de leur compétence, les bureaux des finances entraient souvent en conflit avec les cours supérieures. En vue de préparer une loi qui clarifierait leur statut et leur juridiction, le chancelier de Lamoignon forma une commission qui reçut les mémoires présentés par les bureaux et rassembla les textes nécessaires, mais son travail n'a jamais abouti.

Une autre nécessité se fit sentir : harmoniser la législation suivie aux colonies et celle appliquée en France même. Le secrétaire d'État de la Marine avait, depuis Colbert, un quasi-monopole de la correspondance avec les colonies, où l'on ne recevait que les lois envoyées par lui. Or il n'y adressait aucune de celles promulguées pour le royaume en général, selon lesquelles il advenait cependant à l'occasion que les contrats ou les procès des colons finissent par être jugés en France. L'ordonnance de 1735 sur les testaments, par exemple, n'avait pas été enregistrée aux Antilles par les conseils supérieurs, mais des particuliers ou des juges de ces îles pouvaient en connaître personnellement les dispositions et s'y conformer en des arrêts contre lesquels il était loisible de se pourvoir en cassation devant le Conseil privé, au motif qu'ils étaient sans base légale puisque fondés sur une ordonnance officiellement inconnue bien qu'observée dans tout le royaume. Pour parer à de telles absurdités, Louis XV, après une discussion assez serrée entre le chancelier et les Choiseul, désigna le 19 décembre 1761 une commission composée de quatre conseillers d'État et quatre maîtres des requêtes et chargée de réviser et mettre à jour la législation coloniale, en fait surtout celle concernant les possessions antillaises. Elle travailla beaucoup et diligemment, mais fut supprimée le 31 décembre 1768.

***

Le statut des protestants dans le royaume suscitait des questions dont Louis XV et son Conseil durent se saisir. Persécuté par Louis XIV, le protestantisme releva peu à peu la tête, non sans provoquer les plaintes des évêques des diocèses méridionaux. Les correspondances des intendants et des procureurs généraux mentionnaient l'activité croissante des religionnaires et celles-ci soulevèrent encore des appréhensions pendant la guerre de Succession d'Autriche. Toutes les troupes étant alors concentrées vers les Flandres et l'Italie, il eût été impossible de réprimer en Languedoc et en Poitou des soulèvements huguenots, dont on craignait qu'ils ne fussent animés par l'Angleterre. Il y eut encore des poursuites contre des pasteurs, mais en fait les religionnaires ne s'attroupaient que pour célébrer le culte et leur calme commençait à rassurer les ministres. A preuve, ce rapport de Saint-Florentin au Roi en mai 1744 : « On ne voit pas de disposition à la révolte. Des prédicants même continent les esprits... On prétend qu'en quelques endroits ils font des rôles d'imposition et des levées pour l'entretien des prédicants. Il paraît à propos, si Votre Majesté l'approuve, et c'est l'avis de M. le contrôleur général, que l'on écrive à M. l'intendant de dissimuler et que, cependant, si quelqu'un des rôles devient public ou si quelqu'un des imposés lui en porte des plaintes, il faut qu'il casse le rôle et qu'il agisse par les voies de droit commun comme contre des catholiques coupables d'une pareille entreprise. » A quoi Louis XV, du camp devant Menin, avait donné son approbation. Malgré les intrigues du prince de Conty, de telles préoccupations ne furent plus de mise pendant la guerre de Sept Ans, où se fit jour une nouvelle manière d'envisager ces questions.

Les premières réflexions s'appliquèrent à l'Alsace, où le luthéranisme était officiellement reconnu par le Roi en vertu des traités de Westphalie. Il y avait par ailleurs des catholiques et des calvinistes dans cette province et, par suite, des personnes de confessions différentes désireuses de se marier. Ces mariages mixtes entre catholiques et luthériens ou entre luthériens et calvinistes soulevaient des difficultés qui furent exposées à Louis XV au Conseil des Dépêches les 22 et 29 janvier 1762, alors que l'offensive contre les jésuites battait son plein. On décida de prendre l'avis de l'intendant d'Alsace, du premier président et du procureur général du conseil supérieur de Colmar et du cardinal de Rohan, évêque de Strasbourg. Ils envoyèrent leurs réponses à Gilbert de Voisins, qui était chargé de suivre l'affaire et eut à son sujet des conférences particulières avec le cardinal et l'intendant, le tout dans le plus grand secret. Le résultat de ces consultations fut un projet de déclaration sur les mariages mixtes en Alsace approuvé par le Roi au Conseil des Dépêches le 29 juillet 1763. Mais avant de la promulguer, il voulut redemander leur opinion à l'intendant, au conseil supérieur et aux évêques diocésains et connaître aussi celle du Saint-Siège. Le marquis d'Aubeterre, alors nommé ambassadeur à Rome, reçut, entre autres instructions, celle de communiquer à la curie le texte de cette déclaration et, avant tout, de la soumettre au cardinal protecteur des églises de France. Ce prélat lui conseilla de ne pas soulever la question, n'ayant aucun espoir de recevoir du Saint-Office une réponse favorable. La déclaration fut momentanément enterrée.

A propos de l'Alsace, il avait été question des calvinistes et, par ce biais, on en vint à s'occuper de ceux des autres provinces. Le Roi confia en 1766 à Gilbert de Voisins la mission d'élaborer un « plan relatif aux religionnaires du royaume ». Il dressa deux *Mémoires sur les moyens de donner aux protestants un état-civil en France,* ainsi qu'un projet de déclaration sur ce sujet. Le premier de ces mémoires, préparé dans tout le secret que Louis XV avait prescrit, fut lu et approuvé dans un Comité. Avec la permission du Roi, Gilbert de Voisins le communiqua tout aussi confidentiellement à l'archevêque de Narbonne, M. Dillon, et au prince de Beauvau, commandant en chef en Languedoc. La mort de Gilbert de Voisins en 1769 et les événements politiques différèrent l'aboutissement de cette entreprise. Nouvel ajournement qui, après les autres, montre combien il était devenu difficile de légiférer utilement et libéralement quand la magistrature mettait le feu aux quatre coins du royaume.

Agriculture et subsistances

Dans les mêmes années 60, le libéralisme inspira aussi une révision des contraintes qui pesaient sur le commerce, l'industrie et les activités que l'on appellerait aujourd'hui « agro-alimentaires ». Les transformations de l'industrie s'accommodaient mal des vieilles réglementations commerciales et professionnelles. Vincent de Gournay, intendant du commerce, à qui l'on attribue la formule fameuse « Laissez faire, laissez passer », fut la figure la plus représentative d'un courant de pensée très répandu dans l'administration royale. Parallèlement, on assistait à des modifications profondes des techniques et des usages agraires qui, pendant que les économistes travaillaient à vivifier par la liberté le commerce et l'industrie, incitaient d'autres à saluer dans la terre « l'unique source de toutes les richesses », en même temps qu'une véritable agromanie s'emparait de l'opinion publique. Quesnay ne fut pas seulement le théoricien le plus en vue du mouvement d'idées en faveur de l'agriculture, il fut aussi l'un des premiers à reconnaître que les phénomènes économiques constituent un ordre de faits distincts, obéissant à certaines lois dérivant de la nature même des choses. Il s'était d'abord tourné vers la médecine : après avoir été secrétaire de l'Académie de Chirurgie, il fut un temps médecin de la famille de Villeroy, puis fut appelé à soigner Mme de Pompadour et de là passa dans le corps des « officiers de santé » du Roi, en qualité d'abord de médecin consultant (1749), puis de premier ordinaire (1752). Louis XV le voyait donc constamment et se prit d'amitié pour cet homme austère et modeste. En récompense des soins dispensés au Dauphin pendant sa variole, il l'anoblit en 1752 et dessina lui-même les armoiries parlantes conférées à cette occasion : trois fleurs de pensée au naturel. Le Roi, en effet, l'appelait « Mon penseur ». Il écoutait volontiers ses propos et lorsque le docteur eut terminé le premier de ses écrits d'économie politique, son *Tableau économique,* Louis XV — dont on se souvient qu'il avait appris la typographie pendant sa minorité — tint à composer l'ouvrage sur des presses installées au château de Versailles.

A peine paru (1758) le *Tableau économique* souleva un enthousiasme prodigieux. Du jour au lendemain, Quesnay fut célèbre. Il eut une école, des dévots. On les appela les physiocrates parce qu'ils professaient que l'agriculture est la seule forme de l'activité qui dégage un « produit net ». Les métaux précieux, les richesses minières, les objets fabriqués se détruisent par la consommation ou par l'usage. L'agriculture seule réalise la collaboration de l'homme et de la nature. Les richesses agricoles sont les seules qui se reproduisent d'elles-mêmes et qui se consomment sans appauvrissement. La classe agricole est seule productive au sens plein du mot, c'est-à-dire créatrice. Les autres classes sont stériles. Le système comporte une théorie de la valeur, une théorie de la population et de la circulation des richesses, une doctrine de la liberté commerciale, une justification de la propriété et, pour finir, une doctrine de l'ordre naturel, engendrant elle-même une politique. Toutes ces parties étaient liées rigoureusement entre elles, en sorte que la doctrine physiocratique était souvent empreinte de raideur et que les physiocrates semblaient parfois constituer moins une école qu'une secte. Une secte militante, entreprenante et ambitieuse, comme le prouve l'intrigue découverte par hasard grâce aux papiers saisis chez Dereine et qui tendait à faire entrer La Chalotais dans le gouvernement, tout en en faisant probablement sortir Choiseul.

Si Louis XV a pu concevoir quelque ressentiment contre Quesnay à la suite de ses compromissions avec La Chalotais, il reste qu'à ce moment il était depuis des années au fait des théories économiques de son médecin. Il n'y a certainement pas adhéré en totalité, mais il en a, semble-t-il, assez retenu pour que les mesures tendant à favoriser l'agriculture et à libérer le commerce aient été prises avec son plein assentiment. Mesures dont les premières furent prises pendant la guerre de Sept Ans sur l'initiative de Bertin qui, sans être physiocrate, s'intéressait vivement à l'agriculture. En 1760 il lança la création des Sociétés d'Agriculture et d'un Comité d'Agriculture. Ce dernier était appelé à jouer auprès du contrôle général un rôle analogue à celui du Bureau du Commerce, tandis que les Sociétés d'Agriculture auraient été, dans les provinces, les homologues des chambres de commerce. Le Comité, dont Trudaine fut l'âme, a préparé les dispositions prises en 1761 et 1762 pour exempter d'impôts les terres nouvellement défrichées et surtout la fameuse déclaration du 25 mai 1763 qui permit de faire circuler les grains et farines dans toute l'étendue du royaume en exemption de tous droits.

« L'agriculture et les sociétés d'agriculture » firent partie pour la première fois officiellement des matières relevant d'un ministère : le secrétariat d'État confié en décembre 1763 à Bertin. Attribution qui se révéla plus théorique qu'effective. Si personne ne disputa à Bertin les parlotes des Sociétés d'Agriculture, il s'aperçut que le contrôle général — et plus précisément le département des impositions dirigé par M. d'Ormesson, intendant des finances, — conservait en réalité les responsabilités majeures en matière agricole. Cela par le biais des exemptions ou diminutions fiscales attachées à toutes les mesures prises en faveur des défrichements, des dessèchements, partages de biens communaux, suppressions du droit de parcours et autres décisions conformes aux théories à la mode. Du moment qu'il y a exonération d'impôt, argumentait M. d'Ormesson, cela dépend de moi et ce fut seulement après dix ans de vaines réclamations et sur intervention personnelle de Louis XV, qu'il consentit à céder ces dossiers à Bertin.

M. d'Ormesson était gagné aux idées nouvelles en économie beaucoup plus radicalement que Bertin et Trudaine. Cela explique le zèle avec lequel L'Averdy entreprit de poursuivre la politique libérale inaugurée par Bertin, en particulier par la déclaration du 25 mai 1763. Celle-ci fut couronnée par l'édit d'août 1764, qui accorda la liberté d'exportation des grains par 27 ports — et bientôt par 36 —, sous réserve qu'une zone d'alimentation serait réservée à la ville de Paris et que les frontières se fermeraient dès que les cours atteindraient un prix plafond. L'Averdy mena avec persévérance la bataille du libéralisme engagée par cette déclaration de 1763 et cet édit de 1764. Bataille dans laquelle il eut la chance de ne pas se heurter à un front uni des parlements : certains — Grenoble, Toulouse, Rennes, Aix, Dijon — étaient partisans de cette libéralisation, que d'autres — notamment Rouen et Paris — voyaient d'assez mauvais œil. Cette politique déconcerta beaucoup de magistrats, petits et grands, et de consommateurs. Les magistrats, qui n'avaient plus à intervenir en ces matières où ils se croyaient en droit d'exercer « la police » à perpétuité. Et les consommateurs, privés de la sécurité, réelle ou illusoire, que leur procurait la réglementation. Trois récoltes médiocres en 1766, 1767 et 1768 provoquèrent une crise de subsistances et du mécontentement. Pour les prévenir, L'Averdy s'était entendu avec la compagnie Malisset pour former des réserves de grains. On sait que ces précautions suscitèrent les suspicions et les bruits les plus malveillants et donnèrent naissance à la légende calomnieuse du « pacte de famine »[1].

IV. — LA VOLONTÉ DE REVANCHE

Restaurer les forces militaires et navales du royaume, éléments essentiels de sa puissance politique, tel a été au lendemain du traité de Paris l'objectif que s'est assigné Louis XV. « Raccommodons-nous avec ce que nous avons pour ne pas être engloutis par nos vrais ennemis. Pour cela, il ne faut pas recommencer une guerre » : c'est ce que disait le Roi à Tercier le 23 février 1763 et il ne tenait pas un langage différent à ses ministres. On ne doit pas se méprendre sur cet esprit défensif : s'il souhaitait reculer le

---

1. Voir ci-dessus, pp. 609-610.

plus possible l'éventualité d'un conflit, il entendait que celui-ci pût être offensif dans son déroulement. C'est avec cette perspective que les deux Choiseul eurent mission de diriger les trois départements de la Guerre, de la Marine et des Affaires étrangères. Une mission dans laquelle Choiseul a sans doute considéré la reconstitution de l'armée et de la flotte comme la tâche primordiale. Il y était bien préparé par son passé militaire et s'y est adonné avec un patriotisme incontestable. C'est probablement parce qu'il était conscient de l'efficacité de ce ministre en ces domaines que Louis XV l'a gardé si longtemps à son service, quelques motifs qu'il ait eu par ailleurs de se défier de lui. Choiseul fut bien secondé par son cousin Praslin, homme sérieux et travailleur. Ils opéraient en pleine communion d'idées et leurs rôles sont indissociables. Et tel était le désir de revanche que l'action du Secret du Roi et celle des ministres convergèrent sur certains points.

Le jeu diplomatique

Choiseul eut à conduire la diplomatie en deux secteurs principaux : l'Angleterre, les mers et les colonies, d'une part, et, d'autre part, l'Europe orientale et septentrionale, deux secteurs entre lesquels ne manquaient pas les connexités. Pour le premier, le Pacte de famille jouait un rôle essentiel dans ses conceptions : sans l'aide économique, militaire et navale de l'Espagne, il était impossible de refréner les ambitions de l'Angleterre et, le cas échéant, de lui faire la guerre. Cette entente franco-espagnole, pièce maîtresse du dispositif reposait sur trois bases solides : la communauté d'intérêts sur mer et aux colonies, l'amitié réelle unissant les deux rois et l'accord étroit entre Choiseul et M. de Grimaldi, le négociateur du Pacte de famille, dont Charles III fit en septembre 1763 son secrétaire d'État des Affaires extérieures. Les deux hommes avaient un commerce actif de lettres personnelles et quand Praslin avait les Affaires étrangères, Choiseul s'était réservé la correspondance d'Espagne.

Pour l'Europe orientale et ses flancs nord et sud, Choiseul prenait appui sur l'alliance avec la cour de Vienne, alliance qui perdit en 1763 son caractère offensif et devint une alliance de paix, destinée à maintenir sur le continent une tranquillité dont les deux partenaires avaient un égal besoin pour se refaire. Mais l'assise ainsi procurée était moins ample que celle du Pacte de famille. Elle tenait aussi à la volonté et à l'entente des souverains. Ils la considéraient chacun comme leur « ouvrage » et, après les épreuves subies en commun, étaient résolus à demeurer alliés envers et contre tous. Attachement politique doublé par des liens sentimentaux. Marie-Thérèse s'était prise d'une amitié sincère pour ce beau roi de France, si galamment fidèle, et Louis éprouvait pour la vaillante fille des Habsbourgs un profond et tendre respect. Le tout cimenté par une commune hostilité à Frédéric II. « Tant que je vivrai, écrivait Louis XV en février 1763, je ne me départirai jamais de l'alliance de l'Impératrice et je ne me lierai jamais intimement avec ce roi de Prusse-ci. » Comme, détail non négligeable, les petits cadeaux entretiennent l'amitié, le Roi, chaque année, offrait à Marie-Thérèse plusieurs milliers de bouteilles de vin de Champagne et de Bourgogne, dont le caviste impérial venait prendre soigneusement livraison.

Mais les ministres respectifs étaient moins unis que leurs maîtres. Certes Kaunitz concevait-il l'alliance avec Versailles comme le pivot de sa politique, mais une politique qui excluait que la cour de Vienne fût une alliée sujette, comme elle l'avait jadis été de l'Angleterre, une politique qui devait lui permettre, lorsque ses intérêts suprêmes étaient en jeu, de suivre des voies différentes de celles de la France. C'est pourquoi, sans cesser de témoigner beaucoup d'égards à Charles III pour faire contrepoids à l'influence française, Kaunitz n'a jamais voulu, en dépit des ouvertures qui en furent faites, ni que l'Espagne accédât à l'alliance franco-autrichienne, ni que Marie-Thérèse adhérât au Pacte de famille. Il craignait trop que la rivalité anglo-espagnole ne l'entraînât dans une nouvelle guerre.

Tout en adoptant une attitude toujours courtoise, Kaunitz demeurait donc sur la défensive avec Choiseul. L'alliance reposait ainsi sur des intérêts négatifs : chacun des deux alliés gardait les mains assez libres pour suivre une politique personnelle. Les intérêts français étant surtout maritimes et les intérêts autrichiens continentaux, les circonstances extérieures — différends anglo-espagnols, succession polonaise, guerre russo-turque — accentuèrent cette divergence, en sorte que les relations entre Vienne et Versailles se bornèrent souvent à multiplier les protestations d'amitié réciproque et parfois les offres de bons offices, sans résultats franchement positifs. Les deux États ne parvinrent même pas à conclure un traité de commerce : on se contenta d'ouvrir en 1770 à Marseille un consulat impérial et à Trieste un consulat français.

Une paix fragile

Une résistance victorieuse à l'Angleterre, notre rivale et éventuelle ennemie, a été la préoccupation majeure de Louis XV et de Choiseul. Elle a dicté les réformes et rénovations opérées dans l'armée, la marine et l'administration coloniale et aussi, dans un premier temps, l'application du traité de Paris. Le remboursement des billets de papier émis au Canada pour le service du Roi, le règlement des dettes des prisonniers de guerre français, le démantèlement de Dunkerque, la pêche à Terre-Neuve donnèrent lieu à des discussions féroces, où Choiseul ne réussit à fléchir l'intransigeance de l'Angleterre que lorsque ses intérêts commerciaux n'étaient pas directement en jeu. D'où la situation indéfiniment précaire des pêcheurs français à Terre-Neuve.

Sur un plan plus général, se soupçonnant réciproquement de projets hostiles, la France et la Grande-Bretagne entretinrent des relations empreintes de méfiance et se contrecarrèrent à peu près partout. En Suède, par exemple, où une diète extraordinaire se tint en 1766. Pour y renforcer le parti des « chapeaux », traditionnellement attaché aux intérêts français, Louis XV dépensa plus de 1 800 000 livres et Breteuil, son ambassadeur, toutes les ressources de son habileté. En vain : soutenu par Londres et Pétersbourg, le parti adverse, « les bonnets », l'emporta. En cette même année, une tension anglo-espagnole menaça sérieusement la paix.

Lors de la prise de Manille par les Anglais en 1762, la ville n'avait échappé au pillage que contre la promesse d'une rançon de 4 millions de pesos, qu'après l'Espagne refusa d'acquitter. D'âpres discussions s'ensuivirent jusqu'au jour où, en 1766, l'Angleterre, impatientée, exigea le paiement sans retard de cette somme. Effrayé par le risque de guerre impliqué par la fermeté espagnole, Choiseul proposa sa médiation. Il ne put trouver aucun accommodement qui agréât aux deux parties, mais parvint néanmoins à retarder habilement la crise. Mais une nouvelle et plus grave contestation éclata à propos des îles Malouines, ainsi appelées parce qu'en 1763 Bougainville s'était engagé pour un armateur de Saint-Malo à y fonder un établissement et à y installer des colons acadiens. Il avait rempli son contrat, mais l'Espagne avait revendiqué l'archipel comme relevant de ses possessions de terre ferme et il lui avait été remis. Les Anglais y ayant pris pied, la cour de Madrid, en invoquant l'article 8 du traité d'Utrecht, les somma de se retirer. Ils n'y consentirent que si satisfaction leur était donnée pour la rançon de Manille. L'Espagne ayant rejeté cette solution en octobre 1766, Choiseul intervint dans la querelle pour éviter qu'elle ne dégénérât en conflit armé. S'il ne put faire accepter sa médiation, il réussit à calmer les inquiétudes espagnoles, mais le démêlé n'était qu'assoupi, prêt, comme on verra, pour des rebondissements fort hasardeux. Menacée par les rivalités coloniales, la paix l'était aussi en Europe même par les développements de la question d'Orient.

*

Au début de 1763, l'état de santé d'Auguste III laissait présumer une vacance prochaine du trône de Pologne, à l'occasion de laquelle, quelque intérêt sincère qu'il portât à ce pays, Louis XV n'était disposé à risquer ni troupes ni dépenses, que ce fût par la voie secrète ou par l'officielle. « De l'argent d'augmentation, n'y comptez pour rien, dit-il à Tercier en mai 1763, non plus que de faire remuer un seul soldat pour cette élection. Je ne demande que l'accomplissement du vœu général de la nation polonaise et sa liberté. » Et le duc de Praslin était convaincu que la France n'avait pas à se mêler de cette succession. Auguste III mourut le 5 octobre 1763. Ni la diplomatie officielle, ni le Secret du Roi (le comte de Broglie eut son rappel d'exil en avril 1764) ne purent ni ne tentèrent réellement de faire échec à la candidature d'un grand seigneur polonais, Stanislas Auguste Poniatovski, soutenu par le roi de Prusse et par Catherine II, dont il avait été l'amant. Sous la protection des troupes russes, il fut élu roi de Pologne le 7 septembre 1764, en dépit des protestations et de l'opposition du parti « patriotique ». Pour le Secret, c'était un dénouement décevant après vingt ans d'efforts. Et pour la diplomatie officielle, c'était la funeste conséquence de la politique systématique d'indifférence et d'abstention pratiquée depuis Bernis à l'égard de la Pologne, politique couronnée par la rupture des relations diplomatiques en juillet 1764.

L'emprise de la Russie sur la Pologne de Stanislas-Auguste fut aussitôt très forte. La diète dut accepter un pacte qui plaçait les lois et les « libertés » polonaises sous la garantie de la Czarine, dont l'ambassadeur à Varsovie faisait figure de dictateur. Dès 1766, se formèrent des ligues de mécontents, prêts à défendre leurs idées et leur patrie par les armes. La Turquie considérait l'indépendance de la Pologne comme vitale pour sa propre sécurité et l'élection de Stanislas-Auguste l'avait inquiétée. L'ambassadeur de Louis XV à Constantinople, M. de Vergennes, fut chargé, aussi bien par Choiseul que par le comte de Broglie, d'attiser ces inquiétudes pour amener le Grand Seigneur à déclarer la guerre à la Russie avant que celle-ci n'ait comme absorbé la Pologne. Ce dernier pays s'installait dans la guerre civile : pour lutter contre les Russes et leurs partisans, les patriotes avaient formé une « confédération », la Confédération de Bar, à laquelle le Secret du Roi ne pouvait guère que prodiguer de bonnes paroles, tandis que Choiseul faisait alterner encouragements et dérobades, politique hésitante explicable en partie par l'ambiguïté de la conduite de la cour de Vienne, où Kaunitz redoutait une rupture entre Catherine II, son alliée, et Constantinople. Un incident de frontière eut raison des tergiversations ottomanes : en juillet 1768, des cosaques au service de la

Czarine se saisirent d'une ville appartenant au khan de Crimée. La Porte exigea l'évacuation de cette place. Catherine II ayant refusé, le Grand Seigneur lui déclara la guerre le 6 octobre 1768. Les opérations ne s'engagèrent qu'au printemps de 1769. Longtemps indécises, elles tournèrent à l'avantage des Russes, qui s'emparèrent d'Azov, de Taganrog, de la Moldavie et de la Valachie, au grand désarroi de la cour de Vienne. La défaite des Turcs fut aggravée le 5 juillet 1770 par la bataille de Tchesmé, où la flotte russe leur infligea un immense désastre naval. Ces succès russes déjouèrent les calculs de la France et amorcèrent un rapprochement entre Frédéric II et Joseph II, empereur depuis 1765, illustration de la légèreté avec laquelle Choiseul, à la suite de Bernis, avait traité la question d'Orient : auprès de Frédéric II, Louis XV n'eut pas de ministre de 1756 à 1759, il n'en eut plus à Varsovie depuis juillet 1764 et, de 1767 à 1772, n'eut à Pétersbourg que des chargés d'affaires, dont certains étaient affiliés au Secret.

La Corse française et l'obsession jésuitique

On s'explique que, dans ces conditions, les succès de la politique extérieure de Choiseul aient été rares et se réduisent, en somme, à la conquête de la Corse. En 1756, Louis XV avait acquis de la république de Gênes le droit d'installer des garnisons dans les principales places de l'île [1]. Elles les occupaient toujours depuis la paix, car la dépendance financière de la république par rapport à la France n'avait pas cessé. Pour pérenniser cette présence, l'habileté de Choiseul fut de se refuser à toute négociation directe avec Paoli et les Corses insurgés contre les Génois et de se faire offrir par Gênes, pour la continuation des subsides français, les droits de souveraineté que la république n'était pas en mesure de défendre. Il tenait tellement à mettre les apparences légales de son côté, que la vente ne fut même pas formellement stipulée par le traité du 15 mai 1768 : en principe, la France pacifierait l'île pour le compte des Génois et ne la garderait que si elle n'était pas remboursée des dépenses militaires et administratives qu'elle se disposait à y faire. En d'autres termes, la France conquerrait la Corse pour la république et la conserverait parce que la république ne pourrait jamais la payer. L'ambassadeur anglais à Versailles avait eu vent des négociations franco-génoises, mais n'avait pu connaître la teneur exacte du traité. Le Cabinet britannique en fut réduit à protester d'une façon générale contre l'intrusion française dans les affaires corses et à laisser planer un doute sur les mesures qu'il prendrait si la

---

1. Voir ci-dessus, p. 683.

France envoyait des troupes. Cette menace n'effraya guère Choiseul, qui prodigua les apaisements tout en faisant rapidement débarquer des renforts. Quand l'Angleterre eut connaissance du traité, il était trop tard pour qu'elle intervînt, mais elle ne put dissimuler son irritation d'avoir été dupée.

Avec sa légèreté habituelle, Choiseul s'était flatté que la conquête ne serait qu'une promenade militaire. En fait, Paoli ne put être réduit que par une véritable campagne qui demanda des mois et vingt-cinq mille hommes. La pacification fut l'œuvre du comte de Vaux (plus tard maréchal), qui sut faire marcher la confiance avec les troupes et faciliter ainsi la soumission du pays. Dès juin 1768, Louis XV créa à Bastia un conseil supérieur pour la justice en dernier ressort et l'île reçut son premier intendant en septembre 1769. Sur le moment, le public ne sentit pas le prix de cette acquisition, et pourtant, comme le souligna le duc de Praslin, « envisagée sous le point de vue militaire et politique et comme une possession qui couvre les côtes de Provence, qui procure d'excellents ports et qui peut faciliter le passage en Italie, elle est d'une très grande importance ».

***

Combien les flottements de la politique de Choiseul en Europe orientale paraissent déconcertants en regard de la détermination et de l'obstination avec lesquelles il s'est employé, après avoir obtenu l'anéantissement des jésuites dans le royaume, à le provoquer ailleurs. En Lorraine où, grâce à la protection de Stanislas, prorogée par celle de sa fille, les révérends pères subsistaient, la législation en vigueur contre eux dans le reste de la France leur fut appliquée après la mort de la Reine en 1768. Et de 1764 à 1767, ils ont été expulsés par les Bourbons d'Espagne, de Naples et de Parme de leurs royaumes, principautés et territoires d'Europe et des colonies. Choiseul a été l'âme de ce bannissement général, qu'il semble avoir conçu comme découlant nécessairement du Pacte de famille. Dans sa correspondance avec le marquis d'Ossun, ambassadeur à Madrid, il n'a cessé d'exciter en sous-main la cour d'Espagne contre la Société de Jésus, parvenant ainsi, par ricochet, à convaincre Louis XV qu'il ferait plaisir à son parent de Madrid en l'aidant à se débarrasser d'elle. Et à peine Charles III eut-il signé le 2 avril 1767 la pragmatique prononçant son expulsion, qu'il lui fit insinuer l'idée d'une démarche commune pour contraindre le pape à la supprimer entièrement.

En quoi — volontairement ou indirectement —, il réveilla les passions en France. Dès le mois de mai 1767, les parlements de Paris, d'Aix, de Metz et de Toulouse s'autorisèrent de ce décret du roi d'Espagne pour astreindre les anciens jésuites de leur ressort à l'obligation du serment, sous peine d'expulsion immédiate. Toutes ces compagnies, auxquelles se joignit celle de Rouen, s'accordaient pour supplier Louis XV d'intervenir à Rome pour obtenir l'extinction de la Société. Et même il semble bien qu'ait alors été préparé un édit prononçant le bannissement hors de France de tous les ex-jésuites.

Charles III temporisait encore quand une imprudence du pape Clément XIII vint le décider. Le jeune duc de Parme, neveu de ce roi et petit-fils de Louis XV, avait, comme ses parents, renvoyé les jésuites et pris diverses mesures pour restreindre les immunités ecclésiastiques. Se fondant sur ce que le duché de Parme n'était qu'un morceau détaché du domaine de Saint-Pierre et, comme tel, demeurait soumis à l'autorité suprême de l'Église, Clément XIII excommunia en janvier 1768 Ferdinand et ses conseillers. « Le Pape régnant est totalement imbécile, écrivit aussitôt Choiseul à Madrid, mais son ministre est un fou de premier ordre... Le Roi a été affecté infiniment de cette incartade. » Sommé de lever l'excommunication, le pape s'y refusa. Aussitôt, pendant que les troupes napolitaines s'emparaient de Bénévent et de Pontecorvo (avril 1768), Louis XV fit occuper Avignon et le Comtat, dont des lettres patentes du 1er juin prononcèrent l'incorporation au royaume : on se taillait les succès que l'on pouvait ! Quelques mois plus tard, Louis XV et Charles III adressèrent au Saint-Père une nouvelle injonction pour exiger formellement « la destruction totale et irrévocable de la Société et la sécularisation de tous les individus qui la composent ». Clément XIII mourut avant d'avoir répondu, mais son successeur Clément XIV, un franciscain, était peu favorable aux jésuites. Le cardinal de Bernis, venu à Rome pour le conclave, y demeura comme chargé d'affaires, avec mission de poursuivre l'extinction de la compagnie, qui demanda encore quatre ans.

En 1768 et 1769, avec l'accord du Roi, le comte de Broglie traita quelque peu de la campagne de Corse dans sa correspondance secrète avec lui. Ces préoccupations militaires rejoignaient celles qui l'avaient poussé à lancer, parallèlement aux activités habituelles du Secret, un autre projet sur lequel se greffèrent des complications presque rocambolesques.

Le Secret en danger

M. Durand, vétéran du Secret, avait participé sous le duc de Nivernais aux négociations avec l'Angleterre et l'impérialisme de cette puissance l'avait vivement alarmé. Au moment de la signature de la paix, il écrivit au comte de Broglie pour lui faire part de ses impressions. Il montrait avec amertume le caractère humiliant du traité et le peu de sincérité des dispositions pacifiques de la nation anglaise. Une guerre prochaine lui paraissant inévitable, il conseillait de la préparer sans tarder, pour pouvoir prendre l'offensive contre les Iles Britanniques sans se laisser détourner par des campagnes sur le continent et aux colonies. Broglie, qui connaissait la prudence et la pondération foncières de Durand, fut très impressionné. Ils échangèrent encore à ce sujet des lettres que Tercier fit passer sous les yeux de Louis XV.

Dès lors, un projet hardi prit corps très rapidement. Broglie souligna les facilités que pourrait apporter la présence à Londres d'un affilié au Secret, le chevalier d'Éon, secrétaire de l'ambassade de France, et il indiqua à Tercier un de ses anciens officiers, M. de La Rozière, comme plus capable que quiconque d'aller reconnaître les côtes anglaises. Tercier communiqua cette suggestion au Roi, qui l'adopta sans hésiter dès le 17 mars 1763. La Rozière fut mis dans la confidence, on prépara son voyage et cet objet, suivi seulement par Broglie, Durand, Tercier et d'Éon, forma comme un « département » particulier du Secret.

Nanti des instructions nécessaires, La Rozière partit pour l'Angleterre à la fin de juillet 1763. Le succès de sa mission faillit être compromis par les extravagances du chevalier d'Éon. L'origine de la mésintelligence publique qui s'éleva entre ce dernier et le nouvel ambassadeur du Roi à Londres, le comte de Guerchy, repose sur d'imperceptibles minuties. Il est certain que le chevalier eut alors la tête tournée par le succès même de sa carrière : comblé à 35 ans des marques de l'estime des Choiseul (il fut promu ministre plénipotentiaire en juin 1763) et de la confiance intime du Roi, il fut atteint de folie des grandeurs, qui dégénéra vite en manie de la persécution. Dérangement qui n'altéra ni sa fidélité, car il garda intacts les secrets dont il était dépositaire, ni son habileté, car ce fut lui qui mena une bonne partie du jeu, ni son génie de la mystification. La malchance voulut que son supérieur et adversaire, M. de Guerchy, fût un homme médiocre, mesquin, incapable d'étouffer vite et sans bruit une querelle aussi scandaleuse.

Mêlé à cette affaire dès ses débuts, La Rozière put cependant remplir exactement sa mission. Il revint en France au début de novembre 1763. Ses reconnaissances prouvaient la possibilité de débarquer en Angleterre et enthousiasmèrent le comte de Broglie. Restaient à étudier les moyens d'équiper, rassembler et transporter une flotte et une armée d'invasion. Ce fut l'objet d'une seconde tournée secrète de La Rozière qui, entre le 31 juillet 1764 et le 7 février 1765, parcourut le littoral français. Dès le 21 février 1765, Broglie soumettait à Louis XV ses premières conclusions : les ressources du royaume étaient plus vastes qu'on aurait pu le croire après une guerre malheureuse, la marine militaire et la flotte de commerce étaient dans un état satisfaisant, le nombre des matelots très élevé. Mais les arsenaux étaient vides et les équipages peu ou pas payés. Au mois de juin, après avoir mis en œuvre avec La Rozière tous les éléments de ces reconnaissances, le comte présenta à Louis XV le plan général contre l'Angleterre.

Il avait élaboré des projets grandioses, incluant non seulement des préparatifs et des plans guerriers, mais d'amples combinaisons diplomatiques. Passer de là au stade des réalisations était au-dessus des moyens du Secret : il fallait l'autorité des ministres pour les entamer et les diriger. Le comte de Broglie pressa donc le Roi d'avertir certains membres de son Conseil de ses intentions contre l'Angleterre. Louis XV ne s'y résigna — et partiellement — qu'en 1767. Broglie trouva le moyen de faire endosser à Choiseul (qui ne fut probablement qu'à moitié dupe) la responsabilité d'initiatives qu'il avait prises le premier. Choiseul se laissa d'autant plus facilement convaincre d'envoyer un officier ami du comte de Broglie, M. de Béville, reconnaître en Grande-Bretagne les possibilités d'une invasion, qu'en 1767 il avait lui-même chargé d'une enquête semblable un officier d'origine écossaise. Ce voyage de Béville en 1768 fournit un prétexte pour proposer à Choiseul des projets depuis longtemps formés. Le plan de Béville ne joua pas le rôle prévu : ce fut un compromis entre les vues de Broglie, très ambitieuses, et celles, plus limitées, de Choiseul, qui semble, au fond, ne s'être intéressé directement à une entreprise dont la conception revenait au comte de Broglie, que dans la mesure où il espérait pénétrer ainsi dans les arcanes d'un secret dont il était exclu. En outre, Louis XV cessa peu à peu de porter à ce projet anglais l'intérêt très vif qu'il lui avait d'abord accordé. En particulier, il ne donna jamais de réponse à Broglie sur sa proposition, pourtant essentielle, d'établir une correspondance secrète avec le roi d'Espagne. Cette lassitude eut pour cause principale les incartades invraisemblables de d'Éon.

*
**

Au moment où, tout en dirigeant les autres branches du Secret, le Roi et Broglie remuaient des projets aussi vastes, une partie de leur temps et de leurs peines était accaparée par la recherche et la combinaison des moyens d'assoupir les querelles soulevées par le chevalier d'Éon, qui risquaient de tout éventer. La haine de d'Éon pour Guerchy avait tourné à l'idée fixe, mais le reste de sa conduite n'était que trop cohérent et il exploitait avec la plus grande lucidité les avantages de sa situation.

Louis XV se décidait-il à tout révéler à ses ministres ? Ceux-ci devaient donner tort à Guerchy et pardonner à d'Éon. Si, au contraire, le Roi persistait à garder le silence envers eux, il se trouvait par là contraint de soutenir le chevalier. Louis XV opta pour cette dernière solution, mais d'Éon entendait monnayer sa fidélité et il obligea ainsi le Roi à marchander avec lui.

Les ministres désiraient récupérer la correspondance de l'ambassade retenue par d'Éon et qu'il refusait de rendre à l'ambassadeur. Il était aussi détenteur d'un document dont le sort faisait trembler le comte de Broglie et Louis XV lui-même : l'original autographe d'un ordre secret du Roi du 3 juin 1763 relatif à la mission de La Rozière, une pièce dont la divulgation aurait pu amener une crise très grave avec la cour de Londres. Longtemps, Broglie s'évertua en vain à recruter un émissaire agréé à la fois par d'Éon et par les Choiseul, capable de négocier avec d'Éon la remise de ces papiers. Il n'y parvint, et incomplètement, qu'en 1766 : Durand fut alors envoyé à Londres comme ministre plénipotentiaire pendant l'absence estivale du comte de Guerchy et d'Éon, se sentant en confiance, lui remit sans difficulté l'original de l'ordre secret du 3 juin 1763, en échange duquel il reçut l'assurance autographe de Louis XV d'une pension annuelle de 12 000 livres. Mais il gardait toujours les autres dossiers du Secret et ceux de l'ambassade. Plus le temps passait et moins Choiseul et Praslin s'intéressaient à la restitution de ces derniers. En la négligeant (ou en feignant de la négliger), ils évitaient de déplaire au Roi. Cette suite d'incidents bizarres et l'obstination même de d'Éon leur avaient fait soupçonner quelque trame secrète à toute l'affaire. Ils crurent saisir là une occasion de percer le mystère si irritant pour eux de la politique cachée de leur maître, mais la crainte de l'indisposer les empêcha de pousser les choses à fond. L'audace ne leur manqua pourtant pas : en 1765, alors que l'affaire de Bretagne se déchaînait, ils avaient fait arrêter un courrier de d'Éon et un ancien secrétaire du comte de Broglie.

On ne peut passer sous silence les aventures du chevalier d'Éon. Elles ont probablement dégoûté Louis XV de ses projets guerriers contre l'Angleterre, elles ont excité la curiosité de Choiseul et ont achevé de l'aigrir contre Broglie, elles ont requis du Roi une attention et un temps dignes de soins plus nobles. Elles ruinèrent même la santé des intéressés.

Dans la soirée du 21 janvier 1767, Tercier mourut subitement. Il n'avait que 63 ans, mais le travail écrasant que lui imposait le Secret et, en dernier lieu, les angoisses suscitées par d'Éon avaient miné ses forces. On transporta en hâte de chez lui à l'hôtel de Broglie les papiers du Secret. Tercier était en fait irremplaçable. Il fallait cependant lui donner un successeur. Ce fut un agent du Secret, qu'on appelait le général Monet, car il avait d'abord servi dans l'armée sarde, puis l'armée saxonne. Il avait longtemps vécu en Pologne et ses relations avec le roi Stanislas-Auguste pouvaient être utiles. Louis XV dressa et signa le 2 avril 1767 l'ordre qui lui confiait la succession de Tercier. Une succession qu'il assura à l'entière satisfaction du Roi et de Broglie, sans jamais jouir toutefois de la même autorité morale que son prédécesseur.

Quelles qu'aient été les arrière-pensées de Choiseul en s'associant aux projets du comte de Broglie contre l'Angleterre, cette démarche était aussi un signe de l'intérêt majeur qu'il réservait aux affaires militaires.

Armée et marine

Choiseul a voulu de toutes ses forces la revanche sur l'Angleterre. Le rétablissement de l'armée et de la marine — bien qu'insuffisamment connu aujourd'hui dans le détail — demeure ce qui lui fait honneur. Lui et Praslin surent s'entourer d'officiers et d'ingénieurs, tous gens de mérite et de savoir, souffrant de la défaite et passionnés pour le relèvement. Humiliés par la guerre de Sept Ans, les cadres supérieurs de l'État se ressaisirent. Le sentiment de la revanche engendra une communauté de désirs et de volonté qui transcenda les divisions partisanes. Choiseul, par exemple, n'hésita pas à demander des avis et des plans au maréchal de Broglie, et celui-ci à les lui donner. La France trouva « dans ce généreux amas de rancunes et d'espérances une force nouvelle qui, par moments, fit de la vieillesse sceptique de Louis XV une veille d'armes, gonflée de promesses glorieuses » (P. Gaxotte).

La notion d' « armes savantes » se précisa alors de plus en plus. Fondée en 1752 à Brest, l'Académie de Marine reçut en 1769 le rang d'Académie royale : ce fut un foyer des hautes études maritimes. Dans le collège de La Flèche privé de ses jésuites, Choiseul installa en 1764 une école préparatoire dont les élèves les plus remarquables devaient ensuite entrer à l'École militaire de Paris. L'École du Génie à Mézières s'ouvrit de même aux plus brillants sujets sortis de l'École d'Artillerie de La Fère. La constitution progressive de corps d'officiers et d'ingénieurs hautement compétents amena une amélioration parfois spectaculaire des types de navires et du matériel de guerre. La formule du vaisseau de 74 canons, de conception française, née vers 1740, s'impose alors avant d'atteindre sa perfection sous Louis XVI.

La réforme de l'artillerie fut une des plus remarquables réussites de Choiseul, liée à la fois à un homme et à une conception stratégique. Celle-ci fondée sur les campagnes du maréchal de Saxe, considéra l'artillerie non plus seulement comme une arme lourde, employée surtout dans la guerre de siège, mais aussi comme une arme légère, pouvant faire gagner des batailles, telles que Fontenoy et Raucoux. Et l'homme qui sut opérer la révision correspondante du matériel fut le premier artilleur d'Europe, M. Vaquette de Gribeauval, officier d'artillerie, qui, après avoir été envoyé en 1757 au service de Marie-Thérèse, où il vit à l'œuvre les canons de Frédéric II, fut rappelé par Choiseul. Il sut faire admettre — non sans devoir surmonter critiques et objections — que, pour traîner des canons partout où donnaient les troupes, il fallait les alléger et qu'il était nécessaire d'en varier les modèles en fonction des besoins de la guerre et, par conséquent, de créer un matériel distinct pour chacun des services de campagne, de siège, de place ou de côte. Par de nombreuses améliorations, il donna aux pièces d'artillerie davantage d'efficacité (hausse de visée, étoile mobile permettant la vérification rapide en cas d'usure, boîtes à balles qui donneront naissance en Angleterre aux shrapnels) et davantage de maniabilité (prolonge permettant pour tirer de séparer l'avant-train de la pièce sans dételer les chevaux) [A. Corvisier]. Adopté en 1765, son système fut en usage jusqu'en 1825. Les canons du modèle Gribeauval ont été ceux des guerres de la Révolution et de l'Empire.

Point d'armements perfectionnés sans établissements industriels eux-mêmes adaptés aux progrès scientifiques et techniques. Avant Choiseul, l'État avait déjà commencé à acquérir des manufactures particulières et à en créer de nouvelles. Ce mouvement s'amplifia avec lui. Des manufactures devinrent établissements du Roi, où l'on recourait aux procédés de fabrication les plus perfectionnés et formait un personnel remarquable d'ouvriers. Aux trois arsenaux de la marine à Brest, Rochefort et Toulon, on en ajouta un à Marseille en 1762 et un autre à Lorient en 1770 en utilisant celui de la Compagnie des Indes supprimée. Tout un soubassement scientifique, technique et industriel, sans lequel les réformes propres aux forces de terre et de mer eussent été peu fructueuses.

*
**

L'armée sortait de la guerre dans un grand désordre : les régiments différaient par leurs effectifs et leur armement, la discipline était fort relâchée, la solde mal payée, les approvisionnements réduits à peu de choses. Les préliminaires de la paix n'étaient pas encore signés que, dès novembre 1762, Choiseul licenciait des troupes tandis qu'il étudiait avec ses bureaux un plan de réforme qui fut soumis à Louis XV et discuté devant lui dans trois Conseils successifs. Réforme promulguée par une longue ordonnance du 10 décembre 1762 (42 pages in-folio !) pour l'infanterie française et par une autre du 21 décembre pour la cavalerie, complétées le même mois par des ordonnances particulières pour les unités étrangères d'infanterie et de cavalerie et, en 1763, par un grand nombre d'autres. Ces ordonnances rétablissaient l'uniformité entre les corps — notamment par la réglementation de l'habillement et de l'armement — et imposaient aux officiers une stricte obéissance et une présence effective. Le recrutement était enlevé aux capitaines et le Roi se chargeait des recrues. Recrues qui, rappelons-le, n'étaient plus seulement des mercenaires étrangers et des engagés, mais des miliciens, enrôlés par tirage au sort pour former en cas de guerre une réserve. Ces milices ont fait l'objet d'une ordonnance du 27 mai 1765. Le soldat prêterait un serment de fidélité, serait soumis à une discipline et un entraînement très stricts, inspirés — ô prestige des vainqueurs ! — de l'armée prussienne. Pour que les soldats ne soient plus des oisifs logés chez l'habitant, Choiseul prévoyait l'encasernement progressif et général des troupes, afin que les régiments deviennent de véritables écoles d'instruction pour les hommes et de commandement pour les officiers. La solde fut relevée et des mesures d'humanité accompagnèrent toutes ces dispositions réglementaires : en 1764, Choiseul fit adopter par Louis XV l'octroi d'une pension au soldat qui se retirerait. S'il avait servi la durée de trois engagements soit 24 ans, il continuerait à toucher sa solde entière, avec soins gratuits dans les hôpitaux, un uniforme neuf tous les huit ans et une préférence presque exclusive pour les emplois de maréchaussée.

Des ordonnances du 1er février et du 1er mai 1763 fixèrent les modalités d'engagement : pas de volontaires de plus de 50 ans, pas de volontaires de moins de 16 ans en temps de paix ou de 18 ans en temps de guerre ; les limites du service retardées pour les vieux soldats robustes qui ne veulent pas quitter l'armée et dont les enfants nés au corps seront admis avec solde à partir de 10 ans « quand ils seront d'espérance ». L'ordonnance du 10 décembre 1762 réforma aussi en profondeur la gestion des régiments. Aucun ne porterait plus le nom de son colonel, mais celui d'une province. Le colonel, le major et le capitaine-trésorier formaient une sorte de conseil d'administration, responsable de l'argent de la solde et de la masse de chaque unité. Les fonds pour la nourriture, l'équipement et l'armement étaient, en effet, versés désormais par le Roi à chaque régiment : une régie se substituait au vieux système de l'entreprise.

De 1762 à 1770, ce fut par dizaines, voire par centaines, que se sont succédées les ordonnances portant sur tous les aspects de la réorganisation de l'armée : grandes ou petites, statuant pour l'immédiat ou à plus long terme, certaines ont défié le temps. La grande ordonnance promulguée le 1er mars 1768 « pour régler le service dans les places et les quartiers » (200 pages in-folio) a été imprimée — enrichie d'un décret impérial du 24 décembre 1811 — jusqu'en 1855 ; de copieux extraits en étaient sortis au Caire en l'an IX des presses dont Bonaparte avait doté l'armée d'Égypte !

*
**

Puisqu'on se préparait à lutter contre l'Angleterre, la marine restait la pièce principale. Gravement diminuée et humiliée par les épreuves de la guerre de Sept Ans, elle était entrée en convalescence à partir de 1762, grâce aux bâtiments offerts au Roi par divers corps et communautés : quinze vaisseaux de ligne furent ainsi construits. Dans un mémoire de 1763, Choiseul avait dressé tout un programme de constructions navales, prévoyant que la France pût entrer en guerre avec quatre-vingts vaisseaux de ligne et quarante-cinq frégates. Conscient qu'il ne suffisait pas d'aligner des navires dans les ports et d'entasser matériel et munitions dans les arsenaux, il entreprit de remodeler l'administration même de la marine. Méthodiquement et lentement préparées avec l'aide des premiers commis du secrétariat d'État, trois ordonnances furent publiées sous la date du 25 mars 1765. L'une traitait des ingénieurs constructeurs et une autre des officiers d'administration et des écrivains de la marine, la troisième était une ample ordonnance générale (103 titres et 344 pages in-4°) adoptant et modernisant celle du 15 avril 1689 qui, après la mort de Colbert, avait codifié l'organisation instituée par ce ministre.

Cette grande ordonnance de 1765 n'apportait pas de modifications radicales à celle de 1689, mais l'infléchissait dans un sens plus militaire. Peu de changements étaient apportés à la composition et au fonctionnement du conseil de construction. Elle accentuait nettement le caractère militaire des conseils de guerre tenus pour les opérations, car les officiers de plume en étaient désormais exclus. Elle comportait une innovation : le conseil de marine qui se réunirait dans les trois grands ports militaires sur ordre du Roi ; composé d'officiers généraux et de capitaines de vaisseaux, il avait mission de contrôler *a posteriori* la conduite des commandants d'escadres ou de bâtiments, sans avoir aucun rôle opérationnel, ni participer à la conception de la stratégie. L'ordonnance a marqué une étape du développement de l'esprit militaire dans la marine en augmentant considérablement le rôle du commandant de la marine dans les ports, qui s'emparait peu à peu des attributions dévolues par Colbert à l'intendant.

Comme pour les forces terrestres, de multiples ordonnances particulières ont accompagné, complété, interprété, précisé les principales. Une ordonnance du 5 mars 1764 a affecté des brigades du corps royal de l'artillerie aux fortifications de Brest, Rochefort et Toulon. Une autre, du 24 septembre 1769, a créé une brigade supplémentaire d'artillerie de marine et institué des fusiliers de la marine. Des écoles de chirurgie de la marine furent instituées dans les trois grands ports par un règlement du 1er mars 1768. La formation même des officiers, assurée traditionnellement par les compagnies des gardes et du pavillon, fut réorganisée par l'ordonnance du 14 septembre 1764 et le mathématicien Bezout, membre de l'Académie des Sciences, fut nommé examinateur.

Choiseul et Praslin menèrent, d'autre part, une politique de constructions navales cohérente et suivie, assortie d'un programme de rénovation des ports. De très grands travaux furent exécutés à Brest et d'autres prévus et entamés à Toulon. Tous ces efforts portaient leurs fruits. Un « État abrégé de la marine du Roi » en 1772 (c'est l'exemplaire personnel de Louis XV) énumère un total de 165 unités, soit :
66 vaisseaux de lignes (dont 27 de 74 canons et 20 de 64),
35 frégates (dont 19 de 26 canons),
21 corvettes,
tous navires construits en majorité depuis 1762 ; les quarante-trois autres étant de faible tonnage (chebecks, « barques », galiotes à bombes, flûtes, gabarres).

Les colonies étaient évidemment des éléments majeurs dans tout dispositif de lutte contre l'Angleterre. Elles relevaient du secrétariat d'État de la Marine, où les Choiseul leur portèrent une attention soutenue. Un premier souci fut de reprendre aux compagnies de commerce les territoires ou établissements d'outre-mer pour les placer directement sous l'autorité du Roi. Avant la suppression de la Compagnie des Indes, Choiseul lui fit céder en 1763 Gorée et les comptoirs de la Gambie et du golfe de Guinée, en 1767 les îles de France et de Bourbon, les Seychelles et leurs dépendances. Et après la suppression de 1769 ses établissements de l'Inde furent de même pris en charge.

Choiseul entama une réorganisation des colonies antillaises : l'intendance des Iles-du-Vent fut démembrée par la création d'une intendance à la Guadeloupe et même d'une autre à Sainte-Lucie, qui n'eut qu'une existence éphémère. Plusieurs ordonnances du 24 mars 1763 réglementèrent l'administration générale des quatre gouvernements et intendances de Saint-Domingue, la Martinique, la Guadeloupe et Sainte-Lucie. Les fonctions d'intendant des colonies venaient généralement couronner la carrière des principaux « officiers de plume » de la marine.

Choiseul innova en les confiant plusieurs fois à des officiers choisis dans les parlements. Des travaux d'agrandissement et de fortification furent entrepris dans certains ports. Choiseul a-t-il réellement prévu le parti que la France pourrait tirer des différends naissant entre l'Angleterre et ses colons d'Amérique ? Le comte de Broglie, pour sa part, l'avait perçu : évoquant en février 1769 « les résolutions prises par le ministère et le Parlement britannique pour en imposer aux colonies de l'Amérique », « il est très curieux de savoir, écrivait-il à Louis XV, les suites qu'elles auront et si leur exécution n'entraînera pas une révolution dans ces pays ».

V. — LE VICE ET LA VERTU

Pendant que les luttes avec les cours supérieures, les campagnes diplomatiques, les réformes militaires, la libéralisation du commerce des subsistances et autres graves sujets occupaient le devant de la scène, la famille royale et la cour connaissaient aussi des événements, dont certains n'étaient pas dénués de portée politique.

Le temps des deuils

Après la mort du Dauphin, Louis XV attribua à la dauphine Marie-Josèphe de Saxe l'appartement de Mme de Pompadour au rez-de-chaussée de Versailles, où il s'était promis de ne plus rentrer. C'était donc un gros sacrifice qu'il faisait à sa belle-fille. C'était aussi une marque de la singulière considération qu'il avait pour elle. Il y avait communication entre cet appartement et, au-dessus, l'appartement particulier et les petits appartements du Roi, qui en pouvait descendre sans être vu. On en conjectura que la Dauphine allait prendre beaucoup de crédit, ce qui horrifiait les Choiseul. En fait, tout entière à son chagrin et à ses prières, elle ne fit guère que traîner depuis son veuvage, s'occupant seulement de l'éducation de ses enfants et d'entretenir le souvenir de leur père. Sa santé inquiéta bientôt. Contaminée par un mari à qui elle avait prodigué des soins tendres et assidus, elle était à son tour atteinte de phtisie. A la fin de l'hiver, son état empira et le viatique lui fut apporté le 8 mars 1767. Malgré sa faiblesse, elle ne voulait pas rester alitée. Elle était levée le 13 mars quand, dans l'après-dînée, Louis XV vint lui tenir compagnie. Ce fut lui qui s'aperçut soudain qu'elle tournait à la mort : il l'en avertit et appela le confesseur. Elle mourut peu avant huit heures, ayant survécu à peine quinze mois au Dauphin. Le Roi et la Reine furent très affectés. Choiseul et les choiseulistes manifestèrent une joie indécente.

La cour ne sortait d'un grand deuil que pour entrer dans un

autre. Marie Leszczynska n'était pas bien portante. Le décès de son fils et, deux mois plus tard, celui de son père l'avaient cruellement éprouvée. Après la mort de Stanislas, au moment de la séance de la Flagellation, elle avait été dangereusement malade : elle avait reçu le viatique et le Roi avait demandé à l'archevêque de Paris de prescrire des prières pour sa guérison. Elle s'était à peu près rétablie et, depuis, Louis XV la voyait beaucoup : la commune douleur de la perte de leur fils, puis de leur bru, les rapprochait. Ajoutés à tous ceux qu'elle avait accumulés depuis longtemps, ces derniers chagrins la minèrent. Souffrant de la poitrine et de l'estomac, elle dépérit progressivement. Le 2 mars 1768, on lui porta de nouveau le viatique, mais la mort lui parut lente à venir et elle n'acheva sa vie que le 24 juin. Les lettres de Louis XV à son petit-fils le duc de Parme laissent apparaître, dans leur inquiétude puis leur résignation, la tristesse plutôt que l'affliction que lui inspira cette séparation. Avec Marie, c'était un peu de ses habitudes qui s'en allait. Il lui en restait d'autres.

Jeanne Bécu, comtesse du Barry

Depuis la mort de Mme de Pompadour, le Roi n'avait plus eu de bâtards, Mlles de Romans et Tiercelin de la Colleterie avaient été disgraciées, la petite maison de la rue Saint-Médéric n'avait plus d'occupante. Pendant plusieurs années — fruit du ministère de l'abbé Maudoux ? — Louis XV a eu manifestement une conduite plus rangée. A l'automne 1766, relevait le duc de Croÿ, « les Conseils et les travaux, les chasses, les fréquents voyages, les cabinets et sa famille occupaient son temps et l'on disait que le Parc-aux-Cerfs était moins à la mode. La cour était absolument d'habitude et assez triste et morose, mais avait l'air bien réellement de grandeur ». Le Roi, cependant, restait fort capable de lorgner une jolie femme et il avait depuis toujours dans son entourage — grands seigneurs ou valets de chambre — des amateurs et pourvoyeurs de conquêtes féminines. Ceux-ci se résignaient mal au vide créé par la disparition de Mme de Pompadour et le renvoi des petites maîtresses. Ils tentèrent de le combler et y parvinrent. Fut-ce l'œuvre de Le Bel, le premier valet de chambre ? Ou du maréchal de Richelieu, vieil et incorrigible noceur ? La seconde hypothèse est la plus vraisemblable.

Un jour à Versailles une fort séduisante personne se trouva, tout à point, sur le passage du Roi. Il la remarqua et lui offrit un rendez-vous. C'était, semble-t-il, dans le temps où la Reine se mourait lentement. La liaison s'organisa discrètement, mais prestement : la nouvelle élue fut des voyages de Compiègne et de

Fontainebleau, logée en ville. Bientôt il devint clair que Louis la destinait non à occuper la demeure du Parc-aux-Cerfs, mais à avoir place à la cour. Cette promotion requérait quelques préliminaires. L'intéressée, en effet, n'était pas mariée et était presque sans famille. De son vrai nom Jeanne Bécu, elle était née à Vaucouleurs le 19 août 1743, fille naturelle d'un religieux de l'ordre de Picpus. Grâce à de riches protecteurs, la mère put faire élever la petite Jeanne par les dames du Sacré-Cœur, où elle fut pensionnaire sept ou huit ans. On la vit ensuite lectrice chez la veuve d'un fermier général, demoiselle de magasin, dessinatrice de modes. Un certain Jean du Barry, qui se disait comte, en fit sa maîtresse. Ce gentilhomme était dépensier, vaniteux, aimant à parader et à éblouir. Évoluant dans le monde des viveurs et des joueurs, on l'y avait surnommé « le Roué ». Jouant lui-même, il lui arrivait de tenir tripot chez lui, où la beauté de sa compagne attira les joueurs et les galants. Le succès fut tel que Jeanne finit par tenir un salon, non du premier rang, mais un salon où l'on rencontrait Crébillon, Guibert, Collé, Favier, Montcrif, le prince de Ligne, le comte de Thiard, le marquis de La Tour du Pin, les ducs de Duras et de Richelieu. A les écouter, elle se forma l'esprit et les manières.

Mais le Roué était marié ! Il avait un frère cadet célibataire, Guillaume, qui vivait d'un petit bien dans son Languedoc natal, où il s'était retiré avec le grade de capitaine après avoir servi à Saint-Domingue. On fit venir ce Guillaume à Paris et, dès le 23 juillet 1768, il signa le contrat de son mariage avec Jeanne Gomard de Vaubernier, qui était le nom dont se parait maintenant Mlle Bécu. Le mariage religieux fut célébré le 1er septembre en l'église Saint-Laurent et, moyennant un honnête cadeau, Guillaume, sans user de ses droits de mari, regagna son manoir.

Après le retour de Fontainebleau, Mme du Barry habita le château de Versailles, et, semble-t-il, dans l'ancien appartement de Le Bel, mort au mois d'août. Sa faveur était patente et, maintenant qu'elle avait un nom et un titre, sa présentation devint la grande affaire de la cour. Présentation remise de jour en jour pour diverses raisons : il y eut la visite du roi de Danemark, la perspective du mariage du duc de Chartres, puis une chute que le Roi fit à la chasse le 4 février 1769. Sur un faux pas de son cheval, il tomba sur le côté droit, se luxa fortement l'épaule, dut porter pendant des semaines le bras en écharpe, ne chassant qu'en calèche et se montrant peu dans le grand appartement. Circonstances corsées par l'agitation et la division que la nouvelle maîtresse semait parmi les courtisans.

D'emblée, Choiseul lui voua une véritable haine et les libertins crièrent avec lui au scandale. Ce que voyant, les dévots se montrèrent plus tolérants, comptant sur Mme du Barry pour évincer le duc. L'hostilité de celui-ci est assez incompréhensible ; peut-être a-t-il été égaré par les jalousies de sa sœur la duchesse de Gramont. Moins que quiconque, il pouvait se poser en professeur de vertu et ce qu'il ne pardonnait pas à Louis XV c'était d'avoir choisi une cocotte et non une duchesse. Il s'amusa puérilement à organiser contre elle une cabale enragée. Pour sa présentation, elle eut grand-peine à découvrir une marraine ; il fallut déterrer une vieille comtesse de Béarn, fort désargentée et dont les complaisances étaient à vendre. La présentation fut faite enfin le 22 avril 1769. Aucune femme de la cour n'y assista, mais le lendemain Choiseul donna chez lui une réception tapageuse où le grand monde affecta de se bousculer.

Mme du Barry était fort belle : des yeux bleus, mi-clos, sous des sourcils bruns, une bouche délicieuse, des traits d'une finesse extrême, une chevelure luxuriante d'un blond cendré admirable. Elle prit très aisément les manières du monde et s'adapta à la cour aussi bien que Mme de Pompadour, sans être animée de la même volonté de puissance. Elle était bonne, sans prétention et sans rancune, ne voulant de mal à personne, obligeant volontiers. Aimant surtout la toilette et les bijoux, elle ne s'intéressait pas à la politique, mais le rôle politique que lui conférait inévitablement sa qualité de favorite déclarée fut grossi par les agissements de Choiseul. Celui-ci s'acharna contre elle de telle manière que, par un contrecoup naturel, les adversaires du ministre se tournèrent vers elle et que, sans l'avoir cherché, elle devint pour l'opinion comme le centre du parti antiparlementaire et même du parti dévot. Avec sa faveur, la pornographie politique franchit un nouveau degré et cette légende ordurière de la favorite fut l'œuvre du parti choiseuliste et parlementaire. Les pamphlets de toute espèce représentèrent comme une fille publique, grossière, mal embouchée et pourrie jusqu'à l'âme celle qui fit revendre par Louis XV en 1771 la maison de la rue Saint-Médéric et qui, après tout, pourrait bien avoir été supérieure en moralité à la dame qui l'avait fait acheter.

Il était certes peu reluisant pour le Roi de prendre une maîtresse dont les antécédents pouvaient faire jaser. Le préjudice majeur que ces nouvelles amours causèrent à Louis XV fut de détourner de lui une part notable de la haute noblesse. Si le Roi choisit une telle femme comme favorite, c'est peut-être qu'au fond il ne fait pas de différence entre elle et nous : ce raisonnement a pu venir à l'esprit de certaines dames de la cour et les indigner. Et cela au moment même où les choiseulistes entraînaient de grands seigneurs à afficher pour Louis XV, sous le vernis de l'étiquette, des sentiments de mépris et d'animosité, affermissant cette collusion entre la magistrature et les princes et pairs constatée depuis 1756.

Madame Louise carmélite

Sous un air gracieux et assez frêle, Madame Louise, la plus jeune des filles de Louis XV, cachait une personnalité ardente. Comme sa mère et ses sœurs, elle était d'une grande piété, mais d'une piété peut-être plus éclairée, et avec de telles dispositions de l'âme que, marquée en outre par son enfance à Fontevrault, elle entendit très tôt l'appel de Dieu. A l'occasion, d'abord, d'une vocation qui fit quelque bruit en son temps. La comtesse de Rupelmonde, après s'être démise quelques jours plus tôt de sa charge de dame du palais de la Reine, entra le 26 juin 1751 au couvent des carmélites de la rue de Grenelle à Paris. Elle avait perdu son fils à l'âge de 4 ans en mars 1745, son mari le mois suivant à la guerre et son père en mai à Fontenoy et, depuis lors, songeait à la vie religieuse. La retraite de cette jeune veuve de trente-trois ans, encore belle, née Gramont et apparentée à tout ce qu'il y avait de grand, fit le sujet principal des conversations de la cour. Toujours prompte à s'enthousiasmer, Madame Adélaïde alla demander la permission de se faire carmélite à son père, qui, mi-sérieux mi-plaisantant, lui répondit qu'il fallait attendre qu'elle eût vingt-cinq ans et qu'elle fût veuve.

Après son temps de postulante, vint le moment de la prise d'habit de Mme de Rupelmonde. La Reine alla y assister le 7 octobre 1751 avec ses filles et le Dauphin. Madame Louise, alors âgée d'un peu plus de quatorze ans, fut très impressionnée : « Pendant la cérémonie et avant de sortir de l'église, confia-t-elle plus tard, je pris la résolution de demander tous les jours à Dieu qu'il me donnât les moyens de briser les liens qui me retenaient au monde et de pouvoir être un jour, sinon carmélite, car je n'osais me flatter d'en avoir la force, du moins religieuse dans une maison bien régulière. » Première détermination peut-être renforcée au mois de février suivant par la mort de sa sœur Henriette, qu'elle aimait beaucoup. Suivit le temps — presque vingt ans — de ce qu'elle appela « la trop longue épreuve de ma vocation ». Avant de se heurter aux objections ou aux incompréhensions d'autrui, elle dut surmonter ses propres craintes ou hésitations. Comme elle souffrit de crachements de sang durant une quinzaine d'années, sa santé constitua un autre obstacle.

Louise avait mis dans la confidence l'archevêque de Paris. M. de Beaumont lui recommanda la plus grande prudence et lui conseilla de temporiser : son rang ne lui permettait pas une fausse démarche. Les morts du Dauphin, de la Dauphine et de la Reine brisèrent presque tous les liens qui l'attachaient encore à la cour et le seul désormais suffisamment fort pour l'y retenir, son amour ardent pour son père, fut précisément ce qui détermina son entrée en religion. La faveur de Mme du Barry avait consterné Mesdames. Sa présentation accrut aux yeux de Louise la nécessité et l'urgence de son choix : elle se sacrifierait pour le salut de son père. A partir du 14 septembre 1769, elle commença à jeûner, pour suivre la règle carmélitaine, qui y oblige depuis ce jour jusqu'à Pâques. En même temps, sa santé s'améliorait : les crachements de sang avaient pratiquement cessé. Elle prit sa décision à la fin de l'année et, pour prouver que ce n'était pas un coup de tête, pria M. de Beaumont de solliciter l'approbation paternelle.

L'archevêque eut audience du Roi le 30 janvier 1770. Bien que connaissant l'extrême piété de sa fille, Louis XV fut surpris : « Et c'est vous, Monsieur l'archevêque, qui m'apportez une pareille nouvelle ? » Appuyé au dossier de son fauteuil, la tête entre les mains, il répéta : « C'est cruel..., c'est cruel..., c'est cruel, mais si Dieu la demande, je ne puis pas la refuser. Je répondrai dans quinze jours. » Datée du 16 février, Madame Louise reçut cette réponse :

« Monsieur l'archevêque, chère fille, m'ayant rendu compte de ce que vous lui avez dit et mandé, vous aura sûrement rapporté exactement tout ce que je lui ai répondu. Si c'est pour Dieu seul, je ne puis m'opposer à sa volonté et à votre détermination. Depuis dix-huit ans, vous devez avoir fait toutes vos réflexions, ainsi je ne puis plus vous en demander. Il me paraît que vos arrangements sont faits. Vous pourrez en parler à vos sœurs quand vous le jugerez à propos. Compiègne n'est pas possible[1]. Partout ailleurs, c'est à vous de décider. Jamais une belle-fille ne peut remplacer une fille[2], elle peut tout au plus distraire. Mon petit-fils m'occupe beaucoup, il est vrai, mais comment se tournera-t-il ? J'ai fait des sacrifices forcés, celui-ci sera de volonté de votre part. Dieu vous donne la force de soutenir votre nouvel état, car, une fois cette première démarche faite, il n'y a plus à en revenir. Je vous embrasse de tout mon cœur, chère fille, et vous donne ma bénédiction.

Louis. »

Le Roi avait le cœur serré à l'idée du départ de sa fille, mais s'inclinait devant la volonté de Dieu. Louise choisit le carmel de Saint-Denis, dont le père spirituel était l'abbé Bertin, conseiller d'État et frère du ministre. A la fin de mars, il fut convenu avec lui que la princesse partirait pour Saint-Denis au cours de la Semaine sainte. Le 10 avril au soir, Madame Louise donna rendez-vous à sa lectrice pour le lendemain matin dans son cabinet. Le lendemain, Mercredi saint, le cabinet était vide, d'où

1. Carmel trop voisin du château où la cour séjournait chaque année et auquel aussi était étroitement lié le souvenir de la Reine.
2. Allusion au proche mariage du Dauphin.

un grand émoi dans les appartements de Mesdames au moment où Louis XV descendit à son ordinaire chez Madame Adélaïde prendre le café avec ses filles. Il leur annonça le motif de l'absence de Louise : « Ne l'appelez pas, elle n'est plus ici, vous ne la verrez plus, elle est à Saint-Denis, aux carmélites, où elle se propose de prendre l'habit. » Adélaïde fut vexée d'avoir été tenue hors du secret, ses sœurs pleurèrent.

Tôt le matin, la princesse s'était fait conduire à Saint-Denis, munie des ordres du Roi nécessaires. La communauté l'accueillit sous le nom de sœur Thérèse de Saint-Augustin. L'événement fit sensation à Versailles, dans le clergé et jusqu'au Saint-Siège. Les visites affluèrent aussitôt au couvent : le nonce, M. de Beaumont, des évêques. Très émues, Mesdames vinrent voir leur sœur le 17 avril, puis le Dauphin, les princes et princesses. Une telle affluence troublait la régularité et menaçait le carmel de devenir un rendez-vous mondain : Louise chercha à éluder peu à peu ces visites. Pour éviter d'y faire courir tout le monde, Louis XV retarda sa première venue. Il arriva le 4 mai à l'improviste. La clôture étant toujours levée pour le Roi, sa fille lui ouvrit sa cellule, dont l'ameublement était si réduit qu'elle le fit asseoir sur sa paillasse. Il reviendra désormais régulièrement.

Sœur Thérèse de Saint-Augustin prit l'habit le 10 septembre 1770 et fit sa profession solennelle un an après. Sa vocation était solide. Elle fut une religieuse exemplaire, prieure du couvent de novembre 1773 à novembre 1779, et de nouveau depuis octobre 1785 jusqu'à sa mort à la fin de 1787. De sa clôture, et avec le concours de l'abbé Bertin, elle exerça une influence et un rayonnement importants, quelques efforts qu'elle fît pour n'être qu'une carmélite comme les autres.

Le mariage du Dauphin

Il n'y avait guère jadis d'alliance politique que ne consolidassent des liens dynastiques. Choiseul était encore ambassadeur à Vienne lorsqu'il avait dû entamer les conversations en vue du mariage du fils aîné du Dauphin, le duc de Bourgogne, qui avait alors six ans, avec l'archiduchesse Marie-Antoinette, sa cadette de quatre ans, fille de Marie-Thérèse. Pour diverses raisons, et notamment la mort du jeune prince en mars 1761, l'affaire somnola. Une autre union resserra, en attendant, l'entente entre les Bourbons et la famille impériale : en octobre 1760, l'archiduc Joseph, plus tard empereur Joseph II, épousa la fille aînée de Madame Infante, Isabelle de Parme, dont il fut veuf dès 1763. Plusieurs décès firent reprendre consistance au projet de mariage tenu en réserve : décès de l'empereur François de Lorraine et du Dauphin en 1765, de Marie-Josèphe de Saxe en 1767, après lequel Louis XV conserva sa maison pour la future Dauphine. Le Roi et Choiseul craignaient que Joseph II, fils de Marie-Thérèse associé par elle à l'empire, et admirateur de Frédéric II, ne fût tenté de se rapprocher de la Prusse : le mariage du nouveau Dauphin — précédemment duc de Berry — avec Marie-Antoinette viendrait à point renforcer l'alliance entre Vienne et Versailles. En outre, Choiseul calculait personnellement que, devenue Dauphine, l'archiduchesse prendrait sur le Roi et sur la cour un ascendant qui contrebalancerait celui de Mme du Barry et dont lui, artisan de cet hyménée, serait le grand bénéficiaire. Les pourparlers se ranimèrent, cependant que d'autres aboutissaient parallèlement au mariage d'un autre petit-fils de Louis XV avec une autre fille de Marie-Thérèse : celui du jeune duc Ferdinand de Parme avec l'archiduchesse Marie-Amélie, célébré en juin 1769.

À Vienne, où l'on s'était mis en de grands frais, le mariage par procuration de la Dauphine eut lieu le 19 avril 1770 et, le 21, Marie-Antoinette se mit en marche vers la France. Elle atteignit Strasbourg le 7 mai, saluée par une ville en fête. De là, elle se rendit le 9 à Nancy, où cette fille de leur dernier duc national fut accueillie avec ferveur par les Lorrains. Elle était là chez elle et se rendit dans l'église des Cordeliers s'incliner devant les tombeaux de ses aïeux.

Le 13 mai, Louis XV et la famille royale partirent coucher à Compiègne et allèrent le 14 au-devant de la Dauphine : la rencontre se fit dans la forêt et la Dauphine fut tout de suite admirée. Emmenant le lendemain la princesse, le Roi, en passant à Saint-Denis, la présenta à Madame Louise au carmel, puis se rendit à La Muette, où il soupa avec les futurs époux, des princes et des princesses du sang et plusieurs dames dont la comtesse du Barry, ce qui fit juger qu'elle l'emportait sur le parti qui lui était hostile. Tout le monde revint coucher à Versailles, sauf la Dauphine et son service. Elle gagna Versailles le lendemain 16 mai pour la cérémonie du mariage.

Par considération pour Marie-Thérèse son alliée et aussi pour surpasser le faste déjà déployé à Vienne, Louis XV avait commandé et réglé dans le détail des fêtes somptueuses et coûteuses. Ces splendeurs n'étaient pas irréfléchies : elles visaient à démontrer à l'extérieur la solidité de la situation financière du royaume et, à l'intérieur même de celui-ci, à exalter la royauté dont l'autorité était alors si discutée. Après la messe et la bénédiction nuptiale à la chapelle, il y eut « appartement » avec tables de jeu dans la galerie. La pluie fit remettre le feu d'artifice et les illuminations. L'apothéose de la journée fut le soir le festin royal servi avec la vaisselle d'or dans la nouvelle salle d'opéra, dont ce fut l'inauguration et qui provoqua un émerveillement général. De l'avis unanime, ces pompes furent une réussite : l'organisation des cérémonies, la décoration des appartements, l'élégance et la richesse des toilettes ruisselantes de bijoux, la qualité des divertissements, l'afflux des gens titrés, tout contribua à donner l'idée la plus flatteuse de la grandeur et de la magnificence de la monarchie. Séparées par quelques relâches, les réjouissances de la cour durèrent jusqu'au 20 juin, faisant alterner feu d'artifice, opéras, tragédies, bals et ballets. Les 27 et 29 mai, le comte de Mercy-Argenteau, ambassadeur impérial, donna un grand souper et un bal masqué très appréciés. Les fêtes organisées par la ville de Paris finirent tragiquement. Le soir du 30 mai, on tira un feu d'artifice sur la place Louis XV toute neuve. L'affluence des curieux et des carrosses était incroyable. Quand, après le spectacle, cette foule immense voulut se retirer, les issues de la place, encombrées par les voitures et les gens, furent trop étroites pour la laisser s'écouler librement. Il y eut une bousculade, une presse, une panique effroyables, des hommes, des femmes et même des chevaux étouffés, piétinés : on releva plus de cent trente cadavres. Catastrophe sans précédent, qui sema la consternation et le deuil dans les réjouissances d'un mariage qu'on voulait mémorable.

* * *

Le Roi avait accueilli le plus gracieusement du monde sa nouvelle petite-fille, dont la personne lui plut. Fut-ce une conséquence de la venue de cette jeune et gracieuse princesse ? Ou de l'atmosphère joyeuse qui entoura les épousailles ? Ou encore du désir d'échapper à la solitude et à la tristesse qui le traquaient depuis l'enfance ? On ne sait, mais au moment même où il fêtait le mariage de son petit-fils et où Mme du Barry triomphait, Louis XV caressa un projet assez fou ou au moins surprenant : celui de se remarier avec une autre archiduchesse. Sa famille et ses ministres n'en surent probablement rien : le Secret du Roi fut au courant dans les seules personnes du comte de Broglie et de M. Durand. Celui-ci venait d'être nommé ministre plénipotentiaire à la cour de Vienne et se disposait à s'y rendre, quand le Roi adressa le 6 juin 1770 ce mot à Broglie : « Si Durand n'est pas parti, montrez-lui ce billet, sinon envoyez lui en la copie bien chiffrée. Qu'il examine bien la figure de la tête aux pieds, sans rien excepter de ce qu'il lui sera possible de voir, de l'archiduchesse Elisabeth et qu'il s'informe de même de son caractère, le tout sous le plus grand secret et sans trop donner de suspicions à Vienne. Et il en rendra compte sans se presser, par une occasion sûre. »

Il s'agissait de l'archiduchesse Marie-Elisabeth, une des sœurs de la Dauphine et son aînée de douze ans. Durand, comme il le lui était recommandé, ne se pressa point. Ce fut seulement au début de février 1772 qu'il fit parvenir une note confidentielle : « La personne dont il s'agit était, avant la petite vérole, la plus belle de sa famille », son caractère n'annonçait rien de fâcheux, mais, vivant assez recluse, elle était difficile à bien connaître. A cette date, Louis XV se souvenait-il encore de ce dont il avait chargé Durand ? Eut-il peur du ridicule ? Il ne fut plus jamais question de cette lubie.

L'entrée de Madame Louise en religion, le mariage du Dauphin furent des diversions en un temps où la situation intérieure du royaume devenait explosive.

VI. — LE GUÊPIER BRETON

En préférant « ne pas trouver de coupables » dans le procès intenté à La Chalotais et à ses co-accusés, Louis XV comptait assoupir les troubles de Bretagne. En prononçant et en faisant enregistrer le discours de la Flagellation, il avait voulu donner à la magistrature un code de bonne conduite. La conduite des juges et celle des Bretons lui infligèrent quelques déceptions.

LE RAPPEL DU GRAND CONSEIL

Presque un an après la séance de la Flagellation, le parlement de Paris entra insolemment en conflit avec le Roi en une occasion où, comme bien souvent, l'esprit grégaire de la compagnie lui fit emboîter le pas aux caprices personnels de tel de ses membres. C'est ainsi que, reprenant à sa manière la contestation du parlement de Bordeaux entre 1757 et 1762, il tenta de rejeter l'autorité du Conseil d'État privé et, par conséquent, le droit du Roi de contrôler l'usage fait par les juges des pouvoirs qu'il leur déléguait.

Le 9 février 1767, le Conseil des Parties cassa un arrêt donné en 1762 par le parlement sur un procès portant sur un point délicat et controversé de droit privé, les stipulations de propres. Cinq jours plus tard, le parlement, toutes chambres assemblées, entendit un de Messieurs lui dénoncer cette cassation et entra aussitôt en ébullition. L'arrêt cassé était ce qu'il appelait un arrêt « de règlement », c'est-à-dire une décision tendant à faire jurisprudence et, comme telle, adressée pour enregistrement aux juridictions subalternes du ressort. Il avait été rendu sur les conclusions de l'avocat général Le Peletier de Saint-Fargeau, avait été fort critiqué à l'époque par les juristes et examiné depuis avec grand soin au Conseil. Sa cassation non seulement heurta la susceptibilité de la cour, mais exaspéra le président Le Peletier de Saint-Fargeau, furieux de voir anéantir un arrêt qu'il avait inspiré lorsqu'il était avocat général. Il n'eut guère de peine à faire partager son humeur vengeresse à ses collègues.

Le parlement arrêta aussitôt de faire des remontrances contre « les jugements du Conseil » et ordonna que son arrêt de 1762 serait exécuté « selon sa forme et teneur jusqu'à ce qu'il ait plu au Roi faire connaître ses intentions... par une loi registrée dans les formes ordinaires ». La compagnie prenait d'emblée les choses de très haut. Parler des « jugements » du Conseil et non de ses « arrêts », c'était nier son autorité et sa compétence, *jugement* désignant, en droit, une décision émanée d'un tribunal inférieur et appelable devant une juridiction supérieure, seule habilitée à statuer en dernier ressort par *arrêt*. Dans la logique de cette assertion, le parlement considérait comme toujours valide son arrêt de 1762. Cet arrêt du 13 fit scandale à Versailles où, dès le lendemain au Conseil des Dépêches, le Roi le cassa par un arrêt conçu en termes particulièrement clairs et énergiques et publié par la *Gazette de France*. D'où un redoublement de colère du parlement qui, tout en préparant ses remontrances, fit plusieurs représentations fort arrogantes, auxquelles Louis XV ne répondit pas : il était alors tourmenté par la maladie de la Dauphine et fut bientôt affecté par sa mort. Intrépide, le parlement partit alors en guerre contre d'autres cassations prononcées au Conseil privé. Ses remontrances, enfin prêtes, furent portées au Roi le 5 juin 1767.

Elles étaient en fait l'œuvre de Le Peletier de Saint-Fargeau et du conseiller Michau de Montblin. Celui-ci, un des enragés de sa cour, tenait chez lui depuis 1764 une sorte de conseil de guerre réunissant une vingtaine de magistrats qui, sous prétexte d'étudier le droit public, s'efforçaient d'établir, dans le sillage de Le Paige, que la constitution originelle de la monarchie avait été violée par les rois et qu'il fallait revenir aux institutions primitives. Ces remontrances se distinguaient surtout par leur longueur. Pour le reste ce n'était que diatribes encombrées de fausse érudition contre le Conseil, ses compétences et, indirectement, ses membres.

Plusieurs fois, Louis XV annonça au parlement qu'il y répondrait, mais différents textes préparés à cette fin ne servirent pas. Comment répondre à un pathos d'une centaine de pages ? L'incident l'a cependant frappé et il demanda alors aux conseillers d'État Gilbert de Voisins et Joly de Fleury de lui rédiger chacun un mémoire sur les cassations : on y trouve la doctrine qui est toujours à présent celle de la Cour de Cassation.

Cette offensive du parlement contre le Conseil des Parties finit par tourner court, mais elle a eu des conséquences notables. Elle a épuisé la patience et l'endurance des membres des Conseils du Roi, mises depuis longtemps déjà à rude épreuve. Les attaques injustifiées et tapageuses dont ces représentations et remontrances de 1767 les gratifièrent leur ont imprimé la conviction que les voies d'autorité étaient désormais les seules qui permissent, tôt ou tard, d'en finir avec la fronde des cours supérieures. D'autre part, dans le remue-ménage et l'irritation suscités par cet épisode parmi le Conseil, il y fut suggéré et adopté une mesure dont un proche avenir permettra de mesurer la portée : le rappel du Grand Conseil, démissionnaire depuis le 29 avril 1765[1]. Par lettre de cachet du 2 janvier 1768, chacun des officiers de cette cour reçut l'injonction de reprendre le service. Assemblée le 4 janvier, elle enregistra un édit portant règlement pour sa police et sa discipline et des lettres patentes dont les unes concernaient sa procédure et les autres portaient attribution de compétences, mesures complétées par d'autres lettres patentes du 11 janvier.

Cette restauration du Grand Conseil irrita les parlements. Dijon donna le branle dès le 27 février en décidant des représentations, Paris mit la dernière main le 19 mars à des remontrances, auxquelles succédèrent, entre avril et juillet, celles de Grenoble, Rouen, Aix et Toulouse. On put craindre un moment que ne renaquît « l'union des classes », mais les autres parlements ne suivirent pas le mouvement. Les remontrances parisiennes du 19 mars n'étaient qu'un brûlant réquisitoire contre le Grand Conseil, où se glissaient aussi de nouvelles attaques contre le Conseil privé et les cassations. Sur ce dernier point, le Roi promit encore une réponse, mais elle ne vint pas, soit qu'il n'ait pas voulu engager un débat sur des points qui touchaient au plus intime de son autorité, soit que d'autres événements lui aient paru plus dignes d'attention.

La Bretagne en fièvre

Huit jours après que Louis XV fut venu au Conseil privé imposer silence sur le procès des magistrats bretons, s'ouvrit à Rennes le 29 décembre 1766 la session ordinaire des états de la province. Elle ne fut close que le 23 mai suivant et sa longueur dénonce son caractère orageux, conséquence de l'attitude non du clergé ni du tiers, mais de la noblesse. Celle-ci imposait aux débats un déroulement tumultueux et anarchique, car elle pesait par le nombre. Tout gentilhomme breton se prétendait en droit d'assister aux états et il y venait plusieurs centaines de hobereaux, qui étaient embrigadés et manipulés par un petit groupe de gentilshommes qu'on appelait « le bastion » et qui menait la

---

1. Voir ci-dessus, pp. 825-826.

vie dure aux commissaires du Roi. Le premier soin des états, après le vote aisé du don gratuit, fut de décider une députation à Versailles pour demander « le rappel de l'universalité » du parlement, c'est-à-dire la reconstitution de cette cour telle qu'avant 1765. Le duc d'Aiguillon, qui avait pour instructions de s'opposer au nom du Roi à toute députation, n'y parvint qu'en acceptant que les états envoient une réclamation en faveur de ce rappel. A cause de l'obstruction incessante de la noblesse, le vote des autres subsides exigea des palabres interminables, que durent conclure plusieurs mesures d'autorité. Au terme de ces discussions harassantes, il était manifeste que la noblesse était aussi montée contre le pouvoir royal que naguère le parlement et que, pour beaucoup, la cause de la noblesse se posant en championne de l'autonomie bretonne et la cause des parlementaires rebelles n'en faisaient qu'une.

Cette session si difficile avait mis en évidence le rôle disproportionné de la noblesse. Ce constat amena le gouvernement à dresser pour les états un nouveau règlement dont le but était d'y réduire, par une stricte vérification des preuves généalogiques, le nombre des députés de la noblesse et, par suite, d'y freiner l'obstruction. Daté du 10 mai 1767 et revêtu de lettres patentes du 29, ce règlement fut d'abord envoyé pour enregistrement au parlement de Rennes, qui commença par présenter des remontrances le 1er juillet et n'enregistra le 24 que sur très exprès commandement du Roi. Que le « bailliage d'Aiguillon » fît ainsi le rétif était inquiétant. La chambre des comptes de Nantes, d'ordinaire silencieuse, fit le 10 novembre des remontrances à ce sujet.

Il fallait que le règlement fût aussi enregistré par les états eux-mêmes et ceux-ci étaient poussés par la noblesse à prétendre qu'il leur appartenait exclusivement de réglementer leur propre fonctionnement. Pour obtenir cet enregistrement, le gouvernement décida de le requérir des « petits états » convoqués entre les sessions ordinaires. De petits états dont les apprêts ne laissèrent pas d'inquiéter les bons serviteurs de la couronne. On chuchota que le premier commissaire du Roi pourrait y être M. Ogier, conseiller d'État et naguère président au parlement de Paris et ambassadeur au Danemark, lié à Choiseul et à La Chalotais. Désabusé, M. de Flesselles demanda à passer de l'intendance de Bretagne à celle de Lyon, beaucoup plus facile, et fut remplacé par M. d'Agay, un maître des requêtes qui n'avait encore jamais été intendant et était aussi une créature de Choiseul. La session extraordinaire des états s'ouvrit le 18 janvier 1768 et se termina le 1er avril. Ogier y était en effet commissaire du Roi, résolu à cajoler l'assemblée pour apparaître comme le pacificateur de la province et prouver par sa conduite que seule l'action du duc d'Aiguillon avait provoqué l'agitation. Il travailla ainsi à ruiner l'autorité du Roi : les états n'acceptèrent qu'un règlement mutilé. A la fin de la session, la fermentation était plus grande que jamais dans le pays, où l'on parlait de plus en plus du « rappel de l'universalité ». Revenu à la cour, Ogier reçut l'accueil le plus flatteur de Choiseul, ravi des coups portés au duc d'Aiguillon.

Le 20 avril, l'intendant d'Agay révoqua brutalement le subdélégué de Rennes, M. Audouard, bête noire des chalotistes. Cette mesure et la façon dont venaient de se dérouler les états prouvaient que, sous l'influence de Choiseul et contre le vœu de Louis XV, le gouvernement s'écartait de plus en plus de la ligne de conduite adoptée envers le parlement de Pau et qu'il avait tenté de suivre envers celui de Rennes. La position du « bailliage d'Aiguillon » s'en trouva d'autant plus ébranlée qu'elle n'était pas très solide. Ses effectifs n'étaient pas encore complets. A cause des préjugés nobiliaires de cette compagnie, on avait eu et on avait encore beaucoup de mal à la reconstituer : « Nous ne pouvons pas, écrivait d'Aiguillon en décembre 1767, faire entrer dans le parlement de Bretagne des avocats, des subdélégués, des secrétaires, comme on a fait dans le parlement de Pau, ou même des étrangers. La vanité et la délicatesse de nos magistrats ne leur permettraient pas de les admettre parmi eux. » Les mauvais procédés redoublèrent contre lui et certains de ses magistrats, sentant le vent tourner, faiblissaient. Le 26 avril 1768, il ne se trouva qu'une majorité de deux voix (16 contre 14) pour rejeter une proposition tendant à écrire au Roi en faveur du « rappel de l'universalité », mais quinze jours plus tard la même fut adoptée par 22 voix contre 13. Les huissiers et les procureurs manquaient publiquement de respect à la cour. Le duc d'Aiguillon comprit que, dans ces conditions, il lui devenait impossible de revenir en Bretagne et d'assister, comme premier commissaire, aux états de 1768. A la fin du mois d'août, il démissionna de son commandement en chef. Dès le 11 septembre, il eut un successeur en la personne du duc de Duras, le même qui, de 1752 à 1755, avait été en Espagne un ambassadeur si maladroit. Ce dernier des changements opérés dans les hauts postes d'autorité en Bretagne préludait à ceux qui allaient affecter le ministère.

DE NOUVEAUX MINISTRES

Si porté aux reculades que fût L'Averdy, il était néanmoins de ceux qui, dans le Conseil, avaient soutenu l'action de d'Aiguillon. Le retrait de celui-ci était donc un désaveu pour le contrôleur général. Comme, par ailleurs, sa gestion financière était peu brillante et que Choiseul n'était plus sûr de lui, il le fit congédier le 20 septembre 1768. Outre que ses compétences étaient fort limitées, il avait été dans une situation fausse vis-à-vis des cours supérieures : comme il en était issu, elles comptaient exercer, par sa personne interposée, le gouvernement des juges et lui-même espérait qu'elles lui faciliteraient la tâche. Deux espérances incompatibles. Il lui avait donc été impossible d'innover et n'avait guère pu s'écarter des vieux errements. Pour la libération des dettes de l'État il fit créer par édit de décembre 1764 deux caisses indépendantes du Trésor royal : la caisse des arrérages et celle des amortissements. La première recevrait le produit des deux vingtièmes et de quelques taxes pour acquitter les arrérages des rentes de toute espèce ; et la seconde, plusieurs millions versés chaque année par la première, ainsi que le produit de divers droits, dont certains perçus sur les arrérages et intérêts des rentes, ce qui fit dire qu'on prendrait « dans la dette elle-même de quoi la payer ». Imposer ainsi des sacrifices aux rentiers alors que le gouvernement était forcé d'emprunter, c'était rendre plus difficile le placement des nouveaux emprunts. On continua donc d'emprunter par l'intermédiaire des états provinciaux et, pour retenir aux emprunts d'État une clientèle qui s'en éloignait, L'Averdy fixa par édit de juin 1766 l'intérêt de l'argent à 4 %, mesure maladroite et même illusoire, que l'État fut le premier à violer quand il y trouvait avantage ou y était contraint.

Malgré les complaisances de L'Averdy pour la magistrature, celle-ci, à chaque prorogation ou amélioration d'impôt, lui fit la même opposition qu'à ses prédécesseurs. L'édit de juillet 1766 qui restreignait les privilèges d'exemption de taille d'exploitation, l'édit de juin 1767 prorogeant le second vingtième, celui d'avril 1768 prorogeant le don gratuit des villes furent enregistrés lentement, péniblement et non sans mutilations, au bruit d'un concert assourdissant de remontrances, où les cours des aides rivalisaient avec les parlements. L'acte le meilleur du ministère de L'Averdy — œuvre en réalité de M. d'Ormesson, intendant des finances, et de ses bureaux — fut la déclaration du 7 février 1768 sur la répartition de la taille. Elle instituait un double brevet de la taille : l'un, invariable, fixé désormais au chiffre immuable de 40 107 239 livres par an pour les pays d'élections ; l'autre, comprenant les crues de la taille (impositions militaires : milices, ustensiles, étapes, etc.), pourrait varier en fonction des besoins et des circonstances. Les rôles seraient faits par des commissaires délégués par les intendants ou sous leur surveillance, après déclarations contradictoires des habitants. Et la déclaration de 1728 était abrogée. C'était une tentative, mieux combinée que les précédentes, pour substituer la taille tarifée à la taille arbitraire. En outre, le brevet fixe était inférieur de 3 à 5 millions de livres en moyenne aux brevets annuels depuis 1725, et cela pour une population accrue de plusieurs millions de taillables. La déclaration n'était pas une panacée, mais constituait incontestablement un progrès. Or Malesherbes, à la tête de la cour des aides de Paris, y fit l'opposition la plus obtuse et la plus opiniâtre, en sorte qu'elle n'eut jamais sa pleine exécution, au détriment des contribuables autant que du fisc.

L'obstruction et les déclamations dont les cours supérieures accablaient alors toute mesure fiscale expliquent leur faveur dans l'opinion. Prenant pour argent comptant leurs diatribes enflammées sur les financiers, sur « les malices des publicans », « les malheurs d'un peuple écrasé », « les opérations vexatoires de la ferme », « la dissipation des deniers publics », etc., le petit peuple des villes croyait voir dans les magistrats ses défenseurs. En réalité, ce pathos démagogique, vide de tout programme raisonné de réforme fiscale et budgétaire, masquait la préoccupation vigilante de bloquer à tout prix la moindre innovation pouvant mettre en péril les privilèges. Les cours supérieures ne défendaient efficacement que les privilégiés. C'est l'une des raisons pour laquelle, bénéficiaire discrète de cette protection, la noblesse d'épée — et souvent la plus huppée — tendait de plus en plus à sympathiser avec la magistrature.

Au contrôle général, L'Averdy fut remplacé le 22 septembre par M. Maynon d'Invault, conseiller d'État et ancien intendant de Picardie, physiocrate convaincu et personnage assez ridicule, beau-frère de Trudaine de Montigny, et dont tout le mérite se réduisait à être de la faction Choiseul. Il entrait dans un gouvernement rajeuni depuis quelques jours par la nomination d'un nouveau chancelier.

*
**

Le 14 septembre 1768, le vieux chancelier de Lamoignon, à qui sa santé ne permettait plus désormais de reprendre l'exercice de sa charge, se détermina enfin à démissionner, d'autant plus volontiers qu'il n'était pas riche et que le Roi promettait de payer les dettes qu'il avait contractées à son service. Son véritable successeur fut le premier président du parlement de Paris, M. de Maupeou, entre lequel et son père, le vice-chancelier, Louis XV consentit à un arrangement. Le père, en effet, fut chancelier vingt-quatre heures, afin d'emporter le titre dans sa retraite, et se démit en faveur de son fils, créé le 18 septembre chancelier de France en toute plénitude de fonctions, car il eut la chancellerie et les sceaux.

Il fut un des ministres les plus remarquables du règne, mais l'homme n'est pas facile à pénétrer, à la fois parce que les sources d'archives publiques et privées le concernant sont très maigres et parce que, comme d'Aiguillon, il a été l'objet des campagnes et des cabales les plus haineuses et les plus calomnieuses. Alors âgé de cinquante-quatre ans, c'était un homme petit, avec de gros yeux proéminents sous d'épais sourcils noirs, un front assez bas, un nez long et terminé en carré, une grande bouche relevée sur les côtés, le teint jaune et bilieux. Il était sévère, pénétré de ses devoirs, infatigable au travail, abattant en se jouant une besogne considérable, capable de conduire une entreprise sans dévier, l'esprit toujours tendu sur les affaires. Ses défauts étaient l'excès de chaleur et la précipitation.

Comme président à mortier depuis 1737 et surtout comme premier président du parlement de Paris à partir de 1763, il avait pu suivre jour après jour les intrigues de ses collègues, expérimenter leur esprit grégaire, jauger chez chacun la compétence et la conscience professionnelle, le courage ou la veulerie, la droiture ou la cautèle, la désintéressement ou la corruption. Il ne se faisait plus beaucoup d'illusions sur leur compte, ni même peut-être sur le reste de l'humanité. Passant pour faire contre sa compagnie le jeu du gouvernement, il avait enduré plus d'une avanie et s'était trouvé plusieurs fois dans une situation difficile. A certains, il a dit que pendant que son père était vice-chancelier et apparemment ne faisait rien, il le conduisait en coulisse. Il y avait quelque vantardise dans ce propos, mais, compte tenu de la suite des événements, certaines décisions auxquelles eut part le vice-chancelier pourraient bien avoir reflété des suggestions de son fils. Ainsi le rappel du Grand Conseil en janvier 1768 et, précédemment, la tactique employée contre le parlement de Pau et reprise ensuite contre celui de Rennes : acceptation des démissions, réduction du nombre des offices, reconstitution de la compagnie par recrutement des non démis et de nouveaux magistrats.

Des contemporains ont prétendu que le nouveau chancelier devait son poste à Choiseul, poussé lui-même par sa sœur la duchesse de Gramont. Il est certain que Choiseul, qui agissait de plus en plus en maire du palais, n'a pas fait obstacle à sa nomination, mais Maupeou n'appartenait pas à sa faction, ni d'ailleurs à aucune autre.

Pourrissement en Bretagne

Par conviction ou pour voir venir les événements, le chancelier voulut dans un premier temps jouer un rôle conciliateur et suivre le mouvement donné par Choiseul. Contre l'expectative d'une place de conseiller d'État, il obtint la démission du premier président de Bastard et le remplaça à Toulouse par un parlementaire parisien qui n'était pas des plus sages. Et il dut tout de suite s'occuper de la Bretagne, pour quoi il fut alors conseillé par Le Paige. Le « bailliage d'Aiguillon » subissait de plus en plus les répercussions des événements. Il n'avait pas réussi à constituer de chambre des vacations et, depuis la rentrée, moqué plus que jamais par le barreau et la basoche, avait pris nettement le parti du « rappel de l'universalité », qu'il réclama au Roi par des remontrances du 18 novembre, une lettre du 3 décembre 1768 et d'itératives remontrances du 23 janvier 1769. Ce rappel, le duc de Duras et M. Ogier avaient été autorisés à le laisser espérer aux états de Bretagne, assemblés à Saint-Brieuc du 12 décembre 1768 au 6 mars 1769, et qui en firent aussi la demande. Duras, Ogier et l'intendant d'Agay manifestèrent la plus grande servilité à l'égard des états et surtout du « bastion », sans se rendre compte que la docilité soudaine de l'assemblée n'était qu'une tactique visant à prouver que le retour au calme devait être payé par les reculades les plus humiliantes. L'une d'elles fut l'éloignement du subdélégué général de l'intendance, le dernier défenseur de ce qui subsistait en Bretagne de l'autorité royale. Il était aussi commissaire des guerres et, à ce titre, relevait de Choiseul qui, au mois de mai, l'envoya à Lille en lui refusant la pension promise par Saint-Florentin en témoignage de satisfaction.

Pendant des semaines, dans la Bretagne effervescente, se multiplièrent les conciliabules entre les parlementaires démissionnaires. Le chancelier paraissait acquiescer à leur rappel. La question finit par être débattue au début de l'été au Conseil des Dépêches et Louis XV crut devoir céder. Le 10 juillet 1769, Duras arriva à Rennes porteur d'un édit qui abrogeait celui de novembre 1765, fixait la composition du parlement et en attribuait les offices tant aux magistrats actuellement en fonctions qu'aux démissionnaires, auxquels il fut écrit de se trouver au palais le 15 juillet. Ce jour, la compagnie au complet enregistra cet édit et des réjouissances publiques célébrèrent dans toute la Bretagne cette rentrée mémorable. Malgré ces festivités, le calme n'était pas revenu, car la satisfaction n'était pas totale.

Le parlement n'avait enregistré l'édit que sous certaines réserves, parce qu'il ne s'estimait pas pleinement reconstitué. Louis XV, en effet, avait personnellement exclu de la réintégration La Chalotais, son fils et les quatre conseillers leurs co-accusés, dont le retour va constituer une revendication obstinée de leurs collègues. Le rétablissement de la compagnie ne ramena nullement la paix en Bretagne. Dès qu'elle reprit ses séances, elle commença par nommer des commissaires pour examiner tout ce qui s'était fait depuis le 21 mai 1765. Les avocats et les procureurs rayèrent du tableau plusieurs de leurs confrères « coupables » d'avoir plaidé et occupé devant « le bailliage d'Aiguillon ». Toutes sortes de vengeances furent exercées contre les agents qui s'étaient comportés en loyaux serviteurs du Roi.

Sur ces entrefaites, la bru de M. de La Chalotais accourut de Saintes avec une requête de son beau-père et de son mari où ceux-ci rappelaient leurs malheurs et réclamaient un jugement régulier qui fît éclater à tous les yeux leur innocence. Sans nul doute, il serait donné suite à cette requête si elle était présentée au parlement. Aussi parvint-on à l'éviter et à procurer au gouvernement le temps de dresser et d'envoyer des lettres patentes du 12 août affirmant qu'il ne restait pas « le moindre soupçon » contre les six magistrats naguère inculpés et qu'ils n'avaient pas besoin de plus ample justification, annulant toutes les procédures et imposant à tous un silence absolu sur tous ces faits. Le parlement enregistra ces lettres le 18 août, mais en des termes qui étaient une mise en demeure de rendre les procureurs généraux à leurs fonctions et avec des réserves qui permettraient de reprendre l'affaire dès qu'il le voudrait et de lui donner telles proportions qu'il jugerait à propos. Il envoya cet arrêt d'enregistrement à toutes les autres « classes ».

*
* *

Le temps des vacances procura une accalmie toute relative. Est-ce avant, pendant ou après ce répit ? On ne sait, mais le chancelier lui-même est, probablement avec son secrétaire de confiance Lebrun — le futur consul, ami et collaborateur de Bonaparte —, l'auteur d'un mémoire dressé au cours de cette année 1769 pour arrêter le vaste programme de réformes par lequel il entendait marquer son passage à la chancellerie. Programme rejoignant sur beaucoup de points celui que s'était déjà assigné d'Aguesseau pour la révision des grandes ordonnances de 1667 et 1670, la réforme des écoles de droit, des justices seigneuriales, etc. Un point très neuf concernait les Conseils du Roi, qui prouve que Maupeou et son collaborateur connaissaient les critiques de la cour des aides de Paris au sujet des arrêts du Conseil en finance [1] et entendaient les désarmer. Le chancelier, en effet, prévoyait d'établir, symétriquement au Conseil des Parties, un autre Conseil « réservé pour les matières propres de l'administration. A la tête seraient placés ceux qui auraient parcouru la carrière de l'intendance ; sous eux, ceux qui seraient destinés à y entrer. A ce tribunal serait porté tout le contentieux de l'administration. Là seraient discutées toutes les lois d'administration pure, celles qui règlent la perception de

---

1. Voir ci-dessus, p. 773.

l'impôt, celles qui intéressent le commerce intérieur et le commerce étranger. A cette école se formeraient ceux que le souverain appellerait un jour aux emplois les plus importants. De là, ils passeraient auprès des intendants pour y faire l'apprentissage de leurs fonctions ». De tels projets attestent la lucidité et l'ampleur de vues de leur auteur, mais leur mise en œuvre requérait un temps et une disponibilité d'esprit dont le chancelier était privé par les circonstances.

Le contrôleur général Mayon d'Invault ne réussissait pas mieux que son prédécesseur. Il avait fallu tenir un lit de justice le 11 janvier 1769 pour faire enregistrer l'édit prorogeant le second vingtième jusqu'en 1772 et plusieurs parlements avaient fait à ce sujet des remontrances tapageuses. Les anticipations et les emprunts permettaient de tenir au jour le jour, mais cette situation ne pouvait se prolonger. Diverses opérations furent préparées par Maynon d'Invault, qui devaient être discutées le 19 décembre 1769 aux Conseils des Dépêches et des Finances réunis ensemble, après avoir été examinés la veille chez le chancelier en un Comité groupant les membres de ces deux Conseils. Dans ce Comité, Maupeou soumit ces propositions à une critique en règle, que Choiseul combattit sans succès. Quand le chancelier alla porter le résultat de ce Comité à Louis XV, celui-ci jugea inutile de donner le Conseil élargi prévu pour le lendemain et Maynon d'Invault démissionna.

L'éventualité de ce départ, prévisible depuis plusieurs mois, avait mis en campagne les remplaçants possibles. Candidat de Choiseul, le procureur général Ripert de Monclar était venu séjourner longuement à la cour, mais Maupeou, qui ne voulait pas de lui aux finances, avait réussi à le faire repartir à Aix dans le courant de novembre. En sorte que, lorsque le Roi voulut choisir le successeur de d'Invault, le chancelier put aisément lui faire agréer un conseiller clerc au parlement de Paris dont il était ou se croyait sûr : l'abbé Terray, nommé contrôleur général le 22 décembre 1769 et créé ministre d'État dès le 18 février suivant. Sa venue renforçait la position de Maupeou, au détriment de la prépondérance de Choiseul, et cela alors que l'affaire de Bretagne repartait.

*
**

Dès la rentrée de la Saint-Martin, le parlement de Rennes montra des dispositions alarmantes. Il décida le 14 novembre de préparer des remontrances pour demander le retour de ses procureurs généraux. Comme les chalotistes voyaient dans les jésuites les fauteurs des tribulations de leur idole, le parlement désigna le 24 novembre des commissaires pour examiner l'édit de 1764 portant dissolution des jésuites, rechercher en quoi il pouvait être contraire à ses arrêts rendus contre ces religieux, et enquêter à ce sujet. Les remontrances furent votées le 14 décembre et il fut décidé qu'une députation solennelle irait les porter à Versailles.

Là-dessus, le 22 décembre 1769, la compagnie donna acte à La Chalotais et à son fils d'une requête qu'ils lui présentaient « à fin d'opposition à l'enregistrement des lettres patentes du 12 août dernier » et d'obtenir jugement. Les députés du parlement présentèrent le 20 janvier 1770 les remontrances au Roi : « Ce n'est point, leur déclara-t-il, pour les faits dont mes procureurs généraux ont été accusés qu'ils sont retenus par mes ordres ; il ne peut plus en être question depuis mes lettres patentes du mois d'août dernier. Vous n'auriez pas dû recevoir leur requête et je vous défends d'y donner aucune suite. D'autres faits particuliers, qui n'ont aucun rapport à l'exercice de leurs fonctions, m'ont déterminé. Ils ne vous concernent point, ni la magistrature, et je n'en dois compte à personne. » Fort claire pour La Chalotais et les très rares personnes qui connaissaient l'affaire Dereine, cette réponse n'était guère apaisante pour des Bretons entêtés, parlementaires de surcroît. Au retour de la députation à Rennes, le parlement décida de faire des représentations et, nonobstant la défense de Louis XV, arrêta que la requête des procureurs généraux serait déposée au greffe.

Cette obstination à ranimer un feu que le Roi voulait éteindre inquiéta le Conseil, où il fut décidé d'intervenir auprès de La Chalotais lui-même pour qu'il se prêtât à une conciliation. On lui envoya à Saintes son ami l'académicien Duclos, porteur d'offres séduisantes : en échange de sa démission et du retrait de sa requête, on lui proposait le paiement de ses dettes, l'érection de sa terre de Caradeuc en marquisat, des lettres d'honorariat flatteuses, des indemnités, une charge de président à mortier pour son fils. Au premier mot que lui en dit Duclos, La Chalotais lui ferma la bouche et le mit à la porte.

Pourquoi cet entêtement hautain et irréductible ? La Chalotais avait autant que le Roi intérêt à éviter la révélation des dessous de sa disgrâce et en acceptant les ouvertures qu'on lui faisait il aurait eu la garantie de ce secret et le mérite d'assoupir une bonne fois ses affaires. Il a préféré se buter dans une attitude de rejet, à quoi son caractère rancunier l'a probablement poussé : blessé dans son orgueil par la déconfiture de ses ambitions ministérielles, il a voulu tirer, à tout prix, vengeance de cet échec, l'État dût-il en être malmené. Cette intransigeance enflamma la province, aussi acharnée à réclamer le retour des procureurs généraux et le châtiment de leurs ennemis qu'elle venait de l'être pour le « rappel de l'universalité ». Sur les informations — ô combien suspectes et inconsistantes — recueillies par ses commissaires, le parlement de Rennes ordonna le 2 mars 1770 à tous les ci-devant jésuites non originaires de Bretagne de la quitter dans le délai de quinze jours et aux autres de prêter sous huitaine le serment prescrit en 1762. Le lendemain 3 mars, il arrêta qu'il serait informé des sollicitations de témoins qui auraient pu être faites pour charger M. de La Chalotais, son fils et leurs quatre co-accusés. Un arrêt qui allait être le point de départ d'une crise vitale pour la monarchie.

*
* *

Depuis 1764, Louis XV avait commencé à surmonter le désenchantement où l'enfonçait Mme de Pompadour : la réduction du parlement de Pau, la séance de la Flagellation en étaient des signes. Il avait cru pouvoir renouveler à Rennes l'expérience réussie à Pau, mais la tentative tournait mal et, une fois de plus, par les manigances de Choiseul. En livrant les jésuites aux parlements, celui-ci avait cru les apprivoiser. Il les a amenés, au contraire, à aiguiser leurs ambitions et à se mettre en révolte plus ouverte que jamais contre l'autorité du Roi. Tout était sujet à contestation ou à rébellion. Le royaume devenait impossible à gouverner, n'importe quelle mesure étant rejetée comme despotique ou violant les lois fondamentales. Dans leur répétition monotone, ces incidents multiples — dont on ne pouvait évoquer ici qu'une partie — constituaient autant d'épisodes d'un coup d'État permanent, où la noblesse de robe, pour masquer la décrépitude du vieux système judiciaire, tentait de s'emparer de la puissance publique et d'attenter à la constitution du royaume en abaissant la couronne.

Ces ambitions des féodaux de la robe étaient alors partagées par des princes et des nobles d'épée. Grand seigneur, Choiseul n'y était pas hostile. Il était même de cœur avec les parlements et presque leur complice, aboutissant toujours à prôner ou opérer reculades et abandons. En Bretagne, où opposition nobiliaire et opposition parlementaire faisaient désormais cause commune, c'était à la suite d'une décision profondément réfléchie qu'il s'était rallié aux amis et aux protecteurs de ce La Chalotais dont les menées lui avaient fait peur quelques années plus tôt.

Libérer l'État de l'asservissement dont le menaçait la magistrature était devenu pour le Roi un devoir auquel l'intérêt suprême de cet État ne lui permettrait plus longtemps de se soustraire. Pour conduire et mener à bien une telle entreprise, il ne pourrait jamais, de toute évidence, compter sur Choiseul, bien au contraire. Or Choiseul était aussi ce ministre qui s'employait diligemment, efficacement et avec cœur au rétablissement des forces militaires et navales sans lesquelles la France ne pouvait se faire respecter dans le monde. Mais pour en imposer aux étrangers, Louis XV devait d'abord en imposer à ses sujets. Choiseul constituait un cas dont l'ambiguïté était trop pernicieuse pour pouvoir encore beaucoup se prolonger.

CHAPITRE XVII

Sa Majesté

L'année promettait d'être déterminante pour Louis XV. L'affaire de Bretagne avait largement débordé les limites de cette province et mettait tout le royaume en combustion, cependant que la situation des finances royales exigeait des mesures énergiques, difficiles à faire accepter et appliquer dans cette conjoncture. La difficulté était presque de savoir par où commencer : par les finances ou par la remise en ordre du pays ? Il apparaissait de plus en plus que le second terme de cette alternative devait l'emporter sur le premier et qu'il était maintenant urgent de désobstruer l'État de tous les obstacles opposés par la magistrature non seulement à sa modernisation rationnelle, mais à son fonctionnement quotidien. En persévérant dans la bonté, le libéralisme, le respect des institutions dont il avait si souvent fait preuve dans ses relations avec les cours supérieures, le Roi aurait en quelque manière abdiqué. Avant de restaurer fermement son autorité, cette autorité « sans dépendance et sans partage » qui était la clef de voûte du système politique et qu'il était tenu de transmettre intacte à ses successeurs, avant d'user de la plénitude de son pouvoir, il pourrait encore, reprenant ce qu'il avait tenté avec le discours de la Flagellation, rappeler une dernière fois aux magistrats leurs devoirs, la nature précise de leurs fonctions et le caractère autodestructeur de leur insubordination. Il faudrait, si possible, faire entendre aux officiers et aux corps auxquels le souverain déléguait une partie de son autorité qu'ils devaient cesser de faire usage de celle-ci pour la retourner contre lui et que, par cette conduite aberrante, c'était la monarchie même et donc leur propre existence qu'ils menaient à sa perte. Si une telle exhortation restait vaine, l'existence même du corps politique serait en péril et alors il n'y aurait plus de limites au pouvoir qu'il devrait déployer pour le sauver.

Avec les fortes personnalités du chancelier de Maupeou et du contrôleur général Terray, Louis XV avait renforcé son gouvernement, dont le point faible devenait Choiseul, cet illusionniste. Dans leur imprévu, les événements proches fourniraient l'occasion des grandes décisions qu'il n'était plus possible d'ajourner. Le Roi avait juste soixante ans, il était en bonne santé, toujours robuste et sportif, mais le Dauphin son petit-fils, majeur légalement sans doute, n'avait encore que quinze ans. Si Louis XV voulait former son successeur et lui léguer un royaume en paix au-dedans et au-dehors et une couronne intacte, le temps pressait, car la tâche était rude et de longue haleine. Mais qui est maître du temps ?

I. — UNE CRISE SANS PRÉCÉDENT

Sachant que Louis XV ne pouvait dévoiler les motifs de la sanction qu'il lui infligeait, La Chalotais lançait un véritable défi à son souverain en refusant inébranlablement de démissionner. Ce comportement d'énergumène entraîna des conséquences incalculables. L'intransigeance du procureur général enflamma ses collègues du parlement de Rennes, dont les démarches furent bientôt soutenues par une agitation générale des cours supérieures aboutissant à mettre en cause les fonctions et les principes vitaux de l'État. Louis XV allait devoir faire face à une tentative de subversion totale de la monarchie.

Le procès du duc d'Aiguillon

En fidèle serviteur de l'autorité du Roi en Bretagne, le duc d'Aiguillon avait été, surtout depuis 1764, la cible d'une campagne systématique de calomnies haineuses et de dénigrement animée tant par l'opposition parlementaire que par celle des états de la province. Blessé dans son honneur et son amour-propre, il avait demandé au Roi dès février 1767 l'autorisation de requérir en justice la démonstration de son innocence. La situation politique qu'il avait occupée — et qui était le prétexte de tant d'imputations fallacieuses — lui faisait en effet un devoir de ne pas entamer sans l'aveu de Louis XV une action judiciaire dont le retentissement serait d'autant plus énorme que, un duc et pair étant en cause, elle serait portée nécessairement devant la cour des pairs. Sa demande avait alors été rejetée Il la renouvela au début de 1769 et le Conseil refusa encore d'y acquiescer. Après le rappel de son « universalité » et pour châtier les persécuteurs présumés de ses procureurs généraux, le parlement de Rennes, poussé par les chalotistes, entreprit de prendre à partie M. d'Aiguillon. Il avait donc, par son arrêt du 3 mars 1770[1], nommé quatre commissaires « pour informer de la sollicitation de témoins qui pourrait avoir été faite pour engager à déposer, par promesses ou menaces, contre les six magistrats ci-devant détenus à la citadelle de Saint-Malo, et toutes circonstances et dépendances des faits ». En conséquence, du 5 au 10 mars, les commissaires entendirent 67 témoins, pour la plupart avocats et basochiens, qui s'acharnèrent à charger le duc d'Aiguillon et le subdélégué Audouard, en remettant même sur le tapis une prétendue tentative d'empoisonnement de La Chalotais machinée par les jésuites et dont l'inanité était prouvée.

Un arrêt du Conseil du 9 mars cassa cet arrêt du parlement du 3 et ce qui s'en était ensuivi, comme contraire aux lettres patentes du 12 août précédent et, le même jour, une lettre du chancelier exhorta cette cour à observer exactement les ordonnances et, précisait Maupeou pour finir, « le Roi m'ordonne de vous marquer qu'il ne suffit point à des magistrats, et surtout à ceux qui agissent en son nom, de n'avoir point commis de délit pour mériter sa confiance ». Le parlement ne s'inclina pas. Il était évident que rien ne lui ferait lâcher prise et celui de Paris se disposait déjà à faire campagne avec lui.

Après les imputations nouvelles et particulièrement graves proférées contre lui à Rennes, le duc d'Aiguillon fut plus que jamais décidé à exiger une justification éclatante. Il insista pour qu'on laissât faire son procès. Sa demande fut débattue le 24 mars 1770 au Conseil des Dépêches, où il obtint que son affaire fût portée devant la cour des pairs. La décision était passée à la pluralité des voix, malgré les répugnances du chancelier et de Louis XV qui aurait dit : « Vous le voulez ? J'y consens, mais vous verrez ce qui en arrivera ! » Des lettres patentes de ce jour défendirent au parlement de Rennes de poursuivre les procédures et lui enjoignirent d'envoyer au parlement de Paris celles qui avaient été faites. Rennes les enregistra en faisant des réserves sur sa prétention d'être une « classe » de la cour des pairs. Paris enregistra aussi, en consentant que les débats du procès eussent lieu à Versailles. La cour des pairs y ouvrit ses séances le 4 avril en présence du Roi et du Dauphin. Après lecture de quelques dépositions faites à Rennes, elle s'ajourna au 7 pour entendre les conclusions du parquet. Adoptant celles-ci, la cour prononça alors la nullité des procédures de Rennes, prit acte de la plainte du procureur général contre d'Aiguillon et Audouard en subornation de témoins et ordonna réassignation de tous les témoins devant deux magistrats que leur impartialité et leur droiture désignèrent

---

1. Voir ci-dessus, p. 906.

bientôt aux insultes des ennemis de d'Aiguillon. Les témoins furent assignés aussitôt et entendus sans interruption du 16 avril au 7 mai.

Leurs dépositions, marquées pour la plupart au coin de la haine et du mensonge, essayaient de donner une apparence de consistance à un fantôme insaisissable. Beaucoup ne citaient que des ouï-dire, « soit par impuissance d'alléguer des faits précis, soit pour se ménager prudemment, en cas de calomnie constatée, une ligne de retraite » (M. Marion). D'aucuns récitaient une leçon apprise par cœur ou disaient à Paris le contraire de ce qu'ils avaient attesté à Rennes. Il apparaissait de plus en plus que s'il y avait eu subornation de témoins en tout cela, ce n'était probablement pas dans le sens qu'indiquait l'accusation. Ce fut sans doute l'insuffisance des propos des témoins à charge qui poussa un jeune conseiller au parlement de Rennes à faire une déposition telle qu'elle forcerait le Roi à terminer d'autorité une procédure qui promettait de tourner à l'acquittement triomphal de M. d'Aiguillon.

Ce magistrat déclara savoir qu'une nuit de janvier 1766 le duc était venu secrètement à Saint-Malo, s'y était enfermé avec Calonne et Le Noir, qu'une personne avait surpris leur conversation, de laquelle il ressortait que Le Noir *ou* Calonne avait confié à d'Aiguillon que, quels que fussent les résultats de l'instruction, le Roi exigeait la tête de La Chalotais. Calomnie atroce, mais déposition à sensation, qui faisait de d'Aiguillon l'instrument d'une volonté plus puissante que la sienne et transformait son procès en celui des ministres et du souverain en personne. D'autres déposants s'en prirent aux ordres du Roi et aux lettres de cachet auxquels avaient donné lieu les états de 1767 et mirent en cause M. de Saint-Florentin. Le duc d'Aiguillon multiplia les efforts pour que l'affaire suive son cours et se préparait à porter plainte en subornation contre les témoins qui avaient déposé contre lui, mais Louis XV et Maupeou ne pouvaient laisser le procès s'infléchir dans le sens où le voulaient les parlementaires. Dans le même temps, en effet, le parlement de Rennes entendait continuer à s'en mêler ; il avait rapporté son arrêt d'enregistrement des lettres patentes du 12 août et repartait de l'avant.

Le 8 mai, le Roi ordonna qu'on lui apportât la grosse de l'information close la veille. Le parlement y consentit le lendemain, non sans des remontrances sentencieuses. Les fêtes du mariage du Dauphin firent intermède, pendant lequel le duc d'Aiguillon conduisit habilement sa défense. Mais la volonté de Louis XV était de tout arrêter. Le 26 juin, la cour des pairs était assemblée à Paris quand le grand maître des cérémonies vint lui annoncer que le Roi la convoquait le lendemain à Versailles en lit de justice. Les ducs de Choiseul et de Praslin, qui étaient là, n'en savaient rien et apprirent de cette façon une décision de laquelle ils avaient été écartés. Ils sortirent aussitôt après le grand maître, pour ne pas prendre de risques dans la discussion qui allait suivre.

Quelques jours plut tôt, le 22, le parlement avait enregistré sans broncher des lettres patentes érigeant en duché héréditaire le marquisat possédé en Orléanais par le comte de Saint-Florentin, qui s'appela désormais le duc de La Vrillière. Promotion doublement remarquable. Elle constituait de la part du Roi un témoignage de confiance en la personne et en l'action de ce ministre, oncle du duc d'Aiguillon, et récemment attaqué par des dépositions au parlement de Rennes. En outre, le nouveau duc étant issu de la vieille famille Phélypeaux qui, depuis Henri IV, avait fourni sans interruption des secrétaires d'État, c'était la démonstration involontaire que, par quelque voie qu'on y accédât, cette carrière de secrétaire d'État était désormais devenue ducale.

*
**

Le chancelier ouvrit le lit de justice du 27 juin par un discours dont les termes, soigneusement pesés, méritent la plus grande attention pour bien comprendre la situation et la suite des événements. « Le Roi, disait-il, a été étonné de voir qu'une partie des témoins déposaient des faits étrangers à la plainte, que quelques-uns avaient annexé à leurs dépositions des arrêts du Conseil et des ordres émanés de son autorité suprême. Ceux qui ont été chargés de l'exécution de ces ordres n'en sont comptables qu'au Roi et Sa Majesté se manquerait à Elle-même si Elle soumettait à une discussion judiciaire les détails du gouvernement de son royaume. » Notons bien ceci : parmi les pièces à charge, des témoins versaient des arrêts du Conseil ! Or, « le Conseil du Roi, attaché à sa personne et inséparable de lui, n'est dans sa généralité ni une juridiction, ni un tribunal contentieux. C'est le Roi accompagné de ceux qui l'assistent dans l'administration qui lui est propre »[1]. Ce que, par commodité, l'on appelait couramment et improprement « arrêt du Conseil » était en réalité « arrêt du Roi en son Conseil » et c'est pourquoi ces actes n'étaient jamais rédigés comme émanés du Conseil, mais toujours comme émanés du souverain. Par conséquent, incriminer des arrêts du Conseil, c'était mettre en accusation le Roi lui-même et, s'il s'agissait d'arrêts en commandement, le secrétaire d'État qui les avait expédiés. Par le biais de l'action intentée contre le duc d'Aiguillon, les parlementaires parisiens et bretons tendaient donc à mettre en jugement beaucoup plus que le

1. Voir ci-dessus, p. 178.

commandant en chef en Bretagne : en s'en prenant à ceux dont il n'avait fait qu'exécuter les ordres et les instructions, ils visaient les ministres et, quoi qu'ils en eussent dit, la personne du souverain, qu'un de Messieurs n'hésitait pas à mettre en cause par une accusation calomnieuse.

C'était l'affrontement de deux conceptions de l'État. Une conception rétrograde, rêvant d'établir sur les débris du vieux système judiciaire et sur des songeries pseudo-historiques le despotisme des juges. Et la conception moderne de la gestion exécutive d'un État de droit, gestion engendrant une justice et un droit administratifs et notamment ce qu'on appelle aujourd'hui la garantie du fonctionnaire, c'est-à-dire l'impossibilité pour les agents de la puissance publique d'être inquiétés pour l'exécution régulière des ordres légalement reçus de leurs supérieurs. D'où la remarque du chancelier : « Sa Majesté se manquerait à Elle-même si Elle soumettait à une discussion judiciaire les détails du gouvernement de son royaume. » C'est de la sorte que son autorité absolue permettait peu à peu au Roi d'asseoir un État de droit moderne.

*
**

Après le discours de Maupeou, l'assemblée entendit lecture de lettres patentes datées de ce même 27 juin, dont le préambule visait l'affectation des témoins à déposer de faits étrangers à la plainte du procureur général, d'annexer à leurs dépositions des ordres particuliers émanés du Roi et de tenter de compromettre ses ministres, et dont le dispositif déclarait nulles les procédures et imposait à tous un silence absolu tant sur l'affaire que sur les requêtes respectives des parties. L'enregistrement ne souleva guère de difficultés, mais quand le chancelier passa prendre les avis, le duc d'Orléans lui déclara son mécontentement et celui de la pairie. Le soir, d'Aiguillon fut du voyage de Marly et soupa avec le Roi. Ces marques d'estime et de soutien n'empêchaient pas que le duc, privé de la justification à laquelle il avait droit et aspirait, ne fût victime d'un déni de justice et ainsi exposé aux vicissitudes les plus pénibles.

Le lendemain 28, le parlement, courroucé de se voir frustré d'un procès si utile à ses ambitions politiques, s'assembla toute la journée et une partie de la nuit, sans savoir encore comment exhaler sa fureur. Réuni de nouveau le lundi 2 juillet, sans les princes et les pairs qu'un ordre de Louis XV avait écartés, il rédigea des remontrances et prit un arrêt qui portèrent au plus haut degré de violence l'assaut de ces nouveaux ligueurs contre l'autorité royale. Sans débats, sans que l'accusé eût été admis à se défendre, sans même qu'il y eût, à proprement parler, d'accusé, puisque aucun décret n'avait été rendu, l'arrêt, reprenant les pires imputations et tenant pour nulles les lettres patentes enregistrées au lit de justice, excluait le duc d'Aiguillon des fonctions de la pairie « jusqu'à ce que, par un jugement rendu à la cour des pairs, dans la forme et avec les solennités prescrites par les lois et ordonnances du royaume, que rien ne peut suppléer, il se soit pleinement purgé des soupçons et faits qui entachent son honneur ».

Arrêt de flétrissure, évidemment cassé dès le lendemain comme « directement attentatoire à l'autorité de Sa Majesté et au respect qui Lui est dû. » Le parlement persista néanmoins dans son arrêt. Une députation vint porter le 10 à Versailles représentations et remontrances; en rentrant à Paris, elle fut acclamée dans les rues et reçue le soir au Palais-Royal par le duc d'Orléans. A l'exception du comte de la Marche, fils du prince de Conty, les princes de sang prenaient fait et cause pour la magistrature. L'arrêt rendu contre d'Aiguillon fut adopté par les parlements de Bordeaux, Toulouse, Metz, Rouen et Rennes. Dans tout ce fracas, les personnes de La Chalotais et de d'Aiguillon glissaient de plus en plus à l'arrière-plan. Qui, du Roi ou des cours supérieures, était maître en France? Telle était désormais la question pendante, bien mise en évidence, d'une part, par l'arrêté par lequel le parlement de Bordeaux avait adhéré le 13 août à celui du parlement du 2 juillet en invoquant « la loi constitutive » du royaume et, d'un autre côté, par l'arrêt du Conseil qui, le 1er septembre — sans se reporter expressément au discours de la Flagellation, mais en en développant les thèmes et en en reprenant les termes — cassa cet arrêté bordelais en visant « la constitution de la monarchie », « la constitution de l'État ». Combien significative ici l'antinomie entre la théorie d'une « loi constitutive » et ces références à « la constitution » du pays!

De son côté, le parlement de Rennes continuait à se démener, invitant les autres à joindre leurs efforts aux siens en faveur de ses procureurs généraux. Ainsi sollicitée, « l'union des classes » s'étendit à Aix et Dijon et même la cour des aides de Paris, bien que n'étant pas concernée, y alla de ses remontrances. La combustion était générale et il parut nécessaire au Roi et au chancelier d'obliger le parlement de Paris à cesser de molester le duc d'Aiguillon et de lui ôter les moyens de continuer ses entreprises. Dans un Conseil tenu tard le dimanche 2 septembre, Louis XV annonça qu'il tiendrait le lendemain un lit de justice. Choiseul s'empressa de lui demander la permission de ne pas y assister, parce qu'il devait ce jour-là aller voir à la campagne son ami Laborde, le banquier de la cour.

Le lit de justice dura trois quarts d'heure à peine et consista surtout en deux allocutions du chancelier. Le Roi, déclara-t-il d'abord à la cour, a été choqué de ce que, malgré ses défenses, « vous avez rendu un arrêt par lequel, sans autre instruction préalable, sans preuves acquises et au mépris des règles et formes judiciaires, vous avez tenté de priver des principales prérogatives de son état un pair de son royaume dont la conduite a été déclarée irréprochable par Sa Majesté Elle-même. » Il leur reprocha d'avoir ameuté les autres parlements et leur annonça, pour terminer, que le Roi, afin d' « effacer jusqu'aux traces de votre conduite », ordonnait que toutes les pièces de la procédure conduite contre d'Aiguillon et le subdélégué Audouard lui fussent remises. Les greffiers ayant apporté les liasses correspondantes, Maupeou reprit la parole en réitérant au nom du Roi les ordres et défenses antérieurs et en prévenant que « toute correspondance avec les autres parlements » serait regardée par le Roi « comme une confédération criminelle contre son autorité et contre sa personne. » Le chancelier quitta le palais en mettant dans son carrosse les papiers des procédures. On devine la surexcitation qui s'empara du parlement après cette séance. Pendant plusieurs jours, les furieux et les modérés s'affrontèrent avant de se séparer le 6 septembre en convenant de reprendre la délibération le 3 décembre, décision exprimée par un arrêt extrêmement factieux selon lequel c'était « certainement contre le vœu intime dudit seigneur Roi » qu'étaient entreprises tant d'actions « contre l'esprit et contre la lettre des lois fondamentales de la monarchie française. » Les vacances judiciaires vinrent alors sinon refroidir les passions, du moins procurer un certain répit aux événements. Aux événements intérieurs s'entend, car ceux du dehors méritaient alors la plus vive attention.

La guerre ou la paix ?

A la mi-juin 1770, le ministre de France à Londres envoya à Versailles le détail d'incidents survenus aux Malouines six mois plus tôt et dont la nouvelle venait seulement de parvenir. Le gouverneur de Buenos-Aires avait envoyé deux frégates à Port-Egmont pour protester contre les établissements que l'Angleterre y continuait. Non content de rejeter ses protestations, le commandant anglais lui avait signifié que si, dans le semestre, les Espagnols n'avaient pas évacué certaine île de l'archipel, il irait les en chasser. Ces démonstrations risquaient de ruiner le fragile compromis de 1767 et même de dégénérer en une crise belliqueuse entraînant dans une guerre contre la Grande-Bretagne les signataires du Pacte de famille. Un pacte que Louis XV et Choiseul tenaient tous deux pour la clef de voûte de leur système politique, mais chacun selon un point de vue propre. Le Roi entendait observer avec une fidélité inébranlable son alliance avec son cousin de Madrid, mais était résolu avec la même détermination à éviter toute guerre, son bon sens lui montrant qu'engager un conflit extérieur sans avoir opéré auparavant la remise en ordre de l'État serait une folie. Son ministre était tout autant que lui attaché à l'alliance espagnole, et même si fort qu'il n'aurait pas hésité, lui, à entrer en guerre pour la préserver et la consolider, sans prendre en considération l'état intérieur du royaume. Un état sur la gravité duquel il était aveuglé par sa légèreté, ou de parti pris. Depuis quelque temps, Choiseul cherchait à se mettre à couvert. Dans les Conseils, les fortes personnalités du chancelier et du nouveau contrôleur général entamaient sa prépondérance et inspiraient la fermeté adoptée par le Roi envers la magistrature, pour laquelle le duc se sentait des complaisances de grand seigneur. Des complaisances telles qu'il avait été tenu à l'écart de la décision de tenir les lits de justice du 27 juin et du 3 septembre. De son côté, il avait déserté les débats de la cour des pairs le 26 juin et la tenue du lit de justice du 3 septembre, attitude relevant d'un double jeu, qui lui permettait de conserver la confiance des parlementaires, sans prendre ouvertement position contre le duc d'Aiguillon. Son comportement dans l'affaire des Malouines ne sera pas moins équivoque.

Dans un premier temps, l'Espagne avait fait preuve de modération et paraissait souhaiter le maintien de la paix, estimant avoir besoin d'au moins deux ans pour être en état de soutenir des hostilités. Choiseul trouvait cette prudence excessive et l'ambassadeur d'Espagne, comte de Fuentès, fit de grands efforts pour le convaincre qu'il se trompait en pensant qu'une guerre pourrait lui rendre sa prépondérance dans le gouvernement. L'affaire se corsa lorsqu'on apprit à Madrid au début de septembre que le gouverneur de Buenos-Aires avait envoyé aux Malouines cinq frégates et des troupes et que la garnison britannique de Port-Egmont avait capitulé le 10 juin. Parvenue à Londres, la même nouvelle y suscita évidemment une réaction menaçante : les Anglais commencèrent de grands préparatifs, résolus à ne pas désarmer tant que leurs troupes n'auraient pas été rétablies à Port-Egmont et que le gouverneur de Buenos-Aires n'aurait pas été désavoué. L'ambassadeur de Charles III à Londres eut ordre de rechercher persévéramment la conciliation pour gagner du temps, cependant qu'on poussait activement les armements en Espagne même, où l'amour-propre national était piqué au vif. Dans une dépêche envoyée le 3 octobre, le marquis d'Ossun assurait que le roi d'Espagne désirait sincèrement la paix et lui avait dit qu'il se prêterait pour éviter la guerre à tout ce qui ne blesserait ni son honneur, ni les intérêts essentiels de sa couronne. Mais c'était une déclaration assez platonique, car le marquis de Grimaldi avait avoué à l'ambassadeur que, « par crainte de se faire lapider par les Espagnols », il ne conseillerait jamais à son maître de céder aux exigences anglaises.

Rien de plus embarrassé et artificieux que la conduite de Choiseul à ce moment. Le roi d'Espagne restait très ferme et Choiseul, tout en approuvant les préparatifs immenses de cet allié, se donnait aussi l'air de le pousser à accepter certaines conditions britanniques. C'est que, dès qu'on envisageait la guerre, se posait la question de son financement. Quand on l'évoquait au Conseil, Choiseul y était mis en difficulté par ses adversaires, qui connaissaient l'aversion irréductible de Louis XV à toute guerre. Au fil des semaines, l'Angleterre et l'Espagne poursuivaient activement leurs préparatifs militaires et navals et Grimaldi faisait remontrer à Choiseul que ceux de la France lui semblaient moins énergiques. Pendant que se développait une tension diplomatique aussi dangereuse, la situation intérieure du royaume était tout aussi grosse de menaces.

L'ÉDIT DE DÉCEMBRE 1770

Les vacances judiciaires avaient raréfié les incidents et les coups d'éclat sans apaiser les esprits. L'arrêt sur lequel le parlement de Paris s'était séparé le 6 septembre annonçait une rentrée orageuse. Pour rappeler les magistrats à la conscience de la nature et des devoirs de leurs fonctions et pour leur faire observer un minimum de discipline, le chancelier de Maupeou, assisté par l'abbé Terray, prépara un édit dont il entendait que les dispositions fussent « tellement déterminées, qu'il était impossible de les éluder ni de les enfreindre. » Cet édit, qui légiférait pour l'ensemble des parlements, fut d'abord envoyé à celui de Paris, où son enregistrement eût fait exemple pour les autres. Il fut communiqué au parquet le 27 novembre 1770 et présenté le lendemain aux chambres assemblées. Mais la plupart des magistrats n'étaient pas encore revenus au palais et la discussion fut remise au 3 décembre. L'assemblée fut nombreuse ce jour-là, et très nerveuse. Un de Messieurs proposa de faire le procès du chancelier, d'autres de le mettre comme en quarantaine. Finalement, après des torrents de propos indignés et vengeurs, le parlement adopta des représentations, aussi arrogantes dans le ton que dans le fond, pour demander au Roi de retirer son édit. Le soir même, le premier président d'Aligre put les porter à Versailles. En présence du chancelier et de La Vrillière, il les détailla à Louis XV, puis lui en remit l'écrit, que le Roi chiffonna et jeta au feu en disant : « Ce n'est qu'après les plus mûres réflexions que j'ai fait rédiger mon édit. Vos représentations ne contiennent que des déclamations contre des personnes qui méritent la confiance dont je les honore et ne tendent qu'à faire naître des idées aussi fausses qu'injurieuses à ma personne ; elles ne me font pas changer ma façon de penser. Je vous charge, vous Monsieur, de venir ici le soir, à sept heures, me rendre compte de l'exécution de mes ordres. » Le parlement n'eut cure d'obéir et d'Aligre vint le 4 au rendez-vous avec de nouvelles représentations, auxquelles Louis XV se contenta de répondre qu'il ferait connaître sa volonté. L'édit fut retiré le 5 et l'on s'attendit aussitôt à la tenue d'un lit de justice, en prévision duquel le parlement rendit le 6 un arrêt anticipé de protestation.

Il y eut en effet lit de justice à Versailles le vendredi 7 décembre 1770, où l'on nota la présence du duc d'Aiguillon parmi les pairs. Le chancelier ouvrit la séance par un discours remarquable, plein d'idées et de raisonnements précis et logiques. Il rappela que les parlements ne tenaient leur existence et leurs pouvoirs que du Roi, puis définit leur rôle législatif en des termes d'une netteté et d'une cohérence sans faille : « Quand le législateur veut manifester ses volontés, vous êtes son organe, et sa bonté permet que vous soyez son conseil ; il vous invite à l'éclairer de vos lumières et vous ordonne de lui montrer la vérité. Là finit votre ministère. Le Roi pèse vos observations dans sa sagesse ; il les balance avec les motifs qui le déterminent, et de ce coup d'œil qui embrasse l'étendue de la monarchie, il juge les avantages et les inconvénients de la loi. S'il commande, alors vous lui devez la plus parfaite soumission. » Rarement avait-on si bien exposé les principes du pouvoir législatif en France et les parlements auraient été bien embarrassés pour les contredire ou les contester. C'est pourquoi, depuis des années, ils biaisaient en prétendant que les lois qu'ils rejetaient n'exprimaient par la volonté du Roi, mais des décisions « surprises à sa religion. » Après cette harangue du chancelier, la cérémonie se déroula selon les rites habituels. L'édit fut enregistré, prenait donc force de loi et devait être exécuté selon sa forme et teneur.

*
**

Un détail révèle l'importance que Maupeou attachait à cet édit : au moment de l'envoyer au parlement, il en donna aussi communication au Dauphin et le futur Louis XVI lui en rendit le texte enrichi de cette apostille : « Cela est très beau. Voilà le vrai droit public. Je suis enchanté de Monsieur le chancelier, Louis Auguste. » Que Maupeou ait voulu faire connaître à l'héritier de la couronne la teneur d'une loi aussi capitale n'aurait rien que de naturel. Mais le chancelier ne visait-il pas le Roi lui-même à travers le Dauphin ? Celui-ci avait maintenant seize ans et n'entrait encore dans aucun des Conseils, alors que, si l'on se référait aux précédents, il aurait pu être admis au Conseil des Dépêches. Le Grand Dauphin y avait été appelé à 27 ans en 1688, mais le duc de Bourgogne en 1699 à 16 ans et le Dauphin fils de Louis XV en 1750 à 21 ans. Il était de règle que, les premières années, ces jeunes princes écoutassent sans opiner pour se former aux affaires et c'était précisément une formation essentielle et irremplaçable. S'appuyant sur le cas du duc de Bourgogne et même sur celui de Louis XV siégeant dès l'âge de 10 ans au Conseil de Régence (mais il était déjà Roi !), Maupeou n'a-t-il pas fait là un geste pour inciter le Dauphin à parler des événements à son grand-père et celui-ci à donner à son petit-fils l'accès au Conseil des Dépêches, où se débattaient les affaires intérieures ? L'heure semblait s'y prêter et même l'exiger, où la magistrature mettait l'État en péril et où l'on pouvait juger nécessaire que l'héritier présomptif du trône mesurât la gravité de la situation et fût associé aux mesures radicales qu'elle exigeait. Louis XV a-t-il perçu ce message éventuel de son chancelier ? De toute manière, il aurait pu et dû sentir de lui-même que, dans des circonstances aussi exceptionnelles, le moment était venu d'entamer l'éducation politique de son successeur, surtout depuis que celui-ci était marié. Ç'aura été de sa part une faute très lourde de conséquence que d'avoir laissé échapper cette occasion ou de ne pas avoir osé la saisir.

*
**

En rentrant à Paris après le lit de justice, le parlement tint sur-le-champ une assemblée longue et agitée, dont ne sortit que la décision de s'ajourner au lundi. Ce jour-là, 10 décembre, la compagnie, se considérant dans l'impuissance « de pouvoir avec honneur exécuter ledit édit et remplir aucune de ses fonctions », décida d'arrêter le cours de la justice, tout en demeurant assemblée pour recevoir réponse du Roi. Aussitôt les avocats fermèrent leurs cabinets et les autres tribunaux vaquèrent.

En quoi cet édit de décembre 1770 paraissait-il inacceptable à Messieurs ? Ses dispositions étaient modérées. Il ne reprenait pas celles des édits de 1732 et 1756 excluant de l'assemblée des chambres les magistrats n'ayant pas un minimum d'ancienneté et ne comportait que trois articles. Par le premier, il était défendu aux parlements de se servir des termes d'*unité,* d'*indivisibilité,* de *classes* et autres impliquant l'existence « d'un seul et même parlement divisé en plusieurs classes » et de correspondre entre eux, hors les cas prévus par les ordonnances. Il leur était interdit, par l'article II, « sous peine de perte et privation de leurs offices », de cesser le service et de donner des démissions combinées. Le dernier article concernait les remontrances : elles étaient permises, sans faire de différence entre les itératives et les autres, à condition qu'elles fussent faites avant l'enregistrement ; elles devaient cesser une fois que le Roi, après les avoir écoutées, ordonnait l'enregistrement. En dehors de la condamnation du système des « classes », il n'y avait aucune innovation dans ces articles, qui reprenaient des prescriptions consignées depuis longtemps dans « le dépôt des lois ».

En réalité, ce qui courrouçait les magistrats ce n'était pas le dispositif très mesuré de l'édit, mais son préambule, fort important par sa teneur comme par ses proportions : il est trois fois plus long que le dispositif. Le Roi commençait par y dénoncer la mauvaise foi des prétextes dont se prévalaient les cours dans leur insoumission et démontrait que la théorie des « classes » ne reposait sur aucun fondement juridique ni historique et ne servait qu'à propager l'obstruction lorsque l'une d'elles avait des difficultés avec lui. Puis, en se référant expressément au discours de la Flagellation, il fustigeait la prétention des magistrats à se présenter comme « les représentants de la nation, les interprètes nécessaires des volontés publiques des rois, les surveillants de l'administration de la force publique et de l'acquittement des dettes de la souveraineté. » « Nous ne tenons notre couronne que de Dieu, continuait-il : le droit de faire des lois par lesquelles nos sujets doivent être conduits et gouvernés nous appartient à nous seul, sans dépendance et sans partage ; nous les adressons à nos cours pour les examiner, pour les discuter et les faire exécuter. Lorsqu'elles trouvent dans leurs dispositions quelques inconvénients, nous leur avons accordé la permission de nous faire les remontrances qu'elles jugent convenables... Mais cet usage, dans lequel elles ont été rétablies pendant notre minorité... ne doit pas être, entre les mains de nos officiers, un droit de résistance : leurs représentations ont des bornes et ils ne peuvent en mettre à notre autorité. » Pour finir, insistait le souverain, « c'est en donnant à nos peuples l'exemple de l'obéissance que nos officiers feront respecter en eux le caractère de magistrats, caractère qu'ils ne tiennent point d'une loi constitutive et que nous seul leur imprimons par les provisions qu'il nous plaît de leur accorder. »

On comprend pourquoi ce préambule — qu'il ne faut pas dissocier du discours du chancelier au lit de justice — hérissait les magistrats. Il crevait toutes les vessies constitutionnelles gonflées depuis des années par ces Messieurs. Il exposait dans la plus pure orthodoxie les caractères fondamentaux de la constitution de la monarchie. Les accusations et les griefs qu'il détaillait étaient réels. Les entreprises qu'il dénonçait n'étaient que les fausses démarches de rebelles. Son défaut majeur était de dire la chose la plus désagréable du monde : la vérité. Il est un point de ce préambule auquel les magistrats n'ont pas accordé, semble-t-il, toute l'attention qu'il méritait. Ce sont les propos de la fin, où il leur était rappelé qu'ils ne tenaient leurs pouvoirs que du prince. Ces hommes dont, selon le mot de Mirabeau, « les prétentions ont insulté longtemps à toute idée d'ordre social », auraient dû y entendre l'énoncé non seulement d'une vérité, mais d'un avertissement. La vérité étant que, créés par le Roi, leurs offices pouvaient de même être supprimés par lui. Et l'avertissement : qu'en attaquant aussi radicalement qu'ils le faisaient l'autorité royale, ils mettaient en péril l'être et la substance mêmes de leurs fonctions et l'existence de leur propre milieu social et professionnel. Ces considérations étant étrangères aux parlementaires, ils crièrent qu'ils étaient avilis, déshonorés et continuèrent à braver plus que jamais l'autorité du Roi.

Le renvoi de Choiseul

Après l'arrêt de cessation de service du 10 décembre, se succédèrent délibérations du parlement, représentations portées à Versailles, injonctions verbales du Roi au premier président pour la reprise du service, persistance du parlement dans sa rébellion. On peut se demander si la compagnie, sachant que le Roi redoutait alors que la fermeté de l'Espagne n'amenât une rupture de ses négociations avec l'Angleterre et ne nous entraînât dans quelque guerre, n'était pas poussée à la résistance par l'idée que, un conflit advenant, le gouvernement ne pourrait se passer d'elle pour faire passer des édits bursaux et avait donc, dès maintenant, intérêt à la ménager. De fait, Louis XV n'était pas moins tourmenté par la crise des Malouines que par la sédition parlementaire et l'une et l'autre avaient en commun d'ébranler la position de Choiseul. Depuis septembre, le bruit de sa disgrâce prochaine courait en France et à l'étranger, disgrâce attribuée aux risques dont ses ennemis paraient sa politique espagnole et ses complaisances pour les cours supérieures. Les mesures énergiques adoptées depuis le lit de justice du 27 juin avaient été prises sans lui par Louis XV, le chancelier, l'abbé Terray et La Vrillière. Ce fut sans doute encore le cas des lettres de jussion par lesquelles, passant des simples injonctions verbales au langage plus impératif des actes écrits solennellement notifiés, le Roi fit, le 20 décembre, en termes très forts, commandement au parlement de reprendre son service. A sa date, cette jussion était un nouveau coup de semonce, destiné à faire comprendre aux magistrats et que le souverain ne céderait pas, et, par suite, que leur connivence avec Choiseul ne jouerait plus.

A cette date, le sort de ce duc était presque joué. Ses adversaires cabalaient contre lui et ses attitudes ambiguës le perdirent. Le 19 décembre 1770, il avait écrit à Grimaldi, son collègue espagnol, une lettre où, tout en lui donnant son avis sur sa négociation avec l'Angleterre, il en venait à considérer implicitement la guerre comme inévitable, une guerre dans laquelle on entrerait à la fin de janvier et, dans ce cas, disait-il, « il faudrait nous mander le jour que vous arrêteriez les vaisseaux anglais dans vos ports et que vous mettriez un embargo général, afin que nous fussions ici préparés pour en faire autant ; la déclaration viendrait la semaine après. » Par Choiseul lui-même ou par les bureaux des Affaires étrangères, Louis XV eut connaissance de cette missive, dont il fut outré. « Monsieur, je vous ai dit que je voulais point la guerre », dit-il et il lui prescrivit d'adresser au marquis d'Ossun une dépêche lui enjoignant de faire les plus grands efforts pour amener Charles III à souscrire aux conditions de l'Angleterre.

En ordonnant l'expédition de cette dépêche, le Roi ne cherchait qu'à faire croire à Choiseul que sa destitution n'était pas imminente, alors qu'elle l'était en réalité. Mais il estimait devoir préparer lui-même le roi d'Espagne à l'annonce de cette disgrâce avant que celle-ci n'eût été effective et annoncée par les voies ordinaires. Il fallait qu'avant d'apprendre l'éviction de Choiseul, considéré à Madrid comme le ciment du Pacte de famille, Charles III fût convaincu qu'elle serait sans contrecoup sur la solidité de l'alliance. Le courrier qui, le 23 décembre, emporta la dépêche destinée à M. d'Ossun, était aussi, à l'insu de Choiseul, porteur d'une lettre personnelle et secrète de Louis XV à son cousin, composée avec l'assistance de l'abbé de La Ville, premier commis des Affaires étrangères, datée du 21 et ainsi conçue :

« Monsieur mon frère et cousin, Votre Majesté n'ignore pas combien l'esprit d'indépendance et de fanatisme s'est répandu dans mon royaume. La douceur et la patience m'ont conduit jusqu'à présent. Mais, poussé à bout, et mes parlements s'oubliant jusqu'à oser me disputer l'autorité souveraine que nous ne tenons que de Dieu, je suis résolu de me faire obéir par toutes les voies possibles. Dans cette situation, la guerre serait un mal affreux pour moi et pour mes peuples, mais ma tendresse extrême pour V.M., l'union intime et parfaite qui règne entre nous, cimentée par notre pacte de famille, me fera toujours tout oublier quand il s'agira de ces intérêts. Mes ministres ne sont que mes organes, ainsi, quand je me crois obligé d'en changer, il n'est pas à craindre que cet événement puisse déranger en rien nos affaires et, tant que j'existerai, V.M. peut compter sur moi comme sur Elle. Avec cela, si V.M. peut faire quelque sacrifice pour conserver la paix sans blesser son honneur, Elle rendra un grand service au genre humain, et à moi en particulier dans ce moment-ci. J'assure V.M. de mes sentiments les plus tendres et les plus parfaits et avec lesquels je serai éternellement, Monsieur mon frère et cousin, de Votre Majesté, bon frère et cousin, Louis. »

Dans sa concision, ce message était fort clair. D'une part, Louis XV se fondait sur le Pacte de famille non pour s'engager à fond aux côtés de l'Espagne dans son différend avec Londres, mais au contraire pour requérir d'elle que, par sa modération, elle portât assistance à la France, à laquelle la situation critique de ses affaires intérieures prohibait toute fanfaronnade belliqueuse. Le Roi annonçait aussi que cette crise le contraignait de recourir incessamment aux mesures les plus sévères et enfin laissait entendre que Choiseul allait être écarté et pourquoi il le serait.

Dès que Louis XV eut la certitude que cette lettre serait lue par son cousin avant qu'il n'eût été informé de quelque autre manière de la disgrâce de son ministre, celle-ci ne fut plus qu'une question d'heures. Le 23 décembre dans l'après-midi, comme Choiseul présentait la plume au Roi pour qu'il signât le contrat de mariage du duc de La Rochefoucauld, Louis XV la lui prit des mains en le regardant d'un air si rêveur qu'il se sentit perdu. Le lendemain, à 10 heures du matin, le duc de La Vrillière vint lui apporter ce billet que le Roi tenait en réserve depuis trois jours : « J'ordonne à mon cousin le duc de Choiseul de remettre la démission de sa charge de secrétaire d'État et de surintendant des postes et de se retirer à Chanteloup jusqu'à nouvel ordre de ma part. » Les instructions données à La Vrillière portaient : « Sans Mme de Choiseul, j'aurais envoyé son mari autre part, à cause que sa terre est dans son gouvernement ; mais il en usera comme s'il n'y était pas ; il ne verra que sa famille et que ceux que je permettrai d'y aller. » La Vrillière passa ensuite remplir le même office chez le duc de Praslin. Choiseul accueillit le coup avec le plus grand sang-froid et demanda seulement à rester à Paris jusqu'au 26 pour arranger ses affaires : cette faveur lui fut refusée, mais accordée à son cousin, malade, à qui on donna jusqu'à la fin de la semaine.

La disgrâce de Choiseul, l'un des hommes d'État les plus en vue en Europe, fit sensation au-delà des frontières. En France, elle fut pour les frondeurs l'occasion d'une manifestation d'opposition : les rues voisines de son hôtel, rue de Richelieu à Paris, furent embouteillées par les carrosses des gens qui venaient se faire inscrire chez lui et quand, le jour de Noël, il se mit en route pour la Touraine, une foule le suivit jusqu'à la barrière d'Enfer.

*
**

Les choiseulistes et les parlementaires firent passer la disgrâce du ministre pour le triomphe de Mme du Barry, du duc d'Aiguillon et de leurs séides, mais cette version des choses, souvent acceptée sans examen, déforme les réalités. Il est certain que, rival de Choiseul, contrecarré et desservi par lui, le duc d'Aiguillon n'avait pu qu'être tenté de mettre dans son jeu une femme elle-même affrontée à l'hostilité militant de ce puissant ministre : une commune antipathie pour lui scella leur union politique et probablement ne laissèrent-ils guère passer d'occasions de lui rendre de mauvais offices. Mais c'est aller trop loin que de leur attribuer une part importante dans sa disgrâce, même si la favorite y a fortement incité le Roi : nous avons déjà rencontré de ces circonstances où Louis XV décourageait par sa ténacité muette les pressions de ce genre. Et la preuve qu'il ne s'est débarrassé de Choiseul que parce que les intérêts supérieurs de la monarchie l'exigeaient promptement, résulte du temps qu'il a dû prendre — et nous y reviendrons — pour pourvoir de titulaires les secrétariats d'État rendus vacants par l'éloignement des Choiseul : deux semaines pour la Guerre, trois mois et demi pour la Marine, presque six pour les Affaires étrangères. Croit-on que d'Aiguillon aurait ainsi dû patienter un semestre pour entrer dans le gouvernement si, avec l'appui de Mme du Barry, il avait convaincu le Roi qu'il était urgent que Choiseul eût un remplaçant et nécessaire que lui fût ce remplaçant ?

Choiseul a été renvoyé parce que Louis XV se rendait compte avec sa lucidité habituelle que — si remarquablement qu'il ait conduit le rétablissement de l'armée et de la marine — il avait mis, en douze ans de ministère, le royaume dans une situation impossible au-dehors et au-dedans. Il avait commis l'erreur, dans sa politique européenne, de limiter son attention et de ne pas prévoir les complications orientales qui venaient traverser ses plans et, dans l'affaire des Malouines, ses ambiguïtés menaçaient de conduire à un conflit armé que le Roi tenait à éviter à tout prix. Son erreur la plus grave était, en préparant la guerre de revanche, de n'avoir pas mis le royaume en état de la soutenir. Autant que de puissantes forces militaires, la victoire exigeait d'autres conditions, dont manquaient les plus essentielles : le commandement, les forces morales, l'unité spirituelle. « Les principes Choiseul sont trop contraires à la religion et, par contrecoup, à l'autorité royale » : dans cette déclaration faite par Louis XV en 1772 au comte de Broglie réside sans doute une bonne part de l'explication de la disgrâce de Choiseul. Ses faiblesses complices envers les parlements avaient développé dans les esprits le fanatisme et les fureurs partisanes et dans la magistrature des ambitions sans bornes qui mettaient en péril les fondements de la monarchie.

***

Le parlement de Paris avait rejeté le jour même les lettres de jussion du 20 décembre, persisté dans ses arrêtés précédents et, par conséquent, n'avait pas repris le service. Pour donner aux esprits le loisir de se calmer un peu pendant les fêtes et de réfléchir après l'éloignement de Choiseul, le chancelier laissa s'écouler quelques jours avant d'adresser, le 3 janvier 1771, des lettres de seconde jussion au parlement. Des lettres dont la teneur, quoique pressante, était moins impérieuse que celle des premières et cela probablement parce que le prince de Condé et l'abbé Terray risquèrent alors une tentative de conciliation et surtout parce que Louis XV, avant de frapper fort, attendait la réponse du roi d'Espagne. Datée du 2, elle lui fut apportée le 11 janvier par le comte de Fuentès. Au grand soulagement du Roi, son cousin se montrait parfaitement compréhensif : non seulement il louait sa résolution de « conserver son pouvoir souverain et de se faire obéir », mais, écrivait-il, « si pour un motif aussi essentiel et si intéressant pour Votre Majesté, il était besoin de secours, tous ceux qui dépendraient de moi seront toujours à sa disposition ». Il annonçait son intention de rechercher un accommodement avec l'Angleterre et, pour finir, ne pouvait s'empêcher de glisser un regret sur le sort de Choiseul. Ainsi, par son intervention personnelle, Louis XV avait désamorcé la crise des Malouines et consolidé une paix que, par bonheur, les Anglais étaient, au fond, peu désireux de rompre. Mais la proposition de secours de Charles III, qui sous-entendait l'octroi éventuel d'une aide militaire, montre à quel point la crise intérieure française impressionnait à l'étranger.

Au reçu des lettres de jussion du 3 janvier, le parlement, après des débats houleux, s'ajourna au 7, où, par 58 voix contre 53, il accepta d'assurer de nouveau le cours de la justice, mais en affirmant catégoriquement qu'il ne reconnaîtrait jamais l'édit de décembre. Cette restriction était inacceptable pour Louis XV qui, rassuré du côté de l'Espagne, déclara au premier président lui apportant cet arrêté : « Mon parlement, en reprenant son service ordinaire, est rentré dans son devoir ; il n'aurait jamais dû s'en écarter. Son arrêté contient des maximes contraires aux principes établis par mon édit, dont je maintiendrai toujours l'exécution. » Ce qu'apprenant, les 58 magistrats qui avaient voté la reprise du travail se rétractèrent et, une fois de plus, la compagnie repoussa l'édit et interrompit le service. D'où, du 15 au 17 janvier, un va-et-vient de jussions et de rejets virulents, agrémenté de remontrances très entortillées où le parlement tentait de se disculper des griefs dont le Roi l'inculpait, mais en des termes et avec des arguments si embarrassés et si artificiels qu'ils prouvaient le bien-fondé des imputations dont il essayait de se laver. Louis XV lança alors, le 18 janvier, des lettres de cinquième et finale jussion, très nettes et claires : « Avant de punir votre désobéissance à nos volontés, nous avons cru qu'il était de notre bonté d'épuiser toutes les voies de douceur et de patience et nous vous voulons bien encore, pour la dernière fois, avant d'employer notre autorité, vous rappeler à vos fonctions et à vos devoirs... A ces causes,... ordonnons à tous et chacun des officiers qui composent notre cour de parlement de se rendre, aussitôt après la lecture et l'enregistrement de nos présentes lettres, dans les différentes chambres où ils sont de service pour y vaquer aux fonctions et aux devoirs de leurs charges... et ce sous les peines portées par notre édit du mois de décembre dernier. » Ces peines étaient la perte et privation des offices et la poursuite pour désobéissance aux ordres de Sa Majesté.

Tel était l'ultime développement de l'affaire de Bretagne. Il mettait Louis XV dans une situation qui, toutes choses égales d'ailleurs, était celle de Henri III à la fin de 1588. Menacé dans sa personne et au cœur même de son autorité par les Guises et par la Ligue, le dernier Valois, usant de sa prérogative essentielle, celle de juge suprême des intérêts fondamentaux de l'État, avait prononcé et fait exécuter une sentence de mort contre ceux qui attentaient à son autorité, clef de voûte de l'État. Au seuil de 1771, la ligue des parlementaires menait pareillement contre la personne et l'autorité de Louis XV une offensive qui mettait en jeu et en péril l'existence même du corps politique de la monarchie. Dans ces circonstances, en vertu de cette même suprématie de justicier qui avait jadis fait à Henri III obligation de recourir à des mesures extrêmes, Louis XV allait devoir clore enfin ce conflit vital entre la couronne et le greffe par des décisions qui, sans entraîner effusion de sang (les mœurs s'étaient adoucies, du moins en apparence, depuis le XVIe siècle), n'en auraient pas moins le caractère radical exigé par les impératifs du salut public.

II. — LA LIBÉRATION DE L'ÉTAT

Les mesures spectaculaires prises par Louis XV en 1771 sur l'initiative du chancelier de Maupeou pour mater les cours supérieures ont été, dès ce temps et jusqu'à présent, bien souvent qualifiées de « coup d'État ». Il n'est pas d'expression moins appropriée, car l'action du Roi et de son chancelier a consisté précisément à mettre fin au coup d'État permanent par lequel ces corps, comme le dira Mirabeau, « après s'être placés par eux-mêmes entre le monarque et les sujets pour asservir le peuple en dominant le prince, ont joué, menacé, trahi tour à tour l'un et l'autre au gré de leurs vues ambitieuses et retardé de plusieurs siècles le jour de la raison et de la liberté ». Entamée par Henri II, continuée malgré les guerres de Religion, poursuivie par Henri IV et Sully, par Louis XIII et Richelieu, par Louis XIV et Colbert, la modernisation de l'État a été, en effet, obstinément freinée par les cours supérieures et, en dernier — depuis le jour où, tel un apprenti sorcier, le Régent avait ôté les bornes sagement posées par Louis XIV —, elles s'étaient évertuées, d'usurpation en usurpation, à instaurer le despotisme des juges. Si Louis XV avait laissé ce processus aboutir sans l'enrayer enfin radicalement, il aurait failli au plus essentiel de ses devoirs de roi de France, devoir plus impérieux même que celui de préserver l'intégrité territoriale du royaume, et qui était de passer à son successeur une autorité intacte, cette autorité sans dépendance et sans partage, âme du corps politique de la monarchie. En réponse à des remontrances de la cour des aides de Paris, n'avait-il pas rappelé en 1768 : « Je dois transmettre à mon successeur mon État avec la même constitution qu'il avait lorsque je l'ai reçu » ? Il est à regretter que, faute d'avoir su désigner plus tôt un chancelier énergique et clairvoyant, il ait attendu si longtemps pour procéder à ce « coup de majesté » indispensable pour libérer l'État des entreprises paralysantes de la magistrature. Avec une autorité pleine et entière, indiscutée et respectée dans son principe, un roi de France pouvait procurer à la société les innovations les plus utiles et opérer dans l'État les réformes les plus hardies. Si, au contraire, son autorité était contestée et adultérée dans sa substance, tout progrès était bloqué, l'État asservi et immobilisé par les intérêts, les prétentions, les ambitions, les routines, les vanités coalisés sous les prétextes les plus spécieux et la société figée dans l'archaïsme. C'est à partir de ces certitudes que le chancelier de Maupeou conçut et opéra le « coup de majesté » auquel était acculé Louis XV.

Le coup de majesté dans le ressort de Paris

Si l'ensemble des mesures mises en œuvre par le chancelier est connu, le détail de leur élaboration ne l'est guère. Les archives de la chancellerie et les archives personnelles de Maupeou n'existent plus. L'on est informé sur ces événements davantage par les témoignages de ceux qui les ont subis, et de très mauvais gré, que de ceux qui les ont conduits. Depuis l'interruption du procès du duc d'Aiguillon et surtout depuis le lit de justice du 7 décembre

1770, la magistrature a voué à Maupeou une haine féroce et implacable, n'a reculé devant aucune calomnie pour le dénigrer et le salir, pour l'accuser de toutes les bassesses, toutes les méchancetés, toutes les vilenies imaginables, et Dieu sait combien ces Messieurs étaient doués d'imagination en ce domaine. Toutes imputations reprises dans la haute noblesse par ceux qui adoptaient les thèses des robins et rejoignant ainsi les infamies colportées à propos de Mme du Barry, le tout grossi, délayé et répandu par une masse de libelles, de pamphlets et d'écrits de toute espèce.

Il semble que la plupart des décisions ont été arrêtées par le Roi dans son travail avec le chancelier et avec la collaboration de Terray et de La Vrillière. Il est vrai que, depuis le départ des Choiseul, le Conseil d'En-haut, dont Maupeou ne faisait point partie, était réduit à quatre ministres : Soubise, La Vrillière, Bertin et Terray ; et que le Conseil des Dépêches n'avait plus que six membres. Quant au chancelier, il fut aidé par son secrétaire Lebrun et par l'une des meilleures têtes du Conseil, Bourgeois de Boynes, remarquable juriste, riche en outre de son expérience à l'intendance et au parlement de Franche-Comté. Quelques surprises que pussent procurer les circonstances, Maupeou ne s'aventurait pas au hasard : on sait qu'en 1769 il avait dressé un programme de réformes et l'occasion s'offrait de les mettre en application.

*
**

Aux lettres de dernière jussion du 18 janvier 1771, le parlement de Paris opposa la même fin de non-recevoir qu'aux précédentes. Dans la nuit du samedi 18 au dimanche 20 janvier, chacun de ses officiers fut tiré du lit par la venue de deux mousquetaires qui lui remirent une lettre de cachet lui enjoignant de répondre sur l'heure, « par simple déclaration de oui ou de non » remise par écrit, à la sommation de reprendre le service. Trente-huit magistrats seulement répondirent oui. Les autres reçurent, la nuit suivante, d'abord la visite d'un huissier qui leur signifia un arrêt du Conseil prononçant la confiscation de leurs offices, puis celle de deux mousquetaires encore, porteurs d'une lettre de cachet leur ordonnant de quitter Paris dans la journée pour se retirer dans le lieu qui leur était indiqué. Apprenant ces significations, les trente-huit qui avait dit oui se dédirent et subirent aussitôt le même sort que ceux qui avaient dit non. Les exilés ont été représentés comme autant de martyrs. En fait, soixante étaient confinés sur leurs terres et cent sept autres disséminés à travers le royaume, dont quelques-uns — en une intention teintée tantôt de mesquinerie, tantôt d'humour — en des bourgades écartées et peu hospitalières. Précaution nécessaire car, le 20 décembre, les magistrats partisans du non s'étaient réunis au palais, sans les présidents immobilisés par lettre de cachet, et avaient pris un arrêté spécifiant que leur intention « a été et sera toujours de continuer notre service dans le parlement, conformément aux divers arrêtés de la compagnie et notamment à celui du 18 de ce mois, qui a tellement lié tous ses membres qu'aucun ne peut, sans violer son serment, s'écarter de ce qui est déterminé par lesdits arrêtés ». En illustrant la vigilance avec laquelle Messieurs entretenaient l'esprit de corps et l'annihilation des libertés individuelles qui en découlait, cet arrêté témoigne du bien-fondé de la méfiance du chancelier : s'il tenait à les éloigner de Paris — fort peu pour certains — et à les isoler les uns des autres, c'était pour les empêcher de s'exalter entre eux, de céder aux délires collectifs et de comploter contre les réformes.

Si Maupeou avait compté sur les magistrats qui avaient d'abord répondu oui pour faire fonctionner envers et contre tout le parlement, ceux-ci, en se rétractant, renversaient ses plans. Mais rien ne pouvait arrêter sa détermination. Le 22 janvier, il convoqua chez lui tous les conseillers d'État et maîtres des requêtes et leur annonça qu'ils allaient assumer l'intérim du parlement au siège même de cette cour et qu'ils devraient intituler « arrêts du parlement » ceux qu'ils y rendraient. Certains, qui étaient proches des exilés, manifestèrent leur répugnance pour ce service, mais le chancelier n'admit aucune excuse. Le lendemain, Messieurs du Conseil furent présentés à Louis XV et des lettres patentes du même jour les commirent pour tenir le parlement. Maupeou les introduisit au palais en grande pompe le 24. Les magistrats du parquet avaient reçu, par lettre de cachet, l'ordre d'être là ; on eut plus de mal à s'assurer le concours de greffiers et, faute de procureurs, il ne fut pas possible d'ouvrir l'audience après l'installation de la cour. Au reste, il ne pouvait s'agir que d'un expédient provisoire, car il perturbait par ailleurs le fonctionnement du Conseil d'État privé et pouvait, à terme, placer les gens du Conseil dans la situation embarrassante de rendre en parlement des arrêts contre lesquels pourraient être présentées au Conseil des requêtes en cassation sur lesquelles ils auraient eux-mêmes à statuer. La basoche et la foule se liguèrent contre ce parlement intérimaire. Des princes du sang et des ducs et pairs défendirent à leurs procureurs d'occuper devant lui et beaucoup de plaideurs les imitèrent. Les avocats se dérobaient et, dans ce palais fanatisé depuis des décennies, il fallut doubler la garde pour assurer quelque calme et même empêcher les voies de fait contre les magistrats. Bientôt surnommé « le sénat parisien » par la malignité publique, ce tribunal eut peine à s'imposer, mais son rôle n'était que de permettre au Roi de gagner du temps.

Un temps pendant lequel, si le chancelier mettait ses projets au point, l'opinion se déchaînait contre sa personne et ses opérations. Le Paige, on le devine, se démenait dans ce branle-bas et, par la personne interposée de Conty, échauffait les princes du sang. Ceux-ci préparèrent un mémoire et allaient le signer quand, le 31 janvier, Louis XV écrivit au duc d'Orléans pour lui dire sa surprise de ce que les princes se fussent assemblés sans l'en avoir prévenu et que lui, premier prince du sang appelé au trône au défaut de la branche aînée, se montrait peu soucieux de la sauvegarde de l'autorité royale. Orléans alla aussitôt à Versailles faire au Roi les représentations les plus vives. Louis XV n'hésita pas à lui répliquer qu'à l'origine de tous ces troubles il y avait son grand-père le Régent, parce qu'il avait levé les obstacles posés par Louis XIV aux prétentions des cours. Les parlements provinciaux entraient dans la danse et celui de Rouen rendit le 5 février un arrêté d'une rare violence, préconisant un recours aux états généraux, arrêté qu'il envoya aux princes du sang et dont il développa les principes dans une lettre adressée au Roi le 8. Ainsi sollicités, les princes se remirent en campagne et écrivirent à Louis XV une lettre dont le contenu devait rester confidentiel, mais dont il parut des éléments dans la *Gazette d'Utrecht*, ce qui en dit long sur les ramifications du parti parlementaire. Celui-ci essaya même de gagner à sa cause les filles du Roi. Par l'intermédiaire du lieutenant général de police, M. de Sartine, défavorable au chancelier, M. de Jarente, évêque d'Orléans chargé de la feuille des bénéfices, commanda à Le Paige, qui le lui remit le 21 février, un mémoire qu'il destinait à Mesdames. Le 18 février, la cour des aides de Paris — en fait, Malesherbes — fit un grand éclat avec de longues et emphatiques remontrances où elle prônait aussi l'appel aux états généraux, sans se rendre compte que la réunion de ceux-ci eût ravalé les compagnies de magistrats à ne s'occuper plus que de rendre la justice. A coups de remontrances et d'arrêtés, les parlements des provinces montraient de plus en plus d'effervescence. Fermentation générale entretenue par le fait que certaines dispositions des édits préparés par le chancelier commençaient à filtrer. Mais leur teneur devint bientôt publique.

***

Le parlement intérimaire enregistra le 23 février 1771 trois édits datés du mois, qui constituèrent le premier train des réformes de Maupeou. Des réformes d'une très grande portée, car elles ne touchaient pas seulement le fonctionnement de la justice, mais emportaient des conséquences d'ordre politique et social. Le principal de ces trois édits annonçait dans son préambule la suppression de la vénalité des charges de judicature et l'établissement de la gratuité de la justice. Et son dispositif créait dans le ressort du parlement de Paris — à Arras, Blois, Châlons-sur-Marne, Clermont-Ferrand, Lyon et Poitiers — six conseils supérieurs qui connaîtraient au souverain et en dernier ressort de toutes les matières civiles et criminelles dans l'étendue des bailliages et sénéchaussées qui leur étaient attribués. Le parlement, dont le ressort ancien était ramené à l'Ile-de-France, à l'Orléanais, à la Picardie et aux régions de Reims et de Soissons, conservait le privilège de juger les affaires concernant le domaine de la couronne et la pairie, de présenter des remontrances et d'enregistrer les lois que les conseils supérieurs n'auraient ensuite qu'à publier purement et simplement. L'édit fixait la composition de chacun des six conseils, dont les magistrats n'achèteraient pas leurs charges, percevraient des gages versés par le Trésor royal et bénéficieraient, s'ils en avaient besoin, d'un anoblissement graduel. Les deux autres édits n'étaient que la conséquence du précédent : l'un supprimait le conseil provincial fonctionnant à Arras et l'autre lui substituait un des six conseils supérieurs.

Nombre de gens sensés convinrent de la sagesse de ces dispositions, mais elle ne désarma pas les adversaires du chancelier. La chambre des comptes de Paris, généralement paisible, s'émut, mais sans insister. Les princes du sang attendirent un mois pour adresser le 19 mars une lettre indignée au Roi qui, le 20, exila soudain l'évêque d'Orléans dans son abbaye de Saint-Vincent du Mans : on venait de se rendre compte qu'il avait porté à Madame Victoire le mémoire qu'il avait demandé à Le Paige. La feuille des bénéfices lui fut ôtée et confiée au cardinal de La Roche-Aymon, archevêque de Reims et grand aumônier de France. Ces traverses n'empêchèrent pas le chancelier d'aller de l'avant avec la même intrépidité. Le 8 avril, Malesherbes fut relégué dans son château et, le lendemain, le maréchal de Richelieu alla à la cour des aides faire enregistrer un édit la supprimant et attribuant sa compétence au parlement et aux conseils supérieurs. Ce même 9 avril, Bourgeois de Boynes fut nommé secrétaire d'État de la Marine, poste dont l'abbé Terray assurait l'intérim depuis l'exil de Praslin. Son entrée dans le gouvernement signifiait que rien ne ralentirait les réformes, et surtout pas l'opposition des princes du sang.

A l'exception du comte de la Marche qui, peut-être par esprit de contradiction, adoptait le contrepied des idées du prince de Conty son père, les princes prenaient de plus en plus ostensiblement parti contre le chancelier, ce qui montre que l'hostilité à l'autorité royale était maintenant de caractère nobiliaire autant que judiciaire. Contre les opérations du chancelier, ils signèrent le 4 avril une longue et lourde protestation, qui développait, une fois de plus, les théories faisant du parlement l'équivalent moderne des champs de mars des temps germaniques. Ils la firent déposer au greffe du parlement intérimaire la veille du jour où devait être intronisé le nouveau parlement. Très mécontent, Louis XV se fit apporter ce manifeste, le jeta au feu et interdit aux princes de s'approcher du lieu où serait sa cour, de paraître devant sa personne et de voir aucun membre de la famille royale.

Le 13 avril 1771 au matin, selon le cérémonial ordinaire, en présence du Dauphin et de ses frères, du comte de la Marche, de vingt-huit pairs et des dignitaires habituels, Louis XV réunit en lit de justice à Versailles le Conseil privé faisant fonction de parlement et le Grand Conseil. On y enregistra un édit supprimant les anciens offices du parlement et créant les nouveaux, un édit supprimant le Grand Conseil et transférant sa compétence soit au parlement et aux conseils supérieurs, soit aux requêtes de l'hôtel, et l'édit supprimant la cour des aides. L'opposition se manifesta dans les réquisitoires fortement hostiles de l'avocat général Séguier, qui donna sa démission à l'issue de la séance, et dans les propos acrimonieux tenus au chancelier prenant les voix par treize des pairs et par les princes de Beauvau et de Tingry, capitaines des gardes. L'après-midi, au milieu d'un grand appareil militaire, le chancelier intronisa au palais les nouveau parlement, soit 7 présidents, 15 conseillers clercs et 53 conseillers lais. Pour les recruter, Maupeou avait éprouvé plus de difficultés qu'il ne l'avait imaginé. En dissolvant le Grand Conseil et la cour des aides, il s'était flatté que beaucoup d'officiers de ces corps accepteraient d'entrer dans le nouveau parlement. Mais telle était la pression terrorisante exercée par la robe sur ses membres, que six magistrats seulement de la cour des aides consentirent à ce transfert et que le Grand Conseil, réputé docile, s'était scindé en deux, dix-sept conseillers acceptant cette solution et douze autres la rejetant, aussitôt exilés. Pour le poste de premier président, Louis XV avait désigné l'intendant de Paris, M. Bertier de Sauvigny, administrateur de grande classe et parfait honnête homme, qui se récusa d'abord en arguant de son inexpérience, mais dut accepter sur l'ordre formel du Roi.

Enregistré le 19, un édit organisa le parquet. Puis un arrêt du Conseil statua le 21 sur le remboursement des offices supprimés et donna aux intéressés un délai de six mois — ensuite prorogé — pour remettre au contrôle général leurs quittances de finance et leurs titres de propriété. La simplification des institutions judiciaires dans l'ancien ressort du parlement de Paris fut parachevée par la suppression de deux juridictions d'exception, celles des eaux et forêts et de l'amirauté à la table de marbre du palais, dont la compétence fut dévolue au parlement et aux conseils supérieurs.

Dans les crises de 1753 et 1754, l'inertie des tribunaux subalternes et la grève des auxiliaires de justice avaient fortement gêné le gouvernement. S'attendant à tomber sur une semblable obstruction, le chancelier y réagit fermement dès le commencement : en mai, juin et juillet, plusieurs édits portèrent remboursement et créations d'offices dans le Châtelet de Paris, les présidiaux d'Auxerre, Mâcon, Troyes, Blois et quelques autres lieux. Ces exemples dissuadèrent les autres juridictions de se montrer rétives. A la fin d'avril, 130 procureurs acceptèrent d'occuper au nouveau parlement. Les avocats furent plus lents à céder, mais un tiers seulement d'entre eux perservéra dans l'abstention à la rentrée de novembre.

Au long du premier semestre de 1771, le chancelier avait réussi à instaurer des réformes très importantes dans le ressort du parlement de Paris, ressort beaucoup trop vaste puisqu'il embrassait presque la moitié du royaume. Sa division entre les conseils supérieurs rapprochait la justice des justiciables : les habitants de Calais, de Saint-Flour, de La Rochelle ou de Lyon ne seraient plus obligés de faire le voyage de Paris pour plaider en appel. La suppression de tribunaux d'exception tels que la cour des aides et la table de marbre, la dévolution de leurs compétences au parlement et aux conseils supérieurs simplifiaient l'ordre des juridictions. La gratuité de la justice était pour les plaideurs un avantage évident. Ces modifications étaient de caractère strictement judiciaire. L'abolition de la vénalité des charges dans les cours supérieures avait une autre portée : c'était le premier coup sérieux porté à un système critiqué dès l'origine, qui avait abouti à la constitution d'une sorte de caste judiciaire, toujours avide d'usurper le pouvoir souverain et qui, en cherchant à s'interposer entre le Roi et la nation, risquait d'entretenir entre eux une incompréhension fatale. En conservant au parlement — sans les étendre aux conseils supérieurs — la mission d'enregistrement les lois, le droit de remontrance, le privilège de siéger en cour des pairs, le chancelier non seulement ne le privait d'aucune de ses prérogatives, mais les enrichissait de virtualités nouvelles. En effet, dans ce parlement toujours apte à constituer la cour des pairs et dont les arrêts d'enregistrement étaient applicables au-delà de son ressort dans celui de six conseils supérieurs, il y avait l'amorce potentielle d'une assemblée délibérante de caractère législatif.

**

L'installation des conseils supérieurs suivit de près l'enregistrement de l'édit qui les instituait et celui-ci n'avait été promulgué que lorsque le chancelier eut assuré en partie le recrutement de ces nouveaux corps, opération inégalement aisée selon les lieux. Rien de plus facile que la constitution du conseil supérieur d'Arras : il était substitué au conseil provincial qui ne fit guère que changer de nom, avec un ressort étendu au Calaisis, au Montreuillois, au Boulonnais et au pays d'Ardres. La suppression de la cour des monnaies de Lyon et du parlement des Dombes fournit, avec la sénéchaussée, le personnel du conseil supérieur de Lyon. Même solution en Auvergne, où la cour des aides de Clermont-Ferrand fut dissoute : ses magistrats, grossis d'officiers venus des présidiaux et d'avocats, formèrent la nouvelle juridiction. La modeste chambre des comptes de Blois fut de même le noyau du conseil établi dans cette ville. A Poitiers et à Châlons-sur-Marne, où il n'existait auparavant aucune compagnie supérieure, il fallut recruter le personnel parmi les juges des présidiaux et les avocats. Dans les villes chefs-lieux d'une intendance — Lyon, Clermont-Ferrand, Poitiers, Châlons-sur-Marne — l'intendant fut nommé premier président, fonction dans laquelle furent conservés à Arras et à Blois les magistrats qui l'occupaient déjà. C'est ainsi que M. de Saint-Michel, premier président de la chambre des comptes de Blois, passa en la même qualité dans le conseil supérieur, juste et tardive revanche des persécutions que le parlement d'Aix et la cour des aides de Montauban lui avaient infligées quelque dix-sept ans plus tôt [1]. Ces six conseils supérieurs furent tous installés au cours de la première quinzaine de mars 1771, souvent avec un personnel encore réduit complété au cours des mois suivants. Toutes les entreprises ainsi menées à terme dans le ressort de l'ancien parlement de Paris préludaient et servaient de modèles à celles qui allaient être entamées dans le ressort des autres parlements.

LE COUP DE MAJESTÉ DANS LES RESSORTS PROVINCIAUX

Selon Le Paige, qui se prétendait renseigné à bonne source sur ce point, le chancelier avait conçu depuis longtemps le projet grandiose de remplacer tous les parlements provinciaux par des conseils supérieurs et de maintenir le seul parlement de Paris, en qualité de cour des pairs, dans la prérogative de vérifier et enregistrer les lois et de présenter des remontrances. Il dut renoncer à cette réforme hardie devant la résistance de Louis XV et de son Conseil, qui jugèrent impossible de sacrifier les

---

1. Voir ci-dessus, pp. 593-594.

privilèges et les traditions des provinces. En conservant les cours supérieures provinciales, il leur appliqua, avec les variantes locales opportunes, les mêmes mesures d'ensemble, étalées du mois de juillet au mois de novembre 1771 : réduction du nombre des magistrats, suppression de la vénalité des charges, établissement de la gratuité de la justice, fractionnement des ressorts trop vastes, suppression des juridictions superfétatoires. Selon les lieux, les édits de création prévoyaient pour chaque compagnie un personnel de quarante à cinquante officiers. Trois cours seulement échappèrent aux changements : les conseils supérieurs de Colmar et de Perpignan et, évidemment, le parlement de Pau.

Ces démarches délicates furent menées par les gouverneurs ou les commandants en chef, assistés par les intendants ou par des conseillers d'État. Des officiers généraux choiseulistes refusèrent leur concours et durent être remplacés : le prince de Beauvau en Languedoc par le comte de Périgord, le duc de Duras en Bretagne par le duc de Fitz-James. Certains, comme le marquis de Rochechouart (autre choiseuliste) en Provence accomplirent leur mission avec beaucoup de mauvaise grâce. En général, ces parlements réformés furent composés de membres du personnel ancien, complété par quelques éléments nouveaux. A Rennes et à Dijon, le chancelier bénéficia de la collaboration précieuse des premiers présidents, qu'il fallut au contraire écarter à Besançon, à Bordeaux, à Grenoble et à Aix, où ils pactisaient avec les mutins.

Les opérations commencèrent et finirent, ou presque, par la Franche-Comté. Les édits de juillet 1771 supprimant et créant des offices dans le parlement de Besançon furent enregistrés le 5 et le 8 août et cette cour reconstituée fut composée presque entièrement par d'anciens magistrats. Il y avait dans la province une autre compagnie supérieure, la cour des comptes, aides et finances de Dole, qui avait souvent employé les loisirs que lui laissaient ses maigres occupations à rivaliser d'insoumission avec l'ancien parlement. Elle fut éteinte, en novembre 1771, mais dans des conditions particulièrement dignes d'attention. L'édit qui mit fin à son existence portait aussi création d'un bureau des finances en Franche-comté, où il n'y en avait pas. Ce bureau, siégeant à Besançon et présidé par l'intendant, apurerait la comptabilité publique précédemment examinée par la cour de Dole, ce qui n'avait rien d'original, mais il aurait aussi à juger les matières dont la connaissance était attribuée à l'intendant et il y avait là une innovation capitale. C'était, en effet, installer auprès du représentant du pouvoir royal, une juridiction administrative de premier degré. On a vu[1] que les bureaux des finances étaient

---

1. Voir ci-dessus, p. 864.

des institutions dont on finissait par se demander quel usage en faire. Maupeou tranchait la question en précurseur : il installait un tel bureau dans une province où il n'en existait pas et faisait de lui le tribunal administratif de l'intendance, solution élégante, annonciatrice des conseils de préfecture de l'an VIII.

Le parlement de Douai était sorti de sa réserve habituelle en critiquant la création des conseils supérieurs, dressant ainsi le piège où il allait tomber. Un édit du mois d'août prononça sa suppression et la réunion de son ressort à celui du conseil d'Arras. Aussitôt affluèrent vers le chancelier les suppliques des états, des villes et des communautés de Flandre tendant au rétablissement de leur parlement, ce à quoi Maupeou se donna l'air de condescendre par un édit de septembre, qui établissait à Douai un conseil supérieur subordonné au parlement de Paris. Vint le tour, dans ce mois d'août, du parlement de Toulouse, reconstitué avec une partie des anciens officiers ; son ressort, le plus vaste de France après celui de Paris, fut réduit par la création d'un conseil supérieur à Nîmes. Au mois d'août encore, le maréchal de Richelieu mena rondement à Bordeaux la dissolution de l'ancien parlement et l'installation du nouveau qui, complet dès le départ avec des anciens, put aussitôt se mettre activement au travail.

Plusieurs édits de septembre légiférèrent pour la Normandie, ressort également très étendu. Son parlement, le plus turbulent de France, et sa cour des comptes, aides et finances, non moins remuante, furent tous deux supprimés ; leur ressort fut partagé : la basse Normandie reçut un conseil supérieur installé à Bayeux et la haute Normandie fut rattachée au parlement de Paris. Solution humiliante pour la capitale de la province. Là aussi, maire, échevins, chambre de commerce et autres notables implorèrent et un édit de novembre établit un conseil supérieur à Rouen.

Le parlement d'Aix s'était montré relativement modéré dans les derniers temps. C'est que, mené par son procureur général, l'ambitieux Ripert de Monclar, il était prêt à servir la politique du chancelier, à condition d'hériter la juridiction de la cour des comptes, aides et finances de Provence, contre laquelle il menait une lutte sans merci. La combinaison échoua. Maupeou se méfiait de Monclar et adopta le parti inverse : ce fut la cour des comptes, aides et finances qui, à la fin de septembre, fut substituée au parlement, dont tous les membres furent exilés. Un mois plus tard environ, ce fut l'installation du nouveau parlement de Rennes ; 18 seulement de ses anciens magistrats y entrèrent et 65 autres furent relégués hors de la ville.

Le parlement de Metz avait eu l'imprudence, par un arrêt du 14 août 1770, d'interdire à Calonne, maître des requêtes et intendant des Trois-Évêchés, de venir siéger en la compagnie, car il lui reprochait d'avoir été procureur général de la commission de Saint-Malo. Au surplus, ce parlement n'était pas indispensable depuis l'annexion des duchés lorrains. Il fut supprimé par édit d'octobre et sa compétence attribuée à la cour souveraine et à la chambre des comptes de Nancy, deux compagnies créées par les ducs de Lorraine. Ceux-ci n'avaient jamais voulu étendre la vénalité des offices à ceux des cours supérieures. Il se peut que ce statut de leurs magistrats ait inspiré à Maupeou le projet d'éteindre ailleurs la vénalité dans la haute magistrature. Quatorze anciens magistrats messins vinrent renforcer le personnel de la cour souveraine de Nancy. A Dijon, le parlement ne semblait pas d'abord être bien disposé, mais le chancelier laissa courir le bruit qu'il était prêt à lui substituer la chambre des comptes de Bourgogne et Messieurs du parlement se radoucirent. Quelques irréductibles furent exilés dans le lieu de leur choix et presque tous les offices furent remplis par des anciens. Ce fut à peu près de la même façon que, dernier de tous, le nouveau parlement fut constitué en novembre à Grenoble. Il fut particulièrement bien accueilli par les avocats car l'édit l'instituant avait pour effet de rendre caduc un arrêté par lequel l'ancien parlement avait décidé, le 30 mars 1762, de ne plus recevoir que des membres justifiant d'au moins quatre degrés de noblesse, ce qui revenait à fermer au barreau l'accès à la magistrature supérieure.

Le 11 novembre 1771 à la Saint-Martin, date ordinaire de rentrée des cours, tous les parlements et conseils supérieurs étaient en état de rendre normalement la justice. Moins d'un an après le lit de justice du 7 décembre 1770, la carte judiciaire du royaume se trouvait sérieusement modifiée. Six nouvelles juridictions d'appel fonctionnaient à Bayeux, Blois, Châlons-sur-Marne, Clermont-Ferrand, Lyon, Nîmes et Poitiers. Les compagnies chargées uniquement du jugement de la comptabilité publique — chambres des comptes de Paris, Bar, Dijon, Grenoble et Nantes — avaient échappé à tout changement. De celles qui avaient juridiction conjointement sur les comptes et les aides, ne subsistaient plus que la chambre des comptes de Nancy, enrichie du ressort de l'ancien parlement de Metz, et à Montpellier la cour des comptes, aides et finances de Languedoc, qui se tirait d'affaire parce qu'elle était la seule cour supérieure implantée dans cette ville et qu'elle était traditionnellement en mauvais termes avec le parlement de Toulouse. Deux cours des aides, et qui n'étaient que cela, celles de Bordeaux et de Montauban, étaient indemnes.

La justice s'était rapprochée des justiciables et la compétence des grands tribunaux s'était simplifiée et uniformisée. Sur le seul terrain judiciaire, le bilan des réformes du chancelier était remarquable. Du point de vue politique aussi, son action était positive : il avait commencé à libérer l'État de l'obstruction des privilégiés et l'action du gouvernement s'en trouvait facilitée.

Rien de plus instructif à cet égard qu'une conversation que le duc de Croÿ eut à la fin de 1771 avec Bertin. Croÿ ayant fait observer au ministre qu'il n'aurait pas cru lui-même, trois ans plus tôt, que les choses pussent se passer aussi tranquillement, il lui répondit qu'il ne l'aurait pas cru en effet, « mais qu'il fallait une révolution de part ou d'autre, l'une sourde, l'autre éclatante, que le parlement la faisait sourde depuis dix ans. Je convins, conte le duc, que les parlements avaient été trop loin et par un esprit de parti de compagnie, qui ne songeait qu'à agrandir leur autorité. Il m'interrompit et me dit : " C'est plus que cela ! C'était comme un complot et association générale ou comme une secte très animée, qui voulait détruire le système monarchique pour le faire passer en aristocratie, dans la main seule de leur compagnie. Ainsi, c'était une révolution complète et sourde, qui était bien avancée dans son plan. Il n'y avait donc pas deux moyens, car on ne pouvait les réprimer ni les casser par parties : il fallait tout ou rien, car enfin il faut que quelqu'un ait le dernier ! "

« Je le louai sur ce mot, mais je lui dis que je venais d'avoir avec le chancelier une conversation intéressante où, après l'avoir loué sur la fermeté et la suite qu'il avait mises dans l'affaire, si elle était bonne, je lui avais vivement représenté qu'il avait rendu au Roi le service d'être le maître, d'avoir le dernier, même d'être redevenu monarque, mais qu'il l'avait rendu monarque si absolu qu'il n'avait plus de bornes ; qu'il ne pouvait donc trop lui en faire sentir le danger... et que, s'il était bon que l'autorité partît et se réunît à un point, tout était perdu si ce point en abusait et combien il était difficile qu'un seul se trouvât le point de perfection ; qu'il en était convenu et m'avait assuré qu'aussi on ne voulait pas qu'il en abusât, mais qu'il fût retenu par des gênes suffisantes, et que tel avait été son plan.

« Sur cela, M. Bertin me dit que nous touchions au but, mais qu'un seul... était toujours un point d'autorité meilleur que des compagnies et qu'une multitude que l'envie et les mauvaises têtes mènent plutôt que les sages, qui ne crient pas si haut ou n'osent être sages par respect humain de compagnie. Mais que, de plus, on s'était très occupé que ce chef ne pût pas facilement en abuser et qu'il fût retenu ; que l'édit ne dit pas que le parlement de Paris est forcé à enregistrer avant de faire des remontrances, mais qu'après et même, si la chose en vaut la peine, qu'après le lit de justice... qu'alors le parlement enregistrant par exprès commandement doit plier et n'y pas mettre d'entraves, parce qu'il faut que le Roi, étant le monarque, surtout quand tout a été débattu à fond, ait le dernier.

« Mais il ajouta que voilà des gênes, des gênes longues et multipliées, qui mettent le maître et son Conseil à même de balancer…, ainsi que c'est une monarchie réglée et tempérée et un maître qui a dû tout bien peser et enfin décider, et avoir le dernier comme monarque…

« Enfin, on voit que tout se réduit à ce que le Roi en son Conseil soit le maître, mais avec assez de gêne et de longueur pour qu'on évite de lui faire faire de mauvaises choses… Et tout balancé, et devant y avoir des inconvénients à tout, l'anarchie et la pétaudière en étant un grand, tout peut encore aller bien comme cela. »

III. — LE TRIUMVIRAT

Le gouvernement en fonction dans les années correspondant à la préparation, au déroulement et à la stabilisation du coup de majesté de Louis XV et du chancelier a été bien souvent appelé « le Triumvirat », par allusion aux trois personnalités les plus en vue de l'équipe ministérielle : Maupeou, Terray et d'Aiguillon. Cette dénomination est exagérément simplificatrice. Il y eut en réalité d'abord un duumvirat : Maupeou et Terray, affronté à un autre : Choiseul et Praslin. Quand ces derniers eurent été éliminés, le chancelier et le contrôleur général restèrent quelque temps les ministres les plus marquants, l'entrée de d'Aiguillon dans le gouvernement ayant été assez tardive.

La lente recomposition du gouvernement

Au lendemain de la disgrâce des Choiseul, Louis XV n'avait plus à sa disposition que deux secrétaires d'État : La Vrillière à la Maison du Roi, avec les nombreuses attributions qui en dépendaient, et Bertin, à la tête du département très particulier constitué pour lui. Trois secrétariats d'État, et non des moindres, étaient vacants : les Affaires étrangères, la Marine et la Guerre. Il est frappant que, à l'inverse de ce qui se passait généralement, le Roi n'ait pas désigné sur-le-champ les nouveaux titulaires de ces postes. Pour la Guerre, toutefois, La Vrillière, en sortant de chez Praslin le 24 décembre 1770, était allé trouver le lieutenant général comte du Muy pour lui proposer de la part du Roi de prendre ce portefeuille. Ferme et intègre, M. du Muy était un ancien menin de feu le Dauphin, grand ami de ce prince et fort lié aux Broglie, dévot et, quoique nullement choiseuliste, décidé à ignorer Mme du Barry. Il pria Louis XV de le dispenser d'accepter et de telle manière que le Roi ne lui en sut pas mauvais gré. Comme le remarqua le duc de Croÿ, cet appel à M. du Muy faisait « voir que le Roi estimait toujours le mérite et qu'il n'aurait que bien choisi s'il avait pu se déterminer par son propre choix ». On sut bientôt que, en contrepartie du concours qu'il avait prêté à l'éviction de Choiseul, le prince de Condé demandait que la Guerre fût confiée à un de ses protégés, le marquis de Monteynard, gentilhomme dauphinois qui avait dans l'armée le grade de lieutenant général et les fonctions d'inspecteur général de l'infanterie. Il fut en effet retenu par Louis XV vers le 7 janvier 1771, mais attendit jusqu'au 26 l'expédition de sa nomination et, par conséquent, sa prise de fonctions.

Le secrétariat d'État de la Marine, dont l'abbé Terray assurait l'intérim, resta trois mois et demi sans titulaire avant d'échoir le 9 avril 1771 à Bourgeois de Boynes, que rien, dans sa carrière antérieure, ne prédisposait à cette charge. Son entrée dans le gouvernement était la consécration de son rôle auprès du chancelier et de sa flatteuse réputation de juriste.

La vacance du secrétariat d'État des Affaires étrangères fut encore plus longue. Dès la disgrâce de Choiseul, une partie serrée s'était engagée autour de ce poste. On prononça aussitôt à la cour et dans le public les noms du duc d'Aiguillon et du comte de Broglie. Le premier jouissait d'appuis influents : son oncle le duc de La Vrillière — chargé de l'intérim de ce département —, son parent le maréchal de Richelieu et surtout Mme du Barry. Mais Louis XV l'appréciait peu. Il lui avait bien octroyé en septembre 1769 la lieutenance très enviée des chevau-légers de la garde et avait proclamé publiquement qu'il le tenait pour innocent des accusations portées contre lui. Néanmoins, il était peu attiré par le duc. On serait tenté de dire qu'il y avait entre eux deux comme un contentieux. Et d'abord un vieux souvenir : en 1742, Louis XV avait proprement soufflé Mme de La Tournelle à celui qui était alors le comte d'Agénois et qui, sur le moment, en avait été très vexé. Il y avait presque trente ans de cela, mais il pouvait en demeurer quelque gêne dans l'inconscient de l'un et un peu de ressentiment dans celui de l'autre. Il semble surtout que d'Aiguillon n'ait jamais pu, au fond de lui-même, se résigner à l'avortement de son procès. Selon toutes les apparences, les accusations proférées contre lui n'étaient que des machinations et il tenait beaucoup à ce que la cour des pairs fît éclater au grand jour son innocence et confondît ses accusateurs. Louis XV et Maupeou, au nom de la raison d'État, l'avaient frustré de cette justification si probable et si attendue. Le Roi a dû en conserver un remords latent, qui faisait nuage dans ses relations avec le duc.

Inversement, depuis la mort du Dauphin et de la Dauphine, le comte de Broglie manquait d'appuis à la cour et dans le Conseil et, en la personne du prince de Condé et du prince de Soubise, ami intime de Louis XV, y avait de puissants ennemis, qui l'englobaient dans la haine et la jalousie qu'ils portaient au maréchal son frère depuis les querelles qui avaient divisé les états-majors pendant la guerre de Sept Ans. Mais Louis XV estimait le comte, qui le servait avec fidélité et secret depuis quinze ans. Il parut même, au début de 1771, lui manifester une confiance toute particulière, en le consultant sur les affaires parlementaires qui étaient à l'ordre du jour. Broglie crut son heure venue : son compétiteur lui-même, le duc d'Aiguillon, un moment découragé, lui offrit, à la mi-mars, son concours et celui de Mme du Barry pour le pousser au ministère. L'ambassadeur impérial, comte de Mercy-Argenteau, connu pour sa prudence, venait lui exposer ses craintes sur la détérioration des relations franco-autrichiennes et lui demandait d'en parler au Roi. Le comte n'y manquait pas et répétait à Louis XV qu'il était plus que temps de désigner un titulaire au département vacant. Il laissait transparaître son désir d'être choisi pour cette place et préparait un programme pour redresser énergiquement la politique extérieure du royaume.

Ce fut peut-être la crainte de le voir adopter une attitude trop risquée qui desservit le comte de Broglie : le Roi donnait la priorité à la remise en ordre de l'État, alors entamée par le chancelier de Maupeou, dont les opérations, au reste, étaient hautement approuvées par le comte. Le duc d'Aiguillon n'avait pas, semble-t-il, les larges vues de son rival ; novice en matière de diplomatie, sa politique serait nécessairement prudente. Et Mme du Barry tarabustait sans relâche le Roi en sa faveur. En sorte que, finalement, le duc d'Aiguillon fut déclaré ministre d'État et secrétaire d'État des Affaires étrangères le 6 juin 1771.

La déception du comte de Broglie fut d'autant plus amère que ses espoirs avaient été grands. De brillants services à l'armée et à l'étranger, un labeur acharné et obscur autant qu'ingrat dans le Secret, restaient sans récompense. Bien plus, il était à craindre que, comme au temps de Mme de Pompadour, sa besogne lui valût d'être persécuté : Mme du Barry connaissait l'existence du Secret et le duc d'Aiguillon en serait informé. Broglie proposa donc au Roi, le 10 juin 1771, de mettre fin à l'affaire secrète. Mais Louis XV refusa, répugnant, une fois de plus, à rompre avec une habitude maintenant si invétérée. Une fois de plus aussi, les prévisions pessimistes du comte finiront par se réaliser.

Avec d'Aiguillon, le duumvirat Maupeou-Terray se transformait en triumvirat, renforcement plus quantitatif que qualitatif, car le duc n'avait pas, comme les deux autres, l'étoffe d'un grand homme d'État. A cette date, le chancelier partageait le devant de la scène avec l'abbé Terray, dont la politique financière ne soulevait guère moins d'émotion que l'action du chancelier envers la magistrature.

L'abbé Terray

Nommé contrôleur général des finances un an juste avant la chute de Choiseul, promu ministre d'État dès le 18 février 1770, Terray était alors âgé de 54 ans. Conseiller clerc au parlement de Paris depuis 1736, monté à la grand-chambre en 1754, cet abbé avait été tonsuré, condition nécessaire pour qu'il pût être conseiller clerc, mais sa carrière ecclésiastique en était restée là et il affichait une vie privée qui eût scandalisé même de la part d'un laïque. Il était rompu aux affaires pour les avoir pratiquées comme « rapporteur de la cour » au parlement : ainsi appelait-on le magistrat habituellement chargé de présenter à la compagnie les lois à enregistrer. C'était un esprit net, décidé, remarquablement juste, voyant loin et grand sans se perdre dans les détails, tout en sachant mettre de l'ordre et de l'économie en tout. De caractère énergique et indépendant, il n'était pas homme à se laisser mener ni intimider et répondait ainsi aux besoins de la situation, qui exigeait des hardiesses propres à accroître les recettes et à comprimer les dépenses. Avec cela, travailleur intrépide et très ordonné. Les intérêts qu'il a bousculés et même foulés aux pieds lui ont valu une impopularité exceptionnelle, comparable à celle du chancelier, supportée avec indifférence et même bravée avec dédain (M. Marion). Sa politique fut brutale surtout dans un premier stade, celui où les cours supérieures paralysaient l'action gouvernementale, et ensuite beaucoup plus souple et plus libérale.

Terray se mit à l'œuvre sans perdre de temps, d'autant plus aisément que les actes les plus marquants des débuts de son ministère ont été en partie l'application du programme proposé par son prédécesseur Maynon d'Invault et rejeté au Comité du 19 décembre 1769. Il a relaté qu'en prenant ses fonctions il avait été « effrayé du danger imminent dans lequel l'État se trouvait ». Au 23 décembre 1769, les services de 1770 n'étaient pas assurés et, d'urgence, l'abbé dut tirer des banquiers de la cour et des receveurs généraux des finances de quoi fournir aux dépenses des premiers jours. Avec la même hâte, il porta de 7 100 000 à 7 700 000 livres un bail des postes qui venait d'être conclu et n'était pas encore signé et, grâce à une nouvelle aliénation des impôts indirects en Flandre, se procura d'autres liquidités. Une déclaration du 7 janvier 1770 ordonna que les fonds de la Caisse des amortissements seraient affectés pendant 8 ans au remboursement des anticipations. Puis, en janvier, par une série d'arrêts du Conseil, adoptés probablement par le Roi dans son travail avec le contrôleur général et non au Conseil, Terray prit des mesures énergiques en vue de la réduction des dépenses : le 18 janvier, les tontines — la catégorie la plus onéreuse des rentes — furent transformées en rentes viagères ; le 20, l'intérêt de rentes, contrats et effets divers fut réduit, selon les cas, à 2,5 ou 4 %, les rentes sur l'Hôtel de Ville étant seules épargnées. Le 29, les pensions supérieures à 600 livres furent soumises à des réductions graduées de 15 à 30 % selon leur montant. Pour clore janvier, un édit reprit aux maîtres des eaux et forêts un droit de 14 deniers pour livre du produit des ventes de bois, qui leur avait été jadis aliéné pour une finance insuffisante. Ces mesures, que — qualification qui n'est ni absolument déplacée ni vraiment justifiée — l'on a appelées banqueroutes semèrent dans le monde des rentiers et des pensionnés l'émoi que l'on devine. Mais le parlement de Paris, traditionnellement hostile aux créanciers de l'État, s'en accommoda d'autant plus aisément que les seules rentes qui le touchaient vraiment, à cause de leur rôle important dans l'existence de la bourgeoisie parisienne, celles sur l'Hôtel de Ville, échappaient aux réductions.

Le service du Trésor put être assuré pendant quelques semaines, mais, à la mi-février 1770, l'avenir était sombre et Terray pouvait craindre que les banquiers de la cour ne le missent à leur discrétion. Il n'était qu'un seul moyen de reconquérir la libre disposition des revenus publics et de ne pas subir les conditions humiliantes des banquiers au moment du renouvellement des anticipations, c'était, comme l'avait fait Silhouette en 1759, de suspendre le paiement des rescriptions des receveurs généraux et des billets des fermiers généraux et de garder pour les dépenses de l'État les rentrées de fonds destinées à ce paiement toujours respecté. C'est ce que Terray osa par deux arrêts du Conseil du 18 février, d'autant que ce coup lui permit de se dégager d'un piège tendu par la faction Choiseul : les rescriptions et billets seraient productifs d'un intérêt à 5 % jusqu'à l'époque de leur remboursement. Une déclaration du 25 février ordonna que, pendant 4 ans, les remboursements des capitaux d'emprunts à faire sur les deniers du Roi seraient affectés au paiement des rescriptions suspendues. C'étaient là des mesures formidables, car il y avait en circulation de 120 à 150 millions de ces valeurs, considérées comme de premier ordre et de tout repos. Il y eut des gens qui se dirent ruinés, d'autres lésés, Voltaire prétendit y perdre 200 000 livres, mais les créanciers de l'État se rendirent compte que l'opération était inéluctable. Le parlement ne s'émut pas et le public pas davantage, car la plupart de ces papiers se trouvaient entre les mains des financiers et formaient un instrument d'agiotage plutôt que d'épargne.

Terray avait ainsi ajourné des remboursements gênants. Il lui restait à pourvoir à l'extinction successive de ces effets. Dans ce but, il vendit des augmentations de gages et de finances d'offices, dont une partie fut réglée par des effets en souffrance, lança un emprunt de 160 millions en perpétuel à 4 %, qui ne fut pas couvert, profita de la suspension du privilège de la Compagnie des Indes pour se procurer un « comptant » qui permit de faire face aux frais du mariage du Dauphin. A force de réduire les dépenses et de grossir les recettes, Terray se flattait d'atteindre l'équilibre en 1771 si les retranchements auxquels il travaillait énergiquement étaient effectués. Mais le moindre de ces retranchements se heurtait à des résistances incroyables et Louis XV préférait laisser sans gages des serviteurs ou des officiers plutôt que de supprimer leurs sinécures. L'ensemble des mesures prises par Terray au long de 1770 ne frappa guère moins l'opinion que les événements politiques concomitants — procès du duc d'Aiguillon, lits de justice des 27 juin et 3 septembre, édit de décembre — et valut à leur auteur une impopularité rivalisant avec celle dont la magistrature, les gens de justice et une partie de la noblesse gratifiaient le chancelier. C'est qu'au fond les politiques respectives des deux ministres étaient liées.

*
* *

Tant que les parlements furent en place, les moyens employés par Terray, si énergiquement qu'ils aient été mis en œuvre, ressortissaient à ces vieilles recettes que constituaient la suspension de l'amortissement, l'ajournement du tirage des emprunts à lots, les conversions forcées, les réductions de pensions et de traitements, les prélèvements sur les bénéfices des fermiers, la consolidation de la dette flottante. Rien de tout cela n'avait suscité d'opposition sérieuse de la part des cours supérieures, toujours prêtes, pourvu que leurs immunités financières fussent respectées, à pérenniser toutes les routines, à acquiescer aux faillites ou aux banqueroutes inavouées. Ce faisant, elles bloquaient la moindre action et même la moindre velléité novatrice et paralysaient le travail de tout gouvernement digne de ce nom.

Les parlements culbutés, Terray put échapper à la tyrannie des mesures archaïques de circonstance et travailler en profondeur au rétablissement financier sans être arrêté à chaque pas au nom des lois fondamentales du royaume. Il trouvait au reste un auxiliaire dans l'enrichissement et la prospérité du pays, dont les facultés contributives étaient loin d'être atteintes, mais étaient mal exploitées parce que mal connues. Il travailla donc avec habileté et efficacité à des remaniements d'impôts réclamés autant par l'équité que par leur rendement.

Un édit de décembre 1770 changea les bases de la perception du droit dit de « marc d'or » perçu sur tout nouveau titulaire d'un office avant l'expédition de ses provisions. Un édit de février 1771 rénova les offices, fonctions et droits des jurés priseurs et vendeurs de biens meubles. Très important fut un autre édit du même mois qui transforma le droit annuel du $1/60^e$ de la valeur primitive des offices (la célèbre « paulette ») en un droit de 1 % de l'évaluation donnée à chaque office par son propriétaire. Un des édits les plus intéressants de Terray fut celui de juin 1771 créant dans chaque bailliage ou sénéchaussée des offices de conservateurs des hypothèques, création qui rendait service à la fois aux populations et au fisc : elle facilita les mutations immobilières et fit doubler le produit des droits d'hypothèque.

Mais l'initiative peut-être la plus remarquable de Terray fut l'édit de novembre 1771 sur les vingtièmes. Avec la clause imposée en 1763 par les parlements, les cotes de vingtième existantes n'étaient susceptibles d'aucune augmentation, le second vingtième devait expirer en 1771 et le premier dix ans après la paix, soit en 1773. Depuis lors, l'administration avait dû dissimuler le plus possible, espacer, voire arrêter les recherches des contrôleurs, qu'elle eût cependant voulu continuer. Ligotée, elle ne put ni faire, ni même préparer de modifications à aucune cote. Par suite, les rôles allèrent en diminuant et l'on aboutissait à une situation paradoxale : la baisse progressive de rôles de vingtième, alors que les revenus sur lesquels portait cet impôt connaissaient une hausse très sensible. État de choses absurde et ruineux auquel l'édit de novembre 1771 entendit mettre fin.

Il décréta en fait la perpétuité du premier vingtième et prorogea le second jusqu'en 1781. Surtout, ils devaient l'un et l'autre être perçus conformément à l'édit de 1749, c'est-à-dire en proportion exacte des revenus qui y étaient assujettis. Sans tarder, les contrôleurs du vingtième reprirent leurs travaux interrompus ou ralentis depuis huit ans. Terray avait calculé que le produit du vingtième de chaque province pouvait être augmenté d'un neuvième sans dépasser la juste mesure et sans donner lieu à des récriminations fondées. Il voulait surtout remettre de l'ordre et de l'égalité dans l'assiette des vingtièmes et, en proportionnant exactement cette imposition aux facultés des contribuables, en faire la base de cet impôt territorial alors souhaité par une grande partie de l'opinion publique. Il prescrivit aux intendants de considérer cette augmentation d'un neuvième comme un maximum à ne pas dépaser et de favoriser en priorité les vérifications des contrôleurs, car son but essentiel était moins d'obtenir une augmentation du produit qu'une rectification d'assiette. C'était attaquer une partie difficile, car une augmentation soulevait moins de répugnance qu'une enquête. Les nouveaux parlements firent des remontrances à ce sujet et les intendants proposèrent souvent des expédients pour se procurer les majorations par d'autres moyens : Terray les rejeta systématiquement. A preuve, parmi bien d'autres, cette semonce à l'intendant de Caen, M. de Fontette, le 3 mai 1772 :

« Vous revenez toujours à demander un arrêt du Conseil pour répartir au marc la livre l'augmentation que les vingtièmes doivent supporter, mais je vous répondrai sans cesse que rien ne serait plus injuste, puisque l'inégalité dans les cotes actuelles augmenterait encore d'un neuvième. Je conçois très bien que la besogne en serait plus aisée. Elle n'exigerait ni travail, ni examen, ni discussion ; mais aussi il n'en résulterait que d'ajouter une nouvelle injustice à celle qui subsiste actuellement. »

Au premier président du conseil supérieur de Bayeux qui préconisait sans scrupule une majoration uniforme d'un neuvième sur toutes les cotes, l'abbé avait fait, peu auparavant, cette réponse significative :

« L'esprit de despotisme n'est pas du tout celui qui anime les ministres du Roi ; ils cherchent à réparer les maux que les résistances des parlements poussées au-delà des bornes ont occasionnés en forçant les administrateurs des finances de se servir des moyens ruineux d'emprunts continuels et d'anticipations excessives. Voies destructives de ses finances et, en définitive, toujours aggravantes pour les sujets du Roi. Maintenant que ces modifications injustes [de 1763] n'existent plus, l'imposition des vingtièmes doit prendre une valeur proportionnée au produit des biens fonds... On ne peut donc parvenir à une perception équitable qu'en laissant à leur taux actuel ceux qui paient suffisamment et en faisant supporter l'augmentation à ceux qui se trouvent dans une trop grande disproportion de ce qu'ils devraient payer. »

On remarquera le soulagement de Terray après la réduction du despotisme parlementaire : enfin ! il est maintenant possible de gouverner ! Et de gouverner non avec la rudesse et l'autoritarisme dont on taxerait volontiers l'abbé, mais avec humanité et un grand souci de justice et d'égalité. Cette volonté de réforme des vingtièmes montre combien Terray avait véritablement des vues d'homme d'État : « Un vingtième exact, c'était le déficit vaincu, l'amortissement rendu possible : c'était le moyen d'adoucir d'abord, de supprimer ensuite, les impositions les plus vexatoires ; c'était la défaite de l'idée de privilège, le point de départ d'une heureuse transformation de l'esprit public » (M. Marion).

Les travaux lancés grâce à l'édit de novembre 1771 ont été les meilleurs jamais entrepris pour donner à l'impôt une assiette équitable et ils firent des vingtièmes l'imposition la meilleure de toutes celles de l'Ancien Régime. Le personnel acquérait plus d'expérience et d'organisation ; des écoles pour la formation des contrôleurs furent ouvertes à Amiens, à Metz, à Orléans. Les sommes fixées pour les différentes généralités furent peu à peu atteintes non par des augmentations arbitraires, mais grâce à des vérifications attentives. Les abonnements des pays d'états subirent à peu près la même augmentation. Un autre impôt direct dut aux soins de l'abbé Terray et de l'intendant de Paris, M. Bertier de Sauvigny, une remarquable réorganisation : la capitation bourgeoise de Paris. Fixée en 1726 au chiffre très modéré de un million, elle rapportait à peine 850 000 livres. Un arrêt du Conseil du 24 février 1773 prescrivit un recensement exact de tous les loyers en cours et fit de cette imposition une contribution proportionnelle au prix du loyer, qui put produire 1 400 000 livres. Toutes améliorations qui eussent été impossibles du temps des anciens parlements.

*
**

Outre la réforme des vingtièmes, l'édit de novembre 1771 instituait 2 nouveaux sols pour livre des droits des fermes générales et de tous droits levés au profit des villes et communautés. C'est que, tout en demandant à l'impôt direct des ressources importantes où il a réussi à combiner les soucis de productivité et d'équité, Terray donnait la préférence à l'impôt indirect, qui fournit le rendement le plus élevé et le plus rapide. Cette augmentation des tarifs allait avoir sa répercussion sur le prix du bail des fermes, qui expirait à la fin de 1773. La grande affaire de son renouvellement fut préparée de longue date, calculée de très près et négociée avec habileté. Conclu le 2 janvier 1774, le nouveau bail fut passé pour 152 millions, soit une augmentation de 20 millions sur le bail précédent.

Grâce à ses multiples et courageuses initiatives, Terray était en train d'opérer un assainissement drastique de la situation budgétaire. A son entrée en fonctions, il s'était trouvé face à un déficit de plus de 60 millions, à une dette exigible arriérée supérieure à 100 millions, à la consommation anticipée des revenus de 1770 et de quelques mois de 1771. En 1774, les calculs de l'abbé prévoyaient pour une dépense de 234 millions un déficit de 27 millions de livres. Ce dernier était donc le résidu d'un déficit qui, quatre ans plus tôt, dépassait 100 millions et qui avait été abaissé par la création de 60 millions de recettes et par le gain de 20 millions procuré par la réduction des dettes de l'État. Peu de ministres de ce siècle eurent une gestion aussi habile.

Il est des mesures de ses prédécesseurs Bertin et L'Averdy sur lesquelles Terray crut devoir revenir : celles prises en 1763 et 1764 en faveur de la liberté du commerce des grains. Non qu'il fût par principe adversaire de cette libéralisation, mais une suite de mauvaises récoltes provoqua une cherté des blés et une crise de subsistance qui donnèrent lieu, tout au long de 1770, à des échauffourées, des émeutes même, en de nombreuses localités et aussi aux rumeurs les plus inquiètes et les plus malveillantes. L'opinion, surtout dans les villes, se dressait contre cette liberté et, en un temps où cette même opinion trouvait déjà dans les conflits entre le Roi et les parlements de quoi se passionner aveuglément, l'abbé ne crut pas devoir lui offrir un autre motif d'échauffement : par un arrêt du Conseil du 23 décembre 1770, puis des lettres patentes du 11 janvier 1771, il établit une réglementation qui lui réservait bien des difficultés et bien des calomnies.

Les Affaires étrangères

Depuis le 24 décembre 1770 jusqu'au 6 juin 1771, l'intérim du département des Affaires étrangères fut assuré par le duc de La Vrillière, qui, n'ayant aucune expérience en la matière, était tout juste capable d'expédier les affaires courantes. Après le départ de Choiseul, Louis XV, en liaison avec l'abbé de La Ville, suivit lui-même de près la conclusion de l'affaire des Malouines. Conformément à sa promesse, Charles III trouva un arrangement avec l'Angleterre : le 18 janvier 1771, son ambassadeur à Londres remit au Cabinet britannique une déclaration où il désavouait les violences commises à Port-Egmont, acceptait que les choses y fussent rétablies comme avant, sans préjudicier « aux droits antérieurs de Sa Majesté Catholique sur les îles appelées Malouines et par les Anglais Falklands ». Quatre jours plus tard, George III fit savoir qu'il considérait cette déclaration comme « une satisfaction de l'injure faite à la couronne de la Grande Bretagne », attitude critiquée par la Chambre des Lords et surtout, très violemment, par la Chambre des Communes. Louis XV ordonnait en même temps à son ambassadeur en Angleterre d'appuyer les démarches de son collègue espagnol en faisant bien sentir que les deux cousins de France et d'Espagne restaient indéfectiblement unis. Cet attachement absolu au Pacte de famille, Louis XV tint à le réaffirmer dans la lettre personnelle de remerciement qu'il écrivit de sa main le 24 janvier à Charles III, alors qu'il venait d'exiler les gens du parlement de Paris :

« Monsieur mon frère et cousin, Je suis tendrement affecté de la réponse de Votre Majesté à ma lettre du 21 décembre dernier. Je reconnais votre sang et votre amitié aux offres que vous me faites pour le maintien de mon autorité. J'espère qu'avec du temps et les mesures que je prends tout rentrera dans l'ordre. La seule bonté de mon cœur m'avait fait différer jusqu'à présent l'usage des moyens violents, mais je viens d'y être forcé. Je me flatte cependant de n'avoir pas besoin de recourir à d'autres encore plus violents. Les nouveaux ordres que V.M. a donnés à son ambassadeur ne peuvent que m'être infiniment agréables dans les circonstances présentes. Les motifs d'équité et de prudence auxquels V.M. condescend ne peuvent pas compromettre sa gloire. Si, contre toute vraisemblance, cette condescendance n'avait pas les suites que nous en attendons, V.M. peut compter sur le concours de toutes mes forces pour le soutien de sa cause, qui deviendrait la mienne propre... Nos liens sont indissolubles et aucun changement dans nos ministres ne peuvent (*sic*) les faire changer, ainsi que j'en ai déjà assuré V.M. ... »

Louis XV n'avait alors qu'incomplètement changé de ministre, puisque Choiseul chassé n'avait pas de successeur, et cela en un moment où des événements dramatiques se préparaient. Les diplomates français restèrent plusieurs mois sans directives fermes, nos alliés eux-mêmes, à l'exception de l'Espagne, ignoraient tout de la politique et des intentions du Roi. Kaunitz, inquiet des progrès des Russes en Turquie, en profita pour finasser avec la Prusse et la Russie et pour continuer à Constantinople des négociations tortueuses entamées du temps de Choiseul, qui aboutirent le 6 juillet 1771 à un traité d'alliance avec le Grand Seigneur et à suspendre, grâce à sa médiation, la guerre russo-turque. L'absence d'un secrétaire d'État des Affaires étrangères à Versailles et d'un ambassadeur du Roi à Vienne — poste dont le baron de Breteuil, trop lié avec Choiseul, avait été écarté malgré les objurgations du comte de Broglie — favorisa les desseins du chancelier impérial. Tout en se plaignant avec affectation de la cour de France qui le laissait sans interlocuteur, il usa largement des facilités de manœuvre qu'elle lui procurait ainsi. Pendant les six premiers mois de 1771, les cours de Berlin, de Pétersbourg et de Vienne ne cessèrent de se tenir en contact étroit et commencèrent à envisager l'éventualité d'un partage de la Pologne. Lorsque le duc d'Aiguillon fut appelé par Louis XV, il se trouva donc devant une situation gravement compromise, que son inexpérience lui permettait difficilement de redresser. Au reste, aurait-il encore été possible, à ce moment, d'infléchir la marche des événements? Louis XV se cantonnait dans une politique de paix à tout prix et le jeu mené depuis longtemps par Frédéric II avec une habileté machiavélique ne pouvait plus rencontrer d'obstacles sérieux.

Lors de la dernière vacance du trône de Pologne, le roi de Prusse et la Czarine avaient conclu, le 11 avril 1764, le traité de Pétersbourg, qui prévoyait une alliance défensive entre les deux couronnes et le maintien des constitutions anarchiques de la Suède et de la Pologne. En outre, un article « secrétissime » désignait comme candidat des deux souverains à la royauté polonaise Stanislas Auguste Poniatovski. Cet article et les autres avaient eu l'exécution que l'on sait et, depuis l'élection de Poniatovski, son royaume était livré à la guerre civile, pour le plus grand plaisir de ses voisins russe et prussien, pour qui le traité de 1764 visait très loin. D'autre part, Frédéric II et l'empereur Joseph II s'étaient rencontrés à Neisse, en Silésie, au mois d'août 1769 et s'étaient revus un an plus tard en Moravie ; ils n'avaient signé aucun traité, mais leurs conversations ouvraient la voie à une politique commune envers la Pologne. Dès février 1769, sous prétexte de protéger ses frontières, Joseph II avait fait passer quelques troupes en Pologne dans le comté de Zips, sur lequel Vienne avait d'anciennes prétentions, occupation élargie en juillet 1769, couronnée en décembre 1770 par une prise de possession officielle. Après la suspension d'armes russo-turque, Frédéric II craignit une guerre austro-russe, dans laquelle il aurait été impliqué comme allié de Catherine II. Il imagina de détourner l'action des deux puissances du côté de la Pologne, d'y faire miroiter à la Russie le dédommagement de l'abandon de conquêtes en Turquie et d'amener Marie-Thérèse à l'idée du partage.

Une première convention, signée à Pétersbourg entre la Russie et la Prusse le 15 janvier 1772, consacra le principe d'un dépècement du territoire polonais. La cour de Vienne y donna son adhésion le 19 février. Entre autres clauses, il était prévu qu'un secret total entourerait les démarches ultérieures des trois cours. Cette précaution visait la France. Kaunitz s'employa effectivement à la tromper et n'y réussit que trop bien : il parvint même à jouer un diplomate aussi averti et expérimenté que Durand. Le traité définitif de partage fut signé le 5 août 1772. Marie-Thérèse n'y avait pas accédé sans beaucoup de protestations et de jérémiades. Elle se consola en prenant le plus gros lot. D'Aiguillon et, pour le Secret, le comte de Broglie durent assister impuissants à ces tristes événements.

Ce premier partage de la Pologne a soulevé plus d'indignation rétrospectivement que sur le moment. L'Europe y était préparée et, au pays de l'*Encyclopédie*, qui pouvait s'intéresser à ce royaume pieusement catholique ? Bernis et Choiseul, on l'a déjà dit, s'étaient désintéressés de l'Orient. Louis XV, mieux avisé, avait compris que de grands intérêts étaient en jeu là-bas. Mais la Pologne était une amie et non une alliée : nul traité, nulle convention ne la liait à la France, et cela parce qu'une alliance défensive ou offensive était à peu près impossible à conclure entre elles à cause de leurs situations géographiques respectives. Pour porter assistance ou secours à la Pologne, il fallait au roi de France ou envoyer des escadres et des convois en Baltique, ou bien traverser de gré ou de force de nombreux États de l'Empire, ou encore, en cas d'entente avec la Russie, faire pénétrer des troupes russes en Pologne. Ce royaume était très difficile à aider : la situation de la république de Pologne en 1939 ne fut pas tellement différente. Enfin, et c'était peut-être l'essentiel, la Pologne était victime d'elle-même, de sa constitution qui organisait l'anarchie, avec un roi presque sans pouvoir, une diète paralysée par le veto d'un seul de ses membres, une armée inexistante, des factions dressées les unes contre les autres, des rivalités tenaces entre les grandes familles, l'habitude funeste des rassemblements armés et des soulèvements. De ce délabrement de l'État polonais, prélude à son dépècement, Louis XV avait pleine conscience qui, depuis une quinzaine d'années, s'y était particulièrement intéressé. On l'a trop souvent oublié pour pénétrer toutes les intentions qui ont présidé à son coup de majesté contre les parlements. Le sort de la Pologne lui démontrait que, malgré son importance et son antiquité, un pays menacé ou atteint par l'anarchie pouvait se trouver, par là même, à la merci des pires dangers extérieurs. Un péril auquel, en domptant la magistrature, il entendait soustraire son royaume.

*
**

La Pologne partagée, la Turquie mal en point et condamnée, tôt ou tard, à l'amputation d'une partie de son empire, les positions traditionnelles de la diplomatie française, celles plus particulières du Secret du Roi, étaient emportées ou tournées. Au même moment, de lourdes menaces s'accumulaient contre le dernier de nos alliés du Nord, la Suède. On pouvait craindre qu'elle ne devînt une nouvelle Pologne : la constitution de 1720 y avait amoindri le prestige et les pouvoirs de la couronne, affaibli l'État et divisé la nation. On a vu que le traité russo-prussien de 1764 prévoyait le maintien des gouvernements anarchiques de Pologne et de Suède. En 1766, une alliance défensive, conclue entre la Russie et le Danemark stipulait, entre autres articles secrets, une action commune sur la diète suédoise pour y fomenter le désordre. Le baron de Breteuil, ambassadeur à Stockholm, avait demandé son rappel après son échec à la diète de 1766.

Choiseul avait alors paru décidé à agir avec fermeté et à consacrer des sommes importantes au soutien de la politique et des partisans de la France en Suède. Il confia le poste de Stockholm au comte de Modène, malgré les démarches du comte de Broglie auprès de Louis XV : prisant fort peu les capacités du nouveau ministre, le comte estimait impossible de l'initier au Secret et proposait de lui substituer Durand. Modène arriva en Suède à la fin de 1768 et, pour la première fois depuis 1755, le Secret se trouva privé d'agent dans ce pays. Modène avait pour instruction essentielle de travailler au rétablissement de l'autorité monarchique en Suède, en liaison avec les patriotes les plus sûrs. L'abondance des moyens financiers mis à sa disposition ne suffit pas à compenser la médiocrité de son esprit et de ses talents : ses succès furent très minces. Et les puissants voisins de la Suède, mis en garde par l'activité de la diplomatie française, prirent aussitôt des contre-mesures : le 12 octobre 1769, Catherine II et Frédéric II signèrent un nouveau traité, dont certaines clauses secrètes étaient destinées à prévenir et à contrecarrer toute tentative de restauration de l'autorité royale en Suède. Le 13 décembre suivant, un accord entre la Russie et le Danemark stipula que toute réforme, même partielle, de la constitution suédoise serait considérée comme une agression de la part de ce pays, où le désordre continua de régner.

Comme le roi de Danemark Christian VII, qui y avait passé trois mois en 1768, le prince royal de Suède et un de ses frères vinrent, sous les noms de comtes de Gotland et d'Öland, séjourner au début de 1771 à Versailles et à Paris, où l'aîné fut très vite l'idole des salons, en même temps qu'il conquérait l'estime et l'amitié de Louis XV et était le témoin des premiers éclats du coup de majesté contre le parlement de Paris. Dans la soirée du 1er mars, un courrier accouru de Stockholm lui apprit, au moment où il allait se rendre à l'Opéra, qu'il avait été proclamé roi à la place de son père, mort subitement le 12 février. Cet avènement de Gustave III sauva la Suède.

Énergique, décidé à asseoir fermement son autorité, le jeune souverain eut de longs entretiens avec Louis XV et ce fut seulement après s'être assuré son appui qu'il quitta Paris le 18 mars 1771. Une des premières mesures à prendre était de donner à Stockholm un remplaçant au comte de Modène, rappelé dès juillet 1770. Louis XV demanda son avis au comte de Broglie, qui recommanda vivement et obtint la désignation de Vergennes, dont le départ fut hâté : nommé le 21 mars, présenté le 23 au Roi, cet ambassadeur prit congé le 28. En sa personne, la diplomatie officielle et le Secret allaient participer ensemble au redressement de la situation en Suède. Les principaux arrangements pris dans ce but étaient déjà en cours d'exécution lorsque le duc d'Aiguillon reçut les Affaires étrangères et il n'eut qu'à en poursuivre l'accomplissement. Dès son retour à Stockholm, Gustave III avait commencé méthodiquement à préparer, lui aussi, un coup de majesté. Les subsides de Louis XV, les conseils avisés de Vergennes servirent grandement ses desseins. La signature du traité de partage de la Pologne précipita le mouvement : le 19 août 1772, Gustave III, à la tête de sa garde, fit prisonnier le sénat. Deux jours plus tard, il faisait adopter par la diète une nouvelle constitution.

Réussie sans coup férir, cette opération fut pour la diplomatie française comme une revanche de son humiliation en Pologne. Sans minimiser le rôle qu'y joua Louis XV, tant par la voie ostensible que par la secrète, on doit reconnaître que les circonstances lui avaient été favorables : l'Angleterre et le Danemark, absorbés par des difficultés intérieures, n'avaient pu intervenir, non plus que la Prusse et la Russie, occupées à digérer leurs parts du « gâteau » polonais, sans parler de la reprise de la guerre russo-turque. Les cours de Pétersbourg et de Berlin manifestèrent leur dépit et leur mauvaise humeur par des déclarations menaçantes, mais se gardèrent bien de passer aux actes.

*
**

Parmi les affaires héritées de Choiseul, le duc d'Aiguillon eut à traiter, dès son installation dans le ministère, celle de la suppression de l'ordre des jésuites par le pape et de la restitution d'Avignon et du Comtat au Saint-Siège. Louis XV ne s'était laissé aller à saisir ce territoire que parce qu'il avait été blessé par l'excommunication lancée par Clément XIII contre son petit-fils le duc de Parme. Il considérait cette saisie comme provisoire et entendait restituer son bien au Saint-Siège dès la levée de cette sentence. Le sort des jésuites dans le monde lui était assez indifférent et ce n'était que pour respecter le Pacte de famille qu'il joignit modérément ses efforts à ceux, franchement violents, des rois d'Espagne et de Naples en vue de l'extinction totale de la Société de Jésus. Lorsque, pour dresser les instructions secrètes destinées au baron de Breteuil envoyé comme ambassadeur à Naples, le comte de Broglie demanda en mai 1772 ses véritables intentions à Louis XV sur ces différents points, le Roi lui répondit : « Nous n'avons plus de jésuites en France depuis ma déclaration [1]. Peu m'importe qu'ils soient éteints ou non. Mais l'Espagne le désire et mon ambassadeur est autorisé à seconder celui d'Espagne. » Cet ambassadeur, c'était le cardinal de Bernis, qui suivait l'affaire avec onction et modération, de sorte qu'on l'accusait de tout faire pour retarder la décision : « Un prélat espagnol, écrivait-il à d'Aiguillon en août 1771, me disait l'autre jour à ce sujet qu'à moins de poignarder le général des jésuites en plein midi, je ne pourrais guérir les soupçons de certains Espagnols et Portugais. J'avoue que je suis pas disposé d'acquérir leur confiance à ce prix-là. »

Le duc d'Aiguillon adoptait la même modération et, conformément aux intentions de Louis XV, ne recherchait que la

---

1. En fait, l'édit de novembre 1764 (voir ci-dessus, pp. 821-822).

satisfaction de l'Espagne. Celle-ci, les cours de Naples et de Lisbonne exercèrent de telles pressions sur Clément XIV, qu'il consentit à fulminer, le 21 juillet 1773, le bref *Dominus ac redemptor* qui, en principe, abolissait dans le monde la Société de Jésus. Ce bref serait-il publié en France ? Le duc d'Aiguillon fit valoir au Conseil que tout y était terminé à l'égard des jésuites depuis l'enregistrement de l'édit de novembre 1764 et qu'il était inutile de réveiller une affaire assoupie en donnant occasion aux cours supérieures — même renouvelées par le chancelier — de rendre des arrêts d'enregistrement intempestifs ou provocateurs. Cet avis l'emporta et il fut décidé que le bref n'aurait pas d'exécution publique et serait simplement adressé aux évêques en leur indiquant qu'il était considéré comme ne concernant que le for intérieur.

La restitution du Comtat au pape traîna ensuite quelque peu. Depuis cinq ans, la France l'administrait en l'assimilant au reste du royaume par des réformes judiciaires et surtout fiscales. Cette enclave était, en effet, un nid de contrebandiers. Depuis 1768, les contrôleurs généraux y avaient, à la grande satisfaction de la ferme générale, introduit les taxes levées dans les provinces limitrophes, notamment la gabelle, et supprimé le libre transit des marchandises venant d'Italie par le Dauphiné. L'abbé Terray demanda donc le maintien de cette réglementation, s'engageant à reverser au trésor du Comtat les droits collectés par la ferme. Bernis reçut à ce sujet des consignes impératives, sur lesquelles d'Aiguillon refusa de transiger. Le pape finit par céder et des lettres patentes de Louis XV du 10 avril 1774 purent alors prononcer la révocation de celles du 1er juin 1768 et le rétablissement du Saint-Siège en la possession d'Avignon et du Comtat Venaissin.

Comme Bernis et les Choiseul, le duc d'Aiguillon, sans percer à fond le Secret du Roi, eut plus que des soupçons de son existence, comme du rôle occulte du comte de Broglie. Il s'en accommoda plus mal encore que ces prédécesseurs et nous verrons quelle machination il tenta pour en venir à bout.

Monteynard et Boynes

Il s'en faut que les deux secrétaires d'État de la Guerre et de la Marine, le marquis de Monteynard et Bourgeois de Boynes, aient frappé leurs contemporains aussi fortement que Maupeou, Terray et d'Aiguillon. Les départements dont ils reçurent la charge avaient été gérés avec brio par Choiseul, qui, avec son aplomb et sa superbe, avait à peu près obtenu du contrôle général les crédits qu'il réclamait, au risque d'acquérir la réputation d'un ministre dépensier. Ni Monteynard, ni Boynes n'en imposaient autant que lui, surtout face à une personnalité de la trempe de Terray. Budgétairement, ils ont donc été moins à l'aise que Choiseul, ce qui se répercuta sur leur gestion. Celle-ci, en outre, a été affectée par un esprit de règlement de comptes soufflé par ceux qui, à tort ou à raison, critiquaient les réformes opérées depuis 1762 ou se croyaient en droit d'en obtenir réparation.

C'est, semble-t-il, le marquis de Monteynard qui s'est le moins laissé aller ou entraîner à défaire ce que Choiseul avait entrepris, sauf pour l'artillerie. Des différends d'ordre technique entre le marquis de Vallière, tenant des anciens systèmes, et Gribeauval amenèrent en 1772 la mise à l'écart de ce dernier, qui retrouvera son poste sous Louis XVI. Cette « culbute de l'artillerie » indigna bien des gens qui n'étaient rien moins que choiseulistes, comme les Broglie. L'artillerie, remontra le comte de Broglie au Roi, « l'artillerie, qui commençait à être mise sur un bon pied par le meilleur officier d'artillerie de l'Europe, vient d'être ôtée récemment de ses mains pour être confiée à un homme qui s'empresse de détruire tout ce qu'a fait son prédécesseur, ce qui ne peut s'exécuter qu'avec une perte de temps et des dépenses bien regrettables ». Déjà auparavant, le maréchal de Broglie s'était défendu auprès de Louis XV d'être l'auteur des changements opérés et projetés dans l'infanterie et la cavalerie, qui provoquaient une « combustion générale » et sur lesquels Monteynard ne l'avait consulté en rien.

Choiseul avait établi en 1764 cinq écoles de cavalerie à Metz, Douai, Besançon, Cambrai et La Flèche, la dernière ensuite transférée à Saumur, mais avait dû les supprimer car, faute de règlement commun, leur enseignement présenta des divergences fâcheuses. Il les avait remplacées par des manèges d'instruction, mais Monteynard voulut doter cette arme de cadres compétents et fit approuver par Louis XV en 1771 la création de l'école de cavalerie de Saumur. Mesure préludant aux ordonnances concernant la cavalerie et les dragons publiées le 17 avril 1772, en même temps que cinq autres, dont l'une concernait les « régiments provinciaux », c'est-à-dire les anciens bataillons de milice que Monteynard avait fait transformer sous cette nouvelle appellation par une ordonnance du 4 août 1771. Une autre du 4 août 1772 concernant les hôpitaux des armées comporta la création de cinq écoles de médecine militaire.

La Corse récemment annexée avait été rattachée au secrétariat d'État de la Guerre, en sorte que Monteynard, qui avait naguère participé à sa pacification, eut à s'occuper de son administration. Il s'en acquitta avec tant d'équité et de sagesse, que, en mai 1772, la Consulta exprima le vœu que le poste de gouverneur de l'île lui fût confié, à quoi Louis XV accéda le 3 juillet. Depuis quelques années, en d'autres provinces relevant du même département, plus précisément dans des cantons de langue germanique de la Lorraine et des Trois-Évêchés touchés par une crise agricole, on constatait un mouvement d'émigration vers le Banat de Temesvar, libéré des Turcs mais désert, où Marie-Thérèse cherchait à attirer des sujets des anciens États de son mari. Monteynard voulut-il détourner ce courant ? Toujours est-il qu'il fit débarquer en 1773 à Ajaccio seize familles lorraines, que l'intendant devait installer sur des terres confisquées sur les jésuites.

Par sa carrière militaire, M. de Monteynard était préparé à traiter les affaires de son secrétariat d'État. Ce n'était en rien le cas de Bourgeois de Boynes à la Marine, où malgré ses qualités certaines, il ne manifesta pas une grande faculté d'adaptation, faute probablement d'avoir su s'entourer de bons conseillers, à l'expérience et aux compétences reconnues, qui auraient pu le guider et pallier son ignorance des questions techniques. Il eut l'idée malencontreuse de vouloir réformer l'organisation de la marine en la calquant sur celle de l'armée de terre. Un goût excessif de la symétrie a dû lui masquer les différences irréductibles entre les deux armes. Le résultat fut que la situation de la marine se dégrada après le départ des Choiseul : les constructions navales se ralentirent, les stocks de matériaux (bois et toiles à voile notamment) baissèrent dangereusement et l'entretien des bâtiments existants ne fut plus assuré que de justesse. L'essai d'une école navale installée au Havre, que Boynes voulut substituer pour la formation des officiers aux compagnies des gardes de la marine, fut un échec. Louis XVI sera obligé de prendre le contrepied de toutes les mesures prises du temps de ce ministre, qui n'était entré dans le gouvernement qu'en raison de sa participation étroite au coup de majesté.

IV. — LA LUTTE POUR LA DURÉE

Grâce à son coup de majesté et à son chancelier, Louis XV pouvait enfin régner sans que la magistrature, instrument des privilégiés, tentât d'entraver à chaque pas l'action de ses ministres. Résultat encore fragile, car il fallait s'attendre à ce que les intérêts et les prétentions bousculés par Maupeou, les orgueils qu'il avait rabaissés se dressent et se liguent pour faire échouer ses entreprises. Le chancelier avait besoin de durer pour que le temps permît à son œuvre de se poursuivre, de s'affirmer et de se stabiliser en développant ses bienfaits. Le but de ses adversaires sera donc de l'éliminer en lui faisant perdre le plus vite possible la confiance de Louis XV, pour que celui-ci se sépare de lui et rétablisse l'ancien ordre des choses avant que le nouveau fût enraciné. Maupeou devra donc lutter sans cesse pour déjouer cette manœuvre et faire sentir à Louis XV que, pour être définitivement acquise, la rèstauration de son autorité requérait encore de lui une longue période de fermeté.

Le Roi le comprit et, pour accompagner et compléter cette restauration, accomplit des gestes tendant à exalter la grandeur et la splendeur de la royauté. Le mariage du Dauphin avait déjà été l'occasion en 1770 de fêtes magnifiques. Pour les mariages de ses frères — le comte de Provence en mai 1771, le comte d'Artois en novembre 1773 — Louis XV ne voulut pas moins faire et commanda des réjouissances aussi somptueuses que les mariées — deux sœurs, filles du roi de Sardaigne — étaient laides et revêches, ce qui n'était pas peu dire. Du moins le Roi eut-il chaque fois la satisfaction de constater l'admiration du public pour la nouvelle salle d'opéra dont il avait doté Versailles. Dans ce domaine des bâtiments, certaines de ses initiatives apparaissent inséparables d'un dessein bien médité et persévérant d'exalter la monarchie par des constructions prestigieuses. Ne fut-ce pas, en effet, en octobre 1771 pour Versailles et en novembre 1773 pour Fontainebleau, qu'il adopta les « grands projets » qui devaient procurer à ces demeures fameuses un accès grandiose du côté de la ville ?[1]

La disparition des troubles parlementaires, la réussite de fêtes de cour dignes des plus hauts moments du règne de Louis XIV, le lancement de grandes actions artistiques auraient dû, en principe, lui procurer une détente morale certaine après plus de vingt années d'obstruction, de rébellion et de subversion. Mais en fait la sérénité le fuyait et, malgré son indifférence de surface, il restait tourmenté de soucis d'autant plus lourds qu'il n'avait personne à qui les confier, pas même son successeur éventuel. On s'étonnera, une fois encore, de ce que, dans une période aussi cruciale pour l'État, il n'ait rien tenté pour initier et intéresser le Dauphin aux affaires publiques. Ses soucis étaient les mêmes que ceux du chancelier et tenaient aux sentiments que le coup de majesté exacerbait dans des esprits déjà travaillés depuis près d'un demi-siècle par le fanatisme janséniste, qui entretenait le pays, et particulièrement Paris et la cour, dans une atmosphère de haine et d'intolérance. A partir de la fin de 1770, Louis XV devra supporter, autant et même plus qu'avant, ce climat hostile, fait de méchanceté, de tartuferie et d'orgueil, qui suscitait dans la société et jusque dans le ministère des divisions funestes.

---

1. Voir ci-dessus, pp. 546-548.

L'atmosphère de la cour

En 1770, toujours droit et robuste, Louis XV avait gardé sa belle prestance. Un soupçon d'embonpoint, des traits un rien empâtés, des tempes légèrement dégarnies révélaient qu'il avait atteint la soixantaine, qui, par ailleurs, n'avait guère altéré sa prodigieuse mémoire. Sa cour conservait le plus grand ton, malgré tous les manèges et manœuvres dont elle était le théâtre. Deux présences féminines jouaient le rôle paradoxal d'y égayer et d'y tendre à la fois l'atmosphère.

Dès son arrivée, la dauphine Marie-Antoinette avait charmé Louis XV, qui ne cessa dès lors de lui marquer beaucoup de tendresse et de bonté. Des sentiments dont il n'était pas intégralement payé de retour. Marie-Antoinette, en effet, se départissait avec peine d'une certaine réserve envers lui, impressionnée peut-être par la majesté un peu hautaine de ce grand-père, gênée surtout par la présence à ses côtés de Mme du Barry, pour qui elle éprouvait une antipathie et un dégoût que, malgré les conseils de prudence de Marie-Thérèse, elle avait peine à dissimuler. Attitude à laquelle la princesse était incitée par celle de Choiseul, pour qui elle témoignait beaucoup de considération et de confiance, reconnaissant en lui l'artisan de son mariage. Elle en voulut à Maupeou d'avoir été la cause ou l'occasion de sa disgrâce, qui l'affecta vivement et, au contraire, réjouit Mesdames, ses tantes. Les événements politiques semaient ainsi la zizanie jusque dans la famille royale.

Mme du Barry était à la cour un autre ferment de division. L'hostilité venimeuse avec laquelle le clan Choiseul et nombre de ceux qui avaient naguère rampé devant Mme de Pompadour s'étaient dressés contre l'ascension et la présentation de la nouvelle favorite ont involontairement consolidé sa position. Leur attitude choqua et irrita Louis XV, qui, en galant homme, tint à protéger Mme du Barry contre ce déchaînement en lui marquant une faveur appuyée, qui a bien pu transformer en liaison affichée et prolongée ce qui aurait pu n'être qu'une passade. Le Roi était désormais très entiché de sa jeune maîtresse, dont la beauté et la séduction étaient incontestables. Il fit aménager pour elle à Versailles, au second étage de ses cabinets, un appartement où, devant d'admirables lambris, prit place un mobilier d'un luxe étourdissant mais d'une exécution hors de pair, dont le style était déjà largement « Louis XVI » (P. Verlet). Un style qui s'épanouit peu à peu dans les aménagements intérieurs et l'ameublement du petit Trianon, une demeure où Louis XV se plaît de plus en plus, construite en partie à l'instigation de Mme de Pompadour et dont Mme du

Barry sera la reine. Un style qui montre que le Roi sait accepter, apprécier, voire admirer les nouveautés. Celles-ci triomphèrent dans le pavillon que la favorite fit construire à Louveciennes sur un terrain mis à sa disposition par Louis XV. On fit appel à un jeune architecte, ambitieux et talentueux, Ledoux, qui éleva en neuf mois cet édifice exquis, dont le Roi, en connaisseur, loua les qualités le jour de son inauguration, 2 septembre 1770. Mme du Barry semble n'avoir eu ni à craindre, ni à susciter ou organiser des « infidélités » de la part de Louis XV, en sorte que celui-ci, le 27 mai 1771, revendit pour 16 000 livres à un commis principal de la Guerre certaine maison sise à Versailles, rue Saint-Médéric, quartier du Parc-aux-Cerfs.

Les réactions des courtisans devant la faveur de Mme du Barry se ramènent à peu près à trois. Il y eut ceux qui, souvent sans pudeur, se groupèrent autour d'elle par ambition, par intérêt, par libéralisme, par opportunisme, par goût ou habitude du dévergondage. Ainsi les ducs de Richelieu, d'Aiguillon, d'Aumont, les comtes de Bissy et de Maillebois, la princesse de Montmorency, la maréchale de Mirepoix, la duchesse de Valentinois, certains dévots et divers autres. D'Aiguillon était, par la force des choses, une des personnalités les plus en vue de ce clan, qui le soutenait sans défaillance et dont, par conséquent, l'appui accordé au chancelier n'était pas indéfectible. On distinguait ensuite un groupe de gens et de familles, souvent dévots, qui, désapprouvant en morale la position de Mme du Barry, se gardaient de l'accabler de camouflets et d'opprobres, non qu'ils eussent grande considération pour sa personne, mais par respect pour le Roi dans le choix qu'il avait fait de celle que le duc de Croÿ ne nommait guère autrement que « la dame ». Parmi eux, les uns comme le comte de Broglie, ne la fréquentaient que lorsqu'ils ne pouvaient pas faire autrement et d'autres, comme Croÿ, s'abstenaient systématiquement d'aller chez elle ou, tel le comte du Muy, préféraient l'ignorer. C'était dans ce groupe que la politique du chancelier trouvait ses défenseurs les plus compréhensifs et les plus sûrs. Il y avait enfin ce qu'on peut appeler la faction choiseuliste, qui, non contente d'abhorrer la favorite, faisait rejaillir son exécration sur le Triumvirat, qu'elle appelait volontiers « le tripot », et jusque sur la personne du Roi, pour qui elle affectait un mépris haineux. Derrière Choiseul et un certain nombre de ses cousins ou amis lorrains (les Beauvau, les du Châtelet, les Bauffremont), cette faction entraînait des ducs et pairs et une notable partie de la haute noblesse, qui prenaient le parti de ne plus paraître à la cour ou de n'y venir que le temps strictement nécessaire à l'accomplissement de leurs fonctions. Le duc de Liancourt, par exemple, n'y allait que pour remplir le service minimum de sa charge de grand maître de la garde-robe.

Il était de bon ton, dans cette faction nullement dévote, d'aller faire auprès de Choiseul exilé le pèlerinage de Chanteloup et d'en rapporter les échos dans les salons parisiens et chez les princes du sang. Le duc d'Aiguillon était évidemment une des bêtes noires de ce milieu, où l'hostilité au coup de majesté et au chancelier était franche et massive.

A cette faction on peut rattacher, mais en partie seulement, les princes du sang, à l'exception du comte de la Marche. Ces personnages étaient trop dépendants du Roi pour pouvoir faire trop spectaculairement dissidence. Au reste, Louis XV, devant leur hostilité aux mesures prises contre le parlement de Paris, les avait non pas exilés sur leurs terres, mais exclus de la cour le 12 avril 1771. Au mois de juin suivant, le comte de Clermont fut malade et mourut sans que le Roi eût fait prendre de ses nouvelles. A titre personnel, leur audience nationale était modeste. Lors du mariage du comte de Provence en mai 1771, nota le duc de Croÿ, « on ne s'aperçut même pas beaucoup du manque des princes et de beaucoup de seigneurs qui avaient pris des prétextes pour s'éloigner ». Et, dira Mme du Deffand, « ces grands princes depuis leurs protestations sont devenus des bourgeois de la rue Saint-Denis ; on ne s'aperçoit point à la cour de leur absence, ni à la ville de leur présence ». Mais ils fournissaient aux groupes hostiles à Maupeou une aide substantielle avec leur clientèle, leurs officiers, leur palais parisien et, qui sait ? les ressources de leur trésorerie. Le duc d'Orléans — souvent manipulé dans l'ombre par son beau-frère Conty — accueillait de nombreux adversaires du chancelier dans sa résidence du Palais-Royal, où les gens de sa maison étaient à leur disposition.

Que ce fût par le biais de la faction choiseuliste ou des entours de certains princes du sang, il s'exerçait donc à la cour et, à partir d'elle, dans bien des hôtels et des salons parisiens, voire dans des châteaux campagnards, contre le coup de majesté une pression qui, bien qu'elle pût être qualifiée de « mondaine », n'en était pas moins très forte.

Le parti « du patriotisme »

Le coup de majesté a été contesté radicalement par une partie de l'opinion, insensible à l'amélioration des institutions judiciaires et inconsciente du fait qu'en restaurant son autorité et en libérant l'État du despotisme des juges, Louis XV remplissait les conditions nécessaires pour conduire heureusement son royaume vers plus d'égalité et vers des formes nouvelles de liberté. Cette opposition avait les yeux fixés vers un passé mythique beaucoup plus que vers l'avenir et n'a été sensible qu'à Paris et dans quelques régions. Elle a été le fait de milieux différents, dont les rêves et les haines ont fini par confluer dans une même idéologie.

Parmi les adversaires les plus acharnés de la politique de Maupeou figurèrent évidemment les ex-parlementaires qui n'avaient pas voulu ou pas pu entrer dans les nouveaux parlements. Cette masse hostile était composée essentiellement des officiers des anciens parlements de Paris et de Rouen. Ailleurs, beaucoup des anciens magistrats avaient repris du service dans leur cour rénovée. Mais trois magistrats seulement de l'ancien siégèrent à Paris dans le nouveau parlement et deux à Rouen dans le conseil supérieur. C'est dire que ces officiers déchus formèrent un bataillon de gens furieusement mécontents, secrètement insoumis et prêts à combattre par tous les moyens une réforme dont l'abandon ou l'échec eût ramené les choses au *statu quo ante*. L'exil qui séparait les uns des autres beaucoup des anciens parlementaires parisiens n'entama pas leur cohésion, car ils avaient entre eux un commerce épistolaire intense, où les plus déterminés de la troupe ranimaient ceux guettés par la lassitude, houspillaient les hésitants, faisaient circuler les nouvelles vraies et surtout fausses, diffusaient les consignes, coordonnaient les démarches et les efforts. Le centre de cette correspondance était le Palais-Royal, où un des secrétaires des commandements du duc d'Orléans, Lemoyne de Bellisle, assurait les liaisons. Un des agents les plus entreprenants et les moins scrupuleux de ce parti, grand faiseur et diffuseur de pamphlets, avait ses petites et grandes entrées au Palais-Royal : le fermier général Augeard, gratifié d'une charge de maître de la garde-robe du duc d'Orléans. Bien qu'entré dans la finance, il était d'une famille de robe et assez bien apparenté, se mit avec ardeur au service de la cause de l'ancien parlement, fut l'un des détracteurs les plus venimeux du nouveau et l'un des adversaires les plus déterminés du chancelier. Le Paige, autre chef d'orchestre de toute cette musique, et le prince de Conty avaient toutes facilités pour faire passer les mots d'ordre par la voie de la maison d'Orléans.

Quand on examine les griefs de ces exclus ou de ces demis, on est frappé par leur caractère plus social encore que professionnel. Ils ne se plaignent guère d'avoir été châtiés parce qu'on les aurait considérés éventuellement comme de mauvais juges, ignares, iniques, prévaricateurs ou absentéistes. Non : ils estiment que l'édit de décembre 1770 et tout ce qui s'en est suivi les ont « avilis », « déshonorés ». Il y avait du Montesquieu derrière cela. N'a-t-il pas professé que, par son principe, la monarchie est le règne de l'honneur ? Et que le gouvernement monarchique suppose et des lois fondamentales, et des pouvoirs intermédiaires, ces derniers au nombre de deux, noblesse et clergé, la noblesse étant le plus naturel des deux ? Et que les lois fondamentales sont la fixité et la constance d'un régime, où l'honneur, en établissant des prééminences et des rangs, implique une supériorité reçue de la naissance ? Tous les magistrats des cours supérieures étant nobles — soit depuis de nombreuses générations, soit plus récemment, soit au premier degré — ceux d'entre eux qui se dressaient contre le coup de majesté réagissaient moins en magistrats qu'en gentilshommes blessés dans leur orgueil nobiliaire et se faisaient ainsi les défenseurs des privilèges. En outre, la plupart étaient imbus de Le Paige et de Boulainvilliers encore plus que de Montesquieu et, dans les participants à ces « placites » des temps barbares chers à leur cœur, la différence n'était pas claire entre les grands ou les pairs et les moins grands.

Ce caractère foncièrement nobiliaire de l'opposition des ex-parlementaires à Maupeou explique que celle-ci ait, à partir de 1770, fusionné comme organiquement avec la faction choiseuliste et mondaine, dénouement préparé depuis 1756 par l'attitude de certains princes et pairs dans les conflits entre le Roi et les compagnies supérieures. Fusion d'autant plus lourde de conséquence qu'à Paris les anciens magistrats ne constituaient pas à eux seuls le mouvement parlementaire et jansénisant, auquel, comme on sait, se ralliaient bruyamment beaucoup de juges subalternes, d'avocats, procureurs et autres basochiens, d'ecclésiastiques du second ordre, de bourgeois et de gens du petit peuple de la capitale. Ce parti a fait peau neuve depuis l'abolition des Jésuites dans le royaume, qui le laissait les bras ballants. L'inaction n'étant pas dans sa nature, il chercha un nouvel ennemi et le trouva sans peine : après avoir abattu ce qu'il considérait comme le despotisme papal, il lui fallait combattre désormais ce qui lui semblait être un autre despotisme, celui du gouvernement et de l'administration, incarné par le chancelier et même par le Triumvirat, par les intendants et par ceux qu'on allait bientôt appeler fonctionnaires.

Cette rencontre du mouvement mondain d'opposition avec celui des ex-parlementaires et d'une partie de la population parisienne dans une commune abomination du coup de majesté et de ses suites a donné naissance à un courant d'opinion qui s'est de lui-même baptisé « patriotisme ». L'activité de ce parti « du patriotisme » ou « patriotique » a été vive surtout à la cour, à Paris et en Normandie et moins sensible ailleurs. Une conséquence de sa formation mérite la plus grande attention. On se souvient des bruits et des propos haineux qui, dès 1750, s'étaient répandus contre le Roi dans la capitale, amplifiés récemment par les rumeurs sur « le pacte de famine » et les contes ignobles débités sur Mme du Barry. Or maintenant un sentiment d'animosité méprisante envers lui s'était fait jour aussi dans une partie notable de la noblesse de cour. La conjonction de ces deux aversions, l'une, mondaine, descendant des plus hautes couches de la société et l'autre, populacière, s'élevant des plus basses, risquait d'être très pernicieuse pour la personne de Louis XV et peiner ce prince qui, sous son indifférence affectée, avait accueilli avec une joie vive et sincère le surnom de Bien-Aimé. Mais, ainsi qu'on l'a déjà souligné, le XVIIIe siècle a été, derrière un aimable sourire de façade, un siècle de haine. Si on l'oublie, il est difficile de comprendre le déroulement de la Révolution.

*
**

Le parti « patriotique » se donna d'abord de grands mouvements pour dissuader les officiers pressentis par le chancelier de prendre une charge dans le nouveau parlement de Paris et dans les conseils supérieurs. Choiseuliste convaincu et, par sa naissance et ses alliances, tenant surtout à la robe, Dufort de Cheverny conte comment il s'employa avec succès à empêcher un de ses amis d'entrer à Paris dans le parlement Maupeou et un autre dans le conseil supérieur de Blois. Ses efforts, et de loin, ne furent pas isolés et le chancelier eut, dans les premiers temps, de la peine à remplir tous les postes dans le nouveau parlement. Et lorsque celui-ci fut complet, le parti se déchaîna contre les nouveaux officiers, dont la plupart furent représentés comme des gens tarés, sans talents et de naissance obscure. Il y eut évidemment beaucoup d'exagération dans cette campagne de dénigrement, mais il est symptomatique qu'un des griefs formulés contre beaucoup de nouveaux parlementaires ait été la modestie de leurs origines, encore que certains fussent mieux nés que leurs détracteurs ne le proclamaient. Les attaques contre le recrutement des nouvelles cours furent au moins aussi violentes en Normandie qu'à Paris ; les magistrats des conseils supérieurs de Bayeux et de Rouen furent accablés d'insultes et de sarcasmes d'une violence et d'une mauvaise foi incroyables : le cardinal de La Rochefoucauld, archevêque de Rouen, refusa de dire la messe de rentrée du conseil de Rouen et le présidial de Caen protesta contre l'établissement du conseil de Bayeux ; on colportait que l'intendant et premier président du conseil de Rouen, M. Thiroux de Crosne, était fils d'un barbier et qu'un conseiller était fils d'un valet d'auberge, ce qui était faux, mais constituait une tare impardonnable ! Nulle part ces campagnes n'atteignirent autant de virulence et d'opiniâtreté qu'à Paris et en Normandie. A Toulouse, une des loges maçonniques, composé d'ex-parlementaires, combattit le parlement rénové : ce fut, semble-t-il, un cas assez isolé.

Campagnes de flétrissure et de désinformation menées non seulement par des racontars, des rumeurs, des on-dit chuchotés de bouche à oreille, mais par un pullulement de pamphlets, libelles, vaudevilles, satires, et autres écrits en vers et en prose, où le chancelier et les magistrats en fonction étaient tantôt traînés dans la boue, tantôt ridiculisés, tantôt accusés d'incapacité ou de turpitudes, et où la personne du Roi ne fut pas épargnée. On a pu dénombrer plus de quatre cents morceaux de cette littérature pour la seule Normandie, dont l'un en patois, qui eut un succès fou, reprenait notamment la légende du pacte de famine : « Not' Rouai grippe not' blei pour no l'ervendre. »

La forme de bravade la plus étudiée n'a été pratiquée que par les ex-parlementaires parisiens et normands. Elle consista dans le refus de se prêter à la liquidation et au remboursement des charges supprimées. A cette formalité l'édit d'avril 1771 avait assigné un délai qui dut être plusieurs fois repoussé, tant les magistrats concernés s'empressaient peu de la remplir. Elle comportait la présentation des quittances d'achat de chaque office et des lettres patentes par lesquelles l'officier en avait été pourvu. A l'inverse de la remise des quittances, qui ne suscitait pas d'embarras, celle des lettres de provision fit difficulté. Les intéressés, en effet, se rendirent compte que livrer ce document, c'était admettre la légitimité de leur destitution et du pouvoir des nouveaux magistrats, qu'ils considéraient comme exerçant leurs fonctions hors de toute légalité. Ils nourrissaient l'espoir que ces intrus seraient bientôt chassés et l'ancien parlement rappelé. Le chancelier multiplia les exhortations et les pressions pour convaincre les retardataires de se faire liquider en remettant leurs provisions. Pour donner l'exemple, il obligea un de ses fils, qui était président à mortier, à faire liquider sa charge et à devenir colonel d'un régiment de cavalerie. Ses efforts eurent peu de succès, en sorte qu'un terme de rigueur fut fixé au 1er janvier 1773, passé lequel ceux qui n'auraient pas rempli toutes les conditions ne seraient plus admis à la liquidation et seraient déchus de leur droit au remboursement.

Devisant de cette menace avec le prince de Conty, Le Paige, toujours imaginatif et astucieux dès qu'il s'agissait de la cause de l'ancien parlement, eut l'habileté de trouver un point faible dans l'édit d'avril 1771 : la suppression de la vénalité alors prononcée, argua-t-il, n'a pu porter que sur *la finance* des offices et non sur leur *fonction*, qui en est indépendante et dont on demeure revêtu de façon inamovible. La parade était trouvée ! Conty la communiqua aux autres princes, qui en donnèrent connaissance à d'anciens magistrats, notamment au président d'Ormesson. Celui-ci, qui avait fait entamer sa liquidation, cherchait toujours de nouveaux biais pour ne pas la terminer par la remise des provisions de son office de président à mortier. Comme il jouissait de beaucoup de considération parmi ses anciens collègues, il empêchait par ses manèges la soumission d'un bon nombre d'entre eux. Irrité, Louis XV avisa un jour M. d'Ormesson, l'intendant des finances, lui demanda pourquoi son frère le président se refusait à livrer ses provisions, lui déclara qu'il trouvait dans sa conduite des finesses insupportables et lui en fit de vifs reproches. Pour se justifier, le président écrivit au Roi le 2 mai 1772 en faisant état de la distinction imaginée par Le Paige, en quoi il plaidait pour tous les récalcitrants autant que pour lui-même :

« Votre volonté, Sire, a été que les offices n'eussent plus de finance à l'avenir ; j'y ai obéi en faisant liquider celle de ma charge. Tout le monde sait que la vénalité est un établissement arbitraire qui, formé par une taxe, s'abolit par le seul remboursement et qui ne tient ni à la stabilité des offices, ni à l'essence des corps de magistrature. C'est pour opérer leur destruction, c'est pour la consommer par un acte de notre propre main qu'on veut nous contraindre à cette remise de nos provisions, qui ajoute à la liquidation dans ses effets ce qu'elle ne renferme point dans son principe et ce que jamais la mienne n'a pu renfermer dans son intention. Il semble d'abord que cette remise ne soit qu'un acte passif et muet, qui n'exprime aucun engagement, mais on nous ferait bientôt sentir qu'on la tient pour acte équivalant aux démissions les plus volontaires et les plus solennelles et pour une abdication de tout droit de réclamation contre la perte de notre honneur et de notre état. »

« La perte de notre honneur et de notre état » : on remarquera cette assertion, qui trahit la nature nobiliaire de l'opposition robine et « patriotique » à Maupeou et son rôle de défense des privilèges. Les raisonnements et l'attitude de ce magistrat influèrent sur ses anciens collègues : au bout de trois ans, sur cent soixante-dix membres que comptait l'ancien parlement de Paris, trois présidents à mortier, trois avocats généraux et quarante-deux conseillers seulement, soit moins du tiers, avaient fait liquider leurs offices ; les autres acceptaient de perdre leur capital plutôt que de remettre leurs provisions. Même obstination chez les ex-parlementaires de Rouen : ils ne furent que dix à faire procéder à leur liquidation. Accoutumés à voir le Roi céder après avoir sévi, ils se considéraient comme les seuls magistrats légitimes et s'attendaient à être bientôt rétablis purement et simplement dans leurs fonctions. Cette situation fut limitée à ces deux compagnies, mais c'était pour le chancelier un défi cuisant, surtout de la part des Parisiens, les plus nombreux, les plus en vue et les plus à portée de faire pression sur les ministres, sur le Conseil, sur le Roi et sur l'opinion. Le chancelier a été non seulement vilipendé par le parti « patriotique », où ses anciens collègues le tenaient pour un traître, mais contrecarré dangereusement par lui. Il lui fallut être constamment sur la brèche pour défendre et continuer ses réformes.

LA RUDE BESOGNE DU CHANCELIER

La besogne de Maupeou a été rude parce que le Triumvirat, ce Triumvirat qui semblait aux « patriotes » l'hydre du despotisme, a été vite divisé et qu'ainsi le chancelier a été peu à peu isolé dans le gouvernement. Dès le début de 1772, il eut d'Aiguillon contre lui. Revirement surprenant en apparence, car si un homme avait eu à souffrir des anciens parlements, c'était bien ce duc et on pouvait imaginer qu'il aurait mille raisons de soutenir les nouvelles institutions judiciaires et leur promoteur. Mais d'Aiguillon avait un caractère compliqué, aigri en outre par les attaques subies depuis des années. Il a probablement rêvé d'hériter le rôle dominant joué par son rival Choiseul dans le ministère. La forte personnalité du chancelier et l'éclat des réformes qu'il avait lancées faisaient à cette prépondérance un obstacle dont, par jalousie, il lui fallait venir à bout. Surtout, et on l'a déjà remarqué, d'Aiguillon avait été très contrarié par l'interruption de son procès, dont il attendait une justification fracassante. Aussi est-on en droit de se demander si, au plus secret de son âme, il n'a pas nourri la détermination de le ranimer pour obtenir cette justification tant désirée. Un dessein auquel Maupeou était à portée de faire échec au moins de deux façons. Il pouvait, en effet, ou bien ancrer le Roi dans le parti — adopté au nom de la raison d'État — d'éteindre cette action judiciaire à laquelle Louis XV et lui-même avaient été hostiles dans le principe, ou, au contraire, en amener intentionnellement la reprise, car, depuis qu'elles lui avaient été remises au lit de justice du 3 septembre 1770, il en conservait les pièces avec grand soin : « Elles me suivent partout, comme les sceaux », disait-il avec un air faussement innocent. Dans l'une et l'autre hypothèse, il devenait un adversaire à éliminer, d'autant qu'elles posaient toutes deux la question de la cour des pairs. Pour les princes et une partie des pairs, le nouveau parlement de Paris et surtout ses officiers n'avaient pas d'autorité légitime et ils étaient déterminés à ne jamais y aller siéger, ce qui rendait fort aléatoire, sinon impossible, la tenue de la cour des pairs, seule habilitée à juger éventuellement d'Aiguillon. Celui-ci n'allait-il pas être tenté, pour se ménager une convocation effective de cette cour, de s'en prendre à la personne et à l'œuvre du chancelier ?

La brouille ou, à tout le moins, la froideur succéda à l'entente qui avait d'abord régné entre le chancelier et l'abbé Terray. Maupeou n'a pas voulu détailler pourquoi leurs relations se sont détériorées et comment, dira-t-il à Louis XVI, « je trouvai quelquefois des obstacles où j'avais cru trouver du secours et de l'appui ». Il a pu s'agir de difficultés ou de lenteurs mises par l'abbé à fournir au Trésor des fonds suffisants pour le remboursement des offices supprimés, mais peut-être trouverait-on à l'origine de cette fâcherie le projet de réforme du Conseil du Roi mis sur pied par le chancelier en 1769 et qui, on l'a vu [1], prévoyait la création en son sein d'une formation spécialisée dans le contentieux administratif. Si un tel Conseil avait vu le jour, la majeure partie des litiges tranchés par le contrôleur général et les intendants des finances lui aurait été dévolue et les gens des finances amputés d'une portion importante de leurs activités. Ceux-ci se seraient-ils opposés à une telle mesure, qu'ils auraient regardée et comme un démantèlement de leur département, et comme un discrédit jeté sur leurs personnes et leur travail ? L'hypothèse mérite considération, même si l'un des intendants des finances, M. d'Ormesson, fut un ferme partisan du chancelier, qui l'avait fait nommer conseiller d'honneur dans le nouveau parlement.

Après avoir étroitement collaboré avec Maupeou à la rénovation des parlements, Bourgeois de Boynes, poussé par lui dans le gouvernement, commença vers la fin de 1771 ou le début de 1772 à se tenir en retrait par rapport à lui, dans une position tenant, selon les circonstances, de la neutralité, du soutien ou de l'hostilité. Des autres secrétaires d'État, seul le marquis de Monteynard, qui malheureusement comptait peu, fut inconditionnellement fidèle au chancelier. Très favorable au moins jusqu'au début de 1772, Bertin fut parfois plus tiède ensuite, mais sans passer à l'ennemi. Depuis sa nomination de secrétaire d'État en 1723, La Vrillière avait survécu à tant de changements que, porté à se croire inamovible, il ne se donnait pas de grands mouvements. Il avait dans son département la ville de Paris, où Maupeou se plaignait que le lieutenant général de police, M. de Sartine, lié à Le Paige, contrariât ses opérations et ses vues toutes les fois qu'il pouvait le faire sans se compromettre. Parmi les ministres d'État, le chancelier était assuré de l'appui indéfectible du maréchal de Soubise, qui avait peu d'influence dans le Conseil, mais en avait beaucoup sur l'esprit du Roi son ami et, en outre, apportait le soutien, très important à la cour, des Rohan et de leur clientèle.

En sorte que, bien souvent, Maupeou ne pouvait guère compter que sur le soutien de Louis XV, qui, en clôturant le lit de justice du 13 avril 1771, avait proclamé : « Je ne changerai jamais. » Pour le conserver dans ce ferme propos, il était, entre autres moyens, prudent de ne pas indisposer Mme du Barry,

---

1. Voir ci-dessus, pp. 903-904 et 193-194, 198-200.

toute dévouée au duc d'Aiguillon. Quoi qu'il pensât d'elle au fond de lui-même, le chancelier fit en sorte d'être bien avec la favorite. Rompant avec la tradition qui voulait que le chancelier de France fût dispensé de visites, il allait lui faire sa cour et, semble-t-il, elle n'a pas cherché à lui nuire.

***

Dès le début de 1772, les « patriotes » semèrent des bruits selon lesquels on répétait tous les jours que la coalition des ministres allait amener la disgrâce du chancelier et le rappel des anciens parlementaires. A ce moment, Maupeou avait fait publier, le 18 janvier, des lettres patentes par lesquelles le Roi, sur les représentations de la dernière assemblée du clergé, ordonnait qu'il serait sursis à l'exécution d'un arrêt du parlement de février 1768 concernant l'exécution des bulles, brefs, rescrits et autres expéditions de la cour de Rome. Ces lettres semèrent l'alarme dans le public et suscitèrent même des démarches des ambassadeurs d'Espagne et de Naples. D'Aiguillon porta l'affaire au Conseil des Dépêches où Maupeou, pour ne pas être accusé de manœuvres favorables aux jésuites, préféra battre en retraite : une déclaration du 8 mars édulcora beaucoup les lettres du 18 janvier.

Dans le même temps, le chancelier fut très malmené dans le Conseil parce que plusieurs parlements provinciaux avaient présenté des remontrances. Les unes concernaient l'édit de juin 1771 portant création de conservateurs des hypothèques, les autres celui de novembre 1771 sur les vingtièmes. Ces dernières, échelonnées entre le 18 janvier et le 29 avril 1772, furent au moins une douzaine, dont quatre itératives et même (Bordeaux) une réitérative, celle-là couronnée par un enregistrement en présence du commandant en chef. Les adversaires du chancelier cherchèrent à le renverser en ironisant sur le nouveau système qu'il avait mis en place et sur les facilités d'administration qu'il avait promises et en concluant que ce n'était pas la peine de tout bouleverser de fond en comble pour en arriver là. Argumentation d'une mauvaise foi insigne : si, en effet, ces cours avaient fait des remontrances, c'est que l'édit de décembre 1770 leur en faisait un droit et qu'elles l'avaient exercé sans nulle restriction ; si elles avaient émis des critiques, c'est que, contrairement aux allégations hostiles, elles n'étaient pas serviles ; et si un enregistrement d'autorité avait été jugé nécessaire en Guyenne après trois remontrances, sans que s'ensuivent une cessation de service et des démissions collectives, c'était la preuve que, après avoir dialogué avec une compagnie, le Roi pouvait « avoir le dernier », se faire obéir et, par suite, gouverner efficacement. Louis XV en fut convaincu. Ces attaques contre Maupeou tournèrent court et, au mois de mai, l'abbé Terray pouvait dire : « Le parlement ne reviendra jamais ; le Roi ne veut pas en entendre parler et c'est chose consommée sans retour. Et ce que je dis là ne doit pas être suspect, car on sait que je ne suis pas ami de M. le chancelier. » Après l'alerte qu'il avait subie entre février et avril, la faveur de Maupeou parut plus haute en juin qu'elle ne l'avait jamais été.

Un des points sur lesquels il était le plus brocardé et se sentait le plus gêné était la liquidation des offices des ex-parlementaires parisiens. On a dit quelle force d'inertie ceux-ci y opposaient et aussi quel groupe de pression ils formaient. Ce qui les chagrinait, c'était moins la forme du nouveau parlement que le fait de ne pas y siéger. Et ce devait être effectivement une mortification cruelle de ne plus s'asseoir sur les fleurs de lys, aussi bien pour ceux — les Lamoignon, les Gourgues, Pinon, Anjorrant, Le Peletier, Bochart, Amelot, Bragelongne et autres — dont les familles y étaient habituées depuis des générations, que pour ceux qui — tel un Durey de Meinières ou un Michau de Montblin — n'y étaient parvenus que récemment et, pour cela, en rajoutaient sur la morgue et les prétentions des officiers précédés d'une longue théorie d'aïeux. Comme les princes du sang étaient l'âme de cette résistance, le chancelier conçut l'idée de les réconcilier avec le Roi, pensant que ce rapprochement déclencherait un grand mouvement de liquidations parmi les anciens magistrats.

Les intermédiaires ne manquaient pas pour une tractation de ce genre. Les princes légitimés — le comte d'Eu et le duc de Penthièvre — avaient reconnu tacitement le nouveau parlement et Penthièvre était beau-père du duc de Chartres (futur Philippe-Égalité), fils du duc d'Orléans. D'autre part, le prince de Condé était gendre du maréchal de Soubise. Dès 1771, le duc de Penthièvre s'était entremis sans succès pour engager les princes à désavouer leurs protestations. Ils tinrent bon jusqu'à l'automne de 1772. Mais le prince de Condé était dépité de ce que le duc de Bourbon, son fils, n'ait pas été honoré par le Roi de l'ordre du Saint-Esprit au début de l'année, comme cela était promis. Par l'intermédiaire du comte de la Marche et du prince de Soubise, les Condé cédèrent : ils adressèrent à Louis XV une lettre assez embarrassée, que les ducs d'Orléans et de Chartres et le prince de Conty refusèrent de signer : ils reçurent permission de revenir à la cour et furent le 7 décembre se présenter au Roi. Les retrouvailles furent assez froides :

« Sire, je suis fâché d'avoir été longtemps sans voir Votre Majesté.

— Je suis charmé, mon cousin, que vous vous mettiez dans le cas de recevoir mes bontés. »

Après avoir vu ensuite la famille royale, ils terminèrent la tournée des visites chez Mme du Barry. Le duc d'Orléans fut très alarmé de voir la maison de Condé revenir seule à la cour et craignit qu'elle n'en profitât au détriment de la sienne. D'autre part, il était très désireux d'obtenir l'autorisation de Louis XV pour épouser morganatiquement la marquise de Montesson, qui le poussait vivement à se réconcilier pour cela avec le Roi. Son fils et lui finirent aussi, le 27 décembre, par écrire au Roi et allèrent dès le lendemain faire leur cour à Versailles. Seul le prince de Conty tint à rester à l'écart : « Mon cousin l'avocat n'a pas encore assez chicané », plaisanta Louis XV.

Même peu enthousiastes, ces ralliements étaient destinés à faire croire aux ex-parlementaires que les princes les abandonnaient et que, par suite, ils n'avaient plus qu'à se faire liquider. Le parti « patriotique » vit aussitôt le danger et, notamment par Augeard, fit incontinent répandre parmi les anciens magistrats l'avis que, si les princes rentraient à la cour, c'était pour y négocier le retour du parlement disgracié et que, dans ces conditions, il devenait inutile de faire procéder aux liquidations. Cette astuce porta et peu d'ex-officiers se firent liquider. Le retour des princes n'eut donc pas l'effet escompté. Au reste, la lettre — revue par Malesherbes — que les Orléans avaient envoyée à Louis XV témoignait d'une soumission douteuse : « Nous pouvons être dans l'erreur, y disaient-ils, mais il n'est pas en notre pouvoir de changer d'opinion. Notre façon de penser n'est pas incompatible avec l'obéissance due à votre autorité, dont nous serons toujours les plus zélés défenseurs. » Le Palais-Royal resta le centre de ralliement des ex-parlementaires.

L'échec des liquidations parisiennes fut donc en grande partie imputable aux princes du sang, dont l'hostilité opiniâtre envers le nouveau parlement eut une autre conséquence. Elle traduisait un refus tacite d'admettre sa légitimité et donc de reconnaître en lui la cour des pairs et cela incita les nouveaux pairs à éviter systématiquement de s'y faire recevoir. Le duc de Brissac l'avait fait en prenant ses fonctions de gouverneur de Paris, mais il fut le seul et, en février 1774, deux pairs ecclésiastiques et sept pairs laïques n'avaient toujours pas accompli cette démarche. Outre que ce comportement donnait occasion de railler le chancelier, il offrait l'inconvénient d'autoriser constamment des rumeurs sur sa prochaine disgrâce et sur des combinaisons variées aboutissant toutes, d'une manière ou d'une autre, au rappel d'une partie au moins des ex-parlementaires. Mais Maupeou ne se laissait nullement désarçonner et, en dépit des pressions et manœuvres adverses, conservait la confiance et le soutien du Roi, convaincu que ce ministre n'avait d'autre souci que le bien de l'État et la stabilité de la monarchie et que ses ennemis n'obéissaient qu'à des passions égoïstes et ne rêvaient que de ramener le désordre. Ainsi le temps travaillait-il pour Maupeou.

**

Dans les provinces, les parlements rénovés — où les officiers d'ancienne magistrature étaient nombreux — fonctionnèrent sans difficulté et même furent souvent préférés à leurs devanciers, car ils jugeaient au moins aussi bien et plus vite et rien n'établit mieux la réputation d'un tribunal qu'une prompte expédition des affaires. En Bretagne, l'enthousiasme de naguère pour le parlement chalotiste avait disparu et le nouveau s'installa, se mit à l'œuvre et travailla sans éprouver d'embarras. La réduction des tribunaux d'exception et la division des ressorts trop vastes entre les parlements et les conseils supérieurs offraient trop de commodités pour ne pas être appréciées sans réserves. Les conseils supérieurs désarmèrent les malveillances par le sérieux de leur activité. Des pamphlétaires avaient prophétisé que le Conseil des Parties allait être submergé par les pourvois en cassation contre les arrêts de ces compagnies : il n'en fut rien. Contre ceux des conseils supérieurs d'Arras, Blois, Châlons-sur-Marne, Clermont-Ferrand, Lyon et Poitiers, il fut présenté en quatre ans quarante-deux recours en cassation, qui donnèrent lieu à dix cassations : c'était la proportion habituelle (R. Villers). En Normandie, où les magistrats de ces nouvelles cours ont peut-être été vilipendés plus ardemment et plus bassement qu'ailleurs, le public, si mal disposé qu'il fût d'abord, fut obligé de confesser la qualité des arrêts du conseil supérieur de Rouen. Plus le temps passait, moins ces juges étaient critiqués pour leur qualification professionnelle et ils n'étaient plus dénigrés que pour leur naissance, dont, au reste, « la bassesse » ou la modestie était souvent calomnieusement outrée. La même situation était en train de s'instaurer à Paris.

Les ennemis du chancelier avaient brocardé à l'envi « l'ineptie » des magistrats « intrus » du nouveau parlement de la capitale. Or, des recherches sérieuses ont prouvé que celui-ci, dont le ressort était réduit mais la compétence étendue à celles de la cour des aides et de la table de marbre supprimées, traita presque autant d'affaires que son prédécesseur. Ses arrêts, après avoir fait l'objet au Conseil privé de cassations un peu plus nombreuses, furent bientôt aussi solides que naguère : 30 recours et 14 cassations en 1772, 22 et 10 en 1773, 28 et 5 en 1774 (R. Villers). Le Châtelet, lui aussi supprimé, recréé et réduit, se recruta normalement et, sous la direction savante et zélée du lieutenant général Dufour de Villeneuve, tendait à devenir une sorte de séminaire pour le nouveau parlement où, en 1774, servaient déjà six conseillers venus de ce tribunal. Dès 1772, le parlement avait atteint une allure normale d'activité, d'autant que la procédure avait été accélérée. Quoique, remarqua cette année le duc de Croÿ, « on eût peu d'estime, alors, pour le nouveau parlement, il prenait au mieux : jamais il n'y eut plus de causes célèbres et ce parlement, où personne ne voulait aller, fut par là rendu si à la mode, qu'on s'y étouffait. C'était inconcevable de voir comment il prit en un an, malgré le déchaînement qu'il y avait eu ». Détail significatif : on a remarqué qu'à partir de 1773, aucun libelle, ou à peu près, ne fut publié sur les événements de Paris, encore ne s'agit-il souvent que de la réimpression d'œuvres antérieures. La situation s'éclaircissait et l'opposition en était réduite à se battre sur le terrain de la morgue sociale et politique. Louis XV et Maupeou n'avaient plus qu'à attendre la consolidation du temps.

Un temps nécessaire aussi au chancelier pour entamer et mener à terme les réformes qu'il avait en tête. Ses adversaires n'eurent pas de peine à souligner qu'il n'avait supprimé la vénalité des offices que dans les cours supérieures et non dans les tribunaux subalternes, que sa réforme de la procédure civile était timide et qu'il n'avait pas touché à la procédure criminelle, qu'il n'avait ni régénéré les facultés de droit, ni unifié les jurisprudences, etc. Il fallait beaucoup de mauvaise foi pour reprocher à un ministre qui avait fait tant de choses en trois ans de n'avoir pas accompli tout ce que, en des temps moins agités et avec la concentration d'esprit nécessaire, un d'Aguesseau n'avait pu réaliser en trente ans ! Parce que ces mesures s'accordaient avec celles de ses prédécesseurs et avec sa politique générale, Maupeou put continuer à faire édicter des suppressions et fusions de juridictions et des suppressions d'offices dans les tribunaux inférieurs.

Malgré les difficultés dont il était assailli, il est parvenu à commencer une œuvre législative, avec la déclaration du 30 avril 1772 sur la compétence des maréchaussées, avec l'édit de novembre 1772 portant création de dix officiers-gardes du commerce et règlement pour les contraintes par corps pour dettes civiles à Paris, l'édit de juillet 1773 pour l'instruction des contumaces, l'édit de mars 1774 portant, pour l'Artois, sur l'accession des enfants et petits-enfants aux successions de leurs père et mère et ascendants. Signe que le gouvernement, n'étant plus harcelé à tout instant, disposait maintenant d'assez de temps pour conclure des affaires traînantes : la déclaration sur les mariages entre catholiques et luthériens en Alsace, en panne depuis 1763[1], put être enfin promulguée le 19 mars 1774. Autre indice : la marche de la commission créée en 1728 et 1731 pour l'examen des remèdes spécifiques[2], s'étant quelque peu ralentie, une déclaration du 25 avril 1772 renoua avec la politique de santé en instituant une Commission royale de Médecine, qui fut ensuite extrêmement active. On a déjà vu comment l'abbé Terray parvenait à améliorer progressivement la situation financière. Un redressement général de l'autorité royale se faisait sentir un peu partout. Par exemple, dans cette Bretagne récemment si agitée et point de départ d'une crise inouïe, la turbulence des états de la province s'était calmée, le duc de Fitz-James, commandant en chef, et le nouvel intendant, M. Dupleix de Bacquencourt, exerçaient paisiblement et énergiquement leurs fonctions. La fièvre se limitait de plus en plus au petit monde des milieux dirigeants, où elle restait élevée.

Le « complot de la Bastille »

En retraçant l'histoire du règne de Louis XV, peut-être n'a-t-on pas prêté assez d'attention au fait que, depuis Bernis en 1757 et Belle-Isle et Choiseul en 1758, un gentilhomme de vieille souche et deux ducs et pairs avaient accédé, pour la première fois dans l'histoire du royaume, aux fonctions de secrétaires d'État et qu'ensuite d'autres les y avaient suivis. Auparavant, les rivalités, les antipathies, les querelles avaient maintes fois opposé de ces ministres les uns aux autres, mais, avec l'arrivée de grands seigneurs, à ces tensions, somme toute assez naturelles, s'est adjointe une note aristocratique, qui a emporté des effets importants. L'un fut que, par le jeu des parentés et clientèles, les plus grandes familles de la cour participèrent de plus près aux cabales et intrigues politiques. Tendance sensible surtout depuis Choiseul et maintenue sous d'Aiguillon. Celui-ci avait sans doute quelque peine à réprouver entièrement l'attitude des princes et des pairs, ne fût-ce que par solidarité ducale, mais aussi, comme on sait, parce qu'il souhaitait probablement en secret que la cour des pairs pût éventuellement siéger. Cela expliquerait certains projets de rappel des anciens parlementaires qu'il cautionna à l'automne de 1773 et surtout le fait que, ne parvenant pas à abattre directement le chancelier, toujours soutenu par Louis XV, il ait cherché à l'atteindre par des biais en devenant un ministre aussi prépondérant que Choiseul naguère et cela, d'une part,

1. Voir ci-dessus, p. 866.
2. Voir ci-dessus, p. 333-334.

en cumulant deux secrétariats d'État et, d'autre part, en minant la confiance que pouvait inspirer au Roi le comte de Broglie, personnellement très favorable à Maupeou.

Après le partage de la Pologne et le coup de majesté de Gustave III en Suède, le comte de Broglie s'attacha moins, pour le Secret du Roi, à suivre le détail des événements qu'à élaborer un vaste plan d'action, susceptible d'orienter les démarches de nos représentants dans les limites imposées par l'inébranlable volonté de paix de Louis XV. L'essentiel et l'urgent lui semblaient être d'arracher la France à la léthargie politique qui la menaçait. Il fallait donc, à l'intérieur, rétablir l'équilibre financier, consolider la subordination des cours supérieures et remettre « le militaire » sur un pied qui en imposât aux autres puissances ; à l'extérieur, renouer des relations avec tous les pays et renforcer ce qui subsistait de nos alliances, seul moyen de rendre à la France un rôle important et un prestige certain dans une Europe en paix.

De ces alliances, la plus fameuse était celle avec la cour de Vienne. Pendant longtemps, en dépit de certaines réserves, Broglie la considéra comme le pivot du système. En 1771, il avait mis en garde Louis XV contre le relâchement des relations résultant du trop long intérim des Affaires étrangères. Il persista dans cette opinion même après le partage de la Pologne, bien que Marie-Thérèse y eût été associée, car il lui paraissait difficile de se rapprocher de la Prusse et il connaissait l'aversion de Louis XV pour Frédéric II.

Ces vues furent encore développées dans un important mémoire que le comte élabora avec Durand et qu'il remit au Roi au début de juin 1772. On y voit aussi poindre une idée nouvelle, celle d'une ligue des pays du Midi, rassemblés autour des cours bourboniennes et faisant contrepoids au groupe des puissances du Nord. Celles-ci, c'étaient essentiellement celles qui avaient morcelé la Pologne et qui, contrairement à toutes les prévisions, restaient unies. On ne pouvait guère espérer en détacher la cour de Vienne et on pouvait même craindre que, mise en appétit, elle ne cherchât à étendre ses possessions en Italie aux dépens des Bourbons et à partager avec le roi de Prusse les futures successions de Bavière et du Palatinat, tandis que Berlin et Pétersbourg régleraient le sort de la Suède.

Au début de 1773, le comte de Broglie avait donc arrêté les grandes lignes d'une nouvelle politique. La France devait prendre l'initiative d'une ligue des pays méridionaux. Elle commencerait par s'entendre avec l'Espagne pour épauler le royaume de Naples ; elle se lierait ensuite avec le roi de Sardaigne ; elle réunirait, enfin, autour de ces pays, Gênes, Venise, les princes du Saint-Empire, voire la Suisse. L'objectif de cette coalition serait de maintenir l'équilibre de l'Europe sous l'influence modératrice de Sa Majesté Très-Chrétienne.

Pour rassurer le pacifisme irréductible de Louis XV, Broglie s'efforçait de présenter ses projets sous le jour le moins belliqueux. Mais, pensant qu'une politique de fermeté n'était praticable que soutenue par des forces respectables, il ne pouvait s'empêcher de presser le Roi de renforcer son armée et de pousser le roi d'Espagne à agir de même.

La mise en œuvre de projets aussi vastes ne pouvait réussir qu'avec l'appui de Louis XV. Pour l'y intéresser, il fallait plus que des allusions glissées çà et là dans les lettres que le comte lui adressait. C'est pourquoi il résolut de lui communiquer ses idées et ses plans sous forme de mémoires où seraient raisonnés les motifs, les buts et les moyens du nouveau système envisagé. C'était un travail considérable que Broglie, déjà surchargé, ne pouvait réaliser seul. Il s'adressa — avec l'autorisation du Roi — à un curieux personnage de sa connaissance, Favier, jadis syndic général des états de Languedoc, publiciste de talent et grand fabricant d'ouvrages politiques. Il ne fut pas, à proprement parler, initié au Secret, mais comprit rapidement que le travail confidentiel que lui demandait et lui payait le comte de Broglie était destiné à Louis XV. Le 17 avril 1773, un premier chapitre, résultat de la collaboration de Broglie et de Favier, fut présenté au Roi. C'était le début des fameuses *Conjectures raisonnées sur la situation actuelle de la France dans le système politique de l'Europe et réciproquement sur la position respective de l'Europe à l'égard de la France.* Onze autres mémoires suivirent, dont Louis XV reçut le dernier le 28 août 1773.

Favier y passait en revue les principales puissances de l'Europe et analysait leurs rapports avec la France, surtout depuis 1756. La période de guerre et, plus encore, les années suivantes ayant été marquées par l'effacement politique de la France, l'exposé qu'il en donnait prenait, par la force des choses, l'allure d'une critique impitoyable de notre diplomatie depuis le renversement des alliances, dont Favier avait toujours été l'adversaire.

Ce tableau historique et critique devait être suivi par une seconde partie où seraient énumérées en détail les mesures proposées pour remédier à la situation et redresser le prestige de la France. Favier ne put jamais la rédiger : au début de septembre 1773, il fut arrêté sur les ordres du duc d'Aiguillon et impliqué dans ce qui a été appelé « le complot de la Bastille ».

*
* *

Avant son entrée dans le ministère, d'Aiguillon entretenait des relations cordiales avec le comte de Broglie, qui l'avait fortement soutenu contre les attaques des chalotistes. Broglie participait même aux petits soupers de Mme du Barry. Mais, une fois le duc ministre, les choses avaient changé, comme le comte l'avait trop bien prévu : dès 1772, il cessa d'être convié chez la favorite et ses rapports avec d'Aiguillon se refroidirent. Les événements allaient se précipiter en 1773. La faveur de Mme du Barry et l'élévation de d'Aiguillon réunissaient en une cabale très animée divers clans auparavant hostiles les uns aux autres : des dévots, groupés autour de Mesdames, des choiseulistes, les Rohan rêvaient d'abattre ce ministre. On prétendait même que Broglie, alors assez en cour — il fut nommé, à la fin de juillet 1773, commissaire du Roi pour aller recevoir à la frontière de Savoie la future comtesse d'Artois —, était disposé à se réconcilier avec son vieil ennemi le maréchal de Soubise et à faire cause commune avec les Rohan contre d'Aiguillon. Au début d'août, la position de ce ministre paraissait si critique qu'un observateur averti comme Mercy-Argenteau mandait le 4 août à Marie-Thérèse : « Il est infailliblement perdu s'il ne trouve pas quelque ressource dans ses manœuvres pour rétablir son crédit. »

Jaloux, soupçonneux, d'Aiguillon imagina effectivement sans scrupules, un expédient pour sauver sa situation compromise : l'affaire de la Bastille, qu'il monta dans un double but : fortifier son crédit dans le ministère en se débarrassant du secrétaire d'État de la Guerre, M. de Monteynard, et en prenant sa place ; éliminer son adversaire occulte et successeur éventuel le comte de Broglie, en l'impliquant dans une accusation de complot. Le marquis de Monteynard avait commis l'imprudence de confier une mission secrète en Allemagne — connue du Roi, mais non de Broglie ni de d'Aiguillon — à un personnage aussi remuant que Dumouriez. Celui-ci, vantard et léger, partit pour les Pays-Bas et l'Empire, d'où il envoya une correspondance fréquente à plusieurs de ses amis, en particulier Favier — alors employé par Broglie — et deux jeunes écervelés, Guibert et Ségur. Tout ce monde se croyait promis à de grandes destinées et échafaudait des combinaisons où il était question de rapprocher la France de la Prusse, les Broglie des Rohan et de se débarrasser de d'Aiguillon, le tout en un langage dénué du moindre apprêt. Ce n'étaient là qu'ambitions d'intrigants subalternes, grisés par leurs relations avec des personnes de la première considération. Certaines des lettres ainsi échangées furent interceptées et remises au ministre, qui s'en servit pour édifier toute sa machination. Comme celle-ci ne reposa jamais que sur des preuves insignifiantes, il eut soin de l'entourer d'un mystère plein de sous-entendus, favorable à la diffusion des bruits les plus extravagants.

Dès la fin d'août, Louis XV, mis au courant des menées de

Favier et de Dumouriez, demanda des explications au comte de Broglie. Le 7 septembre, Favier fut jeté à la Bastille, où Dumouriez, arrêté à Hambourg, le rejoignit le 13. Ségur subit le même sort. Le secrétaire du comte avait pu, de justesse, s'emparer des papiers de Favier et les transporter à l'hôtel de Broglie. Informé de ce déménagement par la police, le duc d'Aiguillon y vit la preuve qu'il était sur la bonne piste. Une maladresse de Broglie allait faciliter son jeu.

En désignant le comte pour aller accueillir la future comtesse d'Artois, le Roi l'avait également autorisé à faire, avant la cérémonie de remise, un voyage en Piémont pour des affaires de famille. Or, à son retour d'un bref séjour en Normandie, Broglie s'entendit signifier par d'Aiguillon, à la mi-septembre, que le Roi ne pouvait lui permettre de se rendre à Turin. Le comte, qui avait prévenu le roi de Sardaigne de son passage, multiplia les démarches auprès du ministre, mais en vain, et sans même pouvoir en tirer une déclaration de motifs un peu claire. Un tel refus, enveloppé à dessein de mystère, ne pouvait qu'être mis par le public en relation avec l'arrestation de Favier et de Dumouriez, avec lesquels on faisait chuchoter que Broglie était compromis. Prodigieusement agacé par ces murmures et ces insinuations, le comte exigea une explication : d'Aiguillon en fit une affaire d'État et décida de la porter au Conseil du 23 septembre. La veille, Broglie lui adressa une lettre très fière, rappelant que lui et les siens avaient été parmi les personnes « les plus citées pour s'être occupées de vos intérêts dans des circonstances un peu plus importantes qu'une simple permission de voyager ». Le ministre ne manqua pas d'en donner lecture au Conseil, où elle fit mauvais effet, même sur le Roi : le lendemain 24, le comte reçut un billet de Louis XV l'exilant sur ses terres à Ruffec.

Cependant, par une de ces inexplicables contradictions dont il avait déjà donné l'exemple en 1762, le Roi lui conserva la direction de l'affaire secrète. Mais Broglie fut beaucoup plus touché par ce coup que par celui qui l'avait frappé onze ans auparavant. Non seulement il n'avait pas obtenu la récompense qu'il espérait en 1771, mais encore il était publiquement désavoué. Encore une fois, il proposa à Louis XV de renoncer au Secret : il ne reçut même pas de réponse. Découragé et fatigué, il laissa en pratique au général Monet le soin de poursuivre les correspondances avec l'étranger. Il se borna, pour sa part, à entretenir fréquemment le Roi de sa situation personnelle. Ses lettres ne furent plus dès lors qu'une suite de plaidoyers justificatifs, non dépourvus de dignité et d'éloquence, mais auxquels Louis XV paraît être resté curieusement insensible.

A Ruffec, Broglie recevait avec consternation l'écho des propos qui se débitaient sur son compte à la cour. D'Aiguillon mettait à profit l'éloignement de sa victime pour développer sa campagne de calomnies. Les commissaires désignés pour interroger Favier et Dumouriez s'efforçaient, non sans peine, de retrouver dans leurs expressions ou leurs démarches inconsidérées les éléments d'un complot visant à bouleverser la politique de la France. Sous l'influence du ministre et de ses créatures, le procès-verbal des interrogatoires fut rédigé de manière à jeter la suspicion sur la conduite de Broglie et de Monteynard. Le 13 octobre, pendant le séjour de la cour à Fontainebleau, d'Aiguillon présenta au Conseil un rapport sur l'affaire. Dans ce texte venimeux, qu'il eut soin de répandre dans le public, il n'allait pas jusqu'à faire allusion aux liaisons du Roi et du comte, mais donnait à entendre que ce dernier avait abusé de certaines complaisances du souverain pour établir, à son insu, des affidés dans des cours étrangères, afin de provoquer une guerre et un bouleversement de nos alliances. Ces insinuations, perfidement calculées et habilement colportées, furent recueillies avidement dans les milieux de la cour, friands de nouvelles à sensation. Accuser Broglie de préparer la guerre, c'était lancer une imputation très propre à effaroucher Louis XV et peut-être, en effet, a-t-il fini par se demander si le comte n'avait pas fait un usage suspect de la correspondance secrète qu'il lui avait ordonné d'entretenir.

Mieux que quiconque, pourtant, Louis XV savait que le comte n'avait nullement conspiré. Mais il donne alors l'impression d'avoir perdu par moments le fil si enchevêtré de son propre Secret. Quelles qu'aient été les causes de son comportement énigmatique, celui-ci ne manquait pas d'être exploité par les ennemis de Broglie, qui, à la suite de d'Aiguillon, faisaient courir sur son compte des rumeurs d'autant plus effrayantes qu'elles étaient parées du mystère qui entoure les secrets d'État. Le comte aurait pu réduire ses détracteurs au silence en révélant les ordres qu'il avait reçus du Roi, mais c'eût été trahir la confiance de son maître et risquer de l'indisposer définitivement. Il supplia alors le Roi de lui permettre au moins d'aller se constituer prisonnier à la Bastille. Sa situation, en effet, n'était plus tenable. Les insinuations de d'Aiguillon avaient semé le doute jusque chez les amis et les parents du comte. Le maréchal de Broglie avait bien obtenu du Roi de vagues assurances que son frère n'était pas impliqué dans le « complot » de la Bastille, mais ces assurances étaient presque démenties par le refus de lever son exil. La comtesse de Broglie elle-même, bouleversée par la disgrâce de son mari, voulut le soutenir dans son projet de se présenter à la Bastille et on la dissuada à grand-peine d'aller elle-même implorer cette grâce aux pieds du Roi.

***

Le comte de Broglie et les siens auraient peut-être été moins tourmentés s'ils avaient pu se rendre compte que, en dépit des apparences, d'Aiguillon était alors plus supporté qu'estimé par Louis XV. Dans le temps même de toutes ses manigances contre Broglie, le duc lançait une tentative en vue du rappel d'une partie au moins des ex-parlementaires parisiens, dont la plupart avaient maintenant reçu la permission de quitter leurs exils lointains et de revenir sur leurs terres autour de Paris. L'idée de d'Aiguillon était, sans culbuter intégralement les réformes du chancelier, de le faire disgracier, de faire réintégrer un certain nombre d'anciens officiers, de leur faire enregistrer une déclaration de discipline semblable à celle que Louis XIV, un siècle plus tôt, avait imposée le 24 février 1673 et de reconstituer ainsi la cour des pairs. Comme l'a dit justement Lebrun, il voulait « renverser l'architecte sans démolir l'édifice », ce qui ne fait guère honneur à son sens politique, car un tel rappel, peu souhaitable au point de vue judiciaire, eût été désastreux au point de vue politique. On voit mal, en effet, et ce que les magistrats revenus triomphants auraient laissé subsister des édits de décembre 1770, février et avril 1771, et ce qui les aurait empêché de renoncer à leurs anciennes prétentions et de retomber dans une insubordination systématique. Maupeou fut bientôt au courant de cette cabale. Il en prévint Louis XV, qui dit brusquement à d'Aiguillon : « Est-il vrai, Monsieur ? On dit que vous voulez rétablir le parlement, hein ! » Le duc se confondit en dénégations et son projet sombra.

Peu après, l'affaire de la Bastille connut son épilogue. Le 27 janvier 1774, le marquis de Monteynard démissionna, sans que le Roi le reléguât sur ses terres ou ailleurs, et d'Aiguillon fut chargé du portefeuille de la Guerre. En mars et avril, Favier, Dumouriez et leurs comparses quittèrent la Bastille pour des forteresses de province ou l'exil. Du comte de Broglie, il ne fut pas question, du moins officiellement.

Bien que cumulant désormais deux ministères, à l'instar de Choiseul, le duc d'Aiguillon n'était toujours pas parvenu à entamer la confiance que Louis XV marquait obstinément à Maupeou. Pendant le procès de Beaumarchais devant le parlement de Paris en février 1774, Bertin se prêta à son tour à des tractations tendant au rappel de Messieurs les anciens, mais le Roi les fit échouer. La détermination de Louis XV de s'opposer à toute concession à l'ancienne magistrature fut encore prouvée par son attitude envers La Chalotais. Très éprouvé par des deuils familiaux, l'ancien procureur général s'était enfui de Saintes au début de 1774 et retiré dans son château non loin de Rennes. Le

Roi, à qui il avait écrit pour expliquer cette désobéissance, ne se laissa pas fléchir et ordonna de l'interner au château de Loches. Il y eut alors des interventions en faveur du vieil obstiné, mais en vain et La Chalotais dut se rendre à Loches à la fin de février 1774.

Par ailleurs, la campagne de calomnies contre le comte de Broglie continuait de plus belle et on ne parlait toujours pas de son retour à la cour. A bout de patience, la comtesse, passant outre à la résistance de son mari, décida d'aller elle-même implorer la clémence du Roi. Partie de Ruffec le 28 mars 1774, elle lui demanda, sans succès, une audience le 10 avril. Le 15, elle lui adressa une supplique, appuyée d'une lettre du maréchal de Broglie. Louis XV leur fit dire de se rassurer sur le sort de l'exilé, mais refusa une nouvelle fois de recevoir la comtesse. Elle résolut alors d'attendre une occasion pour se placer, entourée de ses beaux-frères, dans la galerie de Versailles et présenter un placet au Roi à son passage.

Louis XV avait au même moment d'autres soucis en tête. Il venait d'apprendre que son Secret, déjà traqué en France par son propre ministre, avait été découvert à Vienne. Le prince de Rohan, son ambassadeur à cette cour, avait réussi à se procurer des dépêches déchiffrées par le « cabinet noir » impérial : au nombre de celles-ci figuraient plusieurs des correspondances du Secret. Il s'abstint prudemment de les envoyer à d'Aiguillon, mais les fit parvenir à son parent le prince de Soubise, pour qu'il les remît à Louis XV. Ce n'était pas la première fois que le Roi était averti des interceptions effectuées à Vienne. On avait pu croire, à l'origine, à des incidents isolés. Au contraire, les révélations de Rohan semblaient prouver qu'à partir de 1770 la correspondance secrète adressée à Durand et, en règle générale, les expéditions qui traversaient les États de Marie-Thérèse avaient été systématiquement décachetées et connues.

Est-ce pour cette raison ou pour quelque autre ? Toujours est-il que Louis XV crut bon alors de renforcer son Conseil d'En haut : le 20 avril, il créa Bourgeois de Boynes ministre d'État. Par ailleurs, la situation du Secret était plus inextricable et précaire que jamais : son chef, à la fois innocent et puni, était maintenu en exil. Le secrétaire d'État des Affaires étrangères travaillait à l'anéantir. Le ministère autrichien l'avait démasqué. Une fois encore, le Roi voulut le sauver et demanda au comte de Broglie d'étudier les moyens de réorganiser la correspondance secrète pour qu'elle pût à l'avenir échapper aux curiosités de la poste impériale. Le 30 avril, Broglie lui écrivit en lui soumettant une première série de mesures à adopter. Mais Louis XV ne lut jamais cette lettre, pas plus qu'il ne vit Mme de Broglie se jeter à ses pieds, ni n'entendit Boynes opiner au Conseil comme ministre d'État.

V. — LE TEMPS REFUSÉ

Le mardi 26 avril 1774, le Roi partit pour le petit Trianon avec Mme du Barry et quelques seigneurs. Depuis plusieurs jours, il avait mauvaise mine et se sentait peu à son aise. Il soupa sans appétit. Le lendemain à son réveil, il était incommodé de maux de tête, de frissons, de courbatures, mais ne voulut rien changer aux ordres qu'il avait donnés la veille, comptant que l'exercice et le grand air le remettraient d'aplomb. Il alla donc chasser, mais, ayant froid, ne monta pas à cheval et suivit la chasse en calèche. En rentrant vers cinq heures et demie, il était toujours indisposé, ne voulut point souper et se mit au lit de fort bonne heure. Il chercha en vain le sommeil : ses douleurs augmentaient, compliquées maintenant de maux de reins et de nausées. Dans la nuit, on manda Lemonnier, son premier médecin ordinaire, qui lui trouva de la fièvre et lui fit garder le lit au matin. Sachant son patient assez douillet, mais toujours très vigoureux à soixante-quatre ans, l'archiâtre était peu inquiet et pensait que quelques jours de repos le rétabliraient. Un repos dont Mme du Barry entendait qu'il le prît en restant là en sa compagnie, projet auquel Lemonnier n'osait pas résister. A Versailles, on savait confusément que le Roi était souffrant, mais la famille royale elle-même n'était pas exactement informée. Vers trois heures, La Martinière, le premier chirurgien, arriva à Trianon et, après avoir vu le malade, s'éleva contre le parti de l'y traiter jusqu'à sa guérison. La Martinière était pour Louis XV un ami et l'une des rares personnes à lui parler avec force : « Sire, dit-il, c'est à Versailles qu'il faut être malade. » Le Roi donna l'ordre pour que l'on fît venir ses carrosses. Se plaignant de la diminution journalière de ses forces, « je sens qu'il faut enrayer », confia-t-il au premier chirurgien, et celui-ci de répondre : « Sentez plutôt, Sire, qu'il faut dételer. » (La Martinière avait été opposé cinq ans plus tôt à la venue de Mme du Barry.)

Peu après quatre heures, se plaignant toujours de nausées, de maux de tête et de reins, le Roi fut porté dans son carrosse, enveloppé d'une robe de chambre et d'un manteau. « A toutes jambes », ordonna-t-il au cocher. En trois minutes, il fut rendu. Il vit ses filles au passage, en s'arrêtant chez Madame Adélaïde pour donner le temps de préparer son lit et se coucha tout de suite. En réintégrant le château, il retrouva sur une grande échelle les discordes déjà surgies autour de lui à Trianon. Les princes, les grands officiers de la maison, le personnel de la chambre, les courtisans étaient accourus et, comme à Metz en 1744, deux camps rivaux entendaient profiter des circonstances, l'un pour obtenir l'éloignement de la maîtresse, l'autre pour pérenniser sa faveur. Et pour ce dernier, bien sûr, il fallait à tout prix éviter attitudes et paroles inquiètes et la moindre allusion aux sacrements. Dès lors un drame sordide commença à se jouer autour de son lit.

Louis passa une mauvaise nuit : la fièvre et les douleurs de tête avaient augmenté au point que, au matin du vendredi 29 avril, Lemonnier et La Martinière firent pratiquer une saignée, cependant que le Roi faisait appeler en consultation, outre ses officiers de santé, Bordeu, médecin de Mme du Barry, et Lorry, célèbre médecin parisien. La température restant élevée, on parla vers midi de faire une deuxième saignée et même, si nécessaire, une troisième le soir. Cette perspective d'une troisième saignée fit, si l'on ose dire, monter la fièvre de la cour. Outre que Louis XV n'aimait pas en général cette intervention, il professait qu'on ne devait pas subir une troisième saignée sans s'être préparé chrétiennement à la mort. D'où un réel affolement dans le camp des courtisans impies et libertins, où l'on se rendait compte que le Roi entrait dans une grande maladie. Sous leur pression, les médecins prirent le parti de faire faire la seconde saignée si abondante qu'elle pût tenir lieu d'une troisième. Louis XV observait tous ces manèges autour de lui et posait souvent des questions aux médecins sur son état, sur les remèdes qu'on lui faisait : « Vous dites que je ne suis pas mal et que je serai bientôt guéri, mais vous n'en pensez pas un mot. » Ces Messieurs protestaient de ne dire que la vérité, mais Louis demeurait sceptique. Vers quinze heures trente, il subit la seconde saignée, qui n'eut pas plus d'effet que la première. Il vit ses enfants à cinq heures, puis on le tira de sa couche, trempée de sueur, et on l'installa sur un lit de camp de damas rouge, en avant du balustre et de son lit à colonnes. De plus en plus soucieux, les médecins se consultaient fréquemment entre eux : craignant une « fièvre maligne », ils ne parlaient encore que de « fièvre humorale ». Bordeu eut alors l'honnêteté d'aller prévenir Mme du Barry que l'état du Roi pouvait devenir inquiétant. Croÿ, qui le vit à neuf heures du soir, remarqua qu'il parlait avec « une voix rauque, qui annonçait encore beaucoup de fièvre et d'agitation ».

Vers dix heures et demie, les médecins, en lui donnant à boire, crurent lui voir des rougeurs. « Approchez donc de la lumière, dirent-ils au garçon de chambre, le Roi ne voit pas son verre. » En se poussant l'un l'autre, ils firent semblant de rien et se retirèrent dans une autre pièce pour confronter leurs observations. Ils revinrent un quart d'heure après et, sous différents prétextes comme de voir sa langue, examinèrent encore le patient : aucun doute n'était possible, c'était la variole ! Ils sortirent de la chambre pour l'annoncer à la famille royale et lui signifier de quitter l'appartement et de n'y plus venir, car aucun de ses membres, notamment le Dauphin et la Dauphine, n'avait encore eu cette maladie, ni n'avait été inoculé contre elle. A minuit et demi, le vicaire général du grand aumônier envoyait en hâte à Issy un mot à l'abbé Maudoux pour le prévenir : « Je crois, ajoutait-il, que vous ferez bien de partir au reçu de ma lettre... et de vous tenir ici en poste fixe dans votre appartement, sans dire à personne que vous ayiez été mandé. » Madame Louise fut avertie sans tarder et sa communauté se mit en prières jour et nuit devant le Saint Sacrement pour la guérison du Roi.

L'annonce faite par les médecins soulagea à la cour beaucoup de monde qui ne demandait qu'à être optimiste : on savait enfin de quoi il s'agissait, une maladie bien connue, affaire de quelques jours avant un rétablissement certain. Les gens sensés étaient plus réservés et le duc de Liancourt ne put s'empêcher de dire à Bordeu : « Écoutez ces Messieurs qui sont charmés parce que le Roi a la petite vérole. — Sandis ! répliqua l'autre, c'est apparemment qu'ils héritent de lui. La petite vérole à soixante-quatre ans, avec le corps du Roi, c'est une terrible maladie ! » Bordeu alla avertir Mme du Barry, pendant que les autres médecins et les principaux officiers de la chambre et de la garde-robe délibéraient pour décider si l'on dirait ou non à Louis XV de quoi il était atteint. Mesdames, en s'allant coucher, s'en étaient remises pour cela à la prudence de ces Messieurs. Les avis étaient partagés, les uns craignant ou affectant de craindre que la vérité ne portât au Roi un coup fatal, les autres ne le pensant pas. Le parti du silence, avec Richelieu et d'Aiguillon, l'emporta : on ne lui nommerait pas sa maladie, mais on ne l'empêcherait pas de la deviner.

La nuit fut mauvaise. Les maux de tête persistaient, la fièvre aussi avec des accès violents et le malade passait par alternances de l'agitation à l'abattement. Au matin du 30 avril, les médecins lui firent mettre des vésicatoires et leurs pronostics restaient si prudents, que beaucoup le crurent plus mal encore qu'il n'était. A Paris, les spectacles eurent ordre le soir de faire relâche. Du coup, la joie se répandit parmi les ennemis de Mme du Barry, qui la voyaient chassée et le duc d'Aiguillon avec elle. On reparlait déjà de Choiseul. Bien que n'ayant pas eu la variole et la redoutant, les filles du Roi s'établirent sans désemparer dans sa chambre, se relayant pour le garder ; elles faisaient envoyer de fréquents courriers à leur sœur Louise. Les examens et les soins imposaient au Roi des servitudes dont l'habitude l'empêchait sans doute de sentir l'importunité. La Faculté qui l'entourait comptait six médecins, cinq chirurgiens et trois apothicaires. Lui fallait-il montrer sa langue ? Elle était visitée successivement dans l'ordre hiérarchique par ces quatorze, en commençant par Lemonnier. De même pour lui tâter le ventre ou lui prendre le pouls. La mécanique de cour tournait au ralenti, mais tournait toujours.

Entre midi et une heure, au lieu du « lever » ordinaire, ceux qui avaient « les entrées » étaient admis dans la chambre et de même le soir, à neuf heures, pour le rite de « l'ordre », que Louis continuait à donner aux officiers des gardes. Ils étaient là une quarantaine ou une cinquantaine de courtisans. On les nommait au Roi, qui les connaissait assez pour discerner dans le nombre ceux qui n'étaient là que pour parader ou intriguer. Quand il apprenait la présence des marquis de Tourdonnet, de La Salle, d'Ecquevilly, des princes de Marsan et de Soubise, des maréchaux de Brissac et de Broglie, du duc de Croÿ avec son fils et son gendre, il savait qu'ils étaient venus pour lui marquer leur attachement et des sentiments tout simplement humains. Attitude qui, jointe à la chaleur et au dévouement de l'affection de ses filles, tempérait la solitude morale dans laquelle il affrontait sa maladie. Mais la solitude n'était-elle pas, depuis soixante-quatre ans, sa destinée quotidienne ?

L'éruption progressait. Il regardait ses boutons d'un air étonné. On s'efforçait de le rassurer en prenant un air tranquille et nul n'osait aborder la question des sacrements. « Tout le monde se gênait, rapporte Croÿ, se contraignait et personne ne parlait. »

Le dimanche 1er mai, l'éruption conflua surtout au visage, mais l'état général fut stationnaire. L'archevêque de Paris vint ce jour à Versailles et fut très mal accueilli. On le retint d'abord dans la salle des gardes, puis Mesdames réussirent à le faire passer, mais le maréchal de Richelieu l'arrêta pendant longtemps pour lui remontrer qu'il risquait de tuer le Roi s'il lui causait quelque frayeur. Le prélat finit par accéder à la chambre royale, croisa Mme du Barry qui sortait, mais, à peine Louis XV lui eut-il dit trois mots qu'on lui fit entendre qu'il devait se retirer et il regagna Paris sans avoir pu lui parler. A ce stade de l'éruption, une émotion pouvait faire « rentrer le venin » et il ne fallait donc en causer aucune au malade : telle était alors l'argumentation du clan du Barry, martelée avec une telle insistance qu'elle faisait impression sur les autres. Mesdames, si angoissées qu'elles fussent pour le salut éternel de leur père, n'osaient lui en parler, de crainte de provoquer sa mort. Le lendemain, on ne constata pas d'évolution. Le Roi prenait part aux conversations et s'entretint de la prochaine élection à l'Académie française. Il ne cessait aussi de s'interroger sur son cas : « Si je n'avais pas eu la petite vérole à dix-huit ans, disait-il, je croirais l'avoir ! » A Fontainebleau en 1728, il avait eu en effet une fièvre éruptive qui avait été prise pour la variole[1] Et maintenant il s'en jugeait si peu atteint qu'il fit examiner les boutons de ses mains par Madame Adélaïde et frotter son front par Mme du Barry, ce qu'il n'eût jamais fait s'il avait su son mal.

Le mardi 3 mai, son état resta relativement satisfaisant. M. de Beaumont, venu s'établir à demeure à Versailles, voulut entrer chez le Roi en fin de matinée, mais Richelieu fit de nouveau barrage, et cette fois de telle manière qu'il réussit à l'éconduire. Une heure ou deux après, Louis, regardant encore avec attention les boutons de ses mains, dit soudain et répéta : « C'est la petite vérole ! Mais c'est là la petite vérole ! » Personne ne souffla mot. « Pour ça, dit-il encore, cela est étonnant ! » Étonnant parce qu'il croyait l'avoir eue et aussi parce qu'il se rendait compte qu'on lui avait caché la vérité. A ceux qui le chambraient, cette prise de conscience fit craindre qu'il ne commençât à parler de religion. Mais il était assez dispos ce jour-là et ne parla plus de sa maladie. Devant son silence et la déconfiture de l'archevêque, les impies se rassérénèrent.

Il se taisait et rassurait ainsi ceux qui redoutaient qu'il ne demandât les sacrements. En réalité, et surtout avec la culture médicale qui était la sienne, il se savait désormais en danger et allait se préparer à la mort avec une belle et discrète fermeté. Posément, courageusement, il réfléchit dans le secret de son âme aux dispositions à prendre pour éviter de fâcheux éclats et pour se réconcilier avec Dieu. Le soir même, vers minuit moins le quart, il dit à Mme du Barry : « A présent que je suis au fait de mon état, il ne faut pas recommencer le scandale de Metz. Si j'avais su ce que je sais, vous ne seriez pas entrée. Je me dois à Dieu et à mon peuple. Ainsi, il faut que vous vous retiriez demain. Dites à d'Aiguillon de venir me parler demain à dix heures. » Elle se précipita aussitôt chez le duc. Un quart d'heure après, celui-ci venait demander à parler au Roi, qui, avec une remarquable présence d'esprit, fit répondre : « Qu'il vienne à l'heure que je lui ai fait dire. »

Louis ne dormit guère et, au matin, les médecins furent moins contents, car la suppuration se ralentissait. A dix heures, comme convenu, il reçut le duc d'Aiguillon et lui commanda de faire partir décemment Mme du Barry dans l'après-midi. A la fin de la messe, célébrée à l'ordinaire dans sa chambre, il appela M. de Beaumont, qui y avait assisté, et lui dit par deux fois d'un ton ferme : « Monsieur l'archevêque, j'ai la petite vérole ! » Sans rien dire, le prélat fit une

---

1. Voir ci-dessus, p. 410.

inclination signifiant « Vous savez ce qui vous reste à faire ». Le grand aumônier, cardinal de La Roche-Aymon, s'approcha du lit : « Je vous parlerai ce soir », lui dit le Roi.

A quatre heures, Mme du Barry monta en carrosse avec ses belles-sœurs pour se retirer à Rueil dans la maison du duc d'Aiguillon. En dehors de ce départ, qui agita fortement la cour, il ne se passa rien. Vers le soir, le Roi demanda à se lever et Bordeu y consentit. On lui enfila des pantalons, il voulut marcher à son fauteuil, mais la douleur des boutons et des vésicatoires à la plante des pieds le fit évanouir et on dut le recoucher.

Silencieux sur son lit de camp, « entouré des belles boiseries dorées de la chambre qu'il s'est créée selon ses goûts à l'époque de sa jeunesse, devant les bronzes de la commode qui, sous ses yeux fatigués, dansent comme des flammes, Louis XV repasse peut-être sa vie dans sa tête embrouillée » (P. Verlet). Sa vie et aussi son règne, dont il sent la fin toute proche. Et le nouveau règne ? Quel surcroît d'épreuve dans cette maladie que ce risque de contagion qui l'empêche d'avoir à ses côtés le Dauphin ! Combien il aimerait, en d'ultimes tête-à-tête, l'entretenir des grands intérêts de la monarchie, lui expliquer la nécessité des mesures qu'il a prises depuis quatre ans avec le chancelier pour sauver l'État, lui donner ses conseils pour le gouvernement du royaume ! Non, Dieu ne le veut pas ! Mais pourquoi n'avoir pas commencé il y a déjà quelques années à préparer ce garçon bon et timide à exercer le métier de roi ?

Dans le silence de la nuit suivante, alors qu'on le croyait somnolent, il appela soudain le duc de Liancourt, qui était de service, et lui demanda : « Avez-vous eu cette année aux fêtes de Noël le moine jouant du violon au milieu de la rivière ? — Oui, Sire », répondit le duc. Et tous les assistants de se regarder en se disant des yeux : « Sa tête se perd. » Mais Liancourt leur expliqua que ses aïeux avaient jadis donné certains biens aux moines, sous la condition que, tous les ans à Noël, l'un d'eux viendrait dans un bateau au milieu de la rivière et jouerait un air de flûte ou de violon, avec droit au seigneur de rentrer dans la donation s'ils y manquaient. Loin de perdre la tête, le Roi, sachant Liancourt là, s'était souvenu, avec sa fabuleuse mémoire, de ce curieux droit féodal.

Jeudi 5 mai, la suppuration, quoique lente, fut jugée suffisante. L'abbé Maudoux était maintenant installé dans une pièce à proximité, mais on ne l'appelait toujours pas. Certains propos du Roi purent faire croire qu'il songeait aux sacrements et on remarqua qu'il priait à la messe avec une ferveur particulière. Il paraissait intérieurement très préoccupé et, en effet, tenant compte de son état, il traçait ses plans avec beaucoup d'ordre et de suite. Le 6 mai, après une nuit agitée et un peu de délire, les boutons du visage commencèrent à se dessécher, mais la suppuration du corps restait lente. L'archevêque de Paris et le grand aumônier lui ayant glissé quelques mots à l'oreille, il leur aurait dit : « Je ne peux pas à présent, je ne peux pas rassembler deux idées. » A l'heure des « entrées » le soir, le duc de Croÿ l'examina de près : « Le visage paraissait plus noir, ce qui pouvait venir de la croûte des boutons. Sa voix se sentait des grains qui gênaient le nez et la gorge, mais paraissait encore forte et inquiète. » Mais il crut aussi « remarquer un peu plus d'agitation dans la Faculté. » Cette journée écoulée sans confession réjouissait les libertins.

A trois heures et quart du matin, le samedi 7, Louis appela le duc de Duras, premier gentilhomme de garde : « Allez chercher l'abbé Maudoux ! » Duras n'ayant pas l'air de comprendre : « Oui, l'abbé Maudoux, mon confesseur, faites-le-moi venir ! » Le duc, qui connaissait à merveille le logement de tous les acteurs et actrices de la Comédie, ne savait rien de celui du confesseur. On trouva l'abbé prosterné dans la chapelle. Il entra à quatre heures chez le Roi, qui l'accueillit en disant :

« Vous m'avez voulu quitter trois fois.
— Cela est vrai, Sire.
— Mais je ne l'ai pas voulu. Vous ne me quitterez plus.
— Sire, avec l'aide de Dieu, je tâcherai de faire toujours mon devoir. »

Ils restèrent dix-sept minutes en un premier tête-à-tête. Puis Louis envoya quérir le duc d'Aiguillon. Tout ce qui advenait montrait à quel point il avait, plongé dans son silence, pensé à tout : l'appel à l'abbé Maudoux, signifié en pleine nuit, à un moment où, les appartement étant à peu près vides, il ne susciterait ni rumeurs ni remous ; le jour : veille du neuvième de la maladie, connu comme le plus critique et déterminant son évolution. Et la suite : « Tout le monde, relata l'abbé, sait avec quelle présence d'esprit le monarque chrétien donna ses ordres pour recevoir le Dieu qui voulait bien le venir visiter sur son lit de douleur. Il fit mettre ses troupes sous les armes, ordonna que Mesdames suivraient le Saint Sacrement jusqu'à l'entrée de sa chambre, parce qu'elles y entraient. Il défendit à M. le Dauphin et à ses frères, qui pouvaient gagner la maladie, d'aller plus loin que la première marche de l'escalier, en suivant leur maître et le sien. Il ordonna que les princes de son sang et ses ministres se trouvassent dans sa chambre. » Pendant que, de grand matin, le cérémonial se mettait en branle, Louis, attendant avec impatience l'arrivée du viatique, dit à son confesseur : « J'ai toujours cru en Jésus-Christ, vous savez combien je l'adorais profondément à la messe et au salut. »

A sept heures, il reçut la communion avec la plus grande

édification. Le grand aumônier s'approcha de nouveau de lui : « Votre Majesté veut-Elle que je rende publiquement ce qu'Elle m'a confié ? — Oui, répétez ce que je vous ai dit et que je dirais moi-même si j'avais assez de force. » Le cardinal vint à la porte de la chambre déclarer : « Messieurs, le Roi me charge de vous dire qu'il demande pardon à Dieu de l'avoir offensé et du scandale qu'il a donné à son peuple. Que si Dieu lui rend la santé, il s'occupera de faire pénitence, du soutien de la religion et du soulagement de ses peuples. » Tous les matins et jusqu'au jour de sa mort, rapporte l'abbé Maudoux, le Roi renouvela pendant la messe cette promesse, en y joignant l'offrande du sacrifice de sa vie. Comme il l'en avait prié, l'abbé s'installa à demeure à ses côtés. La suppuration parut faire de véritables progrès et les médecins gardaient quelque espérance. « Je ne me suis jamais trouvé ni mieux ni plus tranquille », déclara ce jour-là Louis à Madame Adélaïde.

*
* *

Pour que le Roi ait fait à sa fille une telle confidence, il fallait, malgré la conscience qu'il avait des manœuvres et intrigues tissées autour de lui, ou que son âme eût atteint un haut degré de sérénité, ou que, isolé dans sa chambre de malade, il ignorât ou préférât ignorer l'attitude d'une partie de ses sujets devant la perspective de sa mort. Après la paix d'Aix-la-Chapelle, on le sait, sa popularité s'était effondrée et vers sa personne avaient conflué de méchants sentiments, dont un Damiens, entre autres, avait été pénétré. En dernier lieu, ce fanatisme s'était étendu aux choiseulistes et aux parlementaires. Le parti « patriotique » se déchaînait contre lui et, à la cour même, il était devenu de bon ton, dans cette partie du grand monde qui se croyait à la pointe des idées et du progrès, de ne plus garder aucune retenue à cet égard. On avait déjà vu, lors de la maladie du Dauphin en 1765, que des courtisans tournaient en dérision les goûts et les occupations scientifiques du Roi. Dans le sillage de Choiseul, de grands seigneurs ne manifestaient plus pour lui qu'un mépris et même une aversion auxquels sa maladie donna occasion de s'étaler avec une indécence que l'on qualifierait d'inconcevable si certains témoignages ne permettaient de s'en faire idée.

Témoin quotidien de cette maladie en sa qualité de grand maître de la garde-robe, le jeune duc de Liancourt en a écrit une relation qui, quoique interrompue le 30 avril, n'en est pas moins édifiante sur les sentiments d'un homme qui fréquentait assidûment Choiseul dans son exil de Chanteloup. On y remarque que, d'abord, il eut peine à admettre que le Roi pût être sérieusement souffrant, car l'accablement et la faiblesse du patient lui semblaient « pusillanimité », « faiblesse lâche et révoltante. » Son ton ne changea pas quand la variole se déclara. Lorsqu'il rapporte la conduite de Mesdames se relayant au chevet de leur père, « on aura peine à croire, dit-il, que cet acte de piété filiale ait excité aussi peu qu'il l'a fait l'intérêt public. Les gens qui en parlaient se contentaient de dire que c'était bien, mais les trois quarts n'en parlaient ni n'y pensaient... La meilleure raison encore du peu d'effet que faisait sur l'esprit de la cour et de Paris la conduite véritablement respectable de Mesdames, c'était l'objet de leur sacrifice. Le Roi était tellement avili, tellement méprisé, particulièrement méprisé, que rien de ce qu'on pouvait faire pour lui n'avait droit d'intéresser le public ». Il observe encore que, à l'annonce de la variole royale, personne à Paris « ne douta pas que le Roi ne succombât à cette maladie. L'effet était bien différent dans le peuple que trente ans auparavant, où le même Roi, malade à Metz, aurait réellement trouvé dans sa capitale un millier d'hommes assez fous pour sacrifier leur vie pour sauver la sienne et où tout son peuple, d'une voix unanime, lui avait donné, on ne sait pas trop pourquoi, le beau nom de Bien-Aimé... On ne voyait point dans Paris de gens inquiets courir, s'empresser, s'arrêter pour savoir de ses nouvelles. Tout avait l'air calme et tranquille et tout était joyeux et content. »

Indifférence confirmée par des témoins d'un tout autre bord. « Paris semble très froid, notait Moreau... Tous ceux qui sont en correspondance avec les pieux solitaires de Chanteloup souhaitent très sincèrement que le Roi renonce au péché, dût-il aller bien vite en paradis. Les anciens parlementaires en sont assez d'avis. » Le même chroniqueur rapporte que si l'on décida de faire imprimer et de répandre dans Paris les bulletins de santé du Roi, « c'est qu'il s'en fabriquait de faux et d'effroyables ». Ces dispositions malveillantes ou indifférentes étaient les mêmes à Versailles et à Paris. « En général, écrivait le duc de Croÿ le 9 mai, je ne suis pas du tout content de la nation : comme il faisait beau, il y eut beaucoup de monde, ces deux jours, dans le parc, qui se promena à l'ordinaire, les cabarets étaient pleins et personne, hors dans l'appartement, n'eut l'air touché... un étranger, ni à Versailles, pas même dans les cours, la galerie ou les jardins, ni dans les rues de Paris, n'aurait pu s'apercevoir qu'on y perdait son Roi. »

Détail infamant : à Versailles même, les gens réunis chez la comtesse de Brionne, la princesse de Beauvau, la comtesse de Tessé et autres choiseulistes se réjouissaient « ouvertement au plus petit détail fâcheux qui perçait de l'état du Roi » et Besenval, qui l'atteste, ajoute qu' « il ne manquait pas de gens qui, tristes chez M. d'Aiguillon et gais dans les maisons que je viens de citer, rapportaient mutuellement à chaque parti ce qui se passait dans l'autre ». Manèges ignobles, combien révélateurs de la corruption des esprits et des cœurs dans une partie de la haute société sous l'influence de Mme de Pompadour, et aussi d'une absence inquiétante du sens de l'État !

Le peuple et la bourgeoisie avaient meilleur cœur : Croÿ a noté à Paris un revirement de l'opinion quand l'on sut que le Roi s'était confessé, avait reçu le viatique et avait fait amende honorable.

***

Le dimanche 8 mai était le neuvième jour de la maladie, celui où elle pouvait décroître ou s'aggraver. Le redoublement l'emporta[1]. Au réveil, à cinq heures et demie, la fièvre était forte, le pouls s'emballait, le Roi avait des moments de délire. Il avalait avec beaucoup de peine et son visage changeait. Le soir, la fièvre ayant encore monté et la suppuration diminuant, les médecins le considérèrent comme perdu. Il gardait encore quelque force et, au moment où pénétrèrent « les entrées », il demanda qui était là et parla beaucoup. A onze heures, arrivèrent les Sutton, les célèbres inoculateurs anglais qui étaient alors à Paris, mais ils ne purent proposer leur remède, dont l'administration n'eût probablement servi à rien.

Le mal ne cessa de progresser le 9. Les croûtes et les boutons séchés tournèrent au noir, des escarres formés dans la gorge rendaient toute déglutition presque impossible. Le Roi eut plusieurs conversations avec son confesseur. A midi, pendant la messe, il donna peu de marques de vie, mais ses propos montraient qu'il avait toute sa lucidité. Il endurait ses souffrances sans une plainte et avec une résignation et une dignité exemplaires. Après la messe, on supprima, pour la première fois, « les entrées ». Il fut encore question de la poudre des Sutton, puis les médecins ordonnèrent « la potion la plus forte possible. » Les yeux collés par les croûtes, il n'y voyait presque plus. Il eut encore des entretiens avec l'abbé Maudoux et, avec toute sa présence d'esprit, demanda l'extrême onction en donnant tous les ordres nécessaires. Le premier aumônier, M. de Roquelaure, évêque de Senlis, la lui administra à neuf heures moins le quart. Le duc de Croÿ y assista, bouleversé d'apercevoir, éclairé par les cierges tenus par les prêtres, le Roi « avec un masque comme de bronze et plus gros par les croûtes, ... la bouche ouverte, sans que le visage, d'ailleurs, fût déformé, ... enfin comme une tête de

---

1. La variole entraînait la mort en déclenchant une septicémie, souvent aggravée par des complications pulmonaires.

maure, de nègre, cuivrée et enflée ». On lui fit prendre ensuite, sans espoir, un ultime remède.

On crut, vers minuit, qu'il allait passer, puis il y eut une rémission. Au matin, il était prostré, mais gardait toute sa connaissance et répondait aux questions et aux exhortations. On lui appliqua une indulgence *in articulo mortis* envoyée en hâte de Saint-Denis par sa fille Louise, puis il entendit la messe. Il entra en agonie sur les onze heures, toujours en pleine lucidité. Vers une heure, alors qu'il râlait affreusement et que les médecins le croyaient dans le coma, l'abbé Maudoux s'approcha : « Sire, Votre Majesté souffre beaucoup ? » Le râle s'interrompit un instant : « Ah ! ah ! ah ! beaucoup ! » « Tant que je vivrai, dira l'abbé, ces trois Ah ! ah ! ah ! ne sortiront jamais de ma mémoire. »

Les râles, la suffocation se faisaient de plus en plus haletants et douloureux. « Monseigneur, dit le confesseur au premier aumônier, il est temps et très temps de réciter les prières de l'agonie.

— Il ne parle plus, remarqua l'évêque, mais il vous entend encore. »

Agenouillés près du lit, ils entrèrent en oraison. Alors qu'ils prononçaient les mots *Proficiscere anima christiana*[1], Louis XV rendit son âme à Dieu. Il était trois heures et quart, le mardi 10 mai 1774.

---

1. Pars de ce monde, âme chrétienne.

APPENDICE

Jusque dans son agonie et sa mort, Louis XV a été le sujet de récits mensongers, enrichis de détails horribles et repoussants. L'ouverture de son cercueil en 1793 prouva la fausseté de ses relations haineuses et eut par chance un témoin averti. Alexandre Lenoir, le fondateur du Musée des Monuments français, qui a soustrait tant d'œuvres d'art au vandalisme révolutionnaire, était présent à la violation des sépultures royale à Saint-Denis, notamment à celle de Louis XV. Il a pu alors croquer un dessin assez saisissant du cadavre du Roi (Bibliothèque nationale, Cabinet des estampes) et ensuite noter dans son *Journal* ses impressions que voici, assez éloquentes par elles-mêmes pour se passer de commentaire :

« Tout ce qui a été dit sur la mort de Louis XV m'invite à ne pas oublier de rapporter ici ce que j'ai vu lors de l'exhumation de son corps. Lors de sa mort en 1772[1], ses ennemis firent mille contes absurdes. J'étois jeune alors et je me rappelle que le bruit courut dans Paris que le prince, mort d'une petite vérole pourpreuse, jettoit au loin la peste, qu'il étoit impossible à tout homme d'en approcher sans être asphyxié. On dit même qu'il ne fut point embaumé parce qu'il avoit occasionné la mort de deux chirurgiens qui l'avoient approché. Eh bien ! ce cadavre infecte en 1772, exhumé en ma présence le 10 octobre 1793 — ce qui fait vingt ans d'ensevelissement — a été trouvé très conservé et la peau aussi fraîche que s'il venait d'être inhumé... Je dirai plus, il ne se répandit aucune exhalaison à l'ouverture de ce tombeau, tandis qu'à celle d'Henri IV il s'évapora une exhalaison très forte d'aromates. »

(Publié par L. Courajod, *Alexandre Lenoir, son Journal et le Musée des Monuments français*, t. I [Paris, 1878, in-8°], p. LXXXVIII-LXXXIX, note 2.)

1. *Sic* pour 1774.

SOURCES

RELEVÉ DES PRINCIPALES SOURCES MANUSCRITES

ARCHIVES NATIONALES

E 695^A-1521^B (*passim*), 1683^7, 1683^8, 1911-2519 (*passim*), 2660^{2A}-2661^B, 2784^2, 3650-3659.
F^{1A} 4.
F^4 1002, 1003, 1032^2, 1946-1965^5.
F^7 6572.
F^{10} 201, 212^A, 215, 216, 218, 252, 253, 260, 325, 427, 428.
F^{11} 208, 222-224, 249, 250, 260, 264-266, 294, 435, 436, 744, 1191-1194.
F^{12} 77, 78, 515, 659^B, 661, 662, 674, 695-718, 725, 750, 847, 855-858, 862^B, 863-865, 875, 970, 992-994, 1512^A, 1651, 1652.
F^{13} 341-353, 707, 708.
F^{14} 126-146, 214, 614, 1190, 1205, 1214.
F^{30} 109, 110^1.
G^7 22-31, 43, 53, 75, 76, 82, 83, 99, 100, 108, 121-123, 147, 148, 200, 205, 207, 237, 252, 344, 400, 532, 672, 677-680, 728, 745, 750, 787, 805, 846, 858, 865, 930, 1127, 1129-1131, 1141, 1142, 1182, 1254, 1260, 1295, 1303, 1365, 1469, 1470, 1472, 1584, 1592, 1596, 1704, 1705, 1706, 1708, 1724, 1729, 1764, 1767, 1768, 1830, 1833, 1838-1841, 1849, 1851, 1869-1871, 1903, 1904, 1908.
G^8 2627.
G^9 25, 114, 115.
H 12, 15, 17-22, 25-34, 41, 52-54, 56, 98-105, 107, 113-115, 117, 119, 121, 122, 126-128, 130, 135, 164, 170, 171, 173, 187-189, 202, 227, 238, 248, 250, 251, 258, 260, 262, 267, 276, 283, 294, 303, 311, 316, 317, 324, 329, 332, 333, 337, 346, 353, 373, 420, 423, 433-435, 439, 440, 494, 509, 547, 552, 553, 556, 561, 575-586, 594, 596-601, 645-658, 673-685, 693, 694, 699, 700, 702, 709, 710, 736-741, 749-764, 768-773, 777-790, 794-799, 802-806, 809-818, 822, 825-828, 835, 839, 847, 848, 852, 853, 858-860, 864, 865, 867, 868, 871, 873, 875, 877,

879, 881, 884, 944, 1009-1011, 1019, 1024-1032, 1047, 1051, 1065, 1071, 1072, 1107, 1300, 1314, 1315, 1318-1322, 1426, 1450, 1455, 1460, 1491, 1495, 1532, 1611, 1630, 1632, 1665, 1667, 1674, 1713, 2953.
K 118, 136-159, 506, 522, 689, 698, 699, 712, 715, 899, 1142, 1143, 1187, 1362-1367.
KK 597, 1005^D.
L 401.
M 241, 584, 719.
MM 1005.
O^1 16-18, 43-123, 129, 137-149, 162-180, 203, 204, 209, 217, 235, 265, 277, 351, 353, 368-389, 437, 438, 454-457, 462, 501-505, 512, 556, 557, 601, 735, 820, 1044, 3313-3318.
P 2285, 2913.
Q^1 1, 14, 27, 43, 49, 77, 86, 90, 106, 125, 164, 168, 181, 182, 211, 212, 222, 234, 238, 243, 276, 301, 310, 318, 383, 389, 395, 405, 525, 529, 541, 619, 641, 653, 656, 713, 722, 756, 788, 793, 798, 800, 809, 830, 833, 834, 843-847, 874, 879, 887, 892, 902, 903, 909, 911, 923, 946, 978, 995^2, 1007, 1022, 1032, 1104, 1369, 1371, 1380, 1384, 1414, 1461, 1506, 1523, 1598, 1604, 1660.
Q^3 209-217.
R^4 825.
T 13$^{1-2}$, 29$^{1-2}$, 29^4, 64$^{1-2}$, 99$^{1-3}$, 125^5, 135$^{1-4}$, 139$^{3-4}$, 139^6, 139$^{8-12}$, 153^{20}, 153$^{26-28}$, 157$^{1-2}$, 189$^{1-12}$, 203^1, 203^6, 237, 247$^{1-5}$, 247^9, 283$^{1-2}$, 300^5, 300^7, 426^1, 426^4, 527^1, 545, 594, 586$^{1-2}$, 761, 1103^4, 1508, 1514, 1516.
TT 84-229, 277, 278, 287, 288, 299, 429, 435-445, 463.
U 851, 863, 865, 869, 870, 872, 873, 877, 945^B, 1035.
V^4 1502-1505.
V^5 1251-1277, 1316-1321.
V^6 782-1069 (*passim*), 1155-1160.
BB^2 97.
BB^{30} 1-12, 63, 64.
3 AP 55, 167, 186, 187.
6 AP 9-13.
12 AP 12, 13.
13 AP 1, 2.
85 AP 1-6.
115 AP 12, 13.
144 AP 86-88^2, 94, 100-102, 105, 106, 108, 109, 111, 112, 114, 116-121, 124, 125, 129-136, 145.
154 AP^{II} 8-10, 27, 29-32, 37-38, 43, 46, 53, 54, 60.
257 AP 1, 5, 6, 7, 8, 10, 21.
300 AP^{III} 1.
463 AP 1.
162 Mi 1.
175 Mi 14.
AB^{XIX} 3947.
Colonies A 1-20 ; B 46, 113 ; F^4 1-11, 25.
Consulats B^{III} 6-10, 24-27, 47, 281.
Marine A^1 61-115 ; B^1 57-80 ; B^2 266 ; B^4 297, 298 ; B^7 77, 140 ; C^4 9, 235, 238, 239 ; F^2 1, 4-6, 65 ; G 121, 127.

ARCHIVES DES AFFAIRES ÉTRANGÈRES

Correspondance politique, *Allemagne,* volumes 598, 609, 610; supplément, 15.
Correspondance politique, *Angleterre,* vol. 447-505; suppl. 12, 13, 16-18.
Correspondance politique, *Autriche,* vol. 256-258, 313-323; suppl. 14-17, 22.
Correspondance politique, *Espagne,* vol. 502, 515, 526, 527.
Correspondance politique, *Hollande,* vol. 513-523; suppl. 18, 19.
Correspondance politique, *Lorraine,* vol. 141.
Correspondance politique, *Naples,* vol. 94-97.
Correspondance politique, *Pologne,* vol. 227-307; suppl. 1, 5, 8, 10-13, 15, 16.
Correspondance politique, *Prusse,* vol. 189, 190; suppl. 7, 8.
Correspondance politique, *Rome,* vol. 617, 618, 621, 623-634, 636-643, 646-651, 653-668, 670, 673-678, 680, 681, 683-689, 691-698, 700-706, 708, 709, 711-716, 719-727, 729-735, 738-743, 745, 811, 822-825, 835.
Correspondance politique, *Russie,* vol. 51-75, 81-95; suppl. 8-13.
Correspondance politique, *Saxe,* vol. 36-48, 52-54.
Correspondance politique, *Suède,* vol. 218-265; suppl. 9-12.
Correspondance politique, *Turquie,* vol. 115-160; suppl. 15, 16, 18, 19.

Mémoires et documents, *Allemagne,* vol. 96, 101, 111-113.
Mémoires et documents, *Angleterre,* vol. 55, 59.
Mémoires et documents, *Autriche,* vol. 1, 38, 40.
Mémoires et documents, *Espagne,* vol. 192, 201.
Mémoires et documents, *France,* vol. 143, 491, 535-540^{Bis}, 551, 581, 1081, 1161, 1204, 1208, 1209, 1233, 1235-1240, 1243-1272, 1274-1279, 1282-1284, 1289-1292, 1295-1298, 1302-1304, 1309, 1310, 1314, 1315, 1319, 1322, 1359, 1372, 1470, 1478, 1495, 1519, 1520, 1556, 1570, 1583, 1598, 1642, 1643, 1670, 1688, 1733, 1734, 1746, 1747, 1751, 1965, 2115.
Mémoires et documents, *Pologne,* vol. 1, 2, 26-28.
Mémoires et documents, *Rome,* vol. 91.
Mémoires et documents, *Russie,* vol. 5, 7-11, 30, 31, 34.
Mémoires et documents, *Suède,* vol. 15, 22, 37.
Mémoires et documents, *Turquie,* vol. 7, 8.

ARCHIVES HISTORIQUES DE LA GUERRE

A^1 2513-2520, 2525-2535, 2539-2545, 3520, 3543, 3559, 3563, 3582, 3589.
Mémoires et reconnaissances, cotes 957, 1089, 1090, 1414-1418, 1422, 1423, 1444, 1710, 1721, 1788.

ARCHIVES PRIVÉES

Archives de la famille d'Ormesson : voir ci-dessus la série 144 AP des Archives nationales.
Archives de M. le comte de Tocqueville (fonds Lamoignon) : voir ci-dessus la série 154 AP[II] des Archives nationales.
Archives de M. le marquis de Boynes : *Journal* inédit de M. Bourgeois de Boynes.
Archives de la Compagnie de Saint-Sulpice : Papiers de l'abbé Maudoux.

BIBLIOTHÈQUE NATIONALE

Manuscrits français, mss 1756, 1757, 2322-2325, 6568, 6570-6572, 6792, 6793, 6795, 6797-6800, 6802, 6820-6824, 6828, 6927, 6928, 6931-6942, 7013, 7046, 7211, 7495, 7496, 7774, 8023, 8417, 8418, 8420, 8438, 8926, 8929, 8935, 10.232, 10.234, 10.362, 10.621, 10.628, 10.659-10.661, 11.162, 14.018, 16.217, 18.155, 19.775, 21.812, 22.153, 23.218, 23.663-23.673, 25.135, 32.785-32.787, 33.138, 33.139.
Nouvelles Acquisitions françaises, mss 1023-1025, 3513-3516, 6498, 9511-9517, 9640, 9731, 9732, 9734, 10.854, 11.640-11.643, 17.383, 20.073, 20.535, 22.004-22.012, 22.019, 23.921-23.928, 23.929-23.937, 24.039.
Collection Clairambault, mss 529, 647, 648, 745, 752, 913.
Collection Joly de Fleury, mss 18, 52, 62, 63, 67, 69, 71, 74, 79, 80, 84, 85, 87, 93, 95-101, 107-111, 116-119, 122, 128, 131, 134, 147, 155, 165, 168, 208, 220, 229, 253, 254, 285, 287, 308, 309, 319, 320, 323-325, 335-337, 350, 352, 361, 372, 384, 386, 393, 394, 405, 406, 439, 451, 571, 572, 582, 593, 594, 655, 801, 802, 1027, 1048-1053, 1064, 1067, 1069, 1092-1094, 1097, 1109, 1110, 1224-1226, 1229, 1234, 1237, 1247, 1248, 1307, 1418, 1423, 1441, 1444, 1446-1448, 1451, 1468, 1479-1483, 1490, 1493-1498, 1506, 1507, 1557, 1558, 1560-1562, 1566, 1567, 1615, 1664, 1665, 1669-1673, 1682, 1683, 1721, 1728, 1729, 1752, 1754, 1851, 1854, 1983-1988, 2080, 2081, 2104-2107, 2117, 2118, 2483.
Collection Moreau, ms. 1282.

BIBLIOTHÈQUE DE L'ARSENAL

Manuscrits n°s 2453-2458, 2848, 2849, 2853, 2854, 3053, 4486, 4492, 4592, 4819, 4967, 5041, 5860, 6814.

BIBLIOTHÈQUE DE L'ASSEMBLÉE NATIONALE

Manuscrits n°s 1098 et 1099.

SOURCES

BIBLIOTHÈQUE DU SÉNAT

Manuscrits n⁰ˢ 224, 225, 324, 325, 328, 436.

BIBLIOTHÈQUE HISTORIQUE DE LA GUERRE

Manuscrit n° 794.

BIBLIOTHÈQUE DE L'ÉCOLE NATIONALE DES PONTS ET CHAUSSÉES

Manuscrit n° 266.

BIBLIOTHÈQUE MUNICIPALE D'ORLÉANS

Manuscrits n⁰ˢ 1421, 1422 et 1423.

SOURCES IMPRIMÉES

Broglie (duc de), *Lettres de Louis XV au comte de Coigny (1737-1745)*, dans *Revue d'Histoire diplomatique*, 1ʳᵉ année (1887), p. 512-524.

Chronique de la Régence et du règne de Louis XV (1718-1763) ou journal de Barbier (Paris, 1866, 8 vol.).

Correspondance politique et administrative de Miromesnil..., publ. pour la Société de l'Histoire de Normandie par P. Leverdier (Rouen-Paris, 1900-1902, 5 vol.).

Correspondance secrète du comte de Broglie avec Louis XV (1756-1774), publ. pour la Société de l'Histoire de France par D. Ozanam et M. Antoine (Paris, 1956-1961, 2 vol.).

Correspondance secrète inédite de Louis XV et du général Monet (1767-1772), publ. par D. Ozanam et M. Antoine, dans *Actes du 80ᵉ Congrès national des Sociétés savantes, Lille, 1955* (Paris, 1956), p. 15-48.

Correspondance secrète inédite de Louis XV sur la politique étrangère avec le comte de Broglie, Tercier, etc..., publ. par E. Boutaric (Paris, 1866, 2 vol.).

Histoire de l'Académie royale des Sciences, ... avec les mémoires des mathématiques et de physique... tirés des registres de cette Académie (Paris, 1715-1775).

Journal de l'abbé de Véri, publ. par le baron J. de Witte (Paris, 1928-1930, 2 vol.).

Journal de la Régence (1715-1723) par Jean Buvat, publ. par E Campardon (Paris, 1865, 2 vol.).

Journal de l'abbé Dorsanne, ... contenant tout ce qui s'est passé à Rome et en France dans l'affaire de la constitution Unigenitus... (Rome, 1753, 2 vol.).

Journal des règnes de Louis XIV et Louis XV de l'année 1701 à l'année 1744, par Pierre Narbonne, premier commissaire de police de la ville de Versailles, publ. par A.-J. LE ROI (Paris-Versailles, 1866).

Journal du marquis de Dangeau, publ. par L. DUSSIEUX, E. SOULIÉ, etc. (Paris, 1854-1860, 19 vol.).

Journal et mémoires de Mathieu Marais, ... sur la régence et le règne de Louis XV, publ. par M. DE LESCURE (Paris, 1863-1868, 4 vol.).

Journal et mémoires du marquis d'Argenson, publ. pour la Société de l'Histoire de France par E.J.B. RATHERY (Paris, 1859-1867, 9 vol.).

Journal inédit du duc de Croÿ. 1718-1784, publ. par le vicomte de GROUCHY et P. COTTIN (Paris, 1906-1907, 4 vol.).

LE MOY (A.), *Remontrances du parlement de Bretagne au* XVIIIe *siècle* (Angers, 1909).

Lettres de Louis XV à son petit-fils l'infant Ferdinand de Parme, publ. par Ph. AMIGUET (Paris, 1938).

Lettres inédites du roi Stanislas, duc de Lorraine et de Bar, à Marie Leszczynska (1754-1766), publ. par Pierre BOYÉ (Paris-Nancy, 1901).

Lettres inédites du chancelier d'Aguesseau, publ. par D. B. RIVES (Paris, 1823).

Mémoire sur l'affaire du Grand Conseil ou analyse raisonnée des prétentions élevées par le Grand Conseil... (Paris, 1755-1764).

Mémoires de Jean Joseph de Laborde, fermier général et banquier de la cour, publ. par Y. DURAND, dans *Annuaire-Bulletin de la Société de l'Histoire de France,* 1968-1969, p. 73-162.

Mémoires de Saint-Simon, publ. par A. DE BOISLISLE et L. LECESTRE (Paris, 1879-1930, 43 vol.).

Mémoires du duc de Choiseul. 1719-1785, publ. par F. CALMETTES (3e éd., Paris, 1904).

Mémoires du duc de Luynes sur la cour de Louis XV. 1735-1758, publ. par L. DUSSIEUX et E. SOULIÉ (Paris, 1860-1865, 17 vol.).

Mémoires du maréchal de Villars, publ. pour la Société de l'Histoire de France par le marquis de VOGÜÉ (Paris, 1884-1904, 6 vol.).

Mémoires et lettres de François Joachim de Pierre, cardinal de Bernis (1715-1758), publ. par Fr. MASSON (Paris, 1878, 2 vol.).

Mémoires authentiques du maréchal de Richelieu (1725-1757), publ. pour la Société de l'Histoire de France par A. DE BOISLISLE, J. DE BOISLISLE et L. LECESTRE (Paris, 1918).

Mémoires pour servir à l'histoire du droit public de la France en matière d'impôts ou Recueil de ce qui s'est passé de plus intéressant à la cour des aides de Paris depuis 1756 jusqu'au mois de juin 1775, [publ. par DIONIS DU SÉJOUR] (Bruxelles, 1779).

Mémoires sur les moyens de donner aux protestans un état-civil en France, composés sur l'ordre du roi Louis XV par feu M. Gilbert de Voisins, conseiller d'État (Paris, 1787).

Mémoires sur les règnes de Louis XV et Louis XVI et sur la révolution par J.N. Dufort, comte de Cheverny..., publ. par R. de CRÈVECŒUR (Paris, 1886, 2 vol.).

Mes souvenirs, par Jacob Nicolas Moreau, publ. par C. HERMELIN (Paris, 1898-1901, 2 vol.).

Œuvres de M. le chancelier d'Aguesseau (Paris, 1759-1789, 13 vol.).

Opinions, rapports et choix d'écrits politiques de Charles François Lebrun, duc de Plaisance, recueillis et mis en ordre par son fils aîné... (Paris, 1829).

Procès-verbaux des séances des sceaux tenues par le roi Louis XV pendant les années 1757, 1758, 1759, 1760 et 1761 (Paris, 1762).

Remontrances du parlement de Paris au XVIIIe siècle, publ. par J. FLAMMERMONT (Paris, 1888-1898, 3 vol.).

ÉLÉMENTS DE BIBLIOGRAPHIE

ALIMENTO (Antonella), *Riforme fiscale, assetto istituzionale e lotta politica in Francia attorno alla meta' del settecento* (Pise, 1987; multigr.).
ALTHUSSER (Louis), *Montesquieu, la politique et l'histoire* (Paris, 1959).
ANTOINE (Michel), *Le Conseil du Roi sous le règne de Louis XV* (Genève-Paris, 1970).
— *Le Conseil royal des Finances au XVIIIe siècle et le registre E 3659 des Archives nationales* (Genève-Paris, 1973).
— *Le dur métier de roi. Études sur la civilisation politique de la France d'Ancien Régime* (Paris, 1986).
— *Le gouvernement et l'administration sous Louis XV. Dictionnaire biographique* (Paris, 1978).
ANTONETTI (Guy), *Les manœuvres boursières du contrôleur général Le Peletier des Forts et la réglementation du marché des valeurs mobilières (1730)*, dans *Revue historique de Droit français et étranger*, 1984, p. 577-597.
ARMAILLÉ (Comtesse d'), *La reine Marie Leszczynska* (Paris, 1901).
BARRET-KRIEGEL (Blandine), *Les historiens et la monarchie* (Paris, 1988, 4 vol.).
BARTHÉLEMY (Édouard de), *Mesdames, filles de Louis XV* (Paris, 1870).
BASTARD d'ESTANG (Vicomte H. de), *Les parlements de France* (Paris, 1857, 2 vol.).
BENOIT (M.), *La Polysynodie* (Paris, 1928).
BICKART (R.), *Les parlements et la notion de souveraineté nationale au XVIIIe siècle* (Paris, 1932).
BIVER (Comte P.), *Histoire du château de Bellevue* (Paris, 1933).
BLANCHARD (Anne), *Les ingénieurs du Roy de Louis XIV à Louis XVI Étude du corps des fortifications* (Montpellier, 1979).
BLUCHE (François), *Les magistrats du Grand Conseil au XVIIIe siècle. 1690-1791* (Paris, 1966).
— *Les magistrats du parlement de Paris au XVIIIe siècle (1715-1771)* (Paris, 1960).
— *Louis XIV* (Paris, 1986).

BORDES (Maurice), *D'Étigny et l'administration de l'intendance d'Auch (1751-1767)* [Auch, 1957, 2 vol.].
— *L'administration provinciale et municipale en France au XVIIIe siècle* (Paris, 1972).
— *La réforme municipale du contrôleur général Laverdy et son application (1764-1771)* [Toulouse, 1968].

BOSCHERON-DESPORTES (Ch.), *Histoire du parlement de Bordeaux*, t. II (Bordeaux, 1877).

BOTTINEAU (Yves), *L'art d'Ange-Jacques Gabriel à Fontainebleau* (Paris, 1962).

BOURDE (André-J.), *Agronomie et agronomes en France au XVIIIe siècle* (Paris, 1967, 2 vol.).

BOURGEOIS (Émile), *La diplomatie secrète au XVIIIe siècle* (Paris, s.d., 3 vol.).

BOURGUET (Alfred), *Le duc de Choiseul et l'alliance espagnole* (Paris, 1906).

BOUTRY (Vicomte Maurice), *Choiseul à Rome. Lettres et mémoires inédits* (Paris, 1906).

BOYÉ (Pierre), *Autour du mariage de Marie Leszczynska*, dans *Quatre études inédites* (Nancy, 1933, p. 1-34).
— *Stanislas Leszczynski et le troisième traité de Vienne* (Paris, 1898).

BRAUBACH (Max), *Versailles und Wien von Ludwig XIV bis Kaunitz* (Bonn, 1952).

BREILLAT (Pierre), *Ville nouvelle, capitale modèle, Versailles* (Versailles, 1986).

BROGLIE (Duc de), *Frédéric II et Louis XV* (Paris, 1885).
— *Frédéric II et Marie-Thérèse* (Paris, 1883, 2 vol.).
— *L'alliance autrichienne* (Paris, 1895).
— *La paix d'Aix-la-Chapelle* (Paris, 1895).
— *Le Secret du Roi. Correspondance secrète de Louis XV avec ses agents diplomatiques. 1752-1774* (Paris, 1878, 2 vol.).
— *Marie-Thérèse impératrice* (Paris, 1888).
— *Maurice de Saxe et le marquis d'Argenson* (Paris, 1891, 2 vol.).

BUTLER (Rohan), *Choiseul, Father and Son* (Oxford, 1980).

CABOURDIN (Guy), *Quand Stanislas régnait en Lorraine* (Paris, 1980).

CAHEN (L.), *Les querelles religieuses et parlementaires sous Louis XV* (Paris, 1913).

CAMPARDON (Émile), *Madame de Pompadour et la cour de Louis XV au milieu du XVIIIe siècle* (Paris, 1867).

CHAMCHINE (B.), *Le château de Choisy* (Paris, 1910).

CHAUNU (Pierre), *La civilisation de l'Europe classique* (Paris, 1966).
— *La civilisation de l'Europe des Lumières* (Paris, 1971).

CHEVALLIER (Pierre), *Histoire de la Franc-maçonnerie française*, t. I (Paris, 1974).
— *Loménie de Brienne et l'ordre monastique (1766-1789)* (Paris, 1959-1960, 2 vol.).
— *Les Régicides* (Paris, 1989).

CUBELLS (Monique), *La Provence des Lumières. Les parlementaires d'Aix au XVIIIe siècle* (Paris, 1984).

CUILLIERON (Monique), *Contribution à l'étude de la rébellion des cours souveraines sous le règne de Louis XV : le cas de la cour des aides de Montauban* (Paris, 1983).
DAGNAUD (G.), *L'administration centrale de la marine sous l'Ancien Régime* (Nancy-Paris, 1913).
DECHÊNE (Abel), *Le Dauphin, fils de Louis XV* (Paris, 1931).
DEDIEU (J.), *Histoire politique des protestants français*, t. II (1715-1794) [Paris, 1926].
DRAPEYRON (L.), *Cassini de Thury* (Paris, 1899).
DUBÉDAT (Jean-Baptiste), *Histoire du parlement de Toulouse*, t. II (Toulouse, 1885).
DUMAS (Auguste), *L'action des secrétaires d'État sous l'Ancien Régime* (Aix-en-Provence, 1954).
DURAND (Yves), *Les fermiers généraux au XVIIIe siècle* (Paris, 1971).
EGRET (Jean), *Le parlement de Dauphiné et les affaires publiques dans la deuxième moitié du XVIIIe siècle* (Grenoble, 1970).
— *Louis XV et l'opposition parlementaire* (Paris, 1970).
EMMANUELLI (François-Xavier), *Pouvoir royal et vie régionale en Provence au déclin de la monarchie. Psychologie, pratique administrative, défrancisation de l'intendance d'Aix. 1745-1790* (Lille, 1974, 3 vol.).
ENGERAND (Fernand), *Inventaire des tableaux commandés et achetés par la direction des Bâtiments du Roi (1709-1792)* [Paris, 1901].
ESTIGNARD (A.), *Le parlement de Franche-Comté de son installation à Besançon à sa suppression. 1674-1792*, t. I, (Paris-Besançon, 1892).
FARGE (Arlette) et REVEL (Jacques), *Logiques de la foule. L'affaire des enlèvements d'enfants* (Paris, 1988).
FAURE (Edgar), *La banqueroute de Law* (Paris, 1977).
FELS (Comte E. de), *Ange-Jacques Gabriel, premier architecte du Roi, d'après des documents inédits* (2e éd., Paris, 1924).
FLAMMERMONT (Jules), *Le chancelier Maupeou et les parlements* (Paris, 1886).
FLEURY (Comte M.), *Louis XV intime et les petites maîtresses* (Paris, 1899).
FLOQUET (Amable), *Histoire du parlement de Normandie*, t. VI (Rouen, 1842).
FRANQUEVILLE (Comte de), *Le château de La Muette* (Paris, 1915).
FRÉVILLE (Henri), *L'intendance de Bretagne (1689-1790)* [Rennes, 1953, 3 vol.].
GALLET (Danielle), *Madame de Pompadour ou le pouvoir féminin* (Paris, 1985).
GALLET (Michel), *Claude Nicolas Ledoux. 1736-1806* (Paris, 1980).
GALLET (M.) et BOTTINEAU (Yves), *Les Gabriel* (Paris, 1982).
GAXOTTE (Pierre), *Frédéric II* (Paris, 1972).
— *Le siècle de Louis XV* (Paris, 1974).
— *Louis XV* (Paris, 1980).
GEMBICKI (Dieter), *Histoire et politique à la fin de l'Ancien Régime : Jacob-Nicolas Moreau. 1717-1803* (Genève, 1979).
GILLE (Bertrand), *Les sources statistiques de l'histoire de France* (Genève, 1964).
GEOFFROY (Auguste), *Gustave III et la cour de France* (Paris, 1867, 2 vol.).

Goubert (Pierre), *L'Ancien Régime* (Paris, 1968, 2 vol.).
Granet (Solange), *La place de la Concorde* (Paris, 1963).
Gresset (Maurice), *Gens de justice à Besançon. 1674-1789* (Paris, 1978, 2 vol.).
Guéry (Alain), *Les finances de la monarchie française sous l'Ancien Régime*, dans *Annales, E.S.C.*, t. XXXIII (1976), p. 216-239.
Haussonville (Comte d'), *Histoire de la réunion de la Lorraine à la France*, t. IV (Paris, 1860).
Hours (Bernard), *Madame Louise, princesse au Carmel* (Paris, 1987).
Kaplan (Steven L.), *Le complot de famine : histoire d'une rumeur au XVIIIe siècle* (Paris, 1982).
— *Le pain, le peuple et le Roi. La bataille du libéralisme sous Louis XV* (Paris, 1986).
Lacombe (B.), *La résistance janséniste et parlementaire au temps de Louis XV : l'abbé Nigon de Berty* (Paris, 1948).
Lacour-Gayet (Georges), *La marine militaire de la France sous le règne de Louis XV* (Paris, 1902).
Lacuisine (E.F. de), *Le parlement de Bourgogne depuis son origine jusqu'à sa chute...*, t. II (2e éd., Dijon, 1857).
Laugier (Lucien), *Un ministère réformateur sous Louis XV. Le triumvirat (1770-1774)* [Paris, 1975].
Laulan (Robert), *L'École militaire de Paris. Le monument. 1751-1788* (Paris, 1951).
Leclercq (Dom Henri), *Histoire de la régence pendant la minorité de Louis XV* (Paris, 1921, 3 vol.).
Légier-Desgranges (Henry), *Madame de Moysan et l'extravagante affaire de l'Hôpital général (1749-1758)* [Paris, 1954].
Le Griel (M.), *Le conseil supérieur de Clermont-Ferrand* (Paris, 1908).
Lhéritier (Michel), *L'intendant Tourny (1695-1760)* [Paris, 1920, 2 vol.].
Lemaire (André), *Les lois fondamentales de la monarchie française* (Paris, 1907).
Lemaire (Suzanne), *La commission des Réguliers (1766-1790)* (Paris, 1926).
Le Moy (A.), *Le parlement de Bretagne et le pouvoir royal au XVIIIe siècle* (Angers, 1909).
Lepointe (Gabriel), *L'organisation et la politique financière du clergé de France sous le règne de Louis XV* (Paris, 1924).
Luçay (Comte de), *Les secrétaires d'État depuis leur institution jusqu'à la mort de Louis XV* (Paris, 1881).
Marie (Alfred et Jeanne), *Versailles au temps de Louis XV* (Paris, 1984).
Marion (Marcel), *Dictionnaire des institutions de la France aux XVIIe et XVIIIe siècles* (Paris, 1923).
— *Histoire financière de la France*, t. I *(1715-1789)* [Paris, 1914].
— *La Bretagne et le duc d'Aiguillon* (Paris, 1898).
— *Les impôts directs sous l'Ancien Régime, principalement au XVIIIe siècle* (Paris, 1910).
— *Machault d'Arnouville. Étude sur l'histoire du contrôle général des finances de 1749 à 1754* (Paris, 1891).

Metzger (Paul), *Contribution à l'étude de deux réformes judiciaires au XVIIIe siècle : le conseil supérieur et le grand bailliage de Lyon (1771-1774, 1788)* [Lyon-Paris, 1913].
Meyer (Jean), *Le Régent* (Paris, 1985).
Michel (E.), *Histoire du parlement de Metz* (Paris, 1845).
Morineau (Michel), *Budgets de l'État et gestion des finances royales en France au XVIIIe siècle,* dans *Revue historique,* t. 264 (1980), p 289-336.
Mosser (Françoise), *Les intendants des finances au XVIIIe siècle. Les Lefèvre d'Ormesson et le « département des Impositions » (1715-1777)* [Genève-Paris, 1978].
Mousnier (Roland), *Les institutions de la France sous la monarchie absolue* (Paris, 1974-1980 ; 2 vol.).
Mousnier (R.) et Labrousse (Ernest), *Le XVIIIe siècle. L'époque des Lumières (1715-1815)* [3e éd., Paris, 1959].
Muret (Pierre), *La prépondérance anglaise. 1715-1763* (3e éd., Paris, 1949).
Nolhac (Pierre de), *Histoire du château de Versailles* (Paris, 1911-1918, 3 vol.).
— *Le château de Versailles sous Louis XV* (Paris, 1898).
— *Louis XV et Marie Leszczynska* (Paris, 1900).
— *Versailles et la cour de France* (Paris, 1925-1930, 10 vol.).
Pajol (Général), *Les guerres sous Louis XV* (Paris, 1881, 7 vol.).
Petot (Jean), *Histoire de l'administration des ponts et chaussées, 1599-1815* (Paris, 1958).
Pocquet (Barthélemy), *Le duc d'Aiguillon et La Chalotais* (Paris, 1900-1901, 3 vol.).
Poignant (Simone), *L'abbaye de Fontevrault et les filles de Louis XV* (Paris, 1966).
— *Mesdames, filles de Louis XV. L'aile des princes* (Paris, 1970).
Préclin (Edmond), *Les jansénistes du XVIIIe siècle et la constitution civile du clergé* (Paris, 1929).
Prost (Fr.), *Les remontrances du parlement de Franche-Comté au XVIIIe siècle* (Lyon, 1936).
Quétel (Claude), *De par le Roy. Essai sur les lettres de cachet* (Toulouse, 1981).
— *La Bastille. Histoire vraie d'une prison légendaire* (Paris, 1989).
Racinais (Henri), *Un Versailles inconnu. Les petits appartements des roys Louis XV et Louis XVI au château de Versailles* (Paris, 1950, 2 vol.).
Retat (Pierre) [dir.], *L'attentat de Damiens. Discours sur l'événement au XVIIIe siècle* (Paris-Lyon, 1979).
Regnault (Henri), *Les ordonnances civiles du chancelier Daguesseau,* t. I, *Les donations et l'ordonnance de 1731* (Paris, 1929) ; t. II, *Les testaments et l'ordonnance de 1735,* (Paris, 1938-1965, 2 vol.).
Robert (P. A.), *Les remontrances et arrêtés du parlement de Provence au XVIIIe siècle. 1715-1790* (Paris, 1912).
Sagnac (Philippe), *La fin de l'Ancien Régime et la révolution américaine (1763-1789)* [Paris, 1941].
Saint-André (Claude), *Madame du Barry* (Paris, 1959).
Samoyault (Jean-Pierre), *Les bureaux du secrétariat d'État des Affaires étrangères sous Louis XV* (Paris, 1971).

SOLNON (Jean-François), *La cour de France* (Paris, 1987).
SOREL (Albert), *La question d'Orient au XVIIIe siècle* (Paris, 1878).
SOUCHAL (François), *Les Slodtz, sculpteurs et décorateurs du Roi. 1685-1764* (Paris, 1967).
STRYIENSKI (Casimir), *Le gendre de Louis XV* (Paris, 1904).
— *La mère des trois derniers Bourbons. Marie-Josèphe de Saxe et la cour de Louis XV* (Paris, 1902).
— *Mesdames de France, filles de Louis XV* (3e éd., Paris, 1902).
TADGELL (Ch.), *Ange Jacques Gabriel* (Londres, 1979).
TAINE (Hippolyte), *Les origines de la France contemporaine*, t. I et II, *L'Ancien Régime* (27e éd., Paris, 1909-1910, 2 vol.).
TAPIÉ (Victor-Lucien), *L'Europe de Marie-Thérèse. Du baroque aux Lumières* (Paris, 1973).
TATON (René) [dir.] *Enseignement et diffusion des sciences en France au XVIIIe siècle* (Paris, 1964).
TAVENEAUX (René) *Jansénisme et politique* (Paris, 1965).
TESSIER (Georges), *Diplomatique royale française* (Paris, 1962).
TOCQUEVILLE (Alexis de), *L'Ancien Régime et la Révolution* (4e éd., Paris, 1860).
VANDAL (Albert), *Louis XV et Elisabeth de Russie* (Paris, 1882).
VAN KLEY (Dale K.), *The Damiens Affair and the Unraveling of the Ancien Régime. 1750-1770* (Princeton, 1984).
— *The Jansenists and the Expulsion of the Jesuits from France* (New Haven, 1975).
VATEL (Charles), *Histoire de Madame du Barry* (Versailles, 1883, 3 vol.).
VAUCHER (Paul), *Robert Walpole et la politique de Fleury (1731-1742)* [Paris, 1924].
VERLET (Pierre), *French royal Furniture...* (Londres, 1963).
— *Le château de Versailles* (Paris, 1985).
— *Le mobilier royal français* (Paris, 1946-1955, 2 vol.).
VERLET (P.), GRANDJEAN (Serge), BRUNET (M.), *Sèvres* (Paris, 1953).
VIDRON (Françoise), *La vénerie royale au XVIIIe siècle* (Paris, s.d.).
VIGNON (Eugène), *Études historiques sur l'administration des voies publiques avant 1790* (Paris, 1862-1880, 4 vol.).
VILLAIN (Jean), *Le recouvrement des impôts directs sous l'Ancien Régime* (Paris, 1952).
VILLERS (Robert), *L'organisation du parlement de Paris et des conseils supérieurs d'après la réforme de Maupeou (1771-1774)* [Paris, 1937].
WADDINGTON (Richard), *La guerre de Sept ans* (Paris, 1898-1908, 5 vol.).
— *Louis XV et le renversement des alliances* (Paris, 1896).
WELVERT (Eugène), *Étude critique de quelques textes relatifs à la vie secrète de Louis XV,* dans *Revue historique,* t. 35 (1887), p. 292-303.
WOODBRIDGE (John), *La conspiration du prince de Conti (1755-1757)* dans *Dix-huitième siècle,* t. 17 (1985), p. 97-109.

Index

A

ACTON (Édouard), chirurgien à Besançon : 733.
ADAM (Lambert Sigisbert), sculpteur : 522.
ADOLPHE FRÉDÉRIC, roi de Suède : 953.
AGAY (François Marie Bruno d'), intendant de Bretagne, d'Amiens : 897, 898, 902.
AGINCOURT (François d'), organiste de la chapelle du Roi : 94, 213.
AGUESSEAU (Henry François d'), chancelier de France : 49, 80, 83, 100, 169, 175, 179, 186, 260, 269, 270, 277, 281, 283, 297, 321, 334-347, 349, 350, 367, 378, 398, 450, 453, 455, 568, 612, 613, 614, 632, 633, 634, 636, 657, 826, 863, 864, 903, 973.
AGUESSEAU (Henry François-de-Paule), maître des requêtes, conseiller d'État : 337.
AGUESSEAU DE FRESNES (Jean-Baptiste Paulin d'), conseiller d'État et au Conseil des Dépêches : 849.
AIGUILLON (Emmanuel Armand de Vignerod du Plessis de Richelieu, comte d'Agenois, puis duc d'), commandant en chef en Bretagne, ministre d'État, secrétaire d'État : 411, 743, 801, 828-830, 838, 845, 848, 897-898, 901, 910, 911-916, 917, 919, 925, 928, 940, 941, 942, 945, 950-955, 960, 961, 967, 970, 976-981, 984, 986, 988, 990.
ALARY (abbé Pierre Joseph), de l'Académie française : 90, 467, 478.
ALBERONI (Jules, cardinal) : 250.
ALBERT (Albert Casimir de Saxe, dit le prince) : 474.
ALEMBERT (Jean Le Rond, dit d'), mathématicien : 790.
ALFIERI (Benoît Innocent, comte), architecte : 524.
ALIGRE (Étienne François d'), président à mortier, puis premier président du parlement de Paris : 918, 919.
AMELOT DE CHAILLOU (Jean Jacques), intendant des finances, secrétaire d'État, ministre d'État : 297, 303, 308, 312, 355, 366, 367, 381.
AMELOT DE GOURNAY (Michel Jean), conseiller d'État, ambassadeur en Espagne : 133.
AMIOT (père Jean Joseph Marie), s.j., missionnaire à Pékin : 862.
ANGERVILLIERS (Nicolas Prosper Bauyn d'), intendant d'Alen-

çon, d'Alsace, conseiller d'État, intendant de Paris, secrétaire d'État, ministre d'État : 133, 269, 270.

ANGLEBERT (Jean Henry d'), claveciniste ordinaire du Roi : 94, 217.

ANGUERRAND (Pierre), relieur ordinaire du Roi : 216.

ANJOU (Louis de France, duc d'), dauphin de France, puis LOUIS XV : 14, 17, 21-30.

ANJOU (Philippe de France, duc d'), puis roi d'Espagne : voir PHILIPPE V.

ANJOU (N. duc d'), fils de Louis XV : 461, 468, 477.

ANNA IVANOVNA, czarine de Russie : 289.

ANNE D'AUTRICHE, reine de France : 11, 113, 568, 768.

ANNE-MARIE D'ORLÉANS, duchesse de Savoie, puis reine de Sardaigne : 12, 45.

ANTIN (Antoine Louis de Pardaillan de Gondrin, duc d'), directeur général des Bâtiments du Roi, conseiller au Conseil de Régence, ministre d'État : 31, 218, 237, 520.

ANTOINE (Jacques Denis), architecte : 560, 562.

AQUIN (Louis Claude d'), organiste de la chapelle du Roi : 213.

ARCHINTO (Alberto, cardinal), secrétaire d'État du Pape : 777.

ARCY (Michel Jean de Gouy, marquis d'), gentilhomme de la manche : 53.

ARGENSON (Marc René de Voyer de Paulmy, marquis d'), lieutenant général de police de Paris, garde des sceaux de France, chef du Conseil de Finance : 80, 81, 83, 260.

ARGENSON (Pierre Marc de Voyer de Paulmy, comte d'), conseiller d'État, intendant de Paris, ministre d'État, secrétaire d'État : 153, 307, 327-328, 337, 344-345, 349, 355, 360-361, 367, 369, 376, 379, 383, 384, 385, 386, 389, 397, 445, 453, 612, 613, 614, 615, 626, 632, 633, 656, 660, 678, 710, 722-724, 732, 733, 741, 744.

ARGENSON (René de Voyer de Paulmy, marquis d'), conseiller d'État, secrétaire d'État, ministre d'État : 176, 189, 381-383, 389, 390, 391, 393-395, 396-397, 407, 408, 412, 414, 424, 428, 429, 433, 434, 435, 436-437, 447, 461, 473, 480, 498, 513, 516, 556, 601, 616, 639, 640, 645, 657, 664, 698, 711, 762.

ARGENTAL (Charles Augustin de Ferriol d'), conseiller au parlement de Paris : 752.

ARMENONVILLE (M. d'), voir : FLEURIAU D'ARMENONVILLE.

ARNOULT (M.), mécanicien : 524, 525.

ARTAGNAN (M. d'), capitaine-lieutenant des mousquetaires gris : 115.

ARTOIS (Charles Philippe, comte d') [CHARLES X] : 482, 933, 958.

ARTOIS (Marie Thérèse de Savoie, comtesse d') : 958, 977, 978.

ASFELD (Claude François Bidal, marquis d'), directeur général des fortifications, maréchal de France : 327.

ASTRUC (Jean), médecin consultant du Roi : 330, 420.

ASTURIES (Le prince des), voir : FERDINAND VI, LOUIS Ier.

AUBERT (Jacques), violoniste : 217.

AUBETERRE (Henry Joseph Bouchard d'Esparbès de Lussan, marquis d'), ministre à Vienne, ambassadeur en Espagne, à Rome : 866.

AUBRY (abbé), curé de Saint-Louis en l'Ile : 825.

AUDOUARD (Charles René), sub-

délégué de Rennes : 831, 837, 896, 911-916.
AUGEARD (Jacques Mathieu), maître d'hôtel du duc d'Orléans, fermier général : 962, 971.
AUGUSTE (Agnès Lucie), fille naturelle de Louis XV : 508.
AUGUSTE (Aphrodite Lucie), fille naturelle de Louis XV : 508.
AUGUSTE II, électeur de Saxe et roi de Pologne : 155, 289.
AUGUSTE III, électeur de Saxe et roi de Pologne : 289, 294, 297, 304, 393-395, 683, 731, 732, 873.
AUMONT (Louis d'Aumont de Rochebaron, duc d'), premier gentilhomme de la chambre : 64, 441.
AUMONT (Louis Marie Victor Augustin, duc d'), premier gentilhomme de la chambre : 524, 961.
AYEN (duc de), voir : NOAILLES.

B

BACHELIER (François Gabriel), premier valet de chambre du Roi : 381, 449, 501, 600.
BACHELIER (Jean-Jacques), peintre : 551.
BAGIEU (Jacques) chirurgien-major des gendarmes de la garde : 421.
BALLEROY (marquis de), gouverneur du duc de Chartres : 380.
BALLIN (Claude II), orfèvre : 123, 564.
BALLON (Claude), maître à danser du Roi : 25, 63, 64.
BARBIER (Edmond Jean François), avocat, mémorialiste : 64, 109, 148, 150, 155, 160, 164, 165, 180, 410, 429, 468, 486, 487, 491, 496, 499, 598, 599, 600, 601, 602, 604, 605, 607, 635, 640, 641, 653, 655, 665, 709, 711, 714, 716, 718, 720, 720, 757, 777, 778, 782, 820.
BARITAULT (M. de), conseiller au parlement de Bordeaux : 697.
BARJAC (M.), valet de chambre du cardinal de Fleury : 267, 268.
BARRAL (abbé Pierre) : 573.
BARRÉ (Louis), conseiller au parlement de Paris : 719.
BASTARD (François de), premier président du parlement de Toulouse, conseiller d'État : 587, 797, 813, 819, 901.
BAUDRY (M. de), voir : TASCHEREAU DE BAUDRY.
BAZIN DE BEZONS (Jacques), maréchal de France, conseiller au Conseil de Régence : 238.
BÉARN (comtesse de), 888.
BEAUFRANCHET D'AYAT (Jacques de), capitaine aide-major au régiment de Beauvaisis : 505.
BEAUMARCHAIS (Pierre Augustin CARON de) : 474, 980.
BEAUMONT (Christophe de), évêque de Bayonne, archevêque de Vienne, de Paris : 617, 628-641, 652-664, 686, 688, 707, 708, 753-754, 889-891, 985, 986.
BEAURAIN (Jean, chevalier de), géographe du Roi : 101, 415.
BEAUVAU (Charles Just de Beauvau-Craon, prince de), capitaine des gardes : 933, 936.
BEAUVAU (Marie Sophie Charlotte de La Tour d'Auvergne, princesse de) : 990.
BEAUVILLIER (Paul, duc de), gouverneur du duc de Bourgogne : 13, 16, 30, 185.
BEDFORD (John Russel, duc de), ambassadeur d'Angleterre : 807.
BELLE-ISLE (Charles Louis Auguste Foucquet, comte, puis duc de), maréchal de France, ministre d'État, secrétaire d'État : 303-307, 357, 372-374, 375, 379, 382, 388, 396, 397, 399, 489, 562, 672, 682, 684,

724, 744, 745, 749, 756, 759-760, 813, 970.
BELLE-ISLE (Louis Charles Armand, chevalier, puis comte de), lieutenant général des armées : 388.
BELOT (sieur), exempt de la prévôté de l'hôtel : 719.
BELSUNCE (Henry Xavier de), évêque de Marseille : 593.
BENOÎT XIII, pape : 273.
BENOÎT XIV, pape : 626, 706-707, 714, 751, 775, 776.
BERINGHEN (Henry Camille, marquis de), premier écuyer : 149.
BERNARD DE BOULAINVILLIERS (Anne Gabriel Henry), président au parlement de Paris, lecteur de la chambre du Roi : 719.
BERNIER (Nicolas), maître de chapelle du Roi : 213.
BERNIS (François Joachim de Pierre, cardinal de), ambassadeur, conseiller d'État, ministre d'État, secrétaire d'État : 428, 432, 447, 455, 487, 495, 634, 670, 672-681, 684, 685, 692, 696, 710, 711, 724, 725, 726, 731-733, 739, 743, 744, 745-750, 751, 753, 790, 801, 816, 821, 834, 873, 874, 876, 951, 954, 955, 975.
BERNOUILLI (Jean), 417.
BERRY (Charles de France, duc de) : 11, 12, 15, 18, 19, 53, 68.
BERRY (Louis Auguste, duc de), voir : Louis XVI.
BERRY (Marie Louise Élisabeth d'Orléans, duchesse de) : 44, 45, 60, 263, 549.
BERRYER (Nicolas René), lieutenant général de police de Paris, conseiller d'État, ministre d'État, secrétaire d'État, garde des sceaux de France : 604-605, 725, 726, 744, 745, 746.
BERTHIER (Jean-Baptiste), architecte, chef des ingénieurs géographes du Roi : 562.

BERTIER DE SAUVIGNY (Louis Jean), intendant de Moulins, de Dauphiné, de Paris, conseiller d'État : 271, 849, 933, 948.
BERTIN (abbé Louis Augustin), conseiller d'État : 890-891.
BERTIN (Henry Léonard Jean-Baptiste), contrôleur général des finances, ministre d'État, secrétaire d'État : 186, 198, 337, 448, 451, 453, 456, 565, 744, 786, 791-794, 799, 812, 816, 829, 832, 835, 843, 859, 860-863, 868, 869, 929, 939-940, 941, 948, 968.
BERWICK (Jacques Fitz-James, duc de), maréchal de France, conseiller au Conseil de Régence : 115, 122, 250, 291.
BESENVAL (Pierre Victor Joseph de), lieutenant général des armées : 990.
BESNIER, orfèvre : 564.
BESTUCHEV-RIOUMINE (Alexis Petrovitch), vice-chancelier de Russie : 677.
BÉTHUNE (Paul François de Béthune-Charost, duc de), capitaine des gardes, chef du Conseil royal des Finances : 368, 430, 469, 484.
BÉVILLE (Pierre François de) : 879.
BÈZE DE LYS (Jacques Claude de), conseiller au parlement de Paris : 719.
BEZOUT (Étienne), mathématicien : 884.
BIDÉ DE LA GRANDVILLE (Julien Louis), intendant d'Auvergne, de Flandre, d'Alsace, conseiller d'État : 144.
BIGNON (abbé Jean Paul), conseiller d'État, garde de la Bibliothèque du Roi : 346-347, 413.
BINET DE MARCHAIS (Georges René), premier valet de chambre du Dauphin : 449, 494.
BIRAN (M. de), voir : Gontier de Biran.

INDEX

BISSY (Henry de Thiard, cardinal de), évêque de Meaux : 100.

BLANCHARD (abbé Esprit), maître de chapelle du Roi : 213.

BLONDEL (Jacques François), architecte : 561, 858.

BOFFRAND (Germain), architecte, premier ingénieur des ponts et chaussées : 326, 557.

BOISCAILLAUD (Denis ESTEVÉ-), chirurgien de quartier du Roi : 419.

BONAPARTE, voir : NAPOLÉON Ier.

BONTEMPS (Louis), premier valet de chambre du Roi, gouverneur des Tuileries : 441.

BORDEU (Théophile de), médecin : 983, 987.

BOSCAWEN (Edward), amiral : 668, 671.

BOSSUET (Jacques Bénigne), évêque de Meaux, conseiller d'État : 14, 67, 175, 272.

BOSSUT (abbé Charles), mathématicien : 858.

BOUCHARDON (Edme), sculpteur : 522, 556, 557.

BOUCHER (François), premier peintre du Roi : 219, 504, 529, 541, 551.

BOUDRET (Mme) : 502.

BOUËTTIN (abbé), curé de Saint-Étienne-du-Mont : 653.

BOUFFLERS (Louis François, duc de), maréchal de France, capitaine des gardes : 21.

BOUGAINVILLE (Louis Antoine de), navigateur : 872.

BOUGUER (Pierre), astronome, 348.

BOUILLON (Charles Godefroy de La Tour d'Auvergne, duc de), grand chambellan : 375, 380.

BOUILLON (Emmanuel Théodose de La Tour d'Auvergne, duc d'Albret et de), grand chambellan : 21.

BOULAINVILLIERS (Henry, conte de) : 573, 577.

BOULLONGNE (Jean de), intendant des finances, contrôleur général des finances : 725, 744, 790.

BOULLONGNE (Jean Nicolas de), intendant des finances, conseillers d'État, conseiller au Conseil royal des Finances : 745.

BOULLONGNE (Louis de), premier peintre du Roi : 94.

BOURBON (Charlotte de Hesse-Rhinfels-Rotembourg, duchesse de) : 484.

BOURBON (Louis Aimé, abbé de), fils naturel de Louis XV : 508, 842.

BOURBON (Louis Henry de Bourbon-Condé, duc de), *Monsieur le Duc,* principal ministre ; 18, 34, 35, 37, 63, 66, 80, 81, 82, 87, 96, 106, 113, 117, 120, 124, 131, 134, 142, 147, 151, 152, 153, 158, 160, 161, 185, 229, 243, 247, 252, 261, 265, 267, 272, 321, 435, 459, 485, 597, 600.

BOURBON (Louise Françoise de Bourbon, légitimée de France, *Mademoiselle de Nantes,* duchesse de) : 19, 62.

BOURDALOUE (père Louis), s.j. : 414.

BOURGEOIS DE BOYNES (Pierre Étienne), intendant de Franche-Comté, premier président du parlement de Besançon, conseiller d'État, secrétaire d'État : 455, 587, 727, 756-761, 792, 834, 835, 929, 932, 941, 955, 957, 968, 981.

BOURGOGNE (Louis de France duc de), puis Dauphin de France : 11, 12, 13, 15-17, 22, 23, 24, 36, 44, 45, 51, 53, 67, 68, 73, 75, 91, 92, 93, 121, 141-161, 163, 180, 412, 920.

BOURGOGNE (Louis Joseph Xavier de France, duc de), petit-fils de Louis XV : 430, 480, 607, 891.

BOURGUIGNON D'ANVILLE (Jean-Baptiste), géographe, puis pre-

mier géographe du Roi : 74, 75, 123, 322-324, 415.
BOUTHILIER DE CHAVIGNY (Denis François), évêque de Troyes, archevêque de Sens : 79.
BOUTHILIER DE CHAVIGNY (François), évêque de Rennes, de Troyes, conseiller au Conseil de Régence : 238.
BOUVART (Michel Philippe), médecin : 421.
BOYER (Jean François), évêque de Mirepoix, précepteur du Dauphin : 356, 384, 431, 478, 601, 616, 617, 622, 688.
BOYER (M.), médecin : 421-422.
BOYNES (M. de), voir : BOURGEOIS DE BOYNES.
BOYSSEULH (François, comte de) : 843.
BOYSSEULH (Marie Marguerite Catherine Damblard de Lansmartres, comtesse François de) : 843.
BOYVIN D'ARDANCOURT (M.), directeur de la Compagnie des Indes : 144.
BRADDOCK (Edward), major général : 668, 671.
BRETAGNE (Louis de France, duc de), dauphin en 1712 : 14, 17, 23, 24, 28.
BRETEUIL (François Victor Letonnelier de), secrétaire d'État, ministre d'État : 161, 269, 270, 307.
BRETEUIL (Louis Auguste Letonnelier, baron de), ambassadeur en Suède, en Hollande, à Naples : 810, 872, 950, 952, 954.
BRIONNE (Louise Charlotte de Gramont, comtesse de) : 435, 990.
BRIQUET (M.), premier commis de la Guerre : 121.
BRISSAC (Jean Paul Timoléon de Cossé, duc de), maréchal de France, gouverneur de Paris : 971, 985.

BRISSART (abbé Jean Simon), aumônier et intendant du cardinal de Fleury : 267.
BROGLIE (abbé Charles Maurice de) : 449.
BROGLIE (Charles François, comte de), ambassadeur en Pologne, chef du Secret du Roi : 411, 647, 679, 680, 681, 683, 728-731, 809-811, 873, 876-880, 885, 893, 925, 941-942, 950, 951, 952, 953, 954, 955, 956, 960, 975-981, 985.
BROGLIE (François Marie, comte, puis duc de), maréchal de France : 358, 360, 364.
BROGLIE (Louise Augustine de Montmorency-Logny, comtesse de) : 979, 981.
BROGLIE (Victor François, duc de), maréchal de France : 440, 736, 737, 802, 803, 805, 807, 810, 880, 924, 956, 979, 981.
BROSSES (Charles de), président à mortier au parlement de Dijon : 821.
BRÜCKNER (Isaac), géographe ordinaire du Roi : 149.
BRÜHL (Henri, comte), premier ministre de l'électeur de Saxe : 393, 647, 669, 680, 809.
BRUNET D'ÉVRY (Gilles), intendant d'Auvergne, de Moulins : 143.
BRUNSWICK (Ferdinand, duc de), 739, 800, 802, 803, 805, 807.
BUACHE (Philippe), premier géographe du Roi : 74, 415.
BUFFON (Georges Louis Leclerc, comte de), directeur du Jardin du Roi : 422, 567.
BUSENBAUM (père), s.j. : 776, 784.
BUSSY (François de), premier commis des Affaires étrangères : 804, 806.
BUTE (John Stuart, comte de), premier ministre d'Angleterre : 806, 807.
BUTERNE (Jean-Baptiste), organiste de la chapelle du Roi : 94.

INDEX

Buvat (Jean), employé à la Bibliothèque du Roi : 24.
Buy de Mornas (Pierre Nicolas), géographe ordinaire du Roi : 415.
B.V.R.B., ébéniste : 532.
Byng (John), amiral : 683.

C

Caffieri (Jacques), sculpteur : 532, 533.
Calas (Jean) : 863.
Calonne (Charles Alexandre de), maître des requêtes, intendant de Metz : 846, 848, 849, 854, 912, 937.
Calvière (Antoine), organiste de la chapelle du Roi : 213.
Calvière (marquis de) : 65.
Cambis (Gabrielle Charlotte Françoise d'Alsace-Hénin-Liétard, vicomtesse de) : 502.
Campra (André), maître de chapelle du Roi : 213, 464.
Camus de Pontcarré (Geoffroy Macé), premier président du parlement de Rouen : 587, 727.
Camus de Pontcarré de Viarmes (Jean-Baptiste Élie), intendant de Bretagne, conseiller d'État : 271.
Canavas (Jean-Baptiste), violoncelliste : 217.
Caperon (Jean François), opérateur du Roi pour les dents : 420.
Carignan (Victoire Marie Anne de Savoie, princesse de) : 823.
Carlier (sieur) : 312, 313.
Carlos (Don), voir : Charles III.
Carrières (M.), conseiller au parlement de Bordeaux : 697.
Carteret (John, vicomte), ministre britannique : 306, 354, 356, 362, 365.
Casanova (Jean Jacques de Seingalt) : 406, 504.
Cassini Ier (Jean Dominique), astronome : 74, 91, 347.

Cassini II (Jacques), astronome : 90, 92, 101, 132, 148, 323-324, 347, 373, 416.
Cassini III de Thury (César François), astronome : 323-324, 415-416, 839.
Casteras (Pierre), médecin de quartier du Roi : 374.
Castries (Charles Eugène Gabriel de La Croix, marquis de), lieutenant général des armées, puis maréchal de France : 803.
Catherine Ire, czarine de Russie : 253.
Catherine II, czarine de Russie : 565, 806, 808, 811, 873, 874, 950, 951, 953.
Catherine Opalinska, reine de Pologne, duchesse de Lorraine et de Bar : 154, 158, 296, 372, 379.
Caylus (Charles Gabriel de Pestel de Lévis de Tubières de), évêque d'Auxerre : 280, 281.
Cellamare (prince de), ambassadeur d'Espagne : 82, 83.
Chaban de la Fosse (M.), chirurgien ordinaire du Roi : 419.
Chabert de Cogolin (Joseph Bernard, marquis de), astronome, vice-amiral : 417.
Challe (Charles Michel Ange), dessinateur de la chambre et du cabinet du Roi : 216, 519.
Chamfort (Nicolas Sébastien Roch, dit de) : 861.
Champcenetz (Louis Quentin de Richebourg, marquis de), premier valet de chambre du Roi : 409.
Champlost (Jean Marie Quentin de Champlost, baron de), premier valet de chambre du Roi : 824.
Chappe d'Auteroche (abbé Jean), astronome : 416.
Charlemagne : 574, 575, 576.
Charles III (Don Carlos, infant d'Espagne, roi de Naples, puis roi d'Espagne) : 288, 289, 291,

294, 363, 401, 802, 805, 807, 808, 871, 875, 876, 917-918, 923-924, 926, 949-950, 954.

Charles V, roi de France : 134.

Charles VI, empereur : 248, 249-253, 288-295, 298, 300-301, 304, 382.

Charles VI, roi de France : 134.

Charles VII, roi de France : 385, 414, 665.

Charles VII (Charles Albert, électeur de Bavière, puis empereur) : 304-306, 357-360, 362-365, 383.

Charles VIII, roi de France : 689.

Charles IX, roi de France : 337, 545, 549, 596.

Charles XII, roi de Suède : 155.

Charles le Chauve, empereur : 576, 709.

Charles-Emmanuel III, roi de Sardaigne : 292, 294, 304, 362, 363, 391, 400.

Charles Quint, empereur : 302, 303, 757.

Charolais (Charles de Bourbon-Condé, comte de) : 80, 241.

Charolais (Louise Anne de Bourbon-Condé, Mademoiselle de) : 485.

Charost (Armand de Béthune, duc de), gouverneur du Roi, chef du Conseil royal des Finances : 115, 117, 124, 127, 134, 139, 160.

Chartres (Louis Philippe Joseph d'Orléans, duc de), puis duc d'Orléans [Philippe-Égalité] : 887, 970-971.

Chartres (ducs de), voir aussi : Orléans.

Chastillon (Nicolas François Antoine, chevalier de), ingénieur, directeur de l'École du Génie de Mézières : 328.

Chateaubriand (François René, vicomte de) : 600.

Châteauroux (Marie Anne de Nesle, marquise de La Tournelle, puis duchesse de) : 356, 370, 372-376, 378, 389, 489-492, 494, 495, 498, 532, 552, 602, 604, 941.

Châtillon (Alexis Madeleine Rosalie, comte, puis duc de), gouverneur du Dauphin : 377, 380, 478-479, 481.

Chaulnes (Michel Ferdinand d'Albert d'Ailly, duc de Picquigny, puis de), de l'Académie des Sciences : 417, 495, 625.

Chaumont de la Galaizière (Antoine), intendant de Montauban, de Lorraine et Barrois : 844.

Chaumont de la Galaizière (Antoine Martin), intendant de Soissons, chancelier du roi de Pologne duc de Lorraine, conseiller d'État : 271, 295, 297, 373, 706, 844.

Chauvelin (abbé Henry Philippe), conseiller clerc au parlement de Paris : 783-785.

Chauvelin (Germain Louis), garde des sceaux de France, ministre d'État, secrétaire d'État : 179, 192, 269, 270, 281, 283, 284, 287-290, 292, 293, 296, 303, 319, 334, 339, 344-345, 353, 355, 381, 448, 450.

Chauvelin de Beauséjour (Bernard), intendant de Tours, d'Amiens, conseiller d'État : 441.

Chauvelin de Beauséjour (Jacques Bernard), intendant d'Amiens, des finances, conseiller d'État : 345, 745.

Chavigny (M. de), voir : Bouthilier de Chavigny.

Chevallier (François), maître de mathématiques du Roi : 68, 74-75, 90, 120, 158, 323, 328, 478, 513.

Chevert (François de) : 306.

Chevreuse (Charles Honoré d'Albert de Luynes, duc de) : 16, 30.

Chevreuse (Henriette

INDEX 1017

d'Egmont-Pignatelli, duchesse de) : 494.
CHEVREUSE (Marie Charles Louis d'Albert de Luynes, duc de) : 440.
CHICOYNEAU (François), premier médecin du Roi : 331, 369, 373, 419.
CHILDEBERT Ier : 576.
CHIRAC (Pierre), premier médecin du Roi : 331, 419, 421.
CHOISEUL (Étienne François, comte de Stainville, puis duc de), ambassadeur à Rome, à Vienne, ministre d'État, secrétaire d'État : 178, 453, 455, 502, 706-707, 745, 747-753, 760-761, 780, 786, 787, 790, 798, 800-803, 804-805, 807-808, 809, 810, 816, 817, 818, 823, 824, 828, 830, 832, 834-835, 838, 845, 848, 849, 850, 865, 868, 870-872, 873, 874, 875, 876, 878, 879, 880-885, 886, 887, 888, 891, 892, 897, 898, 899, 901, 904, 906, 907, 910, 912, 915, 916-918, 922-926, 940, 941, 943, 949, 950, 951, 954, 955, 959, 960, 967, 970, 980, 984, 989.
CHOISEUL (Louise Honorine Crozat du Châtel, duchesse de) : 751, 924.
CHOISEUL-BEAUPRÉ (Charlotte Rosalie de Romanet, comtesse de) : 502.
CHOISEUL-STAINVILLE (Léopold Charles de), évêque d'Évreux, archevêque d'Albi, de Cambrai : 750, 752.
CHRISTIAN VII, roi de Danemark : 565, 953.
CHUPPERELLE (abbé Jerôme), haute-contre de la chapelle du Roi : 101-102.
CLAIRAMBAULT (Pierre de), généalogiste des ordres du Roi : 118.
CLAIRAUT (Alexis Claude), mathématicien : 348.
CLÉMENT IX, pape : 255.
CLÉMENT XI, pape : 78, 254.
CLÉMENT XIII, pape : 747, 777, 790, 875-876, 954.
CLÉMENT XIV, pape : 876, 955.
CLÉMENT (abbé Augustin Jean Charles), chanoine d'Auxerre : 777.
CLÉMENT DE FEILLET (Ambroise Julien), conseiller au parlement de Paris : 719, 777.
CLERMONT (Louis de Bourbon-Condé, comte de) : 87, 107, 124, 370, 371, 374, 800, 838, 961.
CLERMONT (Marie Anne de Bourbon-Condé, Mademoiselle de), surintendante de la Maison de la Reine : 224.
CLOTAIRE Ier : 576, 709.
CLOTAIRE II : 576.
CLOVIS, roi des Francs : 122, 573, 574, 576, 705.
COËTQUEN (Marie Charlotte de Noailles, marquise de) : 502.
COIGNY (François de Franquetot, duc de), maréchal de France : 358, 365, 370-371, 378-380, 602.
COIGNY (Jean Antoine François de Franquetot, comte de), gouverneur du château de Choisy : 449, 450, 550.
COISLIN (Pierre du Cambout, cardinal de), évêque d'Orléans, grand aumônier de France : 13.
COLBERT (Jean-Baptiste), contrôleur général des finances, ministre d'État, secrétaire d'État : 181, 185, 187, 191, 194, 199, 244, 312, 321, 597, 773, 774, 864, 883, 928.
COLBERT DE CROISSY (Charles Joachim), évêque de Montpellier : 273, 280, 281.
COLBERT DE TORCY (Jean-Baptiste), ministre d'État, secrétaire d'État, conseiller au Conseil de Régence : 66, 236.
COLLÉ (Charles), poète : 887.
COLLIN (Charles), intendant de Mme de Pompadour : 499.
COLLIN DE BLAMONT (François),

surintendant de la musique du Roi : 216.
COLOMBAT (Jacques), imprimeur : 72, 158, 216.
COMARIEU (Pierre), procureur du Roi au bureau des finances de Bordeaux : 697.
CONCINI (Concino) : 164.
CONDÉ (Louis Joseph de Bourbon-Condé, prince de) : 926, 941, 942, 970.
CONTADES (Louis Georges Erasme, marquis de), maréchal de France : 800, 802.
CONTANT D'IVRY (Pierre), architecte : 557.
CONTY (Louis Armand de Bourbon, prince de) : 18, 19, 34, 80, 124, 473.
CONTY (Louis François de Bourbon, prince de), grand prieur de France : 354, 366, 382, 392, 394-395, 403, 449, 473, 476, 495, 602, 615-616, 630, 644, 645-648, 660, 675, 677, 679-680, 684, 685, 692-695, 708, 719, 720, 721, 727-728, 730, 779, 787, 809, 865, 931, 932, 961, 962, 965, 970, 971.
COTTE (Jules François de), maître des requêtes, intendant du commerce : 833.
COTTE (Robert de), premier architecte du Roi : 94, 219, 515, 516, 517, 520, 537, 542, 545.
COUDRETTE (abbé) : 778.
COUPERIN (François), organiste de la chapelle du Roi : 22, 94, 214, 475.
COUPERIN (Marguerite Antoinette), maîtresse de clavecin de Mesdames de France : 475.
COURTEILLES (Jacques Dominique de Barberie de), ambassadeur en Suisse, conseiller d'État, intendant des finances : 565, 627.
COURTENVAUX (marquis de), voir : ESTRÉES (d').
COUSTOU (Guillaume), sculpteur : 94, 558.

COUSTOU (Nicolas), sculpteur : 94.
COUTURIER (abbé), supérieur de la compagnie de Saint-Sulpice : 267.
COYPEL (Antoine), premier peintre du Roi : 77, 86, 94, 219, 521.
COYPEL (Charles Antoine), peintre : 64, 219.
COYSEVOX (Antoine), sculpteur : 94.
CRÉBILLON (Claude), écrivain : 887.
CRÉMILLES (Louis Hyacinthe Boyer de), lieutenant général des armées : 745.
CRÉQUY (Robert, chevalier de), gentilhomme de la manche, puis sous-gouverneur du Dauphin : 478.
CROŸ (Emmanuel, prince, puis duc de) : 227, 408, 411, 417, 425, 427, 428, 431, 433, 434, 439-440, 442, 447, 454, 464, 465, 475, 480, 504, 506, 513, 514, 552, 565, 824, 839, 840, 854, 886, 939-940, 941, 960, 961, 973, 983, 985, 988, 990, 991.
CUMBERLAND (Guillaume Auguste, duc de) : 384, 385, 386, 387, 388, 398, 399, 736, 737, 739.
CUZZONI (Francesca), cantatrice : 147.
CZARTORYSKI (prince) : 394.

D

DAMIENS (Robert François) : 532, 712-720, 722, 724, 733, 741, 755, 775, 777, 784, 837, 838, 989.
DANGEAU (Philippe de Courcillon, marquis de), conseiller d'État : 23, 24, 27, 52, 240.
DAUDET (Pierre Louis), géographe du Roi : 101, 121, 147.
DAUN (Léopold Joseph Marie, comte de), feldmaréchal : 644, 736, 739.

DAUPHINE (Madame la), voir : Marie Anne de Bavière, Marie Adélaïde de Savoie, Marie-Thérèse d'Espagne, Marie Josèphe de Saxe, Marie-Antoinette de Lorraine-Habsbourg.
DAUTHIAU, horloger : 424, 533.
DAUVERGNE (Antoine), surintendant de la musique du Roi : 216, 217.
DAVIEL (Jacques), chirurgien oculiste du Roi : 418, 419, 420.
DELAGE (Jean-Michel), notaire au Châtelet de Paris : 508, 509, 842.
DELALANDE (Michel Richard), maître de chapelle du Roi : 63, 64, 94, 162, 216, 464.
DELANOIS (Louis), menuisier : 525.
DELAUNAY, orfèvre : 564.
DELISLE (Claude) : 104.
DELISLE (Guillaume), premier géographe du Roi : 73-74, 90, 91, 104, 116-118, 149, 415.
DEMOURS (Pierre), médecin oculiste du Roi : 419.
DEREINE (Pierre Laurent), lavandier de panneterie-bouche du Roi : 846-849, 850, 854, 856, 857, 868, 905.
DESCOTEAUX (René Pignon, dit), flûtiste : 94.
DES GALOIS DE LA TOUR (Charles Jean-Baptiste), intendant de Provence et premier président du parlement d'Aix : 593.
DES ISSARTS (Charles Hyacinthe de Galéans de Castellane, marquis), ambassadeur en Pologne : 395, 646.
DESMARETS (père Philippe Onuphre), s.j., confesseur du Roi : 212, 713, 715, 784, 825.
DESMARETZ (Nicolas), contrôleur général des finances, ministre d'État : 178, 237, 242, 243, 597.
DESPORTES (François), de l'Académie royale de Peinture et de Sculpture : 77, 149, 528.
DESTOUCHES (André CARDINAL-), compositeur : 64, 216, 464.
DE TROY (Jean François), peintre : 529, 537.
DE WAILLY (Charles), architecte : 561.
DIDEROT (Denis) : 557, 778.
DILLON (Arthur Richard), evêque d'Évreux, archevêque de Toulouse, de Narbonne : 866.
DODART (Claude Jean-Baptiste), premier médecin du Roi : 106, 333.
DODART (Denis), intendant de Bourges : 271.
DODUN (Charles Gaspard), contrôleur général des finances : 137, 143, 159, 161, 243, 247, 269, 312, 316, 319, 321, 323.
DOROZ (Philippe Antoine), procureur général du parlement de Besançon : 587, 759.
DOUGLAS (Alexandre Pierre Mackensie, chevalier) : 677, 680, 730.
DOUIN (René), premier commis de MM. d'Argenson, de Saint-Florentin et Bertin, secrétaires d'État ; 697.
DREUX (Thomas), conseiller au parlement de Paris : 34.
DREUX (Thomas), marquis de Brézé, grand maître des cérémonies : 123.
DU BARRY (Guillaume) : 887.
DU BARRY (Jean, « comte »), dit le Roué : 887.
DU BARRY (Jeanne Bécu, comtesse) : 539, 886-888, 890, 892, 893, 925, 929, 940, 941, 942, 959-960, 963, 968, 971, 977, 982, 983, 984, 985, 986, 987.
DUBOIS (Guillaume, cardinal), secrétaire d'État, archevêque de Cambrai, principal ministre de l'État : 80, 84, 86, 95-99, 100, 102, 112, 141, 151, 159, 186, 250-254, 261-262, 266, 269, 272, 287, 401.

DUBOIS (Joseph), directeur général des ponts et chaussées : 324.
DUBOIS DE LA MOTTE (Emmanuel de Cahideuc, comte), lieutenant général des armées navales : 668, 670, 687, 737.
DUBOS (abbé Jean-Baptiste), historien : 577, 578.
DUBUISSON (Pierre Paul), relieur ordinaire du Roi : 216.
DU CHÊNE (Nicolas), chef du gobelet du Roi : 56.
DUCLOS (Charles PINOT-), de l'Académie française : 566, 905.
DUDON (Pierre Jules), avocat général au parlement de Bordeaux : 768.
DUFORT DE CHEVERNY (Jean Nicolas, comte), introducteur des ambassadeurs : 408, 409, 412, 421, 425, 431, 442, 451, 452, 453, 482, 493, 615, 713, 714, 715, 964.
DUFOUR DE VILLENEUVE (Jean François), lieutenant civil au Châtelet de Paris : 973.
DUFRANC (M.), greffier au parlement de Paris : 853.
DU GOULLON (Jules), sculpteur : 519, 537.
DUGUET (abbé Jacques Joseph) : 572.
DUHAMEL DU MONCEAU (Henry Louis), de l'Académie des Sciences : 327, 859.
DU LUC (Charles Emmanuel Marie Madelon, marquis) : 488, 507, 842.
DU LUDE (duchesse) : 13, 14.
DUMANS (Jacques), conseiller au parlement de Paris : 588.
DU MESNIL (Charles Louis Joachim Chastelier, marquis du), commandant en Dauphiné : 796, 797, 818-819, 825.
DUMOULIN (M.), médecin consultant du Roi : 373, 377.
DUMOURIEZ (Charles François DU PÉRIER-) : 978, 979, 980.
DU MUY (Jean-Baptiste de Félix, comte), conseiller d'état, sous-gouverneur du Dauphin : 478, 940, 960.
DUPERRON DE CASTÉRA (Louis Adrien), chargé d'affaires, puis résident en Pologne : 394-395, 646, 647.
DUPIN (Claude), fermier général : 567.
DUPLEIX (Joseph François, marquis), gouverneur général des établissements de la Compagnie des Indes en Inde : 649-650.
DUPLEIX DE BACQUENCOURT (Guillaume Joseph), intendant de Bretagne : 827, 974.
DUPLESSIS (Jacques), peintre et dessinateur de la manufacture de tapisserie de Beauvais : 145.
DUPRÉ DE LA GRANGE (Louis), conseiller au parlement de Paris : 719.
DUQUESNE DE MENNEVILLE (Ange), gouverneur du Canada : 648.
DURAND DE DISTROFF (François Michel), ministre plénipotentiaire, garde du dépôt des Affaires étrangères : 811, 876-877, 879, 893, 894, 951, 952, 975, 981.
DURAS (Emmanuel Félicité de Durfort, duc de), ambassadeur en Espagne, premier gentilhomme de la chambre, commandant en chef en Bretagne : 670, 673, 887, 898, 902, 936, 988.
DUREY DE MEINIÈRES (Jean-Baptiste François), conseiller au Grand Conseil, président du parlement de Paris : 630, 970.
DU SEUIL (Augustin), relieur ordinaire du Roi : 216.
DUSSAULT (M.), conseiller au parlement de Bordeaux : 767.
DUVIGIER (M.), procureur général au parlement de Bordeaux : 587, 697, 764, 766.

E

ECQUEVILLE (Augustin Vincent Hennequin, marquis d'), capitaine général des chasses et de l'équipage du sanglier : 985.

ÉLISABETH II, tzarine de Russie : 354, 362, 392, 564, 644, 676, 680, 682, 684, 729-730, 733, 806, 811.

ÉLISABETH-CHARLOTTE d'Orléans, duchesse de Lorraine : 15, 61, 125, 153, 155, 293.

ÉLISABETH FARNÈSE, reine d'Espagne : 250, 252, 253, 288, 365, 470.

ÉLISABETH THÉRÈSE, princesse de Lorraine, reine de Sardaigne : 152, 154, 296.

ÉON DE BEAUMONT (Charles Geneviève Louis André Timothée, chevalier d') : 680, 730, 811, 877-879.

ÉPERNON (Françoise Gillone de Montmorency-Luxembourg, duchesse d') : 407.

ESPARBÈS (Marie Barthélemie Thoynard de Jouy, comtesse d') : 824.

ESTAING (Lucie Madeleine d') : 505, 506, 508, 509, 824, 843.

ESTERHAZY VON GALANTHA (Nicolas Joseph, comte), ambassadeur impérial en Russie : 729.

ESTRÉES (Louis Charles César Le Tellier, marquis de Courtenvaux, puis duc d'), maréchal de France, ministre d'État : 600, 732, 744, 807, 816.

ESTRÉES (Victor Marie d'Estrées, marquis de Cœuvres, puis duc d'), maréchal de France, conseiller au Conseil de Régence, ministre d'État : 85.

ÉTIOLLES (Mme d'), voir : POMPADOUR.

EU (Louis Charles de Bourbon, comte d') : 843, 970.

EUGÈNE (François Eugène de Savoie-Carignan, dit le prince) : 55, 292.

ÉVREUX (Henry Louis de La Tour d'Auvergne, colonel général de la cavalerie, gouverneur de Touraine, d'Île-de-France) : 240.

F

FAGON (Guy Crescent), premier médecin de Louis XIV : 48.

FAGON (Louis), intendant des finances, conseiller d'État, conseiller au Conseil royal des Finances : 119, 312, 319, 455.

FALARI (duchesse de) : 141-142.

FALCONET (Camille), médecin consultant du roi : 92.

FAVIER (Jean Louis) : 887, 976, 977, 978, 979, 980.

FÉNELON (François de Salignac de LA MOTHE-), précepteur des Enfants de France, archevêque de Cambrai : 16, 24, 30, 53, 67, 68, 73, 91, 92, 436.

FERDINAND, infant, puis duc de Parme, petit-fils de Louis XV : 234, 430, 435, 458, 839, 876, 887, 892, 954.

FERDINAND VI (prince des Asturies, puis roi d'Espagne) : 393, 402, 426, 645, 670, 802.

FEYDEAU DE BROU (Paul Esprit), conseiller d'État, doyen du Conseil, garde des sceaux de France : 745, 798.

FEYDEAU DE MARVILLE (Claude Henry), conseiller d'État : 827.

FITZ-JAMES (Charles, duc de) : 797, 818-820, 825, 936, 974.

FITZ-JAMES (François, duc de), évêque de Soissons, premier aumônier du Roi : 368, 369, 374-376, 490, 491.

FLAVACOURT (Hortense Félicité de Nesle, marquise de) : 492.

FLESSELLES (Jacques de), intendant de Moulins, de Bretagne, de Lyon : 897.

FLEURIAU D'ARMENONVILLE (Joseph Jean-Baptiste), garde des sceaux de France : 100, 135, 137, 269, 321.

FLEURIAU D'ARMENONVILLE (Louis Gaston), évêque d'Orléans : 277, 280.

FLEURIAU DE MORVILLE (Charles Jean-Baptiste), secrétaire d'État, ministre d'État : 137, 140, 152, 269.

FLEURY (André Hercule, cardinal de), évêque de Fréjus, précepteur du Roi, ministre d'État : 50, 53-55, 66-79, 86, 89-95, 96-98, 102, 106-107, 114, 116, 117, 129, 134, 135, 139, 142, 143, 152-153, 158, 159-162, 163, 164, 167, 185, 191, 192, 255, 262, 265-309, 311-351, 353, 354, 356, 357, 362, 367, 383, 401, 402, 410, 412, 413, 421, 428-429, 431, 434, 441, 442, 444, 448, 450, 458, 459, 460, 462, 465, 467, 468, 469, 470, 473, 478, 486, 487, 499, 590, 599, 611, 616, 640, 652, 674, 750.

FLEURY (André Hercule de Rosset, duc de), premier gentilhomme de la chambre : 440.

FLEURY (abbé Claude), confesseur du Roi : 53, 68, 78, 101, 102.

FLEURY (Henry Marie Bernardin de Rosset de Ceilhes de), archevêque de Tours, de Cambrai : 308.

FLEURY (Pierre Augustin Bernardin de Rosset de Rocozel de), évêque de Chartres : 308.

FONTANIEU (Gaspard Moïse de) intendant et contrôleur général des meubles de la couronne, intendant de Dauphiné, conseiller d'État : 216, 518.

FONTANIEU (Pierre Élisabeth, chevalier de), intendant et contrôleur général des meubles de la couronne : 216, 518.

FONTETTE (M. de), voir : ORCEAU DE FONTETTE.

FOUQUET (Mlle) : 505.

FRANÇOIS Ier, roi de France : 16, 126, 531, 542, 545.

FRANÇOIS III, (duc de Lorraine), voir : FRANÇOIS-ÉTIENNE.

FRANÇOIS-ÉTIENNE (François III, duc de Lorraine, puis François II, grand duc de Toscane, puis empereur) : 293-297, 301, 305, 383, 388, 389, 394, 400, 442, 443, 732, 891.

FRANKLIN (Benjamin) : 423.

FRÉDÉRIC II, roi de Prusse : 301, 304, 357, 359, 365, 370, 373, 379, 383, 389, 395, 400, 402, 440, 442, 499, 644, 669, 675, 676, 677, 678, 680, 681, 683-684, 685, 731, 732, 735, 736, 737-739, 800, 802, 803, 805-808, 871, 873, 874, 881, 892, 950, 951, 953, 975.

FRÉDÉRIC-GUILLAUME Ier, roi de Prusse, « le Roi-Sergent » : 252, 292, 301.

FRÉJUS (M. de), voir : FLEURY (André Hercule, cardinal de).

FRÉMONT DU MAZI (Pierre), président au parlement de Paris : 719.

FUENTÈS (Joaquin Atanasio Pignatelli de Aragon, comte de), ambassadeur d'Espagne : 917, 926.

G

GABRIEL (Ange Jacques), premier architecte du Roi : 219, 513-519, 523-525, 528, 531-535, 536, 540-542, 543, 544, 546-547, 548, 549-554, 556-559, 561.

GABRIEL (Jacques II), architecte : 549.

GABRIEL (Jacques V), architecte ordinaire, puis premier architecte du Roi : 94, 219, 241, 324-325, 515-516, 520, 530, 542-543, 544, 545, 546, 549, 600.

GALLOYS (abbé), mathématicien : 68.

INDEX

GARNIER (Gabriel), organiste de la chapelle du Roi : 94.
GARNIER D'ISLE (Jean Charles), architecte : 554.
GASCQ (Antoine Alexandre de), président à mortier au parlement de Bordeaux : 696, 697, 698.
GASTON III PHŒBUS, comte de Foix : 413.
GAUBERT (M. de), premier président du parlement de Pau : 826.
GAUDREAUX (Antoine Robert), ébéniste : 446, 513, 532, 534.
GAUMONT (Jean-Baptiste de), conseiller d'État, intendant des finances : 133, 455, 456.
GENTIL-BERNARD (Pierre Joseph BERNARD, dit), poète : 413.
GEOFFROY (Étienne François), chimiste : 90.
GEORGE Ier, électeur de Hanovre et roi d'Angleterre : 31, 249.
GEORGE II, électeur de Hanovre et roi d'Angleterre : 357, 359, 388, 644, 669, 676, 682, 732, 737, 804.
GEORGE III, électeur de Hanovre et roi d'Angleterre : 804, 805, 806.
GERMAIN (Les), orfèvres : 447, 514, 532, 564.
GERVAIS (Charles Hubert), maître de chapelle du Roi : 213.
GERVASY (M.), médecin inspecteur des hôpitaux militaires d'Alsace : 421.
GESVRES (François Joachim Bernard Potier, duc de), premier gentilhomme de la chambre, gouverneur de Paris : 713.
GESVRES (François Joachim Potier, duc de), premier gentilhomme de la chambre, gouverneur de Paris : 154.
GIGAULT DE BELLEFOND (Jacques Bonne), évêque de Bayonne, archevêque d'Arles, de Paris : 617.
GILBERT (Charles), maître à écrire du Roi : 25.
GILBERT DE VOISINS (Pierre), avocat général au parlement de Paris, conseiller d'État et au Conseil des dépêches : 612, 711, 727, 786, 833, 849, 854, 857, 866, 895.
GODET DES MARAIS (Paul), évêque de Chartres : 24.
GILLET DE LACAZE (M. de), premier président du parlement de Pau : 826.
GOBERT (Pierre), peintre : 153, 458, 468.
GODEHEU (M.), directeur de la Compagnie des Indes : 650.
GODIN (Louis), astronome : 348.
GOLDONI (Carlo) : 474.
GONDOUIN (Jacques), architecte : 561-562.
GONTAUT (Charles Antoine Armand, marquis, puis duc de), lieutenant général des armées : 484.
GONTIER DE BIRAN (Guillaume), maire et subdélégué de Bergerac : 762-764, 767-768.
GRAMMONT (marquis de), conseiller d'honneur au parlement de Besançon : 755.
GRAMONT (Béatrix de Choiseul-Stainville, duchesse de) : 750-752, 824, 888, 901.
GRAMONT (Louis, duc de) : 360, 386.
GRÉGOIRE VII (saint), pape : 278, 279.
GRIBEAUVAL (Jean-Baptiste VAQUETTE de), inspecteur général de l'artillerie : 881, 956.
GRIFFET (père Henry), s.j., prédicateur et historien : 626, 640.
GRIMALDI (Geronimo, marquis de), ambassadeur d'Espagne, puis secrétaire d'État : 804, 805, 870, 918, 923.
GRIMALDO (M. de), secrétaire d'État espagnol : 95.
GRISSAC (M. de), conseiller au parlement de Bordeaux : 697.
GROS DE BOZE (Claude), de

l'Académie des Inscriptions de Belles-Lettres : 344.
GUERCHY (Claude Louis François Régnier, comte de), ambassadeur en Angleterre : 877-879.
GUIBERT (M.), sculpteur : 525, 551, 553.
GUIBERT (Jacques Antoine Hyppolyte, comte de) : 977.
GUIGNARD DE SAINT-PRIEST (Jean Emmanuel de), intendant de Languedoc, conseiller d'État : 623.
GUIGNON (Jean Pierre), violoniste : 217, 478.
GUILLEMAIN (Louis Gabriel), violoniste : 217.
GUILLEMARD (François), ébéniste : 446.
GUSTAVE III, roi de Suède : 953, 975.

H

HAENDEL (Georges Frédéric) : 146, 360.
HAINAUT (Marguerite) : 505, 508, 843.
HALLENCOURT DE DROMESNIL (Charles François), évêque de Verdun : 623.
HALLEY (Edmund), astronome : 740.
HARCOURT (Henry d'Harcourt, marquis de Beuvron, puis duc d'), maréchal de France, conseiller au Conseil de Régence : 20, 130, 238.
HARCOURT (Anne Pierre d'Harcourt, comte de Beuvron, puis duc d'), lieutenant général des armées, lieutenant général en Normandie : 371, 382, 438, 795-796, 818, 825.
HARDION (Jacques), de l'Académie française, garde des livres du cabinet du Roi : 413, 414, 475.
HARDOUIN-MANSART (Jules), premier architecte de Louis XIV : 515, 517, 520, 523, 524, 548.
HAUGWITZ (Friedrich Wilhelm) : 644.
HAUSSY (Étienne Joseph d'Ysard de Villefort, marquis d'), gentilhomme de la manche : 53.
HAVRINCOURT (Louis de Cardevac, marquis d'), ambassadeur en Suède, en Hollande, conseiller d'État : 810.
HAWKE (Edward), amiral de la flotte britannique : 671.
HAZON (Michel Barthélemy), architecte : 557.
HÉBERT (C.J.) : 567.
HELVÉTIUS (Claude Adrien), idéologue : 778.
HELVÉTIUS (Jean Claude Adrien), premier médecin ordinaire du Roi : 419.
HÉNAULT (Charles Jean François), de l'Académie française, président au parlement de Paris, surintendant des finances de la Reine : 465.
HENRI II, roi de France : 16, 186, 187, 201, 203, 230, 542, 545, 735, 928.
HENRI III, roi d'Angleterre : 71.
HENRI III, roi de France : 126, 211, 256, 438, 596, 627, 666, 719, 742, 784, 834, 927.
HENRI IV, roi de France : 12, 14, 16, 256, 411, 447, 509, 596, 601, 779, 784, 913, 928.
HÉRAULT (René), lieutenant général de police de Paris, conseiller d'État : 270, 441.
HERMAND (Alexandre Robert d'), colonel d'infanterie et ingénieur des camps et armées du Roi : 77-78, 90, 101, 120-121.
HÉVIN (Prudent), chirurgien de la Dauphine : 712.
HOMBERG (Guillaume), premier médecin du Régent : 104.
HUESCAR (Fernando de Silva Alvarez de Toledo, duc d'), ambassadeur d'Espagne : 391.
HUXELLES (Nicolas du Blé, mar-

quis d'), maréchal de France, conseiller au Conseil de Régence, ministre d'État : 20, 152, 235.

I

IMPÉRATRICE-REINE (L'), voir : MARIE-THÉRÈSE.
INFANTE (Madame), voir : Madame Louise Elisabeth de France.
INFANTE-REINE (L'), voir : MARIE ANNE VICTOIRE.
INNOCENT III, pape : 279.
INNOCENT XIII, pape : 95, 273.
ISABELLE, infante de Parme : 472, 891.

J-K

JANSON (Toussaint de Forbin, cardinal de), évêque de Beauvais, grand aumônier de France : 21.
JARENTE DE LA BRUYÈRE (Louis Sextius de), évêque de Digne, d'Orléans, titulaire de la feuille des bénéfices : 617, 931, 932.
JEAN II LE BON, roi de France : 385.
JEAN V, roi de Portugal : 564.
JEAN-GASTON II, grand-duc de Toscane : 297.
JOLY DE FLEURY (Guillaume François), avocat général, procureur général du parlement de Paris : 34, 49, 286, 336, 337, 577, 583, 614, 629, 631, 652, 657.
JOLY DE FLEURY (Guillaume François Louis), avocat général, procureur général du parlement de Paris : 630, 631, 632, 633, 634, 635, 637.
JOLY DE FLEURY (Jean François), intendant de Bourgogne, conseiller d'État et au Conseil des Dépêches (849, 851, 854, 895.

JOLY DE FLEURY (Jean Omer), avocat général, président à mortier au parlement de Paris : 575, 784.
JOSEPH Ier, empereur : 15, 108.
JOSEPH Ier, roi de Portugal : 154, 564, 777, 778.
JOSEPH II, roi des Romains, puis empereur : 874, 891, 892, 951.
JOUBERT (Gilles), ébéniste : 532, 534.
JOUVENET (Jean), peintre : 94.
JULLIEN DE PRUNAY (Jean Louis), avocat au parlement de Paris : 284.
JUMONVILLE (M. de) : 649, 741.
JUSSIEU (Bernard de), botaniste : 422.
JUSSIEU (Joseph de), botaniste : 348, 422.
KAUNITZ-RITTBERG (Venceslas Antoine, comte, puis prince de), ambassadeur en France, puis chancelier de cour et d'État : 399, 412, 432, 496, 674, 675, 732, 733, 747, 804, 871, 873, 950, 951.
KIEN-LONG, empereur de Chine : 862.
KO [ou KAO] (Aloïs), prêtre catholique chinois : 861-863.

L

LA BAUNE (M. de) : 294.
LABÈQUE (M. de), président du présidial et subdélégué de Dax : 767.
LA BLETTERIE (abbé Jean Philippe René de) : 432.
LA BORDE (Jean Benjamin de), premier valet de chambre du Roi : 824.
LABORDE (Jean Joseph, marquis de), banquier de la cour : 752-753, 817, 915.
LA BOURDONNAYE (Louis François, marquis de), intendant de Rouen, conseiller d'État : 455.
LA CHALOTAIS (Louis René de

Caradeuc de), procureur général du parlement de Rennes : 571, 587, 788, 828-830, 831, 832, 837, 845, 850, 854-857, 867, 894, 897, 903, 905, 906, 907, 910, 911, 912, 915, 980, 981.

LA CHÉTARDIE (Joachim Jacques Trotti, marquis de), ambassadeur à Saint-Pétersbourg, à Turin : 308.

LA COLINIÈRE (M. de), conseiller au parlement de Rennes : 837.

LA CONDAMINE (Charles Marie de), astronome : 347-349, 417.

LA ENSENADA (Cenón de Somodevilla, marquis de), secrétaire d'État espagnol : 354.

LA FARE (marquis de), capitaine des gardes du Régent : 114.

LA FERTÉ (duchesse de) : 23, 48.

LAFERTÉ (sieur), relieur ordinaire du Roi : 216.

LA FEUILLADE (Louis d'Aubusson, duc de Roannez, dit le duc de), maréchal de France : 240.

LAFOSSE (Charles de), peintre : 94.

LA GALAIZIÈRE (M. de), voir : CHAUMONT DE LA GALAIZIÈRE.

LA GALISSONNIÈRE (Roland Michel Barin, marquis de), gouverneur du Canada, lieutenant général des armées navales : 648, 682-683.

LA GARAYE (Claude Toussaint, comte de) : 421, 423.

LA GASCHERIE (M. CHARETTE de), conseiller au parlement de Rennes : 837.

LA GRANDVILLE (M. de), voir : BIDÉ DE LA GRANDVILLE.

LA GUILLAUMIE (Pierre François de), conseiller au parlement de Paris : 719.

LA HAYE (Louis Béraud de), gentilhomme de la manche : 53.

LAHITE (M.), inspecteur général des ponts et chaussées : 324-325.

LA LANDE (Jeanne Françoise de Biaudos de Castéja, dame de), sous-gouvernante du Roi : 23.

LALANDE (Joseph Jérôme de), astronome : 417.

LALLEMANT DE LÉVIGNEN (Louis François), intendant d'Alençon : 271.

LA MARCK (Pierre Louis Engilbert, comte de), ambassadeur : 152.

LA MARTINIÈRE (Germain PICHAULT de), premier chirurgien du Roi : 332, 418, 419, 449, 561, 712, 713, 982, 983.

LAMBERT (Claude Guillaume), conseiller au parlement de Paris : 719.

LAMBERT (Philippe), avocat, « attaché à l'instruction » du Roi : 54, 158.

LA METTRIE (Julien de), écrivain : 440.

LA MINA (marquis de) : 366, 471.

LA MIRANDOLE (duc de) : 125.

LAMOIGNON DE BASVILLE (Nicolas de), conseiller d'État, intendant de Languedoc : 66.

LAMOIGNON DE BLANCMESNIL (Guillaume de), chancelier de France : 174, 448, 454, 568, 580, 593, 613-614, 632, 634, 636, 656, 659-660, 661, 687, 691, 726, 757, 758-760, 770, 779, 786, 797-798, 826, 829, 834-835, 849, 850, 863-865, 900.

LAMOIGNON DE COURSON (Urbain Guillaume de), intendant de Rouen, de Bordeaux, conseiller d'État, conseiller au Conseil royal des Finances : 318.

LAMOIGNON DE MALESHERBES (Chrétien Guillaume de), conseiller au parlement, premier président de la cour des aides de Paris, directeur de la librairie : 425, 572, 613, 662, 701, 772, 900, 931, 932, 971.

LA MOTHE-HOUDANCOURT (Charles, comte de) : 23.

LA MOTHE-HOUDANCOURT (Louis Charles, comte de), maréchal de France, chevalier d'honneur de la Reine : 465.

LANCRET (Nicolas), peintre : 529.

LANGLOIS (M.), « faiseur » d'instruments de mathématiques : 513.

LANGUET DE GERGY (Jean Joseph), évêque de Soissons, archevêque de Sens, conseiller d'État : 627.

LANSMARTRES (Jean Marie DAMBLARD DE), gentilhomme de la vènerie du Roi : 451-452, 843.

LANSMATE (M. de), voir : LANSMARTRES.

LA PEYRONIE (François GIGOT de), premier chirurgien du Roi : 93, 331-332, 369, 373, 376, 378, 409, 418, 419, 488, 601.

LA PORTE DU THEIL (Jean Gabriel de), premier commis des Affaires étrangères : 367, 369, 381, 399.

LA RÉALE (Anne Louise de), fille naturelle de Louis XV : 508.

LARGILLIÈRE (Nicolas de), directeur et chancelier de l'Académie royale de Peinture et de Sculpture : 14.

LA ROCHE-AYMON (Charles Antoine, cardinal de), évêque de Tarbes, archevêque de Toulouse, de Narbonne, de Reims, grand aumônier de France : 212, 822, 932, 987, 988.

LA ROCHEFOUCAULD (duc de) : 924.

LA ROCHEFOUDAULD (Alexandre, duc de), grand-maître de la garde-robe du Roi : 380.

LA ROCHEFOUCAULD (Dominique, cardinal de), archevêque d'Albi, de Rouen : 964.

LA ROCHEFOUCAULD (Frédéric Jérôme de Roye, cardinal de), archevêque de Bourges, grand aumônier de France : 617, 689, 708.

LA ROCHEPOT (Louis Le Goux de La Berchère de), conseiller d'État : 133.

LA ROZIÈRE (Louis François Carlet, marquis de), 877-878, 879.

LASSURANCE (Jean), architecte : 554, 556.

LA TAILLE (sieur), maître du jeu de paume de la Sphère : 65.

LA TOUR (Maurice Quentin de), pastelliste : 406.

LA TOURNELLE (Mme de), voir : CHÂTEAUROUX.

LAURAGUAIS (Diane Adélaïde de Nesle, duchesse de) : 370, 374-375, 490, 492.

LA VALETTE (père Antoine), s.j. : 781.

LA VALLIÈRE (Louise Françoise de La Baume Le Blanc, duchesse de Vaujours et de) : 19, 370.

L'AVERDY (Clément Charles François de), conseiller au parlement de Paris, contrôleur général des finances, ministre d'État : 411, 431, 609, 785, 788, 799, 816-818, 821, 822, 829, 831, 832, 834, 835, 845-848, 849, 850, 869, 898-900, 948.

LA VILLE (abbé Jean Ignace de), premier commis des Affaires étrangères : 923, 949.

LA VRILLIÈRE (Louis Phélypeaux, comte de SAINT-FLORENTIN, puis duc de), secrétaire d'État, ministre d'État : 200, 269, 270, 349, 378, 381, 384, 441, 448, 454, 469, 495, 613, 615, 624, 676, 697, 701, 722, 723, 744, 816, 825, 826, 828, 834, 837, 845, 846, 851, 865, 902, 912-913, 922, 924, 929, 940, 941, 949, 968.

LA VRILLIÈRE (Louis Phélypeaux, marquis de), secrétaire d'État : 21, 41, 51, 137, 141, 142, 237.

LAW (Jean), contrôleur général des finances : 80, 81, 82, 83, 142, 158, 166, 239, 243, 244,

245, 260, 316, 318, 335, 597, 605.
LAW DE LAURISTON (Jean), maréchal de camp : 650.
LAZUR (Louis Joseph), cuisinier-pâtissier, sommier d'échansonnerie-bouche : 528, 529.
LE BEL (Dominique Guillaume), premier valet de chambre du Roi : 449, 494, 501, 886, 887.
LE BERTHON (M.), premier président du parlement de Bordeaux : 587, 695, 697, 764.
LE BLANC (Claude), secrétaire d'État : 80, 114, 137, 161, 269, 270.
LE BLANC DE CASTILLON (M.), avocat général au parlement d'Aix : 587, 592.
LE BRET (Cardin François-Xavier), intendant de Bretagne : 831.
LE BRUN (Charles), premier peintre de Louis XIV : 521.
LEBRUN (Charles François), secrétaire du chancelier de Maupeou : 903, 929, 980.
LECLAIR (Jean-Marie), compositeur : 464.
LE COUTURIER (M.), premier commis des finances : 141.
LEDOUX (Claude Nicolas), architecte : 960.
LE DRAN (Nicolas Louis), premier commis des Affaires étrangères : 118.
LE DUC (abbé Benoît Louis), fils naturel de Louis XV : 508.
LEFRANC DE POMPIGNAN (Jean Jacques), premier président de la cour des aides de Montauban : 701-702.
LE GOUPIL (André), sculpteur : 519, 537.
LE LABOUREUR (Jean), historiographe : 577.
LEMOINE (Jean-Baptiste), sculpteur : 522.
LEMONNIER (Louis Guillaume), premier médecin ordinaire du Roi : 419, 422, 423, 982, 983.

LEMONNIER (Pierre Charles), astronome du Roi : 348, 416-417.
LE MOYNE (François), premier peintre du Roi : 219, 520-521.
LEMOYNE DE BELLISLE (M.), secrétaire des commandements du duc d'Orléans : 963.
LE NAIN (Jean), intendant de Poitiers, de Languedoc : 623.
LENOIR (Alexandre) : 993.
LE NOIR (Jean Charles Pierre), maître des requêtes : 846, 848, 849, 855, 856, 912.
LE NORMANT D'ÉTIOLLES (Charles Guillaume) : 493-495.
LENORMANT DE TOURNEHEM (Charles François Paul), fermier général, directeur général des bâtiments du Roi : 218, 493, 495, 515, 556, 557.
LE NÔTRE (André) : 521.
LÉOPOLD Ier, duc de Lorraine : 15, 61, 293.
LE PAIGE (Louis Adrien), avocat au parlement de Paris, bailli du Temple : 573, 574, 575, 578, 581, 606, 630, 631, 685, 691, 692, 693, 696, 721, 741, 754, 775-780, 782, 786, 787, 789, 895, 902, 931, 932, 935, 962, 963, 965, 966, 968.
LE PELETIER (Louis), premier président du parlement de Paris : 339, 340.
LE PELETIER DES FORTS (Michel Robert), conseiller d'État contrôleur général des finances, ministre d'État : 161, 243, 269, 270, 312, 318-319.
LE PELETIER DE SAINT-FARGEAU (Michel Étienne), avocat général, puis président à mortier au parlement de Paris : 783, 894.
LE PELLETIER DE LA HOUSSAYE (Félix Claude), intendant des finances, conseiller d'État : 312.
LE ROY (Julien et Pierre), horlogers : 424.
LESCALOPIER (Gaspard César

INDEX

Charles), intendant de Montauban, de Tours, conseiller d'État : 701-703, 768.
LE SENS DE FOLLEVILLE (M.), procureur général du parlement de Rouen : 587.
LE TELLIER (Michel), secrétaire d'État, ministre d'État, chancelier de France : 597.
LETELLIER (père Michel TELLIER ou), s.j., confesseur de Louis XIV : 29, 53.
L'HÔPITAL (Paul François de Galucci, marquis de), ambassadeur en Russie : 730.
LIANCOURT (François Alexandre Frédéric de la Rochefoucauld, duc de), grand maître de la garde-robe du Roi : 960, 984, 987, 989-990.
LICHTENSTEIN (prince de), ambassadeur impérial : 302.
LIGNE (Charles Joseph, prince de) : 887.
LIGONIER (comte), général anglais : 398.
LINIÈRES (père de), voir : TASCHEREAU DE LINIÈRES.
LINNÉ (Carl von), naturaliste : 422, 423.
LIONCI ET GOUFFRE (Mrs), négociants marseillais : 781-783.
LIRIA (duc de) : 125.
LIVRY (Louis Sanguin, marquis de), premier maître d'hôtel du Roi : 57.
LOMÉNIE DE BRIENNE (Étienne Charles de), évêque de Condom, archevêque de Toulouse, de Sens : 822.
LONGUERUE (abbé Louis Dufour de) : 73, 74, 75, 90.
LORRAINE (ducs et duchesse de), voir : François III, Élisabeth-Charlotte, Léopold Ier.
LORRAINE (Charles de), grand écuyer de France : 40, 65.
LORRAINE (Charles Alexandre, prince de) : 294, 359, 370, 371, 372, 378, 389, 396, 736, 739.
LORRAINE-ARMAGNAC (François de), évêque de Bayeux : 273.
LORRY (Anne Charles), médecin : 983.
LOSS (comte), ministre de Saxe à la cour de France : 480, 481.
LOTHAIRE : 576.
LOUIS DE FRANCE, dauphin, « Le Grand Dauphin », dit *Monseigneur* : 11-15, 26, 44, 67, 75, 920.
LOUIS DE FRANCE, dauphin, fils de Louis XV : 289, 308, 366, 376-377, 379, 382, 383, 385, 386-387, 392, 395, 396-397, 425, 430, 433, 460-461, 466, 467-468, 471, 472, 476, 477-483, 491, 496, 523, 537-538, 541, 600, 606, 615, 626, 656, 711, 712, 716, 717, 725, 742, 778, 780, 784, 786, 810, 838-841, 843, 844, 849, 867, 885-886, 889, 892, 920, 940, 989.
LOUIS Ier, prince des Asturies, puis roi d'Espagne : 95-97, 151, 251.
LOUIS IX (Saint), roi de France : 16, 69-72, 89, 401, 574, 840.
LOUIS XII, roi de France : 689.
LOUIS XIII : 14, 16, 18, 47, 72, 93, 165, 166, 293, 407, 426, 453, 545, 574, 596, 928.
LOUIS XVI (Louis de France, duc de Berry, puis dauphin, puis roi de France) : 183, 482, 509, 524, 525, 546, 603, 613, 840, 841, 857, 891, 892, 910, 911, 912, 919-920, 933, 945, 958, 984, 987, 988.
LOUIS LE GERMANIQUE : 576.
LOUIS LE PIEUX, empereur : 576.
LOUIS (Antoine), secrétaire perpétuel de l'Académie de Chirurgie : 425.
LOUISE MARIE ÉLISABETH D'ORLÉANS, « Mademoiselle de Montpensier », reine douairière d'Espagne : 96-99, 151.
LOUVOIS (François Michel LE TELLIER, marquis de), secré-

taire d'état, ministre d'État : 597.

LOWENDAHL (Waldemar, comte), maréchal de France : 387, 388, 399, 736.

LOYS (Nicolas), greffier en chef de la cour des comptes, aides et finances de Dole : 733, 759, 760.

LULLY (Jean-Baptiste), surintendant de la musique du Roi : 94-95, 132, 464, 602.

LUTHER (Martin) : 434, 664.

LUYNES (Charles Philippe d'Albert, duc de) : 211, 307, 357, 405, 408, 409, 410, 411, 412, 414, 424, 426, 428, 430, 431, 432, 435, 438, 443, 445, 451, 454, 460, 461, 463, 470, 475, 476, 488, 492, 496, 516, 545, 600, 616, 639, 640, 681, 714, 715.

LUYNES (Marie Brulart, duchesse de), dame d'honneur de la Reine : 224, 461, 465, 469.

LUYNES (Paul d'Albert de Luynes, cardinal de), évêque de Bayeux, archevêque de Sens : 465, 639, 708, 839, 840.

LYONNE (Hugues de), secrétaire d'État, ministre d'État : 597.

M

MABOUL (Louis François), maître des requêtes : 344.

MAC CARTHY (mère), religieuse à Fontevrault : 470.

MACHAULT D'ARNOUVILLE (Jean-Baptiste de), contrôleur général des finances, ministre d'État, garde des sceaux de France, secrétaire d'État : 178, 337, 340, 349, 368, 390, 415, 451, 453, 454, 456, 613-615, 617-627, 629, 634, 639, 651, 656, 660, 662, 663, 667, 676, 684, 703, 704, 710, 713, 722-724, 732, 733, 741, 743, 744, 794, 859.

MACQUER (Pierre Joseph), chimiste : 421.

MADAME ADÉLAÏDE de France, fille de Louis XV : 467, 468, 469, 473, 474, 475, 477, 538, 539, 704, 840, 889, 891, 982, 986, 989.

MADAME ÉLISABETH de France, duchesse de Parme, fille de Louis XV (Madame Première, Madame Infante) : 299, 315, 382, 401, 451, 470-473, 477, 497, 723, 839, 891.

MADAME FÉLICITÉ de France, fille de Louis XV : 467, 468, 469, 486.

MADAME HENRIETTE de France, fille de Louis XV : 467, 470, 472, 473, 474, 475, 476-477, 481, 482, 538, 655, 888.

MADAME LOUISE de France, fille de Louis XV : 467, 468, 469, 470, 474, 477, 486, 889-891, 892, 894, 984, 992.

MADAME SOPHIE de France, fille de Louis XV : 467, 468, 469, 470, 474, 477, 486.

MADAME VICTOIRE de France, fille de Louis XV : 467, 468, 470, 485, 539, 712, 823, 932.

MADIN (abbé Henry), maître de chapelle du Roi : 213.

MAGNY (sieur), mécanicien et opticien : 424.

MAHÉ DE LA BOURDONNAIS (Bertrand François), gouverneur des îles de France et de Bourbon : 847.

MAILLEBOIS (Jean-Baptiste François Desmaretz, marquis de), maréchal de France : 88, 357, 396.

MAILLEBOIS (Marie Yves Desmaretz, comte de), lieutenant général des armées : 960.

MAILLY (François, cardinal de), archevêque d'Arles, de Reims : 98.

MAILLY (Louise Julie de Nesle, comtesse de) : 408, 426, 428,

485-490, 495, 513, 529, 550, 600, 641.
MAINE (Anne Louise Bénédicte de Bourbon-Condé, duchesse du) : 19, 82, 83, 250.
MAINE (Louis Auguste de Bourbon, duc du) : surintendant de l'éducation du Roi : 19, 20, 23, 29, 30, 35-37, 39, 45, 53, 80, 81, 82, 143, 843.
MAINE DE BIRAN (François Pierre) : 762.
MAINTENON (Françoise d'Aubigné, marquise de) : 11, 13, 16, 19, 20, 24-27, 30, 43, 46, 51, 60, 109, 356, 507, 540, 558, 596.
MALARTIC (Amable Gabriel Louis François de Maurès de), premier président de la cour des aides de Montauban : 724.
MALEBRANCHE (père Nicolas de), métaphysicien : 464.
MALESHERBES (M. de), voir : LAMOIGNON DE MALESHERBES.
MALISSET (Pierre Simon) : p. 609, 869.
MANIBAN (Joseph Gaspard, marquis de), premier président du parlement de Toulouse : 571.
MANSART DE SAGONNE (Jacques HARDOUIN-), architecte : 562.
MARAIS (Marin), joueur de viole et compositeur : 94.
MARAIS (Mathieu), avocat : 24, 105, 108, 148, 149, 155, 163, 164, 165, 172.
MARALDI Ier (Giacomo Felippo), astronome, premier géographe du Roi : 90, 92, 101, 132, 149, 415.
MARALDI II (Giovani Domenico), astronome : 323-324.
MARBEUF (abbé René Auguste de), lecteur du Dauphin, conseiller d'État : 478.
MARCHAND (Louis), organiste de la chapelle du Roi : 213
MARCHE (Louis François Joseph de Bourbon-Conty, comte de la) : 932, 933, 961, 971.
MARCOT (Eustache), premier médecin ordinaire du Roi : 373, 419.
MARESCHAL (Georges), premier chirurgien du Roi : 93, 149, 331, 418.
MARESCHAL-PAISIBLE (Pierre), maître de guitare de Mesdames de France : 475.
MARIE DE MÉDICIS, reine de France : 165.
MARIE-ADÉLAÏDE de Savoie, duchesse de Bourgogne, puis dauphine de France : 12-18, 22, 24, 44, 45, 51, 93, 362, 412, 458, 537.
MARIE-AMÉLIE de Lorraine-Habsbourg, archiduchesse d'Autriche, duchesse de Parme : 892.
MARIE-ANNE de Bavière, dauphine de France : 11, 12, 47, 426, 537.
MARIE ANNE VICTOIRE, infante d'Espagne, « l'Infante-Reine » : 96, 99-101, 105, 111, 131, 149-151, 153-154, 252, 457.
MARIE-ANTOINETTE de Lorraine-Habsbourg, archiduchesse d'Autriche, dauphine, puis reine de France : 525, 891, 892, 893, 958, 959, 984.
MARIE-ÉLISABETH de Lorraine-Habsbourg-archiduchesse d'Autriche : 893-894.
MARIE-JOSÈPHE de Saxe, dauphine de France : 396-397, 476, 477-483, 541, 640, 647, 731, 808, 823, 838, 840, 885-886, 889, 890, 891, 895.
MARIE LESZCZYNSKA, reine de France : 153-160, 197, 308, 330, 367, 377-378, 379, 457-467, 475, 476, 483, 485, 486, 488, 491-492, 497, 530, 537, 541, 606, 640, 784, 823, 824, 844, 875, 886, 887, 889.
MARIE-THÉRÈSE, infante d'Espagne, dauphine de France : 367, 376, 383, 384, 479-480.
MARIE-THÉRÈSE D'AUTRICHE,

reine de France : 11, 44, 99, 463, 464, 537.

MARIE-THÉRÈSE DE HABSBOURG, archiduchesse d'Autriche, reine de Bohême et de Hongrie, impératrice, « l'Impératrice-Reine » : 252, 293, 295, 301-307, 357, 362, 363, 365, 366, 383, 389, 392, 393, 395, 396, 399, 400, 403, 566, 644, 669, 672-681, 683-685, 688, 698, 714, 732, 734, 735, 737, 752, 801, 804, 806, 808, 871, 872, 892, 951, 957-959, 975, 977, 981.

MARIGNY (Abel Poisson, marquis de Vandières, puis de), directeur général des Bâtiments du Roi, conseiller d'État : 218, 515, 524, 555, 557, 560.

MARTIN [DES BATAILLES] (Jean-Baptiste), peintre des conquêtes du Roi : 86.

MASSIAC (Claude Louis d'Espinchal, marquis de), secrétaire d'État, vice-amiral : 744, 746.

MASSILLON (Jean-Baptiste), évêque de Clermont-Ferrand : 78, 274.

MATHIEU (Julien Aimable), maître de chapelle du Roi : 213.

MATHO (Jean-Baptiste), maître de musique du Roi : 93.

MAUBOIS (Jacques), tourneur du Roi : 91.

MAUBOIS (Jeanne), tourneuse du Roi : 91, 107.

MAUDOUX (abbé Louis Nicolas), confesseur du Roi : 212, 825, 840, 843, 886, 984, 987, 988, 989, 991, 992.

MAULÉVRIER-LANGERON (abbé Charles Andrault de), aumônier du Roi : 57.

MAULÉVRIER-LANGERON (marquis de), ambassadeur de France en Espagne : 95.

MAULTROT (Gabriel Nicolas), avocat : 572.

MAUPEOU (René Charles de), premier président du parlement de Paris, vice-chancelier de France : 612, 630, 631, 632, 633, 634, 635, 636, 637, 660, 663, 708, 717, 726, 798, 816, 829, 835, 851, 856, 864, 900-901.

MAUPEOU (René Nicolas, Charles Augustin de), chancelier de France : 186, 451, 798, 851, 900-902, 903, 904, 909, 911-916, 917, 918-921, 922, 926, 927, 928-940, 941, 942, 955, 957-974, 980.

MAUPERTUIS (Pierre Louis MOREAU de), mathématicien : 347-348, 440, 740.

MAUREPAS (Jean Frédéric Phélypeaux, comte de), secrétaire d'État, ministre d'État : 137, 140, 269, 270, 282, 283, 303, 308, 327, 331, 344, 347, 348, 349, 355, 365, 367, 378, 390, 441, 451, 492, 602, 613, 626.

MAXIMILIEN JOSEPH, électeur de Bavière : 383.

MAYNON D'INVAULT (Étienne), intendant d'Amiens, conseiller d'État, contrôleur général des finances, ministre d'État : 900, 904, 943.

MAZARIN (Jules, cardinal), principal ministre de l'État : 141, 185, 207, 268, 570, 677, 769.

MAZIN (Antoine), directeur de la galerie des plans en relief : 48, 120.

MÉGRET D'ÉTIGNY (Antoine), intendant d'Auch et de Béarn : 767, 826-827.

MEHEMET EFFENDI : 84-87, 91, 105.

MEISSONIER (Juste Aurèle), dessinateur de la chambre et du cabinet du Roi : 216, 519.

MERCIER (Marie-Madeleine Bocquet, femme de Simon), nourrice du Roi, puis première femme de chambre de la Reine : 23, 139, 158.

MERCY-ARGENTEAU (Florimond Claude, comte de), ambassadeur impérial : 893, 942, 977.

MÉROVÉE : 573, 575.
MESMES (Jean Antoine de), premier président du parlement de Paris : 32, 34, 38, 41, 135.
MESSIER (Charles), astronome : 418.
MEUSE (Henry Louis de Choiseul, marquis de) : 386, 421.
MEY (abbé Claude), avocat : 572.
MEYNIER (M.), hydrographe du Roi : 149.
MICHAU DE MONTBLIN (Hippolyte Louis Marie), conseiller au parlement de Paris : 895, 970.
MIGNARD (Pierre), peintre : 538.
MIRABEAU (Honoré Gabriel Victor Riqueti, comte de) : 922, 928.
MIRABEAU (Victor Riqueti, marquis de) : 567.
MIREPOIX (Anne Marguerite Gabrielle de Beauvau-Craon, maréchale duchesse de) : 960.
MIREPOIX (Pierre Louis de Lévis, marquis, puis duc de), ambassadeur en Angleterre, maréchal de France : 649.
MIROMESNIL (Armand Thomas HUE de), premier président du parlement de Rouen : 586, 588, 608, 727, 758, 761, 787, 790, 817, 818.
MODÈNE (François Charles de Raimond, chevalier, puis comte de), ministre plénipotentiaire en Suède : 952, 953.
MOLÉ (Mathieu François), président à mortier, puis premier président du parlement de Paris : 725, 726, 776, 782, 798.
MOLIÈRE (Jean-Baptiste Poquelin, dit) : 94, 157.
MONCRIF (François Auguste PARADIS de) : 465, 887.
MONDONVILLE (Jean Joseph CASSANEA de), maître de chapelle du Roi : 213.
MONET (général Jean Antoine) : 881, 978.
MONGE (Gaspard), mathématicien : 858.

MONGLAS (Jean), copiste de l'éducation du Roi, puis secrétaire du cardinal de Fleury : 69.
MONTAUSIER (Charles de Sainte-Maure, duc de), gouverneur du Dauphin : 26.
MONTCALM (Louis Joseph, marquis de), lieutenant général des armées : 737.
MONTESPAN (Françoise Athénaïs de Mortemart, marquise de) : 19, 370, 538.
MONTESQUIEU (Charles de Secondat, baron de La Brède et de) : 231, 567, 573, 574, 578, 579, 581, 591, 692, 696, 962-963.
MONTESSON (Charlotte Jeanne Béraud de La Haye de Riou, marquise de) : 971.
MONTEYNARD (Louis François, marquis de), lieutenant général des armées, secrétaire d'État : 941, 955-957, 968, 977, 979, 980.
MONTHYON (Antoine Jean-Baptiste Robert Auget de), maître des requêtes : 455, 764.
MONTMORENCY (princesse de) : 960.
MONTREUIL (Agnès Louise de), fille naturelle de Louis XV : 508.
MONTREUIL (M. PICQUET de) conseiller au parlement de Rennes : 837.
MOREAU (Jacob Nicolas), avocat des finances, historiographe de France : 859-861, 990.
MOREAU DE BEAUMONT (Jean Louis), intendant de Poitiers, de Franche-Comté, de Flandre, des finances, conseiller d'État : 615, 745.
MOREAU DE SÉCHELLES (Jean), intendant de Flandre, contrôleur général des finances, ministre d'État : 384, 415, 676, 678, 703, 704.
MORPHISE (Marie Louise O'Murphy, dite) : 504-505, 508, 509, 662, 843.

MORTEMART (Louis de Rochechouart, duc de), premier gentilhomme de la chambre du Roi : 54, 57.
MORVILLE (M. de), voir : FLEURIAU DE MORVILLE.
MOYSAN (Louise Urbine Robin, dame HERBERT de) : 630-633, 636.
MOZART (Léopold), p. 822-823.
MOZART (Maria Anna Walburga Ignatia, dite « Nannerl ») : 822-823.
MOZART (Wolfgang Amadeus) : 822-823.
MURARD (Alexandre François de), conseiller, puis président au parlement de Paris : 693, 776.

N

NANGIS (Louis Armand de Brichanteau, marquis de), chevalier d'honneur de la Reine, maréchal de France : 158, 465.
NAPOLÉON Ier : 387, 549, 883.
NARBONNE (Pierre), commissaire de police de Versailles : 485, 486.
NATOIRE (Charles Joseph), peintre : 537.
NATTIER (Jean-Marc), peintre : 469, 551.
NÉROT (Claude), garde général des meubles de la couronne : 216.
NEWCASTLE (duc de) : 649.
NEWTON (Isaac) : 347-348, 740.
NICOLAŸ (Aymar Chrétien de), évêque de Verdun : 626.
NICOLAŸ (Aymard Jean de), premier président de la chambre des comptes de Paris : 632, 635.
NIQUET (Antoine Joseph), président à mortier au parlement de Toulouse : 504, 571.
NIQUET (Jeanne Marguerite) : 504.
NIVERNAIS (Louis Jules Barbon Mancini-Mazarin, prince de Vergagna, duc de), ambassadeur à Rome, en Prusse : 677, 807, 811.
NOAILLES (Adrien Maurice, duc de), président du Conseil de Finance, conseiller au Conseil de Régence, maréchal de France, ministre d'État : 31, 49, 57, 86, 145, 156, 166, 235, 238, 247, 316, 341, 353, 355-361, 363-364, 367, 369-371, 372, 373, 378-380, 382, 383, 386, 391, 392, 402, 427, 430, 431, 433, 435-437, 449, 450, 452, 615, 645, 656, 670, 678.
NOAILLES (Louis de Noailles, duc d'Ayen, puis de Noailles), capitaine des gardes : 356, 385, 422, 712.
NOAILLES (Louis Antoine, cardinal de), évêque de Cahors, de Châlons-sur-Marne, archevêque de Paris : 87, 101, 102, 113, 145, 237, 256, 259, 261, 272-273, 276, 278, 652.
NOÉ (Madeleine Elisabeth Flavie Cohorn de La Palun, vicomtesse de) : 502.
NOËL (Dom), o.s.b., astronome : 551.
NOLLET (abbé Jean Antoine), physicien : 417, 479, 858.

O

ŒBEN (Jean François), ébéniste : 534.
OGIER (Jean François), président au parlement de Paris, ambassadeur au Danemark, conseiller d'État : 897-898, 902.
OLLIVIER (Philibert), garde général des meubles de la couronne : 216.
ONS-EN-BRAY (Louis Léon PAJOT, comte d'), membre de l'Académie des Sciences : 76, 90, 91, 104.
OPPENORD (Gilles Marie), architecte du Régent : 124.

ORCEAU DE FONTETTE (François Jean), intendant de Caen : 768-769, 947.
ORLÉANS (Augusta Marie Jeanne de Bade, duchesse d') : 151, 163.
ORLÉANS (Elisabeth Charlotte de Bavière, princesse palatine, duchesse d'), *Madame* : 18, 19, 23, 26, 27, 44, 45, 60, 61, 82, 101, 102-103, 105-106, 108, 125, 126, 132, 135, 262.
ORLÉANS (Françoise Marie de Bourbon, légitimée de France, *Mademoiselle de Blois*, duchesse de Chartres, puis d') : 19, 44, 45, 163.
ORLÉANS (Henriette Anne d'Angleterre, duchesse d') : 12.
ORLÉANS (Louis, duc de Chartres, puis d'), ministre d'État : 45, 100, 104, 124, 140, 150, 155, 240, 355, 471.
ORLÉANS (Louis Philippe d'Orléans, duc de Chartres, puis d') : 380, 473, 692, 693, 694, 819, 914, 931, 961, 970-971.
ORLÉANS (Philippe de France, duc d'), *Monsieur*, frère de Louis XIV : 12, 18.
ORLÉANS (Philippe de France, duc de Chartres, puis d'), régent de France : 18, 19, 20, 29, 30-141, 142, 145, 150, 155, 163, 164, 165, 178, 183, 185, 191, 229, 235-241, 243, 244, 247, 254, 259, 263, 264, 265, 266, 287, 288, 324, 330, 331, 346, 347, 369, 414, 418, 429, 473, 588, 597, 931.
ORMESSON (Henry François-de-Paule LEFÈVRE d'), intendant des finances, conseiller d'État, conseiller au Conseil royal des Finances : 119, 188, 198, 312, 324-326, 453, 455, 612, 615, 627, 662.
ORMESSON (Louis François-de-Paule LEFÈVRE d') président à mortier au parlement de Paris : 725, 833-834, 965-966.
ORMESSON (Marie François-de-Paule LEFÈVRE, marquis d'), intendant des finances, conseiller d'État : 312, 337, 456, 615, 745, 813, 868-869, 899, 966, 968.
ORRY (Philibert), intendant de Soissons, de Roussillon, de Flandre, contrôleur général des finances, ministre d'État, directeur général des Bâtiments du Roi : 218, 270, 312, 313-325, 342, 349, 355, 361, 378, 380, 384, 389-390, 450, 515, 614, 617, 769, 859, 865.
ORRY DE FULVY (Jean Henry Louis), intendant des finances : 312, 565.
OSSUN (Pierre Paul, marquis d'), ambassadeur à Naples, en Espagne : 875, 917, 923.
OUDRY (Jean-Baptiste), peintre, directeur de la manufacture de tapisserie de Beauvais : 149-150, 407, 528, 551.
OUTHIER (abbé Réginald), astronome : 348.

P

PAJOU (Augustin), sculpteur : 525.
PAOLI (Pascal) : 875.
PAPILLON DE LA FERTÉ (M.), intendant des Menus-Plaisirs : 525.
PÂRIS DE MONTMARTEL (Jean), garde du Trésor royal : 493, 753.
PARIS DE SOULANGES (mère), religieuse à Fontevrault, puis abbesse de Royal-Lieu : 470.
PÂRIS-DUVERNEY (Joseph), financier : 151, 243, 247, 559, 736.
PARROCEL (Charles), de l'Académie royale de Peinture et de Sculpture : 86, 148, 529.

PASSEMANT (Claude Siméon), ingénieur, horloger et opticien : 424, 533, 551.
PATER (Jean-Baptiste), peintre : 529.
PAULMY (Antoine René de Voyer d'Argenson, marquis de), secrétaire d'État, ministre d'État, ambassadeur : 723, 724, 743, 744.
PECQUET (Antoine), premier commis des Affaires étrangères : 152.
PENTHIÈVRE (Louis Jean Marie de Bourbon, duc de), amiral de France, grand veneur : 453, 500, 538, 553, 970.
PÉPIN LE BREF : 575.
PERGOLÈSE (Jean-Baptiste) : 661.
PÉRIGORD (Gabriel Marie de Talleyrand, comte de) : 936.
PEROT (abbé Robert), chanoine de Chartres, instituteur du Dauphin, puis du Roi : 24, 25, 27, 48, 51, 67, 73, 75, 101, 412-413.
PERRENEY DE GROSBOIS (Jean Claude Nicolas), premier président du parlement de Besançon : 587.
PERRONET (Rodolphe), premier ingénieur des ponts et chaussées : 326-327, 858.
PÉRUSSEAU (père Sylvain), s.j., confesseur du Roi : 212, 369, 375, 476, 490, 501.
PETRICINI (abbé Michel Ange), maître d'italien du Roi : 72.
PEYRE (Marie Joseph), architecte : 561.
PEYRENC DE MORAS (François Marie), intendant d'Auvergne, de Hainaut, des finances, contrôleur général des finances, ministre d'État, secrétaire d'État : 704, 724, 725, 744.
PEYROTTE (Alexis), peintre : 541, 551.
PEZÉ (Hubert de Courtavel, chevalier, puis marquis de), gentilhomme de la manche : 53, 65, 107-108, 121, 484.

PHILIPPE II, roi d'Espagne : 302.
PHILIPPE II AUGUSTE, roi de France : 574.
PHILIPPE IV LE BEL, roi de France : 574.
PHILIPPE V, duc d'Anjou, puis roi d'Espagne : 11, 12, 18, 31, 45, 53, 67, 68, 82, 84, 95, 99, 151, 152, 154, 248-251, 253, 288, 291, 299, 304, 308, 355, 357, 363, 365, 391, 392, 393, 400, 426, 470.
PHILIPPE (Don), infant d'Espagne, duc de Parme, gendre de Louis XV : 299, 315, 363, 389, 390, 400, 470-473, 674, 823, 835, 839.
PIERRE Ier, « le Grand », czar de Russie : 59-60, 86, 155, 253.
PIERRE III, czar de Russie : 806.
PIERRE (Jean-Baptiste Marie), premier peintre du Roi : 219, 541.
PIGALLE (Jean-Baptiste), sculpteur : 557.
PINGRÉ (abbé Alexandre Guy), astronome 551.
PITT (William), comte Chatam : 683, 685, 739, 793, 800, 802, 803, 804, 805, 806.
POISSON (François) : 493.
POISSON (Louise de La Motte, épouse de François) : 493, 494.
POISSONNIER-DESPERIÈRES (Antoine Marie), médecin de quartier du Roi : 420.
POLASTRON (Jean-Baptiste, comte de), lieutenant général des armées, sous-gouverneur du Dauphin : 478.
POLINIÈRE (docteur), physicien : 101, 104.
POMBAL (Sébastien Joseph de Carvalho e Mello, comte d'Oeyras, marquis de) : 778.
POMPADOUR (Jeanne Antoinette Poisson, dame Le Normant d'Etiolles, puis marquise de) : 390, 416, 428, 472, 483, 484, 493-510, 523, 531, 537, 538, 539, 550, 551-553, 558, 559,

565, 566, 603-604, 607, 612, 613, 614, 615, 616, 627, 641, 656, 662, 672, 673, 675, 685, 706, 710, 715, 716, 722, 723, 725, 728, 730, 732, 739, 743, 744, 746-749, 750, 752, 753, 780, 791, 798, 810, 812, 823-824, 828, 848, 867, 885, 886, 888, 906, 942, 959, 961.
PONTCALLEC (M. de) : 83.
PONTCHARTRAIN (Louis Phélypeaux, comte de), chancelier de France : 48, 195, 344, 346, 347.
PORET DE BOISEMONT (Bénigne Étienne), procureur général de la cour des comptes, aides et finances de Rouen : 587, 769-771.
PORTAIL (Antoine), premier président du parlement de Paris : 283.
POTAIN (Nicolas Marie), architecte : 523, 524.
POTHOUIN (Pierre Salomon), avocat au parlement de Paris : 693.
PRASLIN (César Gabriel de Choiseul-Chevigny, comte de Choiseul, puis duc de), ambassadeur, ministre d'État, secrétaire d'État : 745, 752, 786, 816, 832, 835, 849, 865, 870, 873, 875, 879, 880-884, 912, 924, 932, 940.
PRÉTENDANT (Le), voir : STUART.
PRIE (Agnès Berthelot de Pléneuf, marquise de) : 143, 153, 160, 597.
PRIE (Louis, marquis de) : 23.
PROVENCE (Louis Stanislas Xavier, comte de) [Louis XVIII] : 482, 549, 933, 958, 961.
PROVENCE (Marie Joséphine Louise de Savoie, comtesse de) : 958.
PUCELLE (abbé René), conseiller au parlement de Paris : 279, 280, 285, 590, 599.
PUISIEULX (Louis Philogène Brûlart, marquis de), ambassadeur, conseiller d'État, secrétaire d'État, ministre d'État : 397, 399, 613, 615, 643, 645, 678, 744.
PUYSÉGUR (Jacques François de Chastenet, marquis de), maréchal de France : 101, 121.

Q-R

QUESNAY (François), premier médecin ordinaire du Roi : 419, 422, 567, 828, 829, 847, 848, 850, 857, 867-868.
QUESNEL (père Pasquier), oratorien : 255, 257, 273.
RAGUET (abbé Gilles Bernard) : 90.
RAIGECOURT (abbé de), aumônier de quartier du Roi : 712.
RAMEAU (Jean-Philippe) : 425, 464.
RANDAN (Guy Michel de Durfort de Lorges, duc de), lieutenant général en Franche-Comté : 755.
RANDON DE POMMERY (Pierre), garde général des meubles de la couronne : 216.
RAUDIN (Jean François), subdélégué général de l'intendance de Bretagne : 836, 902.
RAVAILLAC (François), régicide : 603, 718.
REBEL (François), surintendant de la musique du Roi : 216.
RÉGENT (Le), voir : ORLÉANS.
RENOU DE CHAUVIGNÉ-JAILLOT (Jean-Baptiste Michel), géographe ordinaire du Roi : 415.
RICCI (père), supérieur général de la Société de Jésus : 785.
RICHARD (Antoine), jardinier : 422.
RICHARD DE HAUTESIERK (M.), inspecteur général des hôpitaux militaires : 421.
RICHELIEU (Armand du Plessis, cardinal de), principal ministre de l'État : 16, 118, 268, 269, 303, 453, 573, 596, 681, 928.

Richelieu (Louis François Armand du Plessis, duc de), maréchal de France, premier gentilhomme de la chambre : 374, 386, 433, 455, 490, 501, 623, 627, 672, 682-683, 736-737, 739, 764, 768, 800, 828, 886, 887, 932, 937, 960, 984, 985.

Richer (Edmond), syndic de la faculté de théologie de Paris : 257.

Richer d'Aube (François), intendant de Caen, de Soissons : 271.

Riesener (Jean Henri), ébéniste : 534.

Rigaud (Hyacinthe), recteur et directeur de l'Académie royale de Peinture et de Sculpture : 42, 61, 406.

Ripert de Monclar (Jean Pierre François), procureur général du parlement d'Aix : 571, 587, 593-594, 752, 789, 828, 829, 904, 937.

Riquet de Bonrepos (Jean Gabriel), procureur général du parlement de Toulouse : 571, 587.

Robert (Mlle) : 505.

Robert Ier, roi de France : 574.

Robert de Vaugondy (Gilles), géographe ordinaire du Roi : 415.

Rochechouart (Jean Louis Roger, marquis de) : 936.

Rochechouart (Mme de) abbesse de Fontevrault : 470.

Roëttiers (Jacques), orfèvre : 532, 564.

Rohan (prince de), gouverneur de Champagne : 115, 124.

Rohan (Armand Gaston Maximilien, cardinal de), évêque de Strasbourg, grand aumônier de France : 79, 100, 112, 130, 155, 156, 212, 275, 471, 487, 617.

Rohan (Louis Constantin, cardinal de), évêque de Strasbourg : 866.

Rohan-Guémené (Armand Jules de), archevêque de Reims : 125.

Rohan-Guémené (Louis René Édouard, prince de), évêque coadjuteur de Strasbourg, ambassadeur à Vienne : 981.

Rolland de Challerange (Jean François Claude), conseiller au parlement à Paris : 719.

Romanet (Mlle de), voir : Choiseul-Beaupré.

Romans (Anne Couppicr, dite Mlle de) : 505, 506, 507, 824, 832, 843-844, 846-847, 886.

Rondé (Claude), joaillier du Roi : 123.

Roquelaure (Jean Armand de Bessuéjouls de), évêque de Senlis, premier aumônier du Roi, conseiller d'État : 991, 992.

Rouillé (Antoine Louis), intendant du commerce, secrétaire d'État, ministre d'État : 344, 613, 615, 658, 663, 676, 677, 679, 680, 707, 729, 730, 731, 744.

Rousseau (Jean), maître d'armes du Roi : 68.

Rousseau (Jean-Jacques) : 567, 661, 789.

Rousseau (Jules Antoine), sculpteur ornemaniste : 519, 525, 536, 551.

Royer (Joseph Nicolas Pancrace), maître de musique des Enfants de France : 478.

Ruffey (Louis Antoine Marie de Damas, comte de), sous-gouverneur du Roi : 53.

Rupelmonde (Marie Chrétienne Christine de Gramont, comtesse de), religieuse carmélite : 889.

S

Sacy (père Dominique de), chapelain de la maison de Soubise : 500-501.

SAINT-ANTOINE DE SAINT-ANDRÉ (Agathe Louise), fille naturelle de Louis XV : 508, 843.

SAINT-CONTEST (François Dominique de Barberie de), intendant d'Auch, de Caen, de Bourgogne, ambassadeur, secrétaire d'État : 420, 643, 645, 663.

SAINT-FLORENTIN (comte de), secrétaire d'État, voir : LA VRILLIÈRE.

SAINT-GERMAIN (Claude Louis, comte de), lieutenant général des armées : 738.

SAINT-HÉREM (Mme de), abbesse de Fontevrault : 470.

SAINT-MICHEL (Joseph de), lieutenant général de la sénéchaussée de Marseille, premier président de la chambre des comptes, du conseil supérieur de Blois : 593-594, 659, 702, 724, 935.

SAINT-SÉVERIN D'ARAGON (Alphonse Marie Louis, comte de), ambassadeur, ministre d'État : 393-394, 399, 400, 615, 645, 678.

SAINT-SIMON (Claude de Rouvroy de), évêque de Metz : 374-375, 491.

SAINT-SIMON (Louis de Rouvroy, duc de) : 12, 13, 16, 20, 23, 31, 32, 36, 55, 58, 63, 67, 75, 81, 88, 97, 99, 106, 107, 113, 140, 203, 238, 239, 242, 263, 268.

SAINT-SIMON (Marie Gabrielle de Durfort de Lorges, duchesse de) : 12.

SALLIOR, tapissier : 446.

SANDWICH (Mr) : 399.

SANTERRE (Jean-Baptiste), peintre : 458.

SARTINE (Antoine Raymond Jean Galbert Gabriel de), lieutenant général de police de Paris : 931, 968.

SAUMERY (Jacques François de Johanne, marquis de), sous-gouverneur du Roi : 53.

SAUVEUR (Joseph), maître de mathématiques des Enfants de France : 68.

SAVOIE (Victor-Amédée duc de) : voir Victor-Amédée.

SAXE (Maurice, comte de), maréchal de France, maréchal général des camps et armées du Roi : 131, 306, 366, 369-371, 384-393, 395-401, 439, 480, 481, 736.

SAXE-HILDBURGHAUSEN (prince de) : 737-738.

SCARRON (Paul), poète : 64.

SCHMETTAU (M. de), grand maître de l'artillerie en Prusse : 373, 379.

SECOUSSE (Denis François), historien : 347.

SÉGUIER (Antoine Louis), avocat général au Grand Conseil, au parlement de Paris : 719, 933.

SÉGUR (Jean Louis Hector, dit le comte de) : 978.

SÉNAC (Jean-Baptiste), premier médecin du Roi : 419, 712, 857.

SÉNAC DE MEILHAN (Gabriel), intendant de La Rochelle, de Provence, de Hainaut : 828.

SÉNALLIÉ (Jean-Baptiste), violoniste : 217.

SENS (Thérèse Alexandrine de Bourbon-Condé, Mademoiselle de) : 152.

SERAN (Bonne Marie Félicité, marquise de) : 824.

SILHOUETTE (Étienne de), contrôleur général des finances : 744, 790-791, 799, 827, 859, 860.

SILVESTRE (François), maître de dessin du Roi : 68, 75.

SIXTE QUINT, pape : 256-279.

SLODTZ (Michel Ange), dessinateur de la chambre et du cabinet du Roi : 216, 519, 526.

SLODTZ (Sébastien Antoine), dessinateur de la chambre et du cabinet du Roi : 216, 519, 526.

SNELLIUS (Willebrord SNELL DE ROIJEN, dit), astronome et géomètre : 415.

SOANEN (Jean), évêque de Senez : 273-274, 277.
SOLDINI (abbé Placide Jacques Antoine), confesseur et prédicateur du grand commun : 713.
SOUBISE (Armand de Rohan, cardinal de), évêque de Strasbourg, grand aumônier de France : 212, 476, 617.
SOUBISE (Charles de Rohan, duc de Rohan-Rohan, prince de), maréchal de France, ministre d'État : 737-739, 786, 800, 807, 810, 816, 824, 832, 846-847, 854, 856, 929, 942, 968, 970, 977, 981, 985.
SOUFFLOT (Jacques Germain), architecte : 558, 560.
SOURCHES (Marguerite Henriette Desmaretz de Maillebois, marquise de) : 433.
SOUVRÉ (François Louis Le Tellier, marquis de), maître de la garde-robe : 301-302.
STAINVILLE (comte de), voir : CHOISEUL.
STAINVILLE (François Joseph, marquis de), ministre de Lorraine à la cour de France : 751.
STAINVILLE (Jacques de Choiseul, comte de), feld-maréchal : 750, 752.
STAIRS (John Dalrymple, comte de), général et diplomate anglais : 358-359.
STANHOPE (James, comte) : 250.
STANISLAS Ier LESZCZYNSKI, roi de Pologne, duc de Lorraine et de Bar : 153-158, 164, 289-297, 372, 379, 393, 401, 459, 460, 465, 466, 482, 520, 555, 620, 706, 788, 844-845, 875, 886.
STANISLAS-AUGUSTE PONIATOVSKI, roi de Pologne : 564, 873, 881, 950-951.
STANLEY (Hans), clargé d'affaires d'Angleterre : 804, 805, 806.
STARHEMBERG (Georges Adam), comte, puis prince de), ambassadeur impérial : 610, 672-681, 684, 685, 692, 696, 722, 729, 731, 747, 749, 750.
STENDHAL (Marie Henry BEYLE, dit) : 338.
STUART (Charles Édouard), « le Prétendant » : 388, 391, 400.
SÜE (Eugène), romancier : 420.
SÜE (Pierre), chirurgien : 420.
SULLY (Maximilien de Béthune duc de), surintendant des finances : 14, 199, 414, 928.
SURIREY DE SAINT-RÉMY (M. de), officier d'artillerie : 133.
SUTTON (Les frères), inoculateurs anglais : 991.
SYLVA (Jean-Baptiste), médecin consultant du Roi : 420.

T

TACITE (P. Cornelius Tacitus) : 574.
TALLARD (Camille d'Hostun, duc de), maréchal de France, conseiller au Conseil de Régence, ministre d'État : 20.
TALLARD (Marie Isabelle Angélique Gabrielle de Rohan, duchesse de), gouvernante des Enfants de France : 467, 468, 478.
TALLEYRAND (Charles Maurice de Talleyrand-Périgord, prince de) : 461, 506.
TASCHEREAU DE BAUDRY (Gabriel), intendant des finances, conseiller d'État : 312, 615.
TASCHEREAU DE LINIÈRES (Le père Claude Bertrand), s.j., confesseur du Roi : 101-102, 112, 213, 486, 487.
TAUPIN (Pierre), sculpteur : 519.
TAVANNES (Charles Michel Gaspard, comte de SAULX-), chevalier d'honneur de la Reine : 465.
TAVANNES (Nicolas de Saulx, cardinal de), archevêque de

Rouen, grand aumônier de France : 212.
TENCIN (Claudine Alexandrine Guérin de) : 493.
TENCIN (Pierre Guérin, cardinal de), archevêque d'Embrun, de Lyon, ministre d'État : 273-274, 307, 356, 365, 379, 615, 626.
TENELLES (Charles Adrien Joseph PINAULT DES JAUNEAUX de), maître des requêtes : 455.
TERCIER (Jean-Pierre), premier commis des Affaires étrangères : 425, 646, 727, 728, 729, 730, 809-811, 869, 873, 877, 879-880.
TERRAY (abbé Joseph Marie), contrôleur général des finances, ministre d'État, directeur général des Bâtiments du Roi : 218, 451, 904, 910, 917, 918, 922, 926, 929, 932, 940, 943-949, 955, 956, 967-968, 970.
TERRIER DE CLÉRON (Claude Joseph), président à la cour des comptes, aides et finances de Dole : 759, 760.
TESSÉ (Adrienne Catherine de Noailles, comtesse de) : 823, 990.
TESSÉ (René de Froullay, comte de), maréchal de France : 59.
THOMAS D'AQUIN (saint) : 171.
THOMAS BECKET (saint) : 622.
THOMAS DU FOSSÉ (Antoine Augustin), conseiller au parlement de Rouen : 787.
THIROUX DE CROSNE (Louis), intendant de Rouen, premier président du Conseil supérieur de Rouen : 964.
TIERCELIN DE LA COLLETERIE (Louise Jeanne) : 506, 508, 509, 824, 832, 843, 886.
TILLET (Mathieu), directeur de la monnaie de Troyes, de l'Académie des Sciences : 423.
TINGRY (Charles François Christian de Montmorency-Luxembourg, prince de), capitaine des gardes : 933.

TITON (Jean-Baptiste Maximilien), conseiller au parlement de Paris : 631.
TORCY (M. de), voir : COLBERT DE TORCY.
TOULOUSE (Louis Alexandre de Bourbon, comte de), légitimé de France, amiral de France, grand veneur : 19, 20, 36, 80, 81, 87, 145-147, 223, 236, 238, 356, 407, 444, 449, 450, 485, 500, 538.
TOULOUSE (Marie Victoire Sophie de Noailles, comtesse de) : 145-146, 356, 435, 444, 485, 489, 500, 538.
TOURNEMINE (père René Joseph de), s.j., directeur des *Mémoires de Trévoux* : 147.
TOURNY (Louis Urbain Aubert, marquis de), intendant de Limoges, de Bordeaux, conseiller d'État : 271, 695, 698, 700, 727, 762.
TRESMES (François Bernard Potier, duc de), premier gentilhomme de la chambre du Roi : 40, 283.
TROUARD (Louis François), architecte : 563.
TROUVÉ (sieur), agent des jurats de Bordeaux à Paris : 697.
TRUCHET (Jean), dit « le frère Sébastien », religieux carme, mécanicien : 76.
TRUDAINE (Daniel Charles), intendant des finances, conseiller d'État, conseiller au Conseil royal des Finances : 188, 312, 326-327, 337, 456, 612, 614, 627, 710, 745, 760, 771, 843, 858, 859, 868, 869.
TRUDAINE DE MONTIGNY (Jean Charles Philibert), intendant des finances, conseiller d'État : 615, 745, 858, 900.
TRUSSON (Mlle) : 504.
TRUSSON (Jean-Baptiste), commis des Affaires étrangères : 504.
TURENNE (Henry de la Tour

d'Auvergne, vicomte de), maréchal général des camps et armées du Roi : 397.

V-W-X-Y

Valentinois (Marie Christine de Rouvroy de Saint-Simon, duchesse de) : 960.

Vallière (Joseph Florent, marquis de), lieutenant général des armées, directeur de l'artillerie : 956.

Valliquerville (Thomas Amable Nicolas de La Rivière-Lesdo de), premier président de la cour des comptes, aides et finances de Rouen : 587.

Van Loo (Carle) peintre : 148, 219, 529, 541.

Vassé (Antoine), sculpteur : 520.

Vauban (Sébastien Le Prestre, seigneur de), commissaire général des fortifications, maréchal de France : 68, 75, 247, 368, 413, 513.

Vaulgrenant (François Marie de Villers-La Faye, baron, dit le comte de), ambassadeur en Espagne : 670.

Vaux (Noël de Jourda, comte de), lieutenant général des armées, maréchal de France : 875.

Ventadour (Charlotte Éléonore Madeleine de La Mothe-Houdancourt, duchesse de), gouvernante des Enfants de France : 17, 21-29, 39, 40, 41, 43, 45, 46, 50-52, 54, 63, 75, 88, 99, 101, 102, 106-107, 135, 143, 146, 154, 164, 367, 429, 437, 449, 467, 478, 492.

Verberckt (Jacques), sculpteur ornemaniste : 519, 520, 531, 534, 537, 551.

Vergennes (Charles Gravier, chevalier, puis comte de), ambassadeur à Constantinople, à Stockholm, secrétaire d'État et ministre d'État : 810, 873, 953.

Vermandois (Henriette Louise Marie Françoise Gabrielle de Bourbon-Condé, Mademoiselle de) : 152.

Vernet (Joseph), peintre : 553.

Vernon (Edward), amiral : 299.

Véron (Louis Grégoire), receveur général des finances de Franche-Comté : 504.

Véronèse (Paolo Caliari, dit Paul) : 520.

Vezon (Louis Claude de), ingénieur géographe, historiographe et généalogiste du Roi : 415.

Victor-Amédée II, duc de Savoie, puis roi de Sardaigne : 12, 45.

Vigarani (sieur), mécanicien : 523, 524.

Villars (Amable Gabrielle de Noailles, duchesse de), dame d'atours de la Reine : 356.

Villars (Claude Louis Hector, duc de), maréchal général des camps et armées du Roi, conseiller au Conseil de Régence, ministre d'État : 20, 32, 97, 108, 122, 127, 128, 148, 150, 151, 152, 158, 164, 235, 291, 292, 397, 484.

Villefort (Marie Suzanne de Valicourt, baronne de), sous-gouvernante des Enfants de France : 17, 23, 45.

Villeneuve (Louis Sauveur Renaud, marquis de), ambassadeur à Constantinople, conseiller d'État : 298, 320, 381, 452.

Villeroy (François de Neuville, duc de), maréchal de France, gouverneur du Roi : 20, 39, 40, 43, 49, 50, 53-66, 68, 76, 83, 86, 88, 96-98, 100, 102, 105, 106, 107, 108, 109, 112-116, 133-134, 150, 164, 237, 238, 249, 428.

Villeroy (Louis François Anne de Neuville, duc de), capitaine des gardes : 163, 441.

VILLEROY (Nicolas de Neuville, duc de), gouverneur de Louis XIV : 113, 185.
VINCENT DE GOURNAY (Jacques Marie Claude), conseiller au Grand Conseil, intendant du commerce : 567, 867.
VINTIMILLE (Charles Gaspard Guillaume de), évêque de Marseille, archevêque d'Aix, de Paris : 278, 282-283, 284, 617, 629.
VINTIMILLE (Pauline Félicité de Nesle, marquise de) : 432, 488-489, 490, 507, 508.
VISÉE (Robert de), maître de guitare du Roi : 93.
VITTEMENT (abbé Jean), sous-précepteur du Roi : 67-68.
VIVALDI (Antonio) : 464.
VOLTAIRE (François Marie Arouet, dit M. de) : 94, 231, 440, 495, 567, 624, 625, 638, 701, 753, 789, 944.

VOYSIN (Daniel François), chancelier de France : 41, 49, 56.
WALDECK (prince de) : 125.
WALPOLE (Robert), comte d'Oxford : 287-288, 292, 299, 306, 441.
WASHINGTON (George) : 649.
WILLIAMS (Sir Charles Hanbury) : 669, 677.
WORONZOV (Michel Ilarionovitch), ministre des Affaires étrangères de Russie : 677, 680, 730.
XAVIER (François-Xavier Benon, prince de Saxe, dit le prince) : 474, 810.
YANG (Étienne), prêtre catholique chinois : 861-863.
YARMOUTH (comtesse de), maîtresse de George II : 644.
YON (Louis), secrétaire de M. Moreau de Séchelles : 508, 509, 842.

Table des matières

Avant-Propos	7
Chapitre Premier : Sans famille	11

 I. *Le couchant du Roi-Soleil*, 11. – II. *Du Dauphin Anjou au roi Louis XV*, 21. – III. *Philippe d'Orléans maître de l'État*, 30.

Chapitre II : Une enfance parisienne	53

 I. *Le Roi et son gouverneur*, 55. – II. *Le Roi et son précepteur*, 66. – III. *Les leçons des événements*, 79. – IV. *Raison d'État et raisons du cœur*, 95.

Chapitre III : Versailles, Reims, Fontainebleau	111

 I. *Crépuscule d'une enfance*, 112. – II. *L'oint du Seigneur*, 122. – III. *Le temps des premiers ministres*, 134. – IV. *Une reine pour la France*, 150. – V. *La promotion de M. de Fréjus*, 159.

Chapitre IV : Par la grâce de Dieu, roi de France et de Navarre.	169

 I. *Le mystère de la royauté*, 169. – II. *Le gouvernement*, 180. – III. *La cour*, 211.

Chapitre V : L'héritage.	229

 I. *Il n'est de richesse que d'hommes*, 229. – II. *Les institutions*, 235. – III. *Plaie d'argent n'est point mortelle*, 242. – IV. *La paix*, 248. – V. *Religion*, 255. – VI. *La vie de cour*, 262.

Chapitre VI : Fleury le pacificateur	265

 I. *Monsieur le Cardinal et son équipe*, 266. – II. *La paix civile*, 271. – III. *Louis XV arbitre de l'Europe*, 287. – IV. *La tyrannie de l'opinion*, 300.

Chapitre VII : La France de M. le Cardinal	311

 I. *Finances et économie*, 312. – II. *Administration et équipement*, 320. – III. *Justice et législation*, 334. – IV. *Culture et science*, 344.

CHAPITRE VIII : Guerre et paix 353
I. *Seul à la barre*, 354. – II. *Louis le Bien-Aimé*, 368. – III. *Un conflit glorieux et sans issue*, 382. – IV. *Le chemin de la paix*, 396.

CHAPITRE IX. Homme et roi 405
I. *L'homme*, 405. – II. *Le monarque*, 435.

CHAPITRE X : Époux, père et amant 457
I. *Le Roi et la Reine*, 458. – II. *Les enfants de France*, 467. – III. *Favorites en titre et maîtresses obscures*, 484.

CHAPITRE XI : Un roi artiste 511
I. *Goûts et moyens du Roi*, 512. – II. *L'accomplissement des derniers desseins de Louis XIV à Versailles*, 519. – III. *Les appartements de retraite*, 526. – IV. *Rénovations et transformations*, 535. – V. *Les grands projets*, 544. – VI. *Les demeures nouvelles*, 549. – VII. *Paris et Versailles*, 556. – VIII. *Une époque privilégiée de l'art français*, 563.

CHAPITRE XII : Ligueurs et frondeurs 567
I. *Le rêve d'un gouvernement des juges*, 568. – II. *Les fantasmes de l'opinion*, 595.

CHAPITRE XIII : De grands ébranlements 611
I. *La relève des hommes*, 611. – II. – *Dieu et Mammon*, 617. – III. *Affaires étrangères et routinières*, 614. – IV. *Dieu et César*, 651.

CHAPITRE XIV : Guerres d'usure 667
I. *Les prodromes de la guerre*, 668. – II. *Le temps des illusions*, 682. – III. *La guérilla intérieure*, 685. – IV. *Budget, religion et discipline*, 703. – V. *Les fruits de la haine*, 717. – VI. *L'année de la Comète*, 721.

CHAPITRE XV : Des années noires 743
I. *La conduite des affaires*, 744. – II. *Le front intérieur*, 753. – III. *La fin de la guerre*, 800.

CHAPITRE XVI : Monarchie ou anarchie ? 815
I. *Le creux de la vague*, 816. – II. *Les testaments du Roi*, 835. – III. *Le progrès freiné*, 857. – IV. *La volonté de revanche*, 869. – V. *Le vice et la vertu*, 885. – VI. *Le guêpier breton*, 894.

CHAPITRE XVII : Sa Majesté 909
I. *Une crise sans précédent*, 910. – II. *La libération de l'État*, 927. – III. *Le triumvirat*, 940. – IV. *La lutte pour la durée*, 957. – V. *Le temps refusé* 984.

Appendice	993
Sources	997
Éléments de bibliographie	1003
Index	1009

DANS LA MÊME COLLECTION

Pierre AUBÉ — *Godefroy de Bouillon* / *Thomas Becket*
Françoise AUTRAND — *Charles VI*
Jean-Pierre BABELON — *Henri IV*
Michel BAR-ZOHAR — *Ben Gourion*
Jean BÉRENGER — *Guillaume Tell*
Jean-François BERGIER — *Turenne*
Guillaume de BERTIER de SAUVIGNY — *Metternich*
Jean-Paul BLED — *François-Joseph*
François BLUCHE — *Louis XIV*
Michel de BOÜARD — *Guillaume le Conquérant*
Pierre BROUÉ — *Trotsky*
Michel CARMONA — *Marie de Médicis* / *Richelieu*
Louis CALLEBAT — *Pierre de Coubertin*
Duc de CASTRIES — *Mirabeau*
Pierre CHEVALLIER — *Louis XIII* / *Henri III*
Eugen CIZEK — *Néron*
Ronald W. CLARK — *Benjamin Franklin*
André CLOT — *Soliman le Magnifique* / *Haroun al-Rachid*
Ivan CLOULAS — *Les Borgia* / *Catherine de Médicis* / *Laurent le Magnifique* / *Henri II*
André CORVISIER — *Louvois*
Hervé COUTAU BÉGARIE et Claude HUAN — *Darlan*
Liliane CRÉTÉ — *Coligny*
Daniel DESSERT — *Fouquet*
Jean DEVIOSSE — *Jean le Bon*
Michel DUCHEIN — *Marie Stuart*
Georges-Henri DUMONT — *Marie de Bourgogne*
Jacques DUQUESNE — *Saint Éloi*
Jean-Baptiste DUROSELLE — *Clemenceau*
Danielle ELISSEEFF — *Hideyoshi*

Jean Elleinstein	*Staline*
Paul Faure	*Ulysse le Crétois*
	Alexandre
Jean Favier	*Philippe le Bel*
	François Villon
	La Guerre de Cent Ans
Marc Ferro	*Pétain*
Jean-Michel Gaillard	*Jules Ferry*
Lothar Gall	*Bismarck*
Max Gallo	*Garibaldi*
Louis Girard	*Napoléon III*
Pauline Gregg	*Charles Ier*
Pierre Grimal	*Cicéron*
Pierre Guiral	*Adolphe Thiers*
Mireille Hadas-lebel	*Flavius Josèphe - Le Juif de Rome*
Léon E. Halkin	*Érasme*
Brigitte Hamann	*Élisabeth d'Autriche*
Jacques Harmand	*Vercingétorix*
Jacques Heers	*Marco Polo*
	Machiavel
François Hinard	*Sylla*
Michel Hoàng	*Gengis khan*
Hberhard Horst	*César*
Gérard Israël	*Cyrus le Grand*
Jean Jacquart	*François Ier*
	Bayard
André Kaspi	*Franklin Roosevelt*
Paul Murray Kendall	*Louis XI*
	Richard III
	Warwick le Faiseur de Rois
Yvonne Labande-Mailfert	*Charles VIII*
Claire Lalouette	*L'Empire des Ramsès*
	Thèbes
André Le Révérend	*Lyautey*
Évelyne Lever	*Louis XVI*
	Louis XVIII
Robert K. Massie	*Pierre le Grand*
Georges Minon	*Henri VIII*
Pierre Miquel	*La Grande Guerre*
	Poincaré

	La Seconde Guerre mondiale
	Les Guerres de religion
Inès Murat	*Colbert*
	La IIe République
Daniel Nony	*Caligula*
Stephen B. Oates	*Lincoln*
Joseph Pérez	*Isabelle et Ferdinand,*
	Rois Catholiques d'Espagne
Régine Pernoud	*Jeanne d'Arc*
	Les Hommes de la Croisade
	Richard Cœur de Lion
Jean-Christian Petitfils	*Le Régent*
Claude Poulain	*Jacques Cœur*
Bernard Quilliet	*Louis XII*
Jean Richard	*Saint Louis*
Pierre Riché	*Gerbert d'Aurillac*
Jean-Paul Roux	*Babur*
Yves Sassier	*Hugues Capet*
Klaus Schelle	*Charles le Téméraire*
William Serman	*La Commune de Paris*
Daniel Jeremy Silver	*Moïse*
Jean-Charles Sournia	*Blaise de Monluc*
Laurent Theis	*Dagobert*
Jean Tulard	*Napoléon*
Bernard Vinot	*Saint-Just*

*Cet ouvrage a été composé
par l'Imprimerie BUSSIÈRE
et imprimé sur presse* CAMERON
*dans les ateliers de la S.E.P.C.
à Saint-Amand-Montrond (Cher)
en septembre 1989*

N° d'édition : 3595. N° d'impression : 8547-1150
Dépôt légal : septembre 1989
35.65.8049.01
ISBN 2.213.02277.1

Imprimé en France

35-8049-5